1922년 1월과 2월에 모스크바에서 열렸던 극동인민대표자대회 회의장 가운데 하나. 조선에서는 김규식, 김단야, 나용균, 박진순, 박헌영, 여운형, 이동휘, 임원근, 장건상 등 23개 단체 대표 52명이 참녜했다. 대회는 조선에서 넓은 반제민족통일전선을 짜는 것이 바른 길임을 못박았다.

대한제국 마지막 황제 순종 인산날 터진 1926년 6·10만세운동.

1927년 2월 14일 신간회 창립대회. 1931년 5월 16일 '해소'로 끝맺을 때까지 사회주의 두력과 민족주의 두력은 신간회 이름으로 손잡았다.

新幹會綱領及規約

綱領

一、우리는政治的、經濟的覺醒을促進함。

二、우리는團結을鞏固히함。

三、우리는機會主義를一切否認함。

一

신간회 강령과 규약.

某事件의 主要幹部
車今奉突然獄死
◯재작십일일서대문감옥에서
卅一歲靑春을 一期로

波瀾重疊한 一生
[社會運動에 獻身活動]

제3차 조선공산당(ML당)이 무너지고 곧바로 1928년 3월에 제4차 당을 짰으나 7월에 이 사실이 드러나고 많은 이들이 붙잡힌다. 일본으로 숨었다가 붙잡혀 1929년에 서대문형무소에서 "31세 청춘을 일기로" "돌연옥사"한 "모사건의 주요간부" 제4당 책임비서 차금봉 기사.

1929년 1월에 시작된 원산총파업을 겪으며 1930년대 혁명적 노동조합운동, 곧 적색노조운동이 비롯된다.

1930년대 경성 시내.

김원봉과 조선민족혁명당은 테러리즘에서 무장투쟁으로 길을 바꾸며
1938년 10월 10일 중국 후베이 성 한커우(漢口)에서 조선의용대를 만들었다.

1945년 8월 '가짜해방'은 많은 사람들에게 일제 때보다 더 끔찍한 세상을 가져온다.

1946년 2월 조선공산당, 조선인민당, 남조선신민당, 조선민족혁명당 같은 정당과 조선노동조합전국평의회(전평), 전국농민조합총연맹(전농), 조선부녀총동맹(부총) 들이 민주주의민족전선(민전)을 이루었다. 공동의장단은 여운형, 박헌영, 허 헌, 김원봉, 백남운 다섯이었다.

평양음악학교 학생들이 김일성과 스탈린 초상화를 들고 북조선 도·시·군 인민위원회 선거 경축대행진을 하고 있다. 1946년 11월 3일.

'박헌영동무만세'를 붙여 놓고 일하는 노동자들.

서울로 밀고 들어오는 인민군 탱크와 바이크 부대. 6·25전쟁은 그때 조선인들은 물론
뒷세상 진보운동에 엄청난 그늘을 미쳤다.

전쟁 첫 때 수원 피난민들.

1951년 4월 대구에서 인공을 뒷받침했다는 이들이 죽임당하고 있다.

꽃다발도 무덤도 없는 혁명가들

꽃다발도 무덤도 없는 혁명가들

김성동

김성동 金聖東

1947년 충남 보령에서 태어났다. 1965년 고등학교 3학년 때 스스로 그만두고 산으로 가 지효대선사(智曉大禪師) 상좌(上佐)가 되었다. 1975년《주간종교》종교소설 현상공모에 단편〈목탁조(木鐸鳥)〉가 당선되었으나, '불교계를 악의적으로 비방하고 전체 승려들을 모독했다'는 조계종단 몰이해로 만들지도 않았던 승적을 빼앗겼으니, 조계종 맨처음 '무승적제적'이었다. 1976년 늦가을에 하산하여 1978년 한국문학신인상에 중편〈만다라〉가 당선되었고, 이듬해〈만다라〉를 장편으로 고쳐 펴내어 글동네와 독서계에 커다란 울림을 불러일으켰다. 그뒤 빈틈없고 느긋한 독판치는 '조선 문체'로 우리 겨레 근현대사 생채기와 구도(求道) 길에서 존재 밑바닥을 파고드는 문제작들을 선보였다. 1998년《시와 함께》에〈중생〉밖 10편을 보여주며 시 쪽도 괴로워하고 있다.

1983년 해방 전후사를 밑그림으로 하는 장편소설〈풍적(風笛)〉을《문예중앙》에, 육칠십년대 학생운동사를 다룬 장편소설〈그들의 벌판〉을《중앙일보》에 이어싣다가 좌익 움직임을 다룬 알맹이와 반미적 알맹이가 트집잡혀 2회와 53회 만에 동강났다. 중편〈황야에서〉로 소설문학작품상을 받게 되었으나 문학작품을 장삿속으로 써먹으려는 주관사측 속셈에 맞서 수상을 뿌리쳤다. 창작집으로『피안의 새』『오막살이 집 한 채』『붉은 단추』, 장편소설『길』『집』『국수(國手)』『꿈』, 우의(寓意)소설『염소』, 그리고 산문집『미륵세상 꿈나라』『생명기행』『김성동 천자문』 같은 것들이 있다.

지은이   김성동

펴낸곳   박종철출판사

주소   (10497) 경기도 고양시 덕양구 화중로104번길 28 704호(화정동)

전화   031-968-7635(편집), 031-969-7635(영업), 031-964-7635(팩스)

신고번호   제 2013-000045호

신고연월일   1990년 7월 12일

초판 1쇄 발행일   2014년 1월 15일

초판 2쇄 발행일   2016년 8월 31일

ISBN   978-89-85022-66-8   03910

값   40,000원

향불 한 점 공양 올리며

초판 머리말

　참으로 오랜만에 단편소설 서너 편을 선보였던 것이 그그러께였다. 두 편이 문예위원회에서 뽑는 우수작이라며 상금까지 주는 것이었고, 넋이 오를 수밖에 없었다. 시방부터 물이못나게 청탁이 올 것인즉, 곡차도 끊고 염불도 그만두고 오로지 젖 먹던 힘을 다하여 써내기만 하면 될 것이었다. 그래서 단편 몇 편 써서 풀린 손힘으로 물 퍼붓듯 장편도 한 350장쯤 썼는데, 별꼴. 그 어디서도 소설을 써 달라는 청탁이 오지 않는 것이었으니. 문학동네 문화가 바뀌어버린 것이었다. 다시 또 곡차의 수렁과 염불의 골짜기를 헤매던 끝에 쓰게 된 것이 이 책이다. 내 삶이 요 모양 요 꼴로 떠다박질려지게 된 까닭을 줄밑걷어 가보자는 것이었으니, 아버지!

　이 중생이 처음 입을 뗀 것은 4살 적이니, 6·25가 일어나던 해 7월 첫 때였다고 한다. 그때까지 영 입을 열지 않는 것이어서 벙어리인 줄 알고 한걱정들을 하시는 판이었는데, 느닷없이 입을 열더라는 것이다. 마당에 깐 멍석에 둘러앉아 식구들이 막 저녁상을 받는데, 멍석 가생이를 기어 다니던 아이가 한밭 쪽 하늘을 올려다보며 "아버지, 아버지, 아버지"하고 세 차례나 부르짖더라는 것이다. 아버지가 조선정판사사건이라는 미군정과 그 사냥개들이 쳐놓은 덫에 치어 절망적 '피고회의'나 하던 전배 혁명가들이며 10월항쟁·여순항쟁·4·3항쟁을 비롯한 여러 곳 재산인민유격대 싸울아비들과 함께 총하지혼(銃下之魂)이 되는 순간이었던 것이다.

"친일·친미파 집안은 적어도 3대가 부귀영화를 누리고 항왜·항미 독립운동가 집안은 3대가 거지노릇을 한다"는데, 이 중생 경우에는 저 경술국치 때 낟알기 끊기 달소수 만에 이뉘를 버리신 증조할아버지부터 치면 5대째 거지노릇을 하고 있다. 달벌이 25만원으로 조여자손(祖與子孫) 3대가 살아가야 하니 거의 앵벌이 자리인 것이다.

민족해방과 계급해방을 위하여 일제·미제, 그리고 조선말 하는 왜놈인 토왜(土倭)와 조선말 하는 양놈인 토미(土尾)들과 싸우다 꽃다발도 무덤도 없이 중음신(中陰身)되어 이 조선반도 건공중을 떠돌고 계신 어르신들 이야기인 탓인가. 연재가 잘린 것도 그렇고 어이없는 꼴을 당하는 둥 꼭 3년이 걸렸다. 한 달에 2,500장을 썼더니 손회목 힘줄이 늘어나는 것이었고, 상기도 옹글지 않은 바른손목이다. 우리 겨레 지나온 길 제사상에 올리고자 썼던 넋모심자리는 본디 74위였는데, 53위만 먼저 모시었다. 컴본주의시대에 발맞출 수 있다면 행여 도움을 받았겠으나 가내수공업적 농본주의 글쓰기를 하는 중생으로서는 이 많이 모자라는 중생이 지니고 있는 바탕만으로 쓸 수밖에 없었다. 미치지 못한 데가 많을 것이다.

아무개 아무개처럼 어리석은 중생들이 울부짖는 가짜좌익이 아니라 이 책에 뫼신 어르신들 얼 이어받은 진짜좌익이 권력을 잡지 않는 한 친일·친미파 셈닦기는 이루어질 수 없다는 너무도 마땅한 오늘 앞에 절망하면서, 이 책이 아버지와 같은 꿈을 꾸었던 그 시절 헌걸찬 어르신들께 바치는 한 점 향불이 되기를 바라는 마음 애홉어라.

할아버지한테 들었던 말씀이 있다. 5·16이 터지면서 대전경찰서에 예비검속 되었다가 풀려나시던 날이었다. 가짜해방이었던 8·15 뒤 인민대중 사이에 떠돌았던 참언(讖言)이었다고 한다.

"미국놈 믿지 말고 소련놈 속지 마라.
일본놈 일어난다 조선사람 조심해라."

2010년 9월
前中居士 金聖東 再拜

오밤중에 더듬어본 혁명가들 삶 조각 비늘

개정증보판 머리말

그리움이었다. 슬픔이었다. 노여움이었다. 더 이만 견딜 수 없는 답답증에서부터 비롯된 것이었다. 이 중생 삶꼴이 요 모양 요 꼴로 떠다박질려지게 된 까닭을 줄밑걷어 가보자는 것이었으니, 아버지였다. 소설가라는 이름의 거칠고 아아라한 벌판에 서게 된 것도 그렇고, 이 중생 삶꼴을 아퀴지은 것은 아버지였던 것이다. 꿈속에서라도 누가 엿들을까 봐 숨죽이고 있던 아버지를 넣은 그 시절 헌걸찬 어르신들 삶을 이야기해봐야 되겠다는 다짐을 굳히게 된 것은, 안재성(安載成)이 쓴 『이현상평전』을 읽게 되면서였다. 잘못된 데를 짚어달라는 말 듣고 교정쇄로 읽게 되었는데, 벌떡 솟구쳐 일어났던 것이다. 그리고 그 책을 박아내려는 출판사에 전화를 걸었다. 발문을 이 중생이 쓰게 해달라는 것이었으니, 글을 써서 밥을 먹어오기 비롯한 지 30여 년 만에 처음 있는 일이었다. 6년 전에 썼던 발문 제목이다. '남로당을 위한 변명'

"남로당을 옹호했다고 말들이 많습니다."
안재성한테서 온 전화였다. 『이현상평전』 본문보다 뒤에 붙은 발문을 놓고 말들이 많다는 것이었다. 이른바 주사파들이 무슨 정부지원금인가를 받아 펴내는 잡지에서 "일제와 미제 고용간첩이었던 박헌영·리승엽 편을 들었다"며 이 중생 이름까지 들어 이를 간다는 것이었고, 좋다! 남이 쓴 평전 뒤에 붙은 발문으로가 아니라 곧바로 그이들 삶을 더듬어보자. 더구나 이 중생으로 말하면 총하지혼(銃下之魂) 되신 아버지보다 얼추 두 곱을 살지 않았는가. 두려운 것은 오직 그이들 헌걸찼던 삶을 어떻게 되살려낼 수 있는 가 하는 것이었으니, 『현대사아리랑』을 쓰게 된 까닭이다.

'박헌영부터 정순덕까지'를 써보겠다는 것은 일찍부터 다짐되었던 것이었다. 처음에는 '박헌영부터 김남주까지' 쓸 생각이었다. 그런 마음에서 김남주(金南柱) 핏줄인 토일(土日)이와 둘이 토일이 아버지를 그리워하며 사는 박광숙(朴光淑) 시인한테 편지도 하고 강화도까지 찾아가기도 하였는데, 골칫거리가 있었다. 김남주 위로도 몇 사람 60~70년대 혁명가들 삶을 기려보려는 생각이었으나, 속 시원하지 않은 데가 있었다. 세상에서 말하는바 '혁명가 열전'에 그 이름을 올리고자 할진대, 그 삶이 처음부터 끝까지 한결같아야 하는데 그렇지 못한 데가 있었던 것이다. 김남주야 물론 처음부터 끝까지 똑고르게 한결같았던 혁명시인이었다. 그런데 골칫거리가 있었다. 금은방에 들어가 78년 12월 5일 이제 50만 원 상당어치를 빼앗고 같은 달 27일 매판재벌 회장 집에 들어갔다가 뜻을 이루지 못하고 붙잡혔던 것을 두고 말하는 것이 아니다. 김남주를 비롯한 '남조선민족해방전선 준비위원회' 및 '혜성단원'들이 가려잡았던 혁명방법론의 잘잘못을 두고 말하는 것이 아니라, '역사 인식'을 말하는 것이다. 이른바 '주체사상'에 대한 이야기는 나오지만 그 주체사상이 나오게 된 밑뿌리 원둥치인 남로당 노선과 조선공산당 역사에 대해서는 입을 다물고 있는 것이다. 다만 갓맑았던 혁명시인 김남주가 썼던 「전위대의 노래」, 곧 「인민유격대 노래」 노랫말을 적어 보는 것으로 분향을 대신한다.

한평생 소원은 남북의 통일
노래하고 싸우기 어언 수십 년.
어디서 살았느냐, 무엇을 하였느냐,
통일 위해 싸우다 죽으면 족하지.
아 조국이여, 아름다운 내 강토여,
통일의 훼방꾼 미제를 몰아내자.

한평생 소원은 압제의 타도

힘 길러 단련하기 어언 수십 년.
어디서 살았느냐, 무엇을 하였느냐,
자유 위해 싸우다 죽으면 족하지.
아 조국이여, 아름다운 내 강토여,
미제의 앞잡이 박정희를 몰아내자.

투쟁 속에 동지 모아 손을 맞잡고
운명을 같이하기 어언 수십 년.
흩어져 죽을 거냐, 단결하여 싸울 거냐,
혁명의 승리에 우리 모두 나서자.
아 전위대여, 혁명의 횃불이여,
정의의 성전에 용감하게 나아가자.

역사적 인물 삶을 올바르게 살려내고자 할 때, 맨 처음 알아내야 하는 것이 그 시대가 어떤 시대였는가 하는 점이다. 그 인물이 살아갔던 시대 역사·정치·경제·사회·문화와 함께 세계정세에 대하여 속속들이 알아내야 한다. 그러기 위해서는 먼저 그 인물들이 어떤 핏줄 받고 태어나 무슨 공부를 어떻게 하였고 어떤 사람들과 사귀며 자기가 살고 있는 세상이 어떤 세상이라고 생각하고 있었는가 하는 세계관과 역사관 그리고 인생관을 알아내야 한다. 그들이 했던 말과 썼던 글과 언저리 사람들이 그를 어떻게 생각했던가를 알아야 하고 사회적 끊아매김 또한 알아내야 하는 것은 물론이다. 같은 시대를 살았던 이들 귀띔이 있다면 더할 나위 없지만, 짧게 잡아도 60여 년 앞 사람들 삶을 귀띔하여 줄 이들은 거의 없다고 봐야 한다. 그리고 귀띔이 있다고 하더라도 그 귀띔이 올바른 것인가 아니면 어떤 치우친 생각에 의하여 구부러지고 뒤틀린 것인가를 헤아려 낼 수 있는 도틀어 묶는 눈이 있어야 한다. 한마디로 남 보기에 마땅한 '역사의 눈'으로 바라보아야만 하는 것이다. 이른바 평전 생명은 그 평전이 얼마나 남 보기에 마땅한 눈길을 지켜내고 있는가에 달려 있다. 그러기 위해서는 그 인물에 대한 바탕이 많으면 많을수록 좋다.

이런 생각으로 이 중생이 다루어보고자 하는 인물들 바탕을 찾아보았더니, 너무도 엉성한 것이었다. 북녘 땅과 북미합중국을 비롯한 중·일·러에 있을 바탕들이야 그만

둔다고 하더라도, 남녘땅에 있는 바탕이나마 아홉 마리 소에 한 터럭일 것이라는 생각으로 막막해지는 것이었다. 더구나 다루고자 하는 인물들 거의가 주의자들이고 보니 드러내놓고 찾아보기도 어려웠다. 인터넷 도움을 받을 수 있으면 좋겠지만, 이 중생은 컴퓨터를 다룰 줄 모른다. 원고 또한 200자 원고지에 손으로 세로쓰는 가내수공업자이므로 더구나 힘들 수밖에 없다.

그이들이 펴내었던 기관지며 책만이 아니라 그이들과 맞서는 쪽에서 펴내었던 기관지며 책자를 봐야 하고, 좌도 우도 아니었던 이들이 펴내었던 책자도 봐야 한다. 그런데 쥐꼬리만 하게나마 여기저기 흩어져 있는 그런 것들을 읽어내는 일이 여간 힘든 것이 아니다. 깨알 같은 6~7포인트 활자인데, 국한문 섞어쓰기에 띄어쓰기도 없고 마침표도 없으며 빠지거나 잘못 꽂힌 활자들에 흐리마리한 영인본이어서, 돋보기를 쓴 위에 확대경을 대고 읽어내야 하는 일이 무엇보다도 먼저 힘겹기 때문이다. 글투 또한 거의 대한제국 시절 것이어서 그 뜻을 올바르게 읽어내기 위해서는 앞뒤 문장을 몇 번이고 되곱쳐 읽어봐야만 하니, 산 너머 산인 것이다.

꼭 한 달 만에 썼다. 거의 한숨도 못 잔, 일 년 같은 한 달이었다. 중음신 되어 떠돌고 계신 어르신들 넋이 불러주시는 것을 받아 적다보니 다만 팔이 아플 뿐이었다. 74명을 다룬 글은 200자 원고지로 2,700장쯤이었다. 파지 난 원고지 뒷장에 쓴 글초였으므로 원고지에 옮겨 적는 데 더 많은 시간이 걸렸음은 물론이다. 2,000장 쯤 썼을 때 팔목이 결려왔으나 내처 써버렸더니, 상기도 옹글지 않게 늘어나버린 오른쪽 손회목 힘줄이다. 21명치 원고는 출판사 쪽 뜻 좇아 덜어내었다.

어떤 신문사에서 펴내는 주간지에 한 꼭지에 25장씩 이어 실었는데, "독자들 손뼉소리 높은 메인 꼭지"라고 하였다. 그랬는데 "편집 방침이 바뀌었으니 연재를 끝내자"는 연락이 온 것은 딱 열 달이 되었을 때였다. "반응이 좋다며 힘을 북돋워주더니 무슨 소리냐?"고 했더니 "짐작이 가실 텐데요"라며 원고를 맡았던 기자가 하는 말인즉 "뉴라이트 쪽 사람들과 가스통 할배들이 난리를 죽인다"는 것이었다. 그 주간지를 내는 일간신문사 편집국으로 쳐들어와 길길이 뛰는데, 그때 마침 나라 안에서 가장 잘 나간다는 재벌 동아리한테 끊겼던 광고를 다시 받기 위하여 눈치를 보고 있던 이들이 연재를 자르라고 했다는 것이었다. 그러면서 하는 말이었다. "필자 주소를 알려달라고 난리를 치니, 몸조심 하십시오."

「치타에서 온 꼬르뷰로 '조선공산당 초대책임비서' 김재봉」 편이 나갔을 적이었다. 두 분이 찾아왔으니, 김재봉 선생 손자 김 윤(80세) 선생과 제2차조선공산당 차석비서 이준태 선생 손자 이헌봉(70세) 선생이었다. 두 분 혁명열사 유가족이 갖고 오신 바탕 빌려 김재봉 선생 편은 거의 다시 썼고, 이준태 선생 편은 새로 썼다. 두 분 남겨진 핏줄한테서 맞춰본 것이 있었으니, 똑같은 독립운동가며 혁명열사라고 할지라도 돌아가신 때가 아주 대모하다는 것이었다. 8·15 앞서 돌아가셨느냐? 8·15 뒤에 돌아가셨느냐? 8·15 앞에 돌아가신 이는 '독립운동 유공자'가 되고, 8·15 뒤에 돌아가신 이는 '대한민국 반역자'로 불도장 찍혔다는 것. 독립운동 유공자는 그 뒷자손들이 연금을 받고, 대한민국 반역자는 이 중생이 그러하듯 그 뒷자손들이 연좌제로 말할 수 없는 괴로움을 받고 있다는 것.

하늘 밑에 벌레한테는 이른바 팔자라는 것이 있다더니, 책 또한 마찬가지인 것 같다. 초판에서 빠졌던 어르신들 21명을 덧붙여내기까지 꼭 3년이 걸렸으니, 향을 사뤄올리기 6년 만에야 겨우 무릎을 펼 수 있게 된 것이다. 여기까지 오는 데 많은 어려움이 있었던 것이야 다 이 중생이 모자람으로 돌린다고 하더라도, 안타까운 것은 꽃다발도 무덤도 없이 중음신 된 어르신들이 하시던 한겨정이 그대로 맞아떨어지고 있다는 점이다. 6·25 때 네 살이었던 핏덩어리는 어언 망팔(望八)이 가까워오는데, 분단의 골짜기는 더욱 깊어져만 가고 있다.

초판 때 잘못되었던 곳 몇 군데를 바로잡거나 빼내었고, 많은 곳을 다시 써 덧붙였다. 앞서가는 사회학자인 김동춘(金東椿) 교수가 빌려 준 『빨치산자료집』에서 많은 도움을 받았다. 컴퓨터 입력에 많은 시간과 힘을 기울여 준 분께 고마움을 드린다. 삼도천(三途川) 언저리까지 갔다가 되돌아온 것도 이 책을 마무리하라는 어르신들 뜻으로 알고 아랫불밭에 힘을 준다. 어른도 없고 손윗사람도 없으며 벗 또한 드문 스산한 시대여서 그러한가. 새록새록 그리워지는 어르신들이니, 아아! 혁명이 사라져버린 시대에 허물어진 혁명가들 삶 떠올려 보는 마음 애잡짤하고녀.

2013년 12월
金聖東 두 손 모아 업드리며

차 례

일러두기

1. 이 책은 『현대사아리랑』(2010년, 녹색평론사)을 개정하고 증보한 것이다. 제6부와 제7부는 처음으로 발표하는 것이다.

2. 저자가 쓴 것이 아닌 글을 실을 때는 서체를 바꾸어 표시하였고, 이때 맞춤법이나 띄어쓰기는 물론이고 될 수 있으면 형식까지 그대로 살리려 했다. 손을 댄 경우에는 그때그때 밝혔다.

3. 단행본은 『 』, 개별 작품은 「 」로 표시하였고, 일간지와 잡지 등은 《 》, 거기에 실린 글은 「 」로 표시하였다.

4. 정당이나 국가기구가 아닌 단체 이름은 「 」로 표시하였다.

5. 책 끝에 「말 풀이」를 만들어, 익지 않은 말과 토박이말을 풀이해 두었다.

제1부
해방의 저 언덕을 향하여

1. 부러져버린 인민의 고무래 조선의 레닌

박 헌 영 1900~1956

이게 자네의 얼굴인가?

여보게 박군, 이게 정말 자네의 얼굴인가?

알코올 병에 담가논 죽은 사람의 얼굴처럼

마르다 못해 해면같이 부풀어 오른 두 뺨

두개골이 드러나도록 바싹 말라버린 머리털

아아 이것이 과연 자네의 얼굴이던가?

『상록수』작가로 유명한 심 훈(沈 熏, 1901~1936)이 1927년 12월 2일에 쓴 시이다.
「박군의 얼굴」이라는 제목인데, 심 훈의 슬픔과 노여움은 거세차게 이어진다.

4년 동안이나 같은 책상에서

벤또 반찬을 다투던 한 사람의 박은

교수대 곁에서 목숨을 생으로 말리고 있고

C사에 마주앉아 붓을 잡을 때

황소처럼 튼튼하던 한 사람의 박은

모진 매에 창자가 꿰어져 까마귀밥이 되었거니.

이제 또 한 사람의 박은

우리 역사에 박헌영처럼 좌우 양쪽에서 그릇되게 알려진 인물도 드물다.
해방 바로 뒤 서울 명륜동 김해균 집 이층에서 찍은 사진.

음습한 비바람이 스며드는 상해의 깊은 밤

　　어느 지하실에서 함께 주먹을 부르쥐던 이 박군은

　　눈을 뜬 채 등골을 뽑히고 나서

　　산송장이 되어 옥문을 나섰구나.

　시에는 세 사람의 '박'이 나온다. 'C사'는 비타협 민족주의자들이 몸담고 있던《시대일보》로 보인다. '교수대 곁에서 목숨을 생으로 말리고 있'는 첫 번째 박은 일본 천황을 암살하려 했다는 이른바 대역사건으로 무기징역을 선고받고 20년간 복역하게 되는 박 열(朴 烈, 1902~1974)이고, 두 번째 박은 제2차공산당사건으로 잡혀 끔찍한 족대기질을 당하던 끝에 죽은 박순병(朴純秉, 1901~1926)이다. 그리고 세 번째로 '눈을 뜬 채 등골을 뽑히고 산송장이 되어 옥문을 나'선 박은 박헌영(朴憲永, 1900~1956)이다. 문학비평가 최원식(崔元植, 1949~) 갈닦음에 따른 것인데, 시는 치떨리는 노여움을 넘어 굳은 마음다짐으로 이어진다.

　　박아 박군아 ××(헌영-필자)아!

　　사랑하는 네 안해가 너의 잔해를 안았다

　　아직도 목숨이 붙어 있는 동지들이 네 손을 잡는다

　　이빨을 악물고 하늘을 저주하듯

　　모로 흘긴 저 눈동자

　　오! 나는 너의 표정을 읽을 수 있다

　　오냐 박군아

　　눈을 빼어서 갚고

　　이는 이를 뽑아서 갚아주마!

　　너와 같이 모든 ×을 잊을 때까지

　　우리들이 심장의 고동이 끊칠 때까지.

　경성제일고등보통학교 1년 후배인 심 훈이 노엽고 슬픈 목소리로 부르짖은 박헌영은 2년 만에 병보석으로 감옥을 나와 병원에 입원해 있었다. '심신상실'이라는 병명이었으니, 자기 똥오줌을 먹는 따위 미친 증세를 심하게 보였던 까닭이었다. 다음은《동아일보》1927년 10월 21일 치 기사이다.

　서대문 형무소 독감방에서 신음 중인 조선공산당사건 피고의 한 사람인 박헌영은 그 동안 병세가 더욱 높아서 정신이 전혀 상실되어 식음을 전폐한 데다가, 더구나 독을 마 시려고 한 적도 한두 번이 아니므로, 형무소에서는 만일을 염려하여 두 손에 고랑을 채 워서 경계 중이라는데, 이인·허헌·김병로·후루야 네 변호사는 15일 오전에 재판소 당국에 보석원을 제출하였다는데, 병세가 그와 같이 위중한 터이므로 보석이 허가될 듯하다더라.

　일제 강점기에 독립운동가들이 받은 족대기질은 참으로 끔찍한 것이었다. 그때 모 스크바에서 발행되던《모쁘르의 길》에 박헌영 자신이 투고한 증언이다.

　우리들 중 누군가가 체포되기만 하면 그는 곧바로 예비심문이 이루어지는 경찰서의 비밀장소로 끌려가게 된다. 일제 경찰은 연행된 사람으로부터 증거를 수집하기 위해 냉수나 혹은 고춧가루를 탄 뜨거운 물을 입과 코에 들이붓거나, 손가락을 묶어 천장에 매달고 가죽채찍으로 때리거나, 긴 의자에 무릎을 꿇려 앉힌 다음 막대기로 관절을 때 리거나 한다. 7-8명의 경찰이 큰 방에서 벌이는 축구공놀이라는 고문도 있다. 이들 중 한 명이 먼저 '희생양'을 주먹으로 후려치면, 다른 경찰이 이를 받아 다시 또 그를 주먹 으로 갈겨댄다. 이 고문은 가련한 '희생양'이 피범벅이 되어 의식을 잃고 쓰러질 때까 지 계속된다.

　박헌영은 충남 예산군 광시면 서초정리에서 태어났다. 서당에서 진서(眞書) 공부를 하다가 대흥보통학교를 나와 16살 때인 1915년 경성제일고등보통학교에 들어갔다. 졸 업하던 해에 일어난 3·1만세운동에 들었는데, 심 훈이 이즈음 박헌영 모습을 그린 것 이 있다.

　사나이다운 검붉은 육색(肉色)에 양 미간에는 가까이 못할 위엄이 떠돌았고 침묵에 잠긴 입은 한번 벌리면 사람을 끌어당기는 매력이 있었더니라.

고보를 나온 다음 해 잡지《녀자시론》에 편집원으로 들어갔는데, 이것이 뒤에 그를 '미제의 첩자'로 몰아붙이게 되는 빌미가 된다. 〈미제국주의 고용간첩 박헌영 리승엽도당의 조선민주주의인민공화국 정권전복 음모와 간첩사건 공판문헌〉이라는 것을 보자.

피소자 박헌영은 1919년경 서울에서 잡지《녀자시론》의 편집원으로 있을 때부터 동 잡지를 주간하는 친미분자 차마리사와 기독교 선교사로서 연희전문 교원(후에 교장)으로 있던 미국인 언더우드와의 친교를 이용하여 숭미사상을 품게 되었고 1925년 11월 초순 일제 경찰에 체포되자 변절하여 각지의 지하 비밀조직을 고백하고 지도적 간부들을 고발함으로써 일제의 주구로서 조선혁명운동 탄압에 복무하였으며 그 댓가로 '정신착란'이라는 구실 밑에 '보석'의 명목으로 석방되었고 1939년 9월에는 대전형무소에서 일제 앞에 혁명운동을 완전히 포기하고 충성을 다할 것을 맹세한 '사상전향'을 표명하고 출옥하였다.

여기서부터 박헌영의 이른바 '정권전복 음모'와 '간첩사건'들이 번거롭고 길다랗게 이어지는데, 한마디로 줄이면 일제 때는 일제 부추김 받는 '일제간첩'이었고, 미제 때는 미제 부추김 받는 '악질반동 미제간첩'이었다는 것이다.《녀자시론》은 제4호까지 펴내었던 월간 잡지였는데, 맞춰보지 않은 제2호를 빼고는 어디에도 박헌영 자취는 보이지 않는다는 것이 갈닦은 이들 맺음말이다.

박헌영은 1920년 9월 고학을 해볼 작정으로 일본 동경(東京)으로 가서 두 달 동안 찾아보다가 허방치고 나가사키(長崎)를 거쳐 중국 상해(上海)로 간다. 친구인 감단야(金丹冶) 뒤스름으로 이동휘(李東輝)와 김만겸(金萬謙, 1886~?)이 채잡는 이르쿠츠크파 고려공산당에 들어가 공산주의운동을 비롯하게 된다. 1921년 4월 상해상과대학에 들어갔으나 배움비발을 댈 수 없어 서너 달 만에 그만두고,「고려공산청년단」거쳐 고려공산당에 들어간다. 고려공산당은 이동휘 · 김만겸 · 안병찬(安秉瓚, ?~1922) · 여운형(呂運亨) · 조동호(趙東祜, 1892~1954)들이 이끌던 이르쿠츠크파를 말한다.

당에서 내는 비합법 기관지《올타》를 엮으면서 당에서 꾸려가던 사회주의연구소에서 사상 갈닦음에 힘쓴다. 같은 해에 주세죽과 내외가 되었다. 1930년 심 훈이 첫 장편소설『동방의 애인』을 쓰는데, 이 소설 주인공 김동렬은 박헌영을, 김동렬 정인 강세정은 주세죽을 본보기로 한 것이었다. 심 훈은 그때 항주(杭州)에서 대학을 다녔는데, 마음속으로부터 우러르고 두려워하는 벗 박헌영을 만나 혁명운동에 어울리기도 하였던 피 끓는 젊은이였다. 『동방의 애인』을 보면 박헌영 삶이 몹시 애옥한 것으로 그려져 있는데, 뒷날 쓴 「박군의 얼굴」이라는 시에서 박헌영과 사이를 이렇게 읊었다. "음습한 비바람이 스며드는 상해의 깊은 밤 어느 지하실에서 함께 주먹을 부르쥐던 (사이였다.)"

1920년 11월부터 1922년 3월 끝까지, 21살부터 23살까지 열여섯 달 동안 박헌영에게는 많은 달라짐이 있었다. 가장 큰 것은 「고려공산청년단」을 짜는 데 들어가서 그 비서자리를 맡은 것과 고려공산당에 들어감으로써 조선 맨 처음 제대로 틀갖춘 공산주의자가 된 것이었지만, 그것에 못지않게 큰일은 혼인을 한 것이었다.

주세죽(朱世竹, 1898~1953). 함남 함흥(咸興)에서 태어나 홀어머니 밑에서 여학교를 나와 상해에서 음악학교를 다니고 있던 주의자였다. 1924년 5월 10일 정종명(鄭鐘鳴)·허정숙(許貞淑)·정칠성(丁七星)·박원희(朴元熙)와 함께 조선 맨 처음 여성 사상 두럭인 「조선여성동우회」를 일으켰던 앞선이였다. 그리고 「조선여성해방동맹」 상무간사로 여성노동운동을 짜임새 있게 이끌었던 억센 주의자였다. 박헌영은 모두 세 차례 공식·비공식 혼인을 하게 되는데, 호적에 적힌 것으로는 두 살 더 많은 주세죽이 첫사

미치광이 흉내로 감옥을 나와 블라디보스토크로
달아난 박헌영 주세죽 내외. 박헌영 얼굴이 해쓱하다.

랑이다. 박헌영 22살. 주세죽 24살. 날씬한 몸매, 잘생기고 오똑한 콧날에 밝고 맑은 눈, 어디에 있어도 눈에 띄는 일색이었다. 이제 잣대로 보면 아직 어린 나이지만 그때에 뜻있는 이들은 10대 가운데 때만 넘으면 벌써 혁명가 길로 들어서고 20대로 접어들면 이미 어엿한 혁명 맹장이 되는 뜨거운 혁명시대였다.

개인사 쪽으로만 보자면 박헌영은 불행한 사내였다. 세 차례 혼인을 했지만 식구들과 정답게 살 수 있는 형편이 아니었다. 배다른 아들 둘과 딸 둘을 두었는데 두 명만 살아남은 게 맞춰진다. 주세죽과 사이에 난 딸 비비안나(1928~)는 모이세예프무용단 무용수를 하다가 모스크바에 살고 있고,

1939년 때에서 나온 다음 지하생활을 하던 충북 청주 비밀아지트에서 《해방일보》 주필 정태식(鄭泰植) 오촌 조카로 '하우스키퍼'를 하던 두 번째 부인 정순년(鄭順年, 1922~2004)한테서 낳은 아들 박병삼(朴秉三, 1941~)은 조계종 이름으로 중노릇을 하고 있다. 조선민주주의인민공화국 부수상 겸 외상으로 있던 1949년 평양에서 혼인한 세 번째 부인 윤레나한테서 낳은 딸 나타샤와 아들 세르게이는 그 자취를 모른다. 내무성 지하감옥에 3년 동안 갇혀 있던 박헌영이 1956년 7월 19일 평양 변두리 숲속에서 눈을 감기 바로 앞, "집사람과 어린 두 자식은 외국으로 보내주겠다는 언약을 지키라"는 말을 김일성에게 전해달라고 부탁

월북 뒤 구순한 한때. 왼쪽은 딸 비비안나, 오른쪽은 공식적인 두 번째 부인 윤레나.

했다는데, 어떻게 되었는지 알 길이 없다. 윤레나는 조선공산당 3대 이론가 가운데 하나로 《노력인민》 주필이었던 조두원(趙斗元, 1905~?) 처제였다.

1922년 4월 2일, 국내에 혁명 발판을 마련하려고 압록강 기슭 안동(安東)으로 갔다가 왜경에게 붙잡혔다. '상해트로이카'인 김단야(金丹冶)·임원근(林元根, 1899~1963)과 함께였다.

서울로 올라간 것은 평양 감옥에서 1년 10개월 징역을 마치고 나온 다음날이었다. 1월 20일. 이즈음 주세죽과 함께 옛살라비로 내려갔고, 어머니가 푸짐한 혼례식을 새로 올려주었다. 이때가 무지갯빛 강철 같은 세계적 혁명가 박헌영에게는 짧지만 가장 행복했던 때였다.

1925년 4월 17일 열린 조선공산당 창립대회에 '화요회 야체이카' 대표 감목으로 들어간 것은 《동아일보》 지방부 기자로 있을 때였다. 초대 책임비서는 김재봉(金在鳳)이었다. 다음날 열린 「고려공산청년회」 제1차 창립대표회를 김단야(金丹冶)·조봉암(曺奉巖)과 함께 치렀고 사흘 뒤 열린 공청 중앙간부회에서 책임비서로 뽑혔다. 8월 《조선일보》 사회부 기자로 들어갔다가 두 달 만에 쫓겨났는데, 사회주의 기자를 쫓아내지 않으면 발행정지 처분을 풀어주지 않겠다는 총독부 으름장에 따른 것이었다.

10월 25일 「한양청년연맹」 주최로 '반기독교 대강연회'가 열렸을 때 강사와 강연 제

목이다.

김단야(金丹冶) '기독교의 기원', 박헌영 '과학과 종교', 홍순준(洪淳俊) '기독교는 미신이다', 김평주(金平主) '대중아 속지 말아라', 박래원(朴來源) '양면랑심(羊面狼心)의 기독교'.

『윤치호일기』에 그때 일됨새가 나온다.

> 1925년 10월 25일 일요일
>
> 한양청년연맹이 반기독교운동을 개시했다. 오늘과 내일 부민관에서 반기독교 강연회가 열릴 예정이다.[1] 그런데 이 운동은 도리어 기독교회에 적잖은 득이 될 것이다. 교회 내의 신자답지 않은 자들을 떨어져나가게 하고, 교회의 친구들과 신자들을 결속시키는 결과를 가져 올 것이기 때문에.
>
> 1) 반기독교운동은 1920년대에 사회주의운동세력의 주도로 진행된 기독교 배척운동을 말한다. 1920년 초반 해외로부터 유입된 사회주의사상의 영향으로 종교, 특히 기독교에 대한 비판적 인식이 심화되어 일어났다. 당시 사회주의자들은 기독교가 자본주의적 이익의 관철과 제국주의 식민지 침탈을 위한 유용한 도구일 뿐만 아니라, 현실에 대한 긍정과 복종을 강요해 일제에 대한 저항정신을 말살한다고 비판했다. 1925년 10월 기독교계에서 제2회 '전조선주일학교대회'를 개최하려 하자, 한양청년연맹을 중심으로 한 사회주의 운동세력이 대규모의 '반기독교대강연회'를 준비해 '맞불작전'에 나섰던 것이 가장 대표적이다.

일제 때 조선감리교 대부로 이른바 자생적 친일파 1호였던 윤치호(尹致昊, 1865~1945)는 해방이 되면서 친일파로 손가락질을 받자 81살 나이로 자살함으로써 많은 생각을 하게 하여 준다.

박헌영이 《개벽》에 선보인 「역사상으로 본 기독교의 내면」이라는 글 줄거리이다.

종교는 과학과 생산기술이 낙후한 조건에서 형성되었다고 한다. 기독교는 봉건사회에서는 제후의 이익을, 자본주의사회에 와서는 자본가 계급의 이익을 옹호하는 도구로 기능했다. 야만 미개의 나라에 파견되어 이교도들에게 복음을 전파한다는 선교사는 몸에 촌철의 무기도 갖지 않은 정예병사로서 제국주의 영토 확장의 첨병 구실을 한다.

11월 29일, 박헌영은 아내 주세죽과 함께 종로경찰서에 붙잡혔다. 신의주형무소에 갇혀 모지락스런 족대기질과 밥받이를 받다가 주세죽은 한 3주 만에 증거 불충분으로 풀려나고, 박헌영은 열차편으로 서울로 끌려가 서대문형무소에 갇힌다. 박헌영이 『모쁘르의 길』에 쓴 「죽음의 집, 조선의 감옥에서」 한 대목이다.

내가 있었던 모든 감옥의 각 방에는 침대는 물론 의자도 없었고 맨바닥에 가마니만 깔려 있었다. 방 안의 온도는 보통 영하 5~6℃였다. 하루 평균 10시간 이상 주로 어망을 짜는 노역에 시달렸다. 수인들은 방한 효과가 전혀 없는 아주 얇은 겉옷 한 장을 입고 지냈다. 산책시간은 전혀 없었고 목욕도 일주일에 한번밖에 할 수 없었다. 독서가 허용되는 책은 불교나 기독교 등의 종교서적과 일본인들이 발행하는 팜플렛 정도였다. 편지와 면회는 두 달에 한번 허락해주었다. 음식으로는 대두(大豆)로 만든 맛없는 수프에 종종 소금에 절인 배추가 나왔다.
감옥의 규율을 위반하는 사람에게는 책을 압수하고 독방에 집어넣고 급식을 줄였다. 이외에도 손발을 묶고 짐승처럼 매질을 했다. 경찰서를 거쳐 오는 정치범들 가운데서 건강한 상태로 감옥에 들어오는 사람은 아무도 없었다. 그들은 감옥에서 형편없는 음식과 힘겨운 노역으로 건강을 결정적으로 해하게 된다. 이로 인해 박순병·백광흠·박길양과 권오상 같은 프롤레타리아 용사들이 감옥에서 사망했다.

양광(佯狂)이라는 것이 있다. 거짓으로 미친 척함으로써 잘못된 세상과 그런 세상에서 단물이나 빨아먹는 상스러운 것들을 한껏 비웃는 것이니, 뼈대 높던 옛 선비들이 쓰던 구실이었다. 수양대군 쿠데타에 온몸으로 앙버티었던 매월당(梅月堂) 그것은 그러나 반정(反正)을 위하여 속속들이 밀고 나가는 힘이 따르지 않는 유가(儒家) 먹물의 슬픈 몽니에 지나지 않았지만, 박헌영 그것은 달랐다. 양광을 볼모로 삶을 얻어냈던 것이다. 그 길밖에 길이 없었다. '심신상실' 판정을 받아 병보석 판정을 얻어낸 '세계사적 개인'이 함흥에서 배를 타고 블라디보스토크로 건너간 것은 1928년 8월. 29살 난 세계적 혁명가의 빼어난 뺑소니였다.
'통일 후 북한 동포와 함께 부르고 싶은 노래' 가운데 첫 자리를 차지하는 게 「눈물

젖은 두만강」이라고 한다. 김용호라는 이가 노랫말을 쓴 것으로 되어 있는데 그가 누구인지는 바이 알려져 있지 않다. 그런데 이 노랫말을 지은 이가 노래를 부른 가수 김정구친언니 김용환이라고 주장하는 이가 있다. 박헌영과 정순년 사이에서 태어난 박병삼, 곧 원경(圓鏡)이다.

박헌영이 뺑소니친 소식을 두만강 언저리에서 들은 음악가 김용환은 두만강으로 갔다고 한다. 그리고 푸른 강물 위에서 빈 배를 젓는 뱃사공을 보았고, 배를 타고 뺑소니쳤다는 박헌영 모습이 겹치면서 음악적 영감이 떠올랐다는 것이다. 민족해방과 계급해방을 위하여 온몸을 던져 싸우다가 강을 건너간 인민의 벗 박헌영이 돌아오기를 애타게 기다리는 마음이 애끓게 녹아 있는 노랫말이다. 박헌영이 바로 '그리운 님'이었다는 것이다. 참과 거짓은 알 수 없지만 가슴을 후벼파는 이야기가 아닐 수 없다.

두만강 푸른 물에 노 젓는 뱃사공
흘러간 그 옛날에 내 님을 싣고
떠나간 그 배는 어디로 갔소
그리운 내 님이여, 그리운 내 님이여
언제나 오려나

강물도 달밤이면 목메어 우는데
님 잃은 이 사람도 한숨을 지니
추억에 목메인 애달픈 하소
그리운 내 님이여, 그리운 내 님이여
언제나 오려나

님 가신 강 언덕에 단풍이 물들고
밤 깊은 두만강에 밤새가 우니
떠나간 그 님이 보고 싶구려
그리운 내 님이여, 그리운 내 님이여
언제나 오려나

모스크바로 간 박헌영은 국제레닌학교에 들어가고 주세죽은 동방노력자공산대학에 들어간다. 여기서 박헌영은 공산주의 혁명철학과 실천방법을 체계적으로 공부하였다. 그리고 이때 베트남에서 온 호찌민(1890~1969)을 만나 가깝게 지내며 정약용(丁若鏞)이 지은『목민심서』를 선물하여 인민들한테서 '호아저씨'라고 불리우는 베트남혁명의 빼어난 지도자가 되게 한다.

박헌영은 주세죽에게 '꼬레예바'라는 러시아 이름을 지어주었는데, '조선여자'라는 뜻이다. 레닌학교를 마친 다음 상해로 갔다. 조선공산당 재건을 채비하라는 코민테른 결정에 따른 것이었다. 1933년 7월5일, 일본영사관 경찰에 붙잡혔다. 6년 징역을 살고 나온 것은 1939년 9월이었다.

박헌영이 대전형무소에서 징역을 살던 1937년 11월 5일, 김단야가 소련 비밀경찰에게 붙잡힌다. 일제경찰의 밀정이라는 이유였다. 곧바로 처형된 김단야는 스탈린 공포정치 제삿고기였다. 조선공산당원이었던 김춘성이라는 자가 투서를 하였는데, "김단야는 한때 혁명운동에 참가한 적이 있으나 그것은 부유한 집안의 젊은이가 젊은 혈기로 혁명을 가지고 놀았던 것에 지나지 않았다. 그리고 1922년 이후 체포된 동지들이 동일한 사건으로 중형을 선고받았는데도 불구하고 김단야가 가벼운 형을 받거나 무사히 도주할 수 있었던 것이 밀정이었음을 증명한다"는 것이었다. 박헌영 또한 그로부터 19년 뒤 비슷한 빌미로 처형되니, 똑같은 가리새요 똑같은 솜씨이다. 『아리랑』으로 유명한 김 산 곧 장지락이 그러하였고, 『낙동강』작가 조명희가 그러하였다.

박헌영이 상해에서 붙잡혀 조선으로 끌려간 다음 모스크바로 가 김단야와 후살이 한 주세죽도 붙잡혀갔다. '사회적 위험분자'로 명토박혀 5년간 카자흐스탄에서 유배생활을 한 주세죽은 형기가 끝난 다음에도 보호감호법에 묶여 1946년까지 유배지를 벗어날 수 없었다.

"박헌영 선생은 빨리 나타나서 우리들의 지도에 당(當)하라!"

"지하에 숨어있는 박헌영 동무여! 어서 나타나서 있는 곳을 알려라! 그리하여 우리의 나갈 길을 지도하라!"

8·15 뒤 서울 종로 네거리에 나붙은 삐라였다. 전남 광주 시내 한 벽돌공장에 4년간 노동자로 위장취업해 있던 박헌영이 전주형무소에서 나오는 김삼룡과 함께 서울로 올라온 것은 8월 18일이었다. 그때 모여든 사람들은 「경성콤그룹」동지 사북으로 감옥에서 나오고 땅밑에서 솟아나온 갓맑은 공산주의자들이었는데, 박헌영·이주상·이관

술·이순금·김삼룡·이현상·홍남표·홍증식·김형선·권오직·최원택·박세영·
이정윤·이강국·최용달·박문규·김태준·정태식·유영준·정칠성·박진홍·박영
발 같은 20여 명이었다. 인류 역사에 그 보기가 없는 일제의 짐승 같은 찍어누름 아래서
도 꿋꿋하게 절개를 지켜낸 주의자들 거의 모두였다. 이들 공산주의 고갱이들은 곧바로
조선공산당재건위원회를 만들고 기관지 《해방일보》를 펴내기로 한다. 사회주의를 앞
장서 이끄는 소비에트와 줄대기 위하여 소련 부영사 샤브신과 만났는데, 샤브신 부인인
역사학자 샤브시나가 본 박헌영 첫 느낌이다.

　　지식인다운 외모와 다소 멋쩍어 하는 듯한 미소. 눈에 띄지 않을 만큼 주위를 살피는
　　태도(지하활동의 오랜 습관으로 인한 듯)와 침착하고 과묵함. 이와 더불어 왠지 각별히
　　무게가 있어 보이는 모습. 이러한 특징들이 두드러졌다.

미국 군용기를 타고 돌아온 이승만과 민족통일문제를 놓고 이야기하였다. 이승만은
친일파 즉각 숙청에 반대하며 독립국가 수립 뒤로 미루자고 하였고, 박헌영은 친일파
숙청문제는 잠시도 미룰 수 없는 민족사의 엄숙한 명령이라고 되받았다. 이처럼 좌우의
역사인식이 뚜렷하게 갈라지니, 겨레가 찢겨지는 슬픈 이야기는 이미 짜여진 살매였다.
　　미군정 정치고문 배닝호프가 1945년 9월 29일 치 국무장관에게 보내는 보고문에서
한 말이다.

　　서울 및 남조선 전역은 현재 정치적으로 두 개의 선명한 그룹으로 나누어져 있습니
　　다. (……) 그 하나는 소위 민주주의적 혹은 보수적 세력으로 그 구성원의 상당수는 미
　　국 또는 한국내 미국계 선교기관에서 교육받은 전문적 교육계 지도자들로 구성되어 있
　　습니다. 그들의 정강과 정책 가운데서 그들은 서구 민주주의를 따르고자 하는 희망을
　　나타내고 있으며, 거의 대다수가 만장일치로 이승만 박사의 중정 '임시정부'의 조기 환
　　국을 희망하고 있습니다.
　　다른 하나는 급진적 공산주의 그룹입니다. 이 그룹은 중도좌파로부터 급진파에 이르
　　는 다양한 사상적 경향을 갖고 있는 몇 개의 소규모 분파들로 이루어져 있습니다. 공산
　　주의를 자인하는 그룹은 가장 목소리가 큰 편이며 지도력을 발휘하고 있는 듯합니다.

이우적·정태식과 함께 조선공산당 3대 이론가였던 조두원은 박헌영을 가리켜 '조선 인민에게 가장 사랑받는 지도자요, 친일파들에게는 가장 미움 받는 사람'이라고 하였다. 우리나라 역사에서 나라가 누란의 위기에 처할 때마다 위대한 지도자가 나타났는데, 수제국 침략을 쫓아낸 을지문덕과 당제국 침략을 물리친 연개소문과 임진왜란 영웅 이순신 장군을 보기로 들었다. 그런 다음 일제 강점 36년간 민족사 절멸 위기에 나타나 나라를 구한 사람이 박헌영이라고 하였다.

박헌영이 즐겨 쓴 이름은 이정(而丁)이다. '고무래가 되겠다'는 말이다. 평등하고 자유로워서 행복할 불을 지펴야 되는 인민의 아궁이를 꽉 막고 있는 극우반민족세력 잿더미를 긁어내는 고무래가 되고, 인민대중의 행복한 삶을 위한 논밭을 가는 써레가 되겠다는 다짐에서 썼던 이름이다.

이런 이정이 조선반도를 대소 전진기지로 삼으려는 북미합중국 세계전략에 안받침된 극우반공세력에 쫓겨 북으로 올라간 것이 1946년 9월 29일. 그의 나이 47살 때였다. 그리고 그것으로 끝이었다. 10년을 더 살며 찢겨진 겨레의 일통과 온 겨레 인민대중의 똑고른 삶을 위하여 애태웠지만 시루는 이미 깨어져 버린 것이었으니, 돌아본들 무슨 쓸 데가 있으리오.

그때에 '조선의 레닌'은 미국에 대해서 어떠한 생각을 갖고 있었던 것일까? 해방당시 미국을 제2차대전 연합국 중 하나인 진보적 민주주의 국가로 생각하고 미군정에 대한 협조 자세를 취한 것은 맞다. 그러나 이것은 박헌영 개인 결정이 아니라 식민지에서 벗어난 약소국들 당면과제를 봉건제로부터 해방, 곧 부르주아민주주의혁명 단계로 본 코민테른과 스탈린의 결정이기도 했다. 그나마 이 단계를 위한 미국과 협조는 8·15 직후 얼마 동안만이었다. 종전 몇 달이 안 되어 미소냉전이 시작되면서 미국은 사회주의 제1의 적국이 되었고, 미군정 또한 제국주의 침략군대에 불과하다는 결론이 내려지면서 조선공산당은 적극적 항미 자세를 취하게 된다. 미국에 대한 전략 변경은 그 개인의 오류나 간첩이라서가 아니라, 세계 공산주의운동 흐름에 따른 것뿐이었다.

다음은 《해방일보》 1945년 11월 5일 치에 실린 「조선공산당의 주장」에서 박헌영이 한 말이다.

금일의 국제정세는 조선을 위하야 매우 유리하게 전개되고 있다. 구라파에서는 파시즘의 아성이 파괴된 후로 소련군이 드러간 여러 나라(파란, 유고슬라비아, 핀란드, 불가리아, 루마니아, 오스트리아 등)에서는 공화국이 건설되고 민족의 자기 주권이 수립되고 있으며 영미군이 진주되고 있는 몇 나라(희랍, 불, 백이의, 화란 등)에서는 아직 민주주의 문제가 않서고 있으나 물론 이러한 나라의 인민들은 자기주장을 확립하기 위하야 진보적 민주주의 기빨을 노피들고 싸우고 있는 것이다. 이렇한 국제정세의 축소도가 흐미한 형태로 나타난 것이 금일 조선의 정세라고 보아서 잘못은 않일 것이다. 북부 조선과 남부 조선과의 형편은 대개 이렇한 차이점이 있는 것이니 물론 이 차이점은 앞으로 소멸될 것이오 또한 소멸되지 않으면 안 될 것이다. 즉 조선에 있어서 일본제국주의 세력을 완전히 구축함으로써 또한 친일파 등용주의를 용감하게 포기함으로써 국내에 더 진보적 민주주의 세력을 지지하는 방향으로 나감으로써 비로소 정치적 통일이 실현될 수 있다. 그럼에도 불구하고 금일의 우리 조선운동의 지도자들 중에서는 문제의 구심점을 아직 파악하고 있지 못한 분네가 없지 않을 뿐않이라 또한 일부에서는 적의 책동에 미혹된 자와 그의 대변자의 모략에 도량하고 있는 현상이다. 우리 당에서는 문제를 명백하게 하기 위하야 우리의 중요한 표어를 다시 검토하여 볼 필요가 있다. 그것은 조선의 완전독립이란 스로-간이다. 이것은 우리가 일본제국주의 지배하에 있을 때에 내세운 표어인데 그때의 우리는 조선이 완전독립하랴면 일본제국주의 세력을 완전히 구축해야 된다고 주장하였다. 과연 그것은 옳은 주장이였으며 옳은 투쟁이였다. 그러면 금일에 우리는 반일제투쟁의 과업을 완수하였는가?

역사에서 마기말은 쓸데없는 하나객담에 지나지 않지만 월북은 이미 죽음을 안고 들어간 것이었다. 남로당 받침이 있는 남반부에서 버텼어야 했다. 미군정과 극우반동세력에게 죽임을 당하였겠지만 그것이 옳은 노선이었다. 권력은 총구에서 나온다는 모택동(毛澤東) 말이 아니더라도 무장력이 안받침되지 않는 권력은 견뎌낼 수 없다. 남로당 무장력이던 이현상 항미 빨치산 두력이 무너져버린 것은 1953년 9월이었다.

전 조선로동당 중앙위원과 평양시당 위원장이었던 고봉기가 남긴 유서 가운데 한 어섯이다. 1990년 출판사 '시민사회'에서 펴낸 『조선노동당원의 육필수기』에 나온다.

1955년 12월 박헌영에 대한 특별재판이 공개적으로 진행되었으며, 이는 순전히 연극이었다. 방청자는 중앙기관의 상, 부상급으로 국한되어 평양시에서는 시인민위원장 정연표와 내가 참가했다. 공판정은 사회안전성 회의실에 설치되었다. 최용건이 재판장

김일성·홍명희와 함께 소련을 찾아보다.

으로, 사회안전상 방학세, 최고검찰소 검사총장 리송운, 최고재판소 소장 김익선 등이 배심했다. 참으로 웃음거리였다.

박헌영은 '기소장의 죄를 모두 시인하는가?' 하는 물음에 대하여 대답하기를 "시인하라구 하기에 시인한다."

이 대답을 듣고 약이 오른 방학세가

"예심에서 이미 시인한 걸 뒤엎으면 죄가 더 엄중해진다는 걸 알아야 해!"

하고 윽박지르는데 리송운은 곁에서 "기소장에 열거한 죄상을 다 시인한다구 지장까지 찍잖았는가!"

라고 방학세를 거들어서 을러방망이를 했다. 박헌영이 천연덕스럽게

"난 그런 기억이 없는 걸."

하고 딴청을 하니 최용건은 책상을 치며 부아를 터뜨리는 것이었다.

"이 새끼, 적의 간첩으로 전락된 걸 수치스럽게 생각지두 않는가?"

라고 하자, 박헌영은 태연스레

"당신네 맘대루 하구려!"

하고는 잇달아서

"나 때문에 수많은 남조선 당원, 간부들이 억울하게 당하는 게 가슴이 아프구려."

하고 머리를 설레설레 저었다. 리송운이 최용건의 본을 따라 책상을 치며

"닥쳐! 그래두 또 '종파'를 선동하는 거야?"

하고 옥박질러서 박헌영은 더 말을 못하고 말았다.

그런데 한 가지 놀라운 사실은 진 해에 리승엽 간첩사건으로 이미 처형이 되었다던 림화, 리강국, 조일명 등이 살아서 법정에 나타난 것이다. 박헌영의 이른바 죄행을 증명하는 증인으로 모두들 증언대에 나와 선 것이다.

철두철미하게 꾸면 낸 기만극─ 공판놀음이 끝났을 때 나의 마음은 납덩이 같이 무거웠다. 맑스주의자의 고상한 정조가 그 공판정에서는 땅바닥에 굴러다니는 것을 나는 보았다. 조선공산주의운동사에 있어서 가장 추악한 대목을 불행하게도 나는 목격한 것이다.

김일성의 두 손에는 정직한 조선공산주의자들의 피가 쳐발려 있다. 일제, 미제가 못 다 죽인 조선공산주의자들을 김일성이 이어받아 하나씩 다 죽여 버렸다. 김일성은 스스로 자기를 치욕의 기둥에 영원히 못박았다!

모두 여덟 차례에 걸쳐 박헌영 어록이 실린 곳이 있다. 아마도 우리가 볼 수 있는 활자로 찍혀진 박헌영 거의 마지막 말이 될 것이다. 갑오농민전쟁 때 호남고을들에 세워졌던 소비에트, 곧 농민자치기구였던 「집강소(執綱所)」를 57년만에 되살려낸 '농민위원회'에서 펴내었던 타블로이드판 1장짜리 기관지 《농민신문》맨 꼭대기 제호 밑에 실려 있던 것들이다.

남반부친애하는 형제자매들이여! 당신들은 빨찌산이 활동하고 있는 지역에서 수천수만의 인민을 살육하는역도들의 야수적 만행을 기억할것입니다 무엇을 주저 할것입니까! 모두 한사람 같이 일어나서 전인민적 구국적 정의의 전쟁에 참가 하여야 하겠읍니다

-(박헌영선생)-

(제2호) (1951. 4. 25)

전체인민들이여! 이승만 역적이 빼앗아 간 당신들의 아들과 남편, 토지와 자유를 찾기위하여 원쑤놈들을 하로 속히조국 강토로부터 모라내는 투쟁에 총궐기 하여야 하겠읍니다 승리는 눈 앞에 놓여 있읍니다 인민유격대와 협력하여 원쑤들의 동원, 부역, 증

발. 증병을 반대하여 일체의 힘을 드러 원쑤를 무찌르는 싸움에 모두 일어서야 하겠읍니다

-박헌영선생-

(제3호) (1951. 5. 10)

남반부 형제자매들이여! 우리는 결코 역도들이 이르킨 내란을 오래 계속할수없는것입니다 전쟁이 신속히 종결되면 될수록 인민들이 유리한것은 두말할필요도 없읍니다 영용한 인민군대는 원쑤들을 반드시 신속하게 소탕할것은 추호만한 의심도 없읍니다 우리들의 현재 임무는 원쑤들을 완전히 그리고 신속히 소탕하는 투쟁에 총궐기해야 하겠읍니다.

-박헌영선생-

(제4호) (1951. 5.20)

친애하는 남반부 전체 인민들이여! 조선인민의 가장우수한 아들딸들인 인민유격대는 원쑤미제침략군과 이승만 역적들을 모라내고 조국의 완전독립과 조선인민의 자유와 행복을 찾기위하여 자기생명을 아끼지 않고 도처에서 용감히 이러서 싸우고 있읍니다 당신들은 빨찌산들에게 식량과의복약품, 정보등을 제공하며 가진방법과 모-든힘을 다하여 도와주어야하겠읍니다

-박헌영선생-

(제5호) (1951. 6. 1)

친애하는 형제자매들이여! 원쑤들에게 한낱의 식량도 주지말아야 하며 도처에서 폭동을 이르키며 빨찌산(산사람)들과 적극 협력하야 적의 일체의 동원. 부역에 응치 말아야할것입니다 그리하여 강제로 끌려간 내아들 내남편을 찾기위하여 역도들이 이르킨 전쟁을 하로속히 졸결하여야 하겠읍니다

-박헌영선생-

(제6호) (1951. 6. 10)

인민군의 전쟁목적은 아주 정당하며 명백합니다 미제의 조종에 의거하여 남반부인민들의 머리우에 유혈적 팟쇼경찰제도와 악독한 식민지적 노예의 멍에를 내려시우는

이승만 매국역도들이 이르킨 동족상쟁의 내란을 신속하게 종결시키려는 것입니다 남반부인민들을 원쑤들의 유린으로부터 구출하고 영예스러운 조선민주주의 인민공화국의 기치하에서 조국을 통일 시킬랴는 것입니다

-(박헌영선생)-

(제8호) (1951. 7. 5)

천애하는 형제자매들이여! 골수에 사모친 원한을 풀때는 왔읍니다 패멸에서 허덕이는 원쑤들을 하로속히 우리조국강토로 부터 한놈도 남김없이 모라내기위해서 한사람도 빠짐없이 뭉쳐서 우리인민들의 힘을 보여주어야 하겠읍니다

-박헌영선생-

제9호 1951. 7. 15

천애하는 형제자매들이여! 우리 인민들의 통일적 애국적 전투력량이 크면 클수록 역도들이 이르킨 동족상쟁의 내란에서 오는우리 인민들의 희생과 참화가 적게될 것입니다 진정한 평화를위하여 애국적 역량을 총집결하여 결사적으로 공출 반대투쟁을해야 하겠읍니다

-박헌영선생-

제10호 1951. 8. 5

2. 붉은광장에 떨어진 자갈밭에 핀 해당화

김 단 야 ^{1900~1937(?)}

김단야(金丹冶)씨 (경북 김천 출생, 46세)

대구고보를 졸업하고 3·1운동에 참가하였다가 1920년에 체포되어 2년 형을 마치고, 동 25년에 조선공청을 조직하여 동 간부가 되었으며 동년에 제1차공산당 관계로 모스크바에 망명하여 레닌대학에 입학, 동 28년에 동교를 졸업하고, 동 29년에 국제당의 사명을 받아 조공재건 운동으로 귀국하였다가 발각되어 다시 모스크바로 망명하였던 바, 동년에 다시 국제당 원동부(遠東部) 위원으로 임명되어 조공재건 운동에 활동하였으며, 기후(其後)는 금일까지 해외에서 활약을 계속 중이라고 한다. 씨는 현 조공당수 박헌영씨와 함께 유명유력(有名有力)하다. 조선의 편산잠(片山潛)이라 하여 어떠할까. 씨는 박씨와 막상막하의 공산당 지도자이다. 그 명민(明敏)과 열을 보아서 신철(辛鐵)씨와 함께 공산당의 명물의 일인으로 굴지(屈指)하여야 될 것이다.

1945년 12월 25일 펴낸 『해방전후의 조선진상』이라는 책에 나오는 한 대문이다. 다음은 《조선인민보》1946년 5월 20일 치에 나오는 기사이다. 〈아들소식들으러서울까지〉, 〈이별 17년. 지금은막부서활동〉, 〈김단야씨와그아버지〉라는 제목이다. 진서를 한글로고쳤고 띄어쓰기만 요즘 식으로 손보았다.

젊은 날 김단야. 다른 많은 혁명가들처럼, 슬프게도 더 늙지 못하고 죽는다.

위대한 혁명투사인 그리운 아들을 찾는 아버지! 지금으로부터 17년 전 조공재건의 사명을 띠고 암암리에 활약하다가 사전에 탄로되자 외국으로 망명한 김단야 씨의 소식을 찾아 서울에 올나온 김종원(金鐘源, 신문기사 원문에 한자 없이 한글로만 표시-지은이)씨(70)는 작(昨) 19일 본사를 찾아 그리운 내 아들의 옛모습을 회상하며 혁명 투사 때의 아들의 모습을 다음과 같이 말했다

내가 그 애를 맛난 지는 서울에서 열린 첫 박람회 때인데 그때 맛난 것이 5년만이였오 동부동(東部洞 경북 김천군 개령면)에 있는 내 집에 들어오지 못하고 그 처가 칠곡군 인동면 옥계동에서 맞나게 되었을 때 나는 아모 말도 못했오 그저 내 아들의 모습이 깊이 보고만 싶었지오 헌 바지저고리를 입고 있는 꼴이 독일꾼같이 보이는데도 어쩐지 꼭만 자갈 우에 핀 해당화만 같고 고난의 암해(暗海)에서 혈투하는 용사같이는 믿어지지 않습니다

그러나 두고 보면 볼사록 일제의 무서운 총칼이 눈앞에 번덕이는 것만 같고 해서 몸서리가 납니다 그래서 너는 머무를 것이냐 국경을 넘을 테냐 하고 물어 봤지요 그랬드니 국경을 넘겠다고 명언(明言)합디다 눈물도 없고 말도 없는 이 상봉의 종결이 그동안 16년 작년 겨울에 그 어미는 죽고 말었읍니다 해방은 맞이하였으나 아들을 못 맛난 그 어머니의 설음은 나에게도 전염이 되었는지 아들 생각이 나서 서울에 와보니 자세한 것은 몰르고 막부에서 중요한 일을 하고 있다는 풍문만 들었읍니다 그러나 태연(泰然, 김단야 씨 본명)이 동무들도 많이 만나보고 안심했오"

이곳까지 말한 70 노인의 얼골에는 저윽히 만족한 미소가 피어올를다 투쟁의 전도는 아즉 멀다고 깨달은 투사의 아버지는 내 아들을 불르면서도 조선의 고민을 한몸에 얼싸안은 듯 아들 아닌 아들의 동무를 반겨 투쟁의 빛나는 승리를 축복하였다

68년 전 나온 책과 67년 전에 나온 신문기사를 읽어보는 마음은 애젖하기 짝이 없다. 안타까워서 가슴이 미어지는 것 같다는 말이다. 그때 사람들이 막부(幕府)라 부르고 쓰던 모스크바에서 조국해방을 위하여 "중요한 일을 하고 있다"고 믿고 있는 망팔(望八) 늙은 아버지는 그러나 다시는 "자갈 위에 핀 해당화만 같"은 아들과 만나지 못하니, 죽어버린 것이다. 자랑스러운 아들 이야기를 하던 때로부터 9년 전에 이미 죽어버렸던 것이다. 죽임을 당하였다. 일본제국주의 밀정이라는 덤터기를 쓰고 소비에트 내무인민위원부 경찰에 붙잡혀 죽임당한 것이었다.

김단야가 상해로 달아난 것은 3·1운동이 일어난 해가 저물어가던 12월이었다. 갓 스물이 된 시퍼런 청춘이었다. 이제 나이 스물이면 막 대학생이 되었거나 재수생이 되어 이미 따논자리를 지켜내려는 기성인들이 쳐놓은 온갖 옳지 않은 모둠살이 틀거리 앞에 숨막혀 할 나이지만, 김단야는 이미 독립운동계 날랜 장수였다. 조선공산주의운동 첫 무렵 길잡이들이 다 그러하듯 눈부신 운동 경력을 지니고 있던 일급 수배자였다.

1900년 경북 김천군 개령면 동부동에서 태어났다. 김천군은 이제 금릉군이다. 서당에서 진서 공부를 하며 보통학교 세 군데를 옮겨 다니다가 대구로 갔다. 기독교 갈래인 계성학교 고등보통과에 들어갔는데, 쫓겨났다. 일제가 조선을 다스리는 것을 마땅하다고 보는 미국인 교장을 몰아내자는 동맹휴학을 앞장서 이끌었다는 까닭에서였으니, 17살 때인 1916년 11월이었다. 다음 해 일본 동경으로 건너가 세이고쿠(正則) 영어학교에서 여섯 달 동안 공부하다가 서울로 돌아와 배재학교에 들어갔다. 1919년 첫때 서울에 있는 여러 중등학교 대표자로 이루어진 비밀결사에 들어갔다. 3·1운동에 들어 사납게 움직였고, 지하 유인물 〈반도의 목탁〉을 만들어 길거리에 뿌렸다.

왜경 발자국을 피하여 옛살라비로 내려가 만세시위를 얽어냈다가 붙잡혀 태형 90도를 선고받았다. 곤장 90대를 맞고 나와 비밀결사 「적성단(赤星團)」에 들어 만주로 보낼 독립군과 군자금을 모으다가 왜경에 쫓기게 되었다. 그러자 상해로 건너가 항주에 있는 배정(培正)학교에 들어가 중국어와 영어 공부를 한다. 이르쿠츠크파공산당 이끎을 받는 「고려공산청년단」 상해회 짜는 데 들어가 집행위원이 되는 것이 1921년 3월이었는데, 박헌영·임원근과 함께였다.

김단야·박헌영·임원근을 가리켜 '상해트로이카'라고 부른다. '트로이카'는 세 마리 말이 이끄는 마차를 가리키는 러시아말이니, 이때부터 세 사람은 평생 동지가 된다. 1922년 4월 3일, 국제공청 분부 따라 「고려공산청년회」 중앙총국을 서울로 옮기기 위하여 압록강이 바라보이는 안동으로 갔던 상해트로이카는 왜경에 잡히게 되고, 기나긴 '고난의 행군'에 들어가게 된다. 평양형무소에서 1년 10개월 동안 징역을 살고 나온 김단야는 《동아일보》·《조선일보》 기자로 있으면서 여러 청년 두럭을 얽어 조국해방과 계급해방을 위한 싸움에 몸바친다. 1934년 동방노력자공산대학 조선민족부 맡은이가 되어 모스크바에 눌러앉게 되기까지 상해와 모스크바와 서울을 오가며 고난의 행군을 이어가던 그가 모스크바에 눌러앉게 되는 데는 박헌영 붙잡힘이 있다. 김단야가 코민테른에 보낸 〈박헌영 체포정황 보고서〉다.

이춘(박헌영-지은이)이 체포된 날, 이춘은 매우 늦은 시각에도 집에 돌아오지 않았다. 이춘의 부인은 이 일로 해서 매우 겁에 질려있었다. 이춘의 부인 주세죽(코레예바)이 나의 거처로 와서 이춘이 체포된 사실을 알렸다. 우리는 이춘이 체포된 사실을 알리기 위하여 함께 이춘이 접선하던 여인에게로 갔다. 우리가 이 여인이 거처하는 집에 도착한 지 5분 정도가 지나자, 체포된 이춘과 경찰들이 타고 온 자동차가 집으로 들이닥쳤다. 이 사실을 눈치챈 나는 그 집이 매우 번잡했고, 잡동사니들이 여기저기 늘어져 있었기 때문에 몰래 도망칠 수 있었다. 이춘은 경찰들이 엉뚱한 집으로 데려온 점을 추궁하며 자신을 구타했는데도 불구하고, 나를 검거하지 못하도록 노력했다. 나는 다음 골목을 돌아 인력거를 잡아타고 도망쳤다.

살인적 족대기질과 밥받이에도 동지를 지켜주려는 박헌영 마음씀으로 범 아가리를 벗어나게 된 김단야였다. 엉뚱한 곳으로 경찰들을 끌고 다니는 박헌영 슬기에 도망칠 시간을 번 김단야는 상해를 벗어나 모스크바로 간다. 1933년 7월 5일이었다. 같이 간 여인이 있었다. 박헌영 부인인 주세죽이었다. 그리고 두 사람은 한살이 된다.

김단야한테는 어렸을 때 옛살라비에서 혼인한 여성이 있었으니, 고명자를 넣으면 주세죽은 세 번째 부인이 된다. 그런데 주세죽은 왜 사상적 동지인 남편 박헌영을 떠나 김단야와 한살이 된 것일까? 여기에는 주세죽의 깊은 절망이 있었던 것으로 보여진다. 박헌영이 다시는 햇빛을 볼 수 없는 사람으로 보았던 것이니, 이미 미치광이 흉내를 내어 일제 감옥을 벗어난 적이 있는 때문이었다. 주세죽 마음자리에서 보면 고개를 끄덕일 수 있지만 박헌영 마음은 어땠을까.

나중 이야기지만 이 일을 알게 된 박헌영 쪽 사람들은 크게 노여워하며 당 자리에서 트집거리를 삼으려고 한다. 그러나 단 한마디도 입에 올리지 않는 박헌영이었으니, 죽은 사람으로 여겨 지워버린 것이었다. 아들인 원경이 한 말이다. "참 독한 사람이지요."

임종국(林鍾國)이 쓴 『제1공화국과 친일세력』에 나오는 대문이다.

고명자(高明子)는 제1차 조선공산당 이래의 전통적 거물 김단야의 처로서 1929년의 후계당(後繼黨) 사건과 1933년의 당재건사건에 연좌하였다. 친일 동양지광사의 부인 기자에 고명자가 있었는데 모스크바 공산대학 출신 기타 경력에 부합되는 곳이 있다.

동일한 인물이 아닌가 짐작한다.

우동수가 쓴 「조선공산당 재건운동과 코민테른 - '동방노력자공산대학 졸업자들의 활동을 중심으로'」에 나오는 대문이다.

박헌영 김단야 임원근 트로이카의
여성트로이카이던 주세죽 고명자 허정숙이
청계천에서 족욕을 하며 놀고 있다.

당시 공산대학 내의 조선인 조직 중 특이한 것은 조선민족부의 존재이다. 조선민족부가 언제 설치되었고 어떠한 성격의 것인지 현재로는 알 수 없지만, 조선인 학생을 대상으로 조선의 제반 문제를 강의하고 토론하는 조직체였던 것은 확실하다. 1932년~34년 당시 조선민족부의 교관으로 재직한 인물은 김단야, 최성우(崔成宇), 김정하(金正河), 한동익(韓東翊), 김신복(金信福), 박니키호리, 김아파나스이다. 그리고 그 책임자는 김단야였다.

조선민족부는 공산대학에 입학하려는 조선인 학생들의 면접시 배석하여 일정한 영향력을 행사하기도 했고, 이한빈, 이둔호, 이진호 등이 입학하려 하였을 때 이들은 조선부로 호출되어 면접을 받는데, 조선에서의 투쟁경력이 없어 자격미달로 입학이 불가능하였지만 이때 배석하였던 조선민족부 교관 김정하의 도움으로 입학이 허가되었다. 졸업생들의 임무, 파견지역의 선정 등에도 관여하였다. (김단야·최성우 등이 졸업자에 대한 임무 부여시 배석하거나 활동방법·활동지역·연락방법 등에 대한 구체적인 지시를 내리기도 하였다) 이로 미루어 볼 때 조선민족부는 공산대학내에서 조선문제에 대한 연구·강의뿐만 아니라 조선내의 조직사업에도 깊숙이 관계했던 것으로 보인다. 조선민족부는 당시 코민테른이 인정한 유일한 조선의 공산주의 그룹이며, (코민테른 7차대회에서 조선공산당 발기인 그룹의 대표로 김하일이 연설을 하고 있는 것에서 알 수 있다. 코민테른의 인정 없이는 대회에서 연설하는 것이 불가능하였기 때문이다) 1934년 '조선공산당 행동강령'을 발표한 조선공산당 발기자 그룹과도 밀접한 관련이 있었던 것 같다. 이는 조선민족부 교관의 일원이었던 최성우가 '행동강령'에 대한 여러 편의 논문을 발표하는 것에서 추측할 수 있다.

다음은 《혜성(彗星)》 1931년 9월호에 실린 「해외혁명가열전」에 나오는 글이다.

金丹冶

　　재사이다. 몸은 가늘고 키는 날신하고 사람을 보면 상글상글 웃고 몸모양을 곳잘 내
인다. 그는 경북 김천산(金泉産)이요 그의 부모와 가족은 독실한 야소교(耶蘇敎) 신도
이다. 그의 부는 지금 야소교 장로의 직에 잇다고 하는 바 물론 김은 반종교임으로 부
자간에 의사가 화합되지 못하고 더욱이 김이 일즉이 부모가 취하야준 안해를 배척하고
이혼하려고 한다 하야 그의 부자는 아주 거리가 머러지고 마럿다.

　　그는 제일차××당으로부터 작년에 잡피인 제육차에 이르기까지 지하운동에 공헌이
만은 사람으로 현재 로서아에서는 대신(大臣) 대우를 밧고잇다 한다. 그를 말하게 되면
먼저 재인(才人)이라는 것을 말하게 되고 재인이라고 하야 학구적이 아니요 정치적 정
책방면의 재인이요 그리고 그는 행운아이어서 벌서 여러차례를 위험한 고비를 무사히
넘기고 공을 취한 행운아인 것이다. 애인 고명자도 로서아에서 공대(共大)를 맛치고 조
선에 드러와서 지하운동에 종사하고 잇다가 방금 서대문형무소에 수감중이고 그는 모
스크바에서 멀니 동편을 향하야 리상의 실현을 책동하고 잇다.

　　모스크바 외국노동자출판부에서 「사회주의의 위대한 승리」(1933), 「어떻게 꼴호즈
원은 유족하게 되는가」(1934) 같은 한글 팸플릿을 찍어내며 조국해방과 계급해방을 위
한 싸움에 몸바치던 김단야는 소비에트 비밀경찰에게 붙잡히니, 1937년 11월 5일이었
다. 전 공산당원이라는 김춘성(이성태)이 코민테른 집행위원회 비서부 앞으로 보낸 '상
신서' 탓이었다. 김단야는 '일본경찰의 밀정'이라는 것이었다. 김단야만이 아니었다.
김단야와 친한 동지들인 박헌영·조봉암·김 찬·김 한 모두가 일제 밀정이라고 하였
다. 김단야는 사형판결을 받은 다음 곧바로 처형되었으니, 헉! 적 손에 죽었다면 영예로
운 전사가 되겠지만 공산주의 종주국인 소비에트 붉은경찰 손에 죽은 이런 경우는 무어
라고 해야 되는가. 그리고 김단야의 허물없는 벗이며 아내 주세죽 전 남편이었던 박헌
영 또한 19년 뒤 똑같은 살매에 떨어지게 되니, 김단야가 당했던 것과 똑같은 솜씨였다.

　　김단야와 함께 붙잡힌 주세죽 죄목은 '제1급 범죄자의 아내로서 사회적 위험분자'
라는 것이었다. 5년 카자흐스탄 유배형을 받았는데, 형기를 다 채운 다음에도 1946년 5월
3일까지 3년 더 '보호관찰' 당하여야 되었다. 조선으로 보내주거나 모스크바에 있는 딸

비비안나와 함께 살 수 있게 해 달라고 스탈린에게 비라리 쳤으나 받아들여지지 않았다.

김단야와 주세죽 사이에는 비탈리이라는 아들 하나가 있었는데 엄마 주세죽 품에 안겨 유배지에서 죽었다고 한다. 박헌영과 주세죽 사이에 낳은 딸 비비안나가 아버지를 처음 만난 것은 1946년 7월 열여덟 살 때 모스크바에서였다.

"아버지가 엄마 소식을 묻지 않던가?"

주세죽이 물었고 비비안나가 대답하였다.

"아무런 말씀도 없었어요."

'일제 첩자'라는 기가 막히는 죄명 아래 죽임당한 사람은 김단야와 박헌영만이 아니다. 수많은 남로당 출신 독립투사들이 그러하였고, 김 산과 조명희가 그러하였다. 상해임정 초대 국무총리이자 조선공산주의운동의 효시였던 이동휘 장군도 러시아에서 독일간첩 혐의로 붙잡혀 징역을 산 적이 있다. 붉은광장에 떨어진 붉은꽃들은 70년이 지난 오늘까지도 눈을 감지 못할 것이니, 역사란 무엇인가?

김단야가 정인 고명자(高明子, 1904~?) 고종사촌형 이름 빌린 오르그 안문옥(安文玉)에게 '은어통신'으로 보낸 편지 두 통이 있다. 박헌영을 통하여 보냈던 것인데 1933년 7월 박헌영이 상해 일본총영사관 경찰에 붙잡히면서 덮잡히게 된 것이다.

호남선 강경 북정 125번지 고명자 앞으로 경부선 기차에서 삼순이가 보내는 편지.

　　사랑하는 벗 고명자에게

　　날씨가 무척이나 덥다. 세월은 빨라서 편지를 받은 지가 엊그제 같은데 벌써 2개월 전의 일이다. 명자! 너는 그간 어떻게 지냈는지? 네가 있는 곳은 지금쯤 큰 홍수라도 난 것은 아닌지? 내가 있는 곳은 홍수로 커다란 소동이 있었다. 그래서 지금도 검은 구름이 끼면 또 비가 오려나 하고 걱정하고 있는 것을 보면 사람들의 심리변화는 확실히 대자연의 변화에 따르는 것 같구나. 어서 빨리 시원한 바람과 밝게 빛나는 별과 벌레소리가 들리는 시원한 가을바람이 부는 때가 오면 좋겠다. 그러면 큰 물난리 걱정은 없을 텐데. 명자! 쓸데없는 말만 너무 많이 늘어놓은 것 같구나. 그간 너의 댁은 모두 무사하신지? 선긔氏도 이 여름방학에는 돌아와 있겠지? 네 생활이 적적하다는 것은 나도 잘 알고 있어. 나도 몇 번이나 편지를 쓰려고 생각했지만 마음대로 되지 않는구나. 우리 식구들도 모두 무사해. 어머니도 별일 없으시고 언니도 여름에는 돌아와 계시지.

　　나는 의사 말에 따르면 폐가 나빠졌고 류마티스가 있으니 온천 여행을 하라고 하더군. 내가 일하는 유치원에서 휴가를 얻어 동래온천에 가는 중이야.

지금 경부선 기차 안에서 이 편지를 써서 부산으로 가서 보내는 거야. 동래에 가서는 약 2주일간 머물 생각이야.

그 이상 계속 머무는 것은 경제사정이 허락하지 않거든. 온천욕은 모든 건강하지 못한 사람들에게 좋은 것이지. 너도 시종 건강치 못하니 한번 오도록 해라. 요번에 온다면 친구도 만나고 병도 치료할 수 있으니 실로 일거양득 아니겠니? 애써주었으면 좋겠다. 동래에 가서 또 편지할게. 그럼 이만 마친다.

경부선 기차 안에서
심삼순(沈三順)으로부터

김단야가 내종제 문 철 이름을 빌어 경성부 송현동 보성전문학교 내 안문옥에게 보낸 편지.

문옥형님 전

매우 더운 날씨에 형님의 건강은 어떠하신지요? 어머니도 여름철 기후에 항상 건강하신지 궁금합니다.

지난번 2번 보내주신 편지는 모두 잘 읽었습니다. 경성의 백모(伯母)님께서 편찮으시다는 소식에 매우 걱정했는데 다행히 회복되셨다니 무척 기쁜 일입니다.

저는 여름방학이라서 2,3일 전에 집에 돌아왔습니다. 와서 보니 그간 대체로 별 탈 없이 아버님께서도 건강하시고 도청 사무에 전과 마찬가지로 근무하고 계십니다. 조모님께서는 건강이 약간 안 좋으신데 연로하셔서 힘이 쇠약해지신 듯 합니다. 경성에서 한약(녹각) 한포를 구하실 수 있으면 구해주십시오. 돈은 얼마가 되더라도 물건이 진짜인지 잘 보시고 답을 주시기 바랍니다.

남선(南鮮) 일대가 그렇습니다만, 특히 이곳은 홍수가 심해서 저희 밭도 많이 무너졌습니다.

바빠서 이만.

7월 13일
내종제(內從弟) 문철(文喆) 올림

동방노력자공산대학 조선인 출신자 인적사항과 활동경력

이름	가명	본적	입학년월	졸업년월	활동사항	비고
姜文秀	姜武秀. 姜武洙. 趙基斗. 金一松.	함북	1924.9?		서상파「조선공산당재건설준비위원회」에 관계.	반년 만에 서상파·화요파의 파벌싸움으로 퇴학당함. 1934년 6월 징역 5년을 받고 옥중에서 변절. 해방 뒤 특무대장교가 되었음.
姜進	姜나후렌치. 權成萬. 金龍七. 金와시리. 白仁錫. 술리모프	함북 부령			4차공청 조직부장. 조공재건설동맹조직 해산 주도. 흥남·함흥·원산·이원·북청·문천 등에서 적노 결성. 1932.5 흥남적노사건으로 체포. 해방 뒤 14년 만에 출옥. 조공 정치국원. 인공 외교부장대리 겸 중앙인민위원. 1946년 2월 민전 중앙위원. 1946년 11월 백남운과 평양 방문.	
姜顯一	니 린	함남 홍원	1931			1931년 속성과 1년.
姜翰	姜漢. 洪景天. 스레사로프	경북 안동	1925.11		제1차조공 및 공청 안동현 연락원	1927년 나병으로 귀국.
高敬仁	高一哲. 高景仁. 鄭昌一. 게 닌	경남 진주	1929.10	1932.5	진주공립농업학교졸. 일본쥬우오대학중퇴.진주청년동맹집행위원장.제2차조공사건으로 입로.林珉鎬와 함께 흥남·함흥에서 적노조직.1935.3월 함흥지법에서 징역4년.	南滿春,片山潛 소개로 입학.
高四察	高明子. 金貞柱. 金貞祚. 시베리스까야	충남 부여	1925.11	1929.5	조선여성동우회원.1929년「조선공산당조직준비위원회」참여. 1945년 11월 서울시인민위원회 대표. 1946년 2월 서울 민전 선전부장 대리.	
高成昌	高漢秀	평북 신의주	1925.11	1929.5	신의주청년동맹집행위원.신간회본부집행위원.1929.7 노동총동맹집행위원.신의주하차조합간부. 조공북조선분국 참가.	1924.9 입학?
高澤洙			1925.11		조공준비위원회사건 관계. 해방 뒤 신의주시 인민위원장.	

이름	가명	본적	입학년월	졸업년월	활동사항	비고
權榮台	크루리모 프. 李正南. 朴在郁	함남 홍원	1931.5	1932.5	홍원노동조합 청년부 결성에 참가. 1932.12월 프로핀테른 극동책임자로부터 극동 서울 공장지대에 적색노조를 만들 라는 지시받고 귀국. 1934년 鄭泰植을 통하여 미야케 교수 와 손잡고 운동. 李載裕와 손 잡고 적색노동자그룹과 경성 공산주의자그룹을 조직하여 책임을 맡았으나 같은 해 5월 동대문경찰서에 피검.	공청 홍원 아체이카 책임자였 던 權榮奎 아우. 1929년 蔡 奎恒 지도로 조공재건운동에 들었고 李相熙 권유로 속성과 입학.
權五稷	權善得. 南秉喆. 보스또코 프. 幸田五稷	경북 안동	1925.9	1929.5	1923년부터 사회운동에 참 여. 1924년 2월 신흥청년동 맹, 1925년 4월 고려공산청 년회 가입. 졸업후 모스크바공 장에서 노동하다가 8월 국제 공산청년동맹으로부터 공청 을 재조직하라는 지시를 받고 귀국. 1931년 징역6년 1940 년 징역 8년을 받고 복역중 8·16에 출옥.《해방일보》사 장, 조선정판사사건으로 지명 수배되자 평양으로 피신하였 음. 1948년 8월 해주에서 열 린 남조선인민대표자대회에서 제1기 최고인민회의 대의원으 로 뽑혔고, 1950년 2월부터 항가리 주재 공사, 중국 주재 조선민주주의인민공화국 대사 로 있다가 1953년 8월 남로 당 숙청으로 소환되어 평북삭 주농장으로 추방되었다고 함.	1925년 9월 모스크바 동방 노력자공산대학에 입학하여 1929년 졸업. 士族家門으로, 權五卨 동생. 1946년 2월 19일 반박헌영 그룹 54명이 조선공산주의 운동사 정통성을 따지고들던 '중앙 급 지방동지 연석간담 회'에서 "경성콤그룹은 탁류 속의 맑은샘이었다"는 말로 좌중을 침묵시켰던 1급 이론 가였음.
金 光			1924년 전			
金光旭						
金光恩	金越星. 金明益. 크화노 프?	블라디 보스토 크	1928.11	1936.6	1926년 서울청년회 중심 공 산청년회 가입. 원산노동청년 회 가입. 1925년 5월 공산대 학에서 파벌싸움으로 제명되 었다가 1928년 11월 다시 입 학하여 졸업후 金大鳳·金致 坤·李建鎬와 함께 경성·인 천·평양·원산 등지서 적노 조직활동.	
김국(?)	타류야노 프					1929.11 본과 1년
金圭烈	金奎烈. 金奎然. 金萬奎. 海 友	전남 구례	1923.11		1920년 12월 징역 2년. 서상파「조공재건설준비위원 회」에 관계.	1924년 가을 입학?

이 름	가 명	본 적	입학년월	졸업년월	활동사항	비 고
金丹冶	金 柱. 秋 星. 본명 金泰淵	경북 김천			1915년 대구계성학교 보통과에 들어갔으나 동맹휴학을 주동했다가 퇴학. 1917년 일본 세이고꾸영어학교에서 6개월 수학. 배재학교에 들어가 3·1운동에 지하유인물「반도의 목탁」발행. 이르쿠츠크파 고려공산당 상해지부 가입. 공청 중앙위원. 화요회원. 꼬르뷰로 국내부에서 활동. 1938년 일제 밀정이라는 누명을 쓰고 처형당함.	1934년 10월 모스크바동방노력자공산대학 조선민족부 책임자가 됨.
金大鳳	李柱完. 黃綺龍. 金英瑞. 미노소프	강원 양양	1926.12	1928.6	한문 수학 후 중동학교 야학부 중퇴. 물치노농동맹·조선노농총동맹 중앙집행위원. 제1차공청 회원. 1934년 징역 4년. 적색노조운동. 1945년 10월 조공 강원도당 간부로 철원인민정치대학 교장이 되었음.	
金度燁	金道燁. 金石然	경남 동래	1925.12		3·1운동에 들어(1900년생) 2년 6월 징역을 살았고, 28년 다시 2년 6월. 1933년 잡혔으나 1년 반 만에 병보석으로 출옥함.	혁청단 간부, 조선반제동맹 참여.
金東雨						1929.11 본과 연구반.
金命時	金喜元. 金輝星. 金輝然. 스베찌로바	경남 마산	1925.12	1927.6	1932년(25세) 김단야 지도로 귀국하여 오라버니 金炯善과 경인지역에서 『코뮤니스트』 『태평양노조』를 인쇄·배포. 만주로 망명 중 신의주에서 잡혀 6년 징역을 살고나서 화북조선독립동맹에서 무장투쟁. 해방 뒤 남조선민주여성동맹 선전부장이 되었음. (죽음의 진상은 알 수 없음)	1946년 당중앙이 월북한 뒤 평양으로 가서 북로당 정치위원으로 있다가 다시 서울로 와 경인 지역에서 운동하다가 부평경찰서에 붙잡혀 1949년 10월 2일 유치장에서 자살한 것으로 발표됨.
金秉國			1923.11		간도동흥중학교 졸업.	1924. 9 입학?
金秉律		연해주	1923.11	1926.2	졸업 뒤 연해주 지방으로 배치.	
金石然	秋 星. 아판카프 토프	경남 동래	1925.12	1928. 여름	혁청단에서 활동. 1928.11 평남에서 체포.	1924.9 재학중.
金聖澤						
金世文		함경도	1924년 전			

48 48 제1부 해방의 저 언덕을 향하여

이 름	가 명	본 적	입학년월	졸업년월	활동사항	비 고
金世淵	金聖鉉. 朴 石	황해도 장연	1924년 전		1927년 11월 3차조공 책임 비서. 1928년 2월 종로서에 검거되었다가 1930년 겨울 소련으로 피신. 1931년 8월 서울에서 잡혀 5년을 선고받 았으나 폐병이 위독하여 형집 행 정지로 1932년 5월 출옥 뒤 사망.	
金世鎔		경북 대구	1926?		광주학생운동 뒤 상해로 망 명하였다가 1930년 귀국하 여 《조선일보》기자로 재직. 1943년 건국동맹에 참가. 해 방 뒤 건준 재정부장. 조선인민 위원회 군사부장 임시대리. 민 전 조직부 차장. 남로당 중앙 위원. 중앙청년대맹 집행위원	1931~1935년 처남 李如星 과 『숫자조선연구』(전5권)를 펴냄.
金壽昌	海 逸. 全 權. 마르크스	경기 경성	1929?			1929.11 예과생
김스라			1924년 전			
金承勳	金承塤. 金裕成. 朴金石. 스따호프 스끼	함북 명천	1928년 가을 국제 반편입	1931년 여름	고려공산청년회총국(ML파) 가입. 졸업 뒤 경성에서 적색 노조 조직 활동. 1931년 12 월 프로핀테른 동양부 지시에 귀국. 경성 여러 철공소에서 노동하며 경성·마산에서 금 속·출판중심으로 적색노동조 합운동을 하였음. 1934년 5 월 權榮台 검거 뒤 그 그룹 성 원들을 지도하였음. 1937년 7월 경성지법에서 징역 3년 6 월을 받았음.	8살 때 부모를 따라 시베리아 로 이주. 3년 뒤 아버지를 여 의고 어머니와 의붓아버지를 따라 시베리아·간도를 전전 하며 농업에 종사하거나 가게 점원으로 일하였음.
金信福						
김아파 나시 아르센 찌예비 치 김성우		연해주			1932.11(?)~34.5(?) 준비 과. 조선민족부 교관. 연해주 니꼴리스끄에서 태어나 1920 년(21살) 5월 러시아공산당 에 들어가 공산청년동맹 한인 부를 짰고, 1921년 5월 이르 쿠츠크의 대회 주도에 반대하 다가 시베리아에 유배되었으 나 탈출하여 李東輝가 레닌 과 회견할 때 통역으로 접견에 참가했다. 1934년 제7차 소 련공산당대회에 연해주 뽀세 뜨구역대표로 연설하였으나, 1935년 일제첩자의 누명을 쓰고 총살되었음.	러시아공산당연해주위원회고 려부장으로 1932년 모스끄 바 아카데미에 파견되어 학습 했다고 함(『한국사회주의운 동인명사전』)
金榮律			1924.9			

동방노력자공산대학 조선인 출신자 인적사항과 활동경력   49

이름	가명	본적	입학년월	졸업년월	활동사항	비고
金鎔範		평남 안주	1930.11	1932.5	졸업 뒤 朱寧河와 함께 평양·진남포 등지에서 적색노조 조직 활동. 해방 뒤 조선공산당 북조선분국 책임비서. 12월 동 책임비서 해임. 46년 8월 북로당 중앙위 검열위원장. 47년 9월 위암으로 사망.	19살 때 만주로 이주. 21살 때 국내로 들어와 공산주의운동 시작. 평양감옥에서 두 번째 복역 중 해방을 맞음. 공산대학속성과에 재학 중 朴正愛와 만나 연애.
金元黙	金海一. 브라소프		1929년		4년제 과정을 2년에 마치고 태로간부로 적색노조를 지도하기 위하여 귀국. '제2차태로사건'때 지도자로 《노동자신문》 발간 책임을 맡았음. 4월 왜경에 잡혀 9월 고문 치료 중 탈출했으나 2주일 만에 함흥경찰서에 붙잡혀 옥사하였음.	1929.11 본과 1년.
金元泰					韓鳳適(정평노조 1차관계)에게 입학 권유.	1935.5 함흥형무소에서 복역.
金應基	李定基. 즈아멘스끼	경북 예천	1925.11		1924년(25살) 신흥청년동맹. 1929년 귀국하여 평양에서 당과 공청 조직 결성을 위해 노력. 1948년 제1기 최고인민회의 대의원. 1950년 체코주재공사. 1953년 최고인민회의 상임위원회부위원장. 1957년 노동상. 1959년 적십자회 중앙위원장.	1927.3 퇴학. 남로당원이었으나 북로당으로 옮겨 살아남았음.
金仁極	스베트프	함남 홍원	1929.11		졸업 뒤 權榮台와 함께 경성에서 적색노조 조직 활동.	홍원 출신 蔡奎恒 소개로 입학.
金一渡	포스트코프		1925.11			
金日善	보리스키 리아노프	평남 평양			1927.12 春景園공산당에 입당. 1929, 1936년 함흥형무소 복역. 1937.12 朴正愛와 함께 활동.	盧錫聖을 입로시킴.
金日洙			1933 ?			1933.9 준비과 입소.
金鼎夏	金政夏. 金正夏. 李成範	함북 청진			1929.11 서울에서 조선공산당 조직준비위원회 결성에 참여. 1932.11~1934.5 조선민족부 교관	李東輝 사위.
金祚伊	金隱谷. 마야꼬바. 먀니바	경남 창원	1929.11	1931.6	1925.1 경성여자청년동맹 집행위원(22세). 1934년 징역 3년. 1946년 민전 중앙위원.	金福萬과 재혼(1931년 무렵). 曺奉巖과 3혼.
金淙洙	金一星. 라스트치킨	경북 김천	1925.11	1928. 여름	1차공청 가입. 4차조공 북경지부 회원. 화요파 조공재건운동으로 수배.	생물년 미상. 소재 불명으로 불기소.
金鐘烈	카나로프.	경남 마산	1929.11	1931.6	金丹冶·金炯善의 코뮤니스트 그룹에 관계.	
金珠極	이영욱. 을봉.	함남 홍원	1929.11	1933.9	졸업 뒤 목포·성진·청진에서 활동.	홍원 출신 蔡奎恒 소개로 입학.

이 름	기 명	본 적	입학년월	졸업년월	활동사항	비 고
金 震		연해주	1924년 전	1926. 봄	1920.3 블라디보스토크한인사회당총회의사회 회장. 1921.1 한인군사위원회 위원으로 시베리아에서 활동.	
金忠孫	킴충손					1932. 12 재학중.
金致坤	金泰善. 이꼬찐.	평북 의주	1929. 10	1931. 5	졸업 뒤 金光恩·金大鳳·李建鎬와 함께 경성·인천·평양·원산 등지에서 적색노조 조직 활동.	보통학교·보습학교를 나와 목공소에서 일 했음. 金丹冶 소개로 입학. 1934년 경성지법에서 징역 2년.
金必壽	金弼壽. 朴惠淑. 따노바.	경남 김해	1928. ?		공청 학생부 위원. 태로 지도자. 근우회 중앙집행위원. 졸업 뒤 흥남·함흥·원산 등지에서 활동. 1935 봄 흥남경찰서에서 피체.	1929. 11 본과 1년.
金賢濟			1924. 9		자유노동조합, 조선여성동우회 가입.	趙 勳(1897~? 전주 출신. 국제공청 중앙집행위원) 처.
金衡寬	金 鶴. 金鴻世. 씨이뜨로프.	함북 경성	1925. 10	1928. 봄	공청 회원. 함북적색노조운동 지도자. 1930년, 1940년 피체. 1940. 6 경성콤그룹과 줄대고 활동하다가 11월 붙잡혔음.	
金 虎			1924. 가을			
金鎬盤	호 반.	강원도 통천			10살 때 부모와 함께 연해주로 이주. 1920년(19살) 러시아 꼼소물 입회. 공청 중앙위원 후보. 1930년 태로운동 지도. 1933년 함흥지법에서 징역 7년 받음.	1925. 8월까지 수학.
金鴻世		평안도	1925. 11	1928. 4		
金?萬	아니소프.		1928. ?			1929. 11 본과 2년.
도르프			1929. ?	1933. 9		1929. 11 예과생.
廉相烈			1924. 가을			
리가이			1932. ?			1933. 9 속성과 재학중
무 운						1932. 11. 재학중.
바 몬			1932. ?			1933. 9 속성과 재학중.
朴光一	秋 山.	경남 동래	1925. 11			
朴니키 호리					1932. 11(?)~34. 5(?) 속성과. 조선민족부 교관.	1929. 11 본과 연구반.
朴마샬			1924년 전			

이 름	가 명	본 적	입학년월	졸업년월	활동사항	비 고
朴世榮	金一洙. 金泰錫. 韓利欽. 로빠찐.	서울	1929. 9	1931. 6	수하동 공립보통학교 4년 수료 뒤 25년부터 인쇄노동에 종사. 신간회 경성지회 결성에 참가. 1928년 공청 중앙위원. 졸업 뒤 함흥·흥남서 적색노조 조직 활동. 1932년 《노동자신문》 창간호 발간. 「붉은주먹」, 「10월 서신」 등을 등사 출판 배포하다가 1934년 10월 함흥지법에서 징역 10년을 선고받고 복역 중 38년 10월 옥중에서 팸플릿 「소련의 경제건설의 성과-혁명21주년기념일을 맞으며」를 발간하여 배포하다가 들켜 징역 1년 6월을 추가로 선고받고 복역 중 해방을 맞아 출옥. 1945년 11월 전평 부위원장이 됨. 48년 8월 해주에서 열린 남조선인민대표자대회에서 제1기 최고인민회의 대의원이 됨.	해방 전 운동 바닥이던 함흥·흥남에서 활동 중 53년 남로당 숙청으로 행방불명. 鄭在達의 소개로 속성과 입학.
박소냐		연해주	1924년 전	1926.		
朴容善	마르스끼. 朴光一. 李光世. 朴光善. 朴容一. 李貞植.	경남 동래	1925.11	1929.	1924년 「북풍회」 가입. 1931년 10월 경성지법에서 징역 2년 6월. 건준 경남지부 조직부장. 조공 경남도책. 46년 민전 경남지부 부위원장.	1955년 3월 조선민주주의인민공화국 조소문화협회 서기장. 5월 이 협회 위원장을 지냈음.
朴允世	朴允瑞. 朴潤瑞. 朴衡世. 姜 澈. 虎 林. 깐체르.	연해주 (황해도 송화 출신 이주민)	1923.11		공청 만주총국 조직부장. ML파 공산주의그룹 지도자. 조공 만주총국 군사부 책임자. 중공당에 입당하여 남만에서 유격대 결성에 참가. 1933년 3월 길림 일본영사관 경찰에 체포됨.	1924. 9 입학?
朴仁源			1924년 전			
朴長松	젬 리. 朴志成. 金允實. 徐永鎬. 崔 剛.	함북 온성	1925. 11	1928.	1925. 6월 연희전문 중퇴. 신흥청년동맹원. 9월 고려공산청년회원. 1929년 코민테른 동양부 지시로 인천노동연맹의 부활을 위해 애씀. 1931년 경성지법에서 징역 3년.	공대 졸업 뒤 철공소에서 일하다가 귀국하였음.
朴貞淑	朴미아.		1923. 11			金圭烈(1893~? 전남 구례 출신으로 조공만주총국당원. 조공재건설준비위 중앙위원) 처.
朴 振			1924년 전			

이름	가명	본적	입학년월	졸업년월	활동사항	비고
朴昌斌		바스따린	1927. ?			1929. 11 본과 2년
박페이쟈						1924. 9 재학중
朴憲永	이 춘. 金成三. 王 楊. 王楊玉. 朴斗洙. 朴斗秀.	충남 예산	1929.	1930.	경성고등보통학교 졸. 3·1 운동에 들었고 1920년 상해로 망명하여 1921년 고려공산청년단 책임비서. 5월 이르쿠츠크파 고려공산당에 입당하고, 朱世竹과 결혼. 1922년 5월 신의주 지법에서 징역 1년 6월. 1924년《동아일보》·《조선일보》기자. 1925년 4월 공청 책임비서. 1927년 정신착란을 가장하여 11월 병보석으로 나옴. 1928년 주세죽과 블라디보스토크로 망명. 1934년 경성지법에서 징역 6년. 1939년 출옥하여 12월 경성콤그룹 지도자가 되었고, 1941년 12월까지 세 차례에 걸쳐 검거 사건이 일어나자 광주 백운동 벽돌공장으로 은신. 해방 뒤 조공 총비서. 남로당 부위원장. 조선민주주의인민공화국 부수상.	1953년 6·25 패전 책임과 미제간첩 누명을 쓰고 1956년 7월 19일 처형당하였음. 1941년 청주에 숨어있을 때 아지트키퍼였던 鄭順年과 사이에 낳은 아들인 朴秉三이 圓鏡이라는 중 이름으로 승려 생활을 하고 있음.
朴후냐		블라디보스토크	1923. 11	1926. 2		졸업 뒤 연해주 지방으로 배치.
徐양근				1931.	1933년 초 체포된 鄭達憲의 후계 조직을 위해 파견된 평양에서 활동.	적색노조를 짜려다가 1932년 5월쯤 붙잡혔음.
徐純民	아마르신.	연해주	1925. 10	1928	1930년 "조선공산당 재조직준비위원회사건"으로 수배되었음.	
세페로프			1926. ?			1929. 11 본과 3년.
소 냐			1926.여름 전			연해주에서 파견.
孫明龍	金明南.	평남 덕천	1931. 10	1932. 12	빈농 출신으로 시멘트 공장과 흥남질소비료공장 노동자로 있으며 흥남공산주의자그룹 참가. 1934년 5월 징역 5년을 받았음.	韓士斌과 함께 흥남 지역에서 적로조직 활동
스 라		연해주		1926.2		졸업 뒤 연해주 지방으로 배치.
스타노프			1928 ?			1929. 11본과 1년.
아후메프			1932 ?			

이 름	가 명	본 적	입학년월	졸업년월	활동사항	비 고
安秉珍	高 俊. 安昌道.	평북 의주	1924.	1925년 말	1922년 8월 공청 집행위원. 1927년 11월 조공 신의주 야체이까를 조직. 1928년 신의주청년동맹 집행위원장. 1931년 10월 경성지법에서 징역 5년 받음. 이르쿠츠크파 고려공산당 상해지부를 결성하고 상해임정 법무차장을 지낸 安秉瓚 아우임.	1933. 9 속성과 재학. 해방 뒤 조선민주주의인민공화국 평북검찰소장. 최고검찰소특검부장을 지냈음.
安相勳	李重元. 李相基. 바또로꼬프.	경북 안동	1925.11	1927.7 성적 불량으로 퇴학	1925. 공청 참여. 1929년 길림성 돈화현에서 조공재건위 결성에 참여한 뒤 귀국. 1931년 9월 경성부심법원에서 징역 5년 받음.	조공 경북도책 安相吉 아우. 어려서 한학을 배웠고 안동청년회에서 활동.
安義士		연해주		1926. 2		졸업 뒤 연해주 지방으로 배치.
야꼬프						1932. 11 재학 중.
웃가이		연해주	1923?	1926. 2	졸업 뒤 연해주 지방으로 배치.	1926년 당시 대학에서 통역.
吳淇燮	吳琪燮. 吳 逸. 李龍俊. 오르라킨	함남 홍원	1929.10		1926년 제2차조공 당원. 1928년 경성지법에서 징역1년. 1935년 함흥지법에서 징역6년을 받고 옥중투쟁에 5차례 참가. 1946년 북조선인민위원회 선전부장. 동위원회 노동국장. 북로당 중앙위원. 8월 제1기 최고인민회의 대의원. 56년 4월 수매양정상. 57년 9월 종파ㆍ반당분자로 찍혀 협동조합직원으로 추방됨.	1946년 「토지개혁법령의 정당성」 발간. 1947년 「조선현단계의 계급분석」 「북조선의 의료휴업사업」을 『인민』에 실음.
吳成崙	全 光. 一 雷. 吳 震. 吳哲成. 吳鳳煥	함북 온성	1924	1926.4	1920년 의열단 암살부에 들어 1922년 3월 金益相ㆍ李鐘巖과 일본육군대장 타나카를 저격했다가 실패하고 붙잡혔으나 상해 일본영사관 감옥에서 탈출해서 만주로 갔음. 1936년 재만한인조국광복회 창건에 주도적으로 참여하여 동만특위 조직부장이 되었음. 1941년 일본군에 붙잡힌 뒤 변절. 일제 패망 뒤 북경 근교 승덕(承德) 한교동맹(韓僑同盟) 위원장 겸 조선독립동맹 승덕시 책임자가 되었다가 팔로군이 승덕시에 들어온 뒤 체포되었다고 함. 47년 초 임서(林西)에서 사망했다고 함. 중공군에게 처형되었다는 설이 있음.	
吳昌宇			1923. 11			1924. 9 입학.

이 름	가 명	본 적	입학년월	졸업년월	활동사항	비 고
吳鐵柱			1924년 전	1926. 봄	국내공산당사건으로 체포.	
원손민						1932. 11 재학중.
魏基勳	카비스린		1930?			1932. 속성과 1년.
劉文賢	리꼴라에프	경기도	1925. 11			
劉스라			1923. 11	1926. 봄		연해주에서 파견.
柳一根	가비로비스띠		1928?			1929. 11 본과 1년.
尹基鉉	띠나메또뽀	강원 양양	1926.9		제2차공청 가입.	1926년 ?
李建鎬	李 春. 李 光. 李光旭. 꾸르모프	강원 양양	1925. 10	1929. 5	제1차공청 가입. 졸업 뒤 權五稷·李承燁과 왕래. 이후 金光恩·金大鳳·金致坤과 함께 경성·인천·평양·원산 등지에서 적노조직활동.	朴憲永·權五卨 권유로 입학.
李基石			1923. 11		간도용흥중학교 출신	1924. 9 입학 ?
李德善			1924.가을			1924년 전 입학 ?
李遜鎬	삐흐뜨나	함남 신흥	1932. 11	1934. 5	1933. 9 다시 속성과로 진급. 졸업 뒤 함흥 공장지대에서 활동.	1932. 2 준비과 입학. 金正河 알선으로 입학. 權榮台를 입학 시킴.
李珉英			1924년 전			
李相熙					1931년 코민테른에서 선내에 파견된 활동가들의 상황 조사와 공산대학에 보낼 유학생의 모집을 명령 받고 입선	
李 淳	李順令監. 李昌熙. 야노쁘스끼	함북 명천	1928	1932	1914년 러시아로 이주하여 6년간 탄광노동에 종사. 1921년 빨치산으로 백위군과 싸웠음. 1924년 공청 만주총국 집행위원. 1938년 청진에서 조공재건운동을 하던 黃錫柱·朴淳九와 인민전선운동을 전개. 1939년 청진의 「전투적공산주의동맹」 결성지도.	1929. 11 본과 1년. 李文弘·金承勳과 활동.
李永祚	朴懿文. 李相元. 張 岳. 崔八岸. 빼뜨로프	경북 안동	1925. 10	1929. 5	1924년 화요회, 1925년 공청 가입. 1929년 국제공산청년동맹 지시에 귀국. 부산 지역 조직책으로 운동하다가 1931년 경성지법에서 징역 4년.	
李鐘一		함북 명천	1923. 11			1924. 9 입학 ?
李俊九			1924년 전			

이름	가명	본적	입학년월	졸업년월	활동사항	비고
李智鐸	李智澤. 李秀燁.	평남 강서	1923	1925	제2차공청 중앙간부 겸 경성부 책임비서. 1926년 6월 검거되어 징역 2년 6월. 1932년, 37년 두 차례 더 검거됨. 1947년 민주주의독립전선 상무위원.	
李進鎬	이요이민	함남 신흥	1932. 11	1934. 6	1933. 8 다시 속성과로 진급. 金正河 알선으로 입학.	1934. 4 성적불량으로 퇴학.
李泰英	李台鉉	경기 개성	1924. 봄	1926. 봄	1927. 10월 개성공산당 민족부장. 1929년 10월 경성지법에서 징역 4년.	
李翰彬	호 엔	함남 신흥	1932. 11	1934. 6	1933. 9 다시 속성과로 진급. 졸업 뒤 함흥·평양에서 활동.	1932. 2 준비과 입학. 金正河 알선으로 입학.
李華永	柳英奎. 李周天.	경기 김포	1933. 9	1934. 6	1931. 2 조선공산당재건설동맹 결성에 참여. 1934. 12월 공산대학 속성과 과장인 崔成宇로부터 적노를 조직하라는 지시받고 평양으로 왔다가 1937년 징역 3년 받음.	李宗林(1901~? 함남 덕원의 빈농 출신으로 공청 만주 비서부 위원)
林民鎬	林珉鎬. 林閔鎬. 林太甲. 林春南. 金日善. 金昌燮. 閔虎林. 沈道武. 따로프	함북 회령	1928. 10	1932. 5	조공만주총국 동만구역국 위원. 태로 국내공작원. 연변대학 부총장. 연변조선족 자치주 정치협상회의 주석. 연변일보 사장.	1966년 10월 문화대혁명 때 주자파 밀정으로 몰려 박해를 받다가 70년 7월 사망. 72년 4인방 몰락 뒤 명예가 회복됨.
張奎景	金眞成. 金東順.	경기 경성	1929. 9	1931. 5	노동자생활을 하다가 신간회 경성지회 가입. 마산으로 가서 노동운동. 1934. 9 부산지법에서 징역 3년. 1939년 경성 콤그룹에 들어가 金三龍과 함께 조직부를 맡았음. 민전 경기지부 부의장. 남로당 경기도당 위원.	金丹冶 권유로 입학. 1945년 10월 전평 결성 준비.
張奎燮	이와노프		1929?			1929. 11 예과생.
張道明	張斗明. 張赤化. 朱東化. 霹洛. 淸峰. 고길룡. 박용진. 벼락별. 뜨라쯔뜨로쁘	함남 원산	1926. 2	1929. 6	조공재건운동 참가. 졸업 뒤 웅기·회령·청진·경성 등지에서 적색노조·적색농조·공청 등 조직 위해 애씀. 경성 콤그룹 함북 책임자였던 張順明 동생임.	우가끼총독의 함북 순시에 즈음한 격문살포사건으로 청진지법에서 징역 6년.
張曙星	張 勳. 李赤霞. 니콜라이.	함남 이원	1925. 12	1928. 여름	고려공산청년회 회원. 1930년 조공재조직 참여로 수배되었으나 소재불명으로 기소중지.	

이 름	가 명	본 적	입학년월	졸업년월	활동사항	비 고
張漢俊			1925.12		공청 회원	
全政琯	全 德. 全 爀.	함남 북청	1924년 전		1926년 2차조공 중앙집행위원. 1928년 2월 경성지법에서 징역 3년 6월. 1932년 함흥지법에서 징역 5년	
鄭慶昌	鄭敬昌. 千昌一. 벤고프	경기 강화	1925.11		1924년 강화중앙청년회, 신흥청년동맹 중앙집행위원. 25년 조공·공청 가입. 1930년 '조공재조직준비위원회사건'으로 수배되었으나 소재불명으로 기소중지.	1926. 6 스라와 결혼으로 중퇴하고 연해주로 갔다가 다시 모스크바로 가서 공장노동자가 되었음.
鄭達憲	羅 基. 끄라니아토프	함남 홍원	1926. 7	1929.5	함북 영생중학, 개성 송도고보를 마치고 서울 연희전문 문과에 들어감. 제2차공청 회원. 1931년 평양 좌익노조 파업 지도. 1934년 평양부심법원에서 징역 6년. 해방 뒤 조공 함북도책.	평북도 인민위원장 ·평양경제전문학교 교장을 지냈으나 1948년 북로당 제2차 대회에서 종파주의자로 비판받고 숙청당함.
鄭秉旭	소베스끼.	평북	1925.11			1927. 1 다시 입학. 1927. 8 퇴학.
鄭硯行	스트루로프	평북	1925.12	1928.여름	1928. 11 평남에서 체포	
鄭雲林			1925.11			
鄭在達	田 友. 趙東鎭. 미로노프	충북 진천	1929.12		꼬르뷰로·오그그뷰로 위원. 화요파공산주의그룹 간부. 신간회 중앙집행위원. 해방 뒤 장안파 조선공산당 참여. 조선인민공화국 중앙인민위원회 후보 위원.	1931년 12월 코민테른 지시로 귀국하여 남해안 어장에서 위장 어부로 들어가 적색노조를 짜려다가 1933년 12월 붙잡혔음.
趙今龍	趙彙昌. 趙熙彰. 趙昌熙. 趙熙昌. 趙今用. 오리도모프.	충북 충주	1923. 9	1925.9	1925년 10월 귀국하여 조공 경성야체이카 배속. 1928년 2월 공청 간부가 되었으나 '제3차조공검거사건' 다음 충주로 잠복. 10월부터 서울의 양조장 점원으로 일하다가 1929년 10월쯤 공산대학 졸업생들이 귀국하자 다시 활동을 재개.	1930년 權五稷· 朱靑松 등의 3·1운동기념격문사건에 얽혀 경성지법에서 징역 2년.

이 름	가 명	본 적	입학년월	졸업년월	활동사항	비 고
趙斗元	趙一明. 이스끄린.	강원 양양	1926.9	1929. 6	공청 중앙집행위원. 조공 경성부 제2구 제2야체이까 (1925.11. 1926.3) 1930년 경성지법에서 징역 3년. 서대문형무소에서 대전형무소로 이감 중 "조공만세" 구호를 외쳐 징역 6월을 추가 받음. 해방 뒤 장안파 공산당 참여. 《해방일보》편집국장과 《노력인민》주필을 지내다가 입북하여 대남선전담당. 민주조선 부주필과 문화선전성 부상을 하다가 처형당함.	지주 집안 출신이며 여류혁명가 趙元淑 오라버니로 연희전문 문과를 다녔음. 1934년 사상 전향 기관인 대화숙에서 일본어 강사를 하였던 것이 악업이 되어 끝내 남로당 숙청 때 죽임당하였음.
曹龍巖	曹江巖. 劉準賢. 메시꼬프.	경기 강화	1925. 11		'조선공산당재조직준비위원회사건'에 관계.	1927. 8 퇴학. 曹奉巖 아우.
趙 勳		함남 이원	1925. 말	1928. 여름	이르쿠츠크공산당 한족부 부회장.	
朱寧河	띠에리니코프	함남	1931		경성제국대학을 졸업하고 1925년 조선공산당 입당. 공대졸업생들과 조공재건·적색노조운동을 하다가 1936년 5월 6년 징역. 해방 뒤 제1기 최고인민회의 대의원, 교통상, 소련주재 초대대사. 외무성 부상.	1953년 8월 종파분자로 몰려 좌천되었다가 1956년 교육성부상으로 복권되었으나 '朴昌玉사건'에 연루되어 노동교화소로 추방되었음.
朱 岳	秋 岳. 미나헤바	평남 평양	1925. 12		1930년 이후 조공재건운동으로 수배되었으나 기소중지 되었음.	1927 입학? 1929. 11 본과 3년.
朱靑松	朴成春. 말사스가기.	간도 출생	1923. 11	1928. 5	간도에서 태어나 연해주 니꼴리스끄에서 자랐음. 용정 동흥중학에 들어가 학생야체이카를 조직. 1933년 6월 공청 간도지부 선전부장이 됨. 조공재건운동 참가자. 1931년 10월 경성지법에서 징역 5년.	1926년 공대 별과를 졸업했으나 러시아어를 잘하여 강사반 학생으로 계속 다니다가 1928년 5월 졸업하였음.
차 일			1932?			1933. 9 속성과 재학중.
차한센			1932?			1933. 9 속성과 재학중
천 민						1932. 11 재학중
崔 康			1925. 11			
崔公集	崔景浩	강원 양양	1932. 11	1933	1927년 보성고보에 들어가 1930년 동맹휴교를 목대잡다가 퇴학당함. 공대 졸업 뒤 평양에서 목공일을 하며 조공 재건·적노운동을 하다가 1934년 징역 1년 6월.	속성과 졸업. 해방 뒤 전국인민위원회 강원도 확대위원으로 선임.
崔朴順	카시모바	함남 홍원	1930?			1931. 속성과 1년.

이름	가명	본적	입학년월	졸업년월	활동사항	비고
崔成岸					1926년 당시 공산대학에서 통역을 함.	
崔成宇	崔晟禹. 崔峰善. 최바실리	연해주	1925. 11		블라디보스토크에서 태어나 중등학교를 중퇴하고 노동을 하며 지내다가 1919년 7월 블라디보스토크에서 사회주의비밀결사 一世黨 간부가 되었고, 꼼소몰에 들어 《붉은별》 편집을 하였다. 1929년 코민테른 동양부 내 조선문제 담당 트로이카가 되었음.	1934~35년 코민테른 기관지 《공산주의인터내셔날》에 「조선공산당행동강령에 대하여」·「종파와의 투쟁임무에 관한 조선공산당발기자 그룹의 서한에 대하여」 등을 기고하였음.
崔春澤	崔 栗. 崔 豹. 짜 뽀.	경북 대구	1925. 11		1925년 조선공산당 입당. 1930년 이후 '조공재조직사건'으로 지명수배.	1926. 여름 퇴학.
추계 (?)煥	라노메또쁘		1930?			1931. 속성과 1년.
카 린			1929?			1929. 11 예과생.
카 미						1932. 11 재학중.
韓니콜라이			1924년 전			
韓東翊					1932. 11(?)~34. 5(?) 속성과. 조선민족부 교관.	1929. 11 본과 연구반.
韓미하일		연해주	1923. 11			1924. 9 입학.
韓士斌	韓國憲. 李成男. 레오니쯔 바실리비치.	연해주	1928. 10	1931. 4	조공만주총국 간부. 흥남공산주의자그룹 책임자. 1932년 메이데이 때 격문을 뿌린 것으로 1933년 함흥지법에서 7년 징역.	어려서 부모를 잃고 꼼소몰에 들어가면서 운동을 시작함.
韓相輝			1924년 전			
韓시샤						1924. 9 재학중.
韓웨라			1931 ?			1933. 9 속성과 재학중.
韓仁甲			1926. 9.		제2차공청 회원.	
韓天宇			1930?			1932. 11 재학중.
許成澤	許國澤. 許永植.	함북 성진		1934	성진농조운동 지도자. 1938년 5월 청진지법에서 징역4년. 예방구금되었다가 해방과 함께 출옥. 민전 부의장. 전평위원장으로 9월총파업 주도. 제1,2기 최고인민회의 대의원. 조선민주주의인민공화국 노동상. 1959년 종파분자로 몰려 모든 공직에서 해임.	

이름	가명	본적	입학년월	졸업년월	활동사항	비고
玄七鐘	方東振. 朴 全. 李相喆. 金致奎. 玄春逢.	함북 성진	1923. 11	1926. 6	1923년 사상단체 토요회 간부. 1927년 조공동만구역국 선전부장. 1928년 12월 경성지법에서 징역 5년. '간도공산당사건'으로 징역 5년. 1934년 11월 '함북공산주의자동맹사건'으로 검거되어 해방과 함께 춘천형무소에서 출옥. 1957년 최고인민회의 상임위원회 부위원장.	1945년 9월 열린 열성자대회에서 朴憲永 중심의 조공재건을 지지하였음.
洪維均	브라킨		1927 ?			1929. 11 본과 2년.
洪仁義	金東喆	함남 홍원	1932. 9	1934. 5.	소련공산당원. 경성콤그룹 관련자. 경성콤그룹 기관지 『선진』에 「조선 피압박세력 대중이여, 궐기하자」를 기고. 1944년 징역 7년을 받음.	1929년 끄르임반도에 있는 조선공장 노동자가 되었고, 1930년 10월 발틱함대 수병이 되었음.
후 나				1926. 2	졸업 뒤 연해주 지방으로 배치.	
후 반			1933. 9			

※ 우동수가 쓴 「조선공산당재건운동과 코민테른 – 동방노력자공산대학 졸업자들의 활동을 중심으로」에 『한국사회주의운동 인명사전』 같은 것들을 비춰보며 만들었음.

3. 1930년대 좌익운동의 신화 불꽃같던 경성트로이카

이 재 유 ^{1905~1944}

이재유(李載裕)동지

1903년 함경도 삼수(三水)에서 출생하야 공부하러 도일하야 연수학관에서 약 1년 간 수학하다 기후 노동운동에 투신하야 재일본노총위원이였으며 또 일본총국 당원이였다 1928년 일본당 사건으로 피검되여 3년 징역을 받었다

기후 귀국하야 노동농민운동에 헌신하야 망명생활로서 잠행운동을 계속하다 동무는 두뇌가 명석하여 이론이 밝고 학구적인 동시에 실제적이었다 그리고 동지의 민활하고 대담무쌍한 활동은 당시 적으로 하야금 분주불가하게 하얏다는 것은 우리 민족이 잘 아는 것이다

1936년 12월에 피검되여서 서대문감옥에 있으며 항상 공산주의자로 시종하였다 동무는 옥중에 있어서도 공산당 지부를 조직하야 동포수를 위한 투쟁 동지들의 교양사업 간수에 대한 혁명사상 고취 등을 볼 때 그 열렬한 투지를 알 수 있으며 더욱 조선어사용금지 반대투쟁이라든지 또는 공주형무소 이감 직시로 일반 수인의 대우 개선 항쟁을 우리가 잊지 못할 것이다 이러한 항쟁의 결과로서 오는 암방징벌은 동무의 무서워하는 바가 아니였다

1944년 9월이 만기임에도 불구하고 비전향이라 하야 그냥 독방생활을 하시다가 10

일본에서 붙잡혀 경성으로 옮겨질 무렵 드레진 이재유.

월 26일 40세를 일기로 도라가시다(이관술 강진 이청원 동지 제공)

《해방일보》 1946년 4월 17일 치 기사이다. 조선공산당 창립 21주년 기념 특집으로, 조선공산당 이름으로 기리는 동지들은 이재유를 비롯하여 모두 22명이다.

김재봉 동지. 강달영 동지. 권오설 동지. 차금봉 동지. 김세연 동지. 김강 동지. 고광수 동지. 이인수 동지. 한해 동지. 이동휘 동지. 주현중 동지. 이동선 동지. 이재유 동지. 한위건 동지. 정운해 동지. 김철산 동지. 이낙영 동지. 김철 동지. 진병기 동지. 정태옥 동지. 도정호 동지. 오성세 동지.
「우리 당의 발전을 위하야 투쟁하다가 희생된 동지」— 당 창립 21주년 기념호에서 계속

같은 신문 18, 19, 20, 21일 치에 잇달아서 실린 '희생된 동지들'은 모두 16명이다.

박순병 동지. 구연흠 동지. 오상렬 동지. 소성규 동지. 소 동지의 부인 홍혜순 동지. 장재욱 동지. 김복진 동지. 김사국 동지. 김문준 동지. 강창보 동지. 강목구 동지. 김명식 동지. 김시용 동지. 윤기현 동지. 권오상 동지. 이운수 동지.

이재유가 태어난 해는 1905년이다. '40세를 일기로 도라가시다'라고 하면서 1903년생이라고 한 것은 활자가 잘못 꽂힌 것으로 보인다.

이재유는 조선팔도에서 가장 외진 두메산골을 가리킬 때 쓰는 '삼수갑산(三水甲山)' 그 삼수에서 태어났는데, 밥술이나 먹는 살림이었다. 세 살 때 어머니가 돌아가자 아버지는 재유보다 10살쯤 많은 젊은 여자를 후처로 맞아들였고, 소년 재유는 거의 할머니와 시냈다. 12살 때 삼수공립보통학교 5학년에 보결로 들어갔으나 '너무나 과목이 저급하고 배울 것이 없어서' 넉 달쯤 다니다가 그만두고, 독공부로 일본어와 산술을 익혔다. 1924년 4월 서울로 가 보성고등보통학교 2학년에 편입시험을 쳐서 들어갔으나 월사금을 못 내 석 달 만에 그만두었다. 이듬해 개성에 있는 송도고등보통학교 3학년에 편입시험을 쳐서 들어갔다.

돈이 없던 이재유가 송도고보에 다닌 연줄에 대하여 박헌영 아들 원경은 주세죽이

이재유 이모뻘로, 그때 신문기자 노릇을 하던 박헌영 도움으로 배움비발을 댈 수 있었다고 한다. 박헌영 조카 김제술한테서 전해들은 이야기라고 하는데 진짜인지 아닌지는 맞춰볼 길이 없다.

이재유는 7명 학생을 모아 맑스-레닌주의를 갈닦는 '사회과학연구회'를 만들었고, 반봉건투쟁 하나로 청년층에 널리 퍼져나갔던 반종교투쟁을 벌이다가 쫓겨났다. 그때 일됨새를 보여주는 적바림이 있다. '한 지식인의 내면세계를 통해 본 식민지시기'라는 버금이름이 달려 있는 『윤치호일기』에 적혀 있다.

1926년 6월 18일 금요일

송도고보 2학년, 3학년 학생들이 윔스 씨와 스나이더 씨를 이들 집무실에 죄수처럼 감금했다는 얘기를 들었다. 학생들은 이들이 화장실에 가거나, 점심을 먹으러 집에 가는 것조차 허용하지 않았다고 한다. 왓슨 부인이 점심과 신문을 가지고 왔는데도, 학생들은 출입을 막았다고 한다. 조선인 교사들은 험악한 상황으로부터 윔스 씨를 구해내기 위해 경찰을 불러야 했단다. 이 소년들은 학생이라기보다는 마적처럼 행동했다고 한다. 개성에 있는 볼세비키 공작원들이 이 소년들을 후원하고 있는 건 아닌지 모르겠다.

1926년 6월 19일 토요일

윔스 씨가 성경과목에 대해 현명치 못한 입장을 취했던 게 최근에 발생한 송도고보 동맹휴학의 직접적인 원인으로 작용한 것 같다. 학생들의 불만은 이렇다. 윔스 씨가 학생들에게 성경 구절을 암기하라고 요구했다. 그가 성경공부를 거부한 학생을 거칠게 다루었다. 오늘날 조선인 학생들에게 원치도 않는 성경을 공부하라고 강요하는 건 정말이지 터무니없는 일이다. 하물며 성경구절을 암기하라고 강요하다니, 대체 이게 어찌된 일인가? 윔스 씨 같은 사람들은 학생들에게 성경을 가르치려 해서는 안된다. 특히 조선에서는 말이다.

이 사건으로 퇴학당한 이재유는 고학할 작정으로 일본 동경으로 건너가 니혼대학(日本大學) 전문부 사회과에 들어갔는데 배움비발을 못 대어 그만두고 노동일을 하게 되면서부터 두 팔 걷어붙이고 사회주의사상을 공부하게 된다. 조선공산당과 「고려공산청년회」 일본총국에 들어가 70여 차례나 붙잡혀갈 만큼 기운차게 움직이다가 붙잡혀 경성으로 끌려와 징역 3년 6월을 받는다.

1932년 12월 22일 경성형무소에서 만기 출옥하여 1936년 12월 25일 다시 붙잡힐 때까지 만 4년 동안 이재유는 불꽃같은 주의자 삶을 산다. 두 번에 걸쳐 12년 징역을 살다가 끝내 감방에서 마지막을 맞게 되는 주의자 삶은 참으로 끔찍한 것이었다. 조선 나이로 갓 마흔을 살았는데 징역살이 12년을 빼면 28년이 남는다. 청운의 뜻을 품고 서울로 올라온 것이 20살 때이니 이재유가 사회생활을 한 것은 겨우 8년밖에 되지 않는다. 그 8년 세월이나마 승냥이 같고 두억시니 같은 왜경들 핏발 선 눈길에 쫓겨야 하는 '죽음의 행군'이었다.

수필가 이하윤(異河潤)이라고 짐작되는 '금강산인'이 《신천지》 1946년 4월호와 5월호에 걸쳐 쓴 〈조선민족해방 영웅적 투사 이재유 탈출기〉 한 갈래이다.

이재유 동무는 우리들과 함께 8·15일 해방의 날을 맞이하지 못하고 원통하게 작년(1944년) 청주보호교도소에서 옥사하였다. 그가 옥사하기까지 짧은 반생은 오로지 일본제국주의 지옥 밑에서 조선의 독립과 근로대중의 행복을 위한 투쟁에 바쳤었다. 피검, 고문, 재감, 탈주, 지하활동 등 그의 걸어온 길은 형극의 길이었다. 그러나 그가 한시라도 잊지 않은 일념은 오직 조선혁명이었다. 조선의 혁명을 위하여 살고 혁명을 위하여 죽는다는 혁명운동에 종사한 사람이 많지만 참으로 명예와 지위를 떠나 신명을 아끼지 않고 일신을 바쳐 한길을 걸은 사람은 드물다 하지 않을 수 없다. 세불리할 때는 혁명운동도 헌신짝같이 버리고 돌아서서 보신하기에 바쁜 사람, 자신의 영달을 꾀하는 사람이 어찌 적다 할 수 있으랴. 혁명의 길은 평탄한 대로가 아니다. 그것은 형극의 길이다.

혁명 바탕자리는 '조선공산당'이었다. 오로지 '조선공산당' 재건을 위하여 싸워온 삶이었다. "최근 경성을 중심으로 일어난 거의 모든 공산주의운동의 흑막으로 활동함으로써 수많은 청년 남녀가 그 때문에 해를 입었다"고 일제 사상경찰들이 비명을 지를 만큼 이재유그룹의 운동은 나름대로 보람을 얻고 있었다. 때에 따라 그 이름이 바뀌었으니―「경성트로이카」, 「경성재건그룹」, 「조선공산당재건경성준비그룹」이었다.

이재유는 정이 많고 눈물이 많은 사람이었다. 황토 속살처럼 부드럽고 결 고운 시적(詩的) 받음성과 함께 앎과 함을 같이 굳세게 밀고 나가는 힘을 가진 사람이었다. 사람들 마음을 녹일 줄 아는 '사람 얼굴을 한 주의자'였다. 그것은 모리다(森田)라는 왜경이

제 집 마루 밑을 파고 이재유를 38일이나 숨겨주었던 양심적 일본인 미야케 시카노스케 교수. 3년 감옥살이를 하고 일본으로 돌아가 농삿일을 하다가 해방 뒤 교수직에 돌아온다.

보여준 몸놀림에서 뚜렷하게 드러난다.

두 번에 걸쳐 '신화적 탈출'을 했다가 다시 붙잡히게 된 1934년 6월 13일 밤이었다. 손에 자동수갑을 차고 발에는 커다란 쇳덩어리를 붙들어 맨 데다가 허리에는 또 방울을 채워 그야말로 옴치고 뛸 수 없는 판이었다. 그런 이재유가 감쪽같이 사라져버린 것이었다. 제아무리 탈출의 귀재 소리를 듣는 이재유였지만 있을 수 없는 일이었다. 그런데 감쪽같이 사라져버린 '흉악무도한 조선공산당 수괴' 이재유였으니, 그를 철통같이 가둬 두고 있던 서대문경찰서는 발칵 뒤집힐 수밖에 없었다. 담당 간수였던 모리다 순경이 탈출을 도와준 것이 드러나게 되었는데, 산골 주재소로 밀려나게 되었던 모리다는 그 뒤 온데간데 없게 되었다고 한다. 모리다가 아무리 사회주의 사상에 가까운 젊은이였다고 하더라도 짧은 시간에 적국 경찰을 동지로 만들어버린 이재유 솜씨는 놀라운 것이었다. 이재유한테 '당대 최고의 혁명가'며 '30년대 사회주의 운동의 신화적 존재'라는 꽃다발을 걸어주게 된 터무니 가운데 하나이다.

그때에 주의자를 다루는 왜경들 족대기질 솜씨는 말과 글로 나타낼 수 없을 만큼 참으로 끔찍한 것이었다. 여럿이 빙 둘러서서 공처럼 주고받으며 때리고 차고 물을 먹이고 거꾸로 달아매다가 불에 달구어진 인두로 넓적다리를 지지다가 생식기 끝에 전깃줄을 들이대는 것이었는데, 이재유는 입을 열지 않았다. 그는 죽어도 왜경들이 바라는 '자백'을 하지 않는 사람이었다. 자백을 하기는 한다. 그러나 자백이라고 해봐야 왜경들 다리품만 팔게 하는 것들이었으니, 적에게 잡혔을 때 적어도 24시간은 입을 다물어 동지들이 탈 없이 피할 수 있는 시간을 벌어줘야 한다는 '이재유 철칙'을 따른 것이었다.

이재유가 박진홍과 만난 것은 1934년 8월 첫 때였다. 이재유가 보기에 '매우 전투적인 좌익 교수'였던 경성제대 미야케 시카노스케(三宅鹿之助) 교수 집을 막 나온 참이었다. 철옹성 같은 왜경 유치장에서 세 번이나 '신화적 탈출'을 한 데다, 일본인 좌익 교수 집 응접실 마루 밑을 파고 38일 동안 숨어 있던 '집요 흉악한 조선공산당 원흉'을 잡기 위하여 경성 시내 모든 왜경들은 거의 발광상태였다. 피가 졸아드는 땅굴생활 속에서도 이재유는 가만히 몸만 숨기고 있는 것이 아니었다. 응접실 탁자 다리 곁으로 젓가락 하나가 들어갈 만큼 구멍을 뚫어 미야케와 쪽지 통신을 주고받으며 동지들과 줄을 대었고, 맑스·레닌 책들을 넣어 달래서 회중전등으로 비추어 읽었으며, 잠깐씩 굴을 나와 욕실에서 맨손체조와 목간을 하였다. 그리고 미야케와 쪽지 토론을 벌이며 운동 방침을 가다듬었다.

'아지트키퍼'를 하면서 이재유와 한살이 된 박진홍이 신당동 셋방을 나간 것은 1935년 1월 10일이었다. 그러나 이재유가 만들어준 〈세말캄파니아 투쟁방침서〉를 영등포 공장 프랙션에게 전해주러 나간 문건레포 박진홍은 돌아오지 않았다. 서로의 언약에 따라 이재유는 대뜸 아지트를 옮긴다. 그리고 자기 아이를 밴 박진홍의 동덕고녀 은사인 이관술과 양주군 노해면 공덕리(이제 노원구 창동)에 들어가 위장농군이 된다. 공덕리에서 이재유는 이관술과 「조선공산당재건그룹」을 「준비그룹」으로 바꾸고 그 기관지로 《적기(赤旗)》를 자신들이 손수 만든 '가리방'으로 긁어 경성 시내 주의자들에게 돌린다.

왜경이 밝혀낸 것에 따르더라도 1934년 5월까지 이재유그룹은 25개소 각급 학교에서 한 100여 명 학생들을 얽어내었고, 1935년 1월까지 경성여상, 보성전문, 동덕여고보, 경성법전, 중앙고보에 심계월·이인행·권오상·박진홍 등을 줏대로 학내 반제조직 준비활동을 더욱 다질렀다.

학생운동을 다지르는 것과 함께 이재유그룹이 힘을 기울였던 것이 일상활동과 경제투쟁을 이끌어 가는 것이었는데, 코민테른 같은 국제기관 전술지침서인 〈12월테제〉·〈9월테제〉·제12·13회 프레남에서 결정된 〈테제·결의〉를 본보기로 하여 〈자기비판문〉, 〈학교내 활동의 기준〉, 〈조직문제의 의의와 그 필요〉, 〈투지양성을 위한 각서〉 같은 지도방침서 수십 종을 만들었으니— 다음에 드는 〈동지 획득에 관한 주의사항〉 한 도막만 보더라도 이재유가 조직원들을 길들이는 데 얼마나 속속들이 빈틈없었는가 알 수 있다.

　　1. 자신이 획득하고자 하는 사람에 대해서는 친절한 태도를 취하고 신임을 받기 위해 말과 행동에 주의해야 한다. 그리고 상대방의 태도를 보아가며 그에 걸맞는 태도를 취해야 한다.

2. 처음부터 좌익적 행동을 하거나 자신을 자랑한다든지 상대방의 가정사정을 캐물어서는 안된다.

3. 상대방의 의식 정도에 따라 좌익서적을 읽게 하고 항상 열정을 가지고 응대하여 무릇 밝은 태도를 취해야 한다. 토론 등을 할 때 자신의 오류는 상대방의 면전에서 스스로 지적하도록 주의해야 한다.

이재유는 선진대중을 모아 대중의 나날살이에 도움을 줄 수 있는 실천투쟁인 동맹휴학, 동맹파업, 소작쟁의를 밑그림 그리고 채잡아 나갔는데— 그 가운데서도 '동대문의 공장지대를 모조리 수중에 넣어 직공을 선동하여 계속적으로 쟁의를 일으키게' 하였으니— 이재유·이종희·변홍대·이순금·허 균·권오상·안병춘·정칠성 들이 채잡아 나갔던 편창제사공장, 별표고무공장, 소화제사공장, 서울고무공장, 조선견직공장, 영등포철공장, 고려고무공장, 종연방적공장, 경성고무공장 동맹파업이 그것이었다. 아울러 동덕여고보 외 6개교에서 동맹휴학과 교사배척투쟁을 이끌면서 학생들의 일상투쟁을 이끌기 위한 11항목 190조에 달하는 투쟁슬로건을 만들기도 하였다.

또한 이재유가 가장 매섭게 꾸짖었던 것이 이른바 민족개량주의와 사회민주주의였다. 민족개량주의자와 사회민주주의자들은 무어라고 입에 발린 소리를 하더라도 본바탕에 있어서 일본제국주의에 팔려간 앞잡이 사냥개라고 보았다. 일제가 쳐놓은 이른바 합법의 그물 속에서만 움직이는 기회주의적이고 반동적인 무리로 꼽았던 것이 ① 천도교 탈락자 ② 홍사단 ③ 기독교·불교 등 모든 종교단체 ④《조선일보》·《중앙일보》·《동아일보》같은 언론기관과 원동학에서 떨어져 나간 천도교 신파 무리들이 만든「시중회(時中會)」같은 것들이었다.

먼저 천도교에서는《농민》·《진인간(眞人間)》·《별건곤(別乾坤)》같은 잡지들을 펴내어 노동대중, 더구나 농민대중에게 신비적이고 종교적인 이데올로기를 넣어줌으로써 그들의 사상을 어지럽혀 혁명적 힘을 빼앗아버려 이들한테서 '정미(精米)'를 거두어 제뱃속을 채우며 일제 앞잡이 노릇을 하는 천도교의 탈락자·배반자를 모집었다.

안창호(安昌浩)를 왕초로 하고 이광수(李光洙) 및 주요한(朱耀翰)을 목대잡이로 하여 '실력양성'·'산업진흥'의 슬로건을 내걸고 일제의 앞잡이 노릇을 하는 홍사단과 인민대중에게 제국주의의 아편을 먹이는 기독교·불교 같은 모든 종교단체도 잡아냈다.

부르조아지로서 민족해방운동 탈락자·배반자들이 모여 만드는 조선과 동아 같은

'신화적 탈출' 다섯 달 뒤에야 이재유를 붙잡았다는 것을 알린 총독부 기관지《경성일보》.

언론기관과 시중회 같은 교양모임들이 꼽혔고, 공산주의운동에서 떨어져나간 유진희(兪鎭熙)를 우두머리로 하는《신계단》과 또한 공산주의운동에서 떨어져나간 더러운 무리들 가운데 목대잡이인 김약수(金若水)가 이끄는《대중》과 소부르조아적 잡지인《이러타》, 조선공산당 기관지임을 내세우는《비판》, 그리고《신청년》과 돌아선 '카프 계열'들이었으며, 모든 합법주의자 곧 비합법투쟁에서 벗어난 이들이 대중에게 끼치는 모든 기회주의적이고 반동적인 입김을 깨뜨려 부셔야 한다고 되풀이하여 그루박는 것이었다.

이재유가 붙잡힌 것은 준비그룹 성원인 최호극(崔浩極)에게《적기》제3호를 건네주고 투쟁방침을 알려주기 위하여 나간 머무는 곳 곁 산속에서였다. 이재유를 기다리는 것은 최호극이 아니라 왜경 수백 명이었던 것이다. 1936년 12월 25일 정오 무렵이었다. 왜경들에게 감때사납게 두들겨 맞으면서도 이재유는 목이 찢어지라고 소리쳐 동네에 들리게 하였고, 사는 곳을 밝힌 것은 다음날 하오 6시쯤이었다. 스스로 정한 '주의자 계율'을 지켜냄으로써 이관술이 뺑소니칠 수 있는 시간을 벌어 준 것이었다.

온갖 끔찍한 족대기질에 시달리기 일곱 달 만에 내려진 언도는 징역 6년이었다. 6년 만기를 채웠으나 전향을 하지 않았다는 이유로 청주보호감호소로 옮겨진 이재유가 족대기질 뒷덧을 못 이겨 눈을 감은 것은 1944년 10월 26일이었다. 향수 40.

감옥에 있으면서도 끊임없이 일제와 싸웠던 이재유였다. 다른 방에 있는 주의자들과 통방 따위 여러 가지 꾀로 줄 대어 조선말 사용금지에 맞서고, 수감자 대우개선을 끈질기게 졸랐으며, 간수들한테 공산주의 의식화교육을 시키는 교양사업을 벌였다. 끝내 서대문형무소살이 1년 만에 공주형무소로 옮겨졌지만 그 세찬 감방투쟁은 멈추지 않았다.

경찰서 유치장에 있으면서 만든 것이 「조선에서 공산주의운동의 특수성과 그 발전능부」라는 논문이다. 조선경제 생산관계가 반(半)봉건적·반자본주의적이므로, 노동자를 주력으로 하고 농민을 동맹자로 하여 무산대중과 진보적 학생·인텔리들이 연합하여 일제를 타도하고 새로운 업주거리를 만들어야 한다는 부르주아민주주의혁명론이었으니, 해방 바로 뒤 박헌영이 선보인 '8월테제' 뼈대를 이루는 것이었다.

이재유는 코민테른 노선을 덮어놓고 따르는 국제주의 운동자들의 영웅주의적·권위주의적 운동 꼴을 뿌리치고, 속속들이 삶에 뿌리박고 밑에서부터 올라오는 실천운동을 내세웠던 혁명가였다. 그리고 국제주의자들이 가볍게 보거나 숫제 보려고 하지도 않던 민족문제를 운동 복판에 두었던 갓맑게 숫진 공산주의자였다.

'공산주의야말로 조선인을 구하는 유일한 길'이라고 굳게 믿음으로써 오직 혁명을 위하여 모든 것을 바치고 기꺼이 죽어간 불꽃같던 주의자 이재유가 꿈꾸었던 세상이다.

1. 사회적 생산력이 고도화되어 극히 적은 양의 사회적 노동으로 생산된 풍부한 생산물을 각자의 희망에 따라 사회적으로 소비하게 된다. 이러한 생산노동은 예술화되어 피로를 느끼지 않게 된다. 그곳에서는 착취도, 공장주도, 착취를 위한 사유재산도 없기 때문에 사회구성원은 높은 수준의 물질생활을 평등하고 자유롭게 영위한다.

2. 사회적 생산이나 높은 수준의 사회적 교육이 모든 사회구성원에게 실시되어 지배와 피지배, 억압과 피억압의 관계가 없어진다. 따라서 억압적 국가권력은 필연적으로 사멸되어 단지 그곳에는 억압도 법률도 징역도 없기 때문에 진정한 인간의 자유, 평등, 평화를 누리는 생활만이 계속된다.

3. 예술과 과학의 고도화로 미신과 종교가 소멸되어버리며 모든 사회구성원은 보다 나은 생활을 위해 자연을 정복하기 위한 여러가지 연구와 발명에 총동원될 것이다. 이리하여 지금까지의 인간과 인간의 투쟁은 소멸하고 인간과 자연의 투쟁이 전개됨으로써 진실로 새로운 인간의 역사가 시작될 것이다. 그들은 피곤할 때에는 가장 고급스런 생활을 자유롭게 선택하여 행복하게 즐길 것이다.

4. 특히 사회구성원으로서의 남녀 사이에는 생산, 정치 그리고 모든 연구, 발명과 그 밖의 문제에서도 차별이 없다. 따라서 그곳에서는 단지 성적 대립자로서만 존재하게 된다. 모두 확고한 개성이 사회화된 남녀이기 때문에 진정한 자유와 평등에 의해 물질, 정신, 예술 및 그밖의 모든 생활의 통일과정으로서의 남녀의 연애가 끊이지 않는다. 진정한 통일체로서 성립되어 현재 우리의 사색으로는 상상할 수도 없는 진실한 일부일처제의 엄격함이 있다. 진실한 자유, 평화, 평등, 행복의 부부생활이 비로서 인류 역사에 나타날 것이다.

1936년 10월 20일 '가리방으로 긁어낸' 조선공산당재건경성준비그룹 기관지부 발행 정가 금 1부 5전인《적기》제1호에 나오는 「당면 혁명계급의 중심강령과 행동슬로건」이다.

중심강령

1. 1) 군사적 경찰적 파쇼적 일본제국주의의 조선 통치권력의 근본적 전복.

2) 조선의 절대독립.

3) 노동자 농민의 소비에뜨정부 수립.

2. 1) 조선 내의 일본제국주의의 회사 관공청 이왕직 사원 교회 기타 모든 기생지주의 토지소유 소탕.

3. 1) 조선 내의 일본제국주의 및 금융재벌의 산업기구 특히 자본주의적 대경영 은행 (모든 은행을 단일한 전국은행으로 합동) 트러스트 콘체른 외 생산의 노농쏘비에뜨 정부에 의한 관리의 실시.

2) 하루 7시간 노동제의 실시.

이에 조선에서 당면 혁명의 성질은 사회주의 혁명의 강력적 전화경향을 가진 민족혁명 즉 부르조아 민주주의적 혁명에 의하여 규정된다. 이것이 즉 자본성 민주주의혁명이다. 조선의 민족혁명은 반제국주의적인 동시에 반봉건적 혁명이다. 일본제국주의와 봉건귀족 및 토착부르조아지에 대한 프롤레타리아의 혁명적 투쟁은

①민족해방운동과 긴밀한 관계를 가질 것.

②농민대중과 강력적 동맹을 결성할 것.

③이 운동을 강력적으로 전개할 수 있는 정치적 독자적 주체가 운동의 헤게모니를 잡아야 한다.

따라서 조선프롤레타리아의 근본방침은 농업혁명 문제와 민족혁명의 문제와의 총체적 결합, 민족혁명운동의 소시민층에 대한 공산주의운동의 절대적 독립성의 보장, 민족혁명운동에 대한 계급성의 부여에 있다고 규정할 수 있다.

행동슬로건

1. 1) 제국주의전쟁 절대반대.

   2) 제국주의 약탈전쟁을 조선민족혁명전쟁으로 전화시키자.

2. 1) 군사적 경찰적 파쇼적 일본제국주의 통치권을 타도하자!

   2) 조선의 절대독립.

   3) 노동자 농민의 쏘비에뜨 정부 수립.

3. 1) 농민을 위하여 일본제국주의의 회사, 관공청, 이왕직, 교회, 사원 기타 모든
      기생적 지주 소유 토지의 무상몰수.

   2) 농민 쏘비에뜨에 의한 농경지 부족 농민에 대한 토지분배.

   3) 지주 금융조합 은행 고리대금업자에 대한 농민의 일체 채금(債金)의 소탕.

   4) 농민에 대한 농경자본의 무이식 대부.

   5) 수리사업의 확장 및 누진적 소득세의 확립.

4. 1) 반파쇼 반제 인민전선의 확립.

   2) 적색노조와 적색농조의 조직 및 그 행동의 자유.

5. 1) 하루 7시간 노동제의 실시와 노동자 상태의 철저한 개선.

   2) 일본제국주의의 충복 민족개량주의 사회민주자의 철저한 박멸.

6. 1) 일본제국주의 통치 하에 있는 모든 식민지의 해방.

7. 1) 스페인의 인민전선을 지지하자.

8. 1) 소동맹 중국혁명을 사수하자.

4. 땅불쑥하게 수더분한 물장수 인민혁명가

이 관 술 ^{1902~1950}

　　나의 과거 생활 중 가장 유쾌하다고 생각하는 것은 체포되었을 때 박헌영 동지와 동생 순금의 주소를 말하라고 무서운 고문을 당할 때 내가 죽느냐 사느냐 하는 중대 기로에 처했는데 나는 죽기로 맹서하고 13일간을 단식하다가 전에 함남 지방에서 일하든 것을 이용하야 허구를 꾸며서 그들을 감작같이 속인 일이다

　　그리고 3일간을 단식한 후 쓰러진 체하여 의사를 부른 사이에 미리 병에 받어 놓았든 커피를 먹음고 있다가 의무실에 가서 각혈하는 것같이 토하여 보석을 하게 만든 것 등이다

　　서울 소공동에 있는 근택빌딩 2층 조선공산당 사무실이었다. 《조선인민보》 기자와 마주앉은 조선공산당 총무부장 겸 재정부장 이관술은 여간 쑥스러워하는 것이 아니었다. 1946년 4월 16일. 다음날 실린 인터뷰 기사 머리글이다.

　　"이관술 씨는 그의 피로 쓴 지하운동의 과거를 회고하며 다음과 같이 말하였다"

　　인터뷰 기사 위쪽에는 「조공, 형극의 길21년」이라는 제목 아래 조선공산당 창립 21주년 기념식 모습이 실려 있다. 우익 쪽에서 펼쳐오는 온갖 정치공작들이 예사롭지 않았지만 4층짜리 근택빌딩 유리창에 부딪치는 햇살은 따스하였다. 캄캄한 땅 밑으로 숨어 다니며 모진 일제와 싸우던 이관술이 일간지 기자와 인터뷰를 했다는 것 하나만으로도 세상이 이미 바뀌었다는 것을 웅변하여 준다.

李 觀 述 先 生

동덕고녀 교사 노릇을 하던 이관술.

내가 주의사상을 실천에 옮기게 된 것은 1929년 저 유명한 역사적인 광주학생사건 때부터였다 나의 쓰라린 경험을 말하면 한없다.

1934년 12월에 4년 집행유예 판결을 받고 이재유 동지와 강원도로 낙향하게 되자 양주로 가서 참외막을 만들고 그것을 아지트로 쓰면서 한 해 참외농사를 하여가며 서울과 연락하다가 이재유 동지가 돌연 체포되었고 나는 피하야 4개월 동안을 엿장수 쓰러기장수 봇짐장수 등으로 몸을 감추고 단였다

1937년 12월 대구로 갔을 때는 몸만 감추기도 대단히 곤란한 때라 처음에는 다리 밑을 집으로 삼고 살았고 거기까지 마수가 뻐치게 됨으로 이곳저곳 다리 밑 집을 이사 단였든 것이다

그후 43년 12월 보석출옥하야 44년 4월에 대전을 중심으로 솟대움질을 하면서 전남 지방을 왕래하면서 주로 반전운동을 지도하다 8·15 해방의 날을 맞이하게 되었다

이관술(李觀述)은 1902년 경남 울산(蔚山)에서 태어났다. 「경성콤그룹」 힘센 장수로 「민주주의민족전선」 중앙위원인 이순금(李順今, 1912~?) 배다른 오라버니다. 넉넉한 집안에서 태어나 서울 중동고등보통학교를 나와 동경고등사범학교 지리역사과를 마쳤다. 동경고사 시절부터 사회주의에 마음을 갖고 많은 책들을 읽기는 하였으나 제대로 민족문제와 사회문제에 들어가게 되는 것은 동덕여자고등보통학교에서 교편을 잡으면서부터였으니, 1929년이다.

처음에는 그저 관념적인 민족주의자에 지나지 않았다. 교육자가 된 것도 청년들을 올바르게 가르쳐 잠들어 있는 민족정신을 일깨워보자는 갓맑은 생각에서였다. 맑스·엥겔스 사상에 다가가게 된 것도 거기에 캄캄한 우리민족 현실을 헤쳐나갈 수 있는 길이 있을까 해서였다. 그러다가 맞게 된 것이 광주학생항쟁인데, 일제에 빌붙고 손잡아서 저희들 계급적 잇속을 지켜나가는 이른바 민족주의자들 밑몸을 보게 되었다. 이때부터 억누르는 계급도 없고 억눌림당하는 계급도 없이 더불어 함께 일해서 함께 먹는 공산주의사상만이 옳은 길이라는 굳은 믿음을 갖게 되었다.

햇빛에 그을린 것처럼 낯빛이 남달리 검어 '물장수'라는 딴이름을 듣던 이관술 선생 입김과 보살핌을 받은 동덕고녀생들은 경찰관들 교내 침입 반대와 실쌈스런 교육을 요구하며 동맹휴학을 벌이는데, 광주학생항쟁 물결이 밀려온 것이었다. 3·1운동과 함께 1929년 일어난 광주학생항쟁은 민족해방투쟁사에서 커다란 고빗사위가 된다. 3·1

운동이 박헌영·김단야 같은 막 20대로 접어든 젊은이들을 공산주의혁명 길로 나서게 하였다면, 중고등학생들까지 공산주의사상을 펀들게 만든 것이 광주학생항쟁이었다. 이른바 계몽론으로 무장된 민족주의자들 참얼굴이 참으로는 자기들 계급이 따논자리를 지켜내기 위한 몸짓에 지나지 않는다는 것을 똑똑히 알아차렸던 것이다. 이때부터 이른바 민족주의세력들 항일운동은 몽땅 자취를 감추게 되니, 민족개량주의나 내거는 관념주의 항일로 떨어지고 만다. 몇몇 결사체가 있었다지만 그것은 그야말로 면피용 시늉에 지나지 않았고, 민족해방투쟁 목대를 잡게 되는 것은 죄 공산주의자들이었다.

그 다붙은 이마, 옹졸하게 생긴 얼굴에 검은 안색은 처음 보는 사람에게는 그 전직인 솥땜쟁이로밖에 보지 않을 것이며, 좀 더 높이 평가한다면 궁촌의 한문 훈장으로밖에 더 볼 수 없을 것이다. 그러나 좀 더 자세히 관찰하면 그의 옹졸하게 생긴 얼굴에는 어딘가 이지에 빛나고 있으며, 양식에 빛나고 있으며, 결백한 심혼이 떠돌고 있는 것이다. 그리고 좀더 친숙해지면 질수록 그 양식과 양심적인 그리고 개결한 심혼 앞에서 누구나 감복하지 않을 수 없게 되는 것이다.

이재유와 이관술은 이곳에 위장농군으로 있으며 반제·반전운동을 힘차게 벌였다.

김오성(金午星, 1908~?)이 본 이관술 생김새이다. 1946년 9월 대성출판사에서 나온 『지도자 군상』에는 여운형·박헌영·김일성·허 헌·김두봉·무 정·장건상·성주식·이주하·김성숙·홍남표·유영준·이여성·이강국·최용달·김세용 같은 빼어난 사회주의 갈래 독립투사들 인물평이 실려 있는데, 그 가운데서도 땅불쑥한 것이 이관술이다. 이른바 정치가라는 것은 대중을 제압하는 외양도 필요하고 대중을 설득하는 언변도 필요한데, 이런 것이 조금도 없는 사람으로 어떻게 인민들 열화 같은 지지를 받는 지도자가 된 것인지 놀라워한다. 그러면서 다음과 같이 말한다.

李 順 今

이관술 배다른 누이 이순금은 끓는 피를 지닌 혁명가였다.

이관술 씨야말로 일점의 사욕이나 명예욕을 갖지 않은 청렴한 지사형의 인간이다. 나는 그가 중앙인민위원회가 조직되어 선전부장으로 임명되었을 때에 한 번도 그 자리에 나와 앉는 것을 본 일이 없다. 모든 사람들이 그것을 무슨 권세의 자리처럼 자기의 실력도 없으면서 그 자리를 차지하지 못해 애쓰건만 이관술 씨는 자기의 기능이 거기에 해당치 않음을 깨닫고 시종일관 사양하여 나오지 않고, 오직 자기가 지켜야 할 공산당의 부서에 충실하였던 것이다.

그는 결코 화려한 외관을 타고난 인간은 아니다. 그리고 기발한 착상이나 탁월한 수완을 가진 사람도 아니다. 말하자면 외관은 졸렬하고 특이한 기능은 없는 범부 중의 한 사람이다. 그러나 졸렬한 범부가 가진 혁명가적 정열과 성의와 계급적 양심은 세간의 모든 범부가 따를 수 없는 씨만이 가지고 있는 독자적인 세계인 것이다. 그리고 인민의 의사를 들을 줄 아는 겸손과, 인민의 이익을 옹호할 줄 아는 정의감과, 민족의 장래를 생각하는 애국적인 정열은, 모든 범부가 따를 수 없는 씨의 인간적 영역인 것이다.

이관술은 고향 울산에 일찍 결혼한 본처를 두고 있었는데 반제동맹사건으로 1년 2

개월 징역을 살다가 병보석으로 나온 1934년 무렵 동덕고녀 제자였던 박선숙(朴善淑, 1909~?)과 연애를 하게 된다. 함흥 출신인 박선숙 또한 몇 차례 징역을 살며 독립운동에 애쓰는 이관술 사상적 동지였다. 이관술은 두 부인 사이에 딸만 다섯을 낳는데 고향에 남았던 두 딸은 남쪽에 살았으나 서울에 있던 두 부인과 세 딸은 전쟁 중 월북한 것으로 보인다. 그들의 그 뒤 소식은 알 수 없다.

1934년 9월 첫때, 이관술은 동덕 제자였던 박진홍을 다리 놓아 이재유와 만나게 되고, 김삼룡·이현상·변홍대·안병춘·이순금 들과 「경성트로이카」를 얽는다. '트로이카'는 목대잡이가 위에 있어 분부하고 잡도리하는 조직체계가 아니라 저마다 줏대가 되어 하나의 둥근 동그라미를 이루어나가는 민주적인 조직이다.

항일투쟁사에 새로운 바람을 일으키던 「경성트로이카」는 여덟 달 만에 그 으뜸 모람들이 붙잡힘으로써 무너지는데, 이재유는 자맥질한다. 이현상은 7년, 김삼룡은 5년 선고를 받고 긴 감방투쟁에 들어가고, 이관술은 16개월 만에 가출옥한다. 이재유는 1934년 1월 붙잡혔으나 유치장에서 탈출하여 '매우 전투적인 좌익교수'인 경성제대 미야케 집에 숨어 있다가 미야케가 붙잡히자 도로공사장 인부로 꾸미고 이관술·박영출(朴英出, 1908~?)과 「경성재건그룹」을 얽어낸다.

1939~1941년대에 박헌영을 목대잡이로 하여 열어나간 「경성콤그룹」의 참모습이다. 장복성(張福成)이 지은 『조선공산당파쟁사』(대륙출판사, 1949, 11 : 돌베개 1984년 1월 복간)에 나온다.

1937년 7월 7일 중일전쟁이 일어나자 일제의 조선운동에 대한 탄압은 일단의 강화를 가하여 이재유, 이주하가 1937년 피포(被捕) 혹은 도망간 후로는 조선 천지엔 공산주의의 편영(片影)도 없는가 하고 생각되었다.

그런데 이재유 망명 후 곧 망명한 이관술·이순금 남매는 1939년 운동재개를 지향하고 출발해서 충주서 김삼룡을 조직자로 초치(招致)하고 당시 경성에 내집(來集)해 있던 장순명, 권오직, 김섬(金暹), 이현상 등과 협의한 후 경성 콤크룹을 조직하는 동시에 기관지를 발행하기 시작하였다.

그리고 당시 출옥한 박헌영을 지도자로 하고 새로 출옥한 권우성(權又成), 정재철(鄭載喆), 정태식(鄭泰植) 등을 모두 운동선상에 동원시켰다.

이 '콤·크룹' Communist Group은 일부 지도층이 1940년 서대문서에 피검되고 함경도 방면 책임자들이 1941년 6월 청진, 함흥에서 피검되고, 지도자 박헌영은 광주 벽돌공장으로 도망하고, 지도자 없는 이 조직은 일시 김동철(金東喆) (일명 홍은히), 이종갑(李鍾甲), 김한성(金漢聲) 등에게 지도되다가 1941년 10월 내지 12월에 대부분 피검되고 말았던 것이다.

당시 조직체계를 간단히 서술하면,

지도자 ; 박헌영

조직부 ; 김삼룡, 장규경(張奎景)

기관지부 ; 박헌영

기관지 출판부 ; 이관술, 김순룡(金順龍)

인민전선부 ; 김태준(金台俊), 정태식, 이현상(李鉉相)

조직부 ; 김삼룡

가두부(街頭部) ; 이남래(李南來), 김한성, 이종갑.

학생부 ; 조재옥(趙載鈺), 김순원, 김영준(金榮濬) 등등

일본유학생부 ; 김덕연(金德淵), 고우도(高又道)

노조내용

금속노조책 ; 김재병(金載丙), 김동철(金東喆) (용산공작소, 吉田공작소. 경성써-비스)

섬유노조책 ; 김응빈(金應彬), 이주상(李冑相) (大昌직물회사, 京紡)

전기노조책 ; 조중심(趙重心) (전기회사……)

출판노조책 ; 이복기(李福基), 이인동(李仁同) (大塚印刷所, 조선인쇄주식회사, 각 신문사공장)

지방에 있어서는

함남책 ; 김 섬(金暹)

함북책 ; 장순명(張順明)

마산책 ; 권우성

대구책 ; 정재철(鄭載喆)

부산책 ; 이기호

기타 이 조직관계자는 백을 넘었다.

이 '콤·크룹'은 조선운동의 퇴조기(退潮期)에 있어서 당시 모든 운동자들이 운동선

상에서 이탈해버리거나 과거를 청산하고 나설 적에, 말하자면 운동을 청산치 않은 사람들을 운동선상에 총궐기시킨 것이며 여기에는 ML도 상해도 화요도 혼연일체가 되었던 것이다.

과연 이 크룹을 파별로 본다면 ML · 이재유계의 이관술, 이현상, 이순금, 김삼룡을 위시하여 상해파의 김복기, 이인동, 서중석, 화요파의 박헌영, 권오직, 장순명 등등이 총동원되었고 주로 신진 인테리 학생층에 많이 뚫고 들어갔던 것이다.

이 사람들은 1940년 12월에서 1941년 12월까지에 대부분 피검되었다가, 1942년~1943년까지에 김삼룡을 제외하고는 모두 불기소, 기소유예, 보석, 집행유예 등으로 모두 출옥되었다.

김삼룡은 서대문감옥에서 박헌영이 있는 광주의 감옥으로 옮겨서(전주형무소의 잘못–지은이) 8 · 15전까지 여기에 있다가 해방과 함께 출옥했다.

김삼룡은 충주 출생. 학교라고는 고학당을 졸업한 경력밖에 없으나 각고자습(刻苦自習)으로써 이루어진 사람인 것 같다.

이 '콤 크룹' 멤버들이 출옥해서 모두 자기 개인 중심으로 '써클' 활동을 하고 있었으며, 박헌영의 출현을 기다리고 있었던 것이 8 · 15 직전의 현상이었다. 당시 '써클'들은 정세 검토, 창씨, 공출, 징용, 징병에 대한 투쟁방침 선전 등을 주로 하였다.

이것이 국내운동자의 최후의 결산적 집결체이었으며, 국내파의 핵심체이며 조선공산당의 기본핵심을 이루었던 것이다.

1941년 1월 붙잡힌 이관술은 2년 만에 나왔고, 8 · 15까지 지하활동이 이어졌다.

이관술은 이재유와 함께 두 달 넘게 강원도 영서지방 산속으로 숨어 다니던 끝에 양주군 노해면 공덕리 새주막거리 비석골로 들어간다. 거기서 2년 가까이 위장농군으로 지내게 되는데, 이재유는 경성을 넘나들며 얼개를 다시 세우는 데 힘쓰고, 이관술은 여러 팸플릿과 기관지 《적기》를 '가리방 긁어' 박아낸다. 1936년 12월 25일 수백 명 형사대에 둘러싸여 이재유는 붙잡히고 이관술은 뺑소니친다.

끝없는 줄행랑이었다. 대전으로 가고 대구로 갔다. 전라도로 가고 경기도로 갔다. 솔땜쟁이 · 엿장수 · 넝마주이 · 풍각쟁이 · 동냥아치로 차림을 다르게 한 것만이 아니라 진짜로 그런 사람들과 한 몸 되어 돌아다녔다. 돌아다니며 노동자 얼개를 만들고 트로이카식으로 작은 동아리들을 만들어 반제반전 사상을 널리 퍼뜨렸다.

이관술 기림돌이 세워졌던 자리. 우익떼들 되튐질로 뽑혀저 텃밭 깊이 묻혀 버렸다.

이관술은 해방 바로 뒤 조선에서 가장 뛰어난 정치지도자 5인 가운데 든 사람이다. 「선구회」라는 이승만 갈래 우익단체에서 한 여론조사였다.

여운형 33퍼센트, 이승만 21퍼센트, 김 구 18퍼센트, 박헌영 16퍼센트, 이관술 12퍼센트, 김일성 9퍼센트, 최현배 7퍼센트, 김규식 6퍼센트, 서재필 · 홍남표 5퍼센트.

경제부장 감으로는 2위다.

백남운 215표, 이관술 98표, 박헌영 36표, 김규식 34표.

이관술이 붙잡힌 것은 1946년 7월 6일이다. 위조지폐를 찍어냈다는 터무니없는 쏘개질로 무기징역을 언도받은 이관술은 외돌토리였다. 박헌영과 이강국 · 이승엽은 북으로 올라갔고 김삼룡 · 이주하 · 이현상은 땅밑으로 들어갔다. 조선공산당은 불법단체가 되었고 기관지는 폐간당하였으니, 목숨을 건져주려고 힘써줄 동아리도 사람도 죄 없어졌다. 6 · 25 바로 앞 면회를 간 옛살라비 쪽 길카리들에게 한 말은 "책을 넣어 달라"는 것이었다.

돌아간 것은 7월 3일로 짐작된다. 6 · 25 바로 뒤 7월 3일부터 15일 사이에 대전형무소에 갇혀 있던 좌익수와 충북 · 전북 · 경북에 춘천형무소 쪽 좌익수들까지 끌어다가 대덕군 산내면 낭월리 뼈잿골에서 마구 죽여 버렸는데, 8,000명이 넘는다. 대구 10월항쟁과 제주 4 · 3항쟁, 그리고 여러 곳 재산인민유격대원과 보도연맹원들이었다.

이관술 때문에 「보도연맹」에 들어야 했던 친동생과 맏사위도 이때 총살당했다. 1992년 남은 곁붙이들이 무덤도 없는 이관술을 기리기 위한 빗돌을 세웠는데, 우익떼들 지지누름에 뽑혀 옛집 앞 텃밭에 파묻혀 있다. 평양 변두리 신미리에 있는 애국열사릉 에도 혁명열사릉에도 이관술 이름은 없다. 남북 양쪽에서 빈틈없이 버림받은 중음신이 된 것이다.

《노력인민》 1947년 7월 2일 치에 실려 있는 「인민의 지도자」 칸이다. 김광수(金光洙, 1903~?)가 쓴 〈민족해방 이외에 무사심 혈투일관의 리관술 선생〉. 김철수(金綴洙, 1893~1986) 김창수(金昌洙, 1901~?) 아우였던 '3형제 주의자' 김광수는 월북하여 상 업성 부성을 하다가 1953년 종파분자로 찍혀 숙청되었다고 한다. 8·15 뒤 윤형식(尹亨 植)·안영달(安永達)과 함께 '공산당 3대미남'으로 꼽혔던 사람이었다.

구적 일본과 가장 과감하게 그리고 집요하게 싸워온 애국투사에게 해방조선의 영예 가 주어져야 할 것은 너무도 당연한 일이다 그런데 최대의 영예를 보내야 할 애국투사 에게 최대의 모욕과 박해를 가하며 그도 다름아닌 구적 일본 제국주의의 주구들 손에 서 가해지고 있다 이에 대해서 조선인민들은 노도와 같은 분노를 느끼고 있는 것이다

리관술 선생이야말로 조선의 수많은 애국투사 가운데서도 가장 과감하게 그리고 집 요하게 싸워온 조선인민이 경모하는 애국투사이다 선생이 반일제투쟁을 개시한 것은 1929년 저-유명한 광주학생사건이 일어난 때부터이다 나 어린 학생들이 우리 민족을 못살게 구는 일제에 항거하야 그 총검으로서의 위협을 무릅쓰고 투쟁을 전개함을 본 선생은 그 뒤부터 감연히 학생들의 선두에 나서서 반일투쟁을 지도하게 된 것이다

리관술 선생은 1932년에 당시 일제가 만주침략을 개시하자 조일학생반제공동투쟁 동맹을 조직하야 만주 출병을 반대하며 방해하는 투쟁을 전개하다가 검거되어 2년간 영어생활을 하였으며 1934년에는 리재유 씨 등과 함께 반제동맹을 조직하고 반제반전 사상을 선전하다가 역시 피검되어 오랫동안 그 악날한 경찰의 고문을 받았으며 1935년 에는 경찰의 눈을 피해서 서울 교외에서 농부로 가장하여 가지고 채전을 경작하면서 역 시 반제동맹의 조직 확대와 반제반전의 선전에 고투하다가 발각되어 추적하는 경찰 때 문에 2개월 이상을 산중에서 풍우와 싸우면서 피신한 일도 있으며 1937년에는 다시 삼 엄한 경계를 뚫코 영등포의 공장지대에 들어가서 로동자들을 반제동맹으로 조직하다 가 피검 교묘하게 탈출하야 혹은 걸인 행세로서 혹은 잡화행상으로서 피신생활을 계속

한 일이 있다

1939년에는 일제가 소위 「대동아전쟁」을 일으켜 신경이 극도로 날카롭게 되어 있을 때에 서울의 한복판에서 공산주의자 구룹을 조직하야 박헌영 선생과 함께 일본제국주의의 타도와 반전사상의 고취 등에 맹연하게 싸웠다 이 구룹이 발각되자 리관술 선생은 「숫때움쟁이」로 가장해 가지고 각지로 도라다니면서 그 무서운 경계와 추적을 개의치도 안는 듯이 역시 반일투쟁을 획책하며 공출 징용 징병의 반대 등 반전사상을 선동한 것이다

시세가 유리할 때에 투쟁하는 것은 어려운 일이 아니다 그러나 1930년 이후는 가장 험난한 시절이다 일제의 무서운 탄압과 부단한 회유와 유혹으로 인해서 자칭 지사류가 전락의 길을 밟고 있을 때 조금도 휴식이나 후향을 모르고 그 곤란한 지하투쟁을 계속하여 왔다는 것은 참으로 용이한 일이 아니다 이는 조국과 민족 이외에 다른 아무런 사심은 없는 진실한 애국자가 아니고는 생각조차 할 수 없는 영웅적인 행동이라 아니할 수 없는 것이다

이러한 리관술 선생에게 민족적인 영예는 드리지 못할망정 허무한 사건을 날조하야 일제 이상의 박해를 가하고 있음은 조선인민의 통분을 자아내고 있는 것이다

리관술 선생은 오랜 생애를 일제와의 투쟁에 일관해 왔거니와 그 인간적인 면에서도 참으로 진실하고 양심적이였으니 선생을 함정에 빠트린 적의 무리들도 그를 「위대한 군자」라고 칭송하고 있는 것이다 오늘 리선생은 철창에서 모든 활동의 자유를 략탈당하고 있거니와 오히려 이같은 진실한 애국자요 또 진실한 군자가 박해당하고 있다는 사실이 적 자신의 정체를 스스로 폭로하는 좋은 증거가 되어 있는 것으로 이러한 점으로서도 조선인민에게 위대한 교훈과 영향을 주고 있는 것이다

《독립신보》1946년 10월 27일 치에 실려 있는 기사이다.

유죄면 사형달라
오히려 검사를 동정
정판사사건 피고의 진술
정판사위페사건 제 39회 공판은 26일 상오 10시 30분 서울지방법원 제4호 법정에서 양원일(梁元一) 판사 주심 조재천(曹在千) 검사 입회 아래 개정되어 이관술 피고의

최후진술로 시작되였다 이피고는『검거된 이래 3개월이 되였으나 자신도 무슨 이유로 여기 와 있는지 알 수 없다 피고들 중에는 나에게 미안하다고 말하고 있으나 오히려 남조선에 공산당을 치기 위한 정치음모에 억울하게 허생되여 있는 다른 피고들과 그 가족들에게 조선공산당을 대표하여 사과하지 않으면 않된다고 생각하는 바이다 공산당을 치랴 하든 차에 김창선(金昌善) 사건이 발생하자 이것을 호기로 이런 사건을 허위구성하였다 입으로는 좌익을 탄압하지 않는다고 하면서 실제에는 극도에 탄압을 하고 있고 선전포고도 하지 않고 측면공격을 하는 것은 정치음모다 공산당의 집을 뺐고 기관지를 없애는 것 등은 이 사건을 처음부터 어떠한 목적이 있어 규정하고 나온 것이다 지금의 좌우합작이라는 것은 우를 좌라 하는 우와 우에 합작이며 이 사건의 공정한 판결은 진정한 좌우합작에 도움이 될 것이다 위폐를 하였다면 무기 15년 증역 등 검사의 론고는 지당할뿐더러 오히려 사형이 당연하다 그러나 검사는 어떠한 론법으로 이러한 결론을 가저왔는가 김창선사건으로 이 사건을 구성하고 소위 위폐 1천2백만원의 용도에 대하여 2백20만원은 이관술 명의로 장부에 기입된 것을 말하고 그 박게 돈은 공산당의 재정비밀론을 가지고 또 공당 주최 시민대회 등 집회자에 대한 일당을 준다는 것으로 합리화시키려 한다 피고들 중에는 검사에게 욕을 하는 피고도 있으나 그것은 억울함을 호소할 데 없어 나오는 것으로 심정을 이해할 수 있으나 나는 오히려 막연하고 부당한 론법을 가지고 합리화식혀 어떠한 목적으로 이 사건을 론하고는 조검사의 심정을 동정하야 마지않는다 검사는 지금이래도 정의에 길로 나가기를 바란다 다만 원하는 것은 공정한 판결을 바란다』는 요지의 진술을 하자 양 재판장으로부터 지금이래도 조흐니 반증될 만한 증거가 있으면 신청하라 하야 피고가 작년 10월 중 북선 간 것을 증명할 수 있는 개성서에 조사 작년 12월경까지 당본부가 안국동에 있었음을 증명하는 당시 당 출입기자 2명 등을 신청하고 동 11시 45분 진술을 마치고 이어 박락종(朴洛鐘) 피고의 죄가 있다고 생각하면 사형을 식히고 그렇치 않으면 무죄를 바란다는 요지의 진술을 약 한 시간 반 동안 진술한 후 동 하오 1시 일단 휴정하고 1시 45분 속개하기로 되었다

《조선인민보》1950년 7월 27일(목) 치에 실려 있는 기사이다.

麗水順天事件愛國者등

七千餘名을虐殺

毎日八十臺트럭動員錦山街頭서焚殺

米鬼들의大田虐殺眞相

〔대전에서김영룡특파원발〕

미제국주의자들은 패주하는 곳곳에서 무고한 인민들을 학살하며 도살마의 본색을 드러내놓았다

이미 수원등지에서 소위「주한미국대사」「무쵸」의 지시에의하여 수다한 애국자들이 학살당하였었다 최근 해방된 대전시를 비롯하여 금강-대전방어라인 관내에서의 학살은 실로전고미문의 잔학상을 말하고 있다

미제국주의자들은 인민군대가 추격하는 포성이 은은히 울려오자 발광적발작으로 인민들을 학살하였다 그들이 감행한 대학살은 과거 어디에서도 보지못한 것이며 하의도 독도사건을체험한 남반부인민들에게조차 상상하기 어려운것이다 즉 七월七, 八량일간 금강좌안 공주시부근은 미군지휘하에 교통차단하고 미군이 직접경계망을 펼쳐놓았다 이량일밤 비단결같이 금강이구비쳐흐르는 고무래산에는 요란한 총성이 밤새도록 그치지않고 마지막 힘을모두어 부르는 인민들의『조선민주주의인민공화국만세!』소리가간간이들려왔다

이리하여 형무소에서 직장에서 농촌에서 학교에서 결박당하고 눈을 가리워 트럭十三대로 운반된 애국인민들 임봉수씨(공주군반포면공암리수실동)외八백-九백명은 조국을 사랑하였다고하여 고무래산 사과밭에 파묻혔다 이들중에는 하순계양을 비롯한 수다한 녀성들과 더욱이 가련한 녀학생들이 수다히 섞여있었다

한편 七월八일 밤늦게 공주군반포면마암리 로병오씨와 배병환씨는 미군이 호송하는 트럭三대에 남자, 二대에는 녀성이 눈을 가리우고 대전으로 전속력으로 달리는것을 보았다

뿐만아니라 야수 미제들은 七월十六일 마암리에서 인민들을 강제피난시키고 ──이 다리에서 학살하였으며 심지어는 로병선씨의딸(三세)이 어머니를 찾는것을 저격하여즉사케하였다

미제국주의자들은 이와같이 우리들의 겨레를 야수적만행을 시험하는 한개의 흥취로 삼고있는것이다

대전시에서도 七월三, 四일경부터 련五일간 미군의 지휘아래 인민들을 대량학살하였다

주지하는바와같이 대전형무소에는 제주도 려수 순천 태백산사건등의 우수한 조국의 아들딸들이 수감되어있었다

이들을 비롯한 七천여명의 인민들을 야수들은 뒤로결박하여 명태같이 트럭에눞혀놓고 최고 一일八十대까지동원하여 대덕군사(산)내면 랑울(월)리로 운반하여 가소린을 퍼붓고 불질러 방공호로 몰아넣어 참살하였다

나무하나없는 돌박산줄기오솔 둘러선 금산가도에서 우리들의 겨레는 참살당하였다 부근농민들은 문을닫아매고 치를떨었다

또야수들은 트럭으로 운반하는것을 목격한사람까지 참살하였다

일부인민들은 결박하여 눞혀놓고발로짓밟아학살하였다

이와같이 그들이 잔혹하고 악독할쑤록 인민들은조국의통일을 렴원하며 『조선민주주의인민공화국만세!』『김일성장군만세!』를 부르며 죽음의 길을 택하였다

인류력사에서 찾아볼수없는 참혹한 학살을 미제국주의자들은 우리강토에서 조작하고 있다

세기적야수「허트러」무리를 단죄하는「뉴-른베르그」에서도 아세아적고문의 지휘자였던「도-죠」도당을 처단하는 동경재판에서도 우리는 이이상의 참살사건을 보지못하였다 더욱이 오늘 미제국주의자들은 리승만도당을 사수하는 단계를 넘어서 직접교통을 차단하고 트럭으로학살장소까지운반하는등 살인의하수인(下手人)으로등장하였다 소위 문명한「아메리카」들이란이러한 것이라고 그들의 본색을 여지없이 드러내놓고 있다

이곳 인민들은 해방의기쁨과더불어 원쑤미제에대한 적개심으로 가득차 무차별폭격을 무릅쓰고 인민군대의 진격로를 보장하여 새로운 건설에 노력하는 새생활에길에 들어섰다

5. 기본계급 인민대중의 영원한 동무

김 삼 룡 ^{1910~1950}

조선의 완전한 독립을 가져오게 할 역사적으로 의의 깊은 이 회합의 석상에서 축하를 드리게 된 것을 우리 당의 영광으로 생각하는 동시에 과거 일본제국주의의 야만적 탄압 밑에 있어서나 현재에 있어서나 한결같이 과감하게 조선민족의 해방을 위하여 투쟁하고 있는 여러분께 진심으로 경의를 바치는 바입니다.

연사는 잠깐 말을 끊었다. 그리고 천도교대강당을 가득 메운 600여 명 청중을 둘러보았다. 전국인민위원회대표자대회에 들어온 대표들은 일곱 개 얼굴을 가졌다는 사나이를 향하여 우레 같은 손뼉을 쳤다. 하룻밤이면 야체이카 하나씩을 만들고 이틀이면 노동조합을 띄워서 사흘이면 스트라이크에 사보타주를 거쳐 총파업 투쟁에 들어가게 만든다는 전설적 조직 귀재라고 하였다. 색안경을 일곱 개씩 지니고 다니는 변장 명수라고 하였다. 김삼룡. 1945년 11월 20일 하오 1시. 조선공산당을 대표해서 나온 조직부장 김삼룡은 축사를 이어나갔다.

'부르죠아지'는 1919년에 폭발된 3·1운동 때에도 민중의 혁명적 기색에 치받치어서 지도적 역할은 놓았으나 노동자와 농민운동의 발전과 중국혁명의 경험에서 비겁하게도 총독정치와 타협하기 시작하고 그 후 1930년 신간회가 없어질 때까지는 겨우 민족개량주의자로서의 그 본질을 나타내고 있었던 것이올시다. 그러나 일본 제국주의자

1950년 봄 붙잡혔을 때 《동아일보》에 드러낸 오직 하나뿐인 김삼룡 사진.
전국인민위원회대표자대회에서 축사할 때 찍힌 것이다.

의 중국 침략전이 시작되자 그들 반동파는 일본제국주의 침략전의 찬양, 소위 '국방헌금', 징병 징용의 적극적 주장, 혁명세력에 대한 탄압에 적극적 진출, 황민화운동 등으로 그 반동적 행위를 여지없이 발휘시키었다는 것은 숨길 수 없는 사실이외다.

"옳소!" "옳소!" 울안이 떠나갈 것 같은 손뼉소리와 고함소리는 대강당을 넘어 회관 언저리 살림집에까지 울려퍼지고 있었다. 회관 앞 너른마당에는 인민대회를 뒷받침하는 여느 인민들로 백차일을 친 듯하였다. 단상과 마당에는 조선공산당에서 내건 표어를 적은 펼침막과 깃발들이 빽빽하였다. 김삼룡은 축사를 이어나갔다.

현하 조선 현상은 퍽이나 복잡하고 혼란상태에 있으니 그는 8·15일 직전까지도, 아니 15일 이후도 일군이 물러가기 전까지는 일제에 대한 투쟁은 고사하고 해방운동의 전사들을 억압하여 주구의 역할밖에 못 놀던 반동배들이 정치무대에 등장하여 가장 애국자인 것같이 민중을 농락하여 민족통일전선을 혼란시키고 있는 것은 여러분도 다 아는 바입니다. 그런데 우리 조선공산당은 조선의 완전 독립을 위하여 과감한 투쟁을 전개시키고 있습니다. 현하 조선의 운명으로 결정할 민족통일전선에 있어서 '덮어놓고 뭉치라'는 주장은 친일파 민족반역자 무리를 옹호하는 대변되는 것임을 잊어서는 아니 됩니다.

김삼룡이 대중 앞에 모습을 드러낸 오직 한차례 경우였다. 《동아일보》 1950년 4월 1일 치를 보면 김삼룡·이주하가 붙잡힘으로써 남로당이 뭉그러졌다는 것을 알려주는 1면 머리기사와 함께 넥타이를 맨 김삼룡 윗몸 사진이 실렸는데, 아마도 이때 찍힌 것으로 보인다. 빈틈없는 지하운동가였다. 해방이 된 다음에도 어쩌다 당사에 잠깐씩 들르는 것을 빼고는 얼굴을 드러내지 않았다. 연합병대 힘으로 맞은 가짜 해방이므로 독립투쟁은 아직 끝나지 않았다고 보는 것이었다.

"아, 삼룡이. 심 좋구 말 잘허구 인품 좋았지."

한마을에서 자랐던 사람이 한 말이었다.

"눈이 오시넌 날이면 삼룡이는 다른 사람이 등교허기 전이 미리 핵교 와서 핵교 마당을 죄 쓸어놓군 헸었지."

김삼룡은 어릴 적부터 남다르게 사람다운 맛이 많았으며 그릇이 컸다고 한다. 노동운동가인 이재화가 김삼룡 옛살라비인 충북 중원군(그때는 충주군) 엄정면 용산리를 찾아갔을 때 보통학교 5년 후배가 하던 말이라고 한다. 「남로당 마지막 지도자 김삼룡」이라는 르포기사가 실린 《다리》 1989년 9월호.

"어느 날 사무소 앞인디, 담뱃닢이 든 봉다리를 안구 달려가던 김삼룡을 일본 사람 덜이 다리 걸어 자빠트려 넘어졌구 담뱃닢은 산산히 흩어졌어. 그러자 왜눔덜이 통쾌허다며 웃어싸면서 놀려댔지. 그런디 아이에 아랑곳허지 않구 흩어진 담뱃닢을 주서담더니 씩 한번 웃더니먼 태연히 걸어가넌 걸 봤구먼. 여늬 사람이 아니라구 생각했지."

김삼룡(金三龍, 1910~1950)이 태어난 것은 대한제국이 일본에 어거지로 합뜨려진 해였다. 아직 종짓굽도 떨어지기 앞서 아버지는 돌아가셨고 홀어머니 무릎 아래서 보내야 하였는데, 송곳 꽂을 땅 한 뼘 없는 애옥살이였다. 어머니는 국밥집을 했고 보통학교 문턱에도 못 가본 맏언니는 남 밭을 빌려 황색잎담배 농사를 지어 살림을 꾸려나갔다. 6형제 가운데 셋째였던 삼룡은 13살 때 보통학교에 들어갔는데, 재주가 뛰어났다고 한다. 삼룡과 늘 일이등을 다퉜다는 동기생이 하는 말이다.

"삼룡이 그눔 키는 작구 땅땅했지먼 공부 하나는 그가 맥히게 잘했지. 두뇌가 아주 밍석허구 한곳에 집착력이 강했구 또한 우직헐 정도루 뚝심이 좋았지."

김삼룡 삶을 아퀴짓는 세 차례 고비가 있었다. 보통학교 1학년 때 민족주의자 이재현 선생을 만나 민족의식과 사회의식에 눈을 뜨게 된 것과, 19살 나이로 보통학교를 마친 다음 서울로 올라가 고학생들 자활단체인 고학당 '칼토페'에 들어간 것과, 이재유를 만난 것이 그것이었다. 칼토페에 나가면서 공산주의 서적들을 접하게 되었고, 독서회를 만들어 공산주의사상을 파고들어가다가 서대문경찰서 형사대에게 붙잡혀 징역 1년을 선고받는다. 1931년 여름, 채석장에 사역을 나갔던 김삼룡은 3년 6개월짜리 징역을 살고 있는 이재유와 운명적 만남이 이루어진다.

만기를 채우고 옛살라비로 내려간 그는 하루종일 새끼를 꼬는 틈틈새새로 책을 읽으면서도, 초비상이 걸린 지서에서 겨우 50미터만 떨어진 집으로 마을 청년들을 불러 의식화교육을 시킨다. 김삼룡은 늘 무엇인가를 하고 있었다는 고향사람들 증언이다. 뒷간에 갈 때도 반드시 책을 들고 가는 서음(書淫)이었다.

넉 달 뒤, 인천으로 간 김삼룡은 부두하역인부로 취업하고 적색노동조합을 짜기 위한 얽이잡기에 들어간다. 원산에서부터 시위를 해본 적이 있는 부두노동자 이백만(李百萬, 1909~?), 1934년 8월부터 동양방적 인천공장에서 움직이던 부두노동자 이석면(李錫冕) 같은 이와 두 팔 걷어붙이고 노동운동을 벌여나가는데, 이재유한테서 배운 트로이카 방식이었다. 부두노동자들 삶에 대하여 기본조사를 하고 그들을 교양시키기 위한 출판물을 펴내며 또 강좌를 여는 것들이었으니, 혁명적 노동조합을 얽어내기 위한 밑바탕 다지기였다. 이재유와 선을 대고자 이재유를 자신의 방에 숨겨 두고 있던 안병춘(安炳春)과 만나러 갔다가 경찰에 붙잡힘으로써 인천지역 운동은 동이 끊기게 된다. 1934년 1월이었다.

김삼룡과 같이 붙잡힌 안병춘은 1910년 본디 양지군 읍내면이었던 경기도 용인군 내사면 식금리에서 태어났다. 6형제 가운데 막내로 열 살 무렵 아버지를 여의고 고향을 떠나 노동자 노릇을 하게 된다. 이재유를 만나게 되면서 노동운동을 하게 되는데 안병춘 어머니가 하숙을 치게 되면서 하숙생으로 알게 되는 것이다.

안재성이 쓴 「진짜 노동자 안병춘」이라는 글을 보면 일제하 노동운동가 삶 한 본보기가 되니— 여러 차례 징역살이를 하며 「경성콤그룹」하부선으로 움직였던 "커다란 왕방울 눈에 선량한 인상"이었던 안병춘은 영등포 공장지대 레포였다. 다음은 「진짜 노동자 안병춘」에 나오는 대문이다.

이관술이 자신의 수기 제목을 '조국엔 언제나 감옥이 있었다'로 붙였듯이, 안병춘 역시 해방된 조국에서 또다시 감옥살이를 하게 된다. 해방 이듬해인 1946년 이관술이 정판사위폐사건으로 구속되자 5천여 명의 항의 군중이 법원을 에워싸고 시위를 벌이다가 50명이 구속되는데 안병춘도 이 명단에 낀 것이다.

조선공산당의 주도로 위폐를 찍었다고 발표된 정판사사건은 해방 직후 공산당에 집중된 대중의 인기를 뒤집어엎은 결정적인 사건으로, 미국에 의해 조작된 사건이라 주장할만한 여러 정황을 가지고 있었다. 사건에 대한 좌익의 반발은 거셌고, 안병춘도 이에 앞장선 것이다. 구속된 그는 같은 해 10월의 1심 선고공판에서 3년형을 언도받고 청주교도소로 이감된다. 옥살이를 마치고 나온 후에도 헤아릴 수 없이 연행당하기를 거듭하던 그는 마침내 한국전쟁이 터진 1950년 6월 하순, 흔적도 없이 사라져 버린다.

(……) 아들 안덕균 씨(71세)는 말한다.

"살아서 월북했다 하더라도 높은 자리는 하지 않았을 겁니다. 거기 가서도 농사를 짓거나 공장에서 일하셨겠지요. 원래 노동을 해온 분이니까요."

좌우익 대결의 비극 속에 소리 없이 사라진 수많은 인물의 하나인 안병춘, 올해(2013년)로 104세가 되는 그가 살아 돌아올 희망은 거의 없다. 다만 제사상 앞에 놓을 영정사진이 필요할 뿐이다. 이 민족에게 다시는 이런 일이 없도록 기원하는 제사가 필요할 뿐이다.

조선공산당재건운동경성그룹사건으로 1934년 이현상과 함께 붙잡혔고, 36년 12월 25일 새벽 이재유가 붙잡힘으로써 제1차 「경성트로이카」 시대는 가림천을 내리게 된다. 그리고 이때부터 조선공산당은 '김삼룡 시대'로 들어가게 된다.

이관술이 이순금 길잡이 받아 감옥을 나온 다음 고향에 내려가 있던 김삼룡을 찾아가 「경성트로이카」 조직 재건 책임을 맡겼던 것이다. 일제의 짐승보다 더한 짓누름 아래 살아남은 조공당원 가운데 김삼룡만이 '철의 규율'에 빈틈없는 기본계급 출신으로 빼어난 지도력을 갖고 있는 때문이었다.

이관술·이순금 남매 뜻을 받아들인 김삼룡은 곧바로 경성으로 올라가 태창직물·경성전지·경성방직·용산철도공작소·조선인쇄소 같은 노동조합으로 파고 들어가 야체이카를 심기 비롯하였다. 1939년 이관술과 「경성콤그룹」을 얽어내고, 감옥에서 나온 박헌영을 목대잡이로 모신다. 그러나 해방 전 공산주의자들 결사체였던 「경성콤그룹」은 1940년 12월 김삼룡이, 41년 1월 이관술이 붙잡히면서 무너지게 된다. 8·15와 함께 광주 벽돌공장에 위장취업해 있던 박헌영 마중을 받으며 전주형무소를 나온 김삼룡은 재건된 조선공산당 조직국 채잡이와 서울시당 위원장을 맡는다. 서울을 5개 블럭으로 나누어 혁명감냥을 극대화시키면서 전평·전농·민청·부총·문맹 같은 외곽조직들을 세워나간다. 1946년 9월 29일 박헌영 당중앙이 월북하면서 불법단체로 불도장 찍힌 남로당을 걸머지게 된다.

조선공산당 기관지 《해방일보》 기자였던 박갑동(朴甲東, 1919~)이 본 김삼룡 모습이다. 6·25가 나기 얼마 전, 김삼룡이 북로당 손안으로 들어가버린 지하 남로당 총책을 맡고 있을 때였다.

일제시대 일제 군대가 사용하던 방한외투와 방한모를 쓴 사람이 앞으로 걸어오는 검은 윤곽이 눈앞에 나타났다. 자세히 보니 건명태 몇 마리를 새끼로 묶은 것을 옆에 끼고 술취한 사람 모양으로 약간 비틀거리며 걸어오고 있었다. 서로 스칠 때 눈이 맞부딪쳤다. 털방한모로 얼굴의 일부밖에 보이지 않아 누군지 잘 알아볼 수가 없었으나 눈에서 불이 번쩍하는 것 같았다.

나는 행여나 하고 뒤돌아보니 내 뒤에 따라오던 정태식과 만나 서울운동장 뒷길로 돌아가려는 순간이었다.

나는 천천히 그들의 뒤를 따르다가 행인들이 없는 것을 확인하자 그들의 옆에 따라 붙었다. "박갑동 동무! 얼마나 수고하시오?"하는 부드러운 목소리가 들려왔다. 그것은 몇 해 전에 듣던 김삼룡의 목소리에 틀림이 없었다. 그는 어둠 속에서 더듬는 것같이 내 손을 찾아 꽉 쥐어주는 것이었다. 나는 너무 반가워 김삼룡의 손을 받아 쥐며 "참 오래간만입니다" 겨우 한마디의 인사밖에 하지 못하였다.

김삼룡은 큰 북과 같은 사람이었다. 치는 사람에 따라 그 소리가 달라지는 북처럼 그 속에 무엇이 들어 있는지 알 수 없을 만큼 됨됨이가 컸다고 한다. 보통학교만 나온 '무쯩'이었으나 일찍부터 밑바닥 생일로 다져진 힘을 바탕으로 한 '영도의 예술'에 미립난 사람이었다. 남로당 2인자였다.

1인자가 중앙당을 떠난 다음 남로당을 이끌어가는 노른자위 3인은 김삼룡·이주하·정태식이었다. 이재유 시대부터 묵은 동지 이현상은 지리산유격대를 이끌고 있고, 이주하는 군사부 목대를 맡았으며, 정태식은 기관지부와 이론진을 맡았는데, 김삼룡이 도꼭지였다.

김삼룡과 이주하가 특경대에 붙잡힌 것은 1950년 3월 27일이었고 곧 정태식까지 붙잡혔으니, 남로당 채잡이 모두가 무너져버린 것이었다. 신미리 애국열사릉에는 조선공산당 출신 고갱이 가운데 단 두 사람 이름만 있다. 김삼룡과 이현상. 1950년 5월 17일 특별군사재판 법정에서 하였다는 김삼룡 마지막 말은 딱 한 마디였다.

"아무런 할 말이 없으니 나를 더 이상 욕보이지 말고 죽여주시오."

이주하와 함께 남산 숲속에서 총 맞아 돌아간 것은 1950년 6월 28일 하오 3시였다. 향수 41.

정치학자 심지연(沈之淵)이 쓴 『산정(山頂)에 배를 매고 -노촌 이구영 선생의 살아온 이야기』에 나오는 대문이다.

　　김삼룡은 충주에서 잠깐 만난 적이 있었다. 그는 충주 엄정면 사람인데, 금광을 해서 크게 부자가 된 이종구라는 사람의 행랑에 살았다. 그의 어머니는 주막에서 술을 팔았다. 해방 직후라고 생각되는데, 김삼룡이 충주에 와서 연설을 한 적이 있었다. 충주의 젊은 사람들을 모아놓고 연설을 했는데, 나도 그 자리에 있었다. 그는 박헌영의 8월 테제를 설명하면서, 테제에 제시된 인민민주주의가 유일무이의 노선이라고 주장했다. 그도 역시, 박헌영은 일제의 감옥에 있을 때 벽에 바른 신문조각 하나를 보고 투쟁노선을 정한 인물이라는 이야기를 하며 아주 천재적인 지도자라고 입에 침이 마르도록 칭찬을 했다.
　　내가 보았을 때, 김삼룡은 정말 무산계급의 일꾼처럼 생겼었다. 민주투사처럼 털털하게 생긴 모습으로, 권투에 단련되어 콧날이 날카롭게 서지 않고 뭉툭하게 패였던 것을 기억한다. 전하는 이야기에 의하면, 감옥에 있을 때도 수용자들끼리 벌어지는 싸움이란 싸움은 그가 도맡아 말렸다고 한다. 싸우는 두 사람을 떼어놓고, 싸우려면 자기를 때리라고 하면서 싸움을 말렸다는 것이다. 나는 그에게서 누구든지 감화를 받을 정도로 서민적이고 수수하다는 인상을 받았다.
　　충주 엄정면은 김삼룡의 영향으로 좌익이 많이 생겼다. 전쟁이 난 후 그곳에서만 보도연맹으로 8백명이 죽었을 정도로, 마을 전체가 좌익이었다. 그리고 최문용, 송원균, 심웅섭(沈雄燮) 등이 살던 살미면에서는 보도연맹으로 2백 명이나 죽었다. 송원균과 심웅섭은 나와 월악동지회를 같이 했었고, 해방 후에는 좌익활동을 하다가 6·25때 충주경찰의 예비검속에 잡혀서 죽고 말았다.

김삼룡이 채잡았던 남조선로동당 중앙위원회 기관지 《노력인민》 마지막 호에 실린 기사이다. 1948년 11월 7일 치.

　　전남의 인민과 병사들의 무장투쟁은 전진발전하고 있다
　　미국(米國)제 무기로서의 대량학살 정책에 항(抗)하여
　　리승만 매국정권 타도의 인민의 투지는 치열!

학살과 폭압에 견듸지 못하여 또는 조국의 위기를 참아 안저볼 수 없어 단연 궐기한 우국애족에 피끓는 제주도 30만 동포의 영웅적 무장항쟁은 우리 조국의 자랑이며 조국의 식민지화 군사기지화를 결사반대하는 우리 3천만 인민이 한결같이 지지성원하는 남조선 전역에 벌어진 구국투쟁의 가장 대표적인 가장 빛나는 부분이다

그러나 어디까지나 흉악무도한 매국노, 피에 주린 이승만 괴뢰정권은 이 제주도 30만 동포들을 도살하기 위하여 미국제 신식무기로 무장한 군대를 「토벌대」로 파견하였다 그러나 이들도 인민의 아들이며 조국애에 불타는 젊은 병사들이다

지난 20일 새벽 두시를 기하여 제주도 동포 학살을 단연 거부하고 제주도로 향하였든 총부리를 매국노와 도살자에게 돌려대고 자연발생적으로 궐기한 소위 국군 제14련대 7백여 젊은 병사와 이에 호응하여 일어난 전남 인민들의 무장진출은 인민학살정책을 실시하고 있는 이승만 매국반동정권이 존속하는 한 그 상전 미군이 우리나라에 머물러 있는 한 반드시 일어나고야 말 필연적인 것이다

지난 25일 현재로 여수 순천 능주 벌교 보성 곡성 구례 광양 고흥 거문도가 인민군에게 점령되었다는 것은 이미 보도한 바이다

그 뒤 인민군은 더욱 전역(戰域)을 넓히면서 난공불락의 튼튼한 근거지를 지리산에 설치하고 있으며 인민의 정예한 아들딸을 무장시키어 그 수는 점점 늘어가고 있다 여수에 정박하고 있든 잠수함 1척 구축함 3척도 괴뢰단정해군에서 벗어나 행방을 감추었다 진해(鎭海)에서는 장총탄환을 많이 실은 경비선 3척이 23일에 행방불명이 되고 전남과 경남 해안지대로부터 제주도 사이의 해면을 경비하는 총사령관 박수명(朴洙明) 대위는 그의 부하들과 더부러 군함과 함께 역시 행방불명이 되었다고 이승만 매국단정은 더욱 당황하고 있다 하동(河東) 경비대 40여명이 인민군에 합세하였으며 「토벌대」로 증원파견하였든 경관 7백여명이 전선에 이르자 무기를 버리고 도주하였다 소위 국군 제15련대(마산)는 하동으로부터 광양으로 들어오다가 인민군의 기습을 받어 연대장 외 15명이 인민군에게 포로로 되었으며 또한 마산과 부산으로부터 「응원대」로 파견된 소위 국군부대는 맞닥드리자 서로 인민군으로 오인(誤認)하고 교전하는 추태를 연출하였다

인민군은 지방 주민의 절대 지지를 받으며 인민군이 이르는 곳에는 전 인민이 인민공화국기를 선두에 높이 들고 군중적으로 환호하고 있다

인민의원부인 경찰서 군청 면사무소에는 인민공화국기가 펄펄 날리며 질서가 놀라

울 만치 잘 되어 있다는 것은 비행기로 전선을 시찰한 1외국인의 담화이다

전남의 1돌출점인 여수에서 발단하여 이미 경남과 전북의 1부에까지 세찬 물결로써 파급된 인민의 무장진출의 영향은 날이 갈수록 더욱 확대되어 제주도에서는 반동경찰이 지금 곧 응원대를 보내지 않는 한 인민군에게 투항하는 외에 도리가 없다고 비명을 올리고 있으며 대구 6연대 애국병사들의 무장봉기를 비롯하여 부산 전주 강능 춘천 청주 등지에서도 군과 경찰간의 소충돌 또는 국부적 「반란」이 일어나고 있다. 제주도 인민항쟁과 아울러 이번 전남 병사와 인민들의 무장진출은 인민이 한번 무장하면 그 위력이 얼마나 위대한 것인가 또한 무장한 인민은 무적(無敵)이라는 것을 여실히 보여주고 있다 인민의 무장투쟁은 인민을 도살하고 나라를 팔어먹는 이승만 괴뢰정부가 완전히 타도되고 미군이 이 강토로부터 물러가고 남조선인민이 갈망하는 민주주의인민공화국 헌법이 (판독 불능) 소위 「토벌응원대」 중의 겁이 나서 다러나는 자들과 무고한 인민들을 붓잡어다가 벌거벗겨 놓고 이들을 포로라 하여 매일 5백이니 6백이니 발표하며 무고한 무수한 인민을 함부로 총살하고는 이것을 마치 인민군의 소행인 것처럼 선전하기에 여념이 없다 그러나 이같은 간계는 인민들에게 여지없이 폭로되고 이와같은 야수적 살륙은 인민의 원한과 분격과 증오를 더욱더 격화할 뿐이며 매국노 자신들의 무덤굴을 더욱 재촉할 뿐이다 조선인민은 이승만 매국정권과 그 상전 미제국주의자의 어떠한 살육폭압에도 굴치 않고 반듯이 통일적 민주자주독립을 쟁취할 것이다

당 제주도위원회에서 〈당 중앙위원회 멧세-지에 답함〉이다.

우리들은 영웅적 인민들과 함께 어떠한 학살적 폭압에도 굴치 않고 어떠한 달콤한 회유에도 속음이 없이 조국의 민족주권 방어의 기빨을 튼튼히 걸머쥐고 「제주도 인민의 존귀한 구국의 피를 헛되이 하지 않을 것이라」는 중앙위원회의 엄숙한 선언에 대하여 우리들은 「조국해방투쟁사상에 불멸의 금자탑」을 이루는 영예를 실지에 관철할 것을 기포로 하여 망국멸족의 단정분쇄의 가열한 초소를 죽엄으로써 직힐 것이며 통일독립을 우리의 손으로 전취할 때까지 과감히 투쟁할 것을 확언하고 맹서합니다

다음은 무장대가 돌라준 두 가지 호소문이다. 김봉현(金奉鉉) · 김민주(金民柱) 편, 『제주도인민들의 4 · 3무장투쟁사』(大阪 ; 文友社, 1963) 84, 85쪽.

친애하는 경찰관이여!

탄압이면 항쟁이다. 제주도 유격대는 인민들을 수호하며 동시에 인민과 같이 서고 있다!

양심 있는 경찰원이여! 항쟁을 원치 않거든 인민의 편에 서라!

양심적인 공무원들이여! 하루 빨리 선을 타서 소여된 임무를 수행하고 직장을 지키며 악질 동료들과 끝까지 싸우라!

양심적인 경찰원, 대청원들이여! 당신들은 누구를 위하여 싸우는가? 조선사람이라면 우리 강토를 짓밟는 외적들을 물리쳐야 한다!

나라와 인민을 팔아먹고 애국자들을 학살하는 매국매족노들을 꺼꾸려뜨려야 한다!

경찰원들이여!

총뿌리를 놈들에게로 돌리라!

당신들의 부모형제들에게 총뿌리를 돌리지 말라!

양심적인 경찰원, 청년, 민주인사들이여!

어서 빨리 인민들의 편에 서라! 반미구국투쟁에 호응 궐기하라!

시민 · 동포들에게

경애하는 부모형제들이여!

'4 · 3' 오늘 당신의 아들 · 딸 · 동생은 무기를 들고 일어섰습니다. 매국 단선단정을 결사적으로 반대하고 조국의 통일독립과 완전한 민족해방을 위하여!

당신들의 고난과 불행을 강요하는 미제식인종과 주구들의 학살만행을 제거하기 위하여!

오늘 당신들의 뼈에 사무친 원한을 풀기 위하여! 우리들은 무기를 들고 궐기하였습니다.

당신들은 종국의 승리를 위하여 싸우는 우리를 보위하고 우리와 함께 조국과 인민이 부르는 길에 궐기하여야 하겠습니다!

충주 태생 글지 최용탁(崔容鐸)이 알아본 엄정초등학교 학적부를 보면 김부덕(金富德)을 줄긋고 삼룡(三龍)으로 고쳐 쓴 것으로 봐서 본디 이름은 '부덕'이었던 듯하니, 부자로 덕 있게 살아가라는 이름 지은 이 뜻이 담겨 있다. 명치(明治)43년 4월 9일생이니, 1910년 생이다. 주소는 충주군 엄정면 미내리(美內里)로 대정(大正)11년(1923년) 4월 1일 입학하여 소화(昭和)3년(1929년) 3월 23일 졸업하였는데, 보호자는 농업을 하는 형 김쌍룡(金雙龍)으로 되어 있다.

평양 신미리 애국열사릉에 있는 김삼룡 기림돌.

학업성적을 보면 1학년 때는 수신(修身)·국어(일본어)·조선어·산술·이과·도화·창가·체조가 모두 100점이고, 2~5학년 때 거의 90점 위와 갑(甲)을 받다가 6학년 때는 위에 적은 대로 89·86·88·95·94·93·74·94점에 지리 95·일본역사 95·농업 96점으로 51명 가운데 1등이다. 몸가짐 곧 품행을 말하는 조행(操行)은 5학년까지만 적혀 있는데 모두 갑(甲). 결석과 병기사고(病氣事故)는 없다. 발육상태를 보면 1학년 때 4.33이던 키가 6학년 때는 1.572이니, 무슨 말인지 모르겠으나 작은 키였다고 한다. 몸무게는 1학년 때 7.50이었다가 6학년 때는 60.00이니, 무슨 말인지 모르겠다. 흉위 곧 가슴둘레는 1학년 때 2.15이고 6학년 때는 0.900이니 또한 무슨 뜻인지 모르겠고. 하지만 종합평가를 말하는 개평(槪評)도 갑이고, 행동발달 사항을 말하는 듯한 영업(營業)도 갑이고, 등뼈의 곧기를 말하는 척주(脊柱)도 정(正)이고, 시력 급 좌우 상태는 20/20이며, 청력도 정(正)이니, 작은 키였으나 튼튼한 몸이었던 것으로 보인다.

또한 최용탁이 떼어 본 제적등본에 따르면 김삼룡 부는 본관 경주(慶州) 김용서이고 모는 전운계이며, 1945년 8월 7일 혼인신고를 한 배우자는 이승렬(李承烈)인데― 전 호적이 충청남도 아산군 인주면 밀두리 242번지로, 1916년 생이다. 김오성(金午星)이 펴낸 『지도자군상』〈이관술편〉에 나오는 '옥숙(玉淑)'씨가 이승렬인지는 모르겠으나, 박갑동(朴甲東)이 쓴 『박헌영』에 나오듯 '김삼룡의 부인 이순금'이 아닌 것은 틀림없다.

여기서 눈에 띄는 것이 김삼룡 둘째형 김쌍룡 아들 이름이 김선남(金鮮男)이라는 것이다. 1925년 생인데, 그 이름이 아무래도 예사롭지 않으니, 그런 깊은 뜻을 지니고 지었는지는 모르겠으나 '새로운 세상'을 말하는 '남조선 사상'을 그리워하는 '남조선 사내'라는 뜻인 것이다.

《해방일보》 1950년 9월 1일(금) 치에 실려 있는 기사이다. (본딧글대로임.)

조국위해몸바칠때는왔다

　다같이승리의길로 돌진하자

　　당선된위원들 필승의결의토로

충주군 엄정면 인민

　위원회선거 현지보도

공화국의 강력한정치적토대가되는지방주권기관을일층공고화하며일층민주화하기위하여 각리인민위원 선거를지난八월十四일에 성공적으로끝마친 충주군에서는 계속하여 十五일 十六일에는군내十二개면에대한 면인민위원회선거를 실시하였다

이리하여 충주군 엄정면에서는 八·一五해방기념 五주년기념을 의의깊게맞이하며 또면인민위원선거를 성공적으로 실시하기 위하여 이날 오후 一시부터 용산리 엄정인민학교강당에서 十一개리 대표 九三명이 출석한가운데 엄정면림시인민위원회위원장이며 **고 김삼룡선생의 형님이신 김복룡동무의 사회**로 력사적인 이날 회의는 시작되었다 먼저 사회자로부터 금번 이 선거는 미제국주의 침략강도와 그의주구 리승만 역적들이 우리남반부인민들을 놈들의 노예로 맨들기위하여 박탈하였던 모든 권리를도로찾어 진정한인민의정권기관인 인민위원회를 복구강화하기위한 선거이니만치 여러분들도 우리들의 진정한 대표를 선출해주기바란다는 것과 또한 통일된 조선인민으로서 오늘의감격깊은 八·一五해방五주년을 맞이하기위하여 조선인민들은 피어린투쟁을 하여왔으며 하고있다는 뜻깊은해설이있었다

순서에따라 주석단추대에들어가 배복수동무의 동의로 김복룡 장수명 김진학 박동열 장용진 송영태 로태순(녀자) 七대표가 주석단에 선증되었다

이어 송영태 동무로부터 대표자九五명의 심사보고와 장수명 대표의 선거규정랑독이 있은다음 면위원추천에들어갔다

九五명의 대표자들로부터 김복룡 노태순(녀자) 박명순(녀자) 김진학 박영우박찬주 박웅열 최용봉 장수명 송영태 리강준 최호현 심종남 조승행 최원만외五명 계二十명이 추천되었다 다음으로 추천된대표자들의 략력보고와 립후보자 등록에 대한 토의가 있었는데 이들 추천된동무들의대부분은 매국역적 리승만의 괴뢰정권을 타도 분쇄하며 조국의 통일과 독립을 쟁취하기위하여 군센 투쟁을 계속하여온 열렬한애국자농민들이었다

토의결과 五명은 제외되고 우에련명한十五명의 립후보자전원이 만장일치로 엄정면전체인민을대표하는 면인민위원으로 선출되었다

선출된일꾼들의 장래와군센투쟁을 고무격려하기 위하여 꽃다발 증정이 우렁찬 박수 가운데 진행되였다

회순에따라 군인민위원을 선거하기위한 면 대표자선거에 들어가 최원만대표로부터 주석단의 의견발표제의가 있게되자 이의없이 통과되여 사회자로부터 十분휴회를 선언하였다

주석단대표들의 신중한토의가 거듭된후 사회자로부터 회의계속을 선언하고 토의된 의견을 발표한결과 만장일치로 통과되였다

끝으로제一차 면인민회의가 十五분동안 계속된후 대표자들앞에서 면 상무위원 발표 가있었는데 위원장에 김복룡씨 부위원장에 장수명씨 서기장에 박영우씨들이 선출되여 우렁찬 박수와더불어 조선민주주의인민공화국만세와 김일성장군만세 삼창으로 이날의 력사적회의는 원만히 폐회되였다

二十분 휴식한후 계속하여 대표자들은 용산리 미내리 전체인민들과함께 같은 자리에서 오후五시부터 八·一五해방기념경축및 면인민위원회지지대회를 개최하였다

이대회에서 새로선거된 면인민위원회위원장 김복룡씨는 조국이처하는 내외정세와 조선인민의 정의의전쟁을승리로이끄는데있어서 면전체인민의 대표자로서의새로운 각오를열렬히 토로하는 보고가있은다음 면위원인 송영태(四五)씨는 자기의 토론에서 인민군대의힘으로 해방이된오늘날 나는한시간이라도 거저앉아있을수없습니다

우리조선인민은 五천년력사를 가졌다고하여도 오늘처럼 자기의군대와 진정한 민주주의국가를 건설하여 본일이있었습니까 이와같은 시기에 조선사람으로서 애국심에 불타서 궐기하지 않고 언제 조국을위하여 뜻깊은일을하여 보겠습니까

우리들은 하루바삐 전쟁에 승리하기위하여 아들 딸 손자 청년들을 전선에 보내고 후방에남아있는사람들은 전선을강화하기위한 온갖사업에 전력을 기울여야되겠습니다 라고 애국심에 불타는 토론을 전개하자 만장대중의 감격은 우렁찬 박수로 표현되였다

토론이끝난후 쓰딸린대원수께 드리는 편지와 김일성장군께드리는편지를 각각 열렬한 박수로써 채택하였다

대회는 오후十一시에 폐회되였다

그러나 군중들은 헤여질생각도없이 밤늦도록 교정에서 농악대를중심으로 무등춤 승무등을 북 징 장구 새납등의 반주에맞추어 뜻깊은 이날을 마음껏 경축하였다

6. 인민대중 바다에 뜬 외로운 배

이 주 하 1905~1950

"나는 서울과 평양을 다니며 여러 유명한 공산주의자를 보았지만 이주하같이 맹렬한 공산주의자를 본 일이 없는 것 같다."

박갑동이 놀랐던 이주하는 불꽃이 튀는 듯한 눈매에 칼날이 선 듯한 날카로운 목소리여서 조용히 말을 하고 있어도 금새('금방 사이'라는 뜻이므로 '금세'가 아닌 '금새') 벼락이 떨어질 것 같은 무서움을 주는 사람이었다고 한다.

"어제는 갑작스레 열이 나서…"하고《해방일보》정치부 기자인 박갑동이 빠진 평계를 대는데, 권오직 사장과 같이 있던 이주하한테서 벼락이 떨어졌다고 한다.

"공산당원이 감기 때문에 결근을 했다구. 전쟁 마당에서 나는 감기 들어 쉬겠으니 봐주십시오 하면 상대방이 같이 쉬자고 하겠소? 그런 정신으로 당 기관지에서 어떻게 일한단 말이오!"

이주하 말은 마디마디에 칼날을 품고 있는 듯 매섭게 느껴졌고 눈에서는 붉은 불길이 솟아오르는 것 같았다고 한다. 그 뒤로는 아무리 몸이 아파도 이주하 생각만 하면 벌떡벌떡 일어나게 되는 박갑동이었다. 그가 펴낸 『박헌영』이라는 책은 마치 반성문을 보는 듯하여 많이 거슬리지만, 그 시절 갓맑게 불태웠던 사상에 대한 굳은 믿음과 함께 남로당 목대잡이들에 대한 가없는 '존경의 념'만은 잃지 않고 있는 것 같았다고 한다.《중앙일보》에 처음 실을 때 자신의 원고를 중앙정보부에서 마음대로 손을 봐서 신문사에 넘겨 원래 뜻과 다른 내용이 된 부분이 많았다고 한다. 얼마 전 일본 동경에 가서 박갑동

전쟁 몇 달 전 붙잡힐 때 찍힌 오직 하나뿐인 이주하 사진.

을 만난 『이현상 평전』 지은이 안재성 말이다.

외롭게 반김일성 싸움을 벌이고 있는 박갑동 나이 95살이다. 그런데 이주하가 그렇게 무섭기만 한 주의자였을까?《해방일보》1946년 5월 7일 치에 실려 있는 이주하 글이 있다. 「어린이날을 마지하여 사랑하는 어린이에게 줌」이라는 제목 아래 씌어진 글 뒷어섯이다.

1. 어린 동무들은 우리를 해방하여 준 련합국의 어린이들과 온 세계 어린이들과 친선해야 합니다 조선사람이 세계에서 제일 잘낫다고 남의 나라 사람들을 얏보고 배척해서는 안됩니다 이것은 독일의 힛틀러와 이태리의 뭇쏘리니와 덴노 일본이 남의 나라 사람을 종으로 하려는 못된 버릇에서 나온 것입니다

2. 남의 나라 어린이들의 잘하는 것을 배우고 남보다 뛰여나는 어린이가 되도록 힘써야 합니다 그럴랴면 공부를 열심히 하고 착한 사람 되겟다고 애써야 합니다

3. 여러 어린 동무들은 학교에 있거나 집에 있거나 동무들끼리 서로 도아가며 훈련하고 연구하며 성장하여야 합니다. 학교에 있어서 자치회를 조직하야 자립할 수 있는 훈련을 할 것이오 애국소년단에 참가하야 단체적 훈련을 바더야 합니다 그래서 피여올으는 새 조선의 새싹들이 되여야 합니다

4. 법률로써 어린이들을 공장에서 로동하는 것을 금지식히고 어린이들은 누구든지 학교에 댕길 수 있게 하여야 합니다 어린이들이 가난해서 공장에 댕기며 학교에 들 수 없어서 공부 못하는 것이 얼마나 애닯흔 일입니까!

5. 학교에서 배우는 공부는 일본제국주의가 조선사람을 종을 만들기 위한 노예교육이 아니라 새로운 조선의 새로운 토대가 되는 어린이들을 자유로운 교육으로 자유롭게 퍼저나가고 커갈 수 있는 교육으로 하지 안허서는 않됩니다

6. 가정에서는 어린이라고 얏보고 구속될 것이 아니라 어린이들을 존중히 하고 착하고 틈ᄯᆞ하게 커가도록 되여야 합니다 어린이들이 자유롭게 잘 커야 조선도 커가고 발전될 수 있는 것입니다

어린 동무들이여!

여러분은 새 조선의 생명이며 보배입니다.

우리 나라의 미래는 어린 여러분의 것입니다

착하고 튼ᄯᆞ한 사람이 되여야 합니다 썩ᄯᆞ하고 무쇠갓치 단련된 어린이들이 되고 민주

주의의 빛나는 어린 병사들이 되여야 합니다 새 조선의 씩ㅅ한 일ㅅ군이 되여야 합니다

이주하(李舟河)는 함남 북청(北青)과 홍원(洪原) 살피 외딴 산속에서 부대기 둘째 아들로 태어났다. 부대기, 곧 화전민이 생기게 되는 까닭을 알려주는《동아일보》1929년 1월 16일 치 기사이다.

　　화전민이 화전민 되기까지의 경과는 대개 소지주로부터 자작 겸 소작인데, 자작 겸 소작으로부터 소작인에, 소작인으로부터 막실소작인(幕室小作人 제집 없이 남의 집 행랑간을 빌어 가지고 농사하는 사람)으로 점점 퇴화하다가 그것도 계속하지 못하여 필경은 산속으로 찾아 들어가는 것이 보통임으로 그들 중에는 화전민으로의 십여대 이상이 없으며 대개는 이삼대 이하가 많은 것을 보아 분명한데 자본주의 발달에 따라 농촌의 파멸정도는 더욱 심하여질 뿐이겠으므로 당국에서 설사 현재의 화전민을 정리한다 하더라도 근절시킬 수는 없고 다른 방책을 채용하여 원인을 제거함이 가장 현명하리라고 하더라

최용환(崔容煥)이 쓴「고해순례(苦海巡禮)」이다.

　　양지 바른 산비탈에는 거의 빈틈이 없이 연접된 화전이 있고 물 흐르는 좁은 골짜기마다「틀거리」의 집이 있으니 그는 산에서 나무를 베어 온 채 별로 다듬지도 않고 덧놓은 틀거리 사이에 바람을 막기 위하여 흙을 엷게 바르고 한편에 들고나는 문이 있으니 이것이 곧 순화전민들의 일시 우거하는 안식처라 한다 그 안을 들여다보니 방안에 온돌은 있으나 방과 부엌에 바람벽도 없이 화통하였고 어느 해에나 창호질을 하였는지 더럽다 못하여 검고 절어서 방안에서 햇빛이라고는 구경도 할 수 없이 되었다

같은 신문 같은 해 6월 22일 치이다.

　　가옥의 제도는 한아름씩 되는 재목을 싸올려 기둥 없는 집을 짓고 지붕에도 판장을 덮고 큰 돌로 눌러놓아 바람에 날라가지 못하게 하며 우(牛)양간은 함경도의 풍속대로 부엌에 달아지어 정지간(방과 부엌을 한데 만든 방)에서 사람과 서로 바라보며 자게 된

다 재목이 풍부한 관계이겠지만 뒷간 하나 짓는 재목을 가졌으면 서울집 열간은 지을 수 있을 듯하다

같은 신문 고원(高原)지국 김병식(金炳湜) 글이다.

화전민의 주택이란 것은 실로 콧살 찡그리지 않고는 볼 수 없는 것이다 잡목으로 집 엉터리를 만들고 풀을 베어서 지붕을 덮었으나 바람과 비에 부닥겨져서 바람벽이 퇴폐하여지고 석가래는 팔뚝질을 하고 있는 것이다 그리고 농구와 가구가 불규칙하게 여기 저기 진열되어 있으며 방안에 돗자리는 거적 밀짚 등으로 깔려 있는 집도 있어 먼지와 음식이 서로 혼인을 지내고 있으며……

이주하는 1909년 식구들과 원산으로 옮겨 가 보통학교를 마쳤다. 15살 때 3·1운동에 들었다가 언니가 밥벌이 하는 갑산광산으로 몸을 피하여 굿일꾼 노릇을 하였다. 만세꾼 잡아들이는 바람이 가라앉은 다음 원산으로 돌아가서 부두노동자로 있다가 객주집 심부름꾼, 왜인 상점 직원, 전보 배달부 노릇을 하였다. 1921년 휘문고등보통학교에 들어갔다가 3학년 때 동맹휴학을 이끌다 쫓겨났다. 일본 동경으로 건너가 니혼대학(日本大學) 전문부 사회과에 적을 두고 막노동을 하여 먹고 자는 것과 배움비발을 벌었으나 너무 힘이 들어 학교를 그만두었다. 그러나 그때 주경야독으로 피나게 파고들었던 사회과학과 철학사상은 그를 표범 같은 주의자로 만들어주는 디딤돌이 된다.

1928년 귀국하여 조두원이 밀어주어 조선공산당에 들어갔고, 원산에서 부두노동을 하며 노동자들 마음 닦달시켜 일본제국주의를 크게 때려주는 총파업 곧 원산·평양 제네스트를 얽이잡아낸다. 1929년 조선공산당재건조직준비위원회에 들어갔고, 30년 반일 격문을 뿌리다가 붙잡혔으나 증거불충분으로 풀려났다. 적색노동운동 채잡이로 조선 청년 뼈대를 보여주던 그는 제1차태로사건, 곧 태평양노동조합사건으로 5년 징역을 살고 1936년 2월 25일 나와 원산에 머물러 있다가 4월 쯤 전태범(全泰範, 1912~?)을 만나면서부터 다시 운동에 몸을 던진다. 1937년 원산철도국사건으로 이강국·최용달·김재갑 등이 붙잡혀가자 진남포로 뺑소니쳐 원산·흥남·진남포를 마당으로 지하운동을 이어나갔다. 이때부터 이주하는 「10월 서신」에 따라 적색노동조합 채비를 위한 '무명의 지도기관' 「적색노동조합원산좌익위원회」를 만들어 노동조합 활동을 펼쳐나간다. 그리

고 기관지《노동자신문》을 정기적으로 펴냈었다. 이주하가 얽어낸 노동조합은 영흥 · 문천 · 정평 · 홍원 같은 데서 짜여지는 농민조합과, 1936년 10월쯤 이강국 · 최용달을 통해 알게 된 경성제국대학 김재갑(金載甲) 들 독서회와도 줄대고 있었으니— 원산 지도부는 이주하가 목대를 잡고, 이강국과 최용달이 밀돈 뒷받침과 문헌번역 · 기고 등을 맡아 '원산운동'을 이끌어 갔다.

김오성(金午星)이 쓴 『지도자군상』(대성출판사, 1946)에 나오는 이주하 모습이다.

1936년 옥문을 나선 이주하씨는 그 지친몸을 쉬일 새도 없이, 다시 원산을 중심으로 적색노동조합을 조직하였다. 일본제국주의가 만주침략을 개시하던 전년이라, 온갖 합법운동이 일망타진되었음은 물론, 그 삼엄한 경계와 야수적인 탄압은 모든 운동자들을 후퇴 전락시키던 백색테로의 난무시대임에도 불구하고 이주하씨는 교묘한 지하공작술로서 철도, 화학, 금속, 목재산업 각 공장을 중심으로 노동운동을 전개하였으니, 이야말로 혁명가로서의 이주하씨의 영웅적 기개를 보여준 것이다. 이때 세속 성대파(城大派)라는 이강국(李康國) 최용달(崔容達)씨 등이 씨와 함께 투쟁한 것이다.

1938년에 철도국 관계로 사단이 발각되어 이강국씨 등이 피검됨에 이주하씨는 몸을 피하야 국내에서 망명생활을 시작하게 되었다.

씨는 그뒤 흥남 원산 평양 진남포 등의 각 공장지대를 여러 가지 인물로서 변장하고 도라다니면서 노동자층, 특히 응징자(應懲者)들에게 반전 반일제의 사상을 고취하기에 분망하였으며, 주로 진남포의 공장지대에 잠복하야 8 · 15까지 반일운동의 전개를 획책하였든 것이다.(……)

그때 원산에는 아직 패잔 일병들이 발호하야 아직 아무런 기관도 우리의 수중에 접수되지 못하고, 건국위원회와 노동조합이 서로 대립적인 기세로 조직되어 있었는데, 이 대립을 없애는 데는 이주하씨가 출현하지 않으면 안된다고, 원산의 동지들은 이구동성으로 고대하는 것과 흡사한 현상이었든 것이다. 이주하씨는 북조선에 있어서 참으로 위대한 지도자임에 틀림이 없다고 생각하였다.

그 뒤 얼마 안있어, 이주하씨는 전남포로부터 원산에 도라와서, 함남의 공산당 및 인민위원회를 조직하야 온갖 기초공사를 구축하였다. 씨의 추진력 있는 활동은 함남의 모든 질서를 최단 기간 내에 정돈할 수 있었든 것이다.

12월에 이주하씨는 조선공산당본부의 요망으로 서울에 나타났으며, 현재 중앙위원

김삼룡과 이주하가 붙잡힌 것을 알리는 신문 기사(1950년 4월 1일 치《동아일보》).

으로서 당수 박헌영씨를 직접 보좌하며, 일체 사무적인 책임을 맡은 중요한 위치에서 활동하고 있다. 씨는 명실공히 조선공산당의 동량이요, 기관수인 것이다.

이주하는 8·15를 맞아 원산에서 조공 함남위원회와 인민위원회를 얽어내고 조공 정치국원 및 서기국원과 조선인민공화국 중앙인민위원이 되었다. 12월 중앙위원회 부름 따라 서울로 와 남조선로동당 중앙위원과 「민주주의민족전선」 중앙위원이 되었다. 당중앙 월북 다음 김삼룡과 함께 남로당을 이끌었고, 8월 해주에서 열린 남조선인민대 표자대회에서 제1기 최고회의 대의원으로 뽑혔다. 해주대회에 들어갔던 길에 김삼룡·이현상이 소비에트 유학을 위하여 '박헌영 학교'로 불리던 강동정치학원에서 러시아말 공부를 하고 있을 때, 서울에서 당중앙 권한대행으로 모든 당사업을 기획·지도하였다. 그리고 지도부 비선 비서였던 안영달(安永達) 쏘개질로 김삼룡과 함께 경찰에 잡힌 것이 1950년 3월이었다.

인터넷 잡지《퍼슨웹》2001년 6월 치에 실린 원경 증언이다. 대담자는 우리나라 현대사를 갈닦는 서울대 강사 고지훈.

고지훈 : 김삼룡과 이주하가 잡혔던 현장은 큰아버님하고 같이 살던 그 집인가요?

원경 : 아니 그 집에서 잡혔던 것은 아니구요.

고지훈 : 그럼, 그 근처였겠네요?

원경 : 아니, 난 경찰서에서밖에 못 봤어요. 경찰서는 종로경찰서가 아니고, 그 당시 있었는지 모르지만, 중부경찰서 같아요. 의자가 길고, 나무로 된 건데 두 개가 있었어요. 안에 들어갔을 때 김삼룡 선생이 바지가 찢어져가지고 피가 막 엉켜있고, 의자에 수갑을 차고 있었어요. 긴 의자에 수갑에 채워져 있었는데, 그 얘기를 해주러 나왔을 때 이주하 선생도 거기서 체포되었어요. 거기서 그냥 사람들이 덮쳐서 끌고 가는 것을 봤거든요. 이주하 선생은 김삼룡 선생의 상황파악을 하러 오셨다가, 당신 모습이 누구한테 들킨 것 같아요. 그렇게 봐야 정확한 것 같아요. 그 체포된 과정은 별로 안 틀릴 거예요. 두분이 그냥 아주 허망하게, 당시에는 그런 생각도 못했지만, 지금 생각하면 정말 허망하게 잡힌 거지. 이주하 선생은 그 상황에서 어떠한 조치를 하려고 하다가 누군가 당신을 알아본 겁니다. 근데 갑자기 또 생각이 나는데, 당시 김삼룡, 이주하 선생에 대해서 경찰은 몰랐어요. 이때 누가 경찰서에 왔는데, 거물 이주하가 변장을 하고 경찰서에 온 것을 이 사람이 알아본 겁니다. 확실치는 않지만 한산 스님께서 단정을 하는데, 홍 모씨라고 했어요.

고지훈 : 홍 모라는 사람이 밀고를 했다는 건가요?

원경 : 홍 뭣이라는 사람이었는데, 이 사람이 전향한 사람이라고 하셨어요. 그 사람이 얼굴을 알고 밀고를 했다는 거지요. 하여튼 홍 뭐라고 하는 사람이었어요. 지금 막 반짝하고 지나가네요. 한산 스님께서는 단정을 하셨어요. 그래서 아주 우습게 그 사람을 통해서 잡히게 되었죠. 이주하 선생은 김삼룡 선생이 잡혔는지 확인하려고 직접 위장을 하고 갔다가, 이 위장한 모습을 알아본 사람이 홍 모씨라는 거지요.

원경이 말하는 홍 모는 남로당 서울시당 부위원장으로 있다가 돌아서 서울시경 경위 계급장 달고 남로당을 쳐 없애는 데 앞장섰던 홍민표(洪珉杓)이다. 안영달 쏘개질로 뽕나버린 비트를 나와 또 다른 비트에 있던 김삼룡과, 김삼룡 일됨새를 살펴보러 갔던 이주하를 잡아들인 것은 모두 홍민표 짓이었다.

평양 고려호텔에 묶여 있던 민족주의자 조만식(曺晩植) 장로와 김삼룡·이주하 교환협상이 벌어지던 가운데 6·25가 일어났고, 김삼룡과 함께 남산 숲속 소나무에 묶여 '개밥'이 된 것은 6월 28일 하오 3시였다.

요즈막 풀린 소비에트 비밀문서들을 바탕 삼아 김국후(金局厚) 기자가 엮어낸『평양의 소련군정』에 보면 이주하 이야기가 두 군데 나온다. 평양 주둔 소련군정사령부 정치고문 발라사노프 팀이 작성한 것으로 보인다는 이주하 관련 파일이다.

1945년 8월 원산에서도 열렬한 반일 애국투사 이주하에 의해 원산시 공산주의 단체가 결성됐다. 이주하는 1928년부터 공산당원으로 활동했다. 혁명활동으로 인해 두 차례에 걸쳐 5년 동안 감옥에 있었다. 1945년 9월 이주하는 조선공산당 중앙위원회 정치국 위원으로 선출됐고, 그 후 남조선민주주의민족전선 상임위원회 위원으로 활동했다. 그는 1946년 9월 남조선 주둔 미군정 사령부의 명령으로 민주운동을 지도했다는 죄로 체포돼 1946년 12월에 징역 7개월을 선고받았다.

일본이 항복할 무렵에는 조선에 노련한 공산당 활동가는 수십 명밖에 남지 않았다. 그러나 그들은 조선공산당을 복구하는데 크게 기여했다. 북조선에서 1945년 10월에 벌써 5개 도에서 공산당 도당이 결성됐다. 전 조선민주주의인민공화국 문화성 부상이었던 정률 증언이다.

"원산에 들어가보니 소련군이 조직한 원산시 인민위원회가 활동하고 있더군요. 위원장은 강계덕 씨가 맡았고 조선공산당 원산시당은 위원장이 공석이었습니다. 얼마 후 서울에서 이주하가 올라와 제1비서를, 소련에서 들어온 고려인 2세 한일무가 제2비서를 맡았습니다. 나는 평양의 군정 사령부 명령에 따라 원산시 인민위원회 교육부 차장을 맡으면서 주로 소련군 원산시 위수사령관 흐레노프 소좌의 통역을 담당했습니다."

원산에 머물게 된 정률은 1945년 9월 18일 원산항을 통해 입북한 김일성 일행을 맞이하게 된다. 정률은 9월 가운데 때 치스차코프 제25군사령관이 원산에 내려와 조선공산당 원산시당 제1비서 이주하를 만나 나누었던 대화를 소개했다.

치스차코프 당신이 공산당원이라는 것을 무엇으로 증명할 수 있는가?

이주하 사령관은 공산당원이라는 것을 무엇으로 증명할 수 있는가?

치스차코프 나에게는 소련공산당 당원증이 있다. 귀하는 당원증이 있는가?

이주하 공산주의자인지 여부는 신념으로 판단해야 하며 당원증은 형식에 불과하다. 당신은 소련공산당사를 잘 알 텐데, 레닌과 그의 전우들도 지하운동 시절 당원증이 없었다.

정률은 "천하의 소련군 친위대장 치스차코프 대장이 일제강점기에 지하에서 공산주의운동을 했던 일개 조선공산당 청년 이주하의 논리적이고 명쾌한 답변에 부하들 앞에서 판정패 당했습니다"라며 "이때부터 이주하는 소련군정 지도부에 미운털이 깊이 박혔지요"라고 회고했다.

미운털이 깊이 박힌 것은 치스차코프 대장한테서만이 아니었다. 참과 거짓은 알 수 없지만 박갑동 증언이 있다.

내가 45년 말 행림서원에서 그를 만났을 때 해방 직후 원산에서 김일성을 만났던 이야기를 들려주었다. 원산은 본시부터 이주하의 아성으로 일본서 귀국 후 노동파업과 소작쟁의를 일으켰던 곳이고 일제 때 운영했던 태평양노조 국제적색노동조합 태평양지부(본부 소재 모스크바)를 그가 조직, 지도해 우리나라 최대의 파업을 일으켜 그 나름대로 터전에 자신을 갖고 있는 곳이었다 한다. 나는 그곳을 잘 모르나 주위의 모든 사람이 원산은 누가 무어라 해도 이주하의 땅이다라는 말을 하는 것을 들은 일이 있어 그가 마치 성주와 같이 군림하고 있다는 것을 알고 있었다. 실제로 해방후 이주하는 원산에서 조선공산당 원산시당과 강원도당을 조직해 일대를 장악하고 있었는데, 어느 날 김동환(金東煥)이라는 자가 난데없이 나타나 공산당을 조직합네 하고 돌아다니더라는 것이었다. 새파란 청년이 하룻강아지 범 무서운 줄 모르는 격이라 웃어넘기려 했으나 그의 측근들이 김동환이란 자가 너무 설친다고 하기에 하루는 부하들을 동원해 그를 잡아 가두어버렸다는 것이다. 그러자 곧 소련군부대에서 그 청년을 풀어주라는 지시가 왔고 그대로 한 뒤 알고 보니 그 김동환이란 자가 김일성이었다고 했다. 이 애기는 실로 잘 알려지지 않은 얘기지만 나는 우연한 기회에 이 사실을 들을 수 있었다.

김일성은 뒷날 이주하가 자기에게 했던 박해에 앙심을 품고, 50년 이가 서울서 총살을 당한 뒤에도 그를 종파분자로 몰았고 그가 원산시대에 키운 간부들, 김원봉 등 북한에 있던 이주하의 측근을 모조리 숙청하는 등 보복을 했다.

그래서 그러한 것일까. 신미리 애국열사릉에 쌍두마차였던 김삼룡 것은 있는데 이주하 이름은 없다. 언젠가는 밝혀질 참모습이겠고, 1950년 5월 17일 특별군사재판정에서 했다는 남로당 2인자 마지막 말이다. 1946년인가 47년에 원산에서 사귀었던 여성을 서울로 올라오게 하여 혼인을 하였는데, 둘 사이에 낳은 아이가 그때 2살인가 3살 되는 아들이었다고 한다.

"내 자식놈한테는 절대로 정치를 하지 말라고 전해주시오."

김태준이 쓴 '이주하론'이 있다.《노력인민》1947년 6월 28치에 실려 있는 「인민의 지도자」칸.〈열혈의 인·강철의 인, 민족명예의 수호자 리주하 선생〉.

36년 일제독점시대를 통하여 로동자 농민 자신의 반일민족해방투쟁에 직접 그 중심부대로 진출한 그 결정적 단계는 1928년 원산총파업이 있었다 원산총파업은 그 후 전조선 혁명적 전환을 가저왔을 뿐 아니라 이와 함께 반일투쟁으로 하여곰 그 후 계속하야 원산을 중심으로 가장 완강하게 가장 용감하게 계속되게 하였으니 원산! 이곳은 20년 간에 있어 우리 인민들의 한 개의 혁명적 동경지로서 나서게 되었든 것이다 그러면 그 이유가 어데 있었는가 반일투쟁의 거인 리주하 선생이 그곳에 버티고 그 투쟁을 지도한 데 있었든 것이다

거인 리주하 선생은 총파업의 불꽃 속에서 혁명전선에 등장하였다 총파업의 웅위한 로동자의 부름은 선생을 학창으로부터 로동자의 몸속으로 불러드리었다 파업이 종결될 때에는 원산의 로동자는 벌서 그들의 부두형제 속에서 리주하의 일흠을 발견할 수 있었으며 저 유명한 조선해방운동의 유일한 결정적 지침이었든 1929년 12월 때– 제1가는 조선에서 가장 정확히 가장 먼저 원산의 로동자들로 인하야 실천되게 된 것은 실로 리선생을 그들의 전장의 형제로 가젓든 까닭이다

1930년대 평양 함남 등지를 중심하야 조선 반일사상에 위관을 이루었든 로동자 농민의 거대한 투쟁은 청년전사 리 선생의 지도가 없었든 곳이 없었든 것이다 서울을 중심으로는 우리의 최대의 지도자 박헌영 선생이 그 불굴의 투쟁을 지도하셨다면 서북조선의 중심지도자는 리주하 선생이 되지 아니할 수 없다

오늘날 리선생이 박헌영 선생을 보좌하야 박선생과 함께 인민의 사랑과 존경을 집중하고 있음이 어찌 우연한 일일 것인가?

조선민족 해방운동의 퇴조기인 1937년대에 모든 민족주의자의 반변은 물론이요 대다수의 민주주의자까지가 전선에서 이탈 타락 변절할 때에 관북의 거인 「대주하」의 존재가 더욱 일반에게 넓리 알려지고 험모되게 되었든 것이다

원산철도국사건이 탄로되자 이에 부상했든 최용달씨 리강국씨 외 여러 동지들은 검거되고 선생은 적의 눈을 피해서 로동자의 생활을 계속하면서 진남포에서 일제와 싸우고 있었다

해방은 되었다 하나 남조선에는 극소수의 친일파 반동분자 이외의 일체 인민을 위해서 싸우는 애국자 혁명투사들에게는 또다시 자유가 박탈되었다 리관술 선생이 정판사 위폐사건이란 터문이 없는 구실로 피검되고 박헌영 선생의 체포령이 나리든 바로 그날 리주하 동지도 검거되었다 조선의 가장 큰 애국자 혁명투사의 한사람이란 것이 검거의 리유였을 것이다 재감 애매한 중 이름몰을 주사를 맞었다

혹은 마취시켜서 본인의 정신을 빼앗은 후 모든 비밀을 정탐하기 위한 악랄한 방법이라고도 하고 혹은 생명을 빼앗기 위한 방법이라고도 하였다 대중들은 흥분했었다 리 선생은 격분 끝에 단식했다

이 소식이 옥외에 누설되자 인민은 일층 더 분노하였다 그래서 놈들은 당황해서 서대문 옥리들은 와서 「밥을 잡수시라」고 간청하였다 이 당시에 리주하 선생은 완연히 한 개 불덩어리드라고! 선생은 일게질타 불을 토했다

"밥을 먹는 것은 좋으나 나는 내 자신의 의사를 무시하고 내 신체를 침범한 것은 내 개인에 대한 모욕이라기보담 조선인민 조선민족에 대한 커다란 모욕이라고 생각한다 나는 비록 보잘것없는 사람이지만 나의 반생을 조선민족의 해방운동에 바처온 사람이다 그런데 당신들이 아무 까닭없이 나의 자유를 빼앗었으니 나에게는 아무 자유도 없으나 나에게는 아직도 나의 생명을 자유로 할 자유는 있다고 생각한다 나는 우리 민족과 인민의 명예와 긍지를 위해서 차라리 깨끗이 죽겠다…"

이것을 들은 옥리들도 모다 감격 회오의 빛이 보이드라고 한다 이것은 신라 화랑세기에서 보든 민족적 미담이다 민족, 인민의 리익을 위해서 싸우는 리주하 선생처럼 민족의 명예와 긍지를 위해서 싸운 사람도 적을 것이다 리주하 동지야말로 장구한 대중투쟁, 민중투쟁 속에서 성장해온 사람이다 대중이, 민족이 고난에 빠졌을 때에 그들의 선두에 서서 용감히 싸우고 능히 대중과 민족과 운명을 갓치할 수 있든 사람인 것이다 의지는 굳기 강철같고 발분하면 열화같이 식을 줄 몰으는 태산암암한 그 기상 속에 박력 있고 추진력 있고 미듬즉한 신뢰감을 주며 크고도 화열한 풍채와 명랑하고 은근한 어조 속에는 강하와 같이 넓은 금도를 보여준다 친일반동팟쇼분자와 판가리싸움하는 남조선 전장에 인민의 위대한 지도자 박헌영 선생의 좌우에 이러한 「대주하」가 존재한다는 것은 남조선 인민의 호-프요 또 행복이다

아래는 《朝鮮人民報》 1950년 8월 5일(토요일) 치 기사이다. 인민군은 6월 28일 서

울을 '해방'시켰다. 1945년 8월 15일 해방을 맞아 한 달여 만에 창간시켰던《해방일보》
《조선인민보》같은 일간지들이 일 년도 못되어 참으로는 폐간인 무기정간을 당한 바 있
는데, 이번에는 딱 사흘만에(7월 2일) 박아내고 있다. '창간'이라고 말하고 있지만 8·15
때의 법통을 잇는 복간으로 봐야겠다. 그런데 야릇한 것은 신문을 만들어 내는 이들 이
름이 없다. 6·25 앞서 남조선로동당에 몸담았던 문학인과 공산주의 이론가들 누구누구
가 신문을 만들었던 것으로 듣고 있는데, 그 이름이 없다. 남로·북로의 문제가 있는 것
으로 짐작만 할 뿐. 4호까지만《조선인민보》라고 훈민정음으로 박혔던 제호가 제5호인
7월 6일부터는 무슨 까닭에서인지 진서인《朝鮮人民報》로 바뀌는데, 발행소는 서울시
태평로一가三십一 '조선인민보사'이다. 만들어 내는 이들 이름이 없는 것은《해방일보》
또한 마찬가지이지만 '발행소·서울시'라고만 되어 있던 판권란에 1950년 8월 8일 치
부터 대표전화와 총책임자실·편집국·업무국의 전화번호가 박혀 있다. 타블로이드판
2면 1장짜리 일간신문인데, 기사 알맹이가 똑같다. 같은 날짜로 똑같이 1면에 김삼룡 이
주하 선생 얼굴사진 밑으로 박혀진 기사 둘레를 굵은 검정줄로 둘러 우러르는 마음을 보
여주고 있다.《해방일보》가 다른 것은 순훈민정음이라는 것이다. (본디대로임)

朝鮮民族의眞正한愛國者

故金三龍, 李舟河두先生

南山서賣國徒黨에게虐殺된遺骸發掘

四日葬儀式嚴肅히擧行

〔서울四日發=朝鮮通信〕朝鮮人民의 不俱戴天의원쑤 米帝와 그의卒徒李承晚徒黨들
은英勇한人民軍의 怒濤와같은進擊앞에 쫓겨가면서 우리愛國者들에對한 野獸的大虐殺
을 敢行한事實은 우리들記憶에 아직도 생생하며 全人民의激憤을 사고있는것이다 아다
싶이 놈들은 서울에서 仁川에서 水原에서 平澤에서 大田等等에서 수많은 愛國者들에
對해서 類例없는 파시스트的 虐殺을敢行하였다 이리하여 祖國의統一과獨立과自由를
爲하여 싸운 허다한愛國人民이 놈들손아귀에 犧牲되었던것이다 이렇게無慘하게虐殺
된 愛國者中에서 金三龍 李舟河 두先生의虐殺場所가 三日發見되었다 두先生은 놈들에
依하여 六月二十六日 虐殺되었다 두先生의 被殺經緯는 다음과같다

　　六月二十六日 朝鮮人民의 徹天의원쑤인 李承晚과 그의졸개 소위國防長官申性模는
소위憲兵司令官××에對하여 共同命令書를내리어 金三龍 李舟河두先生에對한 死刑을

命令하였다 이리하여 놈들은 이날 午後六時頃 소위陸軍法務官 모小領入會下에 소위憲兵司令部 第三課長 송호순과同警備隊長차약도는 憲兵놈 五명을데리고 憲兵司令××× 에서 五백메-터떨어진地點에 솟아있는 두소나무에 金三龍 李舟河두先生을 손에 쇠사슬을 채운채 꽉꽉묶어 銃殺하였던것이다 한소나무에는 七발의 또한소나무에는 五발의 당시의 사정을 말하여주는 彈痕이 있었으며 나무껍질은 빗발치는 銃彈에 산산히벗겨졌었다 놈들은 두先生을 銃殺한후 전기 소나무위一메-터地點에 길이 二메-터 넓이 一메-터 깊이 一메-터반의 구덩이를파서 두先生의 屍體를 묻었던것이다 金三龍 李舟河 두先生은 원쑤들손에 南山기슭 한모퉁이에서 이와같이 虐殺當했던것이다 두先生의 屍體가 發見된 이튿날인 四日 두先生의 屍體는 鐵道工場熱誠勞動者들을爲始한 勞動者黨員들에依하여 눈물과 원쑤들에對한 끓어오르는 敵愾心속에서 發掘되었다 이어 두先生의 屍體는 共和國政府要人과 朝鮮勞動黨指導밑에 各政黨 社會團體 代表들이 參集한 가운데 嚴肅히 葬儀式이 擧行되었으며 두先生의 靈柩는 南山기슭남역에 安葬되었다

7. 조선공산당 3대 이론가였던 남로당 3인자

정 태 식 ^{1910~미상}

통의동 세포의 명단은 기억이 나지 않지만, 정태식의 부인이 소속된 것만은 잊지 않고 있다. 정태식은 통의동에 살았으나 소속이 당중앙이라 통의동 세포에 속하지는 않았다. 대신 그의 부인이 통의동 세포에 소속되었는데, 그녀는 내가 아는 한 세포회의에는 단 한번도 나오지를 않았다.

언젠가 찌는 듯이 더운 여름이었다. 세포회의가 있으니 참석하라고 그녀를 부르러 간 사람이 혼자서 돌아왔다. 사연을 들어보니, 방안에 모기장을 치고 대아에 물을 떠다 놓고서는 누워서 발을 담그고 있더라는 것이었다. 그래서 데리러 간 사람은 말도 붙이지 못하고 돌아오고 말았다. 그런 사람이 어떻게 노동운동을 하겠느냐면서 숙덕거리던 기억이 아직도 남아있다.

정태식의 부인은 충북 진천의 큰 부잣집 딸이었다. 친정이 진천에서 3천석 농사를 했다는 말이 있었다. 부잣집 딸이라 그런지 그녀는 세포 명단에만 들어있을 뿐 세포활동은 전혀 하지 않았다. 정태식이 월북했을 때도 그의 부인은 따라가지 않았다. 워낙 부유한 지주의 집안이었기에 체질적으로 공산당의 무산계급운동과는 거리가 멀었던 것이다.

1958년 7월 통일공작원으로 내려왔다가 바로 붙잡혀 1980년 가석방으로 풀려날 때

일제 감옥에서 느긋하게 살푸슴 짓는 정태식.

까지 23년 동안 옥살이를 했던 노촌(老村) 이구영(李九榮, 1920~2006) 증언이다. 노촌은 조선왕조 가운데 때 진서 4대 문장가 가운데 하나인 월사(月沙) 이정귀(李廷龜) 후손으로「이문학회(以文學會)」라는 진서 공부모임을 이끌었던 한학자이다. 계택상월(谿澤象月) 핏줄 받은 노촌은『산정에 배를 매고』라는 회고록에서 정태식만이 아니라 이강국·김태준·이원조·이승엽·김삼룡·이관술·박헌영에 대해서 말하고 있다. 박헌영을 만나본 느낌이다.

나는 박헌영이 말하는 "반제반팟쇼 인민민주주의 노선에서 한걸음 더 나아가도 안되고 한걸음 뒤져도 안된다"는 것이 옳다고 믿고 그대로 따랐다. 그러나 나는 그가 말은 잘하는 편이라고는 생각하지 않았다. 작달막한 체구에 깐깐하겠다는 느낌이 들었고, 먼지를 털어낼 정도로 각박한 사람이라는 인상을 받았다.

당시 많은 사람들이 박헌영을 지도자로 생각하고 있었다. 조선은 한사람이 통치해야 하는데 스탈린이 박헌영을 지도자로 지정할 것이라는 소문도 있었다. 그것이 암암리에 작용해서 그보다 나은 인물이 없다는 것이 중론이 되었다. 투쟁 경험으로 보아 당연히 그가 조선공산당의 총비서가 되리라는 것이었다.

정태식에 대한 생각이다.

정태식은 연일 정씨로 송강 정철의 후손이었다. 나의 외가도 연일 정씨였고, 옛날부터 우리 집안과는 혼인도 하며 지내온 사이였기에 나는 정태식과 안면이 있었다.

북에 가서 정태식은 제법 높은 직급에 있었다. 평양에서 그를 만났을 때, 그는 곧 해방이 될 줄 알았는데 그렇게 쉽게 될 것 같지 않다고 하면서 가족을 데리고 오지 않아 걱정된다는 말을 했다. 그의 부인은 3천석이나 하는 집의 딸이어서 체질적으로 북과는 거리가 먼 여자였다. 그래서 남편을 따라 올라오지 않았던 것이다. (박갑동은 정태식 처가 이미 전쟁 2년여 전에 교통사고로 사망했다고 증언한다. 전쟁이 터질 때까지 정태식과 직접 함께 활동했던 사람이 한 말이다.- 지은이)

경찰청장을 지냈던 장택상의 딸과 사위도 평양에서 직접 보았는데, 그 딸은 고생이 막심해서 쩔쩔매고 있었다. 정태식은 부인이 월북을 하지 않았기 때문에 혼자 지내는 것보다는 자신과 친했던 이들 부부 집에서 머무르는 것이 낫다고 생각했는지 그들 내외가 사는 집에 하숙처럼 살고 있었다. 이들은 아주 막역한 사이로 장택상 사위는 정태식의 대학 후배였다.

겨울이라 아궁이에 석탄과 진흙을 이겨서 불을 때야 했는데, 그런 일은 그녀로서는 생전 처음 하는 일이었다. 막노동과 같은 그런 일을 하려니 몹시 힘들어 했다. 섬섬옥수처럼 곱던 손은 다 트고 얼굴도 말이 아니었으며, 못살겠다고 칭얼대곤 했다. 그러면 정태식은 노동자들은 다 그렇게 살고 있으니 참고 지내야 한다고 타이르면서, 과거에 편하게 지낸 것이 잘못된 것이라는 얘기를 했다.

이런 이야기는 바로 이들 집에서 살다가 내가 있는 병원에 근무하게 된 여자로부터 들었다. 그 이야기 속에 월북한 지식인의 고뇌와 함께 혁명적인 열정으로 넘어간 여인들의 비탄이 보였다. 장택상의 사위는 좌익활동을 했었다. 좌익관계 일을 하다가 북으로 갔기에 장택상의 딸도 남편을 따라가 북으로 올라간 것이다. 경찰청장을 장인으로 두었다는 배경이 있었기 때문에 당에서는 위험한 일을 그에게 많이 맡겼다. 그리고 어떤 때는 그가 자진해서 어려운 일을 하기도 했다. 이로 인해 그는 경찰의 추적을 더욱 심하게 받아 결국은 북으로 올라가고 말았다.

정태식(鄭泰植, 1910~?)은 충청북도 진천(鎭川) 출신으로 1929년 3월 청주고등보통학교를 나왔다. 1933년 3월 경성제국대학 법문학부를 나와 법문학부 조수가 되어 경제연구실에서 일하였다. 4월 경성제대 안에 독서회를 얽어 사회과학을 갈닦았고, 용곡(龍谷)여학교에 독서회를, 1934년 4월 경성법률전문대학과 보성전문에 반제반(反帝班)·문화반·구원반을 얽었다. 이때 정태식은 미야케 시카노스케 경성제대 교수와 줄대고 있으면서 '독서반'을 밑바탕 삼아 '반제반'을 짜나갔을 만큼 나름의 보람을 거두고 있었다. 그는 또 프로핀테른, 곧 적색노동조합인터내셔널로부터 경성 지방에서 노동조합운동을 하라는 지시를 받고 국내에 들어온 권영태(權榮台, 1908~?)를 미야케 시카노스케 교수에게 선을 대주어 '문화방면'에서 움직이게 하였다.

이재유그룹에서 학생조직을 맡게 된 정태식은 1933년 가을부터 전문학교와 대학교에서 조직사업을 다그쳐나갔다. 1934년 5월까지 경성 시내 각급 학교 8개소에서 조직적 밑받침을 닦았으니, 같은 해 1~2월의 무서운 검거 사태를 견뎌내면서 조직사업을 더욱 키워나간 까닭이었다. 용곡여학교·경성법전·보성전문에서는 꽤 높은 수준의 독서회와 연구회가 짜여졌으며 이러한 모임들에서는 여러가지 비합법 출판물을 펴내어 공산주의 기본사상과 이론을 갈닦는 한편 학내 조직사업과 활동자금 모집, 그리고 구원활동을 줄기차게 벌여나갔다. 같은 달 여러 공장에 적색노동조합을 얽어내기 위하여 애쓰면서 5월 적색노동자그룹과 공산주의자그룹이 만들어지는 데 들어가 몫몫이 식료품부와 공청부 목대잡이가 되었다. 같은 달 왜경에게 잡혀 1936년 11월 징역 5년을 선고받았다. 때에서 나온 다음 「경성콤그룹」에 들어가 인민전선부 일을 보았다.

1945년 9월 김형선(金炯善, 1904~1950?)과 함께 조선인민공화국 경제부장 대리(부장 하필원)가 되었고, 조선공산당 기관지《해방일보》주필 겸 정치부장이 되었다. 12월 우익 쪽 결사체인 「선구회」에서 한 여론조사가 있었는데, 재무부장 후보 3위였다. 조만식 176표, 김성수 98표, 정태식 39표, 김규식 37표.

조선공산당 보람판을 소공동 근택빌딩에 건 것은 45년 11월 23일이었다. 김 구(金九)·김규식(金奎植)·류동열(柳東悅) 같은 상해임정 중요로운 이들이 환국한 날이기도 하다. 최대 정당인 조선공산당 당수 박헌영은 가끔씩 경호원인 「조선부녀총동맹」 중앙위원 정칠성(丁七星) 아들 이동수(李東樹) 보살핌을 받으며 왔는데, 이때 찾은 곳은 중앙당 본부가 있는 2층보다 권오직(權五稷) 사장과 조두원 편집국장, 그리고 주필 겸 정치부장 정태식이 있는《해방일보》3층 사장실이었다.

1946년 2월 「민주주의민족전선」 중앙위원, 11월 남조선로동당 중앙위원과 조사부장이 되었으며, 남로당 기관지《노력인민》도꼭지로 '이론진 블럭'을 이끌었다. 그때에 조선공산당 3대 이론가로 꼽았던 것이 정태식·이우적(李友荻, 1905~1950)·조두원(趙斗元, 1905~?)이었다. 박헌영이 월북한 다음 남로당을 이끌던 김삼룡·이주하 다음 3인자였던 그가 1950년 5월 17일 열린 특별군사재판에서 한 최후진술이다.

"만일 나에게 앞으로 생명이 있다면 대한민국 안에서 대한민국의 인간으로서 이 나라의 민주화와 발전을 위해서 노력해볼까 합니다."

옹근 전향선언이었고, 20년 징역이 떨어졌다. 서대문형무소에 갇혀 있기 40일 만인 6월 28일 해방된 정태식은《해방일보》를 다시 펴내어 논설위원이 되었다가 9·28 때 월북하여 조선민주주의인민공화국 농림성 기획처 부처장이 되었다. 남로당 숙청에 옭혔을 때 본 이구영 돌이켜봄이다.

북에서 박헌영사건이 날 때 정태식도 잡혀 들어갔다. 그러나 특별한 일이 없었기 때문에 당에서는 행정기관지를 내는 출판사에서 교정일을 보게 했다. 그러자 그는 심부름이나 하겠다면서 교정일을 사양했다. 간첩사건에 관련된 신분으로 근신해야 하는 상황에서 자신의 견해가 반영되는 교정을 볼 수가 없다는 것이었다. 그러고는 정말 심부름만 다녔다. 참으로 얌전한 학자 타입의 인물이었는데 그런 식으로 지내는 것을 보게 되니 마음 한구석이 착잡했다.

정태식 오촌 조카인 정순년이 한 말이다. 정순년은 박헌영이 청주에 숨어 있던 1941년 '하우스키퍼'를 하다가 두 번째 부인이 되었던 사람이다.『이정 박헌영 전집』에 실려 있다.

청주 큰 개울 옆의 아담한 집으로 갔는데, 방이 두 칸에다 부엌이 하나, 옆에 우물이 있고 건너편 대문 오른쪽 담 옆에 측간이 있는, 개울을 등진 그런 집이었지. 작은 헛간이 변소하고 같이 붙어있었어. 그곳에서 당숙(정태식)하고 얼마를 지낸 후에 서울에서 만난 그 여자분(이순금)이 내려왔는데, 그때 당숙과 그 여자분이 나에게 하는 말이 며칠 있으면 이정 선생님이 오시는데 그분은 세상에서 참으로 소중하고 훌륭한 선생님이기 때문에 부모처럼 소중하게 모셔야 한다고 수없이 많은 말을 해줬지. 참으로 우스운 게, 며칠 후에 머리는 밤송이처럼 새카맣고 손질을 말끔하게 한 덜 자란 머리를 하고 키는 나보다 크지 않은 사람이, 어떤 얼굴 넓은 남자(김삼룡)하고 청주로 오셨지.

저녁 무렵이라 부랴부랴 저녁을 지어 세분 밥상을 차려 방으로 들고 들어갔는데, 우리들 밥도 가지고 오라고 해서 어쩔 줄 몰라 하니 당숙과 여자분이 방으로 들어가자고 해서 그 여자분의 밥과 내 밥을 들고 들어갔어요. 상이 작아 돗자리로 된 방바닥에다 밥그릇을 놓았지. 그러자 선생님이 '동지, 음식솜씨가 우리 어머님 솜씨하고 똑같소. 된장 끓이는 솜씨며, 아무튼 동지의 수고를 고맙게 생각하겠소' 하고 말했지. 이것이 선생님이 처음으로 나에게 하신 말씀이었어. 선생님이라고 해서 수염이 길게 난 노인이라고 생각했던 인상이 바뀌었어. 청주에서 40일 정도 선생님과 생활하면서 나는 웃방, 선생님은 아랫방을 썼지.

박헌영과 정순년 사이에 태어난 박병삼, 곧 조계종 승려 원경은 말한다.

정태식은 어머니 오촌 당숙으로 감옥에서 아버지와 알게 되었습니다. 출옥 후에는 경성콤그룹에서 활동했고, 외할아버지는 포수로 아들 둘 딸 둘이 있었는데, 막내가 어머니예요. 그때 어머니와 혼인시키려고 외할아버지가 봐둔 사람이 하나 있었대요. 박씨 성을 가진 목수였는데, 학교 같은 건물을 맡아서 설계하고 지을 수 있었다니까, 젊은 사람치고는 대단한 목수였다고 해요. 그런 상황에서 사촌동생인 정태식이 찾아와 사람 필요하니 시집보내기 전까지 신학문도 가르칠 겸 딸을 맡겨달라고 해서 어머니를 서울로 데려갔답니다. 서울 와서도 아버지 이름도 가르쳐주지 않은 채 귀한 분이 오실 텐데 그분의 의식(衣食) 일체를 맡아서 해달라, 음식은 절대로 다른 사람을 통하지 말고 직접 하고, 누가 찾아와도 그분과의 관계는 절대로 말하지 말고 하는 식으로, 역시 콤그룹에서 활동하던 이순금이 어머니를 교육시켰답니다.

이순금은 이른바 '박헌영재판' 때 증인으로 나왔다고 한다. 하늘처럼 떠받들던 '조선의 레닌'을 '미제 첩자'로 몰아 죽이려는 그 재판놀음에서 그 억세던 주의자는 무슨 말을 하였을까? 1990년대 첫때까지 살아 있었다고 한다.

김삼룡·이주하가 잡혀간 1950년 3월 27일부터 자신이 붙잡히는 4월 6일까지 열흘 동안 정태식은 마지막 카드를 꺼내게 된다. 경상북도 팔공산에 있는 빨치산 2개 소대를 불러올려 김삼룡·이주하 탈환작전을 벌이기로 한 것이다. 그러나 비상연락선으로 나오기로 한 경북도당 선전부장이 경찰에 붙잡혀감으로써 그 마지막 카드마저 빼볼 수조차 없게 되었으니, 마침내 정태식마저 잡히게 된 것이었다. 그리고 남로당은 문을 닫게 된다.

뼈 있는 선비였던 한강(寒岡) 정구(鄭逑) 뒷자손인 연일 후인 정태식은 애옥살이 유복자로 홀어머니 손에서 갖은 고생을 하며 주경야독한 사람이다. 정태식이 잡혀가는 꼴을 그린 박갑동(朴甲東) 적바림인데— 여기에 나오는 채항석(蔡恒錫)은 청주고보시절 정태식과 일이등을 다투던 글동무로, 동경제대를 나와 수도청장이며 리승만 단정 초대 외무장관인 장택상(張澤相) 장녀 장병민(張炳敏) 남편이었다. 도서출판 인간사에서 1983년 펴낸 『박헌영』에 나온다.

(채항석 생질로 서울문리대에 다니는) H가 체포된 것도 모른 채 밤 9시쯤 되었는데 갑자기 "전보왔어요"하며 현관문을 두들겨 문을 열었더니 난데없이 형사대가 들어왔다.

아래층 안방에서 저녁밥을 채항석과 같이 먹고 방 안에 있었다고 자백하였기 때문에 형사대는 다시 채항석의 집에 가서 지하실로부터 천장 지붕까지 다 수색을 해보았으나 정태식을 발견하지 못하였었다. 집을 완전히 포위하고 있었기 때문에 탈출도 못하였을 것인데 아무리 수색을 해도 정태식을 찾아낼 수가 없었다.

밤이 벌써 새벽 3시나 되었었다. 정태식은 몇 시간이나 커튼 뒤에 서 있었으니 다리가 아프며 몸이 지쳐 있었다. 커튼 틈으로 살짝 내다보니 형사 하나가 방 한가운데 앉아 있는 뒷모습이 보였다. 자세히 보니 꾸벅꾸벅 졸고 있었다. 정태식은 커튼 속에서 살짝 빠져나와 옆방 지하실로 들어가서 앉아 발을 뻗고 처음으로 숨을 내쉬었다. 그때 수사기관에서는 최후적으로 집 안을 한 번 더 수색해보고 없으면 그만 단념하려고 다시 왔었다. 정태식은 그것도 모르고 지하실을 처음부터 몇 번이나 수색하였으니 다시는 안 들어 오겠지 하고 어느정도 안심하고 있던 차에 드디어 발견되고 말았다는 것이었다.

채 부인이 정태식이 체포된 자세한 경위를 이상과 같이 이야기해 주었다.

지나간 이야기이니까 말할 수 있지만 채부인은 당시 친정아버지 장택상 전 수도청장 외무장관의 덕분으로 범인은닉 혐의를 받지 않고 풀려나오게 됐던 것이다.

같은 책에 나오는 글이다.

정태식에게는 노모가 있었다. 누구나 어머니가 없을까마는 정태식은 어머니를 맡아 봉양해줄 사람이 없어서 대단히 애를 먹고 있었다.

정태식은 경성제대 학생시절에 최모라는 부호집 딸에게 장가를 들어 아이들도 많이 두었으나 그의 처는 47년인가 48년에 불행히도 경찰차에 치어 죽어버렸다. 장례식에 정태식이 나타날 것이라고 경찰이 대기하고 있었기 때문에 장례식에도 참석하지 못하였었다. 처가 죽고 나니 아이들은 외가에 맡겼으나 어머니를 보살펴 줄 데가 없어서 채항석의 부인, 장병민이 자기의 아는 사람 집에 맡겨 찾아가서 잠깐 만나보고 오곤 하였었다. 정태식이 수도극장 근처의 아지트에서 일단 체포되었다가 탈출한 뒤부터는 위험하여 외출을 하지 않기 때문에 몇 달 째 어머니도 가서 만나보지 못하고 있었다. 12월 대목 설날이 가까와 오니 정태식의 어머니가 아들 얼굴을 한번 보고 싶다고 자꾸 재촉해 오는 것이었다. 정태식의 어머니는 70노인이라 걸음도 잘못 걸을 뿐만 아니라 노망을 하여 횡설수설 무슨 소리를 중얼거려대기 때문에 오라고 할 수도 없었다.

어느 날 밤에 그날 일을 다 마치고 정태식의 아지트를 가니 채항석 부인이 정태식 어머니가 자꾸 아들 정태식을 한번 만나게 하여 달라고 졸라서 곤란하다는 이야기를 하는 것이었다. 나는 그 말을 듣고 문득 시골에 있는 우리 어머니 생각이 났었다. 우리 어머니도 70노인이었다. 47년 초봄에 하루밤 잠깐 꿈과 같이 만나보고 2년이 되도록 만나보지도 못하고 있었다. 우리 어머니 처지를 생각하니 남의 어머니 처지에 동정이 가서 설을 오매불망하는 아들과 같이 쉬게 해주었으면 하는 생각이 들었다. "어디에 계십니까? 제가 가서 업고 오겠읍니다." 하고 채부인과 정태식을 보고 말을 건넸다. "김선생이 어찌?" 하며 정태식은 내 말에 고개를 옆으로 흔들었다. 그는 나에게 미안해서 하는 말이었다. "우리 어머니도 한번 업어드리지 못하였는데 대신으로 정선생 어머니를 한번 업어 드리지요." 하며 나는 선뜻 일어섰다. 정태식은 아무리 효자고 자기 어머니를 업고 오고 싶어도 몸이 작아서 어머니를 업고 올 체력을 갖추지 못했다. 나는 채부인에게 정태식의 어머니가 있는 곳을 물어 돈암동 어느 집을 찾아 갔다. 아드님한테 가자고 하니 좋아서 업히는데 마른 나무와 같이 가벼웠었다. 나의 등에 업히자 무슨 말을 하는지 혼자서 중얼중얼 하며 그치지 않는 것이다. 정태식의 어머니를 무사히 정태식의 앞에까지 업어다 주자 모자가 서로 껴안고 어루만지고 있는 것을 보고 나는 우리 어머니의 생각을 하며 울면서 돌아섰다.

정태식이 쓴 글이다. 1947년 1월 《주보 민주주의》 9호에 실린 「북조선에 있어서의 민주주의 세기적 발전」의 일부이다.

(…) 남북의 차이의 원인은 명료하다. 즉 남선의 사태가 이러케 된 것은 친일파, 민족 반역자, 친팟쇼분자들이 권력을 잡고 인민의 발전을 억압하고 민주주의 독립국가 건설을 위한 옳은 길의 실천을 방해함에 있다. 친일파, 민족반역자는 이와같이 비호를 받고 해외에서 들어온 친팟쇼분자들과 결합하야 반동적 정당을 구성하고 정치적 식견과 훈련을 받을 기회를 갖지 못한 우리의 일부 동포를 기만하야 혹은 반동적 부인단체 반동 청년단체를 조직하고 혹은 스스로 혹은 이들 단체를 사주하야 민족의 통일을 분렬하고 민주독립을 방해하야 우리나라로 하야금 외국의 상품시장화의 길로 영구적 식민지 노예화의 구렁에로 몰아 너으려고 하는 것이다. 실로 그들은 자기의 운명적인 몰락에 공포를 늣기거나 또는 자기자신 급 자기들 소수 특권계급의 이익을 위하야는 민족의 이

익도 국가의 운명도 안중에 없고 엇더한 매국멸족적 행위도 감행하는 것이다.

민중은 하로에 오작(五勺)의 쌀도 규칙적으로 보장되지 못하고 있는데 수천가마니의 쌀을 숨기고 모리의 기회를 엿보고 있고 과거 수천년 동안 전시계엄적 일제 테로 하에서도 조곰도 굴치 않고 민족해방을 위하야 영웅적 항쟁을 하여온 민족의 위대한 지도자의 생명을 노리고 어떠한 모략으로서도 전통적인 인민의 정당 최대의 애국의 정당인 공산당의 파괴와 탄압도 불사하여 옳은 언론과 날카로운 비판을 두려워 민주언론과 그 기관을 탄압하기를 사양하지 않는 반동분자들이 국제반동세력과 결탁하야 각 부분에 권력있는 자리를 차지하고 있는 것이 오늘의 남조선이 이와같은 사태에 빠진 중대한 원인인 것이다. (…)

一. 하로 사합(四合)의 식량을 확보하고 인민을 아사에서 구하라!

二. 남조선에 있는 일제 급 만족반역자 소유의 교통, 운수, 금융기관을 독점자본가와 모리배의 손에서 도로 차저 국유화를 단행하야 생산을 부흥시키고 인민의 생활을 높이자!

三. 남조선에서 일제 급 지주의 토지를 무상으로 몰수하야 농민에게 무상으로 나노어 주자!

四. 북조선에서 실시한 것과 같은 진보적 노동법령을 남조선에서도 즉시 실시하라!

五. 북조선에서 실시한 것과 같은 진보적 남녀평등권 법령을 남조선에서도 즉시 실시하라!

六. 언론, 출판, 집회, 결사, 파업 급 시위의 완전한 자유를 확보하라!

七. 학원에 대한 관료적 통제억압 정책을 즉시 철폐하고 학원의 자유를 확보하라!

八. 일제의 잔존세력, 친일파, 민족반역자, 친팟쇼분자를 숙청하라!

九. 북조선과 같이 정권을 인민의 창의에 의한 인민의 자치기관인 인민위원회에 즉시 이양하라!

모-든 권력은 인민에게로!

一九四六. 八. 一五. 부朝

정택식이 써보지도 못한 마지막 카드 팔공산 빨치산을 이끌었던 것은 배 철이었다. 배 철(裵 哲, 1912~?)은 남로당 경북도당 위원장이었다. 남로당 마지막 지도부였던 김삼룡·이주하·정태식이 특경대에 붙잡힌 다음 남로당 정치력은 대전 비트에 숨어 있던 충남도당 위원장 이주상(李胄相, 1915~?)과 무장력으로는 지리산 이현상 말고 배 철이 이끌던 팔공산 유격대뿐이었다. 배 철이 팔공산에서 유격전을 벌일 때였다. 몇 사람 싸울아비들과 산길을 가는데 중무장한 경찰 토벌대가 다가왔다. 싸울아비들은 나뭇가지 틈에 엎드렸는데, 바스락 소리만 내어도 벌집이 될 판이었다. 그때마침 배 철은 고뿔기가 있어 기침을 자주 하는 판이었다. 싸울아비들은 등에 소름이 돋았는데, 그냥 지나가는 토벌대였다. 나뭇가지를 헤치며 보니 배 철이 쓰러져 있었다. 기침을 막고자 혀를 깨물어버렸고, 그래서 잠깐 숨이 끊어져버렸던 것이었다.

배 철은 경기도 개성 출신으로 중앙고등보통학교 때 동맹휴학을 채잡다가 정학을 당하자 송도고등보통학교에 끼어들어갔다. 그리고 일본대학 사회학과 야간부에 들어갔고, 일본공산당에 들어가 사납게 움직이다가 여러 차례 잡혀 징역을 살았다. 8·15때 귀국하여 민전 상임위원과 서울지부 부위원장을 하였다. 6·25 때 월북하여 1951년 4월 조선인민군 총사령부 작전국 직속으로 신설된「유격지도처」책임자가 되었고, 8월에는 연락부장을 맡았다. 1953년 7월「정권전복 음모와 반국가적 간첩테러 및 선전선동행위」라는 죄목으로 기소되어 8월 사형을 선고받았다. 이승엽이 짠「박헌영정권」에서 로동상을 맡는 것으로 되어 있다.

《독립신보》 1946년 11월 1일 치이다.(띄어쓰기만 손보았음)

대구소요주범체포
사대교수피체는허설

지난번 대구에서 일어난 영남 소요사건 주범의 한사람으로 지목된 대구인민위원회 보안부부대장 라윤출(羅潤出, 34)은 이북으로 탈주도중 38선을 10리 앞두고 지난 29일 저녁 포천서원에게 체포되어 즉시 수도경찰청에 압송된 후 방금 엄중 취조를 받고 있다는데 동인은 일즉이 조선「씨름」게에 맹장이었다 하며 동 소요사건에는 경관 30여명을 살해했다고 자백하였다 한다 그리고 수일 전 시내 몇 신문에 장총감의 발표라 하여 사범대학 교수 4명이 대규모에 수도폭동을 계획한 관계로 지난 25일 체포하였다고 보도되었는데 이는 전연 사실무근이며 동교 교수를 취조한 일도 전혀 없다고 한다

곁에 실린 기사이다.

대구소요사건확대는

동족살륙과민생문제가원인

민전남조선인민봉기조사단발표

민전남조선인민봉기 조사단 일행은 지난 8월부터 10여일 간에 걸쳐 남조선 소요의 중심지 대구를 비롯하야 각지의 소요 진상을 조사중이든 바 수일 전 서울에 귀환하였는데 피로 물드린 영남 인민의 봉기 진상을 다음과 같이 말하였다

영남 일대의 봉기는 8·15 이후 군정경찰에 대한 일반민중의 반감이 극도에 달한 차에 인민에 향하야 발포 살상한 것이 이번 소요사건의 도화선이 되었다 경찰의 발표에 의하야 수십 명의 살상자를 내렸고 시가는 흥분과 전율 공포에 휩쓸렸든 것이다 대구 사건 당시의 일반의 동향은「동족 학살을 읯지 보고있을 수 있는냐 궐기하라 시민이여」이러한 불성문의 무언의 격(檄)이 전시를 휩쓸었다 파업단의 정당한 요구를 들어주지 않을 뿐더러 이 파업단을 강제검속 또는 살상하는 경찰의 태도에 대한 일반의 증오는 불탔든 것이다 경찰이 어떠하였다는 좋은 예가 있는데 그것은 대구의사회에서 발한 경찰에 대한 다음의 경고문이다

一 경관은 시민에게 발포를 중지하라

二 동포에게 발포한 경관 부상자의 치료를 거부함

더 자세한 것은 후일 보고하겠거니와 이번 소요의 근번 원인이 일부에서 말하는 정치적 선동으로 일어난 것이 않이고 생활난에 빠진 민중의 불평불만이 일시에 폭발한 것이다 원인(遠因)으로서

一 수집미를 배급치 않은 것

二 친일파 민족반역자들이 등용되여 민중을 압박한 것

三 구타 검거 투옥 총살 등으로 강압한 것

근인(近因)으로서는

一 파업단의 요구를 인민의 요구임에도 불구하고 파업단을 불법 총살한 것에 대하야 가해자인 경관을 표창한 것

二하곡수집에 있어서의 구타 투옥 등의 방법으로 강행한 것

三아사에 직면하였다는 것

이와같이 뼈에 사모친 생활이 폭발하였든 것인데도 불구하고 위정당국은 억압 검거 고문 투옥 방법으로 처리하려 하며 우익 테로단을 선두로 토벌전적 태도로 이 사건을 결

말지을랴고 하고 있지만 그 결과는 오히려 인민의 분노와 반감을 사고 있는 것이 영남의 현상이 않일가 생각한다

박갑동이 쓴 『내가 아는 박헌영』에 나오는 글이다.

이른바 대구폭동을 일으켰던 공산당의 난동분자들은 경북도인민위원장 이상훈(李相勳), 인민보안대장 라윤출(羅潤出)의 지시에 따라 소위 청년행동대원, 백 명 내지 2백명씩을 1개 분단으로 묶어 대구역전 광장을 비롯, 주요 거리에 배치됐다. 당시 인민보안대장직을 맡았던 라윤출은 일제 때부터 대구씨름꾼으로 체격이 무척 큰 데다가 목소리가 어찌나 굵었는지 보통 이야기하는 소리도 옆에서 들으면 쩡쩡 울렸다고 한다.
(……)
10 · 1폭동으로 경북지방의 인명피해는 경찰관 사망이 39명, 부상 31명, 민간인 사망 44명, 부상 56명을 냈으며 30여 억원의 국가재산이 폭도들의 손에 의해 불탔다고 경찰이 발표했었다. (다른 적발에 따르면 사망자만 대구 · 경북에서 6천여 명이고, 전국적으로 행방불명자가 2만여 명이라고 한다. ― 지은이)
이른바 10 · 1폭동의 여파는 몇몇 형무소에까지 미쳐 공산당들은 전주 · 광주 · 공주 등 지방형무소에서도 대규모 탈옥사건을 저질렀다. 즉 전주감옥에서는 11월 11일 오후 2시 좌익죄수들의 선동으로 죄수 8백42명 중 4백18명이 간수들의 무기를 빼앗아 탈옥했고 곧이어 22일 저녁에는 광주에서 9백여 명이 탈옥하려다 경찰과 총격전이 벌어져 죄수 4명이 죽고 10여 명이 중상을 입는 등 사고가 잇따랐다.
영남폭동으로 공산당도 크게 피해를 보았으니 연말까지 검거된 당원이 7천명을 넘었고 그중 1천5백여 명이 구속되는 등 조직 안의 큰 혼란과 타격을 입게 되었다. 결국 11월 20일에 이르러 중죄인 5명이 사형선고를 받았는데 이들은 대구시 인민위 및 공산당 지방당부의 최문학(崔文學) · 이광렬(李光烈) · 이삼택(李三澤) · 박학구(朴鶴九) · 이재희(李在熙) 등이었다.
참고로 당시 경찰이 검거했던 영남폭동의 주동인물을 살펴보면―
▲ 경북도 인민위원장 이상훈(李相勳,50) ▲ 동선전부장 신철수(申哲洙,41)▲ 동보안국장 이재복(李在福,41) ▲ 조선공산당 경북도위원회 대표 장적우(張的宇) ▲ 동산업국장 이선장(李善長,39) ▲ 전평경북평의회 위원장 장하명(張河鳴) ▲ 대구시 인민

위원장 서영로(徐永魯)▲ 전평대구시평의회 선전부장 염필수 (廉弼洙,36) ▲ 인민보
안대장 라윤출(羅潤出) ▲ 인민당대표 최문식(崔文植) ▲ 민성일보 사장 이목(李穆)
등이다.

씨름 선수로 대구시 인민보안대장을 했던 라윤출은 그해 10월 29일 저녁 3 · 8선을
10리 앞두고 잡혔다는데, 그 뒤 그를 보았다는 이가 있다.《독립신보》기사가 오보라
는 말인지, 경찰서에서 탈출했다는 말인지, 돈을 찔러주고 나왔다는 것인지, 모를 일이
다. 어떤 사람은 6 · 25 바로 뒤 지리산에서 애빨치로 조국해방 싸움에 들었다가 잡혔는
데, 친정이 가멸진 대지주였던 어머니가 금반지를 서너 말이나 풀어 살려냈고, 그 뒤 어
떤 대학 교수로 있었기에 하는 말이다. 그때나 이제나 돈이면 귀신도 부릴 수 있는 세상
인 것이다. 남로당 대전 · 충남 야체이카였던 이 중생 선친은 남조선단독정부가 세워진
1948년 가을 특경대한테 잡혀 대전형무소에 있었는데, 할아버지가 당신 매부되는 자유
당 민의원한테 비라리쳐 '전향을 한다는 조건'으로 사형에서 한 20년쯤으로 감형되게
되었으나, 죽어도 신념을 버리지 않는 자식을 달래는 판에 '육니오 새변'이 터져 총하
지혼이 되고 말았다는 할아버지 말씀으로 귀에 딱지가 앉았던 이 중생이다. 그때 할아
버지가 인정으로 썼던 것이 4백여 년 앞서부터 내려오던 당판『강희자전(康熙字典)』과
『칠서(七書)』였고, 이 중생이 하산 다음 찾아와 이제도 보고 있는『칠서』이다.
　　김진계 수기『조국』하권 50쪽에 나오는 대문이다.

　　유명한 씨름선수였던 나윤출은 금강정치학원에 있다가 한동안 보이지 않더니 나중에
는 모란봉경기장 지배인으로 활동하고 있었다. 그뒤 그는 1964년 월드컵 축구대표단
간부로 영국에 가기도 했다. 하지만 그는 영국에서 외국여자와 춤을 추고 풍기문제를
일으켜 나중에 검토를 받았다는 얘기도 들었다. 그리고 8월 종파사건의 박창옥은 함경
도 어느 농장으로 배치되었다고 들었다.

8. 지리큰뫼 중음신 된 남부군 총사령관

이 현 상 ^{1905~1953}

소련군정 치하의 평양에서는 '소련에서 공부하고 와야 고위직에 등용될 수 있다'는 말이 상식으로 여겨졌습니다. 이 때문에 북로당 선전부장 김창만과 간부부장 이상조 같은 노른자위 당 간부들, 남로당의 핵심 간부인 이현상과 김삼룡이 소련 유학을 위해 강동정치학원에서 러시아어 공부를 하고 있을 때인 1948년 7월 말경이었습니다.

해방과 함께 스탈린에 의해 북조선으로 파견되어 온 사백여 명 중 하나인 소련 교포 박병률(朴秉律)이 한 말이다. 박병률은 강동정치학원 원장을 설립 때부터 끝까지 지냈던 사람이다. 김국후 기자가 엮어낸 『평양의 소련군정』에 나온다. 박병률은 말한다.

이들은 술자리에서 북조선의 최고지도자 문제를 놓고 입씨름을 벌였습니다. 김창만이 '곧 수립될 공화국에서 김일성 장군이 북조선의 최고지도자를 맡는 것이 너무도 당연한 순리'라고 말했습니다. 그러자 이현상이 '김일성은 인민무력부장 정도가 적당하고 최고지도자는 박헌영 선생이 맡는 것이 남북 인민들의 뜻에 부합하는 것'이라고 반박했습니다. 이에 이상조가 '박헌영은 당파싸움을 일삼는 종파주의자이기 때문에 지도자로는 절대 불가하고 빨치산 대장 출신인 김일성 장군만이 우리 조선을 이끌 수 있는 자격이 있다'며 맞섰습니다. 분위기가 험악해져 술자리는 패싸움으로 번졌고, 두 파는 강동정치학원에서 훈련용 총까지 들고 나와 서로 위협할 정도가 됐습니다. 이 패싸움

남부군 전설을 만든 이현상. 강동정치학원에 있을 때 찍은 사진으로 보인다.

은 즉시 소련군정 사령부에 보고됐고 소련군정사령부는 중앙당 허가이에게 '진상을 조사한 후 엄벌하라'는 명령을 내렸습니다. 중앙당은 이들의 소련유학을 취소하고 김창만 선전부장을 내각 간부학교 교장으로 좌천시켰으며, 이상조 간부부장을 군대로 발령하는 동시에, 이현상과 김삼룡은 평양에 있지 말고 즉시 남조선으로 보내라는 엄명을 내렸습니다.

당시 소련군정은 이 사건을 '김일성파'와 '박헌영파'의 노골적인 대결로 보고 주목하기 시작했습니다. 이 사건으로 인해 남조선으로 밀려 내려간 이현상은 지리산 등지에서 빨치산을 지도하던 중 김삼룡은 지하에서 남로당을 이끌던 중에 각각 총살당하는 최후를 맞이했습니다. 그리고 좌천된 김창만과 이상조는 나중에 복권되기는 했지만 결국 숙청됩니다.

남조선 빨치산 활동을 밀어주기 위해서 4,000여 명 빨치산 채잡이와 빨치산을 길러냈던 강동정치학원은 1948년 1월 1일부터 1950년 6월 25일까지 2년 7개월여 동안 남아 있었다. '박헌영 학교'라고 불릴 만큼 남로당 떨치는 힘이 셌던 곳으로, 평양 가까운 평안남도 강동군 승호면 대성리에 있었다. 박헌영이 비서로 있던 조두원(조일명)·사법상 이승엽과 함께 일주일에 한 번꼴로 와서 1박 2일 동안 학원생들을 복돋워주고 갔다고 한다. 박헌영 세 번째 부인이 되는 윤레나(윤 옥, 조두원 처제)도 학원생이었다고 한다. '리승엽이 강동정치학원 원생들을 무장시켜 쿠데타를 일으키려 했다.' 남로당 숙청 때 걸고 들어갔던 죄목 가운데 하나이다.

이현상이 맑스-레닌주의 정치학습과 유격전을 그 속내로 하는 군사학습을 익히던 이때는 남조선 모두가 내란 모양새였다. 제주도에서는 4·3항쟁이 이어졌고, 태백산·소백산 같은 큰 산들에서는 농군들로 뭉쳐진 야산대가 군경 토벌대와 맞서 있으며, 전라도 활찐 들판에서 일어난 농민항쟁이 들불처럼 번져 나가고 있었다. 5·10단선으로 단독정부를 세운 이승만은 친일지주·자본가·관공리를 엄지굴대로 당을 만들어 '땅을 달라! 쌀을 달라!'는 인민들과 날카롭게 맞버티고 있었다.

이처럼 매서운 때에 남로당 도꼭지인 김삼룡과 간부부장 겸 노동부장 이현상이 중앙당이 있는 서울을 비우고 평양에 가 있었다는 것은 잘 헤아려지지 않는다. 1948년 4월 14일 평양에서 열린 남북연석회의에 갔다가 7월 끝까지 석 달 너머 머무는 것이니, 남로당 살림은 이주하·정태식에게 맡기고 모스크바로 유학을 가려 했다? 그렇다면 괴로움

받는 노동자 · 농민과 그 아픔을 함께해야 된다는 볼셰비키 규율에 어긋나는 것이 아닌가? 이현상이야 유격전술을 배워 남조선에서 유격투쟁을 벌이기 위한 것이었다고 접어 준다고 하더라도 당수 권한대행인 김삼룡은?

이 즈음 평양에서는 남로당을 북로당에 합뜨려 김일성이 목대잡으려는 밑그림이 그려지고 있었다. 여기에는 남로당 그간 움직임, 곧 박헌영에 대한 꼬집음이 뒤따랐고, 김삼룡은 박헌영을 꼬집는 데 앞장섬으로써 김일성 눈길을 받게 된다. 김삼룡이 나이로 나 운동경력으로나 한참 전배들인 이현상, 이주하를 제치고 남로당 총책으로 임명된 데 는 이러한 뒷사정이 있었다. 남로당은 이듬해인 1949년 8월에 공식적으로 헤쳐져 조선 로동당에 합쳐짐으로서 김삼룡은 조선로동당 남조선 총책이 되어 김일성에게 직접 지 휘를 받게 된다. 남로당 해체와 조선로동당 출범은 일반당원들에게는 감춰졌기 때문에 다시 이듬해 전쟁이 터진 뒤에야 알려지게 된다.

아직까지 이름은 남아 있던 남로당 중앙당이 있는 서울로 돌아온 김삼룡과 이현상 을 기다리는 것은 반공이데올로기로 쇠덮개 두른 이승만정권 경찰대였다. 대모한 기밀 서류 보따리를 들고 동가식서가숙하던 남로당 중앙을 더 큰 고비에 몰아넣는 사변적 상 황이 일어나니, 이른바 '여순반란사건'이었다. 우익에서는 '반란'이라고 부르고 좌익에 서는 '항쟁'이라고 부르는 이 사달은 자연발생적으로 일어난 것이었다.

남로당 중앙 못박음이나 도움을 받아 일으킨 '당사업'이 아니었다. '제주도 폭도 토벌'을 명령받은 14연대에는 좌익사상에 물든 군인들이 상당수였다. 장교들은 중앙당 에 딸렸고 하사관들은 전남도당에 딸려 있었다. '붉은연대'로 불리던 14연대만이 아니 라 그때 국방군에는 남로당 당원이나 당원은 아니더라도 토지의 무상몰수 무상분배를 내세운 남로당 정책을 따르는 군인들이 많았다. 여기에는 까닭이 있다. 국방경비대로부 터 비롯된 국방군에는 농군 출신이 많았다. 거의가 살인적 고리 도조인 3 · 1제에 치를 떨며 지주 땅을 얻어부치는 소작농이나 고용농이라 불리던 머슴 출신들이었으니, 기본 계급 농민 자식들이 남로당에 들어가는 것은 너무도 이지렁스러운 것이었다. 그런데 경 찰관들 가운데는 친일파가 많았다. 중앙 채잡이와 도경을 이끄는 이들은 물론하고 경찰 서장과 지서장까지 거의 일제시대부터 농민들을 괴롭히던 친일 경찰들이었다. 빈농 출 신 청년들은 국방군에 들어감으로써, 우선 숨가쁜 먹고 자는 골칫거리를 풀어내는 것과 함께 경찰과 맞설 수 있는 군인 지체를 얻게 되었던 것이다. 그때에 하사관 아래 군인들 은 경찰관에 대해서 밑바탕에서부터 미워하고 싫어하는 마음을 갖고 있었다.

1946년 1월 한민당을 세운 사람들 가운데 긴한이들인 조병옥(趙炳玉)과 장택상(張澤相)이 군정청 경무국장과 수도경찰청장이 되었고, 이들에 의해 악명 높은 친일경찰들이 알맹이자리를 차지하게 되었다. 이때 해방 뒤 평양에서 건준 평남지부 치안대장을 지내다가 월남하여 경무부 수사국장으로 있으며 '경무국은 부패한 인민의 적'이라고 독립운동가를 경무국에 뽑아 써야 된다던 최능진(崔能鎭)은 조병옥에게 쫓겨난다. 1948년 5·10민의원 선거에 동대문갑구에서 이승만과 대결했으나 친일경찰과 우익청년단체의 방해로 후보등록을 취소당하며 1951년 전쟁 중 군법회의에서 이적죄 명목으로 총살당하게 된다. 군정경찰 간부 80퍼센트 위가 친일경찰이었으므로 군정경찰은 인민의 '원쑤'였다. 박근혜 씨가 18대 대통령으로 취임하는 날인 2013년 2월 25일 이사장 자리에서 사퇴한 최필립(85살) 정수장학회 이사장은 최능진 아들이다.

정경모(鄭敬謨, 1924~)가 쓴 『찢겨진 산하』에서 여운형이 하는 말이다.

나와 백범 선생께서 이승만에게 살해되고, 그로써 단독정부 수립이 가능했던 것만 봐도 대한민국의 국가 성격은 대강 짐작이 가리라고 생각합니다.

이와 관련해서 나는 이승만에게 살해된 또 하나의 희생자, 최능진의 죽음을 애통한 마음으로 회상하지 않을 수가 없군요. 최능진은 원래 건준 산하의 치안대 출신으로, 건준의 해산과 동시에 군정청 경무부에 들어가 수사과장을 지냈습니다. 나하고는 말이 통하는 사이로 투철한 민족양심의 소유자였다는 점에서 당시 한국경찰 안에서는 군계일학(群鷄一鶴)과 같은 존재였지요.

총독부시대 경찰의 고문기술은 통감부 헌병사령관을 지낸 아카시 모토지로(明石元二郎)가 짜낸 것이라더군요. 아카시는 독립운동가에게 가하는 고문기술을 상세하게 연구해, 이것을 조선에 가져와 실시했습니다. 세계 최악의 기술이지요.

이 아카시식 고문기술에 대해서 고도의 훈련을 받은 총독부 조선인 경찰관은 고스란히 미군정청에 인계되었는데, 이번에는 CIA식 기술도 새로 도입되었기 때문에, 지금도 그렇지만 그 당시 아마도 인간을 괴롭히고 고통을 주는 기술에서 한국경찰을 능가할 수 있는 조직은 세계 어디에도 없었을 것입니다.

이 잔인한 경찰 조직의 꼭대기에 앉아있던 자가 군정청 경찰부장 조병옥이고 그 밑에 최능진이 있었습니다. 그야말로 살모사 굴의 꾀꼬리지요.

"당적 죄악이며 당적 과오다."

1948년 10월 22일 저녁, 순천역 앞에 다다른 이현상이 애달프게 부르짖었다는 말이다. 불바다를 이루고 있는 시내 곳곳에 널브러진 시신만 수백 구가 넘었다. 이현상은 이일됨새가 중앙당과 아무런 이음고리 없이 일으킨 커다란 허물로 보았다. 이승만 친일세력이 미제국주의를 등에 업고 벌이는 제주도 양민 학살극에 끼어들 수 없다는 민족적 · 계급적 노여움에서 일떠선 것이지만, 전략적 오류로 보았다. 넉넉한 시간을 갖고 빈틈없는 채비를 한 다음 남 보기에 마땅한 셈판이 임계점에 이르렀다는 과학적 판가리가섰을 때 일으켜서 흐트러짐 없이 밀고 나가야 하는 것이 인민봉기인데, 하사관 몇 명이 앞장서 갑자기 일으킨 일이었던 것이다.

죄 없는 인민대중 죽음과 혁명깜냥을 축나게 할 뜻밖의 일됨새 앞에 어리둥절하던 이현상은 갈팡질팡하는 반란군을 이끌고 지리산으로 들어간다. 비록 씻을 수 없는 당적 허물을 저질렀지만 700여 반란군들은 반드시 살려내야 할 값어치가 있는 혁명깜냥들이었다. 수많은 목숨이 죽고 다치게 될 시가전을 피하여 지리산 속으로 들어가는 이현상앞에 놓여진 것은 앞이 보이지 않는 가시밭길이었다. 이길 꾀 없는 날치싸움이었으나피할 수 없는 살매였다. 조국해방과 계급해방을 위하여 30년 가까이 싸워온 꺾일 줄 모르는 혁명가 앞에 놓여진 '고난의 행군'이었다.

1949년 6월 25일에서 28일까지 평양 모란봉극장에서 남북 71개 정당 · 사회단체 대표 704명이 모인 가운데「조국통일민주주의전선」결성대회가 열렸는데, 둘째 날인 6월 27일 지리산 유격전구 유격대 지휘자 및 전사 일동으로부터 온 메시지 한 구절이다.

미국제 카빈과 엠완에서는 탄환이 빗발치듯 쏟아지고 있습니다. 미국제 박격포의 포탄들이 머리 위에 작렬하고 있습니다. 미국제 비행기는 끊임없이 위협하고 있습니다. 그러나 공화국 남반부 살진 지역을 원쑤의 손에서 해방하고 우리의 사랑하는 부모형제들을 도살 · 학살의 참경에서 구출할 것을 맹서하고 일어선 우리들은 이르는 곳마다 원쑤를 뭇찌르면서 용감하게 나가고 있습니다. 동무들의 시체를 넘어 우리들은 전진에전진을 거듭하고 있습니다. 우리의 활동 구역은 나날이 장성하고 있습니다. 우리들의병력은 나날이 증가되고 있습니다.

이미 우리들은 1천 메터의 험준한 산악에서 백설과 싸워 이겨냈습니다. 주림도 피곤도 우리들에게는 아무러한 타격도 줄 수 없습니다.

남로당 부위원장인 이기석(李基錫, 딴이름 李傑笑.「건국동맹」간부. 월북하여 도시경영상 지냄. 1900~?)은 1950년 3월《인민》에 실린 글에서 이렇게 말하고 있다.

이로부터 거대한 인민항쟁이 폭발되었다.

정당한 요구에서 평화로이 진행하는 인민들의 시위행렬을 향하여 발포·사살하는 악독한 반동경찰과 테로분자들을 숙청하기 위한 인민들의 봉기는 너무나 당연하고 정당한 일이었다. ……미군정은 비행기로 전투함으로 총으로 칼로 뚜드려 보았으나 뚜드릴수록 항쟁의 기세는 열화같이 불붙어 오를 뿐이었다. 혼비백산한 미군정은 부득이 총머리를 죽이지 않을 수 없었다. 표면상이나마 인민들의 정치적 집회는 허락하게 되었다.

그러나 원쑤들의 발광적 발악으로 각 지방에서 애국투사들에 대한 박해와 체포령은 의연히 계속되었다.

이때로부터 지목된 투사들은 집과 처자를 버리고 지하로 들어갔다. 아지트를 산 속에 설치하고 거기에서 생활하게 됨에 따라 이때부터 그들의 일흠이 '산사람'으로 불러졌다.

강원도 영월군 상동면 대덕리의 신태순 노인은 자기의 아들 셋과 딸·며느리를 모두 빨치산으로 보내고 그 60노인은 늙은 마누라와 같이 태백산·백운산·문수산의 험한 길을 하루도 빠짐없이 넘나들면서 후방연락에 헌신 분투하다가 원쑤들에게 붙잡혔으나 최후까지 원쑤들에게 굴치 않고 원쑤의 총탄을 받아 애국적 선혈을 뿌리면서 "빨치산들아! 용감한 아들딸들아! 잘 있거라. 싸워서 이겨다오! 사람들아, 우리의 보배를 지켜다오!"라고 외친 것은 그 산 사실의 하나이다. 신태순 노인은 젊은 빨치산들에게 '빨치산의 아버지'라고 불리우던 인민의 모범이다.

1951년 7월 5일 찍어낸 조선인민유격대 남부군 기관지《승리의 길》제12호에 실린 기사이다.

조선인민유격대 남부군 사령부 보도(1951년 6월 25일 보도)
1950년 6월 25일부터 10월 말까지 조선인민유격대 남부군부대의 전신인 지리산 빨치산부대들은 전북 무주군 장수군 일대와 경남 거창군 창령군 고암면, 경북 달성군 현

풍면 일대를 공격 해방하였고, 적 후방 깊이 락동강을 도하하여 적의 참모부와 적 후방 사령부를 공격하여 섬멸적 타격을 주는 등 커다란 전과를 거두었다.

작년 11월 지리산 빨치산부대를 핵심으로 하여 조선인민유격대 남부군 직속부대가 편성된 이래 1951년 6월 25일까지의 강원 경북 충북 전북 경남 등 5개도 지역에서 수배 내지 십수 배의 우세한 적들과 가열찬 전투를 전개하였으며 청주 단양 해방을 비롯한 거대한 전과들을 쟁취하였다.

지난 1년간의 전투 횟수는 실로 203회에 달하며, 그 전과는 다음과 같다.

적 사살 : 4,025명, 그중 미군 651명

포로 : 874명, 그중 미군 47명

로획한 무기 : 권총 32정, 보총 2,098정, 경기 45정, 중기 12정, 자동총 20정, 각종 포 69문

로획 파괴한 기관차 화차 장갑차 추력 승합차 : 합계 151대

로획 파괴한 땅크 : 8대

로획 파괴한 무전기 : 32대

탄환 로획 : 162,700발

시설 소각파괴 : 136동

휘발유 땅크, 무기창고 파괴소각 : 7개소

도로 급 교량 파괴 : 74개소

전선 전화선 절단 : 45,000미터

애국자 석방 : 157명

이현상이 거느리는 남부군 빨치산 310여 명이 충청북도 도청 소재지인 청주를 해방시키는 놀라운 일이 일어난 것은 1951년 5월 26일이었다. 도청 · 법원 · 검찰청 · 경찰서 · CIC(방첩대) 본부 · 방송국 · 은행 · 형무소를 손에 넣었는데, 청주형무소에서 풀려난 142명 애국자들 거의 다 남부군으로 들어갔다. 6월 6일 저녁 속리산 숲속에서 훈장 수여식이 열렸다.

공화국 영웅 박종하 · 이종하 · 임현태 · 이진범.

국기훈장 1급 유주목 · 김홍복 · 손관일 · 김갑제.

싸울어미들. 전쟁 뒤판에 붙잡힌 이들 모습은 예와 한가지로 아귀셌다.

국기훈장 3급 구분대장 박원길(전사)

여느 때는 타블로이드판 2면 한 장짜리를 한 달에 한 차례 펴내던 조선인민유격대
남부군기관지《승리의 길》이었는데, 1951년 6월 10일 치와 7월 5일 치인 11·12호는 4
면짜리 두 장씩 박아내고 있다. 그만큼 '청주해방'에 대하여 자랑스럽게 여기는 마음이
컸던 것으로 보인다. 「142명의 애국자 구출한 흥복부대 ○구분대장 박원길동무」라는 이
름의 기사이다. 물론 철필로 써서 '가리방으로 긁어 낸' 것이다.

간고스런 유격투쟁생활에도 언제나 명랑쾌활한 모습으로 대생활을 밝히며 그러면
서 전투에서 용감무쌍한 기지와 찬란한 투쟁적 업적을 쌓아 전체 대원들의 높은 신망
과 인기를 끌고 있던 ○구분대장 박원길동무는 금번 청주해방투쟁에 있어서 더욱 빛나
는 위훈을 세웠다 형무소공격을 맡은 이는 누구보다도 기뻐했으며 무거운 책임감을 느
끼었다 나라사랑하는 무고한 애국투사들이 쇠사슬에 얽매여 신음하고 있는 형무소를-
무서운 고문의 체찍에 울며 쓰러지고 있는 저 생지옥을 내손으로 직접 뭇찟고 지사들을
구출한다는 것이 이 얼마나 영광스러운 일인가 이 한몸을 바쳐 많은 애국자들을 살린
다는 것이 얼마나 의의가 큰가 하며 그는 뛰노는 심장을 억제하면서 6명의 대원과 더부

러 형무소를 달리어갔다 모두 용기는 백배로 승전하였다 구분대장 박동무는 대원의 선두에 서서 벽돌담 한곳에 달린 문을 박차고 안으로 뛰어들었다 질겁당한 개놈들이 살 구멍을 찾아 이리저리 헤매인다 이는 용서없는 총탄을 부어 모조리 잡아제치며 강당으로 뛰어갔다 감방에서는 뒤끌은 아우성이 터져나오고 있다 박동무는 "여러 동지들! 얼마나 애달픈 나날을 보냈소 오늘 우리 빨찌산은 당신들을 구출하러 이곳을 찾았소 어서들 나오시요"하며 감방문을 순서 있게 열어가며 삶을 일었던 140여 명의 애국자들을 구원하여 내는 빛나는 공훈을 세웠다 이뿐만 아니라 이는 청주로부터 돌아오는 길에 달려드는 적들을 용감하게 무찔렀다 즉 가리산에서 40여 명을 상대로 단 4명으로 자우산에서 100여 명의 적을 단 6명으로 대항하여 다수를 살상격퇴시킨 사실 등 이가 세운 공훈은 실로 막대하다 자우산에서 이는 달아나는 적을 추격하다가 적탄에 맞어 최후의 "공화국 만세! 김일성장군 만세!"를 웨치고 눈을 감았다 이러듯 박구분대장은 자기의 마지막 순간까지 조국과 인민을 위하여 자기희생적 충성을 용감히 발휘한 용사로서 전체 대원들의 모범을 보이었다 사단에서는 이 동무의 용감성과 투쟁적 업적을 높이 찬양하며 국기훈장 3급 수여를 총사령부에 건의하였다

인민유격대 시인 이명재가 읊은 장편서사시 「청주해방을 노래함」 뒷어섯이다.

오 해방된 나의 거리 청주여ㅡ
구겼던 가슴을 풀어헤쳐 심호흡하여라
꿈 아닌 현실의 움직임을 다시 익혀라
하여 몰려들 악귀떼를 무찌르며
오늘의 영광 속 지닌 높은 절개를 지켜라
용사들은 다시 너를 찾으리!
그때에는 영원한 행복의 면류관이
너에게 얹혀지리라
그날을 굳게 믿어 더욱 억세게 자라며
생을 간직하여라

이현상(李鉉相)은 1905년 전북(이제는 충남) 금산(錦山)에서 태어났다. 전주 이씨

로 이른바 양반의 집 자손인데 면에서 첫째가는 부잣집 4형제 가운데 막내였다. 보통학교를 나와 고창에 있는 고창고등보통학교에 들어가 2학년을 마치고 서울로 올라가 중앙고등보통학교에 끼어들어간다. 졸업반인 5학년 때 대한제국 마지막 황제였던 순종이 돌아갔고 그 장례식인 인산날 터진 것이 6·10만세운동인데, 경성 시내 고보생들 이끌고 시위를 채잡은 것이 이현상이다. 왜경에 붙잡혀 6개월간 감옥살이를 하다가 기소유예로 풀려났는데, 감옥을 나설 때는 이미 어기찬 공산주의자가 되어 있었다. 감옥에서 여러 공산주의자들을 만나게 되면서 맑스·엥겔스 사상을 배우게 되었던 것이다.

사람무리를 지옥으로 몰아넣는 절대악인 자본주의를 바탕으로 한 제국주의를 거꾸러뜨리지 않고서는 조국의 해방도, 노동자·농민을 머리로 한 인민대중의 흐뭇한 삶도 이룰 수 없다는 흔들림 없는 사상을 갖게 된 그는 다음 해 봄 밀항선을 타고 상해로 간다. 임시정부 뒤범벅에 꿈이 깨져 돌아온 이현상은 보성전문학교 법과에 들어갔으나 넉달 만에 그만둔다. 1928년 조선공산당에 입당하고 「고려공산청년회」에 들어 학생 야체이카를 맡아 각급 학교 동맹휴학을 얽어내다가 제4차조공사건으로 붙잡혀 징역 4년을 언도받는다. 서대문형무소에서 만나게 된 것이 이재유와 20살 어린 나이 때부터 이미 빼어난 조직가 모습을 보이던 김삼룡이었다. 1933년부터 이재유그룹에 들어 서울 동대문과 용산에 있는 각급 공장에 적색노조를 짜기 위한 채비운동을 하다가 11월 '이재유그룹검거사건'에 걸려 7년 징역살이를 한다. 1940년 「경성콤그룹」에 들어 인민전선부를 맡아보다가 10월 붙잡혀 2년 동안 미결로 있다가 병보석으로 나와 다시 지하투쟁에 들어간다. 해방이 되면서 남로당 노동부장이 되었고, 여순항쟁이 터지면서 중앙당 못박음 따라 지리산으로 들어가 남부군 곧 남조선인민유격대 총사령관이 된다.

1949년 남북로동당이 합뜨려 조선로동당으로 그 이름을 바꾸면서 김일성 이끎 아래 대남정치공작의 구체적 실무는 부위원장 박헌영과 비서 이승엽 남로당 갈래가 오로지했다. 지리산 얼안 모두를 맡았던 제2병단 얼개그림을 보면 총사령관 이현상 밑에 4개 연대가 딸려 있었고, 연대마다 몇 개 군을 맡아 움직이고 있었다.

제6연대 : 총사령부 경호연대로서 지리산에 바탕을 두고 산청군·함양군·구례군 북부·남원군 얼안에서 공작.

제7연대 : 연대사령부는 백운산에 있었고, 공작 바닥은 순천군 남부·곡성군 북부·하동군·광양군·구례군 남부에 걸침.

제8연대 : 조계산에 바탕을 두고 순창군·화순군·곡성군 남부·순천군 북부를 공작.

제9연대 : 덕유산을 사북으로 무주군·장수군·거창군 얼안에서 공작.

제2병단의 이러한 조직체계는 겨울철에 접어들면서 2개 지대를 전북과 전남의 평야지대로 나가게 하여 새로운 움직임을 열어나가는 것과 함께 월동투쟁에 들어가게 하였으며, 1개 지대만을 이현상 총사령관이 목대잡아 지리산에 그 바탕자리를 갖고 움직이도록 하였다.

1949년 7월「조국전선」이 만들어지고〈평화통일선언서〉가 널리 알려지자 남조선 지하조직을 모두 이끌고 있던 서울지도부에서 각 지방당에 내린 분부이다.

결정적 시기가 불원간 도래한다. 결정적 시기를 맞이하기 위해 각 지방당은 정권 접수를 위한 준비를 하라. 또한 인민군이 진격하게 되므로 각 도당은 '해방지구'를 1,2개 확보하라. 모든 당조직은 군사조직으로 개편하고 결정적 투쟁을 전개하라. 돈 있는 사람은 돈을 바치고 집 있는 사람은 집을 바쳐서 무기를 준비하라.

지리산을 복판으로 5년 동안 벌였던 결사항전에 대해서는 안재성이 쓴『이현상평전』에 꼼꼼하게 나온다. 이현상이 지리산으로 들어간 것은 이미 죽음을 다짐한 것이었다. 남조선은 지리적으로 유격대투쟁을 할 수 없는 곳이다. 중국공산당 홍군이 강서에서 연안까지 368일 걸친 2만5,000리 대장정 끝에 마침내 정권을 잡았다는 것은 그만큼 땅덩어리가 드넓어 유격전을 벌일 틈이 많았다는 것인데, 이현상유격군이 움직일 수 있는 빈자리라고는 기껏 직경 수십 킬로에 둘레를 다 합쳐도 800리에 지나지 않았던 것이다. 거기다가 가장 대모한 화력이 견줄 수가 없다. 세계에서 가장 센 미군 비행기가 끊임없이 퍼부어대는 가장 앞서가는 잠개 네이팜탄 쇳조각만 맞아도 숯덩이가 되는 판인데 이현상유격대가 지닌 잠개는 저 갑오년 김개남(金開南) 장군 때 쓰던 화승대에 기껏 삼팔식 장총이었다.

불뫼, 곧 화산(火山)이라는 아호를 썼던 이현상이 열반한 것은 1953년 9월 17일 밤 8시쯤이라고 한다. 그런데 그 죽음에 대한 참모습은 안개 속이다. 토벌대로 나섰던 경찰과 군인들이 서로 자기네가 죽였다고 훈장과 포상금을 받기 위하여 싸웠는데, 또렷한 것은 경찰과 군 어느 쪽에서도 그를 쏘지 않았다는 것이다. 그렇다면 계급해방과 민족일통을 위하여 신 벗을 사이 없이 밤을 낮 삼아 뛰어다녔던 불요불굴한 혁명가 이현상을 죽인 것은 누구인가? 남로당을 털어내려는 한 도막으로 이현상을 도려내라는 조선

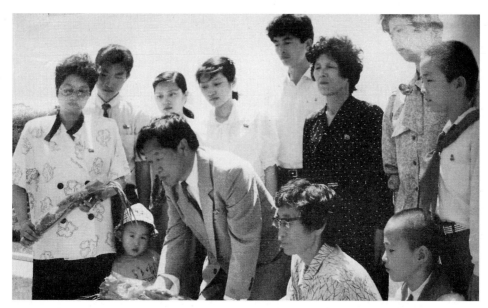

조선민주주의인민공화국에서 살아가는 이현상 뒷자손들.《금수강산》1994년 10월호.

로동당 특명 받은 지리산 빨치산 가운데 누구거나, 북에서 직접 내려보낸 특수공작대가 저지른 정치이데올로기적 꾸미기가 아닐까 하는 짐작이 있지만, 알 수 없는 일이다. 열 방 위로 총을 맞은 이현상이다. 주검 윗도리 주머니에서 나온 것이 있다. 보리수 열매로 뗀 백팔염주와 『볼셰비키혁명사』였다. 향수 49.

평양 바깥 신미리에 있는 애국열사릉에는 헛무덤이 있는데, 1972년 돌아간 부인 최문기도 묻혀 있다. 평양에 있는 혁명열사박물관에는 이현상 사진이 있고, 조국해방기념탑 가운데 '척후인민유격대원들의 투쟁'편에 이현상과 지리산유격대원들 모습을 돌로 빚어 만든 시늉이 있다. 1994년 이제 조선민주주의인민공화국에는 이현상 자식 4남매를 비롯하여 며느리와 손자·손녀 모두 42명 자손들이 살고 있는데, 2006년 6월 대한민국 대통령 김대중이 갔을 때 평양 만수대의사당 길잡이를 하였던 일등서기관 이상진은 이현상 막내딸이다. 지리산유격대 시절 의무요원이었던 하수복과 사이에서 난 아들 모자는 대한민국 땅에서 살고 있다.

조선민주주의인민공화국에서는 1953년 2월 5일 최고훈장인 영웅칭호와 국기훈장 일급을, ㅇㅇ년 민족통일상을 주었는데— 이현상 개인에 대한 상줌이 아니라 남부군 성원 모두에게 준 상으로 봐야겠다.

《노력인민》1947년 6월 25일 치에 실려 있는 이현상 글이 있다. 「인민의 지도자」칸

평양 신미리에 만들어진 열사무덤 맨 앞에
세워진 이현상 기림돌.

에 있는 〈김원봉론－혈투의 30여 성상, 항일전
에 일념 김원봉 장군〉.

인민공화당의 당수요 민전의장단의 의장인
김원봉 장군은 생애를 항일구국의 혁명투쟁으
로서 장식해온 열혈의 애국자요 인민의 지도자
이다

김장군은 적 앞에서는 타협이나 굴복을 모르
는 완강한 전사였다 기미 전후 해외에 산재하든
망명정객들이 상해서 모혀 조선독립을 파리강
화회의 등에 청원운동을 해서 실현해 보려고 할
때 장군은 단호 이러한 타협적 운동에 반대하야
강화회의에 출석한 일본대표를 참륙해서 일본
제국주의에 대한 조선민족의 항쟁하는 태도를
선시(宣示)하려 하였으며 그 뒤 만주로 가서 의
열단을 조직하야 무장단으로서 일본제국주의자
의 수괴를 도살하고 일본의 통치를 혼란에 빠트
리게 하려 하였으니 이것이 장군이 초기에 있어
그의 비타협적 혁명적 투쟁정신을 유감없이 발
휘한 것이다

일본제국주의를 타도함에 있어 김장군은 그의 구상과 투쟁은 더욱 웅대하게 발전하
였으니 방대한 군대를 조직하야 구적 일본과의 당당한 결전으로부터의 해방을 촉진하
려 하였든 것이다 이에 일본제국주의를 공동의 구적으로 하는 조중 양 민족은 항일투
쟁전선을 갖어야 한다는 지론과 신념 밑에서 조선의용대를 조직하여 가지고 그 불타는
투지와 종횡무진한 전략전술로서 여러 전선에 서서 찬연한 전공을 세워 일제에 대한
조선민족의 원한을 마음껏 설욕하였을 뿐 아니라 일제로 하여금 패전에 의한 원인을
가저오는 커다란 타격을 주었든 것이다

일본제국주의에 대해서는 굴복을 모르는 이 철혈의 장군은 조선인민의 앞에는 한없
이 겸허하였다 장군은 민족의 총역량을 대일항쟁에 총집중하기 위해서 온갖 노력을 해

외의 조선민족 역량의 통합에 경주하였다 그리하야 항일전선통일연맹 민족전선통일연맹 등을 형성하기에 성공하였으며 김장군의 혁명사업을 방해하기에만 열중하든 완고한 반동정객들의 집단인 「임정」에까지 참가하여 그들로 하여금 옳은 정치적 방향에로 끄러가려고 노력하였든 것이다

그러나 김장군의 비타협적 투쟁정신은 언제나 무원칙 무조건적인 것을 용인할 수 없었다 특히 임정의 완고파들의 소위 「법통」 고집과 반민주적 경향에는 도저히 그대로 묵과할 수 없었다 여기서 김장군은 이들 완고파와 단호 손을 끈코 인민의 편에 참가한 뒤 싸우는 인민을 독려하여 장군의 그 비타협적 투쟁정신을 더욱 빛나게 하고 있는 것이다

김장군의 오늘까지의 빛나는 혁명적 투쟁의 기록은 장군의 그 강렬 의지에서 지여진 것이다 장군은 어대까지나 의지의 인이며 담력의 인이며 영단의 인이다 구적 일본과의 30여 성상에 긍한 불요불굴의 투쟁은 장군이 가진 강철같은 의지에서 커진 것이다 장군의 의지는 이러한 항일구국의 투쟁 속에서 더욱 굳어지고 다져졌으니 이제 이러한 투쟁의 역사를 갖이고 있는 장군의 앞날은 어떤 난관이 있드라도 그것을 막어낼 힘은 없을 것이다

오늘 김장군은 조선인민의 충실 지도자로서 민주진영의 주요한 전사로서 꾸준히 싸우고 있다 오늘 조선인민은 장군에 대해서 거대한 기대를 갖이고 있는 것이니 이 기대와 아울러 장군의 앞날은 더욱 찬연할 것이다

조선인민유격대 남부군 기관지《승리의 길》제13호인 1951년 8월 5일 치 1면 첫머리에 실린 것이다. (본디대로임)

조선인민유격대 남부군 사령부보도

〔八月一일 보도〕조선인민유격대 남부군 직속부대들은 지난六月二六일부터 七月三一일까지 전북 경남도의 여러지역에서 三二회의 전투를 하였는바 거대한 성과를 쟁취하였다 특히六月三〇일 거창군고제면개명리에서 경남협천경찰중대一五〇여명을 매복점에서 완전히 섬멸하였으며 적사살 五〇명 적부상 三〇명 포로二二명 八〇미리박격포一문 六〇미리박격포一문 경기三정 각종소총三九정 각종탄환一三一五발 쌍안경一개 포탄三五발을 로획하는 빛나는 전과를 거두었다 종합전과는 다음과같다

一. 적살상 四六一명(적사살 二一二명 적부상二四九명. 二. 생포 七八명 三. 전리품

각종포四문, 중기一정, 경기六정, 권총 一정, 각종보총一○七정, 포탄三七발, 소총탄 八
○八八발, 쌍안경一개.

　　四. 시설파괴 트럭一대 적토-치카一三개소 五. 전신전화선절단 八○○메-터

　　六. 도로교량파괴 군수품로획 다수

바로 밑에 박혀 있는 글이다. 로명선은 그때 이현상이 쓰던 거짓이름이다.

　　총사령관 명령 나○○三호

　　조선인민의 우수한 아들 딸로 조직된 조선인민유격대 남부군의 매개대원은 조국과
인민 당과 수령을 위하여 원쑤들을 무찌르는 싸움에 영용성을 발휘할뿐만 아니라 자기
의 일거일동으로서 인민의 리익을 옹호하며 인민의 생명재산을 보호하여야 한다 빨찌
산과 인민의 관게는 고기와 물과 같다 물이 없이 살수없는것과 같이 인민의 지지가 없
이 빨찌산은 생존할수없다

　　인민의 리익을 침해하며 인민성을 망각하며 군중규률을 범하는 자는 빨찌산과 인민
을 리간시키며 조국과 당을 반역하는 리적행위임으로 아래와 같은 군중 규률을 범하는
자는 당과 조국에 대한 반역자로 선고하고 군중앞에서 총살할것을 명령한다

　　一. 상부의 명령없이 인민의 가택에 무단출입하여 수색하고 상부의 지시없는 물품을
강요하고 강탈한자

　　二. 상부의 명령없이 인민의 가축 가금을 무단히 강탈한자

　　三. 인민들을 위협하며 공갈한자

　　남부군 직속부대 외출구역에서 행동하는 각기관일꾼들도 이명령에 복종할것

　　　　　　　　　　一九五一. 七. 三一 조선인민유격대 남부군

　　　　　　　　　　　　　　　　총사령관 로명선

9. 만국의 노동자여 단결하라! 전평 부위원장

박 세 영 ^{1909~미상}

나는 노동자입니다. 8년 동안 노동자 생활을 했고, 소규모 및 대규모 공장에서 일해왔습니다. 조선 노동자들의 생활조건에 관해서 잘 알고 있습니다. 조선에서 노동자들은 하루 70꼬뻬이까에서 1루불 10꼬뻬이까에 달하는 임금을 받고 있습니다. (로빠쩐 동무는 여기서 개별산업 부분에 대해서 자세히 진술했다. 특히 전기공업과 섬유공업, 고무공업 등에 대해서 언급했으나 번역자는 받아적는 데 실패했다.)

조선 노동자들의 생활조건에서 특히 조선적 현상이라고 간주할 수 있는 많은 것들이 있습니다. 예를 들어 조선에는 조선인 노동자들과 일본인 노동자들 사이에 임금 격차가 매우 큽니다. 이는 조선인 노동자들에게 매우 가슴 아픈 것입니다. 다음에 미성년 노동자와 성인 노동자 간의 임금 격차도 매우 큽니다. 일본인들은 미성년 노동자들과 성인 노동자들 간의 임금 격차뿐만 아니라 고참 노동자들과 새로 들어온 노동자들 간의 임금 격차도 크게 벌려 놓았습니다. 이곳에서는 노동임금뿐만 아니라 전반적인 노동조건의 차이도 큽니다. 만일 노동자가 어떤 공장에서 더 이상 머무를 수 없게 되어 다른 공장으로 옮기고 싶어도 그것은 불가능합니다. 왜냐하면 이직하는 노동자에게는 자기 마음대로 해직증명서가 발급되고 다른 자본가는 그런 사람을 채용하지 않기 때문입니다. 자본가들은 서로 간에 그러한 장치를 마련해 두고 있으며, 이는 노동자를 한 공장에 고착시키고 노동자의 생활을 압박하는 여러 계기들 가운데 하나일 뿐입니다.

> 조선 노동자들의 경제적 상황은 매우 어렵습니다. 이 어려운 경제적 상황은 필연적
> 으로 노동자들을 혁명운동으로 내몰고 있습니다.

1929년 12월 16일에 러시아식 딴이름 '로빠찐'인 박세영이 한 말이다. 1929년 12월 13일부터 19일까지 모스크바 시내 트베르스코이 불리바르(거리) 13번지에 있는 동방노력자공산대학 울안에서 열린 '동방노력자공산대학 조선·일본반 합동회의 속기록'에 나온다. 합동회의에는 모두 45명이 나왔는데 조선사람은 40명이고, 일본사람 3명, 유럽사람 2명이었다. 조선말이름과 바탕을 알 수 있는 조선사람은 23명이다.

이 춘(朴憲永)·최성우(崔成宇)·바실리비치(韓士斌)·아니소프(金福萬)·마르꾸스(金壽昌)·로빠찐(朴世榮)·까날로프(金鐘烈)·박 애(朴 愛)·마야꼬바(金祚伊)·올라긴(吳琪燮)·야노프스끼(李 淳)·그바노프(金光恩)·미로노프(鄭在達)·꼬레예바(朱世竹)·스따호프스끼(金承墠)·스베또프(金仁極)·미나예바(朱 岳)·차노바(金必壽)·다로프(林珉鎬)·이꼬찐(金致坤)·게닌(高敬仁)·이바노프(張奎燮)·블라소프(金元默).

이 가운데 유럽 사람인 마쟈르·멜만과 이 춘(박헌영)·최성우·박 애는 코민테른 동양비서부 조선위원회 위원 감목으로 들어와 있었다. '조선의 현상황과 공산주의자들과의 과제'라는 기조보고 다음 묻고 대꾸하는 시간 뒤로 말싸움이 있었는데, 여간 거세찬 것이 아니었다. 쓰인 말은 러시아말과 조선말이었고, 러시아말을 못하는 사람은 최성우가 옮겨 주었다.

> 여태까지 조선공산주의운동은 배타적으로 인텔리들에 의해서 이루어졌습니다. 이
> 인텔리들은 종파투쟁 이외에는 종사할 수 있는 것이 없습니다. 따라서 인텔리들은 스
> 스로 공산주의운동을 구성하면서 동시에 종파투쟁의 담지자들이었습니다. 스스로 공
> 산주의자라고 일컫는 인텔리들은 공산주의운동에 소부르조아 이데올로기를 주입했으
> 며 이 이데올로기는 필연적으로 출세주의와 종파투쟁을 가져왔습니다.

21살 난 젊은 조선 노동자 로빠찐은 '인텔리들이 스스로 노동자대중 속으로 들어가지 않고 제집으로 노동자들을 부르거나 자기들 그룹 사무실을 얻어서 간판을 걸고 공식적인 장소에 앉아서 노동자들을 불러 사업한다.' '하얀 손을 가진 인텔리들은 일본제국

주의와 싸우는 것은 뒷전이고 자신의 종파 이익만 위해서 사업을 수행하므로 혁명가가 아니라 반동이다.' '두껍고 이해하기 어려운 노동자잡지를 펴낼 필요는 없다, 다른 선전수단을 찾아야 한다, 노동대중이 접하기 쉬운 자그마한 팸플릿이나 소책자를 펴내야 한다'며 먹물들이 이끄는 노동운동을 매섭게 꼬집는다.

> 모든 그룹과 그룹들 사이 이론투쟁은 배타적으로 인텔리들이 하는 일이었습니다. 그러한 조건 아래서라면 이 이론적인 잡지들과 모든 이론투쟁은 한푼의 값어치도 없습니다. (……) 결론으로 다음과 같이 말하고 싶습니다. 우리는 이곳에 노동자로 왔으며 이곳에서 첫번째 노동자들이라는 사실을 말하고 싶습니다. 따라서 우리는 커다란 책임을 떠맡고 있으며 우리는 우리에게 지워진 그 책임을 이루고자 힘쓰겠습니다.

박세영(朴世榮)은 1909년 서울에서 태어났다. 똥구녁이 찢어지는 찰가난이어서 굶기를 밥 먹듯 하였다. 수하동에 있는 보통학교 4학년을 그만두고 생일꾼으로 나섰으니, 13살 때였다. 막노동판과 여러 공장에서 '시다' 노릇을 하다가 인쇄공장에 들어간 것이 1925년으로 17살 때였다.

이때부터 「경성인쇄직공친목회」, 「서울인쇄직공청년동맹」, 「경성인쇄직공조합」에 들어가 노동운동을 하기 비롯하였다. 1926년 「협우청년회(協友靑年會)」와 「한양청년연맹」에 들어갔고, 1927년 「신간회」 경성지회를 짜는 데 들어갔다. 1928년 2월 경성 관훈동에 있는 희문관(喜文館)인쇄소 노동자들을 사북으로 한 공산주의 비밀결사를 얽고 그 목대잡이가 되었다. 5월 「고려공산청년회재건경성위원회」를 얽는 데 들어갔고, 8월 중앙위원이 되었다. 1929년 2월 「신간회」 정기대회준비위원회 서무부원이 되었다. 8월 「중앙청년동맹」을 얽는 데 들어갔고, 「재경청년단체공동위원회」에 들어갔다.

모스크바로 가서 동방노력자공산대학 속성과에 들어간 것은 1929년 9월이었다. 1930년 왜경이 박세영을 잡고자 거미줄을 늘였으나 머무는 데를 찾아낼 수 없어 기소중지 되었다. 공산대학을 마친 것은 1931년 6월이었다.

그때 공산대학에 대하여 갈닦은 글이 있다. 우동수가 쓴 「조선공산당 재건운동과 코민테른─ 동방노력자공산대학 졸업자들의 활동을 중심으로」이다.

> 당시 러시아에는 동방노력자공산주의대학, 서방소수민족공산주의대학, 손일선대

학, 레닌주의학교, 스페치로프공산주의대학, 엥겔스마르크스경제대학, 크루프스카야 공산주의대학 등의 교육기관이 있었다. 이 중 동방노력자공산주의대학(이하 '공산대학'으로 줄임)은 동방지역의 공산주의운동을 지원하기 위해 극동 거주 러시아인, 아시아인을 대상으로 혁명운동의 지도자를 양성할 목적으로 설치된 기관이었다. 이 대학은 명목상으로는 러시아 국립으로 되어 있지만, 실제로는 경비나 입학생 선별, 대학운영 등 모든 면에서 코민테른의 지시를 받는 코민테른 산하기관이었다.

공산대학에는 누구나 입학할 수 있는 것이 아니었고, 해당 국가의 당 추천을 받는 것을 원칙으로 하였다. 그러나 해당 국가에 공산당이 없을 경우 유력한 공산주의자의 추천과 코민테른의 심사를 거쳐 입학하는 것이 가능했다.(1925년 조선공산당이 창립되기 이전과 1928년 조선공산당 해산 이후 많은 조선인 학생들이 공산대학에 입학하고 있는데 이들은 후자의 과정을 거쳐 입학한 경우였다.) 이러한 까다로운 조건은 공산대학이 졸업 후 각국에서 활동할 직업적 혁명운동가를 양성하는 기관인 관계상 제국주의 스파이들의 침투를 차단할 필요가 있었기 때문이다.

공산주의 이론을 익힌 박세영이 두 팔 걷어붙이고 노동운동을 하고자 조선땅으로 몰래 들어온 것은 1932년 2월이었다. 3월에 혁명적 노동조합운동 대표자회를 열고, 공장이 많은 함남 흥남 바닥 주의자들을 모아 목대잡이가 되었다. 4월 흥남 바닥 공산주

전평이 채잡은 1946년 9월총파업은 온나라 무장투쟁으로 번진다.

의운동자 모임 기관지인《노동자신문》을 박아내었고, 태평양노동조합 비서부 이름으로 「붉은주먹」과 「10월 서신」을 '가리방 긁어' 펴내었다. 1933년 4월 메이데이에 노동자들이 일떠설 것을 부추기는 삐라 한 2,000장을 원산역가에서 뭇사람들에게 뿌렸으며,《노동자신문》제2호 한 50부를 나누어 주었다. 같은 달 메이데이 때 같이 싸우려고 홍남에 있는 맑스-레닌 갈래 적색노동조합운동에 든 사람들과 힘을 모으고자 꾀하다가 왜경에게 잡힌 것이 5월이었다. 예심 1년 7개월 동안 갖은 족대기질을 당하다가 함흥지법에서 징역 10년을 받은 것이 1934년 10월이었다.

그때 일됨새를 엿볼 수 있는 갈닦음이 있다. 임경석이 쓴 「국내 공산주의운동의 전개과정과 그 전술(1937~45년)」.

'원산그룹'은 자신의 기관지인『노동자신문』에서 「일중 무장충돌과 조선노동계급의 임무」, 「제국주의전쟁에 있어서 전투적 노동자의 임무」, 「조선인지원병제 실시반대, 대중적 투쟁을 일으키자」등의 반전투쟁관계 논설을 실어 중일전쟁의 구체적 전개과정과 그 본질을 상세히 설명하고 대중적 반전투쟁의 전개의 필요성을 강조하였다. 경성콤그룹도 그 기관지를 통해 「각국 공산당의 반전운동 현상」이라는 글을 수차례 연재하여 반전투쟁의 국제적 경험을 조사소개하였고, 또한 「반전투쟁을 전개하자, 8·1절을 기하여」 등의 논설을 게재하여 운동의 전술과 슬로건을 선전하였다. 공산주의자들은 이러한 선전활동을 통하여 중일전쟁의 본질을 "일본제국주의가 수행하는 강도적 침략전쟁"임과 동시에 "제국주의에 반대하는 피압박민족의 민족해방전쟁"이라는 것을 밝히고, 나아가 "일본제국주의 침략전쟁을 내전으로 전화시키자!"는 슬로건을 제시하였다.

박세영은 서대문형무소에서 징역을 살면서도 몰래 팸플릿을 만들어 감옥 안에서 돌려보게 하는 등 옥중투쟁을 멈추지 않았다. 1938년 10월 옥중에서 〈소비에트연방의 경제건설의 성과-혁명 21주년 기념일을 맞으며〉라는 팸플릿을 만들어 돌리다가 들켜 1939년 8월 경성지법에서 징역 1년 6월을 덧붙여 받았다.

1945년 8월 16일 서대문형무소를 나왔으니, 12년 만이었다. 박세영은 곧장 김삼룡 비서인 허성택·한 철·현 훈·박영발 등과 노동자 얼개를 만들기 비롯하였고, 「조선노동조합전국평의회」가 세워지게 된 것은 1945년 11월 5~6일 이틀이었다.

"서울 시내 중앙극장에서 남북 전조선 40여 지방의 50만 노동조합원 대표 505명이 일당에 모여 엄숙하고도 열렬한 토의와 결의로써 전평 결성을 마치었다."

위원장 허성택(許成澤), 부위원장 박세영·지한종(池漢鐘), 서기국에 한 철(韓哲), 유형식(劉亨植), 조직국에 현 훈(玄 勳), 백일성(白日成), 선전부에 조맹규(曹盟奎). 위원장으로 뽑힌 허성택이 연단에 올랐을 때였다. 「건국청년회」, 「혁신청년회」, 그리고 김두한(金斗漢)이 거느리는 극우 깡패들이 쳐들어왔으나 박세영이 이끄는 젊은 노동자들이 막아내었다. 중앙극장 안팎에 내걸렸던 펼침막이다.

조선노동계급의 수령 박헌영동지 만세!
조선의 청년영웅 김일성장군 만세!
일제에서 몰수한 모든 기업은 민주주의원칙 우에 수립될 조선인민공화국의 경영으로 하야 노동자의 관리 아래에 두자!
새조선 건설군의 선두대는 노동자다. 망치를 들고 직장으로 모허라! 노동자의 힘은 오직 단결 쑌이다.
우리는 단결을 굿게 하야 모든 피압박계급 해방의 선두대가 되자!
전국노동조합평의회는 조선노동계급의 총단결체이다. 3백만 노동자는 모두 이 기빨 아래로 모허라!

'사바공산주의자' 고준석(高峻石)이 남조선인민대표자대회가 열리는 해주로 갔을 때였다. 1948년 8월 21일.

대표자들이 머무는 황해도 신천군 신천요양소에서 북로당 쪽 '권위 있는 선'과 이음줄을 대려고 의무실을 나와 복도를 걷고 있는데, 박헌영 파인 박세영이 다가왔다. 그는 나의 얼굴을 보고서 깜짝 놀란 표정을 지었으나 나에게 다가와서 대들었다.

"고 동지, 누구 허가를 받고 이곳에 왔습니까? 내가 이곳의 감독책임자요. 내 허락 없이는 어떤 남조선 대표도 이곳에 들어올 수 없소."

"박 동지, 그렇게 큰소리로 야단치지 마시오. 저는 남조선 인민의 대표는 아니지만 들어올 필요가 있으니까 들어왔소."

"고 동지, 그건 무슨 뜻입니까? 이곳에 들어올 자격이 있는 사람은 남조선 대표뿐이오. 그리고 내 승인이 필요하오. 그런데 누가 동지에게 그것을 허락해 주었습니까?"

"박 동지, 자아, 그렇게 흥분하지 말고 내 방에 잠깐 갑시다. 거기서 천천히 얘기합시다."

내가 의무실 쪽으로 되돌아가자 박세영은 "내 방이라니?" 하고 투덜거리며 내 뒤를 따라왔다. 그는 내 방이 의무실이라는 것을 알고 깜짝 놀란 표정을 지으면서 내 방안에 들어와서 우뚝 섰다. 나하고 같은 방을 쓰는 북로당 중앙당부의 동지가 북로당 중앙의 신임장을 박세영에게 보이면서 "고 동지의 일에 관해서 무슨 볼일이 있으면 북로당 중앙으로 직접 말씀해주십시오"하고 말했다. 그는 노골적인 적대감을 나타내는 데는 변함이 없었다. 그는 나에게 한마디의 인사도 없이 방에서 황급히 나갔다. 그렇지만 나는 그의 "누구 허락을 받고 이곳에 왔느냐?" 하고 말했을 때의 사나운 얼굴이나, 위세등등함이나 증오에 가득 찬 눈초리 등이 언제까지나 떠나지 않았다.

'경성콤그룹 독재'에 앙버티다가 남로당에서 떨어져 나와 '정치 낭인'이 되었던 고준석이다. '북로당 프락치'로 대회 참관을 하였던 '창백한 인텔리' 고준석은 본급 출신 노동자로 '견결한 주의자'였던 박세영한테 눈흘김을 당하면서, 박헌영 동아리 헤게모니 아래 치러지는 대회를 보고 앞으로 벌어질 '종파 싸움' 걱정을 한다. 고준석은 서울로 내려오고 제1기 최고인민회의 대의원으로 뽑힌 박세영은 평양으로 올라간다.

박세영 뒷소식은 알 길이 없다. 박헌영보다 먼저 올라가 일제 때부터 닦아놓은 터전인 흥남과 원산 쪽 전평 얼개를 추슬렀을 것으로 보이는데, 갈 수 있는 길은 두 가지밖에 없다. 남로당 숙청 바람에 날아갔거나 하방되는 것. 박세영이 살았다면 올해로 105살이 된다. 얼굴 하얀 '먹물 혁명가들'을 꾸짖던 기본계급 '무쭝 혁명가'를 아로새기는 이는 아무도 없다.

「조선노동조합전국평의회」 선언을 읽고 결정서를 가려잡은 다음, 불끈 쥔 두 주먹을 치켜올리며 부르짖은 말들이다.

1. 민족통일전선 결성 만세!
1. 전국노동조합평의회 성립 만세!
1. 조선공산당 만세!
1. 중국공산당 만세!
1. 조선독립을 약속하고 실행하면서 있는 소동맹 급 영미중 민주주의 국가 만세!
1. 조선의 민주주의정권 수립 만세!

1. 세계피압박민족해방 만세!

1. 만국푸로레타리아-트 만세!

1. 국제로동조합 만세!

1. 세계평화와 진보의 힘 있는 방벽인 쏘베-트동맹의 로동조합과 조선전평과의 동맹
약성촉진 만세!

1. 8시간 로동제 실시는 우리의 큰 승리의 한가지이다!

1. 조선로동자와 농민의 구든 동맹 만세!

《해방일보》1945년 11월 15일 치에 실린 「전평 방청기」이다.

　　11월 5, 6 양일에 「전평」은 결성되었다 이것은 조선로동자의 한 력사적 대사건이었다
조선의 운명을 결하려는 자의 태도는 진지하얏고 규률은 정언하며 장내는 엄숙하얏
다 새 조선은 확실히 이곧에서 태동하는 것을 보앗다 그것은 바로 수일전에 천도교당
에서 열리였든 독립촉성중앙협의회의 회합에 비교하야 볼 때에 새 조선의 자태는 분명
하얏다 대회는 진행에 따라 그의 력사적 의의는 더욱 고조되고 구체화 되었다 그러나
우리는 대회의 그 모든 광경과 내용을 일일히 말하는 것은 대회의 기록에 남아 있을 것
이니까 중지한다 차라리 우리는 대회의 거대한 수확을 환희하는 일방 이삼의 미비된
점을 지적하야 다음에 보다 큰 수확을 기하기로 하자 첫째 이 력사적 회합에 기간이 너
무 짜른 것이 유감이었다 그리하야 오랜 기간에서어 왔든 또는 당면의 력사적 전환기에
처하야 있는 로동계급의 위대한 창당을 유감없이 발휘할 수 있는 기회와 시간을 충분
히 주었어야 할 것이었다 그러지 못하야 원안에 대한 토론이 활발히 전개되지 못하고
일사천리식으로 통과하고 말아버린 것은 무엇보다도 섭ᄼ하였다 적어도 이 때 이 사람
들이 모였으니 모든 ○○한 제경험과 이 경험에 의한 요구를 집약하야 모든 문제를 해
결하였으면 하는 것이 방청하는 사람들 누구나가 다 가지는 듯하얏다 다음으로 의제에
대하야 준비를 마튼 동무들 중 그 의제에 대하야 정확한 파악이 부족한 느낌이 있었다
토론이 적은 회합일수록 그러하다

11. 6. 병탁(秉鐸)

아래는 《조선인민보》1950년 8월 28일 치에 실려 있는 기사이다. 현 훈은 박세영과

함께 8 · 15 직후 「조선노동조합전국평의회」 얼개를 짰던 사람이다. 그 또한 6 · 25와 함께 서울로 온 것으로 보이는데, 박세영 이름은 어디에도 보이지 않는다.

모든苛歛雜稅는 一掃
農民과굳게뭉쳐더욱奮鬪하자
南朝鮮全評副委員長玄勳氏談

지난八월十八일 공화국내각은 남반부지역에 농업현물세를 실시함에관한 결정을 채택하였다 七월四일의 남반부지역에대한 토지개혁을 실시할데관한 정령발표와 八월十九일 우리로동자들이 一일천추로 갈망하던 로동법령실시와 아울러 실로 획기적이며 력사적인 민주주의적 법령들이 해방된 공화국남반부에 계속적으로 공포되고있다 장구한 시일을두고 일제의 혹독한착취와 억압속에서 계속하여 미제와 그주구 리승만매국도당들의 강도적 식민지 략탈정책에대한 착취와 학살속에서 남반부로동자와 농민들은 형제적 굳은동맹하에 이 민주주의적 제법령들의 실시를 쟁취하기위하여 실로 피어린 투쟁을 하여왔던것이다

영용한 인민군대의 위대한 투쟁과 빛나는 승리로 말미암아 미제와 리승만매국도당들의 잔혹한 테로 경찰의 생지옥으로부터 해방된 남반부 로동자 농민들은 그 세기적숙망을 오늘날 조선민주주의인민공화국의 주권아래서 비로소 쟁취하게된 것이다

이번 농업현물세에대한 결정은 토지개혁의 실시로말미암아 지주의 소작인에 대한 농노적 착취로부터 영원히 해방시키고 토지의 완전한 주인으로 등장케한 남반부농민들에게 그땀의 결정인 수확물에 대한 정당한규정을 지어줌으로써 농민의 근로에대한 권리를 국가법령으로써 보장하여준것이다

이결정에의하면 수도에있어서는 그수확의二十七% 전작물은 二十三% 과실 二十五% 화전재배작물에는 十%로 되어있으며 특히 금년도에 있어서는 조기작물과 三년미만의 자력개간지에대한 작물과 피해지에대한 작물에대하여는 그정도에따라 경감 또는 면세하며 단기작물에대하여는 북조선인민위원회 법령 제二十四호의하여 징수할것이 결정되고있다 남반부 농민들은 이결정에의한 현물세를 국가에바칠뿐이요 과거 원쑤 리승만 역적 도당들이 갖은 명목으로 농민을 괴롭히며 농민을 착취하기위하여 설정된 모든 가렴잡세는 일소된것이다

일년간 피땀을 흘려가며 지어놓은 농사가 추수기에 이르러 지주의 소작료와 고리대금과 강제공출로 타작마당 홀태밑에서 없어지고 그날부터 굶지않으면 아니되는 과거 일제와 미제의가렴주구와 농민들의 참혹한 생활상태를 상기할때 이 얼마나 농민들의 권리와 행복을 위하여 고마웁고 옳은 시책이냐 남반부 농민들도 이제부터는 공화국헌법이 보장하는 동일한 생활조건하에 북반부의 농민들과 마찬가지로 부유하고 행복스러운 광명한 생활을 이룩하게되었다

이로써 남반부의 황폐한 농촌경리는 급속히 복구될 것이며 농업생산이 또한 급진적으로 장성발전될것이다 이것은 또한 조선공업의급속한 복구발전을위하여 투쟁하는 우리로동자들에게 식량과 원료자재를 공급하는 원천을 이루는것이다 이와같이 조국발전의 토대가되며 로동자농민들의 생활과 권리를 보장하는 민주개혁의 제법령들을 우리들은 지금 조국해방을 위한 장엄한 전쟁속에서맞이한다 로동자 농민은 형제의 굳은 동맹하에 동일한 목적을위하여 과거도 싸웠으며 현재도 싸우고있으며 장래에도 싸워야 할것이다

농민들은 해방과 토지를 얻은기쁨과 희망으로써 쌀을 한층 더많이 생산하기위한 투쟁을조직하여 조국을 부강케하며 자기들의 생활을 향상시킴으로써 국가에 보답하여야 할것이다 로동자 농민들은 이 민주법령의 승리적실시를 수호하기위하여 투쟁관계를 더욱 공고히하여 미국무력침공자들을 조국의강토로부터 신속히 구축소탕하여 조국해방의 종국적승리를위한 투쟁에 헌신성을발휘하여 더욱 용감하게 싸워야 할것이다

10. 공화국 바다에 빠져 죽은 뱃사공 아들 혁명가

이 승 엽 1905~1953(?)

　　오날은 고 김사국 동무가 세상을 떠난 후 24주년째 되는 날이다 이날의 추도식을 당하야 동무의 투쟁으로 꽉찬 일생을 추억하야 우리의 교훈으로 할 것이다 동무의 적에 대한 타는 듯한 증오심과 백절불굴의 투지와 무서워할 줄 모르는 용기와 애국심과 무산계급에 대한 애정은 오날의 우리들에 대하야 위대한 무언의 교훈을 주고 있는 것이다 세계 최악의 적과 극악한 병마와 참담한 빈궁은 동무를 향하야 전후좌우로 공격을 집중허얏다 그러나 동무는 조곰도 굴하지 아니하고 조선해방운동의 진두에 서서 커다란 공헌을 남기었다 뿐만 아니라 민족운동의 대열 내에서 일어나는 민족개량주의자와 용감히 싸워서 민족운동과 계급해방의 진로를 지시하며 실천하였다 동무는 소련으로 만주로 국내로 전전하면서 일본제국주의를 타도하기 위하야서만 생활하얏고 우리 민족과 계급을 투쟁으로 해방시키기에만 활동하얏다 이리하야 동무의 불사의 정신은 적을 전율케하얏고 우리 민족과 계급을 고무하얏다 그러나 동무는 모-든 적과의 격렬한 투쟁에서 그의 의지를 관철하기 전에 요절하고 마렀다 그리하야 오늘날 해방의 환의를 우리들과 함께 나누지 못하는 거슬 슬퍼한다 그러나 동무여! 명목(瞑目)하라 적은 동무의 고국에서 방축되었다 이리하여 동무의 추도식을 처음으로 공연하게 열게 된것이다 우리는 끝으로 아미리가 로동자의 단두대 상에서 절규한 구절을 동무에게 드리고저

북으로 가 사법상과 인민검열위원회 위원장을 하던 조선민주주의인민공화국 제3인자 리승엽.

한다『새는 왔다 무덤 가운데 있는 동무의 무거운 침묵은 산악보다 몇 배나 강력할 것이다』

《해방일보》1946년 5월 10일 치에 실려 있는 조선공산당 중앙위원회 이승엽 글이다.「고 김사국 동무에게 드리는 추도문」. 충남 연산(連山)에서 태어난 김사국(金思國, 1892~1926)은「고려공산동맹」책임비서를 지낸 처음 때 공산주의운동 사나운 장수이다. 어려서 아버지를 여의고 같은 주의자인 아우 김사민(金思民)과 함께 금강산 유점사에서 불도와 한학을 갈닦았다. 만주와 러시아 그리고 동경을 오가며 조선공산주의운동 일통을 위하여 애썼던 피 끓는 주의자였다.

남조선로동당 제2인자였고 조선로동당과 조선민주주의인민공화국 제3인자였던 이승엽(李承燁) 간추린 삶으로 요즈음 찾아낸 것이 있다. 레베데프「평정서」.

이승엽(사법상)

● 1905년 함남 북청군 영흥면에서 출생했다.

● 인천상업학교를 졸업했고 1923년에 애국청년운동, 1924년에 노조운동에 참여해 제물포 쌀공장 노동자 파업을 지도했다.

● 1925년에 중국공산당에 입당했다. 반일운동 혐의로 체포돼 1926년부터 1928년까지 2년간 감옥생활을 했다.

● 1929년에 조선공산당 개편사업과 노동자 좌익동맹 조직사업에 참가했다.

● 공산당과 불가분의 연계를 맺었으며, 일본제국주의자들과 부단한 투쟁을 벌였다.

● 조선에서 일제에 반대하는 모든 행사와 사건들에서, 그는 지도자이자 조직자로 참여 했다.

● 만보산사건(만보산에서 조선인과 중국인 사이에 일어난 충돌사건)을 항의하는 농민봉기를 지도했다.

● 일본군의 만주 진출을 반대하는 유인물을 제작·보급했다.

● 1944년 공산주의자들로 구성된 조국광복회를 조직·지도했다. 일본인들은 그를 계속 추적했으며 도합 10년간 감옥에 가뒀다.

● 조선해방 후 서울로 돌아와 공산당을 창건하는 데 참여해 중앙위원회와 정치국위원으로 선출됐다.

- 미국의 대한정책에 반대해 적극 투쟁한 결과 지하로 들어가야만 했다.
- 우수한 조직자이며, 남조선 반동과 미제에 반대하는 지하투쟁 지도자이다.
- 박헌영과 더불어 남조선 단선에 반대하며 투쟁했고, 1948년 3월 22일 총파업과 1946년 10월 총시위운동을 지도했다.
- 박헌영과는 친밀한 관계에 있다.
- 최고인민회의 남조선선거위원회 위원장이었다. 이 선거를 준비 · 진행하기 위한 조직 · 정치사업을 직접 진행했다.
- 현재 남로당 중앙위원회 정치위원회 위원이다.
- 조선에서 소련정책을 지지하고 관철하는 데 적극적이다.
- 위신을 갖췄고 재능 있는 민주화투쟁 지도자들 중 한사람이다.

이승엽에 대해서 높은 끗수를 주고 있는 「평정서」이다. 그런데 태어난 데가 틀린다. 다른 인사들 경우에도 이런 식 잘못이 보이는 것으로 봐서 소련군정 대남조선 첩보망이 그렇게 꼼꼼하지는 못했던 것으로 보인다.

이승엽은 외로운 사람이다. 역사적 값 매기기를 놓고 볼 때 더구나 그러하다. 적어도 남에서는 박헌영 전집이 나왔고, 이재유 · 이관술 · 이주하와 이현상은 평전이 나왔으며, 임 화는 해금 시인이 되었다. 육사 아우인 평론가 이원조, 시인 이용악, 설정식, 오장환, 이병철, 소설가 조명희, 이기영, 한설야, 김남천 ……. 더욱이 극좌문인으로 유명했던 권 환도 문학적 복권이 이루어졌다. 그런데 이승엽만은 묶음표 쳐져 있다. 아무도 입을 열지 않는다. 그 누구도 말 한마디가 없다. 피비린내 나는 우리 겨레 현대사를 파고든다는 이른바 사학도들까지 기껏 「미제국주의 고용간첩 박헌영 리승엽 도당의 조선민주주의인민공화국 정권전복 음모와 간첩사건 공판문헌」이라는 평양 쪽 적바림만 앵무새처럼 떠들어 대고 있는데, 짜장 그러한가? 이승엽이 참말 그렇게 민족사에 씻을 수 없는 죄를 지은 '미제의 충직한 고용간첩'이었을까? 그때 힘부림 싸움에서 이긴 자 적바림이 이른바 '정사(正史)'라는 것은 두루 아는 일 아닌가? 궁예가 그렇고 묘청이 그러하였으며 신돈이 또한 그러하지 않았는가. 어떤 꼴 싸움이든지 강자가 이기는 것이 아니라 이긴 자가 강자인 것이다. 할미꽃 한송이 피어나지 못하는 것이 패자 무덤이다. 이른바 공판정이라는 데서 했다는 '리승엽 진술'이라는 것을 들어보자.

재판장 : 피소자의 경력을 말하시오.

리승엽 : 저는 경기도 부천군 부천면 성재리 뱃사공의 아들로 1905년 2월 8일 출생하였고 그 후 가정은 인천에 나와서 조그마한 려인숙을 경영했고 저는 인천 상업학교에 입학하였습니다. 이 시기에 소부르죠아적 사상이 내게 생겨났습니다. 3·1 운동 당시 저는 학생이었지만 민족적 감정에 휩쓸려 3·1운동에 참가하여 일본제국주의를 반대한 관계로 퇴학당하고 일본 선생을 배척했다 하여 취직도 못하고 있다가 그 후 일본에 고학하러 갔다가 3개월 만에 돌아와서 그 당시 19세 시였으나 독립단에 참가하여 동북에 가려고 했으나 그 사람이 일본놈에게 체포되어 또 못가고 그 후 민족주의 청년단에 가담했고 1923년에 공산청년동맹에 가입했고 1925년 9월 조선공산당에 가담하였습니다.

그러나 그 당시 저의 생활을 보면 어떤 로동생활 또는 농민으로 생활한 것이 아니라 소부르죠아적인 생활이었기 때문에 저는 쓰라린 로동자들의 생활 형편을 알고 진정으로 로동자들이 정권을 잡아야 한다는 열망에서 당에 든 것이 아니라 공산주의에 대한 여러 가지 서적을 보고 일제를 반대하는 민족적 반항심에서 공산당에 입당했으며 진정한 공산주의자는 못되었던 것입니다. 1926년 서대문형무소에 들어갔다 나와 다시 운동에 가담하여 인천에 와서 권오직, 조일명과 같이 사업하다가 다시 발각되어 경상도로 피신하여 폐병을 앓다가 어장 로동을 하면서 생활을 하였습니다.

1931년 5월 박헌영의 지시에 의하여 중국에서 나온 김형선과 같이 경상남도 당 재건에 노력하였습니다. 그리고 대구 등지에 가서 일제를 반대하는 투쟁으로서 농촌에 들어가 농촌운동을 협력하였습니다. 1931년 1월 혁명삐라 사건으로 검거되었다가 만기 출옥되어 그 후 다시 사업을 계속하였습니다. 1937년에 다시 검거되어 함흥에서 형을 받고 복역한 후 1939년에 출옥되었습니다. 1940년에 다시 검거되었는데 일제 경찰이 전향을 요구했습니다. 그래서 그를 반대했는데 화요파에 속한 조봉암이가 같이 있다가 하는 말이 지금 사회에 나가면 그렇지 않으니 너무 그러지 말라고 하면서 권고하였습니다. 그래 10일 후 변절을 선언하고 석방되어 박헌영을 만났습니다. 1940년 말까지 같이 사업하다가 당시 박헌영이가 지하로 들어가면서 지하로 들어가자고 하였습니다. 그러나 당시 저는 가정살림을 처음 시작한 때이므로 후에 지하에 들어가겠다고 말하고 1941년 5월부터 1945년 6월까지 미곡상조합 사무원을 거쳐 식량배급조합 리사까지 하면서 일제 식량정책을 지지협력하였습니다. 1943년 일제 패망이 뚜렷이 보이게 되자 저는 영웅주의 출세주의에서 1943년 화요파 계통 몇 사람과 공산주의자를 모집해가지고 한편으로 려운형과 련계를 가지고 전국 준비회의를 가졌는데 8·15직전에 와서 발각되었습니다. 8·15 해방 후는 장안공산당을 조직한다고 거기에 가담하여 제2비서로 사업하였는데 제 자신은 진정한 공산주의자는 아니었지만 며칠 있다가 보니까 장안공산당 내에는 공산당원이라고는 볼 수 없는 자들이 가담하고 있었습니다. 그래 거기서 나와가지고 박헌영과 공산당을 재건하고 경기도 도당위원장을 거쳐 중앙당 위원 및 정치위원으로 사업하다가 1946년에 박헌영이가 입북하자 제가 책임지고 사업하다가 박헌영으로부터 입북하라는 지시를 받고 1948년 입북해서 공화국 수립 당시 사법상으로 있었습니다.

　재판장 : 공화국 정부 전복을 위한 무장폭동 준비인 소위 새 정부 구성에 대한 음모행위를 말하시오.

　리승엽 : 1952년 9월 첫 일요일에 대성산 박헌영의 집에서 배철, 박승원, 조일명, 윤순달, 림화 등과 같이 공화국 정권 전복 후 새로 수립할 내각에 대하여 예비적 토의를 하였는바 그 구성을 본다면 수상에 박헌영, 부수상에 장시우, 주녕하, 내무상에 박승원, 외무상에 리강국, 선전상에 조일명, 교육상에 림화, 로동상에 배철, 상업상에 윤순달로 하고 저는 당 제1비서로 토의되었습니다.

　정권 전복과 집권을 위한 구체적 방법으로는 유격지도처 산하부대인 제10지대 병력 4,000명과 '박헌영 학교'로 불리는 강동정치학원생들을 무장시켜 쿠데타를 일으키려 하였다는 것이다.

　이승엽이 공화국정권 전복과 집권을 위한 무장력으로 삼고자 했다는 유격지도처 제10지대는 강동정치학원 출신들이다. 맑스-레닌주의와 빨치산 정신으로 견결히 무장된 그들은 남조선 으뜸 멧발테두리로 몰래 내려가 날치싸움을 벌이거나 남조선 빨치산들 무장혁명투쟁을 이끌고 있었다. 여수순천 군사반란 때도 그러하였던 그들은 월북한 남로당 핵심 무장력이었다. 1948년 1월 1일부터 1950년 6월 25일까지 2년 7개월여 동안 남아있던 강동정치학원 원장이었던 박병률 증언이다.

　이그나치프 대좌를 비롯한 소련군정 사령부는 '남조선의 혁명전선을 지도하고 유격전을 펼 수 있는 간부와 빨치산 양성이 시급하다'는 내용을 소련공산당에 보고하고 승인을 받아냈습니다. 이그나치프 대좌는 '당 박사'로 불리는 소련파 두목 허가이와 상의해 나를 원장으로 임명했습니다.

강동정치학원은 '박헌영 학교'라고 불릴 정도로 박헌영의 영향하에 있었습니다. 박헌영은 비서 조두원(조일명), 이승엽과 함께 일주일에 한번 꼴로 방문했고, 대체로 토요일에 와서 1박 2일 동안 지내다 갔습니다. 후에 박헌영의 두 번째 부인이 된 윤옥(조두원의 처제)도 학원생이었지요.

이러다 보니 나와 박헌영은 인간적으로 친근한 관계가 되어 내가 평양에 갈 경우 남산에 있는 박헌영의 집에서 묵을 정도였습니다. 남로당 출신들은 대개 맨몸으로 평양에 왔기 때문에 학원에 묵으면서 치료도 하고, 혁명이론을 배우며 혁명을 위한 빨치산 훈련을 받는 교육기관 겸 초대소 역할을 했습니다. 그래서 학생구성은 노동자부터 고급 인텔리까지 다양했습니다.

과정은 단기반(3개월)과 장기반(1년)으로 나누어졌고, 학생 수는 적을 때는 500명 정도, 많을 때는 1,200명 정도였습니다. 교육과목은 정치학습(맑스레닌주의)과 군사학(유격전)이 전부였지요. 2년 7개월 동안 모두 4,000여 명의 빨치산 지도자와 빨치산을 양성했습니다. 이 가운데 여자가 30퍼센트를 차지했습니다. 남조선 빨치산의 제1군단장 이호제, 제2군단장(지리산 특수공작반) 이현상(1948년 수료), 제3군단장 김달삼 등도 모두 나의 제자들입니다.

남조선에서 일어났던 크고 작은 온갖 지하운동 사건 때마다 학원생들이 내려와 도와주었고, 제물로 일어났던 여순항쟁 때도 강동정치학원을 나온 180명이 내려와 힘을 보태었다. 1948년 치러진 남조선 지하선거 때도 아퀴짓는 구실을 해내었으니, 선거공작과 함께 투표용지가 가득 담긴 투표함 몇 트럭 치를 거두어 왔던 것이다. 1948년 8월 박헌영이 채잡아 해주에서 치러진 남조선인민대표자대회를 목대잡았던 것도 이들이었다. 1948년 4월 남북연석회의 때와 해주대회 때 월북했던 남조선 혁명가들 모두가 이 학원에 들어갔으니, 이때가 강동정치학원 한물이었다. 제1기 최고인민회의 대의원으로 뽑힌 남조선 출신 360명 가운데 강동정치학원 출신이 200명이 넘었다. 한마디로 강동정치학원이라는 곳은 월북한 남조선 출신 혁명가들을 안받침해 주는 노른자위 진터였다.

8·15 바로 뒤 짜여진 인천시 인민위원회 얼개와 목대잡이들 이름을 보고 난 느낌이니, 역사문제연구소 연구원인 이윤희의 「미군정기 인천에서의 좌·우투쟁의 전개」에

나온다.

　　첫째 : 상인계층 특히 미곡상인 출신이 지도부로 대거 선출되었다. 이것은 이승엽의
영향력이 크게 작용했을 것으로 보인다. 즉 일제 식민지시대에 외견상으로는 공산주의
사상을 청산하고 전향한 이승엽은 해방 바로 앞까지 박남칠(朴南七, 정미소 경영. 인천
상공회의소 평의원 1935~1940. 미곡상 조합장 1945.11. 경기도 인민위원회 부위원장
1945.11.10)이 미곡상조합장의 위치에 있을 때 이 조합의 상무이사로 있었다. 따라서
이승엽의 사상에 영향을 받은 인천의 미곡상인들은 해방이 되자 이승엽의 강력한 지원
하에 인민위원회의 지도부로 활동을 하게 된 것이다.

　　둘째, 인천의 대표적인 좌익인물인 조봉암(曹奉巖)이 지도부 명단에서 제외된 사실
을 들 수 있다. 이것은 일제 식민지시대에 상해에서 조봉암과 박헌영(朴憲永)과의 원활
하지 못한 관계가 해방직후에까지 영향을 미쳐 친박헌영 인물인 이승엽이 인민위원회
의 활동에 대외적인 명망성이 있는 조봉암의 역할을 배제한 것이라고 볼 수 있다. 그리
고 조봉암은 인민위원회가 조직될 당시에 이승엽보다 소극적인 좌익활동을 전개하였
다고 한다. (인천민전 부의장이었던 신태범(申兌範) 박사와의 인터뷰, 1980.12.20)

　　인천민전이 중앙민전보다 한이레 빠를 만큼 인천 좌익세력의 힘은 아주 세었던 것
인데— 인천인민위원회 얼개에 이승엽의 센 입김이 미쳐 이승엽과 고리를 맺고 있던 미
곡업계 인물들이 한꺼번에 들어갔던 것이다. 이승엽 얼개로부터 따돌려진 조봉암 문제
는 끝내 좌익 얼개를 엉그름지게 하였고, 미군정은 재빨리 좌익 탄압의 연장으로 조봉
암을 써먹었던 것이다.

　　강원도 명주군 출신 남로당원으로 월북하였던 김진계 증언이다.

　　1953년 7월 말, 남조선에서 월북한 이승엽, 이강국, 임화, 조일명, 박승원, 조용복,
맹종호, 설정식, 이원조, 백형복, 배철, 윤순달 등이 간첩혐의로 재판을 받게 되었다는
소식이 들렸다. 놀라운 일이었다. 그들은 모두가 내가 알고 있기에는 해방 직후부터 노
동계급을 위해 헌신해온 사람들이었다. '열길 물속은 알아도 한 길 사람 속은 알 수 없
다'는 말마따나 그런 사람들이 뭐가 아쉬워서 간첩질을 했는지 참으로 괴이하고 납득
하기 어려운 일이었다.

그러나 이승엽사건의 조짐은 이미 훨씬 전부터 나타나고 있었다. 군에 있을 때인 1952년 12월, 당간부들에 대한 전면적인 사상검증 작업이 시작되고, 남조선 출신과 북조선 출신 사이의 미묘한 갈등문제가 비판대상으로 오를 때 이미 이승엽 등 남조선 출신 당간부들이 체포되고 있었다. 그 뒤 까마귀 날아가면 배 떨어진다고, 나로서는 납득할 수 없는 사유로 사단장에게 불려가 하루아침에 중위에서 중사로 강등되었다. 그러나 나는 당간부가 아니었고 내게 직접 닥친 문제가 아니라서 그 정도로 지나쳤다. 물론 내심으로는 나 역시 남조선 출신이었기 때문에 불안한 마음은 항상 짙게 깔려있었다.

허영철이라는 사람이 있었다. 1920년 전북 부안 가난한 농가에서 태어나 이북과 일본에서 막일을 하다가 해방을 맞은 기본계급이다. 남로당에 들어가 6·25 때 부안군 인민위원장을 하다가 월북하였고, 1954년 통일공작원으로 내려왔다가 붙잡혀 37년 만인 1991년 감옥을 나왔다. 그가 말한 것을 간추린 것이 『역사는 한 번도 나를 비껴가지 않았다』라는 책이다.

그런데 평양에서 벌어졌던 '남로당사태'를 보는 눈길에 골칫거리가 있다. 남로당 출신이면서 옹근 북로당 눈길에 서 있는 것이다. 물론 남로당 출신이라고 해서 무조건 남로당 편을 들어야 한다는 이른바 '종파주의적' 눈길로 일됨새를 바라보는 것은 옳지 않지만, 똑같은 목소리라는 말이다. 이른바 '주사파'들이 읊조리는 것과 똑같은 '스테레오타입'이다. 북로당은 선이고 남로당은 악이라는 이야기인데, 정말 그러한가? 허영철이 말하는 '이승엽사건'이다.

사실 이승엽은 남쪽에 있을 때는 알려지지도 않았던 인물이에요. 북에 가서야 비로소 알려졌지요. 해방 후에 박헌영의 신임을 받아 일을 하게 되었는데 처음부터 문제가 있었지요. 남에서 이승엽이 일본과의 끈을 이용해 막대한 이윤을 남기는 식량영단 사업을 이끌었다는 것도 문제를 삼으려면 충분히 중대한 문제가 될만하거든요. 그런데 막강한 자리에 있었던 박헌영이 전혀 거론하지 않았어요. 그래서 이승엽은 당비서에 사법상, 국가검열상까지 지낼 수 있게 된 거예요.

법정에서 이승엽은 쿠데타 음모를 시인했어요. 그래서 미국이 너희들에게 정권을 줄 것 같았으냐, 미국이 정권을 준다면 어떤 정부를 조직하려고 했느냐 하고 묻자 '유고와 같은 정부를 조직하려고 했다'고 대답했대요. 유고의 지도자였던 티토가 반소적 성향을 지니지 않았나요? 그래서 미국의 원조도 받아낼 수 있었던 것이고.

　전쟁이 한창일 때 내무성에서 민가를 하나 빌려 썼어요. 나중에 그 집 천장에 먼지가 뜯겨진 부분이 있어서 살펴봤더니, 미군을 환영하는 문건이 숨겨져 있더래요. 그것도 학교 선생들이 작성한 것으로. 그래서 선생들을 불러다가 조사를 해봤더니 그 배후에 이승엽도당의 하나인 임화가 있더라는 거예요. 미군이 들어올 것을 대비해서 미리 준비해둔 것인데 막상 미군이 거기까지 못 들어오니까 마땅히 숨길 데가 없어서 급한 마음에 천장에 숨겨둔 것이지요.

　15살 나던 해인 3·1운동 때부터 줄기차게 항일투쟁을 벌이다가 10여년 감옥살이를 하였고 해방 뒤 남로당 2인자로 남조선 해방투쟁을 벌였던 이승엽을 가리켜 허영철은 '남쪽에 있을 때는 알려지지도 않았던 인물'로 '북에 가서야 비로소 알려졌다'고 한다. 끝장에 이른 일제의 멱찌르는 내리누름에 '전향서'를 써준 것은 맞지만 곧바로 항일투쟁에 나섰으니 전술적 '위장전향'으로 봐야 한다. 그리고 임 화에 대한 이야기도 정권보위를 위하여 끊임없이 반정권 사건을 만들어내는 권력자들이 즐겨 쓰는 '마타도어'로 봐야한다. 종요로운 것은 허영철 또한 평양방송과 똑같은 소리만 하고 있다는 점이다. 이승엽에 대한 인상평을 들어보자. 이승엽이 '이승엽사건'이 일어나기 전에 바로 앞 학원장 김응빈(金應彬)한테 견마잡힌 말을 타고 금강학원에 시찰 나왔을 때 이야기이다.

　나는 이승엽이 들어와 앉는 것이나 외모부터 주의 깊게 살펴보았어. 체격은 보통보다 조금 커 보였고 살갗은 검은 편이었어. 옷은 당시 중앙 간부들이 입는 인민복 비슷했지. 힘이 있어 보이지도 않고, 특성도 없어 보이는 게 보통 중년 사람들에서 벗어나는 것이 하나도 없었어. 앉아서 이야기를 시작하는데 동무들은 이론공부를 하고 혁명사업을 하니 참 좋은 조건이라며, 자기들은 이론을 체계적으로 배우거나 연구하지도 못하고 혁명사업을 한다고 해. 또 사람은 후방 안전한 곳에 있다고 살고 위험한 곳에 있다고 죽는 것이 아니라며, 여러분들도 주저하지 말고 대남사업에 동원되라고 말하고는 오던 길을 향해서 떠났어. 흔히들 하는 말이었지. 그 외모나 말에서나 감명받을 만한 것은 하나도 없었어. 나중에 정체가 폭로되고 난 다음에 생각해 보니 그때 이미 신변의 위험을 느끼지 않았나 싶어. 그래서 그렇게 허겁지겁 왔다가 떠난 것은 아닌가 하고. 하지만 그때는 우리 모두 아무 것도 모르고 있었지.

그런데 이런 인상평도 있다. 박진목(朴進穆)이라는 사람이 이승엽과 처음 만났을 때 느낌이다. 서울시인민위원회가 사무실로 쓰고 있던 혜화동 보성중학교 들머리 어느 2층집이었다. 독립운동 선배인 최익환(崔益煥, 1891~1959)과 같이 모심받은 잘 차린 술상 앞이었다. 1951년 1월 25일.

그는 인품이 원만해 보이고 얼굴은 좀 검은 편이고 그 호탕한 웃음은 만만한 인물이 아닌 것 같이 보였다.

똑같은 사람을 놓고 이렇게 보는 눈이 다를 수 있는가. 박진목과 허영철이 이승엽을 보았던 것은 2년 틈새밖에 안된다. 똑같이 남로당 2인자와 조선민주주의인민공화국 3인자 자리에 있었다. 숙청당할 낌새를 채고 있다고 해서 그 사람이 본디 타고난 바탕인 사람 됨됨이가 바뀔 수 있는가. 허영철 인상평은 거의 악의적인 인신공격에 가깝다. 항일운동을 하다가 해방이 되면서 남로당에 들었던 박진목이다. 6·25 북새판에 서울에서 이승엽과 종전에 대한 회담을 하고 평양으로 가서 지하 방공호에서 다시 이승엽과 회담하며 종전운동을 벌였던 박진목은 말한다. 이승엽을 만나고 온 '간첩죄' 때문에 남쪽에서 감옥살이를 해야 했던 사람의 말이다.

나는 내가 박헌영 일파와 같은 '파'로 규정지어 있기 때문에 말에 조심이 되지만 민족사에 얼룩진 일이기 때문에 부득이 할 말은 해야겠다는 마음에서 하는 말이다. 그(김일성)가 무슨 말을 해도 남로당 계열을 숙청하는 구실이 너무나 졸렬하고 가소로운 일이라 하지 않을 수 없다.
홀연히 생각하니 남로당 당원된 사람, 그를 동조했던 사람, 직위 고하를 막론하고 모두 죽어야 되는 모양이다. 북쪽 정권에서도 반역죄로 죽고, 하는 수 없이 당한 그 사람들이 불쌍했다. 박헌영, 이승엽 그들이 무엇을 바라서 미국 스파이를 하고 일평생 가면을 쓰고 살아야 한단 말인가. 너무 지나친 장난이다. 그들은 또 북쪽에 가서 그 정권의 2인자 3인자이고 각료들이다. 실질적인 실권자들이다. 배철 같은 사람은 대남연락책이라는 중책을 맡고 있었다. 그렇다면 남과 북 양쪽에서 일어난 모든 일들이 전부 미국 측이 스파이들을 통해서 야기시킨 것이 된다. 답답한 일이다.

1953년부터 비롯된 남로당계 숙청으로 남조선 출신 혁명가들은 거의 다 사라져버리었다. 남로당원만 6만 명이고 뜻을 같이하던 사람들까지 합치면 30만 명이 넘는다. 그리고 그들은 남과 북 어디에도 딸리지 못한 채 휴전선 위를 떠도는 중음신이 되었다.

김남식(金南植)이 쓴 『1948~50년 남한내 빨치산 활동의 양상과 성격』을 보자.

제1병단(이호제부대 또는 제1군단이라고 불렀음)은 1947년 9월 6일 이승엽의 지령에 따라 강동정치학원의 학생 약 360여 명으로 편성되었는데, 침투과정을 살펴보면 다음과 같다. 5개 중대로 된 이 군단의 군단장은 이호제(고대 31회 졸업생, 해방 후 남조선 민청위원장 역임)이고, 그밖의 정치위원 박치우, 참모장 서철 등 강동정치학원의 간부들이 끼었다. 개인장비로는 쌀·담요·우의·농구화·건빵·발싸개(양말 대용)·바늘·실 등을 갖춘 배낭과 M I 소총, 실탄 150여 발 등이었다. 9월 7일 강동정치학원 소재지인 승호역에서 기차편으로 양양에 도착했다 위장을 위해 기차는 객차가 아닌 화물차를 이용하였는데 한 칸에 1개 중대씩 수용했다. 38선을 돌파할 때에는 인민군의 지원을 받았는데 인민군으로 하여금 먼저 총격을 하게 하여 국군과 접전을 벌이게 함으로써 통과한 지점의 국군병력을 딴곳으로 유도한 다음 그 틈을 타서 넘어오는 방법을 썼다. 38선을 무사히 넘어선 이들은 낮에는 잠자고 밤에는 행군하는 식으로 오대산-건봉산-태백산으로 남진했는데 정찰중대를 앞세게 하고 1개 종대로 침투했다. 그러다가 오대산을 지나 건봉산 근처부터는 중대 단위의 행군으로 남하했다.

1950년 1월 15일 나온《근로자》제1호에 이승엽이 쓴「조국통일을 위한 남반부 인민 유격투쟁」에 나오는 대문이다.

1949년 10월에 들어서 벌써 45개소의 면사무소와 많은 반동지주의 가옥이 없어졌다. 11월에 이르러서는 경북의 봉화·안동·영주·성주 등지에서 22회 농민폭동이 일어났으며 전남북 일대에서는 담양·영광·광양·장성·보성·남원·구례·나주·임실·고창 등지에서 24회 농민투쟁이 전개되었다. 11월중 토지개혁을 위한 폭동에 참가한 농민의 수는 4만 2,900여 명에 달했다. ……10월 29일 전남 담양군 수복면의 46개 부락에서는 4천여 명의 농민들이 유격대원 70명의 원조 아래 악덕지주들을 인민재판에서 준엄하게 처단하고 토지의 무상분배를 실시했다. 같은 날 영광군 대마면에서도 농민들이 무장대에 호응하여 토지개혁을 단행했다. 11월 6일에 봉화군 선체면에서 2천여 명이, 같은 날 영덕군 지품면에서 700여 명이, 22일에는 함평군 해보면에서 1천여 명이 유격대와 함께 봉기하여 지주의 토지를 무상으로 분배했다.

유격대가 어느 마을을 덮쳐 차고 앉으면 그 마을 출신 유격대원을 내세워 '멀지 않아 해방된다' '인공세상이 오면 토지개혁을 해야한다'고 마을사람들을 부추기고 지주와 부농 집에 불을 질러 토지문서들을 태워버렸다. 그리고 이들 토지를 소작인에게 무상분배하였던 것이다. 제 땅을 갖게 된 소작농들이 유격대 싸울아비들에게 먹을 것을 내주는 것은 따라서 두말할 나위가 없는 것이었다.

"영용무쌍한 우리 공화국 뎐사들이 철수투쟁을 성과적으로 조직할 수 있었던 데는 리승엽 동지의 영웅적 투쟁이 안받침되어 있었습네다."

1950년 9월 28일 38선 이북으로 인민군이 철수했을 때 조선인민군 총사령관 김일성이 했다는 말이다.

맥아더가 거느리는 세계 최강의 북미합중국 해병대 7만 5천이 인천에 올라온 것은 9월 15일이었고, 서울까지 들어와 중앙청에 성조기를 꽂은 것은 그로부터 두이레만이었다. 인천에서 서울까지 들어오는 데 한나절이면 될 것을 14일이나 걸렸다는 것은 그만큼 가로막는 힘이 억세었다는 것을 말해준다. 그리고 그 막아내는 싸움을 '영웅적으로 조직'해낸 것이 이승엽이었다는 말이다.

6·25 때 이승엽은 전국 위원장격인 서울시 인민위원장을 맡아 하였는데, 옛살라비 부천과 인천을 사북으로 한 경기도당 주의자들로 인민유격대를 얽어 맥아더군과 맞서 싸웠던 것이다. 맥아더군이 서울로 들어온 것은 9월 26일이었다. 9월 28일까지 사흘 동안 서울시당 인민유격대들이 목숨 걸고 싸워냄으로써 인민군과 공화국 정권 사람들을 탈없이 '성과적으로 철수'할 수 있게 한 것이 바로 이승엽이었던 것이다.

20세기에 일어났던 세계전쟁사 가운데서도 첫손에 꼽힐 만한 전투였던 세계 최강이었던 맥아더 침략군이 인천에서 서울까지 들어오는 데 왜 14일이나 걸렸는가를 따져보는 역사학자는 한 사람도 없다. 이승엽을 넣은 남로당 복권(復權) 첫코떼기는 여기서부터 비롯되어야 하니, 찢겨진 겨레일통을 위한 한 작은 밑점이 되지 않겠는가.

인천 역사에 밝은 최원식(崔元植, 1949~) 교수 귀띔인데―

이승엽은 본디 인천 앞바다 영흥도(靈興島) 태생이라고 한다. 일제 때 부평(富平)과 인천(仁川)에서 한 자씩 따 만들어진 것이 부천(富川)으로, 인천 앞바다 섬들이 얼추 부천으로 들어갔으므로 평양당국에서 나온 이른바 공소장에 부천군 출신으로 적바림되었던 것이다. 아버지가 배를 여러 척 부리는 선주였다지만, 뱃사공에서 몸을 일으켜 선주로 올라섰으므로, '뱃사공 아들'이라는 것이 틀린 말이 아니라는 생각이다.

인천에는 섬 출신으로 좌익진터 사나운 장수였던 조봉암계와 이승엽계라는 두 줄기 큰 멧발이 있는데, 8 · 15와 6 · 25를 거쳐 이제까지도 그 내림줄기 따른 맥줄이 이어지고 있다고 한다. 선대들이 살던 옛살라비에서 호를 딴 죽산(竹山)은 미군정 인천CIC에 끌려가 모진 밥받이를 받을 때 너무도 떳떳한 죽산의 드레진 인금에 무릅친 통변이 죽산 밑에서 인천민전 부의장을 하였는데, 푼푼하던 집안이 거덜나버렸다고 한다.

위장전향하여 식량영단 이사를 할 때 이승엽은 그 너울가지 좋은 빼어난 횟손으로 제물포역 앞 참외전 장사꾼과 잣단 싸장수들한테 '절대적 지지를 받는 영웅'이었고, 그들이 뒷받침하여 주는 힘은 9 · 28까지 이어졌다고 한다. 그리고 1950년 9월 14일 밤 인민군 특공대가 영흥도로 올라와 우익세력을 눌러 버렸으니, 이승엽 식구들을 모셔가기 위한 특수작전이었다고 한다. 다음날 아침 그들은 가뭇없이 사라졌는데, 인천 앞바다에 새까맣게 떠 있는 맥아더 침략군 군함들이었다고.

이승엽 식구들은 인민군 특공대가 드레 있게 모셔갔다지만, 임 화 시인 전처였던 이귀례는 그만두고 '너 어디에 있느냐?'며 애태우던 딸따니 혜란을 찾아 모셔갔다는 말은 없다. 그런데 그렇게 모셔가지 않았더라면 누군가 하나쯤은 그 핏줄이 남아 있을 수도 있겠다는 생각이야말로 부질없는 것일까?

제2부
우리들의 죽음을 슬퍼하지 말아라

1. 치타에서 온 꼬르뷰로 조선공산당 초대 책임비서

김 재 봉 1891~1944

김재봉 동지

1890년 유생 김문섭(金文燮)씨의 장남으로 경북 안동군 풍산면 오미동에서 출생하였다 7세시 재종조인 운재공(雲齋公) 문하에서 한자를 배우고 19세에 대구 계성학교를 졸업하고 이어 경성공업강습소를 졸업한 후 귀성하야 농사에 종사하는 일방 신구학술을 연습하였다

1919년 3·1운동이 전개되자 농민을 지도하야 투쟁을 전개하였으며 악독한 일경의 추구를 피하야 경향 각처로 망명생활을 하여가면서 꾸준히 반제운동을 계속하다가 검거를 당하고 6개월간의 옥중생활을 하였다 출옥한 후 1922년 상해 만주를 거쳐 모스코바에서 개최되였든 원동민족대회에 참가하고 다음 노령 「일크쓰크」에서 개최된 혁명자대회에 참석한 후 그곳 공산당에 입당하야 활동하였다 이것이 김재봉 동지가 민족주의로부터 공산주의에 전환한 것이니 실로 조선인으로서 공산주의자가 된 최초의 일인이였다 니시파(尼市派)와 상해파(上海派) 합동에 전력을 다하였으나 성공을 보지 못하고 니시파의 중앙 간부로 선임되여 표면으로는 신사상연구회 화요회에서 활동하면서 이면에서는 니시파의 당무로써 분투하였다

1922년(1925년의 잘못) 4월 17일 아서원에서 우리 당이 조직되자 책임비서로 피선되여 1925년 12월 피검될 때까지 우리 당 발전을 위하야 활동을 전개하였다 6년간

감옥에 있던 김재봉. 힘과 느긋함이 넘쳐 보인다. 너그럽고 배짱좋은 마음결이었다.

의 투옥생활을 마치고 왜적의 감시하에 일반 민중의 혁명적 교양사업에 노력하다가 1944년 3월 3일 향년 54세를 일기로 불귀의 객이 되었다

《해방일보》 1946년 4월 17일 치에 실려 있는 머릿기사이다. 「조선공산당 창립 21주년 기념만세!」라는 제목 밑에 〈민족해방운동의 영웅이오 조선공산당의 초석인 전사한 동지를 추억하자!〉는 버금제목과 함께 김재봉·강달영·권오설·차금봉·김세연·김강·고광두·이인수·한 해·이동휘·주현갑·이동선·이재유·한위건·정운해·김철산·이낙영·김 철·진병기·정태옥·도정호·오성세 동지가 살아온 길이 간추려 적혀 있다. 가신님들을 기리는 머리글이다.

일본제국주의의 백천의 탄압과, 수없는 학살에도 조선공산당은 불사의 정신으로 파괴되면 재건되었고 학살되면 후속되었다. 적은 최소한의 행동에도 최악의 법률과 야만적 고문을 적용하얏다. 이리하야 조선의 해방운동은 유혈사투의 연속이였든 것이다. 이러한 불굴의 정신은 어듸서 유래한 것이든가? 그것은 조선공산당이란 것은 타협을 모르는 타협하야 얻을 것이 없는 무산계급의 선두대인 때문이다.

이와 같이 우리 민족 최근사상 조선공산당의 투쟁이 없었드면 우리 민족의 독립적 정신은 사멸하얏을런지도 모르는 것이다. 조선공산당은 일본제국주의로 하야금 일일의 영일이 없이 하얏고 그의 패망을 최촉하얏고 민족의 진로를 명시하얏고 민족의 독립적 정신을 살게 하얏다.

이러한 위대한 업적을 남기기 위하야는 참담한 전야에 무수한 민족해방의 영웅이 차제로 너머졌든 것이다.

3천만 민중아! 우리의 영웅을 추억하자! 우리는 우리 영웅의 시체를 밟아 너머너머 우리 민족의 완전해방의 피안으로 돌진하자! 그것만이 우리 민족의 영웅에 대한 최대의 기념이고 보답일 것이다.

김재봉(金在鳳)은 1891년 뻣뻣한 선비 집안에서 태어났다. 어려서부터 진서를 익혔고, 아호는 근전(槿田)이다, 잡도리 호된 양반 집안이었으나 냅뜰성 높은 도령이었던 김재봉은 상투를 자른 다음 대처로 나갔다. 대구에 있는 계성학교를 마친 것이 1908년이고, 서울로 올라가 경성공업전습소 염직과를 나온 것이 1914년이었다. 3·1운동에 들

초대 책임비서 김재봉 시절 조선공산당 인장.

었고, 《만주일보》 경성지사 기자가 되었는데, 신문사가 없어지는 바람에 그만두었다.

1921년 1월 조선독립단 문서를 건네주다가 왜경에게 잡혀 '제령위반'으로 징역 여섯 달을 살았다. 감옥에서 나오자 러시아로 갔고, 1922년 1월 모스크바에서 열린 극동민족대회에 조선노동대회 대표 감목으로 한몫 들어갔다. 11월 베르흐네후진스크에서 열린 고려공산당 연합대회에 들었다가 치타에서 불러 모은 이르쿠츠크파와 고려공산당대회에 들어 중앙위원으로 뽑혔다. 1923년 1월 꼬르뷰로 파견원으로 뽑혀 조선으로 돌아왔다. 주의자 서클인 「신사상연구회」에 손붙여 8월 경성에 꼬르뷰로 국내부를 세우고 책임비서가 되었다. 1924년 남모르게 조선공산당을 세우는 일을 채잡으며 여러 공산주의자 동아리 대표자 모임인 '13인회'에 들어갔다. 10월 '정재달(鄭在達)사건'에 얽혀 붙잡혔으나 증거불충분으로 풀려났다. 그 무렵 「화요회」에 들어갔는데, 맑스가 태어난 날을 기려 붙인 「화요회」는 홍명희·김 찬·홍증식 같은 이들이 꾸려가던 「신사상연구회」가 이름을 바꾼 것이었다.

1925년 4월 17일. 이제 서울 을지로 1가에 있는 청요릿집 아서원(雅敍園) 2층 모꼬지방에는 19명 젊은이들이 모여 있었다. 하오 1시쯤이었으니 점심을 곁들인 무슨 모꼬지를 하려는 것으로 보였는데, 참으로는 조선공산당 창립대회가 열리는 날이었다. 경성에 있는 6개 합법단체 야체이카 대표 8명과 여러 바닥에서 올라온 야체이카 대표 11명이었으니, 김재봉·김 찬(金 燦)·김약수(金若水)·주종건(朱鐘建)·윤덕병(尹德炳)·진병기(陳秉基)·조동호(趙東祜)·조봉암(曹奉巖)·송봉우(宋奉瑀)·김상주(金尙珠)·유진희(兪鎭熙)·권오설(權五卨)·독고전(獨孤佺)·정운해(鄭雲海)·최원택(崔元澤)·이봉수(李鳳洙)·김기수(金基洙)·신동호(申東浩)·홍덕유(洪悳裕)였다.

요리가 연방 날라져 오는 가운데 청년들은 독한 빼갈을 돌려 마시며 소리 죽여 수근거렸는데, 거의 다 두루마기를 걸친 조선옷 차림이었으나 양복에 나비 넥타이를 맨 사람도 있었으니— 이마가 훤칠한 「북풍회」 도꼭지 김약수, 러시아에서 왔다는 김재봉,

기골이 장대한 윤덕병, 두루마기 차림 박헌영·조봉암 같은 끼끗한 젊은이들이었다.

조선공산당을 세우기 위하여 피 끓는 주의자들은 여러 가지 꾀를 내었는데, 온 나라 신문·잡지 기자 대표 639명(여기자 5명)이 모인 조선기자대회가 15일부터 사흘째 열리고 있었고, 20일 상오 10시부터는 이제 소공동에 있던 곡천정공회당(谷川町公會堂)에서 전조선민중운동자대회가 열리기로 되어 있었다. 여러 고장에서 올라온 425개 모임 대의원만 508명이어서 경성 시내 여관들은 방이 동날 판이었다. 기자대회와 민중대회를 채잡는 것은 「화요회」였다. 종로 기독교회관에 내걸린 기자대회 내세움말은 '죽어가는 조선을 붓으로 그려보자! 거듭나는 조선을 붓으로 채질하자!' 였다.

19명 주의자들이 아서원에 모였을 때 홍인지문 밖 손병희(孫秉熙) 별장 상춘원(賞春園)에서는 기자대회 마지막날이 열리고 있었다. 경성 시내 왜경들 눈과 귀가 모두 기자대회와 민중대회에 쏠려 있는 틈을 타서 열린 조선공산당 창립대회였으니, 「화요회」 사람들이 오랫동안 얽이잡아 짜낸 전략·전술이었다.

"조선에 있어서 사상단체 운동은 그 역사로 볼 때는 몇 년 안되지만 그 양에 있어서는 대단히 많아졌습니다. 그러나 여태도 확고부동하게 조직되고 질서 잡힌 운동방침이 결여되어 있습니다. 모두가 중앙당이 없기 때문이지요. 오늘 우리가 이 자리에 모인 것은 여기에 대한 대응책을 의논하고자 함에서올시다."

이목구비가 또렷하고 걸까리진 체수의 김재봉이 개회 선언을 한 다음, 사회를 맡은 이마가 훤히 벗겨지고 씩씩한 기운이 넘쳐 보이는 김약수가 말하였고, 김재봉이 다시 일어섰다.

"우리 조선 안에는 사상운동 단체들이 많이 있습니다. 목표하는 바는 모두 똑같으나 목표까지 도달하기 위한 방책에 있어서는 저마다 다르니, 각자위대장(各者謂大將)인 것이지요. 뿐인가, 해마다 그 복잡다단함이 더해가는 실정이올시다. 연인즉 이런 여러 단체들을 하나로 모아 정로(正路)로 이끌어갈 수 있는 중심구조를 짜지 않으면 안 될 줄 압니다."

김 찬이 일어나 문께를 바라보았다.

"시간이 촉급하외다. 결사 명칭은 조선공산당으로 하는 게 어떻겠소?"

두루마기 차림인 누군가 일어났다.

"조선이란 말을 붙이면 대외적으로 문제가 있소이다. 노서아·영국·독일은 차치하고 중국인들까지도 코리아, 즉 고려라고 하면 다 알지만, 조선이라면 잘 모르는 실정이외다."

"하지만 고려라는 것을 당명 머리에 붙이고 보면 왕년 고려공산당 전철이 떠올라 불길하고 또 파벌 싸움만 일삼는 해외 고려공산당과 혼동을 일으키기 쉽소이다."

이런 다툼을 거쳐 정해진 이름이 '조선공산당'이었다. 신의주에서 온 독고전이 "국경지대 사상 동향이 공산주의에 유리하게 돌아가고 있다"고 하였고, 마산에서 온 김상주와 광주에서 온 신동호는 "기본계급 농군들에게 경자유기전(耕者有其田) 법칙 따라 밭 가는 사람에게 땅이 돌아가야 한다는 공산주의 평등사상이 환영받고 있으므로 공산주의 운동 장래가 밝아진다"는 사룀이 있고 나서, 여러 부서 목대잡이 뽑는 일로 들어갔다.

당 강령과 규약을 정해서 내처 가야 했지만 그러면 본매본짱을 남길 수 있고 또 시간이 오래 걸릴 것이므로 다음 모임으로 미루고 여러 부서 목대잡이를 뽑았다. 김재봉이 비서부까지 아우르는 책임비서였고, 조직부 조동호, 선전부 김 찬, 인사부 김약수, 노동부 정운해, 정경부 유진희, 조사부 목대잡이는 주종건으로 이들 7명이 중앙집행위원을 아울렀다. 이때부터 조선공산당은 '김재봉당'이라는 딴이름으로 불리게 된다.

이때 공산주의를 받아들인 나라들은 억센 혁명투사들을 사북으로 짜여진 작은 동아리였으니— 1925년 11월까지 중국 3천 명, 인도에는 아직 8개 그룹으로 나뉘어진 한 1,000명, 터키 300명, 일본 25~30명, 레바논 20명쯤 공산주의자가 있었다.

모스크바로 간 조동호가 코민테른에 조선공산당을 들어가게 하였으니, 1926년 3월 31일이었다. 이때부터 조선공산당은 코민테른의 오직 하나뿐인 교섭 상대가 됨으로써 조선에서 여러 공산주의 동아리들을 소매 안에 넣을 수 있게 된다.

옴치고 뛸 수 없는 처지가 된 김재봉이었다. '신의주사건'이 터진 것이었다. 김재봉이 목대잡는 조선공산당과 박헌영이 목대잡는 「고려공산청년회」가 짜여진지 일곱 달만인 1925년 11월 22일이었다. 돈의동 명월관 뒤란에 있는 김미산이라는 명월관 기생집이었다. 신의주 청년모임 사람들이 요릿집 2층에서 혼인 뒤풀이를 하다가 아래층에서 술을 마시던 왜경과 조선인 순사보조원 그리고 친일 변호사와 의사하고 시비를 벌여 밖으로 도망치는 왜순사를 쫓아가 두들겨 팼는데, 왜경을 팬 젊은이 집 옷장 속에서 공청 중집위 회원자격 심사표와 통신문 세 통이 나왔던 것이다. 박헌영·주세죽·임원근·유진희·박길양·김상주·권오설·홍증식과 독고전 등 4명,《시대일보》기자 조이환(曹利煥)들이 잡혀갔다. 가까스로 세운 조선공산당 허리가 부러지는 판이었다.

낙원동 어느 여인숙에 숨어 있던 김 찬이 김미산에게 선을 대왔고, 김재봉은 김 찬과 무릎을 맞대었다.《조선일보》지방부장인 홍덕유한테《조선일보》진주지국장인 강달영을 불러올리게 하여 "조공을 지켜달라"고 부탁하였다.

낙원동 주재소에 있던 왜순사가 담배가게에서 고급 담배가 여러 갑씩 팔려나가는 것을 알게 되었다. 일경은 밀매음하는 곳이 있다고 보고 거미줄을 드리웠는데, 예사롭지 않은 사람이 숨어 있었다. 그 사람을 붙잡아 왔는데, 경성 시내 왜경들이 눈에 불을 켜고 찾는 김재봉이었다. "거물을 잡았다"고 종로서 미와(三輪) 경부에게 알렸는데 자전거를 타고 달려온 미와는 뜻밖에도 "아니야. 풀어줘"하고 말하는 것이었으니, 조선공산당원들을 한 그물로 떠내기 위한 능구렁이짓이었다.

김재봉이 붙잡힌 것은 한 달 뒤인 1925년 12월 19일이었다. 6년 징역을 선고받은 것이 1928년 2월이었으니, 옹근 2년 2개월 동안 '예심'이라는 이름 아래 징역으로 쳐주지도 않는 헛징역을 살며 온갖 끔찍한 밥받이와 족대기질을 겪어야 했다.

러시아 블라디보스토크에서 나오는《선봉》1927년 9월 25일 치에 실린 기사이다.

'됴선공산당사건의 공판'(속보)

악법의 재판에 반항하야 五백여명의 주의자들이 경성에 집중

종로경찰서로부터 二천 四백여명의 정사복경관을 법뎡내외에 느리어 세우고 엄혹하게 경계하며 이런 재판을 위하야 특별히 개량된 큰 법뎡은 변호사 · 방텽군중으로 가득채웟다

됴선혁명자 령수들 일백일인의 공판이 지난 십삼일 경성디방법원에서 열리엇다 함은 전호에 이미 보도한 바와 같거니와 좀더 자세한 보도에 의하면 이 재판은 재판장 야모도(矢本)란 자의 손에 걸리엇고 검사 나까노(中野)가 립조하얏스며 후루야(古屋) 변호사외 十三명 변호사가 렬석한 중에 이 재판이 열리엇다

바로 그 전날 밤 열한시로 붙어 비를 무릅쓰고 문밖에서 날 새기를 기다리고 잇던 피고의 친족들과 공산주의자들은 오전 四시에 구내로 밀러드러갓다 이런 사건의 재판을 위하야 특별히 개량한 대법뎡이 방텽군중으로 가득 채우엇다 이날 공판을 앞두고 미리 붙어 경성으로 모여든 五百여명의 주의자들로 붙어 반항의 형세가 보이엇음으로 종로경찰서에서는 길가와 법뎡내외에 二千四百여명의 정사복경관을 배치하고 엄혹하게 경게하고 있다 이러커 극도로 긴장된 공긔 곳에서 오전 九시 五십분에 이 재판이 개뎡되엇다 재판장 야모도의 '좀 정숙하게 들어주' 하는 말을 잇대어 신분됴사가 있는 후 검

사 나까노는 김재봉 · 김억수(김약수를 잘못 쓴 것-지은이) 등 여러 사람이 재작년 四월 十七일 됴선공산당을 조직하고 국제공산당과 련락하야 됴선 각도에 세포단톄를 배치하고 됴선사회 조직을 개혁하려던 사실과 박헌영 · 권오설 등 여러 사람이 됴선의 독립과 공산주의 실현을 위한 고려공산청년회를 조직한 일과 모스크바공산학교에 二十여명의 학생을 보낸일로 붙어 검거되기에 이르기까지의 공소사실을 일일이 진술한 후에 정오에 잠시 휴게하게 되어 피고들은 법뎡에 가저다엇던 '주먹밥' 을 논아먹고 오후 한시반에 다시 재판을 열엇다 변호사 김태영(金泰榮)은 '권오설 이외 十九명이 신의주디방법원으로붙어 경성디방법원에 이송된 것은 총독의 명령이 안이엇으니 그것은 위법이며 삼심(三審)이 종결되지 못하엿으나 공판에 부힐 리유가 없다' 하야 반대의견을 세웟다

"피고는 강달영 · 이준태에 대해 대정 14년(1925) 12월 하순경 부내 돈의동 명월관 안의 조선인 어떤 사람 집에서 신의주경찰서가 조선공산당 조직을 탐사하여 당원 검거에 힘쓰는 바람에 당원은 사방으로 흩어지고 공산당은 와해된 비운을 맞아, 간부로서 그를 만회해보려고 하지 않았나?"

경성지방법원 예심 담당 조선총독부 판사 고이 세츠조(五井節藏)가 물었을 때 김재봉은 말한다.

"나와 김 찬은 같은 달 10일경, 전에 사용하던 나의 집에서 당원 윤덕병 · 진병기 등이 신의주경찰서에 검거되었기 때문에, 조선공산당 존재가 발각된 것을 알고 서로 어딘가에 자취를 숨기려 했다. 그때 김 찬은 당원 강달영 · 홍남표 · 김철수 · 이봉수 · 이준태 등을 미리 간부 후보로 세워놓았기 때문에 그들에게 공산당의 뒷일을 부탁한다는 분부를 하였다. 따라서 나는 홍덕유를 시켜 강달영을 상경시켜 동년 12월 15일경 그 집에서 강달영 · 이준태와 각각 따로 만나 '조선공산당 창립 후 신의주경찰서에 발각되어 쫓기게 되고, 자신을 비롯한 간부도 체포되었으므로 피하려 한다. 이 공산당의 운명이 걱정되고 또한 설립 초기에 제도도 완비되지 못했으므로 그대들이 홍남표 · 김철수 · 이봉수와 함께 간부 후보에 선정되었으니, 억지로는 아니지만 모두 간부가 되어 서로 협력하여 이 공산당을 위해 진력해 달라' 고 간청했다. 그 사람들은 한번 생각해본 후 회답하겠다고 했지만, 나는 동월 19일 체포되어 결국은 그들의 회답도 얻을 수 없었다."

김재봉이 왜경에게 붙잡힌 지 이태가 넘어서야 열리게 된 본심이다. 갖은 끔찍한 밥

받이와 족대기질로 빨래처럼 꽉꽉 비틀어 짜는 이른바 '예심'이라는 것은 징역으로 쳐주지도 않는데, 이 예심을 받다가 죽어 나가거나 반병신이 되는 주의자들도 여럿이었다. 변호사 25인 가운데 하나였던 이 인(李仁)이 한 말이다.

"김경재와 리봉수 김재봉 등의 세 사람이 병상에 잇스나 공판 때 출정치 못할 디경의 중태는 아니니까 안심할 수 잇습니다."

김재봉 6년. 강달영 6년. 권오설 5년. 이준태 4년.

조공 1·2차당사건으로 잡혀간 101명 가운데 목대잡이들이 1928년 2월 13일 언도받은 징역인데, 강달영 말고는 모두 안동 출신이다. 그 가운데도 김재봉과 이준태는 같은 풍산면 이웃 동네 친구 사이이다.

김재봉이 태어나서 자라다가 뼈를 묻은 곳은 오미동(五美洞)이다. 마을을 감싸고 있는 부드러운 다섯 봉우리 곧 '오뫼'에서 온 이름으로, 조선왕조 중종 때 청백리로 이름 높은 허백당(虛白堂) 김양진(金楊震, 1467~1535)이 보금자리 잡아 풍산 김씨(豊山金氏)들이 500년 넘게 살아온 곳이다. 허백당 증손 아홉 명 가운데 일찍 돌아간 한 사람을 뺀 8형제 모두 진사시(進士試)에 입격하고 5형제가 문과(文科)에 급제하자, 인조 임금이 8진사 5문과를 냈다는 뜻에서 '팔련오계지미(八蓮五桂之美)'라고 추어 주며 '오미동'이라는 이름을 내려주었다는 말이 있을 만큼, 문무과 51명에 생진(生進) 77명을 낸 양반 집안이었다.

빨랫줄같이 떨치는 힘 후끈한 양반 집안으로서만 아니라 독립운동사에 빛나는 난사람을 많이 내놓은 집안으로 이름 높으니— 을사늑약을 당하자 자정순군(自靖殉國)한 김순흠(金舜欽, 1840~1908), 명성황후가 왜노(倭奴)들에게 시해당하고 단발령이 내려지는 갑오왜란(甲午倭亂)을 겪으면서 안동 의병이 일떠섰을 때 의병들 뒷배를 봐주며 『을미병신일록』을 남긴 김정섭(金鼎燮, 1862~1934), 김순흠 넷째아들로 이강년(李康秊) 부대 의병이었던 김락문(金洛文, 1872~1942), 김정섭 아우로 만주에서 독립운동을 벌였던 김응섭(金應燮, 1878~1957), 왜왕저격미수사건으로 옥사한 의열단원 김지섭(金祉燮, 1884~1928), 서로군정서 독립군으로 왜병과 싸우다 돌아간 김만수(金萬秀, 1894~1924), 조선민족대동단에 들어가 독립군 군자금을 거두었던 김병련(金秉璉, 1897~1949) 같은 이가 그들이다. 이처럼 빛나는 내림줄기 이어받아 우리 겨레 독립운동사에 뚜렷한 발자국을 찍은 사람이 김재봉이다.

그는 六年의 刑을 바든 까닭에 來來 明年(昭和七年) 四月에나 다시 이 세상 봄구경을 할 것이다 날마다 工場에 드러가서 그 괴로운 일을 하면서도(綱絲) 漢學者인 舊風이 그저 남어서 漢詩를 짓너라고 흥얼흥얼 한다고 한다 그의 詩를 아즉 發表치 못함이 遺憾이나 佳作도 만히 잇다고 한다 身體는 별 故障이 업스나 感情이 너무 예민하게 되야 박게 잇는 親知間에 편지 한 장이나 書籍 한冊 差入식혀 주지 안는 것을 퍽이나 섭섭하게 생각하고 엇던 째에는 興奮이 되야 혼자 怒叱하다가 쏘 悲哀를 한다고 한다 平素에 그와 親한 이들은 勿論이고 다른 同志間이라도 一字慰問의 편지라도 하는 것이 그에 對하야 퍽이나 慰安이 될 듯하다

1930년 9월 1일에 나온 잡지 《별건곤(別乾坤)》에 실린 〈옥중만총(獄中滿恩)〉 김재봉편이다. 징역살이 품일인 그물뜨기를 하면서도 삼촌뻘 운재(雲齋) 김병황(金秉璜)한테 배우고 가학(家學)으로 익힌 진서로 한시를 읊조리던 김재봉은 옛살라비 오미마을에서 애를 태우고 계실 부모님과 아우들 걱정에 편지를 쓴다. 내리닫이로 쓰여진 국한문 섞인 붓글씨인데 여간 잘 쓰는 글씨가 아니다.

늘 잔소리를 하게 된다 엇제서 書信은 주지 아니하는가 지나간 九月初旬 卽 公判이 開始하기 되는 새 葉書 한 狀 보고는 다시 업스니 아무리 밥부다 할지라도 그러케 餘暇가 업슬가 疑心치 안을 수 없다 벌서 多節로 드러왓다 辰下에 父主外內分 筋力 大添 업사시고 君의 侍履가 紛忙 中 別故나 업는가 君의 편지가 업스면 쏘 니어 不健한 까닭인가 遠慮를 아니 일으키지 못한다 그러코 渾春이 別瞥 업스며 大小家節이 一安들 하신가 두루 알고저 마지지 안는다 舍兄은 그 모양 지나온다 公判은 支離하든 中 쏘 停止되엿다 新聞을 通해 알엇겟지 멋칠 前에 鴻君의 叔侄 書字는 보앗다 無頉하다니 든〻할 쑨이다 衣服이 더듸옴으로 初七日에 打電한 일이 이섯다 그러나 十日에 옷을 입엇다 걱정마러러라 時祀로 紛忙할 줄은 斟酒된다 그러나 편지 좀 해주기를 바란다 이만 그친다 姻婭 各處消息도 대개 아는 대로 적어 주기를 바란다 外套가 집으로 갓거든 出入할 쌔 입어라

(1926) 十一月 十九日

김재봉이 서대문형무소를 나온 것은 1931년 11월 8일 아침 9시쯤이었다. 인사동 락

세여관에 머물던 김재봉이 한 말이다.《조선일보》1931년 11월 19일 치.

　　칠년만에 조선사회를 대하게 되니 별세게의 사람이 나타나는 것 갓슴이다 그동안에
조선은 여러 가지 방면으로 만히 변천되엇다 함이다마는 그 변천이라는 것이 엇더한
천변인지 머라고 엿줄 말이 업슴이다 소위 일차사건의 관계자로는 강달영 한사람을 남
기고 마지막으로 나왓슴이다 감옥에서는 칠년동안에 대부분을 독방에 잇섯슴이다마는
감옥내의 대우는 말할 것도 업지마는 항상 병자가 만히 생기는 원인은 장긔수을 독방
에 두는 것이 정신상은 물론 륙체에도 병이 나도록 하는 것임이다 운운

　　옛살라비 참봉댁(參奉宅)으로 돌아간 김재봉이 '가뿐한 신과 짧은 지팡이'로 집을
나선 것은 1937년 가을, 한가위를 닷새 앞둔 날이었다. 집에 돌아간 지 며칠 만에 어머니
가 돌아가시고 큰언니 옥바라지와 살림두량을 하던 아우 재홍이 25살 나이로 세상을 뜬
다음이었으니, 마음 둘 데가 없었을 것이다. 아호로 쓴 무궁화 강산(槿田) 즈려밟으려
나선 47살 혁명가는 동해안 거쳐 금강산 올라 한시 11닢이 담긴『동해안주공소첩(東海
岸走筇小帖)』을 남긴다.「신계사에 이르러(到神溪寺)」를 이 중생 나름으로 옮겨본다.

이내 또 다리 쉬는 중이련가	沙門休脚半時餘
도리어 이 몸이 중인 듯싶어	却感自身僧侶如
가을빛 뚜렷한 깊은 산 절	畫閣深深秋色活
쓸쓸한 놀 속에 햇살 더디니	烟霞寂寂日光餘
선방이 세속인데 부처는 무엇	禪房俗化人燐佛
뚜렷한 기둥글씨 나그네 보니	楣額字明客看書
멧봉우리 앞뒤 앞뒤는 골짜기	前後峰巒前後壑
구름 떠난 곳 구름 또 머무네	普雲往跡白雲居
가을 구월 초닷새	右秋九月初五日

　　금강산을 다녀온 다음 해 아버지가 이뉘를 버리셨고, 1941년에는 둘째 아들을, 42년
에는 넷째 아우를 잃었지만 요시찰 갑(甲)호인 조선공산당 초대 책임비서가 할 수 있는
일은 아무것도 없었다. 어린 손자 윤(潤, 1934~) 손잡고 풍산 읍내로 나가 동지 이준태

와 수인사나 나누는 것이 고작이었던 김재봉이 눈을 감은 것은 1944년 음 2월 28일이었다. 향수 54.

8·15때 오미마을 찾아 혁명 전배 남은 식구들을 어루만진 바 있는 재건된 조선공산당 책임비서 박헌영은 '김재봉 동지 2주기 추도식'에서 이렇게 말하였다.

> 김재봉 동무는 조선에 있어서 역사적 발전을 힘있게 추진식히는 가장 진보적 당의 최초의 지도자로서 그 동무가 한 조선해방운동 선상의 역할을 볼 때에 우리는 김재봉 동무를 진보적이라고 규정하며 조선의 위대한 지도자라고 할 수 있는 것이다.
> 우리는 우리의 이 위대한 동무를 추도함에 있어서 김재봉 동무의 역사적 역할을 높이 평가하는 동시에 이 추도를 통하야 우리 당 사업의 한 교훈을 차저내지 안으면 안된다.

아래는 일본인 판사들에게 신문받고 답한 것들을 간추린 것이다. 1926년 3월 2일, 신의주지방법원.

문 : 김재봉 틀림없나?
답 : 그렇다.
문 : 가족은?
답 : 부·모·동생 및 처, 아들 2명(16세와 10세)이다. 부는 본적지에서 농업에 종사하고 처와 아이도 부와 함께 산다.
문 : 재산은?
답 : 부는 약 5, 6천 원의 토지를 소유하고 있고, 그것으로 생활하고 있다. 나는 최근 조선일보의 기자로서 월수 60원을 벌어 생활하고 있다. 경성에는 혼자 살고 있다.
문 : 고향을 떠난 것은 언제인가?
답 : 20세 때 떠났다. 그것은 고향에서 어릴 때 한문을 배우고 나서 경성공업전습소에 입학하기 위해서였다.
문 : 그 후는?
답 : 공업전습소의 염직과에서 3년간 공부하고, 졸업한 후 한번 고향에 돌아가 약 4년간은 놀았다. 그 사이에는 습득한 기술을 가지고 일을 해 보려고 계획했으나 중지하였다. 그런 뒤에 경성에 와서 만주일보 기자가 되었는데 대정 9년 말 그 신문사가 없어

지자 퇴사하였고, 대정 10년(1921년) 초 제령 위반으로 징역에 처해져 경성에서 복역하였다(6개월). 그 해 9월에 출소한 후로는 만주지방을 유랑하여 봉천·북경, 그리고 나서 모스크바에 갔다. 돌아오는 길에 치타에 체재하고 블라디보스토크에 들렀다가 대정 12년(1923년) 봄 경성에 돌아와 다음 해부터 조선일보 기자가 되어 지방부·정리부에 있다가 그 신문이 정간되었을 때 퇴사하였다.

문 : 사회주의·공산주의를 언제쯤부터 연구하였나?

답 : 대정 10년(1921년) 내가 복역 전부터 연구하였지만, 그 후 모스크바·치타 등을 방랑하는 중에 연구하였다.

문 : 모스크바에는 언제 갔었나?

답 : 대정 11년(1922년) 1월에 가서 약 2주간 구경하고, 치타에 돌아와 그곳에서 그 해 말까지 체재하였다.

문 : 모스크바에는 무슨 목적으로 갔었나?

답 : 그 당시 동양민족대회가 개최되고 있어서 그것을 보기 위해 회의에 참석하였다.

문 : 동행자는 누구 누구인가?

답 : 나 혼자 갔었는데 소련·중국 국경에서 여운형·김규식과 같이 갔다.

문 : 공산주의는 어떻게 연구했나?

답 : 주로 서적·잡지에 의해 연구했는데, 주가 된 것은 맑스 자본론·사회주의학(김재 번역)·레닌주의·진화·전위(前衛) 등이었다.

문 : 조선의 장래 또는 독립에 관하여 어떤 생각을 가지고 있었나?

답 : 조선의 독립에 반대하지 않고, 공산주의의 실현을 바라고 있었다.

문 : 당신이 생각하고 있는 공산주의사회는 어떤 것인가?

답 : 한마디로 말하자면, 사회 전체의 사람이 평등하게 경제상의 권리를 향유하여 평등하게 살아가는 것이 가능한 사회를 이끄는 것이다.

문 : 평등하게 경제상의 권력을 모든 사람이 향유한다는 것은?

답 : 현대사회는 착취자와 피착취자가 대립하여 살고 있는데, 이는 경제조직의 토대가 불합리한 것에 원인이 있다. 이런 계급을 없애는 것을 이른다.

문 : 경제조직의 토대가 불합리하다는 말은?

답 : 자본은 점차 소수자의 손에 집중된다. 그에 반해 사회에는 점차 무산자가 증가하게 된다. 즉 예를 들어 말하면 여기에 대소 2개의 공장이 있다면 그 사이에 경쟁이 심

해지는 결과 소자본의 공장은 대자본의 공장에게 자본을 잠식당하여 무너지게 된다. 한편 소자본 공장에 속해 일하던 사람은 무산자가 되는 것이다.

문 : 역시 현대 경제조직의 토대가 불합리하다고 하는 것은 사유재산제도가 있기 때문은 아닌가?

답 : 그렇다.

문 : 그러면 착취자와 피착취자의 대립이라는 것은?

답 : 예를 들어 공장에 관해 예시해 보면, 그 공장에서 나오는 이윤은 대부분 소수의 자본가의 손에 들어가 다수의 직공은 겨우 임금만 받아서 항상 생활불안에 위협을 느끼며 살게 되는 이와 같은 사실을 말하는 것이다.

문 : 그러나 자본가는 막대한 자본을 투자하였으므로 그에 부응하는 소득을 얻는 것은 당연한 것이 아닌가?

답 : 이윤은 노동자의 노동에서 나오는 것이므로 전부 노동자의 손에 돌아가야 하는 것이다. 자본가를 위한 것이 아니다.

문 : 왜 그런가?

답 : 자본가가 가지고 있는 자본은 원래 노동자를 착취하여 얻은 것이므로 자본에 이윤을 분배하는 것이 아니다.

문 : 이윤이라는 것은?

답 : 자본과 노동이 생산한 이득으로부터 모든 비용을 뺀 이익을 말하는 것이다.

문 : 자본이라는 것은?

답 : 모든 생산기관을 이르는 것으로 예를 들면 토지·기계·건물·돈 등과 같은 것이다.

문 : 그러면 경제상의 권리를 평등하게 향유한다는 것은 어떤 식으로 되는 것인가?

답 : 모든 생산기관을 사회 공유로 하여 모든 사람은 평등하게 일하고, 평등하게 이익을 누리는 것을 이르는 것이다.

문 : 그런 사회가 실현될까?

답 : 실현 가능하다고 믿고 있다.

문 : 공산주의사회에 대해 정치조직은 대체로 어떤가?

답 : 아직 생각해 본 바는 없지만, 대체로 사회가 지배해온 권력은 사회인 전체에 있고, 특수한 한 사람 또는 몇 사람에게는 없어진다.

문 : 그러나 어떻게 하여 그런 사회를 실현하는가?

답 : 자본계급 간에 경쟁이 심해진 결과 소자본가는 몰락하고, 한편 무산자가 증가한다. 그 무산자는 자각하여 마침내 무산자의 의사로 말미암아 공산주의 사회를 실현하게 된다고 생각한다.

문 : 무산자가 자각한다는 것은?

답 : 공산주의를 자각한다는 것이다.

문 : 공산주의사회는 그 혁명 후 레닌 등의 손으로 건설된 러시아와 같은 것인가?

답 : 그렇다.

문 : 외국어는 가능한가?

답 : 아무것도 안 된다.

문 : 종교를 믿나?

답 : 종교는 인정치 않는다. 신을 믿는 일은 없다.

문 : 선조는?

답 : 선조에게는 경의를 표하고 제사를 지낸다.

문 : 당신은 현재 공산주의에 공감하고 있나?

답 : 나는 공산주의에 공감하여 이상적인 주의라고 믿고 있다.

2. 얼빠져 삼도천 바장이는 갓맑은 혁명가

강 달 영 1887~1942

강달영 동지

1887년 경남 진주에서 출생 6세부터 한학 수업 한일합병 후 비분하야 동지규합에
힘씀

1919년 3·1운동이 일어나자 농민과 청년의 선두에 서서 지도하다가 피검 1년 6개
월의 일제 철쇄구속을 버서나자(1921) 곳 노동공제회 창립에 힘써 그 간부에 피선되
야 활동하고 이어 1923년에 조선노동총동맹을 발기결성하야 그 간부로 피선되매 표면
으로는 경제투쟁을 지도하여 이면으로는 동지 규합에 노력하였다 1924년에 공산당 내
지부의 당원이 되야 지하운동을 계속하다가 1925년에 조선공산당에 가입하야 당세 확
장에 노력하든 중 조공 제1차 검거가 있자 그후 수습대책에 진력하야 동무는 제2차 책
임비서가 되다 동무는 간악한 일경의 눈을 가리우기 위하야 나제는 가두에서 「아이스
크림」과 「바나나」 장사를 하고 밤이면 산중에서 동무들과 연락회의를 거듭하야 당세만
회에 초인적 노력을 하다가 드디어 일경의게 피검되야 6년 징역을 받고 기간 옥중에서
난청과 병마로 인하야 정신이상증을 발하였나니 일제의 잔학함이 새삼스러히 회상된
다

1934년에 출옥하였으나 정신회복은 하지 못한 채로 1942년에 도라가시었다

향년 56(홍덕유 동지 자료제공)

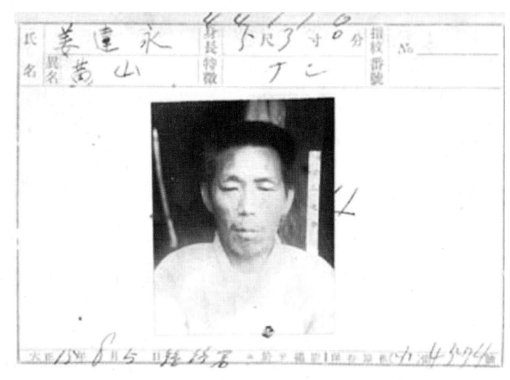

붙잡힌 뒤 종로경찰서에서 찍은 강달영 사진. 족대기질을 당한 뒤끝으로 해쓱하다.

일제 밑에서 민족해방투쟁을 벌이다 저뉘로 가신 님들을 기리는 글 가운데 하나이다.《해방일보》1946년 4월 17일 치.

《조선일보》진주지국을 꾸려가던 강달영(姜達永)이 '지급상경' 전보를 받은 것은 1925년 12월 10일쯤이었다.《조선일보》사 지방부장인 홍덕유가 보낸 것이었는데, 강달영은 손에 땀을 쥐었다. '신의주사건'이 터지면서 조선공산당 중앙집행위원인 유진희와「고려공산청년회」책임비서 박헌영과 주세죽 내외가 왜경한테 잡혀간 것이 11월 29일 밤이었다는 것을 알고 있는 강달영은 홑된 신문사 일로 부르는 것이 아니라는 것을 느꼈다. 홍덕유는《조선일보》사 안에 짜여진 야체이카 목대잡이였고 강달영 또한 당원이었다.

강달영이 경성으로 올라온 것은 12월 12일이었는데 공청 중집위원인 홍증식을 비롯한 여러 주의자들이 붙잡혀간 것이 12월 10일이었고, 13일에는 중집위원 서정희, 14일에는 중집위원 주종건과 중집위원이었으나 정권 처분을 받은 김약수가 붙잡혀갔다. 죽을 고비를 넘겨 세워진 조선공산당이 허리가 부러지는 판이었다.

홍덕유 안동을 받아 간 돈의동 명월관(明月館) 뒤에 있는 명월관 기생 김미산(金美山) 집에서 강달영을 맞아준 것은 근전 동무였다. 아호인 근전을 따서 '근전 동무'로 불리는 조공 책임비서 김재봉은 당이 벼랑 끝에 서게 되었음을 말한 다음 강달영에게 책임비서를 맡아달라고 하였다. 잡히지 않은 중집위원인 김재봉·주종건·김 찬이 숨가쁘게 뜻을 맞추어 강달영·홍남표·김철수·이준태·이봉수를 중집위원에 보선하였고 강달영을 책임비서로 뽑았으며, 세 사람은 조선을 벗어나기로 하였다는 것이었다. 주종건은 그러나 이틀 뒤인 12월 14일에 잡혔고 근전 동무 또한 12월 17일에 붙잡혔으니, 조선 땅을 벗어나 상해로 간 사람은 김 찬 하나뿐이었다.

근전 동무가 자기 뒤를 받아 조공을 추슬러갈 책임비서로 강달영을 민 데는 세 가지 까닭이 있었다. 첫째, 앞 중집위원들보다 왜경 눈길을 덜 받고 있다는 것. 둘째, 경성에서 움직이는 사람들보다 여러 갈래 주의자들한테 되받음을 덜 받으므로 여러 갈래로 찢어진 주의자들을 하나로 묶어세우기가 좋다는 것. 셋째, 무엇보다도 뜻이 굳고 쑹쑹이에 밝으며 셈에 빈틈이 없다는 것.

'민족주의자들은 부패로 망하고 공산주의자들은 파벌로 망한다'는 말이 있을 만큼 주의자들은 여러 갈래로 찢겨져 저마다 목대 다툼을 벌이고 있었다. 그때에 무지갯빛 나는 강철 같은 마음으로 민족해방투쟁을 벌여나갔던 것은 얼추 주의자들이었는데—

중국에는 상해파, 러시아에는 이르쿠츠크파라는 두 개 고려공산당이 있었고, 일본에는
「일월회」파가, 만주에는 「만주공산주의청년동맹」파가 있고, 조선에는 서울파인 「고려
공산동맹」, 화요파인 조선공산당과 「고려공산청년회」, 「북성회」파인 「카엔당」, 노동당
파인 「스파르타쿠스」당이 있었다. 김재봉당 윗자리 당원으로 《조선일보》 지방부장이었
던 홍덕유 입김에 '조선일보사 촉탁' 발령을 받았지만 거의 진주땅에서 움직였으므로
왜경 눈초리를 덜 받는 강달영이 빛나는 별들이 우글거리는 경성에서 허리 부러진 조선
공산당을 붙잡아 일으키는 일을 맡게 된 까닭이다.

다만 그런 까닭에서만은 아니었으니, 조선사람들이 내는 신문사들이 합뜨려 '대합
동일보'가 된다면 샛별처럼 빛나는 민족주의 · 공산주의 긴한이들을 물리치고 '판매부
장감'으로 뽑혔던 사람이다. 《조선일보》·《동아일보》·《조선중앙일보》·《매일신보》에
서 일하는 조선사람 기자 100명이 뽑아준 것으로, 《동광》 1931년 12월호에 나온다. 감옥
에 있는 사람을 영업과 광고를 걸머지는 판매부장감으로 뽑은 것을 보면, '대합동일보'
살림살이를 너럭바위 위에 올려놓을 만큼 일을 꾸려나가는 솜씨가 뛰어난 사람이라는
것을 기자들은 알고 있었던 것이다. 이제로 말하면 CEO 감이었다.

경남 진주(晉州)에서 태어난 강달영은 6살 적부터 10여년간 진서를 배우다가 진주
도립보통학교를 나왔다.

보통학교에 들어가면서부터 강달영은 높은 사회의식을 지니고 있었다. 3 · 1운동
앞에 초등 · 중등학교에 다녔던 학생들의 의식에 대한 연구논문이 있다. 조동걸(趙東
杰) 교수가 쓴 「한국근대학생운동조직의 성격변화」.

여기서 학생이라고 하는 것은 원칙적으로 중등교육의 취학자 이상을 가리키는 것으
로 한정한다. 중등도 저학년이라면 학생의식을 가질 수 있는가 하는 의문이 있을 수 있
으나 당시에는 대개 취학년령이 높았고(1917년 3월 말 보통학교 최고학년인 제4학년
인 11,442명의 평균 연령이 만15.5세이고 최고령 27.11세, 최연소자는 10.0세였다.)
또 가정에서의 주지주의적 조기교육의 영향, 그리고 중등진학의 여러 가지 이유로 인
한 어려움 때문에 갖는 소수 심리 등으로 정신연령이 높았던 것으로 봐야 하기 때문에
중등저학년도 학생운동의 주체에 포함해도 무리가 없을 것이다. 실제 일제하 학생운동
조직을 보면 저학년도 예사롭게 참여하고 있는 것이다. 그렇다면 초등학교(보통학교 ·
소학교 · 국민학교) 아동도 포함해야 한다는 주장도 있을 수 있다. 그것은 일제하 학생

운동에 소학생이 가담한 경우가 적지 않았기 때문이다. 대개의 경우 소학생은 능동적 위치에 있지 않아 주체적 성격에 한계를 가지고 있었다. 즉, 교원이나 지방청년 또는 중학생이 주도한 운동에 참여하고 있는 경우가 많은 것이다.

주로 한국인 학교인 고등보통학교나(1938년 후는 중학교로 개칭) 지방의 실업학교 학생이 일제하 학생운동의 주역이었는데 그들이 10만 명도 안 되었으니 그 정도라면 당시로서는 중산층 가정의 자녀로 봐야 할 것이다. 실업보습학교 외에 관공립실업학교조차 거의 서울이나 도의 수부(首府), 아니면 일제후기에 이르러 지방에도 설립되었으나 그것도 원주·강릉·안동·진주·순천·목포·이리·공주·충주·인천 같은 지방권의 중심지에 있어 그와 같이 서울이나 도청 소재지 아니면 지방도시로 진학하자면 식민지하에서나마 중산층은 되어야 가능한 일이었다고 봐야 할 것이다. 특히 실업학교나마 지방도시에 설립되지 않았던 3·1운동 전후의 학생은 그 자신이 중산청년상을 나타내고 있었다. 1920년대 학생계의 유행과도 같던 농촌계몽이나 귀농운동도 우선 자기의 가정이 다급하지 않은 중산층이어야 가능한 일이었을 것이다.

이와 같이 당시의 학생은 일반적으로 볼 때 중산청년이고 중산층의 대변자였다는 점을 주의해 둘 필요가 있다.

다음에 당시의 학생은 학생이란 점만으로 지식층에 속하였다. 그 지식이란 물론 신지식을 말하는 것이었지만, 1910년대에는 그에 못지않게 한학을 중심한 구지식의 반격을 받아 신지식의 보급이 순탄하지 않았다. 1910년대 서당취학이 급증했던 사실이 그것을 의미하는데 경술국치(합방)의 책임을 개화정객의 신지식에 있다고 하는 반성에서 나온, 반사적 일면을 보여주는 것이다.(그와같이 서당으로 모이자 데라우찌총독은 서당을 개량서당(改良書堂)이란 이름으로 식민성 교육장으로 변색시키려고 했고 그것도 잘 안되자 1918년에는 서당규칙으로 통제하였다.)

1920년대는 1910년대와 달리, 역사적 반성의 화살을 구학에 겨냥하며 전통 부정의식이 팽배한 반면 신학과 근대지향성이 일반화되어 갔는데 그 전위적 세력이라 할 수 있는 것이 학생이었고 그러한 시대성을 묘사한 글이 염상섭(廉想涉)의 『삼대(三代)』같은 것이다.

강달영은 진주와 합천에서 3·1운동을 채잡다가 잡혀 3년 징역을 받았으나 감형되어 1년 6월 만에 대구형무소를 나왔다.

경상남도에 있어서의 농민층은 3월 3일부터 4월 29일까지 약 45일간 전도에 걸쳐서 3·1운동을 과감하게 전개하였다. 집회 횟수는 141회, 참가 인원수는 93,320명, 사망자는 1,264명, 부상자는 2,019명, 피체포자는 5012명으로 집계되었는데, 그 대부분이 농민들이었다.

또한 주목할 것은 3·1운동에서 농민들의 운동이 가장 전투적이었다는 사실이다. 농민들은 순박하면서도 맨손으로 가장 용감하게 전투적으로 일제의 무력에 직접 대결하여 항거하였다. 이 때문에 희생자도 농민층이 가장 많았다. 일제 군경의 총검에 의한 사망자와 부상자의 거의 모두가 농민들이었다. 만일 농민들에게 무기만 주어질 수 있었더라면 그들의 힘만으로써도 한국에 주둔한 일본군은 붕괴되었을 것이다. 3·1운동에서 발휘한 한국 농민들의 숭고한 애국성과 헌신성은 참으로 경탄할 만한 것이었다.

－신용하(愼鏞廈) 「3·1독립운동의 사회사」에서

진주 얼안 소작인 1,000여 명을 모아 소작노동자대회를 열었고, 경성에서 짜여진 「조선노동연맹회」중앙집행위원이 되었다. 1924년 진주에서 「경남노동운동자간친회」를 채잡았고, 「조선노동총동맹」을 세우는 데 들어 중앙위원이 되었다. 10월 「화요회」에 들어갔고, 꼬르뷰로 국내부에 들어가 진주야체이카 목대잡이가 되었다. 1925년 《조선일보》 진주지국을 맡았고, 4월 조선공산당에 들어가 김재봉당이 무너진 다음 짜여진 후계 중앙위원회 책임비서가 되었다. 1926년 첫때 항일민족통일전선을 얽어내고자 천도교·기독교 목대잡이들과 여러 차례 만나 머리를 맞대었다. 순종 황제 인산날인 6월 10일에 아주 크게 만세운동을 벌이기로 하고 채비를 하다가 지명수배되었다. 핏발 선 왜경들 눈을 속이며 만세운동 채비를 하였다.

당을 걸머지게 된 책임비서 강달영은 비타협민족주의자와 손잡아 사회·민족 두 진터를 하나로 합뜨리고자 하였으니— 권동진(權東鎭)·이종린(李鐘麟)·신석우(申錫雨)·안재홍(安在鴻)·유억겸(兪億兼)·오상준(吳尙俊)·박동완(朴東完) 들을 만났다. 1926년 3월 10일이었다. 그러나 개량주의자로 떨어져 버린 천도교 신파 최 린(崔麟) 골칫거리로 속속들이 뜻을 모으지 못하였다. 3·1운동을 이끌었던 민족주의자들은 3·1운동 때의 끔찍한 떼죽음을 떠올려 움직이지 않았으니, '대한독립당'이라는 이름 아래 통일전선을 이루려던 조공 꿈은 꺾여지고 말았던 것이다.

그러나 강달영을 비롯한 조공과 투쟁 지도부는 끈질기게 움직여 권동진·박인호

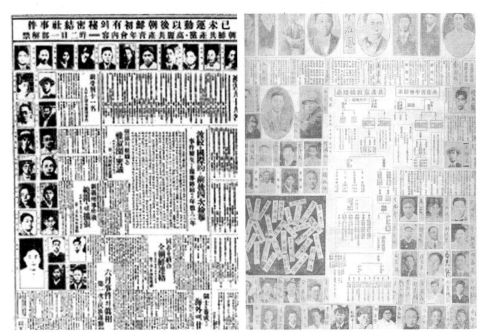

제1, 2차조선공산당 재판 소식을 알리는
《동아일보》 1927년 9월 13일 치.

(朴寅浩)·박래홍(朴來弘) 들을 사북으로 한 천도교 구파와 손잡게 되었다. 여기에는 조공 경성지구 집행위원회 손안 제2지구 제5세포 책임자였던 천도교에서 대모한 사람인 박래홍 사촌아우 박래원(朴來源) 구실이 있었다. 박래원은 6·10만세운동 격문 인쇄 책임자이면서 천도교청년동맹 긴한이었다.

왜경이 강달영 자취를 찾아낸 것은 1926년 7월 첫때였다. 강달영과 함께 6·10만세운동을 채잡았던 권오설을 붙잡아 갖은 족대기질을 다하였으나 1차사건 때 이미 붙잡혀간 사람들과 해외로 몸을 옮긴 사람들 이름만 대면서 '귓등으로 듣고 대답하는' 등 '거물다운 침착한 태도를 유지하는' 권오설이었다. '필설로 다할 수 없을 만큼 쉽게 입을 열지 아니하므로 비상한 열과 근기로써 얻어냈다'고 서대문경찰서 경부 요시노(吉野 藏)가 죽는 소리를 할 만큼 권오설은 어기차게 버텨내었다. 요시노가 얻어낸 것은 새로 뽑힌 조선공산당 책임비서가 강달영이라는 것뿐이었다. 왜경들 족대기질이 얼마나 끔찍했던지 권오설은 5년 징역을 살다가 옥중에서 숨을 거두니, 34살 때였다.

1~4차 '조선공산당사건'에 얽혀 판결 받은 사람은 모두 168명(1~2차 : 95명, 3차 : 28명, 4차 : 45명)이고, 1920년대 1차~4차당에 이르기까지 당조직 18개와 공청세포 31개, 964명 공산주의자가 일제의 짐승 같은 억누름에 무너지고, 붙잡혀 감옥으로 갔다.

강달영이 책임비서를 맡았을 때 조선공산당원 수는 몇 명이었을까? 강달영이 코민테른에 보내려고 만든 '조선공산당 현황에 관한 보고'를 보면 265명이다. 146명이 정당원이고 119명은 후보당원이다. 야체이카는 29개. 이것은 공산주의사상을 좋아하는 사람들을 말하는 것이 아니라 공산주의 세상을 만들고자 목숨을 건 직업혁명가를 가리킨다. 이들은 당이 정한 강령과 규약을 지키고, 야체이카 모임에 빠져서는 안 되며, 당중앙이 못박는 대로 싸움에 나가 몸 바치겠다고 다짐 둔 사람들이었다. 강령과 규약에 어긋나는 일을 했을 적에는 에누리 없이 벌을 받았다. 뜻이 있다고 해서 누구나 당원이 될 수 있는 것이 아니었다. 당 밖 혁명 동아리에서 일을 하고 있어야 했고, 3개월에서 1년까지 후보 기간을 거쳐야 하였다.

강달영이 머문다는 집을 들이쳤으나 없었고, 명치정(明治町)에 있는 주식거래소에 270원 돈을 맡겨놓은 것을 알게 된 왜경은 형사대를 풀어놓고 밤낮없이 지켰다. 강달영은 그러나 나타나지 않았고, 왜경들은 미칠 지경이었다. 그렇게 보름쯤 지났을 때였다. 요시노가 쓴 수기 어섯이다.

"망보는 것을 알아챈 모양이지?"
또한 불안과 초조로 지냈다. 그런데 그 이튿날 17일의 저물녘에 40세 가량 되는 바나나 장수가 동점(同店)으로 오는 것이었다. 처음에는 설마하고 대수롭게 생각지 아니하였으나 상점에서 부르지도 아니한데 조심 없이 들어가는 것을 본 형사들은 긴장하였다.
바나나장수와 주식의 중매점. 너무도 기묘한 일이 아닌가. 먼 곳에서 점내(店內)에서 하는 행동을 본즉 돈을 수취하여 가지고 나오는 것을 본즉 강이다.
"어쨌든 그럴듯한 변장이다."
뒤를 따르는 형사의 눈지시에 상하좌우로 포위하여 30간쯤 나아가서,
"여보, 강달영이."
뒤로 돌아다보는 것을 뒤로부터 들이덤비었다. 동시에 상하좌우로 포위하고 체포하였다.

강달영은 죽어도 입을 열지 아니하였다. 잡기도 어려웠지만 입을 열게 하기는 더욱 어려웠다. 강달영 오르그인 보성고등보통학교 학생 집을 덮쳐 찾아낸 수십 권 공책을 펼쳐 보니 모두 암호로 적혀 있었다. 아무리 족대기질을 해봐도 입을 열지 않았다. 입만 다물고 있는 것이 아니었다.

강은 틈을 얻어서 빠른 손으로 공책을 조각조각 찢어서 입에 넣으려고 하지 않는가. 겁이 나서 이것을 빼앗아 치웠다. 그러면 이번에는 자기의 골을 책상에 부딪쳐서 자살하려고 하지 않는가.

'뼈가 모래가 되어도 입을 다물고 말하지 아니하겠다는 결심'이었다고 요시노는 머리를 흔든다. 죽기로 작정하고 버티는 데는 어떻게 하여볼 도리가 없었다. 그래서 왜경 스스로 암호를 풀어야겠다고 마음먹고 '그날 밤을 한잠도 자지 못하였다. 그 공책만 들여다보고 있었을 뿐, 안광(眼光)이 지배(紙背)를 철한다는 것은 이러한 때에 쓴 것'이라고 생각하며 끙끙대기 30여 시간 만에 '갑자기 눈에 띄는 것이 3자씩 씌어있는 것이 몇 개소 있다. 마치 조선인 성명을 쓴 것과 같이 … 이것은 성명이다…'

난해한 수학을 해득한 이 기분. 이에서 더한층 마력(馬力)을 가하여 연구한즉 한자를 분해하여 그 변(邊)을 만들고 또 관(冠)과 그 하(下)를 언문과 영자 즉 영문식으로 조합하여 혹 언문의 모자음이 변전되어 있는 것을 고래의 문법관례 등으로 연역하여 판독하게 되었다. 천행으로 내가 조선문에 통한 까닭에 해득하였다. 이에서 전정관(全政琯)의 성명도 나타나고 계속하여 세 사람의 야체-카의 성명도 읽게 되었다. 이때의 기쁨이라는 것은 참말로 귀신의 목이나 베어온 것 같았다. 즉시 고등계 주임, 서장에게 보고하고, 다음은 다만 시간과 근기(根氣)의 문제이다.

강달영은 모든 생각을 끊고 문서에 적힌 글발들을 왜말로 옮겨주었다. 그러면서도 본딧글자를 조금씩 다르게 옮겨적음으로써 실오라기 하나라도 건져내려는 눈물겨운 애를 쓰는 것이었다.

6년 징역을 받았는데, 사자어금니 같은 동지들 탈막이를 못하였다는 뉘우침에서 온 것일까. 강달영은 미쳐 버린다. 왜경들이 하는 짐승보다 못한 족대기질에 무너져버린 제 몸을 매질하던 끝에 넋을 잃어버린 흰 눈처럼 갓맑은 혁명가가 서대문형무소를 나온 것은 1932년 겨울이었다. 10년을 더 살았으나 한번 떠나버린 넋은 다시 돌아오지 않았다. 강달영이 저뉘로 간 것은 해방되기 3년 앞인 1942년. 향수 56이었다.

제2차조선공산당 책임비서 강달영 움직임을 짯짯이 들여다본 글이 있다. 역사학자 임경석(林京錫) 교수가 쓴 책 『잊을 수 없는 혁명가들에 대한 기록』에 나온다.

강달영 비서는 코민테른과 더욱 밀접히 연락하기 시작했다. 그는 코민테른 집행위원회에 제출할 목적으로 활동보고서를 작성했다. 3월 17일(1926년)자로 작성된 보고서는 모두 9종이었다. '조공당 제 몇호'라는 일련번호가 붙은 이 문서들은 당내의 사정을 상세히 전하고 있다. 보고서 제출은 정기적으로 이루어졌다. 그로부터 20일 뒤인 4월 6일에는 5종의 보고서가 작성됐다.

　　문서들 속에는 코민테른에 청구할 예산안도 포함되어 있었다. 혁명을 성취한 나라의 공산당이 아직 그렇지 못한 나라의 공산당을 재정적으로 지원하는 것이 프로레타리아트 국제주의의 의무로 간주되던 때였다. 강달영이 작성한「조선공산당 예산안」에 따르면, 1926년 4월부터 이듬해 3월 말까지 1년 동안 당사업에 소요되는 자금 총액은 36만 3,800원이었다. 그즈음 회사 사무원의 월급이 40원이었다. 1926년 발간되던 월간 잡지『동광』의 책값은 30전,『개벽』의 책값은 50전이었다. 이로 미루어 볼 때 당시 1원은 2002년 현재 물가로 치면 대략 3만 원에 상응한다고 봐도 좋을 듯하다. 그렇다면 위 금액은 2002년 수준의 구매력으로 환산한다면 100억 원 안팎에 해당하는 것으로 봐도 무방하겠다. 이 예산안이 과연 코민테른에 의해 승인됐는지, 또는 이 중 얼마만큼의 자금이 조선공산당에게 지급됐는지 여부를 추적하는 것은 이 글의 목표가 아니다. 다만 코민테른과의 연락에 즈음하여 강달영이 지녔을 법한 사고의 폭과 사업규모를 짐작하는 데 만족하기로 하자.

3. 6·10만세운동 목대잡은 볼셰비키 혁명가

권 오 설 ^{1897~1930}

공산당원 150명 피검

권오설씨는 옥사 다수 민중은 학살

드디어 그날은 왔다 이날 신문사 기빨을 단 자동차 수십 대에 지도부대가 논아 타고 삐라는 청년과 학생들이 난우어 가지고 행렬의 양쪽에 대기하였다 오전 10시 행렬이 창덕궁을 떠나자마자 파조교(罷朝矯)에서 삐라는 산포되고 「조선독립만세」를 부르짖은 시위가 벌어졌다 군중과 경찰 사이에는 각처에서 충돌이 일어나고 학생 수십 명은 그 자리에서 검거되었다 제2차 시위는 관수교(觀水橋) 건너서 제3차 시위는 황금정 3정목에서 제4차는 훈련원에서 제5차는 동대문에서 제6차는 안감천에서 연달어 일어나는 시위대의 지축을 흔드는 만세소리는 행렬과 같이 끝일 줄 모르고 일제의 가슴을 서늘케 하였든 것이다 장의 이튿날부터는 검거선풍이 온 장안을 휩쓸어 운동 지도부 이외의 군중 200여 명이 피검되었고 선풍은 전국적으로 파급되어 6월 말까지에 수천 명의 근노인민이 투옥당하고 검속된 공산당원만 150여 명의 다수에 올랐다 이것이 세칭 제2차 공산당사건이다 이때에 검거된 공산당원은 악독한 경찰의 손으로 학살을 당하고 권오설씨는 옥사하였다 그러나 일제의 탄압에도 불구하고 근로인민대중의 혁명적 기세는 점점 더 불타오르고 소작쟁의 노동쟁의 학생맹휴의 투쟁은 계속하여 나타났든 것이다

29살 젊은 볼셰비키였던 옥중 권오설.

《독립신보》1947년 6월 10일 치 기사이다. 「민족의 자랑 6·10만세 기념일 – 조선공산당 영도 아래 — 이조 최후 왕·국장일에 반제항쟁」이라는 제목이다.

　　모든 인민이여 귀를 기우려라- 들려오지 않는가 노동자 농민을 전위로 한 인민들의 일제의 항거하든 우렁찬 발자욱 소리- 이 강산을 진동시킨 「조선독립만세」의 고함소리- 이날이 바로 지난 21년 전 일제와 가장 용감히 싸운 조선공산당에 영도 아래 노동자 농민을 전위대로 한 학생 소시민 지식층 등 모든 조선인민이 독사 같은 일제의 눈초리와 총칼 밑에서 잔악한 일본제국주의를 물리치고 「조선독립만세」 「토지를 농민에게」 「애국자 혁명가를 석방하라」하고 과감히 궐기한 조선해방역사상 찬연히 빛나는 제21주년 6·10만세운동 기념일이다 일제에 항거하여 노동자가 일어섰다 농민도 궐기하고 학생도 소시민도 지식층도 일본의 주구 이외의 조선인민은 총칼을 두려워하지 않고 조국의 자유와 해방을 위하여 일제와 항쟁한 이날 전인민의 무자비한 투쟁은 일제의 가슴을 서늘케 하고 자유와 해방을 외치는 만세소리의 폭풍은 전선 방방곡곡을 휩쓸었든 것이다

　　아래는 「한 지식인의 내면세계를 통해 본 식민지시기」(1916~1943)라는 버금이름이 달린 『윤치호일기』 1926년 6월 10일 목요일 치이다.

　　순종황제의 인산일이다. 서울 거리는 장례행렬을 보려고 지방에서 올라온 사람들로 말 그대로 인산인해를 이루었다. 창덕궁부터 영결식이 거행될 훈련원에 이르는 연도에는 구경꾼들이 모여들어 몇 겹으로 줄을 섰다. 그런가 하면 완전 무장한 군인과 경찰이 모든 도로를 철통같이 지키고 있다. 일본인 당국자들은 조선인 선동가들이 소요를 시도할 만한 틈을 조금도 남겨놓지 않았다. 난 아침 7시 30분부터 숙부님(윤보선 할아버지 윤영렬-지은이) 그리고 두 사촌동생(윤치오와 윤치소-지은이)과 함께 영결식장인 훈련원 안쪽에 자리를 잡았다. 영결식은 정오가 다 되어서야 비로서 끝났다.
　　중앙고보, 연희전문, 보성전문 학생들이 전단을 배포하며 만세를 불렀다. 그들은 즉각 체포되어 경찰서로 연행되었다. 학생들이 놀라 우르르 달아나면서 부상자들이 속출했다.
　　순종황제의 유해를 실은 대여(大轝)가 내 옆을 지날 때, 나도 모르게 눈물이 핑 돌았다.

감방에서 눈을 감은 권오설을 기리는 글이 있다.《해방일보》1946년 4월 17일 치는 특별 증면된 4쪽에서 3쪽을 모두〈조선공산당 창립 21주년 기념 만세!〉라는 큰 제목 아래 공산주의운동에 몸 바치다가 돌아간 혁명열사들 살아온 길을 적고 있는데, 22명 가신 님 가운데 권오설은 김재봉·강달영 다음으로 세 번째이다. 손톱만한 사진도 박혀 있는데, 흐리마리한 사진이지만 한일자로 꽉 다문 입에 주욱 찢어진 눈매며 기름한 얼굴이어서 여간 어기차 보이지 않는다.

권오설 동지

1897년 경북 안동 학가(鶴駕) 남산록(南山麓) 일 빈농가에서 탄생하였다 동무는 생래로 총명 예지 성장하면서 그의 불타는 정열과 의분에 넘치는 기개는 후일의 일본제국주의 타도를 위한 영웅투쟁에서 십분 발휘되었다 유소시부터「조선독립」을 위하야 노력과「일본제국주의 박멸」을 위한 투쟁은 비록 34년의 일생이 길지는 안치마는 그의 투쟁이 역사상에서 거대한 자리를 점령하고 있음을 부인치 못할 것이다 중학시대부터「조선역사연구회」란 명칭 하에 조선민족 사상의 고취와 친일선생 배척 급 동화적 노예교육 반대를 조건으로서 동맹휴학을 하였는데 이것을 도화체로서 학교당국과 투쟁은 치열화되야 결국 퇴학처분을 당하였다 1919년 3월1일을 당하야 광주에서 민중시위운동에 참가 지도하다가 피체 이것이 동무의 첫 영어생활이다 그후 교육문화사업에 열중 풍산소작인 조직지도 1924년 전조선노농총동맹 창립과 동시에 중앙상무위원으로 각 도의 소작쟁의 급 노동쟁의를 지도하였는데 그 중에도 풍산소작쟁의 북○소작쟁의와 밑 암태소작쟁의와 대동인쇄공파업 경전승무원파업 등을 동무가 직접 지도하였고 1925년 전조선민중운동자대회를 소집 준비함에 동무의 노력이 지대하였고 공당 급 공청의 창립을 위하야 김재봉 박헌영 등 동지로 더부러 적극 노력하였고 공청중앙 조직부 책임자로 있다가 12월 박헌영 동지의 피검 후 공청중앙 책임비서로서 또 공당 중앙위원으로서 있으면서 1926년 이척(李坧)의 장일을 기하야 전조선 민족을 통일식혀 해방전선을 획책하였다 이것이 곳 6월운동인 것이다 동무는 피검 후에도 옥중생활을 통하야도 일본제국주의와 투쟁하는 것이 일관적 정신이며 조선을 위하야 살고 조선을 위하야 죽는다는 것이 동무의 일편단심이었다 동무는 죽었스나 동무에 사업은 계속되고 있다

일제는 권오설 얼이 두려웠던 듯 철제관에 감췄다. 뒷자손들이 옮겨 묻었다.

　　권오설(權五卨)은 안동 권씨 제바닥인 경북 안동(安東)에서 스러져가는 잔반(殘班)댁 자식으로 태어났다. 아버지가 서당을 열어 떠꺼머리 아이들이 바치는 강미(講米) 쌀로 끼니나 잇는 가난도 비단 가난이었는데, 아우가 언니 못지않게 어기찬 주의자 권오직(權五稷, 1906~?)이다. 아버지가 대갓집 사랑채 빌려 세운 남명학교와 물도리동에 있는 동화학교에서 중등과정을 배웠다. 대구고등보통학교에 들어간 1916년 끝 무렵 벌어진 송년회 자리에서 민족사상을 부추기다가 쫓겨났고, 경성으로 올라가 중앙고등보통학교에 들어갔으나 배움비발을 댈 길 없어 그만두었다.

　　1919년 3·1운동에 들었다가 왜경에게 쫓겨 내려간 예살라비에서 풍서면 원홍학술강습회와 일직면 일직서숙 선생 노릇을 하였다. 1920년 「안동청년회」에 들어갔고, 일직면에 금주 모임을 얽고 회장이 되었다. 1923년 11월 「풍산소작인회」를 얽는 데 들어가 집행위원이 되었고, 사상 모임인 「화성회(火星會)」를 짜는 데 들어갔다. 1924년 4월 「조선노동총동맹」이 세워질 때 「풍산소작인회」 대표로 들어가 상무집행위원이 되었다.

　　이때쯤 꼬르뷰로, 곧 조선공산당 중앙총국 국내부에 들어가 「조선노농총동맹(노농총)」 야체이카를 맡았다. 그리고 남녘땅을 돌며 노농총에 들어온 두럭들에 힘을 불어넣으며 여러 노동·농민 동아리들을 노농총에 들어오도록 힘썼다. 여러 곳에서 일어나는 소작쟁의에 손붙이면서 대동인쇄주식회사 파업과 경성전기회사 전차승무원 파업을 이끌었다. 「화요회」 상무집행위원, 혁명청년당 당원, 불꽃사[火花社] 동인, 「무산자동맹회」 회원, 「한양청년연맹」 상무집행위원으로 뜨겁게 움직였다. 1925년 2월 「화요회」
가 채잡는 전조선민중운동자대회 준비위원이 되었으니, 김재봉·홍덕유·김단야·김
찬·민태홍·박일병·윤덕병·장지필·구연흠·이 석·진병기·최원택·임형관·백
광흠·강달영·방응모·이준태 같은 72명과 함께였다.

　　1925년 4월 18일 경성부 훈정동 4번지 박헌영 집에서 열린 「고려공산청년회」 창립
대회에서 권오설은 박헌영·김단야·박철환(조봉암)·홍증식·신철수·김 찬과 함께
중앙집행위원이 된다. 모임대표는 김 찬. 12월 책임비서가 되었고, 1926년 조선공산당
중앙위원이 되었고, 같은 해 4월 25일 대한제국 마지막 순종 황제가 붕어하자 인산날인
6월 10일에 만세운동을 일으키고자 밑그림을 그리고 선전선동문을 만든다.

　　상해에 있던 김단야가 6·10만세운동을 채잡고자 압록강 너머까지 내려와 있었다.
김단야는 「통곡하는 민중에게 격(激)함!」이라는 시위를 부추기는 글을 썼고, 권오설은
그것을 「조선인쇄직공총연맹」 상무집행위원이며 「조선노농총동맹」과 「경성노동연맹」
집행위원인 25살 청년 박래원(朴來遠)에게 주어 박아내게 하였다. 그리고 의암(義庵)
종손으로 천도교에서 퍼내던 《개벽(開闢)》 책 매는 이였던 손재기(孫在基) 집에 감춰두
었다. 그 때에 일제 입맛에 거슬리는 글이 실린 《개벽》 6월호가 덮잡히게 되었다. 종로서
왜경들이 천도교당 안에 있는 개벽사를 뒷장질하고 돌아간 다음에도, 혼자 숨어 천도교
구린 데를 캐내려던 하늘 밑에 벌레가 있었다. 조선인 왜경 최준호(崔俊鎬)라는 자였는
데, 손재기 집 안방에서 주고받는 말을 엿듣게 된다.

　　"요번 인산날에는 참말로 큰 난리가 날 거라던데 큰일났구먼."

　　어떤 아낙 소리였고, 손재기 딸인 열네살짜리 손정화(孫貞華)가 말하였다.

　　"난리가 나고 말고지요. 저것 좀 보셔요. 저 벽장 속 버들고리와 궤짝에 무엇인가 잔
뜩 들어 있는 걸요."

　　천도교당에 들어서던 박래원이 잡히면서 《경성일보》 인쇄공으로 격문을 박아내었
던 민창식(閔昌植) 안국동 집에 있던 인쇄기도 덮잡혀 갔고, 권오설이 머무는 곳까지 뽕
나버렸다. 겨우 길돈닢이나 마련하여 머물던 곳을 나서려는데 형사대를 이끌고 온 미와
경부가 삵의 웃음을 보였다. 그때에 두 팔을 척 내밀며 권오설이 하였다는 말이다.

　　"욕들 보외다. 나 하나 잡으려고 여러 사람이 애쓴 모양인데, 잡아가시오."

　　6월 10일 인산날이 되자 돈화문 앞에 엎드려 슬피 우는 수수천명 흰옷 입은 조선 백
성들 머리 위로 권오설이 징거 두었던 격문들이 꽃잎처럼 흩날렸고 사람들은 목이 터지

라고 만세를 불렀다. 긴한목마다 박혀 있는 주의자들이 채잡는 가운데 여러 전문학교와 고보생들 쫓아가며 만백성들이 불러대는 만세소리에 경성 시내 안이 온통 죽 끓듯 하였으니, 3·1운동 때에 버금가는 것이었다.

《조선인민보》1946년 6월 10일 치에 실려 있는 임 화 시이다. 〈청년의 6월 10일로 가자〉.

손을 잠그면
어른거리는 별 거림자에도
어린 마음은 조리었으나
죽은 王者를 爲해서가 아니라
산 同胞의 自由를 爲하여
싸홈의 뜨거운 씨를 뿌리든
수무해前 六月十日
抗日戰線의 긴 隊列로
默默히 걸어가든 靑年의 가슴속엔
祖國의 첫녀름 하날이
먼 바다처럼 푸르러

아아 죽엄도
오히려 황홀한 榮光이었든
永遠한 六月十日을 爲하여

南朝鮮政府의 龍床을 어르만즈며
外國商館의 늙은 머슴이
꿈꾸는 榮華를 爲해서가 아니라
또 다시 奴隸가 되려는
同胞의 위태로운 自由를 爲하여

젊은 동무여

또 한번 죽어도 오히려 깃거운

靑年의 六月十日로 가자

六月九日

《청년해방일보》1946년 6월 9일 치 「사고」이다.

서울운동장으로모히자

6월10일!! 이날은 우리민족이 통일하야 왜적에 육박하든 날이다. 어썬 계급, 어썬 당
파를 물론하고 이날을 기념하야 모혀라!! 뭉처라!! 우리의 민주정부를 수립하자!! 반동
분자의 남조선단독정부수립음모를 분쇄하자!!

노동자여!! 농민이여!! 시민이여!!

오라!! 서울운동장으로!! 들으라!! 우리 자주독립의길을!!

6 · 10투쟁기념시민대회

3 · 1운동에 놀란 일제가 내놓은 사탕발림이 '문화통치'라는 야바위짓이었다. 조선
인민이 바라는 것을 어느만큼 들어주는 듯한 탈박을 썼지만 그 속내는 식민지 꼭뒤 누
름을 더욱 다지르는 것이었다. 이런 셈평에서 일어난 것이 6 · 10운동이었다.

조선공산당 중앙기구인 모플 위원이며 「고려공산청년회」 비서부원인 박민영(朴珉
英, 1904~?), 조공 경성부 제1구 제2세포 조직원으로 공청 선전부원인 이지탁(李智鐸,
1899~1976)과 함께 6 · 10운동 목대잡이가 된 권오설이었다. 이들은 몇 차례에 걸쳐 모
임을 가지며 크게 세 가지 투쟁 방침을 세웠으니— 첫째, 사회주의 · 민족주의 · 종교 두
럭 · 청년학생 두럭의 혁명대중을 통틀어 '대한독립당'을 얽을 것. 둘째, '대한독립당'
은 먼저 6월 10일에 대시위운동을 펼칠 것. 셋째, 시위운동 방법은 국장 행렬이 지나는
길가를 따라 시위대를 나누어 벌여놓았다가 격고문과 알림 쪽지를 뿌리며 조선독립만
세를 부르짖을 것들이다.

그런데 권오설이 압록강 건너 만주땅 안동현에 가서 김단야를 만나 시위를 부추기
는 글과 밑돈을 받았다는 것은 맞지 않는 것 같다는 윤석수의 갈닦음이 있다. 오로지 국
내 주의자들 힘만으로 싸워나갔다는 것이다.

6월 10일 거국적인 시위를 하기로 한 것은 순종의 죽음에 따른 조선왕조에 대한 그

리움에서가 아니었다. 나라에서 하는 '애도의 장'을 빌려 인민대중들 맺힌 마음을 풀어 보자는 것이었으니— 조선인민들의 이러한 마음은 순종이 죽은 4월 25일부터 1주일 동안 다만 슬피 울부짖었다는 까닭만으로 경성 종로경찰서에서 밥받이 받았던 사람만 2만 명이 넘었던 것이다. 윤치호는 일기에서 못 본 체하고 넘어갔지만, 경성 시내 각급 학교 학생들은 동맹휴교를 하였고, 지방 사람들은 매일같이 '망곡단(望哭團)'·'봉도단(奉悼團)'이라는 이름 아래 모임을 가졌다. 피 끓는 애국청년 송학선(宋學先)은 노여움을 못 참고 창덕궁 금호문(金虎門) 앞에서 사이또오 총독을 죽이려 하기도 하였다. 이런 모든 셈평을 살펴 시위를 목대잡아 나갔던 권오설이었다.

6·10운동 보다 앞선 1919년 3월 5일 경성시위와 함남 이원시위에 '적기(赤旗)'를 든 이들이 있었고, "조선이 독립하면 국유지가 소작인의 것이 될 것이니, 지금 만세를 부르는 것이 득책이다"라고 소리치며 바람을 일으키는 이들이 있었으나, 짜임새가 있는 것은 아니었다.《동아일보》1923년 7월 22일 사설「사상계의 불온」에 보면 '민중들의 열악한 생활이 사회주의의 발생 근거로 되었다'고 하여 사회경제적 조건에서 사회주의가 일어난다고 보고 있고, 일제는 '소요발생 이래 조선인으로서 사회주의적 언사를 농하는 경향이 있다. 과격파 또는 사회주의자들이 이 기회를 틈타 은밀히 주의의 선전에 노력하고 있지 않은지 의심이 간다'며 손에 땀을 쥐고 있었지만, 사회주의운동 두럭이 그렇게 탄탄한 짜임새를 갖춘 것은 아니었다.

조공에서는 '김재봉당' 때 김약수(金若水)를 우두머리로 하는「북풍회」와 사이가 나빴으므로 김사국(金思國)이 목대잡는 '서울계'와 손잡고자 하였으나 자빡맞았으니, 조공을 이끌어 가는 박헌영(朴憲永) 사북의 '화요계'와 갈라서 싸우는 때문이었다. 이 때의 다툼은 그리고 30여년 뒤 평양에서 벌어지는 남로당 숙청사태 때 '빨치산파' 쪽에서 내대었던 빌미인 '종파주의'의 씨앗이 된다.

주의자들은 3·1운동보다 6·10운동에 높은 값을 매긴다. 둘 다 허방친 운동이었으나 그 속내가 팔팔결로 다르다고 보기 때문이다. 이른바 조선민족 대표라는 33인이 보여준 물렁물렁한 짓거리들에 꿈이 깨져서가 아니라, 인민대중들 끓어오르는 민족해방 마음을 모아 이끌어나갈 '전위당'이 없어 3·1운동이 허방쳤다고 보는 것이다. 광무황제 인산날 일어난 것이 3·1운동인데 이번에는 융희 황제가 훙(薨)하였다. 일제의 끔찍한 억누름에 모였다 흩어졌다 한다지만 그들에게는 '당'이 있고 강철 같은 당헌·당규에 목숨을 맡긴 '당원 동지들'이 있었다. 3·1운동을 채잡았던 종교 두럭과 부르주아 및 소부르주아인텔리 출신 민족주의자들은 아무런 움직임도 없었다. 그때에 민족부르주아지들이 목을 매었던 것이 북미합중국 대통령 윌슨이 파리강화회의에서 쳐든 민족자결론이었는데, 허방짚은 것이었다. 제1차대전이 끝나면서 제국주의 강도 나라들이 세계를 새롭게 찢어발기기 위한 쑹쑹이 모임이 '파리강화회의'이고 제국주의 강도 나라들이 그 가진바 힘에 따라 작고 힘없는 나라들을 식민지로 나눠먹자는 다짐이 '민족자결론'이라는 것을 모르는 민족부르주아지였다.

하늘이 주신 이 좋은 때를 놓쳐서는 안된다고 부르짖은 사람은 상해로 달아나 있던 김단야와 김 찬이었다. 「고려공산청년회」 책임비서 권오설이 김단야와 만난 것은 1926년 5월1일, 압록강 건너 안동이었다.

계급해방보다는 민족해방을 앞세워야 하오. 조선에 있는 우리 주의자들은 민족주의자들이기도 하니 말이외다. 주의자들이 민족해방운동 투쟁에서 전위로 나서는 것은 그러므로 현계단에 있어 옳은 노선이 됩니다. 계급해방보다는 민족해방이 더 인민들한테 환대받는다 이런 말씀이지요. 전술적인 과정에서도 우리 당은 민족주의로 나가야 합니다. 우리 당에서 이번 인민봉기를 조직해서 그 주도권을 쥐게 된다면 이른바 민족주의자들도 공산주의 쪽으로 끌어들일 수 있는 천재일우의 호기가 될 것이오.

김단야가 하는 말이었으니, 인산 행렬이 지나가는 경성 울안과 온 조선 골골샅샅마다 '조선독립만세'를 외치게 하자는 것이었다. 그러면서 건네주는 것이 북경에서 박아왔다는 독립선언문과 다섯 가지 격문이었다. 김단야한테 글 찍은 종이와 함께 운동 밑천 1,000엔을 받아 경성으로 돌아온 권오설은 공청 회원인 박래원에게 인쇄를 맡겼다. 천도교 신파 목대잡이였던 춘암(春庵) 박인호(朴寅浩, 1885~1940) 조카였던 박래원이 한 말이다.

삐라 인쇄 관계로 특별히 권동지와 밀접하였든 만큼 감회가 깊습니다. 그때 인쇄방법은 내가 책임을 지고 양재식 민창식 등 출판노조 동지들과 같이 의논해서 일을 했는데 경계가 심해서 인쇄소에 마낄 수 없고 해서 본정(本町)에 있는 앵정(櫻町)출판기계상회에서 손기계 대소형 두 대를 사고 활자는 신문사 같은 각 출판관계 동지들한테 부탁해서 수집해 갖이고 했습니다.

《조선인민보》1946년 6월 9~10일 치에 실린 좌담회에 나온다. 〈찬란한 6·10만세 당시의 투쟁보- 기억도 새로운 투사면면〉 좌담에 나온 사람은 홍덕유·박래원·양재식(楊在植)·이천진(李天眞)·조두원(趙斗元). 신문사에서는 편집주간 고재두(高在斗), 주필 임 화(林 和)와 기자 4명이 나왔다. 양재식이 말한다.

양 : 그때 권오설 동지는 공청 책임자로 신의주사건에 관련이 있어서 해외로 망명하였다고 하고 숨어 있었는데 1926년 4월 5일 이왕(李王)의 서거를 계기로 여기 앉은 박래원 동지 외 몇 분과 연락하야 「이 시기에 절대로 이러서야 되겠다 일반민중에 반제혁명 의식을 고취하는 절호의 기회이니 이때 궐기하는 것은 우리의 의무다」하며 권동지가 주장하야 실천에 옮기로 하였든 것입니다 저는 그때 공청에 있었는데 민창식 동지 외 3인이 권과 연락하야 결의하고 비밀리에 격문 삐라 같은 것을 인쇄하기로 되었었습니다 실제 일을 한 것은 박래원 동지와 나와 민창식 기타 6,7인 되었으며 일은 안국정(安國町) 35번지에 옮겨서 일을 시작하였는데 주야로 박어야 2,000매밖에 박지 못하는 손틀로 30만장을 박을 예정이었읍니다 그런데 7만 매를 박는 과정에 소리가 나서 우리들은 광목을 사다 다다미질을 하기도 하고 통수를 불기도 하고 고담(古談)을 소리 높이 읽기도 하여 소리가 밖으로 나가지 않게 하느라고 애를 썼지만 급기야 그 안집에서는 알게 되었읍니다 그래서 명함을 박는 것이라고 말하고 일을 계속하였읍니다

그런데 인쇄물 운반이 어려운 문제였읍니다 그때 마침 송호(宋虎)의 재등(齋藤)총독 암살미수 사건이 있어서 경찰의 신경이 날카로운 때라 갖다 둘 데가 마땅치 않았읍니다 생각다 못해서 차라리 그놈들이 제일 주목하는 천도교 지하실이 등하불명(燈下不明)격으로 안전하다고 공론이 되어서 그곳으로 갖다 두기로 하고 사과궤짝에 삐라를 넣고 못질을 해서 단단히 싸가지고 거리에 나가서 지게꾼을 한사람씩 사서 7만 매를 다 운반하여 손재기씨의 조력을 얻어 아까 말한 상해에서 온 삐라와 함께 10여만 장을 지하실에 넣어두었든 것입니다 그후에 또다시 민창식씨의 사랑방에서 수만 매를 더 박었는데 한 달 이상을 불면불휴(不眠不休)로 하였기 때문에 너무 피곤해서 일단 중지하였읍니다 다음에는 증거물을 없새는 방법이였는데 인쇄기 2 대는 그 마루 밑을 파고 묻어두고 활자는 녹여서 없새버렸는데 손씨 집에서 잘못하여 그만 그 삐라가 발각이 나서 먼저 박래원씨가 피검되고 나도 6월 5일 11시에 역시 잡혔든 것입니다

본사 : 그때 그 삐라 내용은 어떠했든가요?

양 : 「조선독립만세」「조선교육은 조선인 본위로」「토지는 농민에게」「산업은 조선인 본위로」「혁명가를 석방하라」 등등이었지요

다음은 격문 줄거리인데, 3·1운동 때의 독립선언문과 뚜렷하게 다르다. 그것은 우리나라 민족해방운동 싸움에 처음으로 맑스-레닌주의 방법론을 꾀하고 있다는 점이다. 그때 조선혁명이라는 것이 바로 농업혁명과 곧바로 이어진다고 했을 때 토지혁명에 대한 내댐을 속속들이 그리고 폭넓게 내세우지 못한 점이 아쉽다.

격고문(檄告文)

우리는 일찍이 민족적 및 국제평화를 위하여 1919년 3월 1일 조선의 독립을 선언했다. 우리는 역사적 복수주의를 반복하려는 것이 아니라 일본의 통치로부터 벗어나려는 것뿐이다. 우리의 독립선언은 정의의 결정이며 평화의 상징이다. 그럼에도 불구하고 제국자본주의의 횡포한 일본 정부는 학살, 고문, 징역, 교수 등의 악형을 가지고 우리를 대하고 있다. 우리는 죽음의 땅에서 헤어나지 못하여 슬픔에 눈물을 흘리고 있다. 그러나 우는 것만으로는 죽음의 땅으로부터 탈출하는 것이 불가능하므로 정의의 결합을 한층 강고히 하여 평화적 요구를 더욱더 강력하게 내걸고 싸우지 않으면 안된다. 2,300만 민족의 마음이 하나가 되어 더욱 단결하면 광포한 총검도 무서울 것이 못된다.

현재 세계정세는 식민지 민중 대 제국주의 군벌의 투쟁과 무산자계급 대 자본가계급의 투쟁으로 전개되고 있다. 제국주의 군벌에 대한 식민지 민중의 투쟁은 민족적 정치적 해방을 목적으로 하는 것이며, 자본가계급에 대한 무산자 계급의 투쟁은 계급적 경제적 해방을 목적으로 한 것이다. 그러므로 식민지에 있어서는 민족해방이 곧 계급해방이고 정치적 해방이 곧 경제적 해방이라는 것을 알지 않으면 안된다. 식민지 민족이 총체적으로 무산자계급이며 제국주의가 곧 자본주의이기 때문이다. 그러므로 현재 우리는 당면한 적인 침략국 일본으로부터 정치적 경제적인 모든 권리를 탈환하지 않으면 죽음의 땅을 탈출하는 것은 불가능하다.

형제여! 자매여! 눈물을 그치고 규탄하라! 전세계의 피압박민족과 무산자대중은 모두 함께 정의의 깃발을 들고 우리와 함께 보조를 맞춰나갈 것이며 붕괴하고 있는 제국주의의 하나인 일본지배계급도 운명이 다하고 있다는 것은 누구에게도 명백하다. 보라! 그들 관청의 기강은 혼란에 빠져가고 있지 않은가! 그들의 정당은 인간사냥의 도구

로 되고 있지 않은가! 그들의 군대는 살아있는 인간을 물고기처럼 죽이고 있지 않은가!

형제어! 자매어! 최후까지 싸워 완전독립을 쟁취하자! 혁명적 민족운동자 단체 만세! 조선독립 만세!

투쟁슬로건(엽서형 전단)

대한독립 만세!!!

조선은 조선인의 조선이다!

횡포한 총독정치의 지옥으로부터 벗어나자!

여우와 같은 일본인을 조선의 영역으로부터 구축하자!

삼천리를 광복시킬 수 없다면 2천만은 죽어버릴 것이다!

혁명적 민족운동자는 한 덩어리로 뭉치자!

대한독립운동자여 단결하라!!!

일체의 납세를 거부하자!

일본문화를 배척하자!

조선인 관리는 일체 퇴직하라!

일본인 공장의 직공은 총파업하라!

일본인 지주에게 소작료를 바치지 말자!

일본인 교원에게는 배우지 말자!

일본인 상인과 관계를 단절하자!

언론 · 집회 · 출판의 자유를!

수감된 혁명가를 석방하라!

군대와 헌병을 철수하라!

조선인 교육은 조선인 본위로!!!

보통교육을 의무교육으로!

보통학교용어를 조선어로!

보통학교장을 조선인으로!

중등 이상 학생집회를 자유로!

대학은 조선인을 중심으로!

산업을 조선인 중심으로!!!
동양척식회사를 철폐하라!
일본이민제를 철폐하라!
군농회(郡農會)를 철폐하라!

경성 서대문경찰서 경부 요시노 토조(吉野藤藏) 수기이다. 「제2차 조선공산당 사건의 검거와 전모」.

5. 거두(巨頭) 권오설의 체포

박래원을 체포하는 동시에 나는 6일 저물녘으로 박의 신문을 시작했다. 손재기 등의 공술로서 인쇄한 것을 부인하고 굳은 약속한 민창식의 이름을 내어 걸고,

"두 사람이 인쇄한 것이지 다른 놈은 전혀 관계가 없다"고 하였다. "원고는?" "그것은 상해의 김찬이 집필한 것이다. 김모(평북출신)가 비용 백 원과 같이 가지고 온 때문에 하룻밤 자고, 이미 퇴선(退鮮) 하였다"고 하였다.

"이놈, 거짓말 마라. 민창식은 인쇄는 3,4인이 하였고, 비용은 6백 원 정도라고 한다. 제1 김찬의 문장이라는 것은 거짓말이고 또 김모가 왔다는 것은 민은 말하지 않았다. 그러면 김모라는 자는 아무데도 숙박한 행적이 없지 않은가?"

이때 박래원은 머리를 수그리고 한마디의 말도 없었다. 나는 철야하면서 추구한즉 박의 번민은 점점 심하여지는 태도였다. 그리하여 7일 오전 10시에 겨우 입을 열었다.

"동지와 굳은 약속을 깨뜨리는 것은 죽기보다 괴롭다. 아니다. 죽기를 결심하였다. 실은 원고의 집필자는 권오설이요, 6백 원도 권에게서 받았다."

"무엇! 권오설! 그러면 권은 어디에 있는가?"

"장사정(長沙町, 목욕탕) 곁의 잡화상 집에 있다." 이때 미소하였다. 오늘까지 이와 같은 낯을 보인 적이 없었다. 즉시 유(劉) 형사부장을 자동차로 보내었다. 그 중도 국장 취체의 예행연습으로 통행금지를 겨우 허(許)하여 가지고 간일발(間一髮)의 곳에서, 만일에 일초라도 지체되었더라면 실패하였을 것이다. 잡화점 앞에 내리는 형사 일대, 바로 이때 잡화점으로 상복(喪服)에 백립(白笠)으로 낯을 가리고 나오는 것이다. 유 형

사부장은 소리쳤다. 돌아서는 남자.

"어, 유상, 오래간만이요, 어디로……"

어디까지나 태연한 태도를 취하는 권은 손을 내밀어 유부장에게 악수하였다.

입장이 딱한 유 형사부장은 할 수 없이, "사실은 권상에게 일이 있어서."

이말에 대해서 추호도 낯빛을 변하지 아니하였다. 이에서 방안을 살펴본즉 고려공산
당 간부 박민영(朴珉英)도 있었으므로 함께 동행하였다. 증거될 만한 것은 발견하지 못
하였다.

그러나 권오설 손에 쥐고 있는 책보자기를 헤쳐본즉 안동현 영운송점(安東縣 永運
送店)의 발송의 하물인환증이 나타났다.

"이것은 무엇이요?"

"가재도구요."

권오설은 신변이 위험함을 느끼고 상복을 하고 피신하려고 떠나는 길이었다. 개가를
부르는 형사의 일대는 권, 박을 데리고 귀서(歸署)하였다.

6 · 10투쟁지도특별위원장 권오설이 징역 5년을 받은 것은 1928년 2월이었다. 왜경
들 마음에 찰 때까지 빨래처럼 꼭꼭 비틀어 쥐어짜는 이른바 예심 2년 동안 끔찍한 밥받
이와 족대기질을 겪은 권오설이 숨진 것은 서대문형무소 독방에서였다. 족대기질 뒷덧
으로 얻은 폐렴 탓이었으니, 1934년 4월 17일이었다. 향수 34.

4. 조선의 모스크바 안동풍산 살림꾼 2차조공 차석비서

이 준 태 1892~1950(?)

　　제군은 용감이 잇고 승산이 잇도다 건강하라 건강하라 여(余)는 다만 제군에게 건강을 빌 뿐일 줄로 사(思)하노라 그러면 중언부언이 무엇이 요하랴마는 한갓 열광적 환희를 금치 못하면 금회 이용된 하기(夏期)를 엇지 인공으로 인(認)할 바리오 황천(皇天)이 특히 기여하신 기회라 인함이 타당하도다 제군이여 제군의 행하는 바는 인도니라 고독하나마 넘어질가 염려말고 뛰여라 제군의 뛰는 곳에는 동아일보 아니 적어도 2천만 민족의 후원이 잇다 제군의 표방하는 바는 정의니라 청량하나마 부르지져라 반드시 16억 인류의 화답이 잇스리라 제군의 다니는 길이 암흑할지나 문화의 서광이 뒤에 빗칠지며 제군의 이르는 곳에는 악마의 장애가 잇슬지나 희망의 위자가 자족하리로다 아- 사랑 만은 제군? 책임 만은 제군? 그 사랑 큼이 무엇만 하던가 2천만 민족의 가삼에 넘쳐 모여든 한 덩어리? 그 책임 중함이 무엇만 하던가 적고 크고 3천리 강산 무거움 그대로?

《동아일보》 1920년 7월 17일 치에 실려 있는 학암 이준태 글이다. 「학우회주최순회강연변사제군」.

　　그러나 제군이 신도(新到)에 순회에 불리한 홍수는 무삼일고 두렵건대 창천(蒼天)

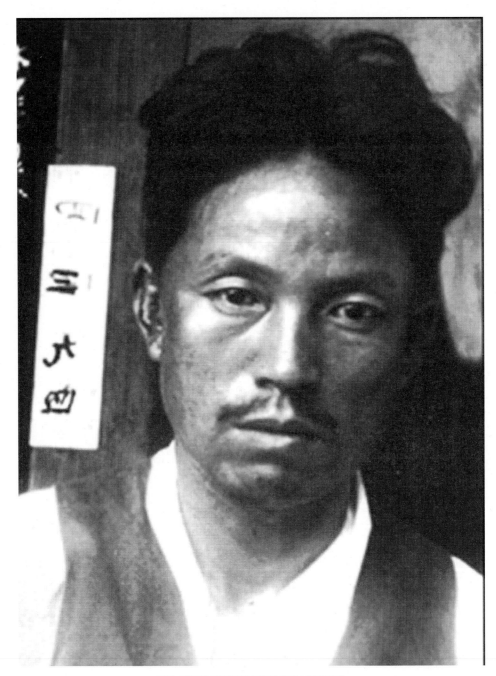

옥중 이준태. 족대기질 당한 낯빛이 뚜렷하다.

이 동정이 적음으로 각처에 고통을 방해코자 하심인가? 아닐 것이다 추상컨대 창천이 제군의 용감을 단련키 위하야 물질상 노도광란을 시(試)하심이 아니던가 아- 제군이여 발섭(拔涉)의 간고(艱苦)를 피치말어라 붕제괴도(朋堤壞迌)와 노도광란(怒濤狂亂)이 비록 불편하나마 가애(加愛)로운 고국강산이 아닌가?

그런데 필자는 제군에게 용서를 바라노라 무엇인고? 여가 만공(滿空)의 성의를 다하야 제군을 사랑하는 내막을 스사로 살펴보자 상상컨대 제군을 사랑함은 곳 동포를 사랑함이오 동포를 사랑함은 곳 (나)라는 자를 사랑함이니 (나)란 자를 사랑하랴는 내가 무엇을 하고 잇나 정말 양심에 붓그러워 묵연히 제군을 향하야 일조(一條)의 사과가 업슬 수 업다 아- 제군이여 용서하라 여는 불행히 질병에 포로되야 호올노 누어 가진 생각을 다할 때에 대저 나의 몸과 나의 사회가 아울나 고통 만음을 비관하며 무정한 빈대벼룩과 싸홈하야 지리한 장마를 보낼 뿐이엿다 그러나 고통 마는 나의 사회를 위자하며 암흑한 나의 사회를 깨트리는 제군의 부르지즘이 귀에 들니고 이마살을 찌푸리던 장마 끗남에 선명한 힛빗이 제군의 운동하는 문화서광과 함께 시선에 부듸친다 이로조차 병든 나는 취한듯 밋친듯 쾌감이 용출하야 소생된 기분을 기회하야 두어 말노 제군에게 충정을 표하며 겸하야 건강을 축하노라

이준태(李準泰)는 1892년 경북 안동군 풍산면 상리동 우렁골 싱구실에서 태어났다. 별호를 학암(鶴巖)·일강(一岡)·일봉(一烽)이라 하였고, 권 혁(權 赫)·권 철(權 哲) 같은 딴이름도 썼다.

임진왜란 때 안동 구담(九潭)싸움에서 순군한 의병장 이홍인(李洪仁) 14대손으로, 예안 이씨(禮安李氏) 이수학(李洙學)과 어머니 안동 권씨 사이 외아들이다. 4살 때 아버지가 돌아가고 할아버지마저 돌아간 게 19살 때이니, 홀어머니와 단 둘이 살아가는 그 삶은 스산한 것이었다.

금곡측량학교 세부측량과정 반년짜리를 마친 것이 1909년이니, 18살 때였다. 이준태보다 다섯 살 밑인 '견결한 볼셰비키 혁명가' 권오설도 같은 측량학교를 다녔는데, 이 측량학교는 안동 권씨 집안에서 세운 것이었고, 이준태 외가와 처가도 안동 권씨였다. 대구협성학교를 마치고 서울로 올라간 이준태가 조선총독부 경성공업전습소 금속공학과를 나온 것은 1913년, 22살 때였다. 한 살 위인 조선공산당 초대 책임비서 김재봉이 함께 들어갔던 같은 학교 염직과를 나온 것은 그보다 한 해 뒤였다. 조선총독부 임시토지

조사국 기수보로 다니다가 내쫓긴 것이 1918년 끝 무렵이니, 일제가 조선 1차산업이자 먹줄인 농업을 손아귀에 넣기 위하여 벌였던 토지조사사업이 마무리될 때였다.

13원짜리 월급쟁이로 애옥살이를 꾸려가던 '조선인 고원(雇員)' 이준태가 민족해 방투쟁 가시밭길에 두 팔 걷어붙이고 나서게 된 것은 1919년 가을이었다. 안동 와룡면 중가동 출신인 안상길(安相吉, 1892~?)이 경성 청진동 진일여관에서 같은 예살라비 벗 인 김재봉과 이준태를 만나면서부터였다. 상해임시정부 교통부 손안 경상북도 교통부 장 자리를 맡은 안상길이 지니고 온 《독립신문》·「대한민국임시정부헌법」·「교통부규 칙」·「애국금수합위원사령서」·「애국금영수증」 같은 것을 보게 되었고, 임시정부에 보 낼 '애국금'을 모아들이기로 한다. 안상길은 위 문서들을 정인 하성경(河成卿)이 안동 시내 한복판에서 꾸려가던 사회주의운동가들 비트 금남여관에 숨겨두었는데, 왜경한 테 그만 뽕나버린다. 안상길은 징역 1년, 김재봉은 징역 6월을 받게 되니, '조선독립단사 건'이었다.

미개한 동포를 씨우라 그네는 말을 ㅎ고 사지(四肢)를 움즉이지마는 제군(諸君)이 ㅇ 니면 써ㄱ은 가지가 될 것이오 또는 그네가 아니면 제군은 우익(右翼)업는 학(鶴)이 될 것이다 환언(換言)ㅎ면 부(付)ㅎ랴 제군과 그네의 생명은 연쇄적 관계가 잇다 엇지 순 간인들 등한(等閒)에 부(付)ㅎ랴 그러고 제군의 열변이 도(到)ㅎ쳐는 눈에서 서광이 빗 취고 귀에는 비달족의 세포 쉬노는 쇼리가 들릴 것이다 그것만으로도 족히 노고를 망 (忘)ㅎ고 쾌락을 각(覺)ㅎㄹ 것이 안인가 차(此)는 실(實)노 활극이며 희극이다 차로부터 단련ㅎ는 기예는 가히 출중한 배우가 되고야 말며 우주의 생명에 합일ㅎ고야 말리로 다 문득 지구라는 무대에 각양배우가 백중을 다토을 셕 **비달파**라는 일행(一行)이 특수 한 기능을 발휘ㅎ야 적적(嘖嘖)한 영예를 횡으로 4만리, 종으로 천만대에 소개홀가 ㅎ노 라 학생제군이여

《조선일보》 1921년 6월 8일 치에 실린 「불원(不遠)한 하기 휴학과 학생제군」이라는 글이다. 여름방학을 맞은 학생들에게 강연단을 짜서 덜 깬 동포를 깨우치기 위하여 농 촌으로 가라는 것이었다. 여기서 이준태는 '배달파' 석자를 굵게 씀으로서 배달겨레 자 존심을 복돋워야 한다는 것을 그루박고 있다.

「조선노동공제회」·「조선노농총동맹」·「무산자동지회」 상임위원으로 기운차게

움직이던 이준태가 꼬르뷰로 내지부에 들어가 「신사상연구회」를 읽어낸 것은 1923년 7월이었다. '신사상인 사회주의사상을 연구하자는 것을 목적으로 삼고, 그것을 달성하기 위해 강습회와 토론회를 가지며 도서와 잡지를 발간하자는 활동방침을 정한 신사상연구회'는 경성 낙원동 173번지에 바탕자리를 두었는데, 일으킨 이가 16명이었다.

홍증식(洪璔植) · 홍명희(洪命憙) · 윤덕병(尹悳炳) · 김병희(金炳僖) · 이재성(李載成) · 이승복(李昇馥) · 조규수(趙奎洙) · 이준태 · 강상희(姜相熙) · 구연흠(具然欽) · 홍덕유(洪悳裕) · 원우관(元友觀) · 박돈서(朴敦緖) · 김 찬(金 燦) · 박일병(朴一秉) · 김홍작(金鴻爵).

「신사상연구회」라는 사상 갈닦음 동아리가 「화요회」라는 싸움 동아리로 바뀐 것은 1924년 11월 11일이었는데, 민족해방을 위한 실제 운동으로 옮겨가야 한다는 김재봉 · 이준태 · 김 찬 · 윤덕병이 내세우는 운동론이 먹혀든 것이었다.

1923년 6월 경성 광희문 밖 남산상회 경성고무공장 여자직공들이 동맹파업을 일으킨다. 까닭 없이 품삯이 깎인 것을 따지고 들며 동맹파업을 일으켰으나 조선 사람들 모둠살이에 제대로 알려지지 않은 가운데 여직공들이 외롭게 앙버티는 것을 알게 된 이준태는 윤덕병 · 김남수(金南洙)와 함께 두 팔 걷어붙이고 나선다. 「경성고무 여공 동맹파업에 대한 전말」이라는 글을 써서 78군데 노동 동아리에 보낸 것이 7월 10일이었다. 그때에 김경묵(金敬黙)이라는 어용노조 프락치가 경성여자고무직공조합을 「조선노동연맹회」에서 나오게 하려는 쑹쑹이를 꾸미고 있었다. 이것을 알게 된 김남수 · 김홍작 · 최완(崔 完) · 김상진(金商震)이 찾아가 조합 공금을 가로챈 것을 찾아내서 따지고 들던 끝에 김경묵을 두들겨 패는 일이 일어났다. 왜경에 붙잡혀간 사람들은 출판법 위반이라는 죄목으로 기소되었는데— 1심에서 이준태 · 윤덕병 벌금 80원, 김홍작 징역 10월, 최완 · 김상진 징역 6월을 받았다. 항소를 한 윤덕병 · 김홍작 벌금 30원, 김남수 60원, 최완 무죄를 받았는데, 이준태와 김상진은 항소를 하지 않았다.

이준태씨 설화(舌禍)

물치로동동맹에서

로동문뎨로 강연하다가

무산자동맹회 간부 리준터씨는 강원도 양양군 물치로동동맹회 주최로 로동문뎨에 디한 강연을 하든 중 무산자와 유산자는 형뎨간이라도 뎍이라는 말을 하얏다고 당디 경찰

서에 검속되야 구류 십일의 처분을 당하얏다더라

《조선일보》 1923년 9월 3일 치 기사이다. 「신사상연구회」를 세우자마자 경성고무공장 여자직공파업에 편들어 싸우다가 벌금 80원을 문 다음 곧바로 강원 양양에 있는 「물치(沕淄)노동동맹회」를 찾아가 강연을 하다 구류를 살게 된 것이니, 신 벗을 사이 없이 뛰어다녔던 이준태였다.

"무산자(無産者)와 유산자(有産者)는 형제 간이라도 적(敵)이다."

왜경이 트집 잡았던 대목인데, 여기에 그때 이준태 사상 고갱이가 들어 있다고 보인다. 프로레타리아트와 부르주아지를 똑똑하게 가름으로써 조선혁명이 나아갈 길을 밝힌 것이니, 무산계급 해방운동으로 나가야 된다고 보았던 것이다. 이준태는 아마도 옛 살라비 적부터 벗인 김재봉이 지니고 온 『볼셰비키혁명소사』라든가 『변증법적유물론』 같은 책들을 보았을 것이다. 그때에 이르쿠츠크파 고려공산당에서는 그런 책들이 조선말로 옮겨져 나오고 있었다.

> 프로레타리아가 생활하여 가기 위한 모든 조건은 부르조아 이익과 근본적으로 모순되며 배반된다. 따라서 프롤레타리아가 완전히 해방될 때까지는 투쟁하게 된다. 더우기 자본주의가 발달되면 될수록 수공업자와 가내노동자·농민 등은 몰락되어 그 수적 세력은 확대되는 데다가 그 비참한 생활수준도 동일화되어지는데 따라서, 여기에 자본주의 제도에 대한 공통한 사고방법이 나오게 되어 이해가 서로 일치하는 한 개의 계급이 구성된다.

1920년에서 1926년까지 우리나라에 들어온 신문·잡지들과 단행본들에는 다음과 같은 것들이 있었다고 한다.

신문·잡지 :
《동아공산신문》·《노동신보》·《노동세계》·《붉은별》·《붉은기》·《선구》
《노동운동》·《효송》·《전위》·《여자해방》·《조선혁명》

단행본 :

『공산당 선언』·『칼 맑스』·『레닌』·『러시아공산당 강령』·『우리 무산계급의 진로』
『노동조합 이야기』·『새 세상이 되면』·『공산독본』·『토지문제』
『세계 무산자를 단결시켜라』

《동아일보》1924년 10월 21일 치 기사이다. 「풍산소작결의-3천여명의 총회에서」.

　　경북 안동군 풍산소작인회에서는 8월1일 정기총회가 연기되야 지난 14일 오후 1시
에 풍산시장에서 열이엿는데 출석한 회원이 3,500여 명에 달하엿스며 남녀 방청객이
수천명에 달한 성황 중에 경찰서 검사국 형무소 뒤푸리가튼 서무부의 보고와 하회유씨
일문 기타 다수 악지주의 태도에 대한 소설이약이 가튼 조사부의 보고와 급 재무부의
경과보고가 잇슨 후에 아래와 가튼 임원개선과 결의가 잇고 신흥청년회를 비롯하야 수
삼인의 축하문을 낭독한 후 풍산소작인회 만세 삼창으로 오후 6시 반에 폐회하엿다고
　　결의사항
　　一. 소작료는 추기(秋期) 작물은 전(田) 4할 이내 답(畓) 4할 5분 이내 춘기(春期)
작물은 전 3할 이내 답 3할 이내로 하고 답에 대하야 춘기작물 분배 관습이 무(無)한
지방에는 물론 전례에 의할 사
　　一. 조선노동총동맹에 가맹할 사
　　一. 집행위원 5인은 증가할 사
　　一. 이택렬(李宅烈) 김점동(金點童) 김근철(金根哲) 노성수(盧聖守) 김영호(金永
鎬) 김경수(金景洙) 김인수(金麟洙) 등을 출회(黜會)할 사
　　一. 소작권 환수의 건과 재해대책의 건은 집행위원회에 일임할 사
　　一. 적의(適宜)지방에 출장소를 설치할 사
　　집행위원 개선
　　이상룡, 신태우, 권영호, 이회승, 권대형, 김춘근, 김선규, 김중동, 이수종, 권병남, 이
준덕, 김조동, 한한성, 모석순, 이만식, 김창수, 최영수, 최병오, 김주섭, 이준태, 김익섭,
안상길, 김문수, 이우호, 김필진, 안원호, 주상하, 이진구, 김낙한, 김재권, 조용락, 김지
현, 김진섭, 이태희, 이회복(풍산)

이준태가 대중얼개 목대잡이로 나서는 맨 첫 모임인데, 옛살라비 풍산 저자에서엿

다. 이제도 면 낱자리 사람 수가 5~6,000명에 지나지 않으니, 3,500여 명이라면 엄청난 숫자이다. 아마도 풍산면만이 아니라 다른 면 소작인들까지 많이 모여들었을 것이다.

대중운동에서 '쪽수'는 아주 대모하다. 사람들을 얼마나 많이 불러 모을 수 있느냐에 따라서 그 운동 두럭이 가진 바 힘이 드러나고, 그 두럭을 이끌어가는 목대잡이들이 지닌 힘 크기로 돌아가게 된다. 「풍산소작인회」를 얽이잡아나가는 데 드러난 이준태 깜냥은 이때부터 계급해방을 속내로 하여 민족해방운동으로 나아가는 밑바탕 힘이 된다.

안동군 내 각 단체 급 유지 제씨는 지난 7일 오후 7시에 간친회를 개(開)하엿다 함은 기보(旣報)한 바어니와 동회 석상에서 권태석(權泰錫) 권오설 외 제씨의 발기로 화성회를 조직하기로 결의하엿는데 지난 8일 오전 11시에 동지(同地) 금남여관 내에서 20여 명이 모히어 성화회(星火會, 화성회의 오기) 창립총회를 개하엿는데 결의사항과 피선 집행위원 씨명은 여좌(如左)하다고(안동)

집행위원

김원진(金元鎭), 이준태외 7인

결의사항

一. 매월 월례회 개최의 건

二. 로농운동의 건

三. 청년운동의 건

四. 형평운동의 건

五. 로동공제회의 건

六. 도서부 설치의 건

《동아일보》1925년 1월 12일 치 '화성회 창립'을 알리는 기사이다. 지난해 경성에서 짜여진 「화요회」 안동지회 틀로 만들어진 「화성회(火星會)」였으니, 「화요회」를 뒷받침하고자 안동 사람들만으로 얽이잡아낸 것이었다. 「화성회」를 세우자마자 연 강연회에서 이준태가 한 강연 제목은 '로동운동의 의의'였다.

1925년에 들어서면서부터 이준태의 움직임은 빨라지기 비롯하니, 경성과 안동을 오가는 것이었다. 친일 몸짓을 보이는 차천자(車天子) 보천교 성토대회를 안동에서 열었고, 조선공산당 창립대회 준비그룹이 펴내려는 사회주의 잡지《화화(火花)》엮은이로

이준태가 채잡았던 1924년 조선노농총동맹 결성 기념사진.

들어가 일하였으나 왜경 쌩이질로 펴내지는 못하였다. 조선공산당 1차당에 들어간 것은 5월 쯤으로, 옛살라비에서 화성회를 얽이잡아내는 일로 바빴던 탓이었다. 8월 경북 예천에서 일어난 형평사 싸움을 뒷받침하였고, 8월 28일 풍산읍 안교동 풍산학술강습소 자리에 풍산소작인회관 낙성식을 가졌는데, 모여 든 사람이 5,000여 명이었다. 손 떼는 잔치를 마친 사람들은 적색기와 풍물패를 앞세우고 풍산 저잣거리를 누비며 만세시위를 벌였다.

이즈음 안동 테두리에서 벌어진 두 가지 사달이 있었으니, '예천사건'과 '도산서원사건'이다.

'예천사건'이란 것은 1925년 8월 9일 예천형평분사 창립 2주년 기념식에 참석한 예천청년회장 김석희(金碩熙)가 "종래 백정계급을 압박한 것은 사회의 죄도 아니며 압박자의 죄도 아니다. 그때의 국법으로 제정된 어쩔 수 없는 상태에 있었다"고 하자 형평사원이 이에 대해 폭언을 했다. 이 소식을 전해들은 농민들과 일반인 수천 명이 형평분사를 습격한 것을 말한다.

백정계급 해방운동 두럭인 「형평사(衡平社)」가 경남 진주에서 짜여진 것은 1923년 4월이었다. 형평사 예천분사가 읍내 둔치에서 창립 2주년 기념강연회를 열었는데, 여느 사람들과 백정들 사이에 싸움이 일어나 백정들이 죽고 다치는 일이 일어났다. 이 사달을 풀어내기 위하여 바쁘게 움직인 것이 김남수와 이준태였다. 안동에서 「풍산소작인회」 창립기념식이 열렸을 때 경북형평지사 대표가 참석하여 축사를 하였다.

'도산서원사건'이 일어난 것은 1925년 11월이었다. 이퇴계(李退溪)를 모신 도산서원(陶山書院)에 딸린 논밭에 목을 매고 있던 소작인들이 소작료를 제때에 내지 않고 거듭된 다그침에도 따르지 않자 도산서원 유사(有司)들이 소작인들을 불러다 볼기를 친 것이었다. 이준태가 목대잡는 「풍산소작인회」와 「화성회」가 앞장서 맞받아쳤으니, 도산서원철폐운동이었다. 이 운동은 홀되게 서원 하나를 없애자는 것이 아니라 아귀세게 남아 있던 봉건 질서에 맞부딪쳐가는 계급해방 싸움이었다.

이준태가 경성으로 올라간 것은 1925년 11월 가운데 때였다. 조공 1차당이 무너지면서 갈피 없이 쫓기고 있던 김재봉이 급하게 불러올렸던 것이다. 김재봉은 이준태한테 조공 살림살이를 맡겼다. 조공2차당이 짜여진 것은 1926년 2월 가운데 때였는데, 진주에서 올라온 강달영이 책임비서이고 이준태는 차석비서를 맡았다. 조공2차당에서는 경성 테두리에 9개 야체이카를 두었고, 이준태는 「조선노농총동맹」을 맡는 제5야체이카였다. 또한 학생·노동·언론기관·사상·여성 다섯 가지 프락치 얽이를 두었는데, 이준태가 맡은 것은 노농부와 언론기관부 두 군데였다.

이준태와 권오설·강달영·홍남표·홍덕유가 처음 일으키려고 했던 커다란 시위운동 날짜는 메이데이 기념일인 5월 1일이었다. 그랬는데 4월 5일 대한제국 마지막 황제 순종이 돌아갔고, 그 인산날인 6월 10일에 인민봉기를 채잡기로 싸울 꾀를 바꾸었던 것이다. 6·10만세운동을 채비하던 권오설이 왜경한테 붙잡힌 것은 6월 6일이었다. 이준태도 붙잡혔으나 땅불쑥한 점을 찾아내지 못하자 6월 13일 풀려났다.

이준태가 다시 붙잡혀간 것은 그로부터 8일 뒤인 6월 21일 하오였다. 1926년 7월 27일 종로경찰서·서대문형무소·경성지방법원에서 있었던 피의자 신문조서를 간추렸다.

문 : 성명, 연령, 신분, 직업, 주소 및 본적은?

답 : 성명 이준태, 연령 35세, 신분 양반, 직업 무직, 주소 경성부 견지동 88, 본적 경북 안동군 풍산면 상리동 364.

문 : 가정 및 생활 상황 여하 ?

답 : 가족은 모, 처, 자식 넷이며 향리에서 자작농업을 하며 간신히 생활하고 있습니다.

문 : 이번 조선공산당 조직의 동기를 말하라.

답 : 현재 조선공산당의 조직은 지난해 4월 조직된 조선공산당의 후신으로서 곧 지난 봄 창립된 조선공산당은 지난해 11월 말경 신의주경찰서에 검거되어 주요간부가 도주하기도 하고 체포되기도 하여 후사를 도모할 사람이 없었습니다. 때마침 지난 11월 말이나 12월 초경 내가 김재봉의 잠복처인 돈의동 번지 미상의 김미산(여) 집에 갔었던 바, 마침 그때 김찬이 와 있었는데 이번 신의주에서 사건관계자가 검거되었으니 우리들도 빨리 도주하지 않으면 안된다, 따라서 후사를 도모할 사람이 없으니 강달영·홍남표·이봉수·김철수·이준태의 다섯으로써 인계받아 처리해 달라고 그네들 둘이로써 논의하고 있었습니다. 그곳에는 나뿐이었습니다만 다른 네 사람도 물론 승낙한 것으로 알고 있으며, 나 역시 즉석에서 승낙하였습니다. 그때쯤 김재봉과 김찬은 나에게 인계 후의 경과를 잠시동안 보살펴 시기를 봐서 도주하라고 얘기했었습니다마는 김재봉은 체포되었고 김찬은 12월에 상해로 도주하였습니다.

문 : 6월 10일 사건의 동기 경과를 말하라.

답: 상해 거주의 김찬으로부터 이왕(李王) 홍거(薨去) 후 1개월도 경과하기 전에 홍덕유 앞으로 중앙집행위원회에 교부해야 할 통신이 있었던 것을 봤습니다. 이것은 내가 강달영으로부터 얻어 볼 수 있었던 것입니다. 그 개요를 말씀드리면 이번에 이왕 전하가 홍거했으므로 조선인은 누구랄 것 없이 그 비통함이 절정에 달했다, 따라서 이 절호의 기회를 이용하여 조선 내에 소란을 일으켜 민족적 봉기를 일으키지 않으면 안 된다, 그러므로 이 기회에 공산주의를 철저히 선전하지 않으면 안되므로 표어도 이번 인민의 절규·봉기가 단지 이왕의 죽음에 의해서만은 아닌, 먹을려니 먹을 것 없는, 굶주림에 견뎌내지 못하는 이 비통함의 극치인 비애를 충분히 표현한 표어를 작성하라는 의미가 담겨 있었습니다.

문 : 조선공산당 설치의 참된 목적은 무엇이었나?

답 : 현대의 사회제도에 있어서는 만민이 평등한 생활을 하지 못하고 자본가의 방자한 유린을 방치할 수밖에 없는 상태가 현출(現出)되므로 빈부의 차별이 없는 생활을 위해서는 현 사회제도를 수정하든지 아니면 파괴하든지의 방법을 취하지 않을 수 없는 필요성을 통감하고 동지가 모의하여 조선공산당을 조직하였으므로 그 제도는 주로 러시아의 공산정치를 모방한 것으로서 규칙의 기안은 권오설이 이를 담당하였습니다. 또한 이봉수도 기초위원의 한 사람이었으므로 필경 기초위원은 권오설과 이봉수의 2명인 바, 그 성안에 대하여 우리들 간부는 이를 통과시켰습니다.

문 : 조선공산당은 우리 제국의 국체를 변혁하고 사유재산제도를 부인할 목적으로 조직된 것임이 틀림 없느냐?

답 : 그렇지 않습니다. 오로지 사유재산제도를 부인하고 현대사회에 공산제도를 시행하는 것만을 목적으로 하여 조직된 것입니다.

문 : 피고는 어째서 사유재산제도를 부인하고 공유재산제도를 시행하려고 하는가?

답 : 현사회에 있어서는 다수의 무산자가 소수의 자본가에 압박당하여 비참한 처지에서 신음하고 있는 바, 이것은 필경 사회가 사유재산제도를 시인하는 결과이므로 나는 이것을 타파하기 위하여 공산제도를 시행하고자 하는 것입니다.

문 : 공산제도란 어떤 것이냐?

답 : 그것은 요컨대, 모든 것을 사회의 공유로 하고 개인의 사유를 불허하는 제도입니다.

문 : 조선노농총동맹 · 풍산소작인회 · 화요회 · 정우회는 어떤 목적으로 조직했느냐?

답 : 조선노농총동맹 · 풍산소작인회는 노농민 상호의 부조, 생활향상을 목적으로 하며, 화요회는 무산자 계급의 단결, 생활향상을 목적으로 하여 조직된 것이나 화요회는 그 후 동일 목적 하에 정우회를 조직하였습니다.

문 : 피고가 생각하는 소위 공산당이란 어떤 의미의 제도이냐?

답 : 나는 천연물 · 생산기관 · 생산물 등은 모두가 사회 공유로 하고 생산물은 각자에게 평등하게 분배하는 제도로 생각하고 있습니다.

이준태를 비롯하여 조선공산당1 · 2차사건으로 얽혀 들어간 103명에 대한 예심결정이 내려진 것은 붙잡힌 지 아홉 달이 지난 1927년 3월 31일이었다. 이른바 '치안유지법 위반'이라는 죄명 아래 다음 해까지 기나긴 재판이 이어졌는데, 그러는 가운데 재판 역사에서 드문 사달이 일어난다. 권오설 · 강달영 · 이준태 · 전정관 · 홍덕유 5명이 '폭행 능학독직죄'라는 이름으로 왜경을 고소한 것이 그것이었다. 왜경이 독립운동가들을 사납게 두들겨 패고(폭행), 부끄러움을 느낄 만큼 모질게 굴고(능학), 맡은바 권리를 넘치게 썼다(독직)는 것으로, 벼랑 끝에 몰린 주의자들이 써 볼 수 있는 슬픈 앙버팀이었다.

1927년 9월 13일부터 48차례나 이어진 재판이 끝난 것은 1928년 2월 14일이었다. 김재봉 · 강달영 6년, 권오설 · 이준태 5년이었다. 《별건곤》 1930년 9월호에 실린 「옥중소식」 이준태 편이다.

평소에도 침묵과언한 그는 재감중에도 역시일양(亦是一樣)인 까닭에 누구와 무슨 이약이하는 일도 별로 업다고 한다. 독서도 별로 하는 것이 업고 일은 예의 그물쓰기라는데 형기 5년 미결기 6개월 통산을 하고 사(賜)까지 먹고 보니 출감기는 명년 5월 중순경인 듯.

이준태가 서대문형무소를 나온 것은 1930년 10월 28일이었다. 인사동 락세여관에 머물다가 예천 거쳐 옛살라비로 간 것은 11월 8일이었다. 나들이조차 마음대로 못하는 요시찰인으로 납죽 엎드려 있던 그가 풍산소작인회관 맞은편에 동일상회라는 잡화가게를 연 것은 1940년쯤이었다. 오미동에 살던 김재봉이 이따금 장터에 나왔다가 이준태를 만나고 갔는데, 김재봉 손자인 김 윤은 말한다.

"내가 상경하기 바로 전(1942년쯤)에 할아버지 손잡고 풍산시장에 나왔는데, 할아버지께서 어떤 가게에 들러 어른께 '이준태 선생님'이라면서 인사를 시켰다. 그 당시 가게는 지물포로 기억된다."

이준태 장손인 이헌붕(李憲鵬, 1944~)은 말한다.

"할아버지는 고향에서 다시 왜경에게 잡혀 사형언도를 받고 안동형무소에 계셨는데, 사형집행 전날 해방이 되어 형무소를 나오셨다."

할머니한테 어렸을 때 들었다는 것이다. 출옥 뒤 이준태 움직임을 살펴볼 수 있는 아주 중요로운 증언인데, 안동형무소 적발이는 6·25 때 다 타버렸다.

8·15를 맞은 이준태는 셋째아들에게 동일상회를 맡기고 서울로 올라갔다. 이제 서울 노원구 월계동인 경기도 양주군 노해면 월계리 각심절[恪心寺] 안골에 머물렀는데, 매일 미아리 삼거리까지 시오릿길을 걸어 나가 우이동에서 오는 버스를 타고 시내로 나갔다고 한다. 걸음걸이가 무척 빨랐고, 장 서류가방을 들고 다녔으며, 신문을 꼭 가져왔다고 한다. 1945년 12월 「전국농민조합총연맹」 결성대회에서 안동 대표로 들어가 검사위원이 되었는데, 여기까지가 이준태 공적 삶 모두이다. 조공이나 남로에도 이름이 나오지 않으니, 또한 '콤그룹 독재'에 밀려난 것일까? 김재봉·권오설·김남수·이준태는 '조선의 모스크바'인 '풍산 4인방'이다.

옛살라비로 돌아온 것은 6·25가 터진 바로 뒤였다고 한다. 한 달 반 남짓 안동을 손에 넣었던 인민군이 북으로 올라갈 때였다고 한다. 집 툇마루에서 맏며느리 정정숙(鄭貞淑)이 빚은 인절미 한 접시를 맛있게 먹은 다음 맏손자를 데리고 집을 나섰다고 한다. 그리고 그것이 마지막이었다. 안동에서 가장 큰 학가산(鶴駕山)을 넘다가 미군 비행기가 퍼부어 대는 폭탄에 맞아 맏손자와 함께 돌아갔다는 것.

남겨진 식구들 슬픈 이야기가 있다. 맏아들은 1948년 음 7월 19일 우익들에게 총 맞아 돌아갔고, 둘째아들은 서울서 한강다리를 건너다가 무너지는 다리와 함께 저뉘로 갔다. 셋째아들 또한 우익들에게 괴로움을 받다가 집을 나갔다가 돌아갔다.

조선공산당사건 변호인단 가운데 한 사람이었고 이승만 정권에서 검찰총장과 법무장관을 한 이 인(李 仁)이 한 말이다.

경부선 기차표를 서울서 같이 샀는데, 공산주의자는 부산표를 사고 민족주의자는 대구표를 샀다. 서울서 부산까지와 서울서 대구까지는 3분의 2가 같이 간다. 공산주의자는 동승한 민족주의자를 종착역인 부산까지 어떻게든지 끌고 가려고 노력했고, 민족주의자들은 동승한 공산주의자를 대구에서 하차하게 하여 부산표를 무효화시키려고 힘썼다.

5. 박헌영 왼팔이었던 공산당의 조조

홍 증 식 ^{1895~미상}

서울에 있는 조선공산주의운동 열성분자들(약60명)은 지난 9월 8일에 시내 계동 어느 집에서 모이엇다. 바로 말하면 이 회합은 장안삘딍 「조공당」에 속한 동모들이엇다 이 모임은 새삼스럽게 처음 모인 것이 아니고 전기 「조공당」이 8월 24일에 해체를 결정하엿스나 여전이 당의 경성지구이니 공청이니 하는 조직을 가지고 잇는 동시에 당원들은 당면문제 해결을 위하야 자조 모이엇든 것이다 이런 회합을 「열성자대회」의 성질로 모이엿다 한다 결국 9월 8일에 모인 것도 이러한 성질의 열성분자 회합이엇스나 거기 한가지 다른 점은 이 회합에 「조선공산당 재건준비위원회」를 대표하고 박헌영 동모가 참가한 것이엇다

필자는 이 회합에 참가한 한개 당원으로써 이 회합의 경과를 간단이 보고하는 것이 통일된 당이 나온 오늘날에 잇서서 의미가 적지 안타고 보는 까닭이다 웨 그러냐 하면 이 회합이 계기로 되여 운동의 통일이 더욱 급전직하로 발전되엿다고 볼 수 잇기 때문이다

이 회합에는 장안삘딍 「조공당」의 지도자들은 모다 참석하엿다는 점을 말한다 이 영(李 英)·최익한(崔益翰)·정 백(鄭 栢)·정재달(鄭在達)·하필원(河弼源)·이승엽(李承燁)·이정윤(李廷允)·현칠종(玄七鐘)·안기성(安基成)·이우적(李友荻)·김상혁(金相赫)·정종근(鄭鐘根)·강병도(姜炳度)·조두원(趙斗元)·권오직(權五稷)·최원택(崔元澤)·이청원(李淸源)·김두현(金斗鉉)·홍인의(洪仁義)·박헌영(朴

신사상연구회, 화요회, 고려공산청년회부터 민주주의민족전선까지
박헌영 왼팔이었던 홍증식.

憲永) 외 전부 60여명이 모인 회합으로서 조선 과거운동의 늙은 지도자들과 절문 동지들이엇다. 한가지 결점은 공장노동자 조직의 대표가 업섯든 것이 큰 결점이엇다 그럼에도 불구하고 엇제든 금일 서울에서 열성으로 적극적으로 활동하는 동모들인 것임은 틀임이 업다. (……)

《해방일보》1945년 9월 25일 치에 나오는 「열성자대회의 경과 - 분열파의 행동을 비판하자」 앞어섯인데, 눈에 뜨이는 것이 '동모'라는 말이다. '한가지 동'자와 '같을 모' 또는 '고를 모'자를 쓰는 '同侔'는 《해방일보》 같은 좌익 매체에 잠깐 보이다가 이내 '동무'로 바뀐다. 늘 가깝게 어울려 노는 사람, 뜻을 같이하고 가깝게 지내는 벗 또는 어떤 일을 하는 데 서로 짝이 되거나 함께 일하는 사람을 뜻하는 '동무'는 토박이 조선말인가? 아니면 진서에서 온 말인가? 『맹자』를 읽던 때였을 것이다. '동무'를 어떻게 쓰느냐고 할아버지한테 여쭈어 보았는데, 6 · 25를 맞아 장차(長次) 두 자식을 생으로 잃은 그 늙은 유생은 보꾹을 올려다보며 이렇게 말씀하시던 것이었다.

"내남적읎이 똑고루게 펭등헌 시상을 맨들것다구 밤을 낮삼어 뛰 다녔던 사람덜이니께 '동무'가 맞구나. 한가지 동(同)자 힘쓸 뭇(務)자 동무여."

(이날 열성자대회에서) 박헌영 동모로부터 당통일과 중앙 건설에 대한 아래와 같은 보고를 듯게 되었다.

홍증식이 중앙위원으로 움직인
고려공산청년회 인장.

『금일의 정세도 조선의 공산주의자들에게 원칙적 결합과 분리를 요구하고 있다. 이러한 원칙적 결합을 기초로 한 통일로써 당은 건설되어야 한다 당면의 가장 긴급히 필요한 문제는 조선좌익의 통일문제의 해결이다. 일본제국주의는 무장한 체로 아직 물러가지 안코 잇는 한편으로 북조선에서는 소베-트연방의 붉은군대는 일본군의 무장을 해제하고 조선의 자유와 독립을 선언하엿고 미국군은 미구에 서울에 드러오려는 것이다 이러한 형편에 지주와 대뿌루조아지들의 반동적 반민주주의적 운동은 권모술책을 가지고 좌익 내부에 그 손을 배쳐오고 잇는 것이 그의 특징이다 이러한 중요한 모맨트에 당하야 만일 좌익이 분렬상태로 통일되지 못하는 날에는 그것은 반동세력의 진영을 강화함인 동시에 좌익의 무력을 폭로하며 전조선의 인민을 위하야 불행을 가저오는 것이다 여기에서 우선 행동의 통일을 위한 특별 미써-(협의회)가 성립되엇고 이 미써-는 최대한도의 포용력을 발휘하야 각 단체, 각 파벌, 각 계급에 접근하야 신교, 성별을 초월하고서 가장 넓은 범위의 통일민족전선을 결성하기에 노력한 결과로 「조선인민공화국」을 건설하기에 노력하엿다 또한 인민중앙위원회를 선거 발표한 것이엇다 이것은 확실이 우리 좌익통일의 큰 성공인 것이 틀임업는 것이다

당 건설은 이러한 행동의 통일과정을 밟으면서 실현되고 잇다 물론 조선당의 역사는 복잡하엿다 그러나 그것은 또한 단순도 한 것이다 이 복잡한 파벌조류에도 불고하고 거기에는 오른 정치로선을 실천하는 혁명적 공산주의운동이 끄님업시 계속적으로 발전되고 잇섯다 전시의 군사적 테로- 밋테서도 그들은 지하운동을 계속하야 왔다 그것은 1929년 이래로 당 재건운동 과정에서 공산주의자의 검거(대중적)가 부절이 이러난 사실로써 객관적으로 증명되는 것이다 1937년 이래로 1945년까지의 세계적 전쟁시기에 잇서서는 조선운동은 지하에서 통일되고 진행된 것이다 이러한 혁명적 지하운동의 구룹들도 8월 15일이라는 역사적 획시기적 의의가 잇는 날을 마지하엿다.

그럼으로 복잡한 조선운동은 이러케 단순화 되엇고 순화된 것이다 여기에서 조선공산당 중앙의 건설이라는 조직원칙은 명백하다 그것은 일반대중의 판단에 맥기여도 조곰도 잘못될 수 업슬만치 문제는 명백하고 결정적으로 된 것이다 이제 말한 지하운동의 혁명적 공산주의자 구룹들과 출감한 전투적 동지들이 중심이 되고서 당이 재건되는 것이오 동시에 여기에는 어느 파를 물론하고 당원될 만한 자격을 가춘 분자는 모다 입당하야 통일적 당 기빨 밋테서 활동할 수 잇는 기회를 주자는 것이다. 물론 강조하여 둘 것은 당중앙에는 노동자, 빈농 출신의 전투적인 동시에 맑-쓰, 레-닌 스타-린주의의 이론으로 무장하고 실지 투쟁경력을 가진 요소를 널리 구하야 될 수 잇는대로 만히 당지도부에 끄집어 드리는 것이다.

그러기 때문에 과거의 파벌 두령이나 운동을 휴식한 분자는 아모리 명성이 놉다해도 이번 중앙에는 드러올 자격이 업다는 것이다. 이러한 원칙에서 당은 새로 재건될 것이다』라고(박헌영동모의 보고요령)

보고가 끈이나자 토론이 전개되엿다.(《해방일보》1945년 9월 25일)

운동의 통일을 강조

一. 리청원(李淸源) = 「八月 十五日에 조직된 당과 앞으로 조직될 조선공산당과의 태도와 방침을 말하여 주기 바란다」.

二. 리 영(李 英) = 「조공당」의 최고 지도부에서는 이러한 결의가 있었다. 一, 전국적 통一 二, 각 써-클 통합을 위한 구체적 방법 三, 원칙적 통합을 서약하자」는 것이다.

三. 현칠종(玄七鐘) = 그 동안 연락과 전형을 시인하고 박헌영동무의 정견에 무조건 찬성한다

四. 하필원(河弼源) = 속히 당의 지도부를 결정하기를 요망한다 박동무에 대한 오해는 사러젓다 그의 의견을 올타고 본다.

五. 최익한(崔益韓) = 조직되는 당과 장안「당」과 관계가 어떠하냐?

六. 리정윤(李廷允) = 「장안당」의 결함은 (一)대중적 토대가 전무하고 방침과 규율이 없고 소뿌루적 파생적이니 해체를 결의하는 것이다 실천있는 분자로서 리론적으로 무장된 분자 정치적 능력이 있는 분자로 뽑아서 중앙을 건설할 것이다.

七. 정종근(鄭鍾根) = 「八月 十五日에 당이 필요하였든가?! 조직적 과오가 무엇이냐

八. 조두원(趙斗元) = 당 결성에 있어서 두 개 크릅의 혁명적 합류가 필요한데 두 가지 길이 있다 하나는 혁명적 재건크릅에 다른 크릅이 합류함이오 다른 길은 재건크릅과 대등한 형태로 통一하라는 것이니 이것은 오래 시일을 경과하는 것이니 불가하다. 한가지 길은 재건크릅에 모두 합류하는 것이 절대 필요하다 과거의 소々한 문제토론보다 통一 실현이 첫재 임무이다(올소)

九. 리우적(李友狄) = 왈가왈부는 물론하고 박동무 의견에 신뢰하고 찬성하야 결정함이 가하다(올소박수)

一〇. 배원필 = 十五日 조직 당시에 나는 서기의 역활을 하엿지만은 그 당은 정견도 없고 一종 구락부식이다 시 당부의 존재도 불가하다 박동무 의견에 찬성한다.

一一. 최익한 = 시야가 一방적이여서는 않된다 전체적이여야 한다 조직은 생명이다 리정윤동무의 一五日당에 대한 규정비판은 불가하다 그것이 아나키-스트가 아니고 무엇이냐?(고함치고 소란)

一二. 현칠종 = 당사를 연구한다는 것이 오늘 우리 회합의 목적이 아니오 실지 통一문

제를 속히 결정함이 문제이다.

一三、최익한 = 당사 파쟁력사 문제가 중대한 문제이다.

一四、하필원 = 五人 혹은 七人의 협의자를 선정하야 가지고 중앙 선출에 있어서 박헌영동무와 협의하게 할 것이다

一五、최익한 = 조선력사를 무시하고 새로운 출발로서 장안당과 대립한 당을 조직함은 불가하다.

一六、리정윤=재건이지 초출발이 아니오.

一七、강병도 = 박동무의 정견을 전폭적으로 지지한다 다만 장안당과의 관계만 선명히 일할 것이 필요할 뿐이다

一八、정 백 = 안기성、리정윤、리승엽、세 사람만 가지고 열성분자대회를 대표할 수 없다. 그러나 박헌영동무를 중심하고 운동의 통一이 가능하다고 나는 생각하나 二三人의 협의자를 보낼 것이 올타

一九、홍정식 = 박동무 의견을 드르니 그것이 올타고 우리는 곳 결정을 내자.

二○、최익한 = (다시 언권을 어더가지고) 나의 의견에 의하면 당재건에 준비위원회의 테-제는 개량적이요 경제주의적이고 아나키-스트적이다 었더케 이러한 구룹과 같이 통一할 수 있는냐? 전체회장의 의견은 속히 박헌영동무 의견에 대한 가부를 거수로 가결을 요구한다.

(이에 반대하야)

二一、리청원 = 이 회합은 누가 부른 것도 아니오 그저 여러 사람이 모와서 박헌영동무의 정견을 드럿슴에 그치고 그저 도라가는 것이 가하오 결의권을 가질 수 업소

二二、현칠종 이우적 등 여러 동무는 우리 회합은 어디로 보든지 훌륭한 열성분자이니 반드시 결의권을 맛당히 갓것다.

二三、조두원 = 볼섹비키-당에서는 이렇게 쓸데없는 리론을 가지고 복잡한 분쟁을 이르키는 것이 아니오. 보고자의 보고가 있은 후에 각기 토론이 전개된 후 보고자가 다시 결론을 짓고 이에 대한 모임이 태도를 가타거나 부타거나를 결정하는 것이요 그러니 이만하면 토론은 넉〃하오 속히 박동무의 결론을 드릅시다. (《해방일보》 1945년 10월 12일)

아전인수격은 배격

二四.박헌영동무의 결론

「우리는 시야가 전체적이어야 한다는 말은 올타 우리는 모든 문제를 전체적 입장에서 보아야 한다 과거 당사를 운々함에 있어서 그것도 전체적 입장에서 보아야 한다. 개々 어느 파를 분리하야 가지고 아전인수격으로 자기 한 일을 전체 입장에서 떠나서 평가한다면 거기에는 통一된 평가가 있을 수 없다. 리정윤 동지의 의사가 과거 운동은 하나도 쓸 것 없다고 말한 것이라면 잘못이다 그 동무의 의견은 十·五日당이 그러타는 것이겟지오 十·五日당에 대한 평까는 앞으로 우리 혁명적 이론가들이 당사를 씀에 있어서 충분히 토론될 것이다.

우리 당은 조선푸로레타리아-트의 당이 되어야 한다 그의 전위가 되어야 하니 앞으로 조직될 중앙에는 노동자 농민 출신의 지도자가 만히 드러와야 되고 혁명적 인테리겐챠-의 자리도 몇 개에 불과해야 된다 물론 혁명적 이론을 파악한 혁명적 인테리겐챠-와 실천운동의 투사인 노동자와 결합하여서 훌륭한 볼세비키-당이 될 수 있다.

여러분 인테리-겐챠-동무들은 이론적으로 튼々히 맑-스、레-닌、스타-린 주의를 무장하야 가지고 압흐로 노동자농민 대중과 접근하고 그들 대중과 밀접한 연결이 됨에서만 혁명적 전투자의 자격을 얻는 것이다 과거 우리의 최대 결점의 하나는 곳 우리가 대중과 분리되었다는 사실 그것이다.

당중앙이 건설되는 날에는 여러 동무들 여기 참석한 분은 모두 당원으로서 드러올 수 있으며 꼭 와서 가치 이러한 새 정세의 모든 난관을 극복하고 나가지 않흐면 안된다.

二五.조두원 = 저는 이제 박동무의 결론을 듯고서 구체적 전투제안을 내노코자 한다.

(一) 박헌영동무의 보고를 듯고 그것을 원측적으로 본다고 찬성하고 그것을 우리는 지々함.

(二) 조선공산당의 중앙을 선출함에 잇어서 노동자 농민의 기초 조직을 가진 공산주의 각 구릅과 연락하야 협의할 것 단 각 구릅과의 연락은 박헌영동무 자신에게 一임함.

(三) 당이 건설되어 발표된 후에는 당의 기본적 강령과 전략전술을 규정하기 위하야 속한 기한 내에 당대회를 소집하도록 힘쓰는 동시에 위선 당면과업을 수행하기 위하야 「행동강령」을 속히 작성하야 발표할 것 이것에 대한 가부를 무러달라.

二六. 사회 안기성 = 이 세가지 의견에 조목을 따러서 가부를 뭇겟다.

첫재 조목을 찬성하는 분은?

四.五人이 손을 안들고서는 전부 거수 찬성함.

둘째도 동상

셋재도 동상

이에 세 조목은 절대다수로 가결 통과되엇슴을 발표하고 폐회를 선언하엿다 때는 오후 五시경이였다.

이러한 회합에서 통一문제를 한가지로 가치 토론하고 증대다수로 가결하여 노코서 나와서 리영 정백 최익한은 다시 반대하고 야비무원칙인 인신공격의 삐라를 시내에 산포하고 통一된 조선공산당에 대한 억지 「조선공산당」의 일홈을 가지고 파쟁을 전개하는 그들의 행동을 우리는 대중적 비판과 압력으로써 재판하야 결정하여야 한다. (《해방일보》1945년 10월 18일)

一九四五. 九. 十一日

-(노미)-

백절불굴하는 혁명정신으로 어기차게 싸워온 주의자들인 재건파를 사북으로 '조선공산당'을 다시 세운 박헌영은 9월 20일 '현정세와 우리의 임무'라는 '8월테제'를 선보이며 조선공산당을 주춧돌 위에 올려놓았는데, '열성자대회'가 열렸던 '계동 어느 집'이 바로 홍증식 집이었다. 이곳은 그리고 '박헌영 비트'이기도 하였다.

8·15를 맞아 광주 벽돌공장을 나온 박헌영이 전주형무소에 들러 김삼룡과 함께 서울로 올라온 것은 8월 18일 해질녘이었다. 「경성콤그룹」 모람들과 지하와 감옥에서 나온 동아리 사람들을 불러 모아 "공산주의자들 정치노선을 결정하였으며, 조선공산당재건준비위원회를 만들고 《해방일보》를 창간할 것을 결정하였다"는 박갑동 증언이다.

8월 17일(18일을 잘못 쓴 것—지은이) 저녁, 박헌영은 공산당 재건을 위한 1차회의를 계동에 있는 홍증식 집에서 열었다. 전에 조선일보 영업국장을 지낸 홍증식은 '공산당의 조조'라는 이름을 들을 만큼 꾀가 많은 자로 당초에는 장안파에 가입하였으나 박헌영의 상경 이후 등을 돌렸다. 이날 회의에 나온 사람은 박헌영을 중심으로 이주상·이관술·김삼룡·이현상 등 17~18명으로 일부는 수년 동안 박헌영의 행방도 모르다 처음으로 얼굴을 맞대는 사람도 있었다. 박헌영의 일급 심복으로 콤그룹 기본 간부였던 젊은 이주상은 존경의 눈길로 감격하고 있었다 한다. 이날 회의에서는 콤그룹을 중심으로 한 공산당을 재건한다는 원칙적인 문제가 토의됐고 각자에게 임무가 주어졌다. 가장 중요한 조직문제는 이미 일제 때부터 그 역량을 높이 평가받고 있던 김형선·김삼룡에게, 당 재건에 필요한 자금은 홍증식이 맡았고, 장안파 공산당에 대한 흡수공작은 권오직·최원택 등에게 맡겨졌다.

홍증식(洪璔植)은 1895년 충북 옥천(沃川)에서 태어났다. 대한제국 때 궁내부 공다리를 지낸 홍승범(洪承範) 아들이며 을사오적 가운데 하나인 이지용(李趾鎔) 처조카이다. 1905년 서울로 올라와 보성소학교를 나와 보성고등보통학교에서 1년 동안 공부하다가 1914년 동경으로 유학 갔으나 배움비발이 달려 그만두고 중국으로 갔다. 북경에서 이회영(李會榮)·이시영(李始榮) 형제와 임시정부 국무총리 서리를 하게 되는 이동녕(李東寧)과 가까이 지내었다. 아호는 성우(成友).

1919년 3월 조선으로 돌아와 1920년 4월 「조선노동공제회」를 얽는 데 들어갔고, 1921년 1월에는 사상 모임인 「서울청년회」를 얽는 데 들어갔다. 「서울청년회」는 김사국(金思國)·이 영(李 英)·이득년(李得季)·장덕수(張德秀)·김명식(金明植)·김 한(金 翰)·오상근(吳祥根)·한신교(韓愼敎)·윤자영(尹滋英) 같은 이들이 채잡았는데, 맑스-레닌주의자인 김사국·이 영·김 한·임봉순(任鳳淳)·고순흠(高順欽)·박일병(朴一秉)·남정배(南廷培)·홍증식들과 민족개량주의자들인 장덕수·김명식·오상근들은 틈이 벌어지게 된다.

대일본제국 천황폐하한테 자작(子爵) 작위와 함께 합방 공로 은사금 5만원을 받은 김윤식(金允植)이 1922년 1월 88살로 죽었을 때였다. 장덕수를 사북으로 하는 민족개량주의자들은 김윤식을 사회장(社會葬)으로 모셔야 한다며 《동아일보》를 통하여 세찬 선전전을 벌였는데, 매국역적인 김윤식한테 사회장이란 언어도단이라며 쐐기 박고 나선 것이 맑스-레닌주의자들이었다. 매국노를 처삼촌으로 둔 업보 탓이었을까. 친일파라면 두 팔 걷어붙이며 부르르 떠는 홍증식이었다. 때마침 상해파 고려공산당 도꼭지 이동휘가 코민테른에서 운동 밑돈 40만원을 받아 왔는데, 그 가운데 4만 8,000원을 장덕수가 자기네들 '문화사업'에 써버리는 '사기공산당사건'이 터지면서, 「서울청년회」는 「청년연합회」에서 18개 지방 모임들과 함께 발을 빼버린다.

홍증식은 홍명희·윤덕병·구연흠·원우관·이재성·조봉암 같은 이들과 「신사상연구회」를 얽어 뒤에 「화요회」로 이름을 바꾼다. 「화요회」는 또 김약수·이여성·정

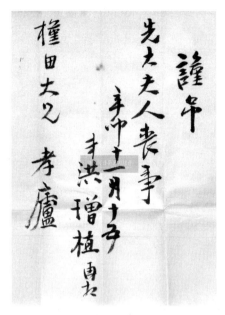
홍증식이 모친상을 어루만지며 김재봉에게 보낸 전보.

운해 · 김종범 · 서정희 · 김재봉 · 신 철이 들어오고 박헌영 · 김단야 · 임원근 · 김 찬 · 민태흥 · 임규호가 들어오면서 조선공산주의운동 헤게모니를 잡게 된다.

'공산당의 조조'와 '공명선생'이라는 딴이름을 얻었을 만큼 홍증식은 앞장을 서기보다 가림천 뒤에서 일을 꾸려나가는 꾀주머니였다. 1921년 10월《동아일보》영업국장이 되었고, 꼬르뷰로 국내부를 짜는 데 들어갔고, 「신사상연구회」 야체이카 목대잡이가 되었고, 1924년 4월《동아일보》를 나와《조선일보》영업국장으로 일터를 옮겼을 때였다. 꾸려나가기가 어려워진《조선일보》를 8만 5,000원에 넘겨받아 신석우(申錫雨)를 사장으로 앉힌 것이 홍증식이었다. 임시정부 교통총장을 지낸 신석우 아버지는 포도대장을 지낸 신태휴(申泰休)였는데, 아귀센 조선 무장한테서 돈을 얻어내는 데 걸린 시간이 꼭 닷새였다. 홍증식이 지닌 빼어난 지닐총에 긴가민가하던 조선 무장이 그만 녹아버렸던 것이니, 조선 13도 모든 고을과 고을 사이 이수(里數)와 모든 고을 특산물이며 명승고적 역사에 사람 수까지 한 줄로 주르륵 꿰는 홍증식이었다.

박갑동 증언이다.

홍증식은 동아일보가 창간된 이듬해인 1921년 2월에 재정난에 허덕여 10여일쯤 속간을 못하고 있을 때에도 구한말 판서였던 민영달(閔泳達)을 어떻게 설득했던지 그때 돈 5,000원을 얻어내 운영위기를 벗어나게 해준 사람이었다. 그는 어찌나 꾀가 많고 설득력이 있던지 제갈공명으로 별명이 나있었다. 김팔봉 씨(평론가)에 의하면 술자리에서나 어디서나 홍증식이 나타나면 으레 '공명선생 오셨습니까' 하고 인사한다는 것이다.

홍증식이라는 이름 석자가 신문에 나온 것은《동아일보》1924년 8월 13일 치였다.

시내 관수동(觀水洞)에 잇는 월간 잡지 신흥청년사(新興靑年社)에서는 재작일 오후 여덜시 경부터 동 회관내에서 동인들이 다수히 모허어 창립총회(創立總會)를 개최하고 출판(出版)과 경영(經營)에 대한 여러 가지 의사를 교환한 후에 사업 진행상 편의를 쌰라 재무부(財務部) 편집부(編輯部) 서무부(庶務部)의 삼부를 설치하고 상무위원으로 김단야(金丹冶) 박헌영(朴憲永) 김찬(金燦) 홍증식(洪增植) 민태홍(閔泰興) 임규호(任奎鎬) 림원근(林元根) 일곱 사람을 선거하야 일테의 사업진행할 것을 위선 그 사람들에게 일임하기로 결뎡하고 창간호(創刊號)는 아모리 느저도 구월 중순 경에는 발행되리라는데 아즉것 동인 중에서 주급을 보내지 아니한 사람은 속히 보내주기를 바란다더라.

두 번째로 신문에 난 것은 그 다음 해인데, 신의주사건으로 제1차조선공산당이 무너지면서 조공과 공청에 몸 붙혔던 인물들이 잇달아 잡혀가고 있음을 보여주고 있다. 홍증식으로서는 계급해방을 속내로 하는 민족해방전선에 첫발을 내딛는 등단 기사로 된다.《시대일보》1925년 12월 13일 치이다.

홍증식, 진병긔, 서상욱 삼씨 종로서에 붓잡혀서 신의주로
事件은 全鮮的으로 擴大

얼마 전에 시내 종로서(鐘路署)에서 여러 사회운동 단체의 수령급 주의자(首領級主義者)를 다수히 검거하야 신의주서(新義州署)에 호송하얏다 함은 긔보한 바이어니와 동 사건은 그 뒤로 점점 전조선적으로 확대되는 모양임으로 방금 안동현(安東縣)이나 신의주(新義州) 지방에 거주하는 주요인물은 거개다 신의주서에 검거되어 잇는 형편인데 또 재작 십일일에 니르러 지금까지 련합 합동하야 오든 시내 종로서(鐘路署)에서는 화요회간부(火曜會幹部)로 잇는 홍증식(洪增植)씨를 비롯하야 경성 무산자동맹회(無産者同盟會)의 주요 간부일 쑨더러 쏘 평양 로동동맹회(平壤勞動同盟會)의 주요 인물인 진병긔(陳秉基)씨와 대구(大邱)로부터 호송하야 온 그곳 용진단간부(勇進團幹部) 서상욱(徐相郁) 씨 등 세 사람을 검거하야 작 십이일 아츰에 신의주서(新義州署)로 호송하얏다는데 이 사건은 아즉도 더 확대될 모양임으로 종로서 고등계 형사들은 모모 지방을 향하야 성대히 출장활동 중이라고 한다

《조선일보》 1927년 9월 13일 치에 실려 있는 「주요피고 약력」 가운데 「고려공산청년회」 편이다.

  홍증식(洪璔植) = 삼일운동 새에 상해로 갓다가 돌아온 후 청년운동에 노력하는 동시에 화요회(火曜會) 회원이엇섯는 바 공산당 조직 새에는 조사부(調査部)의 책임을 마터섯는데 역시 고려공산당 계통 인물이엇다

  1925년 4월 조선공산당 결성과 함께 「고려공산청년회」 중앙위원이 되었고, 11월 왜경에게 붙잡혀 4년 징역을 살았다. 1945년 12월 21일 창간되어 46년 8월 30일까지 펴내었던 《조선인민보》 사장을 하였고, 46년 「민주주의민족전선」 사무국장을 하였는데, 몽양이 짜놓은 민전을 주의자들 진터로 환골탈태시킨 사람이 바로 홍증식이었다. 김삼룡이 겉에 드러난 박헌영 오른팔이었다면 홍증식은 가림천 뒤에 있는 왼팔이었다.

  북으로 올라간 홍증식은 1948년 제1기 최고인민회의 대의원, 54년 「조국통일민주주의전선」 서기국장, 56년 노력훈장 수훈, 57년 제2기 최고인민회의 대의원, 58년 「조소친선협의회」 상무의원, 64년 「조국통일민주주의전선」 서기국장과 선전부장을 하였다. 남로당이 죄 쓸어 없어지는 피바람 속에서 살아남은 몇 안되는 남로당 출신이었는데, 박갑동이 한 말이다.

  "1925년 제1차공산당 조직 당시부터의 동지인 홍증식은 할 수 없이 살기 위하여 참가하여 박헌영을 비판하였었다."

  몽양 선생 인민장이 치러지기 전날이었다. 민전 상임위원 김광수(金光洙) · 조사부장 오 영(吳 英)과 사무국장 홍증식이 잡혀가는 일이 일어났다. 군정청 경무부장 조병옥(趙炳玉)이 보자는 연락이 와 경무부 형사와 함께 경무부로 갔다가 그만 구금되어 버렸던 것이니, 몽양 인민장에 죽젓개질을 하자는 것이었다. 《노력인민》 1947년 8월 6일 치에 나오는 기사이다.

  홍증식 씨 등 민전간부의
    즉시 석방을 요구한다
    민주언론에는 자유를 주라!

최근 소미공위가 친일반탁파의 결사적 방해공작으로 난관에 봉착하고 민주임정 수립이 하로하로 느저가고 있는 것은 세상이 잘 아는 것이다 그러나 어떠한 일이 있드래도 온갓 난관을 돌파하고 기어히 공위를 성공시켜 민주임정을 수립하고야 말겠다는 것을 쏘미 양국 대표가 굳게 맹서하였고 진조선인민이 단호한 결의를 표명하고 있다 그와 같은 엄숙한 연합국의 맹서와 인민의 철석같은 결의에 공포를 느낀 반동진영은 인민의 공위에 대한 의사표시를 철저히 압박하고 공위 수호를 한사코 방해하는 방법으로 나오고 있다

이때 민전 사무국 **홍증식**, 김광수, 오영 3씨의 불법검속과 민주언론기관에 대한 간섭과 탄압은 반동진영의 요구에 완전히 합치되는 것이다

첫재 민전 3씨를 검속하지 아니하면 아니될 이유가 무엇인가? 일제시대부터 애국자로서 과감하게 조선민족의 해방을 위하야 투쟁하야 왔다는 것이 죄될 이치 없다 더구나 3씨는 8·15 이후 오늘날까지 조선의 민주독립을 위하야 남조선 최악의 친일파 민족반역자와 정면으로 대립하야 싸와왔다는 것이 검거의 이유는 될 수 없는 것이다 그러나 민전 3씨는 그 외에는 아모것도 검거될 이유가 없다는 것을 조선의 인민은 잘 알고 있다 여하한 이유와 죄명을 붙이드라도 그것은 모다 친일파 반역자들과 너무 강력하게 투쟁하였다는 그것 이외에는 있을 수 없다 언론기관을 간섭압박하는 것도 그것 역시 공위 수호와 친일파에 대한 투쟁의 무기이고 인민의 의사를 반영하는 거울의 역활을 하였다는 그 이외에는 아무 것도 없다는 것을 단언한다

한편에서 공위를 파괴하고 애국자를 폭압체포하는 친일파는 무정부적 권리와 무제한한 언론의 자유를 향유하여 있고 다른 편에는 공위를 수호하고 독립을 위하야 싸우는 애국지사와 언론기관은 무정부적 폭압테로와 무제한한 의사표시의 부자유가 주어저 있는 것이 오늘의 남조선사태이다 이것은 기괴한 현상이지만은 엄연한 현실이다 이와 같은 사태는 남조선 인민을 극도로 분노하게 하는 것이고 어떻게 하든지 뒤집어진 세상을 바로잡아 놓지 아니하면 안되겠다는 결심을 굳게 하는 것이다 즉시 민전 3씨를 석방하고 일체의 민주언론에 완전한 자유를 주라! 이것은 친일파와 민족반역자로부터 공위를 보호하야 그것을 성공하게 하는 유일한 길이다

6. 여남평등 이룩하여 평등조선 건설하자! 남조선민주여성동맹 위원장

유영준 1890 ~ 미상

먼지투성이 전차길에서 겨우 몇 거름을 골목 안으로 들어서니까 호젓히 가을 맛을 느낄 수 있는 종묘 앞 먼저 「유영준산원」의 현관이 너무 좁고 나지막한데 놀랐다 미다지를 여니 녀사는 햇볕이 포근히 내려쪼이는 진찰대 우에 무릎을 세우고 앉아 있다가 기자가 방문한 뜻을 말하니

『내가 무슨 혁명가나 된다구 그렇지만 하구 싶은 말은 많우 글세 지난번에 김규식 박사의 부인을 찾아갔드니 떡이랑 밥 깍두기를 만드러서 인민봉기 진압하는 사람들을 먹이기에 한참 바빴다고 하겠지요 소요를 진압하는 사람이란 북에서 쪼겨온 사람들을 말하는 것 같은데, 폭동이래도 좋고 소동이래도 좋지만 정당히 살려고 사는 권리를 주장하는 사람들을 강도나 절도같이 생각할 수야 있어요? 그리고 그들은 말끝마다 여성의 경제적 독립을 말하는데 「방직」과 「양잠」을 해가지고 미국에 팔아서 돈을 벌어야 하겠다고 하겠지요 농촌에 가 보면 태반의 여성이 앞을 가릴 치마 하나 없는데 우리가 짠 '베'를 미국에 받혀서 우리가 잘 살겠다고! 그건 노예근성이에요』

산원 원장 같은 점은 조곰도 없고 주머니를 느직히 찬 모양이 일직이 「동유회」「근우회」를 거쳐 이젠 조선여성 해방을 진두에서 지휘하는 여류투사의 지도자라기보다는 오히려 후덕한 시골 할머니 같은 인상을 주면서도 부드러운 가운데 칼날 같은 판단성을 내포한 녀사의 어조는 쉴 사이 없이 듯는 자의 긴장을 요구한다 이야기가 입법기관에

가운데가 유영준. 오른쪽 황신덕, 왼쪽 최은희.

이르자

『나는 민전 의장단의 한 사람으로서 처음부터 이런 현상이 올 것을 예감하고 반대하였드니 오늘의 선거 결과란 중추원의 재현이 아니고 무엇이오 그리고 남조선 소요사건만 보드래도 민생문제가 막다른 골목에 이른 오늘 먹을 것을 달라는 솔직한 부르지즘에 탄압 일관으로 진정시키려면 그것은 정말 소요의 원인을 파악 못하는 걸 게요』

그리고 여성 풍기문제에 화제를 돌리니까 녀사는 과학자다운 날카로운 눈으로

『조선 여성들이 「깜둥이」를 많이 낳는 이유를 아십니가 악덕 유한매담들은 모두 흰 아허을 배게 될 게애요 그러나 그들은 돈이 있으니가 의사를 끼고 낙태를 시킬 수도 있겠지만 흑인에게 집발피는 것은 하층 계급의 여성일 테니가 하는 수 없이 열 달을 채워 「깜둥이」라도 낳는 수밖에 없지요

창에 기대며 녀사는 갑작이 우울한 표정을 띄었다

「민주주의민족전선」 의장단 가운데 한 사람이며 「조선부녀총동맹(부총)」 위원장인 유영준 인터뷰 기사이다. 《독립신보》 1946년 11월 13일 치.

유영준(劉英俊)은 1890년 평양(平壤) 가난한 집안에서 태어났다. 서울 정신고등여학교를 나와 중국으로 가서 북경여학교를 졸업하고 일본으로 건너가 동경여자의학전문학교에 다녔다. 의학 공부를 하면서 사회주의운동을 하여 요시찰 인물 갑호로 이름 올렸고 1920년 1월 「여자흥학회」 회장이 되었다. 1927년 5월 「신간회」 자매단체로 여성해방운동 통일조직체인 「근우회(槿友會)」를 읽는 데 들어 중앙집행위원 및 정치연구부 위원이 되었다. 1946년 12월 부총 뒷몸인 「남조선민주여성동맹」 위원장이 되었고, 이 무렵 유영준산원을 열어 무산계급 여성들 몸푸는 일을 도왔다.

「살여는 권리를 달라」는 인터뷰 기사 바로 밑에 보이는 기사가 눈길을 끄는데, 유영준 위원장이 낸 부총 성명이다. 「임 · 박 양씨는 조성여성 대표 않이다」라는 제목이다.

임영신(任永信) 여사는 UN총회에서 박인덕(朴仁德) 여사는 만국기독교대회에서 조선부녀 대표라 하야 반소 연구를 농하야 비난이 자자한데 부총에서는 두 여사의 자칭 대표 행위를 다음과 같이 비난하였다. 이승만 박사 개인의 사절인 임영신 여사가 반소 연구를 농하여 비난을 받고 있으니 이도 확실히 추태이며 그 망동은 용서할 수 없다 또 박인덕 여사는 조선 대표라고 자칭하여 만국부녀대회에 참가하고 있으나 그는 과거

일제시대의 일본의 황도주의(皇道主義)를 고취한 녹기연맹(綠旗聯盟)의 간부이요 현 미군정의 관리이나 그는 절대로 조선 대표가 않이다 이들에 대하여 일부에서는 어떠한 희망을 갖이고 있는 듯하나 이것은 일종의 환상적 미몽이다

유영준 인터뷰가 실린 1946년 11월 13일은 매우 숨가쁜 판이었다. 10월 1일 대구에서 일어난 인민항쟁이 경남북·충남북·경기도까지 번져 나가고 있었다. 들불처럼 일어난 인민항쟁 불길은 처음 "쌀을 달라!"는 무던한 것에서부터 비롯하여 경찰대 발포로 죽은 6명 송장을 둘러메고 "미군 물러가라!", "매국반동 괴뢰집단 이승만과 한민당을 박살내자!", "인민공화국 만세!"를 외치며 경찰서를 불지르고 경찰관을 죽이는 폭동으로 이어졌다. 참가자 300만명에 사망 300명, 행방불명 3,600명, 부상 2만 6,000명, 체포 인원 1만 5,000명에 이르는 내란 높이였다. 1947년 끝 무렵『동학란과 그 교훈』이라는 좀책이 나왔는데, 박헌영은 이 글에서 10월인민항쟁을 동학농민혁명, 3·1운동과 함께 '조선해방사 3대 투쟁'으로 꼽았다.

이처럼 인민대중을 역사발전의 원둥치로 보는 박헌영이 서울을 벗어난 것은 1946년 9월 29일이었다. 관에 담긴 채 산골짜기를 헤매며 38선을 넘었다고 한다. 1946년 9월 6일 좌익 신문인《조선인민보》·《현대일보》·《중앙신문》이 폐간되고, 박헌영을 비롯한 이주하·이강국·권오직 같은 조선공산당 긴한이들에게 체포령이 떨어진 것은 같은 날 밤이었다. 인민들한테 뜨거운 뒷받침 받아 가장 큰 당세를 자랑하던 합법정당 당수라는 사람이 당사가 있는 서울을 관 속에 누워 가까스로 벗어난 조선공산당은 가장 나쁜 셈판이었다. 그때에 조선공산당을 이끌던 것은 박헌영을 우두머리로 한 김삼룡·이주하·이관술·이현상이었으니, 모두가 일제 끝 무렵「경성콤그룹」고갱이들이었다.

그런데 당 살림꾼 이관술은 '조선정판사사건'이라는 미군정과 친일파들이 쳐 놓은 덫에 치여 대전형무소에 갇혀 있고, 김삼룡·이현상은 땅밑으로 들어갔으며, 이주하는 미군 CIC에서 단식 중이었다. 유영준 인터뷰 기사 옆에 실린 이주하 소식이다. 9월 첫때 '안녕질서에 관한 법률위반죄'로 붙잡혀 서대문형무소와 CIC를 오가며 그악한 밥받이를 받던 이주하 말이다.

"나는 조선민족 해방을 위하여 사십평생을 바친 사람이다. 그런데 이렇게 개도야지 대접을 받는 것보다 나도 조선사람으로서의 고집이 있는 만큼 사람으로서 깨끗이 죽겠다. 죽을 때까지 이 감방에서 옮기지 말고 죽거든 시체를 내다오."

제1차 최고인민회의. 유영준은 몇 안 되는 여성 상임위원이었다. 남으로 치면 장관급이다.

제주도 4·3 인민봉기를 잠재우기 위한 토벌대 증파가 결정되었을 때 여맹 반응이다. 단 세 문장으로 된 짧은 성명이어서, 여맹을 넣은 남로당 모두의 절망적 지하투쟁이 눈에 보이는 듯하다.

우리는 동족상잔의 죄악을 절대 용인할 수 없다 우리는 전여성의 이름으로 이를 단연 배격하여 제주도의 '토벌' 즉시 중지를 강경히 요구한다 우리 인민들은 외군을 철퇴케 하여 조국의 통일독립과 자유를 쟁취함으로써 멸족적 동족상잔을 막아내야 할 것이다

1946년 11월 24일, 공산당·인민당·신민당이 모여 남조선로동당이 되었고, 「조선부녀총동맹」을 넓혀 짠 「남조선민주여성동맹」이 되면서 유영준은 위원장이 된다. 1947년 8월 이른바 '8·15폭동음모사건'으로 미군정 경찰에 붙잡힌다. 「정칠성 씨 구류 처분, 유영준 씨 석방이란 낭설」이라는 제목 아래 실린《독립신보》1947년 8월 27일 치 기사이다.

서대문경찰서에 피검되어 취조를 받고 있든 남조선여성여성동맹 부위원장 정칠성 (丁七星)씨는 지난 25일 치안관으로부터 29일간의 구류처분을 받았다 하며 중앙신문 여기자 문분란(文芬蘭)씨는 동일 저녁 석방되었다 한다 또한 종로서에 피검되었든 여

맹위원장 유영준씨의 석방설은 허보라고 하며 여맹 간부 문옥선(文玉善) 남궁희(南宮
熙) 이계순(李桂順)씨 등과 함께 계속 취조를 받고 있다 한다

1948년 7월 남북제정당사회단체연석회의에 들어 주석단 가운데 한 명인 최고인민
회의 상임위원이 된다. 1949년 6월 「조국통일민주주의전선」 결성대회에서 중앙상무위
원이 된다. 6·25를 앞뒤로 한 때에 무엇을 했는지는 알려져 있지 않다. 1957년 8월 제2
기 최고인민회의 대의원으로 뽑혔고, 조선민주여성동맹 부위원장이 되었다. 1958년 제2
차 내각에서 경공업성 부상이 되었고, 60년 4월 적십자회 부위원장이 되었다. 소련군정
사령부가 소련공산당 중앙위원회에 보낸 조선민주주의인민공화국 초대 내각과 최고인
민회의 의장단 등 주요 인사들 성향을 간추린 '평정서' 가운데 「유영준」 대문이다.

> 유영준(최고인민회의 상임위원, 여성)
> ● 1889년 서울에서 출생했다.
> ● 일본 적십자병원에서 의학공부를 했다.
> ● 1918년부터 반일투쟁에 나섰고, 1919년 3·1운동에 참가했다.
> ● 1930년부터 여성해방운동의 지도자가 된다.
> ● 해방 후 남조선민주여성동맹을 창설해 위원장이 된다.
> ● 소련에 대해 우호적이고 미국인들의 정책을 적극 반대한다.
> ● 노련한 여성 지도자로서 남조선 여성들에게 위신이 높다.
> ● 남로당 중앙위원회 상무위원이다.

1948년 6월 29일부터 7월 5일까지 평양에서 열린 제2차 '조국통일을 지지하는 남북
조선 제정당·사회단체 지도자 연석회의'에서 유영준이 한 말이다.
　"남조선 여성들은 단선에 반대하는 투쟁에서 수류탄 제작과 투척에 참여하고, 제주
도 ·소백산·지리산 등지에서 봉기자들에게 식량을 나르는 등 중대한 역할을 담당했
다. 앞으로도 남조선 여성들은 이 회의 결정을 성과적으로 관철하기 위해 모든 것을 바
칠 것이다."
　"봉건유제 타파해서 여남평등 이룩하자!"
　여맹 사람들이 부르짖었던 말이다. '여남평등'이라는 말이 낯설지만 그때에는 그

렇게 말하였다. '남녀평등'이 아니고 '여남평등'이다. 그때 여맹 사람들이 무슨 한시를 짓자는 것이 아니었으므로 압운(押韻)상 여자를 앞에 둔 것이 아니다. 종속관계에 놓여진 남녀문제를 바로잡아 보자는 것이었다. 조선왕조 500년 동안 질기굳게 다져진 나쁜 버릇을 하루아침에 고칠 수는 없다고 하더라도 고칠 수 있는 실마리라도 잡아 보자는 슬픈 꿈에서였다. 그것을 앞장서 부르짖었던 것이 유영준이었다.

1948년 8·15 세 돌을 맞아 여맹에서 낸 성명이다.

남조선 8백만 여성의 의사와 이익을 대표하는 남조선민주여성동맹은 8·15해방 제 3주년 기념일을 맞이하여 전여성이 총궐기하여 조선최고인민회의 선거라는 이 성스러운 민족적 위업을 성공적으로 완수할 것을 호소합니다 우리는 조선 통일과 독립을 위하여 외국인 손에 의해서가 아니라 우리 손으로 세워지며 우리 인민을 대표하는 통일중앙정부를 조직하여 외군을 모라내며 우리의 인민과 여성이익을 보호해야 할 것입니다 외세와 국내 반역도당의 방해를 물리치고 이러한 합법적인 인민정권의 창설을 위하여 부엌에서 공장에서 직장에서 농촌에서 전여성은 더욱 용감하게 총궐기하자 승리 날은 멀지 않았으며 우리는 반드시 승리하고야 말 것이다

「여자국민당」 문화부장 서영채(徐英彩), 「한국애국부인회」 위원장 유각경(兪珏卿)과 '해방여성 좌담회'에서 「건국부녀동맹」 위원장 유영준이 한 말이다.《여성문화》 1945년 12월호.

농촌제도부터 고쳐야 합니다. 농촌은 기계화시키어 노동시간을 적게 하여 시간적 여유를 갖게 하며 또 아파-드 같은 것을 만들어 집단생활을 훈련해얄 것입니다. 식당이라든지 목욕탕 등을 대중용으로 하고 간편한 의복을 만들고 음식은 과학적으로 영양가치 있는 것을 만들며 순번으로 식사 당번을 짜서 모두 알도록 해야 합니다. 모든 점으로 보아 조선여성이 진정한 해방과 자유를 갖자면 현재의 생활양식과 제도를 버리고 집단생활 공동생활을 하지 않으면 절대 불가능할 것입니다. 물론 이런 것은 국가적으로 실행하지 않으면 안될 큰 문제입니다. 도회 여자들도 이런 공동생활을 하면 집안걱정 없이 마음 놓고 시골 가서 지도할 수 있습니다. 우리 여자들이 외국에 가서 그들 생활의 장점을 수입시켜야지요.

「조선부녀총동맹」이 짜여진 것은 1945년 12월 22일부터 24일까지 열린 전국부녀단체대표자대회에서였다.

148개 단체에서 참가한 대의원 458명이 모여 결성된 부총은 대회에서 중앙집행 위원장 유영준, 부위원장 정칠성, 허하백, 중앙집행위원 156명, 상무집행위원 59명이 선출되었다. 부총은 지부총수 150여개, 맹원 80만으로 전국에 중앙집권적인 조직체계를 갖춘 좌익여성운동세력의 결정체로서 노동자, 농민, 소시민, 인텔리 등 광범위한 여성들의 지지와 참여 속에 일상활동과 정치활동을 수행하였다.

46년 초 신탁통치논쟁을 기점으로 반탁은 곧 우익으로, 모스크바 3상회의 결정 지지는 곧 좌익으로 뚜렷이 분화되는데 이는 여성운동 쪽도 마찬가지였다. 부총은 1946년 1월 7일 모스크바 3상회의 결정에 대한 전폭적 지지를 표하는 성명을 발표하였고, 미·소 양국대표를 환영하는 시민대회에 참가하였다. 부총은 3상회의결정을 선전, 해설하기 위한 작업으로 선전삐라, 벽보를 만들어 뿌렸으며 강연회, 가두연설회 등을 하였다.

그러나 미소공동위원회 개최(1946. 3. 2)를 전후로 하여 미군정이 좌익에 대한 탄압을 노골적으로 전개하게 되고, 이에 공산당은 '정당방위의 역공세'라는 신전술을 택하면서 미군정과 직접적인 대결상태로 들어가게 된다. 9월총파업과 10월인민항쟁을 계기로 좌익세력이 약화되고 우익세력이 강화되어 나가는데, 여성운동도 마찬가지였다. 우익여성단체는 미군정의 보호·지원 속에 활동이 활발해져 갔고, 좌익여성운동은 탄압 대상이 되면서 활동이 비합법화되고 점점 세력이 약화되었다.

1947년 2월 10일 부총은 제2회 전국대회에서 보다 대중적 조직으로의 확대를 꾀하면서 조직개편을 하였고, '남조선민주여성동맹'으로 개칭하였다.

– 이승희, 「미군정기 좌익여성운동 연구 – '조선부녀총동맹'을 중심으로」, 『여성운동과 정치이론』(녹두, 1994년)에서.

그때 「부녀총동맹」 선언과 강령이다.

선언
일찍이 우리 여성에게도 자유와 평등과 자주를 향유할 인도적인 의무와 권리가 부과되어 있었다. 그러나 과거 역사는 우리 여성들에게 인권상 도덕상 정치상 경제상 문화상 인간으로서 마땅히 참여할 아무런 지위와 권리를 허락하지 않으며 고려도 약속도 없었다.

원시사회 이후 여성은 전인류가 즐겨야 할 축제에는 언제나 초청 안 받은 문 밖의 손님이었다.

지금 우리는 조선민족의 한사람으로서 36년간 일본제국주의의 발꿈치에 유린당한 조국의 역력한 상혼과 아울러 끝없이 짓밟힌 우리들만의 설움을 돌아보자.

어머니는- 아내는- 딸된 사람은, 안방에서- 부엌에서- 공장에서- 거리에서 우리들이 받아온 모든 면에서의 차별은 세계 어느 나라를 돌아보아도 유례없는 비분한 것이었다.

일본제국주의는 강도적인 식민지정책을 우리 민족 전체에게 강행하기 위하여 일찌기 없는 야만적인 발악을 꾀하였고 그 결과 이십세기에 있어서도 조선에서 중세기적 반봉건적 유습을 그대로 얽매어 유지하여 왔었다. 이러한 강압 밑에서 가장 아프게 설움을 받아왔던 것은 조선의 노동자 농민이었으며 또한 커다란 피압박부대 전조선 인구의 반수 이상을 차지한 1,500만 우리 여성들이었다.

그러나 8월 15일 이후 이제 우리는 해방된 조선의 여성 주인공들이다. 우리 힘이 모자라 조국을 우리들 손으로 해방시키지 못하고 소·영·미·중의 연합군에 의하여 거대한 선물을 받았다고는 하지만 이제부터의 조선의 건설과 발전은 우리들 자신의 힘과 열성 여하에 딸린 것이다. 도로 찾은 우리의 국토 위에 세계에서 가장 진보적이고 민주주의적인 낙토를 세울 의무와 권리와 자부(自負)를 우리는 가지고 있는 것이다.(중략)

전 조선 1,500만 여성들이여 우리들의 옳은 뜻과 힘으로 한데 뭉치자. 우리들의 힘은 크다.

과거 조선에 건설적인 우수한 조선여성의 전통을 존중하며 앞날의 조선에 창조적인 적극적 여성이 되자.

一. 조선완전독립 만세
一. 민주주의 조선건국 만세
一. 조선부녀총동맹 결성 만세

강령
一. 조선여성의 정치적 경제적 사회적 완전해방을 기함.
一. 진보적 민주주의국가 건설과 발전에 적극적으로 활동하기를 기함.

一. 조선여성이 국제적 제휴를 도모하고 세계평화와 문화향상에 노력함.

(김남식 『남로당연구자료집 Ⅱ』에서)

해방조선 · 평등조선 · 자유조선 · 여남평등을 부르짖던 여성동무들이 부르던 「조선여자청년동맹가」이다. 림 화가 노랫말을 짓고 김순남이 곡을 붙였다.

　　1. 철쇄에 발목잡혀 어둠속에 잠자든 우리
　　　동해에 해뜨고 철쇄는 끊어져간다
　　　다 같이 일어나라 새조선 건설 위해
　　　우리의 이름은 여청

　　2. 도웁자 선배들의 정의를 위한 투쟁
　　　지위도 명예도 금전도 바라지 않소
　　　정의의 승리 앞에 오직 순정을 바치오
　　　우리의 이름은 여청

　　3. 부정을 물리치고 새 일터 만들어서
　　　호미와 낫 함마로써 우리는 일하려네
　　　모여라 동모들아 해방의 이 깃발 아래
　　　우리의 이름은 여청

우리가 남쪽에서 볼 수 있는 아마도 마지막 유영준 이름일 것이다. 《朝鮮人民報》1950년 8월 31일(목) 치 1면에 실려 있는 「안보리사회에서의 조선문제해결을 위한 쏘련대표단 제안을 환영하는 각계의 성명」이다. 신진당 위원장 리 용, 조선건민회 위원장 리극로의 것 사이에 있다.

안보리사회는 평화의 길을 취하라
남조선민주여성동맹 위원장 류 영 준

우리 조선인민들은 지금 조선문제를 토의하고 있는 유·엔안전보장리사회의를 거대한 관심을가지고 바라보고 있다

우리들은 안전보장리사회 앞에는 두가지길 즉 조선문제를 평화적으로 해결함으로써 조선인민들에게 자유와 독립을 줄뿐만아니라 전세계의 평화와 안전을固守하려는 쏘련대표단의 평화적제안과 조선문제의 평화적 해결을 방해하고 전쟁을 계속확대함으로써 자기들의 세계制覇의 野慾을 달성하려고 兇策하는 미제국주의자들의 침략적제안이 놓여있다

전세계평화애호인들은 미제국주의자들의 침략적제안을 견결히 반대하며 평화와 조선문제해결의 정당한 방책인 쏘련대표단의 제안을 반드시 채택하라는것을 소리높이 외치고있다 그러나 미제국주의자들은 아직도 자기들의 야수적 침략기도를 조금도 버리지않고 쏘련대표단의 제안을 반대하며 이미 전세계의 公正한 耳目앞에 폭로된지 오랜 자기들의 침략행위와 만행을 음폐하기위하여 狂奔하고있으며 그러기위하여 조선민주주의인민공화국대표의 참가를 완강히반대하고 있는것이다 진정한 조선인민의 의사를 청취함이없이 조선인민의 운명과 행복에 관한문제를 어떻게 토의할수있겠는가 미제국주의자들이 조선인민의 대표의참가를 발악적으로 반대하는理由는 어디에있는가

우리들은 조선인민의대표가 참가함이없이 결정되는 一切의 조선에대한 결정을 承認하지않을것이며 조선인민의 의사를 無視하고 미제의 침략을 合法化하여보려고 채택하는 安保理事會의 如何한 결정도 이를 비법적인것으로 단언 반대할것이다

조선에서 진행되는 전쟁을 중지시키고 외래침략군대를 即時 철거시키고 조선문제를 토의함에있어서 남북조선雙方의 대표의 의사를 청취하자는 쏘련대표단의 제안은 조선문제의 평화적해결의 捷徑이다

그러므로 우리조선인민들은 安保理事會 유·엔헌장의 원칙을 遵守하여 평화와 안전의 국제기구로서의任務를 수행하려면 반드시 쏘련대표단의 제안을 접수하며 이를 實踐에 옮겨야할것이라고 거듭 강조하는바이다

조선여성들은 조국의통일독립과 자유를 위한 우리의 싸움이 正當하며 미제국주의자들의 침략행위를 섬멸구축하는것이 세계평화에 寄與하는것이라는것을 확신하고있다

그러므로 우리들은 미제국주의 침략군대를 조국강토에서 격멸하기위하여 더욱더 견결히 싸울것을 거듭 결의하고있다

7. 고통받는 여성들 말을 알아듣는 꽃

정 칠 성 ^{1898 ~ 미상}

『11월혁명 기념일을 이렇게 초라하게 맞는 것은 정말 쓸쓸합니다 「쓰아르」왕조의 철쇄를 끊고 이 빛나는 날을 마지하기 위해서 당시 로시아 여성들이 받친 피와 노력은 참으로 위대하잖었어요 그럼으로 우리도 그 무섭고 악착한 지하운동시대에도 이날이 닥쳐오면 어떻게든지 동무들끼리 서로 맛나서 축하하고 힘을 얻고 하든 것이였는데 해방이 되었다는 이 땅에서도 옛날과 똑같은 마음으로밖엔 이날을 마지할 수가 없군요』

차저간 날이 11월혁명 긔념일이라 녀사는 세련된 경상도 어조로 이렇게 이야기를 시작했다 자주 웃는 얼골이나 이마에 감출 수 없는 주름쌀은 한없이 험한 풍상을 이야기하는 낡은 나무같이 그러나 튼튼하고 어데까지나 미더운 나무같이 외로우면서도 자신있는 인상을 준다

『북조선에선 성대하게 이날을 기념할 겝니다 민주과업의 한 가지로 남녀동등권 법안이 실시된 거기서는 몇 천 년을 두고 잃어버렸든 여성들의 권리를 도로 찾을 수가 있잖었어요! 그런데 이 남조선에선 이게 무슨 모양이요 근로대중은 모조리 도탄에 빠지고 민주진영은 결정적 탄압을 받고 그중에도 이중삼중으로 억눌리고 질식하는 여성들의 운명은 언제까지든지 기구만 하구려 정치적 압역은 우리들의 직접적인 투쟁대상이니까 말할 것도 없지마는 더욱 절박한 고통을 주는 건 조선의 남편들이에요 소위 민주진영의 일꾼들까지 가정 내의 민주주의는 영－ 모르고 안해를 계몽하지 않고 독서나 집회를 위

해어화 시절 아리따웠던 정칠성.

해서 시간을 주지 않고 이러곤 여성운동이 활발하지 못한 것만 개탄을 하잔어요』

　　기자도 민망스럽게 우서 보이는 수밖에 없다 「그러니까 모도들 주의하세요」 녀사도 우섯다 부총 부위원장인 녀사가 얼마나 바뿔 것을 짐작하고 열는 자리에서 이러섰다

　　《독립신보》1946년 11월 14일 치 「조선부녀총동맹」 부위원장 정칠성 인터뷰 기사이다. 제목은 「조선의 남편들이여, 여성 계몽에 힘쓰는가?」

　　정칠성(丁七星, 1898~?)은 경북 대구(大邱)에서 태어났다. 어렸을 적 서울로 올라와서 한남권번(漢南券番)에 들어가 기생이 되었다. 금죽(錦竹)이 기생이름이다. 아무리 평등과 자유가 넘쳐나던 해방 바로 뒤라고 하더라도 기생 출신으로 여성운동 채잡이가 되었다는 것은 놀라운 일이 아닐 수 없다. "봉건유제 타파하여 여남평등 이룩하자!"고 부르짖던 진보정당인 조선공산당이라지만 그때는 여전히 기생을 팔반천인(八般賤人) 가운데 하나로 여기던 시절이었다. 그러나 그것은 정말이었다. 이강국이 펴내었던 좌익 잡지 《비판》 1938년 4월호에 이런 글이 실려 있다. '가두풍경'이라는 단신 · 가십란인데, 「정칠성 여사의 대희열」이라는 제목이다.

　　정칠성 여사도 그의 애자(愛子)가 동경에서 유학하는 중인데 학자가 업서서 각 방면으로 애쓰든 중 대동광업회사에서 학자를 보조하야 주기로 되얏슴으로 "기생노릇을 할가" 하는 결심을 지버던지고 깃새한다고

　　'권번'은 왜말이다. 내림줄기 센 솜씨로 몸닦달을 거친 다음에야 한량들 술상 앞에 나갈 수 있던 기생사회 또한 일제 강점과 함께 '기생조합'이라는 것이 생겨났는데, 이 '기생조합'이 '권번'이라는 왜식 이름으로 바뀌었던 것이다. '한남권번'은 이름 그대로 한수 이남에서 올라온 가난한 농군 집 여자아이들이 모여 기생 수업을 받던 곳이니, 정칠성 또한 애옥살이 출신이리라는 짐작이 간다.

　　그러나 대단히 뜻이 군세고 품은 꿈이 컸던 듯 일본 동경으로 건너가 동경영어강습소에서 영어 공부를 한 것이 1922년 25살 때이다. 다음 해 돌아와 물산장려운동에 들었고, 1월 이춘수(李春樹)와 「대구여자청년회」를 세우고 집행위원이 되었다. 1924년 「여성동우회」 발기인이 되었는데, 다음은 이효재(李孝再)가 쓴 「일제하의 여성노동문제」(『한국노동문제의 구조』, 광민사, 1980년)에 나오는 대문이다.

1924년에 이르러 계급적 단결을 표현하는 최초의 단체가 나타나니 곧 조선여성동우회이다. 1924년 5월 10일 정종명(鄭鍾鳴), 허정숙(許貞淑), 정칠성(丁七星), 박원희(朴元熙), 주세죽(朱世竹) 등 사회주의 여성들이 발기인이 되어 만들어진 이 단체는 최초의 여성사상단체로서 이들의 주장은 「부인의 해방은 결국 경제적 독립에 있다. 자본주의 경제조직하에서는 경제적 독립을 기대하기 절대 불가능하다. 그것은 남성의 노동자와 다를 것이 없다. 그러므로 부인해방운동은 무산계급해방운동과 같이 현재 자본주의 경제조직을 사회주의 경제조직으로 변해야 한다」는 등의 강연회와 「로동부인에 관한 건」, 「로동부인 위안 음악회의 건」 등을 결의하여 주요 관심을 여성노동운동에 기울이게 되었다. 그러나 이들의 주장은, 경찰의 비상한 간섭과 자체내의 약점에 기인하여 크게 적극적인 활동을 할 수 없었으며 평범한 연구회·강연회까지도 금지되어 구체적인 업적은 없었으나 이런 여건 속에서도 전국에 70개 이상의 지부를 조직했다는 경이를 보여주고 있다.

정칠성은 1925년 3월에는 경북 얼안에서 일어난 사상 동아리 「사합동맹(四合同盟)」에 들었다. 같은 달 다시 동경으로 건너가 동경여자기예학교에 들어갔고, 여성 사상 두럭 「삼월회(三月會)」에 들어갔다. 1926년 1월 「삼월회」 간부 감목으로 《조선일보》에 「신여성이란 무엇」이라는 글을 선보였는데, 강렬한 계급의식을 지닌 무산여성만이 모든 불합리한 환경을 개선해나갈 수 있는 진정한 신여성이 될 수 있다는 속뜻이었다.

《동아일보》 1927년 6월 25일 치에 실린 여공의 수기에서는 여느 노동자계층 삶꼴을 엿볼 수 있다.

어느 여공의 하소연(이성룡)

저는 3세 때 아버님을 여의고 일곱 살 먹은 옵바와 함께 어머님이 방아간에 다녀 15세에 보통학교를 졸업하였읍니다. 옵바도 보통학교를 졸업하고 양복직공으로 일하다가 20세에 병으로 죽자 그 길로 저는 연초회사 여직공이 됐읍니다. 그 때가 제 나이 17세 되는 봄이었지요. 임금은 매일 10전씩이나 3주의 견습 동안에 하루에 6전씩 한 달에 30여 전으로 감독이나 순사에게 아양을 부리면 하루가 곱게 넘어가고 비위를 거스르면 종일 욕먹고 온갖 고초를 받아 겨우 20전에 불과하답니다.

사자굴 같은 그곳에 들어갈 때는 도수장에 들어가는 소와 같이 싫습니다. 또 남공들의 무거운 색에 주린 무서운 유혹은 그칠 날이 없습니다. 그나 그뿐인가요. 퇴사할 시는 경찰에서 죄인 다루듯이 일일이 검사하지요.

여러분 놀라지 마세요. 십칠 세 처녀의, 그 무지한 감독 손에 유방에서 하부에 이르기까지 조사를 당합니다. 얼마나 원통합니까. 17세 처녀의 몸에 그 무지한 행동을 달게 받고 저주의 피눈물을 먹음고 한낮 돈 30여 전에 억매인 생활을 삼년이란 긴 세월을 하게 되었습니다.

19세 되던 가을철에 어떤 사람의 말이, 부산 모 방직회사로 가면 견습기간이 3개월인데 식비 제하고 15원을 주고 3개월 후에는 한달에 평균 50원을 준다는 말에 어찌나 기뻤는지 모르겠습니다…… 여러분이시여 놀라지 마셔요. 부산을 당도하니 눈물이 앞을 가리웁니다. 먹는다는 밥은 양쌀밥에 된장국 하나요 작업시간은 12시간이지요. 작업을 주야 2회로 합니다. 또 작업장소는 90여 도나 되는 삼복에도 문을 꼭 닫습니다. 그 이유는 공기가 들어오면 실이 끊어진다는 것입니다. 감독의 무리한 경향이 일반이지요. 얼굴이 반반하지 못하면 연초회사와 같이 고통이 막심합니다. 준다고 하는 것은 견습기간에 식비 제하고 30여전이요, 3개월이 지나도 불과 일원이 최상일 것 같습니다. 그 뜨거운 물에 열손가락이 짓물러서 보기에도 숭없거니와 손을 붙잡고 울 때가 많습니다. 여러분이시여, 30전이나 1원을 받아 일가족에 도움이 되느냐 하면 결코 도움이 되지 않습니다.

돈과 사회 조직이 이와 같은 이 사회, 여러분이시여 한 개 여공의 하소연이나 맘깊이 양해하시와 이같은 사람의 깃븐 노래를 들으시도록 힘써 주시기를 믿고 붓을 던지옵니다.

1927년 5월 「근우회」 짜는 데 들어 중앙집행위원이 되었고, 31년에는 「신간회」 중앙위원이 된 다음 경성·평양·대구·통영에서 편물 강습 따위로 살아갔다. 일제 억누름이 더욱 사나워지는 1930년대부터 모든 사회주의운동권이 땅밑으로 숨어들어 숨을 죽이게 되는데, 정칠성 또한 바짝 몸을 낮춘 것으로 보인다. 이 무렵 짧은 느낌을 쓴 것이 있는데,《조선지광》1931년 정월호에 실린 「연애의 고민상과 그 대책」이다.

연애로 인한 고민상은 혹은 각 나라의 특수한 사정과 각 시대의 변천을 싸러서 그 정도와 건수의 차이점은 잇다 할망정 영원히 업지 못할 난제라고 나는 봅니다 웨 그러야라면 남녀가 대등한 지위에서 그들이 자유로 결합할 수 잇는 시대라 할지라도 원시난

정칠성이 앞장선 근우회 회의 모습. 똑같은 쪽찐머리에 흰옷이 색다르다.

혼제를 실시하지 않는 한에는 이성과 이성이 접촉하지 안을 수 업는 것이니 따러서 연애의 고민은 의연히 잇슬 것이란 말이외다

그러나 연애고민을 대량생산하야 인간에게 적지 안은 불행을 초래케 하는 것이 현대 자본주의사회라 할 것이외다 그러타는 이유는 여러 가지로 들 수 잇스니 모든 것을 상품화하는 자본주의 사회에 잇서서는 순결하고 진실하여야 할 애정 그것까지도 물질적 이해로 타산하지 안을 수 업게 되기 새문이외다 따러서 그런 연애는 불미한 결과를 맺지 안을 수 업게 되는 것입니다 속담에 연애에는 국경이 업다고 하지요마는 현대와 갓튼 계급사회에 잇서는 연애에 잇서서도 그것을 초월하게 되지 못합니다 하기야 연애 자체의 원리원칙으로 말하면 동일한 인간인 이상 누구나 연애할 수 잇서야 하겟지요 그러나 현대와 여(如)한 과도기에 잇서는 피차간 진실한 연애는 될 수 업스리라고 생각됩니다

더욱이 남존여비의 봉건사상과 경제적으로 남자에게 모든 권한이 있는 이상 연애에 잇서서도 여자는 자연히 불평등한 지위에 서게 됩니다 위선 정조관부터 남녀가 다르게 되어서 남자는 제맘대로 성적 방종을 하면서도 여자에게는 편무적으로 정조를 강제하려 하지 안슴닛가? 이것은 혹은 남녀는 원래 생리적으로 다른 까닭에 모성을 가진 여

자 편은 그 자녀의 혈통을 맑힐 필요상 정조를 지켜야 하겠다 하지마는 그것은 전혀 남성의 성적 방종을 옹호하랴는 한갓 구실에 불과한 줄 압니다 만일 그들의 연애가 진실하다 할 것 갓트면 결코 그럴 수가 업지 안슴닛까? 그러나 이성의 관계란 복잡하니만큼 남녀가 절대 평등한 지위에서 잇다 할지라도 연애의 고민은 언제나 다소간 있을 줄 압니다 예를 들면 삼각 관계라든지 경제적 관계라든지 사상적으로나 감정적인 허다한 원인에서— 그러나 그중 큰 원인은 사회제도에 잇다고 볼 것이니 연애의 고민을 해결하는 유일한 방책은 남녀간 사회적 지위가 균등되고 쏘한 전 인류가 보다 행복한 지상낙원 시대가 도라오지 안으면 안될줄 압니다 그러나 이것은 인류진화의 구원한 장래에서나 바랄 것인즉 현하 정세 밋테서는 동지연애로서나 만족하라고 권하고 십습니다 그것은 진정한 의미로서의 연애를 위한다는 것보다도 엇든 사업을 위한 결합으로서나— 다시 말하면 장래 인류 사회에서의 완전한 연애를 이룰 터전을 닥기 위해서 현재의 불합리한 환경과 투쟁하는 결합으로서나 …… 황망 중 좀더 구체적으로 쓰지 못하고 이만 그치겠습니다

정칠성이 다시 세상에 나온 것은 8·15를 맞으면서였다. 1945년 9월 조선공산당 경북도당을 세우는 데 들어 부녀부장이 되었고, 10월에는 서울로 올라와 「조선부녀총동맹」 중앙위원이 되었다. 1947년 미군정을 등에 업은 극우세력이 가짜로 꾸며낸 이른바 '8·15폭동음모사건'에 걸린 정칠성은 다시 땅밑으로 내려가게 된다. 소재불명으로 기소중지된 17명 가운데 여성은 김명시와 단 둘이다. 「남조선민주여성동맹」 선전부장이던 김명시와 정칠성은 북으로 올라간다.

숨막히게 조여오는 지지누름이었다. 몽양이 흉탄에 쓰러졌고 당 살림을 맡았던 이관술은 해를 넘겨 대전형무소에 갇혀 있었다. 「경성트로이카」 시절부터 백절불굴로 싸워온 권오직·이강국은 평양으로 가고, 이현상·김삼룡·이주하는 다시 땅밑으로 들어갔는데, 이른바 좌익 서적을 덮잡는답시고 괴테 『파우트스』며 자본주의 이론 첫 한아비인 아담 스미스 『국부론』까지 뒤져 빼앗아가는 판이었다. 무엇보다도 숨막히는 것은 조선혁명 염통인 박헌영에게 내려진 체포령이었다. 조선공산당 3대 이론가 가운데 하나인 이우적과 사촌 동서 사이로 《해방일보》 기자였던 박갑동 증언이다.

뒤에 들은 말이지만 박헌영은 이날(9월 5일, [9월 29일을 잘못 쓴 것—지은이]) 한평

반 남짓한 영구차 속 자기 키보다 조금 큰 관 속에 반듯이 누워 시체를 가장해서 월북했다는 것이다. 38선 접경에 이를 때까지 혹시나 경찰의 검문을 염려해서 가족으로 분장한 남녀 당원 몇몇이 흡사 경기도 일원의 어느 선산에 매장이나 하러 가는 듯한 장례차림을 꾸민 것이다. 그때 영구차 뒤에 따르던 호상차에 두건을 푹 눌러쓴 박헌영의 보디가드 이동수(李東樹)의 얼굴을 눈여겨보지 않았더라면 이 장의행렬이 박헌영의 '서울 탈출행'이라고는 아무도 몰랐을 것이다. 이 행렬에 뽑힌 5명의 호위원은 공산당 내에서 엄선된 일당백의 행동대원들이었다.

여기서 말하는 '박헌영의 보디가드 이동수'가 바로 정칠성 아들이다. 기생 노릇을 다시 해서라도 공부시키려 했던 그 동경 유학생이다. 그 아버지가 누구였는지는 알 수 없다. 정칠성이 공청 중앙총국 책임비서였던 신 철(辛 鐵, 1901~?) 부인이었다는 적바림이 있는데, 이동수는 누구 아들인가? 그리고 그 다음 이어졌을 삶에 대해서도 알 길이 없다. 모자가 함께 갔는지 따로 갔는지도 알 수 없다.

정칠성은 1948년 해주에서 열린 남조선인민대표자대회에서 제1기 최고인민회의 대의원이 되었고, 같은 해 「조선민주여성동맹」 중앙위원이 되었다. 1955년 「조선평화옹호전국민족위원회」 부위원장, 56년 4월 「민주여성동맹」 부위원장, 조선로동당 중앙위원 후보위원, 57년 8월 제2기 최고인민회의 대의원을 지냈다. 알 수 있는 것은 여기까지다. 1958년 남로당 갈래로 몰려 숙청당했다는 말이 있을 뿐 뒷소식은 없다.

정칠성은 해어화(解語花)였다. '말을 알아듣는 꽃'이라는 뜻이니, 기생을 일컫는 말이다. 해어화 출신으로 여성해방을 위하여 싸웠던 정칠성이 살았다면 올해 꼭 106살이 된다.

박갑동이 쓴 『내가 아는 박헌영』에 나오는 대문이다.

그때 박헌영은 운전사 옆자리에 6척 거구의 건장한 청년을 꼭 데리고 다녔는데 이 사람이 요새 말하는 「보디가드」 이동수였다. 이는 24년에 결성된 우리 나라 사회주의 여성운동의 최초 단체인 조선해방여성동우회의 부위원장이자 일제 때 유명했던 기생 출신인 정칠성의 외아들로 유도가 3단이었고 힘이 장사였다. 당시만 해도 좌우익의 청년단체들이 서로 「테러」를 하던 때라 박헌영의 측근들이 특별히 심복인 이를 경호원으로 고용했다는 것이다. 이동수는 박헌영을 호위하고 다니다가 46년 그와 같이 월북, 49

년 겨울에 유격대를 거느리고 38선을 넘어오다가 우리 국군에 포위돼 부대가 섬멸당할 때 전사했다는 소식을 들었다.

나는 정철성이 단 하나의 아들을 잃고, 또 그가 굳게 믿고 추종했던 박헌영마저 북한에서 「간첩」으로 몰려 김일성에게 체포당하자 너무 낙심하다 병 끝에 빼빼말라 평양 거리를 헤매고 다니는 모습을 보았을 때 허무감을 느끼지 않을 수 없었다.

여기서 이동수의 어머니인 정철성의 얘기를 잠시 해볼까 한다.

정칠성은 본래 경북 대구 출신의 기생으로 일명 정금죽(丁錦竹)이라고도 했다. 3·1운동 직후인 1920년대 초 서울에는 대정권번·한성권번·한남권번·경성권번 등 4개의 기생조합이 있었는데 그 중에도 서도 기생들이 터를 닦은 대정권번(大正券番)과 남도 기생들의 한남권번(漢南券番)이 가장 유명해 인기를 끌었다. 정칠성은 당시 명월관 등을 휩쓸던 한남권번에 속한 남도 기생이었다.

정칠성은 비록 기생이었지만 개화에 앞장선 여인이었다. 그는 1921년쯤 명월관 기생들이 베풀어 주는 송별연의 축복을 받으며 기생으로서는 처음으로 동경 유학을 떠났다. 동경에서 그가 대처(大妻)고등여학교에 적을 두고 다닐 때는 다른 학생들이 기껏 한복과 「기모노」를 입은 시절에 유독 양장에 모자까지 쓰고 다닌 멋쟁이 신여성이었다. 그리고 기생을 그만두고는 정칠성이란 이름을 썼다. 당시 동경 일본여자대학에 다닌 최은희(崔恩喜 69·최초의 여기자)에 따르면 정은 넓적한 얼굴이 대단한 미인은 아니었으나 훤칠한 키에 성격이 남자처럼 활달했고 사람 다루는 솜씨가 뛰어나 유학생들 사이에 교류를 넓혀갔다고 한다. 최씨는 동경의 기독교청년회관에서 정을 만났었다고 한다.

그가 유학을 마치고 귀국한 23년은 국내의 민중운동이 한창 좌경화하던 시기였다. 그에 따라 부인계몽·애국운동에 그치던 여성운동도 점차 좌경하기 시작했다. 국내에 들어온 정은 여자고학생상조회의 정종명과 함께 여성사회운동의 조직을 규합하기에 분주했다.

1924년 5월 4일 서울 재동 조선여자강습소에서 이땅 최초의 여성사회주의단체인 조선여성동우회 발기총회가 열렸다. 여성동우회는 앞서 말한 바와같이 박헌영의 처였던 주세죽을 비롯해 허정숙·고명자 등 여성 「트리오」가 일찌기 여성해방운동과 사회주의선전에 열을 올리던 단체로 유명하던 것이었다. 정은 당시 여성운동계의 맹장인 정종명·박원희·주세죽·허정숙 등과 함께 이 여성동우회를 발기했던 것이다. 그때부터 정은 박헌영을 따랐고 해방 후에는 자신의 아들을 박의 경호원으로 있게 한 것이다.

정철성은 여성동우회뿐만 아니라 27년 창립된 근우회(槿友會)에서는 집행위원으로 활약하기도 했다. 그러나 그는 그다지 과격한 편은 아니었고 비록 기생 출신이었지만 남자와 떠들썩한 「스캔들」이 없이 이모씨와 오랜 동거생활로 자식을 두었다는 말을 들은 적이 있다. 또 유광렬(柳光烈씨 75 · 한국일보 논설위원)에 따르면 당시 정이 소리(唱)를 퍽 잘한다고 소문이 나 있었으나 어쩌다 소리를 하는 기회가 오면 안하려고 버티곤 하던 일화를 들은 적이 있다. 그때는 돈푼이나 있는 사람이면 가끔 젊은 남자들과 신여성들의 모임의 뒷바라지를 해줘서 때로는 명월관 같은 요릿집에서 「파티」를 벌이기도 했는데 차례로 창을 하다가 정의 차례가 되면 이를 싫어해 피하려고 애쓰던 것이 기억에 남는다는 것이다.

30년대 이후 공산주의 활동이 지하로 들어갔을 때의 정의 행적은 알려지지 않고 있지만 그는 끝내 친공산주의 활동에서 벗어나지 못했던 것이다. 6 · 25남침 후 공산당이 서울을 점령했을 때 정철성은 군복차림으로 거리를 활보하기도 했다.

이동수 아버지인 이모 씨는 아마도 보수우익쪽 사람이었던 것 같다. 혁신좌익쪽 사람이었다면 굳이 그 이름을 감출 리 없다는 것이 이런 생각의 터무니이다. 다섯 번 혼인하였던 남성 콤뮤니스트들 이름을 밝혔던 여성 콤뮤니스트 허정숙을 보라.

8. 만주벌판 주름잡던 장총 들고 백마 탄 여장군

김 명 시 ^{1907~1949}

크지 않은 키 검은 얼굴 여무지고 끝을 매섭게 맺는 말씨 항시 무엇을 주시하는 눈매 온몸이 혁명에 저졌고 혁명 그것인 듯이 대담해 보였다 「투쟁하신 이야기를 좀 들을가요」 하고 물으니

「열아홉 살 때부터 오늘까지 21년간의 나의 투쟁이란 나 혼자로선 눈물겨운 적도 있읍니다마는 결국 돌아보면 아무 얻은 것 하나 없이 빈약하기 짝이 없는 기억뿐입니다」

이런 겸사의 말을 잊어버리지 않았다 아니 아직도 민주과업이 착란하고 막연한 채로 남아 있는 오늘의 남조선을 통분히 역여 마지않는 여사로서는 앞만을 바라보는 타는 듯한 정열이 오히려 지난 일을 이렇게 과소평가하게 되는지도 모른다

「1925년에 공산대학엘 들어갔읍니다 그리고 27년도에 파견되어 상해로 와 보니 장개석 씨의 쿠데-타-가 벌어져서 거리마다 공산주의자의 시체가 누었드군요 거기서 대만 중국 일본 비율빈 몽고 안남 인도 등 각국 사람들이 모여서 동방피압박민족반제자동맹을 조직하고 또 그 이면에서는 중공한인특별지부 일도 보게 되였읍니다 28년에 무정장군을 강서로 떠나보내고 그 다음 해 홍남표(洪南杓) 씨와 만주에 들어가서 반일제동맹을 조직했읍니다 그때 마침 동만폭동이 이러나서 우리는 합이빈 일본영사관을 치러 갔읍니다 그 다음 걸어서 흑룡강을 넘어 제제(齊齊) 합이빈을 거쳐 천진 상해로 가든 때의 고생이란 생각하면 지긋지긋합니다 상해에 가니까 김단야 박헌영 제씨가 와

장총 들고 백마 탄 장군으로 이름 높았던 여장군 김명시.

게시든군요 그 다음 나는 인천으로 와서 동무들과 「콤뮤니스트」「태평양노조」등 비밀
기관지를 발행하다가 메-데-날 동지들이 체포당하는 판에 도보로 신의주까지 도망을
갔었는데 동지 중에 배신자가 생겨서 체포되어 7년 징역을 살았읍니다 스물다섯 살에
서 서른 두 살까지 나의 젊음이란 완전히 옥중에서 보낸 셈이죠」

그 다음 연안 독립동맹에 들어가서 천진 북경 등 적지구에서 싸우던 눈물겨운 이야
기 그중에도 임신 중에 체포되어 매를 맞어서 유산하든 이야기 밤에 수심도 넓이도 모
르는 강물을 허덕이며 건너가든 이야기 등은 소설이기엔 너무도 심각하다 싸움이란 혁
명에 앞장서 싸우는 것이란 진실로 저렇게 비참하고도 신명나는 일이라고 고개를 숙이
며 이러나서 나왔다

《독립신보》1946년 11월 21일 치에 실려 있는 인터뷰 기사이다. 「여류혁명가를 찾
어서」라는 제목 아래 7명을 선보였는데, 유영준(劉英俊), 정칠성(丁七星), 박진홍(朴鎭
洪), 유금봉(劉金鳳), 허하백(許河伯), 조원숙(趙元淑) 다음으로 나온다. 「21년간 투쟁
생활, 태중(胎中)에도 감옥사리」라는 제목 밑에 실린 '김명시 여사편'이 끝이다. 잇달아
서 선보일 여류혁명가가 동이 났는지 실어야 할 다른 소식들이 너무 많아서 그랬던 것
인지 알 수 없지만, 아쉬운 노릇이다. 8 · 15 뒤 나온 일간지들은 좌우익을 막론하고 모
두 2면 1장짜리 타블로이드판이었다. 국한문 섞어쓰기에 맞춤법과 띄어쓰기가 대한제
국 시절과 크게 다르지 않고 마침표도 없다.

이름을 적지 않은 기자는 김명시를 넣은 7명 '여류혁명가'들을 자본주의 쓰임말인
'여사(女史)'라고 불렀지만, 김명시는 '장군'이었다. 드넓은 만주벌판을 백마 위에서
장총 들고 달리던 여장군 김명시.

이 중생이 연좌제 쇠사슬에 몰려 위장입산으로 숨죽이던 1960년대 끝 무렵 산에서
들은 이야기이다.

"굉장했지. 종로통이 온통 사람들로 백차일을 쳤으니까."

남조선로동당 당원으로 6 · 25 전 입산한 '구빨치'였던 늙은 스님은 말하였다.

"무 정이 장군과 그 부관인 김명시 장군이 뒷다리 쭉 빠지고 훨씬 키 높은 백마 타
고 종로통 거리를 지나가는데 모두들 손바닥이 터지라고 손뼉을 쳤어요. 그러면서 목이
터지라고 외쳤지. 무 정 장군 만세! 김명시 장군 만세!"

《해방일보》1945년 12월 21일 치를 보면 「호접(蝴蝶)을 상연, 극단 전선(全線)서 2

회로」라는 제목이 나온다.

　　극단 「전선」에서는 신정 서울소극장에서 제2회 공연으로 중국연안에서 망명활동 중
이든 작가 김사량(金史良) 씨 귀국 제1회작 「호접」(전3막)을 공연할 예정으로 준비 중
이다 이 작품은 1941년 12월 중국 제8로군의 정치공작에 수응하야 화북(華北) 석가장
(石家莊) 부근에 출동한 우리 조선의용군의 무장선전대원 29용사가 애통히도 선혈로
써 물드린 장절한 전투기록이라 하며 투쟁적인 테-마와 다채한 필치는 상당히 기대되
는 바가 있다

　　스님 말은 연극을 보고 나온 무 정과 김명시가 몇 사람 「조선의용군」 싸울아비들 보
살핌 받으며 종로 거리를 행군하였다는 것이다.
　　"조선의용군 총사령 무 정 장군 만세!"
　　"조선의용군 김명시 여장군 만세!"
　　스님은 아련한 눈길로 싸락눈 흩날리는 하늘을 올려다보던 것이었다. 왼쪽 손이 반
쪽밖에 없는 그 늙은 구빨 목소리에는 물기가 묻어 있었다.
　　"그때는 무정이 장군을 젤루 쳤지. 기밀셍이 장군보다 더 높이 봤어요. 그리고 그 보
좌관으로 하르빈에 있던 왜놈 영사관 까부순 김명시 장군이 굉장했지. 미제를 구축하고
친일파 민족반역자들을 박멸시켜 평등조선 자유조선 해방조선 일통조선이 되면 인민무
력상 한자리는 할 인물로 쳤어요."
　　"그런데 어떻게 되셨나요?"
　　"응, 뭐가?"
　　"김명시 장군 말씀예요?"
　　"으응, 일구사륙년도 말에 여맹 선전부장을 한 것까지는 아는데, 그 다음은 몰라. 리
승만이 김성수 앞잡이들한테 개밥 되었거나 북선으로 넘어갔겠지 뭐."
　　스님은 김명시 그 다음 소식은 모르고 있었다. 신문도 귀한 시절에 산속에 살았으니
알 리가 없었다.
　　김명시는 해방되던 해 12월 「조선부녀총동맹」 선전부 일을 보다가 같은 달 조선국
군준비대전국대표자대회에서 축사를 하였고, 1946년 2월 「민주주의민족전선」 중앙위
원이 되었고, 4월 민전 서울지부 의장단으로 뽑혔으며, 12월 「남조선민주여성동맹」 선

학생 시절부터 수도 없이 왜경에게 붙잡혔던 김명시. 1933년 6월 1일 치 《동아일보》 기사. 조봉암 · 홍남표 · 김명시.

전부장이 된다. 그리고 사라진다. 1948년 8월 해주에서 열린 남조선인민대표자대회에서 제1기 최고인민회의 대의원으로 뽑힌 360명 가운데도 김명시란 이름은 없다.

김명시가 문득 다시 나타난 것은 1949년 10월 11일 《동아일보》와 《자유신문》이다. 1946년 당중앙이 월북한 다음 평양으로 가 북로당 정치위원으로 있다가 다시 서울로 와 해방 전 운동마당이었던 경인 지역에서 거세차게 움직이다가 부평경찰서 형사대에게 붙잡혔던 것이다. 《동아일보》 짧은 기사이다.

북로당 정치위원
김명시, 유치장서 자살
북로당 정치위원인 김명시(43세. 여)는 수일 전에 모종 혐의로 부평경찰서에 구금 중이던 지난 2일 하오에 자기 치마를 찢어가지고 감방 천장 수도관에 목을 매어 자살하였다고 한다.

김명시(金命時)는 1907년 경남 마산(馬山)에서 태어났다. 1924년 서울 배화여자고등보통학교를 중퇴하였고, 25년 7월 「고려공산청년회(공청)」에 들어가 마산 제1야체이카에 딸렸다. 10월 공청에서 모스크바 동방노력자공산대학 유학생으로 뽑혀 1927년 6월 졸업하였다. 같은 해 8월부터 상해와 북만주에서 김단야 얼개줄로 기운차게 움직이다가 32년 3월 귀국하였다. 오라버니 김형선과 함께 경인 바닥에서 《코뮤니스트》와 《태평양노조》를 '가리방 긁어' 뿌리다가 왜경 지명수배를 피해 만주로 가려다가 신의주에서 붙잡혔다. 7년 징역을 산 다음 태항산으로 가서 8·15까지 무장투쟁을 벌였다.

김명시는 '본급'이었다. 그때에 주의자들이 쓰던 말로 기본계급 출신이라는 말이다. 보통학교를 마치고 간이농업학교에 들어간 오라버니 김형선이 배움비발을 못 대어 쫓겨났다는 것이 웅변하여 준다. 왜인이 꾸려나가는 상점에서 점원 노릇을 하고 부두노동자 일을 하다가 창고회사 사무원으로 5년간 있던 끝에 마산공산당 짜는 데 들어간 김형선이니, 21살 때였다. 이런 애옥살이에서 서울로 올라가 배화고녀를 다니다가 모스크바공산대학 유학생으로 뽑혀 간 것으로 보면 대단히 뛰어난 큰아기였을 것이다.

우동수가 쓴 「조선공산당 재건운동과 코민테른— 동방노력자공산대학 졸업자들의 활동을 중심으로」를 보면 "유학생 선발을 주도한 것은 고려공산청년회였다. 이는 자질이 우수한 인물들을 청년당원으로 확보하고 이들을 직업적 혁명가로 양성하고 조선공산당의 토대를 강화할 필요가 있었다는 점에서 당연한 것이었다. 그리고 이러한 유학생의 선발과 파견은 철저한 비밀 속에서 이루어졌다."

공산대학에 입학을 원하는 자는 구두시험과 신체검사를 받았다. 구두시험은 공산대학 학감이 주로 담당하였는데 정형화된 형식이 있는 것은 아니었다. 대체로 해당 지역에서 사회운동에 종사한 연수 및 본인의 경력, 신분 및 직업, 학력의 정도, 자산의 유무, 영어회화 능력, 독서의 종류, 소비에트 정치, 사회주의, 민족주의와 사회주의와의 차이 여하, 사상단체 또는 청년회 등의 가입 유무, 추천한 인물, 당해 지역의 혁명의 현상 및 운동의 진전, 신상에 관한 사항, 맑스주의에 대한 제문제 등이었고 구두시험에서 탈락하는 경우는 없었다. 이를 통해 볼 때 구두시험은 입학의 여하를 좌우하였다기보다는 유학생들의 능력평가에 주력하였다고 볼 수 있다. 시험 후 신체검사를 받았는데 신체검사는 단체생활상 전염병관계 때문에 특히 엄격하였다.

이러한 과정을 거쳐 입학한 자에게는 졸업 때까지 학업에만 전념할 수 있도록 모든 것이 무료로 지급되었다. 학용품을 비롯하여 의식(衣食)에 필요한 것은 현물로 제공되었고, 일용품대는 개인에 따라 차등있게 월 6~15원씩 지급되었다. 서적류는 직접 도서관의 장서를 대여하였다. 일과는 오전 7시에 기상하여, 1학년은 오전 11시부터 오후 5시까지 수업을 하였고, 2학년 이상은 각자 연구에 임하였으며, 오후 11~12시까지는 자습시간으로 되어 있었다. 학생들은 기숙사생활을 하였고, 교내에는 강당, 도서관, 사무실, 병원, 구락부 등이 있었다. 학생 중 대다수는 러시아인이었는데 노동자 농민이 많았고, 외국인은 200명 정도가 있었다.(외국인 학생의 약 절반은 중국인이었고, 필리핀 · 몽고가 그 다음, 그리고 페르시아 · 터어키 · 인도 · 조선 · 일본 · 멕시코인이 있었다.) 그리고 기숙사 생활은 엄격하지 않았고 거의 무규율상태였다. (……)

공산대학은 1년의 예비과와 3년의 본과로 구성된 4년제였다. 이 예비과는 1927년 경 설치된 것으로 그 이전에는 예비과 없이 3년제였다. 그리고 1930년부터는 예비과제도를 폐지하고 속성과를 설치하여 단기간에 혁명적 활동가를 양성하는 체제도 갖추었다. 신학기 입학은 매년 9월이었고, 9~12월은 1학기, 3월말까지는 2학기, 5월 중순까지는 3학기, 그후 9월까지는 하계휴가였다.

입학 초 러시아어를 할 수 없는 동안은 통역으로 수업을 하였고, 1년 정도 지나면 통역 없이 수업을 진행하였다. 러시아어를 해독할 수 있게 되면 서적을 지정하여 각자 연구시켰고, 각자 연구하는 과목과 연구장소는 자유로웠다. 의문나는 점은 1주 1회씩 담당교수 아래 모여 질문을 하고, 1개월 혹은 1개월 반마다 전교생이 강당에 모여 미리 연구시킨 학과에 대해 보고 토론을 하면 교수가 비판 결론을 내렸다. 교수는 이를 토대로 각자의 성적을 매겨 학년말 성적불량인 학생에게는 낙제를 시켜 동일과목을 다시 연구시켰다. 그리고 평소의 성적에 근거하여 교수회의 결정에 따라 성적불량인 자는 낙제 혹은 중도퇴학시켰고, 성적이 양호하여 충분히 운동을 할 수 있다고 인정되는 자는 시기의 여하에 관계없이 졸업시켜 사명을 부여하였다. 교사의 교수방법 등에 관해 불만이 있을 때는 학생회의 결의를 거쳐 그 시정을 요구하기도 했으며, 수업의 여가시간에는 시사문제에 대한 토의를 하였다.

공산대학의 학년별 강의 과목은 다음과 같다.(이 강의 과목은 각자의 진술이 일치하지 않아 이들의 진술중 최대 공약수를 취하여 재구성하였다.)

본과 1년 : 러시아어, 수학, 자연과학, 정치학초보, 유럽 및 동양혁명사, 러시아공산당사, 사회진화론, 세계직업운동사, 경제지리

본과 2년 : 세계혁명사, 군사교육, 레닌주의, 유물사관, 러시아공산당사, 정치경제학, 사회진화사

본과 3년 : 유물변증법, 레닌주의 , 유심론, 국제공산당정책, 당조직론, 자국사정연구, 세계혁명사

그 외 세계경제문제는 때때로 개최되는 토론회에서 다루어졌다. 한편 1930년에 설치된 속성과에는 러시아공산당사, 코민테른사, 정치경제학, 레닌주의, 민족문제, 식민지문제, 농민문제, 제국주의론, 프로레타리아독재, 조직문제, 자국문제, 군사학, 유물변증법 등의 과목이 개설되었다. 또 수업시간중 학생으로부터 질문이 있을 경우 질문에 대한 답에 덧붙여 군사적인 전략전술에 대해 가르치기도 했으며, 1933년부터는 군사학이 개설되어 군사교육이 본격적으로 교수되었다.

공산대학, 곧 2년제 동방노력자공산대학을 마치고 상해로 간 김명시는 김단야 얽이줄로 거세차게 움직인다. 상해와 만주에서 선전부 목대잡이가 되고 재만조선인반 일본제국주의동맹 기관지 《반일전선》을 엮어내다가 귀국한 것도 상해 조선문제 목대잡이인 김단야 가르침에 따른 것이었다. 오누이가 함께 간 인천에서는 김삼룡이 부두노동자로 있으며 적색노동조합을 엮어내고 있었다. '주의자의 총알'인 기관지를 '가리방 긁어' 경인 바닥에 뿌리다가 조여오는 왜경 발자국을 피하여 만주로 가려던 김명시가 붙잡히게 되는 것은 백마강역이라는 곳이었다. 압록강변 신의주 곁 간이역이었다.

김명시를 잡은 것은 평북 경찰부 경부인 스에나가(末永淸憲)였다. 조선인 염알이꾼이 물어다 주는 정보에 따라 경성부 훈정동 4번지 박헌영 집에서 잡게 된 것은 김명시가 아니라 고명자였다. 고명자를 쥐어짠 끝에 얻어 낸 정보는 여비 4원을 얻어 떠난 것이 며칠 전이라는 것이었다. 눈에 불을 켠 형사대는 김형선 레포인 박은형(朴殷馨) 집 식구들을 족쳐 어떤 마을에 숨어 있다는 것을 알게 되었다. 백마강역 가까운 어느 농가였다. 이때부터 김명시는 7년 징역을 살게 되고, 다섯 달 뒤 영등포에서 잡힌 김형선은 8·15까지 12년을 살게 된다.

김형윤(金炯潤)이라고 김형선 아우가 있었다. 언니 못지않은 맹렬주의자로 《소년전기(少年戰旗)》 같은 좌익 잡지를 교재로 농촌 어린이들에게 공산주의 선전을 하고 마산볼셰비키 기관지인 《볼셰비키》를 뿌리며 부산에서 적색노조운동을 하고 조선공산당재건그룹 일을 하던 사람이었는데, 김명시한테 손위가 되는지 손아래가 되는지 알 수 없다. 김형선과 김명시가 세 살 터울인 것을 보면 손아래가 될 푼수가 높지만 연년생도 많으니 모를 일이다.

평북경찰부 경부 스에나가 쿄노리(末永淸憲) 수기에 적바림된 김명시이다. 「선내(鮮內)주의자와 상해조선인주의자와의 협동공작의 전모」 가운데 '3. 제2차의 수사 급

'김명시여사의 체포'.

이곳은 경성부 훈정동 4번지 황일헌(黃一憲)이라고 하는 자의 주택. 정문, 후문을 가지고 있는 당당한 가옥, 특히 김형선은 야간에 동가(同家)를 방문하고 민봉근은 그때마다 비케의 역할을 한 용의자의 집이라고 한다. 더욱 일면(一面) 대정 14년에 있어서 조선공산당 고려공산청년회 조직에 관한 음모도 이 집에서 박헌영의 방에서 행하였다고 한다. 조선사회운동사상 유서가 있는 가옥이다.

절반 열리고 있는 대문을 열어 제치고 정내(庭內)에 들어간 우리들은 실내 공기를 엿본즉, 곧 가옥 주위를 엿본 결과 좌편 광 앞에 정립(停立)하고 있는 연령 25,26세 가량 된 여성이 있는 것이 아닌가?

복장 급 인상으로 보아서 앞서의 아지트에서 도망한 김형선의 매(妹) 김명시? 수사원들의 가슴은 기뻐서 뛰놀고 하였다.

그리하여 가인의 승낙을 얻어 방을 빌려 가지고 피녀(彼女)의 신원조사를 개시하였다.

"나는 김단야의 처 고명자(당 27년)다. 병 때문에 약 2주간 전 아버지를 따라 본적지인 충남 강경(江景)으로부터 상경 대지(臺知)의 사이인 이 집에 기숙하고 있다."

김단야 그 처 고명자, 조선사회운동 취체에 있는 자로서 언제든지 생각하게 되는 인물이다. 그것뿐만 아니라 김형선이 방문한 사실을 종합하여 보면 수사원들은 더욱 긴장이 된다.

이에서 S는 고명자를 데리고 종로서에 동행하여 조사한 바 김명시(김명시와 고명자는 공산대학 동창)는 5월 4일 밤 동지들의 체포로 주위의 위험을 읍소(泣訴)하므로 고명자는 이것을 상해로 도망하게 하려고 여비 40원까지 주어서 출발하게 하였다는 의외의 공술이었다. 이로써 즉시 택시영업, 인력거영업자 기타에 대하여 그녀들의 형적을 조사하여 본즉 과연 시골사람처럼 변장하고 경의선(京義線)을 도보로 신의주 방면으로 떠났다는 것이 판명되었다. 실로 절치(切齒)한 일이다.

그러나 국경에는 이미 신의주를 중심으로 하여 물샐틈 없이 수사대가 배치되어 있다. 그러나 기다리고 기다려도 이러한 인물은 나타나지 아니하였다. 다시 내사하여 본즉 그들은 벌써 신의주에 잠입하여 박은형의 집에 잠복하고 있는 사실이 판명되었다. 때를 잃지 아니하고 사복 경관들을 총동원하여 그 집을 포위하고 수색한 결과 목적의 인물은 그림자도 없었다. 또한 실망?

그러나 가인들의 말에 의하면 잠복한 것은 틀림없으나 피녀는 금조(今朝) 7시에 시골 여자로 변장하고 바가지를 머리에 이고 도보로 백마강역(白馬江驛) 부근 차모(車某) 집으로 간 것을 알게 되어 K경부의 일대(一隊)는 이것을 추적하게 되었다.

그 부락에 도착하여 각호(各戶)를 수사하고 있는 중 어면 농가의 문전에 어린애를 업고 사람들이 왕래하는 것을 구경하고 있는 연령 25~6세가량 보이는 여자를 발견하게 되었다. 수사원들은 그 앞을 지나쳤으나,

"어린애를 업고 있는 여성! 김명시와 같은 인상?"

K경부는 직감적으로 머리에 떠오르는 것이었다. 이에 피녀에게 대하여 엄밀하게 추구한즉 금일까지 혈안으로 수사하던 막사과공산대학 졸업생, 조선공산당에, 중국공산당에 여성투사로써의 중진, 상해로부터 잠입한 김명시였다.

그러나 김형선 등은 박은형의 유도로서 5월 13일 엄중한 경계망을 탈출하여 이미 국외로 도주한 때였다.

이처럼 일제의 무서운 뒤쫓음을 받아야 했던 여장군 김명시, 그이는 해방된 조국에서도 그 일제에 충성하던 조선인 경찰에 잡혀 목숨을 잃는다. 《자유신문》 1949년 10월 11일 치 기사이다.

북로 간부 김명시
부평서 유치장서 자살
일제시 연안에서 18년간 일군과 일선서 싸우며 독립운동을 하여오다 해방 후 여성동맹 간부를 지내 현재까지 북로당 정치위원 간부인 김명시(여사 43세)는 지난 9월 2일 부평서에 피검되었는데 지난 2일 유치장에서 자기 치마로 목을 매어 자살하였다고 한다.

진짜 자살이었을까? 김삼룡과 이주하를 붙잡기 위해 경찰력이 총동원되던 시기이다. 틀림없이 두 사람이 간곳을 알고 있었을 김명시가 무서운 족대기질을 당하기 전에 자살한 것일까? 아니면 족대기질 끝에 숨지자 자살로 꾸몄던 것일까? 김삼룡과 이주하가 붙잡힌 것은 그로부터 5개월 뒤이니 김명시가 끝내 두 사람을 고자질하지 않고 죽음을 택한 것만은 틀림없다.

9. 멧새처럼 날아가버린 민족의 애인

김복진과 허하백 김복진 1901~1940 / 허하백 1909~1950

저녁때가 되어서 차저간 기자의 불찰일넌지 모르나 맛진 음식과 향기로운 술상 앞에 앉게 되여 어안이 벙벙했다

『마침 잘 오셨읍니다 몇 달 두고 눈물겨우리만큼 싸워서 우리 명성(明星) 학교가 승격이 되고 정식 인가가 나왔는데 이 기쁨을 함께 논읍시다』

우슴을 감추지 못하고 기뻐하는 양이 교장 선생님이요 또 국학대학 교수인 녀사도 마치 소녀 같다면 매우 실례일런지 몰라도 천진란만해 보인다

무려 하로에 5,6차씩 학무국을 드나들든 이야기 속이 타고 괴는 걸 꿀꺽 참고 불교 종무원 사람들과 교섭하든 이야기 김명시 녀사와 전남을 순회강연 하면서 여성 계몽에 힘쓸 것을 결심한 이야기 결심을 실행하는 건 고통스러웠고 고통이 끝나니 기쁘다는 이야기⋯⋯ 밤이 깊어가는 걸 깨달을 수가 없었다. 여사의 경역을 물으니

『대단한 경역이라곤 없고요 함북 온성서 박순병 최창익씨들과 한곳에서 잘았어요 어릴 땐 내가 토론선수였드랬어요 숙명학교에 들어선 일인 선생 배척 스트라이크를 한 번 했구요. 나량(奈良)고사에 가서 이과를 전공했는데「上林」이라는 선생과 함께 경도 제대 공산당사건에 관계해서 독서회를 하다가 모두 체포되였는데 증거물을 연멸시키 기 위하여 신문지 석장을 다 뜯어먹어 버리느라고 아주 혼이 난 일이 잊어지지 않어요』

자연과학도로 고산식물을 채집하러 단이든 이야기, 도상록(都相祿)씨 등 여러분과 함께「박물전람회」를 열든 이야기 경성여자고등학교를 만들든 이야기 그중에도 황홀

근대 조각 아버지로 불리는 김복진. 전쟁으로 작품이 불타버려
계룡산 소림원 석고미륵불과 금산사 미륵불만 남아 있다.

하면서 가슴 아픈 이야기를 들려주었다

　『최창익 씨 소개로 김복진 씨를 알아 신비로운 힘이 그를 사랑하게 만드러서 복역 직후의 여러 가지 악조건임에도 불구하고 그와 결혼했어요 조각가이면서 혁명가인 그는 내게 독점되기 전에 민족의 애인이요 또 인민을 위해 용감하게 싸울 텐데 저 여섯 살 백이 「尙美」라는 유복녀를 남기고 그만 죽었지요…』

　방에 곳곳이 놓여 있는 크고 적은 조각물들을 어루만지는 녀사의 눈알이 슬퍼졌다

　『해방이 되니 무엇이 가장 생각납니까?』

　『그야 김복진 씨죠 김복진이란 사람 그것이지요』

　녀사는 울고 싶은 감정을 억지로 누르고 웃어보었다

「내게 독점되기 전에 그이는 민족의 애인」이라는 제목이다. 「여류혁명가를 찾아서」 다섯 번째로 허하백 여사편.《독립신보》1946년 11월 17일 치.

　허하백(許河伯)은 누구인가? 1945년 10월 2일 짜여진 「건국부녀동맹」 조직부장 겸 서울지부 위원장, 45년 12월 22~23일 안국동 풍문고녀 강당에서 짜여진 「조선부녀총동맹」에서 정칠성과 함께 부위원장을 하였던 허하백은 소설가 박화성 친구였다. 그리고 '민족의 애인'으로 기려지는 김복진은 누구인가?《해방일보》1946년 4월 18일 치에 김복진을 기리는 기사가 나와 있다. 17일 치에 이어지는 것으로 박순병·구연흠·오상렬·소성규·홍혜순·장재욱·김사국 같은 빼어난 공산주의 혁명열사 9명 가운데 하나이다. 당 창립 21주년을 기려 가시밭길 당 역사 제사상에 올려지는 넋모심자리이니, 주의자에게 바쳐지는 가장 아름다운 꽃다발이다.

　김복진(金復鎭) 동지

　김복진 동지는 조선이 나흔 조각가의 선구였고 또 상당히 노련한 수완을 가졋섯다 그래서 그를 미술가로서 아는 이는 많으나 그가 열렬한 혁명가 조직자이엇든 것을 아는 이는 적다 그는 경성산으로서 동경미술학교에 배운 후 귀국하여 배재중학의 교편을 잡었든 일도 있다 그러나 그의 혁명적 정열은 그로 하여금 학교 속에서 활동키에는 너무나 포부가 컷섯다 그래서 그는 가두로 나와 동지들로 더부러 조선프로예술동맹을 조직하여 그것을 지도하는 한편 『조선지광사(朝鮮之光社)』 이성태(李星泰) 등 동지들로 더부러 제3차 총검거의 뒤를 바다 운동을 계속하였다 더욱 공청 조직자로서의 그의 활

동은 컸섯다 1928년 검거로 투옥되어 5년의 역을 치르는 동안 쇠약해진 건강을 출옥 후에도 회복되지 아니할 뿐아니라 더욱 항진되어 그로 하여금 오늘의 기쁨을 보지 못하고 드듸어 한을 품고 쓰러진 것이다 출옥 후 병약의 몸으로도 오히려 동지들의 규합을 꾀하는 한편 많은 작품을 제작하였든 것이니 그것은 그의 성격의 근실과 열정의 일단을 엿보게 하는 것이라고 하겠다 그가 사러 있다면 당년 45세일 것이다(송언필(宋彦弼)동지 자료제공)

허하백을 김복진에게 맺어준 사람은 제3차조선공산당사건으로 7년 징역을 살고 나온 최창익(崔昌益)이었다. 김복진 아우로 허하백 시동생이 되는 문학평론가 팔봉(八峯) 김기진(金基鎭, 1903~1985)의 지난 이야기에 나온다. 목포에서 올라온 박화성(朴花城) 엽서를 받고 계동으로 찾아갔을 때였다.

화성은 방의 주인이라는 여성을 나에게 소개했는데 그 여인이 바로 허하백으로서 나중에 나의 형수가 된 여성이다. 그런데 허하백이란 이름은 그 전부터 최창익으로부터 수없이 여러 번 들었다. 최는 허가 자기와 한 고향(함북 온성)인데 인품이 있고, 또 생물학을 전공한 선생님으로서 사상도 퍽 진보적이니 이런 여성한테 장가를 드는 것이 좋을 거라고 몇 번이나 나의 형님한테 권하는 것을 나는 들었던 터이라. 그날 밤 화성을 찾아갔다가 그 방에서 허여사를 보게 되자 더욱 유심하게 그를 관찰했었다. 전등 불빛 아래서 허를 처음 본 인상은 퍽 좋았다. 얼굴에 온화한 기운과 덕기가 있어 보였다.

아우도 권하였고 그때 저명한 항일 변호사 허 헌 맏딸인 허정숙과 연애 중이던 동지 최창익이 미는 데 마음이 쏠린 김복진은 돈암동 신흥사에서 허하백을 만나 사귀고 혼인을 하게 된다. 그런데 팔봉이 신흥사에서 허하백을 다시 보고 느꼈던 자취는 영 다른 것이었다.

이날 형님은 처음으로 허를 만나는 것이었기 때문에 나는 형님한테 허와 단둘이서만 산보하고 이야기하고 할 기회를 드리려고 일부러 최와 화성을 따로 다른 방향으로 이끌고 산보했었다. 그랬는데 그날 낮에 관찰한 허는 내가 일전에 밤에 처음 만났을 때 받은 인상과는 퍽 차이가 있었다. 얼굴에 온화한 기운 대신 거센 기상과 고집이 있고 성질이 날카로와 보이는 게 아닌가. 그래서 나는 내가 형님한테 극구 칭찬해서 권고했던 일을 슬며시 후회하였었다.

김기진 스스로가 친일 생채기를 지니고 있는 사람이므로 허하백이 친일을 하였다고 해서 싫어한 것은 아니었지만, 허하백은 친일을 했던 사람이었다. 임종국(林鍾國)이 쓴 『일제말 친일군상의 실태』에 나온다.

이른바 총후부인대는 1941년 12월 27일 조선임전보국단 주최로 부민관 대강당에서 「결전부인대회」를 개최하였다. 다음은 그 연사·연제 및 연설의 일부이다. 개회사 및 사회를 본 박인덕(朴仁德) 다음 김활란(金活蘭)·모윤숙(毛允淑)·박순천(朴順天)·임숙재(任淑宰)·임효정(林孝貞)·최정희(崔貞熙) 다음이다.

허하백 : 총후부인의 각오 = 우리는 가락지를 뽑아던지고 마음속에 용솟음치는 허영과 사치를 없애버려야 하겠읍니다. 만약 아직까지도 모든 허영의 구렁에서 헤매는 여성이 있다면 그건 우리들의 총후를 좀먹는 병균일 것입니다.

조선임전보국단은 1942년 1월 5일 산하기관으로 소위 총후부인 진영을 망라해서 조선임전보국단 부인대를 발족시켰다. 이하는 동 부인대의 간부 진영이다.

지도위원 : 고황경(高凰京) 김선(金善〔李〕) 김?정(金 楨) 김활란(金活蘭) 박마리아(朴瑪利亞) 박순천(朴順天) 박은혜(朴恩惠) 박인덕(永河仁德) 배상명(裵祥明. 芳村祥明) 서은숙(徐城恩淑) 송금선(宋今璇.福澤玲子) 손정규(孫貞圭. 伊原 圭) 유각경(兪珏卿) 이숙종(李淑鐘.宮村淑鍾) 임숙재(任淑宰.豊川淑宰) 임영신(任永信) 차사백(車士百) 최이권(崔以權) 황신덕(黃信德) 홍승원

간사장 : 임효정(林孝貞)

간사 : 김선(金善〔朴〕) 금천정희(金川貞熙 : 본명불상) 노천명(盧天命) 모윤숙 전희복(田熙福. 田村芙紀子) 최희경(崔熙卿) 허하백

허하백의 친일 발걸음은 학병모집이 발표된 1943년 10월 뒤인 11월 15일 조선교화단체연합회에서 전선 39개 도시에 부인 계몽 독려반을 파견했는데 연사와 행선지는 다음과 같다.

이숙종 : 인천 개성 수원

황신덕 : 청주 충주 영동

송금선 : 대전 천안 공주

스모다(李田〔金?〕玩禎) : 전주 순창 고창 하찌오(八王貴子:본명불상) : 광주 순천 보성

히라야스(平康安岐子:본명불상) : 대구 경주 김천

오오야먀(大山盛子 : 본명불상) : 부산 진주 통영

배상명 : 해주 사리원 안악

박인덕 : 평양 진남포 순천

김활란 : 신의주 정주 선천

손정규 : 춘천 강릉 원주

모윤숙 : 함흥 원산 북청

허하백 : 청진 길주 회령

우리나라 현대 조각 길을 연 김복진은 1901년 충북 청원군 남이면 팔봉리에서 태어났다. 아호는 정관(井觀)으로 문학자가 될 꿈을 가지고 있었다. 병자호란 때 척화파(斥和派)로 유명한 청음(淸陰) 김상헌(金尙憲) 뒷자손으로 판박이 양반 집안이었다. 어려서 진서를 배우다가 서울로 집을 옮겨 배재고등보통학교를 나왔다.

1920년 우에노(上野)미술학교에 들어가 조각을 배웠는데, 죽은 뒤에도 오래오래 살아남는 길을 택한 것이었다. 종교적 믿음과는 다른 가없는 삶길이 으뜸이라는 가치관을 따른 것으로, 형은 조각을 골랐고 아우는 문학을 골랐다. 1925년 미술학교를 마친 다음 모교인 배재고보·경성여자상업학교·경성공업학교·기독교청년회에서 미술을 가르치며 조각계를 자위뜨게 하였다. 아우인 김기진과 이서구·박승복·박승희들과 신극운동 모임인 「토월회(土月會)」와 「토월미술회」를 만들어 연극운동과 미술운동을 하였다. 1922·23·24년 잇달아 동경제국미술전과 조선미술전에 입상하였는데, 모두 석고로 더덜없이 빚은 '나부상(裸婦像)'이었다.

"일체의 전제세력과 항쟁한다. 우리는 예술을 무기로 하여 조선민족의 계급적 해방을 목적으로 한다."

1925년 카프를 열 때와 27년 전국대회 때 치러진 카프 행동강령 글초를 지었다. 1925년 카프와 ML당에 들어가 '인민의 행복에 복무'하는 사회주의사실주의 이념을 밑바탕으로 한 작품 활동을 하다가 감옥에 가게 되는 것이 28년이었다. 친동생 팔봉 김기진 돌아봄이다.

형은 40세에 세상을 떠났다. 서양류로 말하면 만 39세 10개월 만에 영면하였으니 어느 유로 헤아리건 요절이라 아니할 수 없다. 26세에 동경 상야미술학교를 나와가지고 40세까지 15년 동안 7년간의 그의 사바 아닌 세계에서의 생존시기를 공제한다면 그가 사회에서 활동한 시기라고는 겨우 8년밖에 안된다. 그의 유작은 전신 동상 4, 반신 동상 3, 미륵불상 2(안에 미완성), 조소 13, 목조 3, 부조(브론즈) 2 이상 30점에 달하는데, 그 대부분이 학창을 나와서의 교원생활 약 4개년 간에 제작한 것이 아니오- 이때의 작품으론 여자 입상 조소 1점만이 현재 남아있을 뿐이다- 그 후 소화 10년 5월 이후 신문기자생활 3년간과 소화 12년 가을 이후 15년 8월까지 5년 3개월간에 그 모든 것을 제작한 셈이다. 정신과 근육을 한가지로 쓰는 조각예술의 제작을, 더구나 큰 것으로는 60여척 고(高)의 불상을 비롯하여 등신상보다 조금 더 큰 동상 4개만 해도 5년간의 부담으론 경하지 않거늘 그 외에 흉상 · 브론즈 · 조소 · 목조 등 24~25점이란 실로 경이할만한 정력이랄 밖에 없다. 그러니까 형의 일상은 늘 바빴다. 어디 가서 한군데 오래 앉았지 못했다. 형과 나와는 각거하고 있었던 고로 간혹 내게 놀러와도 즉시 일어나곤 하였다. 집의 어머니가 '애야 좀 앉았다가 밥이나 먹고 가거라' 하신다든지 '땀이나 들여가지고 가거라' 하신다든지 하는 때에도, '가봐야지요, 일이 밀렸어요' 하고는 툭툭 털고 일어섰다.

허하백은 어떻게 되었을까? 남로당과 여맹 목대잡이였을 '여류혁명가 허하백'은 김복진이 없는 세상에서 무엇을 하였을까? 또한 팔봉 되돌아봄이다. 6 · 25 때 서울에서 '인민재판'을 당하여 맞아 죽었다가 살아난 팔봉이 9 · 28 바로 뒤 쑥대밭이 된 시내를 둘러볼 때였다.

"여보, 허하백이가 종로경찰서에 붙들려 있더라오! 박순천 여사가 어제 종로서에 갔다가 경찰서 마당에서 죄수들을 트럭에 태우는데, 허하백이가 그중에 끼어 있는 꼴을 보았대요."

(아내가) 이같이 놀라운 이야기를 전하는 것이었다. 어제는 회현동에 살고 있는 친구로부터 9월 27일 대낮에 일본칼을 허리에 둘러차고서 허하백이가 회현동 길거리를 돌아다니더라는 이야기를 들었고, 오늘은 종로서에서 트럭에 태워가지고 어디로 수송하더라는 말을 들었으니, 그가 과연 우리 경찰에 체포된 것만은 사실임이 확실하다. 그는 나의 형수다! 그가 서울 수복 전일까지 칼을 차고서 거리에 나타나 있었다면 그는

이미 생명을 내버린 사람이 아닌가…… 형은 작고한 지가 벌써 10년이고…… 혈육도 남긴 것이 없고…… 이름만의 형수도 저 모양이고…….

다음은 노촌(老村) 이구영(李九榮)이 살아온 이야기인 『산정에 배를 매고』에 나오는 글이다. 이구영은 1920년 충북 제천에서 태어나 조선공산당 및 남조선로동당에 들어 움직였고, 1950년 9·28 때 월북했다가 1958년 7월 통일운동을 하러 내려왔다가 바로 붙잡혀 1980년 가석방으로 나올 때까지 23년 동안 감옥살이를 한 한학자이다.

해방 전에 김태준(金台俊)은 경성대학에 있으면서 명륜학원에도 와서 강연을 하곤 했는데, 그이 영향을 받아 정준섭 같은 사람이 사회주의자가 되었다. 나는 정준섭의 소개로 김태준과 인사하고 지내는 사이가 되었고, 해방 후 처음으로 그를 만난 것은 환영대회에서였다.

김기진의 형인 김복진의 부인이 허하백이었는데, 그녀가 집에서 해방 후 최초로 김태준 환영대회를 개최했다. 허하백은 정칠성(丁七星)과 함께 부녀총동맹의 부위원장을 했으며, 수복 후에는 종로에서 붙잡혀 처형을 당한 인물이다.

유복녀 '상미'는 어떻게 되었는가?
두 살 밑 아우인 김기진이 언니 김복진을 떠올리는 글 가운데 한 어섯이다. 《춘추》 1941년 9월호에 나온다.

세상에서 형의 예술을 어떠하게 평하는지 나는 잘 모른다. 이당 김은호(以堂 金殷鎬), 무호 이한복(無號 李漢福), 박광진(朴廣鎭), 청전 이상범(靑田 李象範), 묵로 이용우(墨鷺 李用雨), 행인 이승만(杏仁 李承晩), 윤희순(尹喜淳), 심형구(沈亨求), 김인승(金仁承) 제씨가 형이 생전에 친근히 교유하던 동지들이나 나에게 네 형의 작품은 어디가 어떻다는 소감을 들리어준 일은 없다. 자기의 느낀 바 인상을 말해준 사람이라곤 성재 이관구(誠齋 李寬求) 형이 있을 뿐이다. 그런고로 내가 형의 예술에 대해서 가지고 있는 견해가 있다고 한다면 그것은 내 독자의 의견인 듯하면서도 많이는 형이 단편적으로 틈 있는 대로 나에게 들리워준 형의 의견일 것이다.
형의 예술에는 명랑감이 없다. 안정감이 적다. 진취적이 아니다. 정서의 미동까지라도 캐취하였다고 볼 만큼 섬세하지도 않다. 그러한 반면에 멜랑콜릭하되 사색적이며, 불안정한 듯하면서도 사실적이며, 보수적인 듯하나 건강하고, 그리고 웅경(雄勁)하다. 재작년까지의 작품 경향은 확실히 이와 같았다고 나는 믿는다. 그러던 것이 작년 선전에 내놓은 〈소년 입상〉에서 그는 일신 진경을 보여주었다. 이 소년 입상은 사색적이면서 명랑감에 충만하고 사실적이면서 확고히 안정되었으며, 건강하면서 진취적이오, 웅경하면서도 섬세한 것을 잃지 아니하였다고 나는 보았다. 내가 이같은 소감을 말하고 "형이 이때까지 만든 작품 중에서 이번 〈소년〉이 제일이오, 저건 걸작인데요" 하고 나는 제법 무어나 아는 듯이 건방진 수작을 형에게 한 일이 있다. 그때 형은 내게서라도 그런 말을 듣는 것을 다소 기쁘게 생각하는 듯한 미소를 나에게 보내는 것으로 답했다. ─이것은 나중에 형의 유해를 다비(茶毘)에 부친 후 그날 밤 성재한테서 들은 말인데, 형은 그때까지 오랫동안 인체를 가지고 제작하여 오건만 이때까지 자기의 예술을 의거할 길을 찾지 못했었다고 말하면서 "처음에는 여자의 육체를 예술로 재현하는 데서 자기의 이념을 표현하겠다 생각하고 몇 해 동안 여자의 입상·좌상 같은 것만 제작해보았으나, 아무래도 생각대로 만들어지지 않으므로 그 다음에는 노인을 모델로 하여, 노인에게서야말로 자기의 예술적 이념을 발휘하게 할 소지를 발견할 수 있으리라 생각하고서 열심히 노인을 관찰하고, 그리고 노인의 작품을 제작해 보았으나, 이 역시 뜻하는 대로 작품이 되지 아니하였었는데 이번에 비로소 소년을 모델로 하여 가지고 제작하여 보니까 이것은 생각대로 제작이 되었다. 그러므로 앞으로 나의 진로는 여성의 세계도, 노인의 세계도 아니고 소년의 세계이다. 다행히 나는 이때까지 체계를 이루지 못하던 자기의 예술을 지금 와서 겨우 희미하나마 통일된 체계로 이루어졌으니까, 이제는 이것을 완성시킬 작정이다" 하더라는 성재의 추억담은 그날 밤에 모였던 친지들에게 깊은 감명을 주었다. 그만큼 〈소년〉은 획기적인 동시에 돌아간 형에게 있어서는 생애의 최후를 장식한 기념탑이 될 물건이다. 신이 10년의 세월을 그에게 더 빌어주어서, 그가 이념하고 동경하던 바대로 그의 예술 세계에 돌진케 하여 보았더라면 하는 어리석은 생각은 다만 내가 그의 동기이니까 하는 예어(囈語)가 아니다. 왜냐하면 동기 아닌 다른 사람도 그의 예술을, 인격을 애석해 하니까.

10. 거세찬 혁명전사가 된 볼셰비키 문학소녀

박 진 홍 ^{1914~미상}

1944년 10월 9일 합계 10년의 마지막 감옥살이가 끝나고 김태준 씨와의 뜨거운 사랑이 맺어졌으나 보금자리를 구해서 옥창의 피로를 쉬일 수 있는 것은 혁명가의 길이 아니기 때문에 허고 패리한 두 분은 손을 맛잡고 그해 11월 23일 걸어서 연안 가는 길을 떠났고 해방이 되자 다시 걸어서 그 먼길을 도라온 부총 서울시 위원장 박진홍 여사는 아직도 얼골이 몹시 패리하고 끊임없이 가슴이 결인 증세가 있다고 한다 건강 상태를 무러보았드니

연안서 떠날 때 임신 만삭이였드랬어요 나는 말을 타고 남편은 걸어서 오는데 열하성 「란핀」이라는 데서 오후 7시에 해산을 했지요 그리고 그날 밤 1시에 담가에 매여서 「숭덕」까지 왔는데 그때 무리한 것이 아직도 속에 남어 있군요

1932년 이재유 씨와 함께 지하운동을 하면서 동거생활로 들어가 옥중에서 아들 아기를 나였으나 불행히 죽고 이번 노상에서 나흔 아드님은 잘 자란다고 한다

그러나 부부가 이러고 단이느라고 가정적인 단란한 맛은 통 없어요 동덕 때부터 난 문학소녀였고 사회생활이란 그리 오래되지 못했어요 10년의 감옥생활을 빼면 이제 겨우 스물세 살이라니까요 그래서 이따금식 꿈을 그리다가 현실 앞에 깜짝 놀라곤 해요 가정은 퍽 민주주의적이긴 합니다 서로 다 혁명운동에 리해가 있지요 그러나 집사람도

동덕고녀 개교 이래 최고 수재로 재원으로 알려졌던 학창 시절 박진홍.

봉건의식이 조곰은 남아 있어요 내가 무얼 쓰면 여자가 저런 걸 다 쓴다고 퍽 신기하게 여겨요 호호 호ㅅ우리 부녀운동이 물론 봉건도덕에 억매여버리는 극우적인 현상도 잘 못이지마는 너무 가정을 경멸파괴하고 남편을 투쟁대상으로 삼는 것은 극좌적인 오유 애요 현게단에 있어서는 부부가 단결해서 혁명의 기초가 되여야 할 줄 압니다

　　혁명을 위한 부부애

　　그건 가장 아름답게 여겨졌다

《독립신보》1946년 11월 15일 치에 나오는 인터뷰 기사이다.「여류혁명가를 찾어서」라는 연재물 세 번째 꼭지로「부부가 단결하여 혁명의 기초 세우자」는 제목이 달려 있다.

거세찬 혁명가인 박진홍이 하는 말 가운데 남편 김태준을 '집사람'이라 부르는 게 놀랍다. '부부'라는 왜식 쓰임말이 들어오기 전까지 우리 겨레는 한살이 되어 사는 남녀를 가리켜 '내외'라고 하였다. 글자 그대로 안팎을 말하니, 안사람·바깥사람인 것이다. 여성을 낮잡아 '안사람' 또는 '집사람'이라 부르는 것이 아니다. 남자와 여자가 타고난 육체적 조건 곧 생물학적 다름에 따라 맡은 구실을 말하니, 내외(內外)라는 것은 천지(天地)나 일월(日月)과 같은 것이다. 그런데 박진홍은 남편을 가리켜 '집사람'이라고 부른다. 5,000년을 넘게 내려오는 남성지배 이데올로기를 깨부수려는 여류혁명가이기 때문인가. 그때나 이제나 이렇게 말하는 여성을 본 적이 없으니, 참으로 혁명적인 드러냄이다.

수많은 혁명가들이 그러하듯 박진홍(朴鎭洪, 1914~?) 또한 돌아간 때를 알 수 없는 혁명가이다. 6·25라는 역사의 미친바람 속에 돌아간 것으로 여겨지는데, 아무리 늦춰 잡아봐도 40살도 못 채우는 삶이다. 그리고 두 차례 혼인했는데 그 남편들 또한 하나같이 하늘과 땅한테서 받은 명줄을 못 채우고 돌아갔다. 두 번 혼인했다지만 차만 한 사발 끓여놓고 맞절 세 꼭지씩만 올리는 이른바 작수성례(酌水成禮)였다. 사람들한테 널리 알려서 잔치를 벌이지 못한 것은 똥구녁이 찢어지는 찰가난 탓도 있지만, 승냥이 같고 두억시니 같은 왜경 눈 때문이다. 첫 남편이었던 이재유는 갓 마흔에 옥중고혼(獄中孤魂)이 되었고, 두 번째 남편이었던 김태준은 마흔다섯 한창때 총하지혼(銃下之魂)이 되었다.

함북 명천(明川)에서 태어난 박진홍이 가난을 못 이겨 고향살림을 접은 부모를 좇

아 서울로 온 것은 1928년이니, 15살 때였다. 천도교 신파에서 세운 동덕여자고등보통 학교에 들어갔는데 들어가 살며 아이들을 가르치는 선생으로 배움비발을 대었다. 3학년 때부터 중앙고등보통학교 남학생들과 독서모임을 만들어 사회주의 학습을 비롯하였다. 일본인 학생에 견주어 많이 떨어지는 교육환경을 고치고 교사들의 알찬 가르침을 바라 는 동맹휴학을 목대잡다가 쫓겨난 것이 4학년 때인 1931년 6월. 한성제면 · 조선제면 · 대창직물 · 대창고무공장 같은 곳에 일꾼으로 들어가 살림비발을 벌면서 노동운동을 하 였는데, 왜경에게 잡힌 것이 그해 끝 무렵이다.

이른바 '경성학생알에스(RS)사건'이었으니, 사회주의 학습을 하는 독서모임을 꾸 려 조선독립을 위한 채비로 밑공부를 하였다는 것이 그 죄목이었다. 1934년 첫 때 이재 유가 채잡던 '조선공산당재건운동'에 얽히어 다시 몇 달 징역을 살았고, 이재유와 내외 간 연분을 맺게 된 것은 감옥에서 나온 34년 5월쯤이었다.

"제가 하겠으니 저한테 맡겨주십시오."

'아지트키퍼'를 구해달라는 이재유 부탁을 받았을 때 박진홍이 한 말이다. 지명수 배를 받고 있는 처지라 사람들과 오갈 수 없다는 것이 그 까닭이었다. 그때까지 머물던 자취방을 간추린 박진홍이 이재유와 다시 만난 것은 그로부터 이레 뒤였고, 그때부터 두 사람은 신당동에 방 한칸을 빌려 한살림을 하게 된다. 이재유와 한살되어 살던 '아지 트키퍼' 서너 달 동안 '동덕고녀 개교 이래의 재원'이던 박진홍은 '강철 같은 혁명가' 로 뛰어오르게 된다. 『레닌주의의 기초』, 『일본사회운동사』, 『사적유물론』, 『철학사전』 을 읽었는데, 맑스의 『철학의 빈곤』과 『자본론』은 너무 어려웠다. 《개벽》《공제》《신생 활》《조선지광》《비판》《이론투쟁》《사상운동》 같은 잡지에서 사회주의 이론 공부를 하 던 스물한 살 처녀 박진홍 눈이 빛나는 것은 이재유가 만든 〈자기비판문〉〈학교내 활동 의 기준〉〈조직문제의 의의와 그 기준〉 및 〈동지획득에 관한 주의사항〉〈투지양성을 위 한 각서〉 그리고 레닌 · 리프크네히트 · 로자 룩셈부르크 머리글자를 딴 〈3L감파투쟁방 침〉 같은 것들을 볼 때였다.

다음은 〈동지획득에 관한 주의사항〉 가운데 한 어섯인데, 이재유가 모람들을 길들 이기 위하여 얼마나 속속들이 빈틈없었는가를 보여준다.

1. 자신이 획득하고자 하는 사람에 대해서는 친절한 태도를 취하고 신임을 받기 위해 말과 행동에 주의해야 한다. 그리고 상대방의 태도를 보아가며 그에 걸맞는 태도를 취

박진홍과 이재유가 숨어 살았던 신당동 집. 두 사람은 한겨울에 땔감도 없어 찬바닥에서 끌어안고 잤다.

해야 한다.

　2. 처음부터 좌익적 언동을 하거나 자신을 자랑한다든지 상대방의 가정사정을 캐물어서는 안된다.

　3. 상대방의 의식 정도에 따라 좌익서적을 읽게 하고 항상 열정을 가지고 응대하며 무릇 밝은 태도를 취해야 한다. 토론 등을 할 때 자신의 오류는 상대방의 면전에서 스스로 지적하도록 주의해야 한다.

　두 사람이 머리를 맞대고 묻고 대답하고 또 이야기하는 그 시간은 참으로 흐뭇한 것이었다. 어떠한 억누름도 법률도 폭력도 징역도 없이 참다운 사람의 자유와 평등과 평화가 넘쳐나는 세상을 말해주는 이재유는 무엇보다도 따뜻하고 넉넉한 사람이었다. 톨스토이와 타고르를 좋아하고 이기영『고향』과 이태준 단편소설들을 좋아하는 꿈 많은 문학소녀 박진홍이었다. 동맹휴학 때도 바라는 바를 썼고 노동자들을 깨우치게 하는 선전선동문도 썼던 그는 글을 쓰는 사람이 되고 싶었다.

　1935년 1월 10일. '문건레포'로 나간 박진홍이 다짐시간이 되었는데도 돌아오지 않자 '주의자 규율'에 따라 이재유는 곧바로 아지트를 옮긴다. 그리고 동덕시절 박진홍은 사인 이관술과 공덕리에서 위장농군으로 지하투쟁 1년 반 만에 잡혀 간다.

　이재유 피를 말리게 하였던 그 시간 박진홍은 경찰서에 갇혀 있었다. 뱃속에 이재유

아이를 품고 있었던 박진홍은 짐승 같은 족대기질을 당하였지만 다짐한 하루 동안 입을 다물었으니, 동지한테 달아날 시간을 벌어주려는 주의자들 불문율에 따른 것이었다.

　　박진홍이 네 번에 걸쳐 10여년 징역을 살고 나온 것은 1944년 10월이었다. 그리고 '경성콤그룹사건'으로 2년 징역을 살다가 병보석투쟁으로 나온 경성제국대학 조선문학 담당 강사 김태준과 만나 한살이 되니, 두 번째 남편이었다. 11월에 서울을 떠난 두 사람이 연안에 도착한 것은 다음 해 4월이었다. 압록강 건너 연안까지 걸어서 갔다. 그들이 연안까지 갔던 것은 무 정 장군이 거느리는 「조선의용군」을 비롯한 중국 여기저기 있는 조선인 무장 대오와 줄대기 위함에서였다. 일제가 결딴났다는 소식을 듣고 연안을 떠난 것이 9월이었고 서울에 다다른 것은 11월 끝때였으니 또한 걸어서 왔다.

　　눈멀어 3년, 귀먹어 3년, 벙어리 3년의 쇠집사리의 서름이 얼마나 컸든가는 세간에 흔히 도는 속담에서도 그 자최를 볼 수 있다 부인이 자기 의사를 표시할 수 있었다면 그 부인은 가정에서 내쫓겼고 마을에서, 친척에서 내쫓겼든 것이며 부인 자신의 살 길은 복종의 길 이외 없었든 것이다 오늘날까지 부인의 미덕으로 처오는 인형과 같이 온순하고 감정의 자유로운 표현까지도 용서하지 않는 부인 자신의 도덕관념은 부인의 과거 생활의 인습이 맹목적으로 니어 나려온 증거라 볼 수 있다.

박진홍이 한 말이다.『민주주의 12강』에 나온다.

　　가정에 있어서 부인은 부엌에서 아기를 다리고 밥짓고 빨래하기에 일생을 보내자 남편은 이 부인의 인격을 어떻게 높이 평가할 수 있었을까 부인의 무지와 몽매와 편협한 감정과 남편에게 의뢰하려고 매달니는 근성이 그 어데서 오는 것일가를 의식하고 이것을 해결하도록 책임지는 남편을 어데서 볼 수 있었으며, 가령 그러한 남편이 있다 하여도 부인의 지위를 높여주기 위하야 그에게 시간의 여유와 배움의 자유, 살림의 여유를 줄 물질적인 힘을 갖이지 못하였을 것이다

　　농촌에 있어서 부인의 생활이 봉건적 인습에서 벗어나지 못하고 강제혼, 매매혼, 조혼의 폐습은 일제가 조선인민의 토지를 빼앗고 남부여대하야 해외로 유랑하게 할 때 더욱더 보급되어 인습의 폐해를 알면서도 굶주림에 자기 딸을 팔아먹은 예가 얼마나 많았든가

밋메누리를 데려다 부려먹겠다는 관념은 농촌이 피폐하면서 더욱 조장되였으며 남편의 억압에서 혹은 이혼을 원하면서도 애정 없는 부부생활이 의무적으로 계속되다가 참지 못하여 지은 살인, 방화의 부인범죄인이 얼마나 많었든가 학교 갈 나희의 아이들을 갖이고 학교에 보낼 수 없고, 할머니의 고통은 어머니가 니어가고 어머니의 고통을 딸이 니어가면서 북덱이 속에서 사라온 것이 농촌 부인의 생활이였다

여성이 어엿한 인격체로 우뚝 설 수 있기 위해서는 무엇보다도 먼저 경제적 자립이 이루어져야 한다고 보는 박진홍이다. 경제적 자립을 하기 위해서 가져야 될 것이 날카로운 정치의식이라고 말하면서 조선 여성이 깨어나야 참다운 독립과 해방을 맞을 수 있다고 말하며 박진홍은 두 팔을 번쩍 치켜올린다.
"민족통일 거부하고 팟쇼정권을 세우려는 일체 반동정치를 반대하자!"
"민주주의민족전선을 부인은 강력히 지지하자!"
"일체 팟쇼, 친일, 반연합국 국수주의 정치가를 부인은 절대 반대하자!"
"조선림시민주주의 통일정부수립 만세!"
"조선부녀 해방 만세!"
조선공산당에 입당하여 부녀부 긴한이로 기운차게 움직이던 박진홍은 「조선부녀총동맹」에 들어가 문교부장과 서울지부 위원장이 되었고, 1948년 8월 북으로 올라가 제1기 최고인민회의 대의원이 되었다. 그리고 그것으로 끝이다. 어디에도 그 이름은 나오지 않는다. 그때까지 결사옹위하던 '조선의 레닌'에게 침 뱉은 몇 사람을 뺀 남로당 출신 모두가 그렇듯이, 남로당 숙청 바람을 피하지 못하였을 것이다.

1935년 1월 10일 이재유 문건레포로 나갔던 박진홍이 신당동 아지트로 돌아온 것은 37년 4월이었으니, 1년 6개월 동안 징역을 살고 나온 것이었다. 이재유가 없는 경성에서 뜨겁게 움직이던 박진홍이 다시 붙잡혀간 것은 채 석 달이 못 되는 7월 19일이었고, 기소중지로 때에서 나온 다음날인 9월 7일부터 두억시니 같고 긴짐승 같은 왜경 눈길을 피하여 여러 주의자들과 만나며 힘차게 움직여나갔으니— 1932년 '적위대(赤衛隊)운동'을 채잡다가 3년 6개월 징역을 살고 36년 12월 때에서 나온 공원회(孔元檜, 1907~?), 《조선중앙일보》 배달부 노릇을 하며 이재유 그룹에서 움직이다가 36년 7월 집행유예로 나온 공원회 아우 공성회(孔成檜, 1914~?), 함께 붙잡혀 함께 징역을 살고 나온 김순진

(金舜鎭, 1911~?), 「경성트로이카」 한 사람으로 기운차게 움직이다가 징역 2년을 살고 나온 안병춘(安炳春), 딴이름 초영(蕉影)으로 경기도 평택역전 조일카페에서 여급을 하다가 경성에 올라와 움직이던 남남덕(南男德), 남남덕이 맺어주어 이재유와 함께 움직이다가 제4차조공사건으로 붙잡혀 징역 4~5년을 살고 나온 조병목(趙炳穆), 그리고 일본 호세이(法政)대학을 나온 맑스주의 농업경제학자 인정식(印貞植, 1907~?) 같은 이들이었다. 역사학자 김경일(金炅一) 교수 갈닦음에 따른 것인데, 『이재유연구』 인정식 발잡이에 나온다.

> 박진홍은 여러 차례에 걸쳐 그를 만나면서 세계정세를 듣기도 하고 그가 쓴 「조선 농촌기구 분석」이나 「만철조사월보」 등을 토지문제 연구자료로 건네받아 이를 공원회에 전달하기도 하였다. 박진홍은 인정식에게 세계정세 파악과 '원칙문제의 연구'를 권고하기도 하고 혹은 운동자금의 조달을 부탁하기도 하였으나 기본적으로 인정식의 태도가 '불손하다'고 판단하고 있었다. 박진홍을 연모하였던 인정식은 그녀의 실천적 경험을 소재로 문예를 통하여 위축된 조선 무산대중을 자각시켜 프롤레타리아 여류작가로서 혁명운동의 일익을 담당할 것을 권유하였는데 박진홍은 그가 진정으로 운동을 할 의사가 없다고 판단하여 일정한 거리를 두고 필요한 범위 내에서만 관계를 유지하였다.

날카로운 농업경제학자였던 인정식은 제3차조선공산당사건 때 일본총국 얽이의 줏대잡이였다. 1928년 2월 얽이가 뽕나면서 박락종(朴洛鐘)과 최익한(崔益翰)이 붙잡혀 갈 때 인정식은 뺑소니쳤다. 제4차조선공산당 일본총국이 얽어지던 1928년 3월 인정식은 일본총국 위원 및 「고려공산청년회」 일본총국 책임비서가 되었다. 1929년 4월, 그는 무너져버린 일본총국을 다시 세우고 그 맡은이가 되었다. 뒤쫓는 일제경찰을 피해 국내로 와 경성 지역을 사북으로 청년·학생 야체이까를 만들고자 애썼다. 그러던 가운데 그해 6월 경기도에서 붙잡혀 1931년 3월 징역 6년을 받았고, 1934년 11월 가출옥하였다. 1938년 4월 '공화계(共和契)사건' 주모자로 붙잡혔으나 10월 사상 전향을 다짐하고 출옥하였다. 출옥 뒤 동양지광사, 조선언론보국회, 임전사상보국단, 조선국토문제위원회, 가마다(鎌田澤一郎)가 소장인 대륙경제연구소 등에서 일제의 식민통치를 뒷받침하는 문필 활동을 하면서 경제적인 내선일체를 연구하며, 조선금융조합연합회, 농림국 촉탁으로 있으며 조선·일본·만주의 농촌 실태 조사활동을 하는 틈틈이 시국강연회·좌담회에 나가 친일연설을 하였다.

　해방 뒤 조선사회과학연구소, 「조선과학자동맹」, 「민주주의민족전선」에 들어가 맑스주의 학술운동을 하며 자주적 통일국가를 건설하기 위하여 토지개혁을 해야 된다고 내대었다. 1947년 동국대학교에서 경제사 강의를 하며 《농림신문》 주필이 되었다. 1949년 11월 국가보안법 위반으로 붙잡혔으나 전향을 약속하고 석방되었다. 그 뒤 「보도연맹」에 들어갔고 6·28이후 서울시인민위원회 후보위원이 되었다가 9·28 때 평양으로 갔다. 지은 책으로는 『조선의 농업기구 분석』(백양사 1937), 『조선의 토지문제』(청수사 1946), 『조선농업경제론』(박문서관 1949) 등이 있다.

　인정식은 북에서 숙청되었다는 특별한 기록은 찾지 못했는데, 시인 신동엽 장인이기도 하다. 이애숙 논문 「'이재유그룹'의 당재건운동(1933~36년)」(『일제하 사회주의 운동사』, 한길사, 1991년)을 보면 이런 글이 나온다.

　　1934년 5월~8월에 걸쳐 석방된 이인행, 심계월, 권오상, 박진홍은 모교 혹은 지난 시기에 구축한 조직적 연계를 최대한 활용하면서 활동을 모색하였다. 1935년 1월까지 이들이 거둔 성과는 다음과 같다.
　　경성여상 : 재학생 이문성·강판분과 독서회 조직(심계월). 졸업자 이현우를 학교 방면에 투입하고자 훈련중(심계월, 이인행)
　　보성전문 : 재학생 민영진을 통해 조직사업 모색(권오상)
　　동덕여고보 : 앞 시기 독서회 성원인 졸업자 김재선 통해 활동 모색(심계월, 박진홍)
　　경성법전 : 김형선 지도로 학생 조직사업에 종사했던 김윤희와 연결(심계월). 앞 시기 독서회 성원이던 한성택과 연계 확보.
　　중앙고보 : 앞 시기에 이인행의 지도를 받던 한동정, 유인수 등을 중심으로 학내 반제조직의 준비활동 더욱 강화.(이들은 1935년 2월에 학내 반제동맹 조직의 준비과정으로 전교 오르그부 및 각 학년·반 오르그부를 결성했다. 이들의 활동이 「기준」에 기초하고 있다는 경찰의 지적과 중심인물의 경력을 감안해볼 때, 이재유그룹과 선이 닿아 있었다고 보여진다.)

　이십대 중턱 레포 안동 받아 도붓장사로 꾸민 이관술을 만난 것은 7월 2일 이제 서울 상도동 언저리에서였다. 두 사제는 이제 대방동과 신길동을 거쳐 신림동·봉천동 사이를 날짐승처럼 빙빙 돌며 앞으로 움직일 일을 놓고 뜻을 맞추었는데, "이재유 의발(衣鉢)을 받아 조선공산당 경성준비그룹의 확대 강화"를 위하여 애쓰겠다는 것이었다. 어디를 가서 누구를 만날 때마다 박진홍이 떠올리는 것은 이재유가 "복사지를 부려 손으로 베껴 쓴" 「회합시의 주의」와 「일상생활의 주의」였다.

1. 가두의 주의
(1) 도보의 경우 큰 물건 예를 들면 책 등을 가지고 밖으로 나갈 때 겨울에는 두루마기, 외투 또는 목도리에 감추고 여름에는 옷 가운데 감출 것. 작은 물건, 예컨대 편지 등은 신 바닥에 감출 것.
(2) 전차의 경우 전차에 타면 바로 차표를 끊고 반드시 뒷문으로 타서 앞문으로 내릴 것. 단 소지품이 있을 때는 앞좌석에 앉고 소지품을 무릎 아래에 놓을 것. 정류소마다 주의하고 개(형사-지은이)가 전차에 타면 바로 전차에서 내릴 것.
2. 가두 연락
(1) 정해진 장소에는 정각 1, 2분 전에 그 부근에 가서 정세를 면밀히 살핀 후 현장으로 갈 것.
(2) 상대와 서로 시선을 마주치려고 시도하다가 마주친 다음에는 만나기로 정해진 사람의 후방에 붙어 갈 것. 밝은 뒷길에서는 서로 떨어져 걷고, 노출된 길로 들어설 때는 서로 시선을 마주치고, 길을 건널 때는 서로 시선을 마주친 후 붙어가는 자가 먼저 길을 건널 것.
3. 아지트 사용시
(1) 다른 사람의 주의를 끌지 않도록 자연스럽게 행동하고 낮은 소리로 말 할 것.
(2) 실내에서는 탁자 위에 부르조아 문학서 등을 나열해 두고 책은 실외에 둘 일. 낙서 특히 이름의 낙서는 엄금할 일. 글자를 쓴 종이는 방 틈 사이에 꽂아 둘 것.

11. 아름다운 문화조선을 꿈꾸던 문화공작대장

김 태 준 ^{1905~1949}

（…） 3·8 이북서 차저온 친구 하나가 백만장자의 아들로 몸집이 뚱뚱하고 큰소리 너털우슴 하고 이 세상에 「불가능」한 일 없다고 하드니 토지개혁 이후 수일 전에 나는 그를 맛나니 얼골이 몰라 보게 여위고 약간 갖이고 온 돈량은 모다 소비하고 가여운 「거지」가 되어 도로에 방황하는 것을 볼 때에 이 걸인이 작일까지 호걸우슴하든 미천은 전혀 인민의 피땀을 글거모은 토지에 있었다는 것을 알 수 있다 （…）

오막사리에 사는 가난뱅이와 한길가의 거지들은 늘 저열한 것 같고 배뚱뚱이 모리배 팟쇼분자 관료 자본가 등 외래 반동세력의 주구들은 언제든지 자기네가 선천적으로 잘나서 그런 것처럼 생각하는 것이다

8·15 이후 해방은 되었다고 하나 이 남조선은 「친일 팟쇼분자 모리배의 낙원」이라는 말을 들을 적에 비상한 불쾌를 느낄 분 아니라 친일파 팟쇼분자 모리배의 도량(跳梁)으로 인해서 혼란을 결과한 남조선의 대비극에 대하여 해방의 환멸을 느끼지 않을 수 없다 （…）

《독립신보》1947년 1월 8일 치에 실린 김태준(金台俊, 1905~1949) 글이다. 그때 셈평은 '정치적 혼란과 경제 파탄으로 민생은 도탄에 전락!' 하고 있었다. 모스크바삼상회

경성제대 강사 때 김태준.

의 결정을 지지하여 조국의 완전한 민주독립을 이루자는 좌익들은 「인민항쟁의 애국자 극형 절대 반대!」, 「공장은 노동자에게 토지는 농민에게!」 같은 펼침막 들고 「해방의 노래」를 부르며 남산으로 올라가고 있었다. 「국대안 반대!」, 「학원에 자유를 달라!」는 깃발 든 학생들과 「여남평등 이룩하여 평등조선 건설하자!」는 펼침막 든 남조선민주여성동맹 원들 그리고 "토지를 무상몰수하여 무상분배하라!"고 목쉰 소리로 부르짖는 전국농민조합총연맹원들이 뒤를 쫓아가고 있었다.

우익들은 삼상회의 결정을 결사반대하며 이승만과 김성수를 사북으로 단독정부 수립을 꾀하고 있었다. 일본과 중국에 있던 전재민들이 돌아오고 있었고 짐승같은 테러가 날뛰고 있었다. 김태준 글은 이어진다.

나는 해외에서 유랑하다가 들어온 전재민의 한 사람이다 경성에는 많은 적산사찰 유곽 요정 등 빈 집이 있건만 나에게 「집」 한 간도 없다 오직 일제시대부터 인민의 이익을 위해서 싸웠다는 죄 때문에 테로단이 따라다니고 친일주구들이 가는 눈초리로 미치는 곳에 모든 박해의 위험이 몸에 따라다니고 쌀은 일일 일합의 배급도 타본 일 없고 밀가루와 강냉이도 없어서 곤궁과 낙망에 신음하며 물가는 천정을 모르고 올라가니 도대체 이와같은 곤궁은 나뿐이 아니라 남조선 인민 전체의 동일한 처지에 있는 것이요 이 때문에 인민항쟁이 전국적으로 일어났었다 이 인민항쟁의 지도자야말로 우리나라의 민족적 영웅이거늘 군정의 측근에 있는 팟쇼분자들이 이목을 은폐해서 정당한 말을 상부에 옳게 전달치 않으므로써 다량의 투사들께 「사형」이 선언될 때 민중은 얼마나 흥분하고 있는지 당국자는 이 복분지하에 일어나고 있는 민원을 아는가 모르는가 (…)

천태산인(天台山人)이라는 붓이름으로 많은 글을 썼던 김태준은 1905년 평북 운산(雲山)에서 태어났다. 몽양 여운형이 백색테러에 쓰러졌을 때 진서로 조시(弔詩)를 썼을 만큼 한학 공부속이 밝은 국문학자였다. 몽양 영전에서 진서로 된 조시를 읽었던 이로는 김태준 말고 65살 늙은 독립투사 장건상(張建相, 1883~1974)이 있다.

김태준은 유가(儒家)에서 태어나 서당교육을 받았고 북선 사람으로서는 엉뚱하게 전라도에 있는 이리농림학교를 나왔다. 경성제국대학에서 중국문학과 국문학을 갈닦으면서 「경제연구회」에 들어가 맑스와 엥겔스를 사북으로 한 사회주의 철학을 갈닦았다. 재학 중이던 26살(1930년) 때 「조선소설사」를 《동아일보》에 68회에 걸쳐 이어실어 많은 사람들 눈을 크게 떠지게 하였다.

　대학을 마친 다음에는 명륜학원 강사를 하면서 국문학 파고드는 이들과 함께「조선어문학회」를 만들고『조선어문학보』와『총서』를 펴내는 데 힘을 보태었다. 그리고『조선한문학사』를 펴내었는데, 우리나라 고전문학사를 처음으로 맑스의 사적 유물론에 맞춰 쓴 것이었다. 1933년 29살 때였다. 그 뒤 고전문학 갈닦음에 오로지하여『증보 조선소설사』를 첫머리로 하여『원본 춘향전』『고려가사』『청구영언』을 교열해서 같은 해에 펴냄으로써, 조선국문학계에 샛별로 떠올랐다.

　1939년 2월부터 경성제대 강사로 조선문학을 강의했고,「경성콤그룹」에 들어가 인민전선부를 맡아보았다. 1941년 '경성콤그룹사건'으로 이현상·이관술·김삼룡들과 앞뒤로 붙잡혀 2년 징역을 살다가 병보석투쟁 끝에 나와 콤그룹 모람들과 속달뱅이 서클 움직임을 이어나갔다.

　1941년 12월 일제가 진주만에 폭탄을 던짐으로써 비롯된 태평양전쟁과 함께 식민지 조선 서울인 경성에는 전시하 계엄상태에 들어가았다. 1939년 5월 이관술(李寬述)과 김삼룡(金三龍)을 사북으로 하는 한무리 공산주의자들은 1936년 12월 이재유가 붙잡힘으로써 그야말로 '괴멸적 타격'을 입었으나 살아남은 주의자들이 모여 공산주의자그룹을 만들었다. 그리고 그 다음 해인 1940년 3월 6년 징역을 살고 나온 박헌영을 목대잡이로 맞아들여 '불패의 혁명대오'를 꾸려내었으니,「경성콤그룹」이었다. 장복성(張福成)이 지은『조선공산당 파쟁사』를 보자.

　　이 '콤·크룹'은 조선운동의 퇴조기에 있어서 당시 모든 운동자들이 운동선상에서 이탈해버리거나 과거를 청산하고 나설 적에, 말하자면 운동을 청산치 않은 사람들을 운동선상에 총궐기시킨 것이며 여기에는 ML도 상해도 화요도 혼연일체가 되었던 것이다.
　　과연 이 크룹을 파별로 본다면 ML·이재유계의 이관술, 이현상(李鉉相), 이순금(李順今), 김삼룡을 위시하여 상해파의 김복기(金福基), 이인동(李仁同), 서중석(徐重錫), 화요파의 박헌영, 권오직(權五稷), 장순명(張順明) 등등이 총동원되었고 주로 신진 인테리 학생층에 많이 뚫고 들어갔던 것이다.

　일제는 침략전쟁을 미국으로까지 넓혀가면서 온갖 찍어누름을 다질러 공산주의는

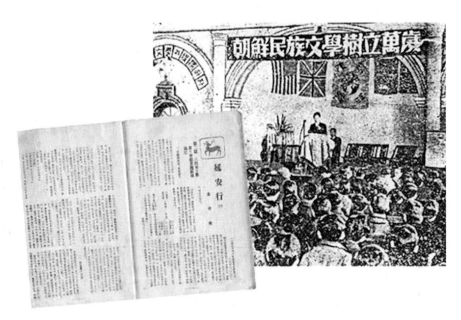

평론부 위원장으로 뽑힌 「조선문학가동맹」 창립대회와 그 기관지에 실렸던 「연안행」.

물론 어떠한 꼴의 반일적 움직임에 대해서도 짐승같은 억누름에 더욱 힘을 썼으니― 사상범예방구금령(1941년), 개정치안유지법(1941년), 조선임시보안령(1941년), 조선의 전쟁범죄처벌특례에 관한건(1941년), 전시형사특별령(1943년), 정치범예방구금소설치 (1944년) 같은 것들이었다. 또한 1943년 6월 이제 일본 본토, 사할린, 남양군도 같은 곳으로 내보낸 조선인 노무자는 43만 명에 이르렀고, 1944년에는 '한 해의 노무동원 계획 숫자만도 130만 명의 방대한 수에 달하여 금후 강력한 노무동원을 수행하지 않으면 소기의 목적을 달성하기 지난한 상황에 놓여 있다'고 총독부에서 털어놓을 만큼이었으며, 마침내 20세 위인 남자라면 누구나 끌고 가는 일반징용까지 밀고 나갔다. 더하여 1943 년 10월부터는 이른바 '학병제'를 치렀고, 문과계 대학 · 전문학교 · 고등보통학교 학생들에게도 징집영장을 내주었다. 그리고 1943년 8월 23일에는 '여자정신대근무령'을 펴서 만 12세 이상 40세 미만의 배우자 없는 여성은 일본 · 남양군도 같은 곳으로 끌려가게 되었다. 일제는 더하여 조선을 '전시하 식량급원지'로 매기어 양곡 공출을 밀고나가는 등 끔찍한 소드락질을 저질렀다.

'이 탁류에 대항하여 조선의 인민을 위하여 싸우려고 하는 일군(一群)'의 공산주의자들이 있었다고 한다. 김태준이 『연안행(延安行)』에서 한 말이다.

이 '콤크룹' 멤버들이 출옥해서 모두 자기 개인중심으로 '써클' 활동을 하고 있었으며, 박헌영의 출현을 기다리고 있었던 것이 8·15 직전의 현상이었다. 당시 '써클'들은 정세검토, 창씨, 공출, 징용, 징병에 대한 투쟁방침 선전 등을 주로 하였다.

이것이 국내 운동자의 최후의 결산적 집결체이었으며, 국내파의 핵심체이며 조선공산당의 기본핵심을 이루었던 것이다. (장복성 앞 책에서)

「자유와 독립」그룹은 1943년 짜여진 것으로 이승엽(李承燁)·김일수(金一洙) 등이 이어져 있었고, 기관지《자유와 독립》을 펴내고 있었다고 한다. 이들은 함북 청진에 있는 일본제철을 발판으로 함경남북도 얼안 노동운동에 깊이 뻗쳐 있었다고 한다. '공산주의자협의회'의 서중석을 목대잡이로 하여 이정윤(李廷允)·김일수·김태준·서완석(徐完錫)·장창섭(鄭昌燮) 등이 손붙이고 있었다. 김태준 돌이켜봄이다.

"회합장소는 하루는 답십리, 하루는 서(서중석을 가리킴-지은이)의 매제인 이 동지(이인동을 가리킴-지은이)의 집. 이 동지는 아직도 감옥에 있었다. 이 회에서 당면문제와 행동강령이 토의되었다. 이 협의회 내에 군사문제 토론회가 있었고 여기서 두 김(김일수와 또 한 사람의 김씨-지은이)은 소련으로, 나는 연안으로 가기를 결정한 것이다."

1944년 8월에는 여운형(呂運亨)을 사북으로 통일전선 얼개인 「건국동맹」이 짜여졌다. 이들은 「공산주의자협의회」 모람들과 무장봉기 전술을 채비하였으니―「경성콤그룹」기관인《코뮤니스트》에서 많은 무게를 두었던 것이 무장봉기 이론과 전술에 대한 것이었다. 「유격전과 그 전술」, 「유격전 전술은 ××로」, 「빨치산 전쟁」 같은 글이 거의 매호 실려 있었다.

1944년 1월, 「경성콤그룹」 알짬 싸울어미 가운데 하나였던 박진홍과 왜경 눈을 피하여 구메혼인을 하였다. 11월에 박진홍과 함께 중국 연안으로 갔는데, 국내에서 몰래 이음고리를 가지고 움직이던 「공산주의자협의회」 군사정책에 따라 중국에 있는 조선인 무장부대와 줄을 대기 위한 것이었다. 내외가 서울을 떠나 신의주, 안동, 봉천, 금주, 산해관, 천진, 북경을 거쳐 중국공산당 무장력인 홍군 해방구 연안에 다다른 것은 1945년 4월이었으니, 걸어서 갔던 것이다.

일제가 결딴난 것을 알게 된 것은 9월이었고, 또다시 걸어서 서울까지 온 것은 11월 끝 무렵이었다. 여운형과 박헌영이 목대잡아 세운 조선인민공화국에서 고갱이가 되는 전국인민위원 55명 가운데 한 사람으로 뽑혔다. 12월 경성제국대학이 이름을 바꾼 경성대학에 다시 들어갔는데, 3명 총장감 가운데 한명으로 뽑힐 만큼 경성대학 교수·학생·졸업생 60명으로 짜여진 전학대의원회 뒷받침은 아주 큰 것이었다. 다시 세워진 조선공산당에 들어가 중앙위원과 문화부장이 되었다. 1946년「민주주의민족전선」중앙상임위원과 문화부 차장이 되었는데, '국대안반대사건'으로 교수 자리에서 쫓겨났다.「조선문학가동맹」기관지《문학》창간호부터 3호까지에 수기〈연안행(延安行)〉을 이어 실었다. 문맹 중앙집행위원과 평론부장,「조선문화단체총연맹」상임위원을 하였다.

조선은 지난해 8·15까지 일본제국주의 식민지, 반봉건사회였다. 8·15 이후도 침략자 일본놈은 패퇴했으나 일제팟쇼 잔재가 많이 남아 있어서 반식민지, 반봉건사회의 행태를 벗어나지 못하고 있다. 그래서 우리 운동은 반제, 반봉건 민족혁명인 것이고 우리 정치노선도 근로대중, 소시민, 지식분자, 진보적인 민족불조아들을 무산계급 영도 밑에 집결해 민주주의민족통일전선을 구성해서 일제 잔재 반동팟쇼분자와 봉건 잔재를 숙청하고 민주정치를 실시하는 데 있다. 따라서 우리 문화노선도 이에 배합하여 무산계급의 영도 밑에 일제적인 것, 반동적인 것, 봉건적인 것을 배제하면서 민주문화를 건설하는 데 있다.

『민주주의 12강』에서 김태준이 한 말이다. 문우인서관에서 해방 1주년 기념으로 펴낸 책인데, 강의에 나선 12명 모두가 뛰어난 혁명가들이다. 엮은이 김계림(金桂林, 1904~?) 말처럼 '모두가 제일선에서 분투하는 진정한 의미에서의 인민적 민주주의 전사들'인 이강국·박문규·정태식·이우적·박치우·이청원·온락중·이석태·강병도·이태진이 그들인데, 김태준 글은 부인 박진홍이 쓴「민주주의와 부인」과 나란히 실려 있다. 김태준은 말한다.

특히 예술운동의 질적 향상은 예술가 자신의 사상과 기술을 실천 속에서 개조하고 연마하는 데 있으며 금후 우리 예술운동의 주요한 행동은 공장에 농촌에 가두에 광범한 써클, 크러브 활동을 전개하는 데 있다. '써클'은 예술운동의 온상인 동시에 우리의 정치노선을 삼투식이는 한 개의 말단기관이다. 그것을 각개의 예술 부문에 한할 것이 아니라 등산, 수영, 위다, 척사, 스포츠 등 모든 경기, 오락 등을 갖고도 얼마든지 할 수 있는 것이다. 마치 조직으로 볼 때에 문어발과 같이 자기의 주의에 집결식여야 한다. 공장에 농촌에 가두에 수다한 문학동호자단체, 소인극단, 음악단체, 미술단체 등을 구성해서 혹은 자조 회합을 가저 예술을 연마하고 정치적 지식을 함양하고, 특히 문예는 잡지 단행본을 발표할 기회를 만들며 윤독하고 비판하고 우수한 사람을 선출해서 문학가단체에 추천한다면 비로소 대중 속에서 나온 작가를 볼 수가 있을 것이다. 이리하기 위해서는 각자의 예술가가 대중 속에 들어가야 한다.

이러한 예술관을 갖고 있는 김태준이었으므로 근로하는 인민대중과 함께 문화를 생산·소비하기 위한 전위부대로 '문화공작대'를 만드는 것은 반드시 그렇게 될 수밖에 없는 것이었다. 극우파 청년대한테 갖은 테러를 당하고 극장 전선줄이 끊기며 극장 무대에서 폭탄 세례를 받는 따위 온각 죽젓개질에 시달리면서도 몇 대로 나누어 도별로 내려보냈는데, 김기림·심 영·오장환·이용악·유진오·이동규·문예봉·황 철·유 현·이 숙·최창은·윤자선·한동인·김진해·한평숙·유정석·장추화·박 학·김 양춘·유경애·한소야 같은 예술가들이었다.

김태준은 해방공간 문화동네 채잡이였다. 「조선문학가동맹」이 태어나는 데 힘을 기울여 평론쪽을 목대잡는 위원장이 되었고, 12월 28일 이정 박헌영이 신탁통치 문제에 김일성과 뜻을 맞추기 위하여 평양으로 갈 때 모시고 다녔던 고갱이 곁붙이였다. 그리고 「경성콤그룹」 일꾼으로 남로당을 짜는 데 힘을 기울여 문화부장을 맡았으니, 임 화·김남천·이원조 같은 이들 윗자리였으며, 부인 박진홍 또한 부녀부 긴한이였다.

남로당 문화부장과 특수정보부장으로 문화공작대 지원 사업과 기밀탐지 사업을 하던 김태준이 경찰특수공작대에 붙잡힌 것은 1949년 7월 26일이었다. 여순항쟁을 일으킨 김지회 정인 조경순, 인민계관시인 유진오와 함께 사형판결을 받고 수색에 있는 육군형장에서 이승을 떠난 것이 11월 7일. 잠들어 있는 인민대중 의식에 예술의 단비를 뿌려주어 빛나는 문화조선을 이룩하려던 아름다운 꿈은 깨져 버리고 만 것이다. 같이 사형선고를 받게 된 유진오는 그래도 같은 기계 유씨(杞溪兪氏) 종친인 유진오(兪鎭午)한테서 탄원서 자구 수정이나마 받아 무기로 감형되었는데, 김태준한테는 도와줄 사람이 아무도 없었다. 당중앙은 월북한 지 오래이고 김삼룡·이주하는 보급투쟁에 바쁜 땅밑으로 들어갔는데, 여론을 일으켜줄 《해방일보》《청년해방일보》《노력인민》 또한 폐간당한 지 오래였다.

해방공간에서 나왔던 일간지들을 쏠림에 따라 나누어 보면— 좌익지 《해방일보》《청

년해방일보》《노력인민》《조선인민보》《독립신보》《현대일보》《중외신보》《우리신문》
《조선중앙일보》, 중립지《서울신문》《자유신문》《신조선보》《조선일보》《경향신문》《중
앙신문》, 우익지《동아일보》《대동신문》《민중일보》《한성일보》이다.

얼마 전 북에 있는 김태준 아들에 관한 기사를 읽은 적이 있다. 혁명열사 유자녀
'쯩'을 빼앗긴 놀라움으로 눈이 멀어버렸다는 그야말로 놀라운 소식이었는데, 유자녀
'쯩'을 걷어간 까닭인즉 아버지가 했던 마지막 말이 '부르주아적 투항주의'였기 때문
이라고 한다. 김태준이 했던 최후 진술이다.

"지금 조선에서 가장 중차대한 문화사업이 있다면 숱한 고전을 수집하여 철저하게
고증하고 정리하는 것입니다. 앞으로 용인된다면 상아탑에 돌아가 그런 일을 하면서 여
생을 보내고 싶습니다."

'고난의 행군'이 끝난 다음 '쯩'은 다시 돌려줬다지만, 한번 멀어버린 눈은 다시 떠
지지 않을 것이다. 그리고 그는 왜경한테 모지락스런 족대기질을 당하면서 '비참한 기
형아'로 낳았던 이재유 동무 아이를 잃은 엄마 박진홍이 다시 만나서 낳은 우리 조선국
문학계 큰 별 김태준 동무 아들이다. 연안까지 걸어갔다가 걸어서 돌아오던 길에 낳은
아이이다. 이름도 돌림자 '세'에 '연안'의 연을 따서 세연. 갓난아이 혼자서 38선을 넘
어갔을 리 없으니 엄마가 업고 갔을 터인데, 그 엄마는 또 어디로 갔는가. '혁명열사쯩'
까지 받은 김태준과 박진홍은 혁명열사릉에 없다. 애국열사릉에도 없다.

『민주주의 12강』 중 제4강, 김태준「민주주의와 문화」를 이어 보자.

무산계급 령도란 말은 혁명적, 전투적인 무산계급 혹은 그 립장에 서 있는 지식분자
의 령도를 말함이다. 조선의 무산계급을 중심으로 한 근로대중. 소시민, 지식분자 등 조
선인구의 절대다수를 점유하고 있는 조선인민의 요구하는 문화는 대중적이며 과학적
이며 민족적인 것을 요구한다. 대중적이란 말은 인민적, 민주적인 것이니 모두 반민주
적, 반동적인 문화에 반대하며 문화가 어느 특수층의 전유물이 되어서는 않된다는 것
이다. 과학적이란 말은 사적유물론의 립장과 과학적 세계관에 입각한 것으로 봉건적인
것에 반대한다. 민족적이란 말은 거족적인 것인 동시에 일제팟쇼 반동잔재에 반대하는
것이다.

그러나 여기서 엄정히 구별해야 할 것은 일제잔재 혹은 봉건잔재를 배제한다고 해서
과거의 계급문화를 부인하거나 일본 혹은 기타 각국의 계급문화를 부인하는 것은 아니

다. 차라리 고문화의 유산과 해외문화를 감정적으로 배제할 것이 아니라 그것을 정당하게 계승하고 또는 영양소로써 비판적으로 섭취해서 우리의 골과 육을 만들고 그 토대 우에 우리의 민주주의 문화를 건설해야 할 것이다. (……)

예술– 현대의 예술은 어느 계층, 계급, 혹은 특정인의 완롱의 구가 아니다. 예술운동은 예술을 위한 정치운동의 일익으로서 전개되기를 요청하는 것이며 그것이 한 개 운동으로서 전개되는 이상, 예술가는 마치 계급사회의 정치가가 관료적, 독선적으로 대중을 통치(실은 압박과 착취)하자는 것이 아니라, 대중 속에 들어가서 대중을 가르키며 대중에게 배워야 할 것이다. 무엇을 배우느냐고 즉–

그것은 우리 지식분자가 가지고 있는 소자산적 근성을 청산하지 않으면 안된다. 로동자 농민과 함께 노력하고 생활하면서 그 용어를 배우고 그 습속을 배우고 그 태도를 배우고 자기가 완전히 로동자 농민의 의식을 갖게 되야 한다.

대중의 의식을 가지고 대중의 용어를 쓰고 대중의 요구하는 바를 표현한다면 이것은 분명히 민주주의적인 대중적인 작가임에 틀림없다. 대중의 립장에 서고 잘 「대중」을 알며 몸소 대중의 일인으로서 출발한 작가만이 능히 민주주의적 작가일 수 있는 것이다.

일제 반동 팟쇼분자의 후설이 되어 활동하는 비량심적인 몇 개의 문필가는 말할 나위도 없거니와 우리들의 작가 속에서도 자기자신의 소자산성을 극복치 못하고 완전히 대중의 립장에 서지 못한 표현과 태도를 가지고 써클활동 같은 대중활동을 경시하는 경향이 있음은 역시 옳지 못한 것이다. (……)

8·15 이후의 문학운동은 이 급변한 정치적, 사회적 환경 우에 어떻게 수립하느냐 하는 문제이다. 정치에 있어서 인민적, 민주주의 방향을 차저나가고 있는 바와 같이 문학에 있어서도 어느 특수계급계층의 문학이 아니다. 문학은 대중에게 해방하며– 아니 대중자신이 자기의 문학을 생산하도록 하여야 할 것이다. 즉, 3천만 민중의 함께 웃고 울고 할 수 있는 문학이여야 하기 때문에 그것은 민족적이어야 하고 무산계급을 핵심으로 한 인민적인 것이여야 할 것이다. 언어에 있어서 국어이여야 하며 그 국어는 조선민족의 절대다수인 근로대중의 사용하는 국어, 근로대중의 리해할 수 있는 국어이여야 할 것이며 근로대중이 감흥을 늣길 수 있는 내용이여야 할 것이며 이러한 새 시대의 새 내용과 새로운 정서를 표현한 문학은 반다시 그에 상응한 새로운 형식을 요청하는 것이다. 또 정치적 전환기에 처해서 과도한 내용을 담은 신문학은 때로 낡은 형식 또는 과도적 형식일 수도 있는 것이다. (……)

8 · 15 이전 침략자 일본에게 가장 열렬히 협력하든 자들이 자기의 과거에 대한 아무러한 비판도 반성도 없이 민주주의적 문화운동을 용감하게 지도하려 하며 실은 동분서주하면서 문화운동의 건전한 발전을 파괴하는 자도 있음은 이 과도기의 유감스런 일이다. 문화공작자가 대체로 다른 부문보담 영웅주의적, 자유주의적 경향이 농후한 것은 사실이나 이런 것은 좌경, 우경, 기회주의로선을 밟게 되고 때로는 원칙 없는 반목까지 하는 때가 있다. 이것은 문학, 연극, 영화, 음악, 과학 분야에 있어서 이 실례를 발견한다.

과학은 자연과학(기술과학을 포함) 사회과학밖에 있을 수 없다. 그것은 생산투쟁, 계급투쟁(혹은 민족투쟁)과 결부되어서만 사회적 의의를 갖는 것이다. 우리의 건국도상에 있어서의 과학자의 임무의 비중은 가장 크다. 과학리론의 수립, 과학적 건설, 과학적 대중계몽 없이 우리의 건국은 가능할 것인가. 불가능하다. (……)

동서양을 물론하고 전제군주시대나 팟쇼반동의 폭풍우 때에 과학자로서 수난하지 않은 사람은 능히 몇々이드냐. 그러나 과학자는 「삼각형의 내각의 합은 이직각과 같다」는 진리를 굴하려 하지 않았다. 위대한 과학자 「칼, 맑스」도 일생동안 각국에 추방과 유랑을 당하면서도 자기의 포부를 저술하며 진리를 천명하며 또 그것을 실천에 옮기려 하였다. 우리는 과학자의 이러한 정신을 본받지 않으면 안된다. (……)

토지개혁 노동법령 실시 등으로 반동문화의 기초를 분쇄하고 인민문화 수립의 기초를 닦자!

광범한 대중계몽, 문맹퇴치, 의무교육, 로동야학, 써클활동 등으로서 인민문화의 터전을 닦자!

문화유산과 외국문화의 정당한 섭취로서 인민문화의 영양을 삼자!

문화에 있어서의 일제, 봉건, 국수, 친팟쇼적 경향을 배격하자!

삼상결의에 의한 「민족문화의 발전」을 달성식히도록 노력하자!

제3부
조선의 대중들아 들어보아라

1. 세계사적 개인이었던 중도통합 민주주의자

여운형 ^{1885~1947}

이럴 수가 있다는 말인가.

두물머리 거쳐 양서면 신원리로 갔는데, 묘꼴이었다. 몽양 선생 생가 자리에는 아무 것도 없었다. 신원역 굴다리 지나 산길로 접어들었고, 어욱새 더욱새 떡갈나무 메마른 가랑잎만 소소리 바람 뒤섞이어 으르렁 스르렁 슬피 우는 몽양 생가 터무니에서 영산마 지만 죽이는데, 저만치 꺼뭇한 것이 보이는 것이었다. 을밋을밋 가보니 빗돌이었다. 해 포 앞서 세운 '몽양고택유허비'였는데, 「양평애향동지회」라고 오목새김되어 있었다. 그 런데 얄망궂은 것이 빗돌을 세운 사람들 이름도 없고 빗글을 짓고 쓴 사람 이름도 없다. 얼키설키한 몽양 선생 항일투쟁 발자취를 성글게 추려놓은 빗글 끝에 달랑 '이기형'이 라고만 훈민정음으로 새기어져 있을 뿐이었다. 이기형(李基炯)이라면『몽양 여운형』이 라는 평전을 낸 극노인이다. 26년 전이고, 올해 97살로 돌아가셨다. 8·15 바로 뒤 신문 기자를 하여 해방공간 속내를 어지간히 알고 계셨던 분이다.『몽양 여운형』에 나오는 대 문이다.

몽양의 묘꼴 생가는 기역자 기와집 안채와 기역자 초가집 바깥채로 되어있고 안채는 돌층계 위에 높게 자리 잡았다. 담 안 안채 후원에는 디딜방아가 있었다. 담 밖 사랑채

좌우 양쪽으로부터 따돌려졌던 빼어난 민족적 민주주의자 여운형.

앞에는 앞마당이 붙었고 다시 조상대대 분묘가 있는 산으로 연결되었었다. 이 집은 본시 재실로 영회암(永懷庵)이라는 택호를 가지고 있었다. 6·25 때 인민위원회 사무실로 사용되다가 폭격에 불타버리는 비운을 맞았다.

몇 해 전 복권된 몽양 선생이다. 독립운동 유공자 2등. 1등 유공자는 이승만이었으니, 뜻있는 이들은 쓴웃음을 머금을 수밖에 없었다. 생가 터 가는 쪽을 알려주는 알림표 하나 없고 생가 터임을 밝혀주는 알림판도 없으며 '역사 양평'을 자랑하는 숱한 알림책자며 좀책 그 어디에도 몽양(夢陽) 여운형(呂運亨) 선생 성명 삼자는 없다. 미·소 어느 쪽에도 치우치지 않는 민족자주·민족주체 정치인 몽양의 중도통합 노선을 이루어냈더라면 이 겨레에게 겨레가 찢겨지는 슬픈 일은 없었으리라는 생각 또한 부질없는 짓인가. 친일 민족반역자들과 손잡고 반쪼가리나라 세운 이승만 붙좇는 자들한테 돌아가신 몽양 선생은 저뉘에서 무슨 생각을 하고 계실까. 이럴 수는 없다. 이것은 아니다. 이것은 무엇보다도 우선 사람의 도리가 아니다. 비록 복권은 되었다지만 여태도 시퍼런 수구반공논리가 판치는 이 땅에서 몽양을 기리는 이들이 차마 애타는 마음으로 세워놓은 조그만 빗돌이라는 것을 알 것 같으니, 아아. 민족사의 큰 별을 낳고 길러준 양평 사람들은 왜 입을 다물고 있는가. 뼈저린 뉘우침도 없는가. 네둘레를 둘러봐도 사람이 없으니, 누구와 더불어 몽양 선생 이야기를 나눌 것인가.

몽양 여운형은 진서 공부를 하는 틈틈이 온갖 운동으로 몸기르기를 하며 서울에 있는 배재학당·흥화학교·우체학교를 옮겨 다니다가 을사늑약이 맺어지자 졸업을 한 달 앞두고 우체학교를 그만두었다. 한 달에 27원 받는 공다리 자리가 다짐된 졸업장이었다. 양평에서 국채보상운동인 「단연동맹(斷煙同盟)」을 얽어내고 광동(廣東)학교를 세워 교장이 되었으며 골골샅샅 돌아다니며 애국계몽 연설을 하였다. 스스로 상투를 자르고 노비를 해방시킨 것이 22살 때였는데, 그때 그는 이렇게 말하였다고 한다.

"그대들을 다 해방시키겠다. 이제부터 저마다 제 마음대로 움직여라. 이제부터는 상전도 없고 종도 없다. 그러므로 서방님이니 아씨니 하는 말부터 입에 올리지 마라. 사람은 날 때부터 똑같다. 상전과 종으로 나누는 것은 어제까지 풍습일 뿐이다. 오늘부터는 그런 낡은 껍데기를 벗어던지고 제 뜻대로 살아가라."

1914년 남경(南京) 금릉(金陵)대학 신학과에 들어갔고, 1918년 8월 상해에서 「신한청년단」을 만들어 대표와 총무가 되었으며, 12월 미국 윌슨 대통령에게 보내는 〈조선독

기독교청년회관에서 강연하는 여운형.

립에 관한 진정서)를 미 대통령 특사 크레인에게 건네주었다. 노령과 간도(間島)를 돌아다니며 그곳에 있는 이동휘 장군 같은 민족운동 채잡이들과 독립운동 길을 주고받았고, 상해임시정부 외무부 위원과 「상해한인거류민단」 단장이 되었다. 1919년 12월 동경 제국호텔에서 일제 목대잡이들 맞대놓고 조선독립을 내세우는 먹찬 말을 뱉어냈다.

1921년 『공산당 선언』을 조선말로 옮기었고, 광동정부 손 문(孫 文) 총통과 조선독립과 피압박민족 해방문제를 놓고 이야기하였으며, 1922년 모스크바에서 열린 극동민족대회 의장단 가운데 한 사람으로 레닌·트로츠키와 뜻을 맞추며 조선독립운동을 도와달라고 졸랐다. 1929년 7월 왜경에 붙잡혀 32년 7월까지 대전형무소에 갇혀 있었다. 우가키(宇垣) 총독이 도와달라는 것을 자빡놓았고, 1933년 《조선중앙일보》 사장이 되었으나 36년 8월 '일장기말소사건'으로 신문사가 문을 닫았다. 그때에 사람들이 하였다는 말이다.

"조선일보 광산왕은 자가용으로 납시고, 동아일보 송진우는 인력거로 꺼떡꺼떡, 조선중앙일보 여운형은 걸어서 뚜벅뚜벅."

1940년 2월 창씨개명을 뿌리치고, 12월 시모노세키(下關)에서 왜경에게 잡혀 2년 6개월 징역을 살았다. 1944년 8월 「건국동맹」을 얽었고, 10월에는 옛살라비 양평에서 「농민동맹」을 얽었다. 8·15를 맞아 「건국준비위원회」를 얽어 위원장이 되었으며, 조선인민공화국 부주석이 되었다. 1946년 2월 「민주주의민족전선」 의장단이 되었고, 4월 평양으로 가서 김두봉·김일성과 회담하였다. 5월 근로인민당을 세웠고, 10월 김규식과 함께 「좌우합작위원회」 첫발을 내딛었으며, 11월 사회로동당 임시위원장이 되었다. 1947년 7월 19일 서울 혜화동 둥근네거리에서 총알을 맞아 염통이 고동을 멈추었다.

1919년 12월 27일. 동경 제국호텔에 안팎 신문기자와 일본 여러 쪽 이름난 이들 500명이 모여 있었다. 조선독립이 왜 되어야 하는가를 부르짖는 몽양 연설은 두 시간 넘어 이어지고 있었다. 장강대하로 흘러가는 물너울처럼 거침없는 웅변이었다.

"주린 자는 먹을 것을 찾고 목마른 자는 마실 것을 찾는 것은 자기의 생존을 위하여 당연한 요구이다. 이것을 막을 자가 있겠는가? 일본인이 생존권이 있다면 우리 조선족만이 홀로 생존권이 없을 것인가? 과거의 약탈살륙을 중지하고 세계를 개척하고 개조로 달려 나가 평화적 대지를 만드는 것이 우리의 사명이다. 우리들 조선(祖先)은 칼과 총으로 서로 죽였으나 이후로 우리는 서로 붙들고 돕지 아니하면 아니 된다. 신은 세계의 장벽을 허락하지 않았다. 우리는 꼭 전쟁을 하여야 평화를 얻을 수 있는가? 싸우지 아니하고는 인류가 누릴 자유와 평화를 못 얻을 것인가? 일본인들은 깊이 생각하라."

대일본제국 척식국장 코가(古賀)는 몽양에게 이런 말을 하였다.

"그대의 의지에 나는 동의한다. 내가 만일 조선에 태어났다면 나도 그대와 같이 하겠다. 만일 뜻대로 되지 아니하면 총독부에 불을 지르겠다. 내 계책이 성공되지 않은 데서 그대에게 가장 높은 경의를 가지고 있다."

몽양이 동경을 떠날 때 배웅 나온 코가는 "몽양 만세!"를 불렀다고 한다. 조선총독부 정무총감 미즈노(水野)가 동경에 와 있었는데, 몽양이 악수하자고 손을 내밀며 한 말이다.

"경성역에서 강우규 의사 폭탄에 얼마나 무서웠는가?"

다짜고짜 찌르고 들어오는 몽양 덮치기에 놀란 미즈노는 얼굴이 시뻘개졌다고 한다.

"그대는 조선을 독립시킬 자신이 있는가?"

미즈노가 묻자 몽양이 되물었다.

"그대는 일본이 조선을 통치할 자신이 있는가?"

체신대신으로 있던 노다(野田)는 그때 일제 각료 가운데 머리가 좋기로 이름난 사람이었다. 몽양 일행을 모셔들어 점심을 함께한 다음 노다가 말하였다.

"그대에게 솔직히 말하면 그대의 하는 일은 쓸데없는 일이다. 일본이 조선을 병합한 것은 일본이 살려고 먹은 것이다. 조선을 내놓으면 일본은 죽는다. 일본의 생사가 달린 조선을 일본은 그대로 내놓을 수 없다. 그대의 일은 망상이다. 그대의 연설이 얼마나 웅변이요 그대의 연설이 얼마나 철저하여도 일본은 할 수 없다. 조선이 독립을 하려거든 실력으로 싸워라. 생명을 희생해서 찾아라. 거저는 안 내준다."

"내가 동경 와서 오늘까지 낙망하였다. 아무것도 볼 만한 것이 없어서 허행을 하게 된다고 하였더니 오늘 이 자리에서 인물을 하나 발견한 것이 내가 동경에 온 소득이다. 그대는 과연 인물이다. 일본인 중에 오직 그대가 인간적이요 양심적인 거짓없는 참말을 하였다. 내 마음이 상쾌하다."

노다가 기가 막혀서 "내가 밑졌다"며 머리를 흔들었다고 한다.

대일본제국 천황 별장으로 아카사카별궁(赤坂離宮)이라는 곳이 있었다. 외국인은 나랏손님이 아니면 조금도 보여주지 않고 일본사람 가운데도 대신급이 아니면 보여주지 않는 곳이었다. 몽양에게 이곳을 둘러보게 한 것은 나랏손님으로 모신다는 뜻이었다. 궁성 안에서 점심까지 대접받고 돌아오는데 기자가 느낌을 물었다. 그때 몽양이 했다는 말이다.

"맹자에 보면 예전에 주문왕(周文王)이 70방리 동산이 있었는데 꼴 베는 이가 들어가고 꿩 잡는 이가 들어가서 백성과 함께 즐거워하니 백성들이 말하기를 동산이 작다고 하였다. 그런데 제선왕(齊宣王)이 40방리에 동산을 가졌는데 사슴 죽인 사람을 살인죄와 같이 벌하며 임금 혼자서 즐거워하니 백성들이 말하기를 동산이 너무 크다고 하였다. 만일 일본에 성군(聖君) 정치가 있다면 이런 것을 다 백성에게 개장해야 할 것이다."

몽양을 구슬려 독립 뜻을 꺾으려던 일제는 다짐하였던 총리대신 하라(原敬)와 천황 만나보는 것을 푸지위하였다. 몽양을 모시고 다녔던 최근우는 이렇게 끊아매기었다.

몽양의 당시 연령이 34세였다. 전중(田中, 다나카) 육상(陸相)과 만나는 자리는 군사령관 회의 중이었기 때문에 우도궁(宇都宮,우쓰노미야) 조선군사령관을 비롯하여 관동, 청도, 대만 각지 군사령관과 수야(미즈노) 정무총감과 야전(노다) 체신대신 등, 고하(코가) 척식국장 등 정계·군계의 거두들이 열석하였다. 내가 전중이와 몽양을 속으로 비교하여 보니 저편은 연장자요 주권국 대신이요 군국권위의 배경이 있는 이요, 여기는 나이 젊고 식민지 한민(寒民)이요 피압박민이었다. 그럼에도 불구하고 그 좌석은 몽양 혼자 압도적으로 압력을 내어 내리누르며 정의로 싸우는데 나는 처음 느끼는 통쾌감이었고, 정의가 무섭다는 것을 그때 목도하며 깨달았다. 수야가 강우규 의사 폭탄 인사를 받을 때에 수야의 꼴은 지금 생각해도 웃음이 나오고 통쾌하다. 그때 수야의 거동은 몽양 앞에 어린애 같았다.

서울에서 낳고 자란 최근우(崔謹愚, 1892~1961)는 일교(一橋)대학 앞몸인 도쿄고
상에 다닐 때 3·1운동 불심지가 된 2·8운동에 이름을 올린 조선인 유학생 11인 가운
데 하나였다. 상해임정 초대 경무국장을 지냈고, 프랑스·독일에서 공부했다. 여운형과
함께 「건국동맹」을 짜는 데 들었고, 해방 뒤 건준 총무부장이 되었다. 이승만 시대에 이
승만의 구슬림을 왼고개 쳐 여러 차례 동여지는 괴로움을 겪으면서도 민족의 본마음을
지켰다. 4·19혁명 뒤 혁신세력을 모아 사회당을 얽어냈다가 박정희 반란군에게 붙잡혀
70이 되던 1961년 서대문형무소에서 눈을 감았다. 같이 가서 통역을 하였던 장덕수(張
德秀, 1895~1947)는 상해에 있는 동지에게 이런 편지를 보냈다.

"여운형 씨 투쟁은 극도로 만족하였다. 씨는 진실로 우리나라의 국사(國士)이다.
여러 벗들도 만족히 알고 선투하기를 바란다."

몽양은 이뉘를 떠날 때까지 수없이 죽여버리겠다는 울골질에 시달렸으니, 큰 것만
골라도 열두 번이다. 겨레 큰 별이 떨어진 애잡짤한 그날 하오 1시. 몽양이 탄 차가 혜화
동 둥근네거리에 이르렀을 때였다. 경찰관 파출소 앞에 서 있던 트럭 한 대가 갑자기 달
려 나와 몽양 차를 가로막았고, 급하게 멈출 수밖에 없는 차 속에서 몽양과 신변보호인
박성복(朴性復) 그리고 《독립신보》 주필로 건준 간부였던 고경흠(高景欽, 1910~?)과
운전수가 어리둥절해 하는 순간, 두 방 총소리가 나면서 풀썩 쓰러지는 몽양이었다. 한
지근(韓智根)이라는 19살짜리 모진 놈이 몽양이 탄 자동차 앞뚜껑 위로 올라가 권총 두
방을 쏘았다고 발표되었는데, 범인은 21살 짜리 테러단 「백의사(白衣社)」 단원 이필형
(李弼炯)이었다. 이기형 옹 돌아봄이다.

일본옷 하카마를 입고 불상을 차려놓고 아이들과 일본말을 주고받는 춘원 이광수를
보고 노여워하였고, 만해 한용운을 만나고 나올 때는 그의 높은 절개에 경복함과 동시
에 가난과 병중에 있는 그에게 연민의 정을 금할 길이 없었다.

몽양을 만나고 나올 때는 전혀 다른 느낌이었다. 그것은 넘어져가는 고래등 기와집
을 떠받치는 큰 기둥을 찾아 붙잡는 바로 그것이었다.

여기서 잠깐 몽양의 용모에 대해 말해본다면― 빛나는 두 둔, 넓고 반듯한 두드러진
이마, 우뚝한 코, 복스럽고 큰 두 귀, 처지지도 빠지지도 않은 아래턱 윤곽 등 어느 하나
빠지는 데 없고 빈틈없는, 원로 언론인 김을한의 표현을 빌면 그야말로 '미스터 코리
아'였다. 그의 조부가 한번 보자 '왕재(王材)'라고 탄성을 올린 것도 과찬만은 아니었

다고 수긍이 갔다. 키는 보통이 훨씬 넘고 골격은 굵고 운동으로 다져진 짜임새있는 몸
매에 더할 데 없이 당당한 체격이었다. 누구는 그 얼굴, 그 체격을 한마디로 '우람하다'
고 표현했다. 몽양은 길을 걸으면 길에 꽉 찼고 연단에 오르면 단상에 꽉 찼다.

몽양은 더없이 직수굿하고 너그러운 마음을 지닌 데다 또 더할 나위 없이 실쌈스러
운 사람이었다. 박헌영과 쌍구슬을 이루는 '세계사적 개인'이었다. 〈여운형론〉을 쓴 김
오성은 말한다.

"우리나라에 박헌영 씨와 같은 투사형 지도자와 여운형 씨와 같은 정치가형 지도자
가 있음은 원칙과 정책, 전략과 전술의 쌍벽을 가진 것으로 민족적인 행복이라 아니할
수 없는 것이다. 한분이 들이친 뒤에 다른 한분이 어루만져 수습할 수 있으니 그 얼마나
좋은 콤비이냐? 두 지도자는 서로 상이한 부면을 담당하면서 원칙적인 일치를 얻어 협
동할 수 있을 것이다."

김오성은 그러면서도 몽양이 타고난 자유주의적이고 민주주의적인 마음결을 높이
끊아매기며 몽양이 한 말을 든다.

"내 주장이 정당한 줄 의식할 때에도 여러 사람이 반대하거나 또는 다른 주장에 찬
동할 때에는 내 주장을 포기하고 그 여러 사람의 주장을 따르겠다."

1919년 4월 1일쯤이었다. 상해 불란서 조계에 조동호·이동녕·이시영·조완구·
조성환·김동삼·조용은·신규식·신석우·여운홍·현 순·최창식·이광수·신익
희·유치진·이규홍 같은 수십 명과 함께 독립운동 받침돌을 세우자는 뜻을 맞출 때였
다. 몽양은 세 가지에 생각을 달리하였으나 수가 적어 맞설 수 없었다.

첫째, 사람들이 모두 '임시정부'를 세우자고 하였는데 몽양은 '정부'는 안 되고
'당'으로 해야 된다고 하였다. 아무리 임시정부라고 하더라도 쳇것이 '정부'가 되면 정
부 얼굴값을 지킬 수 있어야 하는데 셈평이 그렇지 못하다는 것이었다. 그러나 다른 사
람들은 백성들 뜻을 다지르고 일본에 내버티는 뜻이 크므로 '정부'로 해야 된다는 것이
었으니, 몽양 내댐은 현실론이고 다른 이들 내댐은 추상론이었다.

둘째, 나라이름 '대한민국'의 '대한'에 대한 생각을 달리하였다. '대한'이라는 나
라이름은 조선에서 오래 쓴 적이 없고 잠깐 있다가 곧 망해버린 이름이므로 되살려 쓸
수가 없다는 것이었다. '대한'을 내세우는 이들은 "대한으로 망하였으니 대한으로 흥하
자"는 것이었다.

셋째, 몽양은 대한제국 황실을 잘 받들겠다는 것에 죽어도 맞섰다. 그러나 다른 이들은 "이태왕(李太王)이 죽은 뒤 대한문 앞에 인민의 곡성이 창일하였다. 이것을 보면 민심이 아직도 황실에 뭉쳐 있으니 민심수습상 황실을 우대하는 것이 필요하다"며 대한민국임시헌장 제8조에 '대한민국은 황실을 우대함'이라는 조문을 넣었다. 이처럼 봉건사상과 관료주의에 전통관념 껍질을 벗지 못한 상해임정이었다. 그들은 대한문 앞 인민들 울음소리를 잘못 들었던 것이다. 망국의 울음도 아무 때나 울면 잡혀가므로 참고 있다가 고종 인산이라는 때를 얻어 터져 나왔던 울음이었지, 황실을 그리워한 울음이 아니었던 것이다. 이만규(李萬珪, 1882~1978)가 쓴 『여운형선생투쟁사』에 임정 엉망진창이 나온다.

임시정부로 거두들이 모여들기 시작하여 안창호가 오고 이동휘가 오고 이승만이 왔다. 이승만이 오기 직전에 그이의 위임통치 문제가 떠돌아 상해 여론이 물끓듯 하였다. 그가 민주국민회의 명의로 조선을 위임통치하여 달라는 청원을 윌슨 대통령에게 제출하였다는 것이다. 이 말이 나자 신채호는 적극적으로 반대하고 북경 기타 지역에서도 이승만 대통령을 반대하였다. 몽양은 이 일을 안창호에게 물었다. 안창호는 "이승만의 하는 일을 나는 모른다"고 하였다. 몽양은 다시 "듣건대 국민회의 명의로 보냈다면서 회장은 모르느냐?"고 반문하니 안이 역시 "모른다"고 하였다. 몽양은 다시 안더러 "그렇다면 이승만의 일은 오해를 풀 수가 없지 않은가. 민단 주최로 환영회를 할 터인데 그 석상에서 설명을 구하고 다시 재신임을 요청하여야 할 일"이라고 하였다. 그 후 이승만은 민단 주최 환영회에 출석을 거절하였다. 그러나 몽양이 손중산(孫中山) 혁명의 일로 광동에 간 동안 민단 총무 장붕(張鵬)이 주최한 민단 환영회에는 출석하여 화관 씌우는 영예를 받았다.

몽양은 모택동과 몇 번 만났는데, 모택동혁명이 반드시 성공할 것이라며 그 까닭을 다음과 같이 말하였다.

중국은 주대(周代) 800년 간에 원시공산주의 유속으로 정전법(井田法)을 써서 농민의 생활을 풍유하게 하였다. 진(秦)이 흥하자 전환하여 정전법을 폐하고 지독한 세를 많이 받아 농민생활에 위협을 주다가 2세에 망하고 동한(東漢)에 와서 유수(劉秀)가 농민의 인심을 얻어 혁명을 하고 주원장(朱元璋)이 또한 농민의 아들로 농민의 마음을 얻어 혁명을 하였으니, 지나의 혁명은 농민의 마음을 잃고는 성공하지 못한다. 이제 모택동의 혁명이 그 기초가 농민에 있으니 반드시 성공할 것이다.

몽양은 레닌과 두 번 만나 보았는데, 첫 번째는 일본공산당에서 손꼽히는 사람인 카타야마(片山潛)와 함께였고 두 번째는 손 문 몸받은 구추백(瞿秋白)과 함께였다. 몽양이 본 레닌 느낌이다.

"관대한 덕량, 원만한 기질, 광박한 지식, 평범자약한 의표, 그리고 혁명가의 열정 모두가 과연 고대(高大)한 인물이었다."

"동무는 조선독립을 위하여 생명을 희생하여 투쟁하겠는가?"

레닌이 편산잠에게 묻고 몽양한테도 물었다.

"동무는 일본혁명을 위하여 투쟁하겠는가?"

둘 다 "하겠다"고 대답하였다. 레닌이 기뻐하며 말하였다.

"소련과 핀란드 사이와 소련과 폴란드 사이에는 소련의 우월성으로 저편의 감정을 도발시키고 의구가 생기며 같은 공산당끼리도 원만치 못한 일이 더러 있다. 비록 혁명가라 할지라도 사람인 이상 감정을 무시할 수 없는 것이다. 만일 일본과 조선이 악수를 한다면 양국의 혁명은 무난할 터이니 힘쓰라."

몽양이 소비에트식 프롤레타리아혁명을 조선에 일으켜야 한다고 할까 봐 걱정하고 있는데, 레닌이 말하였다.

"조선은 농민의 나라이니 공산당운동이 먹혀들기 어려울 것이다. 농민들이 지니고 있는 민족주의를 공명시켜 민족운동을 일으키는 것이 좋겠다. 그리고 임시정부를 그대로 지지할 게 아니라 개조시킬 필요가 있다."

트로츠키와도 회담하였으나 트로츠키 영어가 서툴러서 많은 이야기는 못하였다. 손 문을 만난 몽양이 "선생 머리가 벌써 희어졌다"고 하자 손 문이 말하였다.

"사람의 머리는 늙을수록 희어지고 혁명은 늙을수록 붉어진다."

공산주의에 대한 몽양 생각이다. 1931년 경성부심법원에서 진술한 것이다.

맑스의 이론에는 찬성하나 그대로 실행은 불가능하다. 조선 같은 데는 노농독재를 실행하여서는 아니된다. 맑스주의는 소련에서는 레닌주의가 되고 중국에서는 삼민주의가 되었으니 조선에서는 두 나라와 달리 하여야 한다.

이상으로 공산주의를 찬성한다. 실행문제에 있어서는 조선엔 그대로 가져올 수 없다. 세계 각국 어디서든지 맑스주의는 그 형태를 변화시켜서 실행되고 있다. 소련까지도 신경제정책이니 5개년계획이니 하며 시대와 처소에 적응시켜 고쳐가며 실행한다.

조선해방에는 시종일관 조선 전체의 이익을 위하여 나아갈 심산이다. 전체가 공산주의를 해야만 되게 되면 곧 공산주의를 실행할 것이요, 수정하여야 될 것이면 곧 수정하여 실행할 뿐이다. 결코 언제든지 일부 소수인을 위하는 운동자는 되지 않을 것이며 조선이 독립되면 나라 일을 민중 전체의 의사대로 해나갈 터이다.

박헌영이 국호를 「조선인민공화국」으로 하자고 할 때 '인민'이란 말이 너무 과격하니 그냥 「조선민주공화국」으로 하자던 몽양이었다. 무 정 장군이 한 말이 있다.

"선생이 국내에서 혁명운동을 하기 위하여는 회색도 좋고 흑색도 좋다. 우리는 신뢰한다. 선생이 만일 혁명을 하다가 죽는다면 조선이 독립한 후 내가 귀국하여 시체라도 지고 삼천리강산을 돌아다니며 선전하겠노라."

1945년 12월 우익 모임 「선구회」에서 한 여론조사다. 조선 지도자를 묻는 질문이다.

여운형 33퍼센트, 이승만 21퍼센트, 김 구 18퍼센트, 박헌영 16퍼센트, 이관술 12퍼센트, 김일성 9퍼센트.

조선혁명가를 꼽는 갈래이다.

여운형 195표, 이승만 176표, 박헌영 168표, 김 구 156표, 김일성 72표.

몽양이 쓰러졌을 때 수십만 인민들은 땅을 치며 울부짖었다.

"왜놈도 못했거늘 어째 선생을 죽였느냐?"

"선생의 피와 함께 인민은 살아 있다!!"

"아! 우리의 지도자 몽양 선생. 위대한 지도자, 인민의 벗. 혁명에 흘리신 거룩한 피는 여기 인민의 가슴에 뭉쳐 있나니……. 반동의 총탄에 쓰러진 몽양 여운형 선생의 위대한 죽음을 슬퍼하는 이 노래! 몽양의 유해를 둘러싸고 젊은 청년들이 흐느껴 운다. 고이 잠드시라. 우리의 몽양 선생. 우리는 기어코 원수갚으오리다. 몽양 선생 추모의 노래는 오고가는 사람을 슬프게 한다."

임종국이 쓴 『제1공화국과 친일세력』 5)해방 후 좌파의 친일인맥 (1)건국준비위원회 어섯이다.

　여운형(呂運亨) 1932년 7월의 가출옥 후 한때 친일단체에 관계하였다. 그가 관계한 친일단체는 조선대(大)아시아협회와 조선언론보국회 기타이다.

　이중 조선대아세아협회는 1934년 3월 3일 서울에 사무소를 두고 발회식을 올렸다. 이 단체는 "아세아의 대세와 시국의 진상을 규명하며, 황국 대일본의 아세아 제국과의 친선을 도모하고, 전아세아 제국의 자주적 평화를 확보하고, 공존공영(共存共榮)의 실을 거(擧)하여 그 복지를 증진"한다는 목적 아래 다음 같은 사업을 실행하였다.

　1. 아세아를 중심으로 하는 국제정세 및 아세아 제국의 국정(國情)의 연구와 그 보급.

　2. 황도정신의 고취 기타 아세아 제국의 친선 단결을 위한 적절한 사업. 창립연도의 구체적인 사업으로는 3월 6일 장곡천정(長谷川町, 소공동) 공회당에서의 가네꼬(金子定一) 대좌의 강연회, 6월 9일 조선호텔에서의 '아세아를 말하는 좌담회'의 개최와, '조선대아세아협회 팜플렛'의 발간 기타이었다.

　이 단체의 역원은 회장 가또(加藤敬三郎) 이하 상담역 약간명과 간사 10명 이내였다. 상담역은 1934년 현재 조선인 15명 일인 30명인데 회장의 추천으로 결정되며, 회의 중요사항을 심의하였다. **몽양**은 여기에 상담역으로 관계하였다. 조선인 상담역 15명은 방응모(方應謨) · 송진우(宋鎭宇) · **여운형** 3명을 제외한 12명이 최고의 친일거두들인데 참고로 이름을 밝고둔다.

　상담역 15명 : 고희준(高義駿) · 김명준(金明濬) · 민대식(閔大植) · 박영철(朴榮喆) · 박영효(朴泳孝) · 박춘금(朴春琴) · 신석린(申錫麟) · 예종석(芮宗錫) · 원덕상(元悳常) · 윤치호(尹致昊) · 조성근(趙性根) · 한상룡(韓相龍)의 12명과 방응모 · 송진우 · **여운형**

　이후 **몽양**은 1935년 10월 3~4일 경복궁 근정전에서 개최된 조선교화(敎化)단체연합회 발회식에 내빈 자격으로 참석하였다. "조선에 있어서의 교화사업의 진흥 보급을 도모함으로써 목적으로" 삼았던 이 단체는 유도진흥회(儒道振興會) · 향약(鄕約) · 부인회 · 수양단(修養團) · 보덕회(報德會) · 교풍회(矯風會) 기타 각파 종교단체를 총망라한 조직으로서, 정무총감과 학무국장을 정 · 부회장으로 하였다. 1923년 11월 10일, 이른바 '국민정신 작흥(作興)에 관한 조서'가 발표되자 일본에서는 그 조서의 취지를 구체화하기 위해서 1924년 1월 15일 도쿄 36개 교화단체의 가맹으로 교화단체연합회를 결성한 후, 이것을 전국 조직적인 중앙교화단체연합회로 발전시켰다. 그 조선판인 조선교화단체연합회는 국민정신 작흥, 경신숭조(敬神崇祖)관념의 고취 인보상조(隣保相助)에 의한 공존공영정신의 함양 기타를 달성하기 위한 전선적 교화망의 완성인 것이다. 이러한 사회교화운동은 우가끼(宇垣一成)의 심전(心田)개발운동과 표리일체가 됨으로써 1920년대의 일선융화론을 내선일체 · 황민화운동으로 몰고가는 가교역할을 하던 것이었다.

이후 **몽양**은 1939년 4월 9일자 『국민신보』(매일신보사 발행)에 일어논설 「현대청년을 격려함」을 썼다. 1945년 6월 8일 결성인 조선언론보국회에는 명예회원으로 참가하였다. 이 동안 1940~42년 무렵 **몽양**은 도쿄를 출입하면서 특무장교 다나까(田中陸吉), 우익 지도자 오까와(大川周明) 기타와 접촉을 가졌다. 대중(對中) 화평공작 기타에 협력하도록 종용을 받았으나 **몽양**이 요구에 움직인 흔적은 발견되지 않는다. 이후 **몽양**은 1943년 제2차 피검에서 가출옥한 후 지하단체 건국동맹을 지도하였다.

몽양의 경우는 약간의 친일단체에 가입 혹은 출석했다고 해서 곧바로 친일 변절로 연결되는 것은 물론 아니다. 상당한 이유와 동기가 있었겠지만, 어쨌든 가입한 것은 가입한 것이다. 이것을 1919년 11월 적도(敵都) 도쿄에 초빙되었을 때 보여준 비타협 선명노선의 얼마간의 변절로 해석한다면 필자의 억측일까? 이것은 1945년 8월 15일 정무총감 엔도(遠藤柳作)와의 회담에서 다시 한 번 대두될 수 있는 문제이다. 비타협 선명노선을 일관하는 한, 즉 일제의 통치권 자체를 불법인 것으로 부정하는 한 정권이든 치안이든 이양 · 인수가 거론될 여지는 없다. **몽양**이 엔도의 치안협력 제안을 수락한 것은 결과적으로 일제 통치권의 합법 · 정당성을 승인하는 것이다. 천려(千慮)의 일실(一失)이 아니었는가 생각할 수도 있을 것 같다.

2. 보난대로 죽이리라! 의열단 의백

김 원 봉 ^{1898~미상}

"아무래도 여기를 떠야 할 것 같구려."

"뜨시다니…… 무슨 말씀이신지?"

놀란 얼굴로 바라보는 인민공화당 당직자들을 바라보던 김원봉 당수는 구슬픈 목소리로 말하였다.

"여기서는…… 왜놈들 등쌀에 언제 죽을지 모르기 때문이오."

"다시 대륙으로 건너가시겠다는 말씀이신지요? 아니면 북반부로?"

"내가 조국 해방을 위해 중국 대륙에서 왜놈들과 싸울 때도 한 번도 이런 치욕적인 수모를 당한 적이 없는데…… 해방된 조국에서, 그것도 악질 친일파 경찰 손에 수갑을 차다니…… 이럴 수가 있단 말이오?"

1947년 4월 9일. 며칠 전 미군정청이 군정포고령을 위반하였다며 묶어두었다가 풀어준 인민공화당 사무실이었다. 조국 광복의 큰 꿈을 안고 「의열단」을 세웠던 22살 때부터 해방을 맞아 귀국한 48살 때까지 26년 동안 강도 일제와 끊임없이 싸우면서도 한 번도 받아보지 못한 창피였다. 엄청난 현상금을 걸고 끈덕지게 뒤밟아 오는 왜경이었으나 한 번도 붙잡히지 않았던 김원봉 장군이다. 그런데 해방되었다는 조국에서 점령군으로 들어온 미군 부림을 받는 친일 경찰에게 붙잡혔던 것이다. 이른바 좌익이라는 딱지가

조선의용대 목대잡던 그때 김원봉.

붙은 독립투사들이 다 그랬듯이 김원봉 또한 인간적 업신여김과 함께 심한 족대기질을 겪었다.

미국 기자 마크 게인이 『해방과 미군정』에서 그린 경찰서 유치장 모습이다.

나는 경찰이 각이 날카로운 나무몽둥이로 사람들의 정강이를 때리는 것을 보았읍니다. 경찰들은 사람 손톱 밑에 뽀족한 나무 조각을 쑤셔넣기도 했지요. 또 내가 기억할 수 없을 만큼 많은 사람들이 물고문을 받는 것을 보았읍니다. 그들은 어떤 사람의 입에다 고무틈으로 계속 물을 퍼부어 거의 질식할 지경으로 만들어놓았읍니다. 또한 경찰들이 쇠몽둥이로 한 사람의 어깨를 갈기고 쇠고리에 매달아놓는 것도 보았어요.

김원봉이 철창 속에 있는 동안 두 번째 아들을 보게 된다. 철창 안에서 태어났다 하여 이름을 철근(鐵根)이라고 지었다. 그리고 사흘 낮 사흘 밤을 꼬박 큰소리로 울었다. 「민족자주연맹」 대표였던 송남헌(宋南憲)이 쓴 『해방3년사』에 그때 꼴이 나온다.

"김원봉을 붙잡아간 사람은 노덕술(盧德述, 1899~?)이었다. 일제 때 종로경찰서 형사로 있으면서 독립운동가들을 잡아들여 모지락스런 고문을 하던 악질 친일 경찰로, 김원봉 장군이 거느리던 항일결사 의열단 칠가살(七可殺) 발기에 올라있던 자였다."

"김원봉이를 반드시 잡아오라"고 특명을 내린 사람은 수도경찰청장인 장택상(張澤相)이다. 송남헌 증언이다.

"장택상의 아버지 장승원이 군자금을 모집하던 광복회원에게 불응하다 살해됐는데 장택상은 이 원한 때문에 '진보적 해외 지도자' 김원봉을 수도청에 구금하였다는 설이 있다."

노덕술이 김원봉을 묶어 장택상 앞으로 끌고 갔을 때였다. 두둑한 포상금을 받고 일 계급 특진까지 할 꿈에 부풀어 있던 노덕술은 "하이!" 하고 입에 밴 왜말을 뱉으며 차렷 자세를 취하였다. 하늘 같은 청장님이 꽥 소리를 질렀던 것이다.

"이 바보 같은 자야! 정중히 모셔 오랬지 이렇게 불경스럽게 하라고 했나?"

그러면서 짐짓 몸둘 바를 모르겠다는 듯 손수 묶인 것을 풀어주는 것이었다. 장택상은 이승만 정권 때 초대 외무부장관과 국무총리를 하였으며 77살로 죽자 국민장을 치러 국립묘지에 '모셔져' 있다. 6월항쟁 때 국본에서 이른바 두 김씨를 불러 "존경하는 역사 인물이 누구냐?"고 물었는데, 한 사람은 '녹두장군'이라고 하였고 한 사람은 '창랑 선생'이라고 하였다. 창랑(滄浪)은 장택상 아호였고 그 김씨는 창랑 장택상 비서로 정치를 시작한 사람이었다.

김원봉(金元鳳)은 1898년 경남 밀양(密陽)에서 태어났다. 일찍부터 개화 세례를 받은 진보적 중인 집안으로 부농이었다. 서당에서 진서를 배우다가 소학교를 다녔고, 민족주의자 전홍표(全鴻杓, 1869~1928)가 아람치 털어 세운 동화중학 2학년에 꺼들어갔다. 전홍표를 위험인물로 점찍은 일제에 의해 동화중학이 문 닫자 소년 김원봉은 50리쯤 떨어진 곳에 있는 표충사(表忠寺)에 들어가 한 1년 동안 『손자』『오자』같은 병서를 읽었다. 표충사는 임진왜란 때 승병 이끌고 왜국 침략군을 무찌른 사명대사를 기려 세운 절이다. 대지르는 얼이 남달리 센 밀양 사람들이 자랑스럽게 생각하는 인물이 사명대사와 김종직(金宗直)이다. 김종직은 단종을 몰아내고 임금 자리를 빼앗은 세조를 꾸짖는 〈조의제문(弔義帝文)〉을 지었다가 연산군한테 부관참시당한 뼈센 선비였다. 김원봉의 억센 무력항쟁이 나오게 되는 뒷그림이다.

서울로 올라가 중앙학교를 다니다가 그만두고 이름난 산과 내를 찾아 나그넷길을 떠나니, 열일고여덟살 때였다. 차분하게 배움에만 골똘하기에는 어지러운 시대였다. 여기저기서 독립운동 동아리들이 생겨나고 있었고 무장력을 기르고자 중국 대륙으로 떠나는 사람들이 생겨났는데, 무엇보다도 애국애족 피가 뜨거웠던 소년이었다.

이 무렵 김원봉 소년을 놀라게 하였던 것은 스승이며 고모부였던 황상규(黃尙奎, 1890~1931)가 세운이 가운데 하나였던 「대한광복회」였다. 경술국치 바로 뒤 가장 덩치가 컸던 「대한광복회」 총사령은 고헌(固軒) 박상진(朴尙鎭, 1884~1921)이었다. 1908년 13도창의군 군사장(軍師將)으로 흥인지문 밖 20리까지 무찔러 들어갔다가 서대문감옥 사형수 1호로 자리개미당한 왕산(旺山) 허위(許蔿) 선생한테 글을 배우면서 민족의식을 키웠던 박상진은 경남 울산 사람이다. 1904년 양정의숙에서 법률을 공부하여 판사시험에 입격한 것이 1910년. 평양법원 판사로 발령받았으나 나라가 일본에 넘어가는 것을 보고 부귀공명이 뒷받침된 판사 자리를 버린다. 1913년 「대한광복회」를 얽이잡아 총사령이 되었으니, 중국에 갔을 때 본 신해혁명에서 배운 바가 컸던 탓이었다. 혁명을 위해서는 인민대중을 불지르는 암살·폭동 같은 무장투쟁을 해야 된다는 생각이었다. 100여 군데에 발판을 마련하여 무장독립군으로 하여금 한꺼번에 일어나 일제를 거꾸러뜨리겠다는 밑그림을 잡고 군자금 마련에 나서게 된다.

이름난 친일 부호들에게 군자금을 내라는 글월을 보낸 다음 내치는 친일 부호는 죽이기로 하고 대구 시내 친일 부호들에게 군자금을 거두려다 잡혀 6개월 징역을 살게 된다. 「대한광복회」에서는 상동(上東)광산과 직산(稷山)광산 그리고 경주에서 우편차를 덮쳐 군자금을 모았으며 온 나라 부호들 발기를 만들어 돈을 거두어 들였는데— 장승원 (張承遠) · 박용하(朴容夏) · 양재학(梁在學:보성) · 서도현(徐道賢:벌교) 같은 못된 부호는 죽여 버렸다. 옥에서 나온 그의 분부로 광복회원들이 벌인 일이 1917년 11월 경북 칠곡 대지주 장승원한테 군자금을 받아내는 것이었다. 그러나 군자금을 내겠다던 다짐을 어기고 왜경에게 찔러박는 바람에 군자금을 받으러 갔던 동지만 제삿고기 만든 「대한광복회」에서 경북관찰사였던 장승원을 죽이게 되었고, 1918년 1월에는 충남 아산군 도고면장 박용하를 죽이게 된다.

『제1공화국과 친일세력』에 나오는 대문이다.

이제 이 글을 마무리하면서 필자는 몇 사람들의 특징적인 인간 드라마를 생각해본다. 그 하나가 해방 후 군정청××청장에 올랐던 C씨의 에피소드이다.

일제하에서 C씨에게는 본인의 친일행위는 별로 없었다. 그러나 그 부친은 한말의 관찰사 출신으로 경북에서 갑부로 이름이 높았다. 1915년, 광복단 단장 박상진(朴尙鎭)이 군자금을 청하러 갔을 때 C씨의 부친은 형사에게 밀고해서 매복을 하게 하였다. (『중앙일보』, 「잃어버린 36년」 제29회. 복면한 박상진에게 네 정체를 안다고 말했기 때문에 살해되었다는 또 하나의 설도 있다.) 격분한 박상진이 현장에서 그를 사살해 버린 사건 1막이 있었다.

C씨의 부친에게는 아들 3형제가 있었다. 장남은 구한국 관료 출신으로 일제하에서 경북 모 은행장이었다. 차남은 중추원참의를 수차 중임했으며, 대구부의(府議) · 대구도의(道議) · 대구상의(商議) 회두(會頭) · 총력련맹 평의원 · 대화동맹(大和同盟) 심의원 기타를 한 사람이다. 이러한 계보로서 볼 때 3남인 C씨는 본인의 친일행위는 없었지만, 그 가문이 친일계층에 속했던 것만은 부인하기 어려운 일일 것이다.

해방 후 C씨가 군정청××청장에 기용됐을 때 몇 사람이 국일관에서 C씨를 만나 말했다.

"이제 군정의 ××권을 가지셨으니 독립운동자에게도 잘해야 안되겠읍니까?"

이에 대한 C씨의 답변은 냉정했다.

"나는 그들을 동정할 수 없어! 내 아버지가 독립운동자에게 죽었는데 어떻게 동정하

해방 뒤 김 구, 이시영, 김규식 들과 함께한 김원봉. 뒷 줄 오른쪽 우뚝 선이다.

겠느냐 말이오." (『중앙일보』, 위와 같음. 「의열단원」이었던 유석현(劉錫鉉) 증언)

　　친일 면장 박용하를 죽인 것이 「대한광복회」임이 드러나면서 총사령 박상진이 붙잡혀 대구 감옥에서 자리개미당하게 되니, 1921년 38살 때였다. 「대한광복회」라는 이름의 암살단 이념과 인맥은 「의열단」으로 이어지게 되는데, 종로경찰서에 폭탄을 던지고 내뺐다가 나중에 들통나자 세차게 싸우던 끝에 왜경 여럿을 죽이고 스스로 목숨 끊은 김상옥(金相玉) 열사와 권 준(權 俊)이 그들이다.

　　김원봉이 중국 천진(天津)으로 건너가 독일 사람이 꾸려가는 덕화학당(德華學堂)에 들어간 것은 19살 때인 1916년이었다. 제1차 세계대전이 치러지고 있었는데 일본이 독일에 선전포고를 하고 있었다. 독일로 갈 생각을 하고 덕화학당에 들어갔던 것이니, 독일에 힘을 보태주면 독립을 할 수 있으리라는 그때 선배 애국자들 형편 읽기에 따른 것이었다. 독일말을 배우기 앞서 먼저 중국말을 배우다가 1917년 여름방학을 맞아 조선으로 돌아온다. 그동안 애국자들 꿈과 다르게 중국이 일본 쪽에 붙어 독일에 선전포고를 하는 바람에 덕화학당은 문을 닫고 김원봉은 1년쯤 조선에 머물게 되는데, 그때에 사귀게 되는 사람이 김두전(金枓全)과 이명건(李明鍵)이었다. 고모부인 황상규가 세 사람에게 호를 지어주며 의형제를 맺게 하였고, 세 사람은 바다 밖으로 나가 민족해방운동을 벌이기로 굳게 다짐한다. 황상규는 세 소년에게 어떤 경우에도 조국 산천을 잊어서는 안 된다며 산과 물과 별을 속뜻으로 하는 호를 지어주었으니— 김원봉은 약산(若山), 김두전은 약수(若水), 이명건은 여성(如星)이 된다.

1918년 9월, 김약산·김약수·이여성 세 동지는 중국으로 건너가 남경에 있는 금릉대학에 들어간다. 미국인이 꾸려가는 기독교 갈래 학교로 여운형이 신학과를 마친 것이 그 전해였다. 세 사람이 들어간 곳은 영어과였다. 1919년이 되자 여운형이 나라 안팎 애국동지들을 상해로 불러 모으고 있었다. 여운형이 파리에서 열리는 강화회의에 연희전문학교 세운 언더우드 양아들로 영어에 밝고 중국 국적을 갖고 있어 바다 밖 나들이에 걸림이 없는 김규식(金奎植, 1881~1950)을 조선 대표로 보내어 조선독립을 세계만방에 비대발괄하기로 했다는 말을 듣게 된다. 그러나 자본주의 강도 나라들이 조선 같은 힘없는 겨레를 위하여 저희들과 같은 자리인 일본제국주의와 싸워주지 않을 것이라고 생각한 약산은 길림으로 간다. 김약수·이여성과 만나 조국독립을 위한 둔전병(屯田兵) 양성을 상의하기 위한 것이었다. 만주 서간도에서 군대를 기르자는 것이 그때 독립운동 두럭들 똑같은 생각이었다.

봉천(奉天)에서 세 사람이 만났을 때 고국에서 일어난 3·1운동 소식을 듣게 되었다. 김약수·이여성은 "독립운동은 반드시 해외에 나와서만 할 수 있는 것이 아니다. 우리는 국내로 돌아가 인민대중을 토대로 하여 독립운동을 하겠다"며 조선으로 돌아갔고, 약산은 "무장력을 갖췄을 때만이 독립을 이룰 수 있다"며 의군부(義軍府)가 있는 길림으로 간다. 의군부 고갱이는 「대한광복회」 회원이던 황상규·김좌진·손일민이었다.

3·1운동을 일으킨 인민대중 무서운 힘을 보게 된 약산은 지금까지 품어왔던 생각을 바꾸게 된다. 군대를 길러서 세계 최강인 왜적과 맞싸운다는 것이 이길 수 있고 없고는 다음이고 우선 너무도 오랜 시간이 걸린다는 것에 꿈이 깨질 수밖에 없었고, 그래서 다다른 마무리가 암살·파괴 투쟁이었다. 3·1운동에서 인민대중 힘을 믿게 되었고, 그 인민대중 힘을 이끌어낼 수 있는 불쏘시개 구실을 하자는 것이었다. 작지만 억센 동아리를 만들어 적 한바닥 난사람들을 죽여버리고 적 고갱이 두럭들을 부숴버림으로써 인민대중 속에 들어 있는 사나운 혁명감냥을 이끌어내는 불쏘시개가 되자는 것이었다.

1919년 11월 9일, 길림성 파호문 밖 중국인 농군 반 아무개 집에 약산과 뜻을 같이하는 이들이 모였다. 모두 13명인데, 얼추 밀양·대구 테두리에서 3·1만세시위를 목대잡다가 만주로 내뺀 사람들이었다.

약산 · 윤세주(尹世胄) · 이성우(李成宇) · 곽 경(郭 敬) · 강세우(姜世宇) · 이종암(李鐘巖) · 한봉근(韓鳳根) · 한봉인(韓鳳仁) · 김상윤(金相潤) · 신철휴(申喆休) · 배동선(裵東宣) · 서상락(徐相洛) · 권 준(權 俊).

황상규가 의백(義伯)으로 모셔졌는데, 「의열단(義烈團)」이라는 이름이었다. 공약 제1조에 〈천하의 정의의 사를 맹렬히 실행하기로 함〉에서 정의 '의'와 맹렬 '열'을 따온 것이었다.

암살할 사람으로 못박은 것이 일곱 가지 갈래였으니, 칠가살(七可殺)이다.

① 조선총독 이하 고관

② 군부 수뇌

③ 대만총독

④ 매국적

⑤ 친일파 거두

⑥ 적의 밀정

⑦ 반민족적 토호열신

다음은 부숴버릴 곳들이다.

① 조선총독부

② 동양척식주식회사

③ 《매일신보》사

④ 각 경찰서

⑤ 기타 왜적 주요기관

만주 길림(吉林)에 세워진 「의열단」은 바탕자리를 북경으로 옮긴다. 1920년 늦봄에서 초여름쯤이었다. 중국 정치 한바닥인 북경에는 조선 사람들이 많이 모여 있었고 상해에 있는 임시정부가 내세우는 외교독립노선에 맞서는 조선인들한테서 많은 도움을 받을 수 있기 때문이었다.

「의열단」이 맨 처음 치른 일은 조선총독부를 터뜨려 부수려는 딴이름 '밀양폭파사건'이었다. 하지만 곽재기 · 이성우 · 신철휴 · 김수득 · 한봉근 · 윤세주 6명이 서울 인사동 어떤 중국 요릿집에 모여 있다가 독립운동자를 잡아들이는 것으로 못된 이름을 떨치던 김태석(金泰錫) 경부와 그 졸개들에게 붙잡힘으로써 허방치게 된다. 1920년 6월 16일 모두 16명이 붙잡힌 '암살 파괴의 대음모 사건' 주범으로 찍힌 곽재기는 8년 만기를 채웠고, 이성우가 세상 구경을 다시 하게 된 것은 1928년 3월 8일이었다. 이 사건으로 황상규·이성우 같은 선배들이 붙잡혀 들어감으로써 약산은 '의백'이라는 이름의 단장을 맡게 된다.

제2차 거사를 책임 맡은 것은 부산 출신 박재혁(朴載赫)이었다. 「의열단」이 노린 것은 많은 동지들이 잡혀간 부산경찰서였다. 1920년 9월 14일, 예전책 장사꾼으로 꾸미고 서장실로 들어간 박재혁은 고서 속에 숨겨두었던 폭탄을 던졌다. 서장실이 박살나면서 하시모토(橋本) 서장은 중상을 입었고 박재혁도 다리에 부상을 입었다. 사형선고를 받은 박재혁은 낟알기를 끊기 아흐레 만에 숨을 거두었으니, "왜놈 관리에게 죽임을 당하는 것은 나의 본의가 아니다"는 생각에서였다.

박재혁 열사 거사가 있은 지 두 달 뒤인 1920년 11월, 이번에는 밀양경찰서가 폭탄 세례를 받았다. 밀양 사람으로 동화학원을 다녔던 약산 친구 최수봉(崔壽鳳)에 의해서였다. 부산경찰서폭파사건 때 밀양에 들어온 의열단원을 만나 단에 들어간 최수봉은 폭탄을 던진 다음 뒤쫓는 왜경을 피해 도망치다가 길이 막히자 단도로 제 목을 찔렀다. 그러나 뜻을 이루지 못하고 붙잡혀 형장의 이슬로 사라졌으니, 21살 나이였다.

1921년 9월 12일 상오 10시 10분쯤, 남산 밑 왜성대(倭城臺, 이제 서울 중구 예장동에 있던) 일제 식민통치 총본산인 총독부 건물에서 폭탄이 터지는 놀라운 일이 일어났다. 용산 철도국 노동자 출신 김익상(金益相) 열사 거사였는데, 경성 얼안 모두 계엄령에 버금가게 에워싼 속에 이 잡듯이 뒤졌으나 깜깜속이었다. 누가 어떻게 무시무시한 총독부에 들어와 2층에 있는 회계과를 터뜨려 부쉈는지 알아낼 수가 없었다.

1922년 3월 28일 하오 3시 반, 상해 황포탄 나루터는 대일본제국 육군대장 다나카 기이치(田中義一)를 마중하기 위한 사람들 물결로 백차일을 친 듯하였다. 사다리를 내려온 다나카가 줄지어 늘어선 마중꾼과 손잡으며 걸어 나오는 순간, 총질 솜씨꾼인 오성륜(吳成崙) 단총이 불을 뿜었다. 총알은 그러나 마침 다나카 앞으로 나서는 서양 여자 가슴에 박혔고, 다나카는 재빨리 사람들 사이로 엎드렸다. 제2선을 맡았던 김익상이 아수라장을 이룬 군중을 헤치고 다나카 뒤를 쫓으며 연달아 두 방을 쏘았으나 두 방 모두 다나카가 쓴 모자를 꿰뚫었을 뿐이었다. 재빨리 마차를 타고 도망치는 다나카를 제3선을 맡은 이종암이 쫓아가며 폭탄을 던졌으나 터지지 않았다. 일본영사경찰서 유치장에 간힌 오성륜은 유치장을 부수고 도망쳤고, 김익상은 총독부 청사에 폭탄을 던졌던 것이 드러나 사형선고를 받았다가 무기에서 다시 20년으로 감형 받아 나온 1942년 뒤로는 자취를 모른다. 오성륜이 한 말이다.

"일본의 대신·대장을 암살한다 해서 독립을 성취시킬 수는 없다. 그러나 암살로 말미암아 자연 사방의 정세가 독립을 인도할 것이라고 생각하고 암살수단을 채택하게 되었다."

뛰어난 무장 투쟁가였던 오성륜은 1941년 더러워져 왜경에 붙었는데, 1947년 첫때 임서(林西)에서 죽었다. 팔로군에게 붙잡혀 처형되었다는 말도 있다.

단재(丹齋) 신채호(申采浩)가 지어준「조선혁명선언」을「의열단」근본철학으로 한 약산은 다시 암살·파괴 밑그림에 들어간다. 최종덕·이종암을 국내에 들여보내어 공산주의자 김 한과 암살·파괴 공작을 벌이려는데, 김 한이 붙잡힌다. 다시 모스크바 극동인민대표자대회에 들었다가 돌아온 김시현(金始顯, 1883~1966)과 김시현이 끌어들인 경기도 경찰부 경부 황 옥(黃 鈺)에게 폭탄과「조선혁명선언」과 단원들을 보내었다. 서울을 사북으로 온 나라 여러 곳에서 넓은 폭동이 일어날 것을 기다리고 있는데「의열단」안으로 파고든 염알이꾼 김 아무개 쏘개질로 꺾여버리고 만다. 빼앗긴 물품만 건물 파괴용 6개, 방화용 17개, 암살용 13개 등 폭탄 36개, 뇌관 6개, 도화선 6개, 도화선과 닿게 되는 시계 6개, 권총 6자루, 실탄 155발,「조선혁명선언」361부,「조선총독부 소속 관공리에게」라는 협박문 548장이었다.

1923년 1월 5일, 김지섭(金祉燮, 1884~1928)이 동경으로 갔다. 황궁 정문 앞에 있는 이중교(二重橋) 다리에 폭탄을 던져 북새통을 일으키고 그 틈을 타 황궁으로 들어가 왜왕을 죽이려고 폭탄을 던지기는 하였으나 곧 붙잡히고 말았다. 무기징역에서 20년으로 감형되었으나 왜경한테 당한 살인적 족대기질과 단식투쟁으로 몸이 약해져 한 달 보름 만에 옥사하고 말았다. 김지섭 열사 동경 거사 뒤에도 여러 차례「의열단」원들이 한 암살·파괴 사건이 일어나지만, 동경 거사가 허방짚으면서「의열단」싸움은 막상 가림천을 내린다. 북경으로 단바탕자리를 옮긴 1924년에는 한 70명 결사단원을 거느릴 만큼 힘이 늘어나— 테러리즘의 테두리를 깨닫고 무장투쟁으로 그 운동 노선을 바꾼 것이었다. 그래서 만들어진 것이「조선의용대」였다. 그 때에 김원봉이 부르짖었던 말이다.

"일대 무장투쟁이 아니고서는 강도 일제를 구축할 도리가 없다!"

「의열단」싸움만이 아니었으니, 올라간 다음에는 내려오게 마련인 것이 운동법칙인 때문인가. 3·1운동과 함께 들불처럼 번져나가던 나라 안팎 독립운동은 내리막길로 접어들고 있었다. 세계 최강을 자랑하는 왜군과 맞붙었던 만주독립군은 홍범도 장군 봉오동대첩(1920년 6월)과 김좌진 장군 청산리대첩(1920년 10월)을 마지막으로 내리막길을 걷고 있고, 자본주의 힘센 나라들에게 자비를 베풀어달라고 비대발괄하는 외교 청원을 주된 노선으로 한 상해임정은 일제와 다른 것이 하나도 없는 제국주의 힘센 나라들 모르쇠와 집안싸움으로 겉치레만 남았으며, 나라 안에 있는 부르주아계급이 벌이던 실력양성론은 민족해방을 손 떼는 이른바 민족개량주의운동으로 넘어가고 있었다. 그리고 러시아 볼셰비키혁명을 본받아 일어난 공산주의운동은 아직 그 힘을 떨치지 못하고 있었다. 이렇게 캄캄한 일됨새에서 끈덕지게 이어졌던 「의열단」 싸움은 절망 벼랑 끝에 내몰린 조선 인민들에게 비쳐주는 한 점 등불과도 같은 것이었다.

약산이 황포군관학교 제4기생으로 들어간 것은 1926년 1월이다. 신 악·이영준·김 종·이인홍·양 검·이병희 같은 「의열단」 동지들과 함께한 투쟁노선 바꿈에 따른 것이니, '결사적인 항일군대'를 만들자는 생각이었다. 광동(廣東)코뮌이 끔찍하게 무너지는 것을 보고 공산주의와 민족주의 맞섬을 놓고 많은 생각을 하며 상해 거쳐 북경으로 간 약산은 '레닌주의 정치학교'를 세워 조국해방을 위한 대들보들을 키워낸다. 그들을 나라 안으로 들여보내어 노동자·농민·학생과 대중운동을 벌이게 하고, 장개석과 합작을 밀고 나갔으나 장개석의 우물쭈물하는 항일노선 탓에 꺾여버린 다음, 남경으로 가서 '혁명간부학교'를 세운다.

1935년 7월 4일, 독립운동 두럭 9개를 묶어 민족혁명당을 만들고 총서기가 되었다. 1938년 10월 1일, 무장부대인 「조선의용대」를 만들고 대장이 되었다. 물밀 듯 쳐들어오는 왜병에 맞선 무한 방위전에 들어가는 것을 첫코로 여러 군데를 옮겨 다니며 항일싸움을 하던 「조선의용대」는 화북으로 가서 무 정 장군이 얽이잡은 「조선의용군」이 된다. 중경에서 「조선의용대」에 대한 입김을 지키려고 힘쓰던 약산은 김 구가 채잡는 임정에 들어가 군무부장을 맡게 되는데, 일제가 거꾸러질 날이 멀지 않았음을 내다본 것이었다.

약산이 해방을 맞아 개인 감목으로 서울에 온 것은 1945년 12월 3일이었다. 중경과 상해에서부터 임정 보수파들과 싸우며 임정개조론을 펴던 약산은 임정은 조선을 대표하는 정권이 될 수 없다고 보고 반동세력을 뺀 모든 민주주의 세력 모임 두럭인 「민주주의민족전선」 얽는 데 들어가 여운형·허 헌·박헌영·백남운과 더불어 공동의장이 되었다. 박헌영이 월북하고 여운형이 좌우 양쪽으로부터 따돌림당하는 셈판에서 허 헌·

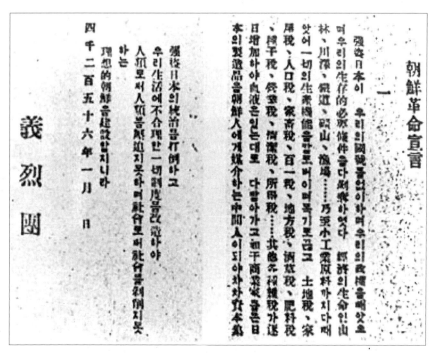

신채호가 지은 대문장 「조선혁명선언」

백남운과 함께 민전을 이끌던 약산은 1947년 6월 1일 민족혁명당을 인민공화당으로 다시 짠다. 약산이 귀국했을 때 했던 말이다.

나는 작년 8·15 그날은 중경 남안에 있었다. 이 남안이란 곳은 중경성 밖 강 하나를 새에 둔 조그만 거리로 우리 조선민족혁명당원들과 동포들이 모여 사는 곳이다. 나는 그날 오후 7시경 강을 건너 성안에 들어가니 중국인들은 항전승리 만세를 부르며 거리거리 인산인해를 이루어 폭죽을 터뜨리고 야단들이었다. 나는 비로소 일제가 투항한 것을 알고 곧 돌아와 우리 당원과 거주 동포들을 한 자리에 모이게 하여 동맹군의 승리로 조국이 해방된 전축회를 열고 기쁨과 감격 속에 철야로 피차의 감상을 토로하였다. 그러나 그때 나의 심경은 단순한 감격보다는 어떤 공허감과 참괴한 생각뿐이었다. 그것은 우리가 절치액완하며 일제를 우리의 힘으로 굴복시키지 못하고 결국 연합군의 힘으로 조국이 해방되었다는 것이다. 당시 나는 임시정부의 군무부장으로 있어 일제가 투항전야까지 될 수 있는 대로 임정 영도 아래 무장혁명군을 조직하려 하였으나 그것조차 뜻을 이루지 못하고 남의 힘을 입어 조국해방이 되게 되었다는 것은 참으로 견디기 어려운 감회였다. 그리고 만리이역에서 해방된 조국의 장래가 그때부터 걱정되었다. 그래서 나는 당시 중경에 있는 임정이란 기구가 국내에 들어가 인민의 지지를 받는 혁명정권이 되지 못할 것을 예측하고 임정국무위원회를 열어 간수내각(과도적)을 조직해 가지고 국내에 들어가 이 임정의 주권을 전국인민대표 량해 하에 처리케 하자고 주장하였다. 그것은 임정이 해외에 있어 국내 인민과 하등의 연계가 없고 또 국내 인민들은 적의 압박 밑에서 혁명정권을 수립할 수 없다고 생각했던 까닭이다. 그러므로 우리 해외에 있는 소수 독립운동가라도 비록 3천만을 대표하는 임정을 수립한다는 론거가 성립되었으나 동맹국의 힘으로 해방이 되고 보니 국내 인민은 연합국의 원조 밑에서 인민 자신의 정권을 건립할 수 있게 되리라고 믿었다. 그러니 자연 임정이 과거에 조선 독립을 령도할만한 공적이 없으면서 조선을 대표하는 정권으로 행사할 수 없다는 것을 주장하였던 것이다.

북으로 간 약산은 남조선으로 치면 국방장관 자리인 국가검열상과 노동상이 된다. 그리고 최고인민회의 상임위원회 부위원장 자리에서 푸지위된 1958년 9월부터 그 이름은 사라져버린다. '국제간첩'이라는 죄목으로 처형되었다는 설, 감옥에서 자결하였다는 설, 그리고 명예로운 은퇴를 하였다는 설이 있다.

6·25가 터지면서 밀양 지역 「보도연맹」 가입자 400여 명이 학살당하는데, 약산 형제들인 춘봉·작은봉·구봉 등 네 명이 한밤중에 들이닥친 군경 차에 실려 간 다음 돌아오지 않고 있다. 그리고 80 넘은 약산 부친은 앞뒤 냉갈령 속에 굶어죽었으며, 사촌들까지 잡혀가 오랫동안 수용소에 갇혀 있어야 하였다.

평양 신미리 애국열사릉에 '대담, 과격, 치밀하면서도 급진적인 성품의 소유자'로서, '거무수룩한 얼굴에 키가 후리후리하고 남성답게 잘생긴 투사형'이었던 김원봉 장군 이름은 없다.

3. 조국해방전쟁이라며 울먹이던 **태항산 호랑이**

김두봉 ^{1889~미상}

김두봉씨는 전투적 정열의 지도자라기보다도 오히려 학자형의 냉정한 의지의 지도자이다 금일 조선의 지도자들 중에서 민주주의자나 사회주의자를 막론하고 다가치 존경과 기대를 가지고 있는 분이 있다면 그분은 김두봉씨를 제일로 칠 것이다

김두봉씨는 원래 유명한 한글학자로 일즉이 3·1운동시에 해외로 망명하야 30년 가까이 해외의 유랑생활 속에서 백절불굴의 굳은 의지로 민족해방전선에서 시종일관하게 꾸준히 끊임없이 힘있게 싸운 분이다 한때는 김원봉씨들과 더부러 민족혁명당에서 가치 일하며 민족연합전선의 형성에 대분투하시고 그후 중일전쟁 기간 중 장개석의 국민정부가 인민의 항일대중운동을 두려워 탄압하기 시작하자 해방구인 팔로군 지역으로 들어가기 위하야 사랑하는 따님 해엽양을 다리고 도보로 가진 고초를 다 겪으며 한때는 벙어리 노릇을 하면서 국민당군 지역을 돌파하야 연안에 들어가 군정학교장으로 있으면서 동지 최창익 한빈 무정씨 등과 더부러 동독립동맹에서 활동하였든 것이다 그러나 그는 연안에서 안한하게 교육사업에만 종사한 것이 아니고 제일선에 나와서 일제의 왜병들과 싸웟든 것이다 저 유명한 「호가장 전투」에 참가하야 동지 석정(石丁)씨는 그곳에서 비참하게도 허생당하고 김두봉씨는 구사에 일생을 얻었든 것이다 이승만씨나 김구씨는 해외에서 망명생활을 하였다 하드래도 호화로운 생활을 하였고 따라서

일제 때 널리 우러름받던 국문학자이자 독립운동가였던 김두봉.
그러나 북에서 슬프고 끔찍한 뒤끝을 보낸다.

제일선에서 전투에 참가한 일은 없었으나 우리의 김두봉써만은 이상에 본 바와 같이 제일선에서 악전고투를 하였든 것이다 그가 금일 출중한 과학적 판단을 갖이고 굳은 의지로서 북조선에서 부강한 신조선 건설에 돌진하고 있는 것은 제일선에서 얻은 경험 과 지식에 큰 도움을 밧고 있는 것이다 또 그에게는 이런 일화가 있다 중경임시정부에 서 대신자리를 주면서 사령장을 가지고 왔는데 씨는 당장에서 그것을 거절하니 일은바 임시정부에서는 그 사령을 다시 취소하였다 한다 이만큼 그는 지위에 대하여서는 욕심 이 없으며 오즉 민족과 인민을 위하는 정당한 일이라면 지위의 고하를 가리지 않고 전 진할 따름이다 현실 조선의 지도자 중에는 그 사상적 빈곤과 지식의 기근이 심하다 그 런중에서도 우리의 김두봉써만은 심각한 사상적 판단력과 우수한 양식을 갖이고 사물 과 과업에 처하며 인민을 자기 이상 사랑하는 노숙한 지도자인 것이다 그는 현재 신민 당(전 독립동맹)의 주석이며 동시에 북조선인민위원회 부위원장의 요직에 있으며 그 겸손한 태도는 맛나는 사람으로 하여금 스스로 머리를 수그리게 한다 필자가 작년 겨 울 평양에서 처음 만났을 때 그 흰머리와 이마의 주름살은 넉넉히 60을 훨신 넘었다고 인상되었으나 아즉 57, 8세의 가장 노숙한 활동기에 있으며 모-든 곳에 원시적 빈곤에 쌓여 있는 조선에서 정치에 학계에 김두봉써에 대한 기대는 가장 큰 것이며 따라서 김 두봉써는 우리 인민의 이 기대와 소망을 어그리지 않고 꼭 실천해 주리라고 믿는다

《조선인민보》 1946년 4월 15일 치에 실려 있는 「김두봉론」이다. 글쓴이는 최익한(崔 益翰) 사위인 역사학자 이청원(李淸源).

김두봉(金枓奉)은 1889년 경남 동래(東萊)에서 태어났다. 아호는 백연(白淵 · 帛 連). 서당에서 진서를 배우다가 서울로 올라와 기호학교와 배재학교에 다녔다. 1913년 「대동청년단」에 들었고, 1914년 배재학교를 그만두었다. 소년잡지 《청춘》을 엮어 만들 었고, 민족종교인 대종교(大倧敎)에 들어갔다. 주시경(周時經) 밑에서 한글 갈닦음에 골똘하였고 1916년 광문사에서 펴낸 『말모이』를 엮는 데 힘을 보태었다. 1917년 보성고 보 · 휘문고보 · 중앙고보에 시간강사로 나갔다. 1919년 3 · 1운동에 들었다가 4월 신의 주를 거쳐 중국으로 망명하였으니, 31살 때였다. 상해에서 신채호가 주필이던 순진서신 문 《新大韓新聞》 편집을 맡았고, 임시정부 의정원 의원을 지냈다. 1922년 상해에서 『깁 더조선말본(精解朝鮮語文典)』을 펴내었다. 1924년 상해 교민 자녀 교육기관인 인성(仁 成)학교에서 국어와 역사를 가르치면서 교장을 지내었다.

1928년 「대한독립촉성회」에 들었고, 30년 상해에서 한국독립당을 창당하는 데 들어 이사가 되었다. 1935년 조선민족혁명당을 짜는 데 들어 중앙집행위원 겸 조직부장이 되었다. 1937년 끝 무렵 남경(南京)이 왜군에 무너지자 중경(重慶)으로 가 김원봉의 민족혁명당과 같이 움직였다. 1940년 민혁당 중앙위원과 「조선의용대」 편집위원이 되었다. 1941년 여름 화북 팔로군 터전으로 옮기는 「조선의용대」 으뜸부대와 함께 하였다. 1942년 태항산 팔로군 본바닥에 가 태항산 반소탕전에 들었다. 7월 태항산에서 열린 「화북조선독립동맹」 창립대회에서 중앙집행위원 겸 주석이 되었다. 1944년 연안에서 조선청년학교 교장이 되었고, 45년 2월 이 학교를 조선혁명군정학교로 고치고 교장이 되었다.

1945년 12월 평양으로 귀국하였고, 46년 2월 북조선임시인민위원회 부위원장이 되었고, 3월 「독립동맹」을 정당으로 바꾼 조선신민당 위원장이 되었다. 8월 조선신민당과 북조선공산당이 합뜨려 북조선로동당이 되었을 때 위원장이 되었다.

조선신민당 창당과 당세를 넓혀나가던 것 따위를 알려주는 문서가 요즘 밝혀졌다. 평양 소련군정 사령부 정치고문 발라사노프 팀이 모스크바에 사린 〈북조선 정당 · 사회단체조사보고서〉이다.

조선독립동맹의 기초 위에서 신민당이 1946년 12월 16일 창당되었다. 조선독립동맹은 1940년에 중국에서 조선의 좌익 정치망명객들에 의해 조직되었다. 이 동맹은 만주와 중국에 사는 조선인에게서 신망이 높았고, 조선을 일본식민지 노예제도에서 해방하고 조선의 민주주의 독립국가를 세우기 위한 투쟁을 전개했다. 중국에서 조선독립동맹은 팔로군과 함께 일본군과 맞서 싸웠다. 1945년 12월 중순에 조선독립동맹 지도부와 다수의 맹원들이 조선으로 귀국했다.

이 가운데 김두봉을 수반으로 하는 일부는 북조선에 남았고 나머지는 남조선으로 갔다. 소련군정 사령부는 김일성을 앞세워 독립동맹 일행 환영준비위원회를 조직해 이들의 귀국을 환영했다. 이 환영준비위원회에는 서울시인민위원회 등 남조선 단체 20여개가 참여했다. 조선독립동맹원들은 남조선과 북조선에 가서 각각 민주정당인 신민당을 창당했다. 북조선신민당 당수에는 김두봉이 선출됐다.

김두봉은 1889년에 조선 농민의 가정에서 태어났다. 경성대학에서 공부를 했다. 1919년 조선해방운동에 참가했다. 조선에서 3·1운동이 실패하자 중국으로 망명했고, 중국에서 다른 조선인 정치망명객들과 함께 일제에 반대하는 투쟁을 벌였다. 1940년

에 연안에서 조선독립동맹을 조직하여 지도자가 되었다. 1945년 12월 북조선에 귀국
하였다. 조선에서는 저명한 사회정치 활동가이며 학자로 알려져 있다.

　북조선로동당 위원장이 되면서 김두봉은 북조선 정계 엄지가락이 된 것으로 보였다.
그러나 위원장 자리는 소련군정이 용춤 추이는 얼굴마담에 지나지 않는 것이고, 참으로
는 공산당에 신민당이 빨려들어 간 것이었다. 동북 빨치산 출신 김일성을 북조선 도꼭
지로 밀기로 한 것이 소련공산당 중앙 극동정책이었기 때문이다. 나중 김일성대학 총
장, 최고인민회의 대의원 및 상임위원장, 조국전선의장을 맡는 따위 승승장구하는 것으
로 보이지만, 신민당이 없어지면서 김두봉 정치생명은 끝장이 난 것이었다. 「조선독립
동맹」 무장력인 「조선의용군」 8만 병력이 무장해제당한 채 그 한 도막만 개인 자격으로
귀국한 때부터 내다보이던 것이었고, 「대한광복군」 200명 병력이 무장해제당한 채 개인
자격으로 귀국한 남조선 목대잡이 김 구 살매와 똑같은 것이었다.
　북로당 중앙위원 43명을 계파별로 나눈 것이다. 발라사노프 팀이 소련공산당에 보
낸 보고서에 나온다.

　　연안파 12 김두봉, 최창익, 김창만, 허정숙, 무정, 박효삼, 윤공흠, 박일우, 한 빈, 박
　　훈일, 김민산, 임 해.
　　빨치산파 4 김일성, 김 책, 안 길, 김 일.
　　소련파 8 허가이, 박창식, 김 열, 김제욱, 태성수, 한일무, 전성하, 김영태.

소련군정 장교들과 술잔을 나누는 김두봉 내외.

국내파 · 기타 19 주영하, 장순명, 박정애, 한설야, 최경덕, 강진건, 장시우, 오기섭, 이순근, 김교영, 장종식, 김월송, 이춘암, 김려필, 명희조, 김욱진, 이종익, 정두현, 임도준.

김두봉 · 김일성 · 김 구 · 김규식 4김회담 어름에 김 구가 김두봉에게 보내었던 편지이다.

백연 인형(仁兄) 혜감(惠鑑)

(……)인형이여, 지금 이곳에는 3 · 8선 이남 이북을 별개국으로 생각하는 사람도 많습니다. 그쪽에도 그러한 사람이 없지 않으리라고 생각됩니다. 그 사람들은 남북의 지도자들이 합석하는 것을 희망하지도 아니하지마는 그 실은 절망하고 이것을 선전하는 사람도 많이 있습니다. 남이 일시적으로 분할해놓은 조국을 우리가 우리의 관념이나 행동으로써 영원히 분할해놓을 필요야 있겠습니까.

인형이여, 우리가 우리의 몸을 반쪽에 넘길지언정 허리가 끊어진 조국이야 어찌 차마 더 보겠나이까. 가련한 동포들의 유리개걸(流離丐乞)하는 꼴이야 어찌 차마 더 보겠나이까.

인형이여, 우리가 불사(不似)하지만 애국자임은 틀림없는 사실이 아닙니까. 동포의 사활과 조국의 위기와 세계의 안위가 이 순간에 달렸거늘 우리의 양심과 우리의 책임으로써 편안히 앉아서 희망 없는 외력에 의한 해결만 꿈꾸고 있겠습니까. 그러므로 우사(尤史, 김규식) 인형과 제는 우리 문제는 우리 자신만이 해결할 수 있다는 것을 확신하고 남북 지도자 회담을 주창하였습니다. 주창만 한 것이 아니라 이것을 실천하기로 결심하였습니다. 그리하여 이 글월을 양인의 연서로 올리는 것입니다. 우리의 힘이 부족하나 남북에 있는 진정한 애국자의 힘이 큰 것이니 인동차심(人同此心)이며 심동차리(心同此理)인지라 반드시 성공되리라고 확신합니다. 더구나 북쪽에서 인형과 김일성 장군이 선두에 서고 남쪽에서 우리 양인이 선두에 서서 이것을 주창하면 절대 다수의 민중이 이것을 옹호할 것이니 어찌 불성공할 이가 있겠나이까.

인형이여, 김일성 장군께는 별개로 서신을 보내거니와 인형께서 수십 년 한곳에서 공동 분투한 구의(舊義)와 4년 전에 해결하지 못하고 둔 현안 해결의 연대 책임과 애국자가 애국자에게 호소하는 성의와 열정으로써 조국의 땅 위에서 남북 지도자 회담을 최속한 시간 내에 성취시키기를 간청합니다. 남쪽에서는 우리 양인이 애국자들과 함께 이것의 성취를 위하여 최선을 다하겠나이다. (……)

1948년 ○월 ○일

金 九

아래는 통일공작원 김진계 증언이다. 조선로동당 평남도당 농업부 책임지도원으로 일하던 1962년이었다. 그러니까 김두봉이 1958년 3월 '종파분자'로 꼬집혀 평안남도 맹산목장에서 '로동개조'를 하고 있을 때였다.

"책임지도원 동무이십니까?"
"네, 그렇습니다만…"
키는 중키이고 얼굴에 주름살이 가득한 대머리 할아범이었다.
"나는 김두봉이라고 합니다."
순간 나는 깜짝 놀랐다. (김두봉 약력 줄임-지은이) 나는 이내 차분해져서 그의 얼굴을 자세히 뜯어보았다. 소문과는 달리 그는 탐욕스럽게 생기지도 않았고 오히려 맘씨 순한 시골 할아버지처럼 보였다.
"부탁이 있어 왔습니다. ……내 아내는 평생 밥두 못 짓구 곱게만 지내다가 갑자기 농사두 하고 살림살이를 하려니까 너무 힘들어서 지금 치마끈두 바로 매지 못할 지경입니다. …… 지도원 동무 …… 제발 목장 안에 있는 유치원 교양원이라도 자리가 있으면 배치해 주셨으면 합니다. 제발 부탁합니다."
목이 메어 애원하듯이 말하는 그는 실주름 그어진 눈가에 눈물이 그링그링 맺혀서 가련하기까지 했다. 도저히 믿어지지가 않았다. 그가 태항산을 찌렁찌렁 호령하며 내달리던 연안파 호랑이였다는 사실, 국민군이 김두봉이라면 벌벌 떨었다는 사실, 조선민주주의인민공화국의 최고위원장(국회의장)이었다는 사실이 모두 거짓말 같았다.

김진계가 들었다는 소문이다. "그는 맹산목장에서 일하는 사기꾼에게 자기가 갖고 있던 돈과 양복을 뇌물로 바치고 잘 봐달라고 했다가 아까운 돈과 양복만 날렸다는 둥 별의별 소문이 다 나돌았다." 김진계 증언은 이어진다.

가련한 늙은이의 몰상을 바라보는 순간, 죄야 김두봉에게 있지 젊은 아내에게 무슨 잘못이 있으랴 싶어 동정심이 솟아났다. 마침 그의 아내가 와서 인사를 했는데, 과연 소문대로 서른서넛 정도로 보이는 미인으로 팔십 고령의 김두봉과는 전혀 어울리지 않았다. 그녀 역시 애절하게 호소했다.

"책임지도원 동무, 내레 생전에 농사일이라구는 해본 일두 없구서리 배운 거라구는 글밖에 없습네다. 기러구설라무네 제발 유치원 교양원으로 배치시켜 주셨으면 뎡말 감사하겠습네다"

하지만 자꾸 매달려 간청하는 그녀에게 나는 장담할 수 없었다. 간부 인사를 배치하는 건 내 마음대로 할 수 있는 일도 아니었기 때문이다.

"인사배치권은 군당책임비서에게 있으니까, 그분에게 말씀드려보죠."

"꼭 좀 부탁합네다."

그녀는 머리를 연신 굽신거렸다. 은근히 측은한 생각이 들어서 그러마고 약속한 나는 며칠 후 당책임비서에게 김두봉의 처를 목장 유치원 교양원으로 쓰면 어떻겠냐고 상의하고 평양으로 돌아왔다. 후에 들었는데, 김두봉의 처는 다행히 목장 유치원 교양원으로 배치되어 열심히 아동교육을 하고 있다는 것이었다.

김두봉은 연안파 우두머리였다. 연안파에서 세운 정치 모임인 「조선독립동맹」이 머릿골이고 손발이 군사조직인 「조선의용군」이다. 1945년 12월 박아낸 『해방전후의 조선진상』에 나오는 각 정당 및 정치단체 가운데 「연안조선독립동맹」편이다.

이 단체는 1942년 1월에 국제정세에 호응하여 화북조선청년동맹(華北朝鮮靑年同盟)을 발전적으로 해소하고, 동방약소민족대동맹 산하에서 조선독립동맹이 결성된 단체인데, 연안정권 지원하에서 지금까지 꾸준한 항일전을 계속하여 많은 무훈을 세워 왔다. 그리고 의용군의 총사령 김무정(金武亭) ××은 전형적 무인으로서 많은 청년들을 훈육해서 그의 인솔한 휘하 정예 부대는 왜군이 가장 무서워하는 바이며, 동(同)장군은 부사령인 박효삼(朴孝三)(참모), 박일우(朴一禹)(정치)씨와 아울러 그 무명(武名)이 화북과 동북 일대에 떨치고 있다 한다. 독립동맹 주석 김두봉(金枓奉), 부주석 한빈(韓斌)·최창익(崔昌益), 기타 제씨가 근근(近近) 귀국케 된다는데, 기(其) 일부 요인은 11월 20일경에 평양에 도착되어 김일성 ××과 회합하여 의견교환 중이라고 한다.

해방공간 평양에서 움직였던 정치 두럭은 다섯 개 동아리였다. 소련파, 연안파, 빨치산파, 국내파, 남로당파. 출신 성분에 따른 계급적 처지나 정치적·사상적 생각이 다름에 따라 나눈 것이 아니라 동아리 모람들이 해방 전 움직이던 바닥에 따라 붙여진 이름이다. 다섯 개 동아리 가운데 가장 떨치는 힘이 좋았던 것은 연안파와 소련파였다.

해방 3일 만인 1945년 8월 18일 현준혁(玄俊赫, 1906~1945), 김용범(金鎔範, 1902~?), 장시우(張時雨, 1891~?), 이주관, 최경덕(崔璟德, 1908~?), 장종식 같은 이가 조선공산당 평남지구위원회를 엮으면서 박헌영 당중앙 가르침을 받고 있었다. 그러나 9월 28일 조공 평남도책이었던 현준혁이 암살되고 조선민주당을 세웠던 조만식이 묶이면서 무너졌다. 남로당파는 스탈린 뒷받침을 받는 김일성이 1946년 1월 조선공산당 북조선분국 책임비서가 되면서 힘이 빠져버렸다. 러시아 출신 조선인 혁명가들로 뭉쳐진 소련파는 처음 힘을 떨쳤으나 이론가보다 빨치산 출신을 좋아하는 스탈린 속마음이 드러나면서 뒷전으로 밀려날 수밖에 없었으니, 남은 것은 연안파와 빨치산파로 불리던 갑산파이다. 동북 항일빨치산들이 벌인 항일유격투쟁에서 가장 상징적인 것이 보천보 습격 투쟁이었으므로, 김일성을 사북으로 한 빨치산파를 갑산파(甲山派)라고도 불렀다.

1946년 8월 북조선신민당이 북조선로동당에 빨려들어 가면서 「조선의용군」 총사령이었던 무 정이 1951년 숙청 후 병사하고, 「독립동맹」 부주석과 신민당 부위원장이었던 한 빈·최창익이 57년, 김두봉이 58년 '종파주의자'로 몰려 숙청당한다. 그리고 연안파는 역사 무대에서 사라진다. 조선민주주의인민공화국 부수상까지 올라갔던 최창익이 거칠게 앙버티었으나 흐름새를 돌릴 수는 없었다.

6·25 바로 앞 조선민주주의인민공화국 최고 권력인 조선로동당 정치국원은 5명이었다. 김일성·박헌영·허가이·김 책·김두봉. 그 가운데 독공부로 조선말사전을 엮어낸 김두봉이 북조선 인민들한테 받는 우러름은 대단한 것이었다. 연설이나 담화 때 하는 목소리가 차분하고 느릿해서 사람들 마음을 가라앉혀 주는 따뜻한 뱀뱀이 된사람이었다.

6·25 때 인민군 중좌로 내려왔던 팔로군 출신 군인이 있었다. 전라도 원통산·회문산·운장산·지리산 지구에서 기운차게 움직였던 '외팔이부대' 부대장 한 팔(韓 八)이 전하는 김두봉 소식이다. 김두봉이 입을 열었다.

"……그동안 공화국에서는 조국의 평화적인 통일을 위해 갖은 노력을 다해 왔습니다. 그러나 1948년의 남북협상이 실패해 버렸고, 결국 우리와 함께 남조선 인민들이 그토록 반대했던 5 · 10선거와 단독정부가 수립되고야 말았습니다. 우리는 할 수 없이 이에 대항하여 인민공화국을 수립하여 오늘에 이르렀습니다. …… 그동안 공화국에서는 조국의 평화적인 통일을 위해 갖은 노력을."

1950년 6월 23일. 인민군 제6사단 13연대는 개성 송악산 주능선에 배치되어 있었다. 14연대는 송악산 우측, 15연대는 옹진반도에 있었다. 다른 군부대도 모두 38선 주변으로 전진배치 되어 있었다.

"조국에 복무하겠습니다."

한 팔 중좌가 아내에게 거수경례를 하였을 때 빙긋 웃음을 지어 보이던 새각시짜리는 이내 슬픈 얼굴로 바뀌는 것이었다. 한 팔 중좌는 다시 우렁찬 목소리를 내며 거수경례를 하였다.

"금방 돌아올 테니, 아무 걱정 말고 기다리시오."

송악산 우금에 천막으로 만들어진 임시 회의장이었다. 대대장급 위 군관들이 모여 있었다. 김두봉은 그때 시국에 대한 이야기를 비롯하였는데, 시국 이야기가 끝날 때쯤 눈물을 흘리기 비롯하였고, 군관들은 영문을 모른 채 김두봉을 바라보았다. 울먹이는 목소리로 김두봉은 말을 이어나갔다.

"그동안의 노력과 더불어 6월 7일에는 민주주의전선에서 특사를 보내 조선 전역의 모든 정당 · 사회단체 대표자회의 개최를 주장했고, 해방 5주년 기념식을 서울에서 개최하자는 등, 조선최고입법기관 구성에 따른 총선 실시, 조국의 평화적 통일에 필요한 조건, 총선을 지도할 중앙선거지도위원회 구성을 제의하는 호소문을 전달하려 했으나 그들까지 체포해 버렸습니다. 6월 14일에는 다시금 공화국의 최고인민회의가 남조선의 2대 국회와의 합작제의를 하였으나 거부되어버렸습니다. 그 모든 것은 미제와 남조선 친일파 반동분자들의 책동 때문입니다. 이제는 더이상 앉아서 기다릴 수 없습니다. 우리의 동포를 해방시켜야만 합니다. 이제 부득이 해방전쟁을 개시하게 되는데, 일주일 동안만 서울을 해방시킬 것입니다. 서울은 남조선의 심장입니다. 그러므로 심장을 장악하게 되면 전체를 장악하는 것이나 다를 바가 없습니다. 거기서 남조선 국회를 소집하여 대통령을 새로이 선출하고 인민공화국과 대한민국 정부가 통일이 되었음을 세계만방에 알리면 어느 외국도 우리를 간섭하지 못할 것입니다. 아무쪼록 여러 군관 동무들은 해방전쟁의 본분을 망각하지 마시고 맡은 임무에 충실하시기를 바랍니다."

1948년 김두봉, 김 구, 김규식, 김일성의 '4김회담' 때 일이다. 김 구와 김규식 일행이 남북지도자연석회의를 갈라놓거나 회의에서 빠져나가면 두 사람을 '미제간첩'으로 몰아붙인다는 얼개를 세워놓았다고 한다. 그리고 김 구가 기자들에게 "나를 5월 10일까지 암살하려는 것을 알고 있다"고 말함으로써 김 구가 평양으로 떠나기 전에 이미 자신이 암살당할 것을 내다보고 있었다고 한다. 김두봉 또한 민족주의적 성향을 지녔다는 이유로 특별감시하라고 한 것이 1948년 4월부터라고 한다. 1948년 4월 17일 치 레베데프 비망록에 나오는 적바림이다. 평양에 있던 소련군정 첩보망이 남조선까지 뻗쳐 있었다는 이야기인데, 놀라운 일이다. 몇 년 뒤 박헌영과 이승엽을 머리로 한 남로당 출신들을 '미제간첩'으로 몰아붙이는 '시나리오'는 그때부터 이미 짜여졌던 것이다.

창작과비평사 간행 『한국사회주의운동 인명사전』에 보면 김두봉이 저 세상으로 간 것이 1961년으로 되어 있는데, 통일공작원 출신 김진계 증언에 따르면 잘못된 것이다. 적어도 1962년까지는 살아 있었다. 얼마를 더 살았는지는 알 길이 없지만, 그것은 이미 삶이 아니었을 것이다. 그나마 '미제 간첩'으로 몰려 형장의 이슬로 사라져버리지 않은 것을 다행으로 여겨야 할까. 이빨도 발톱도 죄 뽑힌 채로 집짐승이나 돌보는 '태항산 호랑이'였다.

경기도 판문군 선적리에 있는 황진이(黃眞伊) 묵뫼를 찾아간 김두봉이었다. 아직 최고인민회의 상임위원장 자리에 있을 때이니, '반김일성 활동 주동혐의'로 밀려날 것을 알았던 것일까. 잔 잡아 권할 명월(明月)이 없는 청초 우거진 골에서 임백호(林白湖)는 시조 한닢 읊으며 슬피 울었다는데, 조촐한 제상 차려 술 한잔 부어놓고 '태항산 호랑이'는 무슨 시조를 읊었을까.

우리가 남쪽에서 볼 수 있는 매체 가운데 김두봉이라는 이름이 적혀 있는 거의 마지막이 될 것이다. 한창 전쟁 중이던 1951년 2월 21일 수요일《해방일보》.

조선민주주의인민공화국
최고인민회의상임위원회
정 령
조선인민군군관장창궐 하사관김옥근에게
조선인민공화국영웅칭호를수여함에관하여
조선민주주의인민공화국 최고인민회의상임위원회는 조국의 통일과자유와 독립을 위하여서 와 미제국주의자들의 무력침공을 반대하는 정의의 조국해방전쟁에서 용감성을 발휘하여 영웅적위훈을 세운 조선인민군 군관장창귈 하사관김옥근에게 조선인민공화국 영웅칭호를 수여함과동시에 국기훈장 제一급 및금별메달을 수여한다

조선민주주의인민공화국

최고인민회의상임위원회

위원장 김 두 봉

一九五一년二월十九일 평양시

4. 백발백중 포 때리던 조선의용군 총사령

무 정 ^{1904~1952(?)}

동무들! 오늘 아침에 말씀드릴 것은 금년에 있어서 우리가 응당 하여야 할 생산공장을 어떻게 하겠는가 하는 문제다. 작년에 생산공장에 참가하여 본 여러 동무들은 다 아시는 바이지만 우리는 재작년 봄에 이 태항산 청천(淸泉) 저 비탈에 화전을 이루고 600묘나 되는 땅에 붉은무와 감자 호박을 심고 가을에 도라지를 캐고 도토리를 주었든 연고로 우리는 양식과 채소 등 곤란한 문제를 해결하는 데 있어서 많은 도움을 얻게 되었다.

(……) 좋은 양복에 훌륭한 구두를 바처 신고 맛나는 음식에 호화한 생활을 지내든 동무들은 이제 와서는 이와 같이 몸에 이가 꾀고 헌옷을 입고 버선 없는 맨발 초신에 춥고 발시리며 배가 고픈 이 생활로 적을 대항하는 외에 화전농업까지 하느라고 두 손바닥이 부르트고 허리가 아프게 되니 한숨이 자연히 계속하여 나오면서 마치 그 고생을 이기지 못하는 것같이 보였고 그 생활을 자각적으로 자연스럽게 하지 못하나 표현으로 되는 동무도 있엇든 것만은 사실이었다.

8·15해방 1주년 기념 중앙준비위원회에서 퍼낸 『반일투사 연설집』에 나오는 무정 장군 목소리이다. 〈1945년 봄 태항산에서 호소함〉. 중국 산서성 진성현 남쪽에 솟은 태항산 중턱에 있는 「조선의용군」 총사령부 앞 연병장이었다. 1945년 봄 어느 날.

젊은 시절 무 정. 날카로운 무장 모습이다.

무 정은 어쑵한 마음결로 이름났으나 부하들에게는 가없이 곰살궂은 사람이었다.

(…) 이 태항산 바우들 벼랑가에 덤풀 속으로 슬넝슬넝 그양 단이면서 도라지를 줏는 때에 저-기서는 도라지 도라지 태항산 비탈에 옥도라지 한두 뿌리만 캐어도 의용군 식량이 되누나- 여기서는 '도라지 도라지 강원도 금강산에 백도라지!' 이와 같이 산허리와 산등에서 울여나오는 도라지 타령으로 우리는 저 산의 도라지를 다 캐어내고 저 산에 도토리를 몇 알 남지 못하고 다 주워 메었으며 그야말노 가둑나무 밑에서 기다리는 도토리 한 알 밤 나는 것이 우리 고국에서 기다리는 그 누구를 만나는 것보다 기쁨이 몯하지 않었고 보기만 하면 얼른 손을 뺏치지 않고는 견딜 수 없는 일이였다. 우리는 도토리 한 알을 우리 주머니에 집어넣는 것이 즉 우리의 적을 소멸하는 힘이 한 알 분량이 증가됨으로 알었고 도라지 한 뿌리를 캐서 바구니에 넣으면 일본제국주의자를 반항할 힘이 한뿌리 분량이 증가됨으로 알었고 도라지 한 뿌리를 캐서 바구니에 넣으면 일본제국주의자를 반항할 힘이 한 뿌리 분량이 증가한 줄 알게 되는 고로 작년 봄에 양식 곤란이 우리를 포위하고 산면(山面)에서 들어온 왜적이 우리를 토벌하든 환경에 우리는 이 도라지와 도토리의 덕을 보왔다. (……) 우리는 우리의 손으로 입는 문제 먹는 문제를 완전히 해결됨으로 작년보다 고생이 좀 덜하게 되였으니 (……)

우리는 언제든지 어느 모퉁이에서든지 적에게 총을 마저 죽을 각오를 하고, 어러죽을 각오를 하며 굴머죽을 각오를 하여야 우리에게는 적을 소멸할 용기가 생길 것이고 방법이 생길 것이며 최후로 적을 이길 수 있을 것이다. (……) 우리는 모든 적을 반드시 이기기 위하여 금년 생산공작계획이 발표된 후에 우리 각자 동무들은 자기의 자리에서 더 부지런히 학습하는 동시에 많은 땀을 흘리어야 할 것이며 또 누구를 물론하고 다같이 민족을 위하여 죽기와 살기를 같이하는 혁명의 무장동지이므로 이 임무를 완성하는 과정에서는 역시 혁명자의 최고도로 되는 혁명적 우애성을 발휘하여 서로 붓드러 주고 서로 돕는 정신으로 몸이 약한 동무를 많이 도와주어야 할 것이다. 그리하여야 우리가 맡은 사업을 더 속히 원만이 힘있게 완성할 수 있다.

모든 것은 일본제국주의자를 두드려 부시기 위하여!

모든 것을 일본제국주의자를 반대하는데 복종시키자!

모든 것을 우리 손으로 꾸려나가자!

무 정(武 亭, 1904~1952(?))은 이름부터가 먼저 무인 냄새를 짙게 풍긴다. 조국광복을 위한 무장투쟁에 온몸을 바치기로 서원하고 스스로 지은 이름으로 보이는데, 본 이름은 알 길이 없다. 성이 김씨라니 김무정이다. 해방을 맞아 국내로 들어온 날짜도 9월 20일쯤, 11월 27일쯤, 12월 3일쯤, 12월 끝 무렵부터 1946년 1월쯤까지 여러 가지다. 홍군(紅軍), 곧 모택동이 거느리는 중국공산당 바탕자리가 있던 연안을 사북으로 항일투쟁을 하였으므로 무 정을 비롯하여 김두봉(金枓奉, 1889~?), 최창익(崔昌益, 1896~?), 허정숙(許貞淑, 1902~1991), 박일우(朴一禹, 1904~?), 이유민(李維民, 1914~?), 박효삼(朴孝三, 1903~?), 김창만(金昌滿, 1907~1966) 같은 이들을 '연안파'라고 부른다.

무 정은 해방이 되자 제가 거느리던 「조선의용군」 8만 명을 데리고 서울로 들어와 시가행진을 벌일 작정이었다고 한다. 그러나 무장부대를 데리고 들어오는 것을 아귀세게 막은 것은 미군이나 소련군이나 마찬가지였으니, 조선이라는 나라를 일본제국주의와 맞서 싸운 원둥치로 쳐주지 않는 것이었다. 그래서 한 사람 한 사람씩 들어올 수밖에 없었다. 구빨치 출신 노스님이 말해주던 김명시 장군과 함께 무 정 장군 종로거리 행진은 씩씩하고 장한 「조선의용군」 모습을 인민들에게 보여주지 못한 데서 온 노여움이 터져 나온 것으로 보인다. 무 정이 거느리던 「조선의용군」이든 김 구가 거느리던 「대한광복군」이든 꼼짝없이 낱낱으로만 돌아올 수밖에 없었다. 점령군으로 왔음을 밝힌 미군이야 그렇다고 하더라도 해방군으로 왔다는 붉은군대 또한 마찬가지였으니, 「조선독립군」이라는 무장 두럭을 쳐주지 않았던 것이다. 국방군이건 인민군이건 다 같은 조선민족 군대니 서로 합쳐 인민의 행복을 위한 군대가 되어야 한다는 것이 무 정 생각이었다. 무엇보다도 갓맑은 군인으로 이른바 정치감각이 무디었던 무 정 꺾어짐은 우리 겨레 살매였는지도 모른다.

"만약 스탈린그라드 작전에서 무 정 같은 장군이 있었더라면 2차대전이 조금은 빨리 끝났을 것이다."

무 정이 압록강 밑 용암포 앞바다에서 포격 본때를 보였을 때 쏘는 대로 백발백중하는 포사격 솜씨를 보고 소련 군사고문관이 하였다는 말이다. 포병이 알아야 할 까탈스런 고등수학을 몰랐지만 오로지 진짜 싸움으로 닦은 힘만으로 그런 귀신같은 솜씨를 보였다는 장군이니, 놀라운 일이 아닐 수 없다. 1930년대 좌익운동 신화였던 이재유 동무, 보천보전투 김일성 장군과 함께 세계에 자랑할 수 있는 혁명투사 가운데 하나로 꼽혔던 장군이다.

함북 경성(鏡城)에서 태어나 서울에서 자랐다. 중앙고등보통학교에 다니다가 그만두고 중국으로 도망쳐 보정군관학교 포병과를 나왔다. 1934년부터 비롯된 368일에 이르는 2만5,000리 9,654킬로 홍군 대장정에 함께하였는데, 멧발 18개를 넘고 24개 가람을 건너는 죽음의 행군이었다. 거기다가 모질고 사납고 끈덕지게 뒤쫓아오는 국민당 장개석군에 굶주림과 추위 그리고 온몸을 빨아들이는 늪지며 무서운 독벌레와도 싸워야 하는 고난의 행군이었다. 팔로군 작전과장을 거쳐 팔로군에서 맨 처음 세워진 포병연대 연대장이 되었다. 1942년 11월 태항산 제바닥에서 문을 연 화북조선청년학교 교장을 맡았고, 8·15 때에는 「조선의용군」 총사령과 「독립동맹」 집행위원이 되었다.

"호랑이 같았지요?"

"뭐가?"

"무정이 장군 말씀예요. 그렇게 유명짜한 백발백중 상승장군이라면 장대한 체수에 인상도 험악했겠지요."

이 중생이 말하였을 때 구빨치 출신 그 늙은 스님은 도머리를 쳤다.

"천만에, 그렇지 않아. 훌쩍 큰 키에 떡 벌어진 어깨하고 엄장 큰 체수가 장수감인 것은 맞지만, 상호는 그렇지 않아. 멋지게 기른 콧수염에 위엄 있는 얼굴이었지만 뭐랄까, 사천왕이 아니라 그저 마음씨 좋은 삼촌 같은 인상이야."

무정과 만난 적이 있던 최태환(崔泰煥, 1929~)도 비슷한 증언을 하였다. 박혜강이 간추린 『젊은 혁명가의 초상』에 나온다.

"나는 무정에 대한 이야기를 들을 때마다 그가 호랑이 같은 모습을 하고 있으리라고 생각했었다. 그러나 막상 그를 대하고 보니 마음씨 좋은 시골 아저씨를 만난 것 같은 느낌이었다. 그런 인상의 무정이 정말로 팔로군이었을까. 어떻게 수많은 전투를 치루어 왔을까 하는 의심이 들게 될 정도였다."

1948년 평양사범대학에 다녔던 이가 한 하숙방에 있던 무정 장군 친조카한테 들었다는 말이다. 1972년 펴낸 『남북의 대화』에 나온다.

"그는 간혹 '삼촌은 원래는 공산주의자가 아닌데 독립운동하러 중국에 들어갔다가 어떻게 연안으로 들어가는 바람에 저렇게 됐다'고 변명하기도 했습니다. 그 친구 말에 의하면 무정은 김일성의 독재와 횡포를 몹시 미워해 술을 마시면 폭음을 하고 그렇게 취해서 들어오면 김일성 욕을 마구 퍼붓고 불평을 한다는 거예요. 무정은 그 후 6·25동란의 패전 책임을 그에게 뒤집어씌우는 바람에 51년 숙청당합니다만."

비슷한 이야기는 최태환 수기에도 나온다.

"당시 무정은 김일성과 앙숙이라는 소문이 나돌았었다. 그러나 표면화되어 나타난 권력의 갈등은 엿보이지 않았다. 무정은 호탕한 성격과 순수한 군인의 기풍을 보여주고 있어서 초창기의 북한사회에서 많은 사람들에게 흠모를 받았던 인물이기도 했다. '무정 장군은 만주에서 많은 전투를 치르는 동안 말을 너무 탔기 때문에 머리가 앞뒤로 움직이는 것야'라고 나름대로 추측을 하기도 했다. 그런 이야기는 무정의 과거 행적을 높게 평가하는 것에서 연유된 것이었다."

6·25 때는 총사령관이 될 것이라는 짐작과 다르게 제2군단장으로 참전하였고, 9월 인민군 후퇴 때 수도(평양)방위사령관이 되었다. 그러다가 12월 압록강 곁 만포 별오리에서 열린 조선로동당 정기대회에서 불법살인과 명령불복종 등 혐의로 처형될 지경에 놓인 것을 팔로군 출신 옛 중국 전우들이 구해주어 중국으로 갔다고 한다. 1951년 7월쯤 간 것으로 되어 있지만, 또렷한 것은 알 수 없다. 문득 자취가 사라져버린 열에 아홉 남로당 출신 인사들과 마찬가지로 무 정 또한 발자취를 알 수 없는 것이다.

무 정과 같은 연안파로 조국해방전쟁에 나섰던 최태환 말이다. 전북 순창 회문산과 운장산에서 빨치산투쟁을 하였던 사람이다. '외팔이부대장'이라는 딴이름으로 이름 높았던 인민군 중좌 출신이기도 하다. 그는 무 정으로부터 들은 말을 옮겨준다.

"나는 평생을 조국 독립을 위해서 싸웠다. 만약 조국의 독립을 침해하고 간섭하는 자가 있으면 나는 대포를 쏘아 묵사발을 만들 것이다. 그가 공산주의자일지라도 말이다."

남로당과 마찬가지로 남에서도 북에서도 무질러 없애버린 연안파이다. 가새표 쳐버린 연안파가 우리 겨레 해방운동사에서 하였던 구실은 무엇이었을까. 박헌영과 마찬가지로 남북에서 함께 버림받은 무 정 장군 한뉘를 되살려내는 데 이글이 한 작은 실마리가 되기를 바라는 마음 애탄다.

대한 사람 대한으로 …… 하나님이 보호하사 우리나라 만세 …… 나는 이런 소위 국가를 들을 때마다 의분을 금치 못한다 하나님이 그렇게 잘 보호해서 우리 삼천만이 40년의 노예생활을 하였드란 말인가 나는 하나님을 믿지 않는다 믿을 것은 오직 나의 팔과 다리 그리고 삼천만 합심합력 일치단결뿐이다 독립을 위하여서는 하나밖에 않 남은 한쪽 다리마저 서슴치 않고 바칠 결심이다 저 압록강 건너 만주벌판에는 우리 인민의 군대 8만 조선의용군이 한때도 쉬지 않고 총을 닦고 칼을 갈며 삼천리 국토를 노리고 있다 웨냐?

조선의 인민을 또다시 신식 노예의 구렁텅이로 집어넣으려는 친일파 민족반역자 그

리고 그들을 덮고 있는 극악반동분자들의 날개를 쳐부실려고 시기 도래만 기다리고 있는 것이다

〈8만 의용군은 건재, 호가장 전투의 용사 김학철 씨 담〉

《조선인민보》 1946년 3월 19일 치에 실려 있는 김학철 말이다. 말밑에는 다음과 같은 편집자 느낌이 달려 있다.

피를 토하는 듯 불타오르는 분노를 억제 못하고 눈물로 부르짖는 것은 사람은 저 호가장 전투에서 전 세계에 그 용명을 떨친 우리 의용군 투사 척각(隻脚, 외다리) 김학철 용사다.

'호가장 전투'라는 것은 1941년 12월 12일 「조선의용군」이 치렀던 항일전투 가운데 가장 뜨겁게 박터졌던 싸움을 말한다. 김세광 대장 밑으로 29명 「조선의용군」 무장선전대가 화북 석가장에서 가까운 원씨현 호가장(胡家莊) 마을에서 민중대회를 마치고 규율에 따라 곧장 떠나려던 뜻을 바꿔 하룻밤 머무를 때였다.

탈 없이 구실을 마쳤다는 마음놓임과 주민들 뜨거운 마중에 들떠 먼거리 보초병을 세우지 않고 잠자리에 들려는데, 왜병이 호가장 마을을 둘러쌌다. 마을을 죄다 둘러싸고 쳐들어오는 왜병 숫자는 500명이었다. 29명과 500명. 앞이 캄캄한 판이었다.

그러나 박철동(朴喆東) 대원이 왜병 포위망을 앞장서 뚫어 열고 마을 뒷산 꼭대기로 올라갔다. 29명 모두가 마지막을 다짐하고 싸우는데 바쁜 소식을 받은 팔로군이 달려왔다. 왜병은 물러갔고 싸움은 멈추었다. 이 싸움에서 제2분대장 손일봉, 왕현순(王賢淳), 한청도(韓淸道), 이만갑(李萬甲), 박철동이 죽었다. 그리고 김학철(金學鐵, 1916~2001) 대원이 왜병에게 붙잡혀 나가사키형무소에 갇히었다. 8·15와 함께 감옥에서 나왔지만 그때 싸움에서 입은 총상으로 한쪽 다리를 잃게 되었다.

겨우 29명으로 500명을 맞아 영웅적으로 싸워낸 이 전투를 높이 쳐준 중국공산당에서는 기관지《해방일보》에 「추도 조선의용군 희생동지 특간」이라는 이름으로 추도특집을 싣고 중국인 본보기로 삼고자 소학교 교과서에 올렸다.

김학철은 노여워한다.《조선인민보》 1946년 7월 10일 치에 실린 김학철 부르짖음이다. 「독립동맹과 항일전쟁」.

조선민족은 양개 진영으로 나뉘었다 항일진영과 조일(助日)진영 혁명진영과 반동진영 구국진영과 매국진영 이리하야 싸웠다

독립동맹은 항일진영 주력 가운데의 하나다 조선의용군은 그의 행동부대다 맹은 뇌수고 군은 수족이다

조선의용군의 역사는 항일투쟁의 역사다 선혈로 목욕감고 포성의 자장가를 들으며 그는 자랐다 그리고 굳었다

7월 10일 중국 전야(戰野)에 산재한 해외 조선혁명 세력은 뭉치어 항일투쟁의 정궤(正軌)에 올랐다 곳은 화북(華北) 명칭은 독립동맹 해외 20여 년 반일투쟁의 결속을 지을 최후의 일막이었다

학병 지원병 등 동족의 피를 흘리는 것만도 설거늘 하물며 그것을 사주하고 그것을 구가하는 민족의 양심을 상실한 도배가 있었음에랴. 매국멸족의 파렴치한이 있었음에랴

기구한 운명이었다-조선의용군

동포들의 국방헌금은 적의 포탄이 되고 총검이 되고 전차의 무한궤도가 되어 항일의 전투편대를 유린하였다 이것이 항일하는 조선의용군이 그 겨레에게서 받은 위문품이었다 생각하면 무서운 동포애였다 피ㅅ비린내 나는 응원이었다

「황군전첩축하회」에서 적과 더불어 축배를 들고 조선의용군 수천 항일동지의 비절참절한 전사를 환영갈채하던 위대한 민족지도자들이 있었음을 기억하느냐?

7월 10일은 또 왔다 파시스트 일본이 격쇄된 지 벌써 열한 달 승전하고 처음 맞는 오늘이언만 동지들! 아직도 멀었다 40년 동안 뻐든 일본제국주의의 뿌럭지를 뽑아버리는 것은 그렇게 용이한 일이 아님을 오늘 알았다

『사나운 비ㅅ바람이 치는 길ㅅ가에 다못가고 쓰러지는 너의 뜻을 이어서 이룰 것을 맹서하노니…』 이 추도가를 또 한번 불러 감격을 새로이 하러 ·· 결의를 다시 하러 ·· 전우여! 명목하라! 독립동맹의 광휘 있는 전통은 조선민족 생존의 역사와 운명을 같이 하리니…

항일전쟁은 좋은 시련이었다 그것은 불굴불노의 투지를 길러주었고 단결의 가치를 알리워주었다 그리고 민족반도와 애국자의 엄격한 구별을 지어주었고 또 애국자의 가면을 쓴 강도를 폭로시켰다

항일전쟁은 매국노의 몰락의 과정이었고 무수한 항일영웅의 생장의 과정이었다 그리

고 그것은 인민의 리익에 배치되는 장력이 얼마나 위험한 것인가를 실증하는 실험이었
다 산 교훈이었다 항일전쟁은 조선민족의 해방의 진통이었다끝

신제국주의 세계 분할 짬짜미 따라 '해방당한' 조국에 목발 짚고 돌아온 김학철은 미군정을 등에 업고 일제 때와 똑같이 지배세력으로 독판치는 친일민족반역자들에게 거세찬 노여움을 드러내지만, 그에게는 힘이 없다. 함께 싸워줄「조선의용군」동지들도 없고 무엇보다도 무 정 장군이 없다. 북조선에 낯사람 감목으로 들어갔다는데, 동북 항일빨치산 출신들에게 밀리고 있다는 소문만 들려온다.

1916년 북강원도 원산(元山)에서 태어난 김학철은 황포군관학교를 나와「조선의용군」에 들어갔다. 그는 태항산에서 중공 팔로군과 함께 항일무장투쟁을 벌이면서 겪었던 것을 소설로 담아낸 글지였다. 1930년대 북간도를 사북으로 벌어진 항일무장투쟁을 다룬 장편 3부작『해란강아 말하라』와 태항산 투쟁사를 전기문학 꼴로 그려낸『항전별곡』을 펴내었던 그는, 어지러운 서울 삶을 견디지 못하고 평양 거쳐 연변으로 건너간다. 그러나 문화혁명이 일어나면서 '반동작가'로 몰려 10년간 감옥살이를 하여야만 했고, 4인방이 사그라진 다음에야 다시 붓을 잡아 혁명성장소설인『격정시대』를 써낸다. 얼마 전 돌아간 그가 남긴 말은 "편하게 살려거든 불의를 외면하라. 인간답게 살려거든 그에 도전하라. 이 몸뚱이는 화장하여 원산 앞바다에 뿌려달라"는 것이었다.

1929년경 중공군이 국민군과 싸울 적에 무정 장군이 전사하였다는 소식이 전해져서 당시 상해에 있든 우리와 조선 동지들은 그를 추도하며 애도하였다 그러나 그후 천진에 있을 때 학병기피로서 동지(同地)에 들어와 활동하든 젊은 동무의 연락으로 무정 장군 전사의 소식은 허설임을 알고 연안에 가서 무정 장군을 만나 그후부터 다시 함께 일을 하게 되었다.

만주벌판에서 백마 타고 달리던 여장군 김명시 말이다.《해방일보》1945년 12월 28일 치에 실려 있다.「해방투쟁의 혈투사, 화북서 온 여투사 김명시 회견기」라는 제목인데, 김명시를 가리켜 '여장군'이라고 하였다.

"조선의용군 총사령인 무정 장군에 직속한 여장군으로서 손에 총을 들고 산중에서 들에서 전진(戰塵)에 무처서 남자 동지와 함께 민족해방의 항일의용전의 전선에 용감

히 투쟁하여오든 조선의 커다란 자랑인" 김명시(38) 장군은 말한다.

　무정장군은 우리가 소식을 모르고 있는 동안 그는 팔로군에 가담하야 장태준(張泰俊)·양 영(梁 榮) 두 조선 동지와 함께 저 유명한 팔로군의 서금(瑞金)에서 연안(延安)까지의 2만5000리 행군을 하게 되었는데 이때 세 동무는 모두 사단장이었다 그러나 도중에 양영 장군은 장강 연안에서 장태준 장군은 복건성에서 적탄에 희생되고 동포 세 장군 중 무정 장군 한 분만이 연안에 오게 되었다 무정장군은 연안에 와서 중공군의 포병단을 창설하고 그 단장으로서 위대한 중국혁명에 최후까지 참가하야 활약하였는데 모택동 동무도 중국 군인 멧백 명보다도 무정 장군같은 군인 한 사람이 귀하다고까지 말하었다

　무정 장군은 7·7북지사변 직후 반일항전을 목표로 조선의용군 편성에 착수하야 연안에 군정대학을 진동남 산동기동 등지에 군정학교를 창설하고 일본군진을 탈주하여 우리 의용군에 들어오기를 희망하는 조선학병 지원병 강제응모병 군속 등을 적구(賊區) 또는 근거지에 있는 우리의 분맹(分盟) 지하조직을 통하야 이 군정학교에 흡수하야 실천적으로 교양하며 군사적으로 훈련하야 의용군에 편입하였는데 이때 김원봉(약산) 씨 정예부하 약20명도 연안으로 드러와서 이 의용군에 가담하게 되였든 것이다 또한 때 조선여성운동의 선봉이었든 허정숙 동무도 연안 군정대학에서 교무을 보고 있었다 이리하야 8·15· 당시까지 우리 조선의용군의 수는 ○○여 명에 달하였다 그리고 금년에 들어와서 나날이 변하는 세계정세에 비치어서 이 정세에 가장 적절한 전술전략과 투쟁방침을 결정하며 일군의 항복이 불원하다는 판단으로서 의용군을 거느리고 조선에 진격하야 조선의 일제와 일전하야 이를 완전히 소탕할 계획과 조선독립의 노선과 방침을 결정하기 위하야 국치 기념일인 금년 8월 29일을 기하야 조선독립동맹 제3차 전체대회를 연안에서 개최하기로 결정되어 각지의 대표동지들은 속속 연안으로 모혀들게 되었다

　(……)

　머릿골인 「독립동맹」 못박음 따라 그 손발인 「조선의용군」 앞장패가 씩씩한 발걸음으로 강철대오 지어 압록강을 건넜을 때, 그들을 기다리는 것은 마중 나온 꽃다발이 아니라 무장해제였다. 남쪽에서 미군정사령부가 「대한광복군」을 쳐주지 않는 것과 마찬

가지로 소군정사령부 또한 「조선의용군」을 쳐주지 않았다. 「조선독립동맹」과 「조선의용군」 모람들이 한 사람 한 사람씩 돌아올 수밖에 없었던 까닭이다. 이른바 연안파에서 세웠던 조선신민당 또한 1946년 8월 북조선로동당과 합당하여 「독립동맹」 주석 김두봉이 위원장을 맡기는 하였으나 그것은 연안파가 동북 항일빨치산을 사북으로 한 갑산파에 빨려들어가는 것에 지나지 않았다. 그리고 그 갑산파 고갱이는 소련 제2극동전선 소속 88정찰여단 김일성부대 80명이었다.

항일투쟁사에서 조선인민들이 꼽아주었던 '장군' 세 사람이 있으니, 김원봉 장군과 무 정 장군과 김일성 장군이다. 홍범도 장군과 김좌진 장군이 있지만 그들 싸움은 봉오동대첩과 청산리대첩 다음 이어지지 않았고 김원봉·무 정·김일성 3김 장군만이 조선인민의 꿈이었다. 그런데 1김만 살아남았고 2김은 역사 무대에서 사라져버렸다. 1949년 평양에서 박아낸 『조선민족해방투쟁사』와 53년 나온 『조선신민주주의혁명사』에까지 나오던 「조선독립동맹」과 「조선의용군」 항일투쟁사는 더 이만 나오지 않는다. 거칠게 앙버티던 「독립동맹」 부주석 최창익이 1957년 '8월종파사건'으로 없어지고, 주석 김두봉이 58년 3월 '종파분자'로 찍혀 쫓겨 나가면서 사라져버린다.

「조선의용군」 8만 병력이 평양에 들어갈 수 있었다면 역사는 어떻게 되었을까. 8만 병력이 부풀려진 것이라면 8,000명이라고 해도 좋다. 남북 조선 정치 목대잡이 가운데 몸닦달된 무장병력을 거느린 사람은 아무도 없었다. 역사를 꿈꿔보는 것처럼 객적은 짓도 없지만 외다리 「조선의용군」 김학철이 안타까워했던 까닭이 이 대목 아니었을까. 반공이데올로기로 쇠덮개 두른 남쪽에서도 그들 빛나는 항일투쟁사는 도림쳐져 버리었으니, 중음신이 되어버린 「조선의용군」들이다. 김원봉 장군한테는 '소시민적 기회주의자이며 개인 영웅주의자'라는 불도장을 찍었고, 무 정 장군한테는 '불법살인과 명령불복종자'라는 불도장을 찍었다.

6·25 때 중공군이 썼던 것으로 유명한 것이 '인해전술'이었다. 꽹과리를 쳐대며 끊임없이 밀고 들어오는 '자살특공대' 앞에 하릴없는 미군과 국방군이었다고 하는데, 구빨치 출신 노승한테 들은 이야기는 다른 것이었다. 수류탄 한 발씩만 쥐고 사람바다를 이루어 밀고 들어왔던 것은 중공군이 아니라 「조선의용군」이었다는 것. 수만 명 「조선의용군」을 꺼림칙하게 여겼던 중국공산당과 조선로동당 주먹셈이 맞아 떨어졌다는 것.

6·25를 중국에서는 '조선전쟁'이라고 부르는데, 이 '조선전쟁'에 끼어든 만주 조선인이 10만이었다는 말도 있다. 연변 조선족자치주 인민대표대회 상무위원회 위원으

로 소설가인 류연상(1957~)이 쓴 『만주아리랑』에 나오는 대문이다.

　연변에는 '산마다 진달래, 마을마다 기념비'라는 말이 있다. 진달래는 민족의 상징이고 기념비는 혁명열사들의 상징이다. 항일투쟁과 국공내전(國共內戰, 항일전쟁이 끝난 후 중국재건을 둘러싸고 국민당과 공산당 사이에 벌어진 국내전쟁) 그리고 6·25전쟁의 열사로서 연변 역사책에 오른 사람은 무려 1만 6,000여 명인데 그 가운데 조선족이 93.13퍼센트이다.

　중국 내 해방전쟁 때 동북 3성에서 6만 3,000여 명의 조선인 청장년들이 참군했다. 당시 조선인 수가 120만이었고, 총 인구 중에서 남성 수가 절반이라고 한다면 남성 9.5명 중 한사람이 참군했다는 결론이 나온다. 남성들 중에서도 참군 연령인 청년이 30퍼센트라면 청년 셋 중에서 한명이 참군했다는 계산이다. 연변에서만도 3만 4,855명이 입대, 연변 전체의 군 참가자 중 조선족이 85퍼센트를 차지했다. 그리고 담가대(擔架隊) 등 전선복무에 참가한 사람은 연인원 20만 2,300명이었고 우마차 등 여러 가지 운수도구는 1만 9,200대가 동원되었다. 담가대와 운수대에서만도 3,427명이 공을 세웠고 1,582명이 모범근무자가 되었다. 이들은 중국 인민해방군부대의 조선인 장병들과 마찬가지로 1949년과 1950년 마오쩌둥과 주덕 총사령의 명령에 따라 조선으로 건너가 조선인민군에 편입되었다.

　전해지는 말에 따르면— 군단장 자리에서 쫓겨난 무정은 평양형무소에 있던 잡범들과 평양 시내 전후 복구 공사장 막노동자로 있었다고 한다. 답답증을 참을 수 없던 그가 병을 얻어 다 죽게 되었는데 주덕(朱德)과 펭덕회(彭德懷) 같은 팔로군 시절 동지들이 중국으로 불러들였다고 한다. 잠깐 병 다스림을 받던 그는 죽어도 조선 땅에서 죽겠다고 우겨 다시 평양으로 돌아왔으나 군관용이 아닌 전사용 막집에서 지내다가 숨을 거둔 것이 1952년 10월쯤이라고 한다.

5. 시베리아벌판 말달리던 마지막 조선 무장

이 동 휘 ^{1873~1935}

     (……)

    이때는 한참 서백리아의 풍설이 혹독하야 어지간한 장정의 건아라도 견듸기 어렵은 때이다. 인생 50이 지난 지가 10년이 넘고 백발이 소소하고 생평불과(生平不過)의 신세를 한탄치 안이할 수 없는 두 늙은이의 소식이 묘연하며 그들의 노경이 어떠한가? 하는 생각이 항상 떠나지 아니하니 곳 한분은 성재(誠齋) 이동휘(李東輝)씨이니 성재에 대하여서는 아마도 그가 누군인 것을 누구던지 잘 알 것이다. 나의 소개를 기달이지 아니하고 잘 알 것이다. 그러나 근자에 와서는 그에게 대하던 기대가 많고 커던이 만치 다소 불만을 표하는 이들이 없지 아니하다. 시대 조류를 순응하며 젊은 사람을 영합하자는 것이 도로혀 그의 허물이 될는지는 알 수 없다만은 언제던지 무사기(無邪氣)한 그의 언어동작은 다소의 결점이 잇더라도 보충하고 남어지가 잇다. 더구나 몸은 늙엇을지언정 일에 당하여서 남에게 뒤지지 말여고 하는 그의 열성은 누구던지 탄복하는 바이다.

    1932년 《비판》 정월호에 실린 독립운동가 원세훈(元世勳, 1887~1959) 글이다. 「새해를 마지니 추억되는 고인과 금인」

    나의 개인으로는 그에게 어린 아우격의 사랑을 받엇으며 1919년에 상해에서 운동 선통일책으로 모부(某部) 취임에 관하여 의견의 상좌(相左)로 비록 잠시 서어하엿지만 익년 동(冬)에 내가 노령 흑룡강성으로부터 상해에 다시 갓을 때에 모 여사(旅舍)에 차

콧수염이 멋들어진 이동휘 장군. 처음 때 항일운동을 상징하는 인물이었다.

저와서 열루(熱淚)가 방타(滂沱)하면서 과거를 매장하고 미래를 위하여 협심륵력하자던 그의 그때 참된 동지애의 열정은 지금에 생각하니 나의 일대에서 다시 보기 어려운 늙은 형님의 사랑이라 할 것이다 그 후 상해에서 헤여젓다가 1924년에 해삼(海蔘)에서 다시 만나서 역시 모종의 문제로 공석사석에서 회합하기 수십차에 의견의 상좌를 보고 헤여젓다만은 개인의 우정이야 변할 수 잇으랴! 하물며 연소하고 우직한 나의 언론이 왕々 늙은이를 존경하지 못하엿다는 것이 해가 갈수록 뉘우치기를 말지 아니한다.

아니다 성재형님을 늙은이라고 하여서 생각코 보니 그보다도 그의 춘부장(春府丈) 난곡(蘭谷) 이발(李發) 노선생의 존망에 대하여 더욱히 궁금하며 경모의 념을 난금케 한다. 노선생게서는 항상 젊은 우리들을 사랑하시며 어떤 때는 바둑의 대국으로써 우리들에게 망년의 교를 주시려 하던 그 생각은 무엇이라 형언할 수 없는 인상을 가지게 하얏다.

(……)

이동휘는 1873년 함남 단천(端川)에서 태어났다. 단천군아에서 원 잔심부름을 하는 통인(通引) 구실을 살았는데, 게염 많고 사나운 원이 백성들 등골을 뽑아먹는 것을 보고 원 머리에 불화로를 뒤집어씌우고 앵두장수가 되었으니, 19살 때였다. 1896년 서울에 새로 생긴 한성무관학교에 들어갔고, 1899년 무관학교를 나와 한성근위대와 궁성수비대에서 일하였다. 1901년 삼남 검사관이 되어 썩어문드러진 외방 벼슬아치들을 다스렸다. 1902년 이제 대대장급인 참령(參領)으로 안동·수원·강화 진위대장이 되었다.

이 무렵 무너져가는 나라를 건질 수 있는 구멍수로 기독교에 들어갔고, 미국 선교사 벙커와 합일학교(合一學校)·보창학교(普昌學校)를 세웠다. 강화진위대장으로 있던 1905년 「대한자강회」 강화지부장이 되었다. 을사늑약이 맺어지자 광무 황제에게 「읍혈 상언(泣血上言)」을 올렸다. 1907년 군대해산령이 내려지자 전등사(傳燈寺)에서 강화진위대 병정들과 의병을 일으키려다 잡혀 인천 앞바다에 있는 대무의도(大舞衣島)에 유배되었다가 풀려났다. 1908년 조선통감으로 온 이등박문(伊藤博文, 이토 히로부미)을 암살하려다가 붙잡혔다. 캐나다 선교사 그리어슨과 함께 강원도와 함경도에서 포교를 핑계 삼은 독립운동을 하였다. 1910년 8·29 국치일 새벽 함북 성진에서 왜경한테 잡혀 서울로 끌려온 다음 대무의도로 끌려가 3년간 유배살이를 하였다.

1914년 봄에 풀려나자 다시 그리어슨 거추꾼으로 있다가 함남 갑산 혜산진에서 열린 부흥회를 틈타 간도 용정으로 달아났다.「연변교민회」를「간도국민회」로 바꾸고 무관학교를 세워 독립군을 길러냈다. 1915년 왕청현 합마당으로 가서 뇌자구에 무관학교를 세웠다가 왜경에 쫓겨 시베리아로 갔다. 2월혁명이 이루어진 러시아에서 항일투쟁을 하려고 블라디보스토크로 숨어들었다가 독일과 전쟁 채비를 하던 러시아 임시정부 경찰한테 독일 스파이 의심을 받아 붙잡혔으니, 1917년 4월이었다. 이동휘는 노령에서 독립운동을 위한 병장기를 사들이고자 움직이다가 지니고 있던 독일 돈이 골칫거리가 되어 '독일 스파이'로 몰렸던 것이다. 그는 알렉세프스크에 있는 러시아 육군감옥에 한 일곱 달 동안 갇혀 있었는데, 그곳에서 1차세계대전에 참전하였던 조선인 청년들이 러시아 2월혁명 뒤 노·병소비에트를 본 떠 얽은「노병회(勞兵會)」회장 김기룡(金起龍)·네이브트·스하노프·우드킨 같은 동지와 볼셰비키들과 만나『공산당 선언』,『유물론과 경험비판론』같은 책들을 읽었다. 기독교가 아닌 새로운 세계관과 만나게 된 것이었다. 10월혁명을 이룬 볼셰비키들 도움으로 러시아 육군 감옥인 알렉세프스크 감옥에서 풀려나 홍범도(洪範圖) 같은 빼어난 무장광복운동가가 있는 블라디보스토크로 갔다. 1918년 하바롭스크에서 열린 조선인혁명가 회의에 들어갔다. 같은 해 4월 한인사회당을 얽는데 들어가 위원장이 되었는데, 그 어름을 그린 글이 있다. 사학자 민영규(閔泳珪)가 쓴『강화학(江華學) 최후의 광경』에 나온다.

보재(溥齋) 이상설(李相卨, 1871-1917)이 죽은 바로 그해 가을, 이동휘는 하바로브스크에서 한인사회당대회를 열고 그 의장에 추대된다. 36세의 맹렬녀 김알렉산드리아가 과격파 서백리아 국민대회에서 극동외교위원장 자리에 오른 것도 이때 이야기다. 때를 같이하여 문창범(文昌範)이 니콜리스크(松王營)에서 전로한족중앙총회 회장 자리에 오른다. 그리고 치타 한인 집단이 한인의용대사령부 간판을 내걸고 상해 공산당과 줄을 대는가 하면, 이르쿠츠크 고려공산당은 재빨리 코민테른과 연결을 지어 상극하는 형세를 이룬다. 자유시로 일컫던 흑룡강 중류, 스보드니에서 사할린 독립군 1,000여 명을 고려공산당 군정회의 이름으로 포위상잔하는 비극을 연출한 것은 1922년 5월의 일이었다. 흑하사변으로 불리는 것이 그것이다.

1919년 3·1운동 뒤 경성에서 짜여진 한성정부 국무총리로 뽑혔고, 10월 상해임시정부에서 국무총리가 되었다. 3·1운동이 일어난 다음날인 3월 2일 모스크바에서「코민테른」이 세워졌고, 이동휘는 박진순(朴鎭淳)·박 애(朴 愛)·이한영(李漢榮)을 코민테른에 보내어 얼마쯤 밑천을 받아 오게 되었다. 그런데 박진순 들이 모스크바를 떠나 이르쿠츠크를 지나다가 김철훈(金哲勳)·오하묵(吳夏默) 같은 한인사회당원들에게 그 밑천을 빼앗기는 일이 일어난다. 여기에 멍에를 지고 임시정부 국무총리를 내놓은 이동휘는 이르쿠츠크파 고려공산당에 맞서 상해파 고려공산당을 세운다. 그리고 박진순·홍 도(洪 濤)와 모스크바로 가서 레닌을 만난다. 1921년 11월이었다. 레닌이 이동휘한테 물은 것은 세 가지였다.

레닌 : "조선혁명운동을 어떻게 할 것인가? 그 계단과 방법을 말해보라."

이동휘 : "곧바로 공산주의혁명으로 가면 된다."

레닌 : "조선에는 아직 노동계급이 많지 않으므로 처음부터 공산혁명으로 가는 것은 어렵다. 민족주의자들과 손잡고 우선 민족운동부터 해라. 조선의 경제사정을 자세히 말해보라."

이동휘 : "자세히는 잘 모르겠다."

레닌 : "공산혁명을 하려면 우선 경제실정을 정확하게 알아야 한다. 실정 파악을 해서 정확한 통계지식을 갖는 게 좋다. 조선이 독립하는 데 자금이 얼마면 되겠는가?"

이동휘 : "40만루블이면 된다."

레닌 : 웃으며 "일본제국주의를 물리치려면 적어도 수백만 루블은 있어야 싸울 수 있을 것이다. 우선 100만 루블을 줄테니 힘껏 싸워라."

김홍일(金弘壹)이 《사상계》 1965년 2월호에서 한 말인데, 여운형은 말하였다.

"이동휘는 공산주의 ABC조차 모르는 사람이다. 그리고 남의 말을 분별없이 믿어버리는 단순한 사람이다."

이동휘는 날카롭고 빈틈없는 알음알이로 다져진 공산주의자가 못되었다. 그가 그리어슨 밑에서 전도 사업을 한 것도 조국광복을 위한 구실일 뿐이었다. 눈물을 철철 흘리며 부르짖는 그 뜨거운 나라사랑에는 산천도 함께 울었다고 할 만큼 갓맑은 것이었다. 사람들은 기독교 교리를 들으려는 것이 아니라 피를 토하는 것 같은 그의 애국 웅변을 듣고자 구름처럼 모여드는 것이었고, '눈물의 애국영웅'으로 높은 기림을 받았다.

이동휘·문창범 및 황병길(黃炳吉)은 현저한 군사지도자들이다. 니콜스크에 있던 이동휘가 최근에 밀산(密山)의 만주부락에 가서 한국군사관학교를 설립하였다. 그는 동 사관학교 교장이 되어 구한국군의 전 장교들을 모아 젊은 신병을 훈련시키는 교관으로 채용하였다. 그는 또한 시베리아와 중국 전역에 있는 비귀화인 만 21세 된 모든 한국인에게 소집영장을 발부했다. 20원세(또는 곡물세)가 이 지역의 모든 한인가구에 할당되었다. 신병을 동원하는 지부가 치타(李剛), 니콜스크(문창범·安明根), 브라디스톡(嚴仁燮), 그리고 스-찬(蘇城, 이동휘)에 설치되었다. 소문에 의하면 약 6천명의 한국인들이 이미 독립군의 기치 하에 집결하였다.

일제 조선군사령부 보고 가운데 나오는 대문인데, 이동휘가 한 군사활동 바닥은 연해주와 북간도였다. 북간도 밀산에 독립군사관학교를 세우고 조선 청년들을 몸닦달시켜 시베리아로 보냈다. 왜병이 밀고 들어온 시베리아에서는 독립군을 기를 수 없으므로 만주 밀림 속에서 길들여 시베리아로 보냈던 것이다. 볼셰비키와 손잡고 한인사회당을 세운 다음부터 레닌과 곧바로 줄대어 뒷받침을 받았다. 시베리아 「조선독립군」들이 쓴 잠개는 볼셰비키 도움을 받아 블라디보스토크에서 장만하였다. 이동휘 장군 독립군이 왜병과 싸웠던 시베리아에는 그때에 50만 명이 넘는 조선인들이 살고 있었다.

박갑동 말이다.

김윤식(金允植) 사회장사건을 계기로 서울청년회 양파는 극도로 대립상태에 놓이게 되었다. 그런데 설상가상으로 장덕수(張德秀)에게 또 하나 공격의 자료가 튀어나온 것이다. 세칭 사기공산당사건이 바로 그것이다.

사기공산당사건이란 당시 상해파 고려공산당의 영수 이동휘가 「코민테른」으로부터 받은 공작금 40만원 중 극히 일부를 장덕수 등 조선청년연합회 간부 측에 전달한 것을 이들이 돈을 몰래 자기네 문화사업 목적에만 써버린 데서 발단됐다. 뒤늦게 이를 알아낸 김사국(金思國) 등 좌파청년들은 장덕수 측이 그 돈을 사취했다고 폭로, 1922년 4월 제명처분을 들고 나섰다.

초기의 원로공산주의자 김철수(金鐵洙) 씨에 따르면 장덕수계의 자금독점사건은 사실이라고 한다. 이동휘 밑에서 재정관계를 도맡고 있던 김씨는 당시 장덕수에게 전달된 돈이 약 4만8천 원에 이르렀다는 것이다. 예나 지금이나 정치자금이란 항상 말썽의 불씨를 일으키는 모양이다.

　그 두 사건을 계기로 서울청년회는 4월에 열린 제3회 청년회연합회에서 18개 지방
단체와 함께 탈퇴해버렸다. 이 탈퇴사건은 한국사상계에 처음으로 민족주의운동과 사
회주의운동의 두 갈래 길을 갈라놓은 계기가 되는 것이다.

　1923년 블라디보스토크 코민테른에 딸린 꼬르뷰로 위원이 되었고, 「적기단(赤旗
團)」 최고위원이 되었다. 1925년 블라디보스토크 신한촌(新韓村) 도서관장으로 일하였
다. 1927년 뒤부터 모플, 곧 국제혁명자후원회 조선지부에 들어가 짓누름당하는 공산주
의자들 돕는 일에 힘썼다. 1928년 서울상해파 대표로 ML파 한 빈, 화요파 김단야와 함
께 코민테른 조선문제위원회에 들어갔다. 1930년대부터 국제모플 연해주에서 일했고,
1932년 러시아 극동모플 열성자대회에서 표창을 받았다. 1935년 1월 신한촌에서 눈을
감았다.

　이동휘한테 대수로운 것은 공산주의이데올로기가 아니었다. 조국해방을 위해서라
면 이데올로기는 무어라도 좋았다. 반이동휘 동아리인 이르쿠츠크 공산당한테서 민족
주의분자라는 손가락질과 사상을 의심받았던 것이 그것을 웅변하여 준다. 극동인민대
표자대회에 나가서도 대표 서명록에 서명을 하지 않음으로써 '자유시참변'을 따지고
들었던 이동휘는 타고나기를 조선 무장이었다. "극동에서 유명한 혁명가인 이동휘 장군
서명을 꼭 받도록 하라"는 레닌 분부 받은 대회 일꾼이 찾아갔으나 끝내 도머리 치는 이
동휘였다.

　"서명하는 것이 공산당원의 의무이다."

　일꾼이 말하자 이동휘가 되받았다.

　"그것이 코민테른에서 정식 문서로 내려온 명령인가? 그렇다면 그렇게 하겠지만,
그렇지 않다면 나는 서명을 안할 것이다."

　박갑동이 쓴 『내가 아는 박헌영』에 나오는 대문이다.

　독립사상을 품고 조국을 떠나 「시베리아」에 방황하던 열혈애국자 이동휘는 1918
년 「하바로브스크」에서 제정 「러시아」시대에 「모스크바」대학 정치학과를 나오고 당시
「소비에트·러시아」 정부에서도 상당한 신임을 얻고 있던 박진순(朴鎭淳)을 알게 되
었다. 또 이동휘는 역시 「러시아」 영주자인 이민 2세 박애(朴愛, 마다베이·박)를 알게

되어 소련인「그레고리노프」의 후원으로 한인사회당을 조직했다. 그때가 1918년 6월 26일.

한인사회당은 그 뒤 상해파 고려공산당으로 개명되나 이동휘가 이 당을 만든 것은 단순히 한국독립 후원자를 얻기 위해 만들었다고 한다. 그럴 것이 이동휘란 사람은 원래 구한국군의 정령(正領) 출신으로 열렬한 반일민족운동자이지 사회주의 이념을 알고 있는 사람은 아니었다. 그만큼 초기 독립운동가 가운데는 나라의 독립운동을 위해 짐짓 공산당조직에 몸담은 사람이 많았는데 「볼셰비키」집단이 이들을 항일운동에 이용했다고 볼 수 있다. 아무튼 이동휘는 도량이 넓고 활동력이 큰 독립운동자이었다.

그가 삼남(三南) 순찰사로 전북 이리에 갔을 때의 일화 하나가 있다. 그는 병졸을 거느리고 행차 도중 소를 몰고 지나가는 농부에게 돌연 큰 소리로 "소를 놓고 가라"고 고함쳤다. 질겁한 농부가 그만 소를 놓고 달아나자 병졸을 시켜 농부를 잡아오게 한 뒤 볼기를 치면서 "어찌 위세 있는 자가 소를 달라기로서니 자기 소를 그대로 빼앗기느냐"고 훈계했다는 것이다.

6. 빨치산파에게 밀려난 연안파 **조선독립동맹 부주석**

최 창 익 ^{1896~1957}

1937년 7월 7일 이 날은 강도 일본 「파시스트」가 더 큰 규모의 군사행동으로 중국 침략을 개시한 날이다 이날이 있은 후로부터 중국 내정은 크게 변하여져서 긴 시간을 두고 전쟁형식으로 대립하야 오든 국민당과 공산당은 다시 합작하야 일본 「파시스트」 의 침략에 대항하야 영웅적 투쟁을 시작하였다 당시 중국 관내에 근거를 두고 활동하 든 조선혁명 투사들은 동방 시국의 급변함과 중국 항일전쟁이 진전되는 추세에 따라서 비상한 자극과 흥분을 가지게 되였었다 특히 당시의 관내 조선 혁명청년들은 일반적으 로 "중국공산당"의 항일 정치로선에 대한 인식과 팔로군의 용감한 투쟁에 대한 뜨거운 감격과 신뢰의 정이 자못 높하지며 있었다

1938년에 와서 중국 항일전쟁이 전면적으로 전개되는 과정에서 당시 무한(武漢)에 근거를 두고 활동하든 조선사람의 여러 혁명단테는 반일민족통일전선 조직을 목표로 하고 새로운 정치 국면 타개를 위하야 다같이 힘쓴 결과 1938년 10월 10일에 조선의용 군을 조직하고 무장대오의 실력을 가지고 중국 항일전쟁에 직접 참가하기로 하였다 그 것은 두말할 것도 없이 조선과 중국 두 민족의 공동의 적인 일본 「파시스트」를 처부시 고 동양의 식민지와 밋 반식민지적 노예상태를 영원히 해방하려는 양 민족의 위대한 연 합항일전선의 구체적 표현이었다 1938년 가을에 강도 일본 「파시스트」의 진공으로 인 하야 무한이 위급하게 되였다 전쟁형세의 불리함에 따라 조선혁명 단테들과 의용대는 무한지방을 떠나지 안을 수 없게 되였다 그러한 전쟁환경에서 중국 관내에 있는 조선

조선독립동맹 부주석이었고 조선민주주의인민공화국 재정상이었으나
빨치산파에게 밀려나야 했던 최창익.

여러 혁명단테에 속한 청년 일부는 긴 시간을 두고 마음속으로 그리워하여 오든 섬북로정(陝北路程)에 오르게 되여 중국공산당의 지도부가 있는 연안(延安)으로 가게 되였다

그리하야 1938년 가을부터 1939년 여름까지에 연안항일군정대학에 학적을 가진 조선혁명 청년학생은 40명에 달하였다 전선이 이동함에 따라 1939년 7월에 항일군정대학은 그 총교(總校)가 연안에서 전방으로 이동하게 되였고 당시 항대(抗大)에서 공부하고 있든 조선학생 다수도 항대 총교를 따라 전방으로 가게 되였다

1940년 초에 전방진찰긔군구(全方晉察冀軍區)에서 항대를 졸업한 우리 청년 다수는 십팔집단군(十·八集團軍) 전방정치부의 지시에 따라 진동남(晉東南) 항일 근거지에 와서 직접 십팔집단군(8로군을 말한 것이다)에 참가하야 혁명전쟁에 종사하게 되였다 (계속)

《독립신보》1946년 5월 21일 치에 실려 있는 「최창익(崔昌益) 수기」 첫 꼭지다. 「연안시대의 독립동맹 I」이라는 제목이 동판으로 뜬 굵은 활자로 박혀 있는 곁에 「불굴의 투쟁으로 일관」, 「외지요청으로 썼다 미발표 원고」라는 버금제목이 달려 있다. 《독립신보》 기자가 쓴 '소개의 말'이다.

이 글은 현재 북조선에 본부를 둔 조선신민당의 전신인 독립동맹이 그 발생지인 중국 연안에 있었을 때 즉 1945년 1월에 부주석 최창익 선생이 외국 신문긔자의 요구에 응하야 집필하였든 원고인데 사정에 의하야 발표하지 않고 그대로 고국에 가지고 드러온 귀중한 문헌이다

최창익 선생은 세상이 다 아는 바와 같이 조선민족해방운동과 무산게급운동이 커다란 비약을 하야 이론적으로나 실천적으로나 대중화하든 시대인 1926-1928년대의 우리나라 형명운동의 광휘 잇는 지도자의 한사람이였든 것이다

그 후에 선생은 전후 7년간의 옥중생활을 마치고 출옥한 후 곳 해외로 탈출(1937년)하야 중국의 항일전선에 참가하야 다시 불굴의 투쟁을 시작하였다 그래서 조선의용대 화북조선청년연합회 독립동맹 등의 조직과 지도에 진력하였스며 뒤쪼차 드러온 백연 김두봉 선생 한빈 선생과 맞나 연안 있는 위대한 중국형명가들과 일상생활을 같이 하며 싸우고 배우고 지도해 온 국제혁명전선의 위대한 존재이며 열열한 실천가인 동시에 또 탁월한 리론가로서도 일류의 존재이다

벌서 오래 전에 빌려주신 이 원고를 선생의 승낙도 없이 발표하는 잘못은 후일 사죄의 기회 있기를 바라고 위선 연안시대의 우리 혁명동지들의 생활과 투쟁을 알고 싶어하는 독자의 허망을 채우기 위하야 이 귀중한 문헌을 공개하는 바이다.(○생기)

잘 쓰는 글씨인 아호 '학산(學山)'이 박혀 있는 이 수기는 7회 만에 멈춘다. 200자 원고지로 한 50장쯤 되는 부피인데, 〈적구내(敵區內)의 항일빨치산전-초기엔 낙양, 중경 중심으로 맹약〉, 〈팔로군, 신사군(新四軍)과 휴수(攜手)-독립동맹 기빨 아래로 민중 위집(渭集)〉, 〈조선독립과 해방 위해 군국일본과 눈물겨운 항쟁〉, 〈맹원들의 진실노력으로 조선해방혁명에 공헌은 커진다〉, 〈혁명적 업무 완수에 전력-동맹의 광명한 전도는 여기에서〉, 〈일군에게 반전사상을 고취-무장선전대의 결사적 선전공작〉이라는 머리제목이다.

7회분 끝에 달려 있는 신문사 쪽 말은 딱 다섯 자이니, (당분간 휴재) 1946년 5월 28일 치로— 원고가 거기까지밖에 없는지, 평양에서 움직이던 최창익한테 무슨 골칫거리가 생겨 그만 싣게 하였는지, 아니면 다른 정당·사회 두력들이 "독립동맹 쪽 항일업적만 우대하는 것은 형평에 어긋난다"며 거세차게 따지고 들었기 때문인지 알 길이 없다. 《독립신보》쪽 말이 아니라도 태항산에서 말달리던 「독립동맹」「조선의용군」 싸울아비들 항일 투쟁사를 알 수 있는 귀중한 문헌임에 틀림없는데, 아쉽기 짝이 없다.

1948년 소련군정 정치사령관 레베데프 장군이 모스크바에 보낸 「평정서」이다.

최창익(재정상)

● 함경북도 농민 집안에서 출생했고, 일본에서 대학을 나왔다.

● 1921년부터 정치에 참여해 일본에 저항했다.

● 1923년에 서울에서 청년협회를 지도했다.

● 1927년에 모스크바에 가서 조선공산당을 창건하는 문제로 코민테른 국제 공산당을 방문했다.

● 1928년 민주주의 활동을 했다는 이유로 체포돼 1934년까지 감옥에 있었다.

● 출옥 후 1935년까지 금광에서 일하다가 만주로 가서 연안팔로군 인민혁명군 육군 사관학교 교원으로 일했다.

● 1941년 만주에서 조선독립동맹을 조직했다.

- 1942년부터 1945년까지 조선독립동맹의 지도자로 일했다.
- 1942년과 1944년에 빨치산부대원 129명과 함께 항일전투에 참가해 세 차례 부상을 입었다.
- 조선이 해방된 후 북조선에 귀국해 1945년에 북조선공산당 중앙위원회 조직국 위원으로 선출됐다.
- 공산당과 신민당이 노동당으로 합당하자 북조선노동당 중앙위원회 정치위원회 위원으로 선출됐다.
- 정치적 준비상태가 좋다.
- 당 조직과 선전선동 사업 경험이 많다.
- 조선독립동맹과 신민당 출신 가운데서 영향력이 있다.
- 북조선노동당과 인민위원회의 모든 조치를 지지하며 관철하고 있다.
- 인민회의 제1차 회의에서 북조선인민위원회 구성에 포함됐고 인민검열총국장으로 임명됐다.
- 이 기간에 그는 사업에서 모범을 보였고, 총국의 사업을 바람직한 방향으로 인도했다.
- 실무와 정치활동에서 친소적이다.

　최창익이 7년 징역을 살고 감옥을 나온 것은 1936년이었고, 다음 해 중국 남경으로 달아나 김원봉이 채잡는 조선민족혁명당에 들어갔다. 경성에서 혼인한 허정숙(許貞淑)과 함께였는데, 허정숙은 김원봉 부인 박차정(朴次貞)과 「근우회」 때부터 잘 아는 사이였다.

　최창익이 김원봉 지도노선에 트집을 잡고 나선 것은 1938년 5월 호북성 강릉에서 열린 조선민족혁명당 성격규정 골칫거리가 겨룸 고갱이였다. 조선공산당을 다시 세우고자 했던 최창익은 민혁당을 계급정당이라고 금쳤고, 김원봉은 중국 땅 안에는 계급적 바탕이 없으므로 계급정당은 있을 수 없다고 하였다. 또한 최창익은 중국공산당 입김이 센 화북과 만주로 가서 왜군과 바로 싸울 것을 내대었고, 김원봉은 국민당 터전에서 힘을 기를 것을 내대었다. 최창익은 김원봉이 내대는 것이 뒤떨어진 이론이라고 대지르며 민혁당을 떠난다. 조선과 더 가까운 데로 가서 왜적과 싸우자는 최창익 말은 「조선의용대」에 들어가고자 된닦달 받고 있던 조선 젊은이들 뒷받침을 받았다. 조선 젊은이 50명으로 「조선청년전시복무단」을 짰는데, 김원봉과 마지막으로 갈라선 것은 무한(武漢)이 왜병한테 무너진 1938년 10월이었다.

새로운 꿈을 찾아 허정숙과 함께 연안으로 간 최창익은 무 정 장군과 힘을 모아 「화북조선청년연합회」를 만들었다. 그리고 이것을 크게 넓혀 다시 짠 「화북조선독립동맹」 중앙상무위원과 서기부장이 된 것이 1942년 7월이었고, 1945년에는 「독립동맹」 부주석이 되었다.

최창익 못지않게 어기찬 주의자였던 허정숙은 피가 뜨거웠던 만큼 '남성 편력'이 잦았던 여성이었다. 박헌영 아내 주세죽, 김단야 정인 고명자와 함께 '상해트로이카'였던 임원근 아내 허정숙이었다. "여성도 하나의 사람이고 노예가 아니다, 부엌의 종이 아니다", "우리의 원수는 왜놈만이 아니라 돈 많은 사람도 적이다"라며 여성해방과 계급해방을 부르짖고 다녔던 허정숙은 임원근과 헤어져 송봉우(宋奉瑀, 1901~?)와도 살았으니 최창익은 세 번째 남편이 된다. '조선의 콜론타이'로 불리던 허정숙은 최창익과도 갈라져 북조선인민위원회 국가계획국장인 박니콜라이 알세비치와 산 것이 1948년인데, 50대가 되어서도 고운 조선옷을 차려입고 30대였던 박갑동한테 눈웃음을 던졌을 만큼 피가 뜨거운 여성이었다. 다섯 남자와 사이에 다섯 아이를 낳았다고 한다.

1945년 12월 잠개를 내려놓은 한 무리 「조선의용군」과 평양으로 들어온 최창익은 「독립동맹」이 이름 바꾼 조선신민당 부위원장이 되니, 1946년 2월이었다. 8월 북조선로동당 상무위원과 정치위원, 1947년 2월 북조선인민위원회 인민검열국장, 48년 8월 제1기 최고인민회의 대의원, 9월 조선민주주의인민공화국 재정상, 49년 6월 「조국통일민주주의전선」 중앙위원, 52년 11월 부수상, 55년 국가검열상이 되었다. 노력훈장과 국기훈장 제1급을 받았으나, 박창옥(朴昌玉)·윤공흠(尹公欽) 같은 연안파와 함께 '반당·반국가 종파분자'로 몰려 당 중앙위원 자리에서 문화선전성 문화유물보존국장으로 내려진 것이 1956년이었다. 1957년 김일성 유일체제에 거칠게 대들다가 '반당 종파행위의 계획적 음모'를 했다는 혐의로 자취가 사라졌으니, 62살 때였다.

허 헌 딸이자 최창익 부인 허정숙.

「독립동맹」 주석이었던 김두봉도 사라졌고, 최창익과 함께 부주석이었던 한 빈도 사라졌으며, 「조선의용군」 총사령이던 무 정과 「의열단」 단원으로 재정·산업상이었던 윤공흠(尹公欽, 1913~?) 또한 1956년 중국으로 가버렸으니, 태항산에서 장총 들고 말달리던 연안파 거의 모두가 역사의 뒤안길로 사라져버린 것이었다.

《신세대》1946년 7월호에 선보인 최창익 글이다. 토지개혁이 비롯된 북조선 일됨새를 보는「봉건적 인습에 관하야」.

오늘날 우리들은 일쯕이 경험하여 보지 못한 급격한 변혁의 와중에 서 잇다. 낡은 것과 새로운 것, 이 첨예한 대립투쟁을 비저내여 파괴와 건설면에 그대로 정현(呈現)되고 잇다. 보다 구체적으로 말한다면 낡은 세력과 새로운 세력 즉 봉건적인 보수세력과 반봉건적인 민주세력이 서로 대립저항하야 력사적인 변혁과정을 일우고 잇다. 이 력사적 순간에 잇서서 조선사회의 정치적 경제적 문화적 제분야를 과학적으로 정확히 인식파악한다는 것은 무엇보다도 긴절한 과제라고 할 것이다.

오늘날 조선사회는 력사적으로 보아 그 발전과정에 잇서서 다른 자본주의국가에 비하야 락후된 단계에 잇다. 선진자본주의국가에 잇서서는 이미 15,6세기 전부터 자본계급이 대두하야 봉건제도를 타파하고 근대 자본계급 혁명을 완수함으로써 새로운 력사적 계단으로 올라갈 물질적 조건을 준비하엿슴에 불구하고 우리 조선에 잇서서는 완만한 아세아적 생산의 정체성 우에 유규한 봉건제도가 지속되여 왓고 19세기 말엽에 이르러 외부로부터 선진자본주의가 문호를 두다렷스나 거기에 대처할 만한 아무런 내부적 물질적 준비가 업시 드디어 20세기 초에 일본제국주의 식민지로 전락하고 말엇다. 그러나 영맹(獰猛)한 일본제국주의는 조선을 그들의 기반 아래 너흠으로써 조선의 경제기구를 근대자본주의적으로 개편허는 것이 아니라 토지를 수탈하야 조선 안에 쌕리박고 잇는 봉건적유제를 그대로 리용하고 조선을 단순한 자기나라 상품시장 자본투자지 원료획득지 쏘는 노력의 착취지로 전화시키고 말엇다. 이래 8·15의 일제 붕괴에 이르기까지 소소한 변화가 싸르고 더욱히 금번 제2차대전을 통하야 조선 안에 반동적 중공업이 발전되고 '징용'과 '공출'은 농촌관계 방면에 크다란 파문을 던젓스나 역시 침략전쟁의 가렴주구가 비저낸 수동파문에 그첫스며 전체로 보아 봉건적 유제에 대한 아무런 근본적 개편이 업시 그대로 통과하여 왓다. 싸라서 우리 조선에 아직도 락후된 봉건적 토지관계와 수공업적 생산관계가 부분적인 자본가적 생산관계와 함께 그대로 병존하고 잇스며 사회적 문화적 영역에 잇서서는 이조 5백년래의 봉건유제인 반상귀천과 남존여비 기타 전제적 예속습성이 근대자본주의 말기의 퇴폐문화와 함께 아직도 완미하게 잔존하고 잇다.

　그러나 국제적으로나 국내적으로나 이제까지 전세계는 팟쇼와 반팟쇼 즉 반민주와 민주의 양대세력이 대립대항하여 왓스며 금번 제2차대전으로 말미암아 팟쇼에 대한 민주의 결정적 승리로 귀결되였스나 아직도 반민주주의세력은 완전히 삼제되지 못하고 잇다. 오히려 우리 조선에 잇서서는 일제잔재가 봉건적 잔존세력과 결탁함으로써 더욱 완강하게 반동세력을 형성하고 잇는 것이 사실이다. 짜라서 우리에게 잇서서 당면한 민주주의적 로선은 무엇보다도 봉건적 잔재를 소탕하는 데 잇는 것이니 금번 시행을 보게 된 획기적 토지법령은 이 점에 잇서서 가장 영단적인 대수술이라고 할 수 잇다. 웨 그런고 하면 봉건적인 모든 인습은 그것이 엇떠한 종류를 물론하고 그 물질적 기초를 봉건유제인 토지관계와 수공업제도에 두엇기 째문이다. 지주와 소작인의 관계 그것은 정히 토지 업는 농민이 절대다수를 점위하고 잇는 조선에 잇서서 모든 봉건적 잔재가 기생하고 잇는 현실적 관계라고 할 것이다. 그것은 결코 단순한 지주 대 소작인의 관계가 아니다. 그것은 우리들 일반의 심지어 진보적 분자에 이르기까지 가족적으로나 사회적으로나 봉건적 인습에 저저잇게 맨든 물질기반이다.

　우리는 봉건적 인습을 양반과 상놈이나 상전과 노복에만 차즐 것이 아니다. 우리들의 일상행활에 무식적으로 나타나는 대가족관계 대사회관계를 냉정히 반성한다면 누구나 그 봉건적 유제의 힘이 상금도 얼마나 큰 것이며 거기에서 이탈하기가 얼마나 힘든 것인가를 리해할 수 잇스리라고 본다. 그럼으로 도시나 농촌을 물론하고 봉건적인 낡은 습성 도덕 미신이 넓고 깊게 싹리박고 잇다는 것을 솔직하게 인식하고 이 모-든 인습을 근본적으로 소탕하려 할 제 우리는 무엇보다도 먼저 그 물질적 기반을 이루고 잇는 토지관계를 개혁하지 안홀 수 업슬 것이다.

　물론 금번의 ‘토지개혁령’은 조선인구의 8할을 점위하고 잇는 농민에게 토지를 분여함으로써 농민문제를 해결하고 나아가서는 민족문제를 해(解)하는 보다 큰 의의가 잇는 것이다. 일방에 잇서서는 봉건적 인습의 발원지인 지주 대 소작인 관계를 일소함으로써 낡은 세력 반민주세력이 의거하고 잇는 봉건적 잔재를 소탕하야 봉건제도의 사회의식 형태인 낡은 문화 도덕 습성까지도 깨끗이 숙청하는데 잇서서 쏘한 획기적 의의를 가젓다고 할 것이다.

　여기에 낡은 문화와 낡은 도덕에 대신할 새로운 문화와 새로운 도덕이 새로운 민주적 인민의 기초 우에 과학적으로 수립되여야 할 것은 췌언을 요치 안는 바이다. 그러나 혼동하지 말어야 할 것은 이가튼 새로운 과학적 문화와 도덕이 진부하고 퇴폐한 봉건적 유제를 양기하되 과거 우리 민족의 우수한 전통과 유산을 계승할 뿐만 아니라 보다 발전시키는 방향으로 나아간다는 것을 부언하여 둔다. 이제 금번의 토지개혁 법령의 실시를 계기로 반민주적세력의 태반을 형성하고 잇든 봉건적 토지관계가 형적을 감추고 봉건적 인습이 발부칠 곳이 업게 되엿스며 짜라서 새로운 부강한 민주국가와 새로운 과학적 문화를 수립할 물질적 조건이 구비되엇다.

이러한 모-든 점을 심구히 리해하고 지주들은 단순히 수만흔 농민을 위하여서라는 것보다도 자기의 자손을 위하야 새나라 건설을 위하야 국가만대의 부강을 위하야 모름지기 능동적으로 이 법령 실시에 참가하고 협력하여야 할 것이다.

《해방일보》 1950년 7월 12일 치 1면에 실려 있는 알림글이다. 아마도 우리가 남쪽에서 볼 수 있는 거의 마지막 최창익 이름일 것이다.

1947년 북녘 지도부. 앞 왼쪽부터 최용건 강양욱 김 책 김일성 홍기주 허정숙 이강국. 가운데 왼쪽부터 박일우 오기섭 이동명 장시우 정준택 이문환 송봉욱. 뒤 왼쪽부터 김정주 최창익 장종식 이순근 한설야 최용달 이봉수.

조선민주주의인민공화국

내각결정 제一二九호

조선민주주의인민공화국 三八도

선이남 해방지역에 있어서의 세

금제도 실시에 관한 결정서

〔평양十·일발조선중앙통신＝조선통신〕 조선민주주의 인민공화국내각은 공화국 三八
도선 이남해방지역에있어서 공정한 민주주의적 세금제도를 실시함으로써 인민들의 부
담을 경감하며 또한 복구된 인민정권기관들의 재정을 확립하기위하여 다음과같이결정
한다

一.공화국 三八도선이남지역에서 매국노 리승만괴뢰정권이 실시하고있던 반인민적
략탈적 세금제도를 폐지한다

二. 공화국 三八도선이북지역에서 현재실시하고있는 민주주의적 세금제도를 공화국
三八도선 이남해방지역에 실시할것이며 일체 세금의부담을 인민에게 부과하는 것을
엄금한다

三. 해방지역에서의 본세금제도의 실시방법은 그특수정형을 참작하여 집행할것을
재정상에게 위임한다

조선민주주의인민공화국

내각수상 김 일 성

재정상 최 창 익

一九五〇년七월九일 평양시

7. 자주조선을 부르짖던 맑스주의경제학자

백 남 운 ^{1894~1979}

동포 여러분! 저는 지금부터 옛날얘기 하나를 말씀드리려고 합니다. 옛날 옛적에 산과 들을 자유로이 뛰어다니면서 토끼나 그 밖의 사냥감을 쫓으며 살아온 한 마리의 늑대(조선)가 있었습니다. 어느 해의 일입니다. 겨울이 되어 큰 눈이 내려서 산과 들이 눈으로 뒤덮여버렸으므로, 그 늑대는 배고픈 나머지 하는 수 없이 사람이 사는 집들이 있는 어느 집에 다가가서 보니, 그 집 대문 앞에 커다란 개가 한 마리 있었습니다. 늑대는 비쩍 말라 있었지만, 그 개는 통통하게 살이 쪄 있었고 추위를 이겨낼 당당한 개집도 있었습니다. 늑대는 그 개를 향해서

"너는 도대체 뭘 먹고 그렇게 살이 쪘니?"

하고 물었습니다. 그러자 그 개는 실로 자랑스러운 표정을 지으면서

"내 주인은 이 마을에서 으뜸가는 지주이고 큰 부자라고. 주인이나 가족이 먹다가 남긴 진수성찬이 많이 있어서 나는 언제나 먹다 남긴다구. 내가 주인에게 부탁해줄 테니 나하고 함께 사는 게 어떠냐?"

하고 말했습니다. 늑대는 여러 날 동안이나 아무것도 먹지 못했으므로, 그 개에게 함께 있을 수 있게 해 달라고 부탁하려고 했습니다. 그런데 늑대가 문득 그 개의 목을 보니까 튼튼한 쇠사슬 같은 것이 달려 있었습니다. 그래서 늑대는 그 개를 향해서

"네 목에 달려있는 그게 도대체 뭐냐?"

맑스주의로 조선 사회와 경제를 설명했던 백남운.

하고 물었습니다. 이 늑대의 물음에 개는 의아해하는 표정을 지었지만 이윽고

"너는 아무것도 모르는구나. 이건 목걸이라는 거야. 내가 아무 곳에나 마음대로 움직일 수 없게 쇠사슬로 묶어놓은 거라구. 나는 이 집을 지키는 개야. 내가 없으면 이 집에 도둑이 들어올지도 모르거든."

하고 대답했습니다. 이 개의 말에 깜짝 놀란 늑대는

"그렇다면 네가 나를 주인에게 말해주더라도 나는 너와 마찬가지로 쇠사슬에 묶여서 가고 싶은 산과 들을 뛰어다닐 수가 없잖아? 나는 설령 굶어죽는다 하더라도 자유를 속박당하면서 진수성찬을 먹고 싶은 생각은 없어."

하고 말하고는 그 집에서 뛰쳐나오고 말았습니다.

백남운은 잠깐 말을 끊었고, 명동 공회당을 가득 메운 사람들은 숨을 삼키었다. 1945년 12월 3일 하오 2시부터 비롯된 「민주주의민족전선」 주최 시국강연회장이었다. 고준석과 임 화 다음으로 연단에 오른 백남운(白南雲)이었다. 공회당 밖에서는 신탁통치 반대를 외치는 뭇사람들 소리가 들려오고 있었다. 이름난 경제학자로 민전 의장단 한 사람인 백남운은 마마자국이 있는 얼굴로 사람들을 둘러보았다.

동포 여러분! 우리는 오천년의 유구한 역사적 전통과 뛰어난 민족문화를 가진 백의민족입니다. 우리에게는 이 늑대와 마찬가지로 가고 싶은 산과 들, 즉 조국의 산과 강과 들판과 밭과 논 등이 있습니다. 그리고 우리는 이 늑대와 마찬가지로 우리 조국의 산과 들을 뛰어다닐 자유를 갖고 싶은 겁니다. 과거 반세기에 걸친 일본제국주의의 식민지 통치하에서 우리 민족은 쇠사슬에 묶여 있었습니다. 이 기간에 일본인 식민자들은 나날이 살쪄 가고 있었지만 우리 민족은 수갑과 족쇄를 차고서 굶주려 왔습니다. 그리고 수많은 애국자가 살해당했습니다. 토지와 쌀을 빼앗겼습니다. 경멸당했습니다. 우리민족에게는 자유가 전혀 없었던 것입니다.

동포 여러분! 우리 민족은 미국인이 먹다 남긴 비프스테이크가 아무리 영양가치가 많다 하더라도 그것을 원하지 않습니다. 또한 우리 민족은 소련인이 먹다 남긴 보르시치가 아무리 맛있다 하더라도 필요없습니다. 우리민족에게는 김치, 깎두기가 있지 않습니까? 우리의 조상님들은 그것으로 살아오셨고 우리도 그것으로 살고 있습니다. 우리의 자손도 그것으로 살아갈 것입니다.

백남운이 쓴 『조선봉건사회경제사』.

공회당을 꽉 메운 무리들 여기저기서 여자들이 흐느끼는 소리가 났다. 남자들도 손등으로 눈께를 문지르는 이들이 있었다. 백남운은 두 주먹을 꽉 움 켜쥐었다.

동포 여러분! 우리에게 신탁통치는 필요없습니 다. 우리는 우리 스스로의 손으로 국가를 건설할 수 있는 지혜와 용기와 힘이 있는 민족입니다. 그리고 전세계 사람들에게 우리민족의 우수성과 위대함을 보여줍시다. 우리에게는 미국인 감독이나 소련인 감독은 필요없습니다. 우리민족의 자주적인 힘으로 새로운 독립국가를 건설합시다.

동포 여러분! 우리는 이제 더 이상 외국인의 노 예로 되는 일은 참을 수가 없습니다. 우리는 이 이상의 굴욕에 견딜 수가 없습니다. 동포 여러분! 우리민족의 자주독립을 위해 일어섭시다.

백남운이 『조선사회경제사』를 펴낸 것은 1933년 연희전문학교 상과 교수로 있을 때였다. 속편인 『조선봉건사회경제사』를 펴낸 것이 1937년. 맑스 사적 유물론을 바탕으 로 한 조선 맨 처음 경제사 책인 『조선사회경제사』 머리글에서 백남운은 이렇게 말하고 있다.

조선에 있어서의 학문발전도는 대개 삼국시대 이래의 한문학·불학(佛學)·노장 학(老莊學)·유학(儒學) 등을 포함한 방대한 부분을 형성하고 있으나, 어떠한 것이든 지 그 사회경제의 역사적 발전과의 내면적 관련을 맺고 있는 것은 물론이다. 특히 조선 사상에 있어서의 유형원(柳馨遠)·이익(李瀷)·이수광(李睟光)·정약용(丁若鏞)· 서유구(徐有榘)·박지원(朴趾源) 등 이른바 현실학파라고 일컫는 우수한 학자가 배출 되어 우리들의 경제학적 영역에 대한 선물로서 남겨놓는 업적은 결코 적지 않을 것이 다. (……) 조선사연구는 바로 과거에 있어서의 역사적·사회적 발전의 변동과정을 구 체적으로 현실적으로 규명하는 동시에, 그의 실천적 동향을 이론화함을 임무로 하여야 한다. 그러기 위하여는 인류사회의 일반적 운동법칙으로서의 사적변증법에 의하야 그의 민족생활의 계급적 관계 그리고 사회체제의 역사적 변동을 구체적으로 분석하고, 다시 그의 변칙성을 일반적으로 추상화함으로써만 가능하다.

아시아적 봉건국가 본보기로 삼한·삼국·고려조까지를 갈닦아 낸 백남운『조선사회경제사』는 경제사로 온통 역사를 읽어내는 앞선 보람이었다. 맑스주의경제학에 맞서는 경제학자라고 하더라도 반드시 읽고 넘어가야 하는 경제사 갈닦음 첫 고동이었다.

1938년 2월 연희전문경제연구회사건으로 붙잡혀 연희전문 교수직을 빼앗기게 된 그는 2년 4개월 동안 감옥살이를 한 다음 공부방에서 경제학 갈닦음에만 골똘하였다. 그때 일됨새를 보여주는 글이 있다.『윤치호 일기』1938년 5월 16일 월요일 치.

최근 두 달 동안 연희전문이 곤경에 처해 있다. 3명의 교수가 공산주의 서적을 이 학교 도서관에 기증했다는 이유로 수감중이다. 어제는 경찰이 불온서적을 찾는다는 이유로 이 학교 전체를 수색했다 유억겸 군 집도 수색을 당했다. 내 사위인 정광현의 집도 어제 저녁에 수색을 당했다. 오늘 오전 광현과 이춘호 군이 경찰서에 연행되었다. 총독부가 연희전문을 폐교시키거나, 최소한 선교사의 수중에서 이 학교를 빼내려는 정책의 일환인 것 같다.

백남운이 이순탁·노동규 교수와 함께 체포된 정황이다. 수색당한 한 명인 이춘호는 연희전문교수로 수학을 담당했는데 1938년 흥업구락부사건 이후 친일 대열에 합류하였고 해방 후에는 제2대 서울대 총장을 맡는다.

8·15를 맞아 세상으로 나온 백남운은 9월「조선학술원」을 세워 원장이 되었다. 여운형·허 헌·김원봉과 함께「민주주의민족전선」의장단이 되었고 경성대학 법문학부 재정학 교수가 되었다. 1946년 2월에는 남조선신민당 위원장이 되었고, 좌익 쪽 일간지인《독립신보》고문이 되었다. 1946년 11월 조선공산당·조선인민당·남조선신민당 3당 합당으로 남조선로동당이 되었을 때 백남운은 여운형과 함께 사회로동당을 만들었다. 그리고 1947년 5월에는 여운형과 근로인민당을 만들어 부위원장이 되었다. 백남운이 남로당에 들어가는 것을 자빡대었던 것은「경성콤그룹」뼈대로만 짜여지는 박헌영 혼자만 옳다고 믿는 당살림에 대한 앙버팀이었고, 이것은 뒷날 남로당 숙청 바람을 벗

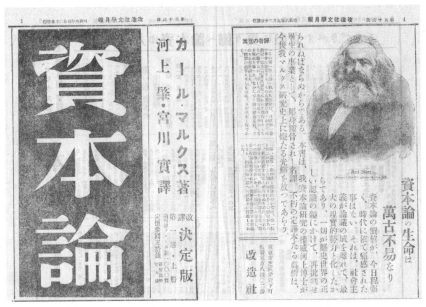

지은이 선친이 보던 『佛陀の教說』속에 들어 있던 『자본론』 알림쪽지(1931년).

어날 수 있는 뚜렷한 터무니가 된다. 레베데프 「평정서」 백남운편이다.

- 1894년 전북 고창군 농민 집안에서 출생했다.
- 동경상대를 졸업했고 1927년부터 1937년까지 서울공업전문에서 교원생활을 했다.
- 1936년에 『조선사회경제사』, 1938년에 『조선봉건사회경제사』를 썼다. 이 저서들은 유물론적 견지에서 서술됐다.
- 1929년부터 1941년까지 학생들에게 맑스주의를 보급했다는 이유로 감옥생활을 했다.
- 1941년부터 1945년까지 일반경제 분야에서 연구사업을 했다.
- 조선이 해방된 후 남조선신민당 중앙위원회 위원장으로 선출됐다.
- 3개 정당을 합당해서 새로 창건된 노동당에 입당하기를 거절하고, 근로인민당을 창당하는 데 참여했다. 초기에는 이 당의 부위원장으로, 그 후 위원장으로 일했다.
- 근로인민당은 중도노선을 견지하고 있으나 노동당에 가깝다.
- 실제 활동에서 조선 민주화를 위한 전반적 노선을 견지하지만, 때때로 남조선에서 실시되는 정책에 있어 우경 쪽으로 기운다.
- 초기에 조선문제에 대한 모스크바삼상회의 결정을 지지하지 않았다.

● 최근에 와서 미국의 대조선 식민지정책을 반대하고 소련의 대조선 정책을 지지한다.

● 조선인민들에게 인기 있는 경제학자이다.

　백남운이 월북한 것은 1948년 4월 첫 무렵이었다. 평양 모란봉극장에서 열린 전조선제정당사회단체대표자연석회의에서 근로인민당 부위원장 감목으로 「조선의 현정치정세」를 사뢰었다. 그리고 북조선인민위원장 김일성, 북조선로동당위원장 김두봉과 만나서 의논한 것은 4월 7일 저녁이었다.

　회담 뒤 평양에 눌러앉은 백남운은 8월 해주에서 열린 남조선인민대표자대회에서 주석단으로 뽑혔다. 9월 제1기 최고인민회의 대의원이 되었고, 조선민주주의인민공화국 초대 교육상이 되었다. 1952년 과학원 원장, 56년 「민주과학자협회」 초대 위원장, 61년 3월 최고인민회의 상임위원회 부위원장, 5월 「조국평화통일위원회」 부위원장 겸 상무위원이 되었다. 1962년 맑스레닌주의방송대학 총장이 되었다. 1967년부터 72년까지 최고인민회의 의장을 지내었고, 74년 「조국통일민주주의전선」 의장이 되었다. 1979년 6월 눈을 감아 평양 변두리 신미리에 있는 애국열사릉에 묻혔다. 향수 86.

　1947년 8월 해방 2주년 기념 채비를 하던 백남운은 미군정에 붙잡혀갔다. 좌익들이 8·15 2주년 기념일에 매우 크게 폭동 채비를 한다는 구실로 모든 기념행사와 옥외집회를 막는 행정명령 제5호를 널리 알린 미군정은 '남조선 적화계획과 군정파괴 음모사건'이라는 것을 널리 알리고 8월 15일 이른 아침부터 남조선로동당, 「조선노동조합전국평의회」, 「전국농민조합총연맹」 같은 남조선 좌익 진터 줏대 사무실과 좌익 인사 집을 한꺼번에 쳐들어가 수많은 사람들을 검거·투옥 학살하였다. 미군정이 아주 줄여서 알린 것만 보더라도 학살당한 사람 28명, 투옥된 사람 1만 3,769명, 중상 입은 사람 2만 1,000명이었다. 남로당·전평·전농 같은 사무실이 없어졌고, 이때부터 남조선 좌익들은 캄캄한 땅밑으로 들어가게 된다. 자주조선 평등조선을 부르짖던 맑스주의경제학자 백남운이 북으로 가게 되는 뒷그림이다.

　백남운이 쓴 「민주도덕의 제창」 한 어섯이다. 1946년 7월 15일 신건사에서 나온 『조선민족의 진로』에 나온다.

　도덕에 관하야는 나는 두 가지 인상을 가지게 된다. 첫째로 정치경제 급 문화의 민주화를 말하는 사람으로서 도덕의 민주성을 주장하는 말은 아즉 듯지 못하얏으며, 둘째로 소위 「도덕의 퇴폐」를 통탄하는 사람은 적지 않으나 그것은 도덕의 본질을 리해하지 못한 것이 분명한 사실인 것이다. 「도덕의 퇴폐」를 통탄하는 사람에게는 민주도덕의 립론을 기대할 수 없는 것이다. 웨그러냐 하면 도덕이 퇴폐하였다는 말은 도덕을 현실적으로 생각지 않고 개념적으로 생각한다는 말이며 도덕이 생산기구의 성격의 발로인 점을 리해하지 못하는 까닭이다. 도덕은 생산기구의 성격이 분비된 의식형태인 점을 리해한다면 봉건적 생산기구의 붕괴과정에서 그 지반이 붕괴됨을 따라 그 관념형태인 도덕이 퇴폐되는 것은 차라리 필연적 과정일 뿐 아니라 신도덕률이 배태되는 단계라고 볼 수 있는 것이다. 그러므로 그 퇴폐를 통탄한다는 것은 골동화된 도덕을 찬미한다는 말이며 그 지반인 봉건적 생산기구의 유지를 요망하는 반동적 도덕관에 불과한 것이다.

도덕이란 원래로 사회생활의 약속인 동시에 규범으로서 생활과정을 규정하는 것이다. 그러나 이것은 생활현상의 부면을 말한 것이고 도덕의 본질을 발생론적으로 검토한다면 생산조직의 계급성을 따라서 도덕의 내용과 임무가 규정되는 것이라는 원칙을 리해해야 할 것이다. 예컨대 중세기의 도덕이 종교적인 의상을 둘른 것은 봉건적 생산기구의 성격에 의거한 것이며 근대의 도덕이 개인주의적 성격을 띄운 것은 자본주의적 상품생산제의 반영인 까닭이다. 그와 마찬가지로 조선의 구도덕은 량반 본위의 봉건적 생산기구의 성격이 발로된 것이며 그 도덕률이였든 삼강오륜은 봉건적인 명분질서를 규정한 것이다. 다시 말하면 각 시대의 물질적 생활의 발전법칙이 도덕의 발전형태를 규정하는 것이고 결코 만고불역의 절대적 또는 보편적인 것은 아니다. 둘째로는 사회적 생산기구의 내부에서 계급적 수립이 발생된 경우에는 그 도덕도 반다시 그에 적응한 계급성을 띄우게 되는 것이다. 그러므로 무계급인 씨족사회의 도덕률은 공동생활의 규범이였든 만큼 철저한 련대성을 띄운 공동생활의 도덕이였든 것이며 계급사회가 존속되는 한에는 지배적인 초계급의 도덕률은 존속할 수 없는 것이다.

8. 금강산에서 온 붉은승려 봉선사 태허 스님

김 성 숙 1898~1969

과반 전북지방을 순회강연 중이든 민전 부의장 김성숙 씨는 가증한 반동분자의 무언(誣言)으로 말미암아 불여의 영어의 몸이 되어 있어 항간의 물의가 자자한 이때 김성숙 씨는 뇌옥(牢獄)에서 다음과 같은 개탄의 소감을 발표하였다

첫재 조선민족의 내부에 일본제국주의자의 망하든 여습이 그대로 남어 있어 이간 중상 아유 순용으로 간알푼 자기생명을 무의식하게 하로하로 연장하려고 자손만대의 건국성업과 세계 평화에 대한 지식과 관심이 없이 그날그날 지내는 자들이 간활한 조선말 하는 일본사람과 미국말 하는 조선사람이 서로 엉키여서 해방은인인 미군정관들로 하야금 조선에 대한 바른 견해와 바른 지식을 못 가지게 하는 것

둘재 미군정관들이 조선에 대한 지식과 견해가 너무 결여하야 조선의 혁명가들이나 정치운동자들을 무식하고 일종 저급인으로 취급하며 심지어 야만인 취급하는 감이 있다 그것은 금반 우리사건만 보아도 일부 불량배들이 계획적으로 따러단여 가며 방해하다가 결국 음모에서 허위보고한 것이 분명하다 3·4인의 촉청(促青)원들이 모순불통일된 것만 보아도 넉넉히 알 수 있음에도 불구하고 그 말에 의하야 판결하는 것을 보며 우리도 역시 무고하는 그 자들과 꼭같은 저열한 수준으로 취급하는 것

셋재 미국의 전통적 건국정신인 「워싱톤」의 자유평등주의와 「윌손」의 민족자결 「루-스벨트」의 국제민주주의평화론과는 너무나 엄청나게 차이 나는 것이다 이것을 우리가 36년간 일본제국주의자의 독아 밑에서 오날 해방을 위하야 망명에서 망명으로 투

여말선초에 일어난 불교비밀결사체인 땡추(黨聚)였던 김성숙.

옥에서 투옥으로 백절불굴 싸워왔었으나 직접 전쟁에 참가하야 일본군의 무장을 우리 손으로 해제치 못함으로 남부조선에서 일본제국주의 잔재 즉 친일과 민족반역자들의 도량이 그대로 있는 것과 우리의 자주독립을 연합국 우방에 의존하고 있음으로이다

그렇다 은(恩)은 은이요 원(怨)은 원이다 장구한 전화를 무릅쓰고 귀중한 생명과 막대한 재산을 버려가며 세계파시스트와 군국주의를 처부심으로 조선도 해방되였으며 방금 국제헌장과 삼상회의 결정에 의하야 신성한 약속을 수행키 위하야 서울에서 공동위원회가 개최되고 있는 이대 민주주의독립운동자들을 이유도 당치 않은 몰상식한 무고에 의하야 불법구금처벌 등 거조는 언어도단이다 이것은 민주주의 세계평화 정책의 커다란 오점이다 다만 이것은 미국의 민주주의 평화 애호자들에게 알니고 싶다

《조선인민보》1946년 4월 7일 치에 실려 있는 김성숙 글이다.「옥중에서 동포에게」. 1946년 2월 「민주주의민족전선(민전)」 부의장이 되면서 민전을 널리 알리고자 호남 고장을 돌며 강연하다가 미군정에 붙잡혀 그해 가을까지 징역을 살았다. '해방당한' 조국에 돌아온 것이 1945년 12월이었는데, 임시정부 국무의원 감목으로 임정과 국내 좌익을 이어주고자 애썼으나 그르치고 임정을 나와 민전 일에 골똘하던 판이었다.

운암(雲巖) 김성숙(金星淑)은 1898년 평안북도 철산(鐵山)에서 가난한 농사꾼 맏아들로 태어났다. 1908년 고향마을에서 대한독립학교를 다녔고, 19살 나던 1916년 경기도 양평 용문사(龍門寺)에 들어가 승려가 되었다. 본사인 양주 봉선사(奉先寺)와 금강산을 오가며 한용운(韓龍雲)·김법린(金法麟) 같은 먼저 깨달은 승려들과 가까이 지내며 민족의식을 키웠는데, 용문산에서 만난 여여거사 입김이 컸다.

여여거사(如如居士)는 유대치(劉大致)를 말한다. 본이름이 홍기(鴻基)였던 유대치는 백의정승(白衣政丞) 소리를 듣던 초야인물로 김옥균(金玉均)을 비롯한 개화파 목대잡이였다. 여여거사는 갑신정변이 삼일천하로 가림천을 내리자 집을 나와 산으로 들어갔다. 한양 유씨 집안에서는 그가 용문산으로 들어가 토굴을 묻고 좌선(坐禪)으로 남은 목숨을 보냈다고 한다. 허물없이 지내는 동지였던 역관 오경석(吳慶錫)과 같은 나이였으니 1831년생으로 용문산으로 들어간 것은 56살 때가 된다. 김옥균을 비롯하여 박영효·서광범·이정환·박제형·오경석 삼형제·김영한 형제·한세진·이희목 같은 혁명 원둥치들이 다 불자(佛子)였다. 김성숙이 입산하여 태허(太虛)라는 불명으로 중 노릇을 비롯했을 때까지 살아 있었다면 86살이 된다. 좌선으로 한 소식 했을 여여거사니

살아 있었을 수도 있고, 열반을 했다 하더라도 그 입김이 용문산 언저리에 짙게 남아 있었을 것이다. 김성숙이 김충창(金忠昌)이라는 이름으로 혁명가 길을 걷게 된 데에 여여거사 입김이 크게 미쳤을 것이라고 보는 까닭이다.

나를 공산주의자로 만든 사람은 김충창이었다. 그는 조선 청년들 생활이 가장 어려웠던 1922년에서 1925년까지 내 이론공부를 이끌어주었다. 나는 김충창이 아주 예외적인 사람이라는 것을 알았다. 아버지는 지독히 가난한 농군이었다. 그래서 그는 어려서부터 들에 나가 밭일을 하였다. 집안이 너무 가난해서 학교에 다니지는 못했지만, 마을에 있는 유식한 사람에게서 많은 것을 배웠다. 열여섯 살에 기독교 신자가 되어 기독교 교리를 열심히 공부하였다. 하지만 기독교 교리는 그를 만족시켜 주지 못하였다. 그래서 열여섯 살에 집을 뛰쳐나와 금강산에 가서 중이 되었다. 이 아름다운 산 한가운데에 있는 유점사(楡岾寺)에서 그는 불교뿐만이 아니라 현대철학도 연구하였다. 그는 그곳에서 1919년까지 머물러 있었다. 헤겔의 변증법 덕분에 그는 쉽사리 맑스주의에 관심을 가지게 되었고, 자기의 가난과 천성적인 정의감 때문에 자연히 사회혁명에 대한 신념으로 돌아서게 되었다. 1922년에 다른 젊은 승려 5명과 함께 김충창은 자기들의 정치활동을 해나갈 자유가 있는 북경으로 건너갔다. 이 6명은 문학단체를 만들고 《황야(荒野)》라는 잡지를 내었다. 그 내용은 철학, 시, 단편소설, 문학일반에 걸친 것이었다. 이 기간 동안에 김충창을 포함하여 3명의 젊은 승려가 공산주의자가 되었으며, 나머지 3명은 혁명이란 도무지 잠꼬대 같은 소리라고 하면서 금강산으로 되돌아갔다.

님 웨일즈가 쓴 『아리랑』에 나오는 대문이다. 공산주의 혁명가 김 산(金 山) 곧 장지락(張志樂)이 한 말로, '금강산에서 온 붉은승려'라는 항목이다.

김성숙은 3·1운동에 들었다가 2년 징역을 살았고, 1921년 옥을 나와 「조선노동공제회」와 「무산자동맹회」에 들어갔다. 1924년 이르쿠츠크파 공산주의 조직인 「창일당」 결성에 들었고 기관지 《혁명》을 박아내었다. 북경에서 「의열단」에 들었고, 1925년 광동중산대학에 들어갔다. 1927년 광주봉기에 들었고, 중국 「반제국주의동맹」 긴한이로 기관지 《봉화》《반일민족》 편집위원을 하였다. 1932년 광서성 성립사범대학에서 1년 동안 교수 노릇을 하였고, 34년 상해에서 『일본경제사론』 『변증법전정』 『산업합리화』 『중국학생운동』을 조선말로 옮기었다. 김 산 되돌아봄이다.

1923년 겨울 공산청년동맹에 가입함과 동시에 나는 김충창 외 8명 동지와 함께 힘을 합하여 북경에서 최초의 공산주의 잡지인 《혁명》을 박아내었다. 나는 격월로 박아내는 이 학생잡지에 3명 편집자 가운데 한사람이었다. 이 잡지는 공산당 동조자, 좌익민족주의자, 무정부주의자들한테서 지지를 받았다. 이 잡지는 32페이지짜리고, 창간호는 800부를 찍었는데 6개월 이내에 3,000명 고정 독자를 가지게 되었다. 김충창은 이 잡지 주필이었으며 이 잡지를 위해 수많은 주옥같은 논문을 썼다. 이 논문들은 내 사상에 커다란 감화를 주었다. 북경에는 조선문자 인쇄소가 없었다. 그래서 김충창은 모든 지면을 자기 스스로 판을 써서 이것을 석판인쇄하였다. 이 작업을 하느라고 그는 거의 눈이 멀었다. 그래서 북경협화의과대학에서 치료를 받아야만 했던 것이다.

1937년 조선민족혁명당·「조선혁신자연맹」 간부들과 함께 「조선민족전선연맹」을 만들어 상임이사 겸 선전부장으로 뽑혀 잡지 《민주전선》을 박아내었다. 1938년 약산 김원봉과 함께 「조선의용대」를 얽어 지도위원 겸 정치조장을 맡았다. 1942년 대한민국임시의정원 의원, 44년 임시정부 국무위원이 되었다.

1945년 12월 귀국하여 임정과 좌익을 이어주려고 애썼으나 그르치자 임정을 나왔다. 1946년 2월 「민주주의민족전선」을 얽는 데 들어 부의장을 맡았다. 1947년 근로인민당 중앙위원과 조직국장을 맡았다. 1948년 5·10단선에 반대하였고 50년 제2대 민의원 선거에 제주도에서 출마하였으나 떨어졌다. 1957년 민주혁신당 정치위원이 되었고, 11월 제4대 민의원 선거를 앞두고 국가보안법 위반 혐의로 붙잡혀 징역 12년을 구형받았으나 1심에서 무죄판결을 받아 여섯 달 만에 풀려났다. 1960년 사회대중당 창당에 뛰어들었고, 61년 「민족자주통일중앙협의회」를 세우는 데 들어 의장단으로 뽑혔다. 『아리랑』의 '붉은승려가 사랑에 빠지다' 라는 항목 한 어섯이다.

1927년 늦여름에 김충창은 연애에 빠져 헤어나지 못하였다. 첫사랑이면서도 격심한 연애였다. 상대 아가씨는 중산대학에 다니는 아름다운 광동 아가씨로 대단히 현대적이었으며, 부르조아였다. 김충창은 오성륜과 내가 자기를 배반자로 생각한다고 느끼고 있었지만 자기로서는 어쩔 도리가 없었다.

"자네가 연애를 한다면 나보다도 훨씬 나쁠 걸세. 전에 중이었던 녀석이 어떻게 되는지 자네는 알겠지? 도저히 돌이킬 수가 없네 그려"하고 그는 괴로워하며 내게 말하였다.

나를 제외하고는 그의 친구들 모두가 이 아가씨와 손을 끊기를 바랬다. 나는 그의 '멍청한 짓거리'를 지지하였으며 힘닿는 한 이 연인들을 도와주었다. 나는 김을 비판하는 사람들에게 반박하였다.

"혁명가도 역시 남자이고 인간이다. 어찌되었든 이 연애는 진행될 것이다. 너희들에게 반하는 아가씨가 아무도 없기 때문에 너희들이 모두 질투하고 있는 것이다."

5·16 군사쿠데타가 일어나면서 반국가행위자로 잡혀갔으나 1심에서 집행유예로 풀려났다. 1965년 통일사회당 당수로 모셔졌으며, 66년 신한당 정무위원이 되었다. 1967년 신민당 운영위원이 되었고, 68년 지도위원이 되었다. 서울 시립병원에 입원하였다가 눈을 감은 것이 1969년 4월 12일. 한뉘를 조국광복과 더불어 함께 일매져서 즐겁게 살 수 있는 인민의 나라를 세우기 위하여 신 벗을 사이가 없었던 '금강산에서 온 붉은승려' 열반은 시봉 드는 사람 하나 없이 스산한 것이었다.

얼마 전 김원봉 장군 다큐멘터리를 보는데 김성숙 선생 아드님이 나와 아버지 혁명활동을 증언하고 있었다. 김충창 첫사랑이었던 그 광동 출신 처녀 몸에서 난 자식인지 모르겠다. 김충창에게는 세 명 자식이 있다고 한다. 모두 중국에 있다. 국내에는 핏줄 하나 없다. 해방 바로 뒤 봉선사 승려들에게 혁신불교동맹운동을 가르치기도 한 태허 스님이 김성숙이다.

태허 스님 이야기를 처음 들었던 것은 1960년대 끝 무렵이었다. 산문(山門) 있을 때였는데, 망백(望百)도 훨씬 넘은 극로비구(極老比丘)들한테 듣던 '당취' 이야기는 여간 손에 땀을 쥐게 하던 것이 아니었다. 아직 상투도 틀지 않은 엄지머리 총각으로 개남장(開南將) 밑에서 왜병·관병과 싸웠다는 그 늙은 스님네는 일해대사(一海大師) 서장옥(徐璋玉)을 우두머리로 하는 당취부대가 농군부대와 다른 막집을 치고 있었다고 하였다.

막되먹은 중을 가리키는 '땡추'라는 말밑이 바로 '당취(黨聚)'라는 것이었다. 주자 이데올로기에 밀려 깊은 산속으로 들어간 피 끓는 중들이 얽은 불교비밀결사체가 당취인데, 변조대사(遍照大師) 신돈(辛旽)이 당취 첫 한아비이고 그 법통을 받은 이가 일해 스님이었다고 하였다. 그리고 일해 스님 법통 받은 이가 바로 태허 스님이라는 것이었다. 용문산과 금강산에는 태허 스님 두리에 당취들이 있었다며 주먹을 부르쥐던 극로 스님들이었다.

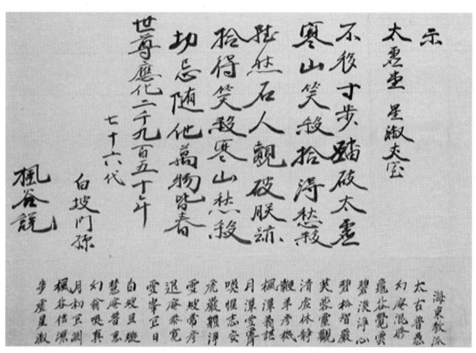

백파문손(白坡門孫)에서 태허에게 보낸 법손(法孫) 인가증.

　우리는 비상정치회의 주비회에서 탈퇴할 때 좌우 양익의 편향을 지적하고 단결합작을 주장하였다. 우리는 좌우 양익의 합작으로서만 전국적 통일적 림시정권을 건립할 수 있다고 확신하였다. 그럼으로 우리는 그 후 여러 단체와 련합하여 좌우 양익에 대하여 통일단결에 관한 조건을 제출하였다. 그러나 비상국민회의에서는 돌연히 비민주적 방식으로 최고정무위원회를 선출한 후 그것을 남조선대한국민대표민주의원으로 변장하였다. 이것은 다수의 민주주의 단체를 포괄한 민주주의민족전선과의 통일을 완전히 거부한 것이다.

　그럼으로 우리는 실질적으로 다수의 민주주의적 단체를 포괄한 민주주의민족전선에 참가하여 민주단결의 로선을 밝히는 동시에 우리는 계속하여 각 민주주의 단체와 협력하여 좌우 양익의 통일단결로서 독립자주적 통일정권 수립을 위하여 끝까지 노력하려 한다.

「민주주의민족전선」 결성대회가 열린 1946년 2월 15일 서울 종로 2가 기독교청년회관 대강당에서 김성숙·김약산·장건상·성주식이 낸 성명서이다. 이태준 의장 안동 받아 단상에 오른 김성숙이 한 말.

　　첫째로 수십 년 동안 일본제국주의 압박하에서 고생하시던 여러 동지에게 따뜻한 감사를 드립니다.
　우리는 소위 비상정치회의 탈퇴파로 유명합니다.(박수)
　탈퇴한 이유는 거기에 민주주의가 없기 때문입니다.(대박수) 또 비상국민회의는 소위 남조선대한국민대표민주의원으로 변경되어 리 박사 김구 두 사람을 령수로 추대하였습니다. (연단을 치면서) 령수, 령수가 다 무엇입니까.(박수) 령수란 '히틀러'나 '뭇소리니'를 부르는 말입니다. (대박수) 우리는 남조선의 무슨 의원인가 무엇인가를 만들려고 들어온 것이 아닙니다. (대박수) 그것은 정치협잡입니다. (대박수) 비상정치회의에는 단연 기대할 것이 없다는 것을 성명합니다. 우리는 반민주주의자와 투쟁하기에 노력합시다.(대박수)

《조선중앙통신》 2010년 4월 28일 치 보도이다.

　　로동당 중앙위원회 위원이고 최고인민회의 대의원이며 당 중앙위 비서인 김중린 동지가 심근경색으로 향년 87로 서거하였다.

　국장으로 모셔질 만큼 높은 기림을 받는 혁명 1세대인 김중린(金仲麟)은 김성숙이 엮어내었던 「조선민족해방동맹」 맹원이었다. 조선로동당 중앙위원이고, 정치국 위원이며, 비서국 비서로서 「조선민족해방동맹」 맹원이었던 김중린은 함북 출신으로 조선민주주의인민공화국정권 고갱이였다.

9. 『실학파와 정다산』을 쓴 ML주의 한학자

최익한 ^{1897~미상}

최익한(崔益翰)씨(강원도 출생, 49세)

한학 소양이 특히 많은데 일본 조대까지 졸업한 신구겸전(新舊兼全)의 학자이다.

동경시대에는 대중신문 책임자로, 조공 일본부 간부의 일인으로, 일월회 · ML당에서 박락종, 하필원 등과 함께 많은 활동을 하였으며, 최근까지 조공 장안파 이영 등과 보조를 같이하여 온 해당(該黨) 중진의 일인이다.

씨는 기미독립운동 시에 8년의 형을 마쳤으며, 제2차 공산당사건에 6년형을 받아서 대전형무소로 이감 도중, 다시 요동을 일으키고 만세를 부른 관계로 일년의 가형을 받았다. 전후 15년간의 귀중한 희생을 당한 백절불굴의 맹장이다. 그리하여 씨는 동지 간에서도 많은 신임과 호평을 받고 있다.

1945년 12월 펴낸 『해방전후의 조선진상』에 나오는 최익한 살아온 길이다. 한민당 중간파에 몸담았던 것으로 보이는 김종범(金鐘範) · 김동운(金東雲)이 쓴 이 책은 나름대로 남볼성과 치우침 없음을 지키려고 애쓴 자취가 보이는데, 「최근의 공산당 개황」 편이다.

가혹한 탄압과 수차의 대검거로 침체상태에 함(陷)하였던 공산주의 운동도 8 · 15 이후 아연 활기를 대(帶)하였다. 이영, 최익한 등 소위 장안파(長安派)는 8월 15일에 결당을 한 후 그 명칭을 조선공산당이라 칭하고 그 본부를 장안삘(;빌딩) 내에 두었으며, 박헌영, 이현상 등 소위 재건파는 9월 8일에 계동 모처에서 전기(前記) 장안파와 차외(此外) 적기파(赤旗派) 이정윤(李廷允)외 약간 명이 참집하여 공산당 통일강화에 대한 토의를 하였으나 결국 불성공(不成功)에 종료되고, 기후(其後) 적기파 이정윤외 수인(數人)은 재건파에 합류하여 9월 11일에 정식으로 재건조선공산당을 결성하였다. 그리하여 이영을 중심으로 하는 조선공산당(속칭 장안파)과 박헌영을 중심으로 하는 재건조선공산당(속칭 재건파)과 대립을 보게 되었다고 한다. 이외에도 1,2파가 비밀리에 공산당을 조직하였다는 풍설도 있으나 그 진상은 알기 어렵다.

전기 양파가 통일되지 아니하는 이유는 현실적 정견과 주의의 상이가 아니고, 다만 재건당에서 장안파를 8·15 전까지 광산 뿌로커에 불외(不外)한 잡벌적(雜閥的) 분자의 집결이라 하고, 장안파에서는 재건당을 종파적 집결이라 하여 서로 공격하고 있(;기 때문이)다.

그러나 장안파에 비하여 재건파는 상당한 진용을 가졌다 하며 인민공화국, 서울시 인민위원회 등은 이 재건에 속한 것이다. 그리고 재건파의 특색은 소장투사들로 결합되었는데 그들 중에는 이론가도 있고 문필에 능한 사람도 있으며, 더욱 그들은 금전 있는 사람은 금전도 아끼지 않고 물질적으로나 정신적으로나 실로 불면불휴(不眠不休)적으로 총력을 발휘하여 맹렬히 활동하는 점이다. 이점으로 보아서 그들의 장래에는 ××가 크다 아니할 수 없다.

최익한은 1897년 강원도 울진(蔚珍, 이제 경북)에서 천석꾼이었던 지주 둘째아들로 태어났다. 맑스-레닌주의 역사학자였던 이청원 장인이며, 또한 맑스-레닌주의 운동가였던 최재소(崔在韶, 1914~1937)와 최학소(崔學韶, 1916~?) 아버지이기도 하다. 큰아들 재소는 1934년 울진에서 일어난 조선독립공작단사건에 얽혀 2년 형, 둘째아들 학소는 3년 형을 받아 살던 가운데 재소는 옥에서 죽었고, 학소는 해방되던 해 12월 「조선청년단체총동맹」 중앙집행위원이 되었고 46년에는 『농민조합조직론』을 펴내었던 농민운동가였다.

어렸을 적부터 집안에서 한학을 익히던 최익한이 영남학파 큰선비였던 면우(俛宇) 곽종석(郭鐘錫, 1846~1919) 제자가 된 것은 1911년이니, 15살 때였다. 이때부터 1916년까지 5년 동안 한학을 갈닦았고 이것이 뒷날 국학계에 커다란 자취를 남기게 되는 바탕이 된다. 13살 때 경북 봉화(奉化)에서 열린 시회(詩會)에서 장원을 했을 만큼 신동 소리를 듣던 빼어난 재주였다. 아호 창해(滄海).

1910년대에 접어들면서 서당취학(書堂就學)이 크게 늘어났으니 1911년에 서당 수 16,540군데이고, 학동 수는 141,604명이었다. 그리고 1917년까지 서당 수와 학동 수는 거의 배 가까이로 늘어나는 것이다. 이처럼 많은 학동들이 서당으로 모이자 데라우치(寺內) 총독은 서당을 개량서당(改良書堂)이라는 이름 아래 식민지 교육장으로 만들고자 하다가 1918년에는 '서당규칙'이라는 것을 만들어 학동들의 민족의식을 억눌렀다. 1910년대에 서당 수가 크게 늘어났다는 것은 경술국치 멍에가 개화정객 신지식에 있다고 보는 구지식 받아치기였다고 볼 수 있다.

1917년 서울로 올라가 중동학교 중등과에 들어갔고, 18년 기독교청년회관에 들어가 신흥우(申興雨)한테서 2년간 영문학 공부를 하였다. 3·1운동이 일어났던 1919년 8월 1,600원을 모아 상해임시정부로 보냈다가 왜경에게 잡혔다. 3년 징역을 살고 나온 다음 일본 동경으로 건너가 와세다(早稻田)대학 정치경제과를 다녔는데, 이때부터 사회주의사상에 빠져들게 되었다. 1925년 1월 진보적 청년사상 모임인 「고려공산청년동맹」, 「일월회(日月會)」, 「재일본무산청년동맹」, 「신흥과학연구회」에 들어갔다.

중동학교와 와세다대학 글동무 박락종(朴洛鐘, 1899~1950) 구슬림으로 조선공산당에 들어간 것이 1927년인데 박락종은 딴이름 ML파공산당으로 불리던 조선공산당 일본부 책임비서가 되었고, 최익한은 조직부장이 되었다. 「신간회」가 세워지는 것을 앞뒤로 하여 조선공산당 일본부 조직부장과 선전부장을 맡아 ML당 이론가로 뛰어난 모습을 보이다가 박락종과 함께 동경에서 붙잡혔다. 박락종은 5년을 받았고, 김준연(金俊淵)·김세연(金世淵)과 함께 최고형인 6년을 받아 대전형무소로 옮겨지는 길에 만세시위를 목대잡다가 1년을 더 받아 모두 7년 징역살이를 한 그가 식구들을 거느리고 서울로 삶터를 옮긴 것은 1935년 12월이었다.

만주로 쳐들어가면서부터 더욱 모지락스러워진 일제 파쇼 체제 아래서 옴치고 뛸수 없게 된 최익한은 이때부터 한 10년 동안 사회주의운동보다는 학문 활동에 힘을 쏟게 된다. 1938년《조선일보》향토문화 조사위원, 39년《동아일보》논설사원으로 있으며 두 신문과 여러 잡지에 많은 국학관계 글을 썼고, 두 신문이 문 닫게 된 다음에는 잡지《춘추》에 많은 글을 썼다. 임종국이 쓴『제1공화국과 친일세력』「해방 후 좌파의 친일인맥」에 그 어름 일됨새가 나온다.

최익한(崔益翰) 친일 『춘추』지에 발표된 친일·시국논설이 있다. 「조선의 후생정책 고찰」(1941.12), 「한재와 그 대책의 사편(史片)」(1942.9), 「충의 도(道)」(1943.10) 등이다. 건준에서는 1,2차 부서 개편에서 모두 조사부에 참가하였다.

이런 글들을 간추려 펴낸 것이 『유학사 개관』이다. 사회주의운동을 접었던 이때를 두고 임종국은 『일제침략과 친일파』에서 최익한이 이즈음 일제에 무릎을 꿇었던 것처럼 보았는데, 그것은 최익한이 공산주의자에 앞서 뛰어난 유학자였음을 놓쳤던 탓으로 보인다. 그리고 일제의 끈덕진 후림대수작이 있었으나 한마디로 자빡놓는 선비정신으로 안받침된 공산주의자 최익한이었다.

"조직되는 당과 장안 '당'과의 관계가 어떠하냐?"
1945년 9월 11일 서울 계동 홍증식 집에서 열린 '조선공산당 열성자대회'에서 최익한이 맨 처음 했던 말이다.
"시야가 일방적이어서는 안된다. 전체적이어야 한다. 조직은 생명이다. 이정윤 동무의 15일 당에 대한 규정비판은 불가하다. 그것이 아나키스트가 아니고 무엇이냐?(고함 치고 소란) 당사 파쟁역사 문제가 중대한 문제이다. 조선역사를 무시하고 새로운 출발로서 장안당과 대립한 당을 조직함은 불가하다. (다시 언권을 얻어가지고) 나의 의견에 의하면 당재건에 준비위원회의 태제는 개량적이요 경제주의적이고 아나키스트적이다. 어떻게 이러한 그룹과 같이 통일할 수 있느냐! 전체 회장의 의견은 속히 박헌영 동무의 의견에 대한 가부를 거수로 가결을 요구한다.(이에 반대하여)"

해방 되던 날 만들어진 장안파공산당을 대표하여 최익한은 외롭게 싸웠으나 수가 적어 맞설 수 없었다. 일제 끝 무렵까지 공산주의서클을 가지고 있었던 것은 경상남도와 전라남북도 쪽 헤게모니를 잡고 있던 이정윤 갈래와 조선반도 온데에 서클을 가지고 있던 박헌영 갈래인 「경성콤그룹」밖에 없었다. 장안파공산당을 세운 최익한·이 영들은 사상적 지조는 지켜왔으나 지하서클이 없었다. 「경성콤그룹」 사북으로 '재건파공산당'이 세워지게 되는 까닭이다.
인민대중한테 뜨거운 뒷받침받는 '박헌영 대세'에 밀려 재건파가 목대잡는 조선공산당에 들어가기는 하였으나, 최익한은 박헌영 노선을 받아들이지 않았다. 그것은 조선

혁명 이제 마디를 어떻게 볼 것이냐 하는 철학 다름에서 오는 것으로 박헌영이 보는 것이 부르주아 혁명론이었다면 최익한이 옳다고 믿었던 것은 프롤레타리아혁명론이었다. 그런 그 혁명철학은 조선공산당·조선인민당·남조선신민당 3당 합당 방법론을 옳다고 하지 않는 데로 나아갔고, 1946년 11월 사회로동당과 47년 5월에 이루어진 근로인민당 창당에 들어가는 것으로 나타난다. 콤그룹 쪽에서 보자면 우경 기회주의 무더기인 한민당·국민당과 손잡으려 하고 김규식이 사북인 「민족자주연맹」에 들어가는 것이 그것이었다. 그 어름 일됨새를 엿볼 수 있는 증언이 있다. '사바공산주의자' 고준석이 쓴 『조선 1945~1950』에 나온다.

평양에서 나온 최익한 거작 『실학파와 정다산』.

　　사회노동당은 1947년 5월 24일에 근로인민당으로 개편되었다. 이 근로인민당의 결성에는 장안파공산당계의 이영·최익한·정백·최성환 등과 조선인민당의 여운형, 남조선신민당의 백남운 등이 중심이 되어 결성하여, 위원장에 여운형, 부위원장에 이영과 백남운이 선출되었다. 또한 이 당에는 '청당운동'에 적극적으로 활동하고 다닌 이문홍은 참가했지만, 이명수·신용우·이우적·강병도 등은 참가하지 않았다. 이렇게 하여 당대회 소집파인 공산주의자들은 어떤 사람은 근로인민당에 참가하고, 어떤 사람은 남로당에 복귀할 것을 생각했으며, 어떤 사람은 '정치낭인'으로 전락했다.

　　최익한 경우는 '정치 낭인으로 떨어진' 것이 아니라 당사업에서 손을 떼었다. 조선인민공화국에서 55명 인민위원과 법제국장으로 뽑혔던 최익한은 1948년 8월 해주에서 열린 남조선인민대표자대회에서 제1기 최고인민회의 대의원으로 뽑힌 것을 끝으로 정치활동을 접었다. 국학 관계 논문을 보여주는 것에만 힘을 쏟던 한학자 최익한 삶에서 가장 두드러진 보람이 1955년 펴낸 『실학파와 정다산』일 것이다. 다산(茶山) 정약용(丁若鏞) 실학사상을 맑스-엥겔스-레닌 유물사관 자리에서 간추려낸 이 책은 반세기가 지난 이제까지도 훌륭한 삶을 꿈꾸는 사람이라면 반드시 읽어야 되는 실학 갈닦음 본보기

책으로 꼽힌다. 머리글에서 최익한은 이렇게 말한다.

실학파의 특징들은 우리나라 문화발전사의 극히 당연한 합법칙적인 현상이었으며, 동시에 그 세대로 보아서는 실로 경이로운 사실이었다. 그런데 이 경이한 사실은 현재 저 파렴치한 몽매주의자들의 눈가리고 아웅하는 수작에 의하여 더욱 확증된다. 즉 미제를 괴수로 한 식인종들의 천문학, 물리학, 생물학, 철학 및 사회학은 20세기 문명의 대낮에 앉아서 코페르니쿠스의 태양에 프롤(톨)레마이오스의 지구와 동일한 평가를 주고 다윈의 유인원을 여호와의 진흙 손으로 주물러버리며, 루소의 '사회계약설'과 몽테뉴의 '법의 정신'과 프랭클린의 '자유' 등을 전쟁상인들의 발굽 밑에 무참히도 깔아버렸다. 이와같은 암흑주의의 도당으로부터서는 우리나라 봉건 말기 실학자들의 진보적 이론들도 그 당시 관학파의 완미한 태도 이상으로 질시와 비방을 받고 있는 형편이다. 그러나 역사의 수레바퀴는 이따위의 무력하고 우둔한 쇠똥벌레의 앞다리들에 의하여 역전될 수 없는 것이다. 우리는 맑스-레닌주의적인 광명한 노선을 향하여 역사의 수레를 힘차게 밀고 전진할 따름이다.

정다산 사상을 바라보는 최익한 맺음말이다.

탁월한 사상가 정다산은 자기의 농민 해방적 이상사회가 오직 자본주의와 프롤레타리트의 발전에 의해서만 창설될 수 있다는 것, 인민 전체의 해방에 대한 역사적 공간(槓杆)은 농민해방에 있는 것이 아니라 프롤레타리아트의 해방에 있다는 것, 또 농민해방은 그 지도적 능력이 농민 자신에게나, 혹은 이성의 소유자들에게 있는 것이 아니라 가장 선진적이며 가장 전투적인 계급, 즉 프롤레타리아트의 지도 밑에서 그의 강고한 동맹군으로 진출함으로써만 성공할 수 있다는 것들을 예견하지 못하였다. 그러나 그 시대의 정다산으로서 이러한 것들을 전연 예견하지 못한 것은 누구도 이해할 수 있는 일이다.

사유재산의 권리 및 자유와 이것에 근거한 빈부의 계급적 차별이 부르조아혁명의 이념에 있어서는 최대 적대적 원리로 되어 있다. 이것을 보더라도 그의 '농민혁명의 이념'은 일정한 역사적 발전단계에 이르러서는 자본주의를 근본적으로 반대하는 프롤레타리아 혁명의 이념에 종속될 수 있다. 근대 대공업의 산물이며 가장 진보적 계급인 프롤레타리아트가 자기 계급의 혁명을 수행하는 데 있어서 광범한 농민대중을 자기의 가장 견고하고 친근한 동맹자로 만들어 그들의 혁명을 지도 협조하지 아니하고는 자기 계급의 혁명을 성공할 수 없는 것이다. 이와 같은 사회적·계급적 관계는 자본주의가 발달되지 못한 후진국일수록 더욱 더 중요한 것으로 된다. 그러므로 오늘 우리나라 인민민주주의적 혁명과정에 있어서도 특히 토지와 농민의 문제에 관련된 반제·반봉건적 혁명과업이 전국적으로 완전히 해결되지 않고 있는 한(남반부의 농촌사정을 가리킨 것), 다산의 전제개혁론은 의연히 그 사상적 의의를 잃어버리지 않아서 한 시각이라도 더 논의할 필요가 없는 그러한 과거에 부쳐버릴 수는 없는 것이다.

엥겔스는 생시몽, 오웰, 푸리에 등의 공상적 사회주의자들에 대하여 "우리는 오히려 환상의 껍질을 뚫고 일보 일보 솟아나오는, 그리고 저 눈먼 속물들이 보지 못하는 천재적인 사상과 사상의 싹을 기뻐한다"고 하였다.

우리 위대한 사상가 정다산에 대하여서도 그가 고안한 새 사회, 즉 이상적 농민사회에 관한 이론을 우리는 단순히 한 개 환상으로만 볼 것이 아니라 그 환상이 내포하고 있는 '천재적인 사상과 사상의 싹'을 조선역사발전의 도상에서 정당히 평가하여야 할 것이다. 정다산의 여전제에 나타난 소박하며 공상적인 공산사상은 지주의 착취제도를 절실히 반대하는 빈농민의 사상을 대변한 것이므로 그 역사적 의의는 실로 중대한 것이다.

10. 사법살인으로 자리개미당한 반노반자 진보주의자

조 봉 암 ^{1898~1959}

　　서대문형무소에서 나와서 고향으로 돌아온 나는 서대문형무소로 갈 때의 나와는 전연 딴사람이었다. 나는 나라가 무엇이라는 것을 알게 되었고 내 민족을 위해 무엇을 할 것인가 하는 것을 생각하는 사람이 되었다. (……) 3·1운동이 터지고 내가 잡혀서 감옥으로 갈 때까지는 국가와 민족이 어떻다는 데 대해서는 아무 생각도 없었고, 단순히 일본놈이 우리 조선사람을 천대하고 멸시하는 데 대한 불만과 불평이 있었던 청년일 따름이었다. 그러나 감옥에 들어가서부터 (……) 세상에 대한 눈이 떠졌고 애국심에 불타게 되었다. 3·1운동은 나로 하여금 한 개의 한국사람이 되게 하였고, 나를 붙잡아서 감옥으로 보내준 일본놈은 나로 하여금 일생을 통해서 일본제국주의자와 싸운 애국투사가 되게 한 공로자였다. 나는 완전히 심기가 일전되었다. 어떻게 하면 직업이나 얻어볼까 하던 생각은 아예 없어졌고, 그 환경에서 그대로 살 생각을 아니했다. 그 테두리를 벗어나서 알기 위한 노력, 싸우기 위한 기회를 가져야 되겠다고 작정했다.

　　죽산(竹山) 조봉암(曺奉巖)이 한 말이다. 《희망》1957년 2·3·5월호에 실린 「내가 걸어온 길」에 나오는 대문이다.

　　죽산은 1898년 강화도에서 아들만 3형제 둔 가난한 농군 둘째아들로 태어났다. 어머니 유(兪)씨가 봉황새를 본 태몽을 꾸었으므로 '봉황새 봉(鳳)'자를 쓸까 하다가 너

늘그막 조봉암.

무 엄청난 것 같아 '받들 봉(奉)'자를 써서 봉암이라고 하였다. 가난하였지만 자유롭고 평화로운 집안에서 구김살 없이 자란 죽산은 1911년 강화공립보통학교를 나와 2년제인 농업보습학교를 마쳤다. 강화군청 손대기로 있다가 손대기보다 10배 월급인 10원을 받는 군청 고원(雇員)으로 올라간 것은 배냇솜씨 있는 주산 덕분이었다. 왜인 서무주임과 사사건건 다투기 1년 만에 군청을 나와 감리교 줄기 교회 일을 도우며 사회의식에 눈을 뜨게 된 죽산을 개인적인 삶에서 사회적인 삶으로 나아가게 한 것은 3·1운동이었다. 1년 징역을 살고 나와 서울로 올라간 죽산은 YMCA 중학부에 들어가 일제하 기독교계 경성 지역 '대부'였던 월남(月南) 이상재(李商在) 강의를 느낌 깊게 들었다. 폭탄을 수십 개 만들어서 YMCA를 사북으로 독립운동을 하려 했다는 거짓 귓속질로 평양경찰서에 끌려가 갖은 족대기질을 당하고 20일 구류살이를 하며 민족의식에 눈을 뜨게 된다. 3·1운동 테두리를 느낀 22살 젊은이가 새로운 민족해방운동 이론과 실천 방법을 찾기 위하여 『아리랑』에 나오는 김 산 말대로 '학생들 극동 성지(聖地)이며 혁명가들 피난처'인 동경으로 가게 되는 것은 반드시 그렇게 될 수밖에 없는 것이었다.

세이고쿠영어학교에서 잠깐 영어를 배우다가 쥬우오(中央)대학 전문부 정경과에 들어갔다. 빈손으로 갔던 죽산은 엿장수를 하며 유학 생활을 하였는데, 학교 공부보다는 독서에 빠져 수많은 책을 읽게 되었다. 문학작품을 거쳐 사회와 세계 현상을 시원하게 밝혀주는 사회과학 바다에 빠져들게 되니, 사회주의사상과 운동에 깊이 들어가 있던 김찬(金燦, 1894~?) 입김을 받은 것이었다. 「내가 걸어온 길」에 나오는 그때 속생각이다.

젊은 학도로는 누군든지 거의 그렇지만 처음으로 사회주의에 관한 서적을 읽어보니까, 어찌 그리 마음에 탐탁하고 기쁘던지 이루 형언해서 말할 수가 없었다. 읽으면 읽을수록 그것이 완전한 진리이고, 내 마음 가운데 항상 꿈틀거리고 용솟음치던 생각과 백 퍼센트 일치되는 때에 무한한 만족과 법열을 느꼈다. 나는 사회주의를 연구하고 사회주의자가 되고 사회주의 운동을 하기로 했다. 일본제국주의의 강도 같은 침략과 민족적 수탈이 어째서 생기고 어떻게 이루어지는가를 알게 되었고 우리 민족이 어째서 이렇게 압제를 당하고 무엇 때문에 이렇게 못살게 되었는가도 알게 되었다. 일본제국주의를 반대하고 한국의 독립을 전취해야 할 것은 물론이지만 한국이 독립되어도 일부 사람이 권력을 쥐고 잘살고 호사하는 그런 독립이 아니고 모든 사람이 자유롭고 모든 사람이 잘살고 호사할 수 있는 좋은 나라를 만들어야겠다고 결심했다.

조봉암 식구들. 뒷줄 맨 오른쪽이 조봉암.

그때에 동경 사상계는 온갖 주의와 사상이 넘쳐나서 백화제방(百花齊放)·백가쟁명(百家爭鳴)하는 주의·사상의 춘추전국시대였다. 민본주의, 자유주의, 사회주의, 사회민주주의, 무정부주의, 생디칼리즘, 페이비어니즘, 볼셰비즘 같은 것들이었는데, 그 주의·사상의 쇠귀를 잡고 있는 것은 무정부주의와 사회주의였다. 김 찬·김약수·정재달·정우영 같은 「북풍회」 사람들과 가까웠던 죽산은 관념적 과격성에 떨어져 있던 무정부주의에 고개를 갸웃하고 볼셰비즘으로 기울게 된다. 동경 유학 2년 동안 얻은 마무리는 '조선의 볼셰비키'가 되자는 것이었으니, 소비에트혁명으로 새로운 사회를 만들어가고 있는 볼셰비즘만이 식민 조국의 독립을 위한 길을 찾을 수 있다고 보았던 것이다.

1922년 7~8월쯤 귀국한 죽산은 이르쿠츠크파 고려공산당과 상해파 고려공산당을 합뜨리기 위한 모임인 베르흐네후진스크대회에 나갔다가 코민테른 가리킴에 따라 모스크바로 간다. 부하린이 목대잡는 조선공산주의자 연석회의에서도 자신들만이 참된 공산주의자라며 다투다가 부하린한테 타이름을 받는다.

"동무들은 저마다 자기들 그루빠만이 공산주의를 잘 안다고 말하지만 내가 보기에는 다 같소. 이론투쟁은 그만하고 무조건 합치시오. 힘을 모아 일본제국주의와 싸우시오."

동양 여러 나라 혁명투사를 길러내고자 세워진 것이 모스크바공산대학, 곧 동방노력자공산대학이었다. 본과 4년 별과 3년제였는데 러시아인은 본과에 들어가고 외국인은 별과에 들어가게 되어 있었다. 모든 것이 거저였고 얼마쯤 용돈까지 주었다. 배움은 모두 러시아말로 하는데 입학 첫해에는 상급생들 통역으로 해나가며 2학년부터는 통역 없이 해나간다.

50여 종족들이 모여 하는 공부에 재미를 붙이기도 전에 죽산은 모스크바를 떠날 수밖에 없었다. 운수 사납게도 폐결핵에 걸린 것이었다. 조선의 볼셰비키가 되겠다고 공산대학에 들어간 지 여덟 달 만이었다. 죽더라도 조선으로 가 원 없이 혁명사업이나 해보다 죽자고 모스크바를 떠난 죽산은 상해 거쳐 일본으로 갔다. 나가사키에 다다랐을 때 동경에 대지진이 일어났고 조선인들이 끔찍하게 마구 죽임을 당하고 있다는 것을 신문 호외로 알게 된 죽산은 동경으로 들어가려고 나고야(名古屋)까지 갔다. 그러나 왜경들 뒤짐으로 동경에는 갈 수 없었고 억지로 돌려보내지는 10여만 명 조선인들 틈에 섞여 서울로 돌아올 수밖에 없었다.

1923년 평양형무소에서 막 나온 박헌영·김단야·임원근과 함께 청년뷰로 긴한이가 된 죽산은 「고려공산청년회」를 세우는 데 목대잡이가 된다. '사회진화법칙에 의거한 신사회건설의 훈련과 양성', '계급의식의 각성을 촉진하기 위한 세계적 무산청년의 수양기관 설치'를 강령으로 내세우고 이루어진 것이 「신흥청년동맹」이었다. 여기서 청년동맹에 들어오도록 타이르고 사회주의사상을 널리 퍼뜨리고자 1924년 3월 순회강연단이 짜여졌다. 박헌영·김 찬·신 철은 경상도 쪽인 남조선반이었고, 죽산은 박일병과 함께 황해도 쪽인 서조선반이었다. 3월 15일부터 24일까지 황해도 해주·재령·안악·사리원·황주·평양을 돌며 4~500명 청중들 앞에서 '첫소리', '윤리의 이중상', '청년의 의무', '최후의 활로', '생명의 약동', '청년의 진로' 같은 제목 아래 힘찬 말을 뱉어내었다. "변사(辯士) 주의!" 하는 왜경 악다구니를 들으며 강연을 이어나가던 죽산이 연단에서 끌려 내려온 것은 3월 24일 밤 평양천도교회관에서였다. 4월 19일 인천 산수동 공회당에서 열린 마무리 강연회에서 죽산은 몇몇 명사 무리에 의한 이른바 민족개량주의운동 거짓됨을 매섭게 꼬집으면서 이렇게 힘주어 말하였다.

"대중을 본위로 삼는 민중운동이 조선의 유일한 살길이며 따라서 이러한 신사상을 널리 판매하겠다."

인천 강연회에서 죽산은 1924년 첫때부터 동지이자 아내가 되는 한 여성과 만나게 된다. 김은곡(金隱谷) · 마야꼬바라는 딴이름을 쓰던 사회주의 운동가 김조이(金祚伊, 1904~?)였다. 경남 창원(昌原) 출신으로 동덕고녀를 나와 모스크바공산대학을 다녔고 나중에 민전 중앙위원이 되는 억센 주의자였다.

죽산은 1924년 박헌영 · 김단야 · 임원근 · 홍남표 · 신일용과 《조선일보》에서 기자 생활을 하였는데, 대중활동과 대중연설에 더 힘을 써 사회부장이던 유광렬(柳光烈)한테 "조봉암 씨는 기자로서는 매우 부적절한 인물이었다"는 말을 듣는다. 공청 국제부를 짊어졌던 죽산은 1925년 6월 모스크바로 가서 조선공산당과 「고려공산청년회」 승인을 받았다. 죽산한테서 가려잡아 달라는 부탁 받은 공청에서는 회원 가운데 21명을 추려 모스크바공산대학에 유학을 보냈는데, 여성으로는 김단야 정인 고명자, 김형선 누이 김명시, 그리고 죽산 아내 김조이였다.

신의주사건으로 제1차조선공산당이 무너졌을 때 죽산은 모스크바에 있었으므로 붙잡혀가지 않을 수 있었다. 죽산은 상해로 갔다. 왜경한테 붙잡히지 않으려고 도망쳐 온 죽산 · 김 찬 · 김단야는 조선공산당 중앙간부 해외부를 세웠으니, 해외에서나마 중앙간부로서 구실을 다하겠다는 것이었다. 이때부터 '상해부'에서 보내는 국제선 분부를 달갑지 않게 여기는 경성 중앙당과 죽산 사이 옥신각신과 티격태격이 비롯되고 마침내는 8 · 15 뒤 죽산이 공산당을 떠나는 셈평에까지 이어지게 된다. 1920년대 뒤판 만주에는 100만 명 가까운 조선인이 살게 되고, 죽산은 조선공산당 만주총국을 만들어 책임비서가 된다.

일본영사관 경찰 손이 미치지 못하는 탈막이테 안이었던 상해 불란서 조계지는 수많은 조선인 망명자와 독립운동가들이 숨을 곳이었고, 새롭게 움직일 수 있는 기운을 얻는 쉼터였다. 항일원중(抗日援中)운동을 하며 기관지 《적기》를 박아내고 팸플릿 · 삐라 투쟁으로 반일 · 반제 선전활동을 힘차게 벌여나갔다.

이 무렵 나중 '반조(反曹)운동' 한 빌미가 되는 김이옥(金以玉)이 죽산을 찾아온다. 3 · 1운동 때 옛살라비 강화도에서 죽산이 하는 반일운동을 도와주던 다섯 살 아래 여성이었다. 혼인까지 생각했으나 김이옥 부모 아귀센 거스름으로 헤어질 수밖에 없었던 죽산 첫사랑이었다. 경성여자고등보통학교를 나와 이화여전 음악과에 다니던 김이옥은 살림을 차리고 딸 하나를 낳게 된다. 죽산이 1932년 9월 붙잡혀 7년 징역을 사는 동안 딸과 함께 강화 친정으로 돌아간 김이옥은 폐병이 도져 숨을 거두었다.

불란서 조계 안 한 공원에서 동지를 만나러 나갔던 죽산이 왜경에게 붙잡힌 것은 중국인 발쇠꾼 꾀임수에 걸려든 탓이었다. 똑같은 솜씨에 걸려 붙잡혔던 것이 여운형·안창호·구연흠이었다. 죽산이 불란서 경찰 불법연행에 대들 때 외국 정보원 아키오가 한 말이었다.

"이자는 공산당 수괴요. 신장은 5척 5촌, 얼굴빛은 검고, 눈이 크며 귀가 두텁고, 이마가 넓고, 모발이 검은 것이 틀림없는 조봉암이오."

동무와 단야동무가 상해에 와서도 나를 찾지 않은 일부터 시작해야 되겠는데 장황하니 단도직입적으로 골자만 씁시다. 홍남표 등 몇 '반조' 동무의 말대로 쓰겠소.

안병×동무와 공모해서 모플 돈을 소비했다는 것 : 안 동무는 전연 관계가 없는 일이고 내가 원동부 위원으로 한구에서 개최된 태평양노동자회의에 조선대표로 출석하라는 엠엘당의 지령을 받고 한구로 출발할 때 조선 모플에 보내는 돈을 맡았다가 여비와 생활비로 소비한 것이 사실이오. 엠엘당에 보내는 것보다는 책임일꾼이 굶어 죽지 않게 하는 것이 좋다고 생각한 까닭이오. 그러나 공금을 단체의 허락없이 사용한 것은 죄로 아오.

당원을 버리고 비당원 여자와 결혼했다는 것 : 설명하기 싫고 죄로 아오. 그러나 그 여자도 좋은 당원이 되어 중국당내에서 중요한 역할을 했다는 것은 또한 사실이오.

상해에서 강도를 했다는 것 : 내가 상해당부 책임자로 있을 때 당원 중에서 그런 놈이 있었고 주민에게 악영향을 주었다는 사실도 아오. 물론 책임자로서 죄는 내게 있소.

출옥 후 이권 얻어서 부자로 살았다는 것 : 이권도 얻은 일 없고 부자로 살아 본 일도 없소. 김점권 동무가 문제를 내세웠기 때문에 인천시당으로부터 상세한 보고서가 갈 것이오.

홍남표 등 몇 동무가 당 내외에 유포하고 있는 '반조'의 죄목을 보면, 상해에서 온 돈을 받고 당비를 받았다. 동지의 가족을 속여서 돈을 사기했다. 감옥 중에서 전향성명을 하고 상표를 타고 가출옥을 했다 등인데 전자는 강문석 동무에게, 후자는 김점권 동무에게 조사하시오.

1946년 5월 7일 치《동아일보》《조선일보》《대동신문》《한성신문》같은 우익 신문들에 알려진 「존경하는 박헌영 동무에게」라는 편지에서 「나 자신에 대한 비판」어섯이다. 두 달 앞서 쓰여진 사사로운 편지인데 CIC한테 빼앗겼다가 죽산 뜻과는 다르게 알러진 것이었다. 본딧글에는 없는 것들이 손질되고 덧붙여진 어섯도 적지 않았다. 박헌영 지도노선에 대한 날카로운 꼬집음들인데 '1. 민족통일 전선 및 대중투쟁 문제와 그 운영', '2. 당 인사문제', '3. 반중앙파에 대해서'가 자아비판 앞에 쓰여졌고, 반박헌영파 공산주의자들 정서를 대변한 것이었다. 여기에는 죽산 개인 따돌린 느낌과 서운함이 들어 있으니, 조선공산당은 물론하고 민주주의민족전선과 인민공화국에서 아무런 자리도 맡지 못하였던 것이다. 상해 시절부터 이어졌던 죽산과 박헌영 사이 옥신각신과 티격태격이 8·15를 맞아 더욱 넓어지고 깊어진 것이었다. 이 틈을 비집고 들어온 것이 CIC, 곧 미군방첩부대였다. 민족해방운동사에서 죽산이 차지하는 자리는 해방 뒤 기운차게 움직였던 조공 목대잡이 그 누구한테도 뒤지지 않을 만큼 뛰어난 것이었다. 이 점은 1947년 3월 15~31일 미군정 상황보고서에서도 드러난다.

　　조봉암의 정치적 조직에서의 능력은 박헌영보다 더 뛰어난 것으로 인식되고 있다. 그러나 2차대전 기간 중에 박헌영이 지하활동을 계속하면서 조직과 연계를 가지고 있었기 때문에 해방 이후 서울의 그룹들로부터 지도력을 인정받고 민주적 지도자가 될 수 있었다. 소련과 북조선의 지지하에서 그는 그의 특별한 측근들을 중앙위원회 성원으로 임명하였고, 완전한 소련의 괴뢰조직을 만들었다. (……) 조봉암과 임원근은 이러한 박헌영의 독재적인 태도에 반대하였고 외국에 의한 정당의 통제도 반대하였다. 그들은 지금 극좌세력과 싸울 것을 굳게 결심하였고 이미 인민을 위해 복무할 민주적 정당의 건설을 시도하고 있는 중이다. 왜냐하면 그들은 진정으로 우익의 단체들과는 함께할 수 없기 때문이다.

　　1946년 6월 23일 상오 11시였다. 민전 주최로 열린 미소공위촉진시민대회에서 여운형·이강국·김원봉·성주식이 열띤 연설을 하고 있는 인천 도림동 공설운동장에 성명서가 뿌려졌으니, 조봉암 이름이 박힌 것이었다. 「비공산정부를 세우자」는 제목 아래 자본계급독재도 반대하지만 조공·민전·인공 정책도 반대한다는 것으로, 전향 성명서였다.

　　CIC 공작에 의한 것이라고 공산진터에서는 죽산을 만고역적으로 몰았지만 대모한 것은 이때부터 펼쳐지는 죽산 정치 역정일 것이다. 노동계급독재도 반대하고 자본계급독재도 반대한다는 '반노반자(反勞反資)'를 정치이념으로 한 죽산 정치 역정은 참으로 각다분한 것이었다. 김 찬·임원근·김약수와 만나 제3전선운동 한 줄기로 「독립전선」

을 만들고 정치활동 터전으로 삼고자 하였으나, 세상은 이미 우익들이 그 목대를 잡아 버린 것이었다. 이승만은 반공만을 최고 정치이념으로 삼고 단독정부 수립에 피눈이 되어있었고, 친일파와 지주·자본가들을 사북으로 한 한민당은 티 없는 민족주의세력마저 공산주의자들로 몰아붙이는 판이었다. 여기서 죽산은 다시 한 번 현실적으로 골라잡게 되니, 이승만 단독정부에 들어간 것이 그것이다.

죽산 정치철학은 '참여 속의 개혁'이었다. 굳이 나눈다면 박헌영식이 아니라 여운형식이었다고나 할까. 비슷한 경우로 김약수가 있다. 똑같이 민족해방운동 구실로 공산주의운동을 하다가 해방 뒤 돌아섰으나 민족주의를 버리지 않고 정치활동을 하였다. 죽산은 미국 공작, 약수는 일본 공작에 얽혀 돌아섰다는 큰 생채기가 있었지만, 죽산과 약수 민족 사랑은 식을 줄 몰랐다. 조공과 남로에서는 두 사람을 버렸고, 이승만과 한민당에서는 공산주의자로 몰아붙였다.

죽산은 제헌국회의원 선거에서 당선되었는데, 김약수·윤재근과 함께 소련 편을 들 것으로 보는 미국이었다. 사람들을 놀라게 한 것은 죽산을 농림부장관에 앉힌 것이었다. 한민당을 등에 업고 대통령이 된 이승만이었으나 '친일파 정부'라는 손가락질을 막고자 한민당을 멀리하였던 이승만은 반한민당 세력 우두머리인 죽산을 입각시킴으로써 한민당 세력을 잡도리하려고 했던 것이다.

농림부장관이 된 죽산은 맨 먼저 양곡매입법안을 국회에 상정하여 통과시켰다. 그리고 1949년 첫때까지 농지개혁을 마무리 짓고, 48년 안에 농업협동조합을 만든다는 '농촌종합개발계획'을 세우고 이를 밀고 나갔다. 그러나 이승만과 한민당 세력 거스름으로 국회에 올리지조차 못하였다. 끊임없이 죽산을 괴롭히던 한민당 세력은 '공금유용과 독직 혐의'로 고발하였으니, '양곡매입 자금 일부를 유용하여 장관 관사를 수리하고 비품을 사들였으며 《농림일보》 창간 보조금을 지급했다'는 것이었다. 자리에 앉은 지 여섯 달 만에 장관 자리를 내놓으며 죽산이 한 말이다.

"양심에 비추어 추호라도 비행이 있다면 당장에라도 종로 네거리에서 목을 베어도 한이 없겠다."

이승만 정권 아래서 죽산이 가려잡은 정치노선은 노동자·농민을 비롯한 '피해대중의 이익'을 우선하는 것이었다. 1950년 2월 2일 통과된 '농지개혁법'은 농민대중을 혁명운동에서 떼어냄으로써 자본주의 체제를 지켜내고자 하는 미군정의 개량주의 전술로 비록 흐리마리한 것이었으나 죽산의 이런 정치노선이 드러나는 것이었다. 땅불쑥한 것은 「농가회의」일 것이다. '농촌의 낙후함'과 '농민의 무지'를 박차기 위한 구실로 '농가의 하나의 습관이며 항례적인 사랑방공론'을 살려 써 얽어낸 것이 「농가회의」였다. 그러나 정권의 억누름으로 제대로 움직여보지 못하고 관변단체인 「대한농민회」에 빨려들어 가고 만다.

이승만과 결별한 죽산은 제2대 민의원에 당선되었다. 그리고 부의장 선거에서 지청천(池靑天)을 누르고 당선되었는데, 제2대 민의원의 개혁적이고 민족적인 공기 덕이었다. 죽산을 비롯한 민족주의 좌우파 세력들이 민족통일 문제를 화두로 삼으려는데, 개원 6일 만에 6·25가 터졌고, 27명이 월북하거나 납북되었다.

1952년 8월 5일 치러진 제2대 대통령선거에서 죽산은 한민당 뒷몸인 민국당 이시영(李始榮)보다 3만표 이상 앞서는 2위를 하였다. 1955년 제3대 대통령선거에서 죽산은 216만 3,808표(23퍼센트)를 얻었는데, 진보 역사학자 한홍구(韓弘九)는 말한다.

조봉암은 216만표를 얻었는데, 신익희 추모의 성격이 강한 무효표를 포함할 경우 23퍼센트, 유효표만을 계산할 경우 20퍼센트의 지지를 얻었다. 그런데 당시 실제 선거에서는 조봉암이 이승만을 눌렀다는 이야기가 파다했다. 엄청난 부정개표 때문에 선거 결과가 뒤바뀌었다는 것이다. 실제로 자유당 정권에서 법무부장관을 지낸 홍진기의 전기에 따르면 대통령 선거의 개표는 자유당과 민주당의 참관만으로 진행됐는데, 조봉암의 표가 의외로 많이 나오자, 민주당은 부통령선거의 개표는 공정하게 한다는 약속을 받아내고는 대통령선거에서 민주당 참관인을 모두 철수했다는 것이다. 이에 조봉암은 '투표에는 이기고 개표에는 졌다'는 유명한 말을 남겼고, 한 평론가는 '조봉암씨는 낙선된 것으로 발표됐다'라고 썼다.

민주당의 조병옥이나 김준연, 그리고 장 면 같은 이들은 빈틈없이 죽산을 공산주의자로 몰아붙였다. 민주당 당수였던 조병옥은 죽산이 뻗쳐오는 진보당 무서운 세력 확장에 버텨내기 위해 자유당과 민주당이 하나의 보수당으로 합당해야 한다고 말할 만큼이었다. 김준연은 심지어 "조봉암에 표를 찍느니 차라리 이승만에게 표를 찍어라"고 비대발괄하였다. 이러한 바탕에서 나온 것이 신익희에 대한 추모표 유도였던 것이다. 이처럼 자유당과 민주당의 보수대연합 아래 암살 위협을 피해 죽산은 유세를 중단하고 상경·잠적하였다. 여기에 "피해대중은 뭉쳐라!"라는 진보당의 부르짖음은 죽산에게 쏠리는 피해대중의 힘을 모은 데다가 해공에 대한 동정표까지 죽산에게로 쏠리게 했던 것이다. 개표가 끝난 다음 조병옥은 "이승만이 받은 표는 200만 표 내외에 지나지 못하리라고 판단한다"고 말했고, 내무장관 최인규는 "강원도에서는 군인들의 투표 결과는 조봉암이 70%였다. 실제의 투표 결과는 전국이 대동소이했을 것이다"고 옥중 자서전에서 말했다.

1956년 11월 10일 창당된 진보당 정치이념은 한마디로 '사회민주주의'였다. 파쇼독재와 공산독재를 다 같이 반대하는 진보당 정치노선 고갱이는 '민주수호'와 '평화통일'이었다. 이승만과 자유당 독재 전횡과 그보다 더 친미수구적인 민주당이 목대잡고 있는 정치 판도에서 사회민주주의적인 개혁을 통한 민주화를 이루자는 것이었다. 반공이데올로기로 쇠덮개 두른 북진통일론은 겨레를 죽음의 구렁텅이에 떨어뜨릴 것이므로 평화통일을 이루자는 것이었고, 죽산에게 던진 216만표 거의 다는 죽산 평화통일론을 따르는 것으로 봐야 한다. 죽산이 진보당 창당대회에서 한 개회사이다.

공산주의와 자본주의를 다같이 거부하고 사회개조의 원칙인 진보사상을 지향코자 한다. 우리는 민주적 평화방식에 의한 남북통일과 혁신요소의 대중적 집결로써 원자력시대에 적응할 인류의 새 이상을 옳게 파악하고 실천에 옮기지 않으면 안된다. 우리들의 이상인 복지사회의 건립은 한국 실정에 적응하여 이룩되어야 하며 우리 당은 피해대중의 전위대가 되어야 한다.

인민민주혁명노선보다 사회민주개혁노선에 가까웠던 죽산을 용공분자로 몰아 기소한 1심 재판에서 죽산은 징역 5년을 선고받았다. 한격만(韓格晩) 변호사가 한 변론은 착 가라앉은 것이었다. 농림부장관 때 재판받던 것을 말하면서였다.

"그때 재판석에서 나는, 피고석에 앉은 죽산 선생의 손가락들이 떨어져 없는 것을 보고 마음속으로 울었습니다. 독립운동을 하시다가 체포·투옥되어 모진 고문과 동상으로 손가락 마디들이 썩어 떨어진 고생을 겪으신 분을, 일제 시에 그래도 편히 지낸 내가 감히 재판할 수 있을까 생각했습니다. 사실심리를 해가는 도중 나는 이 사건은 정치적 모략이요 중상이라고 판단하고 단연 무죄를 언도했던 것입니다."

1심에서 5년이었는데 항소심에서 사형이었고, 대법원 확정판결에서도 사형이었다. '조봉암 사형, 진보당 해산.'

죽산이 교수대 이슬로 사라진 것은 1959년 7월 31일 상오 11시쯤이었으니, 재심 청구가 기각된 지 하루도 지나지 않았을 때였다. 죽산이 했다는 마지막 말이다.

"이 박사는 소수가 잘살기 위한 정치를 하였고 나와 내 동지들은 국민 대다수를 고루 잘 살리기 위한 민주주의 투쟁을 했소. 나에게 죄가 있다면 많은 사람이 고루 잘살 수 있는 정치운동을 한 것밖에는 없는 것이오. 그런데 나는 이 박사와 싸우다가 졌으니 승자로부터 패자가 이렇게 죽임을 당하는 것은 흔히 있을 수 있는 일이오. 다만 내 죽음이 헛되지 않고 이 나라 민주발전에 도움이 되기를 바라며 그 희생물로는 내가 마직막이 되기를 바랄 뿐이오."

조봉암 사형 집행 소식을 알리는 《조선일보》.

11. 변두리에서 슬프고 외로웠던 **사바공산주의자**

고 준 석 ^{1910~미상}

고준석(高峻石)이라는 혁명가가 있었다. 1910년 제주도에서 태어났다. 아버지는 농군이었고 어머니는 보자기였다. 잠녀(潛女)였다는 말이다. 해녀(海女)는 왜말이고 보자기가 우리말이다. 보릿짚 위에서 태어났을 만큼 찢어지는 찰가난 속에서 자랐는데, 아버지와 두 아우는 왜경한테 죽임당하였다.

16살 나던 1925년 일본 오사카(大阪)로 가서 철공소, 염색공장, 비누제조공장, 인쇄공장 같은 데서 한 8년 동안 노동일을 하였는데, "조센징 바보! 꺼져"라는 비웃음을 당하며 "조센징은 모두 모가지다!"라는 말과 함께 쫓겨나기도 하였다. 이른바 치안유지법이라는 죄목으로 붙잡혀간 일제 고등계 경찰한테 "조선놈을 보면 남녀 구별 없이 죽이고 싶어진다!"하는 말과 함께 귀청이 터질 만큼 두들겨 맞고, 두 팔이 뒤로 비틀려 올라간 채로 발로 차이고 유도 연습 연장이 되고, 밥통이 터질 만큼 물을 먹인 뒤 "X구멍에 침을 놓아줄까"하는 빈정거림 섞인 으름장을 당하기도 하였다.

막일을 하면서 와세다대학 정경학부에 다녔으나 치안유지법 위반으로 붙잡혀 가면서 제적당하였다. 일제 끝 무렵 《중외상업신문》사와 총독부 기관지인 《경성일보》 기자를 하다가 8·15을 맞았는데, 어쩔 수 없는 벌잇줄 구실이었다고는 하지만 일제를 거들었다는 부끄러움에 떨던 '사바공산주의자'였다. '사바(娑婆)'라는 말은 군대·감옥·유곽 같은 데서 자유로운 바깥세상을 가리키는 변말로 감옥 맛을 본 공산주의자들이 그렇지 못한 공산주의자들을 나지리 여기는 속된 말이었다. 출가 승려들이 재가 신도들을 가리켜 '속인(俗人)'이라고 하는 것과 비슷한 뜻이다. 사바공산주의자 고준석이 본 8·15바로 뒤 정치권 모습이다.

　　공산주의자들 헤게모니 아래서 조선건국준비위원회를 건설하기는 했어도, '잘난 체 하는 자'가 너무 많아서 구체적인 정책을 좀처럼 수립할 수가 없었다고 한다. 그래서 이 건국준비위원회의 중앙위원장인 여운형이 곤궁에 빠져서 이들 '혁명가'들을 앞에 두고 거침없이 자택 온돌바닥을 주먹으로 두드리면서,

　　"박헌영이 나와라! 박헌영이 아니면 국사를 논할 상대가 없다!"하고 절규했다고 한다.

　　그해 8월 18일에는 서울 길모퉁이마다 "위대한 박헌영 선생 나와라!"라고 하는 삐라가 나붙어 있었는데, 이것은 여운형이 시켜서 붙인 것이라고 했다. 이 삐라는 '콤그룹'(박헌영파)인 이관술이 붙인 것이라고도 하지만, 어쨌든 당시의 여운형은 지도자 문제에 관한 한 박헌영 이외의 공산주의자를 그다지 신뢰하지 않았으며, 또한 높이 평가하지도 않았다고 한다. 자신이 중심이 되어 조선공산당을 재건하려는 생각은 갖고 있지 않았으며, 박헌영만이 조선공산당을 재건할 수 있는 최고 지도자라고 생각하고 있었다고 한다.

　　그러나 서울에 나타난 박헌영은 여운형에 대해서 냉담했다. 8월 19일에 여운형은 재빨리 면회를 신청했지만, 어째서인지 박헌영은 그와 만나려 하지 않았다.

　　그때에 혁명세력은 크게 해외파와 국내파로 나뉘어 있었다. 가장 떨치는 힘이 큰 것은 중국 연안에서 김두봉·한 빈·최창익·박일우·박효삼 같은 이들이 이끄는「조선독립동맹」과 총사령 무 정이 이끄는「조선의용군」출신들이 있었고, 소련 하바롭스크에 김일성·김 책·최용건 같은 동북 항일빨치산들과 김일성한테 '당박사' 소리를 듣던 러시아 태생 공산주의 이론가 허가이가 있었으며, 중국 중경에는 김 구·김규식·조소앙 같은 민족주의자와「의열단」의백이었던 김원봉이 있었다. 그리고 이승만·서재필이 미국에 있었다. 이들은 국내에 정치적 기틀이 바이 없었다.

　　국내에서 끈질기게 독립운동을 벌인 것은 공산주의자들이었다. 그러나 일제가 만주로 쳐들어가면서부터 더욱 모지락스런 억누름을 받은 공산주의 모임은 그야말로 괴멸적 타격을 입어 전국 형무소와 경찰서에 한 2만 명 되는 공산주의자들이 갇혀 있었다.

형무소 밖에서 목숨줄을 이어나가고 있는 모임으로는 박헌영·이관술·이현상·김삼룡·이주하 같은 이가 이끄는「경성콤그룹」이 있고, 이정윤을 사북으로 하는 공산주의 서클과 여운형이 이끄는「건국동맹」이 있었다. 8·15 바로 뒤 국내에는 공산주의자 말고는 어떤 모임도 정치세력으로 뭉쳐 있지 않았다. 출옥한 2만 명 주의자들을 '콤그룹' 뼈대로 묶어세우는 공산주의자 그룹만이 오직 하나뿐인 정치세력이었다.

당 재건 준비위원회가 '콤그룹'만을 가지고 조직되었다는 것은 장안파공산당을 분쇄하기 위한 것이었겠지만, 처음부터 조선공산당의 실권을 장악하려고 한 기도에 틀림 없습니다. 이것은 1920년대에 조선에서의 공산주의운동에 헤아릴 수 없는 손실을 가져온 분파주의의 복원입니다. 그러므로 재건된 당내에서 피를 피로 씻는 분파주의 투쟁이 전개되게 되었던 것입니다. 우리들이 박헌영 일파의 사기에 말려들었던 것입니다.

장안파공산당이었던 최익한·신용우·이우적이 고준석에게 했다는 말이다. 이들이 '콤그룹'을 분파주의라고 거칠게 내리까는 데는 까닭이 있다.

1920~30년대에 기운차게 움직였던 공산주의운동에는 여러 갈래로 나뉜 얼개가 있었다. 1930년대에 들어서면서 일제의 모진 억누름에 밀려 돌아서거나 얽이에서 떨어져 나가는 주의자들이 많았지만, 나름대로 얽이를 지켜온 것이 화요파·서울파·ML파였다. 화요파를 대표하는 것이 박헌영이고, 서울파를 대표하는 것이 이 영이며, ML파를 대표하는 것이 이정윤이었다.

1930년대 항일투쟁사에서 가장 높은 봉우리를 차지하는 것이 나라 안에서는 이재유를 사북으로 한 조선공산당재건운동이었고, 나라 밖으로는 김일성이 이끄는 동북 항일빨치산 싸움이다. 그리고 이재유 운동을 이끈 것이 박헌영·이관술 같은 화요파였고, 화요파 고갱이었던 이관술·김삼룡·이현상들이 목대잡아 얽어낸 것이「경성콤그룹」이었다. 김대봉·김용범·권오직·오기섭·이주하·김태준 같은 이들도「콤그룹」이었다. 비록 사상적 지조는 지켜내었던 이 영·최익한 같은 이가 목대를 잡았다고는 하나 거지반 사바공산주의자들 모임이었던 장안파공산당은 없어질 살매였다. 여운형 이름으로 얽이잡혀졌던「건국준비위원회」또한 속바탕에서 헤게모니를 잡았던 것은 이강국·이관술·이현상 같은「콤그룹」출신들이었다.

1. 종래의 모든 파벌을 청산한다.

2. 모든 혁명세력을 규합한다.

3. 당중앙기구의 인사를 박헌영에게 일임하지만, 박헌영은 이정윤과 상의하여 이를 행한다.

1945년 9월 8일 서울 계동에서 열린 조선공산당열성자대회에서 가려잡은 당재건 3원칙이었다. 장안파공산당은 헤쳐지고 재건파 고갱이로 당이 다시 세워지게 된 이 대회에서 박헌영 개인에게 모든 힘을 몰아줬다는 것은 박헌영 힘이 그만큼 세었다는 것을 보여준다. 혁명 경력이나 이론 수준에서 박헌영을 뛰어넘을 수 있는 사람은 없었다. 박헌영 지도노선을 꼬집는 반콤그룹파도 박헌영 혁명 자취에 대해서만큼은 누구도 다른 말을 하지 못하였으니, '조선의 레닌'이었던 것이다.

3원칙은 마침내 빈말이 되고 말았는데, 반박헌영 진터에서 노여워하였던 것은 셋째 마디였다. 중앙당 살림살이를 아퀴짓는 데 이정윤과는 한마디 말도 나누지 않았고, 숫제 만나주지도 않았던 것이다. 이때부터 「고려공산청년동맹」 책임비서 출신으로 조선인민공화국 보건부장 대리로 뽑혔던 피 끓는 공산주의자 이정윤(1897~?)은 이우적·신용우·윤석원·박용선·강병도 들과 함께 반박 진터 앞머리에 서게 된다. 그리고 이것이 나중 빨치산파한테서 '종파주의자'라며 쳐들어오게 되는 빌미가 된다. 미군정이라는 주적을 앞에 두고 벌어진 쪼개짐이었다.

조선 공산주의자들은 소련에 대해서는 그저 '해방군'이라는 부름말을 썼지만, 미군에 대해서는 우선은 '해방군'으로 금치고는 있어도 미국이 제국주의 국가라는 까닭에서 조마조마한 느낌을 가지고 있었다. 이것에는 지난날 조선과 미국 역사적 이음고리도 크게 미치고 있었다. 지난날 미국은 일본이 조선에 쳐들어와 소드락질하는 데 거추꾼이었기 때문이다.

미국은 필리핀을 식민지로 하고 일본은 조선을 식민지로 삼자고 짬짜미한 가쓰라-태프트조약을 들어 미국을 제국주의로 금쳐 버린 공산주의 혁명가들이었다. 여기에는 저 무장해적선 셔먼호사건부터 신미양요까지, 그리고 운산금광 채굴권을 비롯하여 철도·운수권을 소드락질하는 데서 8·15에 이르기까지 저질러진 제국주의 미국 본바탕에 대한 깨달음이 깔려 있었다. 고준석이 읽어내는 미군정 참얼굴이다.

미국은 1945년 9월 8일에 인천에 상륙하여, 9일 서울로 입성하여 서울을 차지했고,

조선총독부 · 조선주둔군 수뇌부 사이에서 항복문서에 조인했다. 또한 같은 날 미태평양 육군 최고지휘관 맥아더 명의 포고령 제1호, 제2호, 제3호를 포고했다.

맥아더 포고는 조선 민중이 미국과의 전쟁에서 항복이라도 한 것처럼, 전승자가 패전자에 대하는 것과 같은 고압적인 것이었다. 맥아더 포고는 1910년 한일합방 직후 초대 조선총독 데라우치 마사타케(寺內正毅)가 발표한 '조선인은 우리 법규에 복종하거나 아니면 죽거나 둘 중 하나를 택해야 한다'고 하는 포고와 아무 다를 것이 없었다. "우리들은 해방군이 아니었다. 우리들은 조선인이 항복조건에 복종하는지 여부를 확인하기 위해 왔던 것이다. 미군은 상륙 첫날부터 조선인을 적으로 보고 행동했던…"(마크 케인, 『일본일기』) 것이다.

미국 군대가 남조선에 진주하여 일본 후임자로 들어앉아, 남조선에 대한 식민지화 정책을 실시하는 데 이르러 조선 민중에게는 새로운 고난이 덮쳐왔다. 미국은 조선 민중 생활을 무참히 파괴하고, 남조선 애국자들을 검거 · 투옥 · 학살하여 남조선 산하를 피로 물들이고 남조선 국토를 황폐하게 만들었다. 그리고 남조선 민중은 단일민족에 의한 단일 독립국가 건설의 꿈이 깨지고, 타민족 · 타국가에 지배되는 '노예상태'에 다시 내몰리게 되었던 것이다.

서울 거리에서 날뛰는 우익세력은 두 가지였다. 북조선에서 도망쳐 온 무리와 남조선에 있던 무리였다. 그들은 모두 미군정을 뒷배 삼고 있었다. 일제시대에 '긴 상', '리 상' 하던 무리들이 이제는 '미스터 김', '미스 리'라고 불러대고 있었다. 키 크고 눈 파란 미군 장교짜리들이 양고기와 양과자와 양실과를 안고 '양갈보' 집에 드나들고 있었다. 양말을 할 줄 아는 사람이 세가 나는 세상이었다.

서울시 종로구 명륜동에 '아방궁'이라는 거창한 저택이 한 채 있었다. 일본식민지 통치시대 저택은 대개 일본식민자들 것이거나 지주, 매판자본가, 친일협력자인 고급관료들 것이었다. 이 '아방궁' 주인이 친일협력자였는지 어떤지는 모르지만 그 가옥은 매우 넓었다. 그 가옥은 조선식과 서양식을 절충한 붉은 벽돌로 높게 건조되어 있어서, 이 지역사람들은 이 집을 '아방궁'이라고 부르고 있었다. 이 집 주인 김해균(金海均)은 대학 출신의 인텔리였는데, 해방후 지주(地主)의 사상을 버리고 공산주의사상에 동조하게 된 것 같았다.

고준석이 지은 『조선 1945~1950』에 나오는 한 대문이다. 박헌영을 조선 우두머리 혁명가로 높이 우러르지만 「경성콤그룹」 출신들로만 당을 이끌어가는 고집에 언짢아하던 사바공산주의자 고준석 꼬집음은 이어진다.

이 '아방궁'에서 1945년 8월 21일 조선공산당 재건준비위원회가 조직되어 박헌영, 김삼룡, 이관술 등의 '콤그룹' 간부들이 당 중앙기구의 인사관계를 추진시키고 있었으므로, 이 집은 일본의 정변 때 자주 볼 수 있는 신문기자들의 텐트촌은 없었지만, 여기로 불린 자들은 득의만면하여 달려왔고, 어떤 지위가 주어지면 하늘의 별이라도 딴 것처럼 정신없이 기뻐했다. 그리고 그들은 대체적으로 겸허하지는 않았다. 이 '조각본부'에 출입하고 있는 자들 중에는 일본의 식민지 통치시대에 동화정책에 앞장섰던 '녹기연맹' 간부 조두원을 비롯하여 수많은 '불순분자'가 섞여있었다.

고준석이 같은 제주도 출신 주의자 강문석(姜文錫, 1906~?)과 홍남석(洪南錫) 도움을 받아 「조선산업노동조사소(산노)」를 세우게 된 데에는 일본사람 교수들이 갈무리하였다가 내놓은 책들이 밑받침되었다. 경성제국대학 교수였던 스즈키 다케오(鈴木武雄)와 요모 히로시(四方博)가 값진 책들을 고서점에 팔려고 한다는 소문 듣고 두 교수를 찾아가 "새로운 국가건설에 도움이 될 연구기관을 만들고 싶다"는 말로 넘겨받았던 것이다. 맑스, 엥겔스, 레닌, 스탈린, 모택동이 쓴 여러 책들을 비롯하여 크로포트킨, 바쿠닌, 트로츠키가 쓴 일본어판 책들 그리고 영·불·독어판으로 된 소련공산당·중국공산당 강령과 규약 같은 여러 자료와 문헌들이었다. 조선총독부에서 태워버린 여러 가지 값진 기록물과 통계자료들을 두 교수는 모두 가지고 있었다. 고준석은 그것들을 건네받기 위하여 1945년 11월 조선공산당에 입당하게 되는 아내 김사임(金師任) 친정 돈을 빌려와야만 하였다.

산노를 세우는 데 힘을 쏟던 9월 어느 날 콤그룹 고갱이였던 이관술 이끎을 받아 강문석과 함께 조선공산당에 들어가게 된 고준석은 산노를 발판 삼아 기운차게 움직이기 비롯한다. 고준석이 프랙션 책임자가 된 산노에서는 맑스-레닌주의 문헌과 산노 기관지를 펴내는 것 말고도 전평·전농 행동강령과 여러 가지 문헌 작성을 당중앙으로부터 분부받게 되었다. 그때에 조선공산당은 입당 심사가 여간 까다로운 것이 아니어서 당에 들어가고자 하는 사람은 수없이 많았으나 쉽게 들어갈 수가 없었다. 제주도 출신 묵은 공산주의자인 고경흠 같은 이도 고향이 같은 강문석 헤살로 입당을 못하고 있었다. 12년 투옥 경력을 가진 이명수(李明壽, 1906~1978) 같은 이는 콤그룹 분파주의에 맞서 입당을 자빡대고 있었다.

조선공산당 바탕자리는 종로 소공동에 있는 근택빌딩에 있었다. 땅 위 4층 땅밑 1층짜리 건물로 인쇄소인 조선정판사가 들어 있어 정판사빌딩으로도 불리고 있었다. 조공 기관지 《해방일보》를 펴내던 이 빌딩은 '콤그룹 왕국'으로 불릴 만큼 콤그룹 밖 주의자들은 한 사람도 없었다.

미국의 남조선에 대한 식민지화정책에 호응하여 송진우·김성수 일파를 비롯하여 안재홍·김병로·원세훈·조병옥·이 인·백남훈·김도연·허 정·윤치영 등의 노정객들이 정치무대의 표면에 뛰어나와 새 주인의 총애를 받기에 급급하게 되었다. 거기에 또 예부터 민족주의자들 사이에서까지 밀고자 소리를 듣고 경멸당해왔던 이승만이 10월 16일 미국으로부터 귀국했다. 이승만이 밀고자라는 말을 듣게 된 것은, 그가 중국이나 미국에 망명하여 있던 조선 민족주의자들의 동정을 자기에게 유리하도록 미국무성이나 CIC에 보고하고 있었기 때문이라고 한다.

우익 쪽 움직임과 인물들 됨됨이를 보는 고준석 눈길이다. 이 시점에서 우익 쪽 세력 챔피언은 송진우와 이승만이라고 알려져 있었다. 송진우는 우익 진영 '지장(智將)'이라는 말을 들을 만큼 치밀한 두뇌의 소유자로 판단력에 능한 야심가였으며, 권모술수에는 삼국지를 능가하는 발군의 지략가라고 알려졌다. 또한 그는 《동아일보》사 사장을 지냈으므로, 근대 민족주의가 어떠한 것인지를 대체적으로 알고 있었고, 조선문제 전망에 관해서도 그 나름대로 판단을 갖고 있었다.

그에 비해서 서울에 나타난 이승만은 장기간에 걸친 미국 망명 생활을 하는 동안 미국 민주주의를 체험했을 텐데도 불구하고, 그 정치적 감각은 전근대적이고, 조선문제를 둘러싼 국제 정세에 관한 지식이나 전망을 갖고 있지 않았으며, 마키아벨리적인 낡은 체질의 정치가였다. 그는 냉혹 무자비하고 독단 전횡 그리고 극단적으로 배타적인 성격의 소유자이며, 게다가 자신이 조선인이면서도 조선인을 멸시하고 미국인만을 숭배하고 있었다. '반(半)쪽바리'라고 말하는 조선인이 수많이 있지만, 이승만은 '반(半)양키'였다. 미국은 남조선을 반소 방파제로 만들려는 자신 정치 목적을 위해서 이 이승만을 가장 신뢰하였고, 이승만 '상신'을 받아들여 군정을 실시했다고 한다. 그 결과는 비참한 것이어서 미국인 저널리스트마저 '미군정의 실패'라고 말했다.

이승만이 길잡이 그릇이 못 된다는 것을 알게 된 송진우(宋鎭禹, 1890~1945)가 애타게 기다리던 상해임시정부 김 구·김규식·조소앙 한동아리가 귀국한 것은 1945년 10월 25일이었다. 미국 쨍이질로 귀국이 늦어졌던 이들은 같은 우익이라도 이승만처럼 미국에만 쏠려 있지는 않았다. 그때에 남조선 우익진터에서는 이승만보다 김 구·김규식 편을 드는 사람들이 더 많았다.

"조선민족의 최고의 지도자가 누구인가요? 송진우입니까, 이승만입니까, 김 구입니까, 김규식입니까, 여운형입니까, 박헌영입니까?"

소련 부영사 샤브신이 묻는 말이었다. 임 해(林 海, 옛 이름 任吉鳳)가 쓴 「조선혁명의 프롤레타리아 독재적 성격에 관하여」와 고준석이 쓴 「조선에서의 자본주의 발달과 산업노동의 구성(Ⅰ)」같은 논문이 실려 있는 산노 기관지《산업노동시보》창간호를 받아본 샤브신이 고준석과 김수진을 모신 자리였다. 고준석이 '조선민족의 최고 영도자라면 박헌영'이라고 생각하고 있는데, 샤브신이 말하였다.

"이 사람들 모두 조선민족의 최고 지도자는 아닙니다. 모두 결점이 있습니다."

샤브신은 다시 보드카 병을 기울였다. 이때 고준석과 와세다대학 글동무 김수진이 말했다.

"조선민족의 최고 지도자가 있습니다. 김일성 장군이십니다."

이에 샤브신은 맞다고도 틀리다고도 하지 않고 이렇게 말하였다.

"오늘은 유쾌했습니다. 유쾌해요. 오늘은 정말 유쾌합니다. 자아, 마십시다!"

고준석은 스탈린이 김일성 장군을 조선민족 우두머리 목대잡이로 밀려는 것이라고 짐작한다. 그러면서 고개를 갸웃한다. 그런데 박헌영 동지가 그것을 받아들일 수 있을까?

그때 평양에 세워진 조선공산당 북조선분국에서는 조선공산당 중앙으로부터 아무런 분부나 아랑곳도 받지 않으면서 스스로 정권 수립 기틀을 다져가고 있었다. 8·15와 함께 세워진 인민정권인 여러 고장 인민위원회를 발판 삼아 토지개혁을 비롯한 여러 가지 개혁과 건설 발걸음을 힘차게 내딛고 있었다. 북조선에서 김일성 입김은 빠르게 높아지면서 떨치는 힘 발판 또한 넓혀져서 정권 수립 기틀이 만들어지고 있었다. 그것은 그러나 박헌영 중앙이 바라는 바가 아니었다. 「콤그룹」 사람들은 김일성을 그다지 높게 값 매기지 않았다. 김일성을 외곬 군인으로만 보았고, 기껏해야 무 정쯤으로만 보았다.

이것이 박헌영 진터 가장 큰 잘못이었다.

고준석이 하는 말이다.

조선공산당 북조선 5도분국 책임자 오기섭(吳琪燮, 1903-?)이 '오늘날의 김일성은 가짜다'라는 지시 문서를 당 하부조직(세포)에까지 배부토록 했고, 원산시 인민위원회 치안국장 이주하가 김동환(후의 김일성)을 경찰 유치장에 가두어버렸는데, 소련 진주 군 정치부 장교들이 데려간 사건도 있었다고 한다. 이러한 행위 때문에 오기섭은 나중에 김일성이 북조선공산당의 헤게모니를 장악한 다음의 당 제2차 대회에서 '나는 조선에서의 트로츠키였습니다'라고 자기비판을 하지 않을 수 없는 처지에 몰렸고, 이주하는 북한에 있는 것에 신변의 위험을 느껴 남조선으로 도망쳐 왔다고 한다.

나는 1945년 11월 '정세보고'라는 프린트를 당중앙에서 건네받았는데, 그것에는 보고자의 이름이 먹으로 지워져 있었다. 그것을 전등불에 비춰보니 '김동환'이라는 글자가 똑똑히 보였는데, 그 김동환이가 후일의 김일성이었다.

이 '정세보고'는 10월 10~13일의 조선공산당 서북 5도 책임자 · 열성자 대회용인 것 같았다. 그 후 흘러들어온 정보에 의하면, 이 보고 때 김일성과 오기섭 사이에 격렬한 논쟁이 전개되었다고 한다. 그리고 이 논쟁에서 김일성이 이기고 오기섭이 패해서 북조선공산당 내에서 김일성의 헤게모니가 확립되게 되었다고 한다.

조선공산당 헤게모니를 잡고 있던 「콤그룹」 출신들도 김일성을 조선민족 우두머리 목대잡이로 내세우려는 것이 스탈린 생각이라는 것을 알고 있었다. 그러나 능준히 이겨낼 수 있다고 보았으니, 이른바 이이제이(以夷制夷) 솜씨였다. ML파 우두머리였던 최창익을 비롯한 김두봉 · 한 빈 같은 연안파를 젖히기 위하여 무 정 · 김명시 · 허정숙을 끌어들이고, 소련파와 손잡고 김일성 · 김 책 · 김 일 · 최용건 같은 빨치산파를 누를 수 있다고 보았다. 그렇게 모아진 힘으로 스탈린 마음도 박헌영 쪽으로 돌려놓을 수 있다고 보았던 것이다.

그러나 그것이 참으로 숫된 생각이었다는 것이 곧 드러나게 되니, 권력투쟁이라는 것이 그렇게 생각대로만 되는 것이 아니었다. 1920년대 공산주의운동 첫 무렵부터 맞서는 마음이 깊었던 ML파가 목대잡는 연안파는 소련파와 손을 잡았던 것이다. 그런데 이들 또한 스탈린을 등에 업은 빨치산파에 빨려들어 가면서 '조선공산당 북조선분국은 발전적으로 해산한다'며 북조선공산당을 세웠으니, 1945년 12월 17일이었다. 김일성이 책임비서였다.

1946년 5월 18일 미군정청은 나치스 히틀러 일당의 '국회의사당 방화사건'을 흉내 내었다고 말해지는 '정판사 위조지폐사건'을 날조하여 미군 CIC요원들에게 정판사빌딩(조선공산당 중앙본부회관)을 습격토록 했다. 그리고 조선공산당 중앙본부, 해방일보사 및 조선산업노동조사소를 불법 수사하여, 이 정판사빌딩이 귀속재산이라는 이유로 이것을 접수하여, 가톨릭 계인 경향신문에 제공해버렸다. 동시에 미군정청은 그 빌딩의 지하 인쇄공장에서 인쇄하고 있던 당 중앙기관지《해방일보》를 무기정간 처분(실제로는 폐간)하였고, 그 사건 관계자로서 조선공산당 중앙 재정부장 이관술,《해방일보》인쇄 책임자 박락종을 비롯한 공산당원 다수를 검거ㆍ구치했다. 백주강도행위를 규탄하는 항의문을 각 신문에 발표한 직후에 나는 미군정청 경무부 수사국에 맥아더 포고 제2호 위반(미군정비방)인가 뭔가로 검거되었다.

『조선 1945~1950』에 나오는 대문이다. 고준석이 본 미군정 모습이다.

제국주의 군대의 점령하에서는 어느 사회ㆍ어느 국가에서나 마찬가지겠지만, 남조선은 미국에게 점령당한 지 1년도 지나지 않아서 모리배(부정이득자)와 정치폭력단과 야바위꾼의 세상이 되고 말았다. 미국은 곡물징집령으로 농민을 수탈하는 한편, 접수한 귀속재산을 매판자본가에게 불하하거나 그들의 '원조' '육성'을 꾀했는데, 생산시설의 대부분은 유휴인 채로 방치되어 식량사정은 더욱 악화되어서, 부녀자들의 "쌀을 달라!"는 데모는 날마다 벌어졌다. 미국의 조선은행권 남발과 생활필수품 결핍 등으로 물가는 하늘을 모르고 치솟았고, 각 도시에는 실업ㆍ반실업자가 범람하는 등, 남조선 민중의 생활은 무참하게 파괴되어나갔다.

이러한 정세하에서 남조선 민중의 미국점령군에 대한 감정도 험악해져갔다. 이것에 대해 점령군은 민중에 대한 탄압ㆍ폭력을 확대할 뿐이었는데, 남조선 민중에게 가장 큰 공포와 전율을 준 것은 테러단에 의한 폭행ㆍ파괴ㆍ학살이었다. 남조선에 정치테러단이 갑자기 성행하게 된 것은 이승만이나 김구 일파가 귀국한 후부터였다. 서울 거리에는 이승만계, 김구계, 이범석계 등의 정치단체, 북조선에서 도망쳐 온 자들의 서북청년회, 함북청년회 등의 정치단체, 그 밖의 각 우익 청년단체 등이 언론기관을 비롯한 각 단체의 간부나 활동가를 습격했다.

미군정과 이승만 패거리 폭력이 크고 사납게 저질러지게 된 것은 화순탄광 노동자 대량학살과 대구에서 일어난 10월항쟁에서였다.

「민주주의민족전선」 주최로 1946년 8월 15일 전라남도 광주에서 열린 해방 1주년 기념식전에 화순탄광 노동자 1,000여 명이 미군 쎙이질을 뚫고 들어갔다. 전차까지 끌어대어 화순탄광 노동자들이 들어온 것을 막아보려던 미군은 탄광노동자들이 화순으로 돌아가는 것을 숨어 기다리고 있다가 300여 명을 학살하고 50여 명에게 중상을 입혔다. 그것만이 아니었다. 1946년 9월 23일, 「노동조합전국평의회」에서 '기아와 테러와 전율의 터에서 전민족을 구출하고 생존과 자유의 길을 개척하여 조국의 완전한 자주독립을 위해서…' 라는 선언문과 함께 총파업에 들어갔다. 전평 울안 조직노동자 30여만 명과 미조직노동자 10여만 명이 끼어든 조선노동운동 역사상 가장 큰 총파업 투쟁이었다. 이에 놀란 미군정청에서는 미군과 경찰 말고도 「서북청년단」, 「대한독립촉성청년연맹」, 「대한노총」 따위 테러단과 어용 노동조합원을 모두 내세워 파업 채잡이와 파업에 든 이들을 검거·투옥·폭행·학살하였다. 서울철도노동자 1,700여 명을 서대문형무소에 가두었고, 용산철도기관구 노동자 3명을 학살하고 40명 이상에게 중상을 입혔다. 그때부터 남조선 인민들이 했던 말이다.

"경찰에게 잡히면 희망이 있지만, 테러단에게 잡히면 죽었다고 생각하라!"

1946년 10월 1일, 대구에서 일어난 인민항쟁이 11월 중순까지 경남북·충남북·경기도 얼안 모두로 퍼져나갔다. 9월 23일부터 비롯된 총파업에 든 사람들을 경찰과 테러단이 마구 두들겨 패고 마구 죽어버리는 것을 보다 못한 대구 인민들이 대구경찰서로 쳐들어가 경찰관 몇 명과 경찰 손발로 인민들을 괴롭히던 막된놈들 몇 명을 다스렸다.

서울에서 부리나케 내려온 미군정청 공군과 육상기동부대는 그곳 군경과 합동작전으로 대구와 이웃 바닥 인민들을 무차별로 검거·투옥·학살하였다. 미국을 뒤따라 내려온 「서북청년단」·「대한독립촉성청년연맹」·「대한노총」 같은 테러단과 어용 조합원들은 전평 조합원과 좌익계로 보이는 이들 집에 쳐들어가 부녀자들을 욕보이고, 폭행·방화·재산 약탈·학살을 저질렀다. 미국인 저널리스트들 보고만 따르더라도 학살당한 사람 300여 명, 학살당한 것으로 짐작되는 행방불명자 3,600여 명, 중경상자 2만 6,000여

명, 검거·투옥된 사람 1만 5,000여 명이었다. 다른 고장까지 합치면 검거·투옥·학살당한 사람은 모두 10여만 명에 이른다. 임 화가 작사하고 김순남이 작곡한「인민항쟁가」가 불려지기 비롯하고, 남조선 여러 산악 지대에서 야산대라고 불리는 빨치산투쟁이 비롯된 것도 이때부터였다.

원수와 싸우다가 죽은
우리들의 죽음을
슬퍼하지 말아라.
내 시체에
깃발을 걸어다오.
붉은 깃발을!

1946년 11월 23일, 조선공산당·조선인민당·남조선신민당 3당이 합뜨려 남조선로동당이 태어났다. 3당 합당을 보는 고준석 눈길이다.

남로당은 중앙위원장에 남조선신민당 허헌, 부위원장에 조선인민당 이기석의 구성으로 발족했지만 허헌과 이기석은 곁다리였고, 이 신당의 실권은 박헌영 일파의 수중에 장악되어 있었다. 중앙에서 밀려난 반박헌영파는 사회노동당을 결성하였고, 사회노동당은 1947년 5월 24일 근로인민당으로 개편되었다. 근로인민당은 장안파공산당계의 이영·최익한·정백·최성환 등과 조선인민당의 여운형, 남조선신민당의 백남운 등이 중심이 되어 결성하여 위원장에 여운형, 부위원장에 이영과 백남운이 선출되었다. 박헌영 일파는 이들 반주류파에게 '반당분자', '반혁명분자', '멘셰비키', '사로파(社勞派)' 등의 레테르를 붙여 휘방·중상했으며, 부모형제간·부부간에도 적대감정을 부추기게 되었다. 전라남도의 도당부 간부 윤석원이 그의 아내로부터 "당신은 반당분자이므로 절연한다"고 하는 이혼장을 받았던 것도 이 시기의 사건이었다.

'정치 낭인'으로 떨어져 괴로워하던 고준석은 김삼룡이 이끌어주어 다시 남로당에 들어가게 된다. 정치 낭인이라는 것은 박헌영 진터로부터 따돌림당한 조선공산당 출신 직업혁명가들을 말한다. 박헌영 동아리에서는 수많은 직업혁명가들을 남로당에 발을 못 붙이게 하였는데, 남조선혁명운동을 축나게 한 것도 컸고, 박헌영 제 몸 힘에도 커다란 생채기가 되었다.

　　당시 남조선에는 수많은 '권위 있는 선'이 있었지만 내가 아는 범위 내에서는 이정윤 선, 이영 선, 성시백 선, 한인식 선 등이 있었다. 이 선의 세포책임자들은 주로 남로당의 박헌영 일파에서 배제된 자들을 포섭하여 미군정청을 비롯하여 각 정당·사회단체들에 대한 분파공작을 하거나 정보수집 공작을 했고, 인민유격대를 조직하는 등 '만물상'적 공작을 해왔다. 그들은 이 '만물상'적 공작을 위해 항상 폭로되고 학살될 위험을 무릅쓰고 있었다. 그들의 공작은 너무나 대담했고 너무나 모험적이기도 했다.

　　고준석이 어떤 '권위 있는 선'과 이음고리를 갖고, 북로당 노선을 남조선에 심기 위한 신문 공작 구실을 맡게 된 것은 1947년 3월이었다. 한 달 뒤《우리신문》사를 세우고 주필 겸 정치부장이 된다.

　　1947년 7월 19일, 대낮 한길 위에서 근로인민당 당수 여운형이 암살당하였을 때, 박헌영 동아리는 놀라울 만큼 매몰참을 보인다. 그들은 혁명운동의 오랜 투사가 적에게 쓰러진 것에 대해서 마땅히 있어야 할 노여움도 보이지 않고, 슬퍼하는 빛도 없었다. 남로당 기관지《노력인민》이 여운형암살사건을 제2면(사회면) 구석에 작게 갈망할 때《우리신문》에서는 '조선민족의 영도자 몽양 선생을 추억한다'는 특집호를 내었고, 서울 거리에서 동난《우리신문》을 사러 본사로 몰려온 사람들로 북새통을 이룬다. (그러나 이것은 고준석 감정이 들어간 글이고, 참으로는 7월 20일 치《노력인민》사회면 톱과 7월 21일 치 1·2면을 온통 여운형 기사로 뒤발하고 있다.)

　　1947년 8월 15일 해방 2주년 기념일을 앞두고 미군정에서는 좌익세력을 무너뜨리기 위하여 모든 옥내외 집회와 시위를 막는 행정명령 제5호를 두루 알린다. 그리고 '남조선 적화계획과 군정파괴 음모사건'이라는 것을 꾸며대어 8월 15일 아침부터 남로당, 전평, 전농 같은 좌익 진영 사무실과 좌익 인사들 집으로 쳐들어 가 수많은 사람들을 검거·투옥·학살하였다. 미군정청이 아주 작게 오그라뜨려 알린 숫자만 보더라도 학살된 사람 28명, 중상을 입은 사람 2만 1,000명, 투옥된 사람 1만 3,769명에 이르렀다. 모든 좌익 쪽 사무실 문을 닫게 하였고, 이때부터 남조선에서 좌익운동은 땅속으로 들어가게 된다.

1948년 8월 21일 해주 인민공회당에서 열린 남조선인민대표자대회에 나갔던 고준석은 박헌영 동아리로부터 푸대접을 받다가 조선반도 통일을 위해서 목숨을 건 투지로 다시 남조선으로 돌아온다. 고준석이 본 남조선 꼴이다.

미국은 이승만 정권에게 500명에 이르는 군사고문단과 700여명의 미국인 문관고문단을 배치하여, 대한민국 정부의 중추부를 지배하게 되었다. 게다가 CIA는 남조선 정권의 구석구석까지가 아니라 도시와 농촌의 구석구석까지 그들 손의 지배망을 확대시켜 나갔다. 이와 같은 것은, 미국의 남조선에 대한 지배는 '대한민국' 정부라는 것이 미국의 식민지 통치기관이라는 것을 노골적으로 얘기해 주는 것이었다.

전쟁 3개월째인 1950년 9월28일, '성시백사건'으로 붙잡혔다가 출산을 위한 보석으로 나와 있던 고준석 아내 김사임은 북조선으로 올라가기로 작정한다. 갓난아이를 등에 업고 9살, 7살, 5살, 3살 난 3남 1녀 손을 끌고 창경원 앞 전찻길을 따라 명륜동·돈암동 쪽으로 가고 있었다.

"동지들! 아이들만이라도 태워주시오!"

지프차를 타고 북조선으로 물러가는 남로당 출신 '높은 간부들'에게 매달렸지만 버림당한 남로당원 김사임은 아리랑고개(미아리)에서 미군에게 막혀 돈암동 동생 집으로 기어든다. 밥그릇을 머리에 이고 동대문 가까이에 있는 암시장으로 팔려 갔다가 특무대원에게 붙잡힌 일본여자대학 출신 인텔리 주의자 김사임은 등에 업었던 갓난이와 함께 끔찍한 죽임을 당한다.

천애고아가 된 어린 두 형제는 굶어죽고, 딸 혜자는 돈벌이를 하겠다며 외할머니댁이 있는 제주도를 떠났다는데 생사를 알 수 없고, 아버지를 찾아 밀항해 온 둘째 아들 철수만 일본 동경에서 만나게 된 사바공산주의자 고준석은 울음을 터뜨린다.

혁명과 인생- 그것은 내게 있어서 좌절과 굴욕의 연속이었다. 그러나 나는 나 자신이 걸어온 길을 후회하지는 않는다. 단지 마음에 걸리는 것은 살해된 나의 처자에 대한 공양을 이제까지 하지 않았다는 사실이다. 나는 처 김사임에 대한 기록(아리랑고개의 여인)을 가까운 장래에 완성함으로써 내 처자에 대한 공양을 대신하고 싶다. 1972년 6월 고준석.

제4부
꽃잎처럼 떨어져간 예술가들

1. 중용지도를 꿈꾸었던 선비 『림꺽정』 작가

홍 명 희 ^{1888~1968}

자- 림꺽정이의 이야기를 붓으로 쓰기시작하겠습니다 쓴다 쓴다 하고 질감스럽게 쓰지안코 끌어오든이야기를 지금부터야 쓰기시작합니다 각설명종대왕시절에 경긔도 양주까 백정의 아들 림꺽정이란 장사가잇서… 이야기시초를 이러케멋업시쓰내는것은 이왕에 유명한소설ㅅ권이나 보아두엇든 보람이아닙니다 수호지지은사람처럼일백단팔 마왕이 무친 복마뎐(伏魔殿)을 어림업시콰제치는 엄청난재주는업슬망정 삼국지가티 텬하대세 합구필분이요 분구필합이라고 별로 신통할것업는 말씀이야 이야기머리에 언 져라면언질수잇겟지요 이야기를 쓴다고 선성만내고 끌어오는동안에 이야기머리에 무 슨말을 언질가 달리말하면 곳이야기시초를 엇더케쓰낼가 두고두고 만히생각하얏습니 다 십여세 아희적부터 이야기듯기 소설보기들 조하하든것과 삼십지년 할일이만흔몸으 로 고담부스러기가지고 소설비슷이 써내게되는것을 련락을매저 생각하고 에라한번들 씌워노코 인과관계를 의론하야이야기머리에 언지리라 별르다가중간에생각을돌리어 그럴것이업시 문학이란것을 보는법이 녜와 이제가 다르다고 녯사람이일신정력을들여 모하노흔그깨끗하고 거룩하든 상아탑이여디업시문허지고 그속에잇든뒤쓰란귀신의 자 최가 간곳업시사라졌다는것을 그럴싸하게 꿈여가지고이야기시초로쓰내보리라맘을먹 엇습니다

정치인이 아니어 천수를 누렸던 벽초 홍명희.

《조선일보》1928년 11월 21일 치부터 이어실리기가 비롯된 홍명희 역사소설 『林巨正傳』 첫 회 「머리말씀」이다. 대한제국 시절 맞춤법에 띄어쓰기도 없으며 마침표도 없는 영인본을 남모르게 구하여 확대경을 대고 읽었던 것은 1980년대 첫 무렵이었다. 1948년 을유문화사에서 6권짜리로 나온 것을 읽었던 것이 국민학교 5학년 때인 1957년 이었으니, 두 번째였다. 책으로 박아낸 사계절출판사 김영종 사장이 군사깡패 졸개들에게 붙잡혀갔다는 소문 듣고 10권짜리 『林巨正』을 읽었던 것은 그 몇 해 뒤였다.

『림껵정전』을 쓴 홍명희(洪命憙)는 1988년 충북 괴산(槐山)에서 태어났다. 할아버지 승목(承穆)은 참판을 지내었고 증조할아버지 우길(佑吉)은 판서를 지내었으니, 이른바 풍산 홍씨(豊山洪氏) '명문거족'이었다. 가학(家學)으로 내려오는 진서를 갈닦던 '가봇쪽 같은 파란 양반' 홍명희 살매가 큰 물너울을 타게 된 것은 1910년이었다. 금산군수(錦山郡守)라는 고을살이를 하던 아버지 범식(範植)이 경술국치를 당하자 자진(自盡)을 하였던 것이다.

벽초(碧初)라는 아호가 본이름보다 더 알려지게 되는 홍명희가 한양으로 올라가 중교의숙(中橋義塾)에 들어간 것은 1901년 14살 때였다. 1905년 중교의숙을 나와 일본 동경에 있는 동경상업학교 예과 2학년에 끼어들었다가 다음 해 만주 용정(龍井)에 있는 대성중학(大成中學) 3학년으로 끼어들어갔다. 동경과 용정에서 신학문을 배우며 러시아 아나키스트 크로포트킨이 쓴 『빵과 약탈』 『반역의 정신』 『혁명적 정부』 『상호부조론』 『청년에게 호소함』 같은 것들을 읽으며, 문일평(文一平)·최남선(崔南善)·이광수(李光洙) 들과 사귀었다. 1910년 조선으로 돌아와 아버지 상을 마치고 최남선이 펴내는 《소년》에 몇 편 서양글을 옮겨 실었고, 1912년 독립운동을 위한 해외 근터구를 세우자는 운동이 일어나자 서간도로 갔다. 다음 해 봄 상해에서 신규식(申圭植, 1880~1922)이 채잡던 재상해조선인공제회인 「동제사(同濟社)」에 들었고, 1914년 11월부터 1917년 12월까지 싱가포르에 머물며 독립운동 밑천 장만을 하고자 애썼다.

홍범식이 아들 넷을 두었는데 큰아들은 명희다. 아버지 삼년상을 마치고 중국으로 도망쳐 와서 6, 7년 동안 산천인물을 두루 돌아보았다. 나는 그를 한두 번 만났는데 글솜씨가 빛나며 외모는 온공하나 심중은 측량할 수 없으리만큼 강개하다. 대개 길에서 굶어 죽을지언정 결코 원수놈의 나라에서 구차히 먹고 살지는 않을 것이다.

충북 괴산읍 홍명희 생가.

구한말 문장가였던 창강(滄江) 김택영(金澤榮, 1850~1927)이 지은 『홍범식전』에 나오는 말이다. 글솜씨가 빛났던 홍명희는 오스카 와일드와 바이런을 골똘히 읽었는데, 별호를 '假人·可人'으로 썼을 만큼 바이런 시집에 나오는 '카인편'을 좋아하였다. 동경을 거쳐 상해에서 다시 만나게 된 춘원(春園) 이광수는 벽초보다 네 살 아래였는데, 두 살 아래인 육당(六堂) 최남선에게 다리 놓아《소년》에 글을 쓰도록 한 것도 벽초였다. 이 세 사람을 가리켜 그때 사람들은 '조선 3천재'라고 불렀다. 그런데 육당과 춘원이 일본제국주의 꼭두각시가 되자, 위당(爲堂) 정인보(鄭寅普)와 산강재(山康齋) 변영만(卞榮晩)을 넣어 '조선 3천재'라고 불렀을 만큼 벽초는 빼어나게 똑똑한 사람이었다.

춘원이 벽초를 두고 했던 말이다.

상해에 가서 불계(佛界) 백이부락(白爾部落)에 홍가인·문호암 등이 유숙하는 집에 동숙하였다. 그들은 집 하나를 빌어가지고 청인(淸人) 하나를 밥 짓는 사람으로 두고 살았다. 아래층에는 문호암이 강개(慷慨)에 반(半)광인 생활을 하고 위층방에는 오스카 와일드의《도리안 그레이의 초상》을 탐독하고 '관조'의 생활을 말하는 홍가인과 (……) 그 후 4년간 군과의 교유는 끊긴 일이 없는데 그는 문학적 식견에 있어서나 독서에 있어서나 나보다 늘 앞섰다고 생각합니다. 홍군은 나와 문학적 성미가 다른 것을 그때에도 나는 의식하였습니다.

1918년 7월 조선으로 돌아왔다. 1919년 3월 1일 옛살라비 괴산에서 만세시위를 채잡다가 왜경한테 붙잡혀 징역 1년 6월을 선고받고 1920년 4월 감옥을 나왔다. 9월 「조선에스페란토협회」에 들어가 선전부 일을 보았다. 휘문고등보통학교와 경신고등보통학교에서 교사를 하였고, 중앙불교전문학교 · 연희전문학교에서 강의를 하였다. 1923년쯤 조선도서주식회사 편집부에서 일하였다. 1923년 7월 홍증식 · 윤덕병 · 구연흠 · 원우관 · 이재성 · 조봉암 같은 이와 사상 모임인 「신사상연구회」를 얽었고, 1924년 2월에는 조봉암 · 신 철 · 박헌영 · 박일병 · 김 찬 같은 이와 「신흥청년동맹」을 얽었다. 5월 《동아일보》 주필 겸 편집국장이 되었고, 「신흥청년동맹」을 엄지굴대로 하여 다시 짜여진 「화요회」를 채잡았다. 1925년 1월에 조선에서 나오던 신문으로는 처음 《동아일보》에서 '신춘문예'를 널리 불러 모았다. 4월 《시대일보》 편집국장으로 자리를 옮겼다. 1926년 1월 카프 기관지 격인 《문예운동》 제1 · 2호에 프롤레타리아문학을 두남두는 「신흥문예의 운동」과 《예술기원론의 일절》을 선보였다. 「신흥문예의 운동」 한 어섯이다.

좋다! 그러면 이른바 신흥문학은 유산계급문학에 대항한 문학일 것이며, 생활을 떠난 문예에 대항한 생활의 문학일 것이다. 구계급에 대항한 신흥계급의 사회변혁의 문학일 것이다. 그러면, 프롤레타리아 문예는 즉 신흥문예의 별명이 아닌가.
그리하야 지금 신흥문예는 조선의 문예계에 있어서 새로운 기운을 간직하고 있다. 그리고 역사적 필연을 가진 신흥계급이 계급전선에 있어서 반다시 이길 것이나 마찬가지로 문단세력에 있어서도 신흥문예가 주조를 잡을 것은 멀지 않은 장래일 것이라 한다.

벽초가 지니고 있던 사회주의상을 엿볼 수 있는 글인데, 「무정」을 선보여 '방방 뜨던' 춘원에게 '무정을 읽어보았으나 신통치 않은 작품'이라고 꼬집는 편지를 보냈을 만큼, 벽초가 그리고 있던 신문학은 춘원이 밀고 나가는 그것과는 팔팔결로 다른 것이었다. 카프 정신적 아버지로 프롤레타리아 문예이론 버팀목이었던 벽초였으나, 그 이론과 사상을 바탕으로 한 작품을 보여주지는 않았다. 이따금 날카로운 줄글로 부르주아민족주의 진터를 꾸짖는 벽초가 마음을 기울이는 것은 문학보다 운동 쪽이었다. 1926년 3월

《시대일보》 사장이 되었고, 4월에는 사회주의사상 모임인 「정우회(正友會)」를 짜는 데 들어갔다. 8월 《시대일보》가 일제 억누름에 밀려 휴간하게 되자 사장 자리를 내놓고 평안도 정주(定州)에 있는 오산학교(五山學校) 교장으로 갔다. 같은 해 《동아일보》에 실렸던 글들을 모은 책 『학창산화(學窓散話)』를 펴내었다. 1927년 1월 「신간회의 사명」이라는 글을 《현대평론》에 선보였다.

> 우리의 민족적 운동이 바른 길로 나가도 구경 성공은 많이 국제적 과정에 관계가 있으므로 우리의 노력만이 조건된 것은 아니겠으나 국제적 과정이 아무리 우리에게 유리하더라도 우리의 노력이 아니면 성공은 가망이 없고 또 설혹 노력이 없는 성공이 있다 하야도 그것이 우리에게 탐탁치 못할 것은 정한 일이다. 그러므로 우리들은 우리들의 경우가 허락하는 대로 과학적 조직 – 일시적이 아니요 계속적인, 또는 개인적이 아니요 단체적인 – 행동으로 노력하여야 할 것이니 새로 발기된 신간회의 사명이 여기 있을 것이다.
>
> (……)대체 신간회의 나갈 길은 민족운동만으로 보면 가장 왼편 길이나 사회주의운동까지 겹치어 생각하면 중간 길이 될 것이다. 중간 길이라고 반드시 평탄한 길이란 법이 없을 뿐 아니라 이 중간 길은 도리어 험할 것이 사실이요, 또 이 길의 첫머리는 갈래가 많을 것도 같다.

1925년 4월 17일 조선공산당이 세워지면서 계급해방을 속내로 하는 민족해방투쟁 쇠귀를 잡게 되는 것은 오로지 사회주의자들이었는데, 일제의 끔찍한 을러누름에 모였다 흩어졌다를 되풀이할 수밖에 없었다. 거기다가 검질기게 남아 있는 봉건찌끼를 발판으로 한 민족주의자들과 옥신각신하게 되니, 공동의 적인 강도 일제 앞에서 찢겨져버리는 독립운동권이었다. 여기에 더하여 일제와 좋게 지내자는 민족개량주의자들이 내세우는 이른바 '자치론'에도 쐐기를 박아야만 하였다. 그래서 나오게 된 것이 좌우합작결사체인 「신간회」였는데, 이것을 얽어낸 것이 벽초였다.

일제 관헌 자료에 나오는 적바림이다.

> 대정(大正) 15년 말기에 동아일보 사장 김성수, 주필 송진우 및 천도교의 최린 등은 총독부 요로의 사람과 회견하여 자치문제에 대한 의견을 교환한 일이 있으며, 그때 그

들은 문화정치조차 어려운 오늘날의 조선에 자치제도를 시행하여 민족의 감정을 완화하려는 방책이 있음을 깊게 인상받은 것 같다. 그 후 이 사실을 최남선에게 말해 준 일이 있는데, 당시 우연히 평안북도 정주 소재 오산학교 교사인 홍명희가 동기휴가를 이용하여 경성에 와서 최남선을 방문하였다가, 최남선으로부터 그들의 의중을 전해 듣고 함께 자치문제에 관해 철야토의하였다. 다음날 홍명희는 안재홍을 방문하고 신석우를 초치하여 대책을 협의한 결과 급속히 진순한 민족당을 조직하기로 결성하고, 권동진, 박래홍(朴來泓), 박동완, 한용운, 최익환(崔益煥) 등의 찬동을 얻어, 홍명희가 북경에 있는 신채호(申采浩)에게 비격(飛檄)하여 그 찬동을 얻어 발기인에 참가하게 하고, 당국에 접근하기 용이한 신석우가 개재하여 표면상 그 양해를 얻고 '新幹出枯木'이라는 말에서 취한 신간회라는 명칭 아래 소화(昭和) 2년(1927) 2월 15일에 창립을 보았다.

벽초는 공산주의와 민족주의를 아우르려는 꿈을 꾸었던 사람이다. 어느 한쪽에만 치우치지 않는 중용지도(中庸之道), 곧 '중간 길'이 '벽초 길'이었다. 견결한 주의자였던 안광천(安光泉, 1898~?)이 "조선사회주의운동은 그 초기에 있어 조선민족운동에 대하야 무자비하게 싸웠다. 그러한 그 운동이 1927년부터는 그 스스로가 민족운동을 일으키게 되었다"며 조선민족운동(신간회)을 프롤레타리아운동으로 똑똑하게 금치고 있지만, 벽초는 끝까지 '중간 길'이라는 말만 한다. 회장 이상재(李商在) 밑 부회장에 뽑혔으나 물리쳤던 것은 민족주의자와 공산주의자 사이에서 다리구실을 하는 데 어려움이 있을까 하는 걱정에서였다. 조공에 입당했던 것은 사실이지만, 26년 9~12월 사이 김철수(金錣洙)에 의해 출당되었다. 권세자루를 잡고자 게염 부리지 않는 '선비'를 두려워할 권력자는 없다. 벽초가 천수를 누릴 수 있었던 까닭이다. 1948년 설정식(薛貞植, 1912~?)한테 한 말이 있다.

주의자 말이 나왔으니 말이지 나더러 누가 글을 쓰라면 한번 쓰랴고도 했지만 8·15 이전에 내가 공산주의자가 못된 것은 내 양심문제였고 공산주의가 무엇인지도 모르면서 공산당원이 될 수가 있나요. 그것은 챙피해서 할 수 없는 일이지. 그런데 8·15 이후에는 또 반감이 생겨서 공산당원이 못돼요. 그래서 우리는 공산당원이 되기는 틀렸소. 그러니까 공산주의자가 나 같은 사람을 보면 구식이라고 또 완고하다고 나물하겠지만 그래도 내가 비교적 이해를 가지는 편이죠. 그러나 요컨대 우리의 주의주장의 표준은 그가 혁명가적 양심과 민족적 양심을 가졌는가 안 가졌는가 하는 것으로 귀정지을 수밖에 없지.

「통일이냐, 분렬이냐」─《개벽》1948년 3월호에 실려 있는 벽초 글이다.

우리는 지금 통일이냐 분렬이냐 하는 민족적인 일대 위기에 도달한 것입니다. 우리에게는 통일 없는 독립이 있을 수 없고 분렬된 독립이 또한 성립할 수 없는 것이었지만 이것이 독립이오 이것이 독립의 길이라고 길라잡이 소임을 자처하는 편이 있습니다. 아니 이것을 우리에게 강요하려는 공기가 작금 정세로는 매우 농후해 있습니다. 미국 대표는 국제연합 소총회 석상에서 이것을 강렬히 주장하고 있습니다. 우리를 일본 제국주의의 철쇄로부터 해방시켜 준 미국이어늘 조선독립 문제에 대한 그 본의를 우리는 의심코저 하지 아니합니다. 의심하지 않을 뿐 아니라 그 절대한 원조를 기대하는 바이며 영구히 우방일 것을 또한 확신하는 바입니다. 그러나 미국엔 미국으로서의 대 세계정책이 있습니다. 오늘의 그 세계정책은 소련에 대항하는 데 그 중점이 놓여있습니다. 이 현상은 더 길게 말할 필요조차 없는 것이어니와 전세계의 미소 접촉점마다의 대립은 모다 이 한마디로 설명되는 것입니다. 그런데 미국의 대 세계정책은 소련의 대 세계정책이 그렇드시 우리의 민족적 이해와 반드시 일치되는 것은 아닌 것입니다. 우리의 독립문제에서 파생된 남북조선의 단독지배 문제는 그 가장 적실한 예인 것입니다. 미국의 입장으로서는 우리 강토의 남북을 분렬시키드래도 소련에 대항하면 그 외교적 목적을 달성할 성산이 있을지 몰라도 우리의 입장으로서는 소련에 대항하는 것보다 통일된 독립국가를 가지는 것이 더 크고도 절실한 문제인 것입니다.

벽초는 말한다. 미소를 막론하고 자기들 세계정책과 우리 문제는 반드시 이해가 일치되는 것이 아니다. 우리 민족을 극렬적 분렬로 이끈 것은 미소 두 나라요 국토를 분단한 것도 미소가 저지른 일일 뿐, 사상적 대립이 있다지만 국토분단은 안된다. 통일정부 수립만이 우리 민족이 살 길이다. 남조선에 단독정부가 선다면 북조선에도 단독정부가 설 것이다. 이렇게 되면 38선은 바로 미소 국경이 될 것이고, 두 나라는 끊임없이 싸울 것이며 그 폐혜를 입게 되는 것은 우리민족이 될 것이다. 단독정부를 세우게 되면 반드시 부자형제 사이에 살육전이 일어나게 된다. 이것을 막기 위해 전력을 다해야 한다. 양국 이해 충돌로 말미암아 우리민족이 희생될 수는 없다.

　　북조선이라고 추수주의(사대주의)자만이 있는 것은 아닐 것입니다. 남이라 북이라
할 것 없이 이 추수주의자들이 진실로 조선의 입장으로 돌아오고 진정한 민족적 양심
으로 돌아올 때 우리의 힘은 배가 될 것입니다. 민족의 힘은 커질 것입니다. 그러나 일
부에 추수주의자가 있다고 민족문제를 포기할 수도 없는 것이오 비판할 필요도 없는
것입니다. 일부에서 쉬운 방법으로 독립을 건져보려고 하거나 또 이 기회 저 기회에서
재빠르게 이것을 이용하려고 하는 추수주의 때문에 민족적인 피해를 당하고 있는 것이
사실이건만 그러나 이 나라 민중은 결코 추수주의에 휩쓸리지도 아니하고 기회를 잡
으려고 애쓰지도 아니하고 다만 묵묵히 우리 문제는 우리 손에서 풀어져야 한다는 가
장 기본적인 신념에 살고 있는 것입니다. 그들은 일시의 세력에 휘둘리기는 하지만 예
나 지금이나 어느 길이 과연 독립하는 길인지를 확실히 알고 있는 것입니다. 우리는 이
런 민중들과 함께 꾸준히 언제까지나 진실한 독립운동을 전개시킬 것뿐입니다. 이 길
이 내가 보는 바로는 가장 확실한 것이요, 또한 가장 속한 길이라고 믿는 바입니다. 미
소 양국은 당연히 민족자결 원칙에 의하야 즉 우리 문제를 우리 손으로 풀도록 그 기회
를 부여해야 할 것임을 거듭 강조하는 바이며 동포 제위와 함께 진정한 독립운동으로
일로 매진할 것을 맹세하는 바입니다.

　　8 · 15를 맞아 세워진 조선인민공화국 고문으로 뽑혔고, 좌익 동아리들 근터구였던
《서울신문》사 고문이 되었다. 전국문학자대회 중앙집행위원장,「조선문학가동맹」위원
장,「조선문화협회」회장,「에스페란토어조선학회」회장이 되었다. 1946년 민주통일당
을 세워 당수가 되었고, 12월 미군정에서 과도입법위원으로 뽑았으나 퇴짜 놓았다. 1947
년 10월 민주독립당을 만들어 위원장이 되었고, 12월「민족자주연맹」정치위원장이 되
었다. 1948년 3월 이승만과 한국민주당이 꾀하는 남조선 단독정부 수립을 위한 단독선
거 불참과 민족자결에 입각한 남북회담 개최를 주장한 '7거두 성명'에 들어갔다. 8월 21
일 평양에서 열린 제2차 남북연석회의에서 벽초가 한 '남조선 단독선거 실시와 관련한
조선정세와 조선의 통일을 위한 투쟁대책' 사룀이다. 김일성의 '조선민주주의인민공화
국 헌법 시행의 필요성에 관한 보고'가 끝난 다음이었는데, 사회자는 벽초를 남조선 우
익 정당 대표라고 인사시킨다.

남조선의 단선반대 투쟁에는 민주주의민족통일전선과 나란히 중도 및 우익 정당·사회단체들도 적극 참여했다. 중도계와 우익계의 단선반대 투쟁은 합법적이었고, 이는 단선에 반대해 싸우는 인민들을 고무하는 등 단독선거 반대에 적지 않은 의의를 갖고 있다. (……)

우리의 이웃 소비에트연방공화국은 끝까지 우리 조선인민의 이익을 지켜주고 우리가 단결하고 독립하도록 도와주려고 했으며, 또 도와주고 있다. 소련이 우리 인민의 해방운동에 얼마나 큰 도움을 줬고, 북조선에서 민주개혁을 실시하는 데 얼마나 큰 도움을 주고 있는지는 구태여 말하지 않더라도 모두가 잘 알고 있을 것이다. 따라서 우리 인민의 과제중 하나는 소련과의 우호관계를 더욱 강화하는 것이다. (……) 조국의 분단을 막고 통일을 위해서 인민의 대표자들로 구성된 중앙정부와 단일적인 입법기관을 수립하는 것이 시급하다.

1948년 4월 14일 평양에서 열린 민족일통을 위한 남북협상회담에 부름 받았던 정당·사회 두럭과 개인 이름이다.

한국독립당, 민주독립당, 민주한독당, 민중동맹, 청우당, 사회민주당, 독립노동당, 신진당, 근로인민당, 남로당, 인민공화당, 전평, 전농, 여맹, 유련, 기민, 협조, 김 구, 김규식, 조소앙, 김붕준, 백남운, 홍명희, 김일청, 이극로, 박헌영, 허 헌, 유영준, 허성택, 김원봉, 송을수, 김창준.

아침저녁에 선선한 바람기는 생기었건만 더위가 채 숙지지 아니한 때다. 양주 읍내 임꺽정이의 집에는 반신불수로 누워 지내는 꺽정이의 아비가 더위에 병화가 더치어 밤낮으로 소리소리 질러서 온 집안이 소요스러웠다. 꺽정이가 집에 있으면 그다지 심하지 아니하련만, 딸과 며느리는 만만하게 여겨서 더하는지 시중을 잘 들어도 야단을 아니 칠 때가 드물었다. 꺽정이의 안해 백손 어머니는 길이 들지 아니한 생매와 같은 사람이라 당자가 시아비의 야단을 대수롭지 않게 여길 뿐 아니라, 병자 역시 한손을 접는 까닭에 꺽정이의 누이 애기 어머니가 말하자면 야단받이 노릇하느라고 머리가 셀 지경이었다. 이 날도 애기 어머니가 점심상을 들고 병자 방에 들어가니 병자가 말을 하기 전에 혀를 툭툭 차고 나서 얼버무리는 말소리로

"지금 속이 더부룩해 죽겠는데 무얼 먹으란 말이냐. 내가 돼지냐, 망할 년들아."

하고 생야단을 쳤다.

「신간회」를 세운 다음 해부터 『림꺽정전』을 쓰기 비롯한 벽초는 「신간회」와 소설을 두 바퀴로 끌고나가다가 광주학생운동과 함께 일어나는 민중대회 사달로 왜경한테 잡혀가면서 소설 또한 동강 난다. 벽초가 옥에 있던 1931년 「신간회」는 '해소'라는 이름 아래 가림천을 내렸고, 32년 감옥에서 나온 다음 정치운동을 접고 『림꺽정전』에만 매달린다. 일제가 만주로 짓쳐들어가는 중일전쟁이 일어나면서 일제 억누름은 더욱 모질어져 소설이 동강 나게 된 것이 1939년 7월 4일 치부터였다. 그리고 1940년 《조선일보》에서 펴내던 월간잡지 《조광》 10월호에 딱 한번 실리고는 그만이었으니, 붓을 꺾어버렸던 것이다. 1948년 《신세대》 5월호에서 시인이며 소설가인 설정식과 나눈 이야기이다.

> 홍 : 참 나는 그래도 문학 덕에 10여년은 먹고살았지요. 지금도 친구들이 그 림꺽정을 어서 계속해서 쓰라고들 허지만 워낙 밥 얻어먹을려는 계획하에 전설 나부랭이를 모아다가 어떻게 꾸며놓은 것이니 무어 문학작품이라고 할 게 되어야지요. 작품이 "남이야 못생겼다고 해도 내 자식이니 귀엽다"고 하는 격으로 내 마음에나 생각이 있어야 될 텐데 하도 불만하니까……
>
> 설 : 자기에게 만족한 작품이라는 게 자고로 어디 많이 있었습니까. 지금 말씀이 생계로 림꺽정을 쓰셨다고 하지만 발작도 빚에 몰려가면서 총총하게 쓴 작품이 제일 좋다고 하든군요.
>
> 홍 : 하긴 나도 생활문제나 기타 모든 문제가 해결되면 다시 작품 제작에 손을 대볼까도 합니다.
>
> 설 : 해결되겠지요. 이번에 완결되어서 나오는 림꺽정전은 저이가 크게 기대를 가지고 있습니다.
>
> 홍 : 림꺽정전은 사실 아라사문학 읽은 덕이지요.
>
> 설 : 그것 재미있는 말씀인데요.
>
> 홍 : 림꺽정전은 저 노서아 자연주의 작가 '쿠푸린-'의 '……' 담(譚)이라는 것이 있지 않아요. 그게 장편소설인데 토막토막 끊어놓으면 모두 단편이란 말야. 그러니까 이건 단편소설이자 곧 장편소설루두 재미가 있단 말야. 그래서 림꺽정전 힌트를 얻었지요.

설 : 사실 저도 그런 것을 하나 구상중입니다. 그런데 노서아소설을 원문으로 보셨는가요.

홍 : 웬걸 번역으로 보았지요. 노어는 배우다 말었지요. 내 외국어는 형편없지. 일본 말이 그래도 제일 나았서. 그것은 잊어버릴려도 안 잊어버려져.(웃음)

1949년 2월 조선민주주의인민공화국 대표단 단장으로 소련을 찾아보았다. 6월 「조국통일민주주의전선」 중앙위원회 상무위원으로 뽑혔다. 최고인민회의 제1·2·3·4기 대의원과 상임위원회 부위원장을 하였고 조선로동당 군사위원, 「사회과학원」 원장, 「조국평화통일위원회」 위원장, 「올림픽위원회」 위원장을 하였고, 대표단장으로 중국과 동독을 찾아보았다. 두 차례에 걸쳐 국기훈장 제1급 수훈. 1968년 이승을 떠나 애국열사릉에 묻혔다.

벽초가 열여섯에 낳은 맏아들 홍기문(洪起文, 1903~1992)은 신라시대 향가 연구 도꼭지로 뛰어난 국어학자이자 한학자였다. 아버지 뒤를 이어 독립운동을 하였으며, 1947년 평양으로 가서 사회과학원 원장과 최고인민회의 상설회의 부의장을 지냈고, 『리조실록』과 『팔만대장경』을 우리말로 옮기는 데 채잡이를 하였다. 홍명희가 평양으로 올라가 좌익 쪽과 줄대게 된 데는 공산당원이었던 둘째아들 홍기무(洪起武)와 그 밑 딸 홍기연(洪起然), 그리고 김삼룡 친조카뻘로 벽초 밑에서 언론계에 몸담았던 김기환이 고리구실을 하였다. 벽초가 이들 곁부축으로 평양을 처음 찾았던 것은 1946년 3월 끝무렵이었다. 벽초 손자 홍석중은 할아버지 뒤를 이은 소설가로 그가 쓴 소설 『황진이』가 대한민국 창작과비평사가 주는 '만해문학상'을 받았다. 2006년 6월 5일 8·15 다음 맨처음으로 북쪽 저작권자인 홍석중과 남쪽 출판권자인 사계절출판사 사장 강맑실이 평양에서 만나 '임꺽정 출판권 설정 계약'을 맺고, 1986년부터 남쪽에서 팔린 『임꺽정』인세를 주었다. 1996년부터 벽초 옛살라비인 충북 괴산과 청주에서 '벽초 홍명희 문학제'를 열고 있다. 2008년 1월 『임꺽정』 10권이 4판으로 나왔다.

설정식과 함께 벽초를 찾아갔던 《신세대》 기자가 쓴 머리글 어섯이다.

간반이나 될까. 병풍으로 둘러막은 이 안채 협실은 주인을 제하고 객이 세 사람만 안고 보면 서로 친숙한 사이가 아니라도 무릎에 무릎을 포갤 수밖에 없으리만큼 협착한

방이다. 대당수(大黨首)의 거처로는
실로 내객이 도리어 민망할 지경이
나 두루 한번 다시 안두(案頭)에 한
서 양서며 그 우에 놓인 확대경하며
한매(寒梅) 이미 향을 지운 향긋한
구석마자 고루 티끌 하나 없이 깨끗
한 것을 보면 역시 가난한 나라의 선
비의 살림살이로는 이만하면 족하다
고도 하겠다.

조선민주주의인민공화국 초대 내각. 앞줄 오른쪽부터
김 책, 홍명희, 김일성, 박헌영.

조선민주주의인민공화국에서 박
헌영과 함께 초대 부수상을 하였던 벽
초였다. 1948년 10월 상순 나온《새한
민보》기사이다.

김일성내각조직
　평양방송에 의하면 북한의 조선민주주의인민공화국은 초대 수상 김일성씨를 중심
으로 그 조직이 완료되었다는데 그 각원은 다음과 같다.

수　상	김일성
부수상	박헌영
	홍명희
	김　책
국가기획위원장	정준택
민족보위상	최용건
국가검열상(국방상)	김원봉
내　상	박일우
외상(겸)	박헌영
산업상(겸)	김　책
농림상	박문규
상업상	장시우
교통상	주녕하
재정상	최창익
교육상	백남운
체신상	김정주

사법상   리승엽
문화선전상   허정숙
로동상   허성택
보건상   리명남
도시경영상   리 영

2. 넘쳐 넘쳐 흘러 돌아오지 않는 낙동강

조 명 희 ^{1894~1938}

　(서울통신) 조선문학계에 불멸의 공적을 남긴 「포석」 조명희씨는 단편집 『낙동강』
을 남기고 17년 전 표연히 고국을 등진 후 소식을 끊고 안부조차 막연하였는데 해방과
더부러 죽은 줄만 알았던 씨가 소련 하바롭스고대학 조선문학과 교수로 활약하여 이역
에 있어서도 조선문학 발전의 전위로써 활약하여 조선사람으로써 단 하나인 스딸-린
문학상까지 밧고 그 명성을 전로에 떨치고 있다는 사실을 알려주었다 스딸-린상까지
바든 포석 조명희씨란 어떠한 분인가 시인이며 또 씨의 당질인 조벽암씨에게 포석의
이모저모를 들어보기로 하자

　《해방일보》 1946년 4월 29일 치 기사이다. 「이역에 찬란한 조선문학」이라는 제목
아래 '조명희 씨 쏘련서 활약」— 쓰딸린문학상 수상자—' 라는 버금제목이 달려 있다.
기사는 이어진다.

　포석 조명희씨는 충북 진천 출생으로 당년 55세 동양대학 철학과를 졸업하였는데
재동경시 처녀작으로 조선 최초의 희곡집 [김영일의 사]를 가지고 고국으로 도라와 상
연하였는데 이 공연은 토월회(土月會) 이전이며 그 반향은 컷다 타-골을 숭배하는 순

'붉은 경찰'에게 죽임당한 '인민작가' 조명희.

정가이며 극빈에 못익여 가두에 나와 팟죽장사도 하고 과일장사를 한 적도 있는 만큼 그의 생활의식은 당시부터 철저하였고 그의 사상도 또한 당시의 선봉이었다 씨는 일세의 센세이슌을 일으킨 단편집 『낙동강』을 남기었는데 전 조선 사회에서 갈채를 받은 작품으로 당시 치열한 프로문학에 빛나는 금자탑을 쌋던 것이다 그리고 시를 좋아하는 씨는 재동경시에 벌서 조선 최초의 시집 『봄 잔디밭 위에서』라는 로-맨틱한 작품을 가졌었다 씨의 영향을 받은 작가로서는 특히 이기영씨 한설야씨 정지용씨 등 현재 조선 문학계의 중진들을 들 수 있다 친우로서는 고 김수산(金水山)씨가 있었는데 그는 자기 부모에게 유서를 남기지 안코 포석에게 유서를 남긴 사람으로 그 우정은 너무도 유명하다 이러한 씨는 17년 전 ML당사건 관계로 간도로 잠행 그후 연해주에서 활약하게 되었는데 현금 소련 연해주에 장성(長成)한 조선문학은 국내보다 훨신 장족의 발전을 하고 있다고 하니 씨의 조선문학계에 남긴 공적은 진실로 거대하다고 아니할 수 없다

이 위대한 조선의 문학가를 숙부로 가진 조벽암씨는 포석의 작품「낙동강」을 새로이 출판할 계획을 세우고 있다 하니 조선문학의 주옥을 보게 될 날도 멀지 않을 것이다

포석(抱石) 조명희(趙明熙)는 1894년 8월 10일 충북 진천군 진천면 벽암리에서 스러진 유생의 네 아들 가운데 막내로 태어났다. 4살 때 아버지를 잃고 둘째언니 댁에 살며 서당에서 진서를 익히다가 진천소학교를 나왔다. 1910년 서울로 올라가 중앙고등보통학교에 들어갔는데, 한학자로 세속을 등지고 지리산으로 들어간 맏언니 공희(恭熙) 입김을 받아 애국적 영웅 전기들을 즐겨 읽었다고 한다.

북경사관학교에 들어갈 작정으로 중앙고보를 그만두고 서울을 떠났으나 평양에서 둘째언니에게 잡혀 집으로 되돌아오게 된 것이 1910년 한일병탄이 일어나던 해였다. 『삼국지』『수호지』같은 중국 옛 책과 우리나라 옛 책 그리고 빅토르 위고 『레미제라블』을 읽으며 문학에 뜻을 두게 된다. 똥구녁이 찢어지는 찰가난 속에서 뽕나무 장사를 하고 금점판을 떠돌며 날품팔이를 하다가 1919년 3 · 1운동에 들어 몇 달 징역살이를 하였다. 형무소를 나온 다음 스스로 극본을 써 군내를 돌며 공연을 하다가 친구 도움으로 일본 동경으로 간다. 도요(東洋)대학 철학과에 들어갔으나 배움비발과 살림 씀씀이를 댈 수 없어 닥치는 대로 막노동을 하면서도 사상 · 철학 · 문학에 깊이 들어가게 된다. 1920년 봄 극작가 김우진(金祐鎭)과 함께 「극예술회」를 얽고 동경 유학생 가운데 고학생과 노동자를 위한 회관 건립 밑돈을 마련하고자 1921년 7~8월 국내 여러 도시를 돌며 연극

충북 진천과 우즈베키스탄 타슈겐트에서는 해마다 스탈린주의에 희생된 조명희를 기리고 있다.
뒷줄 왼쪽 네번째가 조명희 외손자 김안드레이. (사진 출처 : 타슈겐트 한국학센터)

공연을 하였는데, 〈김영일(金英一)의 사(死)〉도 들어 있었다. 1923년 귀국하여 펴낸 것이 시집 『봄 잔디밭 위에』였다.

평양에서 나온 『조선전사』에 나오는 대문이다.

시 《봄잔디밭우에》는 빼앗긴 조국에 대한 그리움과 슬픔을 자나깨나 어머니를 그리며 따르는 어린아기의 심정에 대비함으로써 서정적주인공— 시인의 조국에 대한 절절한 그리움과 뜨거운 사랑의 감정을 실감있게 표현하고 있다.

내가 이 잔디밭 위에 뛰노닐 적에
우리 어머니가 이 모양을 보아 주실 수 없을까
어린 아기가 어머니 젖가슴에 안겨 어리광함같이
내가 이 잔디밭 위에 짓둥굴 적에
우리 어머니가 이 모양을 참으로 보아 주실 수 없을까

미칠 듯한 마음을 견디지 못하여
엄마! 엄마! 소리를 내었더니

땅이 우에! 하고 하늘이 우에! 하오매
어느 것이 나의 어머니인지 알 수 없어라.

1925년 카프에 들어간 포석은 《개벽》에 첫솜씨인 자전적 단편소설 「땅 속으로」를 선보이고, 26년 「R군에게」, 「마음을 갈아먹는 사람들」, 「저기압」, 「새거지」, 27년 「농촌사람들」, 「동지」, 「한여름밤」, 「낙동강」, 28년 「춘선이」, 「이쁜이와 용이」, 「아들의 마음」을 선보이면서 민족모순과 계급모순을 한 가지 두동진 꼴로 깨닫고 그것을 뛰어넘으려는 세찬 작가의식을 보여준다. 민족모순과 계급모순을 안받침하고 있는 것이 식민지 농촌 끔찍한 가난이라고 보았던 것이다. 조카인 조벽암(趙碧巖, 중흡)과 주고받은 이야기이다.

"너는 어느 과목을 제일 좋아하느냐?"
"문학이어요."
나는 솔직히 대답하였다.
"아서라. 문학은 밥을 굶는다. 더욱이 조선서는⋯⋯."
"그렇지만 밥 굶는 것이 무서워서 설마 못할까요?"
"하고 싶은 것을 못하는 것도 어려운 일이지만 밥을 굶는 일도 무던히 어려운 일이다. 설마가 두려운 것이니까."
하시며 포석은 나를 물끄러미 쳐다보고 어느새에 나왔는지 모르게 굵은 눈물방울이 덤벙 그의 볼을 스쳐 내렸다. 나도 속없이 따라 울었다. 한참 후에 내 손을 덥석 쥐시더니
"중흡아! 정 문학이 하고 싶으면 고농(高農)을 가보아라. 농사를 지으면서 하면 좀 덜 굶을 수도 있잖을까⋯⋯. 그렇다고 내가 지금 굶는 것이 싫어서 그러는 것은 아니다만⋯⋯."

1927년 《조선지광》 7월호에 선보인 「낙동강」으로 드날리는 이름을 얻었지만 팔자처럼 달라붙는 찰가난은 떨어지지 않았다. 1928년 7월 러시아로 달아나게 되는 것도 왜경들 사나운 눈길 탓도 있지만 새로운 세계로 가서 지긋지긋한 찰가난을 벗어나 보자는 생각이 컸을 것으로 보인다. 더구나 그때 러시아는 노동자와 농민이 주인인 '인민의 나

라'라는 믿음이 널리 퍼져 있던 때였다. 그 어름 포석 모습이다.

（…） 포석과 민촌과 자주 만나게 되었고 또 이 세 가난뱅이는 마침 가까운 지점에 살고 있어서 문학 이야기 외에도 자주 만날 기회가 있었다

민촌이나 나는 그 찌긋찌긋한 가난에 대해서 마치 무슨 면역성이나 생긴 듯이 별로 대책이랄지 그런 생각을 가져본 일이 없었지만 시인적 정열이 넘치는 포석은 늘 가난과 싸울 적극적인 의사를 가지고 실과행상 팟죽장사 등 우리가 상상도 못하는 안을 내고 또 마침내 그 실행에까지 나아갔었다 포석의 말을 빌면 몽당두루막이와 천칭봉(天秤棒)과 거게다 두 개의 광주리와 그것에 채울 실과 살 자금만 있으면 간단히 된다고 하더니 끝내 시인 포석이 일조에 실과장사 포석으로 가두에 진출하였으나 아깝게도 시인의 생활 제일직은 문허지고 말았다 그러나 그는 수많은 가족을 가지고 가난에 쪼들리면서도 조금도 그것을 비관하거나 낙망하거나 자기(自棄)하는 일은 없었고 언제 보아도 고요하고도 정열적이요 사색적인 그 전형적인 시인의 믿음성 있는 침착한 얼굴을 우리들에게 보여주었다

한설야가 쓴 「포석과 나」 한 어섯이다. 《조선인민보》 1946년 5월 24일 치. 스탈린문학상을 받았다는 《해방일보》 오보를 보고 쓴 글로 보인다. 포석에 대한 한설야 그리움은 이어진다.

강렬한 내재력을 시인적인 고요한 사색 가운데서 발산하는 그 호수와 같은 깊이를 가진 눈 그리고 양안(兩顏)까지 내려드린 차붓한 머리까지 그의 시인적 면모를 돕는 것으로 지금도 무한한 추억과 함께 눈에 선이 보이고 있다 결코 격하는 일이 없으면서도 그 웅글고 선율적인 언성에 실려나오는 정열은 그의 굳센 의지를 말하고 그의 박력을 말하는 것이었다 그는 양은 적으나 애주하는 편이었다 그러나 우리들 세 사람은 한잔 술을 살 여유도 없어 늘 석천(石天)군의 주머니를 털어서 청흥(淸興)을 주석에 찾었다 마침 석천군의 주인집이 뒷술 파는 집이어서 우리들은 오아시쓰나 찾듯이 자주 그 집에 모였는데 한번은 술 많이 먹을 내기까지 하여 네 사람 다 곤죽이 된 일이 있다

『위스키 먹을 내기하면 내가 약하지』하던 그때의 포석의 말을 나는 지금도 무한한 우정과 함께 회상하고 있다 언제 그가 돌아와서 참말 한번 워드카 많이 마실 내기를 하

게 될지?

　　그러나 '조선문학계에 불멸의 공적을 남긴' 조명희가 위스키도 보드카도 마실 수 없게 되었다는 것을 한설야는 꿈에도 모르고 있었다. 한설야와 함께 허물없는 사이였던 민촌 이기영도 모르고, 조카 조벽암도 모르고, 〈낙동강〉을 높이 기렸던 팔봉 김기진도 알 리 없었다. 위스키나 보드카를 살 돈이 없어서가 아니라 그 독한 물몬을 마실 수 있는 입이 달린 몸뚱이가 없어져버린 것이었다. 〈낙동강〉을 읽은 김기진 느낌이다.《조선지광》 1927년 8월호.

　　이만큼 감격으로 가득 찬 소설이— 문학이 있었던가. 이만큼 인상적으로 우리들의 눈앞에 모든 것을 보여준 눈물겨운 소설이 있었던가. 이것은 어떤 개인의 생활기록이 아니다. 이것은 현재 조선— 1920년 이후 조선 대중의 거짓없는 인생기록이다.
　　천년을 산 만년을 산
　　낙동강! 낙동강!
　　하늘가에 가—ㄴ들
　　꿈에나 잊을소냐—
　　……
　　재래의 공상적 행방불명의 빈궁소설의 무조직에 비하여 이 작품은 획시대적 작품이다. 조명희군은 「저기압」에서 「낙동강」으로 비약하였다. 제2기에 선편을 던진 우리들의 작가가 나타난 것같이 생각된다.

　　민족해방과 계급해방을 위하여 총 대신 붓을 들고 싸우던 진보적 민족주의자이며 사회주의자였던 포석 조명희가 사바세계를 떠난 것은 1938년이었다고 한다. 이기영·한설야와 함께 친일 생채기가 없는 거의 오롯한 볼셰비키 작가였던 포석에게 '쓰딸린문학상' 대신 '일제 첩자'라는 덤터기를 씌워 총살해버린 것은 소비에트 붉은경찰이었다. 처자와 노모를 넣은 여섯 식구를 고국에 남겨둔 그의 향수 45.
　　1934년 「소련작가동맹」이 세워질 때 들어가 움직이다가 1936년부터 하바롭스크 「소련작가동맹」 원동지부 지도부에서 일하며《노력자의 조국》 책임편집위원을 하였다고 한다. 산문시 「짓밟힌 고려」, 「10월의 노래」, 「볼셰비키의 봄」, 「5월 1일 시위 운동장에서」, 「아우 채옥에게」 같은 것을 썼다고 한다. 장편소설 『붉은 깃발 아래서』와 『만주 빨찌산』을 썼다고 하나 전해지지 않는다. 소비에트 삶 10년 동안 찰가난은 벗어났을까?

1935년 7월 하바롭스크에서 나온 《선봉》 30호에 실린 조명희 글 한 어섯이다. 「조선의 노래를 개혁하자」.

조선의 옛 노래를 말하자면 시조나 민요를 들겠는데, 시조도 여러 가지 종류가 있으나 우리가 흔히 들을 수 있는 평시조로 말하면 이것은 조선의 봉건시대 지배계급이 부르던 운문시다. 이 노래를 들을 때에 긴 소매에 큰 갓을 떨친 소위 '군자' – 양반들이 높은 집에 걸터앉아 착취에 기름진 몸, 마음조차 한가로운 처지에서 부르던 모양이 우리의 눈앞에 어른거리며 따라서 경제문화가 더구나 기계문명이 발달되지 못한 그 시대 사람의 생활, 행동, 감정이 모두 다 완만함을 설명하고 있다. 이와 같이 하품 속에서 나오는 듯한 느릿-느릿한 곡조를, 생활감정이 바퀴같이 돌아치는 자본시대에서도 취하여 쓰기에는 너무도 답답증이 나겠거든 하물며 혁명에 몸이 달고 건설에 마음이 끓는 무산계급시대에서 부를 수가 있을까? 없으리라고 생각한다.

그 다음에, 민요는 봉건시대 피지배계급 즉 평민들의 노래이다. 여러 천년을 두고 압박과 착취의 굴레 속에서 끌리어 오던 피지배계급으로서 반항과 폭동이 있었으며(홍경래 사설이나 기타 농민 일규의 형태로 일어나는 민요-평민의 요라는 뜻-가 흔히 있었음을 우리가 잘 안다) 따라서 꿈틀거리는 검은 핏속에서 울리어 나오는 듯한 원한과 복수의 소리가 있었을 것이며 압박의 바윗돌을 떠들고 일어나서 착취의 성락에다 폭발탄을 터치어 놓는 듯한 반항의 노래가 꼭 있었으련마는 그 시대 지배계급의 거칠은 탄압이 이러한 노래를 씨도 없이 쓸어없앤 까닭인지, 후세에 와서는 흔적조차 얻어볼 수 없으며 오직 남아 있는 것이라고는 약자의 한숨이요, 노예의 눈물인 센티멘탈리즘의 노래뿐이다.「수심가」를 들어 보아라.「아리랑 타령」·「애원성」·「고부타령」을 들어보아라 어느 것이 우는 소리가 아닌가? 그렇게 되고 말았을 일이다. 그 시대 지배계급이 피지배계급의 반항의 정신·의식을 마취시키고 말살시키려는 사상의 '형틀'인 숙명철학의 동굴 속에서 가난도 팔자, 부자도 팔자, 죽음도 삶도, 빼앗는 놈도 빼앗긴 놈도, 때린 놈도 맞는 놈도, 다 팔자라고만 생각하는 노예나 농노들이 자기의 아픔을, 원한을, 다만 소극적 퇴폐적 감정과 눈물 속에만 묻어 놓았을 수밖에는 별 수가 없었던 것이다. 이러한 노래들의 곡조를 우리가 취하여 올 수가 있을까? 이것도 안될 일이다. 그런데 민요나 가사 가운데서도 부분적으로 취할 만한 것이 있으니, 단가나 타령조나 정악타령의 곡조같은 것은 쾌활한 율동적이며 즐겁고도 씩씩한 느낌을 준다. 연성룡 동무가 지은 「씨를 훨훨 뿌려라」나 「진격 어선이 나아간다」도 이 노래들 가운데서 곡조를 떼어온 것이다. 이 노래를 들을 때에 콜호즈니크들이, 어장의 노력자들이 얼마나 흥미 나겠는가? 이야말로 민족적 형식에다가 사회주의적 내용을 담은 적절한 노래이다.

매국칠적 가운데 하나였던 조중응(趙重應,1860~1919) 푸네기라는 것에 괴로워한 양주 조씨(楊州趙氏) 조명희였는데, 러시아로 뺑소니친 것도 그런 괴로움 밑뿌리인 조선 땅을 벗어나려던 것으로 보인다. 비슷한 경우에 '단(丹)'으로 유명짜한 봉우(鳳宇) 권태훈(權泰勳, 1900~1994)이 있으니 을사오적 가운데 하나인 권중현(權重顯, 1854~1934) 조카였던 그는 젊은 시절 만주로 내빼 북로군정서 '상승장군' 김규식(金圭植,1882~1931) 장군 밑에서 무장독립투쟁을 벌였던 적이 있는 것이다.

3. 고향 떠나 두만강으로 간 볼셰비키 인민작가

이 기 영 ^{1895~1984}

당신이 현 문단의 인기적 작가임에
아마도 누구나 이의가 없으리라
그러나 대가엔 부주(腐柱)가 위험하다
이광수의 옛날의 지위는 당신 차지다
그런 것이 역사적 필연성이니
당신은 반드시 역사에 감사하여서
다시 더 참다운 역사성에 충실하여라
소극적 만네리즘에 자경자숙하여라

당신의 문학적 본령은 '고향'이 대표한다
그러나 'イ ロ ヘ' 판은 번역이 표열하여
원작의 향기를 석사(惜死)하고 있는 듯하다
'고향'이 만부나 팔렸다 하니
조선적 인세의 박수(薄酬)를 위안하여라
당신이 어른된 문학적 '고향'이

늘그막 이기영. 수많은 일벗 작가들이 죽임 당하거나 집필금지령을 받을 때
북 문단을 모두 걸머지고 있던 그는 무슨 생각을 하고 어떻게 움직였을까?

어길 수 없는 카프의 요람이어든

그 시대의 정신을 새롭게 발휘시켜라

당신의 '서화'를 낭화(狼火)로 연소시켜라

시절은 이제야 맥추(麥秋)를 엿보는데

당시의 '맥추'를 수확하여라

당신의 '어머니'는 아직도 소녀기니

무어라 비평할 시기가 상조이나

흥미를 노리는 통속적 자장가를 경고하라

고리끼의 '어머니'를 숙독하여 배우라

애기를 키우는 '어머니'엔

모성애가 생명이고

'어머니'를 키우는 작가에는

현실적 사회애가 좋은 젖이다

'이기영(李箕永)'이라는 제목 아래 쓰여진 김용제(金龍濟) 시이다. 「문단 풍자시」라는 큰제목 아래 모두 9명 시인 · 작가 · 평론가들 이름이 올라 있으니, 이기영 · 백 철(白 鐵) · 임 화(林 和) · 장혁주(張赫宙) · 박영희(朴英熙) · 한설야(韓雪野) · 엄흥섭(嚴興燮) · 유진오(兪鎭午) · 이북명(李北鳴)이다. 《비판》 1937년 9월호.

제1회 '국어문예총독상'을 받은 시인 겸 평론가 금촌용제(金村龍濟)가 풍자시로 다루고 있는 문인들 가운데 친일 생채기가 비교적 적은 이기영과 한설야 두 사람에 〈낙동강〉 작가 포석 조명희를 넣어 '카프트로이카'라고 불렀을 만큼 세 사람은 인간적으로 나 사상적으로 스스럼없는 사이였다.

이기영은 1895년 충남 아산(牙山)에서 충무공 이순신 12대손으로 태어났다. 4살 때 천안으로 집 옮겨 서당에 다니며 진서 공부를 하다가 11살 때 아버지와 최승희(崔承喜) 남편인 안 막(安 漠) 아버지 안기선, 무관학교 출신 심상만을 일으킨 이로 하여 세워진 영진학교에 들어갔다. 20살에 무과출신하였으나 벼슬자리를 못 얻어 서울 대가댁 출입을 하며 양반상놈 가리지 않는 어쓱한 무가 흐름새로 술을 좋아하는 아버지였는데, 어머니와 함께 아버지를 미워하며 죽어도 술을 안먹는다고 마음 다졌다.

1908년 14살 때 두 살 위인 한양 조씨와 혼인하였으나 어린 나이에 아버지 억지로 한 혼인이었으므로 부인한테 정이 없어 뒷날 다른 여자와 살게 된다. 15살 때 아버지가 뿡 빠져 큰고모댁 행랑살이를 하였고 독선생으로 들어가 살며 학교를 마친 것이 16살 때였는데, 아버지가 부잣집 사둔 마름 노릇을 하여 살아갔다. 17살부터 23살까지 책방 점원, 막일꾼패 통역과 날품팔이, 행상, 굿일꾼, 유성기 약장수를 하며 집을 나가 마산·부산·인천까지 갔다가 아버지한테 붙들려 왔다. 진서와 왜글·왜말에 쾡하고 고대소설·신소설을 두루 읽다가 기독교에 끌리게 되는데, 새로운 학문과 알음알이에 목말라 하던 젊은이에게 기독교는 어지러운 세상을 건질 수 있는 구멍수로 보였다. 예수교 여학교 선생을 하다가 3·1운동 물너울에 휩쓸렸고 1922년 일본 동경 세이고쿠영어학교에 들어가 영어를 배우며 러시아 소설들을 골똘히 읽기 비롯한다. 그리고 기독교와 연줄을 끊는다.

성경의 교리란 게 논리적으로도 모순되는 것은 고사하더라도 목사를 위시한 소위 교역자란 자들의 행실이 그야말로 양의 털옷을 입은 승냥이와 같았다. 한번 그 속을 알게 된 나는 날이 갈수록 예수교에 대하여 환멸과 반항심을 가지게 되었다. 교회는 허위와 위선으로 가득 차있으며 소위 선교사란 자들은 종교의 탈을 쓰고 침략의 미수를 뻗치고 있는 제국주의 앞잡이들이었다. 나는 날이 갈수록 예수교의 위선적 흑막이 더욱 똑똑히 보이어서 마침내 교회를 떠나고 말았다. 나뿐 아니라 속을 모르고 믿었던 당시 청년들도 교회를 차차 멀리하였다.

이기영은 고국에서부터 알고 있던 홍진유(洪鎭裕)와 동경에서 만나 한 셋집에서 밥을 끓여 먹으며 고생스럽게 공부를 한다. 대서업자한테 글씨품을 팔며 세이고쿠영어학교 야간을 다니다가 귀국한 것은 1923년 동경대지진을 겪으면서였다. 귀국하기 전 조선 유학생들 모임에서 조명희와 만나게 되는데, 사회주의운동가로 나서는 홍진유와 함께 이기영 삶에 대수로운 동무가 된다.

홍진유가 얻어다 주는 〈자본주의의 기구〉라는 팸플릿을 처음 읽어보고 맑스주의 책들을 즐겨 읽었으며, 러시아문학을 알게 된다. 푸시킨·고골·톨스토이·투르게네프·체호프·고리키 작품을 읽었는데, 그 가운데서도 고리키 작품에 빠져 들었다. 그때 속마음이다.

참으로 쏘비에뜨문학은 나의 인생관과 세계관을 확 바꿔놓게 하였다. 나는 그때까지 계급사회의 모순을 분명히 해명하지는 못하였다. 이 세상이 옳지 않은 것은 알았지만 무슨 까닭으로 그렇게 되었는지 과학적·이론적으로 그 원인을 해명할 수 없었다. 그것은 마치 운애가 낀 먼 산을 바라보는 것과 같이 유심론의 너울이 가리어서 나의 심안에 계급사회의 윤곽이 뚜렷이 보이지 않았다. 그랬던 것이 쏘비에뜨문학-프롤레타리아 문학작품과 사회주의 서적을 읽어감에 따라서 나는 계급의식에 눈을 뜨게 되었다.

귀국하여 습작을 시작한 이기영은 단편소설 「오빠의 비밀편지」가 《개벽》 현상문예에 3등으로 입선하여 소설가 길을 걷게 되니, 1924년 30살 때였다. 포석 뒤스름으로 조선지광사에 들어갔고, 동경에서 출옥한 홍진유가 귀국한다. 단편 「가난한 사람들」, 「오 남매 둔 아버지」, 「외교관과 전도부인」, 「고난을 뚫고」, 「원보」를 선보인다. 1928년 무정부주의자 연합기관인 '흑기연맹사건'으로 징역을 살던 홍진유가 병사하고, 8월 21일 포석이 소련 연해주로 망명한다. 단편 「제지공장촌」을 선보이고, 1931년 제1차카프사건으로 전주형무소에 갇혔다가 기소유예로 풀려나고, 《조선지광》 폐간으로 일자리를 잃고, 《중외일보》 휴간으로 장편 『현대풍경』 연재가 끊어지면서 몹시 가난에 시달린다. 「한설야와 나」라는 이기영 글이다.

1925년 봄에 조선지광에 한설야의 평론이 처음 발표되었다. 이 논문은 당시 반동문학의 두목격인 이광수와 노자영 등의 문학을 비판한 것으로서 주목을 끌었다. 이 글을 보고 포석은 "됐소. 패기 있는 신진이 나왔소!" 하며 의미 있는 미소를 띄었다. 그후 얼마 안 되어 설야가 서울 청진동에 있는 조선지광사에 나타났다. 그는 후리후리한 키에 양복을 조촐하게 입고 있었다. 그때 조명희, 최서해, 나 세 명이 그를 만났다. 조명희와 나는 두루마기를 입고 있었다. (……) 포석이 말을 이었다. "이광수도 더 쳐야 하며 김억이도 쳐야겠소"하며 그는 정열적으로 이야기를 이끌었다. (……) 그러나 카프 창건 직후에 프롤레타리아 문학의 발전의 길은 그리 순탄하지 않았다. 당시 우리들은 우익부르주아 반동작가들, 소위 '순수문학'파들, '해외문학'파들과 싸워야 하였을 뿐만 아니라 맑스주의의 탈을 쓴 아나키스트들과도 싸워야 하였고 이들과 타협한 대열 내에 잠입한 기회주의자들과도 투쟁하지 않으면 안되었다.

이기영한테 '민촌(民村)'이라는 아호를 지어준 것은 벽초 홍명희였다. 1927년 단편
집 『민촌』이 나오면서 이기영 이름이 문학동네에 크게 새겨지게 되었을 때, 벽초가 "호
가 어떻게 되느냐?"고 물었고 "없다"고 하자 "그럼 민촌으로 하지"해서 된 것이었다.

카프 대표 작가였던 민촌이 「혁명가의 아내와 이광수」라는 글을 쓴 것은 1933년이
었다. 《비판》 4월호에 실린 것으로, 알맹이만 추렸다.

이 소설에는 요부와 같은 여류혁명가라는 여주인공인 방정희가 있고 알부랑자 비슷
한 혁명가 공산이라는 부주인공이 있는데 이야기의 줄거리를 추려보면 이 소설의 제목
과는 놀랄만치 엉뚱하게 그저 추잡한 치정관계를 추악하게 그린 것뿐이다.

방정희라는 모여자고보를 졸업한 신여성이 학비의 보조를 받은 강의사(그때는 의전
학생이었다)와 연애를 하다가 삼방약수터에서 공산을 처음 만나가지고 혁명가적(?)
인물에 홀딱 반해서 공과 연애를 하게 되었다. 그래서 동거를 하게까지 되었는데 공의
사상에 감화가 되어서 자기도 첨단적 여류혁명가가 되었다 한다. 그런데 공산의 폐결
핵이 점점 심해져서 와병하게 되자 장근 일 년 동안 성적으로 주린 그의 아내 방정희는
성욕을 더 참을 수가 없어서 다 죽어가는 병부를 어서 죽으라고 날마다 두어 숟갈썩 떠
먹게 하는 구미 당길 약병을 발길로 차서 엎질러 버렸다. 그래서 풍파가 났다. 그때 마
침 공산에게 정맥주사를 놔주러 오는 그 이웃에 살던 의전학생 권오성을 그 전부터 욕
심내고 있던 방정희는 그날 밤에 병부의 옆에서 자다가 병부가 낮에 싸움한 탓으로 피
를 많이 쏟고 병세가 덧쳐서 마취약을 먹고 혼도한 틈을 타 미리 자기의 금침을 펴놓고
의전학생을 재워둔 건너방으로 살짝 건너가서 겨울의 긴긴밤이 일분과 같이 짧도록 간
통의 단꿈을 꾸었다. 그 후로 남편의 병세는 더한 데다가 정희는 의전학생 권오성에게
아주 정신이 빠져서 허둥지둥 하는 바람에 남편의 간호도 부주의하였고 따라서 공산이
도 정희와 권오성과의 불순한 관계를 눈치채게 되자 중병에 상심까지 더하게 된 공산
은 마침내 그 이듬해 정초에 죽어버리고 말았다.

그런데 부상을 당한 정희는 남편의 시체를 파묻고 오는 길로 바로 며칠 있다가 온양
온천으로 권오성과 같이 미진한 육욕을 채우러 밀행하였는데 육적 향락이 불과 일주일
에 자기의 임신한 것을 알게 되자 정희는 그만 낙담실색해서 정부 권오성에게 폭행을
하다가 권이 발길로 차는 바람에 정희는 다량의 하혈을 하고 유산까지 하게 되었다. 이
꼴을 본 권오성은 대경실색해서 치료약재를 사러 간다고 그 길로 도주해버렸다. 그래

서 정희는 할 수 없이 공산의 동지인 여와 어멈의 구호로 다시 서울로 올라와서 공교히 치료를 받게 된 의사가 옛날 정희의 첫 애인이던 강의사였다. 그래 그에게 지성껏 치료를 받았지만 정희도 또한 그 길로 죽고 말았다는 것이 이 소설의 종말이다.

민촌이 춘원에게 하는 타이름이다.

쥐는 쥐인 척하는 것이 오히려 제격에 들어맞는 법이다. 작자는 여실하게 부르조와 연애소설이나 쓰던지 그렇지 않으면 그들의 비위에 맞는 강담소설이나 쓸 것이지 아예 이와 같이 무모한 경거망동의 만용은 부릴 것이 아니다. 아무리 관념론자이기로 이만한 이해관계는 구별할 만한 두뇌가 있어야 할 것이 아닌가!

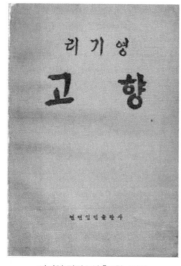

이기영 장편소설 『고향』 겉장.

주인공 이름을 '공산'이라고 한 것부터 맑스주의자를 색골로 그린 이광수 장편소설 명색 『혁명가의 아내』를 꾸짖고자 쓴 것이 '변절자의 아내'였다. 《신계단》에 이어싣기로 하였으나 1회분만 실리고 원고를 빼앗긴다. 카프 작가들에게 더욱 모지락스런 일제 검열을 뚫고 발표한 것이 중편 「서화(鼠火)」였는데, 3·1운동을 앞뒤로 한 농민들 삶을 속속들이 현실 속에서 그렸을 뿐 아니라 농민들이 두루 지니고 있는 소소유자로서 두길보기를 거짓없이 보여준 작품으로 높은 값을 받았다.

1933년 7월 17일부터 8월 끝 무렵까지 한 40일 동안 고향 성불사(成佛寺)에서 쓴 것이 『고향』이었다. 한 2,000장 되는 애벌글로 생각이 잘 풀리는 날에는 100장 위를 쓴 적도 있을 만큼 검님이 올랐던 민촌이었다. 1933년 11월 15일 치부터 이듬해 9월 21일까지 《조선일보》에 이어실려 독자들한테 커다란 손뼉을 받은 『고향』은 검열로 꺾자당한 곳이 적지 않았음에도 2,500장을 넘는 부피였다.

그런데 『고향』을 이어싣던 8월 25일 딴이름 신건설사사건 곧 제2차카프사건이 터지면서 민촌은 전주형무소에서 16개월 동안 징역을 살게 된다. 잡혀간 카프 동아리들이 모두 200명이나 되었는데, 프로문학 이론적 목대잡이였던 김기진·박영희 같은 거의 모든 카프맹원들이 사상 전향을 하게 된다. "얻은 것은 이데올로기요 잃은 것은 예술"이라는 유명한 박영희 '전향의 변'이 나온 것도 이 무렵이다.

1935년 여름 경성경찰부에서 여러 차례 김남천(金南天)을 불러 카프를 흩어버릴 것을 윽박질렀고, 35년 5월 21일 문학부 맡은이였던 김기진 이름으로 카프 해산계를 내게 되니, 25년 8월 비롯된 카프는 10년 만에 그 가림천을 내리게 된다. 이때 끝까지 지조를 지켜 몸을 바꾸지 않은 이로 민촌과 한설야 그리고 평론가 안함광(安含光)이 꼽힌다. 여기서 골칫거리가 되는 것이 일제 강점기 리얼리즘소설에서 가장 높은 봉우리로 꼽히는 『고향』이다. 이어싣는 동안 작가가 잡혀갔으므로 소설이 동강 나게 되었던 것이다. 김기진 증언이다.

이기영은 그때 조선일보에 〈고향〉이라는 장편소설을 쓰고 있는 중이었으므로 만일 자기가 나보다 먼저 붙잡혀 가게 되거든 〈고향〉의 원고를 나더러 계속해서 써주는 동시에 신문사에서 주는 원고료를 자기집에서 찾아가도록 해달라는 부탁이었다. 그래서 나는 이것을 승낙하였다. 그러자 과연 이기영이 먼저 붙들려 들어가고(9월 하순경) 나는 12월 7일에 검거되었는데 이 동안에 나는 이의 집으로부터 〈고향〉의 신문절취철을 가져다가 처음부터 읽어보고서 그 소설을 끝맺어 주기에 신문 횟수로 35,6회를 매일 계속해서 집필하였던 것이다. 나는 병원에 누워 있었고 내 원고는 이의 처남이 날마다 신문사에 날라갔으므로 신문사에서도 내가 쓰는 것임을 알지 못했다. 그후 이것이 상·하 두 권으로 출판되었을 때, 이때 나는 이더러 〈고향〉의 최종 35, 6분을 본인이 다시 집필하여 가지고서 출판하라 하였건만 이는 그럴 필요를 느끼지 못한다고 하고서 그대로 단행본을 내놓았다. 그런 까닭으로 지금도 〈고향〉의 말단은 내가 쓴 그대로이다.

　　　　　　　　　　　　　　　　－김팔봉, 「한국문단측면사」, 《사상계》 1956년 12월

그런데 이런 팔봉 말에 다른 생각을 다는 사람이 있다. 바로 민촌 손자인 이성렬이다. 이성렬이 2006년 펴낸 『민촌 이기영 평전』을 보자.

〈고향〉의 마지막 36회분의 시작은 '34. 경호' 편의 "이 바람에 경호는 오랫동안 참고 있던 분한 생각이(……)"로 시작되는 1934년 8월 8일자 연재분(217회)이다. 그로

부터 그해 9월 21일자의 마지막 연재분(252회)까지는 전체의 약 1/7에 해당된다. 또 40여 회(전체의 약 1/6)를 김기진이 더 썼다면 '33. 재봉춘'부터, 또는 그 이전부터 김 씨가 이어 썼는지도 모른다.

'9월 하순경'에 민촌이 '붙들려 가고' 그해 8월 8일부터 〈고향〉을 이어 썼다는 김씨 의 기억에는 문제가 있다. 필자가 조사한 민촌의 검거 시점은 그해 25일이다.(조선일보 1934. 8. 24. 보도) 아무래도 아귀가 맞지 않는다. 이상한 일이다. 김씨는 8월 26일 이 후의 20여회 분만 대필했을 지도 모른다.

전문가라면 문체의 차이를 식별하여 양인의 글을 구분할 수 있을 것이다. 예컨대 〈고향〉의 종반부에는 왜말에서 유래하는 속어도 종종 튀어나오는데 이는 그 전반부나 또는 민촌의 다른 작품에서는 좀체로 나타나지 않는 현상이다. 또 맞춤법의 기준이 없 었을 때이므로 철자법과 띄어쓰기를 비교함으로써도 그 구분이 가능할 것이다. 그러나 그러한 수고를 들이지 않더라도 갑자기 글의 속도감이 떨어지고 장황해지며 전체적으 로 지리멸렬해지는 것을 웬만한 독자라면 다 느낄 수 있을 것이다.

〈고향〉의 전반부 민촌의 글은 짧고 빠르게 전개되며, 관념을 그대로 표출하지 않고 구체적으로 형상화하되 결코 장황하지 않은 서술로 상황을 적확히 묘사하고 있는 데 반하여, 〈고향〉의 끝부분에서는 사건의 전개가 느려지고 관념이 그대로 표백되는 경우 가 많이 나온다.

김씨의 대필 부분에 확대경을 들이댈 필요가 있다.

『고향』에 대한 문학평론가 김재용 교수 끊아매김이다.

그는 시종일관 농민소설을 창작했는데, 일본 독점자본의 진출로 인한 식민지 자본주 의에 의해 끊임없이 양극분해 되어가는 조선 농민의 현실을 그렸다. 특히 노동자의 눈 으로 농민을 보았기에 우리가 흔히 알고 있는 다른 농민소설과는 그 근본부터가 다르 다. 당시 대부분의 농민소설 작가들은 농민이 노동자계급과 어떤 연관관계를 맺고 있 으며 또한 그 관계가 전체 운동 속에서 어떠한 위상을 차지하는가 하는 문제에 대한 인 식을 결여하고 있던 반면, 이기영은 식민지자본주의에 의해 끊임없이 양극분해 되어가 고 있는 농민계급은 더 이상 봉건시대처럼 단일한 계급일 수 없으며, 특히 빈농계급은 반제국주의적 입장을 가짐으로써 노동자계급의 믿을 만한 동맹자가 될 수 있다는 사실을 깨달았다. 그렇기 때문에 대부분의 농민작가들이 농민적 입장에서 농민운동을 보고 전체 운동의 관점에서 농민운동을 보려고 노력하였으며, 이것에 근거하여 농민소설을 발표했다. 그가 쓴 작품들 중에는 노농동맹을 주제로 한 소설들이 많이 있으며 〈고향〉은 이의 대표적인 작품이다. 그리고 그가 농민의 전형을 그리면서 주의 깊게 본 점은 농민의 소소유자적 특성에 대한 관찰이다. 농민들 중에는 약간의 생산수단의 소유로 생활의 환상에 대한 기대를 가지고 있기 때문에 쉽게 노동자의 세계관을 가지기 힘든 면이 있는 것이 사실이다. 이기영은 농민의 이런 속성에 대해서도 눈을 감지 않고 자세하게 관찰하여 작품화하였다. 이처럼 이기영은 농민의 변혁주체로서의 가능성과 그 한계를 일본 독점자본의 침탈로 인한 식민지자본주의라는 전체 현실과의 연관 위에서 그려내었다.

민촌은 왜 『고향』 마무리가 제 처음 뜻과는 아주 뒤쪽으로 이제까지 내려온 봉건도덕관념에서 한 치도 벗어나지 못하는 바보짓을 하였을까? 이성렬 어림짐작이다.

민촌의 의도대로 그것을 뜯어 고쳤다가는 사건과 인물을 맘대로 처리해달라고 부탁했던 김기진 씨에 대한 예의도 아니겠거니와, 대필 사실이-일제 검열 당국에!-드러나 김씨에게 어떤 누가 끼쳐질지도 모를 일이었을 것이다. 그런데도 독자들의 반응은 대단하였고 문단에서도 평이 좋았다. 그러니 민촌이 이를 어찌 뜯어 고칠 수 있었겠는가? 그가 야심을 가지고 설정한 두 번째 모티브(조혼)가 완결되지도 못하고 두 개의 모티브가 조화롭게 매듭지어지지도 못한 채 어정쩡하게 끝난 이 소설을 민촌은 그대로 단행본으로 낼 수밖에 없었을 것이다. 〈고향〉이 북한에서 1955년에 다시 간행될 때에도, 희준이가 아내와 이혼하고 옥희와 재혼하는 것으로 고쳐 그리기에는 이미 〈고향〉은 너무 유명해져 있었다. 또 민촌은 그렇게 함으로써 자신의 중혼 경력을 건드리고 싶지 않았을 것이다. 그것은 이미 헤어진 아내에게도 못할 짓이었을 것이다.

《조광》 1937년 2월호에 따르면 한성도서에서 상·하 두 권으로 나온 『고향』(1936년 10월, 1937년 1월)은 같은 출판사에서 나온 이광수 『흙』보다 두 배 위로 팔렸다고 한다. 2만 질 이상이었다니 그때로서는 대단한 '베스트셀러'가 아닐 수 없다.

통일공작원 김진계 이야기를 듣고 보고문학가 김응교가 간추려 쓴 『조국』에 나오는 대문이다. 대남공작원으로 내려왔다가 18년 징역을 산 김진계가 1956년 여름 평양 모란봉극장에서 민촌이 한 '선전선동 활동에 대하여'라는 강연을 들었을 때였다.

"저는 남조선 일대에서 광부, 막노동꾼, 머슴 등의 일을 닥치는 대로 하면서 도처에서 가난한 농민들의 굶주린 형편과 노동자들의 비참한 생활을 목도할 때마다 치솟는 민족적 격분을 금할 수가 없었어요. 그래서 이런 비참한 생활을 극복하기 위해서 내가 할 수 있는 분야는 무엇인가 고민했지요. 그건 소설이었어요. 그래서 당연히 제 소설의 내용은 인민의 터전이었고, 인민이 사는 삶의 전형을 순간순간 잘 포착해야 했습니다. 말하자면 소설을 쓰면서 선전선동이란 인민이 사는 터전에 맞게 창안되어야 한다는 사실을 배운 겁니다."

김진계가 극장 문 앞에서 민촌과 악수했을 때 느낀 생각이다.

"나는 깜짝 놀랐다. 그의 오른손 검지손가락에 큰 혹이 느껴졌기 때문이다. 글을 하도 많이 써서 딱딱하게 굳은 자죽임에 틀림없었다. 그가 얼마나 이악스럽게 자기 일에 집중했는가를 피부로 느끼는 순간이었다."

민촌이 한설야, 안 막, 최승희 내외와 함께 월북한 것은 1945년 11월 끝 무렵이었다. 굳건한 믿음에 따른 제1차 월북이었다. 손자 이성렬 글이다. 민촌 밑에서 문예총 부위원장을 하였던 정 률한테 들은 이야기 가운데 한 대목이다.

"1946년부터 1955년 북한을 떠나기까지 10년간 민촌을 모셨다는 것이다. 민촌은 부하들을 매우 사랑하였고 회식자리에서 먼저 일어설 때에는 술값을 더 내놓고 가곤 하였다고 하였다. 주량이 대단해서 군악대장인 소련군 중령이 술 마시기 시합을 하자고 대들었다가 큰코다친 일화를 소개하기도 하였다. 그렇게 술을 많이 해도 말수가 적어 평소나 다름없이 묻는 말에나 대답할 뿐 거의 말이 없었다는 것이다. 수차례 거듭된 문인들의 숙청에 관한 자신의 의견이 없지도 않았을 터인데도 일체 함구하였다는 것이다. 이태준, 한설야 등이 연회석에서 늘 여자들을 희롱하고 즐겨도 민촌은 여자들에게 눈길 한번 주는 법이 없었다고 하였다."

「조·쏘문화협회」중앙위원장, 「조선문학예술총동맹」중앙위원장(종신까지 역임), 최고인민회의 부의장을 하며 조선인민 사절단장을 하고 푸시킨·고골 제전, 소련작가대회 참석차 4번 소련을 찾아보았다. 노력훈장과 인민예술가 칭호 및 국기훈장 1급을 수훈하였고, 장편소설『두만강』으로 인민작가상을 받으면서 노벨문학상감에 오르기도 하였다. 1984년 신미리 애국열사릉에 묻혔다. 향수 90.

임종국이 쓴 『제1공화국과 친일세력』에 나오는 대문이다.

(3) 조선문학가동맹

임화의 조선문학건설본부에 반발해서 조선프롤레타리아문학동맹을 분립시킨 이기영에게서도 친일의 전력이 발견된다. 이 두 단체는 같은 해 12월 13일 통합을 합의한 후, 1946년 2월 8,9일 범좌적(凡左的) '조선문학가동맹'을 발족시켰다. 아래는 이때의 진용이다.

중앙집행위원장 : 홍명희(洪命熹)

부위원장 : **이기영** · 이태준(李泰俊) · 한설야(韓雪野)

서기장 : 권 환(權 煥)

위원 : 이원조(李源朝) · 임 화(林 和) · 김태준(金台俊) · 김남천(金南天) · 안회남(安懷南) · 한 효(韓 曉) · 김기림(金起林) · 윤기정(尹基鼎) · 정지용(鄭芝溶) · 이병기(李秉岐) · 김오성(金午星) · 안함광(安含光) · 박세영(朴世永) · 조벽암(趙碧巖) · 김광섭(金珖燮) · 홍 구(洪 九) · 이동규(李東珪).

위의 22명 중 59. 1퍼센트인 13명이 부일협력의 전력자들이다. 친일문학을 최대의 쟁점으로 하면서 선명성을 다툰 이네들 좌파 문인의 상당수가 친일문학에 오염되어 있었다는 사실은 아이러니라고 하지 않을 수 없다. 아래에 그 개별적인 상황의 일부를 약술하기로 한다.

(……)

이기영(李箕永) 조선문인협회 간사와 조선문인보국회 소설 · 희곡부회 상담역을 하였다. 『매일신보』(1943. 9. 23)에 증산(增産) 문학 「광산촌」(단편)을 발표했다.

친일 자취가 남기는 했으나 작품을 조금 쓴다는 작가라면 본인 의사와 상관없이 문학단체에 이름이 올라가던 시절이었다. 이기영은 이름은 올렸으나 거의 활동을 하지 않았다. 이태준이 해방 전 수년 간 거의 절필을 한 채 1943년 고향 철원으로 내려갔듯이 이기영도 1944년 고향으로 내려가 해방까지 글을 쓰지 않음으로써 힘 없는 앙버팀을 한다.

4. 황혼에서 개선하여 협동농장으로 간 인민의 문화영웅

한 설 야 1900~1976

당신과 단한번 서신 왕복을 한 것이
아마도 벌써 6년 전이다
지상으로 보내는 이 한 편의 단시를
당신은 고소(苦笑)하라 나의 악수로!

당신과 민촌은 좋은 '콤비'다
민촌은 당신의 작가적 형님이고
당신은 민촌의 이론적 형님이다
당신의 이론을 당신의 창작에 소화시켜라

당신의 휴매니즘 부정론을 들을 만하나
너무도 원칙에만 구니(拘泥)치 말지어다
부정과 긍정을 혼혈치는 말지나
리알적 입장으로서 사회성을 탐구하여라
한 번 체한 요리는 냄새도 싫다는 격은

북 문단에서 칼자루를 쥐고 일벗 작가들 내쫓는 데 앞장섰다는 한설야.
막상 그 자신도 제삿고기가 된다.

문화적 영양의 섭취법을 그릇한다
당신이 즐겨쓰는 '생리적 역학'이다

당신은 지금 '과도기'를 지나서
당신의 문학적 건설기에 있으리라
가작 '씨름'과 새 씨름을 역박(力搏)하라
잡동사니는 '홍수'와 함께 청산하어라
북국의 '임금(林檎)'은 맛있는 과실이니
굶주린 무리에게 식량을 오력(誤攊)치 말고
리알리즘의 선로로 달음질하라

　　김용제가 《비판》 1937년 9월호에 선보인 「한설야」라는 시이다. 빼어난 문단 선배 9명 이름을 들어 문학적으로 남다른 그들 바탕과 좋고 나쁜 점을 꼬집고 비틀면서 추어주는 '문단풍자시'를 쓸 때는 두 팔 걷어붙이고 친일로 넘어가기 전이었다. 『친일문학론』을 쓴 임종국 말에 따르면 김용제는 "40년대 문단에서 절대로 호락호락하게 넘겨버릴 수 없는 유수한 논객이요 시인이었다."

　　'민촌의 이론적 형님'이라고 김용제가 추켜준 한설야(韓雪野)는 1900년 함남에서 태어났다. 함흥시 밖 나촌(羅村)이라는 농촌이었다. 조선왕조 끝 무렵 군수를 지낸 아버지와 농촌 태생인 어머니 사이에 둘째아들로 태어난 한설야 본디 이름은 병도(秉道)로, 일고여덟 살부터 서당을 다니다가 소학교에 들어간 것은 11살 무렵이었다. 1914년 15살 때 보통학교를 마치고 서울에 있던 아버지를 따라 올라가 경성고등보통학교에 들어갔는데, 박헌영과 글동무였다. 4학년 때 첩어미와 싸우고 서울을 떠나 함흥고보로 옮겨 갔다. 1919년 함흥고보를 마치면서부터 문학에 뜻을 두었다.

　　고보를 마치던 해 일어난 3·1운동에 들었다가 몇 달 징역을 살았고, 아버지 뜻에 따라 들어갔던 함흥법전에서 동맹휴학사건을 일으켜 쫓겨났다. 1920년 언니 좇아 북경으로 가서 익지(益智)영문학교에 다니며 사회과학 공부를 비롯하였다. 1921년 잠깐 경성으로 와 어떤 여자와 사귀다가 허방짚고 동경으로 갔다. 니혼대학(日本大學) 사회학과에 다녔으나 문학보다는 사회과학에, 학교보다는 묵는 집에서 골똘히 사회과학을 비롯한 철학과 역사책들을 읽었다.

1923년 동경대지진을 겪고 귀국하여 북청고보 강사로 있으며 소설 습작에 골똘하였다. 1925년 《조선문단》 4호에 단편소설 「그날 밤」을 선보이면서 소설가가 되었다. 이 해에 아버지가 돌아가시어 살림이 몹시 어려워져 만주 무순(撫順)으로 옮겨 살았다. 1927년 2월 경성으로 돌아왔고, 「조선프롤레타리아예술가동맹」에 들어가 이론 활동을 하였다. 이때 쓴 것이 「예술의 유물사론」이라는 논문이다. 《조선지광》 1927년 12월호.

유물사관은 '사실(사물)'로써 출발점을 삼는다. 그 '사물'은 물론 의식에 의하여 영상-관념적·논리적 개념 중에서 승인된 사물(혹은 존재)이 아니라 순수히 보통 보이는 그대로의 사실-경험적 방법으로 확인할 수 있는 그 '사물'이다.

사물(존재)은 인간 이전부터의 것으로 인간의 의식 급 감각으로부터 절대 독립 구별되어 있는 것이다. 그리고 정신의식이라는 것은 사실 자연물질의 소산으로 물질에 따라 변천하는 것이니 요약하면 물질이 선이요 정신이 후라는 것이 유물사관의 출발점이다. 이것을 가장 과학적 방법(변증법)으로 확증한 사람은 맑스와 엥겔스였던 것이다. (……)

저 예술지상주의자 같은 관념론자들은 소위 절대이념(그것은 사물 이전의 것으로 사물을 낳은바 근원이라고!!!)을 가지고 현실에 임하여 현실이 이념에 배치(물론 배치될 일이다. 지극히 당연한 일이다)되는 때는 그들은 현실을 버리고 다만 그 이념(공상)을 따라 형이상학적 일대 허구에 빠진다. 그들은 현실에 살면서도 늘 유령과 같은 이념의 암굴 속에 빠져서 가엾게 헤맬 뿐이다.

단편 「그릇된 동경」, 「그 전후」, 「뒷걸음질」과 평론 「계급대립과 계급문학」, 「무산문예가의 입장에서 김화산 군의 허구문예이론의 관념적 당위론을 말함」, 「문예비평의 과학적 태도」 선보임. 1928년 고향 함흥으로 돌아가 《조선일보》 지국을 1년 동안 꾸려나갔는데 먹고살기 위한 구실이었다. 단편 「합숙소의 밤」, 「홍수」, 「인조폭포」와 평론 「1928년대의 대중간의 문예관계는 어떻게 전개될까」를 선보인다. 1929년 농민의 노동자화를 그린 단편 「과도기」와 「새벽」, 「한길」, 「씨름」을, 1930년에는 희곡 「총공회」, 1931년에는 「공장지대」, 32년에는 「사방공사」, 「365일」, 「개답」, 33년 「교차선」, 「추수 후」, 「소작인」 같은 소설과 「전기」, 「절뚝발이」, 「저수지」 같은 희곡 그리고 여러 편 평론을 선보였다.

「과도기」와 「씨름」에 대한 김기진 끊음이다.

설야의 '과도기'는 작자의 설명과 같이 '농촌의 몰락과 공장도시의 발흥과 농민의 노동자화의 과정' = 조선 농촌의 현실적인 총체적 자태를 이 짧은 작품 중에서 전면적으로 반영하려고 한 작품이다. 이 같은 제재는 아무리 하여도 조그만 그릇 속에는 다 담을 수 없는 곡식과 같이 짧은 단편 가운데 실어넣을 수 없는 것이나 그러나 어느 정도까지 작자는 이러한 의도를 성취하였다. (……) '씨름'에서는 새로 발흥한 공장지대의 노동자들의 성장하는 과정 = 조직되는 과정을 취급하였다. 새로 조직된 노동회와 적대하여 오던 반동 그룹이 '명호'라는 지도자의 정정당당하고 썩썩한 행동으로 말미암아 씨름판에서 반동 그룹의 '패장'을 감복시킨 것이 동기가 되어 가지고 결국 한 조직 안에 합류되는 경로가 자연스럽게 드러난다.

그러나 작자는 결코 이 두 개의 노동자 세력의 악수를 두 패의 중심인물의 개인적 악수 관계에서 보이지 아니하고 사위의 정세가 반동 그룹으로 하여금 '명호'의 노동회와 합류하도록 되어 있는 전체적 관계의 가운데에서 보이어 있다. 이것은 정당한 관찰이다. 그리고 이 속편에서는 '명호'와 또는 '요시다'의 두 인물이 완연히 활동하는 인물로 독자의 안전에 나타나 있어서 '과도기'의 '창선'이 보다 훨씬 살아있는 인간이 되었다. 다만 역시 눈에 거칠게 뜨이는 것은 각희시보(脚戲時報)의 E라는 지도자를 작중에 끌어낸 것이다. 이따위 지도자 같은 것 없고도 이 소설은 훌륭히 될 것이었던 까닭이다. 그리고 내 생각으로는 '씨름'이 '과도기'의 속편이 될 바에는 '창선'으로 하여금 '씨름'에 나타나게 하였더라면 좋았을 것 같다.

'이론적 지도자'라는 말이 바람을 일으키던 때였다. 작품만 골똘히 쓰는 글지들을 덜떨어진 못난이로 다루며 뜨겁게 싸우던 때였다. 1930년대로 접어들면서 그만큼 일제 짓누름이 더욱 모질고 사나워졌다는 이야기인데, 이론으로나마 일본제국주의를 눌러보겠다는 문학예술인들 슬픈 몸부림이었다. 평론을 많이 썼던 한설야 또한 카프 안에서 스스로를 이론적 지도자로 여기며 변증법 이론을 즐겨 내세웠는데, 이북만이 쳐들어왔다. "변증법만 내세우는 구호 나열식 폐단을 극복할 수 있는 유일한 길은 오직 '실천'뿐"이라는 것이었다. 한설야는 그러나 작품이 받쳐주는 이론가였으므로 떳떳할 수 있었다. 오히려 박영희를 조합주의로 이북만을 추수주의로 꼬집어 때리면서 노동자 출신 글지 이북명을 찾아내어 노동소설이 새롭게 바뀔 수 있는 기틀을 만들었다.

이런 셈평이 터져 나온 것이 제2차카프사건이었다. 계급문학을 내세우는 카프를 받아들이지 않는 일제가 1931년 2월부터 8월까지 얽혀 있던 70여 명을 동여갔던 것이 카프 1차사건이었다. 1934년 2월에서 12월까지 카프2차사건으로 잡혀 간 사람이 200여 명이고 동여진 사람은 80여 명이었다. 이기영·박영희·윤기정·백 철·최정희 같은 일동무 글지들과 1년쯤 징역을 산 한설야였는데, 10년을 이어오던 카프 또한 뜯어 헤쳐지고 말았다.

1935년 끝 무렵 집행유예로 옥에서 풀려난 한설야는 함흥으로 가서 책방·극장·인쇄소 따위를 꾸려가면서 36년 단편 「태양」으로 손목을 푼 다음 장편소설에 매달렸다. 처음 쓴 장편 노동소설 『황혼』을 1936년 2월 5일부터 10월 28일까지 《조선일보》에 이어 실어 걷잡을 수 없는 손뼉을 받았고, 37년 장편 『청춘기』, 40년 장편 『탑』을 잇달아 선보여 소설 본바탕인 장편작가가 되었다. 1940년 북경을 다녀왔고, 42년 라디오로 이승만이 하는 조선독립방송을 듣고 널리 퍼뜨렸다는 혐의로 붙잡혀 1년 징역을 살았다.

작가 한설야는 「과도기」, 「씨름」, 「사방공사」, 「교차선」 같은 문제작과 『황혼』, 『탑』 같은 장편소설로 해방 전 경향문학에서 가장 대모한 작가가 된다. 한설야 작품에 나오는 간도 체험은 최서해 그것과는 뚜렷하게 가려지니, 과학적 생각과 역사적 앞길을 보여주고 있다는 점에서 뚜렷한 자기 세계를 갖는 작가로 우뚝 설 수 있게 되었다. 겪어본 일 그것에 파묻혀버림으로써 역사적 앞길을 잃어버리는 신경향파 소설 높이를 한 마디 들어 올렸던 작가로 꼽아진다. 이론 무장 또한 탄탄해서 좌익 젊은 이론가들 가운데서도 우뚝 솟는 봉우리였다. 『황혼』을 보는 문학평론가 김 철(金哲) 교수 꼽아매김이다.

일찍이 임화는 이 소설을 '실패작'이라고 규정한 바 있지만, 그것은 임화 자신이 지닌 이른바 '성격과 환경의 조화'라는 매우 모호한 기준에 의한 것이었다. 한설야는 임화의 이런 비판에 대해 "산다는 것은 환경과 타협하거나 또는 환경에 추수해서만 가능한 것이 아니라 환경과 싸우는 데에 (……) 아니 도리어 살아갈 수 없을 만치 거칠고 사나운 환경에 있어서는, 싸우는 그것만이 오직 생(生)"이라는 말로, 려순의 성격 창조에 무리가 없음을 주장한 바가 있다.

그러나 이러한 한계란 반드시 한설야에게만 해당되는 것은 아니라는 점을 알아둘 필요가 있다. 〈황혼〉이 발표되던 1930년대 후반의 우리 소설은 전체적으로 통속화의 경향을 드러내고 있었다. 카프의 해산과 군부 파시즘의 강화라는 전반적 정세의 악화 속에서 문학의 직접적…… 정면적인 대응보다는 간접적·우회적 대응이 피치 못한 현실이었고, 소설의 통속적경향이란 이러한 현실의 한 소산이었던 것이다.

그러나 굳이 이러한 현실을 감안하지 않더라도, 한설야의 〈황혼〉이 1930년대 민족해방운동에 있어서의 국내 노동자 집단의 삶과 의식을 구체적인 현실을 매개로 하여 형상화한 노동소설의 한 정점에 선 작품임은 부인할 수 없는 사실이라 하겠다.

통일공작원 김진계 이야기로 『조국』에 나오는 대문이다.

1962년에 파문을 일으켰던 작가 한설야사건이 있었다. 그는 일제시대에 '과도기'라는 작품을 써서 문단에 나온 작가인데, 나는 그의 작품을 평률리(평북 안주군) 리 민주선전실장을 하면서 도서실에서 읽은 적이 있었다. 간도에서 이민을 갔다가 되돌아온 주인공 가족의 눈을 통해서 한 어촌이 몰락해가는 과정을 쓰면서 식민지사회의 허구성을 폭로한 이 소설과, 자본가의 생태를 노동자의 눈으로 객관적으로 묘사한 노동장편소설 〈황혼〉이 인상적이었다. 게다가 내가 있던 평양 초대소에서 한설야의 집이 가까워서 그에 대해서 관심을 안 가질 수 없었다.

『조국』에는 한설야만 아니라 이기영·이태준 같은 작가며 김두봉 같은 독립투사 그리고 정순덕 같은 지리산 항미빨치산들 이야기가 담겨 있어 여간 값진 적바림이 아니다. 김진계가 들었던 한설야 이야기이다.

보통강 가에 있는 그의 집은 양식으로 지어져서 대궐처럼 웅장했고, 입구에는 두세명의 건장한 경비원이 항상 지키고 있었다. 사회안전부 소속의 지도원의 말에 따르면 한설야의 책은 유럽이나 소련에서 모두 번역되어 인세가 매일 국제은행의 구좌에 예금되는데, 재산이 얼마나 되는지는 한설야 자신도 모른다고 했다.

그러던 어느 날, 지도원이 한설야의 집에서 녹음했다는 테이프 얘기를 내게 해주었다.

녹음된 내용은, 처음엔 남쪽은 자신들을 낳아주고 길러준 고향산천이 있는 곳이라는 고향타령이었다. 그래서 친절하고 따뜻하고 간곡한 마음이 없겠냐, 뭐 그런 얘기였고, 그 다음엔 도꾜세라는 일본 노래를 한설야가 불렀다고 한다. 그런데 문제는 녹음된 내용의 뒷부분이었다. 뒤에는 현재 북조선 사회는 정상적인 사회주의 사회가 아니며, 무식하기 짝이 없는 김일성이 유일사상체계를 자신의 우상숭배로 이용하고 있다는 무시

무시한 말이 녹음되어 있었다고 한다.

"그게 정말입니까?"

내 물음에 지도원이 피식 웃으면서 말했다.

"한 선생뿐 아니라, 최승희, 신불출 같은 반동패거리들의 목소리도 모두 녹음되었습니다."

"예?"

나는 깜짝 놀랐다. 그들은 모두 둘째가라면 서러운 인민의 문화영웅들이었다. 특히 한설야는 국가에서 총리급 대우를 받고 있었다. 그의 목소리가 녹음기에 녹음된 내막은 이렇다고 들었다.

한설야의 집은 넓었고 놀기가 좋아서 항상 많은 문화일꾼들이 모여서 회의도 하고 토론도 했다. 특히 남쪽에서 올라온 문화일꾼들이 그를 중심으로 모이곤 했는데, 모인 사람들은 한설야와 무용가 최승희, 최승희와 안막 사이에서 난 안성희(安聖姬), 만담가 신불출(申不出) 등이었다. 그들은 매일 저녁마다 모여서 남쪽 고향을 그리워하고, 여느 간부들은 건강을 위해서 술안먹기운동을 하고 있는 데 반해, 그들은 양주를 먹으면서 금지된 일본 노래와 남쪽 노래를 부르기도 했다.

이런 상황은 한설야의 집 식모(상급 간부의 집에는 국가공무원인 가정부를 두었다)가 사회안전상 댁 식모와 함께 장을 보다가 "한 선생님이 새벽 네 시까지 술을 드셔서 한잠도 못 잔다"고 우연히 말한 게 발단이 되어 사회안전부 지도원의 귀에까지 들어가게 되었다.

지도원은 식모에게 이태리제 소형녹음기를 주어서 그들의 말을 전부 녹음하도록 시켰다. 저녁에 식모는 술상을 차리는 척하면서 녹음기를 행주에 싸서 창틀에 올려놓았고, 그들의 목소리는 소형녹음기에 모두 담겨져서 사회안전부에 넘겨졌던 것이다. 당연히 이들은 모두 숙청되었다.

한설야가 평양으로 간 것은 1945년 11월 끝 무렵이었다. 이기영·안막·최승희 내외와 함께였으니, 문화예술인 가운데 맨 처음 월북이었다.

8·15를 맞아 서울에서는 문화예술 모임이 생겨났는데, 임화가 의장을 맡은「조선문화건설중앙협의회 아래「조선문화건설본부(문건)」와 이기영·한설야가 세운「조선프롤레타리아예술동맹(예맹)」이었다. 문건 쪽에 선 문인은 김남천·이태준·안회남·

김기림·박태원·조벽암·이용악·이서향·이원우·민병균 같은 이였고, 예맹 쪽 문인은 박팔양·한 효·송 영·엄흥섭·이동규·이 찬·김북원·박영호·홍순철 같은 이들이었다. 조선공산당 중앙이 시키는 대로 두 동아리는 「조선문학가동맹」이 되는데, 머릿수에서 문건 쪽이 앞섰다. 이름을 문학가동맹으로 할 것인가 문학동맹으로 할 것인가를 놓고 거세찬 토론 끝에 부쳐진 표겨룸에서 43대 28로 문학가를 내세운 문건 쪽이 이겼던 것이다.

북으로 간 이기영은 「북조선문학예술총동맹」 위원장이 되고, 안 막은 부위원장, 한설야는 북조선공산당 중앙위원회 문화부장이 되었다. 이때 한설야 나이 46살이었고 이기영은 50이었다. 한설야와 민촌 이기영 월북을 임 화 동아리와 문단 목대 차지 싸움에 엎어짐으로써 설 자리가 없어진 데서 이루어진 것으로 보는 한쪽 눈길을 딱 잘라 대받는 글이 있다. 민촌 손자인 이성렬이 쓴 『민촌 이기영 평전』에 나온다.

민촌 등의 월북은 이를 문단 내부의 틀 속에 한정해서 볼 것이 아니라 당시 정국의 큰 흐름에 비추어 보아야 할 것이다. 즉 미군정은 조선인의 자치의 싹을 짓밟고 점령군으로서의 자기 정체성을 점차 노골화하면서 친일 관료, 식민 경찰, 일제 군인 등 반민족적 인사를 재고용함으로써 지하로 잠적했던 친일분자들이 하나둘씩 기어나와 다시금 세력을 펴기 시작하였던 것이다. 그들은 그야말로 생사가 걸렸으므로 서로 똘똘 뭉쳐 (나중에는 북에서 밀려 내려온 세력과도 연대하여) 민족세력에 대항하기 시작한다. 나중에는 오히려 이들이 판을 주도하며 마구 테러를 자행하기에 이른다. 이제는 거꾸로 민족세력이 생사를 걱정해야 할 판이 된다. 당시에는 이렇게 사태가 전개될 것을 예측하기는 어렵지 않았을 것이다. 민촌 등이 김일성 노선(친일세력의 제거, 후일의 토지개혁 등)에 동조하여 월북한 측면에는 이런 재미없는 사태의 전개가 크게 작용했던 것으로 보인다. 단순히 문단 내의 파벌싸움에 패하여 월북했다고 한다면 다른 많은 비 카프계 문인들과 그 외의 수많은 양심적 인사들의 월북은 어떻게 설명할 것인가?

「북조선문학예술총동맹」 중앙위원장, 조선민주주의인민공화국 교육문화상, 「조선작가동맹」 중앙위원장, 「세계평화이사회」 이사, 「조선평화옹호전국민족위원회」 위원장을 지내면서 냅다 몰아치던 한설야가 쓸려 없어진 것은 1962년 10월이었다. 김진계 증언에도 나오듯이 김일성을 꼬집는 말을 한 것이 드러나면서 '복고주의자 및 자유주의자'로 불도장이 찍힌 것이었다.

　북에서 펴낸 작품으로는 1946년 「혈로」, 「모자」, 51년 「승냥이」, 56년 「설봉산」, 60년 『사랑』 같은 것이 있다. 특히 김일성이 일제와 싸웠던 것을 그린 장편소설 『역사』로 1951년 '인민상'을 받았는데, 48년 쓴 단편 「개선」은 대표적인 김일성 자랑소설이었다. 공화국정권이 세워지면서 북에서는 김일성 장군 자랑문학이 쏟아져 나왔는데 시에는 조기천(趙基天) 장편서사시 「백두산」과 이 찬(李 燦) 「김일성장군의 노래」, 한 식(韓 植) 「우리의 태양 김일성 장군」, 백인준(白仁俊) 「김일성 장군님을 우리의 태양이라 노래함」, 이정구(李貞求) 「물결속에서」, 박세영(朴世永) 「애국가」, 「햇볕에 살리라」, 이원우(李園友) 「아침마다 부르는 합창시」가 있고, 소설로는 강 훈(姜 勳) 단편 「장군님을 맞는 날」이 대표적이다. 『조선문학개관』에 나오는 「개선」 끊아매김이다.

　　단편 '개선'은 일제의 식민통치를 때려부수고 조국광복의 새봄을 안아 오신 위대한 수령님께서 1945년 10월 14일 역사적인 개선 연설을 하신 사실을 소재로 하여 수령님의 위대한 혁명적 풍모와 고매한 덕성, 수령님을 맞이한 조선인민의 끝없는 감격과 기쁨을 형상화한 작품이다.

　한설야 문학관을 보여주는 글이 있다. 1929년 《조선지광》 2월호에 나오는 신춘 창작평이다. 「무엇을 어떻게 썼느냐?」는 제목으로, 이른바 소설의 내용문제와 형식문제라는 고전적 명제를 다루고 있다.

　　이것이 작품평에 있어서 제일의적인 것을 우리는 누누이 말하여 왔다. 어떤 분은 전자를 가리켜 '내재적 비평', 후자를 가리켜 '외재적 비평'이라는 신조어를 붙여가지고 갑론을박 격으로 한참 싸우고 혹은 분리설 혹은 절충론까지 들더니 지금은 그도 다 자연도태되고 만 모양이다.
　　우리는 이 양자의 중요성을 잘 안다. 그러나 특히 전자를 역설하여 왔다. 왜? 우리는 후자에 있어서는 전통적 유산을 많이 가졌으므로 실제에 있어서는 어느만한 수준을 보지하고 있지만 전자에 있어서는 현실에 대한 역사적 인식이 상천(尙淺)하여 이른바 그 '무엇'을 파악하기가 곤란하므로 또 사실에 있어 그것이 가장 중요함으로 이것을 더욱 고조하고 역설하여 왔던 것이다. 이하의 평도 이 의미에 불과하다. 일체 선험적 관념과 주관적 구성을 떠나서 사회적 · 객관적 · 구체적 · 계급적 시각에서-.

문예총 부위원장으로 이기영을 곁부축하였던 정 률이 한 말을 이성렬이 적은 것이다.

"이태준 · 한설야 등이 연회석에서 늘 여자들을 희롱하고 즐겨도 민촌은 여자들에게 눈길 한번 주는 법이 없었다고 한다. (…) 한설야가 이태준 · 김남천 등에 대하여 아주 부정적으로 말하는 것을 한설야와의 대화에서 직접 들었는데 한이 민촌에 대하여는 어쩌지 못한 것은 민촌이 워낙 고정한 분으로 소문이 나 있었기 때문이라는 것이었다."

여기서 무섭고 슬픈 이야기가 나온다. 참과 거짓은 알 수 없지만 끔찍한 이야기가 아닐 수 없다.

"정 률은 거기서 김일성 우상화와 월북, 납북 문인들의 무자비한 숙청이 모두 한설야와 그의 조역자인 홍순철, 안함광, 엄호석 들의 소행임을 고발하고 있다. 한은 자신의 출세를 도모하기 위하여 자기보다 우수한 작가들을 짓밟았다고 하였다. 이태준, 임 화, 김남천, 이광수, 김동환 등의 문인과 최승희 등의 예술인들을 그가 충분히 구원할 수 있었는데도 불구하고 이들의 운명에 관하여 무관심한 채 이들에 대하여 문학예술인들의 모임에서 악담을 퍼부었다는 것이다."

김진계가 말한 뒷대목이다.

"한설야는 당시 20대의 젊은 여자와 같이 살고 있었는데 재산이 압류되고 협동농장으로 갔다는 얘기를 들었고, 신불출이나 최승희는 한 2년 노동을 하다가 복권되었다고 한다."

《제1공화국과 친일세력》에 나오는 대문이다.

한설야(韓雪野)는 조선문인보국회 등에 관계는 하지 않았으나 일어로 '국민문학'을 썼다.

『국민신보』에 발표된 중편 「대륙」(1939.6.4~9.24)과 『국민문학』에 발표된 「혈」(血, 1942.1) · 「영」(影, 1942.12) 같은 단편이 그것이다.

5. 물무늬처럼 아름다운 서정 단편소설 완성자

이태준 ^{1904~미상}

지난 7월 상순경 소개해 갔든 3·8이북 안협(安峽)에 정리할 것이 있다고 서울을 떠난 문학가동맹 부위원장 상허(尙虛) 이태준(李泰俊)씨는 그동안 소식이 묘연하여 일반의 궁금의 대상이 되어 오든 중 지난달 막부(幕府)통신으로 씨가 북조선 문화사절단으로 소련에 가 있는 것이 알려저서 그 귀환이 기대되든 바 요즘 동 씨가 동 사절단 일행과 함께 평양에 들어와서 체류 중이라는 기별이 왔다 최초의 씨의 소식은 문학가동맹원에게 보내는 멧세-지로 씨의 소련관은 과거가 과거이니만큼 퍽 흥미를 끄는 것인데 동 동맹이 공개한 서간은 다음과 같다

《독립신보》 1946년 11월 8일 치 기사이다. 「악수할 날도 불원, 동지여! 영웅적으로 싸우라」는 제목 밑에 실려 있는 '평양서 이태준 씨 멧세-지'.

서울 문학가동맹 여러 벗님에게 본의는 아니나 여러분에게까지 기이고 떠날 때는 돌아와 만나는 즐거움과 일에 더 충실하므로써 갚으려 했든 노릇이 그만 여기서 걸음을 멈추게 되었읍니다

여러분의 비분한 얼굴들이 눈에 선-ㄴ합니다 어떤 난관이든 돌파하실 줄 압니다 쏘베-트는 무엇보다도 인간들이 부러웠읍니다 그전 문학에서 보든 사람들은 없었읍니다

여류작가들한테서 소설가라기보다 음악가 같다는 소리를 들었던
빼어난 감수성 작가 이태준.

자연으로 돌아가라 마음이 가난한 자는 복받느니라 아모리 외치어도 잃어버리기만 하든 인간성의 최고의 것이 유물론의 사회에서 소생되며 있는 것은 얼마나 놀라운 사실이리까 제도의 개혁이 없이는 백천 번 외친대야 미사여구에 불과하므로 예술이 인간에 보다 크게 기여하려면 인간을 바르게 못살게 하는 제도개혁부터 받아야 할 것을 절실히 느꼈읍니다 여러분의 오늘 분투는 어둡고 구석진 듯하나 세계의 민주정신의 태양이 여러분의 무대를 쏘아 비추고 있는 겁니다 영웅적으로 일하십시요 우리의 악수할 날도 그리 머지않을 겁니다

　평양에서 상허

　　1904년 강원도 철원(鐵原) '육부자네'로 떵떵거리던 용담 이씨(龍潭李氏) 집안에서 서자로 태어났다. 블라디보스토크로 망명하였던 개화당 아버지를 잃은 것이 6살 때이고, 연해주 가까운 함경북도 배기미라는 갯마을에서 어머니를 여읜 것이 9살 때였다. 10살도 못 되는 나이에 나라와 함께 어버이를 잃은 상허는 예살라비 곁붙이 집에 맡겨져 봉명소학교를 나온다. 원산 따위를 2년간 떠돌며 객주집 심부름꾼 노릇을 하다가 휘문고등보통학교에 들어간 것이 18살 때였다. 윗반에 정지용(鄭芝溶)·김영랑(金永郎)·박종화(朴鍾和), 아랫반에 박노갑(朴魯甲)이 있었고, 스승이 가람(嘉藍) 이병기(李秉岐)였다.

　　1924년 졸업을 1년 앞둔 4학년 1학기 때 동맹휴교를 목대잡다가 쫓겨났고, 일본으로 갔다. 신문과 우유 배달 따위 밑바닥 일을 하며 나도향(羅稻香) 같은 문학청년들과 사귀며 문학을 갈닦았다. 단편 「오몽녀(五夢女)」를 《조선문단》에 보내어 뽑혔고, 《시대일보》에 실림으로써 문학동네에 이름 석 자를 올렸으니, 22살 때였다. 1927년 조치(上智)대학 예과에 들어갔으나 배움비발과 살림비발을 댈 길이 없어 학교를 그만두고 조선으로 돌아왔다. 《개벽》사 기자로 들어가 《학생》, 《신생》 같은 잡지 꾸미는 일을 거들며 동화·단편소설·희곡을 선보였다. 1930년 27살 때 이화여전 음악과를 갓 나온 이순옥(李順玉)과 혼인하였고, 다음 해 《중외일보》 기자가 되었는데 그 신문이 문을 닫으면서 이름을 바꾼 《조선중앙일보》 학예부 기자가 되었다.

　　30살 때인 1933년 이종명(李鐘鳴)·김유영(金幽影)·이효석(李孝石)·이무영(李無影)·유치진(柳致鎭)·조용만(趙容萬)·김기림(金起林)·정지용과 「구인회(九人會)」를 얽어 순수예술을 파고들었다. 비롯한 지 얼마 안되어 「구인회」를 일으켰던 이종

명·김유영과 이효석이 물러나고 박태원(朴泰遠)·이 상(李 箱)·박팔양(朴八陽)이 들어왔으며, 그 뒤로 유치진·조용만 대신 김유정(金裕貞)·김환태(金煥泰)가 들어와 숫자는 늘 9명이었다. 카프 계급문학에 반하는 이른바 순문학을 두남두었는데, 더구나 이태준은 아름다움을 파고드는 서정성 높은 문장에서 거의 독판치는 자리를 차지하였다.

1934년 단편집『달밤』, 37년『가마귀』를 펴내었고, 처녀작「오몽녀」가 춘사(春史) 나운규(羅雲奎) 마지막 영화로 만들어졌다. 1939년《문장》편집자 겸 새사람 작품을 가려 뽑는 일을 맡아 임옥인(林玉仁)·최태응(崔泰應)·곽하신(郭夏信)을 밀었다. 1940년『문장강화』, 41년 수필집『무서록』, 일어판 단편집『복덕방』을 펴내었다. 1943년 단편집『돌다리』를 펴내고 옛살라비 안협으로 내려가 해방 때까지 엎드려 있었다. 상허 대표작 가운데 하나인「가마귀」에 대한 카프 평론가 한 효(韓 曉) 꿇아매김이다.《비판》 1936년 10월호.

이 작품은 폐병으로 신음하는 젊은 여성의 사(死)에 대한 공포와 불안과 자포자기와 불신과 환멸 등의 제심리를 묘파함과 동시에 조선에 있어서의 작가생활의 궁상과 고독을 극히 단편적으로 취급하면서 그 고독의 속에서의 제반 우울 또한 젊은 여성에게 대한 애정의 문제를 씨의 독특한 수법을 가지고 지극히 간결하게 표현하였다.

사건의 전개라든가 '가마귀'를 중심으로 한 두 개의 성격 창조라든가 하는 것은 그의 문장의 세련과 한가지로 매우 자연스럽게 묘사되어 있으나 그러나 인간의 사회적 관계와 형상의 개성과의 결부의 필수를 전혀 망각한 씨의 관조주의적 편향은 어느 때나 씨의 작품을 현실의 생동적 혈맥의 표현과 멀리 이탈시키는 동시 편협한 주관적 감정의 과정과 신경질적 감수성의 평면화의 속에 방황하게 하는 것이다.

"주인공이 그 시대의 생활을 대표하는 인물이 아니다"는 김동석(金東錫) 꼬집음이 있었으니, 이른바 '사회적 전형을 창조해내지 못했다'는 것이었다. 조동일(趙東一)은 더욱 매섭게 꼬집는다.

'가마귀'는 친구의 퇴락한 별장에서 방 하나를 얻어 외롭게 지내는 작가가 폐병 요양을 하러 근처 마을에 와서 머무르고 있는 처녀에게 관심을 가졌는데 그 처녀는 죽고 말았다는 것이다. 연민 때문에 애인이 되어 주려고 했더니 약혼자가 있었다. 까마귀 소

이태준은 전쟁 때 20여 편 종군기를 쓴다. 그러나 속내는 얼추 끔찍함을 보여주는 것들로서, 김일성 자랑과 전쟁을 부추기는 다른 종군작가들과는 달랐다. 사진은 인천상륙 작전.

리를 불길하게 여기는 것을 안타깝게 여겨 한 마리 잡아 예사 새와 다름이 없는 줄 알게 하려 했는데, 까마귀를 활로 쏘아 죽이는 날 그 처녀가 운명했다. 까마귀를 핏덩이로 만들자 그 처녀에 대한 기대도 끝나고 마는 좌절을 맛보았다. 서술자가 주인공인 그 작가는 패배의식에 사로잡힌 예외자가 되어 음산한 기분으로 살아가면서, 자기 주변의 일을 불길하게 해석하는 기이한 상상에 사로잡혔다. 소설이 자아와 세계의 대결임을 부담스럽게 여겨, 자아가 대결에서 벗어나 세계를 실상은 무시한 채 일방적으로 자아화하는 상상에 사로잡히곤 했다. 그런 방식으로 소설을 서정시에 근접시켜 서정적 소설을 만들어야 문학의 순수성이 보장된다고 믿는 경향은 이태준이 특히 뚜렷하게 나타냈다.

「농군」은 임 화한테서 "비록 단편일망정 이 소설을 꿰뚫고 있는 것은 분명히 크나큰 비극을 속에다 갖춘 서사시의 감정"이라는 높은 기림을 받았고, 1940년 선보인 「밤길」은 '잔잔한 애수'로도 가늠할 수 없을 만큼 캄캄한 풍김새를 보여준다. 카프 작가들이 민중을 그릴 때 무엇보다도 먼저 눈여겨보는 것이 '계급의식'이었는데, 배운 것 없고 가난한 민중에게 그지없는 사랑을 가지고 인간적 믿음을 보내는 것이 상허 소설의 다른 점이었다. 낡아서 사라져버리는 것들에 대한 더없는 고임을 기울여 쓴 작품들 가운데 물무늬처럼 잔물결치는 아름다움을 보여주는 것이 「달밤」이다.

상허 문학에서 다룬 것들은 계급모순이 아니라 민족모순이었다. 반제 · 반파쇼를 외치며 죽창 들고 뛰어나가는 '젊은 피'들이 아니라 땡볕에 타서 새까맣게 구겨진 여느 조선사람들 '주름진 얼굴'을 힘주어 다루었다. 단편 · 중편소설 80여편과 장편소설 14편을 썼지만 상허 문학 본바탕은 단편소설이었다. "우리 문인 중에서 누구보다도 '문장'으로 독자를 빨아들이는 작가"라는 김기림 말처럼 오래 묵은 술향기처럼 아름다운 단편소설 완성자였다.

"언제 또 오시렵니까?"

"이런 서울 오고 싶지 않소이다. 시골 가서도 그 두문동 구석으로나 들어가겠소."

하고 뒤도 돌아보지 않고 분연히 층계를 내려가고 마는 것이었다. 현은 잠깐 멍청히 섰다가 바람도 쏘일 겸 옥상으로 올라갔다. 미국군의 찝이 물매미처럼 서물거리는 사이에 김직원의 흰 두루마기와 검은 갓은 그 영자 너무나 표표함이 있었다. 현은 문득 청조 말의 학자 왕국유의 생각이 났다. (……) 일제시대에 그처럼 구박과 멸시를 받으면서도 끝내 부지해온 상투 그대로, '대한'을 찾아 삼팔선을 모험해 한양성에 올라왔다가 오늘, 이 세계사의 대사조 속에 한 조각 티끌처럼 아득히 가라앉아 가는 김직원의 표표한 뒷모양을 바라볼 때, 현은 왕국유의 애틋한 최후를 연상하지 않을 수 없었다.

바람이 아직 차나 어딘지 부드러운 벌써 봄바람이다. 현은 담배를 한 대 피우고 회관으로 내려왔다. 친구들은 '프로예맹'과의 합동도 끝나고 이번엔 '전국문학자대회' 준비로 바쁘고들 있었다.

1946년 3월 23일 끝낸 단편 「해방전후」 끝 어섯이다. 「조선문학가동맹」이 마련한 '해방기념조선문학상'을 받은 작품으로, 심사위원은 정지용 · 안회남 · 홍명희 · 김기림 · 김남천 · 이원조 · 이병기 · 조벽암 · 권 환 · 양주동 · 임 화 · 박치우였다.

8 · 15를 맞아 문학을 사북으로 한 문화 동아리 채잡이가 된 상허였다. 「조선문학건설본부」 중앙위원장이 되었고, 역사적인 전국문학자대회에서는 김태준과 공동의장을 맡아 모임을 목대잡았으며, 「조선문화건설본부」와 「조선프롤레타리아예술동맹」이 합쳐진 「조선문학가동맹」에서도 목대잡이가 되었다. 위원장인 홍명희는 시능만이었고 이태준과 함께 부위원장이었던 이기영 · 한설야는 해방되던 해 11월 월북한 다음이었다. 무엇보다도 작품 그것의 예술성으로 높은 끊아매김을 받았던 상허였으므로 좌우파 문

학을 아우르는 줏대가 될 수 있었다.

카프 작가가 아니었던 상허 월북은 놀라움이었다. 그리고 평양에서 보내온 전갈과 함께 1947년 1월(9회)부터 서울 「조선과학자동맹」에서 펴내는 《주보 민주주의》에 이어 실린 「소련기행」은 더구나 놀라운 것이었다. 「소련기행」 한 대문이다.

나는 바른편에 앉은 농민대표 호미 그것처럼 흙을 풍기는 거친 손의 윤영감을 바라보고 이 여행이 비행의 감격이 다시금 새로웠다 농민도 학자도 다같이 비행기를 탈 수 있는 사회 이 한 가지는 모-든 조건에 있어 비약이요 그 약속이기 때문에 실로 아름답고 꿈인가 싶게 감격되지 않을 수 없었다 "꿈꿀 힘이 없는 자는 살(生) 힘이 없는 자다!" 나치 독일과 가장 맹렬히 싸운 작가 에른스트 · 롤러-가 어느 작품 서두에 써놓은 말이다 지금 우리가 이런 꿈같은 화려한 양식으로 찾아가는 쏘베-트야말로 위대한 꿈이 실현되어 있는 나라가 아닌가!

통일공작원 김진계 구술 『조국』에 나오는 대문이다.

"게쇼."
굵은 목소리였다.
"예."
"이거 땜질 좀 해주슈."
"예에, 해드리죠. 잠깐만 기다리세요."
노인은 키가 훤칠하고 나이에 비해서 건강한 체구였다. 젊었을 때는 꽤 미남일 성실은 얼굴이었다. 척 보기에 범상한 사람처럼 보이지 않았다. 게다가 남한 말을 써서 궁금증이 더했다. 나는 정중하게 물어보았다.
"실례지만 뭐 하시는 분이시죠?"
"······"
그는 쉽게 입을 열지 않았다.
어디서 본 얼굴 같기도 했다. 땜질하면서 나는 그의 얼굴을 곰곰이 뜯어보았다. 한참 동안 생각해도 떠오르지가 않았다. 나는 물어나 보자하고 다시 말을 걸었다.
"혹시, 글 쓰시는 분 아니십니까?"

"……"

『조국』에는 8·15부터 1970년대 첫 무렵까지 우리 현대사의 아픈 생채기들이 서리서리 담겨 있다. 김진계가 조국통일사업을 위하여 땜쟁이 기술을 익히고자 원산에서 평양 쪽으로 가다가 마천령산맥 기슭에 있는 장동탄광지구에 열흘간 머물 적이었다. 1969년 1월.

내 말에 무슨 충격이나 받았는지 멍한 표정을 짓다가 웃음을 흘리는 그는 말이 없었다. 그러다가 조용히 입을 열었다.

"이태준이라고 합니다."

"……아, 역시 그러셨군요."

나는 여기서 소설가 이태준을 처음 보았다.

평률리에서 민주선전실장을 할 때 도서실을 정리하면서 그가 쓴 창작집 〈달밤〉이나 장편소설 〈가마귀〉를 읽어본 적이 있었다. 그리고 읽어보지는 않았지만 《문장강화》라는 책이 좋다는 말을 여러 번 들어본 적이 있었다. 그때 그의 글을 읽은 느낌은 우리말을 요리조리 자유롭게 쓰면서도 아름답게 표현해서 상당히 민족적이라는 생각이 들었다. 하지만 소시민적이고 뭔가 약하다는 생각도 들었다.

그러다가 1954년 어느 날 그의 책 모두가 도서실에서 사라지게 됐다.

"아직 덜 됐나요?"

"예. 조금만 더 하면 됩니다. ……헌데 아직도 글 쓰십니까?"

나는 이 사실이 궁금하였다.

"쓰고는 싶소만……."

그의 표정이 무척 쓸쓸해 보였다.

후에 알아본즉, 그는 숙청당하고 장동탄광에 가서 사회보장(여자 55세, 남자 66세가 넘으면 노동법에 의해서 먹고살 정도로 배급이 나왔다)으로 두 부부가 외로이 살고 있었다. 그의 부인은 15세 정도 아래로 깔끔하게 생겼다. 이태준의 말년의 모습을 본 나는 왠지 우울해지는 느낌이 들었다.

해방이 되면서 문학동네 채잡이로 돋을새김된 상허는 몽양과 이정이 이끌던 「민주주의민족전선」 문화부장을 맡았고, 《현대일보》 주간을 하였다. 43살 때인 1946년 2월 8~9일 이틀간 서울 기독교회관에서 열린 제1회 전국문학자대회에서 상허는 보고연설을 하였다. 〈국어재건과 문학가의 사명〉이라는 제목이었다. 보고연설 한 어섯이다.

문학이 없이 언어는 있되 언어 없이 문학은 있을 수 없다. 조선문학이 없이 조선어는 있을 수 있되 조선어 없이 조선문학은 있을 수 없는 것이다. 그러므로 일본제국은 조선 문화면에 있어 소극적이긴 하나 가장 조선적인 성격을 유지하는 문화행동이였던 조선 문학을 금하기 전에 앞질러 조선어를 금한 것이요 일석이조 정책으로 조선작가로 하여금 일본어로 쓰도록 유도한 것이다. 이 음모를 의식했든 의식 못했든 간에 한두 작가씩 고독해 가는 조선어를 버리고 일본어에 붓끝을 모으던 경향은 우리 조선작가로서 모어에 대한 잔인성과 예술가적 자존심의 결핍을 폭로했던 것이다. 8 · 15이전 일본과 조선의 경우에 있어 조선작가로 조선어를 버림은 조선문학을 버림이였고 조선작가로 조선문학을 버림은 그냥 붓을 꺾는 침묵이 아니라 일본어에로 전향함은 조선문화의 부정이요 따라 조선민족의 부정이였던 것이다.

관공청에서 조선어가 금지되었고 학교에서 교회에서 노상에서 조선어는 도처에서 구축당했다. 민족과 운명을 가치하는 우리 민족의 최초요 최후의 문학인 조선어의 명맥을 끝까지 사수하기에 적당한 사람은 적든 많든 민중을 가졌고 기록을 남기는 우리 문학가들이이었던 것이다. 이런 중대한 의무에 자각이 없이 모어의 곤경을 돌보지는 못할망정 일제 권력에 아첨해 조선어 말살에 채쭉을 가한 문학가가 우리 가운데 있다면 우리는 오늘 조선어에와 조선어의 제작자인 우리 민족 앞에 경건히 참회하고 연후에 다시 조선어에 붓을 대일 것이다.

《주간 신태평양》이라는 신문이 있다. 1947년 5월 3일 창간호를 낸 우익지로 김준연(金俊淵)이 사장이고 윤치영(尹致暎)이 주필이었다. 이 신문 1947년 8월 16일 치에 상허가 나온다. 「친일파는 누구? 민족반역은 누가 햇나」라는 제목으로 「문학가동맹편」이다.

(…) 지금은 북조선으로 가서 소련을 단녀와 〈소련기행문〉까지 써서 소련 예찬자가된 문학가동맹 위원장이든 이태준은 〈대동아전기〉를 출판하야 일본의 '미영격멸' 사상을 고취하고 있지 않었는가 그는 이런 말을 하고 있다

"우리는 잠자코 서로 쳐다보고 있었다 이렇든 강한 해군을 갖인 국민으로서 기쁨과 펜과 카메라로 사는 우리가 이 역사적 해전을 이 시퍼런 눈으로 목격하였다는 것은 얼마나 큰 행복인가!"

이러케 그는 일본의 충량한 신민이 된 행복감에 도취되였었고 "우리는 당황해 덤비는 적들의 허턱대고 쏘는 포연을 비웃으며 유유히 그들의 해면으로부터 자최를 감초고 만 것이다 이튿날 적측의 방송에 의하면 제철소 외에 조선소에도 피해를 입엇는데 피해액은 오천 폰드에 불과하다 하였으며 이는 물론 시민을 속이는 것으로 위주인 그들의 상투적 허위보도가 틀니지 않을 것이다"라고 하야 당시 일군의 미군기지 포격에 대한 미군 측의 행동을 경멸하는 허위보도를 하야 미영에 대한 적개심을 조장하기도 하였으며…… "모함으로 돌아가려면 갈 만한 상태였으나 원적(怨敵) 이십 년 이제 하와이 군항에 이로라 탄환만으로 성이 차지 않은 때문이리라"하야 육탄공격을 찬양했고 이러한 제국 잠수함의 활동에는 미국 본토가 진감되였고 영국이 인도와 호주의 교통에 위협을 받을 뿐 않이라 사람과 물자의 창고인 인도를 잃어버리는 비운에까지 빠지어 허덕허덕하게 된 것이다 …… 미국은 태평양에 부릴 배가 모자라 애쓰던 자이오 샌프란시스코는 서남태평양 방면에 있어 해상교통의 출발점이라 이 항구 일대가 우리 잠수함에게 위협을 받게 된 사실은 미국으로서는 무엇보다도 큰 고통일 것이었다 …… 미국의 태평양함대 사령관 니미쓰는 진작부터 …… 솔직히 비명을 한 것이다

이러케 미영의 무력(無力)을 선동하야 왜적에게 충성을 하게 하려고 가진 노력을 해왔든 것이다

그때 조선문단에서 친일 생채기가 없는 문학인은 이기영·한설야 말고는 없었다. 이태준 또한 이광수 다음으로 받았던 1941년 제2회 '조선예술상'과《조광》42년 1월호에 쓴「행복의 흰 손들」이라는 짧은 줄글과《신세대》44년 6월호에 쓴 르포「목포조선현지기행」한 편이 있을 뿐이다. 임종국이 찾아낸 친일 성향 글이 단 두 편이었는데,《주간 신태평양》에서 말하는『대동아전기』라는 책이 무엇을 말하는 것인지 모르겠다.

상허는 창씨개명도 하지 않았고 명백한 친일작품을 쓴 것이 없다. 그리고 위에 따다 쓴 만큼을 가지고 친일문인이라고 할 수 있는가? 뒷날 북조선에서 쓸어 없어졌을 때도 친일작품을 썼기 때문이 아니다.《주간 신태평양》기사는 타고난 친일 업보로부터 벗어날 길 없는 이른바 민족주의 우파들이 물고 들어가는 언짢은 물귀신작전이었다.

1946년 6월쯤 월북하였고, 47년 방소문화사절단 한 사람으로 소련 나들이를 하였다. 을유문화사에서 단편선집 『복덕방』을, 「북조선문학가동맹」·「조소문화협회」에서 『해방전후』와 『소련기행』을 펴내었다. 1948년 최고인민회의 표창장을 받았고, 「조선문학예술총동맹」 부위원장, 국가학위수여위원회 문학분과 심사위원이 되었다. 1949년 단편집 『첫전투』, 50년 중편 「고향길」을 끝내었다. 1951년 「백배천배로」 「누가 굴복하는가 보자」 「미국대사관」 「네거리에 선 전신주」 「고귀한 사람들」을 썼다. 1952년 「재일본조선인교육자동맹」 문화부에서 소설집 『고향길』과 『신문장강화』를 펴낸다. 이즈음 남로당 숙청 바람에 몰렸으나 소련파 기석복(奇石福) 뒷배로 살아났다. 1955년 소련파가 사그라지면서 일제 때 「구인회」 활동 반동성과 사회주의사상성 불철저를 이유로 끔찍한 꼬집힘을 받고 사라졌다. 그 뒤 《함남 로동신문》 교정원으로 일했으며 시멘트블럭 공장에서 파고철수집 노동자로 일했다는 증언이 있다. 김진계 증언에 따르면 66살인 1969년까지 살아 있었던 것은 또렷하나 그 뒷소식은 알 길이 없다.

남로당 숙청 바람에서는 살아났으나 '사상투쟁' 이름을 건 '목적문학' 쇠그물을 벗어날 수 없었던 이태준이었다. '불세출의 애국자이시며 백전백승의 용장이시며 민족의 태양이신 경외하는 수령 김일성 장군'을 기리는 작품을 쓰라는 평양 문예당국 주문을 자빡놓았던 것이다. 이태준은 말하였다고 한다.

"나는 김일성 장군을 민족의 태양으로 기리는 작품을 쓴 이기영과 한설야를 진정한 작가로 보지 않는다. 그들처럼 작가로서 양심을 접고 개인숭배에 앞장서는 어용작가가 될 수는 없다."

8·15 바로 뒤 '민족문학 수립'이 민족문학사 맡은 일로 드러났을 때 그 한가운데 세워졌던 이태준이다. 단편소설 완성자였던 상허 이태준은 예술성이 뛰어났던 순문학 작가이며 민족문학 작가였다. 1970년대에 서울에서 일어났던 참여문학과 맞서는 개념으로 '순수문학이 아닌 순문학'이며, 계급문학과 맞섰던 개념의 민족문학이 아니었음은 물론이다. 한뉘 동안 고아 의식에 시달렸던 상허 이태준이 홀로 일구어 홀로 걸어갔던 30년대 순문학을 다시 살펴봐야 한다. 빼어난 단편인 「밤길」을 다시 본다. 문참(文讖)에 걸려버린 상허인 것만 같아 눈앞이 부우옇게 흐려온다.

허턱 주안(朱安) 쪽을 향해 걷는다. 얼마 안 걸어 시가지는 끝나고 길은 차츰 어두워진다. 길만 어두워지는 것이 아니라 바람이 세차진다. 확 비를 몰아붙이며 우산을 떠받는다. 황서방은 우산을 뒤집히지 않으려 바람을 따라 빙그르 돌아본다. 그러면 비는 아이 얼굴에 홈빡 쏟아진다. 그래도 아이는 별로 소리가 없다. 권서방더러 성냥을 그어 대라고 한다. 그어 대면 얼굴은 죽은 것이나 마찬가지나 빗물 흐르는, 비비틀린 목줄에서는 아직도 딸랑거리는 것이 보인다. 바람이 또 친다. 또 빙그르 돌아본다. 바람은 갑자기 반대편에서도 친다. 우산은 그예 뒤집히고 만다. 뒤집힌 지우산은 두 번, 세 번 만에 갈기갈기 찢어지고 말았다. 하늘은 그저 먹장이다. 한참 숨을 죽이고 들여다보아야 희끄무레하게 아이 얼굴이 떠오른다.

『제1공화국과 친일세력』에 나오는 대문이다.

　　이태준(李泰俊) 1939년 4월 황군위문작가단 파송(派送)에서 산파역할을 하였다. 이것은 학예사(學藝社)의 임화, 문장사(文章社) 이태준, 인문사(人文社) 최재서(崔載瑞)의 3인이 주동하여 부내 출판업자 및 문단의 비용 갹출로 김동인(金東仁)·박영희(朴英熙)·임학수(林學洙) 세 명을 화북지방 황군 위문사로서 파송했던 행사이다. 이후 이태준은 조선문인협회 간사, 조선문인보국회 소설·희곡부회 상담역 등으로 비교적 활발한 활동을 벌였다.
　　친일계열의 글은 별로 많지 않다. 조선문인협회 파견으로 목포조선(木浦造船)을 시찰하고 와서 쓴 증산전선 시찰기 「목포조선 현지기행」(『신시대』, 1944.6)이 있다. 특기할 것은 이무영(李無影)과의 공저로 발행된 『대동아전기(戰記)』이다. 이무영이 육군편, 이태준이 해군편을 맡아서 집필했으며, 1943년 1월 저작 겸 발행인 최재서로 인문사가 발행하였다. 이것은 징병제 실시를 앞둔 시국인식과 결전태세 확립을 위해서 집필된 육해군의 전투 실기(實記)이다.

　　남쪽에서 찍어낸 매체에 실린 것으로는 아마도 거의 마지막이었다고 볼 수 있는 이태준 글이 있다. 1950년 7월 21일 치 《해방일보》 2면에 실린 것이다.

해방서울에서

리 태 준

나는 서울의 해방을 二十八일 그날도 옹진에서 알게 되었다. 해방옹진경축군중대회

에서 우리 조국의수도 이서울 해방이 긴급보도로 알려지자 수만군중은 광장이 떠나갈 듯 환호하였다

조선사람이라면 누구나 어서 와보고싶을 해방서울을 나는 호사스럽게도 우리 인민 군대의 땅크자국이 아직 애스팔트에 뚜렷이 남아있는 때 서울역에 나리게되었다.

이번은 꿈이 아니로고나! 지난四년간 얼마나 몽매간에 자조 걸어오던 이서울인가!

나는 아모 변장도 없이 나는 누구의 눈치도 살필 필요없이 우리 공화국공민증을 지 닌채 남대문을 향해 거침없이드러섰다 남대문문루에는 「조선민주주의인민공화국만 세!」가 걸리었고 남로당의 최후의 지상(地上) 회관이였던 일화삘딩에는 조각별 선명한 공화국기가 휘날리었다 푸른 견장의 공화국내무서원들이 네거리마다 교통정리를 하고 있었고 달리는 트럭들에는 따발총을 멘 인민군대들이 지나간다

남산은 성줄기가 드러나도록 송림이성기어졌고 거리들은 있던집이 허므러졌을망정 새집이라고는 별로 볼수없이 학대받은 도시이면서도 잿더미속에서 나래를 터는 불사 조처럼 서울을 살아났으며 서울은 새력사의 단면을 갈르고 나서며 있었다

이 서울은 九백년의 오랜도시다 고려시대 문종이 이곳에 리궁을 둔때로부터 인민들 은 이곳에 집단적으로모혀 살았고 그후 리왕조의 도성이 되며부터 서울은 전체조선 인 민들의사랑하여 모여드는 수도가되였다

『三각산 제一봉에 봉황이 앉어 춤을추고

한강수 깊은 물에 하도용마가 나단말가!』

인민들은 자기들의 서울을 례찬하였다. 뒤에는三각산련봉이 둘리고 앞에는 한강이 구비쳐흘러 서울은 과연 아름다운 도시이며외적을 방위하기에 훌륭햇던 도시이며 강 토 한가운데자리잡어 정치, 경제, 문화의 중심지 되기에 지리적합리성도 가지었다

그러나 서울은 어느 왕조의 도성에서나 마찬가지로 주문(朱門) 안에는 주육이 썩어 나나 거리에는 인민들의굶어죽고 얼어죽는 시체가 떠나지 않았고 또 서울은 어느 왕조 의 도성에서나 마찬가지로 외적의 침습이 있을때는 지배층들의 헌신짝 던지듯하는 버 림을 받고 오직 인민들의 피로만 지킴을 받어왔고 또끝내 인민들의힘으로 적을몰아 내 었던것이다

임진왜란때 왕공귀족들은 이 서울을 뒷문으로 빠저 임진강을건너 도망가고 오직 인 민들만이 방어해냈으며 병조호란때도 왕공귀족들은 이 서울을 앞문으로 빠저 한강을 건너 도망가고 역시 인민들만이 적을구축하기에 피를흘렸다. 북한산봉오리마다 四대

문 문루마다 성머리마다 한강나루터마다 이 서울을 지키던, 그리고 이 서울에서 외적을 몰아내던 용감한 인민들의 피로 물지 않은물과 흙이 없을것이다.

인민들의 피는 거룩하다! 이번에 흘린 인민군대의피는 더욱 거룩하다! 서울에서 외적과 매국노들을 몰아내기에 흘린 피중에서도 이번 미제와 리승만도당을 몰아내기에 흘린 인민군대의 피는 더욱 고귀한 것이니 보라 어느때 인민대중이 이처럼 서울의주인으로 나선 적이 있었는가? 크고 작은 청사마다 하늘 높이 날리는 공화국기는 인민들이 주권을 잡은 만고에없던 새나라의기인 것이며 시민들의 물러서 우러러보는 김일성장군의초상은 그자신이 인민의 아들이며 그자신이 인민조선의 창조를 위해 손에는 칼을 잡고 싸웠으며 오늘 위력있는 인민무력의 조직자이며 령도자이신 것이다

오늘 서울은 미제나 리승만매국노들에게서만 해방이 아니라 오랜 봉건령주의 곰팡쓴 성곽으로부터 자기의 진정한 주인인 인민대중의 수도로서 영광스러운 성문이 새세기를 향해 열려진 것이다

력사에서 몰락해가는 침략자들은 아직우리 강토 안에서 발악하고 있으며 이 해방된 서울을 무차별폭격하고 있다 그러나 인민군대의 정의의 포성과 함께 자기들의 무한한 력량을 자각한 인민들은 자기직장에서마다 새질서와 새건설에 발분해 나섰으며 김일성수상의 지시대로 우리강토에서 침략자를 끝까지 구축하기위해 전체 피끓는 청년들은 다투어 달려나오고 있다

나는 서울시림시인민위원회에서 의용군본부에서 전평에서 문련에서 많은 구면의친구들과 많은초면 인사들을 만났다 어떤분은 감옥에서 어떤분은 지하에서 어떤분은 빨찌산에서 어떤분은괴뢰정권의 견딜 수 없던 굴욕속에서 나와 땀흘려일하고들 있었다. 모두가 오늘 우리조선인민들은자기의운명을 자기손으로개척할 줄 알며 나아가 미침략자들이 우리나라 내정에무력간섭해 나서는 야만적 습관을 영원히 숙청해버리는 세계사적위업에 용감히 선두에 섰음을 자각하고있는 것이다

만나는 사람마다 인민군대의 영용성을 감탄하였다 북조선은 조선 북쪽에 아니라 어떤 미지의 세계에 여러백년 전부터 있어온 나라처럼 느껴진다 하였다 인민군대를 단四,五년동안에자란군대로 보기에는 너머나 기적과 같았기 때문이리라. 그러나 이는 기적이 아니요 현실인 것이며 전체애국인민들은 진작부터 이를 실현키위해 백절불굴로 싸웠던 것이며 또 싸우고있는 것이다.

나는 들었다! 서울시민들이 한강 대안에서 적을 추격하던 인민군대 땅크를 한시라

도 속히 도하시키기 위해 『땅크를 우리 몸뚱이 위로라도 건네보내자! 모두다 한강으로!』를 웨치며 적탄이 퍼붓는 속에서 자갈을 날르며 침목을 날른 것을! 철도국로동자들의 一부대는 기관총사격으로 전투에까지 참가했으며 인민군대땅크를 건네놓고는 그길로 의용군에 나섰다는 것을

나는 보았다! 철도국통신과원들은 十七,八세의어린 처녀들임에 불구하고 폭탄이 지척에서 계속 작렬하여도 자리를 떠나지 않고 전화대를 지켜 끝까지 각지구와의 중요통화를일사불란하게 련결시키었음을!

오늘 조선사람들은 그전 조선사람들이아닌것이다! 자기들의 단결한힘이 조선에 미치는 미제의 힘을 넉넉히 구축하고도 남을것을 모르지 않는다 세계인민민주 진영의 뭉친 힘은 날아갈수록 파탄되는 침략주의자들의 허장성세보다 몇배 강대함을 모르지 않는다

트루맨은 첫번부터 당황망조했음을 우리는 보았다 북조선침습이 그 첫거름부터 반격을 당하자 트루맨은 리승만에게 군수물자원조를 성명하였다 군수물자원조에 국한한다던것이 그 다음 날 성명에는 지상군대 없는 해공군도 파견한다고 고쳐졌다 이 두번째 성명도 입에 침이 마르기 전에, 지상부대도 파견한다고 고쳐졌다 미국군대의 전투는 남조선에서만 참가한다고 성명했는데 이 성명은 고쳐지지도 않은채 북조선의 평화도시에도 폭격을 감행하였다

그러나 보라! 그 굉장한체 위협하던 미국지상부대가 우리 인민군대 앞에 발휘하는「실력」을! 이따위 지상부대 미군으로 가장 장하다는 일본주둔군대가 이런 것이며 이런 지상부대를 가지고 지구 위에서 가장 큰 대륙국가들인 인민민주국가들을 위협하는 태곳적 꿈을꾸고 있었던 것이다

미제는 전세계 인민민주지역에마다 합해서 자기무력을 문엇발처럼 펼쳐놓았다. 미국무력은 결국 문엇발인 것이다. 문엇발이되 이 욕심많던 문엇발 이제는 어디서나 물어뜯기는 이 문엇발은 여기서도 저기서도 물어뜯기에 마지막에는 발없는 문어의 운명이 되고 말 것이다. 그만치 이 괴물은 발악적이며 끈기찬것이니 우리는 우리조국과 우리三천만의운명을 거는 이 결전에서 총궐기하여 어떤 희생이 있든 이놈의 우리에게 뻗은 다리를 토막을 내 떨구는데 용감해야 될 것이다.

서울시민들이어! 전체 조선형제들이어! 력사의 주인은 우리들이다 자신있게 한거름도 양보 없이 나아가자!

6. 드높은 하늘을 우러러 빨가장히 핀 인민 채송화

조　운 ^{1900~미상}

봄볕이 호도독호도독
내려쬐는 담머리에

한올기 채송화
발돋움하고 서서

드높은 하늘을 우러러
빨가장히 피었다

　　조 운이 쓴 「채송화」라는 시조이다. 채송화는 시조거리가 아니었다. 양반 사대부들
이 읊조렸던 시조는 거지반 매화 · 난초 · 국화 같은 폼 나는 꽃 아니면 소나무 · 대나무
같이 끼끗한 나무들이었다. 채송화 따위는 하찮은 들꽃 나부랭이였던 것이다.

　　조 운(曹 雲)은 1900년 전남 영광(靈光)에서 태어났다. 본이름은 주현(柱絃)이고
자는 중빈(重彬)이다. 1940년 붓이름이었던 '운(雲)'을 본이름으로 고쳤다. 조 운 아버
지는 아전이었고 어머니는 해어화(解語花), 곧 '말을 알아듣는 꽃'인 기생이었다. 어머
니 광산(光山) 김씨가 고마로 들어와 낳은 칠남매 가운데 외아들이었으니, 그때 형편으

시조로서 조선을 밝히고자 했던 조 운. 앉은 이는 매제 최서해.

로 보자면 사람들한테 손가락질 받는 '천출'이었다.

3·1운동에 들었다가 만주로 줄달음쳤는데, 만주벌판 어디서 떠돌뱅이 문학청년 최서해(崔曙海, 1901~1932)를 만난다. 자치동갑으로 뜻이 맞은 두 문학청년은 북풍한설 몰아치는 만주와 시베리아 벌판을 갈팡질팡하다가 국내로 들어와 금강산과 해주와 개성에 있는 옛 자취들을 돌아본다. 1922년 지방 문예운동에 앞장이었던 《자유예원(自由藝苑)》을 등사판으로 박아내며, 「추인회(秋蚓會)」라는 문학 동아리를 만들어 시조부흥운동을 벌인다.

조 운이 했던 시조부흥운동은 최남선 같은 이들이 했던 시조부흥운동과는 그 본바탕이 다르다. 그들이 했던 것은 관념적 복고주의로 민족을 초역사적으로 생각하여 민족을 절대화하는 것이었다. 그들이 나중에 가장 먼저 친일로 돌아서게 되는 것이 그것을 웅변하여 준다. 조 운이 벌였던 운동은 일제를 통하여 밀려들어 우리 겨레 내림줄기 깊은 것을 짓밟는 서구 제국주의 물결에 대한 앙버팀이었다. 무엇보다도 작품이 그것을 말해준다.

1924년 《조선문단》에 「초승달이 재 넘을 때」를 넣은 자유시 세 닢을 선보이며 문학 동네에 나왔고, '영광체육단사건'으로 1년 7개월 동안 감옥살이를 하다가 광복이 되면서 「건국준비위원회」 영광 부위원장을 하였다. 1947년 식구들과 함께 서울로 옮겨 「조선문학가동맹」 중앙집행위원으로 있으며 '인민의 행복에 복무하는 문학'을 힘주어 말하다가, 49년 식구들을 데리고 북조선으로 올라갔다. 그때부터 조 운은 우리 문학사에서 아주 잊혀진 사람이 된다. 이른바 치안을 맡았다는 관공리들 말고는 그 누구도 그를 입에 올릴 수 없었으며, 그가 남긴 시조를 읊는 사람은 이른바 국가보안법 위반죄로 감옥살이를 하여야만 되었다.

그는 같은 시대에 같은 시조시인이던 이은상(李殷相)과는 여러 가지로 두드러지게 다른 사람이었다. 이은상이 세상에서 말하는 바 '성공한 시조시인'으로 분수에 넘치는 대접을 받으며 '즐겁고 행복한 인생'을 살았다면, 조 운은 월북과 함께 가뭇없이 잊혀지고 말았다. 뜻있는 이들 사이에서만 변처럼 떠돌았을 뿐이다. '인민의 나라'로 올라간 남조선 출신 문학인들 거의 모두가 그렇지만 조 운 경우는 더구나 그러하니, 그가 가려잡은 문학 갈래가 시조였던 까닭에서였다. '반동지배계급인 량반놈들이 근로하는 인민 대중의 구체적 삶과는 관계없이 음풍롱월 하던 것'을 시조로 보는 사회주의 문학관 탓이었다. 사회주의 문학 갈래에는 아예 시조라는 것이 없다. 조 운이 '공화국 문학판'에서 살아남기 위해서는 갈래를 바꿔야 한다.

그러나 천운순환(天運循環)이 무왕불복(無往不復)이라고 하였다.『대학장구(大學章句)』서(序)에 나오는 말이니, 하늘 운수는 돌고 돌아서 다시 돌아오지 않는 법이 없다는 뜻이다. 이 말은 주희(朱熹)가『예기(禮記)』라는 책에서 뽑아 쓴 것이다. 여진족이 세운 금(金)나라에 밀려 장강(長江) 밑 남송(南宋)으로 오그라든 한족 지배이데올로기인 유학(儒學)을 되살려 여진족을 몰아내보자는 슬픈 꿈에서였다. 이런 문자가 생겨나게 된 뒷그림과는 이음고리 없이 '무왕불복'이 주는 울림은 아주 애젖하다. 이제 곧바로는 이긴 것 같지만 참으로는 이긴 것이 아니고, 진 것 같아도 길게 보면 진 것이 아니다. 하늘 밑에 벌레들이 아귀다툼하는 곳에서 가없는 것은 아무것도 없기 때문이다. 이런 말 또한 '패자의 넋두리'라고 한다면 할 말은 없지만 갈피가 그렇다는 말이다.

전라도 출신으로는 맨 처음 중앙 문단에 이름을 올린 문인이었고, 영광중학원 작문 선생으로 있으며 동료 교사였던 박화성(朴花城, 1904~1988)이 지닌 소설 솜씨를 보고 「추석전야」를 춘원 이광수에게 보여《조선문단》에 실리게 하였다. 「석류」라는 시조 네번째 수이다.

투박한 나의 얼굴
두툴한 나의 입술

알알이 붉은 뜻을
내가 어이 이르리까

보소라 님아 보소라
빠개 젖힌 이 가슴

『한국문학통사』라는 책에서 지은이 조동일은 이렇게 말한다.

조 운은 이은상이나 이병기보다도 더 시조를 알뜰하게 가꾸려고 했다. 이은상처럼 감각이 예민해 말을 잘 다듬는 것을 장기로 삼는 듯하지만 기교에 빠지지 않았다. 애틋한 인정을 감명 깊게 드러내려고 한 점에서는 이병기와 비슷하면서 미묘한 느낌을 또

렷하게 하는 데 남다른 장기가 있었다. (······) 다음에 드는 〈어느 밤〉은 《신가정》 1934
년 3월호에 낸 대수롭지 않은 작품 같지만, 읽을수록 산뜻하다.

눈우에 달이 밝다
가는대로 가고 싶다

이 길로 가고가면
어데까지 가지는고

먼 말에
개 컹컹 짖고
밤은 도로 깊어져.

28살 때 세 살 밑인 누이 분려(芬麗)를 최서해한테 시집보냈는데, 한 살 밑인 매제
서해가 죽자 「서해야 분려야」라는 시조를 썼다.

조 운(최고인민회의 상임위원)

● 1900년 전남 영광군 영광읍에서 출생했다.
● 상업학교를 나와 영광읍 사립학교 교사로 복무했다.
● 1926년 청년운동에 가담했고 청년동맹 조직부장으로 일했다.
● 문학활동을 하면서 자기 작품에 청년동맹 좌익파의 견해를 반영하고 있다.
● 반일운동 때문에 1937년부터 1940년까지 감옥생활을 했다.
● 해방 후 인민위원회 조직에 적극 참여했고, 영광군 인민위원회 위원장을 맡았다.
● 1946년부터 현재까지 작가동맹 중앙위원으로 활동했다.
● 소련에 대해서는 우호적이며 미국의 대 남조선 정책을 반대하고 있다.

1948년 7월 31일 평양 주둔 소련군정 레베데프 정치사령관 「평정서」에 나오는 대
문이다. 최고인민회의 의장단은 모두 20명인데, 이 가운데 남조선 출신은 모두 11명이
다. 상임위원회 위원장 김두봉, 부위원장 홍남표(洪南杓), 상임위원 장 권(張 權) · 이기

영·김창준(金昌俊)·이능종·유영준·조 운·라승규·성주식(成周寔)·구재수(具在洙).

　최고인민회의는 남조선으로 치면 국회이고 상임위원이면 장관급이다. 문학인으로는 이기영과 조 운 두 사람뿐이다. 내각 쪽에 홍명희가 제2부수상이다. 2000년 다시 펴낸 『조운 시조집』에 나오는 해적이에 따르면 1949년 식구와 월북한 것으로 되어 있다. 1947년 식구와 함께 서울로 옮겨, 5월 5일 『조운 시조집』을 조선사에서 펴냈고 동국대학에 출강해 시조론과 시조사를 강의했다고 한다. 그리고 그것으로 끝이다. 그러나 「평정서」에 따르면 늦어도 1948년 5·10단선이 끝난 다음 월북한 홍명희 일행과 함께 간 것으로 보인다.

　남녘에서도 그랬지만 조 운 삶은 북녘에서도 그렇게 즐겁지만은 않았을 것이다. 장관급 우러름을 받았다지만 그것이 얼마나 이어졌는지도 알 수 없으려니와, 무엇보다도 작품이 없다. 남로당 숙청 피바람에서 살아남았다고 하더라도 작품을 쓸 수 없는 삶이라면 그것은 부질없는 알몸뚱이 삶일 뿐이다. 국문학자 김재용 교수가 보는 시조시인 조 운이다.

　　짐작컨대 그는 우리의 것을 무조건 버려야 할 것으로 간주하고 구미의 것을 무조건 따라야 하는 것으로 생각하는 우리의 사유가 병이 들어도 뼛속 깊이 든 것임을 깨달았을 것이고 이에 저항하는 하나의 방법으로 시조를 택했다. 거기에는 자신의 무의식 밑바닥에 깔려있는 식민지성을 목도하고 이를 극복하려는 치열한 노력이 뒤따랐다. 그렇기 때문에 시조를 깔보는 세상의 흐름을 거슬러 시조로 자신의 사상을 표현할 수 있었을 것이다. 만약 그러한 근본적 성찰이 없었다면 당대의 지적 유행의 흐름을 거스르는 형식실험은 도저히 시도할 수 없었을 것이다. 그런 점에서 그는 분명 식민지적 무의식으로부터 해방된 몇 안 되는 지식인 중의 한 사람임에 틀림없다.

　우리가 볼 수 있는 조 운 마지막 작품이다. 《문학평론》 1947년 4월호. 「얼굴의 바다-어느 대회장에서」.

　　얼굴
　　얼굴의 바다

늠실거리는 이 얼굴들

모도 몰으는 얼굴
허나 모도 미쁜얼굴
시선이 마조칠 때
그만 끼어안고 싶고나
전에 보든 얼굴
오 너도 동지더냐
쪼차가 손을 잡어 꼭쥐고 흔들었다

그리고
눈으로 눈으로만
하던 말을 다 했다

1927년 2월에 나온《조선문단》에 보면 시조를 보는 조 운 눈길이 담겨 있다.

　　개화세상이 되면서부터는 또한 개화적(?)으로 천대를 받었다. 한시의 형식이니, 한시형식을 모방했느니, 형식은 한시와 달라도 내용은 한문사상이라거니 또는 시조는 퇴거시대 정신, 과거의 생활의식을 표현한 것이니 현대인에게는 교섭이 없다거니, 대중과는 몰교섭한 특수계급의 소산이니까 무용하다거니 자유시를 주장하는 동시에 자유로운 표현을 구속하는 케케묵은 고정적 형식을 돌아볼 필요가 없다거니 하여 본체만체는 그만두고 한시와 아울러 무용론까지 주장하는 바람에 숨을 자리조차 얻지 못하는 시조가 이제 문단의 한 자리를 잡아 겨우 문단인의 주목을 받게 된 것이다.

8 · 15를 맞아 자유시 꼴로 쓴 「건국의 노래」이다.

　1. 일어나 나가자 쏘아나가자
　　시련에 어두움을 박차버려라
　　백두산 마루에 희망의 기운

얽히어 새벽에 휘황차구나
자유자유 자유자유 자유의 노래
피와 바꾼 자유의 노래
지축이 무너져라 우렁차구나

2. 기름진 앞뒷벌 무궁화동산
영겁에 알뜰이 내 보금자리
못잊을 기억이 거름이 되어
새로운 아세아 꽃이 피누나
자유자유 자유자유 자유의 노래
피와 바꾼 자유의 노래
지축이 무너져라 우렁차구나

《불갑산빨치산》1951년 1월 28일 치 11호 2면에 실려 있는 기사이다. 불갑산은 조운 옛살라비인 영광을 감싸고 있는 진산인데, 인민유격대 싸움이 뜨거웠던 곳이다. 1951년 2월 8일 제13호 '인민군창립기념특집호'인 《불갑산빨치산》이 우리가 볼 수 있는 오직 둘 뿐인 적바림이다.

자랑스러워라! 불갑지구빨쩌산
군공자 표창식 대성황!

뜻깊은 레닌서거 二七주년 기념보고대회에 뒤이은 군공자표창식은 그야말로투지와 의기충천한가운데서시작되었다 세용사어깨를나란히겨누고멀리황혼의하늘향해 울린 축포세발은 이산마을 골작마다 거침없이산울림 울리게하고때마침이에장단마춘듯 약간차거우나 산들불어오는 바람은즐거운 오늘의 이장소를축복하여주는듯하였다 불갑 땅이낳았고그곳에자란 용감한용사들의 빛나는공훈에대한 도총사령관으로부터수여된 군공표창장을 박사령관으로부터 전달하였다 그이름불려질때마다 군중들은박수갈채로서 용사들에게 영예와찬양을보내었다 자랑스러워라! 불려진이름 영웅 김철수 용사 강세준 박종덕 박영수의 네동무! 곧뒤이어 고재구 김국호 김태복 박종석 김영구 정옥균

최윤수 윤제 주창율 신일식 채연석 주금순 손대종 손창술 김봉원동무들에게 불갑지구사령관 명의로되는군공표창장이 수여되었다

이름불러졌어도 침묵을 지키는몇몇사람 그들은 찬란한공적을 남긴채영영이세상을 뜬 용사들이다 그때마다 누구의시킴도아니로되 코등이시큰거리며 무환한복수심이 소스라치는것을어이하랴! 그들의바란것은영예였던가! 오직조국과인민을위하여싸운 그 고귀한뜻의발현이였음을 누가의심하리!

× × ×

우리들의 미덥고도존귀한 박사령관동무!그는열변으로써 우리지구 빨찌산의발상그 구체적활동의 시초와발전의경로와심오한 시세의분석,이시세에 호응할빨찌산투쟁의방향! 이모든말씀은 우리빨찌산들 목표와전망을가르쳐주고도 나음이있었다 수상자를 대표하여 고재구동무가감격에넘치는답사를하였다 지구당책김혁동무가 자기축하에서 빨찌산은마땅히 인민을봉기에로 묶어세우는 견인력이돼야한다고강조하신 말씀은전체대원들에게 새로운 박력을주었다 어두어둑 어둠이 온곳에덮힐제 환희와 감격도 세로히 뜻깊은 표창식을 끝마쳤다

때마침 둥군달은 동역신마루 소나무가지 사이로 방긋웃는얼골을 내밀었다

7. 친일 생채기 없는 맑스주의 농민소설가

박승극 ^{1909~미상}

몇 해 만이든가
다시 들어오는
나의 監房이로다.

코에 익숙한 구린 냄새
무럭 옛情이 그리워.

우릿간 門을 들어서서
잠깐 두루번 두루번.
壁에는 빈대 피가
드럽게 환을 쳤고
똥통 뚜껑은
참아 손을 댈 수 없도록
지저분하다.
온종일 참았던 오줌

친일파를 도려내자고 외치다 감옥에 갇힌 박승극. 이때 이야기가 뒤에 「감방의 기록」이 된다.

마음 탁 놓고
좌 쏟아 놓자.
'自由解放'의 첫 膳物이
또다시 鐵窓이든가
아무려나 며칠 동안
고요히 쉬는
革命的인 修道場이 되렴.

試鍊이다!
決意는 또 한 번 굳어져.

이 마음!
동무들의 마음과 通하였다.

《인민》 1946년 3월호에 실린 박승극(朴勝極) 옥중수기 「감방의 기록」 첫머리에 나오는 시 「옛情」이다. 박승극은 1945년 11월 8일 군정포고 제2호 위반으로 수원경찰서 유치장에 19일 동안 갇혀 있었는데, 그곳에서 쓴 시가 39닢이라고 하였다. 인민계관시인 유진오가 징역 1년을 받고 감옥에 갇힌 것이 1946년 10월이니, 박승극은 8·15 뒤 구속된 문학인 가운데 첫 번째가 된다.

1945년 11월 21일 서울 경운동 천도교대강당에서 열린 전국인민위원회대표자대회 둘쨋날 박형병(朴衡秉) 경기도 대표가 한 말이다.

"경기도 운동의 중심은 서울이다. 서울은 폐렴에 걸렸다. 즉 친일과 민족반역자들이 도량하고 있기 때문이다. 그래서 경기도 운동은 늦었다. 그러나 아무리 늦었다 하더라도 경기도는 조선운동의 선구가 될 것이고 서울은 전국의 중심이 될 것이다. 상세는 각각 보고서로 되었지만 특히 수원 박승극 동무의 피검사건은 아무런 이유도 없이 피검된 사실을 주목하여주기 바란다."

박승극은 소설가이며 문학비평가였다. 카프 때부터 소설을 쓰고 비평을 해 왔다지만 박승극은 문학인이라기보다 정치인이었다. 인민대중 마음속을 파고든 작품을 남기지 못하였대서가 아니라 감방에 들어갔을 때 그는 「민주주의민족전선」 경기지부 선전부장과 중앙위원 자리에 있었던 것이다.

하늘을 우러러 한 점 부끄러움 없이 8·15를 맞은 문학예술인은 그렇게 많지 않았다.

《대동아(大東亞)》1943년 3월, 22쪽에 나오는 「문인창씨록」(기일)에 박힌 향산광랑(香山光郎 이광수)·동문인(東文仁 김동인)·송촌굉일(松村紘一 주요한)·금안서(金岸曙 김억)·방촌향도(芳村香道 박영희)·금촌팔봉(金村八峯 김기진)·강촌청오(江村靑吾 차상찬)·동원인섭(東原寅燮 정인섭)·대궁지용(大弓芝溶 정지용)·송강항석(松岡恒錫 서항석)·백시세철(白矢世哲 백철)·동생일웅(桐生一雄 인정식)·야구임(野口稔 장혁주)·방산춘해(方山春海 방인근)·목양(牧洋 이석훈)·권전환(權田煥 권환)·백촌기행(白村夔行 백석)·산천실(山川實 송영)·목산서구(牧山瑞求 이서구)·철심평(鐵甚平 김소운)·금야기림(金野起林 김기림)·서야두수(徐野斗銖 서두수)·청엽훈(靑葉薰 이찬)·화산영수(和山永秀 최영수)·이소야윤(伊蘇野潤 윤석중)·대산인화(大山仁化 최인화)·목하준(木下俊 허준)·이가용악(李家庸岳 이용악)·석원인해(石原仁海 석인해)·승산아부(勝山雅夫 최영주)·결성청자(結城靑子 장정심)·금촌용제(金村龍濟 김용제)·화전현(和田賢 양미림)·현강덕(玄岡德 현덕)·한우세광(韓宇世光 한흑구)·청목홍(靑木洪 홍종우)·백산청수(白山靑樹 김동환) (이하 차호)

-김응교, 『이찬과 한국 근대문학』에서 따옴

그리고 대강룡지개(大江龍之芥 김문집)·석전경조(石田耕造 최재서)·월전무(月田茂 김종한)·달성정웅(達城靜雄 서정주)·암곡종원(巖谷鐘元 곽종원)·덕전연현(德田演鉉 조연현)·목호세영(木戶世永 박세영)……. 알려진 것말고도 얼추 창씨개명을 하였고, 창씨개명은 하지 않았더라도 수많은 친일작품을 쓴 수많은 시인·작가·평론가들이었다.

《윤치호 일기》1940년 5월 30일, 31일, 6월 3일 치이다.

1940년 5월 30일 목요일

지방에서는 경찰, 군수, 면장이 주민들에게 창씨개명을 강요하고 있다. 그들은 창씨개명하지 않은 사람이 집을 짓거나 매입하는 경우에 인가를 내주지 않고 있다. 일부 지역에서는 소학교에 입학하려는 아이들이 창씨개명하지 않으면 취학연령 아동임을 입증하는 증명서를 발부해주지 않고 있다.

1940년 5월 31일 금요일

창씨개명에 결사 반대하는 유억겸[1]의 말로는, 이광수가 감히 일본에 갈 수가 없다고 한다. 일본에 있는 조선인들이 창씨개명한 그를 가만 놔두지 않겠다고 협박하고 있기 때문이란다.[2]

1) 유억겸은 끝까지 창씨개명을 하지 않았다.

2) 이광수는 1940년 2월 11일 창씨개명 접수가 시작되자마자 경성부 호적과에 신청서를 제출했을 뿐만 아니라 「매일신보」 2월 20일자에 창씨개명에 대한 의견을 담은 「창씨와 나」라는 글을 발표해 세간을 놀라게 했다.

1940년 6월 3일 월요일

정오쯤 이광수를 방문했다. 그는 출타중이었다. 굉장히 똑똑한 그의 부인과 한담을 나누었다. 그녀의 말로는, 자기 남편이 창씨개명한 후 1천 통 이상의 편지를 받았는데, 하나같이 욕설을 퍼붓거나 가만 놔두지 않겠다고 협박하는 내용이었다고 한다. 요즘에도 하루 평균 5통의 편지가 온다고 한다.

농민소설가 박승극이 주로 다룬 것은 북쪽 토지개혁. 주민들 토론으로 토지분배가 이뤄지지만 해마다 세금이 30퍼센트에 이르고 얼마 못가 사회주의 집단농장으로 빨려들어 가면서 빛을 잃었다.

이광수「선씨고심담」이다.《매일신보》1940년 1월 5일 치.

　　지금으로부터 2,600년 전 진무천황께옵서 어즉위(御卽位)를 하신 곳이 가시와라 (橿原)인데 이곳에 있는 산이 향구산(香久山, 가구야마)입니다. 뜻깊은 이 산 이름을 씨로 삼아 '향산'이라고 한 것인데, 그 밑에다 '광수(光洙)'의 '광'자를 붙이고, '수'자 는 내지식의 '랑(郎)'으로 고치어 '향산광랑(香山光郎)'이라고 한 것입니다.

　　어기차게 조선문학인 지조를 지키며 친일글발을 남기지 않은 대추씨처럼 뻣뻣한 글지들은 몇 되지 않았으니— 북경감옥에서 죽은 이육사(李陸史)와 후쿠오카(福岡) 감 옥에서 죽은 윤동주(尹東柱)와, 변영로(卞榮魯),「조선어학회」를 지키며 시와 수필을 썼던 이병기(李秉岐)·이희승(李熙昇), 아예 붓을 꺾어버렸던 홍사용(洪思容)·김영 랑(金永郎)·젊은 김동리(金東里)·조지훈(趙芝薰)·박목월(朴木月)·박두진(朴斗 鎭) 등이었다. 여기에 태항산「조선의용군」이었던 김태준(金台俊)과 김사량(金史良), 구주(九州)탄광에 끌려가 있던 안회남(安懷南), 학병을 피해 산으로 들어가 있던 김상 훈(金尙勳)과 상민(常民)이 있다. 중동고보 영어교사로 있으며 학생들에게 민족의식을 불어 넣었다는 죄로 1941년 잡혀 3년 7개월 동안 감옥살이를 한 김광섭(金珖燮)과 그리 고 청년운동과 농민운동을 하다가 3년쯤 옥살이를 하고 요시찰인이 되어 옴치고 뛸 수 없었던 박승극이 있는 것이다.

　　박승극은 1909년 12월 14일 경기도 수원군 양감면 정문리 농가에서 태어났다. 1928 년 배재고등보통학교 4년을 마치고 일본 동경으로 갔다. 니혼대학(日本大學)에 들어가 맑스주의와 만나 노동운동에 뛰어들었다가 학교에서 쫓겨난다. 조선으로 돌아온 1928 년 끝 무렵 카프에 들어가 소설을 쓰면서 수원·평택 얼안에서 청년운동과 노동운동을 하다가 왜경에게 잡혀 3년쯤 감옥살이를 한다. 8·15를 맞아「조선문학가동맹」중앙상 무위원으로 있으며 '지하공작'을 하였다. 1946년 2월에 나온《우리문학》창간호에 지하 공작 속내가 나온다.

　　나는 2개 읍면 중에서 남양·오산·동탄과 그리고 여기(부곡인민위원회)까지 단 네 군데밖에 못 가본 만치 바쁜 틈을 타서 일부러 왔다는 것을 비롯하여, 제2차 세계대 전 종결과 함께 해방의 길을 얻게 된 것, 과거 일본제국주의 식민지 노예가 되어 가지가지 설움을 받던 것, 특히 전시 하에 성까지 잃고, 생명까지 바치었고, 그 지긋지긋한 징용·공출 등 친일파 민족반역자들 죄상, 인민공화국정부 성립, 그 정강, 시정방침, 인민위원회 이야기, 정당에 대한 비판, 소작료 3·7제에 대한 것, 농민조합·청년동맹 등등 제문제에 대하여 눌변을 늘어놓았다.

친일 생채기가 없는 문학인으로 가슴 벅차오르는 해방을 맞은 박승극은 골방에 엎드려 원고지와 씨름하는 '문학' 대신 '운동'으로 달려간다. 차분하게 가라앉힌 눈으로 사람과 세계 참모습을 올곧게 바라보아야 하는 문학보다, 속속들이 일어나고 있는 이제 여기로 달려가는 운동 쪽이 맞는 그는 무엇보다도 피가 뜨거운 사람이었다. 건준 경기지부 일과 수원군 인민위원회 위원장으로 기운차게 움직이던 그가 했던 일은 수원군 안여러 읍면을 돌며 인민위원회를 얽어내는 일이었다. 그는 인민위원들을 복돋워주는 연설을 하였는데, 농군들이 가장 궁금하게 여기는 것은 토지개혁에 관한 것이었다. 1945년 12월 8일 천도교대강당에서 열린 「전국농민조합총연맹」 결성대회 첫째 날 경기도 대표 김봉진(金鳳鎭)이 한 사룀이다.

"도내 기조직 조합 수는 20, 농업인구수 159만 3,577명 조합원 수 14만 7,661, 미조직 군은 광주 포천 두 곳이 있으나 지금 조직과정에 있으며 곧 조직될 것이다. 투쟁경과는 소작료는 전반적으로 3·7제를 전취하고 있고 소작권 강제이동은 개구도 못한다. 친일파 민족반역자배중 일부가 악의적으로 농조조직을 방해하고 있다. 농민의 정인으로 악모의 모략은 여지없이 분쇄되었다."

"부르조아민주주의 혁명과정에 있어서 전 토지를 국유화하고 이것을 농민의 노력과 그 가족 인구수에 비례하야 재분배함으로써 완전 해결되는 것이다."

박승극은 《해방일보》 1945년 10월 3일 치에 나와 있는 「공산당의 토지문제에 대한 결의」를 읽어주었다. 《해방일보》 1945년 12월 15일 치에 나온 「수원 인민위원회 대표대회」 기사이다.

(수원) 20만 군민의 총의로 선(選)된 인민대표대회는 각읍면 지방대표 급 노조, 농조, 청총, 학생, 국군 등 방청자 1천 500여명 참집에 12월 23일 오전 10시 수원극장에서 우레 같은 박수와 함께 개회되었다. 박승극위원장의 개회사에 이어 임시집행부로 의장 이하영(李夏榮) 홍면옥(洪冕玉) 박지명(朴志明) 박승극 제씨가 선임 명예의장으

로 여운형 허헌 김구 김일성 김두봉 박헌영 6씨를 추대하고 회의를 집행하야 국제정세 보고 국내정세 보고 군내정세 보고가 있은 다음 중앙인민위원회 김계림 내무부차장 경기도인민위원회 김향 선전보고장 경기남부 6개군 ……

미군정 지방장관이 박승극을 체포한 이유는 인민공화국 인민위원회가 군 행정을 간섭했다는 것과 또 전국적으로 일어난 대소 사건 책임 문제에 있었다.

명령 일하에 서장 · 순사 무장미병 등이 나타나고 변명의 여지도 없이 나는 뼈 속에 사모친 일본정치하에 드나들던 그 지긋지긋한 그 경찰서 그 유치장으로 앞세워 오지 않으면 안되었다. '독립'이 되었다는 오늘날이 아니냐 생각하면 무어라 말을 해야 될지 알 수 없다.

제6감방. 자전거를 훔쳤다는 순사부장을 때렸다는 무엇인가 남의 물건을 훔쳤다는 젊은사람 셋하고 그리고 저금통장을 위조했다는 늙은 일본인하고 도합 다섯 사람이 감방의 전식구이다.

11월 9일 내가 또 여기 들어왔다는 소식 제발 나의 가족에게만은 알려지지 말기를. 그 마음 그 마음! 이 말을 쓰다가 그만 눈시울이 뜨끔함을 느꼈다.

동무들 덕분에 잘있읍니다. 어떻게 될 겐가 굿을 보랍니다. 모든 일 종전대로 해나가시요. 도인민위원회 결성대회에는 예정대로 상경 참석하기를. 나 여기 있다는 것 제발 양감면 집에는 알리지 마시오. 내 가방을 뒤져보면 「상투와 꽃과 인민위원회」란 원고가 있으니 이동규(李東珪) 형에게 전해 주시오. 밥은 한그릇씩 좋습니다. 서울 소식 알려주소서. 제1신을 써서 전했다.

박승극이 문학동네에 이름을 올린 것은 카프에 들어간 다음 해인 1929년 6월이었다. 《조선지광》에 「농민」을 선보이면서였고 《비판》《신인문학》《신세대》 같은 잡지에 「재출발」「풍진」「항간사」「백골」「술」「눈」 같은 단편소설을 선보였다. 그리고 프로문학에 대한 여러 비평을 보여주면서 임 화와 김남천 같은 프로문학 엄지가락 문학론을 꼬집기도 하는데, 김남천이 코웃음 치며 썼다는 글 제목이다. 《조선일보》 1933년 10월 10일 치에 실린 「문학적 치기를 웃노라—박승극의 잡문을 반박함」.

박승극이 마음을 기울였던 것은 농민문학이었다. 조선문제의 핵심은 토지문제이므로, 토지문제가 해결될 때 조선문제는 해결된다는 굳은 믿음을 지니고 있던 그가 쓴 많지 않은 비평문들도 거의 농민문학에 얽힌 것들이었다. 「농촌소설집-농민문학문제와 관련하여」, 「생산적인 문학」, 「농민문학의 옹호」. 북조선과 같이 남조선에서도 토지개혁을 해야 된다는 생각을 바탕에 깐 글들로, 무상몰수·무상분배를 이룩했을 때 농민해방을 바탕으로 민족해방이 이루어질 수 있다고 보는 것이었으니, 친일파를 도려내고 토지개혁을 하는 것만이 조선이 사는 길이라고 보는 박승극은 옹근 공산주의자였다. 1947년 1월에 나온《협동》제3호에 실린 「농민문학의 신과업」한 어섯이다.

새로운 시대는 새로운 농민문학을 요구한다. 농민과 함께 노래 부르며 나가자! 토지개혁의 완수를 위한 싸움은 우리의 동경인 지상의 공업화의 기초적 운동이며 농민을 자유와 행복에로 인도하는 대도(大道)의 첫걸음이다. 이에서만 더럽혀진 강산의 변모와 어리석고 딱한 농민의 심리로 변화를 가져올 수 있는 위대한 작품을 산출할 수 있을 것이다.

박승극은 제1기 최고인민회의 대의원으로 뽑혔다. 대의원으로 뽑힌 문인은 홍명희·홍기문 부자를 비롯하여 이기영·김남천·김오성·함세덕·안회남 같은 쇳소리 나는 문학인들이었으니, 박승극 '투쟁경력'이 높이 값 매겨졌음을 알 수 있다. 월북한 다음인 1948년 10월 1일부터 11월 6일까지《남선경제신문》에 중편소설 「밥」이 이어 실렸고 「제2작업반장」(1956년 7월), 「어느 젊은 부부의 이야기」(1957년 12월), 「어머니의 품」(1962년 9월), 「보릿고개」(1964년 9월)가《조선문학》에 실렸다. 그리고 공화국 북반부 문학 매체에 박승극 이름은 보이지 않으니, 문화선전성 문학예술부장과 국립출판사 사장을 한 박승극은 문학 행정가로 나갔던 듯하다.

박승극이 쓴 글이다. 1935년 10월 15일 나온《비판》제3권 제5호에 실린 「동아조선일보의 상쟁에 대한 소견」.

나는 여기에 조선의 민족 뿌르죠아 신문인 동아일보와 조선일보 사이의 근자에 일어난 상쟁에 대하여 시비곡절을 따져서 처 어느 것은 끊고 어느 것은 옳다는 것을 말할랴는 바 아니다. 그것만을 주로 논할랴고 할진대 너무도 부질없는 무의미한 일이 될 뿐더러 내가 반듯이 재변해야 될 어떤 의무를 손톱끝만치도 가지고 있는 것이 아니다. 요는 다만 그들의 싸홈이란 결국 어떠한 데서 출발한 것이며 그것이 조선의 민중에게 무엇을 보여주는 것인가를 주로 알어보면 그만인 것이다.

그런데 우리는 이 모든 필요를 위하야 최근 조선의 민족쁘르신문의 동향을 먼저 개괄적으로나마 살펴보아야 할 것이다. 쩌날이슴이란 원래 「불편부당」을 모토로 하는 것이지만 그것이 그들의 쩌날이슴인 한에서 언제나 자계급에 입각한 「불편부당」에 지나지 못하는 것이다.

쁘르죠아지가 한때는 이 사회를 앞으로 끌고 나갈 진보적 역할을 해왔으나 그들의 내포했던 계급적 ××로 인하야 전연 민중에게 ××하게 되자 쁘르죠아 · 쩌날이슴 역시 자계급의 동태와 한가지로 변천되지 아니치 못한 것이다.

한때 양같이 순한 조선의 민중-근로대중 앞에 아첨하고 겸손하던 그것은 싹도 없어지고 입으로는 언필칭 「조선민중의 공기」이니 「독자대중」이니 하면서도 그 실제에 있어서는 오만하고 기만하는 것이다.

일즉이 그들의 충실한 사도로 자타가 공인하던 일 문인의 수기에 의하야 그들 내부의 일단을 여실히 폭로한 바 있지만 그보다도 우리는 한거름 더 앞서 그들의 반동성을 간취하게 되는 것이다. 과연 무엇 하나 똑바른 입장에서 정말로 민중을 위하는 것이 있는가? 모두가 영리를 위한 것이 아니면 자기 신문사의 선전이나 자기네의 명예를 위한 노름이 아닌가?

현재 조선의 신문은 쩌날이슴과는 그 거리가 너무도 먼 어린애들의 솟곱작난 같은 짓을 하고 있는 것이다. 실례를 들자면 엄청나게 많거니와 이번 보성전문학교를 중간에 넣고 싸홈을 일으킨 것도 그의 일례이다.

우리는 이렇게 되는 원인의 하나로 현재 신문경영자들의 인간적 결함을 들 수가 있다. 돈만 있으면 누구든지 할 수 있는 조선의 신문경영주 그것을 떠받들고 앞재비가 되어 일하는 소위 「무관의 제왕」이라고 일커름이 있던 그들.

그들의 대부분은 안과 밖이 다르고 조석으로 행동이 변해지고 망노(亡奴)적 근성을 그대로 갖고 있기 때문에 신문을 경영하는 그 방식에 있어서나 논조에 있어서나 모두가 그 범위를 벗어나지 못하는 것이다. 그러므로 때를 따라서는 어떠한 불의의 일이라도 하는 것이다. 그래도 조선의 민중은 신문사라면 무검(無劍)의 경찰이나 같이 여기여 혹자는 과대한 신뢰를 하고 혹자는 무조건으로 증오를 해 왔다. 위선 조선의 민중은 현재 조선의 신문을 정당히 평가할 필요가 있다고 생각한다. 또한 조선 신문의 경영 · 편집상 지주가 될 지방지분국을 보더래도 잘 알 수 있는 일이다.

왕년에는 지분국 경영자들이 일반적으로 보아 그 지방 민중의 앞에 서서 활동하던 사람들이었는데 지금에는 대부분이 전일의 현상과는 정반대인 종류의 인간들이라 본사와 같은 보조를 취하고 있다.

오늘날 지방신문지분국이란 그 지방의 소위 유지와 부호들의 이해와 일치되어 있어 기사의 보도도 말할 것 없이 그들과 이해를 동일히 하는 것이다. 이에서 여러 가지 실례를 들 만한 지면의 여유가 없거니와 나의 실지 조사에 의한 단 하나의 예를 들어보면 경기 ×일대에 있는 동아, 조선, 조선중앙일보 삼신문 지분국 15개소 중 그 경영자의 업별(業別)은 대서업 2, 양조업 3, 상업 7, 기타 2- 이러한데 지방에서 대서업이나 양조업을 경영하는 그 자들이 민중과 어떠한 관계하 있다는 것은 두말할 것도 없고 상업도 그나마 소상업이 아니라 그 지방에서 모두 유력한 대상층 즉 뿌르죠아지에 속한 자들이며 기타는 아모 본업도 없이 부동(浮動)의 생활을 하거나 혹은 종교기관에 붙어 그들에 의하야 좌우되는 층이다.

여기에서 무슨 민중의 생활에 유리한 보도를 바랄 수 있으랴. 도리어 그들은 야비하게도 무슨 큰 벼슬이나 한 듯이 자신의 이권을 위한 방패로 사용하며 그들의 소요에 의하여 어떤 ××적 기사를 쓰기에도 주저치 않는 것이다. 이로 인하야 적지 않은 폐해가 생기는 것은 두말할 것도 없다. 이것을 밀우어서라도 현재 조선의 민족뿌르신문이 어떠한 길을 걷고 있는가를 증좌하는 것이다.

(……)

8. 썩어 없어져버린 공화국 발

이동규 ^{1911~1952 (?)}

작가 이동규는 희곡 〈낙랑공주와 호동왕자〉로 남한에서도 약간 이름이 알려졌던 사람이다. 월북 후 문예총(북조선문학예술총동맹)의 서기장으로 있었다. 50이 넘은 나이 덕으로 모두들 동무라 부르지 않고 '이선생'이라고 존대했다. 문예총의 직위로는 내각의 부상급(차관급)에 해당된다는 말을 가끔 불만스러운 어조로 말하고 있었다(사실 그가 북한인이었다면 사령부 객원대우는 받았을 것이다). 침식을 같이 하다 보니 나와는 좋은 말벗이 되었다. 보기에도 약질인 그는 행군 대열을 따르는 것만도 큰 고역으로 보였다. 군의 제2차 공세 때 안경을 잃어버린 후로는 심한 근시 때문에 두 팔을 헤엄치듯이 내저으며 걷는 바람에 젊은 대원들이 보기만 하면 웃어댔다.

이 태가 쓴 『남부군』 한 대문이다. 여기서 '50이 넘은 나이'라고 했는데, 이동규는 갓 마흔이었다. 조선 나이로 41살.

《조선중앙통신》 기자였던 본이름 이우태(李愚泰)는 마치 감상적인 '반성문'을 쓰는 학생처럼 자신을 살려주었을 뿐만 아니라 '선량'까지 만들어준 남조선 당국의 하해와 같은 은혜에 감읍하고 있어 숨이 막히지만, 실체험자가 아니고서는 알 수 없는 '인민 유격대 항쟁'의 구체적 사실들을 담고 있어 자료적 가치가 있다. 빨치산 시절 갈닦은 튼튼하고 잰 발과 폭넓은 지리산 테 안 알음알이로 정해영(鄭海永)이라는 신민당인가 민중당 칼자루 쥔 사람을 비롯한 정치업자들 산타기 길라잡이를 하는 보람으로 전국구 국회의원까지 했던 사람이다.

이동규(李東珪)는 1911년 서울 행촌동에서 태어났다. 서대문형무소 건너편 인왕산 기슭 산동네였다. 아호가 철아(鐵兒)로 되어 있는 것을 보면 무지갯빛 나는 강철처럼 어기차게 살아가겠다는 계급적 다짐이 보이는 듯하다. 집안 속내나 다녔던 배움터는 알려진 것이 없다. 고등보통학교만 몇 달 다녔어도 버젓하게 내세우던 때에 아무런 바탕을 밝히지 않았다는 것은 그가 내세울 만한 밑천이 통 없는 '무쫑'이었음을 보여준다. 그런데 몇몇 평론글에 영어 낱말들이 자주 쓰이는 것으로 봐서 독공부로 속힘을 다졌던 것으로 보여진다. 독공부를 한 사람들은 스스로 믿는 마음이 짱짱한 만큼 고집이 세고 손잡을 줄 모르는 외곬수가 많다. 이른바 '사회화'가 덜 되었다는 꼬집힘을 받는 까닭인데, 이동규 또한 여기에서 벗어나지 못하는 사람이었다.

글동네에 이름을 올린 것은 시였다. 1930년 2월 14일 치《중외일보》에 실린 시는 「포도를 걸으며」. 1931년 끝 무렵《집단》에 단편소설을 선보였다는데 작품 이름은 알 수 없다.

1932년《집단》제2호에 단편 「게시판과 벽소설」을 싣는다. 7월 카프에 들었고, 12월 《소년문학》과《문학건설》 창간 동인이 되면서《문학건설》에 단편 「우박」을 실었다. 1932년 1월 11일 치《조선일보》에 평론 「소년 문단의 최근 전망」을, 단편 「자유노동자」를《제일선》에, 7월 11일 치《조선일보》에 동화 「장난꾼 용팔이」를 실었다. 그해 끝 무렵 제2차 카프사건, 곧 신건설사사건으로 전주형무소에 갇혀 1년간 징역을 살았다. 24살 때였다. 작가 이기영·한설야·송 영·최정희·정청산·김유영, 평론가 박영희·윤기정·백철·이갑기, 화가 이상춘, 연극배우 라 웅, 기자 박철민 같은 30여 명과 함께였다.

1931년《조선지광》에 「자본론 입문」을 연재하는 사나운 주의자였던 박영희가 "얻은 것은 이데올로기요 잃은 것은 예술이다"라는 말을 남기고 친일로 돌아서게 되는데, 전주형무소살이가 큰 입김을 끼쳤다고 한다. 함께 갇혀 있던 이데올로기적 동지들이 인간적으로 너무 살차게 대했다는 것이다.

이때 카프 목대잡이는 임 화였다. 모름지기 임 화가 구속되는 것으로 알았던 맹원들은 임 화가 잡혀가던 길에 풀려나는 것을 보고 '이상하다'고 생각한다. 임 화가 풀려난 것은 폐결핵 중증 환자라는 까닭에서였는데, 알기 어려운 시와 꾀까드런 평론을 쓰던 임 화는 1935년 5월 경기도경찰부에 카프 해산계를 냄으로써 10년 동안 이어져 오던 카프

시대는 가림천을 내린다. 그리고 이때 일이 1953년 8월 조선민주주의인민공화국 정권으로부터 '일제첩자'로 몰려 사형선고를 받게 되는 한 빌미가 된다.

1년 동안 징역을 살고 나온 이동규는 《월간 야담》 기자로 밥벌이를 하다가 1936년 역사희곡집 『낙랑공주』를 펴낸다. 프롤레타리아계급 해방을 위한 본격소설이 아니라 역사물을 씀으로써 왜경 눈초리를 피해보고 싶었던 것으로 보이는데, 「낙랑공주」가 여러 차례 무대에 올려져 대중들 물망을 얻게 되면서 이동규라는 이름 석 자를 대중에게 알리는 발판이 된다.

이동규 역사희곡집 『낙랑공주』 겉장.

1938년 8·9·10월호 《비판》에 연달아 실려 문학동네를 들이친 것은 「문단확청론」, 「문단확청론여운」, 「속문단확청론」이다. 「낙랑공주」 말고도 《비판》에 「여름」, 《조선문단》에 「어느 노인의 죽음」, 《풍림》에 「전차 타는 여인」, 《광업조선》에 「신경쇠약」, 《비판》에 「죄의 낙인」, 「울분의 밤」 같은 단편들을 선보였으니, 그렇게 푸대접 받는 작가는 아니었다.

최근 조선문단은 부패하기 짝 없는 현상의 만성적인 계단을 과정하고 있어 뜻 있는 자 한탄하지 않고는 못배기게 되어 있다. (……) 문단 안에 가진 추태가 연출되고 사악이 양조되고 야심이 난무되고 음험한 공기가 암류하는 현상을 노출식히고 있으며 나아가서는 이것이 진정한 문학의 발전을 질곡에 이르게 하고 신선한 새싹까지도 무질러버리고 (……) 신문·잡지 등 문학기관 종사자들은 권위로 조건하고 작가들의 굴복을 요구하고 아첨을 요구하고 증뢰까지 바라고…… 우열한 비평가들의 맹목추숭에 의하야 중견이 되고 대가니 하는 렛델이 붙은 작가들이 생산하고 잇는 작품이라는 것은 타작의 연속이고……. 이름이 없으면 글의 내용은 여하간 몰서(沒書) 아니면 보이콧이요 면절우사(面折迂事)하면 노염을 사 다음에는 다시 글을 실어 볼 길이 막혀버리고 증뢰는 가난한 사람으로 어려운 일이요 아부는 마음 비굴치 안은 사람이 차마 할 수 없는 노릇이니 이런 사람들의 갈 곳은 오직 불운의 구렁이 있을 뿐이란 말가.

1939년에 단편 다섯 편을 선보이고, 수필과 평론을 쓰다가 44년 역사소설 『김유신』을 펴낸다. 발표 지면을 못 얻어서가 아니라 비평가들 눈길을 못 받은 데서 오는 섭섭함으로 보이니, 그의 말대로 '우열(愚劣)한 평론가'가 이동규 작품을 끓은 것은 딱 한 번뿐이었다. 《비판》 1933년 정월호에 딱 두 문장이 실렸는데, 평론가 이름이 나오는 어섯은 떨어져 나가 알 수 없다. 「대학생」이라는 희곡에 대한 끓음이다.

　　연애의 계급성을 말하려 하였으나 그는 극히 원시적 형태로서의 소박한 도식적 제시였고 대학생에 너무나 유치한 어릿광대로 등장하였으며 더욱이나 직공 정석이와의 대화 등에 이르러서는 아무런 실감도 주지 못한다.
　　무릇 객관적 현실의 그 있던 면을 문제삼음에 있어서든지 계급적 입각지에서 능동적으로 파악할 것이지 그를 작자의 주관적 정형에 견강부회적으로 부합시키는 데서 계급적 자위에 그쳐버리어서는 아니된다는 것을 말하여 둔다.

　조동일이 쓴 『한국문학통사』에는 딱 석 줄이 나오는데, 또한 모진 말이다.

　　'역사소설을 쓴다면서 민족의 주체성을 태연히 부정하는 것이 널리 퍼진 풍조' 속에 1944년에 단행본으로 나온 이동규의 〈김유신〉에서는 민족의 위업을 그리는 것처럼 하고서, 당나라가 고구려의 버릇을 가르치려 하고, 마음을 어질게 썼다고 했다.

　이동규가 남긴 친일 생채기이다. 『제1공화국과 친일세력』에 나온다.

　　일문 희곡 「낙화도(落花圖)」 전3막을 〈동양지광〉(1941. 12~)에 발표했다. 1943년 5월 29일~6월 4일 간의 제1차 보도(報道)연습- 조선군사령부 주최 -에 참가하고 와서 쓴 「보도연습행」(〈동양지광〉, 1943. 7), 「조선군보도반원의 수기」(〈국민문학〉, 1943. 7), 「보도연습 유감」(〈신시대〉, 1943. 7) 같은 글도 있다.

　8·15를 맞으면서 세상으로 나온 카프 갈래 문인들이었다. 「조선문학건설본부(문건)」와 「조선프롤레타리아예술동맹(예맹)」을 거쳐 「조선문학가동맹」이 글동네 헤게모니를 잡게 되는데, 이동규는 언짢은 게 많았다. '문학가동맹'이 아니라 '문학동맹'으로

해야 된다는 것이 이동규가 맞갖잖아 하는 고갱이였으니, '문학가'라고 하면 작가 낱낱 이름을 앞세우는 것이므로 소부르주아적이고 개량주의적이며 반동적이라는 것이었다. 문학가 낱낱이 아니라 오로지 문학이라는 '인민의 칼'을 내세워야만 문학이 인민 낙원을 건설하는 데 앞장설 수 있다는 것이었다. 문학을 내세운 것은 얼추 예맹 쪽이었고 문학가를 내세운 것은 문건 쪽이었는데, 거친 말싸움 끝에 부친 표겨룸에서 43대 28로 예맹 쪽이 졌다.

인민 속으로 들어가 인민의 문학을 이룩해야 한다고 부르짖던 이동규가 북으로 올라간 것은 1946년 3~4월쯤이었다. 시인 박세영 · 박팔양 · 박석정(朴石丁) · 박아지(朴芽枝) · 작가 유항림(兪恒林) · 홍 구(洪 九) · 정청산(鄭靑山) · 이선희(李善熙) · 김학철, 평론가 안함광 · 한 효 · 안 막 · 이갑기 · 이북만 · 윤기정 · 윤규섭(尹圭涉) · 민병휘(閔丙徽) · 극작가 신고송(申鼓頌) · 함세덕(咸世德) · 송 영(宋 榮) · 김승구(金承久) · 박영호(朴英鎬) · 이서향(李曙鄕) · 김이식(金二植) · 윤복진(尹福鎭) 같은 이들과 함께였다. 작가 이기영은 해방되던 해 이미 올라가 있었는데, 모두가 '좌익 확신파'로, 제1차 월북 문인들이었다.

북으로 간 이동규 삶은 6 · 25전쟁이 일어나면서 제1차 종군작가단 20여 명에 들어 남으로 내려올 때까지 흐뭇한 것이었다. 월북 몇 달 뒤 이기영을 따라 소비에트를 돌아보고 와서 「나의 소련기행」을 썼고, 1948년부터 6 · 25까지 한 2년 동안 평양사범대학 조선어문학과장을 하였으며, 문예총 서기장을 하였다. 인민들 마음속에 지워지지 않을 작품을 남기지 못한 기본계급 '무쭝' 출신 작가로서는 그야말로 깜짝 놀랄 모심을 받은 것이었다.

1950년 7월 「해방된 서울」이라는 르포를 《로동신문》에 선보인 그는 장편서사시 〈백두산〉의 인민시인 조기천, 극작가 함세덕, 작가 현경준(玄卿俊) · 김사량이 전사하였으나 52년 봄까지 살아 있었다. 이현상이 거느리는 '남부군' 문화지도원이었다. 이 태 증언이다.

52년 2월 남부군이 거림골 무기고 트라는 데 머물고 있을 때 화가 양지하가 연필로 이동규의 얼굴을 스케치해서 '이선생의 빨치산 모습'이라는 제목을 달아 그에게 주었다. 그는 좋은 기념품이 생겼다면서 그것을 배낭에 넣고 다녔다. 그런데 그해 5월 내가 N수용소에 있을 때 205경찰연대의 정보과장이 환자 트에서 사살된 시체의 배낭 속에

이동규가 죽음을 바친 남부군 빨치산 기관지 《승리의 길》. 많은 어섯이 이동규 손으로 쓰여졌을 것이다.

들어 있었다면서 보여준 그림이 바로 그것이었다. 죽은 그 빨치산은 동상으로 발이 거의 썩어 없어져버렸더라고 했다.

1956년 끝 무렵 평양 「조선작가동맹」에서 남긴 글을 모은 작품집 『그 전날 밤』이 나온 이동규가 8·15를 맞아 지은 「우리의 노래」 노랫말이다.

해가 뜨는 이 지역 동녘 조선에
새해가 떠오른다 독립의 아침
손과 손을 맞잡고 발걸음 맞춰
높이 높이 부르자 자유의 노래

굴욕의 묵은 페지 뒤집어지고
새날이 시작된다 자유조선에
끓는 피 뛰는 가슴 곡조를 삼아
힘껏 힘껏 부르자 해방의 노래
들어라 저 소리를 건설의 군호
힘찬 조선 새 조선 진군의 새벽
너도 나도 달리자 한데 뭉치자
고함 질러 부르자 독립의 노래

이동규가 쓴 「임화론」이다. 1937년 5월 1일 나온 《풍림》 제6집 「작가가 본 평가— 림화」.

림화에 대한 이야기는 윤곤강(尹崑崗) 군이 이미 전호에서 나에게도 동감을 환기시켰으므로 더 나의 말할 영문은 없는 것 같으나 생각나는 대로 두어마듸 적어 보려 한다. 내가 림화를 처음 알기는 인간적으로가 아니고 그의 시 「옵바와 화로」를 통하야서이다.

그 시를 읽고 울기까지 하였다는 모 평가의 평에 추종하야 나도 재독삼독하고 해시(該詩) 안에 흐르고 있는 감상성에 나의 정서를 같이 울리고 그 이데오로기-에 나의 사상을 공감식켰다. 말이 없이 담배만 피우고 앉어 있든 주인공 옵바의 모양 거북문이 화로의 환상은 그 시를 읽은 지 오래인 오늘까지도 우리의 뇌리를 방황한다. 그 후 계속하야 다작이 아닌 그의 시가 이삼편 발표되였는데 어느 것이나 그의 시인으로서의 천분을 충분히 인용할 수 있는 가작이였다. 더욱이 푸로시가 「선전삐라」니 「슬로-간」이니 하는 비난을 받고 있는 그 당시에도 그의 시만은 모든 이런 조소를 퇴각식힐 수 있는 무언의 반박을 내포하고 있었다.

그 뒤에 림화는 시작으로부터 잠간 떠나 평론으로 그의 붓끝을 돌리였다. 나의 추측으로는 당시의 카프의 정세는 그의 실천적인 활동과 이 활동에 필요한 평론을 요구하게 되고 시작에 잠심할 한가를 주지 못하였든 까닭이라고 생각한다. 그래서 그때 그의 논문은 당시당시 필요에 응하야 쓴 당면문제뿐이였다.

평가로서의 림화를 말할 때 우리는 그에게 그리 친함을 느끼지 못하였었다는 것을 솔직하게 고백하지 아니하면 않된다.

「낭만적 정신의 현실적 구조」 이전의 그의 글은 거의 완전히 회득한 것이 없을 만큼 그의 문장은 난삽한 것이였고 거북한 것이였다. 의미를 해득하지 못하면서도 끝까지 읽어내려가고 죄를 자신의 천식(淺識)에 돌린 일이 많었든 것을 지금도 회상하고 고소를 금치 못한다.

처음 모 신문에 림화의 창작평이 나타났을 때 그것은 창작평이라는 이보다 철학서의 스크랩 같았고 박식의 자랑같이 느껴졌다.

그리하야 림화의 글은 난해한 것이고 요령부득의 것이라는 것이 일반의 통칭이 되다싶이 되였고 누구는 림화는 문장을 모르는 사람이라고까지 심하게 말하였으며 우리는 직접 림화를 대하야 몇 번이나 충고하였고 림화 자신도 웃으며 그것을 승인한 일이 있었다.

그 후에 나타난 림화의 논문에 그런 폐가 많이 제거된 것은 그 자신도 문장에 대하야 많은 고심을 한 결과이라고 하겠다.

새로운 창작방법이 논의되고 푸로문학이 모든 질곡에서 버서나 참으로 문학다운 문학의 새 발전단계를 걸어나갈려고 하는 기운이 이 땅에 들 임시, 「낭만적 정신의 현실적 구조」라는 림화의 일문은 확실히 문단에 커다란 암시와 많은 지도를 주었다. 그 뒤의 그의 평론적 활동에 대해서는 내가 잠간 이 사바의 모든 일에 대하야 맹목되여야 할 운명에 있었기 때문에 더 무어라고 쓰지 못하지만 하여간 오늘날 조선문단에 있어서 림화의 평가로서의 지위도 손꾸락을 꼽을 만큼 뚜렷한 존재인 것은 부인 못할 사실이다.

더군다나 안회남(安懷南)이 창작평을 유희하고 최재서(崔載瑞) 망량을 연의(演義)하고 군소의 부유평론가들이 제각금 저능아의 헛소리를 한마듸식 토해보아 그 혼란위험 형언할 수 없는 이 현상 가온대 진실이 공부하고 핸들을 바른 방향으로 돌리려는 평가의 하나로서 림화의 존재에 대하야 그의 재승박덕한 데 인간적으로 그리 호감을 가지고 있지 않은 나로서도 든든함과 경의를 아끼지 않는 것이다.

그러나 일체의 단언은 중지하자! 림화는 아직 젊다. 시인으로서나 평가로서나 림화의 보무는 지금부터이다. 누가 미래를 말할 수 잇을 것이냐! 기대와 촉망은 그의 앞날에 둘 뿐이고 바른 림화의 론은 그의 사후에 누가 쓸 사람이 있을 것임으로 이 나로서의 망동은 이만 중지하기로 한다.

아래는 조선인민유격대 남부군 기관지인 《승리의 길》 1951년 8월 25일 치(제14호)에 실린 시다. 2면 1장짜리 타블로이드판인데, 철필로 써서 '가리방으로 긁은' 것이다. 숫자를 빼놓고는 모두 훈민정음으로 씌어진 세로쓰기이다.

八월 一五일이여
-8·15 六주년을 맞으며-

리 동 규

흘날리는 깃발의 물결과
목터지게 웨치는 만세의 폭음과
감격과 흥분에 좁은가슴 미여질듯하든
아-그날 八월 十五일
회상하기엔 너무나 가슴벅찬 일이어라

나라 나라를 찾았다고
독립 독립은 온다고

어젯날의 헐벗음과 굶주림도 잊고
야윈 얼굴에 희망의 불길일구며
너도 나도
모두 새나라를세우려 일어서있나니
아- 그날 八월十五일
회상하기엔 너무나 가슴벅찬일이어라

그러나 이기쁨과 감격앗으려고
해방의 꼬리물고 드러와
남쪽에 도사리고 앉은 거문그림자
가증한 반역의무리 혀끝에 부리며
새로운 채찍과 철쇄와 멍에를 준비하였나니
아- 회상하기엔 너무나 통분한 일이다

나라 없는 슬픔을 다시는 되풀이 안하려고
이나라 인민들은 북에드러온 참된해방자의 방조밑에
착취에 거츠러진조국강토 다시이룩하여
자주독립의 기초닦으며
새로운 침략자 반대하여 필사의투쟁 전개하였나니
북반부 민주건설의 토대위에
인민의조국 공화국은서고
창공에 휘날리는 자유깃발우러르며
감옥과 학살과 모진 형벌무릅쓰고
한결같이 싸워온 통일과 독립의투쟁
피와 땀으로 엮어진
오- 건설과 투쟁에 빛나는 여섯해여

굽힐줄 모르는 조선인민의 투지
해를 거듭할수록 철석같이 굳어만가거늘

야욕의눈 어두운 어리석은 침략자들
피묻은 채찍 휘두르며
온갖수단을 다한 나머지
드디어 이땅에 일으킨 사태는 무엇이었던가
마지막 발악으로 빚어낸 참극은무엇이었던가
그것은 동족상쟁의 내란이었다
무력침공의 위협이었다

피에 굶주린 이리들은
도살과 파괴로
이나라 인민 정복하려하였나니
오- 이땅에 벌어진 팟쇼발악의
가지 가지의 포악이여

사나운싸움의 티끌 조국의 하늘을 덮고
기름진강토 재날리는 초토로 변한가운데
참혹한 도살의시체 전아에 깔렸나니
백일도 얼골을 돌리는
피비린내나는 아비규환의 지옥이여

원통한 죽엄의 아우성과 비명과 신음가운데
오- 들리누나
피묻은 입버리고 잔인한 우숨웃는 악마의 목소리다

그러나 자유아니면 죽엄이라고
조국의 독립위해 이러선 조선인민들의 싸움이
분노와 복수에 끓는 삼천만의 가슴이
어찌 원쑤의 잔학을 그대로 용허할것이냐
싸움의 걸음마다 타격받은 원쑤들의 패배가

세월과 함께 거듭되는 우리들의 승리다
승패의 전망 밝히 말해주노니
어제도 우리는 이기었고
내일도 승리는 우리의것
팟쇼들의 비참한 실패를 우리는 눈앞에보노라

八월十五일이여 잊을수없는 감격의 날이여—
지리산 깊은골에 이름없는 한떨기풀도
침략자를 미워해 분노에 떨고
빨치산 발길에 채여구르는 적은 모래알도
원쑤와의 투쟁에 관심을 갖나니
오만한 침범자들이
단죄의 심판대에 떠는 그날까지
우리는 목숨바쳐 싸우고 또 싸우려니
우리 인민이 승리의 환호가운데
다시너를 기념하는 그날까지
八월十五일이여!
우리와함께 싸움의 구호웨치자

一九五一. 八.一五

9. 조선 제일 천재 음악가였던 세계적 작곡가

김순남 ^{1917～1982(?)}

우리의 해방이 만일 진정한 것이었드라면 금년이라는 해는 자유로웁고 원대한 기획
이 실천화 되는 도정에 올랐을 것이다. 그러나 경제적정치적 혼란과 갈등은 여지없이
그러한 기획성을 파괴하여 왔고 몇몇의 실천은 반동적 정치성으로 말미아마 진정한 발
전이 저해되었을뿐더러 그의 방향은 비민주주의적이며 제국주의적인 역사의 역행을
하고 있기까지에 이루어젓다. 남조선의 이러한 현상은 곧 문화의 발전을 억압하여 왔
으며 따라서 우리 악단은 이러한 파문 속에서 헤매이고 있다.

《백제》라는 예술전문잡지 1947년 2월호에 「조선음악가동맹」 작곡부장 김순남이 쓴
「악단 회고기」 첫 대문이다. 악단을 억누르고 있는 여러 비민주적ㆍ비음악적 짓거리와
조선프롤레타리아음악동맹을 헐뜯는 우익 쪽 음악인들 반음악적 짓거리를 안타까워하
면서 이렇게 끝을 맺는다.

창작면은 현실적 조건으로 말미암아 활발히 발표되지 못하얏다. 다만 성의 잇는 방
송음악 편집이 멧 사람들의 기회를 주엇고 기타는 수많은 작품을 썼음에도 불구하고
발표되지 못하고 잇다. (……) 우리 조선의 민족음악 수립을 담당하는 창작활동이 이

빼어난 겉모습이 돋보이는 천재 작곡가 김순남. 앉은 이다.

와 같이 여의치 못하게 현실적 제조건에 구애되고 있음은 참으로 유감천만이다. 우리의 민족음악은 과학적이며 진실성을 가춘 창작이 모-든 연주활동과 더부러 발전하야 나가는 데서 비로서 이루어질 것이며 이 점으로부터 우리 악단은 참된 발전을 가추어 국제적 의의에까지 도달할 수 있을 것이다.

8·15를 맞으면서 좌우 대립이 깊어졌다고 하는데, 그 속내는 무엇인가. 그것은 이른바 세계관 골칫거리였다. 민족과 세계를 어떻게 볼 것인가 하는 골칫거리를 놓고 두 갈래로 나뉘는 것은 마땅히 그렇게 될 수밖에 없는 것이었으니, 사물과 현상을 바라보는 눈 제 몸이 달랐던 탓이었다. 을사늑약부터 40년에 걸친 일제식민체제를 씻어내고 새로운 민족국가를 이룩하는 길에서 날카롭게 맞서게 된 두 갈래였다. 혁명노선과 수구노선이 그것으로, 민족주체세력과 반민족친일세력 사이 쟁투사는 정치동네 쪽에만 있었던 것이 아니었다. 음악동네 또한 두 갈래로 나뉘었으니, 「교향악협회」와 「조선음악가동맹」이 그것이었다.

러취 미군정 장관을 명예회장으로 모시고 1946년 9월 15일 생겨난 「교향악협회」에는 이사장 현제명, 사무국장 김관수 그리고 김성태·임원식·전봉초 등 회원이 48명이었다. "조선음악예술의 질적 향상과 차에 관한 사업의 발전을 추진함으로써 목적함"이 강령이다.

1945년 9월 10일 79명으로 비롯한 「조선음악가동맹」 회원과 강령이다.

위원장	김재훈
부위원장	안기수
서기장	신 막
총무부장	박영근
사업부장	최창은
작곡부장	김순남
연구부장	정종길
중앙집행위원	김재훈·안기영·신 막·정종길·김순남·
	이건우·이범준·최창은·박영근·정영모·
	김 훈·노창진·신용팔·강장인·하길한·
	김창섭·박남수·노광욱

강령 1. 일본제국주의 잔재음악의 소탕을 기함.

　　　1. 봉건주의적 유물음악의 청소를 기함.

　　　1. 국수주의적 경향을 배격함.

　　　1. 악단의 비민주주의적 세력의 구축을 기함.

　　　1. 음악의 민족적 유산을 정당히 계승하고 외래음악의 비판적 섭취를 기함.

　　　1. 진보적 민주주의 민족음악문화의 건설을 기함.

　　　1. 국제음악과의 교류협조를 기함.

　　김순남(金順男)은 1917년 서울 낙원동에서 태어났다. 본이름은 현명(顯明). 어렸을 적부터 덕수보통학교 교사였던 어머니한테 피아노를 배웠다. 14살에 교동보통학교를 나와 경성제일고등보통학교와 경성사범학교 두 군데에 합격하였으나, 경성사범학교에 들어갔다. 1935년 경성사범학교와 1937년 경성사범학교 연구과를 마친 다음 잠깐 보통학교 교사를 하였다. 같은 해 '한 트렁크의 작곡 작품을 가지고' 일본 동경으로 가서 구니타치음악학교(국립음악대학)에서 작곡 공부를 하였고, 동경 제국음악학원 작곡과를 나왔다.

　　1944년 귀국하여「성연회」라는 지하서클에서 프롤레타리아음악운동을 목대잡았다. 같은 해 교사였던 문세랑(文世娘)과 혼인하였고, 다음 해 7월 1일 무남독녀인 세원(世

경성사범학교 때 피아노 앞에 앉은 김순남.

媛)이 태어났다. 1945년 9월 「조선음악가동맹」 일을 하면서 평론 「음악」과 「조선작곡계의 신발족」을 선보이고 1946년 순수아카데미즘을 파고드는 「음악가의 집」 동인으로 여러 작품을 선보였다. 1947년 10월 우리나라 첫 음악교과서인 『임시중등음악교본』에 「건국행진곡」이 실렸고 가곡집 『산유화』를 펴냈다. 1948년 가곡집 『자장가』를 펴냈는데, 이 가운데 두 편 자장가는 딸 세원을 위하여 스스로 시를 써서 곡을 붙인 것이었다.

> 잘 자거라 우리 아기 귀여운 아기
> 엄마 품은 꿈나라의 꽃밭이란다
> 바람아 부지 마라 물결도 잠자거라
> 아기 잠든다 우리 아기 꿈나라 고개 넘으면
> 엄마의 가슴 우에 눈이 나린다
> 잘 자거라 우리 아기 착한 아기야
> 뒷동산에 별 하나 반짝여준다
>
> 잘 자거라 우리 아기 귀여운 아기
> 엄마 품에 고이 안겨 어서 잘 자라
> 사나운 가마귀떼 모진 바람 몰아다 너를 울린다
> 너 자라서 이 계레의 햇빛이 되어
> 엄마의 이 눈물을 씻어주렴아

흘러가는 것은 강물만이 아닌가. 김순남이 오도옥오도독 소리가 나게 꼭꼭 깨물어 먹고 싶을 만큼 너무도 사랑홉던 딸따니 세원은 42살 중년이 되었는데, 아버지 핏줄을 이은 것인가. 라디오 음악프로 진행자로 물망 높은 성우 김세원은 아버지한테 편지를 쓴다.《가정조선》1989년 1월호.

(……) 어느날 밤 제가 초등학교 1,2학년쯤이었을 겁니다. 외할머니와 어머니가 제가 잠든 줄 알고 작은 소리로 말씀하고 계셨어요. 그 내용은 아범의 불같은 성격, 아버지가 교동국민학교를 졸업하고 경성사범과 제일고보(지금 경기고), 이 두 일류학교를 다 합격하자 교장선생님이 아버지를 업고 운동장을 다섯 바퀴 돌았다는 이야기, 아버

지에 대한 원망, 그리고 나의 어린 가슴을 가장 놀라게 한 것은 아버지가 유명한 〈산유화〉를 만든 월북 작곡가라는 얘기였습니다.

그날 이후, '김순남'은 절대 입 밖에 내지도, 나의 아버지라 밝힐 수도 없는 이름이란 걸 알았습니다. 그건 감옥살이와도 같았어요. 더구나 어린 나이에 그 비밀을 지키기란 너무나도 벅찼습니다. 때론 나도 딴 아이처럼 아버지 자랑을 하고 싶었으니까요. 다른 아이들 다 가지고 있는 눈깔사탕을 나만 안가지고 있어 처마 끝에 쪼그리고 앉은 작은 아이 같았습니다. 세월이 흐르면서 아버지에 대한 그리움은 산처럼 쌓여 갔습니다. 통일 되면 만날 수 있겠지…… 아버지 손도 만지고 얼굴도 만져보고 싶었습니다. (……)

아버지, 모스크바에서 아버지를 만난 쇼스타코비치는 동양에도 이런 귀재가 있었느냐고 했다죠? 미군정 때 음악고문 헤이모워츠는 「조선에서 가장 위대한 음악가」라는 글을 남겼다고도 들었습니다. 그러나 이런 것들은 오히려 저를 더 가슴 아프게 합니다. 일찍이 숙청되어 창작활동을 못하셨다니, 상처받았을 자존심을 생각하면 제 가슴이 저려와요.

김세원이 아버지 자취를 찾아 모스크바에 갔을 때였다. 1989년 9월. 아버지 사진을 보게 된 김세원은 왈칵 울음을 터뜨린다. 『나의 아버지 김순남』에 나오는 김세원 글이다.

소련에 와서 아버지 얼굴을 처음 보는 것이다. 그 사진 속에는 날카로운 코와 넓은 이마와 아주 약간의 미소 띤 입술, 그리고 외로움이 배어 있는 날카로워 보이는 눈매가 있었다. 조각 같은 얼굴이었다. 나는 갑자기 솟구치는 눈물을 손으로 막았다.

아버지는 북한으로부터 소환장을 받고 평양으로 가기 며칠 전, 운명이 달라질 것을 전혀 예측도 못한 채 이 사진을 찍고 잠깐 다녀오마며 가서 숙청을 당하고 말았다. 허 선생님은 아버지보다 아홉 살 아래였다. 이북에서도 서로 알고 지냈지만, 특히 소련 유학 때 더욱 가까웠다고 한다. 허 선생님은 바로 어제 일인 듯 말씀하셨다.

"그분은 참 하이칼라였어요. 생각이 하이칼라죠. 즉흥 연주곡은 따라갈 사람이 없었어요. 하차투리안이 김 선생의 곡을 편곡해서 발표도 했지요. 하차투리안은 김 선생을 이북에 보내는 것은 죄악이라고 했어요. 6개월 만이라도 자기와 더 같이 있게 해달라고 했지만 결국 소환당했지요. 그분은 정열적이었어요. 흥분을 하면 말이 막 빨라졌지요."

평양과 소련 합작으로 문을 연 평양식당으로 가는 차 속이었다. 허 진은 두 손으로 피아노 건반을 두드리는 시늉을 하면서 김순남 노래를 불렀다. 너무도 서정적이면서 또 전투적으로 힘찬 노래였다. 러시아가 자랑하는 세계적인 작곡가 하차투리안이 편곡한 김순남 곡이었다.

허 선생님이 말하였다.

"제 생각은 이렇습니다. 예술가란 이 세상에 다시 나올 수 없는 거거든요. 바로 그 예술가는, 때문에 그분이 작곡한 것은 남는 것입니다. 그가 재능을 제대로 발휘하지 못한다면 그만큼 민중에게 손해로 남는 겁니다. 따라서 예술가나 작가에 대해서는 사상적으로 판단해서는 안됩니다. 정치가야 얼마든지 나오죠. 물론 좋은 정치가가 나오면 행복한 일이지만, 정치는 뜻만 있으면 할 수 있어요. 하지만 예술은 생각만 가지고는 안 되는 일이죠."

"전 아버지의 음악을 첨 듣는 것 같지 않아요."

"내가 제일 좋아하는 곡 중의 하나인데…… 정확하게 곡도 모르고 가사도 모르고…… 그저 감정만 좀 내보겠어요…… 고향은 하늘가 아득히 멀고, 덤불길 헤치며……"

허 선생님은 눈을 감으며 열심히 불렀다. 워낙 노래를 잘하고 노래 부르기를 좋아하시는 분 같았다.

"가사가 전혀 안 돼. 한없이 서정적이고……"

허 선생님은 잘 기억이 나지 않아 안타까워하셨다. 나는 그저 고수가 장단 맞추듯 한숨만 쉴 수밖에 없었다.

"김순남 선생 하면 당시 소년단으로부터 직업적인 가수까지 누구 할 것 없이 다 부르던 노래가 있습니다. 아마 북한 땅에서는 아리랑이나 도라지 못지않게 널리 알려져 있었고, 내 알기로는 한국에서도 아는 사람이 많을 거예요."

김순남이 조선인에게 '조선 최고의 작곡가'로 알려지게 된 것은 「인민항쟁가」였을 것이다. 1947년에 나온 이 노래는 남북조선 모두에게 애국가처럼 불리었다. 임 화가 쓴 노랫말이었다.

원수와 더불어 싸워서 죽는

우리의 주검을 슬퍼 말아라

깃발을 덮어다오 붉은 깃발을

그렇게 죽엄을 맹서한 깃발을

《예술연감》1947년판에서 박영근(朴榮根)이 말하는 「음악계 진단」이다.

애국가 혁신운동. 가장 절실한 문제의 하나인데도 그 보수적인 태도에서 혁신이 못

되고 있다. 적어도 일국의 애국가가 타국의 가요로써 대용될 수 없을 것이며 더욱 보수

적인 민족주의자들이 이에 무관심하다는 것은 그들이 얼마나 음악에 무지한가를 폭로

한 것이 아닐 수 없다.

가요가 아닌 안익태 씨 작곡도 역시 8 · 15이전 것이며 야소찬미가조로 된 것이어서

그 멜로디나 리듬에 있어 예컨대 마르세예즈 같은 애국적인 감격이 표현되지 못한 작

품이라는 것은 시위행렬시에 애국부인들이 겨울밤에 부르고 다니는 처량한 소리 같은

것임을 들어 알 것이다.

본래 이 곡이 '그리운 옛날'을 추억하는 노래였는데 일제시대에는 송별가로 졸업식

에서 부르는 노래였음은 다 알 것인데 선배가 우연한 기회에 음악에 대한 상식부족으

로 정한 것을 보수적으로 망국 당시의 추회로 그냥 부르고 있다는 것은 이해할 수 없다.

봉건적 · 종교적 잔재인 〈애국가〉(특히 안익태 작곡)와 김순남 작곡인 〈해방의 노

래〉를 비교 시가해 보면 잔재 여하를 이해할 수 있을 것이다.

항일투쟁에 몸 바쳤던 민족주체세력들이 모인 자리에서는 반드시 불려졌던 「해방

의 노래」였다. 반민족친일세력들은 안익태 작곡 「애국가」를 불렀고, 혁명세력들은 김순

남 작곡 「해방의 노래」를 불렀다. 임 화가 쓴 노랫말이다.

1. 조선의 대중들아 들어보아라

우렁차게 들려오는 해방의 날을

시위자가 울리는 발굽 소리와

미래를 고하는 아우성 소리

2. 노동자와 농민들은 힘을 다하여

　놈들에게 빼앗겼던 토지와 공장

　정의의 손으로 탈환하여라

　제놈들의 힘이야 그 무엇이랴

　　김순남이 북조선으로 간 것은 1948년 4월이었다. 48개 정당사회단체연석회의가 열

릴 때였는데, 체포령이 떨어져 있었다.「인민항쟁가」며「해방의 노래」같은 빨치산 노

래를 만들었다는 죄목이다. 김순남 곡은「한라산 빨치산 노래」,「오대산 빨치산 노래」

같은 빨치산 노래며「우리의 노래」,「독립의 아침」,「농민의 노래」,「청총가」,「여맹가」,

「인민의 소리」등 100곡이 넘는다. 6 · 25 때도 림 화 시에 곡을 붙인「용감한 땅크병」,

「개선행진곡」, 심용원 시에 붙여「전우의 무덤 앞에서」, 박세영의 시에 붙여「영웅찬가」,

박운산 시에 붙여「보초병의 노래」,「항공의 노래」등을 만들었다.

　　김순남이 만든 빨치산 노래는 야산대나 인민유격대 같은 빨치산들만 부르는 게 아

니었다. 노동자도 부르고 농민도 불렀다. 어른도 부르고 아이들도 불렀다. 일제와 그 졸

개들에게 고통받던 피압박 · 피착취 대중들이 목이 터지도록 불러보는 '인민의 노래'였

다.『나의 아버지 김순남』을 보자.

　　　"나는 강동정치학원 원장으로 있던 박병률입니다. 나는 여기서 순남 선생의 따님을

　　만나게 되어 아주 감격스럽습니다. 순남 선생은 1948년 강동정치학원에 오셔서 많은

　　문화사업을 하셨습니다. 순남 선생은 눈이 빛나고, 불같은 성격에 천재이셨습니다."

　　　박병률 선생님은 82세라고 하셨다. 그런데도 눈이 반짝이고 말씀하시는 기억력에는 총

　　기가 엿보였다. 박 선생님은 아버지의 노래를 수도 없이 부르셨다. 참으로 감격스러웠다.

　　1989년 9월 김세원이 아버지 자취를 찾아 모스크바에 갔을 때였다. 아버지가 연구

원으로 다녔던 차이코프스키음악원에도 가보고, 그 안에 있는 볼쇼이 홀 아버지가 앉았

던 걸상에도 앉아보며 아버지를 그리워하던 김세원은 또다시 슬픈 울음을 터뜨린다. 극

작가 함세덕이 작사하고 김순남이 작곡한 '산사람' 이야기를 들을 때였다. 제주도 4 · 3

이야기였다. 그때 강동정치학원에는 4 · 3항쟁을 목대잡았던 김달삼(金達三)도 있었다

고 하였다.

"작곡이야 순남 선생이 세계적이잖소. 빨치산노래는 모두 순남 선생이 작곡했지요. 지금도 눈에 선합니다. 순남 선생은 세원 선생처럼 양머리(곱슬머리)였소. 눈 있는 데가 순남 선생과 비슷합니다. 아버지 모습이 있어요. 순남 선생은 아주 정열적이셨습니다. 온화하고 강했지."

박병률은 그러면서 두손을 흔들며 열렬히 〈제주도 빨치산 노래〉를 부르는 것이었다.

한라산 깊은 골짝 우리의 진지
아- 아- 제주도 빨치산은
아- 조국의 자유를 지킨다
침략을 반대하고 일떠선 동포
우리는 삼천만의 아들과 딸이다

김세원은 차이코프스키음악원 연구원 입학원서를 보았다. 러시아말로 된 간동한 자필 이력서였다. 김순남은 1952년 여름에 모스크바로 가서 러시아말을 공부하였고, 정식 입학을 한 것은 12월 23일이었다. 이력서 뒷장에는 조선로동당 중앙위원회에서 보낸 소환명령장이 붙어 있었다. 김순남 살매를 갈라버린 종이쪽이었다.

시인 임화에 이어 이태준, 김남천, 이원조 등 문인 그룹과 작곡가 김순남, 연극인 황철 등 월북 예술인들이 무더기로 검거돼 조사를 받았다. '문화혁명' 식으로 소부르주아 사상과의 투쟁이라는 간판 밑에 남로당파의 월북 예술인들을 말살하는 숙청작업의 일환이었다. 이 숙청작업이 있기 전까지만 해도 김일성 수상을 비롯, 당·정 고위 인사들 대부분이 소속 정파를 초월해 이태준, 김순남, 최승희 세 사람을 '우리 조선민족을 세계에 자랑할 수 있는 천재적인 예술가들'이라며 공·사석을 가리지 않고 칭찬을 아끼지 않았었다.

강상호(姜尙昊, 1909~?) 증언이다. 그때 내무성 부상이던 강상호는 '소련파' 간부 가운데 하나였다. 강상호는 "박헌영·리승엽 간첩사건은 김일성 뜻에 따라 박금철, 박창옥, 박정애, 박영빈 등이 추진한 정치공작의 결과"라고 말한다.

이들 월북 예술인은 박창옥, 기석복, 정 률, 정국록, 박길룡, 전동혁 같은 소련파 간부들과 어울려 탁주를 마시며 일제하 조선예술인들의 항일투쟁에 대하여 토론하기도 하였다. 강상호도 빠짐없이 끼어 있었다.

이들은 술이 거나하게 취하면 남조선에서 추억을 회상하면서 '우리는 봉건주의 잔재가 있고 친일파들이 설치는 사회(남조선)에서는 주체성 있는 예술을 진흥시킬 수 없다고 생각했다. 따라서 사회주의사상이 선진사상이고 사회주의운동만이 예술의 본질을 살릴 수 있다는 신념으로 월북했다. 특히 우리의 이 같은 진보적인 예술활동은 애국자 박헌영 동지가 충분히 보장해줄 것이라고 믿고 그를 따라 공화국으로 올라왔다. 그러나 막상 올라와 보니 처음 우리가 기대했던 것과는 크게 사정이 달랐다'며 자신들의 월북 자체를 후회하기도 했다.

이들은 특히 '당이 모든 작품활동을 사상의 테두리 속에 너무 맞추려 하다 보니 예술활동이 억압받게 된다'면서 '이런 환경에선 올바른 예술이 발전할 수 없다'고 친빨치산파 찬양 위주의 풍토에 노골적인 불만을 털어놓기도 했다. 아울러 이들은 '이제 공화국에서도 해외에서 빨치산운동을 했던 사람의 항일운동만 추켜세우지 말고 국내의 일본놈들 밑에서 모진 탄압을 받으며 항일운동을 했던 국내파나 박헌영 동지의 불굴의 애국정신도 함께 인정해 주는 풍토가 되어야 한다'는 등 '박헌영 찬양론'도 잊지 않았다.

이들이 한 말과 움직임이 당에 보고된 것은 물론이다. 여러 정황으로 미루어 보고자는 박창옥이 틀림없다고 보는 강상호이다. 1953년 어느 날 새벽 권총으로 무장한 내무서원 세 명이 이태준을 끌고 가 사상 검토를 할 때였다고 한다.

"박헌영을 어떻게 생각하나?"

"그의 정치노선을 지지했다. 민족통일을 위해서는 그의 혁명노선이 옳다고 생각하고 있다."

"해방 후 서울에서 미제들의 앞잡이 노릇을 했지 않았는가?"

"해방의 공간에서 서울은 다소 우왕좌왕했다. 그러나 미국의 간첩 활동을 한 적이 결코 없으니 날조하지 말라."

강상호가 알기로 이태준은 이승엽 등 남로당 핵심 간부 12명 재판이 끝난 다음 산골 협동농장에 끌려가 감자 재배 등 막노동을 하였다고 한다. 그러다가 산간 협동농장 부근 외딴 집에서 병들어 돌아간 것이 1960년대 첫때였다고 한다. 이태준 죽음에 대한 강상호 증언은 정확치는 않다. 그 전에 북을 탈출했기 때문이다. 그러나 내무성 부상이라는 직위에 있었던 만큼, 북에 머무는 동안 기억은 정확하다. 김순남도 이태준과 거의 같은 시기에 끌려가 사상 검토를 받았다. 강상호 증언이다.

"당·정 고위 간부들과 외국 귀빈들이 참석한 연회석상 등에서 그의 즉흥적인 피아노 독주는 가위 천재적이었다. 1948년 9월 중순, 평양 시내 모 음식점에서 남로당파 간부와 월북 예술인 등 50여 명이 참석한 가운데 박헌영의 부수상 겸 외무상 등용 환영연회가 열렸다. 이태준 선생의 축사와 임 화의 축시에 이어 이승엽의 건배 제창으로 환영연회가 점점 무르익어 가고 있을 즈음 김순남이 박헌영을 환영하는 즉흥 피아노 독주를 연주, 분위기를 절정으로 몰아넣었다. 이 피아노 독주가 훗날 그에 대한 숙청 구실이 됐다. 그에게는 동료 월북 예술인들처럼 지하감옥에 감금해 조사한 후 산간오지로 정배 보내지 않고 창작 금지만 내려졌다."

김순남과 가까웠던 전 문화성 부장 정 률(鄭 律, 본명 정상진, 1918~2013) 증언이다.

"53년 봄 창작 금지명령을 받고 2년여 집에 박혀 있던 김순남이 54년 말 우리집으로 찾아왔습니다. 그는 '선생님, 예술가에게 창작 금지는 사형이나 다름없습니다. 먹고 자고 숨만 쉬는 동물 같은 생활이 계속된다면 차라리 대동강 물고기 밥이 되겠습니다'라며 빗물 같은 눈물을 흘렸습니다. 그를 그대로 방치해두면 자살을 택할 것 같았습니다. 나는 '좋은 곡을 창작하면 당에서도 반대하지 않을 것이니 춘향전을 가극으로 만들어 발표하자'고 제의했지요. 춘향전을 가극으로 만들던 중 당에 알려져 중단됐습니다."

《해방일보》1950년 8월 13일 치 2면에 실려 있는 기사이다.

남반부작곡가들
가요곡창작에전념

해방된 공화국남반부의작곡가들은 조국의영예와 자유와 독립을위하여 과감하게 미제침략군을 무찌르고있는 영용무쌍한 인민군의 사기를 고무격려하는 가요곡과 현재남반부에서 력사적으로 진행되고있는 토지개혁과 인민위원회선거를 테마로한 인민가요를 작곡중에있는데 제 一착으로 七종의 가요작곡을 완료하였다

제작발표된 가요는 림화시 리건우곡의 「의용군의노래」 림화시 김순남곡 「용감한 땅크병」 심용원시 김순남곡 「전우의 무덤 앞에서」 박세영시 김순남곡 「영웅찬가」 김순남곡 「항공의 노래」 박산운 시 김순남곡 「보초병의 노래」 림화시 김순남곡 「개선행진곡」

들이다

　그중에서 「의용군의 노래」 「영웅찬가」 등 二곡은 十一일부터 시내구시공관에서 개최
된 인민군위문 대음악회에서 발표되고 있다(조통)

　김순남처럼 월북한 작곡가에 안기영(安基榮)과 이건우(李建祐)가 있다. 둘 다 「조
선음악가동맹」에서 함께 일했던 동지였다. 이건우는 6·28 때 서대문형무소를 나왔는
데, 리어카에 병든 아내와 자식 셋을 실어 친척 집에 맡기고 북으로 갔다고 한다. 옥바
라지 끝에 얻은 병으로 아내는 숨을 거두었고 한 살짜리 막내는 죽었으며 아들 종국은
1970년 첫때쯤 머리 깎고 출가하였다고 한다. 임 화가 쓴 시에 곡을 붙여 「의용군의 노
래」를 만들었다. 또한 「민전 행진곡」을 작곡한 이건우였는데, 임 화(林 和)·오장환(吳
章煥)·김광균(金光均)·김기림(金起林)이 나누어 쓴 노랫말이다.

　　1. 일제의 남은 뿌리
　　　소탕의 싸움이다
　　　나가자 민주주의
　　　민족의 전선으로

　　2. 봉건의 남은 자취
　　　쓸어없애 버리자
　　　우리의 민주주의
　　　민족의 전선으로

　　3. 남녀와 노소없다
　　　모두 다 달려나와
　　　전렬에 지체말자
　　　민족의 전선으로

　　4. 애국의 가면을 쓴
　　　팟쇼를 쳐부수자

우리의 민주주의

민족의 전선으로

(후렴) 인민의 가는 곳 가는 곳마다

　　　 민전은 함께 진군한다

　　　 인민이 가는 곳 있는 곳마다

　　　 민전은 있다 지키고 있다

김순남이 눈을 감은 것은 1982년쯤으로 알려진다. 10년 동안 폐결핵을 앓던 뒤끝이었다는 게 '김순남 광신도'인 노동은 교수 말이다.

러시아로 중국으로 미국으로 아버지 자취를 찾아다니던 김순남 딸따니 김세원이 일본에 갔을 때였다. 《해방일보》 기자 출신으로 남로당 마지막 얼개를 추스렸던 박갑동이 말하였다.

"박헌영 선생도 김순남 선생을 매우 좋아하셨고, 김순남 선생 같으신 분은 우리 민족의 보배일 뿐 아니라 세계의 보배라고 하셨지. 세원이가 아버질 많이 닮았는데, 아버지는 얼굴에 재기가 배어나왔고 타고난 천재야."

제5부
함께 일해 함께 먹자
극락정토 고루살이 세상

1. 구만리장천 중음신 된 네거리의 순이

임 화 ^{1908~1953/1955(?)}

감이 붉은 시골 가을이
아득히 푸른 하늘에 놀 같은
미결사의 가을 해가 밤보다도 길다.

갔다가 오고, 왔다가 가고,
한간 좁은 방 벽은 두터워,
높은 들창 갓에
하늘은 어린애처럼 찰락어리는 바다.

나의 생각고 궁리하던 이것저것을,
다 너의 물결 위에 실어,
구름이 흐르는 곳으로 뛰어볼가!

동해바다 가에 작은 촌은,
어머니가 있는 내 고향이고,

중년 임 화. 월북 앞뒤에 찍은 사진으로 보이는데 다가올 살매를 느끼는 듯 낯빛이 어둡다.

한강 물이 숭얼대는

영등포 붉은 언덕은,

목숨을 바쳤던 나의 전장.

오늘도 연기는

구름보다 높고,

누구이고 청년이 몇,

너무나 좁은 하늘을

넓은 희망의 눈동자 속 깊이

호수처럼 담으리라.

벌리는 팔이 아무리 좁아도,

오오! 하늘보다 너른 나의 바다.

임 화가 《신인문학》 1936년 8월호에 선보인 「하늘」이다. 정지용이 입에 침이 마르
도록 기렸다는 작품으로 임 화 두 번째 아내인 작가 지하연이 즐겨 읊조렸다고 한다. 일
제 억누름에 밀려 카프를 뜯어 헤친 다음이었지만 카프 시대 품었던 뜨거운 문학정신을
잃은 것이 아니라 곁말로 깊이 감춰 두는 가운데 예술적으로 끌어올린 작품이라는 것이
었다. 10년 동안 카프를 이끌었던 임 화는 깊은 허물어짐과 무릎꿇음에 빠져 이따금 선
보이는 작품 또한 까다로운 처음 때 다다풍 추상시 비스무레한 것들이었는데, 이 「하늘」
만은 깨끗한 서정으로 슬픈 겨레 모습을 노래하고 있어, 정지용과 지하연 손뼉이 올바른
것임을 보여준다.

"어떻게 임 화를 떼버려야겠는데, 귀찮아서 죽겠단 말야. 글쎄 밥상에다 담뱃재를
그냥 털어놓지 않나, 밥상 한번 들고 일어나서 안으로 갖다 주는 법이 없단 말야……. 그
러니까 어머님도 이맛살을 찌푸리시고, 아버님은 화를 막 내시지 뭐야……. 일본이나 갔
으면 좋겠다고 하니까, 어떻게든지 노자를 만들어줘야겠는데……."

박영희(朴英熙)가 김기진(金基鎭)한테 하는 말이었다. 그때에 임 화는 세계적으로

퍼져나가던 다다이즘 냄새 시를 쓰던 젊은이로 카프 이론가 박영희 집에 '개기면서' 문학적 갈팡질팡을 하고 있었다. 1925년 18살 때였다.

박영희가 얻어다 준 노잣돈으로 동경에 간 임 화는 카프 동경지부장인 이북만 집에서 식객 노릇을 하였다. 이북만이 목대잡던 사회주의 잡지《무산자》꾸미는 일을 거들며 김남천 · 안 막 · 한재덕 같은 사회주의 예술이론가들과 어울리며 사회과학 책들을 두루 읽었다. 그리고 서울로 돌아온 다음인 1928년 사회주의사실주의 문예이론을 바탕으로 한 첫 시 「젊은 순라의 편지」를 선보임으로써 다다이즘 때 헤맴에서 벗어난다. 1929년《조선지광》에 「네거리의 순이」와 「우리 오빠와 화로」를 선보이면서 조선시문학계에 샛별로 떠오르니, 22살 때였다. 그즈음 임 화 문학관을 보여주는 글이 있다.《조선지광》 1928년 정월호에 실린 「효용을 위한 문학」으로, 전해 12월 19일 쓴 것이다.

지금 우리 조선사람들에게는 단지 문학이나 예술뿐이 아니라 모든 문화 그것도 우리의 당면한 이익의 획득을 위한 존재이어야 할 것이다. 그것은 현재에 있어서의 우리 조선인의 행동의 일체는 우리의 이익을 위하여 즉 그 효용을 위하여 활동하고 활용되는 것이므로 현재 우리의 효용이란 건 우리의 이익이라는 한 표적 하에다 모든 특수적이고 개별적인 효용의 문제를 전 조선 이익의 획득이란 그 앞으로 몰수하고 그 역량을 집중하는 것이다.

그러므로 우리 조선의 지금 가져야 할 문학이란 어떠한 것일까?

우리는 여기서 먼저 말한 문화발전의 그것과 같이 우리 조선인 전체의 이익을 위한 문학이어야 할 것을 정확히 알게 된다. 그러므로 우리의 문학은 ××××효용의 가치를 중심으로 제작되지 아니하면 아니될 것이다. 바꾸어 말하면 우리의 운동의 당면의 제문제 즉 조직이라든지 기타의 문제를 위하여 우리의 활동의 일부로 소위 문단이란 외면에 나타나야 할 것이다. 이러한 효용의 가치를 중심으로 제작되지 않는 작품은 우리 조선에 필요치 않은 것이다. 오직 효용을 위한 문학이어야 조선의 문학이 될 것이다.

본이름이 임인식(林仁植)인 임 화(林 和)는 1908년 서울에서 태어났다. 이제 동숭동 동쪽 창신동 산동네인데, 본적은 종로 가회동으로 기소장에 나온다.《삼천리문학》 1937년 1월호에 그가 쓴 자서전을 보면 "아버지는 자상하시고 어머니 슬하에 행복한 소년"이었다고 한다.

보성고등보통학교에 들어간 것은 1922년 15살 때였다. 시인 이 상, 평론가 이헌구(李軒求), 정치인 이강국과 유진산(柳珍山)이 한반 동무였고, 시인 김기림, 평론가 김환태가 한 해 밑이었다. 김남천이 안 막한테 들었다는 말인데 "아이 적엔 면도만 반들반들하게 하고 휘파람만 불고 다녔다"고 한다. 보성과 이웃한 숙명고녀 여학생들한테 '연애박사'라는 소리를 들을 만큼 미소년이어서 "아이노꼬(혼혈아) 같다"는 말을 들었다. 혼혈아처럼 잘 생겼던 그는 나중에 영화배우가 되어 두 편 영화에서 으뜸구실을 하기도 하였다. 《문장》 1940년 2월호에 그가 쓴 「어떤 청년의 참회」라는 글이 나오는데, 문학청년 임 화 고백기로 읽힌다.

보성고보에 들어가면서부터 근현대 세계 명작들을 두루 읽었으며 더러는 외울 만큼 '빠삭'하였다. 16살 때 하이네 시를 읽었는데 어여쁜 소녀를 그리워하며 흐뭇했다고 한다. 19살 나던 5학년 때 집안이 거덜나 학교를 그만두었고, 헌책방에 교과서를 판 돈으로 그때에 바람을 일으키던 조타모(鳥打帽)를 사 쓴 다음 부모한테 "문학의 길로 나

젊은 시절 영화에도 나갔던 미남자 임 화.

가겠다"는 뜻을 밝힌다. 그리고 맑스 · 엥겔스 책들을 읽으며 다다이즘에 빠져든다. 진보적 문화예술인들인 이기영 · 최서해 · 이상화 · 윤기정 · 박영희 · 김기진 · 김복진 · 박팔양 · 송 영 · 안석영들과 사귀게 된 것도 이 무렵부터였다.

임 화가 충남 천안 출신 가난한 농사꾼 자식으로 뼈센 사회주의자이던 이북만(李北滿, 1908~?)한테 '개기면서' 건져 올린 것은 맑스 · 엥겔스 사상을 바탕으로 한 문학 갈닦음만이 아니었다. 임 화와 동갑인 이북만은 다섯 살 밑인 누이 이귀남(李貴男)과 같이 있었는데, 이 처녀와 사랑에 빠지게 되었던 것이다. 임 화 22살, 이귀남 17살 때였다. 이귀남 또한 카프 맹원으로 〈지하촌〉이라는 영화에서 으뜸 구실을 하게

되었는데, 〈세길로〉라는 영화에 주인공으로 나와 눈길을 끌던 임 화가 몸짓 재주를 채 잡아 주게 되면서 가까워졌던 것으로 보인다. 촌스러운 사내 이름인 '귀남'을 '귀례(貴禮)'로 바꾼 다음 같이 살게 된 것은 1930년 끝 무렵이었고, 다음 해 귀국하여 혜화동에서 새살림을 차리게 된다. 두 사람은 혼인식을 치르지 않았는데, 까닭을 묻는 기자에게 18살짜리 새각시 이귀례는 이렇게 말한다.

"프롤레타리아 입장에서 혼인식이란 형식적 허례를 갖출 필요가 없다는 견지에서 그만두었다."

'견결한 프롤레타리아 전사'였던 이귀례와 '기질적으로 시인'이었던 임 화는 찢어지게 된다. 제2차카프사건이 터지면서 카프가 헤쳐지고 임 화가 일제에 무릎을 꿇으면서였으니, 계급적 선자리에 뚜렷하지 못한 말랑한 예술가에게 어기찬 계급전사 이귀례 꿈이 깨어졌기 때문으로 보인다. 이귀례가 임 화를 '커트' 쳐버렸던 것이다. 1950년 6월 28일 인민군 장성 계급장을 단 임 화가 서울로 와서 "너 어느 곳에 있느냐?"며 그렇게 애타는 부정으로 딸 혜란(蕙蘭)을 찾았지만 그림자도 비추지 않는 모녀였다.

많은 여성들이 임 화를 좋아하였고 많은 연애이야기를 뿌렸던 임 화였다. 소문 참과 거짓은 알 수 없는 것이고, 임 화는 두 번째 부인을 얻게 되니, 이현욱(李現郁)이었다. 임 화보다 네 살 밑인 이현욱은 경남 마산에서 자라났고 동경에서 고녀를 나와 대학물까지 먹은 아름다운 얼굴에 고학력자였다. "여자로서 알맞은 키에 예쁜 얼굴이었다"고 작가 최정희는 말하였고, 『몽양 여운형』을 쓴 이기형 증언이다.

"길쭉한 얼굴, 시원한 검은 눈, 콧날은 날카로운 편, 키는 호리호리하였으며, 늘 치마저고리를 입었고 적극적인 성격이었다."

1935년 8월 가운데 때쯤 묵은 병인 결핵을 다스리고자 마산으로 내려갔던 임 화가 만난 여성이었다. 1940년 백 철이 밀어줘 《문장》에 단편 「메별」을 선보이며 작가로 올라서는 붓이름 지하련(池河連)으로, 남편 임 화를 좇아 월북하였다가 작품 한편 못쓰고 제명에 못 죽는 슬픈 이야기 주인공이다. 단편소설 상수(上手)였던 이태준과 어깨를 겨루었던 사람이다. 「조선문학가동맹」에서 1946년 '해방기념조선문학상'을 만들었을 때 이태준 「해방전후」와 함께 지하련 「도정」이 마지막 겨루기를 하였던 것이다. 심사위원들은 「도정」을 높이 기렸다.

지하련의 '도정'은 8·15 직후 국내에서 발흥한 민주주의운동에 있어서 양심의 문제를 취급한 거의 유일한 작품으로서, 새로운 조선민족이 창조하여 나갈 인간형상의 한 경지를 개척하고 있으며, 심리묘사 및 인물의 형상화에 있어 표시된 작자의 비범한 자질과 더불어 우리들 가운데 있는 소시민의 음영을 감지하는 예민한 감각은 주목에 값하는 것이다.

끝까지 임 화를 괴롭혔던 친일 생채기였다. 『제1공화국과 친일세력』에 나오는 적바림이다.

> 이태준(李泰俊) · 최재서(崔載瑞)와 함께 황군위문작가단을 파견할 때 주동 역할을 수행했다. 조선문인협회 창립 발기인의 한 사람이며, 조선문인보국회의 평론 · 수필부회 평의원이었다.
> 친일계열의 글로는 〈국민신보〉에 발표한 「내지 문단인에의 공개장」(1939. 4. 30), 「낙엽일기」(1939. 12. 10) 같은 일본문 수필 종류와, 『신시대』(1942. 12)에 발표한 「연극경연대회의 인상」같은 것을 들 수 있다. 1942년 9월 18일~11월 25일에 걸쳐서 부민관에서는 조선연극문화협회 주최로 국민극 경연대회가 개최되었다. 5개 연극단체가 황민연극인 이른바 '국민극'을 경연했는데, 고협(高協)의 「빙화(氷花)」, 성군(星群)의 「산돼지」, 아랑(阿郞)의 「행복의 계시」, 청춘좌의 「산풍(山風)」, 현대극장의 「대추나무」 등이다. 여기서 단체상은 고협과 아랑이, 작품상이 유치진(柳致眞) 창작인 「대추나무」가 차지했다. 「연극경연대회의 인상」은 이같은 행사를 '국민극적'인 각도에서 비평한 극평이다.

임 화 출세작 가운데 하나인 「네거리의 순이」다. '단편서사시'로 일컬어지는 '이야기시'인데, 잘 짜여진 단편소설을 읽는 것 같다는 이들 '이야기시'는 임 화가 처음 길을 연 것으로, 뒷날 신경림(申庚林) 뛰어난 노래 「농무」와 이시영(李時英) 「만월」로 그 물줄기가 이어진다.

> 네가 지금 간다면, 어디를 간단 말이냐?
> 그러면, 내 사랑하는 젊은 동무,
> 너, 내 사랑하는 오직 하나뿐인 누이동생 順伊

너의 사랑하는 그 귀중한 사내,

근로하는 모든 여자의 연인……

그 청년인 용감한 사내가 어디서 온단 말이냐?

눈바람 찬 불상한 도시 종로 복판에 순이야!

너와 나는 지나간 꽃 피는 봄에 사랑하는 한 어머니를

눈물 나는 가난 속에서 여의었지!

그리하여 너는 이 믿지 못할 하얀 오빠를 염려하고,

오빠는 가냘핀 너를 근심하는

서글프고 가난한 그 날 속에서도,

순이야, 너는 마음을 맡길 믿음성 있는 이곳 청년을 가졌었고,

내 사랑하는 동무는……

청년의 연인 근로하는 여자 너를 가졌었다.

(……)

《해방일보》1945년 9월 19일 창간호 기사이다. 「조선공산당의 통일재건 만세!」, 「조선인민공화국을 절대 지지하자!」는 커다란 활자가 박힌 2면 1쪽짜리 타블로이드판 일간지이다.

천지를 뒤덮을 듯한 「해방조선」의 만세! 지축을 진동할 듯한 「일본제국의 타도」의 보무! 그리고 「조선공산당재건만세!」의 함성과 연합군 환영의 흥분! 지난 9월 11일 정오경부터 「건준」 주최로 경성운동장에는 부내와 영등포의 공업지대에서 화학, 금속, 기계, 철도, 체신, 토목, 출판, 섬유 등 각 산업별 남녀 노동조합회원을 비롯하야 청년, 학도, 시민 등 기외 근로인민대중 1만 수천 명이 참집하야 각々 대 기와 「스로-간」의 기빨을 때마침 가는비 나리는 하늘 노피 휘날리면서 행로를 종로, 황금정통으로 잡어 광화문을 거쳐 총독부를 휘도라 동 오후 4시경에 해산하엿다 이날 근로대중들의 불타는 듯한 투혼과 강철 가흔 단결의 힘은 여실히 발휘되어 일직이 볼 수 업든 대성과를 거두엇스며 일반 시민과 연합군에게도 우리들의 위력이 기피 인식되엇다 또 이날 야수와 가흔 일본제국주의 경관의 흉탄에 마저 건국의 초석으로 사러진 연전 학도 두 동지의

유해를 모신 학도대의 엄숙한 장렬도 합류하야 더욱 이날의 시위행렬을 뜻깊게 하엿다

이날 가슴벅참을 읊은 임 화 시가 있다. 「9월 11일」이라는 이름이고 버금이름이 「1945년, 또다시 네거리에서」이다.

조선 근로자의
위대한 首領의 연설이
유행가처럼 흘러나오는
마이크를 높이 달고
부끄러운
나의 생애의
쓰라린 기억이
鋪石마다 널린
서울ㅅ 거리는
비에 젖어
아득한 산도
가차운 들窓도
眩氣로워 바라볼 수 없는
鐘路ㅅ 거리

저 사람의 이름 부르며
위대한 수령의 만세 부르며
개아미마냥 몽여드는
千 萬의 사람

어데선가
외로이 죽은
나의 누이의 얼골
찬 獄房에 숨지운

그리운 동무의 모습

모두 다 살아오는 날

그 밑에 전사하리라

노래부르든 旗ㅅ발

자꾸만 바라보며

사랑도 재물도 없는

두 아이와

가난한 안해여

가을비 차가운

길가에

노래처럼

죽는 생애의

마지막을 그리워

눈물짓는

한 사람을 위하여

원컨대 용기이어라

　　카프가 없어지면서 임 화 삶은 죽음과도 같은 것이었다. 살아 있되 이미 살아 있는
목숨이 아니었다. 일제 윽박지름이 아무리 모지락스럽다지만 민족 원수요 계급 원수며
문학예술 원수인 일본제국주의에 무릎 꿇었다는 데서 오는 비꾸진 마음으로 시 또한 처
음 때 추상적 다다풍으로 뒷걸음질하던 임 화였다. 그러던 임 화가 8·15를 맞으면서 한
창때 서슬과 스스로 믿는 마음을 되찾게 되니, 이 시가 그것을 웅변하여 준다. 닥쳐올 제
한 살매를 지레짐작하는 듯한 슬픈 가락이 눈에 밟히지만, 문득 한물 때 '단편서사시'
가락을 되찾고 있는 것이다.

　　8·15를 맞아서 가장 힘차게 움직였던 것이 임 화였다. 김남천·이원조 같은 이들
과 「조선문학건설본부(문건)」를 얽은 것이 8월 16일이었으니, '준비된 문건'이었다. 8월
18일 문건 위 모임인 「조선문화건설중앙협의회」를 얽고 이들 모임을 채잡는 문학론으로

내놓은 것이 「인민적 기초 위에서의 민족문학」이
었다. 12월 문건과 「조선프롤레타리아예술동맹(예
맹)」을 뭉뚱그려 「조선문학가동맹」을 얽는 데 앞장
서 그 중앙집행위원이 되었으니, 조선문학 헤게모
니를 잡게 된 것이었다.

임 화 『회상시집』 겉장.

　문맹에서 차린 제1회 조선문학자대회에서 〈조
선민족문학 건설의 기본과제에 관한 일반보고〉라
는 밑가락 사룀을 하였고, 문화부문 통일전선체로
「조선문화단체총연맹」을 얽어 부위원장을 맡았다.
1947년 '항쟁시'만을 모은 제2시집 『찬가』를 펴내
고 38년 펴내었던 처녀시집 『현해탄』을 『회상시집』
이라는 이름으로, 포석 조명희 조카 조벽암이 세운
건설출판사에서 박아내었다. 그리고 민주주의민족문학론을 깊어지게 한 「문학에 있어
봉건적 잔재와의 투쟁임무」, 「문학의 인민적 기초」 같은 문학을 이끄는 길을 내보였다.
1947년 미군정 뒷받침 받는 극우 테러단의 좌익 신문사 습격과 시인 유진오 구속, 시 낭
송 원고 검열, 『찬가』 판매 금지, 문화공작대 피습, 좌익 인사 검거 선풍이 도를 더해간
다. 더 이만 서울에 있을 수 없는 셈평이 된 것이었다.

　1945년 11월 이기영과 한설야가 올라갔고, 46년 3월 박세영이 올라갔으며, 6월에는
이태준이 올라갔다.

　임 화가 월북한 것은 1947년 11월이었다. 비슷한 때에 오장환(吳章煥) 또한 월북하
였는데 같이 갔던 것인지는 알 수 없다. 임 화가 간 곳은 평양이 아니라 황해도 해주였
다. 남로당 윗선 목대잡이가 있는 그곳에서 제1인쇄소를 걸머지고 권오직·박치우·정
재달·이원조·이태준 들과 《인민의 벗》《민주전선》《인민조선》《노력자》 같은 여러
간행물과 팸플릿을 찍어 남으로 내려보냈다. 그때만 해도 장사꾼들이 오갔고 길잡이만
붙이면 38선을 넘나드는 것이 그렇게 어려운 일이 아니었다. 1946년 3월 15일 비롯된 남
북 우편물 교환은 6·25 사흘 전까지 개성·여현역을 거쳐 주 1회쯤 이어지고 있었다.
그때 북조선에 보낼 편지는 '38우편물'이라고 불렀다. 그 겉봉에 '38 이북'이라고 빨간
글씨로 쓰도록 했는데 이 '38우편물'도 여느 우편물과 같이 전국 우체국에서 다루었다.
그리고 남조선로동당이 이름만일망정 합법정당이었던 것은 1949년 끝 무렵까지였다.

목대잡이들이 모두 월북한 문맹에는 소설가 박찬모(朴贊謨)가 위원장 몸받아 일을 하고 있었는데, 해주에서 내려보내는 임 화 분부 따라 살림을 꾸려가는 것이었다. 해주에 있으면서 임 화는「인민항쟁가」, 「해방의 노래」 같은 노랫말들을 지어 내려보냈고, 남조선음악동맹위원장이었던 작곡가 김순남이 곡을 붙인 이 노래들은 입산투쟁을 벌이고 있는 재산인민유격대를 비롯한 남로당 사람들 신바람을 북돋아주는 북소리 같은 것이었다.

　　1950년 6월 28일 서울에 온 임 화는「조선문화총동맹」을 얽고 그 부위원장 자리를 맡는다. 그때 여덟닢 시를 묶은 전선문고『너 어느 곳에 있느냐』라는 시집을 내었다고 한다. 백 철(白 鐵)이 임 화를 보았던 느낌이다.

　　"…… 불과 2~3년간에 임 화의 모습은 많이 변한 것 같았다. 무엇보다 머리가 반백에 가깝게 흰머리가 많이 생겨난 일이다. 임 화와 나는 나이가 동갑이니까 그때 아마 마흔다섯 정도였을 터인데 얼른 보면 오십이 넘은 노신사의 풍모였으니 거기 가서 그렇게 팔자가 좋았던 것 같지는 않다는 생각이 들었다."

　　「미제국주의 고용간첩 박헌영 리승엽 도당의 조선민주주의인민공화국 정권전복 음모와 간첩사건 공판문헌」이라는 것을 보자. '림화 조쏘문화협회 중앙위원회 전 부원장'

　　　그는 1935년 일제경찰과 야합하여 혁명적 문화단체인 카프를 해산시키도록 책동하였으며 친일 '문인보국회' 리사의 직위에 있으면서 일제의 식민지정책을 정당화하기 위하여 소위 내선일체의 사상을 주장하는 등 민족반역행위를 감행하여 왔으며 8·15 해방 후는 미국 정탐기관의 밀정으로 가담하여 리승엽 등과 련계 밑에 간첩행위를 감행한 자로 (……) 1951년 8월에는 무장폭동 음모활동에 참가하여 폭동음모본부를 조직하고 폭동시 조일명과 같이 정치 선전선동조직 책임을 담당하고 그의 역량 집결을 위하여 문화예술단체를 자기들의 수중에 장악하려고 활동하였다.

　　이승엽이 짠 박헌영 정권에서 문화교육상을 맡는 것으로 되어 있는 임 화가 처형된 것이 언제인지 알 수 없다. 사형판결을 받은 1953년이라는 설도 있고 그 2년 뒤에 있은 박헌영 재판에 증인을 선 다음이었다는 설도 있다. 1920년 뒤판부터 1940년대에 걸쳐 우리 민족문학운동 사북에 서 있던 임 화에게는 두 권 시집 말고도 우리 근대문학사를 나름의 과학적 방법론 자리에 서서 간추린 『조선문학사』·『문학의 논리』가 있다.

　　지하연은 1948년 끝 무렵 처녀창작집 『도정(道程)』이 나오는 것을 본 다음 월북한 것으로 보인다. 6·25 때 만주로 피난해 있다가 뒤늦게 임 화가 잡혀갔다는 소문을 듣고 평양으로 달려왔을 때, 임 화는 이미 만나 볼 수 없는 사람이었다. 거의 실성상태가 된 지하연은 치마끈도 제대로 매지 못한 반미치광이 모습으로 알만한 사람들이 있는 기관이나 단체를 수소문하여 돌아다니다가 내무서원에게 붙잡혀 평북 희천 언저리 산속에 있는 교화소로 끌려갔는데, 1960년 첫 무렵 앓다 죽었다고 한다.

　　"박헌영·리승엽 반역도당과 함께 공화국 정권을 전복할 음모를 꾸몄다는 자백만 하면 김일성 수상 동지가 용서해 준다고 했다."

　　심문관 말에 임 화는 이렇게 말했다고 한다.

　　"수상동지가 쓰라신다면 써야겠지요. 하지만 나는 쓸 것이 없으니 당신들이 쓰시오. 수표(서명)는 내가 하리다."

　　전 조선로동당 중앙위원이고 평양시당 위원장이었던 고봉기가 남긴 유서 한 어섯이다. 1990년 '시민사회'에서 펴낸 『조선노동당원의 육필수기』에 나온다.

　　림 화는 죽기 전에 유서로 「저주하노라 붉은 독재」라는 시를 남기었다. 그 시는 후에 수사기관에서 적발하여 또 하나의 죄상으로 만들었으므로 검찰기관 캐비넷 속에 증거물로 남아 있다. 앞으로 조선인민이 림 화가 남긴 「저주하노라 붉은 독재」라는 시를 읽어 볼 날이 오리라는 것을 나는 확신한다.

　　임 화와 지하연 사이에 태어난 남매 살매는 알 길이 없다. 임 화가 노랫말을 쓴 「해방조선의 노래」이다.

　　1. 전사들아 일어나거라
　　　영웅들아 일어나거라
　　　압박의 사슬은 끊어지고
　　　자유와 희망의 새날이 왔다
　　　일어나거라 전사들아
　　　아- 해방조선은 인민의 나라

2. 서백리아 바람 찬 벌판
   현해탄의 거친 파도에
   한 많이 쓰러진 수없는 생명
   旗ㅅ발은 벌거니 피에 젖었다
   잊지 말아라 혁명 동지를
   아- 해방조선은 인민의 나라

3. 등불도 없이 걸어오던
   눈물도 없이 울어오던
   어둔 밤 우리의 머리 위 높이
   호올로 빛나는 그대들 이름
   높이 들어라 전사의 旗ㅅ발
   아- 해방조선은 인민의 나라

우리가 볼 수 있는 것으로 마지막이 될 임 화 시가 「서울」일 것이다.《해방일보》 1950년 7월 24일 치에 실려 있는 이른바 '행사시'이다.

남은
원쑤들이 멸망하는
전선의 우렛소리는
남으로 남으로 멀어가고

우리 공화국의 영광과
영웅적 인민군대의
위훈을 자랑하는
무수한 기빨을

수풀로 나부끼는
서울 거리는

나의 고향

잔등에 채찍을 맞으며

가슴에 총창을 받으며

사랑한 우리들의 수도다

악독한 원쑤들이 비록

아름다운 산하를 더럽혀

그림같은 낙산 마루위에는

나무 하나이 없고

골작마다 물소리 맑은

삼각산 인왕산 기슭에는

흙이 붉어 황냥하나

종남산 넘어가면

한강수 용용하고

바다같은 상공엔 언제나

북한연산 장엄한

여기는

슬기로운 우리 조상들이

주검으로 외적을 물리쳐

자랑스러운 도시

용감한 우리 선진자와 전우들이

조국의 자유를 위하여

피흘려 싸운 영광의 거리

이 자랑스럽고

영광스러운 서울이

이 아름다웁고 수려한
우리들의 수도가

포악한 미제국주의
침략자와 발굽 아래서
간악한 리승만 역도들의
피 묻은 손아귀 속에서

우리 인민에게로
우리 조국에게로
찾아왔다

一九五〇년
六월 二十八일
무적한 인민군대의
영예로운 땅크병이

오랫동안
사람들의 눈물과 피와
한숨으로 어리웠던
종로 거리를
앞으로 앞으로 달려

원쑤들의
수치스러운 소굴이었던
경복궁 넓은 마당에
오각별 뚜렷한 기빨을 날리던
그 순간으로 부터

서울은 영구허
우리 인민의 거리로 되었고
서울은 영구허
우리 조국의 움즈기지않는
수도로 되었다

어떠한 원쑤가
감히 또다시 이 거리에
흙을 밟을수 있으며
어떠한 도적이
감히 또다시 이 거리에
한 조각 지붕과
한 오리 골목을 엿보아
나올수 있겠는가
무심한 섬돌 하나 하나에
용사들의 피가 젖었고
일흠없는 골목 구비 구비에
우리들이 존경하는
김삼룡 리주하 두 동무와
자유를 위하여 싸운
무수한 전우들의
옷깃이 스친곳

악독한 원쑤를 무찌르고
이 아름다운 거리와
불행한 인민들을
침략자의 마수로부터 해방한
영웅적 인민군대의
불멸할 위훈으로 하여

서울은
더욱 자랑스럽고
더욱 영광스러운
우리들의 거리다

미국 강도배들의
추악한 무리는
날러 오려면 오라
멸망한 리승만 역도들의
망령은 떠돌려면 떠돌라

아아한 북한연산과
용용한 한강수와
쇠물로 끓는 백만의 심장과
철벽의 인민군대가
방패한 성곽으로 뭉쳐있는
서울거리는

모든 원쑤와 도적들이
사멸로 운명지워져있는 하늘
모든
침략자와 강도배들이
멸망으로 가는 길

다만
조국의 영광과
인민의 승리가
산악처럼 강물처럼
불변한 곳

어떠한 일이 있어도 영구히
서울은 우리 인민의 거리이고
어떠한 먼 미래에도 또한 영구히
서울은 우리 조국의 수도이다
아 아름다웁고 영광스러우며
자랑스러운 우리들의 서울이여!

2. 분수령에서 시들어버린 오랑캐꽃 댕돌 같은 볼셰비키 시인

이 용 악 ^{1914~미상}

이용악(李庸岳, 당36세, 가명 주성태(朱成泰)

본적 : 함북 경성군 경성면 사성동 45

주소 : 경기도 고양군 숭인면 정릉리 109의 3

직업 : 기자(농림신문)

가입단체 및 정당 : 민전 산하 문학가동맹, 남로당 (조선문화단체총연맹 서울시지부
예술과원)

미체포자

승락현(承樂玄, 동예술과책)

이석구(李奭九, 남로당원)

이선을(李善乙 , 남로당원)

홍일명(洪一明, 남로당원)

채규철(蔡奎哲, 남로당원)

가. 과거활동

이용악은 본적지에서 이석준(李錫俊)의 3남으로 출생하여 1928년(15세시) 함북 부

전쟁 처음 때 전선 취재글을 마지막으로 북 문단에서 사라진 이용악.

령(富寧)보통학교 6학년을 졸업하고, 1932년 경성(鏡城)농업학교 4학년 재학중에 도일, 광도현(廣島縣) 흥문(興門)중학교 4학년에 전학하여 1933년 동교를 졸업하고, 즉시 니혼대학 예술과 1년을 수료한 후 상지(上智)대학 신문과에 입학하여 1937년에 동교 3학년을 졸업하고 귀국하여 1938년에 서울 인문사(人文社)에 입사하여 약 2년간, 본적지 청진일보사에서 약 3개월간, 주을(朱乙)읍사무소 서기로 약1년간을 각각 근무하다가 1945년 11월경에 중앙일보 기자로 입사하여 약 1년간 근무하고, 1947년 3월경부터 동년 7월경까지 약 4개월간 문화일보 기자로 근무한 후 1948년 9월경에 농림신문 기자로 입사하여 현재에 이르고 있는 자이다.

대검찰청 수사국에서 1970년 비매품으로 펴낸『좌익사건실록』제4권 '남로당 서울시 문련 예술과사건' 항목에 나오는 적바림이다. 이용악이 문맹 예술과책인 배 호(裵 澔) 분부에 따라 움직였다는 '범죄사실'은 모두 17가지로— 유엔한국위원회단을 배격하라, 미군 철퇴하라, 유격투쟁을 지지하라, 인민공화국 만세 등 구호문을 만화로 만든 삐라를 뿌리고, 3·1절 기념투쟁을 벌이고, 후배 시인 이병철(李秉哲, 1918~?)한테 「조가(弔歌)」, 「전위의 노래」, 「애국인민의 노래」, 「숫자놀이」, 「장타령」 등 작품을 만들게 하고, 5·1메이데이 캄파 해설 삐라를 뿌리고, 문화인 탄압반대 캄파 서한을 각급 기관에 보내고, '남로당 탈당강요 반대' 삐라를 뿌렸다는 것이었다.

이용악은 10년 징역 언도를 받고 서대문형무소에 갇혀 있었다. 1950년 2월 6일이었다.

그때에 민족주체세력 쪽 문학인들 모임이었던 「조선문학가동맹(문맹)」 중앙 얼개는 없어진 것이나 마찬가지였다. 1946년 봄부터 옛 카프 갈래 문인들이 한꺼번에 월북하였고, 뒤를 따라 이태준·임 화·김남천·홍명희·박찬모·안회남 차례로 이어지면서 그 이름만 남게 되었던 것이다. 겨우 목숨줄이나마 버티어가고 있는 얼개가 서울지부였는데, 서울지부 조직부장을 아우르고 있던 중앙 조직부장 배 호와 조직부원인 이용악·이병철이 「조선문학가동맹」을 떠맡는 꼴이었다. 차상급 간부로서 남로당을 추슬렀던 박갑동 경우와 마찬가지로 배 호와 이용악·이병철 또한 문맹을 떠맡을 수밖에 없게 된 것이었다.

조선문학가동맹 서울시지부

소재 서울시

창립 1946년 8월 10일

간부 (위원장) 김기림(金起林) (부위원장) 조벽암(趙碧巖) 박노갑(朴魯甲) 허 준(許 俊) (서기장) 김영석(金永錫) (총무부) 강형구(姜亨求) 임원호(任元鎬) (조직부) **이용악**(李庸岳) 박영준(朴榮濬) 이병철(李秉哲) (선전부) 김용호(金容浩) 김철수(金哲洙) (사업부) 김상원(金相瑗) 오장환(吳章煥) 김광현(金光現) (출판부) 지봉문(池奉文) 정원섭(鄭元燮) 홍 구(洪 九)

문학대중화운동위원회

(위원장) 김영석(위원) 강형구 김남천(金南天) 김광균(金光均) 김동석(金東錫) 김만선(金萬善) 김용호 김철수 김광현 김기림 라선영(羅善榮) 로천명(盧天命) 박노갑 박찬모(朴贊謨) 변두갑(邊斗甲) 배 호 설정식(薛貞植) 안회남(安懷南) 오장환 윤태웅(尹泰雄) 이명선(李明善) 이봉구(李鳳九) **이용악** 이병철 임원호 조허림(趙虛林) 조벽암 조남령(曹南嶺) 함세덕(咸世德) 현 덕(玄 德) 홍 구 홍효민(洪曉民)

1946년 2월 8~9일 서울 종로 기독교청년회관에서 열린 제1회 전국문학자대회에 나가고 나서 쓴 이용악 느낌이다.

> 달빛이 흡사 비오듯 쏟아지는 밤에도
> 우리는 헐어진 성터를 헤매이면서
> 언제 참으로 언제 우리 가슴에
> 오롯한 태양을 모시겠느냐?
> 가슴을 쥐어뜯으며 이야기하며 이야기하며
> 가슴을 쥐어뜯지 않았느냐
> 그러는 동안에 영영 잃어버린 벗도 있다.
> 그러는 동안에 영영 떠나버린 벗도 있다.
> 그러는 동안에 몸을 팔아버린 벗도 있다.
> 그러는 동안에 말을 팔아버린 벗도 있다.

이것은 대회의 첫날을 끝내고 시 쓰는 동무들끼리만 따로이 모여 술을 나누며 처음으로 맘놓고 즐기는 자리에서 시골서 올라온 석정(夕汀)이 노래 대신 소리 대신 낭독한 〈꽃덤불〉이란 시의 일절이다. 참으로 그동안 잃어버린 벗도 떠나버린 벗도 없이, 참으로 그동안 몸 판 벗도 마음 판 벗도 없이, 다같이 이날을 맞이하여 다같이 이날을 즐기고 다같이 팔을 걷고 우리 문학의 앞날을 토의할 수 있었더라면 우리는 얼마나 행복하였을까. 개회에 앞서 국기를 향해 '조선민족문학수립만세'라고 써붙인 슬로건을 향해 일제히 일어나서 애국가를 부를 때 나는 문득 일종의 슬픔이 형용할 수 없는 모양으로 마음 한구석을 저어가는 것을 느꼈다.

우리민족과 함께 우리문학도 너무나 불행하였다. 시도 소설도 희곡도 한결같이 불행하였다. 민족의 불행사는 곧 문학의 불행사가 아닐 수 없다. 그러므로 가장 불행한 조건 밑에서도 조선문학이 부단히 피를 이어왔다는 것은 문학사에 종사하는 우리뿐만 아니라 민족 전체의 자랑이래야 할 것이다. 이것은 분명코 승리에 속하는 것이 아닐 수 없다. 이틀 동안 부문별로 보고연설을 담당한 연사들의 부르짖는 음성이 과거에의 분노와 미래에의 불타는 희망에 떨릴 때, 듣고만 앉은 우리의 손도 떨리었다.

이용악이 경찰에 붙잡힌 것은 1949년 8월쯤이었다. 그보다 서너 달 앞서 용산경찰서에 잡혀가 7년 언도를 받고 서대문형무소에 있는 배 호를 대신하여 문맹을 이끌어가던 이용악이었다. 이용악과 이병철마저 잡혀간 문맹에는 이제 '인민대중의 행복을 위하여 복무'할 대중성 있는 문학인이 없었다. 남로당 문화부장으로 문화공작대를 이끌던 국문학자 김태준이 수색에 있는 육군 처형장에서 눈을 감은 것이 1949년 11월 무렵이고, 인민계관시인 유진오는 사형선고를 받고 서대문형무소에서 처형당할 날만 기다리고 있었다. 뒤에 무기로 감형되어 고향 쪽인 전주형무소로 이감되는 유진오인데, 이것이 그 살매를 가름짓는 길이 된다. 서대문형무소에 있던 좌익수들은 풀려났지만 줄닿는 곳 따라 지방 형무소로 옮겨졌던 좌익수들은 모조리 떼죽음 당하였던 것이다. 유진오가 학살당한 곳은 충남 대덕군 산내면 낭월리 뼈잿골이었다.

배 호 · 이용악 · 이병철이 옥문을 나온 것은 1950년 6월 28일이었다. 종로 한청빌딩 4층에 문을 연 「조선문학가동맹」 사무실에서 '인민의 행복을 위한 문학'을 위하여 머리를 맞대던 지하투쟁의 영웅들은 곧 뒷전으로 물러날 수밖에 없었다. 임 화, 김남천, 이원조 같은 저 카프 시대부터 날리던 '스타급' 선배 문인들이 내려와 문맹을 목대잡게 되었던 것이다. 이원조는 곧 다시 펴낼 것을 서두르는 《해방일보》 편집국장으로 가고 문맹

쪽 일은 임 화와 김남천이 맡게 되는데, 임 화는 전처 이귀례한테 낳은 20살이 되었을 딸 혜란을 찾는 애끓는 그리움이 담긴 시 「너 어느 곳에 있느냐」를 쓰게 된다.

> 머리가 절반 흰
> 아버지를 생각하여
> 바람부는 산정에 있느냐
> 가슴이 종이처럼 얇아
> 항상 마음 아프던
> 어머니를 생각하여
> 해저무는 들길에 섰느냐

"9월 하순경 우리는 도보로 양주군 어디쯤을 걷고 있었지요. 노상에서 음악동맹 작곡가 이건우가 내게 누군가를 소개시켜 주었는데 그가 바로 배 호였습니다. 나는 이건우를 좋아했기에 그가 소개하는 사람도 좋은 사람일 것을 직감했습니다. 그 후 사귀어 보니 성품이나 식견이 역시 좋은 사람이었습니다."

조선민주주의인민공화국 문화선전성 전선지구 예술단장으로 소좌 계급장을 달고 내려왔던 허 진(許 眞) 증언이다.

"가족과 함께인 시인 이용악도 우리 일행이었습니다. 그렇게 되어 일행이 된 우리는 하루에 최고 백리까지 걸으며 북행을 계속했지요. 배 호는 한쪽 다리를 절뚝거리며 두만강까지 걸어갔습니다."

문맹 조직체계와 조직원들 간 곳을 대라는 경찰 족대기질에 못 견딘 배 호는 경찰서 3층에서 몸을 던졌던 것이다. 창밖을 지나는 전깃줄에 걸려 목숨은 건졌으나 한쪽 다리가 부러진 것이다. 5천석꾼 김천 대지주 성산(星山) 배씨 가문이었던 배 호는 노신(魯迅) 문학을 파고든 중국문학자였다. 혜화전문에서 지나(중국)어 교수를 하던 얌전한 학자였던 그가 좌익 쪽에 기운 것은 어기찬 주의자였던 김동석 꼬드김 탓이었다고 남겨진 식구들은 말한다는데, 그것은 배 호를 욕보이는 것이 될 것이다. 어떤 '주의'라는 것은 누가 떠다밀거나 꼬드겨서 받아들여지는 것이 아니고 스스로 쓸쓸한 앙다짐 따라 가려 잡아지는 것이기 때문이다.

경성제대 예과 10회 글동무로 해방 직후 좌익 문단의 가장 센 독설가였던 문학비평

가이며 시인이었던 김동석(金東錫)은 대학 시절 셰익스피어 본딧글을 술술 읽어 내는
천재로 소문난 공부꾼이었다. 같은 중국문학 전공 선배로는 남로당 문화부장이었던 국
문학자 김태준(金台俊)이 있었고, 문과 선배로는 남로당 3인자였던 정태식(鄭泰植)과
보성전문 영문과 교수였다가 월북한 전북 함열(咸悅) 만석꾼 아들 김해균(金海均), 그
리고 《현대일보》 주필이었던 철학자 박치우(朴致祐)가 있었다.

"만포를 지나 중국땅인 통화·길림을 거쳐 다시 회령으로 돌아 평양으로 돌아오기
까지 고생이야 이루 말할 수 없었지요. 그러나 우리들의 대부분이 그러했듯 배 호의 얼
굴에도 이것이 '혁명의 길'이란 각오로 항상 상기되어 있어 보였습니다. 평양에서 배 호
가 서툰 솜씨로 바리캉을 들고 시인 최석두(崔錫斗)에게 이발을 해주던 모습이 지금도
기억에 남습니다."

남에서도 북에서도 그 이름이 사라져버린 최석두인데, 《신천지》 1949년 2월호에 실
린 「예술성의 문제와 문학대중화」라는 글에서 문학비평가 김명수(金鳴水)는 말한다.

향수냄새와 같은 사이비 예술성에 대한 반증으로, 그리고 고도의 정치성의 안받침
속에 어떻게 아름다운 고도의 예술성이 보기좋게 개화되었는가를 증명하고저 여기 젊
은 시인 최석두의 시를 소개하는 바이다. (……) 이 시가 현금 이 땅의 현실 속에서 중
요하고 본질적인 측면의 하나를 가장 리얼하게 형상화했을 뿐더러 그 뜨거운 의욕으로
써 우리들을 설득시키는데 충분한 힘을 가진 점, 앞에서 규정해 본 바 예술성의 척도에
넉넉히 감내하고도 남음이 있다는 것을 말해두는데 끝이려고 한다.

山길

토끼와 너구리와
늑대와 오소리들만 다니는
골짜구니를
하늘도 바람도 모르는 억센 발자국들이
이따금 숨을 따라 스치고 간다

거기 반드시

조국의 자유가 있어

목목이 숨어 노리고 있을
원수의 잔인한 눈초리들 돌아
돌부리마다 시월은 스며
소스라치는 山길

짐승보다도
원수보다도
더 잔인한 마음을 지녀야 하기에

풀뿌리 질근질근
성낸 발자국
길 아닌 길을 더듬어 간다
많은 동무들이
수없이 수없이 싸우며 간 길
또 많은 동무들이
수없이 수없이 더듬어 오는 山길

최석두 「山길」과 뒤쪽으로 "금일 진통기에서 몸부림치는 조국과 인민대중에게로부터 눈을 돌리고 문학 속에 고도의 예술성을 유지할 수 있다고 생각한다면 그 경우의 예술성이란 마침내 매춘부의 향수 냄새가 아니면 낙오자의 아편 향내와 같은 예술성이 아니면 안 될 것"이라며, "문학 속에 정치가 있어서는 안 된다는 문학주의파의 작품이 어떻게 예술성이 없는가 하는 실례"로 "예술성의 옹호를 부르짖는" 조지훈(趙芝薰) 작품을 보여준다.

꽃 그늘에서

눈물은 속으로 숨고

이용악 시집 『오랑캐꽃』 겉장.

우슴 겉으로 피라.
우거진 꽃송이 아래
조용히 굴르는 산골물소리…
바람소리 곳고리소리
어즈러이 덧덮인 꽃잎새
꽃낭구 꽃다운 아래로…
말없이 흐르는 물 아하 그것은
내 마음의 가장 큰 설움이어라
하잔한 두어줄 글 이것이
어찌타 내 청춘의 모두가 되노.

허 진 증언은 이어진다.

"배 호는 그 뒤 문화선전성에 들어가 중국문학 부장직을 맡았지요. 천성이 학자타입이었어요. 처음부터 끝까지 학자의 길로 살았어야 할 사람이었습니다. 북한에 가면 사람 머리는 필요없게 되지요. 무조건 복종해야만 살아남습니다."

이용악 경우에는 뒷이야기를 전해주는 사람도 없다. 다만 남로당 숙청 때 '소부르주아적·자유주의적·지방주의적 잔재를 온존한 종파주의자'로 몰렸으나 다른 남로계에 견주어 가벼운 처벌인 '반년 이상 집필금지'를 당하였다고 한다. 1956년 「평남관개시초」를 지었고, 김상훈과 함께 『역대악부시가(歷代樂府詩歌)』를 풀이하여 펴내었다는 소식만 알려져 있다. 그 다음 자취는 알 길이 없다. 1935년 문학동네에 나와 시집 『분수령』, 『낡은 집』, 『오랑캐꽃』을 펴내었다. 서정주(徐廷柱)한테서 "망국민의 절망과 비애를 잘도 표현했다"고 기림 받은 「오랑캐꽃」이다.

아낙도 우두머리도 돌볼 새 없이 갔단다
도래샘도 띳집도 버리고 강건너로 쫓겨갔단다
고려 장군님 무지무지 쳐들어와
오랑캐는 가랑잎처럼 굴러갔단다

구름이 모여 골작골작을 구름이 흘러

백년이 몇 백년이 뒤를 이어 흘러갔나

너는 오랑캐의 피 한 방울 받지 않았건만 오랑캐꽃

너는 돌가마도 털메투리도 모르는 오랑캐꽃

두 팔로 햇빛을 막아줄게

울어보렴 목놓아 울어나 보렴 오랑캐꽃

이용악 윗선으로 창씨명 하이무라 고(裵村澔)였던 배 호(1915~?)가 쓴 글이 있다.
연극 「아큐정전(阿Q正傳)」을 보고 쓴 짧은 끊아매김이다.

아큐란 대체 무엇일가? 여기 큰 바위에 치인 거북이 한 마리 있다. 이 거북은 목이 말
으고 배가 곱파서 죽을 지경이라 발버둥을 치고 하나 바위는 움쩍도 안한다. 비래도 왔
으면 하고 하늘을 쳐다볼래야 기운조차 없다. 그러나 우연히 바위가 움직이기 시작했
다. 그래도 거북은 바위 밑에서 빠저나오지 못한다. 이 거북이 곧 아큐이고 이 바위가
노중국의 역사적 압력이고 이 동요가 혁명의 서광이다.

희극(戱劇) 아큐정전은 노신(魯迅)의 소설 아큐정전을 중심으로 하고 그의 전 작품
에서 적당히 인물을 배치하야 몽롱하고 광대한 배경 속에서 아큐를 크다랗게 묘사한
전한(田漢)의 각본이다. 전한은 중국 현대 연극계의 개척자이고 또 중진이다. 전한은
그의 창조력을 발휘하여 아큐를 성격화하는데 성공한 작품이다. 전편 5막 중 제3막은
삭제하얏으나 상당한 장편이고 등장인물이 복잡한 성격적 인물이 많음에도 불구하고
이 작품을 선택한 것은 고려대극회 예술연구소 여러분의 대담한 용기와 예술적 역량과
아울러 연출가 안영일(安榮一)씨의 분투를 우선 생각게 된다.

1막과 3막에 나오는 주장(酒莊)의 주인이 너무 생경하고 표정과 동작이 더 필요했고
대화의 억양이 변화성이 적다. 일반적으로 어조가 같은 경향에 흠음은 부인할 수 없다.

언어의 어색한 점이다. 하류층의 언어가 너무나 고상하다. 이것은 배우나 연출가에
요구할 바는 아니지만은 일제의 피해에서 하로바삐 회복하여야 하겠음을 느껴진다.

이상 몇 가지 부족을 지적하였으나 배우 전원의 유창한 대화라든지 세련된 동작은
소질과 열의를 충분히 발휘하였으며 시종일관 관중을 끌고 갔다. 극예술의 질적 향상

은 이러한 순수한 단체에서만 기대할 수 있고 이러한 단체를 자본주의적 외국영화의
침략에서 구하려면 경제의 근본적 해결에서만 있을 것이다. 순수한 의미의 연극대중화
도 이러한 길에서만 구할 수 있을 것이다.

이용악이 1950년 7월 20일 치《조선인민보》에 내보인 것으로,「오랑캐꽃」에 눈물짓
던 사람들은 말이 없었으니, 인 박힌 버릇으로 쓴 이른바 정한 바 따라 쓴 '행사시'였던
것이다.

원쑤의 가슴팍에
땅크를 굴리자
리 용 악

오늘도 우리의 수도 서울은
피에 주린 야수들의 폭격을 받았다
바로 눈 앞에서
나의 형제와 어린것들이 피에 젖어 쓰러졌다

불을 뿜으며
불을 뿜으며 할결같이 일어선
조선 인민의 아들과 딸
증오에 타는 우리의 두터운 가슴은
오직 승리만을 약속하였다
앞으로

또앞으로
미제국주의 강도배들을 무찔러
도살자 미제를 무찔러
단 하나의 길을 나아가는
인민의 장엄한 진격이여

강철이여

찢고 물어뜯고
갈갈히 찢고 물어뜯고 간을 썹어도
풀리지 않을
원쑤 원쑤의 가슴팍에
땅크를 굴리자

패주하는 야수의 피묻은 팔톱은
얼마나 많은 애국자를 살해해야
수원 인천
그리고 천안 원주 평택 안성
아름다운 산기슭과 들판과 푸른 강물과 바다를
얼마나 많은 애국자의
진한 피로써 물드렀느냐

사랑하는 동포의 머리우에
함부로 포탄을 총탄을 퍼부어
우리의 부모와
형제 자매의 꺼진 눈망울 속
깊이 색여진 원쑤의 모습

젖메기 어린것을 가슴에 안은채
허무러진 논두렁에 쓰러진
젊은 어머니의 원한!

먹구름 뭉게치는 조국의 하늘 아래
앞으로
또 앞으로

주검으로 싸우는 우리 형제들
미 제국주의 강도배들을 무찔러
도살자 미제를 무찔러
최후의 한놈까지
어느놈의 가슴팍에이고
땅크를 굴리자

오늘도 우리의 수도 서울은
피에 주린 야수들의 폭격을 받았다
그러나 우리는 오늘도
원쑤의 가슴팍 우에 증오의 땅크를 굴리며
승리에로 승리에로 나아간다

3. 누구를 위한 벅차는 우리의 젊음이냐? 피 끓던 **인민계관시인**

유 진 오 ^{1922~1950}

눈시울이 뜨거워지도록
두 팔에 힘을 주어 버리는 것은
누구를 위한 붉은 마음이냐?

깨어진 꿈 조각을
떨리는 손으로 주워 모아
역사가 마련하는 이 국토 위에
옛날을 찾으려는

저승길이 가까운 영감님들이
주책없이 중얼거리는 잠꼬대를
받아들이자는 우리의 젊음이냐?

왜놈의 씨를 받아
소중히 기르던 무리들이
이제 또한 모양만이 달라진

각시와 혼인식 사진. 움직임으로 봐서 신혼살림 때 죽임당하였을 것이다.

새로운 ○○○의 손님네들 앞에
머리를 숙여
생명과 재산과 명예의 적선을 벌이고 있다

누구를 위한
벅차는 우리의 젊음이냐?

　25살 난 젊은 시인은 잠깐 입을 다물었다. 그리고 성동원두(城東原頭)를 가득 메운 사람들을 둘러보았다. 책을 읽듯이 깨끗하게 나가다가 물너울을 만난 듯 아이오 솟구쳐 올랐다가 대패로 민 것처럼 몰록 떨어져 내리며 조으는 듯 낮게 흘러가는 시 읊조림을 듣고 있던 사람들은 숨을 죽이고 있었다. 자신이 읊조리는 시에 사람들 마음이 움직이고 있다는 것을 알게 된 시인은 주먹을 입에 대고 헛기침을 한 번 하였다. 1946년 9월 1일 국제청년데이였다. 「조선음악가동맹」원들이 모뽀리하는 「적기가(赤旗歌)」며 「해방의 노래」 다음 연단에 올라간 젊고 잘생긴 시인이 읊어대는 「누구를 위한 벅차는 우리의 젊음이냐?」 라는 시는 10만이 넘는 사람들 피를 끓어오르게 하는 것이었다.

서른여덟 해 전 나라와 같이
송두리째 팔리어 피눈물 어려
남의 땅을 헤매이다 맞아죽은 동족들은
팔리던 날을 그리고
맞아죽던 오늘 9월 초하루를
목메어 가슴을 치며 잊지 못한다

그러나 오늘날 또한
썩은 강냉이에 배탈이 나고
뿌우연 밀가루에 부풀어 오르고도
삼천오백만불의 빚을 걸머지고
생각만 하여도 이가 갈리는
무리들에게 짓밟혀

가난한 동족들이
여기 눈물과 함께 우리들 앞에 섰다

누구를 위한
벅차는 우리의 젊음이냐?
어느 놈이 우리의
분통을 터뜨리느냐?
우리들 젊음의 힘은
피보다 무서웁다

머얼리 바다 건너 저쪽에서도
피끓는 젊은이의
씩씩한 행진과 부르짖음이
가슴과 가슴들 속에 파도처럼 울려온다
젊음이 갈 길은 단 한길이다

가난한 동족이 우는 곳에
핏발서 날뛰는
외국 ○○들과
망령한 영감님들에게
저승길로 떠나는 노자를 주어
○○으로 쫓아야 한다

"옳소! 옳소!"
손바닥이 터지도록 손뼉을 치며 발을 굴러 뛰어오르는 사람들이었다. 거지반 젊은 이들인 10만 사람들 뜨거운 맞장단에 염통이 뛰고 얼굴이 달아오른 시인은 "재창이오! 재창!" 입을 모아 소리치는 무리들 바라보며 다시 한 번 시를 읊조리는 것이었다. 이 시가 활자로 찍혔을 때는 시인이 미군정포고령 위반죄로 감옥에 들어갔을 때였으므로 몇 몇 낱말은 엎은글자로 박힐 수밖에 없었다. 그러나 그 엎은글자가 차례대로 '침략군'과

'주구'와 '지옥'이라는 것을 알기는 어렵지 않다.

유진오(兪鎭五)는 1922년 전라북도 완주(完州)에서 태어났다. 1936년 서울 중동고
등보통학교에 들어갔는데, 시인 김상훈(金尙勳, 1919~?)과 같은 반이었다. 1941년 중동
고보를 마치고 일본 동경에 있는 문화학원에 들어갔다. 첫솜씨인 「피릿소리」를 선보인
것은 1945년, 중동고보 글동무인 김상훈이 목대잡이로 있던 《민중조선》 11월호였다.

어둡고 거칠은 이 뜰 안에
불현듯 들려오는 피릿소리
맑은 소리 한없는 향수의 멜로디-
꿈속같이 아득-한 품 안에서
흘러나오는 피릿소린가
'운명'처럼 슬픈 곡조는
역사의 골짜구니에서
머나먼 길을 흘러흘러 오는구나
(……)

문학청년 유진오가 문학동네에 얼굴을 내밀게 된 것은 8·15의 가슴 벅찬 복받침이
채 가라앉기 전인 9월쯤이었다. 1948년 1월에 나온 개인시집 『창(窓)』에 실린 작품 10여
닢을 들고 하늘 같은 전배 시인 오장환을 찾아갔던 것이다. 「피릿소리」도 오장환이 밀어
준 것이었다.

5년 뒤 닥쳐올 살매를 짐작하는 듯 슬픈 가락으로 첫솜씨를 선보인 유진오는 공산
주의청년동맹에 들어가면서 무헌(無軒)이라는 아호를 쓰기 비롯한다. 1946년 「문학가
동맹」에 들어가면서 학병 추모행사 때 「눈 감으라 고요히」를 읊조리는데, 유진오 자신
이 학병 출신이었다. 1946년 7월 1일 수재구제 문예강연회에서 시 「장마」를 읊고, 《서울
신문》에 8·15 1주년 기념시 「햇불」을 보여준다. 8월 29일 종로 기독교청년회관에서 열
린 국치기념 문예강연회에서 시 「3·8이남」을 읊고, 9월 1일 국제청년데이 기념대회장
에서 시 「누구를 위한 벅차는 우리의 젊음이냐?」를 10만 사람무리 앞에서 읊조려 뜨거
운 손뼉소리를 받음으로써, 해방공간 '스타 시인'으로 그 이름을 돋을새김하게 된다. 그

러나 그 이틀 뒤 미군정 포고령 위반죄로 구속됨으로써 세상을 놀라게 한다. 이때 임 화가 「옥중의 유진오군에게」라는 버금제목 붙인 시 「계관시인」을 써 유진오를 복돋워주고, 이때부터 유진오에게는 '인민계관시인'이라는 꽃다발이 안겨지게 된다.

1946년 10월, 미군정 재판에서 징역 1년을 선고받는다. 서울 노농사에서 『전위시인집』을 펴낸다. 유진오·김상훈·이병철·박산운·김광현이 5낱씩 모두 25낱을 모아 엮어낸 것으로, 하늘 같은 전배 시인들인 김기림은 머리글로 오장환은 뒷글로 젊은 항쟁 시인들을 복돋워준다. 오장환은 이어 열린 남조선문화예술가 총궐기대회에서 「시인의 박해」라는 글을 선보여 옥중 유진오에게 힘을 보태고, 김광현은 《주보 민주주의》에 「쇠고리 채워진 유진오」를 써서 옥중투쟁을 벌이고 있는 동무를 밀어준다.

1947년 5월, 아홉 달 만에 때에서 나온 유진오는 「문학가동맹」 기관지 《문학》 4호에 「싸우는 감옥」이라는 옥중투쟁기를 선보이고, 7월에는 문맹에서 얽은 '문화공작대' 제1대에 들어 경남 바닥을 돌며 인민대중을 일깨우고 어루만짐으로써 더욱 단단해진 항쟁 시인 모습을 보여준다. 1948년 정음사에서 시집 『창』을 펴내는데, 시조시인 조 운이 쓴 머리글이다.

> 기백과 정열의 시인, 시의 육탄이라는 민주청년 유진오는 명예로운 인민의 계관시인이다. 시를 원자탄보다 무서워하는 무리의 화살을 진두에서 받은 첨병이다. 그의 시의 기교를 말하지 말자. 말총으로 콩을 얽듯 수교(手巧)만을 내세우며 잦아져 버린, 귀먹어 버린, 낡은 시인이야 위대하거니 우리에게 무슨 소용이 있으랴. 소박한 채로 말을 고르고 깎고 꺼슬꺼슬한 털을 채 다따우지 못한 채라도 우리에게 소리쳐 달라. 그리하여 우리로 하여금 모두 덩달아 따라 부르게 하라. 이것이 우리의 시인일 것이다. 보라 조국의 하늘을! 저 퍼런 하늘 아래 어디 노래를 아니코 견디겠느냐? 자꾸 불러라. 가락을 다듬을 겨를이 없다.

그해 가을 혜화국민학교 교사였던 여성과 혼인한다. 그리고 지리산으로 '문화공작'을 하러 가기까지 서너 달이 유진오한테는 짧지만 가장 흐뭇했던 시간이었다.

유진오가 문화공작대원이 되어 서울을 떠난 것은 1949년 2월 23일 아침이었다. 지리산으로 가서 항미빨치산투쟁을 벌이고 있는 인민유격대원들을 쓰다듬어 주라는 「문학가동맹」 분부였다. 유진오가 「영화동맹」원 홍순학(洪淳鶴, 29), 「음악동맹」원 유호진

(劉浩鎭, 21)과 지리산에 오른 것은 2월 28일이었다. 먼저 부산으로 가서 산 살림에 쓰일 식량과 의약품 · 필기도구 · 환등기 · 하모니카 · 휴대용 악기 따위 공작 연모를 장만한 다음 진해, 마산, 진주, 하동 거쳐 쌍계사 쪽에서 올라갔던 것이다.

지리산은 그 둘레가 800리 되는 큰 산이다. 지리산 테 안에 사는 사람들은 시방도 지리산을 지리산이라고 부르지 않고 '큰산'이라고 부른다. 그 큰산에서 때 없이 옮겨다니는 빨치산들과 만나는 것은 힘든 일이었다. 눈보라 휘몰아치는 첩첩산중을 가리산지리산하기 며칠 만에야 간신히 김지회 부대를 만나게 된 지리산 문화공작대가 사흘간 유격대를 따라다니며 한 '문화공작'은 유호진 하모니카 불기와 유진오가 지은 「싸우다 쓰러진 용사」라는 시 한닢 읊조림이 고작이었다.

아지트도 없이 토벌대에게 쫓겨다니는 빨치산들 꽁무니를 따라다니기 벅찬 문화예술인들이었고, 홍순학이 가지고 간 영사기는 전기를 일으킬 연모가 없어 활동사진 한 편 돌릴 수 없었다. 바람만 바람만 빨치산들 미좇아 가다가 바람 같은 빨치산들 발걸음 따르지 못하여 선이 끊어진 문화공작대는 산을 내려온다. 그리고 서울로 돌아가려고 남원 어느 마을을 지나다가 주민 자경 조직인 「민보단」에 붙잡히게 된 것이 3월 29일이었다.

남로당 문화부장 김태준, 김지회 정인 조경순과 함께 선 법정에서 유진오는 사형선고를 받는다. 유진오 어머니가 집안에 있는 금붙이를 모조리 쓸어 모아 구명 운동을 한 끝에 무기로 감형된 유진오는 서대문형무소에서 전주형무소로 옮겨진다. 넘쳐나는 좌익수들이어서 태어나 자란 곳 따라 흩어 가두게 된 것이었는데, 그것이 유진오 살매를 갈랐다.

6 · 25가 터지면서 서울형무소에 있던 좌익수는 '해방'되었고, 지방 형무소에 있던 좌익수는 '학살'되었다. 어린아이를 업은 '몹시 귀티 나는 부인'이었던 새각시와 늙은 어머니가 전주 변두리를 샅샅이 뒤졌으나 유진오 주검은 찾을 수가 없었다. 대전형무소만이 아니라 경북, 전북 그리고 춘천형무소에 있던 사람들까지 대덕군 산내면 낭월리 뼈잿골에 끌어다 마구 죽여 버렸다는 것을 알 속절이 없었던 것이니, 그때가 7월 첫 무렵이었다. 향수 29. 재판관과 유진오가 주고받았다는 말이다.

재판관 : 대한민국과 인민공화국을 어떻게 생각하는가?
유진오 : 전 민족의 염원인 자주독립국가를 열망할 따름이다.
재판관 : 그렇다면 그것은 무슨 나라냐?

유진오 : 역시 인민공화국이다.

재판관 : 현재의 심경은?

유진오 : 양심적인 문학인으로 살고 싶다.

《독립신보》 1947년 6월 28일 치 기사이다.

문화공작대를 파견

『문화를 인민에게』 부르지즈며

지방문화의 급속한 성장에 발마추어 인민대중의 문화적 요구는 날로 높아가고 있다 조선문화단체총연맹에서는 「인민을 위한 문화」의 슬로-간을 내걸고 동연맹 산하의 문화인 예술가를 총동원하여 남조선 각지에 파견키로 큰 계획을 진행중이든 바 드듸여 그 제1차 「문화공작대」를 제4대로 편성하여 제1대(경남) 제2대(충남북 경북) 제3대(경기 강원) 제4대(전남북) 등지에 파견을 결정하였다 이리하여 문화공작대원은 1대 평균 30명 내지 35명을 1대로 하고 각々 1개월씩 전기 각도에 방々곡곡을 순회하며 간명하고도 힘찬 민족문화예술의 종합적 행사를 거행하여 민주적 오락과 계몽을 겸한 것이라 그 활동이 크게 기대되며 우선 제 1대는 오는 30일 현지로 출발하게 되었다

그리고 제1대 멤버-는 다음과 같다

대장 = 류현(柳玄) 부대장 오장환(吳章煥) 문예봉(文藝峰)

대원 = 유진오(兪鎭五) 김동규(金東圭) 외 27명

같은 신문 1947년 7월 12일 치 기사.

문화공작단 제3대

오는 15일 강원지방 향발

문련 파견 문화공작단 제1대는 먼저 경남지방에 출동하여 방금 각지를 순회하며 인민의 열광적 환영을 받고 있는데 이번은 또 동단 제3대가 제2대에 앞서 오는 15일 강원도지방을 출발하게 되었다 금번 순회지역은 춘천 원주 강릉 주문진 삼척 북평 영월 횡성 등지라 하며 동 대원 구성은 연극 황철(黃澈) 씨를 동 대장으로 음악 최창은(崔昌殷) 미술 윤자선(尹子善) 문학 이용악(李庸岳) 무용 한동인(韓東人) 영화 이숙(李淑)

사진 김진해(金鎭海) 제씨가 각 부문을 대표하고 그 외 18명의 사계 권위만이 참가한 당당한 진용이라 한다

같은 신문 1947년 7월 25일 치 기사.

대구파견 문화공작대를
경찰서 압에서 우부(又復「테로」)

문련 파견 문화공작대 제4대가 대구에서 테로를 당하였다 지난 24일 상오 9시 반 대구경찰서의 출두명령을 받고 문화공작대장 심영(沈影) 동 부대장 김기림(金起林) 량 씨가 동서에 출두하여 요담을 마추고 동 10시경 막 거리에 나서자 대기하고 있든 괴한 10여명이 심씨를 구타하고 도주하였는데 경찰당국은 별반 조치도 없이 가해자를 추구치도 않었다 심영 씨는 중상을 입었으며 제5관구 경찰청장은 대구공연을 중지하도록 명령하였다 또 이 사건 직후 경찰서원은 문화공작대원들이 투숙하고 있는 여관으로 와서 전기 심씨를 경찰서로 호출하여 대신 김기림 씨가 출두하였다 (대구발독립)

같은 신문 7월 26일 치에 보면, 대전 후생관에서 열린 '공위축하미술전'에 걸린 그림 53점 가운데 38점을 '테로단 약 60명이 회장에 래습하여 무참히 파괴하였다'는 기사 밑에 〈예술제 사수〉라는 제목 기사이다.

문련에서 파견한 문화공작단 제4대가 지난 24일 대구에서 테로를 당하였다 함은 작보한 바와 같거니와 이 급보를 접한 중앙문련에서는 진상조사와 공연을 계속식히기 위하야 설정식 박찬모 리강복 삼씨가 대구로 출발하였는데 중상을 입은 심씨는 다음과 같이 말하얏다

인민의 문화예술을 위하여 대구무대 초연부터 전시민의 열광적인 환호와 박수 속에서 열연을 하였다 오늘 갑작이 공연중지 명령을 받었다 이유가 너무 막연하다 좀더 구체적인 이유를 물어보기로 하고 무대사수(死守)를 전단원과 맹세한다

《해방일보》 1950년 7월 28일 치 2면에 실려 있는 기사이다.

피에주린 악귀들 만행을계속

　　대전에서 七천여명살륙

　　재감중의 애국자전부가 희생

　　7월4일경 부터 놈들은대덕군 살내면 랑월리 뒷산을비롯한 수개소에 기리 七,八메터 넓이 2메터 가량의 깊은 구뎅이를 다수파놓은뒤 우선 대전형무소에서 복역중인 애국투사들을 전부실어내다 쏘아죽이고는 구뎅이속에차넣었다는 것이다

　　하루에 다섯튜럭씩 혹은열다섯튜럭씩 실어내다 죽였는데 인민군대들이 대전가까이 진격해온다는것을 알자 놈들은 튜럭으로 하루최고 八백여회를 날러다 죽이였다는것이다 형무소에 있는 애국투사들을 학살함과 아울러 소위 보도련맹 가맹자와 일반무고한 로소남녀와 학생들을 「에비검속」이라는 허위밑에 체포 하여다 역시학살하였다

　　송인성농민은 다음과같이 말하였다

　　『놈들은 애국투사들을 총살장으로실어갈때에는 부근에 일반사람들의 통행을 일체 금지시키고 목목이 총을 멘 헌병들을 지키게 하였지요 놈들은 애국자들의 손목들을 고랑으로 채우고 고개들을 무릎팍에 꽉끼운채 옴짝 못하게 하였습니다 한번은 젊은 사람 한분이 튜럭이 자기집부근에 다달으자 조선민주주의 인민공화국 만세!하고 소리높이 웨치며 뛰여나렸습니다

　　그러자 헌병사형리들은 차를멈추고 여럿이서 달려들어 총대와 고꾕이로까서 즉살시켰습니다… 七천여명가량 죽였을거라구들하지만 나는 一만여명은 학살하였으리라구 생각됩니다 우리들이 전연 모르는곳에 끌어내다 죽인것도 있으니까요 지금도 구덩이에가면 시체를뭉은뒤 흙을 엷게 한가풀덮었을뿐으로 학살당한 사람들의 팔!다리가밖앝으로삐져나온것을 볼수있습니다』

　　놈들은 노도와같이 진격 또 진격하는 영웅적인민군대의 준엄한 소탕전에의하여 비참한주검과 패주만이자기들의 유일한운명으로되자 이와같이 단말마적인 인민학살을 감행하고있는것이다

부르스 커밍스가 쓴 〈전쟁이 시작되다〉에 나오는 대문이다.

　　그러나 **대전학살**의 진상은 전혀 분명하지 않다. 8월 초순 앨런 위닝턴은 런던 〈데일

리 워커〉지에 '한국의 미국판 벨젠 수용소'라는 제목의 기사를 발표했는데 거기서 그는 남한 경찰관이 미군고문관의 감시하에 7월 2일에서 6일 사이에 대전 부근의 영(량)월에서 7천명을 도살했다고 주장하였다. 그는 그 지방을 방문했는데 20명의 목격자들에 의하면 트럭 한대 가득 경찰이 실려와 그 지방 사람들에게 2백 야드 간격으로 6개의 구덩이를 파라고 명령한 다음, 이틀 후 정치범들을 실어와 머리에 총을 쏘고 칼로 참수해 처형한 후 '정어리처럼' 한켜 한켜 묻었다고 한다. 학살은 사흘간 지속되었고, 목격자는 지프 2대를 타고 온 **미군 장교들**이 이 학살을 지켜보고 있었다고 증언하였다.

북한측 자료들은 대부분 제주도와 태백산 지역에서 붙잡힌 게릴라들과 여순사건 후 체포된 사람들인 4,000명의(몇달 후 그 숫자는 7천명으로 변했다) 정치범들이 죽음을 당했고 사건이 일어난 지점은 대덕지구 사(산)내읍(면) 창고마을이었다고 다르게 적고 있다.

런던주재 미대사관은 위닝턴의 이야기를 '흉악한 조작'이라고 부르며 그 내용을 부정했다. 동경에 있는 영국 장교들은 "이 기사에는 사실이라 할 만한 요소가 있을 것"이라고 말하였다. (⋯⋯)

런던《픽쳐 포스트》지의 제임스 카메론은 1950년 늦여름에 부산에 있는, 자신이 명명한 '남한강제수용소'에 관하여 다음과 같이 묘사했다.

나도 전에 벨젠수용소를 본 일이 있지만 이 수용소는 그보다 더 참혹하다. 재판도, 판결도 받지 않은, 남한에 있던 남한사람들은 모두가 불온하다는 혐의를 받고 있는 이 소름끼치는 상황에 처해있는 군중들이 수백명에 달했다. 그들은 말라 피골이 상접해 보초가 뭘 시키든 시키는대로 복종했다. 안색은 반투명한 회색이고 사슬로 함께 묶인 채로, 동양적 복종의 태도로 설설 기는가 하면 태아처럼 웅크려있고 쓰레기더미에 파묻혀 있기도 했다⋯⋯. 봉건적 냄새가 풍기는, 섬칫함으로 가득한 시장 주변에는 **미군 몇명**이 모여 무심한 태도로 그 광경을 사진찍고 있었다⋯⋯. 나는 분개하여 UN위원단에게 항의했다. 그러나 그들은 세련된 자세로 말했다. "그렇습니다. 최악의 혼란이지요. 그러나 그들이 우리와는 매우 다른 행동기준을 갖는⋯⋯ 모든 것이 매우 다른 아시아인임을 기억하십시오." 그것은 변명할 여지가 없는 태만이고 타협이었다. 나는 격분했다. 그러나 지금은 쉽게 격분하지 않게 되었다. 우리는 글과 사진으로 그 상황을 신중하게 기록

했다. 그것이 그 해 내내 내가 한 일의 전부이고 내 잡지는 그것을 싣기에 바빴다.

그러나《픽쳐 포스트》지는 '작은 물의'를 일으킬지도 모를 이 같은 카메론의 글을 싣지 않았다. 얼마 안 있어《픽쳐 포스트》지는 "문을 닫았고, 그럴 만도 하였다".

4. 8년 만에 꺾여버린 10년 후 대통령

이 강 국 ^{1906~1953/ 1955(?)}

이강국이는 나와 같은 해 경성제대 법문학부에 입학. 대학 재학 시 문우회(文友會)라는 친목단체를 통해 잘 아는 처지였는데 부유한 자기 처남의 힘으로 독일 유학을 갔다가 거기에서 공산주의사상만 잔뜩 집어넣어가지고 와서 그 혼란기에 그렇게 요란하게 굴었지요.

대학이 좌우로 갈라져서 하도 한심한 상태로 돼버리기에 어느 날 나는 다른 교수들에게 '대체 어느 녀석이 조종해서 대학을 이토록 시끄럽게 하느냐?'고 물었더니 그 장본인은 공산당의 이강국이와 김태준이라고 해요.

그래서 '정치는 대학 밖에서 하고 대학은 시끄럽지 않도록 내가 이강국이를 만나 설득하겠다고'고 말하니까, 옆에 있던 모 교수가 '당신 그 자한테 가면 오히려 설득을 당해 꼼짝 못하고 돌아올 것이오'라고 만류해서 그만둔 일이 있었습니다.

찬탁과 반탁으로 시끄럽던 1946년 2월 경성대학 의학부 교수였던 라세진(羅世振)이 한 말이다. 라세진 말은 경우에 맞지 않게 터무니없는 것이고, 「민주주의민족전선」사무국장이었던 이강국(李康國)은 해방정국 '스타'였다. 경성제대를 나와 독일 베를린대학에 유학하였던 일급 지식인이었으며 폭넓은 국제정치 감각과 함께 날카로운 좌파철학으로 무장된 일급 이론가였다. 법문학부 글동무였던 최용달·박문규와 함께 '성대

일제시대 이강국. 갖은 족대기질과 밥받이 뒷덧인 듯 해쓱한 얼굴이다.

트로이카'로 불렸던 사람이다. 그때 27살로《해방일보》기자였던 박갑동 증언이다.

　　민전 결성에 이강국이 사무국장이 된 것은 박헌영의 신임이 두터워서이다. 이강국은 일찍이 경성제대를 졸업한 뒤 독일에 유학한 바 있고 당시 독일공산당에 가입, 국제 무대에서 활동한 바 있으므로 비교적 시야가 넓고 또한 대인관계에 있어서도 능숙하여 합법적인 활동가로서는 필적할만한 인물이 없었다. 그는 또 일제 말기에 여운형과 같이 일한 적이 있어 매우 밀접한 관계를 맺고 있었기 때문이기도 하다. 당시 민전 사무실은 종로 2가 전 종로구청 자리(1983년 이제 종로세무서)에 있었는데 박헌영 등 의장단이 곧잘 나타나 이강국 국장과 만나곤 했다. 이즈음에야 기자들이 박헌영을 비교적 가깝게 접할 수 있었다고 한다.

『민주주의 조선의 건설』이라는 책이 있다. 이강국이 지은 것으로 1946년 4월에 나왔다. 엮은이 정진태(鄭鎭泰)가 쓴 여는 글 한 어섯이다.

　　건준 · 중앙인민위원회 · 민전이 민주주의 조선을 건설하여간 발자취 위에는 이강국 씨의 발자욱이 찍혀지지 않은 곳이 있는가. 실로 씨는 8 · 15 이후 민주주의 조선의 건설을 위하여 전 심신을 바치었고 여하한 위기와 곤란에도 굴함이 없이 과감하게 민주주의를 수호한 전사의 한 사람이라고 하여 틀림이 없을 것이다.
　　그렇다. 씨는 정력이 넘치는 실천활동가일 뿐만 아니라 우수한 이론가이다. 모든 문제는 실천을 통하여 이론적으로 정리되었고 필봉 그 자체가 또한 일종의 무기였다. 해결이 곤란한 문제가 생길 때마다 씨의 붓이 요구되었고 또 씨는 꾸준히 이에 응하였던 것이다. 따라서 우리가 여기에 씨의 집필한 성명서 · 평론 · 논설을 집록하는 것은 그것이 현실문제를 옳게 파악하고 해결하는 데 한 개의 구체적 지침이 된다는 점에 그 가치가 있다. 이러한 의미에서 이 일서는 확실한 8 · 15 이후의 조선 건국 과정의 산 기록이며 생생한 군사정치사의 일항이라고 하여도 과언이 아닐 것이다.

조선공산당이 찬탁을 하게 되는 이론적 터무니로, 이강국이 한 말이다.

　　삼상 결정서 제3조에 의하면 공동위원회는 조선정부 참석하에 모든 민주주의적 단체를 초청하여 조선독립 완성을 원조하고 협력할 방침을 강조할 것을 위탁받게 되는 것입니다. 이것이 세간에서 말썽 많은 소위 신탁(信託)입니다. 그런데 영어로서는 그 형식 즉 위탁한다는 데에 치중하여 트러스티십(trusteeship)제도라고 하였는데 로어로서는 그 내용 즉 원조와 협력에 치중하여 어쁘까(opeaka) 후견(後見)이라고 하였습니다. 그 후에 미국 측에서도 하지 중장, 번스 국무장관, 미국외교정책협의회 등이 조선민중의 오해를 풀기 위하여 그 내용을 설명하고 최근 에온슨 군정 고문부관은 '고문제'라고 말하였습니다.

지난 1월 10일에 열린 전국 각도 인민위원회 대표자대회에서는 삼상회의의 결정을 신중히 토의한 결과 이것을 전적으로 지지할 것을 결의하는 동시에 소위 신탁의 내용을 명백히 하고 일반의 오해가 없도록 하기 위하여 남북이 통일적으로 '후원제'라는 용어를 사용하기로 결정하였습니다.

이 후원제의 기간은 5년 이내로 하여 우리의 실력(과) 정치적, 경제, 문화 등 모든 역량이 급속하게 성장되는 데 따라서 얼마든지 5년 이내에 후원제를 철폐하도록 만들었으니 이 점도 역시 완전히 호의적이오 우의적인 것을 의미하는 것입니다. 최후로 이렇게 중대한 발전의 전제조건으로서 당면 긴급문제 즉 38도선 철폐 남북교류에 관하여 제4조가 규정되었으며 지난 16일부터 이미 미소공동협의회가 열리고 있는 것은 여러분이 다 아시는 바와 같습니다.

이강국은 1906년 경기도 양주(楊州)에서 태어났다. 아호는 이촌(耳村). 보성고등보통학교를 나와 1927년 경성제국대학 예과를 거쳐 법문학부에 들어갔다. 이강국은 여기서 '30년대 좌익운동의 신화'이며 '당대 최고의 혁명가'로 불리던 이재유 말을 빌리면 '매우 전투적인 좌익 교수'인 미야케 시카노스케를 만나게 된다. 그리고 이 미야케와 만남이 이강국 살매를 아퀴짓는 첫 고리가 된다. 김오성이 쓴 「이강국론」이다.

이촌 이강국씨는 해방조선의 정치적 현실이 낳아놓은 경이적 존재다. 아마도 그의 탁월한 정치적 견식과 불굴의 투쟁적 경력과 그의 인간적인 박력에서일 것이다.
이강국씨가 오늘의 정치적 방향을 취하게 된 것은 아마도 1927년 경성제국대학의 법과생으로서 저 삼택사건으로 유명한 삼택교수를 만난 데서 결정된 것이리라. 씨는 사족의 후예로 태어났으나 가빈(家貧)으로 보성고보와 성대 예과를 간신히 마쳤으며,

어려운 집 자식이 흔히 갖기 쉬운 자멸감이 없이 한낱 귀공자와 같은 소년시절을 지내온 것이 씨의 인간적인 타고난 특성이라 할 것이다. 그러다가 이 온실 속에서 자라난 무색의 화초에 세계사적인 색채가 감염되자, 그는 그 강렬한 감수성을 가지고 이 세계사적인 조류를 마음껏 흡수하였던 것이다. 그리하여 삼택 중심의 성대학생 독서회에서 그는 오늘의 정치가적 소지를 닦기 시작했던 것이다.

1930년 씨는 성대를 졸업하고 눌러 대학원에 있으면서 최용달·박문규씨 등과 더불어 조선사회실정연구소란 것을 조직해가지고, 한편으로는 조선의 정치·경제·문화의 각 부분에 관한 과학적인 연구를 진행하는 동시에 다른 한편으로는 대중층에 연락하여 근로대중의 조직과 훈련에 힘써 온 것이다.

1932년에 씨는 독일로 유학하였다. 독일에 입국하자 씨는 곧 독일공산당에 가담하여 가지고 한편으로는 독일공산당의 출판활동과 외국과의 연락을 맡아서 활약하였다. 때는 나치스가 발호하여 히틀러의 파시즘적 탄압이 흑조(黑潮)처럼 몰려들던 시절이라, 붕멸(崩滅)의 위기에 당면한 독일공산당을 붙들어 주려고 씨는 무한한 고투를 계속한 것이다. 외국인이란 대소의 특전을 이용해서 독일과 외국과의 기관적인 연락과 문서 교환의 임무를 맡아 그 위험한 경계망을 돌파하면서, 씨는 일차도 실패한 일이 없었던 것이다. 이 시절에 씨는 시리아 출생의 모 여자와 동지애에서 출발한 격렬한 연애가 있었으니, 이것은 씨의 청춘을 장식하는 한낱 기념이 될 것이다.

"격렬한 연애가 있었"던 시리아 여자가 누구인지는 알 수 없으나, 똑같이 제국주의 힘센 나라 짓누름에 끙끙거리는 청춘 남녀들 장려(壯麗)한 연애 모습을 짐작할 수는 있겠다. 세계 최강인 일본제국주의 식민지 청년 이강국과 비록 새롭게 일어난 독일제국주의에는 밀리고 있으나 유럽 최강이었던 불란서제국주의 식민지 시리아 처녀는 뜨거운 동변상련 동지애로 맺어졌을 것이다. 이때로부터 80년 가까이 흘러갔지만 땅덩어리 크기가 비슷한 두 나라는 그 살매 또한 비슷하니, 북미합중국이 뒷배 보아주는 유대제국주의 짓누름에 숨 막히는 시리아이고, 미·일·중·러 4강 두럭에 둘러싸여 숨 막히는 이강국 조국이다.

이강국이 귀국한 것은 1935년 11월이었다. 국내에서는 이른바 '삼택(미야케)교수사건'이 터져 성대 법문학부 4년 후배인 정태식이 잡혀간 것을 알고 망설였으나, 나치 억누름과 일본영사관 괴롭힘에 쫓겨 귀국할 수밖에 없었다. 귀국하자마자 왜경에 붙잡혔으니, '국제 관계 연락은 모두 이강국이 맡았다'고 독일에 있던 이강국에게 떠넘긴 미야케 교수 말이 결정적인 것이었다. 한 1년 갖은 족대기질과 밥받이에 시달리다가 증거불충분으로 풀려났다. 김오성은 말한다.

> 그 후 씨는 표면으로는 주식시장에 관계하여 일종의 부(브)로커(증권회사 사무원으로 잠시 일하였던 것-지은이)를 가장하면서, 이면으로는 최용달·이주하 씨 등과 함께 원산서 적색노동조합을 조직하고 항일투쟁을 계획하다가 발각되었으니 이것이 저 유명한 1937년의 원산철도국사건이란 것이다. 그는 만 1년여를 예심에서 무서운 고문과 취조를 받던 끝에 드디어 신체가 극도로 쇠약해져서 1940년 보석되었으며, 42년에 제1심에서 징역 2개년의 언도를 받았으나 공소하여 1943년에 역시 증거불충분으로 5개년의 집행유예로서 판결된 것이다.
>
> 그러는 동안에 씨는 쇠약해진 몸을 충분히 쉴 시간도 없이 최용달 등과 함께 학생층에 손을 뻗어 그들의 훈련과 조직에 힘썼으며, 건국동맹을 조직하고 있던 여운형 씨와도 연락하여 항일운동을 준비하고 있었다. 만기 출옥한 김태준 씨가 다시 운동을 전개하다가 체포령이 내려 해외로 탈출하였고, 동지 최용달이 또한 체포되어 그 화가 이강국 씨에게 미쳐올 우려가 불무하였으나 그는 주식시장의 역인(役人)이란 직함을 이용하여 교묘하게 그 화를 면하였다.
>
> 씨가 주식시장에 관계하였음을 비난하는 이들이 간혹 없지 않은 모양이나, 그는 이것을 간판으로 하고 자기의 지하공작을 캄프라치(카무플라주)할 수 있었으며, 더욱이 상인을 가식하고서 총독당국의 일체의 유혹을 피해있어 혁명가적 절개를 지켜온 것이니, 도무지 비난거리가 못되는 것이다.

1938년 12월 원산철도국사건에 얽혀 잡혀갔을 때였다. 온갖 족대기질을 당하기 1년 5개월 만에 예심이 끝난 1941년 5월이었다. 이른바 '전향문'이라는 것을 쓰고 보석으로 풀려났는데, 그때 썼던 전향문 알맹이는 이런 것이었다.

> 공산주의 실천운동에서는 손을 떼겠다. 그러나 이상사회로 가기 위한 인류의 애타는 비원(悲願)인 맑스주의는 결코 포기할 수 없다.

"내가 만나본 정치가 중 선천적인 정치가의 소질을 가진 이는 당시 이남에서는 여운형·이강국 정도이고, 이북에서는 주영하(朱寧河, 북로당 초대 부위원장)와 허가이(許哥而, 조선민주주의인민공화국 부수상) 정도였는데, 모두가 그 뒤 숙청당했거나 암살되어 정치가로서의 역량을 보이지 못하고 말았다."

박갑동이 한 말이다.《해방일보》정치부 기자를 하였고, 김삼룡·이주하·정태식이 잡혀간 다음 남로당 차상위 목대잡이로 얼개를 추스르다가 월북하여 문화선전성 구라파부장을 하였으나, 박헌영이 처형당하자 평양을 빠져나와 일본 동경에서 반김일성 운동에 앞장서고 있는 박갑동은 해방정국 혁명가들 움직임에 값진 증언을 하여주는 드문 사람이다.

「건국동맹」시절부터 여운형과 손을 잡았던 이강국은 참마음으로 여운형을 우러렀던 것으로 보인다. 여운형과 박헌영이 띄웠던 조선인민공화국에서 체신부장 임시 대리로 뽑혔고, '조선지도인물 여론조사'에서 사법부장 후보였다. 비록 4위에 그쳤지만 20여년 전배인 노혁명가며 민족주의 원로급과 어깨를 나란히 하고 있어 그 물망이 어느 정도였든지 짐작되게 하여준다. 허 헌 371표, 김병로 58표, 최동오 52표, 이강국 42표, 기타 36표.

심지연이 쓴 노촌(老村) 이구영(李九榮)이 살아온 이야기인『산정에 배를 매고』에 나오는 이야기이다.

'조선건국준비위원회(건준)'가 인공을 수립할 때 몽양과 **이강국**이 중심이 되었지만 일 자체는 몽양보다는 주로 이강국이 한 것으로 나는 알고 있다. 이강국은 건준의 조직을 장악하고 있었고, 이를 바탕으로 해서 인공의 선포에 결정적인 역할을 한 것이다. 그는 인공의 서기장으로 발표되었는데, 나머지 주석이니 부장이니 하는 것은 다 일없는 허수아비인 셈이었다.

인공은 이강국을 비롯한 박헌영 계열이 중심이었기 때문에 몽양과 박헌영의 발이 서로 맞지 않는다는 이야기도 있었지만, 어쨌거나 인공은 이강국이 중심이 되어서 만든 것이 사실일 것이다.

인공을 선포할 때 영등포 노동자들이 중심이 되어 참석한 것으로 알고 있다. 내가 활동했던 영등포 지역의 사람들이 온 것이다. 당시 서울은 좌익이 잡고 있었다. 일제시대 때 활개를 치던 친일파들은 해방이 되자 숨을 죽이고 있었다.

그리고 지식인들 대다수는 좌익이었는데, 맑시즘에 대한 책을 한 권이라도 읽으면 다 그렇게 될 수밖에 없었다. 많이 배우고 신망을 얻고 있던 이들이 좌익이었으니 나머지 사람들도 따르게 되었다. 우익은 자기네들 선전을 하기 위해 유인물을 만들고 플래카드를 걸어 보려고 해도 어디 가서 종이 한 장, 광목 한 필도 제대로 못 구할 정도였다.

지방에서는 더한 것으로 알고 있다. 유식한 사람들은 유식한 대로, 가난한 사람들은 가난한 대로 좌익이 되었다. 특히 양반들에게 시달리던 사람들은 좌익이 하는 말에 절대적인 지지를 보냈다. 당연한 일이다. 자기네들의 권리를 찾아주고 잘 살게 해준다는 데 싫어할 사람이 어디 있겠는가? (……)

이강국도 전형적인 학자 타입의 인물이었다. 그는 조중응의 조카인 조준호를 처남으로 두었는데, 조준호는 일제 때 미두회사를 소유하고 있었다. 이는 요새 말하는 증권회사로, 그 회사의 사장은 앞서 말한 대원군의 외손자인 김익동이었다. 이처럼 이강국의 처남은 상당한 재산을 소유한 재력가였다. 그래서 그는 처가의 도움을 받아 독일 유학도 다녀왔고, 독서회 사건으로 다른 사람들은 다 구속되었는데도 처가에서 힘을 써준 덕분에 집행유예로 석방되기도 했다.

나는 이강국과는 해방 전에 한 번 인사를 나눈 적이 있고, 해방 후 사석에서는 두 번인가 만났다. 그는 이승만에게 보내는 편지를 작성해서 나를 포함한 몇 사람이 있는 자리에서 그것을 읽어 주면서 논평을 구했다. 그것은 인공 서기장 자격으로 이승만에게 보내는 공개서한이었다.

하룻밤에 썼다는데 엄청나게 긴 만리장서였다. 이박사가 인공 주석 취임을 거절하고 독자적으로 독립촉성중앙협의회를 조직한 것을 비난하는 내용으로, 이박사의 노선이 무원칙하며 유아독존적이고 비민주주의적이라고 비난하는 내용이었다. 그것을 조원영, 박승방, 최문용, 그리고 나를 포함하여 십여 명 가까이 있는 자리에서 다 읽고 나더니 어떠냐고 물었는데, 나는 들을만하다고 느꼈다. 회의석상에서는 그를 여러 번 만났으나 사석에서는 두 번 정도라고 기억이 된다.

떠받들던 전배 혁명가 여운형에게 바치는 글이 있다. 《조선인민보》 1946년 4월 10일 치에 실린 「여운형론」. 41살 난 장년 혁명가 이강국 인금과 정치의식 그리고 글솜씨를 엿볼 수 있는 값나가는 바탕이다.

조선에 있어서 여운형 선생의 존재는 실로 거대한 의의를 갖는다 거대한 존재인 만큼 그에 대한 포훼(褒毁)도 또한 구구하다 선생이 금일 조선의 민주주의 진영의 선두에서 있음으로 선생에 대한 반동진영의 총공격은 중상을 위한 중상이며 모함을 위한 모함에 불과한 것이니 괘려(掛慮)할 여지도 없는 것이다 그러함에도 불구하고 선생은 항시 그러한 기회마다 자기반성에 잠념(潛念)하나니 그 겸허한 태도와 그 자기비판적 성의에 우리는 오직 머리를 숙일 뿐이다

선생은 의지의 인이라기보다는 정열의 인이다 세계사의 방향에 대한 확호(確乎)한 신념 고매한 정치적 견식 풍부한 국제적 지식 청중을 웃기며 울릴 수 있는 현하의 웅변 정치가로서 요청되는 모-든 조건을 선생은 구비하고 있는 것이다 그러나 이 모-든 조건의 완비보다는 선생에 있어서의 귀중한 보배는 선생이 청년을 지극히 사랑하는 것이며 청년과 함께 맥박치며 호흡함으로써 만년청춘의 선생일 수 있는 점이다 환력의 선생이 아직도 장자(壯者)를 능가하는 기개와 청신을 주위에 풍길 수 있다는 것은 그 선천적으로 월인(越人)하게 풍미(豊美)하고 준수한 육체적 조건보다도 그 후천적인 스포-츠 애호보다도 그 생활이 언제나 청년 속에서 움직이고 있는 때문이다

선생의 위대한 점을 나는 무엇보다도 그 광활한 포용력에서 찾고저 한다 지도자에게서는 언제나 이것이 절대로 요청되는 조건이지만 현단계에 있어서는 그 요청이 더욱 통절한 바 있다 이곳에서 오히려 선생의 장점이면서도 단점이라는 논평을 끌어내는 경향이 간혹 있으나 그것은 지도자로서의 요건과 조선 현단계의 다난성을 충분히 이해하지 못하는 것이다 그러나 선생에게 망촉(望蜀)의 희망을 감언할 수 있다면 좀더 지인(知人)의 명(明)이 있어달라고 나는 느낀다

일본제국주의의 포학한 위협 교묘한 회유 그 속에서 능히 권위와 절조를 유지하면서 지상신사로 지하의 투사로의 그 생활을 겸영한 자 과연 있는가? 이에 대답할 수 있는 것은 오직 선생뿐이다 수양산의 고사(高士)는 선생의 생활을 비루하다 할 것이며 총극(叢棘)의 맹장은 선생을 가르쳐 타협이라 하였으리라 그러나 선생이 이 이중행활의 고심에서 조선해방운동에 기여한 공헌은 실로 막대한 것이다 선생의 처지에 있어서 이러한 것이 가능하였다는 것은 임기응변 출몰자재의 그 천재적 전술에서이다 선생이 그 전략의 심각한 파악과 그 노선의 충실한 준수에도 불구하고 기회주의에 흐른다는 난을 받는 것은 그 능란한 전술에 대한 시기에서일 것이나 선생에게 좀더 박력이 있었으면 하는 것이 우리의 기원이다

1946년 11월 23~24일 조선공산당·조선인민당·남조선신민당 3당이 합뜨려 남조선로동당이 태어날 때까지 이강국은 늘 여운형 곁에 있었다. 8·15 바로 뒤 「건국준비위원회」 서기장과 조직부장으로 열과 성을 다하여 건준 얼개를 온 나라로 넓혔고, 건준이 나아지기 위하여 흩어지고 「전국인민위원회」가 되었을 때 서기국장으로 그 줏대가 되는 구실을 하였을 뿐만 아니라 명대변인으로 그 이름을 떨쳤다.

빼어난 정치가로서 이강국이라는 성명 삼자를 조선인민들 마음속에 집어넣게 된 것은 1945년 11월 20일 하오 1시부터 경운동 천도교대강당에서 열린 전국인민위원회대표자대회에서일 것이다. 25개시 175개 군 대표에 도 인민위원 40명을 합쳐 650명이 모인 자리에서 나라안팎 정세 보고를 하였는데, 나라안팎 정세에 대한 폭넓은 본데를 남김없이 보여주는 것이었다. 그리고 미군정 사령관 하지 중장의 인민공화국 취소 요청으로 인민대표들이 몹시 발끈하였을 때, 그 풍김새에 휩쓸리지 않고 냉정·침착하게 의사를 이끌어 명의장으로 이름을 떨치게 된 것이었다.

인민위원회 이름으로 나간 모든 성명문과 논설이 다 이강국이 쓴 것으로 그것을 모은 것이 『민주주의 조선의 건설』이라는 책자이다. 우익 정객들과 만나 말싸움을 벌일 때도 틀림없는 갈피에 바탕을 둔 가리새 있는 말로 상대를 구슬리려고 하였지 잔재주나 부리는 그럴듯한 말로 상대를 누르려 하지 않았다. 떳떳한 갈피를 들어 적을 쳐부수면서도 적에게 나쁜 느낌을 받지 않게 하는 것은 참으로 어려운 일이며, 그런 뜻에서 이강국은 해방정국 정치가들 가운데 몇 안 되는 참다운 정치가였다. 이강국이 민전 사무국장 시절 민전의 신정부 설계에 대한 밑그림을 보여준 것이 있다. 《조선인민보》 1946년 4월 1일 치에 실려 있는 「주권은 인민에게」라는 글이다.

一 임시민주주의 정부는 어떠한 방법으로 수립되며 어떻게 구성되며 어떠한 형태를 취하며 어떠한 정책을 실시하여야 할 것인가? 민주주의 국제평화 노선인 삼상회의 결정을 지지하고 실천하는 진정한 민주주의 정당 급 단체만이 임시정부 수립에 있어서 미소공동위원회의 협의상대가 될 수 있는 것이니 언사나 강령뿐만이 아니라 실천으로써 진정한 애국자 민주주의자만이 조선민족을 대표하야 임시민주주의 정부수립에 관여하여 참가하여야 한다 친일파 민족반역자는 물론 일체 반민주주의자 팟쇼분자의 정부 참가를 우리는 절대로 거부한다

二 신조선의 주권은 오로지 조선인민의 손에 있다 주권의 형태로서는 우리는 인민위

원회를 주장한다 조선혁명 운동의 필연적 소산으로서 조선민족이 자기 손으로 맨들어 낸 이 인민위원회가 주권형태로 계승될 역사적 이유와 현실적 근거를 충분히 갖이고 있다

　　三 수립되는 임시민주주의 정부의 당면한 임무 중 가장 중요한 것은 (1) 정치 경제 문화 사회 모-든 방면에 있어서 뿌리 깊게 남아 있는 일본제국주의의 잔재 유독을 철저하게 숙청하는 것이며 (2) 토지를 무상몰수하야 이것을 토지 적은 토지 없는 농민에게 무상으로 분여함으로써 소작관계의 봉건유제를 근저로부터 타파하고 농민의 생활을 향상시키며 농업생산을 증진시킬 것이며 (3) 중소기업을 보호하고 자본의 발전을 조장하며 통화안정 물가조정 생산확충으로 급속히 경제를 부흥하야 민중의 생활을 안정시키고 향상시키며 (4) 8시간 노동제 생활보장의 최저임금제 실업건강보험제 등으로 노동자의 생활을 보장 향상시킬 것이며 (5) 언론 집회 결사 출판 신앙 등의 자유를 보장하야 인민의 민주주의적 훈련 발전을 촉성할 것이며 (6) 국가부담의 의무교육제 실시 교육기관의 확충 미신 급 봉건인습타파 문맹퇴치 제종 문화 실시 등등으로 민주주의적인 민족문화를 건설할 것이며 (7) 남녀동권 청소년의 보호를 실천하여야 할 것이다 그리고 끝으로 임시정부는 사대의타의 괴뢰가 되지 않고 국제친선적이며 평화애호적인 정부가 되며 보선에 의한 정식 정부 수립으로 매진하는 성과 열을 구비하여야 한다

　　이강국이 박헌영·이승엽 뒤를 이어 평양으로 간 것은 1946년 9월 끝 무렵이었다. 미군정 정책을 나무라는 남로당 이름 성명을 이강국이 만들어 널리 알렸는데, 체포령이 내려졌던 것이다.

　　박헌영을 비롯한 남로당 목대잡이들에게 체포령이 내려질 것이라는 극비 정보를 알게 된 것은 이강국 정인이었던 김수임(金壽任, 1911~1950) 한테서였다. 이화여전 영문과 재학시절 시인 모윤숙(毛允淑)이 다리 놓아 이강국과 사귀었던 김수임은 미군 헌병대장 존 베어드 대령과 살림을 하게 된다. 베어드와 이강국 사이를 오가며 염알이꾼 노릇을 했다는 죄목으로 처형된 '한국판 마타하리사건'이 가짜로 꾸며졌다는 것이 요즘 밝혀졌다. 1947년 2월 북조선인민위원회 사무국장, 50년 12월 인민군병원장, 51년 11월 무역성 일반제품 수입상사 사장을 맡아보던 이강국 또한 53년 이승엽사건에 얽혀 형장의 이슬로 사라졌다.

　　"리강국 동무레 나왔으면 안 가가서."

　　김일성이 우스갯말로 했다는 말이다. 이강국 인물이 너무 훤해서 같은 자리에 있

이강국 정인이었던 김수임. 남쪽에서 북 간첩으로
올가미씌워 죽여버렸다.

으면 사람들 눈길이 이강국한테만 쏠린다는 말이었다. 김일성도 '한 마스크' 하는 인물이었는데 이강국이 더 윗길이었다는 말이다. 미 중앙정보국 비밀조직이었던 JACK(Joint Advisory Commission in Korea) 삯꾼 된 이강국이라고 하는데, 그것이 진짜라고 하더라도 넘겨줄 땅불쑥한 정보라는 게 무엇인가. 그리고 이강국이 JACK에 부려진 것이 아니라 베어드가 이강국에게 부려졌다고 볼 수도 있지 않은가. 숨 막히게 조여 오는 미제와 그 앞잡이들 정치공작을 뚫어내기 위하여 많은 '정보'를 얻어야 하였던 이강국이었다. 더구나 베어드라는 미군은 정보와는 십만 팔천리 자리인 헌병 주특기였다. 소년 박헌영이 영어 공부를 하려고 언더우드라는 미국사람을 만나고, 최대 정당 당수 박헌영이 마땅한 정치활동으로 하지 중장을 만났던 것을 가지고 '미제 첩자'라고 올가미 씌운 것과 마찬가지 정치적 올가미질인 것이다. 김오성은 말한다.

우리들은 한낱 희담(戲談)으로서 이강국을 '10년 후 대통령'이라고 부른다. 그가 10년 후에 대통령이 되는지, 또 좀 더 후에 되는지, 아주 안될는지는 누구나 예단할 수 없는 일일 것이다. 그러나 이 희담 속에 씨에 대한 우리들의 기대와 선망이 깃들어 있음을 씨는 알아야 할 것이다. 씨는 이 희담에 언제나 미소를 섞어서 '그놈의 10년 후가 언제나 계속되면 어떻게 되나?'고 대답한다. '언제나 10년'이 아니라, 매년 줄어갈 수 있게 하는 데는 씨의 노력 여하에 있을 것이다.

이강국이 '미제 첩자'라는 터무니없는 죄목으로 이뉘를 떠난 것은 10년에서 2년 모자라는 8년째 되는 해였다.

박갑동(朴甲東)이 쓴 『남기고 싶은 이야기들』에 나오는 글이다.

이강국은 철저하게 김수임(金壽任)을 이용했다. 즉 김수임은 당시 동거중이던 「패트」대령에게 "지금 개성에 계시는 어머님께서 위독하시다는 연락이 왔습니다. 곧 의사를 데리고 가야할 텐데 당신 자동차를 빌려주세요"라고 애원, 「패트」대령의 전용 승용차를 빌리는 데 성공했다. 주한미군 헌병사령관 전용차에 미군운전사 ─ 비록 그 자동차 속에 흉악범이 타고 있었다치더라도 당시 그 차를 검문할 사람이 없었다.

그날 김수임이 「패트」대령 차에 태워 개성으로 데리고 간 의사가 바로 이강국이었고, 조수로 가장한 사람이 이부(異父) 동생인 최만용(崔晩鏞)이었다는 것이다.

이강국은 서울을 탈출한 뒤, 47년 2월에 북조선인민위원회(위원장 김일성) 초대 외무국장에 취임했다. 그때까지만 해도 김일성이 북한의 정권을 완전히 장악하지 못했기 때문에 서울에서의 도피자를 크게 소홀히 다루지는 않았다. (……) 그때 김일성은 이강국이 종파분자요, 지방주의자라고 축출 이유를 밝혔었는데 이것은 당시 분위기로 보아 다분히 감정적인 발언으로 풀이되었다. 그 이유는 이강국의 월북을 전후해서 서울에 있던 많은 공산주의자들이 경찰의 수사망을 피해 평양에 있었는데, 오갈 데 없는 그들이 찾아가는 곳은 이강국밖에 없었다. 그것은 이강국이 사람이 좋아 자기를 찾아오는 사람은 모르는 사람이라도 거절하지 못하는 성격이라고 소문이 났었기 때문이었다. 그래서 그의 집이나 사무실 주변에는 언제나 사람이 떨어지는 경우가 없었다. 김일성이 이강국을 종파분자, 지방주의자라고 몰아붙인 것은 바로 그것을 의미하는 것이었다. (……)

내가 이강국을 마지막으로 본 것은 51년 가을 평양에서 내가 건강이 나빠져 시설이 좋다는 속칭 「웽그리아」병원(헝가리 의사들이 있는 병원으로 정식 이름은 인민군 제58호 병원)에 찾아갔을 때였다. 병원장실로 그를 찾아가니 이강국은 당장 나를 입원시켜 주었다. 그곳은 군병원이기에 나 같은 민간인이 입원하기는 어려운 일이었으나 쾌히 자기 책임 아래 입원시켜 준 것이었다.

그때 보니까 이강국은 매일 밤 12시 가까이 책을 읽거나 독일어 「타이프」를 치곤 했다. 그 2년 뒤 이강국이 「미국의 간첩」으로 몰렸을 때, 북한당국은 이강국이 밤늦게까지 「타이프」를 치고 있었던 것은 미국에 보낼 간첩자료였고, 간첩인 그가 병원장직을 맡고 있었기 때문에 미군이 그 병원을 폭격하지 않았다고 억지를 썼다.(……)

이강국이 처와 임화(林和)의 처 지하련(池河蓮, 여류작가)은 일시에 남편과 전재산을 잃고 평양의 거리를 방황하다가 입은 옷을 팔아 밑천을 삼아 빈대떡장사를 시작했으나 그것도 탄압으로 계속하지 못하게 되어 거지가 되고 말았었다.

5. 조선민주주의인민공화국헌법 아버지 맑스주의법학자

최 용 달 ^{1904~1953(?)}

빈부귀천의 격차가 극심한 것에 놀라고 사람들 마음속 적대시에 가까운 냉혹함에 다시한번 놀란다. 그들은 같이 말을 해도 마치 이방인 같고 때에 따라서는 원수와도 같다. 이익이 되지 않으면 말도 하지 않고 욕심이 동하지 않으면 나서려하지 않는다. 그 사이에 일어나는 시기와 의혹, 비방과 투쟁 등은 말할 것도 없고, 천박한 환락과 비참한 생활고, 잔인한 죄악과의 연계를 눈앞에서 볼 수 있다.

일본제국주의 식민지가 된 조선 땅에서 죽죽 뻗어나가고 있는 것으로 보이는 함흥과 경성 같은 큰 도회지를 본 최용달 느낌이다. 강원도 두메산골 잣단 지주 집안에 태어나 밥술이나 먹으며 자라난 젊은 먹물 눈에 비친 대처 모습은 '자본의 폭력' 바로 그것이었으니, '사회의 발견'이었다.

윗대에서부터 내려오는 논밭을 일구면서 더불어 함께 삼동네 이웃들 기쁨과 슬픔에 함께 웃고 함께 울며 감자만 한 소쿠리 쪄도 집집이 돌려 먹고 콩 한 쪽도 서로 나눠 먹는 두레고루살이를 그리워하는 최용달이었다. 그러나 목 타는 그리움으로 찾아간 옛살라비는 이미 어렸을 적 옛살라비가 아니었으니, 속속들이 뭉그러지는 식민지 뒷터전이었던 것이다. 받음성 높은 청소년이었던 최용달이 맑스·엥겔스 사상으로 들어가게 되는 까닭이다.

강원도 양양(襄陽)에서 제땅농사꾼 자식으로 태어난 최용달(崔容達)이 함흥고등

보성전문 강사 시절 최용달.

보통학교를 마친 것은 1925년 22살 때였다. 1927년 경성제국대학 법문학부에 들어갈 때까지만 해도 최용달은 모둠살이 틀거리를 쥐고 흔드는 난사람들이 참되게 살 수 있는 뱀뱀이 높은 깨우침만으로 모둠살이 골칫거리를 풀어낼 수 있다고 보는 '도덕주의적 이상론'을 지니고 있었다. 그러나 그러한 생각이 참으로 숫된 것이었다고 알게 된 것은 미야케 교수한테서 사회주의 강의를 듣게 되면서부터였다.

"이제까지 모든 사회역사는 계급투쟁의 역사였다"로 비롯되어, "프롤레타리아가 잃을 것이란 쇠사슬밖에 없으며 그 대신 전세계를 얻게 되니, 만국의 노동자는 단결하라!"로 끝나는 『공산당 선언』을 그는 밤새도록 읽고 또 읽었다. 계급과 계급이 맞서 싸울 수밖에 없는 낡고 썩고 병든 부르주아사회를 갈음하여 "하나는 모두를 위하고 모두는 하나를 위하는" 고루살이 세상이 이루어지게 된다는 맑스와 엥겔스 그리고 레닌 사상은 피를 끓게 하였다.

대학을 마치고 같은 대학 사법연구실 조수가 되었던 최용달은 두 살 밑인 법문학부 글동무 박문규·이강국과 「조선사회사정연구소」를 만들었다. 경성제국대학을 한 해 먼저 들어간 유진오(兪鎭午, 1906~1987) 뒤스름으로 보성전문학교 강사를 거쳐 교수가 된 것은 1932년 4월부터였다. 식민지를 다스리는 공다리들을 길러내는 이른바 '관학 아카데미즘' 진터였던 경성제국대학에서 조선사람이 올라갈 수 있는 가장 높은 자리는 '강사'였다.

1933년 4월 서대문경찰서와 종로경찰서, 5월 평양경찰서로 끌려가 사회주의운동을 했다고 모진 밥받이를 겪다가 기소유예로 풀려난 것이 석 달 만이었다. 5월 이재유 동아리와 이음고리를 맺고 움직이다가 왜경에게 붙잡혔으나, 두 달 뒤 또한 기소유예로 풀려났다. 1936년 7월에는 원산 공산주의자 동아리 목대잡이였던 이주하를 만나 운동 밑천과 많은 도움을 주었다. 1937년 6월 경성에서 이강국·이주하와 함께 공산주의 비밀결사를 만들었다. 1938년 10월 '적색노동조합원산좌익위원회사건'으로 왜경에게 붙잡혀 집행유예로 풀려난 1942년까지 4년 동안 징역을 살았다. 경성 시내에 있는 학생들 안에 공산주의 동아리를 얽어내다가 붙잡혀 여섯 달 동안 끔찍한 족대기질을 받던 끝에 풀려났는데, 그때 최용달 모습을 본 사람이 있다. 김오성이 쓴 「최용달론」에 나온다.

최용달씨를 내가 처음 대면하기는 1944년의 일은 가을철 어느날 금강산의 내가 경영하던 상점에서였다. 보전 교수시대의 제자인 모군의 안내로 나를 찾아온 씨의 첫 인상은 그저 온건착실한 학자형의 인물이었다. 까무잡잡하고 거의 무표정하다고 할 만한 정일적(靜逸的)인 타잎의 얼굴에 그렇게 빈약하다고는 할 수 없으나, 어쨌든 그리 위용을 갖추지 못한 체구, 되는대로 주서 입은 듯한 양복 스타-일은 무어 그리 대견한 정치적인 인물처럼 보여지지 않았다. 오직 그 검은 얼굴의 면적과는 균형이 잘 맞지 않을 정도로, 크고 빛나는 안광이 범인이 아닐 듯 싶은 느낌을 다소 주었을 뿐이다. '저런 샌님 같은 인물이 어떻게 지하투쟁을 계속해오는가?'가 의아스러웠던 것이다. 그러나 그 다음 순간 짧은 인사ㅅ말의 교환에서 나는 그를 재인식하게 되었다. 그해 봄에 써는 비밀결사의 혐의로 경찰에 검거되어 오랫동안 무서운 고문을 당한 일이 있기에, "얼마나 괴로웠느냐?"고 위문의 말을 하였더니, "그것이 민족의 수난이니, 어디 나 개인의 위안받을 일이 되느냐?"고 그는 낮으막하고도 힘찬 목소리로 대답하는 것이었다. '민족의 수난' 자신이 받은 고초가 민족적인 운명에서 오는 수난임에, 거기에서 개인적으로 위안의 말까지 받지 않으려는 겸허한 태도! 이러한 태도에서 나는 숭고한 민족애로서 일우어진 혁명가적 기백을 발견하였던 것이다.

해방되던 해 8월 조선공산당 재건을 위한 11인 준비모임에 들어갔고, 「건국준비위원회」를 세우는 데 들어 선전부장이 되었다. 9월에 건준 치안부장으로 자리를 옮기었고, 조선인민공화국 중앙상임위원과 보안부장 대리로 뽑혔으며, 인공 정강·정책을 만드는 데 채잡이가 되었다.

최용달은 빈틈없는 공산주의자였다. 사람무리들 꿈인 공산주의모둠살이로 가기 위한 앞마디인 사회주의모둠살이를 이루어내기 위해서는 프롤레타리아트 곧 무산대중이 권세자루를 잡아 모든 악의 밑뿌리인 자본주의를 죽여 없애는 길밖에 없다고 굳게 믿었다.

생산수단을 고르게 나누어 가짐으로써 생산물을 고르게 노느매기할 수 있으며, 생산물을 똑고르게 노느매기함으로써 헐벗고 굶주리거나 가멸진 높낮이가 없어지고, 높낮이가 없어짐으로써 더불어 함께 똑고르게 살 수 있는 계급 없는 고루살이가 이룩될 수 있다고 믿었다. 이 누리 온갖 괴로움 밑뿌리는 고르지 않은 물질 노느매기에 있으므로 똑고른 물질 노느매기를 이룩함으로써 더불어 함께 똑고르게 살아야 하며 또 살 수 있다고 믿었다. 올바르다고 믿는 생각들을 이제 여기에서 속속들이 몸으로 움직여 옮기는 것이야말로 곧 진리이며 또 적어도 진리에 가까워질 수 있는 길이라고 생각하였다. 아니다를 거쳐 그렇다에 이르고 그것을 다시 아니다라고 왼고개 침으로써 더 큰 그렇다에 이르는 길을 마련할 수 있고, 그리하여 옹글게 이루어지는 쪽으로 끊임없이 앞으로 나아가야 된다는 유물변증법이야말로 잘못된 이곳 살림살이와 모듬살이 틀거리를 뜯어 고쳐나갈 수 있는 지름길이라고 생각하였다.

박갑동이 쓴 『남기고 싶은 이야기들』에 나오는 글이다.

치안부도 해방 직후부터 전심전력을 다해 일을 해 온 유석현(劉錫鉉)씨 등이 점차 밀려나가고 최용달·장권(張權)·이병학(李丙學) 등이 비중이 큰 일을 맡았다 한다. 장권은 YMCA의 유도사범이었으며 이병학도 운동가여서 두 사람 모두 몸집이 큰 청년 들로 당시 몽양(夢陽)의 「보디·가드」 비슷한 일을 해왔었다. 최용달이 치안부장이 되 면서 유씨를 넘보기 시작했다. 그는 당시 보전(普專) 교수로 월북 후 46년도에 북한인 민위 사법국장을 지내고 대의원과 헌법위원을 역임하기도 했다. 당시는 자동차가 매우 귀해 웬만한 사람도 차가 없이 걸어다녔는데 유독 최용달만은 「세단」 등 4대의 차를 마 음대로 굴리고 있었으니 건준에서 그가 차지한 비중이 어떠했다는 것을 짐작할 수 있 으리라.

「선구회」에서 알아낸 여론조사에서 '교통부장' 엄지가락으로 뽑힌 최용달이다. 최 용달 196표, 하필원 58표, 안재홍 36표.

'과거 조선혁명가'에서는 10위이다.

여운형 195표, 이승만 176표, 박헌영 168표, 김 구 156표, 허 헌 78표, 김일성 72표, 안재홍 59표, 김규식 52표, 백남운 48표, 최용달 40표, 박문희 19표, 이관술 15표, 최현배 12표.

박헌영 진터 이론 동아리 목대잡이였던 최용달이 평양으로 간 것은 1945년 10월 9 일 박헌영·김일성 회담이 있고 나서였다. 조선공산당 북조선분국을 평양에 세우는 것 이 만국 노동계급 수령 스탈린 대원수 뜻이라는 것을 헤아린 박헌영 몸받아 인공 교통 부장 대리였던 이순근(李舜根, 1900~?) 같은 박헌영 손발들과 함께였다.

1946년 2월 8~9일 열린 북조선임시인민위원회 사법국장으로 「토지개혁법령」과 「노동법령」, 「남녀평등권법령」을 만든 다음 1947년 2월 21~22일 북조선인민위원회 사 법국장이 되었고, 제1기 최고인민회의 대의원 된 최용달은 북조선에 인민민주주의정 권 터전을 다지는 데 몸과 마음을 다 바쳤다. 일제가 물러갔다지만 질기굳게 남아 있는 친일찌꺼기와 봉건찌꺼기를 닦아내고 바이 다른 모둠살이 틀거리를 짜나가는 것은 피 끓는 혁명정신만 가지고 되는 것이 아니다. 그때에 먹물 든 사회주의혁명가들 가운데 최용달 만한 맑스주의법학자는 찾기 어려웠고 빨치산 출신들인 김일성 동아리에서는 더구나 그러하였다. 북조선임시인민위원회에서는 1946년 3월 인민정권의 정치경제적 발판을 마련하고자 토지개혁을 하였는데, 무상몰수해서 무상분배하는 토지개혁 밑그림을 그리고 또 친일민족반역자와 악질 지주·자본가에 대한 해방투쟁·계급투쟁을 채잡아 나간 것이 최용달이었다. 사회주의국가 앞마디인 인민민주주의국가를 보는 최용달 눈이다.

①노동계급을 선두로 한 광범한 근로인민의 국가이고
②자본주의제도와 부르조아 통치의 복귀를 위한 모든 시도를 반대하는 강력한 도구로 되며
③사회주의로 가는 길로 국가발전을 보장하는 과도기적 국가로 된다.

최용달이 마침내 가닿아야 될 본보기 나라로 꼽았던 것이 소비에트연방공화국이었다. 그때에 소비에트는 몇 차례 5개년계획으로 놀랍게 뻗어나가고 있는 사회주의 조국이었다. 인민의 나라였다. 사회주의 농업혁명을 바탕 삼아 사회주의 공업혁명을 이뤄내고 있는 스탈린은 그러므로 무오류의 거룩한 길라잡이였다. 획일주의·관료주의·문화 쇄국주의·좌익전체주의라고 꼬집으며 공산주의사상에서 떠난 프랑스 글지 앙드레 지드가 쓴 『소련에서 돌아오다』를 받아들이지 않았다. 제국주의와 파시즘으로 나아갈 수밖에 없는 자본주의를 미워하는 최용달에게 소비에트는 하늘 밑에 벌레라면 누구나 달려가 안겨야 될 옛살라비였다. 지상낙원이었다.

계급투쟁과 함께 권력투쟁이 벌어지던 북조선에서 조선민주주의인민공화국헌법을 만들어 계급투쟁을 이끌었던 최용달은 박헌영 고갱이 머릿골로 권력투쟁 한가운데 서 있게 되었다. 본디 뜻은 아니라고 하더라도 섭쓸려 들어갈 수밖에 없었고, 그것이 최용달 살매였다. 옹근 권세자루를 잡은 김일성은 원산을 '종파분자의 온상'으로 찍었는데, 원산은 최용달이 이주하·이강국과 함께 적색노동운동과 조선공산당재건운동을 벌였던 곳이었다.

최용달이라는 빼어난 맑스주의법학자 이름이 사라져버린 것은 1953년 '박헌영·

최용달이 법학 도뜬이였다면 철학 도뜬이였던 박치우.

리승엽 종파사건'이 터지면서부터였는데, 53년 이제 최용달이 앉았던 자리는 산업성에 딸린 일반제품 수입상사 사장이었다. '성대트로이카' 가운데 살아남은 사람은 최용달과 함께 무상몰수·무상분배를 이루어낸 박문규 하나였다.

충북대학교 사학과 강사인 역사학자 이수일이 쓴 '최용달론' 한 어섯이다. 대한민국 헌법과 조선민주주의인민공화국헌법을 만든 유진오와 최용달이 지니고 있던 법철학을 견주어 본 「두 개의 헌법, 그 비극적 탄생」(『남과 북을 만든 라이벌』, 역사비평사, 2008년)에 나온다.

최용달은, 본시 민족적 억압은 자본주의·제국주의 지배의 불가피한 산물이기에 자본주의를 제거하지 않고서는 근본적으로 해결될 수 없다고 보았다. 부르주아민족주의운동은 단지 자본주의를 위한 투쟁이기에, 민족주의의 독립구호는 피상적이고 공허하며, 민중은 결코 민족부르주아지라는 새 주인에게 예속되는 것을 원치 않는다고 하였다. 따라서 최용달은 식민지조선의 문제를 해결할 수 있는 유일한 이념은 사회주의이며, 사회주의 전취를 통해 민족문제를 근원적으로 해결할 수 있다고 믿었다. 더욱이 조선의 민족부르주아지는 일제 자본축적의 원천인 반(半)봉건적 지주제를 사회경제적 기초로 삼고 있다는 점에서 일제와 타협하지 않을 수 없으며, 민족해방전선에서 이미 이탈했다고 단언했다.

(……)인류의 희망은 세계대공황의 파멸적 상황 속에서 홀로 비약적 경제성장과 발전을 구가하고 있던 소연방뿐이었다. 최용달은 물론이고 1930년대 전세계 사회주의자·혁명가들의 자부심은 세계대공황의 와중에서 보여준 소연방의 제1·2차 5개년계획의 값진 성공에 있었다. 이는 진실로 세계가 '경악'한 혁명적 사건이었고, 서구자본주의 제국에서도 공황 타개책으로 소연방의 계획경제정책을 모방·시행했다. (……) 최용달은 진실로 소연방을 통해서 인간과 사회가 공동선(共同善)의 방향으로 개조되고 있으며, 그런 새로운 사회에 어울리는 새로운 인간형인 스타하노프가 출현했다고

확신했다.

따라서 소연방은 민족해방을 통해 반드시 전취해야 할 조선의 미래상이었으며, 놀라운 사회발전을 이끌어낸 마르크스-레닌주의와 그 적통으로 확고하게 뿌리내린 스탈린주의의 진리성은 이론적으로나 실천적으로 확인된 셈이었다. 사회주의가 승리하고 있는 역사적 전환기에 살고 있다는 시대인식은 최용달을 지켜준 정신적 힘이었고, 후일 '위대한' 스탈린과 소련군이 북부조선을 해방시켰다는 그 특별한 사실에 진심으로 감격할 수밖에 없었다.

식민지조선이 나아가야 할 올바른 길에 대해 마르크스-레닌주의, 스탈린주의가 구체적으로 방법과 계획을 제시하고 있기에, 남은 일은 마르크스-레닌주의의 혁명적 청사진을 실천하는 것뿐이었다. 최용달의 학문적 목표는 궁극적으로 조선혁명에 있었기 때문에, 일찍부터 조선공산당의 실천운동에 자연스럽게 관계를 맺게 되었다. 거기에는 어떠한 주저도, 흔들림도 들어설 여지가 없었다.

김오성은 말한다.

우리가 아는 범위에서 씨는 이강국 박문규씨 등과 함께 경성대학에서 독서회를 조직한 것이 사회운동에의 출발점이 아닌가 한다. 삼택(三宅) 교수를 중심으로 하야 조직된 이 독서회는 그것이 발각될 때까지 약 7년 동안에 수많은 수재들에게 사상적 영향을 준 것이니, 오늘에 있어 세칭 성대파가 상당한 지보(地步)를 차지하면서 조선의 정치현실에 그 두각을 나타내게 됨은 이 독서회의 태반 우에서 일우워진 것이다. (……)

1934년 이른바 삼택교수사건이 발각되어 많은 동지가 피검되는 가운데 씨도 검거되었으나 증거 불충분으로 석방되었으며, 그 뒤 보전의 교수가 되어 강단을 통해서 많은 사상적 영향을 주었으며, 또 동지를 획득한 것이니, 이호제(李昊濟) 등 오늘의 진보적인 투사들이 씨의 훈도 하에서 자라난 것이다.

1937년 **최용달**씨는 이주하 이강국 씨 등과 같이 원산 철도사건에 참가하였다가 피검되어 오랫동안 예심에서 무서운 고문을 받다가, 1942년에야 비로소 공소에서 증거 불충분으로 5년 간의 집행유예로서 석방되었다. 그러나 휴식을 모르는 그의 혁명가적 정열과 내강성에 기초를 둔 사상가적 진리탐구의 사명은 그로 하여금 그 무서운 감시와 탄압에도 불구하고 틈 있는대로 사상적인 선전과 동지 획득에 노력케하야 저들 일제 경찰의 신경을 예민케 하였으니, 우에서 본 바와 같이 1944년 봄에 또다시 검속되어 근 반개년이나 무서운 고문을 치루고서, 그래도 끝끝내 사실을 부인하야 무사 석방된 것이다.(……)

치안부장으로서의 씨의 활동은 참으로 경이적인 것이었다. 아무런 훈련이 없는 잡색 군중으로서 일우어진 치안대는 각처에서 탈선행위를 감행하야 그 책임이 모다 최씨에게 돌아오건만 태연하게, 그러면서도 여유 도도하게 모든 문제를 처리하야 행정기술가로서의 면목을 드러내인 것이다.

건준이 발전적으로 해소하고 중앙인민위원회로 나타낼 때에 건준지속파와의 대립이 상당히 심각하였던 것이니, 해소론의 진두에서 논진을 지휘한 것은 최용달씨였으며, 그리하야 중앙인민위원회의 기초를 구축할 때 최용달씨의 공로가 거대하였다는 사실을 부인할 수가 없는 것이다.

그 뒤 그는 북부 조선의 동지들의 요청으로 평양으로 일자리를 옮겨 처음에는 5도정치위원회의 사법부차장으로, 그 뒤 북조선인민위원회가 탄생되자 사법국장으로서 민활한 활동력을 충분히 발휘하고 있다. 남조선과는 사정이 판이하야 해방 직후 행정과 사법이 우리 조선인민의 손에 이양되었고, 그리하야 인민의 요구대로 동족을 괴롭히며 일제에 충견의 역을 다-해 온 친일파 민족반역자를 그 근거로부터 소탕하게 된 북조선에 있어 사법권의 최고 책임자인 지위에 있는 최용달씨의 오늘의 임무는 참으로 중대한 것이다. 아직껏 세계사적 행적(行程)을 이해치 못하고 일제시대의 악습을 버리지 못해서 기회 있을 때마다 머리를 들고 일어나려는 반동세력, 그리고 민족반역자로서의 처단을 두려워서 미리 남부로 도출(逃出)했던 자들이 남조선의 민족반도와 합세해 가지고 국내에 정치적 대중기반이 없는 망명정객 및 국토를 어면 외국의 자본에게 내매 낌으로서 거기서 떨어지는 부스러기 이윤을 얻어먹으려는 매판계급의 응원을 얻어, 북조선의 정치적 현실을 혼란에로 도입시키려고 가진 모략이 침익하려 드는 이때에 있어 인민적인 법의 권위를 세워 그들을 응징하고 질서를 보전해야 할 최용달씨의 책임은 실로 중차대한 것이다. 더욱이 무에서 유를 창조하는 격으로 새로운 인민의 나라의 온갖 법률을 빚어내지 않으면 안되는 초창기에 있어서 씨의 고심과 노력은 누구나 가히 짐작할 일이다. 이제 최용달씨의 오늘의 노력의 성과가 남북통일의 정부가 완수되는 날 인민적 민주주의 조선의 국가적 권위에 있어 다대한 기여가 있을 것을 우리 남부 조선에 있는 동지들은 기대해 마지 않는다.

6. 무상몰수 무상분배 부르짖던 맑스주의경제학자

박문규 ^{1906~1971}

"속담에 '농부는 소같이 일하고 소같이 먹는다'는 말이 있다. 이것은 부지런히 일하고 먹기도 잘한다는 뜻이다. 그러나 우리는 이 속담에 조선농민의 저급하고도 비참한 생활을 가장 잘 발견할 수 있다. 그들은 아침부터 저녁까지 비가 오나 눈이 오나 언제나 부지런히 일을 한다. 그러나 그들의 생활은 언제나 궁핍하고 비참하다. 문명의 혜택이란 그들과는 전연 인연이 없다. 조선은 인구의 7할을 농민이 점령하고 있는 전형적 농업국가이다. 이 국민의 절대다수를 점령하고 있는 농민의 생활이 비참한 상태에 놓여있는 한 우리 조선에는 새로운 사회발전의 길이 열려갈 수 없는 것이다."

「전국농민조합총연맹」 중앙준비위원이며 전형위원인 박문규가 말하였다. 전국인민위원회대표자대회 확대집행위원회 둘쨋날인 1945년 11월 25일 상오 11시 40분, 서울 소공동 정판사빌딩에 있는 조선공산당 중앙위원회 회의실에는 62명 전국 농민대표들이 모여 있었다. 1945년 9월 세워진 조선인민공화국에서 중앙위원과 강병도(姜炳度, 1908~?)와 함께 재정부장 대리(부장 조만식)를 맡은 박문규는 말을 이어나갔다.

"그러면 이와 같은 비참한 농민생활의 근본 원인은 어데 있는가? 첫째로 우리는 그것이 반봉건적 토지소유 관계에 있다고 본다. 1942년 현재로 우리 조선에는 전 경작지

조선민주주의인민공화국 농림상 때 박문규.

면적 447만정보 중에 261만정보라는 거대한 부분이 지주가 소유하고 있는 소작지로 되어있다. 이 지주 수는 전 농가 호수 305만호 중에서 겨우 백분지 3.3, 10만4,000호에 지나지 않는다. 이 까닭에 대다수의 농민은 한쪼각 토지도 갖지 못하고 오직 지주의 토지를 소작함으로써 생명을 유지하고 있다."

'토지농업문제'에 대한 박문규 인민공화국 재정부장 대리 '중앙방침'은 이어졌다.

"그러면 토지농업문제의 근본적 해결은 어떻게 하면 가능할 것인가. 그것은 오직 전 토지를 국유화하고 이것을 농민의 노력과 그 가족수에 비례하여 재분배함으로써만 가능할 것이다. 경작지만이 아니라 하천, 산림, 소택, 수리조합 등도 이것을 국유로 하고 농민에게 그 사용을 공개함으로써만 가능할 것이다. 그러나 여기에 고조하여 둘 것은 이러한 토지농업문제의 근본적 해결은 오직 전 민중이 이것을 지지하고 또한 이것을 실행할 수 있는 실력을 가질 때에만 가능하다는 것이다. 8월 15일 이후의 우리민족의 해방이 결코 우리의 주체적 힘에 의해서가 아니라 진보적 민주주의 제국가의 승리에 의하여 대책된 것을 우리는 명기하여야 한다.(……)

우리의 건국사업에는 친일파와 민족반역자가 아닌 한 지주도 참가할 수 있고 자본가도 참가할 수 있다. 이러한 견지에서 우리 중앙인민위원회에서는 다같이 해방의 환희를 맛보기 위하여 그 시정방침 제2항에 위선 '일본제국주의와 민족반역자들의 토지는 몰수하여 국유화하고 이를 농민에게 무상분배하되 단 비몰수토지(민족반역자가 아닌 조선인 토지의 소작료는 3·7제로 함)'라고 규정하였던 것이다. 38도 이북에 있어서는 이미 이러한 원칙하에 현실적으로 모든 시책을 착착 실행 중에 있다. 그러나 38도 이남에 있어서는 우리가 사실상으로 행정권을 잡고 있지 못하였기 때문에 지방에 따라서는 여러 가지 혼란과 마찰이 생기고 있다. (……)"

박문규(朴文圭)는 1906년 경북 경산군 압량면 조영동에서 대지주 둘째아들로 태어났다. 어렸을 적부터 독선생 들여앉히고 진서 공부를 하다가 경산보통학교를 나와 대구고등보통학교에 들어간 것은 1920년이었고, 경성제국대학 법문학부 제2회 입학생으로 예과에 들어간 것은 20살 나던 1925년이었다.

1927년 법문학부로 올라가 학교 안 사회과학서클인 「경제연구회」에 들어가면서 공산주의사상을 받아들이게 되었다. 한반 동무인 이강국·최용달과 함께였고, 이 세 사람을 가리켜 세상에서는 '성대트로이카'라고 불렀다. '성대트로이카'를 머리로 하여 김태준·박치우·정태식·신남철·이중업·김해균·황순봉·이명선 같은 경성제국대학 나온 맑스주의자들을 '성대그룹'으로 불렀고, 반박헌영 갈래한테서 '성대벌(城大閥) 전횡'이라며 까놓고 꼬집힘을 받기도 하였을 만큼 성대그룹이 조선공산주의운동사에서 갖는 힘은 아주 큰 것이었다. 박헌영·이재유·권영태 동아리 같은 여러 민족해방·계급해방 운동줄과 이음고리를 맺었던 이들은 8·15를 맞으며 조선공산당과 남조선로동당 고갱이가 된다.

'성대트로이카'가 태어나는 데는 경성제대 재정학 교수였던 '불타는 맑스주의 먹물' 미야케 입김이 컸다. 1919년 동경제국대학 「신인회」 출신이었던 미야케는 독일 유학 때 구니사키(國﨑定洞)와 '베를린주재 일본인 좌익그룹'을 얽고 독일공산당에 들어갔던 사람으로, 재정학 시간이면 맑스주의만이 오직 하나뿐인 옹근 진리라는 것을 소리 높여 말하였다. 박문규는 이강국·최용달과 함께 「조선사회사정연구소」를 세우고 조선사회 참모습을 파고들어갔는데, 동경제대 「신인회」와 와세다대학 「신사상연구회」를 본뜬 것으로, 경성제대생들을 맑스주의자로 길러내자는 것이었다.

박문규가 눈여겨보았던 것은 개인주의와 이기주의였다. 개인주의를 바탕으로 한 이기주의로부터 비롯된 미워함과 빼앗아먹음과 억누름과 똑고르지 못함이었다. 나와 내 식구와 내 나라 겨레만이 잘 먹고 잘 입고 잘 자서 잘 살고자 다른 나라 겨레문화를 미워하고 경제를 빼앗아먹고 자유를 억누르고 삶 틀을 깨뜨려서 마침내는 숨통이 막혀 죽게 만들거나 죽음보다도 못한 삶을 죽지 못해서 살게 만드는 것이 자본주의와 자본주의 나라가 마침내 가 닿게 되는 제국주의 본바탕이었다. 그것은 나라와 나라 사이, 겨레와 겨레 사이만이 아니라 같은 겨레와 같은 나라 안에서도, 그리고 낱낱 사람 사이에도 들어맞는 것이었다. 아흔아홉 섬 가진 가멸진 사람이 가난뱅이가 가진 한 섬을 빼앗아 백 섬을 채우려고 하며 그것이 이미 따논자리를 지켜내려고 하는 하늘 밑에 벌레들 게염이라는 옛말은 나라와 나라 사이에도 어김없이 들어맞는 갈피였다.

1930년 3월 대학을 마친 박문규는 법문학부 경제연구실 조수와 법문학부에 딸린 「만몽문화연구회」 촉탁으로 있으며 맑스주의경제학을 갈닦았다. 1931년 미야케 교수 가르침을 받으며 코민테른에 보낼 '조선 정치·경제 정세보고서'를 만들었고,《신흥》《비판》《대중공론》《조선지광》같은 좌익 잡지에 세계경제와 조선경제를 다룬 논문을 선보였다. 1933년 「농촌사회 분화의 깃점으로서의 토지조사사업에 관하야」를 성대 논집 『조선사회경제사연구』에 선보였는데, 같은 맑스주의경제학자인 인정식(印貞植,

1907~?)한테서 "우리 조선학계를 비로소 세계적 수준에 끌어올렸다"는 기림을 받았다. 사방(四方) · 대내(大內) · 삼곡(三谷) 같은 성대 교수들 논문 뒤에 덧두리처럼 실린 이 논문은 경성과 동경에서 매긴 값보다 수십 배로도 구하기 어려울 만큼 '낙양의 지가'를 올린 것이었다. 토지소유와 생산양식 사이 모순이 조선 농촌사회 본바탕 모순이라고 본 것이 박문규 논문 고갱이였다.

1934년 5월 조선공산당재건운동을 벌이던 이재유 동아리와 권영태 동아리에 줄대고 있다는 언턱거리로 왜경에 붙잡혀 끔찍한 족대기질을 겪다가 기소유예로 풀려났다. 1935년 4월 법문학부 부수(副手) 자리를 그만두고 회사에 들어가 동경에서 일하기도 하고 42년에는 은행 조사원 노릇을 하면서 맑스주의경제학을 갈닦았다. 1944년 8월 몽양이 목대잡는 「건국동맹」에 들어갔다.

8 · 15를 맞아 경성제국대학이 이름 바꾼 경성대학 총장감으로 뽑혔으나 친일세력 죽젓개질에 밀려났다. 「건국준비위원회」 기획부장이 되었고, 조공에 들어가 농업 · 농민문제에 대한 당 이론과 나갈 길을 채잡았다. 1946년 2월 「민주주의민족전선」에 들어가 토지농업문제와 식량대책위원회 연구위원이 되었다. 「농민운동의 행동강령」, 「민주주의와 토지개혁」, 「평민적 토지개혁에 대하여」, 「반민주 진영의 토지정책」, 「토지문제 논고」 같은 논문을 써내어 조공 토지정책인 무상몰수 · 무상분배가 올바른 것임을 내대었고, 북조선에서 토지개혁법을 만드는 데 채잡이 노릇을 하였다. 1946년 9월 민전 사무총장, 11월 남조선로동당 중앙위원이 되었다. 「조선노동조합전국평의회」가 목대잡은 24시간 총파업을 앞장서 이끌다가 미군정 헌병대에 붙잡혔다.

박갑동이 쓴 『남기고 싶은 이야기들』에 나오는 글이다.

그즈음 나는 남대문의 당본부 일화빌딩에서 박문규와 자주 접촉했었다. 그는 이강국이 당국의 체포령으로 월북한 뒤 민전 사무국장의 자리를 맡고 있었다. 그는 경성제국대학을 나온, 그 당시 우리나라 최고의 농업경제학자였다. 대학을 졸업한 후에도 경성제대연구실에 남아 연구생활을 했었다. 나는 그가 대학의 연구지에 쓴 「조선농업경제」에 관한 논문을 전문학교 시절에 읽고 감명을 받았었다.

그는 이강국 · 최용달과 더불어 경성제대의 가장 우수한 동기 3인으로 꼽혔는데 내가 보기로는 그중 제일 정치성이 없었다. 정치적 소질로 본다면 단연 이강국을 들 수 있고, 조직적 소질로 보면 최용달이 우수했다. 박문규는 비교적 언변이 없는 사람이었다.

그러나 고집이랄까. 당시 우리는 그의 옹고집 같은 것을 「心柱」라고 불렀다. 내가 그를 마지막으로 본 것은 51년 3월 서울에서 쫓겨 평양에 도착했을 때였다. 당시 그는 그의 전공에 맞게 농업상이란 직을 맡고 있었는데, 달리 찾아갈 사람이 없어 그를 찾아갔었다. 그는 거지같이 남루한 차림으로 쫓겨간 나를 반갑게 맞아주며 나를 농업성의 교육부장으로 일하도록 주선해 주었다.

이제 와 돌이켜보면 동기 3인 중 가장 정치적이었던 이강국이 제일 먼저 김일성의 손에 맞아죽고, 그 다음 최용달이 죽고, 가장 비정치적이었던 박문규가 김일성 밑에서 최후까지 지위를 유지하며 숙청당하지 않다가 71년 12월 15일 병사한 것은 「아이러니컬」한 일이라 아니할 수 없다. 내가 알기로 그는 남쪽에서 올라간 공산주의자 중 지위를 유지하다가 자연사한 몇 사람 중의 하나이다.

《독립신보》 1947년 3월 11일 치에 실려 있는 기사이다.

「민전 박문규 씨에 7만 5천원 벌금」.
그간 경찰에 피검되었든 민전 사무국장 박문규씨에 대한 군정재판은 10일 종로 특별법정에서 개정되어 "노-드컨" 재판장으로부터 영남소요사건을 인민항쟁 급 영웅적 투쟁이라 호칭한 것과 조경무부장 급 군정을 비난하였다는 죄로 벌금 7만 5천원(불납시는 5개년 징역)의 판결언도가 있었다

바로 밑에 실려 있는 기사이다.

이현상씨 석방
전평 간부 무허가집회 사건으로 체포되었다가 무죄석방 되는 날 또다시 수도청에 피검되었든 남로당 간부 이현상씨는 그동안 서울지방검찰청 조재천 검찰관의 취조를 받고 있었는데 작 10일 불기소처분을 받고 석방되었다

소련군정 정치사령관 레베데프 소장이 모스크바 볼세비키한테 보낸 「평정서」이다.

박문규(농림상)

● 1906년 경북에서 출생해 1930년 경성대학교를 졸업했다.

● 1928년 경성대학교 내에서 여러 차례 논문을 발표하다가 검거됐다.

● 1934년부터 1936년까지 농사를 지었고, 1936년부터 1940년까지 동경의 한
   대학원에서 경제학을 연구했다.

● 공산당에는 1945년 입당했고, 1946년부터 남조선민주주의민족전선 중앙위원회
   사무국장으로 일했다.

● 1946년 11월에 남로당 중앙위원에 선출됐다.

● 1947년 3월 남조선 총파업을 조직했다는 이유로 미군정에 체포돼 1948년 6월까
   지 감옥생활을 했다.

● 출옥 후「조선의 토지개혁에 대하여」라는 애국적 논설을 썼다.

● 조선의 경제를 깊이 알고 있고 연구하고 있으며, 특히 조선의 농촌경제에 대하여
   관심이 크다.

● 남조선 학자들에게서 신망이 있다.

● 미국의 대조선 식민정책에 반대해 투쟁하고 있다.

● 소련의 대조선 정책을 지지하며, 소련에 우호적이다.

　　박문규는 1948년 8월 북조선으로 올라가 제1기 최고인민회의 대의원이 되면서 조
선민주주의인민공화국 초대 농림상이 되었다. '성대트로이카'인 최용달과 북조선 토
지개혁을 끝마쳤고, 새로 태어난 공화국 밑바탕이 되는 농업정책을 뭉뚱그렸다. 그리고
6·25 때 서울로 와서 남반부 토지개혁 지도위원장이 되어 해방 지구에서 무상몰수·
무상분배 토지개혁을 하였다.

《朝鮮人民報》1950년 7월 21일(금요일) 치에 보면

「共和國南半部에土地改革을實施함에關하여」

　　　　　　　　農林相　朴 文 圭

라는 성명이 실려 있다. (본디대로임)

　　親愛하는 共和國南半部농민여러분!

　　여러분의 오랜 숙망이던 土地改革도 이제 實現되게되었습니다 지난 七月四日 朝鮮民

主主義人民共和國最高人民會議常任委員會는 共和國南半部地域에 土地改革을實施함에 關한 政令을頒布하였으며 이政令을實踐하기위하여 農林省에서는 南半部土地改革指導委員會를組織하고 方今 自己事業을 開始하고있습니다

이번 南半部에서 實施되는土地改革은 侵略者米帝國主義者와 李承晩賣國逆徒들의 惡毒한統治로부터 解放된南半部農民들에게 땅과自由를주며 다시는 搾取와 抑壓이없는 生活을保護하며 落後한 農林經理를 迅速히發展시킬것을 自己目的으로하는것입니다

朝鮮農民은 오랜세월을 실로搾取와 抑壓과 屈辱속에서 살아왔습니다 더는말고라도 李朝五百年間封建的統治와 日帝統治의 三十六年間은우리農民들에게뼈에사모치는苦痛과 서름을 주었습니다

땅을 가지지못하고 自由를 갖지못한 우리農民들은 惡毒한地主와 官僚와 侵略者들에 의하여 함부로 翻弄되어왔습니다 이러한搾取와 억압과 屈辱밑에서 견딜수없는 農民들은 땅과自由를 위하여 수많은 英雄的인鬪爭을 展開해왔습니다

甲午農民戰爭과 日帝時의 수많은 小作爭議들이 그大表的인것입니다

偉大한 쏘련의 決定的役割에의하여 우리나라가 日帝의惡毒한 統治로부터 解放되자 우리共和國北半部에서는 우리民族의 英雄이신 金日成將軍의 英明하신指導와 北半部農民들의 熾烈한 鬪爭에의하여 一九四六年三月에 비로소 土地改革이斷行되어 農民들의 오랜宿望은 達成되었습니다 日本帝國主義者와 朝鮮人土地主들이 가졌던土地는 無償으로 沒收하여 土地없는 또는 土地적은 農民에게 無償으로 分配하여 주었습니다

이土地改革의 結果 北半部農民들은 처음으로 土地의主人이되었으며 人民政權의 올바른 政策下에서 實로 눈부실만한 物質 文化生活의 向上을 보여주었습니다

北半部의 農村에는 到處에 기와집이 늘어가고있으며 온갖 文化施設들이 長成되고 있습니다

土地의主人이된 北半部農民들은 온갖 封建的隷屬關係를 肅淸하고 堂堂한共和國公民으로 人民政權에參加하고 끓어넘치는 愛國熱로 祖國의 富强發展에獻身하고있습니다

北半部農民들은 農産物을 더많이 냄으로써 祖國의食糧을 豊富케하기위하여 平南灌漑建設工事를爲始한 수많은 灌漑工事에 積極參加하였으며 새로운 營農法을採用하고 있으며 今年부터는「뜨락뜰」을便用함으로써 차츰 原始的인 營農方法에서 現代的인 營農方法에로 轉換하고있습니다

그리하여 元來食糧이 不足하던 北半部가 지금에와서는 食糧의 餘裕있는地帶로 되었

습니다

　그러나 한날한시에 日帝統治로부터 解放된 우리나라의 南半部는 과연 어떠한 狀態에 處해있었습니까? 米帝國主義者들은 南半部에 進駐한 첫걸음부터 우리의 民族經濟를 破綻시킴으로써 自己네에게 隸屬시키는 政策을 써왔습니다

　米帝國主義者들은 土地改革은 꿈에도 生覺치 않고 日帝時의 小作制度를 그대로 踏襲하려 했습니다 그리하여 南半部의 農耕地面積 二三二萬町步中 六三%의 土地가 農家戶數에 比하여 三·四%밖에 안되는 地主에게 屬해있었고 全農家戶數의 九六·六%를 차지하는 勞力農民은 總耕地面積의 三七%밖에 所有하지 못하였습니다 뿐만 아니라 米帝國主義者들은 日本帝國主義가 朝鮮人民의 膏血을 짜내는 道具로 만들었던 東洋拓殖會社를 「新韓公司」라고 改稱하여 가지고 應當히 朝鮮農民의 所有가 되어야 할 前日本人土地 三十餘萬町步를 自己들이 틀어쥐고 우리農民을 苛酷하게 搾取하였으며 南半部農民들의 反抗으로 이것이 維持될 수 없음을 보자 未帝國主義者는 所謂 「敵産拂下」라 하여 惡質地主 資本家들에게 土地를 팔아먹음으로써 農民들의 땅을 빼앗았습니다

　그리고 强制供出 「糧穀買入法」 「夏穀蒐集法」 등으로 農民들이 피땀을 흘려 지어놓은 쌀과 잡곡을 强奪하여 우리民族의 不俱戴天의 원쑤인 日本軍主義를 再武裝시키는데 消費하였으며 수많은 苛斂雜稅를 받아 農民을 饑餓와 貧窮에 몰아넣었으며 이에 抗拒하는 者는 함부로 逮捕虐殺하였습니다 米帝와 李承晚徒黨들의 이러한 亡國滅族的 政策은 南半部의 農村經理를 餘地없이 荒廢케하여 耕地의 總面積은 一九四四年에 比해서 六六%로 줄어졌으며 벼收穫高는 五百萬石이나 減少되었습니다

　親愛하는 南半部農民 여러분!

　당신들은 米帝와 李承晚逆徒들의 이러한 殺人的政策에 決코 溫順하게 服從하지 않았습니다 당신들은 참으로 勇敢하게 써웠습니다 一九四六年에 소위 「親韓公司」의 夏穀供出을 反對해서 일어난 荷衣島農民들의 英勇한 鬪爭을 비롯하여 당신들은 凶惡한 侵略者 美帝와 李承晚賣國逆賊들을 反對하는 偉大한 十月人民抗爭等 온갖鬪爭에 果敢하게 싸워왔습니다 당신들은 당신들에게서 땅과 自由와 生命까지 빼앗으려는 米帝와 賣國逆徒들을 反對해서 直接 손에 武器를 들고 싸우는 빨치산鬪爭에도 果敢하게 參加하였습니다 米帝國主義者와 李承晚徒黨들은 南半部農民들의 生活과 自由를 위한 正當한 鬪爭에 무엇으로서 應答하였습니까? 원쑤놈들은 당신들에게 카-빙銃을 위시한 온갖殺人的武器를 向했습니다 그리하여 당신들의 수많은 아들과 딸들과 아버지와 어머니와 누이와 형과 동생

과 친척과 친우들은 數없이 殺害當하였습니다 그러나 米帝國主義者와 李承晚徒黨들의 이러한 虐殺政策이 南半部農民들의 鬪爭을 억누를수는없었습니다 원쑤들의 强壓이 甚하면 甚할수록 당신들은 自己의 鬪爭力을 倍加했습니다 이에당황한米帝國主義者와 李承晚逆徒들은 당신들을 欺瞞할目的으로所謂農地改革法이란것을들고나왔습니다

놈들이들고나온 所謂「農地改革法」이란 과연 어떠한 것이었습니까? 有償買上 有償分配란「農地改革」으로永遠히 奴隷로만들며 빗쟁이로만들어 지금보다도 더慘酷한羈絆에 얽어매려는흉악한 음모였습니다 親愛하는 南半部農民여러분!원쑤놈들의 殘虐無道한行爲는 드디어審判을 받을때가왔습니다 놈들이挑發한戰爭은놈들을 審判하는戰爭으로變해졌습니다 우리民族의 民族的英雄金日成將軍이指導하시는 英勇한人民軍隊는 米侵略軍隊와 李承晚逆徒들을 無慈悲하게 撲滅掃蕩하면서 共和國南半部의 수많은 都市와 農村을 단숨에 解放시켰으며 이제 南半部 全般을 完全히 解放시킬 날도 決코 머지않습니다

이러한 時期에있어 朝鮮民主主義人民共和國 最高人民會議常任委員會에서 南半部地域에서 土地改革을 實施함에關한 政令을 採擇하고 그實踐을 우리에게 맡긴것은 米帝와李承晚逆徒들의 抑壓과搾取와 强奪과虐殺에서 呻吟하던 南半部農民들을 하루속히 救出하여 共和國公民으로 北半部農民들과같이 生活과自由와 幸福을 享有하며 南半部農民들의 物質文化生活을 迅速히 向上시키며 疲弊한農村經濟를 하루속히 發展시키기 위한것입니다 人類歷에 地主가自進하여 農民에게 土地를나누아준 例는 없습니다 土地는 반드시 農民들이 自己손으로 빼아서가져야합니다 勤勞人民의利益을 代表하는 人民政權만이 農民들의 이러한 世紀的인 宿望을 이루어주는것입니다

이번 南半部에서 實施하는 土地改革은 實로 朝鮮人民의利益을 代表하는 朝鮮民主主義人民共和國政府가 共和國北半部에서 실시한 土地改革原則 그대로 無上沒收 無上分與의 原則위에서 실시됩니다

政令「共和國南半部地域에土地改革을실시함에관하여」의 第二條에는 이렇게씨워있습니다

「米帝國主義者와 李承晚傀儡政府및 그의 機關(會計를包含한다)들의所有하고있는土地는 全部沒收한다

朝鮮人 地主의 所有土地와 面積의 多寡를不問하고 的으로 小作주는土地는 一切이를 沒收한다 小作制度는 永遠히 廢止한다

小作주지않고 自作하는 農民의土地(自作地)는 五町步또는二〇町步까지 沒收하지않는다」

이러한 土地들을 沒收하여 雇傭農民과 土地없는農民 土地적은農民에게 어무러한代價도받지않고 無償으로分與하는것입니다 또한政令에는「共和國內閣은 努力農民의利益을 積極保護하며 經濟的政策이許하는 여러가지 방법으로 그들을幫助한다」라고 씨워있습니다

肥料와 農器具들을 하며 앞으로 灌漑施設을擴張하는등 온갖 對策들이講究될것입니다 뿐만아니라 政令에는 土地에關係되는 一切負債는 廢葉해버리기로되어있습니다 年賦로 買入한土地代金은 낼義務가없습니다 抵當한 땅값은 낼義務가없습니다 土地에 관게되는地稅를비롯한一切負擔金은 내지않키로되었습니다

이렇게함으로써만이 農民들은 비로소 自由로운農民이될수있습니다

農民들은다만 北半部와同一한 現物稅만을 國家에納付할것입니다

現物稅를納付한 나머지의 一切收穫物물은 농민들이 自由로처분할것입니다 强制供出은 一切廢止될것입니다

이러한 土地改革이 南半部농민大중에게 熱光的인환영을받고있음은 決코우연한事實이아닙니다

親愛하는 南半部農民여러분!이제부터 당신들은 堂々한 共和國公民으로 행복한生活과 自由를확보하였으며 北半部農民들과 똑같이당신들의물질文化생활을 迅速히向上시킬大路가 열여졌습니다

이제부터 當身들은 農村委員會를 組織하고 土地改革에着手하여야 하겠습니다 당신들은 급속한 時日內에 이土地改革을 完遂하도록努力하여야 하겠습니다 土地改革은 당신들이 당신들의 손으로 實施해야합니다 政府에서는 百方으로 당신들을指導幫助하기로 되어있습니다

그러나 우리의앞길은 아직平坦하지않습니다 우리나라를 侵略하려다가 朝鮮人民에게 擊滅되고있는 米帝國主義者들은 온갖기만과홍모의 탈을벗어버리고 이제는露骨的인 武裝侵略을 恣行하고있습니다 그러나 놈들이제아무리 發惡한다해도祖國의統一獨立을 위한 朝鮮人民의 正義의 戰爭을막을수는 到底히없습니다 朝鮮人民의 勝利는 이미決定的인것입니다 그러나 우리는 侵略者 美帝와 李承晚逆徒들을 우리강토에서 完全히 격멸함이 없이는 祖國의 統一獨立도 完遂할수없으며 따라서 우리農民의 世紀的 宿

望인土地改革의 完遂도 있을수없습니다

그러므로南半部農民들은土地改革을 實施함과同時에米帝와 李承晩逆徒들을 격멸하는 正義의戰爭에 全體朝鮮人民과함께 總蹶起하여야합니다 이미解放된地域의農民들은 土地改革을妨害하는 온갖形態의 敗殘逆徒들을소탕하며 人民軍隊를 百方으로원호하며 몸소義勇軍에參加하며 破壞된道路 橋梁其他復舊事業에 나서야겠습니다 아직解放되지 않은 地域의農民들은 農民을永遠한奴隷로두려는 米帝와 李承晩逆徒들의 最後的 破滅 을단축하기위하여 원쑤놈들이 挑亡하는 道路와교량을 破壞하며 원쑤놈들에게 한톨의 쌀도주지말며 農民暴動을일으켜하루속히하도록 만들어야겠습니다 親愛하는 南半部農 民여러분!당신들은 오랜 宿望을達成할때를 만났습니다 땅과自由를위하여 그리고組國 의統一獨立의 完遂를 위하여 총궐기합시다 土地改革의 勝利的實現은 祖國을위한 당신 들의鬪爭에依해서 이루어질것입니다

1952년 농업상, 56년 조선로동당 중앙위원이 되었다. 그리고 국가검열상, 지방행정 상, 국토관리상, 내무상, 최고인민회의 서기장, 조국평화통일위원회 부위원장을 하였다.

눈을 감은 것은 1971년 11월이니, 향수 66. '성대트로이카'로 조선공산당과 남조선 로동당 이론진을 이끌었던 이강국은 '미제 첩자'로 몰려 형장의 이슬로 사라졌고, 조선 민주주의인민공화국헌법을 만들었던 '공화국헌법 아버지' 최용달은 1953년 '박헌영 · 리승엽 종파사건'이 터지면서 쓸어 없어졌으며, 일제 때부터 민족해방과 계급해방을 이 뤄내고자 가시밭길을 헤쳐왔던 '남로당 동무들' 또한 가뭇없이 사라져버렸으니, 하늘 이 주신 목숨을 지켜냈던 드문 경우였다. 그것이 '조선의 레닌'을 '일제 첩자 · 미제 첩 자'로 몰아붙이는 재판놀음에서 검찰측 증인으로 나선 데 대한 에움이라고 하는데, 같 이 올라갔다는 조카는 어떻게 되었을까?

박문규가 채잡아 만든 북조선 토지개혁 법령이다.

제1조 북조선 토지개혁은 역사적 우(又)는 경제적 필요성으로 된다. 토지개혁의 과 업은 일본인 토지소유와 조선인 지주들의 토지소유 및 소작제를 철폐하고, 토지이용권 은 경작하는 자에게 있다. 북조선에서의 농업제도는 지주에게 예속되지 않은 농민의 개인소유인 농민경영에 의거된다.

제2조 몰수하야 농민소유지로 넘겨주는 토지는 여좌(如左)함.

가. 일본국가 일본인 급 일본인 단체의 소유토지

나. 조선민중의 반역자-조선민중의 이익에 손해를 주며 일본제국주의자의 정권기관에 적극 협력한 자의 소유토지와 우(又)는 일본압박 미테서 조선이 해방될 때에 자기 지방에서 도주한 자들의 소유토지

제3조 몰수하야 무상으로 농민의 소유로 분여하는 토지는 여좌함.

가. 한 농호에 5정보 이상 소유한 조선인 지주의 소유지

나. 자경치 않고 전부 소작 주는 소유자의 토지

다. 면적에 불관하고 계속적으로 소작주는 동(仝) 토지

라. 5정보 이상으로 소유한 성당, 승원 기타 종교단체의 소유지

제4조 할양되지 안는 토지는 여좌함.

가. 학교, 과학연구회 병원 소유지

나. 북조선인민위원회의 특별한 결정으로 조선의 자유와 독립을 위하야 반일본침략 투쟁에서 공로 있는 자와 그의 가족에 속한 토지 조선민족문화 발전에 특별한 공로자와 그들의 가족에 속한 토지

제5조 제2조 제3조에 의하야 몰수한 토지 전부는 무상으로 농민의 영원한 소유로 양여함.

제6조

가. 몰수한 토지는 고용자 토지 없는 농민 토지 적은 농민에게 분여키 위하야 인민위원회 처리에 위임함.

나. 자기 노력에 의하야 경작하는 농민의 소유는 분할치 아니함.

다. 자기 노력으로 자경할려는 지주들은 본토지개혁에 대한 법령에 의하야 농민들과 같은 권리로써 다만 다른 군에서 토지를 가질 수 있음.

제7조 토지를 농민의 소유로 분여하는 방식. 도인민위원회가 토지 소유권에 대한 설명서를 교부하여 차(此)를 토지대장에 등록함으로써 완결함.

제8조 본법령에 의하야 농민에게 준 토지는 일반부담에서 면제함.

제9조 본법령에 의하야 토지 양(讓)당한 지주에게서 차용한 고용자와 농민의 일체 부채는 취소함.

제10조 본법령에 의하야 농민에게 분여된 토지는 매매치 못하며 소작 주지 못하며 저당하지 못함.

제11조 지주의 축력 농업기구, 주택의 일체 건축물 대지 등은 제3조 가항에 의하야 몰수되어 인민위원회의 처리에 위임하되 인민위원회는 본법령 제6조에 의하야 토지 없는 고용자 토지 없는 농민에게 분여함. 몰수된 일체 건물은 학교, 병원 기타 사회기관의 이용으로 넘길 수 있음.

제12조 일본국가 일본인 급 일본인 일체 단체의 과수원 기타 과목 등은 몰수하야 도인민위원회에 맛김. 본법령 제3조 가항에 의하야 토지를 몰수당한 조선인 지주의 소유인 과수원 기타 과목 등은 몰수하야 도인민위원회에 보류됨.

제13조 농민들의 소유한 적은 산림을 제외하고 전 산림은 몰수되어 북조선임시인민위원회의 처리에 넘어감.

제14조 본법령에 의하야 토지를 몰수당한 소유자에게 소유된 관계시설의 전부는 무상으로 북조선임시인민위원회의 처리에 위임함.

제15조 토지개혁은 북조선임시인민위원회의 지도하에서 실시됨. 지방에서 토지개혁을 실시할 책임은 도, 군, 면 인민위원회에 부담되여 농촌에서는 고용자 토지 업는 소작인 토지 적은 소작인들의 총회에서 선거된 농촌위원회에 부담됨.

제16조 본법령은 공포한 기시부터 실행력을 가짐.

제17조 토지개혁 실행은 1946년 3월 말일 전으로 기필할 것. 토지소유권 증명서는 금년 6월 20일 전으로 교부할 것.

7. 지리큰뫼 무주고혼 된 강철 같은 싸울아비

박 영 발 ^{1913~1954}

근로계급의 전위당이며 또한 전민족의 지도당인 조선공산당의 위대한 역사적 사명과 진실한 계급적 내지 민족적 임무를 완수하기 위하야 공장과 광산 도시와 농촌에서 꾸준히 기운차게 건투하는 동지들!

전화(戰禍)의 씨(種)며 인류의 적인 친일친팟쇼 밑 민족반역배의 남은 악균의 쑤리를 뽑아버리고 평화와 자유와 발전만이 있을 인민의 정부를 수립하기 위하야 삼상회의 결정을 실현하는 그 소미공동위원회의 참다운 성공을 지지협력하기 위하야 싸우는 동지들!

우리 당의 올흔 로선과 정책을 반동의 칼날 압페서 대중의 진두에서 과감하게 구체적으로 실천하며 항상 극좌와 극우를 배제하고 부단히 엄정한 반성과 비판으로 완전히 강철같은 볼쉬비키당을 이루기 위하야 전정혼(全精魂)을 다하는 동지들!

병석에 있던 「조선노동조합전국평의회」 조직부장 박영발이 「건투하는 당원동무들에게」 보내는 전갈이다. 《해방일보》 1946년 5월 10일 치에 실려 있다. 가로 20센티 세로 29센티미터 크기로 앞뒤 2쪽 1장짜리 조선공산당 중앙위원회 기관지 머리기사 옆에는 '만국노동자는단결하라'는 선전선동 글귀가 띄어쓰기 없는 내리닫이로 박혀 있다. 세

조선인민유격대 남부군을 이끌다 주검으로 발견되는 박영발.

로쓰기인데 국한문 섞어쓰기이다. 「'土地改革法令實施 決算에對하야' 북조선인민위원회 제1회확대회의에서 한 '金日成委員長의發言'」 다음 기사 제목은 「蘇美公委休會」이고, 뒷장에는 「和信爭議의勝利는 우리들의勝利이다」 옆으로 조선공산당중앙위원회 이승엽이 쓴 「故 金思國 동무에게 드리는追掉文」이 실려 있다. 박영발은 말한다.

우리의 빛나는 대지도자 박헌영 동지의 올케 가르침을 뜻깊히 바든 동지들의 강렬한 투지와 용감한 자세와 위대한 조직의 힘과 견실한 투쟁의 열매(實)는 당원만으로서의 경하하는 바가 안이라 양심있는 민족이면 머리 수기지 안흔 자 있으랴 승리를 의심헤서 망서리는 자 있으랴

나는 아초(兒初)의 연질약체(軟質弱體)로서 일제의 고문고질을 얻어서 신장 5척7촌의 체중 13관 내외로 항상 새옷을 입고 나서면 그 옷을 다 더럽히지 못하고 죽으리라는 짓구진 친구들의 농담을 듯고 지나든 체질의 미완성 인물이였으며 따라서 한스럽게도 공산당원으로서의 불완전 인물이 안이 될 수 없음을 쎠아프게 역이는 바이다 수요(壽夭)는 반드시 예진할 수 없드라도 건전한 육체에 건실한 정력이 소유되며 씩〃한 투쟁을 튼〃한 노동자에 점유되는 것은 또한 생리학상의 필연이라 할 것이다 다행히 8·15 이후 위대한 지도자가 태양처름 조선을 밝힐 때에 나는 한 개의 일선의 역군으로서 노동조합을 또는 당세포를 조직하기에 미력을 다하고 투쟁하기에 성의를 다하였다

그러나 자신의 결점이 체질에만 있지 않고 경험의 태무와 훈련의 부족과 이론의 빈곤 등 한두 가지가 않이였다 간단히 고백하면 노조운동에 있어서 약간의 극좌적 경향을 범하였고 당활동에 있어서 써클적 지하실적 습성이 있었고 또 성격상 수양이 부족하였고 세포순회시에 조급한 단견을 보인 적이 있었고 또는 노당원에 대한 무조건 외축(畏縮)도 있었고 일시 오류를 범했든 동무에게 무조건 혐기도 없지 않었다 그렇나 혁명적 이론은 꾸준한 혁명적 실천에서 무장되고 정치적 수준은 광범한 조직과 투쟁에서 고도화 되는 것이니 반드시 멀지 않어서 해결될 문제라고 확신하였다

그때에는 목숨이 왔다갔다하는 죽을병인 결핵에 걸려 몸겨눕게 된 박영발이다. 세찬 바람과 성난 물결처럼 계급해방과 민족해방을 위한 거친 벌판을 달려온 34살 혁명가 당부는 이어진다.

나는 이제 와병케 되니 참회와 비판과 또 사죄가 느러진다 건투하는 동지들과 함게 얻더한 난험에도 극복할 수 있는 전투형의 체구를 소유하지 못하였기 때문에 어느날 밤 어느 회합을 맞우고 귀로 야반에 총을 멘 순경이 달려와서 병원에 갓다오는가 주의하라 꼭같은 이런 소리를 두번채 드른 나는 간섭을 면한 것은 행이나 폐병 3기적 인체가 된 것은 사실임을 슬혀하였고 또 수일 전 졸도해서 대퇴부에 멍이 들게 되자 비로서 가슴 압흐게도 휴무를 원하였다 이것은 첫제 활동을 많이 헤서 병인이 된 것이 안이고 꾸준한 활동을 침착성 있게 계획하는 보건노력이 부족하였든 것이며 둘제 여러 동지들의 쓰거운 동지애적 충고를 갑나게 하지 못한 것이다 그중에도 특히 정태식 동지의 『와병하면 활동에 영(零)이 되니 주의하라』는 간곡하고도 정녕한 심탁을 답하지 못한 것이다 당기관(서울시중구)에 대해서 깊히 사죄한다

첫재 거대한 사업의 비약적 발전을 압둔 결정적인 시기에 있어서 일개당원이나마 휴양은 사실상 휴역임으로 활동의 부분적 지장을 주게 되는 것이며 둘제 동지들의 불면불휴의 노력에 일비(一臂)의 역(役)을 못할 뿐아니라 모-든 당원동무들의 기대를 마추어주지 못한 것이다 아프게 비판하며 것듭 사죄한다 당원은 잠시라도 당을 떠나서 생명이 있을 수 없다 나는 불구의 당원이 하로라도 더 되지 안키 위하야 회복을 계일(計日)하고 있다

건투하는 당원동무들의 건강을 축복하면서 보건은 오히려 애당의 결과가 된다는 실담(實談)을 전한다

一. 조선공산당 만세!

一. 위대한 지도자 박헌영동지 만세!

一. 건투하는 당원동무들의 건강확보 만세!

一. 친일, 친팟쇼 밑 민족반역배를 제외한 조선민주주의 림시정부 수립촉진 만세!

(1946년, 5, 3)

딴이름 박현석(朴玄錫)인 박영발(朴榮發)은 1913년 경북 봉화(奉化)에서 대지주 맏아들로 태어나 서당에서 진서를 배웠다. 20살 나던 1932년 봉화에서 적색농민조합을 얽다가 왜경에 쫓겨 다니며 조국광복운동과 농민운동을 하였다. 1940년쯤 경성으로 올라와 토건노동조합 노동자로 일하면서 만주와 경성을 오가며 일제와 싸우다 왜경에게 붙잡혔고, 8·15와 함께 감옥을 나왔다. 1945년 12월 「조선노동조합전국평의회(전평)」

가 짜여질 때 집행위원이 되었다. 전평 토건노조 위원장, 전평 서울시평의회 조직부장, 남조선로동당 서울시당 노동부장, 전평 조직부장을 하였다.

1946년 8월 전남 보성군 율어면에서 인민봉기를 채잡았다가 경찰에 쫓기게 되었고, 47년 식구들을 데리고 월북하였다. 조선로동당이 밀어주어 모스크바 고급당학교 여섯 달을 마치고 돌아와 조선출판사 사장으로 일하였다. 1950년 6월 조선로동당 전남도당 위원장으로 뽑혀 서해 바닷가를 타고 광주(光州)로 내려왔다. 여기서 땅불쑥하게 모집어 말해야 될 것이 중국 내전이 끝맺었다는 점이다. 중국 내전에서 중국공산당과 어깨를 겯고 싸우다가 1949년 여름부터 1950년 3월에 걸쳐 귀국한 방호산, 김창덕 같은 이들이 거느렸던 조선인부대였다. 5만여 명에 이르는 이들은 6·25 때 북조선정규군 가웃에서 3분의 1에 당해되는 것으로 어림된다.

1950년 7월 23일 팔로군 출신 방호산(方虎山, 1916~?) 장군이 이끄는 조선인민군 제6사단이 광주를 해방시키면서 박영발 전남도당 위원장은 당과 행정기구를 얽었고, 9·28 다음 모든 당조직을 지하당기구로 개편하라는 당 중앙위원회 정치위원회 특별지시에 따라 도당 지도부를 무등산 증심사를 거쳐 화순 백아산 새목으로 옮겨 재산인민유격대를 얽었다. 이때부터 총에 맞아 죽고, 굶어서 죽고, 얼어서 죽는 빨치산싸움이 비롯되는데, 박영발 출신 성분을 다르게 적바림한 것이 있다. 『남부군』에 나온다.

그는 일제 때부터 건축토목 노동자로 일해온 진짜 '기본계급 출신'이었다. 박헌영의 추천으로 모스크바의 고급당학교에서 3년 과정을 마쳤으며 공산주의 이론으로는 이현상을 능가하는 자였다. 이른바 '도까다' 출신답게 고집도 매우 세었던 모양으로……

9·28 다음 충남북·경남북·전남북 도당위원장들이 모인 '6개 도당위원장회의'가 열린 것은 세 차례였다. 1951년 7월 가운데 때 덕유산 송칫골, 51년 8월쯤 지리산 뱀사골, 52년 10월 지리산 뱀사골에서 있었다. '적 후방에서 유격투쟁을 효과적으로 전개시키기 위한 것과 당사업에 관한 것'이었다. 당 중앙위원회 정치위원회에서 결정한 종래의 도당을 해체하고 제5지구당을 만들라는 것을 놓고 거세찬 말다툼이 벌어졌다. 이제까지 있어 온 6개 도당 얼개를 뜯어 헤치고 도당에 갈음하여 남조선 온데를 6개 지구당으로 다시 짜라는 것이었는데, 세 번째 모임은 7일 동안 이어졌다. 모임에 나온 사람은 제4지대장 이현상, 전북도당 위원장 방준표, 전남도당 위원장 박영발, 경남도당 위

지리산 반야봉 아래 자리한 박영발 비트.
이곳에서 7, 8명 대원과 최후를 마쳤다.

전후 50년이 지나 발견된 박영발 비트에는
삭은 고무신과 등사기, 식기들이 그대로 남아 있었다.

원장 김병인(딴이름 김삼홍)이었다. 충남북도당 위원장과 경북도당 위원장이나 위원장 몸받은 이가 모임에 나왔는지는 또렷하지 않다. 피 흘리며 얽어놓은 도당 얼개를 흩어버릴 수 없다는 박영발 뜻에 따라 도당 위에 제5지구당을 두는 것으로 아퀴지어졌다.

전남유격대 총사(총사령부)가 세워진 것은 1950년 10월 10일쯤이었다. 시군당에도 유격대가 짜여졌는데, 6·25 앞서 입산한 구빨치가 목대를 잡았다. 거지반 여순항쟁 때 입산한 14연대 출신들이었고 9·28 다음 남게 된 정규 인민군 군관들이었다. 1951년 11월 18일부터 전남유격대는 조선인민유격대 독립 제7지대로 다시 짜여졌지만 가장 어려운 것이 먹을거리였다. 백리 밖까지 돌아다니며 벌일 수밖에 없는 보투에서 많은 유격대원이 달창나버렸다. 미군까지 함께한 많은 병력이 빼어난 화력으로 초토전·항공전·세균전까지 벌이는 데는 당해낼 수가 없었다. 가장 무서운 것은 미군비행기에서 뿌려대는 '네이팜탄'이라는 대량살상무기였다. 50미터 안에 있는 미적이들은 섭씨 2,000도가 넘는 네이팜 쇳조각만 스쳐도 그 자리에서 까만 숯덩이가 되어버렸다.

〈승리의 길〉 사에서 박아낸 조선인민유격대 남부군 기관지《승리의 길》제17호, 1951년 9월 16일 치에 실린 글이다.

남부군사령관 동지께

멧 세-지 전달

　　-전남도당 위원장동지로부터

멧 세-지

　조선로동당 전라남도 당부는 조선인민유격대 남부종대사령관 동지 및 그가 지휘하는 직속 부대들의 장병여러동무들에게 뜨거운 동지적 결의와 축하를 보냅니다

　일반적으로는 미제침략자들과 그주구 리승만역도들을 격멸소탕하는 위대한 조국해방전쟁의 승리적 수행과정에 있어서 용감하고 귀중한 남녀 빨찌산들에게 조선인민의 경애하는 수령 김일성장군께서 주신 주요한 두 가지의 기본적임무 곧 군사적및 정치적 임무와 八·一五기념 六주년에 제하여 조선인민군 최고사령관 명령 四六一호에서 제시된 빨찌산들의 당면 전투과업들 및 조선로동당 중앙위원회의 八·一五해방六주년 기념구호들 중에서 호소된 빨찌산들의 군사정치적 과업들을 자기들의 생명으로써 수행하는 당신들에게 특수적으로는 一九五一년 九월 구례군 산동에서 광범한 인민들과의 튼튼한 혈연적 관계로서 괴뢰군 주둔처및 괴뢰경찰지서들에 대한 三일간의 완전 소탕전및 해방전을 영웅적으로 수행한 당신들에 계속 빛나는 영광이 있을것을 확인하면서 그 군사정치적 성과들의 고착발전을 기대하여 맞이않는 바입니다

　　　　　　　　　　　　　　　　　一九五一년 九월 一五일

　　　　　　　　　　　　　　　　　조선로동당 전라남도 당부

　　　　　　　　　　　　　　　　　위원장 박 영 발

　정규군 3개 사단, 전투경찰 4개 연대, 전투경찰 7개 대대, 지원부대 3개 5만 명이 넘는 큰 병력이 벌인 제1차 침공 때 살아남은 유격대는 1,200명쯤 되었는데, 제5사단·남부지구 경비사령부·서남지구 전투경찰대 사령부 2만 5,000 병력이 둘러싸고 조여오는 제2차 대침공 다음 살아남은 유격대는 100명도 못되었다. 박영발 마지막을 두고도 엇갈리는 증언이 나온다. 자결과 피살설이 그것이다. 토벌대와 싸우다 죽은 전사가 아니라 등 돌린 부하 총에 죽었다는 것이다.

　토목노동자 출신으로 사사건건이 이현상에게 맞섰던 전남도당 위원장 박현석은 토벌대의 추격을 받고 전북 관내인 배암사골까지 넘어와 있다가 결국 토벌군에게 포위당하

자 탈출을 단념하고 권총으로 자살했다. 고집쟁이다운 최후였다.

『남부군』에 나오는 대문인데, 역사학자 한홍구는 말한다.

『남부군』이 일반대중에게 준 충격의 강도보다 몇 배 더 강렬하게 이 책을 비판한 사람들은 극한적인 상황 속에서 총을 들었고, 그 총을 스스로 내려놓지 않았던 빨치산 출신들이었다. 『남부군』은 빨치산을 비인간의 영역에서 인간의 영역으로 끌어들였지만, 그 인간은 극히 나약하고, 감상주의적이며, 빨치산활동이 잘못되었다고 반성하는 전향자들이 중심이 된 인간이었다. 살아남은 비전향 빨치산들은 분노했다. 어떤 생각을 하며 극한의 조건을 견뎌냈으며, 어떻게 싸우다 어떻게 죽어갔는지는 전향자의 시각에서, 극단적인 반북 반공국가인 대한민국에서 용인될 수 있는 정도로는 담아낼 수 없다는 것이다. 그들은 빨치산 이야기의 주역은 어디까지나 끝까지 총을 들고 싸우다가 이름 없이 죽어간 사람들이어야 한다는 주장을 했다. 이런 입장을 담아낸 글이 정지아의 『빨치산의 딸』이다. 이 소설은 구빨치 부모 사이에서 태어난 작가가 쓴 것으로, 빨치산들의 입장을 충실히 담아냈다고 할 수 있다.

전남 로동신문사에서 주간으로 박아내던 《전남로동신문》 제96호에 실린 기사이다. 신문 로고가 박혀 있는 바로 밑에는 굵은 활자로 이렇게 씌어 있다.

영웅적 조선인민군대와
남녀빨찌산들에게 영광이
있으라!
조선로동당 전라남도당부
위원장 박영발동지 앞

원쑤 미제와 리승만도당들의 강점지역에서 전남도내 당들의 전체당원들과 빨찌산들과 인민들을 조국해방전쟁의 종국적 승리에로 지도고무하는 사업에 불철주야 노력하시는 귀동지의 건투에 삼가 경의를 드립니다
당의 옳바른 지도밑에 인민들과의 혈연적 련계를 확대하면서 자기의 투쟁을 계속하

고 있는 조선인민유격대 남부군 제三전구내 각부대들은 금번 호상 긴밀한 협동작전하에 쌍치해방작전을 수행하여 승리의 전과를 거두었습니다 본 작전을 수행함에 있어서 귀동지가 지도하는 전남도당 로령지구 당단체들과 당원들은 시종일관 이 투쟁의 승리를 보장협조하여주었으며 당전체의 옳은 지도하에 있는 쌍치주변인민들은 호응투쟁과 빨찌산원호에 궐기하여 본 작전의 승리를 더욱 용이하게하여주었습니다

나는 제三전구 전체 전사들과 지휘관들을 대표하여 쌍치해방작전의 승리를 오직 전취함에 옳은 지도와 적극적 방조를 준 귀동지에게 깊은 감사를 드리면서 앞으로 더욱 빛나는 전과를 올릴것을 맹세합니다

一九五一년 一○월 二三일

조선인민유격대 남부군 부사령

제三전구 책임 지휘관

림 종 환

바로 밑에 실린 기사이다.

유치인민의 원한 사무친 장평지서 소탕

오금일동무가 지휘하는 전남지대 련합부대는 一○월 二○일 흡혈귀의 소굴 장평지서를 공격, 소탕하였다

수만명 인민을 강제 부역하여 적이 난공불락으로 자랑한 三중의 죽담과 一九개의 또치카도 용사들의 공격 앞에는 아무런 도움도 주지 못하고 완전점령 소탕되고 말았던 것이다

전과 적사살 三五명

지서 또치카 一九개소

면사무소 완전 점령, 소각, 실탄 一,○○○발 로획

조국통일민주주의전선 전라남도위원회 결성

도내 인민에게 보내는 성명서 발표

조국의 통일 독립의 원쑤이며 세계평화유지의 적인 미제와 리승만도당들은 조선전쟁의 계속확대에 광분하고 있으며 이 목적을 달성하기 위하여 전체 남반부 인민을 학살과 략탈의 생지옥 속에 몰아넣고 있다

오늘 적구내 인민 각계각층은 제각기 원쑤에 대한 극도의 분노와 절정의 증오로써 자기들의 혈연적 리해관계와 결부된 조국의 통일독립과 세계평화 유지를 위한 통일결속을 더욱 간절히 갈망하고 있다

이와같은 객관적 정세의 요구에 따라 지난 二월 四일 우리당 도당부대표를 비롯하여 각 사회단체 무소속 대표들로서 조국전선 전라남도 위원회가 결성되고 **박영발**, 김선우, 리용근 동지를 비롯한 의장단이 선출되었다 그리고 전체 도내 인민에게 보내는 성명서를 발표하였다 앞으로 조국전선 전라남도 위원회는 전체 도내 인민의 갈망에 의하여 도내 인민 각계 각층은 전쟁승리를 위하여 결속시키며 미제 침략자들과 리승만 괴뢰정권을 밑으로부터 와해시키며 파괴된 인민위원회를 단결된 인민들의 힘으로 복구하여 전체 도내 인민들을 조선민주주의인민공화국 정부와 조선인민의 경애하는 수령 김일성장군의 주위에 튼튼히 광범히 결속시켜 조국해방전쟁 승리를 더욱 조속히 쟁취하기 위한 투쟁을 전개할 것이다.

박영발이 1952년 1월 7일 죽음의 벼랑 끝에 몰린 유격대원들에게 했다는 말이다.

"무장을 가진 동무는 가지지 않은 동무를 보호하며, 무장을 가지지 않은 동무는 무장을 가진 동무를 원호합시다. …… 고상한 동지애는 결속을 강화합니다. …… 상급 동무는 하급 동무를 자기 혈육같이 사랑하고 하급 동무는 상급 동무를 자기 목숨같이 보위합시다."

다음은 조선인민유격대 남부군 기관지 《승리의 길》 1951년 9월 16일 치 2면(제17호)에 실려 있는 기사이다.

전선120리, 1500의 적을 대상으로하는
산동해방 투쟁의 전모

남부군○○사단 ○○사단과 전남○○사단ㄴ련대의 긴밀한 협동작전에 의하여 지난 一三일부터 一四일에 걸쳐 구례군 산동해방전투가 결행되었다 이전투는 전남부군 직속 승리사단과 련합부대가○○사단으로 개편된후 새로운 편제하에서 그전투력량을 검열하는 첫전투였으며 또 그들이 남하하여온뒤 전남지방에서 처음으로 싸워진 전투였다

이런 첫시험은 빨찌산전투로는 힘에 부치다고 할만치 큰대상과 곤난한 조건을 상대

로하여 진행되었다 산동은 전남의 요충으로서 구례남원으로 큰 기동로가 통해있고 그 거리가 불과 四〇리내외 이므로 소위 지리산지구 전투경찰사령부가있는 남원과 군소 재지인 구례등지에서 쏜살같이 적의 응원부대가 달려올수있는 지점이었고 그들을 막아내기 위하여 一二〇리에걸치는 방어전선을 펴지아니하면 안되는 불리한 지리적조건을 가지고 있었다 그러나 지리산주변의 완강한 적들을 계속소탕하여 선풍을 이르키고 있는 멸적의 투지에 불타는 이부대장병들은 마천의 치렬한 전투에서 피곤한 몸을 쉴새도없이 곧이산동해방전투를 단행하기에 착수하였다 一二일〇〇거점을 출발한 부대들은 어둘녘에 산동지구에 도착하여 각각자기가 맡은 전투임무지역에 포치되였다 산동지서와 밤재에 파견되여있는 놈들의 일부세력을 치고남원으로부터 오는 응원세력을 격파하는 임무가 〇〇사단및 일부전남부대에 부여되었고 중동분서의 적을 섬멸하여 중동을 해방시키고 구봉 지초봉에 매복하여 구례로부터오는 적의 응원세력을 격퇴하는 임무가 〇〇사단및 일부전남부대에 부여되었다 공격개시는 이날밤 一二시에 시작되었다 먼저 멀리 밤재로부터 총성이 났으며 이어 산동중동공격부대의 총성이 고요한 산곡을 울리었다

이렇게하여 산동의 적들을 섬멸하는 싸움은 벌어지고 二분도못되여 산동지서 뒷고지 또찌까와 중동분서뒤 또찌까에서는 벌써 점령신호가 올랐다

중동분서 뒷고지에서는 기습에 혼비백산한 적들이 지서로도망쳤든것이고 산동뒷고지에서는 적이 낮에 내려가 버리고 없었다

두또찌까를 무혈점령한 부대의 일부는 지서분서로 진격하여 지서분서공격부대와 함께 협력하여 울타리를 뜯으며 적들을 포위공격하였다 산동쪽에서는 먼저 부락주위에 둘러싼 울타리를 뜯고들어가 지서를 포위하였다 밤一시에一차공격 네시에 제二차공격을 가했으며 五시三〇분에 三차공격으로 적을 위축시키고 손실을주는 한편 아지프로로 투항을 권고하였다

그러나 적들은 빨찌산은 날이 새기만하면 돌아간다는 생각밑에 날이새거나 밤이되거나 승리하지않고는 물러서지않는 이부대의 완강한 투쟁정신을 모르고 서투르게 버티어보려고 하였다 그래서 날이 샐무렵에 그들은 사길을 올려가지고 의기양양한바 있었다

날이 밝아도 물러갈기색이 보이지 않은것을보자 놈들은 락담하기시작하였다 한편 우리 부대들은 낫사다리 같은 도구를 구해가지고 九시三〇분에 제四차공격을 개시하

였다 견고한 석벽으로된 지서 담에 적의포화를 무릅쓰고 바짝 접근하여 사다리를 놓고 기어올라가 화구에 수류탄을 까넣으며 담위에 둘러싼 대울타리를 뜯고하는 결사돌격의 치렬한 싸움이 벌어졌고 이것을 막기위하여 적들은 맹렬한 사격과함께 망견대로부터 수류탄 유황탄을 내리던졌다 그러나 우리결사 돌격대들은 마치 죽음을 모르는 불사신같이 화구로 내민 총을 잡아뺏기까지 하면서 계속 육박하여 지서담으로 올라 붙었다 이런가혹한 싸움이 九시반부터 一〇시三〇분까지 약2시간 계속되였다 아군의 이맹렬한 돌격기세는 적을 떨게하였으며 그들은 완전히 전의를 상실하였다

그리하여 一〇시三〇분 우리가 제五차 공격을 시작하였을때 지서안의 적들은 그대로 도망질 쳐버리고 一二시에 산동은 승리한 우리공격부대들의 만세소리와 함께 해방되였다 여기서얻은 전과는 적사살四명, 막심중기一, 경기一, 탄二, 五〇〇발, 반땅크총一등이다 한편 중동분서 공격부대들도 지서안에드려 박혀 최후까지 악질적으로 발악하는 적들을 섬멸하기까지 상당히 치렬한 전투가 계속되였다 첫날밤에 지서를 둘러싼 네겹의 울타리를 뜯은 우리부대는 一三일 종일 적을 포위견제하고 저녁七시三〇분에 다시 공격을 개시하여 밤새도록 적의 집중포화를 불렀고 여러차례 결사적인 돌격을 감행하여 적에게 큰 위협과 손실을 주었다 이날밤의 적사살이 二三명에달한 것은 이사실을 잘말하여준다 더우기 이불에 물을추겨 화점을 틀어막고 수류탄조들이 달려들어 수류탄을 투입하고 사다리를 놓고 기어올라 돌격하는 싸움은 참으로 영용스럽고도 강렬한 전투였다 이와같은 우리의 맹렬한 공격에 떠는 놈들은우리편에서 전투중에 놈들에게 전달한 투항권고문에 크게 동요를 일으켜 모두 손들고 나오려했으나 악질적인 중대장놈의 위협공갈로 뜻을이루지못하였고 새벽 七시二〇분 중대장이 저먼저 슬쩍빠져나가자 뒤따라 모두 도망질을쳤다

우리는 그들을 추격하여 五〇명을 사살하였고 一二명을 생포하였다며 오전 八시(一四일)에 중동분서를 점령하였다 박격포二문, 막심중기一문, 쏘식경기六정, 따발총二정, 레반동一개, 각종보총 二四정의무기를 로획하였다 이번전투에 있어서 지서와 분서를 점령하는 이상과 같은 투쟁과 함께 외곽방어부대들이 빨찌산 전투에서는 보기드문 넓은 전선을 늘어놓고 수많은 응원세력을 격퇴한 사실은 이번전투의 커다란 특징으로된다

밤재로나간 ○○사단의 八〇二련대와 전남부대는 이곳에 파견되여 있는 적의 파견부대를 소탕하고나서 남원으로부터 응원오는 많은 적들을 상대로 용감히 투쟁하여 그

들을 격퇴시켜 산동중동의 해방 전투를 보장하는데 큰역할을 하였으며 또 ○○사단 九
○五련대는 구봉지초봉에나가 구례 곡성방면에서 오는 다수의 응원적을 완강히 견제
하여 외각방위에 결정적인 역활을하였다

밤재쪽 부대들은 적이 또찌까주위에 수류탄을 리용하여 부설해논 지뢰의 폭발을 무
릅쓰고 여러차례 돌격전을 감행하여 전투중간에 전투의 결함을 비판하는 화합들을 열
고 맹서문들을 제출해가며 간부 이하 모두 결사의 결의로 과감히 투쟁한 결과 이튿날
(一三일) 九시三○분에는 적을 소탕하고 또찌까를 점령하였으며 이어 방어태세를 가
추고 일부세력을 앞능선에 내보내 매복시켜가지고 적의 응원에 대치하였다 그리하여
남원으로부터 一二시三○분에 트럭 四대에 만재되어온 제一차응원부대를 최단거리 七
메-터까지 접근시켜 가지고 이를공격하고 달아나는 적을 一키로메터-씩이나쫓아버
려가며 격퇴시켰다 이날오호 三시三○분에는 더많은 응원세력이 증가되어 포三문 엄
호아래 四면으로 진격하여 오는 적을 용감히 요격하여 격퇴시켰다 뒤에도 적은계속하
여 기어올랐으나 우리 매복부대에게 격퇴되어 六시쯤되어서 적들은 진격할의도를 포
기하기에까지 이루렀다

구봉 지초봉 一○一一고지 방어에나간 ○○사단 ○○련대는 구례곡성방면으로부터
온 八○○여명의 적의 응원부대가 포와 기타 중경기 무기로 비오듯 맹렬한 포화를 퍼부
며 달려드는것을 끝까지 고지를 사수하여 싸웠고 一四일三시반까지 완강한 적들을 견
제하여 방어의 목적을 완수하였으며 이번작전을 완수하는데 크게이바지하였다

이리하여 전선一二리一,五○○여의적을 상대로하는 상동작전은 우렁찬 개가를 올
리었다

놈들의 강제징병을 반대하고

나도나도=빨찌산으로

-날로불어가는 유격대오-

미영무력침략자들과 그의 주구 리승만매국도당의 강제징병강제부역을 반대하고 조
국의 독립과 자유를 찾고자 용약 손에 무기를 들고 원쑤격멸의 길에 나서는 청년들의
수는 날로 격증되고 있는바 지난九월一四일 조선인민유격 남부군 ○○사단이 구례군
산동지구를 공격해방시겼을때 청년○○명은 파견지휘처를 찾어 자기들의 어리석은 과
거를 뉘우치며 조선청년으로서의 나아갈 진정한 길을 걸겠다는 비상한 각오를 말하면

서 유격대 입대를 탄원하고 나섰다

입대의 기쁨을 갖게된 양흥석동무는 「지금까지나는 어리석은생활을 하여왔다 놈들의 허위적 선전에 속아살았다 이번실제 동무들과 만나 담화하는 과정에서 또 동무들의 실제행동에서 유격대가 하고 있는것들이 진정으로 옳았다는것을 깨달았다 우리의 원쑤가 누구인가를 나는 똑똑히 알았다 내나라와 내민족과 내고향을 위해 최후의 피한방울까지 바치며 용감히 싸우겠다」고 사뭇 감격된 어조로써 말하였다

가치온 구성희동무 역시 자기의 굳은 결심을 말하면서 「오랫동안 싸워오신 유격선배들의 고귀한 경험과 교훈을 본받아 우리의 원쑤 미제국주의자들과 그의주구 리승만매국도당을 반대하여 나의 생명을 아끼지 않고 용감하게 싸워 나가겠다」고 말하고 있다

박영발 밑에서 《전남로동신문》 주필로 있던 정관호(1925~)가 쓴 『전남유격투쟁사』에 나오는 대문이다.

박영발은, 1953년 9월 6일 회의 결정으로 제5지구당이 해체된 뒤 조국출판사를 맡아가지고 따로 떨어져 나와 있었다. 그해 10월경에 그의 주위에는 직속 부서원 10여 명과 정귀석이 이끄는 약 15명의 인원이 있었다.

그는 공세가 시작되자 직속 부서원들과 함께 지리산 반야봉 아래 자연동굴을 이용한 비트에 있었다. 그는 건강을 잃은 몸이어서 이주현(기요 업무, 목포) 등이 밖에서 호위 겸 연락을 맡고 있었고, 제5지구당 해체로 말미암아 전남으로 귀속된 995부대(부대장 김태규)가 외부 연락과 식량 보급을 책임지고 있었다.

그렇게 버티면서 가혹한 공세를 견디어내고 있던 중, 1954년 2월 21일 일신의 안전만 도모하려던 변절자가 쏜 불의의 총격을 받고 박영발은 그 자리에서 절명했다. 그때 보도과장 남호일도 사살되었다. 함께 있던 이정례(기요원)는 어둠 속에서 재빠른 반격으로 저격자를 꺼꾸러뜨리고 그로부터 3일 뒤에야 바깥 부서원의 구출을 받았다.

이리하여 전쟁수행 시기와 후퇴 이후의 어려운 때에 전남도당을 이끌었던 박영발은 그 활동의 막을 닫았다. 당중앙과의 정상적인 연락을 갖지 못한 상황에서 그가 보인 지도작풍은 산하 전 당원과 빨치산들의 한결같은 존경을 받았다.

박영발 주검은 그해 4월쯤 침공군에 뽕나버려 그들 손에 넘겨졌다고 한다. 박영발

이 죽은 다음 "조직적 역량으로서의 재산 빨찌산은 괴멸"했고, "분산된 채 살아남은 극소수 인원이 1955년 초까지 지하 비트에서 숨어지냈다." 『전남유격투쟁사』가 보여주는 뒷이야기이다.

　　박갑출 부위원장이 전사함으로써(화순탄광 지도일꾼으로 비합법 때 화순군당 부위원장. 견결한 빨치산 투쟁을 벌이던 끝에 1955년 3월 3일 화순 동면 경치리 비트에서 토벌대와 싸우다가 자결) 전남도당의 조직적 지도체계는 다 무너지고 말았다. 9·28후퇴 이후 일관되게 전개했던 당조직활동과 무장유격투쟁은 여기서 명분상 종언을 고한다.

　　활동시기는 뒤에까지 미치지만, 여기에 정태묵의 행적을 첨가한다. 그는 지리산 오신택부대에서 정치지도원으로 있다가 1952년 여름 남부주재당부를 거쳐 김복진과 함께 연고지 목포로 잠입, 합법을 가장하고 공작하다가 탄로되어 광주형무소에서 7년형을 살았다.

　　그는 출소한 뒤 다시 활동을 재개, 공작선을 마련하여 이북으로 내왕하면서 통일기반 조성을 위해 최영도·박신규 등 동지들을 규합 활동하다가 체포되어 사형 언도를 받았다(임자도 사건). 그는 7·4남북공동성명(1972년 7월 4일)이 발표 된 3일 후에 서대문형무소에서 처형되었다.

　　이로써 전남도당 산하의 지하조직 역량은 다 부서지고 말았다.

8. 남녘 끝 부산까지 해방시키려던 **구구빨치 남도부**

하 준 수 ^{1921∼1955 (?)}

우리는 우선 화전막 주인 김서방한테서 독기를 한자루 빌렸다. 그래서 그걸로 나무를 찍어 다듬었다. 그 다음엔 그 나무를 움물 정자로 쌓아 올렸다. 거기다가 새벽질을 하니까 바람벽이 되었고, 그 우에다 나무를 어긋매끼로 걸치니까 집웅이 되었다. 이렇게 우리는 구들도 놓고, 부엌도 만들었다. 또 집웅에단 짚도 이었다. 이것이 오늘부터 우리가 사러나갈 집이다.

날만 새면 우리는 일하러 나갔다. 이제부터는 우리의 먹을 것은 우리의 힘으로 얻지 않어서는 않된다. 우리들은 아츰부터 밤까지 나무를 찍어냈다. 우리가 독기를 곤두들고 힘껏 내려찍을 제 입때ㅅ것 맺이었든 온 심령은 찡하고 산울림처럼 울렸고, 전신의 혈관은 여울물처럼 구비쳐서 흘렀다. 용솟는 기운을 우리는 오즉 한자루 독기에다 막기고 날마다 산언덕을 뭇질러 드러갔다. 입때ㅅ것 어깨우에 지고서 쫓겨다니든 무거운 짐은 모두다 것든하게 버서버렸다. 우리가 힘껏 기운을 쓰랴면 자나깨나 지고 다니든 불안 같은 것은 거치장스러웠기 때문이다. 우리가 단지 쫓기어 다니면서 싸우는 것보다 같이 쫓기면서도 이렇게 우리의 젊은 기운을 행사할 수 있는 것이 얼마나 질거운 일인지 몰랐다. 우리가 살기 위하여 자연과 싸우는 것이 자칫하면 왜적과 싸운다는 실감을 얻수 일으키게 하기 때문에.

1943년부터 빨치산 활동을 하여 남녘 빨치산 첫고동인 하준수. 많은 싸울아비들을 갖고 있던 남부군이 정규군처럼 싸웠다면, 남도부부대는 전통적인 유격전을 벌여 낙동강 동쪽을 흔들었다.

1946년 4·5·6월호 《신천지》에 실려 있는 「신판(新版) 임꺽정(林巨正)」 한 어섯이다. 「학병 거부자의 수기」라는 버금제목이 달려있는 이 겪은 이야기를 쓴 것은 하준수 (河準洙)로 되어있다. 그런데 글 뒤에 '(이 글 전부의 문책은 오즉 기자에게 잇슴)'이라고 고딕체 활자가 박혀 있는 것으로 봐서 하준수라는 학병 거부자가 하여주는 이야기를 《신천지》 기자가 간추린 것으로 보인다.

어려서부터 부친을 따라 사냥을 잘 다녔다는 것을 보면 하준수 집안은 가멸졌던 것으로 보인다. 일본 쥬우오대학(中央大學) 법문학부 졸업반이었던 하준수는 학병으로 끌려가게 되자 옛살라비 함양(咸陽)으로 돌아온다. 그리고 똑같은 자리에 서 있는 벗 '노 동무'와 쌀 두말씩을 짊어지고 거창 쪽에 있는 남덕유(南德裕)로 들어간다. 1943년 8월 끝 무렵이니, 23살 때였다. 무학대사(無學大師)가 이방원(李芳遠) 한동아리 하리놀음에 쫓겨 몸을 숨기었다는 '은신골' 부대기막이었다.

(……) 애초에 지고 간 쌀은 다 없어지고 김서방네로 말하드라도 우리의 식량까지는 커녕 자기네 식구가 먹을 쌀이 없어서 감자·무·굴밤(도토리) 등속으로 대용식을 삼는 판이라 거기다가 우리들꺼정 덧부치기로 어더먹을 형편이 되지 못했다. 그러므로 나는 생각한 끝에 다시 하산하여 집에 있든 엽총을 가지고 왔다. 그 엽총으로 각금 산양을 나가서 노루와 산되지 따위를 잡어다가 우리도 먹고 또 산아래 마을을 찾어가 쌀과 서로 맞박구기도 하였다. 그래서 그걸로 우리의 식량 보탬을 삼었든 것이다.

징용을 피하여 숨어든 두 사람까지 넷이서 저마다 제집에 가서 식량을 지고 마을 드날목에서 만났는데, 왜순사 둘과 경방단원 하나가 검속을 하는 것이었다. 다짜고짜 몽둥이를 곤추세워 "에잇!" 하며 내리치는 왜순사를 짚고 있던 참나무 지팡이로 한 번에 쓰러뜨렸다. 공수(空手)가 4단이고 중학 3학년 때 벌써 검도 유단자였으며 유도·권투 따위 못하는 운동이 없는 하준수는 어기찬 몸매에 큰 키요 얼굴까지 사내답게 잘생긴 무예인이었다.

은신골에서 반년쯤 살던 하준수는 지리산과 전북 장안산과 함양 백운산을 거쳐 괘관산으로 들어가니, 1945년 3월이었다. 강도 일제가 짓누르는 것을 피하려고만 할 것이 아니라 제국주의 일본이라는 우람찬 방죽에 한 작은 구멍이라도 뚫어내자는 깨달음에 서였다. 그래서 얽어낸 것이 「보광당(普光黨)」이라는 비밀결사체였고, 72명 당원이었다. 부대앝을 일구어 입치레를 하고 싸울아비들 된닭달을 하면서 화약을 만들고 주재소로 스며들어 왜순사들 총 댓 자루를 빼앗아 왔으니, 항일 무장투쟁이 비롯된 것이었다. 보급투쟁을 나갔다가 왜경에게 붙잡힌 보광당원 세 명을 구하려고 산을 내려갔던 하준수 동아리는 왜놈들이 무릎 꿇었다는 말을 듣게 된다.

일본제국주의 군대는 그때에 동양 최강이었다. 만주와 시베리아 벌판에 의병 대받은 독립군이 있었지만 압록강·두만강 아랫녘 조선반도 안에서 무장투쟁은 있을 수가 없었다. 동북 빨치산 출신들이 북조선에 공화국정권을 세우게 되는 터무니이고, 일경 가족까지 포함해 겨우 서넛을 살상한 '보천보싸움'을 그들이 엄지가락으로 꼽는 터무니이며, 이론가보다 빨치산 출신을 좋아하는 스탈린 두남 따라 '김박쟁투'에서 박헌영이 밀려나게 되는 까닭이 된다. 구구빨치 하준수를 기리는 까닭이기도 하니, 권력은 총구에서 나오는 것이다. 일제 때 무장투쟁을 벌인 사람을 구구빨치라 하고, 해방공간에서 싸운 사람을 구빨치라고 하며, 6·25가 나면서 입산한 사람을 신빨치라고 한다. 20살이 못된 사람은 애빨치라고 불렀다.

괴뢰 유격대 총사령 남도부를 생포!! 살인, 방화 등만 천여건

《동아일보》1954년 3월 12일 치에 나오는 기사 제목이다.

군경과의 교전 횟수 700여회, 군경사살 1천800여 명, 각종 무기 약탈 800여 정, 각종 실탄 2만여 발, 민가 방화 100여 호, 민가 습격 500여 호, 군용열차 전복 20여 차량, 군용트럭 소각 급 파괴 200여 대……

'괴뢰 유격대 총사령 남도부가 저지른 만행'이었는데, 남도부는 하준수가 썼던 딴 이름이다.《동아일보》에 실린 남도부는 진서로 '南道富'이다. 이른바 어떤 실록소설과 학술논문에도 '南道富'로 나온다. 진서를 풀어보면 '남도 부자', '남녘 땅에서 가멸지게 사는 사람'이라는 뜻이니, 느실난실한 이름이다.

내남적없이 똑고른 세상에서 저마다 타고난 바탕 따라 서로 입김을 주고 입김을 받으면서 흐뭇하게 살 수 있기를 꿈꾸었던 구구빨치 하준수가 남녘땅에서 부자로 떵떵거리며 살고 싶어 그런 이름을 지었을까? 아니다. 그렇지 않다. '南道富'가 아니라 '南到

釜'인 것이다. 남녘 부산까지 이르겠다는 다짐에서 지은 이름이었던 것이다. 남녘 끝 부산까지 해방시켜 옹근 일통조선을 만들고야 말리라는 비원이 담긴 슬픈 다라니였던 것이다. 그렇게 읽어야 한다. 그래야만 꽃다발도 없이, 다라니 입염불 한자락도 없이 총하지혼 된 티 없는 혁명가에게 공양드리는 메꽃 한송이라도 된다.

구구빨치 하준수가 남도부(南到釜)라는 딴이름을 쓰기 비롯한 것은 6·25 전날 밤이었다. 공화국 북반부 군함 위에서였다. 강원도 양양항이었다. 38선 이북이었던 그곳에서 인민유격대 제7군단 사령관 임명장을 받고 배를 탔던 것이었다. 강동정치학원에서 된닦달 받은 남조선 출신 구빨치 300여 명과 함께였다.

남도부 인민유격대 총사령관 관할구역은 경북 경주·청도와 경남 밀양·동래·양산·언양·울산이었다. 대구 남쪽에서부터 낙동강 동쪽 땅이었다. 가지산·운문산·고헌산·신불산 같은 1,000미터 위 높은 멧발들이 부산을 둘러싸고 있다. 여기서 1953년 10월 가운데 때까지 유격투쟁을 벌였으니, 지리산 입산 때부터 10년이 넘는다. 1953년 7월 27일 휴전협정이 맺어지면서 30여 명으로 줄어든 '공화국 영웅', '국기훈장', '전사영예훈장', '붉은별', '지대영웅', '견결한 빨치산'들은 목숨 바쳐 지켜내고자 하였던 공화국 북반부로 돌아갈 수 있으리라고 굳게 믿고 있었다. 가지산·운문산·고헌산·신불산만이 아니라 태백산·일월산·보현산을 오르내리며 조국과 계급 옹근 해방일통을 위하여 싸우던 인민유격대 싸울아비들 풀기는 빠질 수밖에 없었으니, '적들의 대량집중공격'이 비롯되었던 것이다. 뿐만 아니라 "지구당 지도부는 하산하여 도시지역으로 들어가라"는 「무장부대의 선전선동 사업으로 전환」이라는 당중앙 정치위원회 제111호 결정이 내려 왔던 것이다.

휴전이 되면서 전방 병력을 후방으로 빼낼 수 있게 된 국군은 경찰병력과 함께 '공비토벌작전'을 벌였는데, 30여 명 남짓한 "여하한 난관과 애로에 봉착하더라도 일말의 동요 없이 당과 인민을 위하여 아낌없이 자기 생명을 바칠 수 있는 동무들"을 괴롭히는 것은 '누렁개'와 '검정개'만이 아니었다. '조금도 용서할 수 없는 당의 원쑤'이며 '인민의 원쑤'인 '악질적인 변절자'들이 「보아라부대」라는 토벌대 길라잡이로 나서는 것도 그렇고, 쌀 한 됫박에 목숨을 걸어야 하는 '보급투쟁'도 그렇지만, 가장 견디기 어려운 것은 유격대 성원 사이 삐걱거림이었다. 당중앙 분부 따라 곧바로 산을 내려가 도시에서 당사업을 벌일 발판을 마련해야 한다는 축과, 아직은 보투나 하면서 산에서 '유생역량'을 지켜내야 한다는 축으로 나뉘었던 것이다.

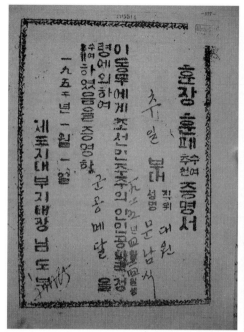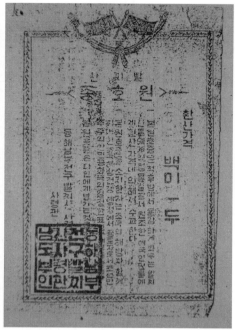

남도부 명의로 신불산 산중에서 발행한 훈장증서(왼쪽).
동해남부빨치산사령관 남도부 이름으로 끊어준 영수증(오른쪽). 주민들에게 식량을 빌리며 끊어주었다.

　조선로동당 제4지구당부 부위원장 대리이며 제3지대장이었던 남도부였다. 제3지대는 제4지구당 관내에 세워진 군사조직이니, 제7군단 사령관인 남도부가 거느리는 빨치산부대였다. 제4지구당은 북부와 남부로 나뉘어 있었는데 북부는 박종근 조선로동당 경북도당 위원장이 맡고 있었고 남부는 남도부가 목대잡고 있었다. 7군단은 기관지로 《붉은별》을 펴내었다. 2면짜리 등사판 타블로이드판인데, 1951년 4월 15일 치이다. 뒷면에는 4월 20일 치가 실려 있다. 남도부가 손수 쓴 것인지는 알 수 없지만, 〈「붉은 별」은 우리의 향도성이다〉라는 머릿기사이다.

　오날우리조선인민은 조국의통일독립과 민주와 자유를위한 위대하고영광스러운 투쟁의불꽃속에서 최후승리를 쟁취하기 위하야 돌진하고 있다
　영용한 인민군과 중국인민의용군의승리의 진격에발마추어 우리제7군단은 과거수개월에 걸친투쟁에서 원쑤들의온갖 작전기도를 혼란마비시키는 수많은전과들을 걷우었으며 인민들과의 굳은연결밑에서 인민들로하여금 자기자신의자유와 행복을 위하여 궐기할수있는 백방의원조를 다하여왔다

대내적으로는 자기계열을확대강화하였으며 권위주의와 기회주의적 편향들로부터 대열의 순결성을 고수하였다 매개간부들과 정치적군사수준이 고도로발전하였다 강철같은대의결속은 여하한 곤난과 난관에 봉착하드라도 이를 능히 분쇄할수있는 불패의 힘으로 자라나고있다

우리들은 이 영광스럽고 위대한 조국해방전쟁의 승리의불길속에서 원쑤들의 호방 최전선을 교란하며 타격하는 유격전투의 불길속에서 우리제7군단보 「붉은별」을내게 되었다

「붉은별」은 우리들 투쟁의향도성이다「붉은별」은 성스러운 조국해방전쟁에서 빨찌산의영예와함께기리빛나리라 이와같은 조건과 환경속에서 발간되는 우리군단보 「붉은별」의임무는 무엇인가? 「붉은별」은

첫째로 우리대열의 참된스승이며 벗이될것이다 우리대열을 맑쓰·레닌의 혁명적사상으로 튼튼히무장시키며 국제주의사상과 애국주의사상의 화신으로 만들며 적개심의 불덩어리로 만든다

둘째로 「붉은별」은 우리대열을군사과학 철저한소유자로 기도한다 군사과학의정확한소유는 전투승리의기본조건으로된다 셋째로 「붉은별」은 우리대열을 더욱튼튼한인민과의 연결속에로 인도한다 대열의확대와 「일체를 들어 인민군에게로」라는 우리의당면과업의 철저한 수행을위하야 「붉은별」은 우리들의 향도성이다

넷 「붉은별」은 대내의일체기회주의와기회주의적편향들에 대하여 무자비한사상투쟁을 전개한다 승리의도취로부터 오는안일 적의과대평가로부터오는 위축 곤난한 환경으로부터오는 타협과 굴복- 이와같은 일체의경향들을 철저히청소하고 대의순결성을 고수하야 빛나는 영예로운 승리를향해 우리들을 앞으로 앞으로 이끄러간다

다섯째로 「붉은별」은 대의강철같은 규률의 일치를 위하여 투쟁한다 자유주의적이며 개인주의적 일체의 경향은 대의결속을 좀먹는 버러지다 「붉은별」은 이러한 좀버러지를 철저히제거한다

여섯째로 「붉은별」은 우리대열을 레닌쓰딸린적 작풍에로 견결히이끄러간다 우리가 체득한 영도의예술은 더욱높은곳으로 쉬지않고 발전해야한다 대열의확대와「일체를들어 인민봉기에로」의 길은 우리들에게 이것을 무조건적으로 요청하고 있다

일곱째로 「붉은별」은 우리들에게 귀중한 투쟁교훈을 가르킨다

승리의소식을 전하며 투쟁경험에서 얻은 교훈들로서 앞날의투쟁을 성과있게보장한다

여덟째로 「붉은별」은 우리들을 풍부하고 명랑한 생활의 소유자로 인도한다

「붉은별」은 지난날의 수많은 애국선열들의 고귀한피의 투쟁의산물이다

「붉은별」은 영예로운 승리에로 우리를인도하는 향도성이다

「붉은별」이 인도하는 길은 정의의길이며 승리의 길이다

「붉은별」을 학습하는것은 전체용사들의 신성하고아름다운 것으로된다

「붉은별」을수호하고 더욱빛나게 하는 것도 군단전체용사들의신성하고아름다운 의무로 된다

우리를 지켜주는 높은하늘의 「붉은별」- 그는우리의 향도성이다.

제7군단의 노래

一.푸른산 맑은물 구비쳐도라
　아지랑이 고유히 미려오르면
　불살러진 내마을 오솔길타고
　원쑤향해 우리들 돌진해간다
　　　　　김장군 영도밑에 굳게뭉치여
　　　　　공화국기 휘날리며 앞으로간다
　　　　　　　×　　　×
二.흰구름 뭉기뭉기 솟아흩어저
　센바람 밀림을 곱게빗기면
　파도같이 밀리는 복수의 마음
　굳게잡은 총칼이 바람에 운다
　　　　　빛나는 공화국 기치밑에서
　　　　　싸우는 우리는 七군단용사

三. 어스름 초생달이 동무얼골에
　　단풍닢 그늘빛이면
　　찬이슬 구슬같이 반짝거리며
　　승리에 빛나는 노래부른다

피로서 굳게맺은 七군단용사

승리에 빛나는 노래부른다

四. 눈보라 지둥치는 등허리산맥

　온갖생명 모질게 어러붙어도

원쑤향해 피끓는 우리의가슴

공화국기 휘날리며 다름질친다

　김장군 영도밑에 굳게뭉치어

우리의 공화국기 피로지킨다

　남도부는 괴로웠다. 중앙당 결정이라면 따를 수밖에 없는데, '선요원'이 전하는 말만 믿고 유격대 살매를 맡길 수 없다는 축 가리새를 누를 수 없었다. 그래서 중앙당과 연락선을 되찾기 위하여 1950년도에만 3차례나 선요원을 올려보냈으나 종무소식이었다. 중앙당만이 아니라 도당과도 선을 댈 수 없었다. 남도부유격대가 움직이던 경남 동쪽 바닥은 인민군이 들어온 적이 없었으니, 적진 한가운데였던 것이다. 그야말로 외톨박이 유격대였다.

　남도부가 대구 동인동에 있는 한 주의자 집에서 경찰잠복조에 붙잡힌 것은 1954년 1월 21일이었다. 남도부보다 먼저 산을 내려갔던 유격대원들 거의 모두가 붙잡혔으니, '남도부 외 30여명 두목급 유격대들이 검거' 당했던 것이다. 번드친 동무 쏘개질 탓이었다.

　남도부가 중앙고등군법회의 법정에 서게 된 것은 1954년 10월 12일부터 16일까지 네 번이었다. 남도부, 인민군 최 현(崔 賢)사단에 있던 문일준(文一俊), 팔로군 출신 간호군관 지춘란(池春蘭), 제3지대 부사령이며 제4지구당 선전조직부장 유응재(兪應載), 김달삼(金達三) 빨치산부대 출신 이원량(李源良)이었고, 모두가 '어떠한 난관에도 굴하지 않고 당과 인민을 위해 헌신할 동무'들이었다. 그러나 조국과 인민을 위하여 정당한 길을 걸어왔다며 '조금도 반성의 빛을 보이지 않는' 지춘란 말고는 모두 '용서만 해준다면 국군에 들어가 괴뢰군을 물리치는 데 이 한몸 바치겠다'며 조국과 인민을 배신하였다. 하준수 · 유응재 · 지춘란 사형, 문일준 무기징역, 이원량 징역 20년이었다.

　23살 때부터 조국해방과 계급해방을 위한 가시밭길 헤쳐온 직업혁명가 하준수가 총살형을 당한 것은 35살 나던 1955년 8월 어느 날 서울 변두리 수색에 있는 육군 사형집행장에서였다. 공판정에 선 그는 법정선서마저 자빡놓았고, 사형판결을 받았을 때도

'조금도 뉘우치는 빛을 보이지 않은 견결한 빨치산'이었다.

"그 길이 옳은 길이라는 굳은 믿음에서 지조를 지켜왔을 따름이다. 다만 상관의 명령에 절대 복종해야 되는 것이 군인인 만큼 내 명령에 복종한 네 사람한테는 아무 죄가 없다."

총살 자리에 있던 한 수사관은 이렇게 말하였다.

"그처럼 꼿꼿하게 품위를 지키고 죽어간 사형수는 처음 보았다."

눈가리개도 뿌리치며 두 눈 크게 부릅뜬 하준수는 이렇게 소리쳤다고 한다.

"조선민주주의인민공화국 만세!"

그런데 놀라운 이야기가 있다. 하준수가 미국땅에 살아 있었다는 것이다. 대구에서 잡힌 것은 김창룡 특무부대장과 짬짜미한 '위장피체'였다는 것으로, 하준수 아드님인 하상영(1946~) 말이다. 그때 군법재판 적발이를 죄 뒤져보았지만 사형언도 판결문만 있지 사형집행 적발이는 찾아 볼 수 없었다고 하였다.

1970년대에 교환교수로 미국에 가 있던 방 아무라는 서울대 교수가 미국에서 다시 혼인하여 살고 있던 하준수를 만났다는 것인데, 김창룡과 하준수가 '빅딜'을 하였다는 말이니, 아지못게라. 간호부장으로 어느 병원에 근무하던 지춘란 또한 하상영이 만나보았다고 하며, 살아남은 남도부 부하들도 '사령관 동지의 생존'을 굳게 믿고 있었다고 하니, 얼키설키한 우리 현대사를 갈닦는 이들이 밝혀내 주기 바라는 마음 스산하고녀.

조선민주주의인민공화국 인민군 총사령부에서는 인민군 창건일인 1952년 2월 8일 하준수에게 자유독립훈장 1급을 수여하였다.

1952년 첫때 당 중앙 정치위원회에서 가려잡은 '미해방지구에 있어서의 당사업을 더욱 강화할 데 대하여'라는 이름의 〈결정 제111호〉이다. 뼈대만 추렸다.

미해방지구당 사업에서 엄중한 결함들이 나타나고 있다.
①당 중앙과의 연락을 가지기 위한 사업을 진행시키지 못했다.
②무장투쟁에 치우치고 기본적인 당사업에 전력을 기울이지 못했다.
③정규전을 방불케 하는 대부대 진지전을 전개하는 경향이 있었다. 전남 곡성 전투와 남원 운봉지구 전투가 그 예다.
이러한 결함들을 시정하기 위한 당면 과업들을 제시한다.

첫째, 유격투쟁에 있어서

각 지구당부는 자기 지역 내에서 유격대들을 강력히 장악하여 당사업과 긴밀히 연결 협동시킨다.

비교적 대부대 단위로 활동하고 있는 유격대들은 민활하게 활동할 수 있는 단위의 정예부대로 개편하여 기동성 있는 투쟁을 벌인다.

둘째, 지하당사업 있어서

농촌과 도시, 적 군대 내부에 중점적으로 당 조직을 복구 강화하여야 한다. 이중삼중의 탄력성 있는 조직으로 만들어 그 역량을 장기적으로 계속 확대하여 투쟁기에 대비하여야 한다.

셋째, 합법 및 비합법 방법을 결부 활용함으로써 각종 단체에 침투하고 신문·보도·출판·문화기관 등에 침투하여 적극적 투쟁을 벌인다.

넷째, 통일사업에 있어서

광범한 인민을 민족적 애국적 공동목표 아래 결집시켜 민족통일전선사업을 과감히 전개하여야 한다.

다섯째, 연락사업에 있어서

당 중앙과 각 지구당부와의 연락 방법을 정하며, 그러기 위해 무전 연락을 회복하여야 한다.

하준수가 거느리던 제7군단 싸울아비들이 부르던 노래이다. 제7군단보인《붉은별》 1951년 5월 5일 치(제3호)에 실려 있다.

출동의 노래

一. 나가자 동무들아

조국을 위하야

二. 빛나는 기빨날리는

고향의 하늘을 지키자

원쑤를 뭇찔러내자

사랑하는 우리공화국에서

어느때나 자랑으로
　　　　　우리는 그를위해 싸워왔도다
출동의 노래 부르며
　　　　　인민의 위력 보여주자
　　　　　　X　　X　　X

二. 힘차게 동무들아
　　　　　앞으로 나가자
우리들의 가슴에 타는
　　　　　피맺은 원한을 푸러라
총칼을 굳게 잡으면
　　　　　고향산천 더욱 찬란하다

9. 박헌영 비선이었던 비승비속 한산 스님

김 제 술 ^{생몰년 미상}

"김삼룡은 얼굴이 넓적하고 키는 아버지보다는 조금 더 컸어요. 이주하는 마른 편인데 안경을 썼다 벗었다 하길 잘했어요. 정글모를 자주 썼고 한복을 입고 날 잘 데리고 다녔지요. 장충단 공원이나 동국대학교 운동장 같은 데 데리고 가서, 저 아저씨한테 가서 무슨 얘기를 하라고 하고 당신은 저 멀리 서있고 그런 적도 있었지요. 무슨 얘기를 어떻게 했는지는 모르지만, 시키는 얘기를 그대로 전하고 들은 얘기를 전해주고 그랬어요. 이현상은 얼굴형이 달걀형에다 영화배우 같은 미남형이었는데 안경을 썼습니다."

원경이 1997년 3월 29일 한 말이다. 역사문제연구소에서 서울대 강사인 사학자 윤해동 물음에 대답하는 꼴로 이루어진 것인데, 『이정 박헌영 전집』에 실려 있다. 원경은 박헌영이 「경성콤그룹」을 잡아들이는 회오리바람을 피하여 숨어 있던 충북 청주에서 '하우스키퍼'였던 정순년과 사이에 태어난 박병삼으로, 조계종 승려이다. 박헌영을 청주로 내빼게 한 것은 조선공산당 3대 이론가의 하나였던 정태식이었고, 정태식은 정순년 아버지와 사촌형제가 된다.

김제술 사촌동생이자 박헌영 아들인 박병삼(원경)과 박헌영을 되살리는 데 애써 온 《해방일보》기자 출신 박갑동이 만났다.
2008년 평택 만기사.

윤 : 김삼룡과 이주하가 체포되기 전후의 상황을 알고 계신지요?

원경 : 헤어지는 상황은 기억납니다. 하루는 이주하가 나를 데리고 가서 중부경찰서
인가 어딘가 확실치는 않지만, 저 안에 들어가서 아저씨가 있는지 살펴보고, 있으면 어
떻게 하고 있는지 보고 오라 했거든. 아직도 기억 속에 또렷하게 남아있는 것은 김삼룡
이 한복바지를 입고 있었는데 한쪽 바지가 찢어지고 피가 많이 묻어있어 다리를 크게
다친 것 같았어요. 나무로 된 긴 의자에 앉아있었는데, 손목에 의자와 함께 수갑이 채
워져 있는 것을 봤습니다. 이주하가 시킨 대로 가까이 가서 얼쩡얼쩡하고 있었더니 나
를 무섭게 쳐다보면서 빨리 나가라는 시늉을 했어요. 그래서 김삼룡이 안에 있다고 전
해주려고 나오다가 이주하가 여러 사람들한테 체포되는 것을 봤습니다. 그렇게 이주하
가 잡혀가고 나만 외톨이가 된 거지요. 집에도 들어가지 못하고 아주 무서웠지요. 밤중
에 경찰들이 와서 집을 덮치고 그랬으니까. 그 전까지는 세상 무서운 것을 몰랐는데 애
늙은이가 되어버렸어요. 큰아버지, 큰어머니는 벌벌 떨면서 집에도 못 가고. 나로서는
모든 사람들이 큰 죄를 지은 거라고 생각했지. 어린 나이에 이런 사건이 들이닥쳤으니
학교고 뭐고 다닐 수가 없었지. 그때 그 집에 들락거린 사람으로 한산 스님이 있었어요.

한산 스님한테 그간의 얘기를 죽 했습니다.

　윤 : 한산 스님이라는 분이 자주 등장하는데, 어떤 분인가요?

　원경 : 김삼룡 아지트에 자주 왔어요. 내 느낌이지만, 그 양반은 아버지의 최고 정보원이자 최고 특파원으로서 밀지를 전달하는 것만이 아니라 전 조직의 수뇌급과 아버지 사이의 연락관계를 맡고 있었던 것 같아요. 이북에도 수없이 왔다 갔다 한 것 같고, 지리산이나 지방으로 왔다 갔다 하는 것 같고. 하여튼 이 양반은 전쟁 중에 나와 같이 살면서 그 어려웠던 시기에도 어딘가 갔다 오면 식량 같은 걸 늘 구해왔습니다.

　원경이 이 녹음을 할 당시까지도 박헌영 비선으로만 알고 있던 한산 스님은 누구인가? 원경은 자신만이 알고 있는 주요한 정보 제공자를 한산으로만 말해서 여러 사람들로부터 오해를 받기도 했는데 참으로는 김제술이 다름 아닌 원경 사촌형이라는 사실이 밝혀졌다. 모 신문사가 호적과 족보를 통해 박헌영 가계를 추적하는 과정에서 드러난 것이다. 2010년이었다. 김제술은 박헌영 배 다른 누이인 조봉희 아들이었던 것이다. 이로서 한산, 곧 김제술이 왜 그토록 박헌영 아들을 보호하려 애썼는가를 알 수 있게 되었다. 또 일제하 공산주의운동사에 전혀 이름이 나오지 않는 김제술이라는 인물이 어떻게 박헌영에 관련된 최고 극비 활동을 할 수 있었는가를 알게 되었다.

　김제술이 박헌영과 한몸뚱이 두 이름이라는 것을 알고 있던 것이 김삼룡이었다. 김삼룡은 박헌영이 가장 믿는 사람이었다. 그때에 남로당에서 박헌영 다음 힘 가진 이는 김삼룡이었다. 박헌영 진터에서는 남로당 칼자루를 잡고 있는 것은 박헌영이 아니라 김삼룡이라고 믿고 있을 만큼 김삼룡 힘은 아주 큰 것이었다. 그런 김삼룡이 박헌영처럼 여기는 것이 김제술이었다. 그때에 서울에는 이정윤 선, 이 영 선, 서중석 선, 성시백 선, 한인식 선 같은 '권위 있는 선'들이 있었는데, 그 가운데 가장 '권위 있는 선'이 '김제술 선'이었다. 다른 '선'들이 김일성이 박헌영을 누르기 위해 남모르게 내보낸 사람들이라면, 박헌영 비선 얽이줄과 돈줄을 쥐고 있는 것이 김제술이었다. "100명의 동지보다 100만원이 더 필요하다." 그때 남조선 혁명운동 온누리에서 떠돌던 말이었다.

　남로당 중앙에도 군사부가 설치되고, 각지에서 인민유격대를 조직하여 이현상을 대장으로 하는 인민유격대가 태백산맥을 근거지로 하여 활동하게 되었다. 또한 '정치 낭인' 한인식이 경상남북도 지방에서 인민유격대를 조직하여 활동하게 되었다. 더욱이 서울 거주의 '권위 있는 선'에 있던 자들이 미군정의 군정에 대한 프랙션공작을 적극적으로 추진시키는 동시에, 남조선 국방군이 북조선으로 넘어가는 것을 적극적으로 공작하게 되었다. 이 시기에 남조선 국방군이 대대 단위로 월북한 것도 '정치 낭인' 한 모써의 공작에 의한 것이었다.

'정치 낭인'이었던 고준석이 한 말이다. 정치 낭인이라는 것은 「경성콤그룹」 뼈대 남로당 본줄기에서 밀려났던 혁명가들을 가리키는 말이었다. 원경 증언이다.

"스님 복장은 아니었는데 머리는 깎았어요. 한산 스님에 대해서는 나중에 재선 스님이 남해 부소대에 계시면서 나를 1년 동안 맡고 있을 때 하시던 얘기가 기억납니다, 동경제대 출신인데 흠잡을 데 없는 분이고 참 귀재라고. 한산 스님은 재선 스님이 명치대 출신이라고 했거든요."

원경을 1년 동안 맡고 있었다는 재선 스님이라는 이는 '재선'이 아니고 '제선'이다. 제주도 출신 선객(禪客)이라 해서 제선(濟禪) 스님으로 불리던 선승(禪僧)이었는데, 그 참모습이 아리송하기로는 한산과 크게 다르지 않다.

제선은 1960년대 끝 무렵 도봉산에 있던 무문관(無門關)이라는 특별 수행처에서 화두(話頭)와 씨름하다가 돌연 사라졌다. 무문관이라는 곳은 2층 돌집인데 1층에서 천장에 뚫린 구멍으로 공양보자기를 올려놓게 되어 있었다. 그런데 며칠 동안 공양보자기가 그대로 있어 단식을 하는가 보다 했는데, 사라져버린 것이었다. 어디로 갔는지는 아무도 모른다. 제선 스님 소식은 시방까지도 그야말로 종무소식이다. 한산 스님에 대해서는 미루어 짐작할 수 있는 증언이 있다.

민전 결성 때 이강국이 사무국장이 된 것은 박헌영의 지령에 따라 김삼룡의 개인조직 비서격인 김제술의 통제로 이루어졌다는 게 당시 공산주의자들의 짐작이다. 이강국은 일찍이 경성제대를 졸업한 뒤 독일에 유학한 바 있고 당시 독일공산당에 가입, 국제무대에서 활동한 바 있으므로 비교적 시야가 넓고 또한 대인관계에 있어서도 능숙하여 합법적인 활동가로서는 필적할만한 인물이 없었다. 그는 또 일제 말기에 몽양과 같이 일한 적이 있어 매우 밀접한 관계를 맺고 있기도 하였다. 이러한 이강국을 조절하는 김제술이란 자는 도시 그 정체가 알려지지 않은 인물로 자그마한 키에 얼굴이 검은, 외견상 보잘것없는 자였는데 박헌영·김삼룡의 비상한 총애를 받고 있었다.

그는 당에서의 위치조차 알려지지 않았지만 곧잘 기본간부들과 어울렸고, 민전에서
도 아무런 직분도 없이 실력자 구실을 했다. 아마도 그는 당시 당에 없었지만 나중에 생
겨난 '프락치'부의 책임자였던 것 같다.

박갑동이 한 말이다. 그렇다. 김제술이 바로 한산 스님이었던 것이다. 미군정 체포
령에 쫓긴 박헌영이 월북하고 남로가 캄캄한 땅밑으로 들어가면서 칼자루 쥔 사람 김제
술이 한산 스님으로 그 몸을 바꾸었던 것이니, 이른바 환골탈태였다.

김제술이라는 이름이 나오는 곳이 딱 한 군데 있다. 1946년 2월 19~21간 열린 '중
앙 급 지방동지 연석간담회의록'이다. 임시집행부 의장 황태성(黃泰成)·권오직(權五
稷). 서기 하준기(河駿麒)·박순협(朴淳協)·김제술(金濟述).

'조선의 레닌'이었던 박헌영에게는 적이 많았다. 미군정과 미군정에 빌붙어 세를
불려나가던 반민족 친일파 무리만이 아니었다. 평양에는 소군정 뒷받침 받는 북로당 위
원장 김일성이 있었고, 남쪽에는 '경성콤그룹 독재'라며 앙버티는 반박그룹이 있었다.
이러한 앞뒤 들이침에 시달리던 박헌영에게 복심 비선이 있었다는 것은 너무나 마땅한
일로 된다. 북조선 여러 곳에 있는 콤그룹 갈래와 지리산을 머리로 한 남조선 여러 멧발
테두리에 있는 날치부대와 박헌영 사이 다리가 김제술이었다.

박헌영 아들 원경 곁에는 장 한산이 있었다. 동승(童僧) 원경이 굶어죽게 되었거나
스스로 목숨을 끊으려고 했을 때면 나타나서 살려주고는 하였다. 호신술로 검도도 가르
쳐주고 곡차도 가르쳐주면서 「황성옛터」 3절을 불렀다. 원경이 이현상과 같이 지리산에
있을 때였다. 이현상이 거느리는 지리산유격대가 벼랑 끝에 섰을 때였다. 이현상한테
북으로 가자고 하는 한산이었고, 이현상이 했다는 말이다.

"나는 여기서 죽을 작정이다. 그러니 이 아이나 데리고 내려가라. 이 아이한테는 이
아이의 세상이 따로 있다."

원경이 공식 매체에 맨 처음 나온 기사이다. 1989년 10월 나온 《시사저널》 창간호.

한산스님은 그를 작은 암자에 떼어놓고 탁발을 나서거나 며칠씩 행처 모를 곳에서
머물다 오고는 했다. 해질녘이면 빈 암자에 남은 병삼 소년은 무서움에 떨며 이제나저
제나 스님의 모습이 산길 초입에 나타나기를 기다리곤 했다. 지금도 해 넘어갈 무렵이
면 사람이 그리워 마음이 산란해지곤 하는 버릇은 그때부터 쌌튼 것이리라.

출생신고조차 되어 있지 않은 처지라 국민학교에 입학하지 못한 그에게 스님은 "만 권의 책을 읽으면 대학 나온 것보다 낫다"며 글을 가르쳤고, 주로 동·서양 역사에 관한 책들을 읽도록 했다. 하지만 그는 산속이 너무 갑갑하고 심심해서 한산스님이 출타한 틈을 타 마을로 내려가곤 했다. 학교가 파하는 시간에 맞춰 길목을 지키고 있다가 또래들을 만나면 그렇게 반가울 수가 없었다.

그가 열 살 나던 해에 육이오가 터졌다. 남과 북이 한 차례씩 밀고 밀리는 북새통이 일어나자 스님은 그를 한 절에 오래 두지 않았다. 공산주의자와 그 피붙이에 대한 적의의 시선이 날카로와질수록 더 빈번하게 거처를 옮겨다녀야만 했다. 어린 병삼의 마음에는 정을 붙일 만하면 털고 일어서는 스님이 약속하게 느껴졌다.

"세인(世人)들과 인연을 맺지 말아라. 어떤 일이든 끼어들면 너는 희생물이 되기 십상이니, 그저 부처님만 모시고 산속에서 다소곳이 살아야 한다."

그가 말귀를 알아듣기 시작할 때부터 귀에 공이가 박히도록 들은 스님의 다짐이 그러했다. 스님과 그는 무주 적상면의 안국사(安國寺), 구천동의 백련암(白蓮庵), 지리산 용추사(龍湫寺), 소백산의 용화사(龍華寺), 상주의 남장사(南長寺) 중궁암, 계룡산 중사자암(中獅子庵) 등 헤아리기 어려운 많은 사찰과 암자와 토굴을 전전했다.

열두 살이 되던 해 그는 전주 근교 한 농가에 맡겨졌다. 그 집안 형편이 몹시 어려워

김제술 누나 김정진(김소산)을 소재로 1973년 만들어진 반공영화. 박헌영, 이강국, 이주하, 김삼룡, 김수임, 김소산 등은 악의적인 왜곡과 중상으로 가득한 반공드라마 주된 소재가 되었다. 반대로 북에서는 반미간첩영화 소재로 이들을 써먹고 있으니 역사의 아이러니다.

'쉰 고구마 한 개가 인절미로 보일 지경'이었지만 그래도 사람 사는 마을에 섞여 있은 탓인지 제일 추억거리가 많다고 했다. 그 집에서 10개월쯤 지낼 무렵인 겨울철에 그는 땔감을 장만하러 산에 갔다가 낫질을 잘못하여 손등을 찍는 바람에 손가락 힘줄이 끊어지는 상처를 입기도 했다.(……)

그의 나이 열여덟 살이던 1958년의 일이었다. 제사를 드린 다음 그는 스님의 품을 몰래 빠져나와 파계를 했다. '슬픔도 아니고 허탈도 아니지만, 하여튼 그대로는 견딜 수 없는 감정'이 복받쳐 저지른 행동이었다.

어디 한 군데 마음 붙일 곳이 없는 서울, 얼음과자 장수, 식당 종업원, 막노동 등 가리지 않고 덤벼들었지만, 서울은 세상살이에 철부지인 그가 결코 뿌리내릴 곳이 못되었다. 그는 삶의 의욕을 잃고 부랑아처럼 전국을 떠돌았다. 살아보려고 발버둥칠수록 세상은 저만치 달아나며 자신을 조롱하는 것만 같았다. 오랜 방황에 지쳐버린 스물세 살 청년 박병삼은 원주 태장동 영천사에서 스스로 몸숨을 끊기로 했다.

"청산가리를 그냥 삼키면 목구멍만 타고 죽지 못한다는 말을 들은지라 그걸 배추 잎으로 말아 싼 다음 수면제 40알과 함께 삼켰지요. 눈을 떠보니 원주도립병원입니다. 수면제 탓인지 위기능이 정지돼서 살아났다고 하던군요. 어떻게 아섰는지 한산스님이 나타나셨어요. 스님은 쌀을 갈아 쌀물을 떠먹이며 몇 날을 두고 어찌나 혼을 내던지……."

그가 회복되자 스님은 한동안 산간벽지와 섬으로 데리고 다녔다. 발길이 제주도에 이르자 스님은 "마음이 잡힐 때까지 이 섬에서 살아라"는 말씀을 주고 떠나셨다. 그것이 스님과 이승에서 마지막이 되고 말았다.

참모습이 밝혀지지 않기로는 김제술 말고도 여럿 된다. 그 가운데 한 사람이 김소산(金小山)이라는 여성이다. 이현상이 있는 지리산으로 올라가기 전 한산 스님이 원경을 데리고 갔던 곳은 구파발 지나 서오릉이었다. 그곳에서 얼마 동안 있었는데 '예쁜 누나들'이 많이 있었다. 6·25가 터졌을 때 과천에서 다시 만나게 된 김소산이었다. 인민군 군관복을 입고 권총도 차고, 채찍인가 지휘봉인지도 들었고, 장화도 신었고, 상당히 드레진 모습이었다.

명월관 기생으로 혁명투쟁에 몸 바쳤던 김소산 본이름은 김정진으로, 한산 스님 곧 김제술 누이였다. 명월관 주인이었던 여장부가 낳은 오누이였다는 것이니, 명월관이 바로 남로당 물잇구럭이었던 것이다. 남조선 경찰대에게 붙잡힌 김소산은 '북괴에서 밀파한 오열'이라는 이름 아래 형장의 이슬로 사라졌다고 한다.

한산이 원경 곁에서 사라져버린 것은 1968년이었다. 원경은 말한다.

"선친에 대한 자세한 이야기를 듣게 된 것은 1958년 12월 15일날이었습니다. 첫 제사를 지냈는데…… 백년에 한 번 날까 말까 한 사람이라든지, 이 세상이 다하더라도 그 어른은 항상 존경해야 한다든지, 이 세상에 다시 온다 해도 그 분 밑에서 일할 것이라는 얘기도 하고, 그러니까 부처님보다도 선친을 더 위대하게 생각하고 존경하는 분이었지요."

한산 스님은 어디로 갔는가? 그리고 또 제선 스님은 어디로 갔는가? 박헌영을 부처님 모시듯 했던 그들이 북조선으로 갔을 리는 없다. 그렇다고 '전비를 뉘우치고' 돌아섰을 리도 아예 없다. 수사기관에 붙잡힌 것도 아니다. 몰록 사라져 버리었다. 1960년대 끝무렵쯤 무슨 간첩단사건이 제주도에서 일어나 여러 사람이 죽었는데, 거기에 들어 있었던 것이 아닐까 하는 원경 생각이다.

1970년대 초 재일교포단체인 한국민주통일연합 고문으로 김제술이라는 이름이 올라 있다며 원경은 흥분하였으나, 그는 김제술이 아니라 김재술(金在述)이다. 제선 스님을 재선 스님으로 말하는 데서도 알 수 있듯이 원경 기억에는 문제가 있다. 그러나 참으로 문제가 되는 것은 원경 말을 그대로 받아 적는 학자라는 이들의 실쌈스럽지 못함에 있을 뿐. 그렇게라도 그리운 이들을 찾아내려는 마음만은 눈물겨운 바가 있다.

한산 스님 김제술이 잘 불렀다는 「황성의 적(跡)」(「황성옛터」 본디이름) 3절이다.

> 나는 가리라 끝이 없이 이 발길 닿는 곳
> 산을 넘고 물을 건너 정처가 없이도
> 아 한없는 이 심사를 가슴속에 품고서
> 이 몸은 흘러서 가노니 옛터야 잘 있거라

10. 남조선 마지막 빨치산 지리산 여장군

정순덕 ^{1932~2004}

    '진주에서 만난 비운의 여인' 하면 진주에 대해서 남강(南江), 여체(女體), 정사(情事)의 삼위일체 같은 잠재의식을 갖고 있는 사람들은 이내 무슨 로맨스라도 있었던 것으로 알 것이다. 아닌 게 아니라 진주의 밤거리를 혼자서 거닐며 이번 행각 중의 아름다운 추억담을 얻기 위해서도 진주가인(晉州佳人)과의 로맨틱한 해후를 은근히 바랐던 것은 사실이다. 그런데도 원래 염복이 없는 팔자라 아무런 소득도 없이 쓸쓸하고 고독하게 진주의 하룻밤을 허비해야 했다.

    그러나 여기 진주에서 참으로 뜻밖에 우리나라에서도 가장 불행하고 딱한 한 여인을 만나는 슬픈 단막극이 있었다. 이름은 정순덕. 나이는 31세. 이력은 '파르티잔'. 그녀가 지리산 '파르티잔'의 마지막 히로인으로 최근에 체포되었다는 것은 신문지상에서 읽은 일이 있었지만 이곳 진주 감옥에 갇혀 있는 줄은 전연 몰랐다. 그런데 진주에 간 바로 그날이 첫 공판일이어서 시민들의 화제는 그녀에게로 집중되어 있었다.

    호기심에 찬 시민들의 화제는 구구했고 또 비인간적이었다. 그녀가 일자무식한 여자이며 어디로 보나 여자로서의 매력이 없다느니, 10여 년을 남자 '파르티잔'과 둘이서 깊은 산중의 동굴에서 숨어 살았는데도 의사 검진에 의하면 육체관계가 없다느니,

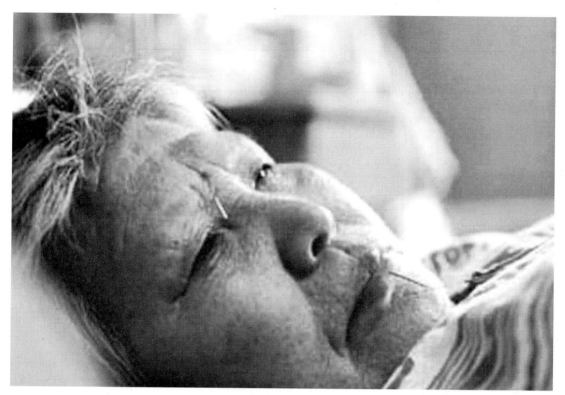

늙마에 몸져 누운 '지리산 여장군' 정순덕.

체포될 때 허벅지에 총상을 입어 대퇴부를 몽땅 잘려서 어떻다느니 하며 떠들었다.

한 여자의 그토록 딱한 운명에 대해서 사상과 이념을 초월한 인간적인 이해나 인정에서 나오는 말이 전연 없는, 그 화제에 나는 귀를 가리고 싶도록 슬프고 괴로웠다. 물론 한국 국민의 공적 입장에서 생각하면 그녀를 동정한다는 것은 일종의 '터부'가 되어 있을 것이다.

그러나 가만히 생각해보면 그녀의 그런 과거는 결코 그녀 한 사람의 죄라기보다는 한국이라는 불행한 나라가 치러야 했던 역사적 현실이 빚어낸 비극의 희생자인 것만 같았다. 6·25라는 민족적 시련의 슬픈 증인, 동족상잔의 억울한 첨병이 되어 여자로서의 당연한 길을 잃어버리고 청춘을 허송해야만 했던 그녀의 운명은 우리들 자신이 골고루 나누어 갖고 괴로워해야 할 벌인 것만 같았다. 그러지는 못할망정 무슨 재미난 구경거리처럼 이야기하고 웃는 것에 나는 일종의 분노마저 느꼈다.

1964년 3월, 《경향신문》에는 「김삿갓 따라 강산천리」라는 기행문이 이어실리고 있었다. 20회에 걸쳐 이어지는 기행문 가운데 10회째인 「여인무정(女人無情)」. 글쓴이는 《경향신문》 문화부에서 일하던 시인 신동문(辛東門, 1928~1993)이다. 세찬 비바람이 휘몰아치는 것 같은 자진모리 가락으로 얼굴 하얗고 손목 가느다란 이른바 먹물들 '스노비즘'을 꾸짖는 「내 노동으로」를 마지막으로 서울을 떠난 시인이었다. 충청북도 단양 꽃거리 나루 건너 애두름에서 포도농사를 짓던 시인은 이 「여인무정」을 끝으로 붓을 꺾어버린다. 정순덕이라는 남조선 마지막 빨치산을 만나러 갔던 다음이었다. 「여인무정」은 이렇게 이어진다.

나는 그녀를 찾아보기로 결심했다. 우리 민족의 불행한 그 제물의 모습을 뇌리에 낙인찍듯 담아두고 역사에의 증언을 마련해야 하는 것이 슬프고 불행한 조국에 태어난 시인의 책임인 것만 같았다. 사상이나 이념 은수(恩讐)를 떠나서 슬픈 그 운명의 여인을 마음속으로나마 부둥켜안고 실컷 울어주고 싶었다. 그래야만 역사의 유적지(流謫地)인 이 나라에 태어난 시인의 정열이 달래어질 것 같았다.

담당검사에게 전화를 걸고 교도소로 찾아갔다. 미결수와의 면접은 불가능하다는 소장에게 애원하듯 호소했다. 기자로서의 입장도 시정배의 호기심도 아니고 슬픈 조국의 시인 처지에서 만나고 싶다는 뜻에 감동했다는 소장은 마침내 나를 데리고 여감방 입구까지 갔다. 남자면 소장과 의사 이외에는 대통령이라도 들어갈 수 없으니 이해해 달라고 하면서 소장은 안으로 들어갔다. 한참 만에 나온 소장의 전갈은 다음과 같았다.

"시인이 당신을 만나러 왔소."

"시인이 뭐유?"

"시인이란 당신 같은 슬픈 운명의 사람 이야기를 슬프게 노래하여 많은 사람에게 알려주는 사람이오."

"그렇지만 몸도 불편하고, 또 만나보면 뭐하나요?"

하면서 같은 감방에 있던 딴 여죄수 세 사람이 가서 만나보라고 만나보라고 떠다밀듯해도 끝내 거절하더라는 것이었다.

"직권으로 강제로 데려올 수는 있습니다만……."

하는 소장의 말에 나는 손을 내저으면서

"아닙니다. 그건 제가 너무나 잔인한 것이 됩니다. 그녀를 그 이상 괴롭혀서야 되겠습니까."

하고 소장에게 큰절을 하고는 물러서 왔다. 돌아오면서 내 부질없는 소견이 그녀의 마음을 잠시라도 동요케 했으면 어쩌나 하는 뉘우침과 내가 아무리 그녀를 이해하는 체해도 사람 만나기를 싫어하는 그 괴로움을 어찌 감히 알 수 있겠는가 하는 죄의식이 발걸음을 무겁게 했다. 차라리 김삿갓 때 태어났더라면 이런 슬픈 멍에를 안 지고도 시인행세를 했을 텐데 하고 김삿갓이 부러워졌다. 김삿갓의 발자취를 더듬으면서도 김삿갓처럼 안이할 수 없는 현대라는 상황이 너무나 슬펐다. 진주는 여인의 슬픈 고장인가?

이 중생이 정순덕(鄭順德)을 찾아갔던 것은 1987년이었다. 충청북도 음성군에 있는 '꽃동네'라는 곳이었는데, 만날 수가 없었다. 의지가지없는 '사회탈락자'들을 돌보고 있다는 그 천주교 복지시설 목대잡이인 오 아무 신부는 막무가내로 자빡대는 것이었다. 직계 존비속이 아니고는 얼굴도 보여줄 수 없다는 데야 어쩔 도리가 없었다. 얻은 것이 아주 없는 것이 아니었다. 찾아간 이가 들르는 조그만 방에서 정순덕에 관한 '신상카드'를 볼 수 있었던 것이다. 무슨 미사시간인지 땡땡땡 종소리가 났고, 길잡이 맡은 소녀가 창밖 마리아상 쪽을 보고 묵도를 드리는 사이 카드에 적힌 것을 얼른 옮겨 적을 수 있었다.

정순덕.

1932년 2월 9일생.

경찰관의 총에 맞아 오른쪽 발이 의족인 자임.

경남 산청군 시천면에서 출생.

남편이 야산대에 입대. 인민유격대에 들어가 근무하게 된 자로서 경찰 수배자로 쫓기던 중 본인이 행방불명. 1963년,

까지 적을 때

"뭐하는 거예욧?"

묵도를 끝낸 처녀가 날카롭게 소리쳤고, 더 적을 수가 없었다.

나중에 알게 된 것이지만 정순덕이 경찰관에게 붙잡힌 것은 1963년 11월 12일 새벽 2시께였다. 산청군 삼장면 내원리 800미터 산속이었다. 게딱지 같은 두메농가에서 10분간 요란한 총소리가 울리더니 두 사람이 쓰러졌다. 지리산 마지막 빨치산인 이홍이(李洪伊)와 정순덕이었다. 보급투쟁을 나왔던 길이었는데, 이홍이는 전사하였고, 정순덕은 오른쪽 다리에 관통상을 입고 사로잡혔다. 한 달쯤 앞에서도 빨치산과 경찰대 사이에 전투가 있었다. 다음은 그때 일을 적은 것이다. 김경태(金敬泰)가 쓴 다큐멘터리 르포 『지리산』에 나온다.

1963년 10월 16일 새벽녘.

늦가을의 희뿌연 안개를 헤집고 난데없이 요란한 총성이 고요에 묻힌 산청군 생초면 평촌리 고읍국민학교 앞마을을 흔들었다. 두 개의 검은 물체가 넘어졌다. 사람이 죽었는데도 마을사람들은 모여들지 않았다. 여남은 명의 경찰관만 서성거릴 뿐. 다음날 시체가 누구인가를 확인하려고 생초면 내의 두 마을에서 안모 강모가 경찰관과 같이 왔다.

죽은 사람은 안완도(安完道, 39)·강우형(姜佑馨, 33), 같은 생초면 사람으로 밝혀졌다. 경찰관과 같이 온 안·강 두 사람은 죽은 시체와는 친형제 간인데도 눈물을 감추고 말을 안했다. 빨치산은 죽어도 그 혈육은 눈물을 보일 수 없는 상황 속에서 살아야 했던 두 빨치산에게는 현상금이 걸렸고 그 현상금을 둘러싸고 정보 제공자와 경찰관과의 사이에 실랑이도 있었다.

"공화국 북반부에서는 1964년도에 지리산 여장군이라는 영화를 만들었지. 정순덕이라는 여성빨치산 얘긴데 주석님 특명으로 만든 일급 인민영화였소."

한쪽 다리를 절던 그 중늙은이 스님은 아무것도 없는 허공중을 올려다보았다. 1960년대 끝 무렵이었다. 지리산 벽송사(碧松寺) 객실이었다.

정순덕은 지리산에서 빨치산 활동을 한 마지막 싸울어미였다. 산청군 삼장면 내원골에서 태어난 정순덕이 시천면 사리에 사는 17세 총각 성석조(成石祚)에게 시집 간 것은 16살 때였다. 성석조가 지리산 천왕봉 밑에 있는 야산대에 들어간 것

토벌대와 싸우다 죽은 인민유격대원 이홍이 주검.

은 혼인 다음 해인 1948년이었다. 열일곱 살 어린 새각시가 신랑 겨울옷을 장만하여 천왕봉으로 올라간 것은 그해 12월 25일 밤이었다. 각시가 올라온 지 20일 만에 신랑은 전사하였고, 신랑이 쓰던 3·8식 장총을 물려받은 각시는 빨치산이 되었다.

《경남로동신문》 1951년 8월 28일 치에 실려 있는 기사이다. 정순덕이 제 옛살라비를 해방시키는 싸움에 들었으리라 믿어지는 기사인데, 타블로이드판 2면 1장짜리 등사판 신문 한면이 온통 '해방' 기사이다.

시천면 완전해방
적살상포로―四○여명 각종
포·무기·탄·필수품 다수로획

지난 ―七일! 산청군당과 남부군 ○○대와의 긴밀한 토의 밑에서 시천면 해방 투쟁의 물샐틈 없는 작전계획은 섰다

요소요소에 널려있는 ―○여개의 핫점들은 원쑤들이 시천면을 방어하기 위한 것이며 소위 「지리산 토벌」을 위한 난공불락의 요새지라고 장담하던 지구이다.

―八일오전―시三○분! 박격포 二발로써 공격은 시작되었다 四면·五면에서 울려대는 아군의 총성에 당황실색한 원쑤놈들은 미칠듯이 눈먼총탄을 마구재비로 쏘아본다 놈들의 우박치는듯한 탄우속에서도 조국과 인민을 위한 애국의 정렬이 타오르는 우

리 빨찌산들의 복쑤심과 적개심은 더욱 복받쳐오를뿐이었다 원촌대하에 있는 여러 홧점들을 담당맡은 ○○대의 자기부정적공작은 순시도 멈춤없이 진행된다 그러나 웨낙 원쑤들이 「요해지」라고 호언장담하듯기 치열한 전투는 타산한 바이다 공격제二일에도 원쑤들은 완강하게 저항한다 공격제三일을 맞이한 전체 용사들의 사기는 더욱 높아갔으며 가소롭게도 끝끝내 저항하여볼려는 원쑤들에 대한 억제못할 적개심과 복쑤심의 불길은 매용사들의 가슴을 불태웠다

금번투쟁에서 「덕산지서」 공격의 영예스러운 전투임무를 맡은 려수부대 전체용사들은 『제 三의눈 반드시 원쑤들에게 죽음을 주고 승리하겠다』는 필승의 투지로 몸을 달구었다

이날 려수부대 장동무는 전체전투원들에게 당이주는 과업을 실천하지 못한 과실을 엄중히 지적하면서 어떠한 난관이라도 극복하고 반드시 승리를 쟁취할 것을 호소하였다 계속하여 전투개시 四○분전에는 부대당 열성자대회를 열고 당위원장 리순태동무는 二일간의 실패의 원인을 구명하면서 매전투원의 공작상 우단점을 지적하였다 이에 따라 전투원들은 열렬한 호상비판과 자아비판이 전개되었는바 소대장 박종출 동무는 「나는 반땅크 수류탄으로 아직 남아있는 홧점을 반드시 소멸하고 당이 나에게 준 전투임무를 완수하고 "김일성돌격대원"의 영예를 쟁취하겠다」하고 자기의 굳은 결의를 표명하였다 부대당 열성자대회는 여러 다른 ○○대들에서도 진행되었다

이리하여 대하 원촌 적홧점은 완전히 소탕되고 계속 一○二용사들은 덕산을 향하여 육박하여 온다 려수부대 용사들은 지척 뒤고지 마즈막 홧점 두개소를 반땅크수류탄으로 보기좋게 소탕하고 지서를 향하여 내려달린다 놈들의 최후집결처인 지서일대는 원쑤들의 비명소리는 들끓었다 二○일 오전一시三○분에 시천면 일대는 완전히 해방되었다 목터져라! 웨치는 만세소리 밤하늘에 오르고 인민들의 환호성이 거리에 끓어넘친다

조선인민유격대 남부군 총사령부
보도 [八월二一일보도]

八 · 一五 해방 六주년을 맞이하면서 조선인민 유격대 남부군 산하 승리사단을 비롯한 각부대들은 긴밀한 협동작전하에 지난 八월十八일부터 二○일까지의 三일간에 걸쳐서 산청군 시천면 삼장면 二개면 지구 적들에 포위 공격전을 전개하여 이 지대를 완

전히 해방시켰으며 적들이 난공불락의 요새지라고 호언하던 덕산및 성남 적집결처를
비롯한 二〇여개의 영구화점들을 완전히 분쇄하고 다음과 같은 전과를 거두었다
    1. 적살상 포로 二八九명
    2. 로획한 전리품 직사포一문 · 박격포五문 · 중기七문 · 보총七二정 · 포탄五〇여
발 · 실탄 二五,000여발
    3. 적시설 소각 一六개소
    4. 기타 식량 六〇〇여가마니 피복 九〇여점 및 필수품 다수

"정순덕이라는 여자빨치산이 영웅적으로 남조선 해방투쟁을 벌인다고 해서 지리
산 여장군이라는 영화를 만든 거지. 막 영화를 돌리려는 판인데 갑자기 상영 중지가 되
었어. 지리산 여장군이 검정개들에게 피체되어 대북방송에 나왔거든."

정순덕이 잡힌 다음 북조선에서는 '정순덕 작업반운동'과 '정순덕 기대(機隊)운
동'이라는 것이 일어났다. 김진계가 겪은 이야기 『조국』에 그때 이야기가 나온다.

국군이 쏜 총에 맞아 다리를 절단하지 않을 수 없었다. 하지만 그런 고통을 당하면서
도 굴하지 않고 오히려 재판정에서 "나를 사형시켜달라! 나를 사형시키지 않는 판사는
개새끼다"라고 당당하게 외쳤다고 한다. 이 소식이 알려지자 정순덕 혁명투사의 정신
을 이어받고 정순덕을 하루빨리 구출하자는 운동이 전국적으로 전개되었다. 그것이 소
위 정순덕 작업반운동과 정순덕 기대운동이었다. 이 운동들은 모두 정순덕을 구출하기
위해 먼저 조국이 통일되어야 하고, 그러기 위해서는 경제건설에 온 힘을 기울이자는
생산독려운동이었기에 그 성과는 대단했다.

6 · 25가 터진 뒤 입산한 신빨치였다는 그 중늙은이 스님은 두 손을 입에 대더니 "우
우--"하고 소리쳤다. 국란 때마다 일떠섰던 의병이며 농민반란군 그리고 저 갑오년 때
개남장 부대와 그로부터 비롯된 빨치산들이 쓰던 군호였다고 하였다.

"가막소에서 들었어. 경남도당 출신 남로당원이 들어와 한 얘긴데 가막소 안에서는
유명한 얘기였지."

정순덕은 리인모 노인이 북송될 때 같이 가기를 원하였으나 받아들여지지 않았다.
경기도 광주에 있는 '나눔의 집'에서 장기수 출신 노인들 수발을 들던 정순덕이 이뉘를

떠난 것은 2004년이었다. 만주벌판 백마 타고 달리던 여장군 김명시 의발 받은 지리산 여장군이 쓰러진 것은 인천에 있는 어느 손바닥만한 쪽방에서였다.

지리산 여장군 마지막을 보여주는 글이 있다. 서울여자의과대학 졸업반 때 6·25를 만나 '민족을 위한 조국해방전쟁에 동참하고 싶어서' 의용군에 들어가 군의관으로 전쟁터를 누볐던 류춘도(柳春桃)가 쓴 『벙어리새』에 나온다.

최후의 빨치산이라고 불리는 정순덕 씨도 봉천동 그 집(만남의 집)에서 만났다. 감옥에서 풀려났지만 친척들에게 외면당하고 여기저기 전전하며 고생하다가 그곳으로 온 것이다. 신혼의 단꿈이 채 사라지기도 전에 산으로 들어간 남편을 찾으러 갔다가 같이 빨치산활동을 하던 그녀는 토벌대의 총에 맞은 다리를 절단해 한쪽 다리가 의족이었다. 이런 힘든 몸으로도 그녀는 아래층 좁은 방에서 지내며 할아버지들의 식사 마련하는 일을 도왔다.

정순덕 씨는 1999년 5월 중풍으로 쓰러졌다. 그녀는 의식불명인 채 보라매병원으로 실려 갔다. 소식을 듣고 달려가니 수술실 앞 긴 의자 위에 만남의 집 노인들이 초조한 표정으로 앉아있었다. 아무도 오지 않아 그들이 수술동의서를 썼다고 한다. 그들은 동지의 아픔을 온몸으로 나누고 있었다. 밥 먹는 것도 잊고 긴긴 시간 수술이 계속되는 동안 수술실 앞을 떠나지 않고 함께 아파하고 있었다. (……)

만남의 집에서 함께 마음을 나누던 사람들은 2000년 9월 북으로 떠났다. 그리고 정순덕 씨는 양심수후원회 식구들의 보살핌을 받으며 오랫동안 투병생활을 하다가 2004년 4월 1일 인천 길병원에서 파란만장한 생을 마감했다.

비전향 장기수 출신들이 북으로 갈 때 지리산 여장군도 같이 가고자 하였으나, 받아들여지지 않았다. 대북방송에 나와 공화국에 적대 행위를 하였다는 것이 평양 당국에서 자빡놓은 까닭이었다.

남조선 농촌쏘비에트인 '농민위원회'에서 전쟁 중이던 1951년 6월 10일(제6호)에 펴낸 《농민신문》 머릿기사이다.

내아들 내남편은
　　어데로!

바로얼마 전에 경북청도군 운문면 ○○부락에 일어난 비통한 사실이다 부락복판에서 아츰부터 통곡소리와 뼈와 살을어이듯이 들려온다

집차를 둘러싸고 허리꼽은늙은이와 할머니 삐석마른 녀자들과 나어린애들이 집차에 매달려 애타는 가슴을 쥐어뜯으며울고 있는것이다

이마을에서도 강제모병으로 마지막 남어있든 청년들은 죽엄의 전쟁터로 이끌고 가는 판이다 집차에는젊은 청년들이 약三○명 맥없이 어깨가 처지고 눈물이걸신걸신하고 서 있다

「이애야 가거든 부디살어오너라!」

「이애야 가드라도 어쨌든 살조치나채리라!」

늙은이와 할머니들은 자기아들의 이름을 부르면서 이렇게 말한다

「야이늠 저리가!」하고 검둥개놈이 총칼을 번쩍이면서 구두발로 마음대로찬다 「아이구」 소리와함께 막대기도 놓치고 땅에 쓰러진다

「이제부터 무엇을 먹고 살며 앞으로 어떻게 농사짓소? 하늘같이 믿고 있든 아들하나마저 빼서갔으니 이일로 어이할꼬?」

눈앞이 캄캄해진다 김로인은 그만 기절했다

집차는 웅웅하면서 떠날준비를 한다 옥단이네 에미는 황겁하게 집차곁에 뛰여들어가 등에업은 옥단의 샛빨간 손을 쥐고 내밀면서

「여보 이애를다시 보고갔소 살어서 다시 볼런지……」

말도 못다 마치고 왁하고 울기시작한다

집차는 뿡뿡 소리치드니 움지겨떠난다

옥단이네에미는 집차에 달라붙었다 집차는 사정없이 달린다 옥단이네 에미는 얼마쯤 끌려가다가 팔에 힘이 다하야 땅에 엎드려저 몇번이나 구울고 느러졌다 손과 얼골에서 피가 흘은다 어린 옥단이 얼골은 죽은것처럼 샛파랗게 되었다

사람들은 고함을치면서 달리는 집차의 뒤를 쫓아간다 내아들 내남편의 얼골을 다시 한번 똑똑히 보고저……

「이애야 가거든 부디 살어오너라!」

「여보 부디살아오소!」

「이애야 가드라도 어쨋든지 살조치를 채리라!」

벌서 아들과 남편을 실은 집차는 산기슭을 돌아서서 보이지도 않는다 그래도 사람들

은 몇번이나 소리처 부른다 그러나 아모대답도없다 누구나할것없이 입에서는「망할놈
의 세상이다 이승만은 역적이다 미국놈들을 우리나라에 끄러드려 우리를 이렇게 못살
게 맨들었다」

누구인가 낮은 소리로

「그렇다 미국놈과 이승만은 우리 조선사람의 용서할수없는 원쑤다 이놈들을 완전히
몰아내지 않고서는 우리는 살수없다」

이말에 모도 주먹을 불끈 쥐었다

아래는 부산시가 발행소로 되어 있는 경남로동신문사에서 박아낸《경남로동신문》
제21호 1951년 7월 10일 치 2면에 실려 있는「투쟁단신」이다. 빨치산부대 새짬살이를
엿볼 수 있는 기사이다. 철필 글씨로 씌어진 타블로이드판 1장짜리이다.「유쾌한 빨치산
의 하루」라는 제목이다.

"六·二五를 맞이한 ○○부대의 오락회에서"

위대한 조국해방전쟁 一주년을 맞는 지리산빨찌산들은 그어느때보다도 원쑤에대한 불
타오르는 적개심과 조국과 인민에대한 무한한 헌신성으로 충망되었다 六·二五오후 지리산
고봉을 서남간에 바라보는 여기 딱바실재에 우리 우리 유격용사들이 자리잡았다 의의깊은 이
날을 맞아 자기들의 빛나는 투쟁경험을 교환하며 래일의투쟁을 고무격려하는 오락회를 열자
는것이다 또한 오늘밤도 원쑤를 찾아투쟁에 떠나는 용사들을 용사들을 격려해보내자는것이
다 경험교환에는 김윤칠동무가 적들의 三면포위속에서 대담한 발사를 계속하면서 빠져나온
이야기로부터 시작하여 용사 오종완 강대용 박점열동무들의 실전담이 흥미있게 버려졌다 특
히 오종완용사의 꾀꼬리봉전투에서 수류탄 세개로 단신 적三○여명을 살상한 영웅적 투쟁담
은 만장의 찬양을 폭발시켰다

오락회가 시작되자 흥미는 록음속에 일층 넘쳐흘은다 각부대에서 자랑삼아 들려주
는 기술박수속에 ○○부대는 출진한다

힘찬 결정가와 박수소리는 동지애의 교향악으로 지리산을 울리고 평지로 흘러떠러
진다 합창 독창 민요춤등 이렇게 오락회의 푸로는 진행된다 궁둥이춤 꼽새춤이 자미있
는가하면 노래에마추어추는 한강수와노들강변춤은 만장의 어깨춤을 자아내게한다

금번경쟁주간에는 오락회도 점수에드러가는거라

오락회심사결과 불행중 다행으로 각대가 동점임으로 써름으로 다시 승부를 결정하기로되어 대표선수 五명씩이 선발되었다

이소박한 향토체육이 시작되자 저마다 웃쩍웃쩍힘을주는 성원과 박수는 따바실재를 들끓게하였다

써름은 결국 一○二부대의 승리로 도라갔는바 특히 ○○부대 유갑렬동무의 력사같이 사람을 들어꼰지는 솜씨는 보는사람으로 하여금 놀라게하였다

황혼도 이미 어두어 오락회는 끝나 용사들은 적에대한 증오심끓은가슴에 신선한 공기를마시면서 즐거운거름으로 도라가는 것이었다

제6부
내 님을 살려내라!

1. 비상하게 똑똑했던 육사 아우 볼셰비키 평론가

이 원 조 ^{1909~1955(?)}

　　내 평생 소원은 글을 잘했으면 좋겠다. 그리고 그 덕분으로 만약 파격의 입지전중인 (立志傳中人)이 된다면 그것도 그다지 사양할 것은 없는 일이다. 그러나 옛날의 매문은 글 한 귀에 몇 백 냥씩 받았다고 하니 그것이 비록 십년 만에 한 번 있는 일이라고 할지라도 원고지 한 장에 십 전이나 이십 전 받는 지금 세상에 비하면 물풍(物豐)하던 시절이라고 할 수 있을 것이다.

　　그야 창작보다도 평론이 고료가 싸고 평론보다도 만문(漫文) 잡문이 싸다고 하니 현대에서도 고료가 반드시 원고의 양으로만 따지는 것 같지만 않지마는, 듣건대 토마스 하디가 처음에는 시를 쓰다가 시로서는 도저히 자생(資生)되지 않겠기 때문에 소설로 전향을 했다고 하니 이것이 만약 사실이라면 우리는 모름지기 테스의 작가 하디보다도 매문계의 선각자인 하디에게 더 많은 경의를 표해야 할 것이다. 이렇게 되고 보니 좋은 글보다는 긴 글이 장원격이다.

　　《조광》 1937년 4월호에 실린 이원조 수필 「궁항매문기(窮巷賣文記)」 한 어섯이다. 쥐꼬리만한 원고료에 목을 매야 하는 문학인 애옥살이는 76년 전이나 이제나 크게 다르지 않은 것 같다. 이어지는 글이다.

젊었을 때 이원조. 큰언니 이원록은 이육사라는 붓이름으로 「광야에서」를 내보였다.

그러나 글을 배운다는 것부터 입지전과는 길이 다르다거니 - 글을 파는 사람으로서 설마 이따위 장원을 다투기야 할까마는 하다못해 비지장사도 밑천이 있어야 한다는데 아무리 글장사이기론 밑천 없이야 어떻게 할 것인가? 한번 글 팔 돈이 다음에 판 글의 밑천은 되어서 책도 사보고 여행도 하고 하다못해 살림 걱정이라도 하지 않아야 할 것 인데 일이 그렇게 되지 않으니까 한 귀에 이백 냥짜리(조선왕조 끝 무렵 조옥수(趙玉垂)라는 가난한 시인이 시 한 편을 써서 대원군한테 돈 이백 냥을 받았다는 이야기가 앞에 나옴) 글이 나타나지 않고 그런 글을 짓지 못하니 이백 냥 달랄 염치도 없는 것이 지마는 이야기는 병아리와 닭알의 순환론에 돌아가고 만다. 그러므로 글 파는 사람은 여기에서 한번 달시(達視)할 필요가 있다. 이 순환론에서 떠나 글 밑천을 복으로 빌 밖에 없다는 것이 그것이다. 그야 하느님께 빌던 신명께 빌던 그 비는 말만은 평생에 글 짓는 밑천으로 복을 많이 점지하소서 라고.

문학평론가 이원조(李源朝)는 1909년 경상북도 안동(安東)에서 태어났다. 아호는 여천(黎泉). 대구 교남보통학교를 나왔고, 동경 호오세이대학(法政大學) 불문과를 마쳤다. 귀국한 다음《조선일보》기자, 대동출판사 주간을 하였다.1930년 첫 무렵 카프에 들어가 사회주의사실주의를 바탕으로 평론 활동을 하였다. 8 · 15를 맞아 임 화와 함께 김 태준 · 김남천 · 김오성 같은 이들과 중앙집행위원으로 「조선문학가동맹」을 목대잡았다. 1946년 2월 8, 9 이틀 동안 열린 제1회 전국문학자대회에서 한 보고연설 어섯이다. 「조선문학 비평에 관한 보고」.

(……) 이때까지 여신의 침실 속에 누워있던 문학을 대중 속으로 끌어낸 일, 미학이나 심리 대상이던 문학을 사회적 대상으로 확대시킨 이 두 가지 일만 가지고도 신경향파문학이 조선문학 비평사상에 남긴 공적은 불후의 모뉴멘트였다. 그러한 신경향파 비평기준이 독선적 공식주의에 빠진 까닭은 첫째, 인식수단의 하나인 예술을 철학적으로 구명하지 않고 사회적 범주로 속박시킨 것. 둘째, 조선의 경제적 · 정치적 · 사회적인 현실적 토대를 무시하고 외국의 문학이론을 무비판적으로 섭취한 것. 셋째, 작품비평에 있어 무사례한 재단을 한 것, 등을 들 수 있으나 뒤미처 들어온 유물변증법적 창작방법론을 통해 사회주의리얼리즘 논의로서 이러한 공식주의가 청산되고 새로운 문학비평의 기준이 수립되려 할 즈음에 일본제국주의가 파시즘으로 개편하여 만주침략을 개시

하면서 이 일파의 집단인 카프는 해산되고 이 문제의 논의는 마침내 끝을 맺지 못하였다. 　그러나 유물변증법의 창작방법이나 사회주의적리얼리즘 논의에 있어 예술의 창조적 특수성이라든지 창작적 방법과 세계관과의 관계를 천명함으로써 이때까지의 사회적 방법의 공식적 도그마를 깨뜨리는 것은 좋은 일이나 그때 바로 일제의 파시즘적 공세가 적극화할 때라 이 문학전선에서 탈락자가 사회주의적리얼리즘론에 가탁해 가지고 '얻은 것은 이데올로기요 잃은 것은 예술이라'는 추악한 고백으로 정치적 패배주의를 분식한 때문에 이 일구의 요언이 일세를 풍미하는 동안에 한편으로는 강렬한 비평정신을 마비시키고 다른 한편으로는 예술지상주의, 신비주의, 퇴폐주의 등 건전한 문학발전을 저해하는 모든 악경향이 대두하게 된 것을 잊어서는 안 될 것이다. (……)

이원조가 월북한 것은 1946년 늦가을쯤으로 짐작된다. 미군정에서 좌익쪽 신문인《현대일보》간부들을 잡아가려는 낌새를 알고 주필이었던 철학자 박치우(朴致祐, 1909~1949)와 함께 평양으로 갔던 것이다. 그리고 곧 임 화(林 和)가 있던 해주로 가서 제1인쇄소 편집국장으로 있으며 남조선으로 내려보내는 여러 간행물을 펴내는 데 힘을 기울이게 되니, 임 화와 함께 '미제첩자'로 몰리게 되는 빌미가 된다.

남로당 고갱이 12명을 붙잡아 들이기 비롯한 것은 1953년 1월 첫 때였다. 첫날 밤 남로당 2인자인 조선로동당 중앙위원회 비서 겸 사법상 이승엽(李承燁), 문화선전성 부상 조일명(趙一明), 조소문화협회 부위원장 임 화가 잡혀갔고, 로동당연락부 부부장 박승원(朴勝源), 상업성 손 안 일반제품 수입상사 사장 이강국(李康國) 전외무국장, 로동당 연락부장 배 철(裵 哲), 로동당 선전부부부장 이원조, 로동당 연락부부부장 윤순달(尹淳達), 내무성 안전국사찰과 중앙분실 1과장 백형복(白亨福), 인민검열위원회 상급검열원 조용복(趙鏞福), 조선인민군 총정치국 제7부 지도원 설정식(薛貞植), 조선인민군 유격대 제10지대장 맹종호(孟宗鎬)가 내무성 지하실로 끌려간 것은 다음날 새벽이었다. 트집거리로 삼은 것은 1952년 끝 때 가졌던 망년회였다. 이른바 '조서'라는 것을 보자.

1952년 12월 31일 밤, 평양시내 남조선 출신 인사가 운영하는 국수집. 림화, 박승원, 리원조 등 종파주의 잔당 10여명이 망년회를 위장해 모임을 가졌다. 이들 종파 잔당들은 김일성 동지가 이끄는 조선민주주의인민공화국을 군사쿠데타로 무너뜨리기 위한 토의와 결의를 다졌다. 종파 잔당들은 자신들의 수뇌인 박헌영을 앞세워 '박헌영 정부'를 세우기 위한 방법으로 금강정치학원에서 양성한 정치공작대와 유격대원들을 평양에 집결시켜 무력으로 공화국을 타도하기로 결의했다. 종파 잔당들은 무력폭동의 구체적인 방법으로 정치공작대와 유격대원들을 금강정치학원 교원과 학생들이 사용하는 교재용 무기로 무장시켜 지도부의 명령이 하달되면 당중앙위원회와 내각, 방송국 등을 점령하도록 했다. 특히 이 종파 잔당들은 박헌영정부의 수상에 박헌영을 앉히는 등 당 지도부와 내각의 상까지 미리 지명해 놓고 결전의 시기만 노리고 있었다. 그같은 증거로 이 종파 잔당들은 망년회를 빙자한 모임에서 부부장들이 서로 '부장동지'로 호칭했음이 이를 뒷받침해 주고 있다.

이 조서에 대해, 이른바 소련파로 그때 내무성 부상이었던 강상호(姜尙昊)는 증언한다.

남로당파 간부들은 망년회 자체를 부인하지는 않았다. 그러나 이들은 망년회가 남쪽에 두고 온 가족과 친척, 고향산천 등을 그리며 전쟁 속에서 보낸 한 해를 마감하고 송구영신하는 순수한 우정의 술자리였다고 주장했다. 이들은 특히 사전에 당 지도부와 내각 구성, 무력폭동을 획책하는 등 '박헌영 정부'를 세우기 위한 만반의 준비를 했었다는 부분에 대해 한결같이 완강히 부인했다.

림화 등은 '그날 밤 망년회 석상에서 문화선전성 부상 조일명이 개인적인 사정으로 한 시간여 정도 늦게 도착했다. 그가 들어서자 동지들이 문화 선전상 동지 어서 오십시오' 하고 농담조로 호칭한 것뿐이었다고 진술했다.

이승엽은 내무성 특명반 조사 과정에서 무장폭동 음모 혐의를 아귀세게 손사래 쳤다.

-유격대원들은 출동명령이 떨어지면 당과 내각, 방송국 등을 점령하고 대항하는 자가 있으면 모두 사살하라는 지시를 받았다고 말하고 있다. 그래도 부인할 것인가?

"그런 증언을 한 대원을 내 눈앞에 대라. 설사 그런 계획을 갖고 있었다고 하더라도 그것은 현실적으로 불가능하다. 평양엔 비행기, 탱크, 박격포, 고사포, 기관총, 수류탄, 폭탄 등등 현대무기로 무장한 수만 명의 인민군, 친위군, 경비군 등 평양방위군이 주둔

하고 있다. 낡은 교재용 무기(총)를 든 1천여명의 유격대원들이 이들 방위군을 이겨낼 수 있다고 보는가?

ㅡ 유격대원들이 기습적으로 평양을 밀고 들어와 주요 인사들을 사살, 감금하고 각 기관을 점령하면 북·남반부에 있는 3천명의 유격대원들이 평양에 집결해 인민폭동을 일으키려고 했지 않은가?

"그것도 상식적으로 가능하다고 보는가? 북반부 전역의 인민군 부대에 지원 나가 있는 유격대원들이 상부의 지시 없이 일시에 집결할 수 없을 뿐 아니라 남조선의 지리산 등에 있는 대원들이 무슨 방법으로 평양에 집결할 수 있겠는가."

통일공작원으로 23년 징역을 살고 나온 한학자 이구영(李九榮) 증언이다.

이원조는 비상하게 똑똑한 사람이었는데, 박헌영사건으로 당하고 나서는 바보가 되었다는 이야기를 들었다. 그는 처음에는 관련이 없어 무사했지만, 재판이 진행되면서 중간에 잡혀 들어갔다. 그도 교정 일을 보도록 배치를 받았으나 정태식(鄭泰植)처럼 심부름이나 하겠다며 사양했다.

그 집안은 모두 4형제였는데 다들 대단한 인물들이었다. 제일 큰 형이 '청포도'를 쓴 시인인 육사(陸史) 이원록(李源祿)이었는데, 그는 일제시대 북경감옥에서 죽었다. 둘째가 이원일(李源一), 셋째가 이원조, 그리고 막내가 이원창이었다. 이원일과 이원조는 북으로 넘어갔고, 이원창은 그냥 남아 있었다.

12년 징역형을 받은 이원조가 감옥에서 돌아간 것은 1955년 3월이었다고 한다. 왕족 출신에다 일색으로 소문났던 이원조 부인 이정원(李貞媛)과 딸 동숙(東淑, 당시 21세, 대학생)은 이원조가 1953년 공개재판을 받은 다음 자강도 강계시에 있는 고무공장과 급양관리소에 각각 배치되어 직공과 점원으로 일했다고 한다. 그 후 다른 지방으로 재배치되었다는 소문이 있었으나 강상호가 평양을 탈출한 1959년까지 생사 여부가 확인되지 않았다고 한다.

남로당 숙청 때 처형당한 문인은 모두 3명이다. 임 화, 설정식, 김남천. 그리고 전재산 몰수와 12년 징역을 받아 2년 만에 저뉘로 간 이원조. 속수무책으로 당할 수밖에 없는 문학인들이었다. 북녘 사람들이 그때 임 화 죽음을 보고 했다는 말이다.

"그 사람 사상은 몰라도 작품은 좋았지. 사람 좋고 작품 좋았어."

이 상황에서도 아무도 입을 열지 못했다. 소리라도 질렀던 오직 한 사람은 임 화 두 번째 부인 지하연이었다

"내 남편 임 화를 살려내라!"

지하연은 반미치광이가 되어 소리를 지르며 평양시를 헤매다가 끌려가 또한 사라졌다고 한다.

작가 계용묵(桂鎔默, 1904~1961)이 쓴 '이원조론'이다. 1937년 5월 1일 박아낸 《풍림》제6집 〈작가가 본 평가 「이원조」〉.

작가의 눈에 빚인 평가는 언제나 밉기 쉽다.

오직 창조일념에 세상 모르고 양지쫙에서 알을 겯고 있는 씨암닭을 노리는 소리개와 같다면 나무랄가. 작품을 연구비판하는 것이 평가의 직능이라면 그것이 결여되어 있는 반면에 다만 사복(고료)만을 채이기 위하야 쓸데없는 붓끝이 작품을 중상식인다면 어련한 소리개가 않일 수 없다. 실로 우리 평단에는 소리개 비평이 횡행함을 본다.

이는 흔히 이지력을 대상으로 하는 평가의 이론부족에서 작품을 위한 비평이 되기보다 비평을 위한 비평이 되는 데서 저도 모르게 생기는 일이니 이것이 그 비평 스사로의 가치를 잃게 되는 것은 작가가 알 바 않이로되 이로 말미아마 작가에게 밎이는 영향이 큼을 볼 땐 실로 밉다. 나는 이제 평가로서의 이원조씨를 보라는 청탁에 문득 하늘을 우러러 씨도 소리개가 되여본 적이 있었나 치어다 본다. 그렇나 반갑게도 씨에게서는 소리개혼을 찾지 못한다. 씨는 씨암닭을 그릴 줄 모르고 그 닭이 나어놓은 알을 엤보고 그 외모를 감정하야 생김생김을 차근차근이 고르고 그 속에 파고드러가 힌자위와 놀란자위 속에 담겨있는 영양가치를 달어본다. 그리고 저울추를 드려놓고 내에 늦는 데로 덤비지 않이한다. 더욱이 그것이 힌닭의 알이든 검정닭의 알이든 간에 그것을 구별하라는 법이 없이 오직 그 속에 드러있는 영양소만을 발거내라는데 신용이 간다.

흔히는 비평가들이 「양심적」이니 비양심적이니 하는 문구를 제작하야 작가의 꼭대기에 나노아 붙이기를 즐겨하나 씨의 평문에서는 일즉이 이런 것에 구별을 애써 하라는 흔적을 찾은 일이 없다. 그 작품이 경향적이라 하야 씨는 반다시 양심 이자를 허치 않고 그 작품이 어떻한 성질을 갖고 있든지간 오직 예술을 위한 외에 조곰도 겻눈질을 않이한다. 진실한 비평적 태도다.

실로 작품이 평가의 붓 끝에 양심적 비양심적으로 구별될 때 참 의미에서의 작품다운 작품도 남모르게 파무치는 수가 있는 것은 나만이 보고 있는 사실일가 같은 작품을 두고 경향이 서로 다른 두 사람의 평이 있을 때면 그래도 일반적으로 문제는 되어 있어도 경향이 같은 두 사람의 평점이 일치될 때면 그 평이 적확 여부는 별문제로 그 작품은 그대로 규정이 되는 수가 있으니 여기에는 가령 경향이 다른 어떤 평가가 있어 그 작품의 가치를 높게 보기는 하나 붓을 들 기회를 잃고 있는 때면 그것이 진정한 의미로서의 역작이라 하드라도 아깝게 파무치고 만다. 그리고 이와같은 반대의 경우에서 보잘것없는 타작이 역작으로 승진을 하게 되는 기현상을 보게 되는 때도 있다.

자기의 소신을 기탄없이 쏟아놓고 작품을 요리하여야 할 것이 평가의 임무이기는 해도 어떠한 경향을 갖인 작가이든 그 작가의 의도를 무실할 권리는 없다. 평가가 작품을 접할 때는 그 성질 여하를 따질 필요는 없는 것이다 그것은 마치 의사가 어떠한 종류의 환자이든 따질 필요 없이 치료를 요하여야 할 의무를 갖이고 있는 것과 같다

작년 일년 간의 총결산에서 이효석(李孝石)씨의 「들」을 찾을 수 없는 것은 어찌된 일일가. 현금 우리 평단에서는 대개가 작품을 과학적으로만 분석비판하려하고 철학적으로 그것을 시(試)하러 하지 못한 데서 무시된 것이 않인가. 작품이란 그것이 갖이는 성질에 의하야 그 분석하는 방법도 달너야 될 것 같다. 의사가 환자의 성질에 따라 약도 달니 써야 되듯 철학적 성질의 작품을 과학적으로 분석하려 하거나 과학적 성질의 작품을 철학적으로 분석하려 할 때 그 작가의 의도는 많이 무시될 수 없을 것이니 작품을 분석연구하는 것이 평가의 임무일진댄 한가지의 성질로만 고집할 것이 않이라 어떠한 방법으로든지 이렇게도 저렇게도 하여 보아 다만 나서는 대로 그 속에서 답을 구하여 낼 것이 평가에게 허여된 직능이 않일가.

이러한 견지에서 이원조 씨를 본다면 씨에게도 일즉이 작품분석의 저상에 철학적 해부력을 놓았으믈 섭섭하나 찾어본 일이 없다.

1955년 12월 14일 평양시에 있는 조선민주주의인민공화국 최고재판소에서 발표한 것으로 되어 있는 「미제국주의 고용간첩 박헌영 리승엽 도당의 조선민주주의인민공화국 정권전복음모와 간첩사건 공판문헌」이다. '신문' 가운데서 추렸다.

재판장 반역 행위에 대하여 말하시오.

리원조 제가 범한 범죄의 출발점은 저의 사상적 근원이 소부르죠아 민족주의적 립장에 선 데 있으며 해방된 후 소부르죠아적인 소위 순수 문학을 제창한다는 데 있었습니다. 해방후 저는 문학 운동의 주도권을 장악하겠다는 영웅주의와 리기주의로부터 출발하여 몇몇 사람이 모여 조직한 조선 문화 건설 중앙 협의회의 서기장으로 있을 당시 이 조직을 강화한다는 구실 밑에 리 승만 계통 문화인들과 통일을 가질 것을 획책하였는데 이때『졸도 10명보다 대가 1명을 붙들라』라는 구호를 걸고 실지에 있어서 각 부문의 책임적 지위를 반동에게 넘겨 주었던 것입니다. 이와 같이 한 리유는 철저한 카프 계렬 작가들이 주도권을 잡는다면 저희들의 야욕을 달성할 수 없기 때문이었습니다. 이때 진보적인 작가, 예술가, 무용가들은 저희들의 단체를 반대하고 문학가 동맹을 조직하였던 것입니다. 저는 박 헌영의 소위 8월 테제라는 것에 공명하고 이것이 우익적인 것임에도 불구하고 진보적인 것으로 선전하였습니다. 또 1945년 말에는 모쓰크바 3상회의 결정 반대 강연에 참가하였고 미군 환영 데모를 조직한 일도 있으며 1946년 4월에는 소위 인민 공화국과 상해 림시 정부 합작 권고문을 작성하여 박 헌영의 비준을 받은 사실이 있으며 1946년 2월 우리 문학은 계급문학이 되어서는 안된다는 내용을 가진 림 화의 문학 테제를 지지하였습니다. 이와 같이 저의 문학 로선과 정치적 립장은 소부르죠아적 이였습니다. 해주 제1인쇄소에서 일할 당시 박 승원, 림 화 등과 같이 박 헌영의 출세주의를 찬양하여 공화국 정부와 인민들 간의 리탈을 조장하려는 내용으로 출판물에 보도한 것도 또 나의 반국가적 죄악의 하나입니다. 그 실례로서는 당시 해주에서는 세포 회의을 할 때마다 박 헌영의 초상화를 걸고 박헌영을 위한 멧세지를 채택하였고 박헌영 만세를 부르고 전체 직원들을 어떻게 하면 박헌영의 출세주의를 정당화하여 대중을 리 승엽 도당에게 집결시킬 수 있겠는가 하는 것을 교묘한 수단으로 연구 선전하여 왔습니다. 림 화는 1948년에 박 헌영에게 드리는 헌시를 지어 김 순남을 시켜 해주 대표자 대회에서 랑독케 하고 반동적 내용인 산사람이라는 연극까지 꾸미게 하였으며 조 일명은 박 헌영이는 결정적인 우리의 수령이며「해주사람들」이 쓴글이 북반부에서 제일 좋다고 하면서 동무들이 일을 잘 하여야만 박 헌영의 위신이 제고되고 그렇지 않으면 저락된다고까지 하였습니다. 그 밖에 1948년에 공화국 정부가 수립되고 남북 로동당이 합당된 이후에도 박헌영의 출세주의를 계속 선전하였습니다. 박 헌영의 지도가 우수하다는 것과 박 헌영의 주위에 대중을 집결시키기 위하여 북반부에서의 민주 건설의 제반 성과를 소개하지 않았습니다. 그 례로서는 해주 제1 인쇄소의 매개 간부들에게 보조금이라는 명목으로 당 자금에서 매월 3천원을 주었고 박 헌영과 리 승엽 도당을 비판하거나 그를 반대하는 의사를 가진 순진한 당원을 박해 감시하는 방법도 썼습니다. 또 저와 박 승원, 림 화는 박 헌영 선집을 발간하기 위하여 제가 그 원고를 검토하고 림 화가 조 일명에게 제출하였는데 조 일명은 최후 교열까지 하였으나 결국 발간하지는 못하였습니다. 저는 박 헌영, 리 승엽의 비호에 의하여 중앙당 선전부 부부장으로 등용되자 조 일명, 림 화 등과 결탁하여 남반부 출신작가, 예술가들을 무조건 비호하기 위하여 백방의 노력을 하였습니다. 또한 북반부 출신 작가들과 쏘련에서 온 문화인들 간에 알륵을 조성하는 방법으로 우리들이 세력을 장악할 데 대하여 조일명과 같이 획책한 일도 있습니다.

재판장 검사 신문하시오.

검사 피소자는 박헌영의 출세를 위하여 노력하였다는데 그 출세의 내용은 무엇인가.

리원조 조선인민의 수령으로 되게 하려는 것입니다.

재판장 변호인 신문하시오.

변호인 박헌영의 출세를 적극 념원한 목적은 어데 있습니까.

리원조 박헌영이 출세한다면 저도 더욱 출세할 수 있다는데서 앞으로 나의 개인 향락을 위하여서입니다.

재판장 김남천의 범죄 행위를 피소자의 직위를 리용하여 비호 묵과한 사실을 말하시오.

리원조 문화 선전사의 경리 사업을 검열한 결과 약 20만원이 랑비된 사실이 발표되였는데 이것을 당시 책임자이던 김 남천이가 책임질것 같아서 그를 비호한 사실이 있습니다.

재판장 박헌영의 정체를 말하시오.

리원조 다른 공동 피소자들의 진술에서 이 사건의 전적 책임이 박 헌영에게 있다고 하였는데 저의 경우에 있어서도 제가 범행하게 된 첫째 원인은 물론 저의 사상이 락후한 데서 출발했으나 그러나 제가 해주 제1 인쇄소에 있을 당시부터 저에게 나쁜 사상을 침투시킨 것은 박 헌영입니다. 그 례로서 1947년 조 일명을 해주 인쇄소에 보낼 당시에 특별 지시라 하여 「해주사람들」이 북반부에서 누구보다도 글을 잘 써야 하겠다고 한 사실이 있습니다. 그 말은 저같은 락후한 층에게 남북 대립의 요소를 움트게 하며 범죄적 방향에로 교사한 것입니다.

재판장 검사 변호인 보충 신문할 것이 없습니까.

검사 변호인 없습니다.

『제1공화국과 친일세력』에 나오는 대문이다.

이원조(李源朝) 조선문인보국회 평론·수필부의 평회원으로 참가했다. 「문학의 영원성과 시사성」(『인문평론』, 1940. 8) 같은 평론에서 약간의 시국색이 발견된다.

2. 혁명가들 물잇구럭이었던 인정 많은 김 한(金 翰) 정인

신 정 균 ^{1884~1931}

진두(陳頭)에 그 전자(戰态)를 동서에 치구(馳驅)한지 10여 성상에 자리(自利)는 모두 희생의 제물로 공(供)하고 오직 그의 자신과 동일한 사람들과 행복을 위하여서만 동지 신정균 여사는 오랫동안 병환 때문에 병석을 이(離)치 못하고 신음하다가 마침내 7월 2일 오전 5시에 풍운에 쌓인 이 사바의 전선을 영원히 떠나고 말았다.

생사의 철칙을. 그인들 사대(四大)를 얽은 육체를 가졌으니 어찌 생사의 철칙을 벋어날 수야 있나마는 전선에서 기복한지 10여 성상이 넘었건마는 그가 뜻하는 바를 편적이나마 살필 때 우리는 애통하고 더욱 아까워하기를 마지 않는다. 그는 여성이었었다. 유약한 건강으로 그처럼 다단한 세사에 항(抗)하면서 남북으로 홍진을 일으키던 그의 전용(全容)을 방불히 하니 그 인자한 그 뇌락한 그 씩씩한 전자(全姿)가 안전에 의의(依依)하여 마지 않는다. 그는 지극히 인자하신 이였었다.

이 동지 저 동지의 이 사정 저 사정을 속속들이 알뜰히 삿삿이 보살펴 줄 뿐만 아니라 그는 성과 정을 다하여 불우한 환경에 고읍(苦泣)하는 이들을 위안을 시켜 주었다. 동지들은 희로애락의 어떠한 일이 있을지라도 그의 문을 두드렸다. 그러하던 동지 신정균 여사는 우리의 곁을 떠나고 말았다.

4일 오전 10시 그의 구(柩)는 애통하는 동지와 그의 친속에게 호위되어 그를 영원히

다비(茶毘)할 곳 서대문 외 홍제원으로 떠났다. 그를 모신 구거(柩車)가 지나갔다. (일행 략)

《비판》 1931년 7·8월 합호에 실려 있는 기사이다. 「선구 신정균 여사의 가버림을 슬퍼함」이라는 제목이고, 간 이를 기리는 기사를 쓴 사람은 각허생(覺虛生)이다. 마치 독립선언서를 보는 것 같은 껄끄러운 진서투 기사는 이어진다.

이날 오전 11시 10분 다비장 홀에 그의 구를 40여 동지는 둘러싸고 그와 장차 영결을 하려 할 때 그들의 면면은 침통 그대로였었고 실내의 분위기 그것도 연애(然哀) 그 것이였었다. 송봉우(宋奉瑀, 1901-?)씨의 집식(執式) 하에 묵도로써 식을 열고 식순에 의하여 방두파(方斗波)씨의 약력 보고, 정칠성(丁七星) 여사의 성루구하(聲淚具下)의 영결사에 회중은 비읍(悲泣), 강정임(姜貞任)양의 노총·비판사 등 각 단체와 각지에서 온 조문 낭독이 끝난 후 폐식. 그의 몸뚱어리는 장차 화구(火口)로 운구키 위하여 동지들의 손이 그 구에 닿으려 할 제 전중(全衆)은 방성애곡. 그치려 하나 그쳐지지 않는 방성통곡! 이는 동지애의 지정이었었다. '고 신정균'이라는 위패 세운 화구의 문이 닫쳐질 그 순간 눈물은 다시 새로웠으며 곡성은 또다시 커졌었다.

몽몽(??)한 흑연, 홍제원 상공에 퍼뜨려지며 저 질마재 쪽으로부터 날아오는 한쪽의 검정구름. 천일(天日)을 빛 없이 하니 제정화단에 고개를 숙인 다리아꽃인들 그의 구원(久遠)히 가버림을 슬퍼하는 애조(哀弔)의 풍정이 아니고 무엇이더냐.
1931년 7월 6일 오후 1시 반경

창작과비평사에서 1996년 펴낸 『한국사회주의운동 인명사전』 신정균 항목 온글이다.

신정균(申貞均, 1884-1931)(여성)
충북 괴산 출신으로 김한의 애인이었으며 1922년경 집을 팔아 조선공산당 조직자금으로 김한에게 주었다. '박열(朴烈)사건'이 발생하자 김한과 함께 일본경시청에서 신문을 받았다. 여성동우회, 신간회 회원으로 활동했다. 1929년 근우회 전국대회 준비위원 및 중앙검사위원이 되었다. 1930년 근우회 본부 검사위원, 경성동지회 상임집행위원으로 선출되었다. 그해 '조공재조직 준비위원회사건'에 연루되어 검거되었으나 불기소 처분을 받았다. 1931년 사망했다.

어떤 계급 집안에서 태어났고 어떤 살림 형편에서 어떤 가르침을 받으며 자랐는지는 알 수 없다. 다만 "1922년경 집을 팔아 조선공산당 조직자금으로 김한에게 주었다"고 하였으니, 재물이 어느만큼 있었던 것으로 보인다. 그때가 39살이니 내림줄기 따른 옛날식 혼인 생활에 미끄러지고 주의자 김 한을 만났던 것으로 보인다. 김 한보다 네 살 손위이다.

김 한(金翰)은 1888년 서울에서 태어났다. 대한제국 시절 통신원주사, 탁지부주사, 세무주사를 지냈다. 1905년 일본 동경으로 가서 호오세이대학(法政大學) 정치경제과에 들어갔다. 1912년 만주로 달아나 상해·천진·봉천 같은 데서 반일운동을 하였다. 1919년 상해에서 이루어진 대한민국임시정부에 들어 사법부장이 되었고, 임정 울안 임시사료편찬소 위원이 되었다. 1921년 「서울청년회」를 만드는 데 들었고, 22년 「무산자동지회」 상무위원이 되었다. 2월 《조선일보》에 「고 김윤식 사회장 반대에 즈음하여 이 글을 일반민중에게 보낸다」는 제목의 글을 선보였다. 9월 제3차 고려공산당청년회 집행위원이 되었고, 1923년 '김상옥사건'으로 왜경에 잡혀 징역 6년을 살았다. 1929년 조선공산당재건조직준비위원회를 얽어내고 위원 겸 모쁠, 곧 혁명자 후원회 맡은이가 되었다. 6월 「신간회」 중앙집행위원이 되었다. 1930년 2월 소련으로 갔는데, 그 뒤 소련 경찰에 잡혀 일제 밀정 혐의로 처형되었다.

'상신서'라는 것이 있다. 1937년 김춘성이라는 자 손으로 만들어져 코민테른 집행위원회 앞으로 보내진 찌름글로, 김단야·박헌영·조봉암·김 찬·김 한 같은 화요파 공산주의 그룹 채잡이들을 일제 밀정으로 명토박고 있다. 더구나 김단야와 박헌영, 그리고 김 한이 일제와 싸운 자취를 나쁜 마음으로 그려내고 있다.

김춘성이 누구인지는 똑똑히 알려져 있지 않다. '이성태'라는 또 다른 이름을 가진 그는 《독립신문》과 잡지 《신생활》 기자를 하였고 1928년 2월 조선공산당 중앙집행위원으로 뽑힌 바 있는 이성태(李星泰)와 같은 사람일 것으로 짐작된다. 이성태는 1928년 6월 왜경에게 붙잡혀 34년 11월까지 징역을 살았는데, 감옥에서 나와 러시아로 갔던 것으로 보인다. 김단야·조봉암·박헌영·김 한을 일제 염알이꾼이라고 쏘개질하는 바이얼토당토않고 참으로 맞지 않는 모지락스런 '상신서'를 보자.

1925년 말 혹은 1926년 초에 김단야는 서울에서 해외로 망명했다. 김단야는 이 시기에 조선공산당 중앙위원회와 고려공산청년회 중앙총국의 성원으로 있었다. 당시 조선공산당과 고려공산청년회 중앙집행위원회 성원들은 두세 명을 제외하고는 모두 체포되었다. 김단야는 체포를 면했다. 당시 김단야와 함께 김찬, 박철환(조봉암과 동일인) 등의 밀정들이 체포를 면했다. 강화도 주재 일본경찰서의 촉탁노릇을 했던 조봉암만이 아니라 김찬도 오랜 세월 밀정노릇을 했다는 사실은 만인에게 잘 알려진 사실이다. 김찬의 밀정행위에 대해서는 《동아일보》 1932년 6월 25일 자에 기재되어 있다. 김찬은 당시 조선공산당 중앙의 연락사업을 총괄하고 있었다.

김단야는 바로 이런 밀정 김찬의 가장 가까운 동지들 중에 하나였던 것이다. 이 사례는 다시 한 번 김단야가 일본경찰과 밀접한 관계에 있다는 사실을 말해주고 있는 것이다.

김단야는 (고려공산당청년회) 중앙총국 성원들 가운데 제일위의 지위를 차지하고 있던 박헌영이 1925년에 (경찰에) 자백했고, 당의 비밀을 누설했다는 사실을 알고 있었지만, 종파적인 목적을 위해서 코민테른에 박헌영에 대해 긍정적으로 보고했다. 박헌영 또한 일본경찰에 제공한 이러한 봉사로 인해 '정신병'이라는 핑계로 공판이 개정되기도 전에 석방되었다. 박헌영은 친일파 가정의 소생이다. 그의 아버지와 큰형은 조선에서 악명높은 친일단체 '일진회'의 성원들이었으며, 게다가 아편쟁이인 박헌영의 큰형은 지금까지 일본밀정으로 활약하고 있다. 박헌영은 일본경찰과 가까운 사람이 되었다. 이것은 그가 상해에서 체포되어 조선에서 공판을 받을 시에 평당원들에 비해 훨씬 가벼운 형량을 언도받았다는 사실로서도 분명하다. 재판관에게 박이 중앙의 지도적 인물이었다는 점이 분명했음에도 불구하고 박헌영은 전체 5년형을 언도받았을 뿐이다. 그러나 그의 지도 하에서 활동했던 여타 사람들은 6~8년의 형을 언도받았다. 그리고 이러한 모든 사실들을 알고 있으면서도 박헌영과 김단야와 타협하는 자들은 종파주의와 사리사욕을 위해 그의 죄행을 폭로하지 않고 있다.

1953년 평양에서 벌어진 '미제국주의 고용간첩 박헌영 리승엽 도당의 조선민주주의인민공화국 정권전복 음모와 간첩사건 공판문헌'이라는 것과 거의 같은 알맹이다. 다른 것이 있다면 '미제간첩'이라는 것이 더 붙었다는 것뿐. 평양정권 사람들은 김춘성이라는 자 '상신서'를 바탕으로 삼아 이른바 '공판문헌'을 만든 것으로 보인다. 권력은 총구에서 나온다는 말은 모택동만이 깨달은 진리가 아니다. 힘이 센 사람이 권력을 잡는 것이 아니라 권력을 잡은 사람이 힘이 센 것이다. 이긴 자가 권력을 잡는 것이 아니라 권력을 잡은 자가 이긴 자가 되는 것이다. 김 한에 대한 상신서는 더욱 끔찍하다.

김한은 이미 조선에서 오래 전부터 밀정으로 알려진 사람이다. 김한은 1932년 모스크바에서 체포되었다. 김단야는 1919년 이래 김한이 체포되기 직전까지, 즉 1932년까지 그의 가장 가까운 정치적 동지의 한사람이었다. 코민테른 집행위원회의 지령에 따라 조선에 마지막으로 체류하는 동안에도 김단야는 김한과 연락을 맺고 있었다. 김단야는 조선에서(이하누락)

신정균이 48살 나이로 눈을 감았을 때 김 한은 모스크바에 있었다. 모스크바로 간 혁명가들은 그리고 돌아오지 않았다. 조원숙(趙元淑) 남편 양 명(梁 明, 1902~?)도 돌아오지 않았고, 신정균 정인이었던 김 한도 돌아오지 않았다. 평양에서 김일성과 회담한 다음 몽양이 "김단야만 있었으면 이렇지는 않을 텐데……"라며 안타까워했던 김단야도 돌아오지 못하였고, 조명희도 돌아오지 못하였다.

러시아말로 '모쁠'이고 조선 토박이말로 '혁명가 물잇구럭'이었던 신정균이 50수도 못 채우고 저뉘로 간 것은 김 한과 다시 만날 언약도 없이 헤어졌기 때문일 것이다. 송봉우·정칠성 같은 동지들이 땅을 치며 울부짖을 때 신정균은 이렇게 말하고 있었다. 《비판》기자가 "당신은 걱정이 있지요? 하나 말씀하세요"하고 말하였을 때였다. 혁명가들 뒷바라지에 온몸과 마음을 다했던 혁명가 물잇구럭다운 대답이다.

"있고 말고요. 당면문제로는 돈이 없어 걱정입니다. 다음은 ○○이 늦어서 걱정입니다."

아래는 서대문경찰서 경부 길야등장 수기이다. 『길야 사상범 포물첩(吉野思想犯捕物帖)』에 나온다.

김한, 조선경찰에 재적한 이상 김한의 이름은 알고 있을 것이다. 이렇게까지 그의 이름은 어떤 의미로 유명하다. 지금은 공산주의자로 되어 안광천(安光泉) 등과 제휴하고 있다.

그러함에 그는 경기도 형사과장의 권설(勸說)로써 일단 귀순하여 경성에 돌아온 것이 대정(大正) 12년(1923)이었다. 그러나 그것은 한 수단에 불과하였다.

전부터 연락하고 있던 상해 김원봉(金元鳳)과 협의하고 공산주의자동맹을 조직하였다. 그는 그 책임자였다 이렇게 귀순한 것으로 생각하여서는 큰일이다.

비밀히 김원봉으로부터 보낸 2천원 중에서 8백원을 들이어 현저동(峴底洞)에 많은 토막(土幕)을 건축하고 무산자를 그곳에 주거하게 하였다. 이것이 목적이 아니었다. 그 일부를 동맹사무소로 사용하면서 그곳에 파괴운동의 폭탄을 상해로부터 입수하려고 하였다. 그것이 대정 13년(1924)의 일이다.

본정서(本町署)에서는 어떠한 사정으로 그러하였는지는 모르나 피(被)를 검거하여 조사하다가 결국은 방환하였다. 이에서 그는 일시적으로 지방에 가게 되었다. 이제 비밀히 귀택(歸宅)한 것을 알게 되었다. 그것이 13년(1924)의 봄이었다. 나는 서장의 지휘를 받아 고등과장에게 대하여 검거할 것을 교섭하고 또 당시의 형사과장에게도 그러한 이유를 말하고 요해(了解)를 구하였다. 익조(翌朝), 동료 데리고 마포(麻浦)에 있는 그의 집으로 가게 되었다. 가서 본즉 이상하게도 그의 집 주위를 포위하고 있는 경관!

가까이 가서 본즉 ○○서의 T경부보(警部補)가 20여명을 데리고 그를 체포하러 왔다. 자발적으로 왔던가? 물어본즉 형사과장의 양해를 얻고 왔다고 한다. 어쨌든 이상한 일이다. 남의 관내 아무 말도 없이 보통인이라면 말다툼이라도 일어났을 것을 그러나 말다툼도 하기 싫었다. 동일한 목적으로 온 이상 나는 T경부보가 하는 것을 보기만 하였다.

김한의 자태는 볼 수 없다.

"김한은 어디에 갔어?"

"벌써 외출하였는데 아직 돌아오지 않았소."

T경관보의 신문에 대한 그 처의 대답이다.

"돌아오지 않아(았)서. 어젯밤에 확실히 돌아온 것을 알고 왔는데."

"어디에 있는지 찾아보시오."

김한 처의 대답이었다.

이에서 T는 전화로 서에 보고하고 응원으로 하여 10명 또 뒤로 10명을 파견하여 왔다. 필사의 수사를 명한다. 물론 이 사건을 나의 손에 넘겨줄 태도는 아니다. 물샐 틈 없이 집을 포위하고 가택수색은 하였다. 그 처가 말하는 대로 찾지 못하였다. 그리고 만사휴(萬事休)라는 격으로 귀서하려고 할 때 나는, "그러면 내가 수사하여 볼까? 있으면 체포하여도 좋을까?" 경부보는 모든 것을 쾌락하였다.

"그러면 망보는 것을 그대로 두어 주시오."

"아 그것은……"

"할 수 없다면 좀 기다려 주시오."

나는 이 사유를 전화로 서장에게 말하고 또 고등과장에게 보고한 다음 모(某) 서와 교섭하고 포위한 것을 그대로 두기로 하였다.

가택수색을 할 때 나의 눈에 보이는 것은 화로 곁에 해태의 조각이 떨어져 있다.

"아침에 해태를 구워 먹었다. 이 빈한한 살림에 또 여자, 어린애들뿐의 생활에……"

김한이 있었던 것이 사실이라는 것을 직감하였다. 집은 넓으나 파가(破家) 5인의 가족이다. 다음 부엌에 가서 식기를 조사하였다. 식기는 6개 5인의 가족에 공기 여섯 개, 그리고 은수저 한 벌이 있다.

"김한과 같이 식사한 것이 틀림없다."

모서의 경관들은 웃고 있는 모양이다. 식기 같은 것이 무슨 관계가 있담. 다만 김한만 있다면…….

"아침에 무엇을 먹었어?" 하고 물은즉 그 처와 모는 서로 낯을 보면서

"김치와 국을……"

"몇 사람이 식사했어?"

"5인이었오."

"틀림이 없지."

"예." 이렇게 대답이 있은 후

"김을 먹었는데" 하고 말한즉,

처와 모의 낯빛이 변한다.

"왜 속이어 화로 곁을 보아."

이 말에 두 사람은 딱하다는 듯이 또 T경부보는 아직 그 뜻을 알아채리지 못한 모양이다.

"사실은 어린애가 좋아하는 까닭에."

"괴로운 변명이다. 그러므로 앞서 말하여 두었지."

"밥상을 갖고 와서 식사한 식기를 세어 보고 설명하라."

대답을 하고 두 부인은 일어서지 아니한다. 하녀에게 시켜서 밥상을 가져오게 하여 6개의 공기 또 은수저, 이때 T는 실책이었다는 표정.

"이것은 김한이 먹었지?"

"아니요, 건너 늙은이가 와서 함께 먹은 것이어요."

"건너 늙은이가 남의 집 주인의 식기로 먹었다? 왜 대답이 없오. 그러면 그 늙은이는 누구고 또 저기 있는 약은 누가 먹었어?"

"내가 먹었읍니다."

"거짓말 말어. 저 약은 남자가 먹는 약이지?"

완강히 부인하던 처, 모도 이러한 증거품에는 할 수 없다는 듯이,

"사실은 금조(今朝) 식사는 같이 하였읍니다. 그리고 이상한 발소리에 포위된 것을 알아차린 남편은 이웃집 뒤로 도주하였오."

놀라는 T경부보는 시계를 보더니 벌써 두 시간이 지났다. 이웃집에 가서 물어본즉, "김한은 아까 벌써 도망하였오." 하는 것이다. 큰 소리를 치고 또 붉은 혀를 내밀고 도망한 지도 오래었다.

기계적으로 동(動)하는 경관, 아무리 많아도 소용없는, 왜 빨리 체포 못하던가? 다만,

"김한이 권총으로 저항할 것을 생각하고 너무 주의에 주의를 한 까닭이라고 하겠다."

이때 종로서장 고등과장이 왔다. 노기충만한 고등과장, 구멍에라도 들어가려는 T경부보. 즉시 종로서 형사가 들은 대로 봉래정(蓬萊町) 친우의 집에 잠복하고 있는 것을 취박하였다.

박갑동이 쓴 『남기고 싶은 이야기들』에 나오는 글이다. 이런 식으로라도 더듬어 볼 수밖에 없을 만큼 신정균은 물론하고 김 한에 대한 적바림은 없다.

그때 서울청년회의 주요 「멤버」는 김사국(金思國) · 이영(李英) · 이득년(李得秊) · 장덕수(張德秀) · 김명식(金明植) · 김한 · 오상근(吳祥根) · 한신교(韓愼教) · 윤자영(尹滋英) 등이었고 초대 이사장은 이득년이 맡았다. 그런데 서울청년회는 조직벽두부터 민족개량주의를 주장한 장덕수 · 김명근(식) · 오상근 등 전통파와 좌경 사회주의파인 김사국 · 김한 · 이영 · 박일병(朴一秉) · 남정배(南廷培) · 고순흠(高順欽) · 임봉순(任鳳淳) 등과 틈이 생겨 있었다. 좌파는 어떻게든지 청년회를 자기들의 수중에 집어넣으려고 집요하게 모의 중이었다.

그러던 터에 22년 1월에 접어들어 예기치 않은 충동의 구실이 생겨났다. 전 자작(子

爵) 김윤식(金允植)이 사망하자 장덕수를 중심으로 하는 계열에서는 김윤식의 생전의 공로를 기리는 의미에서도 사회장을 하자고 주장하면서 장덕수가 주필로 있던 동아일보를 통해 맹렬한 선전을 했던 것이다. 그러나 좌파 서울청년회측에서는 김윤식은 국적이었다고 비난하며 사회장을 맹렬히 반대하고 나섰다. 김윤식은 잘 알려진 것과 같이 구한말 때 홍문관(부응교·부교리)·공조·병조판서를 지냈으며 김홍집내각 때는 외무대신까지 역임했다. 그는 이홍장(李鴻章)·원세개(元世凱)와도 각별히 교류한 원로정치인이었으나 한일합병 후 중추원부의장(의장)이 되어 자작 칭호를 받아 큰 흠을 저지른 사람이다.(……)

서울청년회를 주도한 김사국(金思國)이란 사람은 1892년 11월 9일 충남 연산(連山)에서 상민의 아들로 출생하여 부친을 잃고 편모를 따라 금강산(金剛山) 유점사(楡岾寺)에서 한문을 수학했다. 서울 보성(普成)학교에 입학한 일은 있으나 생활고로 중퇴하고 한·일합병 후에 「시베리아」만주로 유랑했던 사람으로 인품이 호탕하고 활동적이었으나 나중에 망명 중 폐결핵에 걸려 귀국 끝에 26년 5월 8일 비명으로 숨진다.

사회주의자 김 한이 국적(國賊)으로 금쳤던 김윤식은 능갈맞은 친일파였다. 1908년 중추원 의장이 되고, 1910년 자작 작위와 함께 합방은사금 5만원을 받았으며, 1915년 조선인으로서는 맨 처음 일본 학사원에 들어갔고, 1916년 경학원 대제학이 되어 1922년 1월 22일 88세로 죽은 '학발은염(鶴髮銀髥)의 선인(仙人)과 같은 유학자이자 중정온건(中正穩健)한 정치가'로 일제한테 높은 끊아매김을 받았던 김윤식 삶과 됨됨이를 보여주는 한마디는 '불가불가(不可不可)'라는 말일 것이다. 이 말은 한일합방이 널리 알려지기 열흘 앞인 1910년 8월 19일 어전회의 때, 한일합방에 대하여 내놓은 김윤식 뜻이다. 이 말은 곧 '옳지않다, 옳지않다'(不可不可)는 뜻에서 '합방'에 반대한다는 뜻으로도, 또 '어쩔 수 없이 찬성한다'(不可不 可)는 뜻으로도 풀이할 수 있다. 어느 대목에서 끊어읽느냐, 다시 말해서 띄어쓰기를 어느 자에서 하느냐에 따라서 그 뜻이 바이 달라지는 것이다. 그런데 "한일병합조약에 즈음하여 누구보다 먼저 여론의 가운데 서서 원로들의 의향을 통일시킨 공적이 적지 않다"거나 또는 "병합조약 조인 찬성자의 한 사람으로서 병합을 원만히 수행하게 했다"는 일제 적바림을 볼 때 김윤식 본뜻은 뚜렷하게 드러난다. 황매천(黃梅泉)이 쓴『매천야록(梅泉野錄)』융희(隆熙) 2년 무신(戊申) 가닥에 나오는 글이다.

    김윤식이 일본에서 귀국하였다. 그가 일본으로 갔을 때(이등박문을 따라) 이등박문(伊藤博文)의 사위 말송겸징(末松謙澄)이 그를 맞이하여 유람을 즐겼고, 또 일본의 문학가들을 모아 날마다 주연을 마련하여 즐겼다. 그리고 김윤식의 시를 모아 〈지성납량집(芝城納凉集)〉이라는 이름으로 간행까지 하여 그에게 부쳤는데, 이때 말송겸징은 그 사실을 서문에 기록하기를, '명치(明治) 년 월에 한국 김중추(金中樞) 윤식이 칙명을 받들어 조알(朝謁)하러 왔다'고 하였다. 그러나 김윤식은 조금도 부끄러워하지 않고 그 책을 친구들에게 나누어 주며 그가 예우받은 것을 자랑하였다.

3. 죽음보다 못한 삶이었던 거세찬 박헌영주의자

권 환 1903~1954 / 1980년대(?)

어서 가거라 가거라

너이들 갈대로 가거라

동녘 하늘에 太陽이 다으르기前에

이날이 어느듯 다새기전에

가거라 어둠의나라로

먼-ㄴ 地獄으로!

帝國主義품안에서 살이찐

「오야소돈부리」에 배가부른

「스끼야끼」「사시미」에 기름이 씨인

「마사무네」속에 醉夢을 쑤던 너이들아

얼사안쏘 情死하여라 殉死하여라

눈을감은 帝國主義와함께

풍덩 빠져라

太平洋의 푸른물결속에

마산에서는 2천년대부터 권 환 문학잔치를 열고 있다.
수구 노인들 쌩이질에도 해마다 수백 명이 거드는 큰 잔치로 벌어진다고 한다.

日本帝國主義의 愛妾들아
日本帝國主義의 忠僕들아

쏘 어데가 不足하냐
쏘 무엇이 所願이냐
인젠 먹고싶으냐 '피주데기'가
인젠 먹고싶으냐 '탕수육'이
쏘 누구에게 보내려느냐
얄미운 그秋波를

어서 가거라
모처럼 샛끗이 닥거논 이祭壇에
모처럼 봉지~봉지 피어나는 이花園에
글지말고 늙은구렁이처럼
뛰지말고 미친수캐처럼

어서 가거라 가거라
너이들 갈데로 가거라
물샐틈없이 바위처럼 뭉치려는
우리民族의 統一을 爲하여
맑은 玉같이 티끌 없는
우리나라의 建設을 爲하여
聖스러운 朝鮮을 爲하여

오! 벌써 찬란한 太陽이 쩌오른다
동녘하늘이 밝어온다
요란히 들린다 참새짓는소리
어서 가거라 도깨비들아
무서운 魔鬼들아

어둠의 나라로

머-ㄴ 地獄으로

《해방일보》1945년 12월 25일 치에 실린 권 환 시이다.「어서 가거라- 민족반역자,
친일분자들에게」라는 제목.

　《해방일보》나《조선인민보》같은 조선공산당 기관지와 공산당 갈래 신문에 가장 많
은 시를 내보낸 사람이다. 그런데 목적의식에만 지나치게 힘을 주다 보니 품고 있는 이
데올로기가 그대로 드러나는 날 선 선전선동시로 떨어지는 안타까움을 보여준다.

　1903년 경상남도 창원(昌原)에서 태어난 권 환(權 煥) 본 이름은 경완(景完)이다.
일본으로 가서 야마가따(山形)고등학교를 나와 1929년 3월 교토제대(京都帝大) 독문학
과를 나왔다. 5월 동경에서「조선프롤레타리아예술가동맹」, 곧 카프에 들어갔고, 같은
해《학조(學潮)》필화 사건으로 왜경에 잡혀갔다. 카프 동경지부인 '제3전선'이 펴낸 기
관지《무산자》를 펴내는 데 김남천·임 화와 함께 힘을 보태었다. 김남천·임 화와 함께
귀국하여 김기진·박영희 같은 이론가를 개량주의자로 몰아붙이며 조선프로문학 목대
를 잡았다.

　1930년 6월《중외일보》에「조선예술의 구체적 과정」이라는 사회주의사실주의 논문
을 발표하였고, 7월 카프 중앙집행위원이 되었다. 1931년 3월 카프 기관지《전선(戰線)》
을 펴내고자 하였으나 왜경에 막혔고, 제1차카프사건으로 잡혀 불기소 처분을 받았다.
《서울시보》기자로 있던 1934년 7월 제2차카프사건으로 붙잡혀 1935년 12월 풀려났다.
《중외일보》,《조선중앙일보》,《조선일보》기자와 조선여자의학강습소 강사를 지냈다.
1945년 8·15를 맞아 전국문학자대회 준비위원이 되었다.

　조선농민의 토지소유 상황(1942년 현재)을 보면 조선의 전경작지 전답 합하여 447
만여 정보 중 자작토지는 186만 정보 즉 4할밖에 안되며 그 중의 261만 정보의 소작지
는 불과 10만 4천호의 지주가 소유하고 있다. 그래서 전농가 3백5만호의 3퍼센트 강
에 불과한 소수의 지주가 전경작지의 6할을 소유하고 있는 셈이다. 그래서 자작농은 전
농민의 2할에도 불급하고 그 나머지가 촌토도 소유하지 못한 소작농, 화전민, 농업노동
자들이다. (……) 경작지가 소규모적으로 이산해 있을 뿐 아니라 농민은 소작료 기타
부담이 과중하여 그날그날의 생활도 유지 못함으로 그들의 힘으로서 농업을 근대적으

로 개량할 수도 없고 또 지주로서는 소작료만 높여 이윤을 취하고 경영자본이 드는 농업개량은 회피하였다. 그래서 조선농업은 아직도 근대적 방법에 추급하기는 거리가 먼 원시적 방법 그대로 가지고 있다.

제1회 전국문학자대회가 열리고 있는 종로 기독교청년회관이었다. 1946년 2월 8일 상오 11시. 임 화가 작사하고 김순남이 작곡한 「해방의 노래」가 울려 퍼지는 가운데 비롯된 대회에서 권 환은 위원장 홍명희, 부위원장 이기영·한설야·이태준을 모시고 살림을 꾸려가는 서기장으로 뽑힌다. 임 화, 이원조, 김기림, 한 효 다음으로 연단에 올라간 권 환 보고연설이 이어졌다. 「조선농민문학의 기본방향」이라는 제목이었다.

첫째, 자연적 배경에만 편중하면 문학이라기보다 전원문학이 되기 쉬울 것이고 향토적 전통에 편중하면 향토문학, 지방주의 문학이 되기 쉬울 것이다. 그리고 사회적·정치적 관계에만 편중하면 일반성은 고조되나 농민의 특수성이 망각됨으로 소농민의 타잎이 표현되지 않고 타잎이 일양화·정형화 되며 작품이 공식화·관념화 된다. 과거 카프시대의 농민문학이 이러한 결함을 많이 가졌었다.

한 농촌을 그리더라도 한 농촌 가운데는 결코 지주와 소작인만 있는 것이 아니고 그 가운데는 지주·소작 외에 자작도 있으며 농업고용인도 있으며 혹은 비농민 즉 소상인, 소주점, 면서기, 소학교사 같은 월급쟁이도 있을 수 있는 것이며 지주라도 악한 자 선한 자 사상이 완고한 자 진보적인 자, 소작인 중에서도 자작 또는 다른 직업과의 겸농자 극빈자 등 여러 계층이 있는 것을 잊어서는 안된다. 그래서 한 농촌 한 농민이라도 너무 단순하게 일반성만 관찰하지 말고 어디까지든지 그것을 구체적으로 관찰하며 그의 특수성을 망각하여서는 안된다. 그러나 또 한 개의 농촌도 자체의 특수성만 가지고 있는 존재는 있을 수 없고 광범한 조선농촌의 일환인 것을 망각하여서는 안된다. 일반적인 정치적 사회적 관계를 가졌을 뿐 아니라 관계는 종적으로 횡적으로 서로 관련되어 있는 것이다.

권 환은 「민주주의민족전선」 결성대회에 「문학가동맹」 대의원 감목으로 들어가 중앙위원이 되었다. 『자화상』 『윤리』 『동경』같은 시집 세 권을 펴낸 이즈음이 사회주의 사실주의 문예이론에 빈틈없었던 계급문학 싸울아비 권 환에게는 드물게 보람찬 시간이었다. 그러나 박헌영 · 김삼룡 · 이주하 · 이현상 · 이강국 · 권오직 · 이승엽 같은 조선공산당 목대잡이들에게 체포령이 내려지면서 짧았던 행복은 가림천을 내린다. 남로당으로 이름 바꾼 주의자들이 캄캄한 땅 밑으로 내려가면서 권환 또한 그 자취를 감추고 말았다.

해방된 거리로 쏟아진 사람물결. 권 환과 많은 시인들이 그 기쁨을 노래했으나 이내 상엿소리로 바뀌게 된다.

"굶주린 우리에게 쌀을 다오!"
"밀가루는 싫다! 쌀을 다오!"
"강냉이는 싫다! 쌀을 다오!"
"쌀과 나무를 다오!"
"식량관리는 인민의 손으로!"
"정권을 인민의 손에 넘겨라!"
"정권을 군정으로부터 인민위원회에 넘겨라!"
"친일파 민족반역자를 숙청하라!"
"소련군은 물러갔다, 미군도 물러가라!"
"공출한 쌀을 미국에 보내지 말고 농민에게 배급하라!"
"북조선과 같이 남조선에도 토지개혁을 실시하라!"
"민주주의 애국자를 석방하라!"
"반동경찰 타도!"
"언론출판집회 결사시위 민중신앙의 자유를 확보하라!"
"군정을 철폐하라!"
"무상몰수 무상분배의 토지개혁을 실시하라!"
"미제의 주구 이승만괴뢰정부를 분쇄하자!"
"인민공화국 만세!"

시위 군중들이 매일같이 외치는 소리며 흔들어대는 플래카드였는데, 권 환은 어디서 무엇을 하고 있었을까? 권 환은 휴전 이듬해인 1954년 사망했다고 하는데, 마산에서는 2003년부터 뜻있는 후배 문인들이 권 환 문학제를 지내고 있다. 무슨 까닭인지 모르나 권 환은 월북하지 않았음이 분명하다.

그런데 권 환이 마산에서 1980년대까지 살아 있었다는 말을 들은 적 있다. 문학비평가 최원식(崔元植)이 마산 출신 사학자 강만길(姜萬吉, 1933~)한테 들었다고 한다. 만일 그것이 사실이라 해도, 그 삶이 무슨 뜻이 있었겠는가. 그가 그토록 넋을 기울여 지켜내고자 애태웠던 남로당이 무너지고, 「문학가동맹」이 깃발을 내렸으며, "쌀을 달라!" "무상몰수해서 무상분배하라!"고 아우성치던 농민들 삶이 끔찍하게 결딴나고 있는 땅에서 눈 감고 귀 닫고 입 막은 채, 그리고 무엇보다도 붓을 꺾어버린 채 살아간 그 삶은 죽음보다 못한 생물학적 삶에 지나지 않았을 것이다.

1946년 10월 25일 밤, 박헌영 체포령 취소를 내대는 포스터와 삐라는 적어도 세 가지가 넘었다고 한다.

"박헌영에 대한 체포령을 취소하라. 미군정은 무력에 의지하는 반동집단으로 나타나고 있으며, 우리 인민의 적이 되어가고 있다. 그들은 우리를 반군정세력이라고 부른다. 그들은 우리의 애국적 지도자 박헌영을 체포하려 한다. 그들은 미쳤다."

"노동계급 재난의 처참한 모습. (미군정)은 우리의 애국자이며 미군정의 식민화 정책을 폭로한 박헌영에 대한 체포령을 취소해야 한다. 만세! 조선공산당, 조선인민당, 조선신민당."

권 환이 쓴 「박동무」라는 이름 단 바치는 시이다. 「우리들의 위대한 지도자인 박헌영 동무를 우리가 말할 때 보통 박동무라고 한다」라는 버금제목이 달려 있다. 박헌영을 한껏 추어올리는 목적시라고 해서 눈을 흘기는 이들이 있지만, 그것은 권 환 참마음이었다. 박헌영을 '조선민족의 위대한 지도자'로 그리면서 그의 건강을 빌어주고 있는데, 박헌영 겉모습을 그리는 1련에 눈길이 간다. 1946년 1월 26일 치《해방일보》1쪽에 실려 있다.

적은眼鏡밑 반짝이는 두눈에
楕圓形의 둥근 머리속에
叡智와 情熱이 찻다

그리고 그우에 가득싸헛다
二十餘年동안 캄캄한 땅밑에
사나운 눈보라 비ㅅ바람속에
모진 日帝와 싸우던 實踐力이

그는 朝鮮을 그지없이 사랑하고
또朝鮮을가장 잘 알았다
그는 가리켜주었다 올흔路線을
進步的民主主義的인 길을
眞正한 共産主義의 길을

革命을 부르지즈면서 한편으론싸윗다
階段을뛰는주책없는革命과는
統一을부르지즈면서 排斥하였다
原則없는 잡동산이 統一을

빈대보다도 실혀한일 派閥主義를 派閥主義를
毒蛇보다 미워한다 팟쇼를 팟쇼를

그래서 모두 같은路線을 밀었다
三百萬의 勞動者도
千七百萬의 農民들도

七十萬의 靑年大衆도
婦女들도 文化人도……
二千五百萬의 한뭉치 한길로 나아간다

동무의 웨침따라 다가치 부루짓다
朝鮮民族 完全獨立萬歲!

파시즘 打倒萬歲!

오! 朝鮮의 勤勞大衆이 지극히 사랑하는
朝鮮民族의 偉大한 指導者인 동무여
건강하여라 기리 튼〃하여라
사나운 눈보라속에도
모진 비ㅅ바람속에도

권 환이 쓴 줄글이 있다.《예술운동》1945년 12월호에 선보인 「현정세와 예술운동」이다.

(……)

현정세에 있어서는 최우익적 부루조아예술 경향에 대한 투쟁이 더욱 필요하다.

(……)

첫재론 국수주의 경향이다. 이 경향의 특징은 자본주의를 증오하고 배격하면서 사회주의와도 의식적으로 대립하는 파쇼적 사상인 것이다.

그들은 조선민족의 일본제국주의에 대한 같은 민족적 관계만을 생각하여 삼천만 민중이 쪽같은 운명 속에서 고락이 동일한 생활을 하고 있는 한개의 추상적 민족으로 인식하고 그같은 민족 가운데도 부르조아와 노동자, 지주와 빈농 다시 말하면 착취하는 계급과 착취받는 계급이 전연 반대된 운명속에서 서로 대립하고 있는 것을 인식하지 못하며 쏘 의식적으로 부인하려 한다. 따라서 그들은 이테오로기의 절충혼합을 부르짓는다. 그것은 모든 예술가로 하여금 같은 민족 속의 대립적 현실을 잊어버리고 한개 추상적 민족의 환상 속에 도취케 하며 계급의식을 말살시키려는 것이다. 이러한 오류는 이 순간에 냉정한 이성을 소유치 못한 자의 범하기 쉬운 오류이다. 그러나 그러한 쎈치멘탈한 낭만적인 애국주의 사상은 일즉 뭇소리니 히틀러도 가저섯다. 일본의 애국주의자도 가저섯다. 그러나 그들의 사상은 결국 「파시즘」「나치시즘」국수주의가 아니엿던가 조선의 국수주의도 결국 「파시즘」같은 길과 우회하지 않고 직통해 있는 것을 그들은 자각하지 못한다. 예술운동에 있어서도 그러한 국수주의의 경향은 엄중 경계를 요할 경향이라 할 수 잇다.

다음은 이테오로기의 무용론이다. 이것은 다름이 아니고 유물변증법적 창작방법에 대한 비판에서 보다 고도로 발전한 사회주의리알리즘의 창작방법에서 구실을 어더 그것을 근본적으로 왜곡화시킨 이론이다. 즉 예술창작에 있어 현실에 대한 관심과 관찰력 없이 다만 두뇌 속의 관념만으로 창작하면 그것이 비록 유물변증법적인 세계관이라도 결국 관념적 예술이 되고 말 것이다. 그와 반대로 현실에 대한 성실한 관심과 예리한 관찰력은 비록 유물변증법적인 세계관을 갖지 못한 자라도 어느 정도까지 현실을 정확하게 묘사케 할 수 있다. 그것의 한 예로 「발자크」는 귀족계급의 세계관을 가지고도 그의 리알리스틱한 성실은 귀족계급의 몰락을 능히 간파하고 묘사하였다는 사회주의리알리즘의 이론에서 예술창작에선 세계관이란 것이 결국 무용의 장물(長物)이란 이론을 담주(擔做)하였다. 그러면 과연 예술창작에 있어 현실에 대한 관심과 관찰력만으로 만족할까. 다시 정당한 세계관이 필요가 없을까? 천만번 아니다. 예술가가 아무리 현실에 대한 성실한 관심과 예리한 관찰력을 가젓드래도 그는 벌서 계급적 제약성을 가지고 있다. 즉 주제의 선택과 상세(狀勢)의 묘사 등에 있어 작자의 계급적 제약을 안 받을 수 없는 것이다. 그래서 「븨노그라-드후」의 다음과 같은 말은 극히 정당하다 할 수 있다. 「부르조아리알리즘은 자기의 가능성에 의하여 제약되고 있다. 부르조아 리알리즘은 인생의 종々상(種種相)을 충분히 깊이 관시(關示)하였다고는 말할 수 없다.」「부르조아리알리즘의 번영은 영속하지 못하였다. 새 계급이 형성되어 그것이 자기의 요구를 표명하는데 따라서 부르조아리알리즘은 평정을 잃고 자기로서 불유쾌한 생활의 진실을 회피하고 개인적인 체험 속에 침잠하여 현실을 왜곡하기 시작하였다.」

이로서 본다면 비록 「엥겔스」로부터 모든 경제학자를 뭉친 것보다 휠신 더 사회상경을 정확하게 묘사하였다는 찬사를 받은 「발자크」도 그는 어대까지든지 그의 계급적 제약을 안 받지 못하였으며 그가 만일 유물변증법적 세계관을 가젓드라면 그때의 현실을 더 정확하게 묘사할 수 잇섯슬 것이다. 다시 말하면 현실에 대하여 쏘 같은 관심과 관찰력을 가젓다면 그 중의 정당한 세계관을 가진 자가 현실을 더 정확하게 묘사할 것은 다시 훼론할 여지가 없다. 사회주의리알리즘은 결코 무색투명 백지와 같은 심경으로 현실을 대하기를 요구하지 않는다. 정당하고 확인한 세계관 우에서 현실을 관찰할 수 있도록 지시한다. 「븨노그라-드후」의 말한 바와 같이 사회주의리알리즘은 「사회생활과 사회에 대한 근본적인 새 제도와의 정당한 깊은 반영을 표시하고 있다. 사회주의리알리즘은 현실에 대하여 효력적인 쏘 적극적인 태도를 무관심하게 반영하기를 요구하지 않는다」 또 소벳트작가동맹의 규약에 있는 바와 같이 사회주의리알리즘은 현실을 정확하게 역사적으로 구체적으로 묘사하기를 예술가에게 요구한다. 이 경우에 예술적 묘사의 정확과 역사적 구체성과는 사회주의 정신으로서 근로자를 사상적으로 개조하며 교육한다는 임무와 결합하지 않으면 안된다. 그래서 사회주의리알리즘은 유물변증법이란 관념만으로 예술을 창조함을 비판하는 것이고 유물변증법적 세계관 우에서 현실을 대하기를 거부하는 것은 결코 아니다. 이데오로기 무용론은 즉 계급의식 말살론인데 이 경향은 최근에 처음 발생한 것이 아니다.

    (……)

1947년 나온 『예술연감』에 문학계를 개관한 홍효민(洪曉民) 글이 있다. 시에 대한 것이다.

    시인들의 활약은 볼만한 바 많았으니 단체행동으로는 「문맹」에 가입하여 공동으로 일을 하는 한편 「시인의 집」을 결성하였고 「시와 음악의 밤」을 개최한 일이 있었고 해방기념시집 『횃ㅅ불』, 『3·1 기념시집』을 낸 외에 박아지(朴芽枝)씨는 그의 심혈을 경주한 시집 『심화(心火)』를 내었고 이 외에 정지용(鄭芝溶)씨는 『정지용시집』을 내었고 오장환(吳章煥)씨 는 『병든 서울』을 내었고 이육사(李陸史)의 시집이 나왔고 **권 환**씨는 『동결(凍結)』을 내었고, 조지훈(趙芝薰), 박두진(朴斗鎭), 박목월(朴木月)씨 등 3인시집 『청록집(靑鹿集)』을 내었고 박종화(朴鍾和)씨는 『청자부(靑磁賦)』를 내었고 김기림(金起林)씨는 『바다와 나비』를 내었고 역시집으로는 오장환씨 역의 『에세-닌시집』이 있었다.

    이 외에 시집을 내지 않고 동원된 시인은 설정식(薛貞植), 정지용, 박아지, 서정주(徐廷柱), 노천명(盧天命), 김용호(金容浩), 이흡(李洽), 박세영(朴世永), 김상원(金相瑗), 조허림(趙虛林), 림병철(林炳哲), 림화(林和), 박석정(朴石丁), 이주홍(李周洪), 윤곤강(尹崑崗), 송완순(宋完淳), 조벽암(趙碧巖), 이찬(李燦), 조영출(趙靈出), 김상용(金尙鎔), 이춘인(李春人), 박노춘(朴魯春), 김광섭(金光燮), 이용악(李庸岳), 유진오(兪鎭五), 송돈식(宋敦植)씨 등이다.

    그런데 시단에서 가장 문제되었던 일은 청년시인 유진오씨가 「국제청년데이」 기념일에 낭독한 시가 당국의 기휘에 저촉하야 체형을 받은 불상사가 있었다.

4. 총 대신 붓을 든 외다리 조선의용군

김 학 철 ^{1916~2001}

파시스트 일본 붕괴를 전후하야 조선신민당(독립동맹)의 활약은 그 템포가 급했다 격동적이며 또 극적이였다 항전은 적의 항복으로 끝나고 무장해제의 짧은 막간을 두고 이어서 부드띠린 것은 전후의 수습- 파괴 후의 건설- 무기는 건설공구로 바꾸어젓다 항일전사는 건설전선의 선봉이 되였다

그들은 전쟁 기간의 무수한 곤란 가운데서 간고분투(艱苦奮鬪)와 견인지구(堅忍持久)의 공작 작풍을 길넛고 불가동요의 자신과 불가외(不可畏)의 용기를 얻었다 그리고 단결의 위력을 알었다 단결이 없는 곳에 사업이 없고 정열이 없는 곳에 성취가 없는 것을 알었다

혁명은 과학적 방법론과 미묘한 기술이 필요한 것을 절실히 느겻다 복잡다단한 시일이였다

파란중첩한 역사엿다 독립동맹의 전위부대 조선의용군이 일본파시스트 철벽같은 강진(强陣)에 부드띠려 파쇄되지 않고 날이 갈수록 더 굳어진 원인은 그 내부의 단결에 있었다 상하의 일치에 있었다 그 모순 없는 조직체계에 있었다

김학철(金學鐵)이 쓴 글이다. 「독립동맹은 이럭케 싸웠다- 포연 속에 일군과 혈투」

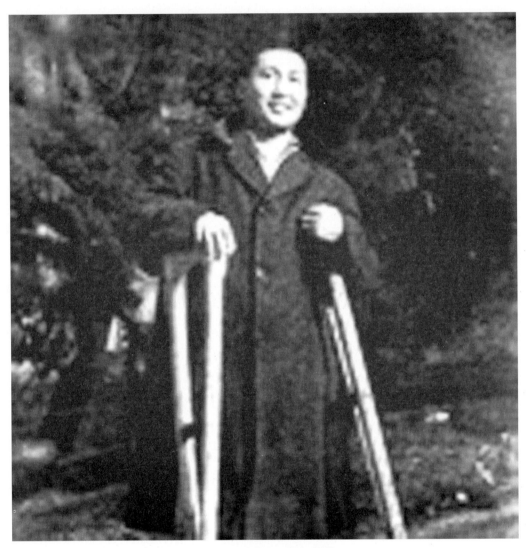

영원한 조선의용군 분대장 김학철.

라는 제목으로《독립신보》1946년 7월 10일 치에 실려 있다. 김학철 글은 이어진다.

　　동지 김두봉 동지 한빈 동지 최창익 동지 무정 동지 박일우 동지 박효삼은 독립동맹
과 의용군의 소유자가 아니었고 그 조직의 허다한 그리고 보중한 재산목록의 하나였다
그들은 그 조직에 충실히 복무했을 따름이다 그 능력에 의해서 영도하고 인술했을 따
름이다 그들은 우수한 지도자였으며 동시에 충실한 노복이었다 그들은 다같은 동지들
가운데의 하나였다 이것이 단결의 요소였다 쎄멘트였다

　　독립동맹과 민중은 분리된 양개 물체가 아니었다 독립동맹의 이해는 곧 민중의 이해
였다 그의 행동이 즉 혁명이었다 동생공사(同生共死)의 운명을 그는 조선민족과 같이
했다

　　자칭 혁명자 사이비 애국자 만(漫) 망명객과는 그 질을 근본으로 달리하는 것이 독
립동맹이며 관료주의 간판주의 방편주의를 배격하며 장시(長時)에 부단한 그리고 엄
혹한 자아비판을 하는 것이 독립동맹이다

　　포연탄우(砲煙彈雨)속에서의 그 실천이 이것을 증실한다 이것을 설명한다

　　독립동맹은 일본제국주의의 묘혈을 파는 노동자인 동시에 혁명의 명하(名下)에 민
족을 잠식하는 사기한 강도 등등 혁명반동의 사적(死敵)이다 내의 또 외의 적에 대하야
철면무정(鐵面無情)의 강력을 행사하는 것은 그만치 민족을 사랑하기 때문이다 그것
은 민족애의 척도다 적이 있는 것을 전제로 하고 탄생한 독립동맹은 과거 10여년 간 투
쟁 가운데서 자랐고 투쟁에서 굳었다 투쟁은 그의 생명이다 (끝)

「조선독립동맹」이 이루어진 것은 1942년 7월 중국 섬서성 북쪽 후미진 데 있는 연
안에서였다. 중일전쟁이 비롯되면서 조선인 해외 항일운동 두럭은 세 군데로 나눌 수
있으니— 공산주의자들로 이루어진 독립동맹, 김일성과 최 현이 채잡던 만주 얼안 동북
항일련군, 중경에 있던 김 구·조소앙 임시정부였다.

　　이들 세 두럭은 해방공간에서 남북으로 갈라져 '역사'를 만들어 나갔는데, 한 두럭
만 살아남고 두 두럭은 사라져버렸다. 북에서는 김일성이 권세자루를 잡았고 남에서는
이승만이 힘부림을 오로지 하였다. 1949년에 나온 『조선민족해방투쟁사』에 최창익이
쓴 제3절 '4 조선독립동맹과 조선의용군'을 끝으로 「독립동맹」 이야기는 오직 한 번도
나오지 않는다. 남쪽 또한 크게 다르지 않아 요즈막에는 북미합중국 호텔방에서 "미국

보호 아래 살게 해달라"고 비대발괄하던 '조선말 하는 미국인' 이승만을 '국부(國父)'로 떠받들며 김 구를 '테러리스트'로 값 매기고 있다.

「독립동맹」 앞몸인 「화북조선청년연합회」가 짜여진 것은 1941년 1월 10일이었다. 무 정·최창익·이유민이 채잡아 얽어낸 이 얼거리에서 고갱이를 이룬 것은 무 정과 함께 2만5,000리 홍군대장정에 들어 끝까지 '장정대오'를 떠나지 않았던 조선 청년 10여 명이었다. 이들을 사북으로 연안에 모여든 조선 청년과 김원봉 장군 밑에 있다가 최창익을 따라온 「조선의용대」원, 항일군정대학을 나온 조선 청년들, 그리고 만주에서 항일투쟁을 벌이다가 모스크바로 가 군사학을 익히고 연안으로 온 조선 청년들이었다.

「화북조선청년연합회」가 군사조직으로 다시 짜여진 것이 「조선의용군」이다. 「독립동맹」과 「조선의용군」은 한 얼굴 두 이름이니, 「독립동맹」이 머릿골이라면 「조선의용군」은 손발이었다. 1942년 7월 11~14일 태항산에서 화북전선연합회 제2차대회가 열렸는데, 여기서 짜여진 것이 「독립동맹」과 「조선의용군」이다. 「독립동맹」 집행위원으로 뽑힌 11명은 김두봉·무 정·최창익·이유민·김창만·김한중·김학무·박효삼·채국번·왕지연·이춘암이었다.

태항산에 둥지를 튼 조선혁명가들은 계급 없고 차별 없는 평등세상을 이루고 있었다. 함께 일해 함께 먹는 공산사회였다. '스타하노프운동'으로 산비탈을 일구어 밭을 만들고 푸성귀와 보리를 심고 숯을 구우며 굴밤을 따 모았다. 먹을거리는 옥수수죽과 산나물과 소금에 절인 푸성귀였고 담아 먹는 그릇은 이 빠진 막사발과 깡통이었다. 옥 같은 흰쌀밥은 정월 초하룻날에나 먹어보면서 물자는 왜적과 싸울 때에만 쓰여졌다. 하루에 두세 차례씩 책을 읽고 느낀 바를 써내었는데, 『쏘비에트공산당사』 『레닌주의의 기초』 『정풍문헌』 같은 것들이었다.

「조선의용군」이 왜적과 벌인 싸움으로는 '호가장 싸움'과 '반소탕전'이 유명짜하다. 1941년 12월 12일 「조선의용군」 무장선전대 29명이 선전선동을 마치고 하북 원씨현 호가장(胡家莊) 마을에서 잠들었다가 왜군 500명에게 빈틈없이 둘러싸인 가운데 벌어진 절망적 싸움을 가리켜 '호가장 싸움'이라고 부른다. 이 싸움에서 「조선의용군」은 그야말로 영웅적으로 싸워 왜군 500명을 물리쳤는데, 5명이 죽었고 1명이 중상을 입었다. 이 싸움에서 다리에 총을 맞고 붙잡혀 일본 나가사키형무소로 끌려간 것이 김학철이다. 1942년 2월부터 3월까지 두 달 동안 왜군이 벌인 '소탕전'에 맞서 싸운 것이 '반소탕전'이다. 왜군 가운데서도 알짜만 골라내었다는 오까무라(岡村) 북지파견군 4만 명이 쳐들

어왔으나 물리쳤고, 20개 사단 40만 명이 '기아선상에서 헤매는 중공 팔로군과 조선의
용군을 철저히 전멸시킨다'며 물너울처럼 덮쳐왔으나 죽기로 싸워 물리쳤다.

김학철은 1915년 함경남도 원산(元山)에서 태어났고, 경성으로 올라가 보성고등보
통학교를 다녔다. 1935년 중국 상해로 가 김원봉 의백이 채잡는 「의열단」에 들어갔으니,
21살 때였다. 중일전쟁이 일어난 다음인 1937년 12월 중앙육군군관학교 성자(星子) 강
릉분교(江陵分校)에 들어가 1938년 5월 마쳤다.

10월 「조선의용대」에 들어가 제1구대에 딸렸다. 1939년 앞 때에 호남성 북녘 얼안
에서 항일 선전활동을 벌였고, 그해 끝 무렵 호북성 제2구대로 옮아가고 홍군 제5전구
와 서안 얼안에서 항일 선전활동을 하였다. 1941년 첫 무렵 「조선의용대」 제1지대원으
로 낙양 얼안에서 왜군과 싸웠다. 그해 여름 화북 팔로군 테두리로 들어가 「조선의용군」
화북지대 제2대원으로 기운차게 움직였다. 호가장 싸움에서 총 맞은 한쪽 다리를 잘라
내고 4년 동안 옥살이를 하다가 8·15를 맞아 풀려났다.

1945년 10월 서울로 돌아와 「조선독립동맹」 경성특별위원회에 들어갔고, 《신천지》
같은 잡지에 정치평론을 선보였다. 남조선에 친일민족반역자들이 미군정과 한민당을
뒤대고 뛰는 것에 꿈이 깨어져 평양으로 갔으나 소군정을 등에 업은 동북항일련군 출신
들 바람몰이에 또한 꿈이 깨어져 압록강을 건넜다. 북경으로 가서 중앙문학연구소에 들
어 문학을 갈닦았다. 『격정시대』, 『해란강아 말하라』 같은 혁명소설들을 써 문학을 잠개
로 하여 우리 겨레 해방운동사를 그려내었다. 「조선의용군」이 벌인 항일싸움을 소설로
그린 『항전별곡』 한 대문이다.

당시 우리의 급료는 중대장급 대우였으므로 매달 3원 50전 기남은행권(하북성 남부
은행권)이었는데 그 돈으로 적사탕 여덟 냥을 겨우 살 수 있었다. (당비와 구락부비를
바치고 나면 3원도 못 남는다.)하여 우리 몇몇은 호주머니를 톡톡 털어 모아서 그 양고
기값을 치러 주었다. 그런 연후에 회식할 손님들을 청하였는데 그는 곧 최창익 동지와
석정(石丁)동지였다.

늦은 저녁 때 집주인이 소래기로 여러 소래기 담아 내온 낭에서 투신자살한 양고기
를 본 즉 온데 푸릇푸릇 멍이 들어서 여간만 가관스럽지 않았다. 해도 우리는 출출한
김에 산해진미 맞잡이로 포식들 하였다.

상머리에서 최창익 동지는 흥이 나서 기차로 시베리아 횡단을 하던 이왕지사를 이야

조선의용군에는 여장부도 여럿 있었다.
김학철과 생사를 같이했던 조선의용대 부녀대 부대장
이화림(李華林, 1906 ~ ?).

기하였다. 당시 그는 모스크바로 가려고 조소 국경을 몰래 넘어 블라디보스톡에서 차에 올랐었다. 세계에서 가장 긴 그 철도는 두 주일 동안을 계속 달려야 겨우 종착역인 소련 수도에 도달한다는 것이었다.

"당시 그 열차에는 아직 식당차라는 게 없어서 여객들은 모두 제 먹을 걸 제가 마련해야 했지요"하고 최창익 동지는 재미스럽게 이야기를 하는 것이었다.

"그래서 장거리 여행자들은 모두 반달 동안 두고 먹을 식품들- 빵, 버터, 쏘세지, 오이 절이 따위를 준비해야 했지요."

석정 동지도 웃으면서 양고기 한 토막을 집어 들고 뜯으며 말하는 것이었다.

"이것도 좋긴 하지만 그래도 역시 탕수육이 더 나아. 안 그렇습니까? 달콤하고 새콤하고…… 그렇지요? 언제나 또 먹어 보겠는지…… 일본이 얼른 망해야 먹어 보지……"

그러나 어찌 알았으리, 불과 1년 후에, 아니 1년도 채 못되어서 이듬해 5월 '반토벌' 작전시에 그가 적군과 교전 중 저격탄에 맞아서 전사할 줄을. 우리의 석정 동지는 탕수육을 먹어 볼 날까지 살지 못하고 그만 영영 세상을 떠버렸다.

조선족 자치주인 연길(延吉)에서 소설을 쓰고 있던 김학철이 문화대혁명 돌격대인 홍위병에게 붙잡혀간 것은 1967년이었다. 〈20세기의 신화〉라는 소설을 쓰고 있었는데, 소설 가운데 모택동을 꼬집어 뜯는 대목이 있다는 것이었다. 반동분자를 몰아낸다며 홍위병들이 모든 얼개를 틀어쥐고 있을 때였다. 그들은 거의 다 낫 놓고 기억자도 모르는 농민·노동자·군인이었는데, 노농병선전대(勞農兵宣傳隊)라는 이름으로 농촌과 도시와 공장과 직장을 틀어쥐고 마구 흔들었다. 류연산이 쓴 『만주아리랑』에 나오는 대문이다.

연변에서 문화대혁명 당시 반혁명분자, 간첩, 우파, 지주, 부농, 나쁜 분자, 자본주의 길로 나아가는 집권파, 반동적 지식분자 등의 혐의로 투쟁을 받은 사람은 무려 5만여 명이었다. 간부, 지식인은 모두 독재대상이었다. 외국에 친척이나 친구가 있거나 편지

왕래가 있었다면 간첩이고 심지어 말 한마디 잘못해도 용빼는 수가 없었다.

시인 문창남 선생은 대학 시절에 두만강을 건넌 죄로 간첩으로 판정, 10년 동안 옥살이를 했었다. 북흥촌의 한인수는 사람들이 목에다가 '忠'자(마오쩌둥한테 충성한다는 뜻으로 심장을 상징하는 복숭아형 빨간 판에 忠자를 쓴 것)를 걸고 다니는 것을 보고 "병아리 잡아먹는 개처럼 패쪽은 왜 매고 다니는가"라고 해서 반년 동안 취조와 조리돌림을 당했다.

투쟁수단의 가혹 정도는 상상할 수도 없었다. 매는 보통이고 납을 녹여서 먹이고 쇠를 달구어 물리고 널판에 못을 박아 그 위로 걷게 하고…… 용정시 대소과수농장(大蘇果樹農場)의 조창선은 불 찜질을 당한 그날 밤 두만강 건너 벼랑 밑에 가서 목을 매고 자살했다. 시체가 발견되었는데도 죽은 사람의 허리띠에 북한 상표가 붙었다는 것을 트집 잡아서 중국사람이 아니라고 못 가져오게 했다. 결국 북한에 사는 친척들이 매장을 했다. 지금도 묘는 강 건너에 있어서 자식들이 청명, 추석에도 산소에 갈 수 없다는 것이다.

팔로군 형제들과 중화민족 해방과 조선민족 해방을 위하여 함께 싸우고 함께 피 흘렸던 「조선의용군」이었지만 쓸데없었다. 서울과 평양에 가 있었던 것도 진티가 되었으니, 사회주의 조국을 배신했다는 것이었다. 그야말로 옥과 돌이 함께 타버리는 판이었다.

1977년까지 옹근 10년 동안 '반혁명분자'로 불도장 찍혀 징역을 산 김학철이 눈을 감은 것은 2001년이었다. "화장을 해서 뼛가루를 옛살라비 원산 앞바다에 뿌려달라"는 것이 그가 남긴 마지막 말이었다.

71살 때인 1986년 정월에 쓴 『격정시대』 후기이다.

이족 침략자의 철제 밑에 짓밟히는 민족 앞에서는 대개 세 가지 운명이 선택을 기다리고 있는 법이다. 그 하나는 꼬리를 치고 나서서 앞잡이 노릇을 하는 것이고 또 하나는 나 잡아잡수 하고 가만히 엎드려 있는 것이다. 그리고 마지막 하나는 분연히 떨쳐 일어나 반항을 하는 것이다.

지난날 우리 민족의 머리 위에 암담한 비운이 낮추 드리웠을 때 감연히 무기를 들고 일떠섰던 혈성 남녀들의 걸은 길에는 파란곡절이 중첩하였었다. 하기에 일본이 무조건 항복을 하니까 어느 한 인사는

만주에 세워진 김학철 동상.

"승리란…… 인제 알구 보니…… 참혹의 별칭 같은 거였구나!"하고 외치기까지 하였었지.

우리 민족의 자랑스러운 아들딸들이 걸어온 발자취를 망각의 흐름모래 속에 묻혀버리지 않게 하려고 나는 총이 아닌 붓을 들고 또 한바탕 분투를 해야 하였다. 일찌기 태항산의 험준한 벼랑길을 톺아오르고 또 미끄러져내리는 나는 꿈에도 생각을 못하였었다- 나중에 내가 살아남아서 전우들의 피흘린 역사를 기록하게 되리라고는.

그런데 막상 일을 시작하고 보니 당시 조선의용군에서 나의 직위가 워낙 낮았던 탓으로 아는 면이 넓지 못한 데다가 근거로 삼을 만한 자료마저 거의 다 전화 속에서 재로 되어버린 까닭에 곤난은 그야말로 중중첩첩하였다. 태항산 풀 우거진 땅속에서 영원히 잠들어 있는 전우들에 대한 가실 줄이 없는 애틋한 동지애가 아니었던들 집필을 끝까지 견지하였을지 마침모를 일이다.

더 말할 것도 없이 『격정시대』는 소설의 형식을 빌어서 엮어놓은 전기문학이다. 그러므로 모종의 원인으로 조성되었던 역사의 공백을 능히 메울 수 있으리라고 자신하는 바이다.

운명의 신은 나로 하여금 호가장전투를 마지막으로 싸우는 태항산을 떠나게 만들었다. 그래서 자연 '친히 겪은 것을 충실히 재현'한다는 종지에 따라 『격정시대』도 중도에서 끝 아닌 끝을 맺게 된 것이다. 아쉽고 섭섭하고 허전하다 못하여 감질이 날 지경이기는 하나 별 도리없는 일이다. 하긴 반드시 승리적으로 끝이 나야만 한다는 철칙도 이 세상에는 없다. 진실한 역사의 기록은 왕왕 읽는 사람을 맥살나게 만드는 수도 있다는 것을 우리는 알고 있는 터이다.

자랑할 만한 역사를 갖지 못한 민족은 불행한 민족이다. 그런 의미에서 우리 민족은 다행하다 할 것이다. 세상에 떳떳이 내놓을 자기의 역사를 갖고 있으니까.

조선의용군의 골간을 이룬 것은 조선적(籍)의 중공당원들이었다. 그러므로 조선의용군의 역사는 중국공산당의 역사와 갈라놓을 수 없는 맥락으로 이어져 있다. 그리고 서술 가운데 여러번 '태극기'가 나오는데 그것은 당시, 당지의 역사적 사실이 바로 그러하였으므로 인위적인 변경을 삼가하였다. 왜곡되거나 날조된 역사는 몇참 못가서 곧 들통이 난다는 것을 우리는 너무나 잘 알고 있기 때문이다.

동북, 곧 만주벌판에서 세계 최강 왜적 관동군과 싸우던 김학철이 부르던 「조선의 용군의 노래」한 어섯이다.

중국의 광활한 대지 위에
조선의 젊은이 행진하네
발맞춰 나가자 다 앞으로
지루한 어두운 밤 지나가고
광명한 새날이 닥쳐왔네

최후의 결전을 맞으러 나가자
생사적 운명의 판가리다
나가자 나가자 굳게 뭉치어
원수를 소탕하러 나가자

『격정시대』에 나오는 글이다.

"저는 정말이지 일본제국주의의 앞잡이 노릇을 하는 게 부끄러운 일이란 걸 몰랐었습니다. 뿐만 아니라 일본헌병대의 통역 노릇을 하는 것을 영광으루 생각하구 자랑으루 생각했었습니다. 그러게 처음 붙들려 왔을 때는 반감과 증오심으루 가슴이 막 터질 것같았습니다. 금시 죽을 것만 같았습니다. 팔로군의 군복을 보나 미투리를 보나 또 무기를 보나…… 깔보이기만 했습니다. 속으로 비웃었습니다. '저 꼴을 해가지구두 또 전쟁을 하겠다구?', 다 온전한 사람으루 보이지를 않았습니다. 정말 무슨 비적떼같아만 보였습니다……"
(이때 조선의용군의 군복과 무기도 팔로군의 그것과 꼭 같았었다. 단지 깃발만은 태극기를 들었었다.)

"그러던 어느날이었습니다. 시사보고란 걸 한다구 저더러두 같이 앉아 들으라구 해서…… 머리를 수굿하구 한옆에 가 앉아 들었습니다. 무슨 개나발을 부나 어디 한번 좀 들어보자 하는 속셈이었지요. 그런데 놀랍게두 그렇게 하찮아보이던 사람의 입에서 다 다넬해협이 어떻구 비씨정권이 어떻구 하는 소리가 튀어나오는 게 아니겠습니까. 분석이 명확하구두 세밀하지 뭡니까. 논리가 정연하지 뭡니까. 저는 정말이지 너무나 의외로와서…… 혀를 홰홰 내둘렀습니다. '저런 게 다 여기 있었는가!' 하구 말입니다."

　"저는 그때부터 고패를 빼기 시작했습니다. 차차차차 그들을 존경하기 시작했습니다. 오랜 시간의 교육을 거쳐서 자기의 전비를 뉘우치게 됐습니다. 철저히 뉘우치게 됐습니다. 아는 것이 힘이었습니다. 혁명대오는 정말루 못쓸 것을 녹여서 쓸 것으루 만드는 도가니였읍니다. 저는 그때부터 자기의 수치스러운 과거를 잊어버리려구 항일전쟁에 용감히 뛰어들었습니다. 물불을 헤아리지 않구 전투서열에 섰습니다. 그리하여 오늘에 이르렀읍니다……"

5. 평등세상을 그리워했던 숫접은 이상주의자

김 운 선 ^{1907~1988}

내가 있는 방에서 사형장이 건너다 보였다. 나는 이따금 사형수가 간수에게 끌려가는 것을 볼 수 있었다. 사형수를 끌고 갈 때는 간수 4~5명이 좌우로 호위하고, 사형수에게 수갑을 채우고 포승으로 몸을 묶고 용수를 씌웠으며, 형무소 간부직, 승려, 의사 등등 여러 사람이 그 뒤를 따랐다. 시간은 대개 오후 5~6시쯤이었다. 그날은 전 재소자에게 저녁밥을 일찍 먹였다. 그래서 저녁밥을 특별히 일찍 줄 때는 이상한 예감이 들었다. 사형집행 전에 승려는 사형수에게 으레 죽어서 극락가라고 발원할 것이고, 형무소 간부 직원들은 형집행이 틀림없이 이루어졌는지 감시할 터이고, 의사는 사형수가 완전히 절명했는지 확인할 것이다. 형 집행시간은 그리 길지 않았다. 사형집행이 끝나면 모두들 나오는데 사형수가 차고 들어갔던 수갑과 용수만 간수가 털레털레 들고 나오는 광경을 바라보면서 이상한 감회에 젖고는 하였다. 하도 울적해서 시조 한 수를 지었다.

님 뵈러 가는 길이 어이 이리 더디메뇨
드높은 곳 숨었다가 하마 나타나려는가
두어라 보고저운 정을 돌아 반겨 맞이하리라
쇠줄 끊고 울 넘으니 간곳마다 총부리라

시를 쓰려다 사회과학책을 읽고 운동에 몸을 던지게 되는 김운선.
전향 제안이 여러 차례 있었으나 올곧게 살다 눈을 감았다.

그 총부리 입에 물고 전진호령 부르리라
내 또한 그 시체 밟고 넘어 전진호령 부르리

　　김운선(金雲善)이라는 사람이 있었다. 1907년 전라남도 강진(康津)에서 태어났다. 500석 외작하는 잣단 지주 6형제 가운데 셋째였다. 10리쯤 떨어진 서당에 3형제가 다니며 천자문, 논어, 맹자, 소학과 대동소학(大東小學)을 배웠다. 13살 때 아버지가 돌아가시어 신식 학교를 들어가는 대신 서당에 모신 신학문 선생한테 산술과 왜말 창가를 배웠다. 그러면서 머리를 깎았다가 어머니한테 쫓겨나 사흘 동안 집에 못 들어가기도 하였다.

　　16살 때 강진공립보통학교 강습생으로 들어갔는데, 큰 언니가 왜인한네 야바위를 당하여 천량을 잃게 되었다. 3·1운동 기념시위를 벌이던 당숙이 왜경에세 잡혀 반병신 되어 나왔을 만큼 강진은 남달리 항일정신이 센 곳이었다. 18살 때 강진 읍내서 벌어진 씨름판에 독판을 쳤을 만큼 어기찼던 김운선은 당숙 입김을 받으며 일제에 앙버티는 뜻을 키워가게 된다.

　　보통학교를 마친 김운선이 서울로 올라가 휘문고등보통학교에 들어간 것은 19살 때였다. 서울에 있는 고등보통학교 여섯 군데 가운데 조선역사를 가르치는 곳은 중앙고보, 보성고보, 휘문고보였다. 휘문고보에서 조선역사와 국어를 가르친 선생은 한글학자인 이승규(李昇圭), 시조 시인 이병기(李秉岐, 1891~1968)와 3·1운동 48인 가운데 한 분인 김도태(金道泰, 1891~1956)가 있었고, 중앙고보에 권덕규(權悳奎, 1890~1950), 보성고보에 강 매(姜 邁) 같은 한글학자들이 있었다.

　　왜인들 창씨(創氏) 강요에 '김가를 불알을 까고 거꾸로 세워놓았다'는 뜻에서 '도전(倒全)'이라고 창씨했던 재종형 입김을 받아 항일의식이 드셌던 김운선은 온갖 운동경기로 몸을 기르며 앞날 채비를 하였다. 키가 크고 힘이 셌으므로 교내 행사나 체육대회에서 장 앞장을 섰다. 만주로 가서 독립군이 되어 무장투쟁을 벌이겠다는 속종에서 YMCA에 처음 생긴 권투구락부에 들어갔다. 고종 황제 인산날 시위를 하려고 나갔다가 왜경 기마대가 갈겨대는 권총알에 놀라 돈화문 바로 옆에 있던 학교로 돌아간 김운선은 못나게 도망친 것이 부끄러워 고개를 들 수가 없었다.

　　가람(嘉藍) 이병기 선생 댁에 사처 잡고 시를 써보기도 하던 김운선이 만나게 된 것이 문은종(文殷鐘)이었다. 경성제일고보생인 문은종과 「서울청년회」, 「북풍회」, 「화요회」, 「근우회」 모임을 구경 다니다가 「학생사회과학연구회」에 들어가게 된 것이 21살 때였다. 문은종은 나중 전평 총무부장과 민전 중앙위원, 그리고 남로당 활동을 하다가 월북한다. 8·15 뒤 조공 활동을 한 이천산(李天山), 한국민주당에 들어가 국회의원 두 번을 한 장홍염(張洪琰)과는 결의형제를 맺고 팔에 먹물뜨기까지 한 사이였다.

김운선이 맨 처음 읽은 사회과학책은 레닌이 쓴 『청년에게 호소한다』였다. 인류사회의 절대악인 자본주의를 무너뜨리지 않고는 정의로운 사회가 될 수 없다는 러시아혁명 아버지 레닌 책은 막 사회주의사상에 눈을 뜬 소년 김운선 피를 끓게 하였다. 빼앗는 자도 빼앗기는 자도 없고 부자도 가난뱅이도 없이 똑같이 일해서 똑고르게 나눠먹는 사회주의국가 건설만이 진리라고 굳게 믿게 된 김운선은 독서회를 만들어 독후감을 나누고 강사를 모셔다가 강의도 들었다. 배재고보에서 미술을 가르치던 김복진 선생 강의를 많이 들었는데, 김복진은 1943년 왜경한테 족대기질 당한 뒤탈로 돌아갔고 유명짜한 맑스주의비평가였던 그 아우 김기진은 나중 돌아서 반공문인이 된다.

다섯 살 밑인 16살 소년 김일성이 이 나무에서 저 나무로 뛰어넘어 다니며 항일무장투쟁을 벌이고 있다는 것을 신문 호외를 통해 보게 된 김운선은 부끄러웠다. 전문학교 아래 고보생 18명이 모여 학생운동 알짬 모임을 만들었다. 이름을 조선어 첫 글자에서 딴 'ㄱ당'으로 하였다. 'ㄱ당사건'으로 붙잡힌 것이 1928년 11월 25일이었다. 장홍염과 함께 서대문경찰서에서 황해도 출신 김영호 형사한테 끔찍한 족대기질을 당하였다. 치안유지법 위반 혐의로 서대문형무소로 넘어갔는데, 콩과 좁쌀에 쌀을 조금 섞은 가장 양이 적은 9등짜리 '가다밥'을 먹었다. 9등짜리 '가다밥'은 양이 너무 적어서 하루에 2~3분씩 시켜주는 운동할 기운도 나지 않았다. 그래서 밥풀 한 낱도 무섭게 주워 먹었고 좁쌀 한 알도 악착같이 주워 먹었다. 그래서 생겨난 말이 있었다. "콩이 떨어지면 자동차를 타고 가서 주워 먹고 좁쌀이 떨어지면 자전거를 타고 가서 주워 먹는다."

1925년 일본제국주의 의회에서 통과된 '치안유지법'은 공산주의자를 때려잡기 위해서 만들어진 것으로 최하 2년에서 최고 사형까지 받게 되는 악법이었다. 석 달마다 다시 할 수 있는 '예심'이라는 것이어서 수형 기간으로 쳐주지도 않는 이른바 예심으로만 몇 년이라도 걸릴 수 있었다. 예심을 치르는 2년 반 동안 와세다대학 강의록을 보면서 맑스·엥겔스 전집을 읽었다. 여름이면 숨을 쉴 수 없을 만큼 더웠고 겨울에는 입이 떨리도록 추웠다. 광주학생항쟁 소식을 들었을 때는 피가 거꾸로 솟는 듯하였다. 그러나 옴치고 뛸 수 없는 감옥 속에 갇힌 몸이었다. 김운선 회상록 『항일과 혁명의 한길에서』

에 그때 생각이 나온다.

진정한 삶은 태어났다가 죽는 것을 되풀이하는 것으로만 끝나는 것이 아니고 삶의 과정 속에서 인류역사를 진전시켜야 하는 것이다 생각했다. 나는 이 소명을 다하기 위해서 투쟁을 하고 있는 것이다. 이렇게 생각하면서 나는 '이런 삶을 겪지 않았더라면 인생의 가치를 터득하지도 못하고 말았을 것이 아닌가' 하며 가슴을 쓸어내렸다. 보람차고 가치 있는 항일투쟁의 형무소 생활은 나를 행복감에 젖게 했다. 나는 이웃방과 통화하는 방법을 연구했다.

서대문형무소에는 재소자가 약 3,000여 명 있었는데 그 중 1할 정도인 300여 명 정도가 사상범이었다. 사상범과 비사상범은 되도록 분리 수용했는데 간혹 같은 방에 있는 수도 있었다. 나는 소매치기범과 같은 방에 있는 적이 종종 있었는데, 그때마다 그들의 비상한 재주에 놀라고는 하였다. 운동시간이나 목욕시간이나 재판소 같은데 간수와 같이 가기만 하면 간수 호주머니를 뒤져 담배나 성냥 따위를 훔쳐 넣어 왔다. 형무소 제도상 재소자가 외출하고 들어올 때는 반드시 방문 앞에서 몸 검색을 하고 들어오게 되어 있었다. 그리고 하루에 몇 번씩 감방을 일제히 점검하게 되어 있었다. 그런데도 이들은 들키지 않고 재주를 부렸다.

2년 반 걸린 예심을 거쳐 내려진 것은 3년 징역이었다. 여섯 달만 더 살면 나갈 수 있는 게 마땅한 일인데, 징역 날짜로 쳐주는 예심 날짜라는 것이 겨우 150일이었다. 2년 반 동안 산 징역인데 꼬박 2년 반을 더 살아야 하는 것이니, 옹근 5년 징역이었다. 같은 사건으로 붙잡힌 사람이 모두 17명이었다. 「학생사회과학연구회」서무부장이었던 유명짜한 공산주의자 이현상은 3년, 민전 중앙위원이 된 강병도는 2년을 받았다.

1933년 5월 1일 형무소를 나온 김운선은 만주로 가서 항일무장투쟁을 벌일 작정을 한다. 고향으로 가서 아람치 땅 60마지기를 판 돈 3,000원이 군자금이었다. 장춘을 거쳐 하얼빈으로 갔다. 김일성 항일유격대를 부러워만 할 것이 아니라 스스로 김일성부대 못지않은 항일유격대가 되기로 작정하고 간 만주였으나, 꿈을 접을 수밖에 없었다. 드넓은 만주벌판 어디에 항일유격대가 있는지 알 수 없었을 뿐만 아니라 독립운동가들과 이음고리를 맺을 수 있는 수조차 몰랐기 때문이었다. 하얼빈을 둘러본 느낌이다.

일본사람들의 만주 인민에 대한 학대는 잔인했다. 조선 내에서 일본인들의 조선인에 대한 민족 차별은 이에 비하면 신사적이라 할 수 있었다. 완전히 노예취급, 짐승취급이었다. 그런데도 만주인들은 일본인들에게 순종적이었으며, 어린애들은 장난감으로 일장기를 가지고 놀고는 하였다. 이곳에 와 있는 조선사람들은 일제를 등에 업고 일본인 이상으로 주민들을 학대하였다. 일본사람들이 정책적으로 조선사람들을 시켜서 만주사람들을 학대하게 하였기 때문이었다. 인력거를 타고 가다가 교통순경에게 잡히기라도 하면 교통순경 눈치를 보는 것이 아니라 승객인 조선사람 눈치를 살피기 마련이었다. 승객인 조선사람이 인력거꾼을 향해서 그대로 가자고 명령하면 인력거꾼은 좋다구나 하고 마구 달리는 것이었다. 교통순경은 그런 경우 어이없다는 듯이 멍하니 바라보는 것이 전부였다. 어떤 조선사람은 회초리를 가지고 다니면서 길거리에서 만나는 만주사람을 아무 이유 없이 때리고 다니기도 했다. 이곳에 와 있는 조선사람 중에는 일확천금을 꿈꾸고 온 사람이거나 고국에서 죄짓고 도망 온 사람이 많았다. 이런데서 동지를 구해보려는 꿈은 산에서 물고기를 잡으려는 것이나 다름없는 일이었다. 이곳은 동족애도, 윤리도 찾아볼 수 없는 곳이었다.

여섯 달 하얼빈 생활 끝에 북경으로 갔다. 만나는 사람마다 무정부주의자였고 민족주의자가 가끔 있을 뿐 사회주의자는 찾아보기 어려웠다. 귀국하여 극단 「신건설」에 들어갔다. 임 화와 나 웅(羅 雄)이 목대잡는 신건설에서 재정부 일을 보며 레마르크의 「서부전선 이상 없다」에 나가기도 하였다. 예명 효성(曉聲)이었다. 「수전노」에서 주인공을 맡았는데 딸 구실은 임 화 부인 이귀례였다. 그러나 돈이 없어 막을 올리지 못하고 이기영이 쓴 「수리조합이사회」를 익히는데 이른바 '신건설사건'이 터졌다. 1934년 2월부터 12월까지 80여 카프 작가와 예술인들이 붙잡혀갔으나 김운선은 본이름이 드러나지 않고 주소가 뚜렷하지 않아 붙잡히지 않았다.

8·15를 맞은 것은 전라북도 고창군 부안면 봉암리에서였다. 사상범보호관찰령에 따라 서울을 떠날 수밖에 없었다. 잘 아는 사람한테서 바다를 메워 간척사업을 하려고 하니 돌봐달라는 부탁이 있어 가게 된 곳이었다. 일본이 무조건 무릎 꿇었다는 소식을 들었을 때 김운선은 천하를 얻은 기분이었다. 이것이 꿈인가 생시인가.

나는 이 날을 위하여 내 일생을 깡그리 다 바쳐 투쟁하지 않았던가! 그 화려하던 청운의 꿈을 접고 철창행을 택했으며 가문을 일으킬 재목으로 각광을 받았으나 과감히 민족해방투쟁의 길을 선택하지 않았던가! 학교로부터 퇴학처분을 당하여 학업의 길이 막혀버린 것도 오직 이 날을 맞이하기 위한 투쟁이었기에 감수한 것이다. 이제 조국을 건설하자. 단순한 왕정복고로 나라를 되찾는 것이 아니고 백성이 주인이 되는 민주주의 조국, 만민이 평등하게 사는 경제적 평등주의 세상, 사회주의 세상을 건설하자. 이렇게 생각하자 웃음이 나오고 어깨가 으쓱거렸다. 맥없이 아무나 붙들고 울고 싶었다. 우리 민족이 생지옥에서 벗어나는 엄청난 환희의 찰나였다. 일본이 항복했다는 소식에 사람들은 만나는 사람마다 얼싸안고 기쁨에 도취되었고 더구나 일본군에 징병을 당한 가족들은 살아 돌아올 자식들을 생각하며 환호작약했다. 세상이 갑자기 밝아오는 듯했다. 더구나 소련군이 들어왔으니 사회주의 국가가 건설될 것은 분명한 일이었다. 이제까지 독립운동을 앞장서서 줄기차게 해 온 것도 우리 사회주의자들이 아닌가. 투쟁경력으로 보나 능력으로 보나 우리 사회주의자들이 새나라 건설에 앞장서야 한다. 이런 생각을 하니 절로 흥이 나고 안될 일이 없을 것 같았다.

「건국준비위원회」를 열어 치안대를 얽고 면사무소를 걷어들였다. 그런 다음 「인민위원회」를 얽고 「농민위원회」, 「청년동맹」, 「부녀동맹」, 「소비조합」을 얽었다. 마을 낱자리까지 이런 얼개를 만들었다. 부안면 얽이잡이를 끝낸 김운선은 군 낱자리 얽이에 들어갔다. 군 인민위원장에는 사상범보호관찰소에서 8·15에 나온 김명환이라는 이를 뽑았다. '새로운 사상을 앞장서 이끄는 구실은 중간층 지식인이 하게 된다'는 맑스 말마따나 면과 군 얽이를 만들어 이끌어가는 이들은 모두 넉넉한 집안 출신으로 먹물 든 이들이었다.

1945년 11월 2일 서울 천도교회관에서 열린 전국인민위원회대표자대회에 나간 김운선이었다. 옛 동지들을 만나 점심으로 골미떡 한 개씩을 나누어 먹으며 엄청나게들 고생한 것을 알게 되었다. 제일고보를 나온 민강창은 시흥군에 사는데 전차삯이 없어 서울까지 걸어 다닌다고 하였다. 몽양이 하는 축하연설을 들었다.

여운형 선생의 풍채하며 목소리와 말의 흐름은 청중을 압도하고도 남았다. 회의장에서도 목도했지만 회의장이 극도로 소란해졌을 때 선생은 일갈로 청중을 순식간에 잠잠하게 했다. 그는 대인관계에 있어서도 퍽 부드러웠다. 특히 젊은층을 좋아했다. 그의 동생 여운홍은 그 형님이 젊은층과 노는 것을 못마땅하게 생각했다. 그는 감옥에 있을 때도 간수들로부터 존경을 받았다. 그가 상해 임시정부 요인으로 있을 때 일제는 체포하지 않기로 약속하고 초청연설을 시켰다. 일본의 계산은 임시정부의 전투력을 완화시키는 데 있었다. 그런데 그때 그는 일본에서 조선민족은 해방되어야 한다고 열변을 토했다 한다.

이른바 신탁통치 문제와 해방정국을 보는 김운선 생각이다.

미국은 해양세력으로서 대륙진출의 교두보로서 조선반도가 필요했던 것이다. 그러나 38도선을 중심으로 소련과 대치하게 되자 신탁통치를 통하여 조선사람에게 자주독립을 허용하게 되면 필경 좌익정권이 들어서게 되고 소련의 영향력 하에 놓이게 되므로 미국의 국가이익에 큰 차질이 생길 것이었다. 이러한 상태에서 미국은 모스크바 3상회의에서 명분에 밀려 신탁통치안에 찬성하였으나 내심 와해시킬 것에 골몰했다. 행정공백을 메운다는 미명하에 친일파들을 결속시키고 갈 곳 없는 그들을 친미파로 탈바꿈시켜 그들의 뒷배를 보아주면서 이승만을 내세워 신탁통치 반대운동에 적극 나서도록 추동하였다.

당시 미군정에는 친미파 고문이 많았고 경무부장에 조병옥, 경찰국장에 장택상 등 친미파 일색이었다. 조병옥은 나중에 민주당 대통령 후보로 병 치료차 미국 갔다가 갑작스레 죽은 사람인데 해방 전에는 마작판에 돌아다니면서 소일했고 장택상은 대구 부호의 아들로서 화류계에서 기생수렴을 일삼고 있던 인물이었다. 이 두 사람을 정점으로 좌익 탄압이 점점 심해지고 마침내 남로당 해산명령이 내려졌고 검거선풍이 불었다. 그래서 남로당의 거물들은 체포되거나 월북하고 남쪽에 남은 당원은 지하로 들어갔다. 이북에서는 1군에 한 사람씩 군 대표를 선출해서 파견하라는 지시가 내려왔다. 그래서 고창군에서는 남로당 고창군당 위원장 이천우를 군 대표로 추천해 보냈다. 정동원은 그 많은 재산과 가족을 뒤로 한 채 월북해버렸다. 뿐만 아니라 내가 아는 내노라하는 유명인사, 학자, 예술가들이 거의 모두 월북해버려서 졸지에 무능한 사람만 남쪽에 남게 된 것 같았다. 나는 위원장이 없는 당을 이끌고 갖은 고생을 했다.

사흘이 멀게 경찰이 덮쳐오자 김운선은 식구들을 대구 언저리 달성군으로 옮기게 하였다. 그리고 아지트를 잃고 헤매다가 도계를 넘으면 조금 낫겠지 하는 생각에서 전남 장성으로 갔다. 그리고 목포 사촌누이 집에서 한숨 돌리다가 형사들에게 잡혔으나 거짓이름을 대고 버티던 끝에 사흘 만에 풀려났다. 고창으로는 갈 수 없어 인천 가는 화물선을 타게 되었다. 김운선 지체를 알게 된 화물선 노동자들이 물었다.

"사회주의사회가 오면 무엇이 어떻게 달라지는가?"

김운선이 다음과 같이 대답하였고 노동자들은 모두 고개를 끄덕이었다.

"사회주의 새 세상이 오면 여러분은 모두 이 배의 공동 주인이 된다. 한낱 노동자가 아닌 주인이므로 배를 더 아끼게 되고 작업 능률도 더 오르게 되어 여러분들 생활은 부유해지고 나라도 부강해진다. 여러분은 모두 이 세상의 주인이 되는 것이다. 그것이 바로 사회주의 새 나라인 것이다."

날카로운 경찰들 눈초리를 피하여 서울 거리를 헤매다가 중앙당과 선이 이어졌다. 김운선을 전북도당 농림부 책임자 겸 제5지구당 책임자로 임명하니 현지로 내려가 사업조직을 하라는 것이 중앙당 분부였다. 제5지구당은 전북 북부 5개 군을 아우른 것이었다. 김운선은 곧장 그곳으로 내려갔다. 그리고 5개 군당 책임자 회의를 불러 모으고 아지트를 마련해서 싸울 채비를 할 것을 분부하였다.

트럭에 가득 탄 전주경찰서 경찰대가 덮쳐 와서 붙잡힌 것은 1948년 봄 어느 날이었다. 김운선은 일제 때 왜경한테 당하던 것 위로 끔찍한 족대기질을 당하였다. 얼마나 많이 맞았던지 몸이 퉁퉁 부어올라 입고 있던 한복이 벗겨지지 않았다. 죽기 살기로 잡아뗐지만 무허가집회·방화·살인 혐의로 전주지방법원에 넘겨져 기소되었다.

그때 내가 있던 감방에는 십여 명의 사람들이 있었는데 모두가 남로당원이었다. 거의가 살인방화 혐의로 내가 맡은 지구당 출신이 많았다. 그 중에는 사형, 무기의 구형을 받고 감방 안에서 수갑을 차고 있는 사람도 있었다. 사형 구형을 받은 피고인은 감방 안에서도 수갑을 채워놓는 것이 일제 때부터 내려오는 관례였다.

김운선은 10년 구형을 받았으나 선고공판에서는 살인·방화죄는 증거가 없어 무죄였고 무허가집회죄만 적용받아 징역 8개월을 받았다.

1948년 겨울 옥문을 나선 김운선은 마중 나온 부인과 전주 시내 여관에서 하룻밤 묵은 다음 강진 큰집으로 갔다. 자식들 생각에 괴로워하던 그는 대구로 갔다. 주소만 들고 길거리를 헤매다가 둘째 아들 승균을 만났다. "아버지!" 하고 외치며 품에 안기는 자식은 그 곱던 얼굴이 자취도 없이 사라지고 뼈만 앙상한 몰골이었다.

서울로 올라가 취직자리를 알아보는데 김준연(金俊淵)이 연락을 해왔다. 경찰서장으로 가겠으면 당장이라도 발령을 내주겠다는 것이었다. 전향을 하라는 것이었는데, 식구가 굶주린다고 해서 혁명가 꿋꿋한 마음을 꺾을 수는 없는 일이었다. 그때 중앙당에서 일하던 고창군당 출신 사람을 만났는데, 월북 지령이 내려졌다고 하였다. 눈에 밟히는 굶주린 식구들이었으나 마음을 단단히 먹고 연락원과 만날 곳으로 나갔다. 그러나 며칠을 두고 연락원은 나타나지 않았다. 1949년 끝 무렵이었다. 형무소 생활 8개월 동안 당조직과 선이 끊어진 김운선은 이때부터 선 떨어진 외톨이 혁명가 길을 걷게 된다.

6·25 바로 앞이었다. 내무부장관이었던 김효석(金孝錫)한테서 장홍염을 통하여 말이 들어왔다. 지리산에서 유격투쟁을 벌이고 있는 남부군 사령관 이현상을 만나고 오라는 것이었다. 아무런 조건도 없이 그저 만나고만 오면 경무과장으로 특채하겠다는 것이었다. 또 목포세무서장으로 보내준다는 제의도 들어왔다. 모두가 전향을 시키려는 꿍꿍이셈이었으니 고보시절부터 고난의 행군을 하여 온 어기찬 혁명가에 대한 업신여김이었다. 먹고살기 위해서 광산도 해보고 과수원도 해보고 짐승도 길러보고 장사도 해보았으나 다 쓸데없는 일이었다. 큰돈을 잡아 지긋지긋한 찰가난을 벗어날 수 있는 길도 여러 차례 있었으나, 일제 식민지 소유 재산은 조선민중에게 돌아가야 할 것이므로 사지 말자는 건준 방침을 따르는 김운선이었다.

김운선이 눈을 감은 것은 1988년 4월 16일이었다. 회상록을 쓰던 중이었는데, 부전자전인가. 4·19혁명 싸울아비로 「전국민족통일학생연맹」 조직연락위원장을 맡아 남북학생회담을 밀고 나가다가 5·16쿠데타로 옥고를 치른 김승균(金承均)은 김운선 둘째 아들이다. 김승균은 시방 「남북민간교류협의회」 이사장으로 찢겨진 겨레 일통을 위해 애쓰고 있다. 문병란(文炳蘭) 시인이 쓴 「애국지사 김운선 선생에게 바치는 헌사」 한 어섯이다.

> 빼앗긴 땅, 일본제국주의
> 그 침략의 사나운 굴레 속에서
> 조국광복의 길, 인민해방의 길,
> 인류 구원의 새로운 복음

사회주의 낙원 건설의 꿈을 안고
일인은 만인을 위하여
만인은 일인을 위하여
그 한줄기 찬연한 빛을 따라
온몸 바쳐 싸웠던
자유와 평등과 해방의 길

2008년 분단 조국
갈라진 땅, 가로막힌 철조망 앞에서
발을 동동 구르는 통일의 빛이여
아들의 손을 잡고 세기의 고개를 넘는
오오 인민해방의 기수 민족의 나팔수여

6. 폭풍전야에 떠나간 사람 기다리는 **조두원** 누이 **양 명** 부인

조 원 숙 ¹⁹⁰⁶~?

개천을 끼고 삼청동 막바지가 거진 끝나도록 올라가다가 호젓한 골목으로 열 거름쯤 꾸부러지면 좁직한 「산파」 간판이 부튼 양옥에 조원숙 녀사가 묵고 있었다 동성동우회 근우회 6·10만세사건 제2차공산당 사건을 거쳐 상해에서 망명생활 한 것까지를 알고 있는 기자는 「상해에서의 결혼생활과 그 후의 이야기를 좀 들려주십시요」 하고 물었다

『상해서 양명이라는 남성동지와 맞나 극히 자연스럽게 결혼생활을 시작했죠 그때 난 서른 살이였드렀는데 안온한 가정생활이 그리운 적도 없지 않아 있었지마는 그인 밤 낮을 가림이 없이 열락사업에 바뻤고 때로는 쏘련 연안 등지로 장기여행을 떠났기 때문에 동거생활 3개년에 한 달을 함께 살아 본 일이 없어요 그땐 나두 열심히 공부는 했댔 서요』

『그 다음 그분은 어데로 가셨읍니까』

『모르죠 폭풍전야에 모스코바-로 간다고 가버렸는데 어데 소식이 있어요』

『그게 몇 년 전 일입니까』

『그때 배 안에 들었든 애가 지금 열여섯 살이니까 17년 전이군요 그동안 전연 종적을 모르죠 그 다음 나는 그이의 고향인 경상도 거제도 섬 속에 들어가서 하고 많은 날 시어머니의 푸념을 들으며 무 배추를 매 가꾸면서 그만 이렇게 늙어버렸답니다 호호………

이 시집사리 하는 동안의 나의 운동이란 극히 미온적이였든 것이 사실이였읍니다 그동 안의 운동이란 오히려 저 자신의 고독을 위로하기에 필요했을런지도 모릅니다』

큰 키에 걸맞은 머리털하고 안경 밑에 언제나 이지적인 눈이 노리고 있는 녀사가 갑 작이 쓸쓸해 보이는 건 착각일지 모르나 드물게 보는 일일 게다 마지막으로 녀사는『지 금부터의 운동은 새로운 동무들에 절대적으로 믿는 바가 큼니다 새 세대는 새 사람들의 것이니까요 우리 같은 늙은이는 억지로 젊어질여는 노력에서만 용기를 얻습니다』

병정구두의 복잡한 구두끈을 맬 때 벌서 해가 저무러 갔다

「폭풍전야에 헤여저 기다릴 길 없는 남편」이라는 제목이다.《독립신보》1946년 11 월 20일 치.

"우리 같은 늙은이"라고 말하는 조원숙(趙元淑, 1906~?)은 강원도 양양(襄陽)에 서 태어났다. 1924년 우리나라에서 맨 처음 생겨난 사회주의 여성단체인「조선여성동우 회」에 들어가 집행위원이 되었다. 1926년 6월 한 살 위인 오라버니 조두원과 함께 들어 간 제2차조선공산당사건으로 왜경에게 붙잡혔으나 증거불충분으로 풀려났다. 다음 해 4월「중앙여자청년동맹」집행위원, 5월「근우회」집행위원 및 서무부원이 되었다. 같은 해 조선공산당에 들어가「근우회」야체이카 맡은이가 되어 1928년 2월까지 기운차게 움 직였다. 지하투쟁을 하던 중 8·15를 맞아「조선부녀총동맹」중앙집행위원이 되었고, 1946년 2월「민주주의민족전선」중앙위원이 되었으며, 48년 8월 해주에서 열린 남조선 인민대표자대회에서 제1기 최고인민회의 대의원이 되었다.

모스크바로 간 다음 소식이 없는 남편 양 명(梁 明, 1902~?)은 경남 통영 앞바다 거 제도 가멸진 집안에서 태어났다. 서울에서 고등보통학교를 마치고 1919년 중국 북경으 로 가 북경대학 문과에 들어갔다. 1924년 북경에서 결성된「혁명사(革命社)」에 들어가 기관지《혁명》을 만들다가 25년 8월 귀국하여《조선일보》정치부 기자가 되었다. 같은 달 조선공산당에 들어갔고 다음 해「고려공산청년회」책임비서가 되었다가 그만두고 27 년《조선일보》특파원으로 상해를 다녀온 다음 조공 선전부 부원이 되었다. 1927년 11월 초 공청 책임비서였던 김준연(金俊淵, 1895~1971)에게 모든 당무와 후계당 조직을 위 임받았다. 김세연(金世淵, 1899~?)에게 후계 책임비서를 맡기고 중국과 모스크바를 오 가며 조공 선전활동을 하다가 1930년 소련으로 망명하였다. 모스크바 동방노력자공산 대학 연구원이 되었고, 1934년 외국문출판사에서 조선어를 맡아보았다.

전남 영암 출신 대지주 아들인 김준연은 경성제일고보와 동경제대와 독일 베를린 대학을 나와 보성전문학교 교수로 있다가 《조선일보》 기자가 되어 모스크바 특파원을 하다 돌아와 조선공산당 책임비서를 하였던 사람이다. 그런데 조공에서 발을 뺄 낌새를 보이다가 양 명한테 공청 당권을 빼앗겼던 것이고, 1928년 2월 제3차조공사건으로 7년 징역을 살고 나와 8·15 뒤 한국민주당에 들어가 법무부 장관과 5선 국회의원을 하였다.

조두원(趙斗元, 1905~?)은 연희전문 문과를 다녔고, 모스크바 동방노력자공산대학을 나왔다. 1925년 11월 「고려공산청년회」에 들어갔고, 26년 3월 조선공산당에 들어가 경성부 제2구 제2야체이카가 되었는데, 조공 재건을 위하여 운동하라는 코민테른 분부 받고 돌아온 것이 29년 6월이었다. 30년 1월 광주학생운동을 전국에 퍼뜨리기 위한 운동을 하다가 잡혀 징역 3년을 받았다. 서대문형무소에서 대전형무소로 이감되는 도중 "조선민족 해방투쟁 만세!", "조선공산당 만세!"를 외치다가 징역 6월을 덧붙여 받았다. 1933년 10월 만기 출옥한 다음 전향서를 써주고 운동을 이어가다가 왜경한테 잡혀 죽을 영금을 치르던 끝에 옛살라비로 내려가 농사를 지었다.

"조선공산주의자들에게 당면의 가장 필요한 문제는 조선 좌익의 통일문제의 해결이다. 일본제국주의는 무장한 채로 아직 물러가지 않고 있는 형편으로…… 지주와 대뿌르조아지들의 반동적 반민주적 운동은 간모술책을 가지고 좌익 내부에 그 손을 뻗쳐오고 있는 것이 그 특징이다. 이러한 중요한 시기에 당하여 지하운동의 혁명적 공산주의자 그룹들과 출감한 전투적 동지들이 중심이 되고서야 당이 재건될 것이다. 과거의 파벌 두령이나 운동을 휴식한 분자는 아무리 명성이 높다고 해도 이번 중앙에는 들어올 자격이 없는 것이다. 이러한 원칙에서 당은 재건될 것이다."

재건파 중앙 박헌영 사룀이었다. 1945년 9월 8일 서울 계동에 있는 어느 주의자 집이었다. 이 영·최익한·정 백·정재달·하필원·이승엽·이정윤·현칠종·안기성·이우적·김상혁·정종근·강병도·조두원·권오직·최원택·이청원·김두현·홍인의 같은 장안파 60여명이 모인 자리였다. 박헌영 사룀이 끝나자 말싸움이 비롯되었다. 이청원과 이 영·최익한이 장안파와 통일될 당과 아랑곳에 대해서 물었고, 이정윤이 장안파 홈집을 이야기하였을 때, 조두원이 말하였다.

"당 결성에 있어서 두 개 그룹과 혁명적 합류가 필요한데 두 가지 길이 있다. 하나는 혁명적 재건그룹에 다른 그룹이 합류함이요, 다른 길은 재건그룹과 대등한 형태로 통일하는 것이니, 이것은 오랜 시일을 경과하는 것이라 불가하다. 한 가지 길은 재건 그룹에 모두 합류하는 것이 절대 필요하다. 과거의 소소한 문제 토론보다 통일 실현이 첫째 임무이다."(옳소!)

이우적이 뒤를 받았다.

"왈가왈부는 물론하고 박동무 의견에 신뢰하고 찬성하여 결정함이 가하다.(옳소!)

최익한 : "시야가 일방적이어서는 안된다. 전체적이어야 한다. 조직은 생명이다."

강병도 : "박 동무의 정견을 전폭적으로 지지한다. 다만 장안당과의 관계만 선명히 하는 것만이 필요할 뿐이다."

최익한 : "당재건준비위원회의 테제는 개량적이요 경제주의적이고 아나키스트적이다. 어떻게 이러한 그룹과 같이 통일할 수 있느냐? 박헌영 동무 의견에 대한 가부를 거수로 가결할 것을 요구한다."

조두원 : "볼셰비키 당에서는 이렇게 쓸데없는 이론을 가지고 복잡한 분쟁을 일으키는 것이 아니오. 보고자의 보고가 있은 후에 각기 토론이 전개된 후 보고자가 다시 결론을 짓고 이에 대한 동무의 태도를 가하거나 부하거나를 결정하는 것이오. 그러나 이만하면 토론은 넉넉하오. 속히 박 동무의 결론을 들읍시다."

이것으로 이른바 장안파는 뜯어 헤쳐지고 박헌영을 당중앙으로 하는 조선공산당이 재건되었는데, 우러름 받는 한학자인 장안파 싸울아비 최익한(崔益翰, 1897~?) 되받음을 누르고 말싸움을 아퀴짓는 조두원 가리새는 빈틈없는 것이었다.

이우적·정태식과 함께 조선공산당 3대 이론가로 꼽히던 사람이다. 월북한 다음 조일명(趙一明)이라는 이름으로 박헌영 수행비서를 하였고, 이승엽·이강국·배 철·박승원·윤순달·조용복·맹종호·임 화·설정식 동무들과 함께 형장의 이슬로 사라졌다. 박헌영 세 번째 부인이 된 윤레나(윤 옥)는 조두원 처제이다.

조두원은 조선공산당 중앙위원회 기관지《해방일보》편집국장을 맡아 맑스-레닌주의를 바탕으로 삼은 공산주의 이론 수문장 구실을 하였다. 민전 중앙위원과 남로당 중앙위원으로 있으며 1947년 6월부터《노력인민》주필로 있다가 월북한 것이 47년 12월이었다. 남로당 출신들이 모여 있던 해주에서 제1인쇄소 출판부장을 하였고, 1950년 8월 서울해방 때 서울시인민위원회 계획위원장을 하였다. 1951년 5월《민주조선》부주필, 11월 문화선전성 부상이 되었다가, 공화국정권 전복을 기도하였다는 죄목으로 처형당하였다.

이우적(李友荻, 1905~1950)은 1950년 9월 미군 서울침공 때 죽은 것으로 알려진다. 정태식(鄭泰植, 1910~?)은 1950년 4월 김삼룡·이주하와 함께 잡혀 20년 징역을 선고받는다. 서대문형무소에 복역 중 1950년 6월 28일 입성한 인민군에게 해방되어《해방일보》를 복간하고 논설위원이 된다. 인민군 퇴각과 함께 평양으로 가서 농림성 기획처 부처장을 하다가 남로당 숙청 때 잡지《인민》교정법사를 하던 중 사라졌다.

재건파 사람들이 죄다 없어졌으나 장안파 사람들은 냅다 몰아쳤다. 대표적인 것이 이 영(李 英, 1889~?)으로 박헌영 동아리를 조선공산주의 역사에서 빼버리기 위한 정치공학적 엄펑소니에 의한 것이기는 하나, 1953년 최고인민회의 의장을 하였고 59년까지 「조국통일민주주의전선」 중앙위원회 상무위원 및 의장으로 있었다. 면우(俛宇) 곽종석(郭鐘錫) 제자로 한학에 밝았던 최익한은 월북 뒤 정치를 접고 국학 갈닦음에 골똘하여 1955년『실학파와 정다산』을 펴내었다. 정 백(鄭 栢, 1899~1950)은 1949년 몸 바꿔「국민보도연맹」명예간사장으로 있으며 이승만 정권에 힘을 보태주었는데, 6·25 때 서울시인민위원장으로 내려온 이승엽(李承燁, 1905~1953)한테 민족반역자라는 이름으로 처형당하였다.

노촌(老村) 이구영(李九榮)이 살아온 이야기를 심지연이 적은『산정에 배를 매고』에 나오는 적바림이다.

한때 조봉암(曹奉巖) 같은 사람은 박헌영(朴憲永)과 몇 차례 만나 협상을 하기도 했다. 자신은 박헌영에게 절대 복종할 테니 당의 문호를 개방하라고 요구했다. 폭넓게 당을 운영해 달라는 주문이었다. 그리고 세상이 다 아는 조두원(趙斗元) 같은 사람을 쓰는 것은 말이 안된다고 했다.

조두원은 일제 때 원산 정어리공장에서 운동을 하던 사람인데, 거기서 변절했다. 많은 사람들이 그 때문에 잡혀갔는데, 이 점을 우려해서인지 그는 해방 후에는 자신의 이름을 조일명(趙一明)으로 바꾸었다. 조봉암은 그런 사람을 콤클럽이라고 해서 박헌영이 중용하는 게 못마땅하다고 비판했다. 이 말을 박헌영은 귀담아 듣지 않았다. 문호를 개방할 생각은 전혀 하지 않고 조봉암더러 그냥 들어오라고만 했다. 이런 연유로 조봉암은 당에 들어가지 않고 해방 후 인천에서 혼자 일하게 된 것이다.

박갑동이 쓴 『남기고 싶은 이야기들』에 나오는 글이다.

내가 평양에서 박헌영을 만난 것은 두 번밖에 없지만 박헌영에 대한 소문은 늘 듣고 있었다. 그는 서울에서 자기의 비서로 쓰고 있던 윤녀(조두원의 처제)를 이북에 가서는 정식 처로서 결혼했었다. 윤녀(윤레나)는 박헌영과 같은 충청도 출신이었다.(……)

박헌영은 1951년에 둘째 아들을 낳았다. 그의 처는 폭격이 심한 북한을 떠나 「모스크바」에 가서 해산을 했다는 것이었다. 둘째 아들도 큰아들과 마찬가지로 소련식 이름을 붙였다는 말을 들었다. 박헌영은 왜 두 아이의 이름을 모두 다 소련식 이름을 붙였을까? 그는 민족성을 잊어서였을까? 사실은 그런 것이 아니다. 그는 자기의 처와 두 아이들을 북한에 두지 않고 소련에 두고 싶었던 것이다. 자기가 죽고 난 뒤에도 자기의 처자만은 소련에 남아 무사히 살아남아 주기를 마음속으로 기대했던 것이다. 1951년 여름 폭격이 심할 때 그의 처가 둘째 아이를 「모스크바」에서 해산하여 중국 안동까지 돌아왔을 때 주위에서 말리는 것을 박헌영은 듣지 않고 폭격의 위험을 무릅쓰고 자기 스스로 신의주까지 가서 마중을 하여 평양에 같이 돌아왔던 것이다.

신문화계몽에 앞장 선 「여성동우회」 회원들은 여자라고 해서 불편하게 머리를 기르고 다닐 필요가 없다면서 짧게 잘라 요즘 '쇼트 커트'처럼 하고 다녀 그 무렵 단발미인이란 말이 유행하기도 했다. 하루는 허정숙(許貞淑)·조원숙·심은숙(沈恩淑) 세 사람이 한꺼번에 머리를 자르고 나타나기도 해서 화제가 되기도 했다. 박헌영 처 주세죽(朱世竹)도 뒤에 짧은 머리를 하고 다녔다고 한다.

조원숙 자취는 알 길이 없다. 1948년 8월 제1기 최고인민회의 대의원으로 뽑힌 다음부터는 아무런 자취가 없다. 오라버니와 함께 처형당하지는 않았더라도 여류혁명가 조원숙에게는 밟아나가야 할 '역사'가 없었을 것이다. 눈을 감는 순간 이런 구호를 외쳤을까.

"여남평등 이룩하여 평등조선 건설하자!"

조원숙이 쓴 글이 있다. 《노력인민》 1947년 7월 1일 치에 실려 있는 「인민의 지도자」 칸 유영준론.—「덕의 인 불요의 투사, 조선여성의 선구 유영준 선생」

조선부녀대중과 인민의 친애하는 지도자 유영준 선생은 어떠한 분인가

남조선녀성이 그의 해방진두에 유선생을 가진 것은 커다란 행복이며 광명이다 실로 유영준 선생의 생애야말로 간고일관이었으며 투쟁일관이었다 평양의 가난한 가정에 태어난 선생은 어렸을 때에 남다른 역경을 헤쳐나왔다 그러나 천생의 혁명가 유선생은 일본제국주의자가 조선민족 특히 부녀대중을 노예로써 압박하고 착취함을 보고 그대로 있을 수 없었다

조선민족의 해방을 원하는 고함소리가 세계를 진동한 3·1운동은 폭발되었다 이 거대한 민족해방투쟁은 유선생을 국내에 머므르게 하지 아니하였다 3·1운동의 큰 물결 속에 장래 조선인민의 지도자의 한분인 유영준 선생의 용감하고 거룩한 투쟁의 공적이 빛났었다 적은 선생을 추적하였다 선생은 부득이 망명의 생애를 시작하였다

중국에서 동경에서 선생은 쓰라린 혁명가의 고투를 계속하였다 선생이 당시 소위 민족주의자들이 일제의 회유와 위협에 속속 탈락할 때 감연히 인생관을 고쳐 순수한 근로인민 편에 서서 전해방운동의 일익인 여성운동을 지도하기 시작하였으니 그 첫거름이 동경에서 조선여성의 해방운동을 조직함에서 비롯하였다

귀국하여서는 곧 여성동우회 그 뒤 근우회 등에 참가하여 동서남북의 방방곡곡을 찾어다니면서 그 현하의 웅변으로 여성의 계몽과 정치적 각성을 촉진하는데 그야말로 정진하였든 것이다 근우회가 해산을 당하고 조선의 사회운동이 일제의 폭압 밑에서 표면적으로는 붕괴의 위기에 봉착하게 되자 선생은 그 탄압의 예봉을 피하여 대중을 조직 훈련하고저 소비조합운동을 이르킨 일도 있다

그러나 잔학한 일제는 이러한 운동까지 금압하게 되매 선생은 의사의 직분을 이용하야 산부인과 병원을 개설하고 무산부인들의 산고를 위시한 온갖 고질을 보아주면서 꾸준히 반일사상의 고취와 애국사상의 전파에 노력해왔든 것이다

선생은 8·15 직후 곧 우리들 일천오백만 여성의 선두에 나서서 싸우고 있다 오늘 선생은 남조선민주여성동맹의 위원장으로 조선여성의 최고 지도자가 되여 있을 뿐 아니라 또한 남조선 민주세력의 총집결체인 민전의 부의장으로서 민주조선의 건설을 위해서 그야말로 불요불굴의 투쟁을 계속하고 있다 단말마의 발악을 하는 반동의 위협이 항상 선생의 신변을 떠나지 않건만 선생은 그런 것에는 개의치도 않는 듯 날로 높아가는 투지와 열성으로서 싸우는 여성 싸우는 인민들을 독려하야 그야말로 민주투사로서 지도자로서의 모범을 보혀주고 있다

유영준 선생은 남다른 덕의를 갖고 있다 그 풍만한 체구와 순후해 보이는 얼굴 그리고 누구나 포용할 수 있는 듯한 이해성 이러한 인간적 조건이 오늘 선생으로 하여금 조선여성 뿐 아니라 조선인민의 지도자가 되게 한 조건일지도 몰은다 누구나 마음 터놓고 신뢰할 수 있고 어머니와 같이 또는 누님이나 형님과 같이 친할 수 있는 선생의 인격은 지도자로서 다시없는 덕성이라 아니할 수 없다.

따라서 선생은 양심의 인이며 양식의 인이다 선생이 생애를 투쟁일관해 오는 것은 선생의 불의 앞에 참지 못하는 불타는 정의감과 아울너 세계사적 행정을 통찰하는 양식에서인 것이다 선생의 지도 밑에 있는 조선민주여성동맹이 조선 일천오백만 여성의 선두에 공사창폐지 운동 남녀동등권 법령의 실시를 주장하고 있음은 당연한 일이다 유영준 선생은 그 적을 미워하는 정의감과 세계사를 통찰혀는 양식으로서 조선의 여성 밑 근로인민의 참된 지도자가 된 것이다 그리고 선생은 조선의 유수한 웅변가의 한사람이다 그 풍부한 성량과 활달한 재스추어와 웅변자재한 화술은 항상 적의 심장에 육박하고 있으며 수많은 청중을 사로잡아 열광의 도취 속으로 모라넣고 있는 것이다 모라서 선생은 만신도시열의 인간인 것이다. 어느 모로 보든지 유영준 선생은 인민의 지도로서 구비한 자질과 열성을 가졌다 전 심신을 오직 인민에게 받혀 싸우는 선생에게 조선인민은 반듯이 대가의 영광을 보낼 것을 우리는 확신해 마지 않는다

권 오 직 1906~1953(?)

일제 감옥에서 조선옷을 입은 권오직.

3천만 동포에게 소(訴)함

1946년 5월 15일 공보국 특별발표로서 조선경찰 제1관구 경찰청장 장택상씨는 우리 두 사람을 300만원 이상의 지폐를 위조하야「남조선 일대를 교란」한 사건에 관련되었다 발표하는 동시 우리 두 사람에게「이미 체포장이 발포되어 있는 중」이라 발표하였고 동 발표는 다시 우리를 동포들이 가장 신뢰하고 사랑하든「조선공산당」의「간부」라고 지칭하였음으로 조선공산당의 위신을 위하야 조선공산당의 간부라는 영광스러운 일홈을 위하야 또한 해방조선의 책임을 맛터보는 조선경찰의 명예를 위하야 이 성명을 발표하는 바이다

1, 우리는 이사건이 전면적으로 허구임을 단연히 지적한다 그 이유는

첫재 우리 두 사람이 이러한 범행에 관련하였다 하나 우리 두 사람은 전연 이러한 범행을 한 일이 없다 그럼으로 우리가 이 사건에 관련되었다 함은 이 사건이 전연 허위적 날조인 것을 증명하는 것이며

둘재 범인이라 지칭된 박락종 이하 대부분의 동지는 그 평소의 우리 민족의 해방을 위하야 조선의 경제 부흥을 위하야 헌신적 사업을 하였었다 그럼으로 14인이 일당이 되여 이러한 추악한 범죄를 하였다 함이 둘재의 증거이며

셋재 근택빌딩 지하실에서 위조지폐 300만원의 대부분을 위조하였다 하나 박락종씨가 조선정판사를 관리한 이래 지하실에는 일차도 인쇄기를 설치한 일이 업섯스며

넷재 동 발표는 조선은행권 평판을 조선은행으로부터 조선도서주식회사에「이관중 행방불명」이 되였는데「경찰에서는 분실되었든 평판 9개를 발견하였다」하였으나 이러한 평판은 조선정판사에서 발견된 일이 절무한 것

이상이 증거로써 우리는 이 사건이 전연 허구인 것을 단언한다

2, 그러면 이러한 허구의 사건이 웨 발표되었는가 이것은 조선공산당의 위신을 타락식히기 위하야 이런 정치적 모략 등의 책동에 의하야 발표되여진 것이다 미소공위의 휴회를 계기하야 우익반동파는 백주에 테로단을 조직하야 공々연한 파괴를 감행하고 가두에서 공々연한 살인과 내란을 선동하고 언론자유를 악용하여 테로행동을 찬양선전하는 등 실로 무질서 혼란이 연발하여 서울의 물정은 참으로 소연한 바 있다 이러한 반동파의 공세는 우리 해방의 최대의 은인의 하나인 쏘련방에 대한 반대와 조선공산당의 중상에 집중되고 있다 이 허구 위조지폐 사건도 이 공격과 중상의 일부분으로 나타난 것이다 그러나 이러한 허구적 공격은 결코 우리당을 훼방치 못할 뿐 아니라 이 비열하고 타매할 반

동파의 행동은 도리어 그들 자신의 묘혈을 팜에 불과할 것이니 이것은 불원한 시일 내에 이 사건이 허구인 것이 백일청천 하에 폭로될 수 있는 까닭이다

3, 그러면 이 반동적 모략가들은 웨 이러한 비열한 위조지폐사건을 허구하야 우리를 공격하는가 이것은 뚝섬 대한독립촉성국민회 지부 조직부장 이원재 등의 검거로써 참말 위조지폐사건이 발발한 것은 천하가 다 아는 바이다 이 참말 위조지폐사건은 우익 반동파에 한 개의 추악한 범죄가 아닐 수 없음으로 이 범죄를 우리에게 전가하야 일석양조의 모략을 꾀함이 그 동기이다 곳 우익반동파를 이 범죄에서 구출하고 우리를이 허구의 범죄 속에 모러너으라는 음모에서 행하여진 것이다 이 사실은 또한 불원한 시간 내로 동포 앞에 명백히 될 것이다

4, 끗흐로 우리는 해방조선의 질서를 책임진 경찰이 참된 애국자와 정치적 모략배를 정확히 감별하여 일시적 지위와 일시적 명예로써 이러한 모략가들의 책동에 속지말고 새 나라의 명예와 건설과 발전을 위하야 정의와 진실에 입각하여 그 책임을 이행하기 바라는 성의에서다 동포들이 신뢰하고 사랑하는 조선공산당이 이 반동파의 책동에 의하야 또한 우리 두 사람의 이름으로 인하야 동포들에게 비록 일시적이나마 터럭끗만한 미혹이라도 받지 아니하기 위하야 이 성명을 발표하는 바이다

1946년 5월 16일

이 관 술

권 오 직

《해방일보》1946년 5월 18일 치 맨 앞머리에 실려 있는 성명서이다. 성명서만이 아니다. 「공당원이 지폐위조에 관계되었다는 것이 사실인가- 기자단의 질문에 박헌영 동지 답변」, 「지폐위조사건에 관한 아당모해의 진상구명코저 이주하동무 장경찰부장 방문」, 「괴(怪)! 쑥섬위폐사건은 발표하지 안는 이유?- 장경찰부장과 기자와의 문답」, 「위조지폐 사건 진상조사로 각사회단체 궐기」, 「15일 당국발표에 제하야 공산당원 제군에게 고함」.

2쪽 1장짜리 타블로이드판 신문 앞뒤가 온통 '위폐사건' 본바탕을 밝히고 미군정과 그 손발인 경찰 당국이 쳐놓은 올가미질을 까밝히는 기사로 뒤발되어 있다. 그리고 조선 공산당 중앙위원회 기관지인 《해방일보》는 문을 닫는다. 1945년 9월 19일 비롯하여 1946년 5월 18일까지 150호째를 내었을 때였다. 《해방일보》가 들어 있던 조선공산당 진터를 빼앗겼던 것이다. 조선정판사 사장 박락종(朴洛鐘)과 서무과장 송언필(宋彦弼), 인쇄주

임 신광범(辛光範), 창고주임 박상근(朴相根), 평판과장 김창선(金昌善), 평판부과장 정명환(鄭明煥), 평판직공 김상선(金商善)·김우용(金遇傭)·홍계훈(洪啓薰)이 잡혀갔고, 이관술이 붙잡힌 것은 7월 4일이었다.

해방된 조국에서 다시 캄캄한 땅 밑으로 들어가게 된 권오직(權五稷)은 1906년 경북 안동에서 태어났다. 34살 때 감옥에서 죽은 세찬 주의자 권오설 아우이다.

주의자들 가운데는 형제·남매·내외·부자·모자가 많았다. 김사국·김사민 형제, 박일병·박순병 형제, 김형선·김형윤·김명시 삼남매, 조두원·조원숙 남매, 박헌영·주세죽 내외, 김단야·고명자 속내외, 양 명·조원숙 내외, 이재유·박진홍 내외, 김태준·박진홍 내외, 김복진·허하백 내외, 임원근·허정숙 내외, 최익한·최재소·최학소 삼부자, 홍명희·홍기문·홍기무·홍기연 사부자녀, 정칠성·이동수 모자······ 같은 이들이 그렇다.

1923년부터 공산주의운동을 비롯한 권오직은 1924년 2월 「신흥청년동맹」, 25년 4월 「고려공산청년회」(공청)에 들어갔다. 같은 해 공청이 밀어주어 모스크바 동방노력자공산대학에 들어갔다. 1929년 5월 공산대학을 나와 모스크바에 있는 공장에서 노동을 하다가 공청을 다시 얽이잡으라는 「국제공산청년동맹」 분부 받고 조선으로 돌아온 것이 29년 10월이었다. 11월 조선공산당 조직준비위원회 선전부를 맡았다. 1930년 2월 3·1운동 11주년을 맞아 광주학생운동으로 들끓는 반일 감정을 한군데로 모아 터뜨리고자 반일 격문을 전국 청년·농민·노동 두럭에 퍼뜨리다가 왜경에게 붙잡혔다. 1931년 10월 경성지법에서 징역 6년을 선고받았고, 1940년 12월 징역 8년을 받아 12년간 징역살이를 하다가 8·15를 맞아 감옥을 나왔다. 해방 직후인 1945년 9월 조선공산당 정치국원, 조선인민공화국 중앙위원회 후보위원, 《해방일보》 사장이 되었다. 이듬해 2월 「민주주의민족전선」 중앙위원이 되었다.

같은 해 2월 19일, 반박헌영 그룹 54명이 모여 당내 파벌주의와 당사(黨史), 곧 조선공산주의 운동 정통성 문제를 따지고 들 때였다. 권오직 말이다.

요전에 경북에 갔을 때도 간부들과 모든 문제를 토의했었다. 당시 지방동무들이 중앙동무들보다 각종 정보를 더 잘 알고 있는 것을 발견했다. 그러나 당의 발전을 위한 것이 아닌 늦김이 있었다. 당의 노선대로 나가면 모-든 문제는 해결할 수 있다. 해외에 각종 문서가 도라다니는 것을 시정하지 아니하면 안된다. 무원칙한 투쟁은 할 수 없다. 정말 당을 위해서 일하자는 의미에서 이 회합이 승인했다. 열성자대회라는 것은 부당하

(왼쪽) 이른바 정판사사건으로 재판을 받는 조공당원들.
(오른쪽) 좌익세력을 때려잡고자 미군정이 쳐놓은 올가미였던 정판사사건에 대한 보도.

다. 당 통일을 하는 것이 타당하다.

모임 이름을 '열성자대회'로 하자는 김철수(金錣洙, 1893~1986) 말을 누르고 '중앙 급 지방동지 연석간담회'로 못박은 권오직은 이렇게 말함으로써 반박헌영 그룹이 덤벼드는 것을 가라앉힌다. 그는 이어 말한다.

1932년에 나올 때 국제노선을 가지고 나왔다. 그때 많은 동무들은 부로카로 혹은 투기사로 많이 전락되었엇다. 중심야도로가 다 체포되였을 시 꾸준한 투쟁을 하든 동지들의 심경을 생각할 때 탁류 중의 맑은샘이라고 한 것이지 지금까지 그것을 주장하는 것은 아니고, 그때 사정이 그렇다는 것을 알어야 한다.(…) 내 생각하기는 8·15 후 장안파 기타 동무들이 영도할 수 없는 처지에 있었고 박헌영 동무는 그때 국내에 있었다고 생각하지 안코 국외에서 온다고 믿엇다. 박헌영 동무가 10여 년 꾸준한 투쟁을 했는데 이것은 용이한 일이 아니다. 그 동무에게 계동서 일임하자 안햇는가. 현재 누구를 내세우겠는가. 지금 적과 싸워나가야 할 때 당사(黨史)를 운위할 시기가 아니다. 동무들이 다같이 역할을 했다고 주장하지만은 나는 다같은 역할을 했다고 말할 수 없다. 재건동지들을 내세우고 통일해 가지 않으면 안된다. 그러나 재건동지들이 기술적(수공업적)

오류가 없다는 것은 아니다. 당사를 말하는 것은 통일과 강화를 꾀하면서 더욱이 혈투를 앞에 놓고 논의할 때가 아니다. 동무들의 불평을 엇더케 하야 해결하여 갈 것인가 문제이다. 엇더한 점이 견해가 다르다는 것을 토의할 것이다.

이른바 '정판사위조지폐사건'이라는 미군정과 친일파들이 쳐놓은 덫에 걸려 허둥지둥하던 권오직은 38선을 넘어간다. 1948년 8월 해주에서 열린 제1기 최고인민회의 대의원이 되었고, 1950년 2월부터 52년 1월까지 헝가리 주재 조선민주주의인민공화국 공사로 있었다. 1952년 3월 중화인민공화국 주재 대사로 갔으나 53년 8월 불려들어와 대사 자리와 조선로동당 중앙위원회 후보위원 자리를 빼앗겼다. 남로당 숙청 후림불에 걸려든 것이었는데, 반당·반국가 파괴분자라는 까닭으로 평북 삭주에 있는 협동농장으로 하방(下放)되었다고 한다.

그때에 서울에서 움직였던 정치 목대잡이들은 38선이 그렇게 오래 가리라고 내다보지 못하였다. 미·소 양군은 곧 물러갈 것이고 곧 남북일통이 될 것으로 보았다. 남로당 고갱이들은 평양에 있는 김일성 장군을 그렇게 높게 보지 않았다. 가장 짱짱한 적은 미군과 친일파 두럭인 한민당이므로 그들과 싸워 이겨 권세자루만 잡으면 된다고 믿었다. 그렇게만 되면 북조선은 스스로 따라 들어올 것이라고 믿었다. 조선 사북은 서울이었다. 평양은 지방이었다. 그런데 분단이 굳어지면서 평양은 서울에 딸린 지방이 아니었다. 찢겨진 한쪽 나라 서울이었고 그 서울을 목대잡는 것은 김일성이었다. 미국 대리인들이 다스리는 남조선 반공이데올로기에 쫓긴 남로당 사람들은 평양으로 갈 수밖에 없었다. 북로당 사람들이 지어놓은 새 집에서 곁방살이를 하게 된 남로당 사람들이 쫓겨날 수밖에 없는 까닭이니, 세계사 흐름을 올바르게 읽어내지 못한 남로당 슬픈 이야기이다.

소련파 간부 가운데 한 사람으로 이른바 '박헌영-리승엽 간첩사건' 때 내무성 부상이었던 강상호(姜尙昊, 1909~?) 증언이다. 《중앙일보》 1993년 1월 11일부터 10월 12일까지 이어실린 「남기고 싶은 이야기들」에 나온다. 1955년 12월 15일 재판에서 "박헌영이 재판정을 압도하는 분위기였다"고 증언한 강상호이다.

내가 박창옥(朴昌玉) 동지의 방을 찾아간 것은 출세의 기회를 포착하기 위해 그에게 눈도장을 찍으러 간 것이 아니고 숨막히게 돌아가고 있는 정국의 흐름을 읽기 위해서였다. 박창옥은 예고 없이 찾아온 나를 반갑게 맞아주었다. 그리고 그는 곧바로 남로당 간부들의 숙청사업을 화제로 꺼냈다.

"상호 동무, 주중대사 **권오직**이 왜 붙잡혀 왔다고 행각하오."

"부장동지, 한직에 있는 제가 중앙당에서 벌이고 있는 사업의 내막을 알 리가 있습니까."

"**권오직**을 선두로 하는 외무성 내의 종파분자 일당들이 당과 공화국에 대한 인민의 신뢰를 특정 개인에 대한 신뢰로 바꾸려고 했소. 따라서 이 자들의 개인영웅주의적 활동은 당과 공화국에 크나큰 해독을 주었으니 인민의 이름으로 처단해야 하오. 이 종파분자들 속에 주소대사 주영하(朱寧河)도 들어 있소. 주영하도 즉시 조국으로 소환해 조사하도록 내무성에 지시를 해 놓았소."

공화국의 두 주춧돌 격인 소련과 중국에 주재하던 대사들에게 「종파주의자」라는 딱지를 붙여 소환. 조사한 후 구금한다는 사실은 진행 중인 숙청의 강도를 보여주는 확실한 메시지였다.

주중대사 **권오직**은 서울에서부터 박헌영의 핵심참모였고 주소대사 주영하는 해방 전부터 박헌영과 함께 공산주의운동을 했던 국내파 토착 공산주의자였다.

따라서 이들은 부수상 겸 외무상 박헌영의 천거로 대사에 기용된 것이다. 몇 해 전역시 토착공산주의자였던 오기섭(吳琪燮)을 '조선의 트로츠키'라 하여 '우익화 경향'을 비난하고 그의 숙청에 앞장섰던 주영하도 이제 김일성수상의 남로당파 숙청의 제물로 떠올랐다.

(……) 주영하는 어느 날 밤 사회안전원 2명에 의해 총살당했다는 소문이 들렸다.

그러나 필자가 평양을 탈출한 59년까지 주영하의 최후를 아는 사람은 한 사람도 없었다. 주중대사 **권오직**도 같은 시기에 남로당파 간부들과 함께 깊은 산골탄광으로 보내져 총살됐다는「비통(秘通)」(비밀통신의 약칭, 당정 고위 간부들끼리 은밀히 주고받는 정보)이 나돌았으나 정확히 확인되지 않았다. 이같은 남로당파 간부들에 대한 검거. 숙청, 총살 등 실질적 집행은 내무상 방학세(方學世)가 주도했다.

1946년 9월 6일 미군정 명령으로 폐쇄된 세 개 좌익신문은《조선인민보》,《현대일보》,《중앙신문》이었다. 또한 각 신문사 책임자 10여 명이 미헌병에게 체포되었는데,《중앙신문》의 리상호(李相昊)·황대벽·김용진(金容鎭),《조선인민보》류중렬(柳重烈) 등이었다.

이틀 후인 9월 8일 치《동아일보》기사이다.

경기도 경찰부에서는 7일 이른 아침부터 갑자기 활동을 개시하여 시내 각 교통기관을 검색하여 통행인을 심문하는 등 비상경계망을 치고 맹활동중인데, 공산당 책임비서 박헌영과 리강국·리주하, 그리고 해방일보 사장 **권오직** 등 제씨에게도 체포령이 내렸다는 데 추이는 매우 주목된다.

같은 날《자유신문》기사이다.

7일 이른 아침부터 제1관구 경찰청을 비롯하여 시내 각 경찰서에서는 일반의 출입을 엄금하는 한편, 경관을 총동원하여 시내 전반에 걸쳐 엄중한 경계망을 치고, 지나가는 '택시' '트럭'은 물론 인력거까지 정지시키며 손님을 조사하는 등 비상경계의 태세를 보이고 있다. 박헌영 체포를 맡은 경찰책임자인 경기도 경찰부장 장택상(張澤相)은 기자들의 질문에 이렇게 대답했다.

"이 사건은 나에게 묻지 말아 주시오. 나에게도 함구령이 내렸다. 그리고 이번 사건은 경찰에서 단독으로 하는 것이 아니고, 상부 명령으로 경찰이 움직이고 있다. 그리고 좌익단체 간부를 전부 체포하는 것은 아니고, 경찰이 지명수배 인물만 수사하는 것이다."

이보다 앞선 1946년 4월 19일《조선인민보》2면에 실려 있는 기사이다.

공청·막부유학생들의 금석
감격의 창립 21주년!
권오직씨 담
작18일은 지금으로부터 21년 전 민족해방을 위하야 청춘의 전부를 바치고 제1선에서 용감히 싸워온 조선의 진보적 청년들이 비로소 공청을 조직하고 웅대한 국제적 로선을 밟든 날이다 이 날을 기념하기 위하야 당시 공청유학생의 하나인 **권오직**씨의 입을 빌어 당시 우리 청년들의 기개를 회상하여 보자
21년 전 1925년 제1차조선공산당 공청 중앙위원회의 추천을 받어 6백만 조선청년의 촉망 아래 멀리 조국을 떠나 막사과(莫斯科)로 가든 해 우리들은 모두 20세 내외의 젊은이로서 오직 우리 민족의 대도(大道)를 찾어 유학을 마치고 그 후 20년 동안 가진 학대와 고문속에서 꾸준히 투쟁을 계속하여 왔든 것이다

이영조(李永祚, 19세) 김응기(金應基, 23세), 박지성(朴志成, 22세) 고명자(高明子, 19세) 김명시(金命時, 22세) 장도명(張道明, 21세) 김형관(金亨寬, 22세) 박용선(朴容善, 22세) 제씨는 당시 유학생 20명 중에서 현금도 제1선의 혹성(惑星)들이다

1925년 9월 19 세시에 당명으로 장기(長崎) - 상해(上海)로 다시 안동(安東)으로 돌아왔다가 또 상해로 가서 소련배를 타고 우라지호스톡을 경유하야 동년 11월 마침 국내에 제1차공산당사건이 폭발한 그달에 막부에 도착 동방노력자공산대학(일명스타-린대학)에 입학 4년간 유학 졸업하고 1929년 서울 박람회 때 해삼위(海參威)를 걸허 만주 장고봉(張古峯) 대안을 건너 귀국하였는데

1925년 당시에는 세계적으로 진보사상이 극도로 고조된 때인 만큼 국내에서도 특히 청년간에 이 사상이 팽배하여 일제의 굴욕적 탄압정치와 구제도에 대한 반항은 맹렬하였고 새로운 사회건설에 대한 욕구가 극심하였다 이러한 정세에서 선배들의 지도를 받어온 우리들은 소련유학으로서 이 사상의 타당성과 과학성을 현실 속에서 포착하였고 실천에 대한 확신을 얻었다

스타-린대학은 70여 민족학생이 혼합한 국제대학인데 학생에 대한 대우 학원의 자유 연구방법의 독창성 등 도저히 자본주의에서 볼 수 없는 진보적 방식을 채용하고 있었고 학생생활은 시민생활의 이상을 보장하야 모-든 문제에 있어 여유가 있었다 이 엄청난 발전에 일경(一驚)하였다 1929년 귀국 서울에서 김단야(金丹冶) 조두원(趙斗元) 동무들을 맞나 광주학생사건을 지도하였고 이영조동무와 합력하야 부산파공(罷工) 인천파공을 지도하얏다

그때 김응기동무는 평양에 있었서 이주하(李舟河)동무는 원산에서 연락을 취하였다 그 후 김단야동무가 막부로 간 다음 귀국시 가져온 제당의 사명으로 3·1기념일을 기하야 공산당을 재건하였다 조두원 이승엽동무가 연달아 잡혀가고 나도 1930년 2월 26일 마포에서 저 유명한「三輪」손에 피검되었다 이것이 즉 5차공산당사건인데 6년 징역을 받고 감옥으로 드러가든 날은 비참하게도 백형은 그 감옥에서 죽어나오든 날이였다

이 생령(生靈)의 교환이야 말로 일제가 조선동포들에게 던진 유일선물이였었다 1932년 전감시(轉監時) 태전(太田)에서 만세를 불으고 8개월을 추가수형 1936년 4월 출옥 그 후 서울에서 농촌에서 청년 학생들을 지도하다가 1939년 미결 2년 구금 7년 수형 작년 8월 17일 대전(大田)형무소에서 출감한 것이다

8. 된바람 차가운 눈보라 헤쳐온 피 끓는 늙은 공산주의자

홍 덕 유 1882~1947

21년 전 일입니다 그때 일을 생각하면 이 늙은 몸에 열혈이 끓어오르는 듯합니다

지금 반도호텔 옆에 있는 아서원에 각 도당 대표들이 극비밀리에 참집하여 역사적인 조선공산당 제1차 대회가 열리었든 것입니다 오늘날을 당하야 그 대회에 참가하고 이미 세상을 떠난 김재상(봉) · 주종건 · 진병기 세 동무를 생각하면 강개함을 금할 수 없읍니다.

《조선인민보》1946년 4월 17일 치 조선공산당 창립 21주년 기념 특집 기사이다. 「장안 복판에 뜻깊은 거사- 당 창립식에 참석한 홍덕유씨 담」.

그때 그 대회에 참집한 사람은 일생을 조선민족 해방운동에 바치겠다는 강철 같은 의지의 혁명가들이었읍니다 그 대회가 서울서 개최하게된 것은 김재상(봉) · 박헌영 동무들의 피눈물 나는 노력과 희생적 투쟁의 결정입니다 표면으로는 4월 15 16 양일에 전조선기자대회를 소집하고 기자대회를 이용하여 지방당원을 상경케 하고 4월 19일에는 전조선민중운동자대회를 개최한다 하야 경찰의 혈안을 이상 양 대회에 총집중시킨 다음 예정하였든 4월 17일에는 전기 기자대회로 하여금 동대문 외 상춘원에 화유회(花

遊會)를 개최케 하여 장안 전경찰의 신경은 상춘원으로 총집중시키고 그 틈을 타서 우리는 당제1차 대회를 백주에 장안 복판 아서원에서 열었든 것입니다 일경의 압박과 감시가 혹심하였든이만치 우리의 기술공작 역(亦) 혈루의 노력이 필요하였고 따라서 그 공작을 우리는 언제나 자랑거리로 생각하고 있읍니다

「조공·형극의 길 21년」이라는 큰 제목 밑에 쓰여진 머리글이다.

1925년 4월 17일 지금으로부터 21년 전의 이달 이날은 우리 민족해방의 전위부대인 조선공산당이 창건된 날이다

악독한 일제의 탄압 아래의 21년이란 길고도 길었다 강도 일본의 합병의 마수가 뻗인 지 15년 3·1운동의 고배를 맛본 지 6년 당시 도々히 흘으는 세계사적 조류에 발마추어 가장 애국적이오 혁명적인 전위투사들로서 맺어진 조선공산당의 형극의 길은 이 날부터 시작된 것이다

이제 해방의 백광(白光)에 쌓인 합법적 무대에서 남조선에 있어서만 이미 3만여 명의 당원을 옹(擁)하고 민족의 진두에서 정당정당한 정전(政戰)을 개시하게 된 오늘날 동 당의 영광 그 어듸다 비길 것인가 의의 깊은 동 당 창립 21주년 기념일을 마지하야 당시 당 창립의 중심인물로서 신출귀몰의 활약을 하고 동 당이 재건된 오늘날에 있어서도 제일선투사로 그 일흠을 떨치는 분들의 회고담을 간명(肝銘)하야 앞날의 지침을 삼기로 하자

홍덕유(洪德裕)는 1882년 경기도 수원에서 태어났다. 아호가 소죽(蘇竹)이니― 소비에트모둠살이를 이루어내기 위하여 대나무처럼 끼끗하게 살겠다, 어떠한 어려움이 있더라도 된바람 차가운 눈보라 속에서 힘차게 솟아오르는 죽순처럼 살아나가겠다는 매운 다짐으로 보인다. 1916년 만주와 시베리아에서 독립운동을 하다가 돌아온 것이 1919년이었다.《조선일보》경리부장과 공무국장을 한 것이 다음 해이니 39살 때인데, 그때까지 살아온 삽살자취는 알 수 없다.

1922년 11월 민립대학 기성준비회 준비위원이 되었고, 23년 7월 사상 두럭인 「신사상연구회」를 얽는 데 들어갔다. 민족해방과 계급해방을 앞장서 이끌겠다는 다짐으로 모인 홍명희·홍증식·윤덕병·구연흠·원우관·이재성·조봉암 같은 먹물 든 젊은이

들이었다. 1924년 9월 「조선기근대책강구회」 준비위원이 되었다. 11월 19일 「신사상연구회」를 「화요회」로 이름 바꾸었는데, 맑스가 태어난 1818년 5월 5일이 화요일이었기 때문이다. 홍명희·홍증식·조봉암·윤덕병·김재봉·박일병·조동호·김 찬·박헌영·김단야·임원근 같은 피 끓는 주의자들이 회원이었다. 그때 신문기사이다.

> 김재봉·김두전(약수)·유진희·권오설·김상두·진병기·주종건·윤덕병·송봉우·독고전·홍덕유·조봉암·김 찬·조동우(호) 등은 재작년 사월 십칠일 오후 한시경에 시내 황금정 아서원이란 중국요리점에 모히어 조선을 일본의 기반으로부터 버서나게 하는 동시에 조선의 사유재산제도를 부인할 목적으로 조선공산당이란 비밀결사를 조직하야 …

조선공산당을 세우는 데 「화요회」 회원들이 앞장섰으므로 조공을 '화요회공산당'이라고 불렀을 만큼 조선공산주의운동에서 고갱이 구실을 한 것이 「화요회」 사람들이었다. 이들은 거의 모든 회원들이 잇달아 왜경에게 붙잡혀 감으로써 무너지기까지 한 18개월 동안 조공운동 채잡이가 되었다. 조공 채잡이 가운데서도 가장 먹물이 많이 들고 움직임이 거쿨졌던 사람들은 열에 아홉이 「화요회」 회원이었고, 이들 가운데 많은 사람이 신문·잡지·출판 같은 언론 동아리에 몸 붙이고 있었다. 6·10만세운동을 일으켰다가 허리가 부러진 제1차조공 책임비서 김재봉(金在鳳)에게 강달영(姜達永)을 다리놓아 제2차조공을 세우게 하는 홍덕유는 《조선일보》 지방부장이었고, 이봉수(李鳳洙, 1899~1969)는 《동아일보》 경제부장, 홍남표(洪南杓, 1888~1960)는 《시대일보》 비서부장, 구연흠(具然欽, 1883~1937)은 《시대일보》 논설부장이었으며, 강달영도 《조선일보》 진주지국장이었다. 박헌영·김단야·임원근·김재봉·조동호·주종건이 신문기자였다. 유진희·송봉우·김 찬·김두전 같은 이들도 잡지나 기관지를 펴내는 언론인이었다.

3·1운동 때 종교계 목대잡이들이 물렁물렁한 짓거리를 보이다가 인민들한테 자빡맞는 판에서 독립운동 근터구는 언론계였다. 그때에 먹물 든 사람들은 언론계로 몰렸는데 먹물들이 해볼 수 있는 일자리가 막혀 있는 탓이었다. 총독부 공다리가 되거나 학문 갈닦음에 몸 붙일 수 있는 길은 아주 적었다. 언론계만이 열려 있었다. 주의자가 된 언론계 사람들은 일동무들을 끌어들였고, 인쇄공·판매부원·신문배달부 같이 언론과 이음고리를 맺고 있는 사람들을 꼬리를 물어 끌어들일 수 있었다. 코민테른에서 조선공산당

을 맡고 있던 쿠시넨이 "조선공산당에서 노동자는 눈을 씻고도 찾으려야 찾을 수 없다" 고 했을 만큼 조선공산당원 50% 위가 먹물 든 사람만이 할 수 있는 벌잇줄을 가진 부르 주아지 또는 소부르주아지였다. 거의가 직업혁명가라고 부를 수 있는 정치운동가와 전 문학교와 고등보통학교 재학생 또는 문필가와 여러 가지 학교 교원들이었다. 옹근 노동 자는 화이트칼라를 넣어서도 당원 가운데 11.6%였고 참된 프롤레타리아트 반 넘어를 차지하는 농민은 13%였다. 신문기자라고 하더라도 품삯을 넉넉하게 받는 것이 아니었 으므로 경제적으로 시원찮은 젊은 먹물들이었다. 푼푼하지는 못하나 고등교육을 받은 정치엘리트 동아리가 조공을 끌고 나갔던 것이다.

조선 젊은 먹물들은 여러 가지 사상철학 가운데 하나로 공산주의 이데올로기를 놓 고 그 갈피를 따져들어 가며 깊이 파고들었다. 그런데 파고들어 따지기만 할 때는 괜찮 았으나 그렇게 따지면서 파고든 이론을 실천으로 옮겼을 때는 곧바로 감옥에 갔다. 그 야말로, 말깨나 하는 놈 재판소 가고 / 일깨나 하는 놈 공동산(共同山) 간다 / 아깨나 낳 을 년 갈보질 하고 / 목도깨나 메는 놈 / 부역을 간다/는 판이었다

당원 146명, 후보당원 119명.

1926년 3월 제2차조선공산당이 코민테른에 보낸 조공당원 숫자이다. 책임비서 강 달영. 차석비서 이준태. 조직부 김철수. 선전부 이봉수. 검사부 목대잡이는 홍덕유였다. 당원이 되기 위해서는 누구나 먼저 후보당원 동안을 거쳐야 하였는데, 출신계급에 따라 다름이 있었다. 노동자·농민 3개월, 타인 노동을 '착취'하는 소공업자는 6개월, 사무원 및 기타는 1년 위로 되어 있었는데, 그렇게 울을 두른 것이 강달영과 홍덕유였다.

합병 후 조선에서는 일제의 폭압으로 말미암아 꼼짝할 수 없게 되어 특별한 조직적 인 운동이 없었습니다. 그러다가 3·1운동을 계기로 무단정치가 소위 문화정치라는 일 종의 회유정책으로 전환하야 언론이라든지 출판 혹은 집회 등에 대해서 다소의 자유는 허용하여 민족자본가들은 회사조직 기타 기업의 자유를 얻게 되어 3·1운동으로부터 6·10운동까지의 사이에 벌써 민족주의적 정치운동가들은 전향하야 왜놈들 앞에 무릎 을 꿇고 일제의 품안에 들어가고 또는 탈락하여 버렸든 것입니다.

65살 된 늙은 공산주의자 홍덕유가 한 말이다. 1946년 6월 9일 《조선인민보》편집국 이었다. 양재식·박래원·이천진·조두원과 둘러앉아 6·10운동을 되돌아보는 자리였다.

신문사 쪽에서는 고재두 편집주간·임 화 주필 밖 기자 네 명이 자리를 함께하고 있었다.

자본가는 일제의 품안에
「조공」만이 불굴의 투쟁
회유정책에 국내대립 격화

본사 : 바쁘실 텐데 오시라고 해서 죄송합니다 여러분이 몸소 체험하신 6·10만세 사건에 관하야 말씀을 듣고저 해서 오늘 이 자리에 모이시게 된 것입니다 먼저 6·10 만세사건 당시의 국내 일반 정황을 홍선생 말씀해 주시지요

홍 : (……)그런 가운데에서 끝까지 타협하지 않고 꾸준히 반제투쟁을 하고 독립운동을 계속한 것은 공산주의자와 및 그 영도 하에 있는 진보적 학생 소시민 노동자들이였읍니다 그런데 1925년 12월에 이러난 제1차 공산당사건으로 공산당의 대부분 간부가 피검되었으나 이에도 굴하지 않고 남어지 사람들은 다시 진영을 정돈확대하여 가지고 운동을 전개하고 있든 중 1926년 4월 25일 이조 최후의 왕 이척가 서거하였든 것입니다 이에 조선공산당 중앙위원회에서는 왜놈들한테 눌려서 신음하는 조선민족에게 반일적 감정을 고취하는 절호의 기회라고 생각하였기 때문에 6월 10일을 기하야 반일대시위를 결행하기로 결정하고 각 단체와 연락하야 운동을 계획한 것이 그만 미숙에 발각된 것입니다.

본사 : 그때 해외와도 연락을 한 모양인데 그 상태의 방법은 어떠하였읍니가

박 : 상해에서 그 삐라를 전해오기는 김단야 동지가 안동까지 가저오고 거기서 또 손을 바꾸어서 서울까지 가저왔읍니다.

홍 : 전반 지도는 조공에서 하기는 하였지만 그때 당은 지하에 있었음으로 당의 결정으로 동원 준비 재무 등 일체 공작의 책임을 권오설 동지가 지고 총지휘를 하였읍니다 그리고 지방 연락은 여기 앉어 게신 박래원 동지와 민창식 동지가 주로 하기로 되였었죠 학생 동원 연락에는 조두원 이천진 동지가 수고 많이 하였읍니다 그리고 박래원 양재식 동지는 특히 인쇄물 관계로 권오설 동지와 밀접하였지요?

홍덕유는 1926년 3월 조선공산당 검사위원회 책임비서 겸 당중앙 후보위원이 된다. 같은 달 조공 경성부를 맡았다. 6월 '제2차조공사건'으로 3년 징역을 살았다. 1930년 감

옥을 나와《조선중앙일보》경리부장과 공무국장을 하였다. 1943년 화요파 공산주의자 그룹을 짜는 데 들어갔다. 1945년 9월 11일 '재건준비위원회'를 발판으로 조선공산당이 다시 세워졌다. 이때 뽑혀진 중앙위원 28명과 중앙검열위원 4명 이름이다. (아래는『이 정 박헌영전집』제9권을 따랐음.)

중앙위원 : 1)박헌영, 2)김일성, 3) 이주하, 4)박창빈(朴昌斌), 5)이승엽, 6)강 진, 7) 최용건(崔庸健), 8)홍남표(洪南杓), 9)김삼룡, 10)이현상, 11)이주상(李冑相) 12)이순금, 13)무 정, 14)서중석(徐重錫), 15)이인동(李仁同), 16)조복례(趙福禮), 17)권오직, 18) 박광희(朴光熙), 19)김점권(金點權), 20)허성택(許成澤), 21)김용범(金鎔範), 22) 홍덕 유, 23)주자복, 24)문갑송(文甲松), 25)강문석(姜文錫), 26)최창익(崔昌益), 27)김 근(金 槿), 28)오기섭(吳琪燮)

중앙검열위원 : 1)이관술, 2)서완석(徐完錫), 3)김형선(金炯善), 4)최원택(崔元澤)

박헌영은 중앙위원의 한 사람일 뿐 아니라 '총비서'라는 직임을 가진, 조선공산당 의 제1인자였다. 그는 중앙위원회 내에 설치된 정치국과 조직국의 위원으로도 선임되었 다. 이 문서를 처음 소개한 기광서 교수의 해제(전집 2권)에서도 지적되었듯이, 이 문서 에 의해 1945년 9월 11일 재건된 조선공산당 중앙위원회 위원들이 모두 밝혀졌다. 해외 파 공산주의자들인 김일성, 무 정, 최용건, 최창익 등이 중앙위원회에 포함된 점이 주목 된다. 그동안 가설로서만 제기된 것을 정설로 확인시켜 주고 있다. 김일성이 박헌영에 뒤이어 서열 2위의 중앙위원으로 지목된 것도 흥미롭다. 당시 해외파 공산주의자들은 아직 귀국하지 않은 상태였다. 이로 미루어볼 때 박헌영 계열은 이들에 대한 정보를 사 전에 상당한 정도로 가지고 있었음을 알 수 있다.

홍덕유는 또한 조선인민공화국 중앙인민위원회 후보위원, 11월 전국인민위원회대 표자대회 준비위원장과 중앙위원, 1946년 2월 「민주주의민족전선」 상임위원 및 조직부 장이 되었고, 12월 남조선로동당 중앙감찰위원이 되었다. 1947년 6월 25일 눈을 감았다. 향수 66.

임경석이 쓴『잊을 수 없는 혁명가들에 대한 기록』에 나오는 대문이다.

그즈음 경상남도 도청소재지인 진주에서 조선일보 지국을 경영하던 강달영은 '지급 상경' 전보를 받았다. 조선일보사 지방부장에 재임 중인 홍덕유가 보낸 것이었다. 신문 사 간부가 자기네 신문사 지방 지국장에게 보낸 것이니 만큼 누가 보더라도 극히 자연스러운 업무상의 연락으로 보였을 것이다. 그러나 실제로는 두 사람 다 창당 이래 공산 당원이었고, 서로 공산당원임을 인지하고 있었다. 홍덕유는 공산당 고급간부였다. 그는 얼마 안 있어 공산당 중앙후보위원, 조선일보사 내 당 야체이카 책임자, 서울시당 책임비서 등을 역임할 정도로 중요한 인물이었다.

1945년 11월 20일 서울 경운동 천도교대강당에서 열린 전국인민위원회대표자대회 첫째 날 회의록 한 어섯이다.

　사회(이강국) : 그러면 준비위원장 홍덕유써 나와 보고해 주십시오.
　홍덕유 위원 : 본 인민위원 대표자대회에 출석하는 자격심사에 관해서는 대회소집준비위원회에서 하는이 보다 자격심사위원회를 따로 조직하여 조동우(호), 김계림, 이승엽, 박문규, 하필원, 정운영, **홍덕유** 등이 위원이 되어 가지고 자격을 심사하였다. 대표자는 각 인민위원회에서 신임장을 가지고 온 사람을 인정하기로 하였는데 교통관계로 가져오지 못한 사람은 도위원회 신임장으로 대용을 인정하였다. 그러한 결과 25시, 175군 급 도인민위원 40명 합 650인의 대표가 참석하게 되었다.
　박일봉위원(경기도 대표)
　지금 자격심사위원의 보고를 전적으로 승인하기를 특청합니다.
　일동 : 이의 없소.
　사회(이강국) : 그러면 이것으로서 전국인민위원 대표자대회는 정식으로 구성되는 것입니다.(대박수) 다음은 순서에 의해서 집행부 선거를 하겠읍니다. 어떠한 방법으로 할 지 의견을 말씀해 주십시요.

9. 일제를 잡아 뜯어먹는 사자가 되라던 조선독립동맹 부주석

한 빈 ^{1903~?}

오늘 이 좌석에서도 독립동맹에 대한 여러분의 기대가 크다고 본다. 그러나 이곳에서 바라시는 모든 기대는 우리의 힘만으로는 수행하여 해결할 수 없는 것이다. 이것은 오로지 삼천만 민족 전체의 일이다. 조선독립동맹의 사업은 어느 영웅적 일개인이나 어느 일개 정당이나 당파의 일도 어느 단체만의 일도 아니고 민족 전체가 해결할 일이란 말이다. 어느 당파나 개인이 자기네 혼자가 조선의 독립을 요리하며 지고나가려고 하는 것은 결과에 있어서 민족의 불행을 가져올 것이며 좋지 못할 것이다. 조선독립을 순정으로 희원하고 조선민족을 진실로 사랑한다면 참으로 민족을 사랑할 줄 알며 민족을 위하여 일할 줄 알아야 한다. 상대자를 보면 곧 적대시하며 이를 배제하려고 하는 것 같은 태도는 옳지 못하다. 누구나 국가건설의 민족 전체의 사업으로부터 타인을 배척할 권리는 없는 것이며 진정으로 조선을 사랑한다면 혼자만이 일하려는 생각을 버리고 다같이 손을 잡고 이 사업에 참가하여야 한다. 우리는 덮어놓고 통일만을 부르짖기보다도 항상 다른 애국단체와도 같이 일할 줄을 알아야 한다는 말이다.

1946년 2월 10일 하오 4시부터 서울 아서원(雅敍園)에서 벌어진 제1회 독립동맹 환영간담회 자리에서 「조선독립동맹」 부주석 한 빈 말이다. 잠깐 말을 끊었던 그는 23명

남과 북에서 모두 도려내진 독립운동가 여운형(오른쪽)과 박헌영. 해방되는 날까지
중국 땅에서 목숨바쳐 싸웠던 한 빈 같은 조선의용군 얼추도 깨끗하게 역사에서 지워진다.

맹원들과 환영 나온 재경 각 정당 · 문화 · 사회단체 400여 명 사람들을 둘러보고 있었다.

　세계사적으로 보더라도 자기 민족에 대한 충실한 신념과 독자적 정신이 없이 완전
히 독립된 예가 없다. 이 사실은 우리 역사를 통하여 보아도 뚜렷이 나타나는 일이다.
어떤 동지가 말하기를 조선은 정신적으로 굴복해본 적이 없다고 하였다. 이 말은 우리
가 명심해야 할 말이다. 어떠한 민족이든지 이같은 기개와 정신이 없으면 망하고 이같
은 정신과 신념을 가질 수 있는 민족은 성공했다. 우리도 독립의 신념과 민족의 정신을
가져야 하며 자기 민족을 존중해야 한다. 그리고 일본제국주의의 잔재를 이 땅에서 뿌
리채 빼야 한다. 이같은 신념과 정신과 실행을 가진 자만이 민족을 영도할 자격을 가질
수 있는 것이다. 그러나 민족을 멸시하며 사대주의가 머리에 박혀 있는 자는 독립운동
을 할 자격도 영도의 자격도 없는 것이다. 또 한가지는 부강건설이다. 조선사람이면 조
선을 부강케 하는 사업에 참가하여라. 그러나 목표는 있어야 한다. 즉 각기가 인민의 공
복이 되어서 인민을 위해서 노력해야 한다. 이같은 생각을 가진 자만이 진심으로 민족
을 사랑하는 자이다. 만일 우리의 독립이 일부 특권계급만을 부강케 하는 것이 된다면
무의미한 것이다. 이 일부 특권 계급 이외의 99퍼센트의 인민도 부강하게 잘 살아야 한

다. 이 99퍼센트의 인민을 제한다면 민족도 국민도 없는 까닭이다. 그러므로 우리의 부
강이란 전민족이 다같이 부강해야 한다. 민족을 진실로 사랑하는 자는 이것을 생각해
야 한다.

그러면 통일과 자주할 부강이 우리의 목표이다. 우리는 굳은 신념을 가지고 이 목표
를 향하여 매진한다면 우리가 과거에 못하던 일도 우리의 힘으로 성공할 수가 있다. 우
리의 독립을 우리의 몸으로 일본제국주의를 구축하지 못한 것이나 우리의 노력과 성의
여하에 의하여 그리고 우리의 단결과 분투에 의하여 우리의 뜻을 성수할 수 있는 것이
다. 우리의 독립동맹은 여러분과 함께 이 길을 매진할 것이다.

다른 많은 항일투사들과 마찬가지로, 오늘날 그 이름을 아는 이가 거의 없는 한 빈
은 누구인가?《해방일보》1945년 12월 23일 치에 실려 있는 한 빈 삶자취이다.

부주석 한빈 동지
소련 출생으로서 일즉이 렌-닌그라드대학 정치과를 나왔으며 조선당과 국제당과의
관계에 있어서 많은 활동을 하였다 일즉이 조선에 드러와서 서울 콩크룹의 당통일운
동에 있어서 중요한 역할을 하였고 1929년경 다시 "모스크바"로부터 입국하야 당재건
운동에 노력하다가 피검되여 6년형을 바덧다 더욱이 복역중 서대문으로부터 태전(太
田)으로 이감 도중 태전역에서 김니콜라이, 최익한, 권오직 등 동지와 함께 만세사건을
연출하야 8개월 간의 가형을 밧고 출옥 후 일시 석공, 토공의 노동생활을 계속하다가
1936년 최창익 동지와 함께 중국에 망명하야 상해, 중경에서 활동하다가 연안에 드러
가 부단히 투쟁을 계속하엿다는데 특히 이론과 학문에 있어서 최고수준이며 김두봉 최
창익 동지와는 이신동체적 존재라고 한다 금년 43세이다

한 빈(韓 斌)은 1903년 러시아 연해주에 있는 블라디보스토크에서 노동감리 자리
를 맡고 있던 한창회(韓昌熙) 맏아들로 태어났다. 1913년 블라디보스토크 변두리에 있
는 소학교를 나왔다. 그리고 고등학교를 나와 원동대학(遠東大學)에 들어갔으나 석 달
만에 그만두고 '꼼소물', 곧 「러시아공산청년동맹」에 들어가 연해주지부 문화부장이 된
것이 18살 때이니, 1920년이었다. 1923년 첫때 '꼬르뷰로', 곧 조선공산당 중앙총국 분
부 따라 만주땅에 있는 조선인들에게 공산주의를 퍼뜨리려고 용정에 「고려공산청년회」

지부를 세웠다.

1924년 5월 모스크바 동방노력자공산대학 여섯 달 과정을 마치고 러시아공산당 연해주집행위원회 고려부에 딸렸다가 블라디보스토크에 있는 소비에트 학무부 정치문화과로 옮겨갔다. 1925년 1월 아시아 안 조선인 공산주의자들 사이에 갈래를 만들었다는 언턱거리로 러시아공청에서 그 이름이 지워졌고, 4월 강동주(姜東珠)와 함께 만주 영안현(寧安縣) 영고탑(寧古塔)으로 가서 「대진청년회(大辰靑年會)」에 들어가 청년운동을 하나로 묶어세우고자 힘썼다. 9월 서울로 올라와 서울파 공산주의자 동아리에 들어갔고, 12월 서울파 공청 얽이인 「고려공산청년동맹」 조직부 채잡이가 되었다.

1926년 3월 「레닌주의동맹」을 얽어내는 데 들어갔다가 블라디보스토크로 돌아갔다. 7월 레닌그라드국립대학 법과에 들어갔다가 1928년 봄 모스크바국립대학 법과로 옮겨갔다. 여름에 ML당 보고서를 러시아말로 옮겨 코민테른 바탕자리에 보내었다. 1929년 4월 모스크바국립대학을 그만두고 블라디보스토크로 돌아갔으니, 조선공산당을 다시 세우는 데 힘을 쏟고자 함에서였다. 양 명(梁明)·한 해(韓海)·고광수(高光洙) 같은 피 끓는 주의자들과 조공을 다시 세우는 데 힘을 기울이다가 5월 길림(吉林)으로 가서 조공재조직 중앙간부로 뽑혀 블라디보스토크와 이음줄을 맡아보았다.

1930년 1월 서울로 올라와 조공재건운동을 벌였으나 뜻대로 되지 않자 부산으로 내려가 부산방적 공장파업을 채잡다가 3월 부산경찰서 왜경한테 붙잡혔다. 6년 만에 대전형무소를 나와 개성에서 잠깐 움직이다가 중국으로 달아났으니, 1936년이었다. 남경(南京)에서 김원봉이 채잡는 민족혁명당에 들어갔는데, 최창익·허정숙 내외와 함께 코민테른과 손잡고 조선공산당을 다시 세우려 하였으나 뜻대로 되지않아 가려잡게 된 버금 길이었다. 1938년 6월 최창익을 따르던 49명이 김원봉 노선에 맞서 탈당하였으나, 민혁당을 온통 공산당으로 바꿔야 한다는 생각을 갖고 있던 한 빈은 최창익을 종파주의자로 보고 따르지 않았다. 민혁당·「조선민족해방동맹」·「조선혁명자연맹」이 합뜨려 이루어진 「조선민족전선연맹」 정치부 목대잡이가 된 한 빈은 연맹 군사조직으로 세워진 「조선의용대」에 들어갔는데, 민혁당을 공산당으로 바꾸려다가 정권 처분을 받고 탈당하였으니, 1940년 여름이었다. 그해 가을 낙양(洛陽)에서 「조선민족해방투쟁동맹」을 얽어내어 김원봉과 민혁당에 맞서다가 1941년 첫때 「조선의용대」와 함께 산서성(山西省)에 있는 태항산(太行山)으로 들어가 화북조선청년혁명학교 교사가 되었다. 「화북조선청년연합회」가 크게 다시 짜여진 「화북조선독립동맹」 중앙집행위원으로 뽑혔고, 뒤에 부주석이 되었다.

"학철? 학철이 왜놈의 노랠 불러. 왜놈이 그러케두 그리워? 혁명이구 뭐구 다 거더 치우구 가! 가버려! 가서 왜놈허구 갓치 살어. 일본제국주의하고 정사를 해……."

외다리 「조선의용군」 김학철(金學鐵)이 쓴 '한 빈론' 한 어섯이다. 《신세대》 1946 년 5월호에 실려 있는 「혁명가의 푸로필」 ①. 태항산 「조선의용군」 막집에서 무심코 왜 노래를 부르는데, 문이 벌컥 열리며 시퍼렇게 성난 한 빈이 뛰어들어 왔다.

"…… 알아들었서? 글세 동무는 벌서 오륙년의 혁명역사를 가진 노투사가 아니야? 볼세비끼. 그런 사람이 정신을 일코 적의 노래를 부르면 어쩌케 해? 일본 자산계급의 이데오로기가 아직두 머릿속에 그러케 남어 잇어 가지고 어쩌케 그놈허구 싸워? 중경 임시정부 늙은이들이 왜놈이라문 이를 갈고 왜말로 된 것이라면 혁명적 서적까지두 살 러버리구 찌저버리구 허는 그걸 동무는 어쩌케 생각해? 잘 생각해 보면 거기에는 우리 가 옷깃을 바로허구 대해야 할 무엇이 반듯이 잇는 거야……."
"……."
학철은 머리를 숙으리고 말이 없다.
"그들의 하는 짓을 유치하다고만 생각해?"
학철은 고개를 흔들어 그것을 부정했다.
"됫서. 그걸 안다면 우리는 국제주의자가 되기 전에 먼저 조선사람이 되어야 허 우. 알엇지? 학철! 학철은 사자가 되우. 사자가— 일본제국주의를 잡아 쓰더먹는 사자 가……."
한빈은 두 팔을 들어서 학철의 양쪽 어깨를 그 힘 잇는 손으로 쑥 눌러잡고 흔들엇 다. 말 업시 눈과 눈이 부드첫다.

1981년 《중앙일보》 부설 동서문제연구소에서 나온 『북한인명사전』에 나오는 한 빈 약력이다.

소련 연해주 출생.

레닌그라드 국립대학 정치과 졸업.

1920년 소련공산청년동맹 가입. 독립운동 종사. 소련공산청년동맹 연해주 문화부장.

23년 조선공산당 만주총국 조직. 한국에 잠입하여 서울청년회와 접촉하며 조선공산주의운동 통일에 노력.

28년 모스크바 체류.

29년 한국에 잠입.

30년 부산방직 파업지도. 6년 복역.

36년 상해 · 남경 · 중경 등지에서 김원봉(金元鳳) · 김두봉(金枓奉) · 최창익(崔昌益) 등과 지하공작.

42년 7월 연안조선독립동맹 부주석. 의용군 조직.

45년 12월 평양 귀환.

49년 2월 반당분자로 숙청.

창작과비평사에서 펴낸 『한국사회주의운동 인명사전』에는 조금 다르게 나오나 김학철이 보았던 그 철두철미 강고한 혁명가 한 빈이 공산주의자들에 의해 '숙청'되었다는 사실에는 변함이 없다.

(……) 1946년 2월 서울에서 독립동맹 경성특별위원회를 발족시키는 데 주도적 역할을 했고 민주주의민족전선 부의장과 상임위원으로 선출되었다. 같은 달 독립동맹 경성특별위가 남조선신민당으로 명칭이 바뀌면서 부위원장을 맡았다. 3월 조공 내에서 분파행동을 했다는 이유로 박헌영에 의해 평양으로 소환되었다. 조선민주주의인민공화국에서 국립도서관장을 지냈다. 1957년 종파주의자라는 비판을 받고 실각했다.

한 빈은 1945년 12월쯤 38선 이북으로 귀국하였다. 무장이 풀려버린 「조선의용군」한 무리와 함께였다. 1946년 2월 서울로 와서 「독립동맹」 경성특별위원회를 만드는 데채잡이가 되었고, 「민주주의민족전선」 부의장과 상임위원이 되었다. 같은 달 「독립동맹」 경성특별위원회가 남조선신민당으로 이름이 바뀌면서 부위원장이 되었다.

박갑동이 쓴 『남기고 싶은 이야기들』에 보면 한 빈이 나오는 데가 딱 두 군데 있다. 1946년 11월 23일 남조선로동당이 태어나게 되는 과정을 말하는 자리에서다.

이 무렵 북쪽에서 한빈(독립동맹)이 신한민주당 조직의 임무를 띠고 서울에 오자 반대파들은 이와 결탁하여 박헌영 세력의 약화를 꾀했다. 국내기반을 갖지 못한 한빈이 이들과 결탁하여 신민당 조직을 확대하려는 속셈과, 이러한 한빈을 역으로 이용하려는 장안파의 잔꾀가 서로 손을 잡는 듯해 박헌영측으로서는 불리한 듯했다.

그러나 장안파라고는 하지만 그것도 자세히 들여다보면 강진(姜進)을 중심으로 한 김근(金槿) 이문홍(李文弘) 문갑송(文甲松) 등 세칭 ML계와 영등포에 기반을 두고 있는 변재철(卞在哲) 구소현(具小鉉) 이은우(李殷雨)파와 박용선(朴容善) 윤일(尹一) 김태영(金台榮) 이세린(李世麟) 한인식(韓仁湜) 김일립(金一粒) 권대형(權大衡) 김갑수(金甲壽) 등 세칭 영남파 등 잡다하게 계보를 이루고 있어 조직적인 반대공작을 펴지 못했다. 내가 듣기로는 이들 중 일부가 산발적으로 지방에서 대중집회를 소집, 강연회를 가졌다는 정도였다. (……)

앞서 북쪽에서 서울의 신민당 조직임무를 띠고 한빈이 왔었다고 했는데 그가 서울서 반박헌영행동을 나타냈기 때문에 쫓겨가고 대신 파견되어 온 사람이 구재수(具在洙, 미상)와 고찬보(高贊輔, ? ~ 1951)였다. 그런데 이 두 사람은 한빈과는 반대로 박헌영에게 달라붙어 그의 후원으로 신민당을 조직했던 것이었다. 이런 이유로 해서 백남운(白南雲)은 간판과 같은 위원장이었지 실권은 구재수와 고찬보가 쥐고 있었다. 보다 정확히 말한다면 박헌영의 「프락치」에 의해 운영되고 있었다고 할 수 있다.

여운형 · 박헌영 · 허 헌 · 김원봉 · 이극로 · 장건상 · 유영준 · 홍남표 · 이여성 · 이강국 · 백남운 · 오지영 · 이태준 · 백용희와 함께 「민주주의민족전선」 임시집행부 의장단에 뽑힌 한 빈이었다. 여기서 땅불쑥한 것은 오지영(吳知泳, ?~1950)이다. 청년접주로 갑오농민전쟁에 들었던 오지영은 8 · 15를 맞았을 때 79살로 「동학당연맹」을 얽어 해방공간에서 기운차게 움직였던 것이다.

민전 대회장에서다. 박헌영 사룀이 끝난 다음 이여성(李如星) 의장 안동 받아 단상에 오른 한 빈은 우레 같은 손뼉소리에 잠깐 눈을 감았다 뜨고 말했다.

민전의 나갈 길을 말하겠읍니다. 독립동맹은 민주주의 로선을 거러가며 인민을 토대로 하는 독립동맹으로서 이 민전에 참가한 것은 인민을 위한 민주주의의 길을 거러감을 믿음으로써입니다. (박수) 국내의 모-든 혼란, 대립과 인민의 민주주의의 수준저하

등 미해결된 것을 해결하여야 할 줄로 밋습니다. 즉 이 결성대회에는 아즉도 집결되지 않은 국내 국외의 민주주의 제요소를 집결식혀서 민전을 강화식혀야 합니다. 대립되는 제요소에 대하야 배척하는 태도를 취하지 말고 민족의 통일을 위하야 관용한 포옹자가 되여야 합니다. (박수) 이러한 민주주의의 미각성자를 설복하여서 민전에 집결식힘이 민주주의의 정당한 로선입니다. 그럼으로써 비민주주의를 민주주의자가 되도록 관용한 태도로써 설복하는 정신을 가져야 합니다. (박수) 그리하야 아즉도 미완성인 민주주의 로선을 완성품으로 만드는데 주력을 두도록 하여야 합니다. (박수여뢰)

「조선의용군」 출신 글지 김학철이 쓴 『항전별곡』 한 어섯이다.

　　한번은 한빈 동지가 자습시간에 우리의 교실로 들어왔다. 강진세는 그때 제자리에 앉아서 노문으로 된 무슨 책을 보고 있었다. 한빈이 눈결에 그것을 보고 신기한 듯이 걸음을 멈추며

"그게 노문서적 아니야?"

하고 물었다.

강진세는 다소 긴장해서

"예, 그렇습니다"

하고 가는 목소리로 대답하였다.

"어, 파제예프의 『괴멸』이군. 그래 능히 이해할 만한가?"

한빈은 다소 의혹을 가지는 듯 반신반의하는 얼굴로 물었다.

"예."

하고 외마디 대답을 하는 강진세의 얼굴은 금시에 붉어졌다.

한빈은 그 책을 집어 들고 싱글벙글 웃으며

"좋아, 그럼 내 한번 시험을 해보지."

하고 손이 닿는 대로 책장을 펼쳐놓고 그 중의 한 단락을 뽑아 소리내어 읽게하고 그 다음에 다시 번역을 시켜 보았다.

북조선에 주둔하는 소련군 사령관 스티코프 대장이 연회석상에서 여러 손님을 돌아보며 한 빈 동지 러시아 말을 들으면 마치 타국에서 고향 친구를 만난 것 같은 친절감

을 느낀다고 절찬한 것은 이때로부터 10년 뒤 일이다.

3월 조선공산당 안에서 갈래를 만들었다는 까닭으로 박헌영 분부 따라 평양으로 돌아갔다. 조선민주주의인민공화국에서 국립도서관장을 지내다가 종파주의자라는 꼬집힘을 받고 그 이름이 사라졌으니, 1957년이었다. 김두봉·최창익 같은 연안파 동지들과 함께였다. 「조선의용군」이 부르던 추도가이다.

가슴 쥐고 나무 밑에
쓰러진다 혁명군
가슴에서 쏟는 피는
푸른 풀 위에 질펀히

날아가는 가마귀야
시체 보고 우지 마라
몸은 비록 죽었어도
혁명정신 살아 있다

만리전정 외로운 몸
부모형제 죄 버리고
홀로 섰는 나무 밑에
힘도 없이 쓰러졌네
나의 사랑 조선혁명
피를 많이 먹으려나
피를 많이 먹겠거든
나의 피도 먹어다오

10. 익살 넘치던 예술가형 주의자

이 여 성 ^{1901~?}

일제의 야수적 폭압은 절망과 질식의 심연 속으로 민중을 쓸어 넣어 오로지 아부와 추종을 강제하고 있었다 당시 서실이 푸른「의열단」「김원봉」의 혁명적 활동은 그 비굴한 추종을 거부하는 총이요 폭탄이었다 전의 잃은 민중에게 준 정문의 맹침이었고 또 단결의 호령이기도 하였다 과연 왜놈과 친일파와 악랄한 착취자와 현상유지자들은 모조리 떨었으며 또 이에 자극되어 일어선 기다(幾多)의 혁명운동자가 있었든 것도 기억하지 않으면 안될 것이다

그러나「열사」들의 비장한 희생 몇몇 사사(死士)부대의 기습적 전술만으로 어찌서 일제의 충천지세를 막을 수 있는 것이냐 김씨는 드디어 그의 혁명전략을 전환하게 되였으니 그것이 곧 의열단의 해산이요 민족혁명당의 출현이었다 그는 군중적 조직으로서만 인민적 반항으로서만 일제에 가장 힘 있는 공격력을 가질 수 있다는 것과 이것만이 결정적 승리를 가져올 수 있는 것이라는 것을 깨달은 것이다 이리하야 그는 혁명적「테로리스트」에서 대중적 혁명운동자로서 커-다란 비약이 있었다 그가 무한에서 조직한「의용군」이 연안 독립동맹의 선봉으로서 항일 제1선에서 혁혁한 전과를 얻게 된 것 또 항일전선에 진군하야 결정적 승리를 얻게 된 것 이는 혁명적 군인으로서의 그 가능한 최선을 다한 것이요 재외 혁명세력의 규합 비민주적인 임정과의 투쟁에 그는 또한 가장 정력적인 혁명가이었다 그는 일시 기회주의란 말도 들었다 하나 그는「테로리스

이명건은 김원봉, 김두전과 조국광복운동을 벌이기로 굳게
언약하고 여성(如星), 약산(若山), 약수(若水)라는 이름으로 싸웠다.

트」로서 대중운동자로 전환한 것 같이 편협한 민족주의에서 진보적 민주주의로 전환하게 된 그 시간에서 촉바른 자들에게서 얻어진 망평(妄評)일 것을 나는 잘 안다 나는 그들이 김씨가 객관적인 위대한 혁명가인 것 같이 주관적인 용감한 혁명가인 것을 미구에 깨닫게 되었으리라고 확신한다

그러나 약관에 망명 27년 만에 고토를 밟게 된 그가 어찌 조선적 지식의 빈곤을 느끼지 않을 것이냐 불원 그 공동을 채우기만 한다면 그의 형안은 건설조선의 모든 파악에 조금도 서투르지 않을 수 있을 것이니 그의 정력적 노력이 있기만 바랄 뿐이다 세상에서는 그를 김장군이라고 하지만 김당수인 것을 몰르는 것이 이상하다 그는 민족혁명당의 실질적 당수로서 중지(中支) 혁명세력을 대표하고 가장 치열한 혁명운동을 수행하여 왔나니 당수 김약산을- 정치가 김약산을 몰르고 어찌 그의 전모를 안다고 할가 나는 군인으로서 그를 권주(圈珠)치는 것보다 차라리 정치가로서 그를 권주치고 싶다

이여성이 《조선인민보》 1946년 4월 14일 치에 쓴 「김약산론」이다. 이여성은 김약산·김약수와 결의형제를 맺은 사이였다. 어떤 경우에도 낳고 길러준 고국산천을 잊어서는 안 된다며 산과 물과 별을 속뜻으로 하는 아호를 지어준 것은 약산 고모부이며 스승이었던 독립운동가 황상규(黃常奎, 1890~1931)였다. 중국 대륙으로 가서 조국광복운동을 벌이기로 굳게 언약한 세 동무로, 김약산(金若山)은 김원봉(金元鳳, 1898~1958?)이고, 김약수(金若水)는 김두전(金枓全, 1892~1964?)이며, 이여성(李如星)은 이명건(李明鍵, 1902~?)이다.

조국광복의 큰 뜻을 품은 세 동무가 중국으로 간 것은 1918년 9월이었다. 김약산 21살, 김약수 27살, 이여성 17살 때였다. 이여성이 그 아버지를 속이고 타낸 6만 원이 밑천이었다. 남경에 있는 금릉대학 영어과에 들어간 세 사람은 다음 해 첫 때 동북 길림(吉林)으로 갔다. 둔전병을 기르자는 것이었으니 넓다란 토지를 사서 농사를 지어 살며 군대를 길러 고국으로 밀고 들어와 식민지로 떨어진 조국을 광복시키자는 것이었다. 둔전병 기를 토지를 고르는 판인데 고국에서 3·1운동이 터졌다는 소식이 들려왔고, 세 사람은 속종이 엇갈렸다. 민족해방을 위한 도가니가 터진 이 마당에 언제 둔전병을 길러 강도 일제를 쫓아내겠느냐며 약산은 북경으로 가고, 약수와 여성은 "민족해방 길이 반드시 무장투쟁에 있는 것만이 아니라"며 고국으로 돌아간다. 인민대중과 함께 울고 함께 웃으면서 조국광복을 위한 싸움을 벌이겠다는 것이었다. 약산은 무장투쟁을 벌이겠

(왼쪽) 이여성 아우인 화가 이쾌대. 월북 뒤 창작을 못하게 하여 슬프고 끔찍한 늘그막을 보낸다.
(오른쪽) 이쾌대 대표작 중 하나인 〈군상-4〉 1948년작. 남은 식구 지님.

다며 북경으로 가고, 약수는 서울로 가고, 여성은 대구로 갔다. 약산은 북녘을 맡고, 여성은 남녘을 맡고, 약수는 가운데를 맡자는 다짐 아래 이루어진 구실 나누기였다. 3·1 운동과 그 뒤에 벌어진 일제 못된 짓에 치를 떠는 적바림이 있다. '사바공산주의자' 고준석이 쓴 『조선 1945~1950』에 나온다.

나는 1919년의 '3·1 반일봉기' 때에, 일본인들이 조선인 애국자들의 목을 일본도나 볏짚을 자르는 작두로 자른 일이나, 조선인 어린이의 머리를 총검으로 찔러서 살해하고, 그 어머니의 눈앞에서 불 속에 던져 넣는 따위 무참한 사실을 절대로 잊지 않겠다고 다짐했다. 또 나는 1923년 관동대지진 때, 일본인들이 미친 듯이 '만세'를 외치며 조선인 머리를 찌르고 조선인 부녀자와 아이들까지 곤봉으로 때려죽인 일이나, 일본인들이 조선인 토지를 빼앗거나 식량을 약탈한 일이나, 조선인 애국자들을 검거·투옥·학살하고 조선 산하를 피로 물들이고, 조선 국토를 황폐하게 만든 일 등등의 비참한 사실을 절대로 잊지 않겠다고 생각했다.

일본제국주의자는 보건소의 '개 사냥'과 비슷하게 조선 각지 농촌을 습격하여, 철사줄 굴레로 개 목을 옭아매는 식으로 농사일을 하고 있는 농촌 청년들을 붙잡아 입은 그대로 트럭에 실어서 일본으로 끌고 갔다. 그리고 그들은 위험한 군사시설이나 탄광이나 토목공사 따위에 투입되어 고대 로마제국 노예처럼 강제노동을 하였다. 이들 가운데는 다만 '기밀유지'라는 이유만으로, 공사가 끝난 뒤 몰살을 당하거나 생매장을 당한 사람도 있었다. 또한 '말에게 먹일 물은 있어도 조선인에게 줄 물은 없다'며 갈증으로 목말라 죽게 하였다.

　가멸진 집안에서 태어나 넉넉하게 자라난 이여성은 옛살라비인 달구벌에 자리잡았다. 그리고 「혜성단(慧星團)」이라는 비밀결사를 얽어 항일 폭동을 꾀하다가 뽕나는 바람에 3년 동안 감옥살이를 하였다.

　조동걸(趙東杰) 교수가 쓴 「한국근대학생운동조직의 성격변화」라는 논문에 보면 이여성 이름이 나온다. 이명건(李明健)이라는 본이름이다.

　　1919년 4월 17일(?) 발각되는 것으로 나오는 「혜성단」은 이종식(李鐘植)·이영옥(李榮玉)·**이명건**·최재화(崔載華)·이종헌(李鐘憲)·이덕생(李德生)·한세동(韓世東) 등 대구지방의 청년과 학생층이 창립회원으로 되어 있다. 회원 및 부서를 보면 김수길(金壽吉)·방명원(方明園)·이수건(李壽健)·이영식(李榮植)·허성덕(許聖德)·이기명(李基明)·권성우(權聖佑)가 회원인데, 인쇄책임자는 최재화·김수길이고, 인쇄물 및 기타 배달책임자로는 허성덕·이덕생·이종식·이종헌·이기명이고, 출납책임자는 이수건, 만주출장 책임자는 이영옥, 연락책임자는 이명건이다. 얼개의 성격을 말하는 목적에는 '출판물 발간으로 민중을 각성시키고, 만주방면에 모람을 특파하며 계몽과 독립운동을 위하여 국내외를 유적으로 연락한다'고 되어 있다. 활동사항으로는 3·1운동에 들어 격문을 발송하였다.

　　(조선학생들의) 민중적 사고가 역사적으로 삼남민란·동학농민운동·광무농민운동 등으로 이어진 한국사의 특수 연원을 기초한 것이기는 하지만, 그것이 사회주의와의 접합이 보다 쉬웠던 것이 사실이었으므로 당시 학생계는 사회주의에 빨리 감염되고 있었다. 그러한 가운데 당초에 학생계의 도덕적 풍기정화를 목적으로 결성한 혁청단(革清團)이 사회주의성향을 띠기 시작했던 것이다.

　　이와 같이 학생계에 사회주의 이념이 투영되어 그것이 단체조직으로 나타난 것은 1924년 7월 혁청단이 강령을 변경 선언한 데에서 비롯되는데 그것이 1925년 공학회(共學會)부터 북풍회(北風會)·화요회(火曜會)·서울청년회 등 일반사회의 사회주의단체와 연결되어 계열별로 개편되어 갔다. 이러한 학생계의 사회주의적 단체지향은 1922년 1월의 동경유학생을 주축으로 결성되어 있던 고학생동우회의 사회주의적 선언 이후, 1925년 조선공산당이 창립되기까지 일련의 사회주의운동의 생성과 관련하여 즉, 한국 공산주의운동의 전반적 상황 위에서 이해되어야 할 것이다. 그리고 사회주의 진영이 북풍회·화요회·서울청년회 계열 등으로 성장하고 있었기 때문에 그것이 곧 학생조직에도 반영되어 공학회는 북풍회의 영향을 받았고 조선학생사회과학연구회는 화요회의, 경성학생연맹은 서울청년회계의 영향을 받은 조직으로 탄생하였다.

이여성은 광복운동을 하기 위해서는 먼저 밑공부를 다져놓아야 된다고 생각하고 일본 동경으로 갔다. 릿교대학(立敎大學) 정치경제과에 들어간 것이 1923년이었다.

김약수와 함께 사회주의 잡지《대중시보》를 펴내면서, 사회주의 서클인「북성회」에 들어가《척후대》라는 기관지를 엮었다. 1925년 1월 사상단체「일월회」를 이루는 데 들어 기관지《사상운동》편집을 하며 사상운동의 대중화를 위하여 힘을 기울였다. 같은 해 성악가로 이름 높던 박경희(朴慶姬)와 뜨거운 연애 끝에 혼인하였다.

1930년 부인과 함께 매부 김세용(金世鎔, 1907~1966)과 상해로 건너갔다. 김오성이 쓴『지도자군상』'이여성편'을 보면 "상해로 건너가 면학에 힘썼다"고 하는데, 독립운동을 감추기 위한 구실이었을 것이다. 동북쪽에는「의열단」을 이끄는 김약산이 있고 매부되는 김세용 또한 이여성 못지않게 피 끓는 독립투사였다. 모스크바에 있는 동방노력자 공산대학을 나와 8·15 바로 뒤「민주주의민족전선」중앙상임위원과 조직부 차장을 했던 사람이었다.

1933년 귀국한 이여성은《조선일보》조사부장과《동아일보》편집국 차장을 지내었다. '세광사'라는 출판사를 차려 김세용과 함께『숫자조선연구』를 펴내었고, 약소민족 문제와 우리나라 복식사와 우리나라 옛 그림들을 갈닦는 데 골똘하였다. 왜경들 눈길을 속이기 위한 구실로 하게 된 미술사 연구와 그림 그리기였는데, 낭중지추(囊中之錐)였다. 정작으로 전문화가와 전문학자 높이에 이르렀던 것이다.

김오성이 본 이여성 모습이다.

청정(靑汀) 이여성씨는 유머리스트로, 고미술 연구가로, 화가로, 역도가(力道家?)로서 조선정계의 특이한 존재이다.

코가 면모의 대부분을 점령하고 있어 그 부인에게 대비전하(大鼻殿下)란 애칭을 듣는데, 자기로서도 그 코의 혈통적 유래에 의심을 가지는지, 때로는 '내 코는 정말「퉁구스」에 속하는지「아리안」에 속하는지 알 수 없다'고 제법 정색을 하고 말할 때가 간혹 있다. 그 거대한 코를 가진 면모가 자유스럽게 움직이면서, 거의 익살에 가까운 유모어를 터뜨릴 때, 나는 웃지 않고 배기는 새침데기를 일찍이 본 일이 없다.

중국의 유머리스트요 에세이스트로 유명한 임어당(林語堂)은 민족성을 꿈(이상) · 현실 · 유모어-에스프리의 네 가지로 나누어 가지고, 영국민족과 아울러 중국민족이 유모어에 풍부한 것을 민족적인 긍지로 삼았거니와, 각 개인에 있어도 항상 활동성을 주는 원천이 될 수 있는 것이다. 우리 조선민족은 초세속적인 불교와 이조 이래 근엄주의인 유교의 영향을 입어 민족적으로 유머어를 상실하여, 지나친 근엄으로 얼굴의 자유스러운 표정과 행동의 활발성이 제거되고 말았다. 그리하여 민족은 명랑성 쾌활성을 잃고, 각 개인은 인조인간과 같은 무표정의 동물이 되어버린 것이다.

이제 이러한 조선에- 특히 재건조선의 정계에 청정 이여성과 같은 유머리스트가 존재한다는 것은 참으로 희구한 것으로서, 그가 그 특유한 유모어를 좀더 유효하게 유용하게 활용한다면, 앞으로 정치적 공작에 있어도 상당한 활기 있는 효과를 거둘 수 있을 것이다.

이여성은 8 · 15를 맞아「건국준비위원회」문화부장 · 선전부장이 되었고, 9월 열린 전국인민위원회대표자대회에서 중앙인민위원으로 뽑혔다. 조선인민공화국 55명 중앙인민위원에 들어가 서중석과 함께 선전부장 이관술 대리가 되었고, 조선인민당 당무부장이 되었다. 1946년 2월「민주주의민족전선」에 들어가 중앙위원과 부의장이 되었으며, 3월 미소공동위원회 제3호 성명을 지지하는 조선인민당 대책위원이 되었다. 8월 조선인민당 · 조선공산당 · 남조선신민당 3당 합당을 위한 교섭위원이 되었다. 1947년 4월 근로인민당 중앙위원과 곁들여 여운형 위원장 비서실장이 되었고, 8월 미군정 좌익 탄압 때 붙잡혔다. 1948년 8월 해주에서 열린 남조선인민대표자대회에서 제1기 최고인민회의 대의원으로 뽑혔고, 1957년 제2기 최고인민회의 대의원으로 뽑혔다.

여기까지가 이여성이 살아온 자취이다. 그 다음은 없다. 아마도 소년 시절부터 결의형제한 언니동무였던 김약산이 숙청당할 때 후림불에 섭쓸려 들어간 것으로 짐작될 뿐이다. 조선인민이 지녔던 해방공간 꿈과 뒤엉킴을 1948년 무리그림으로 드러내었던 화가 이쾌대(李快大, 1913~1965)가 그 아우이다. 동경제국미술학교를 마치고 돌아와 이중섭(李仲燮) 들과「조선신미술가협회」를 이루고 '봄처녀' 같은 칠곡 고향 마을을 그렸던 그는 6 · 25 때 큰언니가 있는 북으로 가다가 붙잡혀 거제도포로수용소에 갇혔다가

53년 북으로 가면서 지워진 이름이 되었다.

김오성은 말한다.

　　김진우(金振宇)씨는 이여성씨를 예술적 정치가라고 평하거니와, 그것은 그가 예술가인 점에서 보다 그의 예술가적인 심성을 높이 평가함에서이리라. 그는 정치가로서는 격에 맞지 않으리만치 문인적인 개결성과 예술가적인 심혼을 지니고 있다. 이리하여 정치도 한낱 예술가적 심혼으로서 운영하여 보려는 기백을 보여주고 있다. 이것은 아마도 이씨의 내부에 때로는 어떤 갈등을 초래할 것으로, 의지와 박력을 요구할 때에 개결적 감정과 심혼이 머리를 들어 서로 부딪칠 때 오는 고민이 없지 않을 것이다.

《조선인민보》1946년 3월 26일 치에 실려 있는 이여성 글이다. 「정부수립과 나의 제언 ─ 경제적 타개의 방도」.

　　1, 조선에 자유독립 국가를 건설하고 이 국가를 민주주의적 로선으로 발전시키며 또 일제적 잔재를 청소한다는 것은 조선민중이 지지하는 삼상회의의 위대한 의도이었다 이제 그 의도를 구현하기 위하야 성립된 미소공동위원회는 반다시 이 역사적 위업을 완수하야 국제정의를 빛낼 것을 우리는 갈망하는 자이다

　　2, 현하 조선의 정세는 정치적 불안이 조곰도 덜리지 않고 경제적 궁핍이 극도에 달하야 이를 시급히 또는 근본적으로 구제함에는 조선인 자신의 통일정부를 수립하는 것 이외에는 아무 다른 방도가 없다 미소공동위원회는 임시정부 즉시 수립에 적극적 원조가 있기를 바란다

　　3, 조선의 신정부 수립은 연합 각국이 이미 공동으로 승인한 바이니 미소 양국 세력 모형공구로서 이를 이용코저 하야 그 성립을 지연시키는 바 있다면 이는 조선민중을 우롱하는 것이요 국제공약을 무시하는 것이다 그렇나 우리는 두 위대한 민주주의국의 협의적 노력을 신뢰하야 이것이 한 기우에 불과한 것임을 믿고저 한다

　　4, 조선의 신정부는 가장 조선민의에 적합한 정부임을 요하는 고로 친일파 민족반역자 비민주주의자 우(又)는 이를 수반으로 하는 단체 이런 요소를 가장 많이 포함하고 있는 단체는 당연 제외되지 않을 수 없다 위원회는 이 점에 있어서 실정에 철한 관찰이 있어야 되겠고 이리하야 가장 건실한 민주주의 정부가 수립되도록 원조하여야 될 것이다

제7부
창살 없는 감옥이었던 미군정공간

1. 감옥은 호텔이 아니다! 부드러운 강철을 찾던 평론가

김 오 성 ^{1908~1953(?)}

형무소는 개선되엇나!

「나치」가 말한 「감옥은 호텔」않이다

김오성씨 재옥 소감

기사문제로 군정포고에 저촉되여 3개월 복역을 맞치고 출감한 전 조선인민보사 편
집국장 김오성씨는 2일 정오 민전 사무실에서 원기왕성하게 기자단과 만나 옥중생활의
소감으로 옥중 정치범들의 소식 남로당과 사로당과의 분렬에 대한 견해 등 기자단 질문
에 대하야 대략 다음과 같이 말하였다

나치스의 독재자는 「감옥은 호텔」이다 라고 하였지만 나에게 있어 감옥은 호텔은 아
니였으나 요양소 또는 연구실은 되였다 그것은 감옥이 나에게 친절해서가 않이라 온갖
악조건을 최선의 방법으로서 이용한 까닭이다 서대문 형무소에는 매일같이 수십명씩
민주주의 투사들이 드러오는데 일제시대에 치안유지법 위반자와 같은 감시와 경계를
받으며 온갖 파렴치 범죄자들과 같은 비인간적인 취급을 받고 있다 엄동인 이때에 남루
이나마 솜옷은 입지 못하고 홋것을 입고 마루바닥에서 번번히 덮흘 것도 없이 치위에
떨고 있으며 양밀과 콩가루 강냉이를 삶은 소식이나마 배를 불일 수가 없이 주림에 시

김오성이 편집국장으로 있던《조선인민보》. 6·25 때 서울에서 다시 찍어내었다.

달이고 있다 옴병 고문받은 상처 영양불양 비위생적인 감방생활로 인해서 병구에 시달이고 있으나 성의 있는 치료도 해주지 않으며 중병환자래도 빨리 병감에 넣어주지 않고 시간이 느저 비참한 최후를 당하는 수도 있다 미영격멸을 위해 온갖 성의를 다하든 민족반도가 중직에 등용되고 30여년간 반일투쟁과 자유독립을 위해 싸워온 건국투사는 이와같은 비참한 대우를 받어야 하며 또 건국에의 정력을 억제당해야 할 이유를 나는 이해할 길이 없다 그러나 그들 재옥된 건국투사들은 그렇한 모-든 악한 조건 아래에서도 조금도 의기가 꺾기지 않고 건실하게 있다

나는 남로당의 실현을 위해서 노력하다가 입감되였는데 온갓 반동적인 파괴작용에도 분구하고 창천을 보게 된 것은 조선근로인민의 위대한 승리라고 본다 이로써 남북조선의 민주세력은 그 기반을 굳게 세웟다고 생각한다

《독립신보》1946년 12월 3일 치에 실린 기사이다.《조선인민보》편집국장이던 김오성이 기사문제로 포고령 제2호 위반에 걸려 3개월 체형 언도를 받고 9월 1일 서대문 형무소에 입감되었다가 만기일인 1일 상오 9시 20분에 출감했다는 내용이다. 기자는 이날 안기성을 비롯 홍증식, 김명시 등 여러 동지들이 감옥 문 앞에서 따뜻한 환호로 맞이했다고 쓴다. 김오성은 이때 나이 39세로, 남조선로동당 중앙위원 겸「민주주의민족전

선」선전부장이기도 했다.

　김오성(金午星)은 1908년 평안북도 용천(龍川)에서 태어났다. 본이름은 형준(亨俊)이고, 적성천(赤星天)·적심(赤心) 같은 별호를 썼다. 니혼대학(日本大學) 철학과를 나와 월간잡지《대중지광》을 펴내는 데 힘을 보태었고, 1926년 고향 용천에서 일어난 소작쟁의를 이끌었다. 1927년 동경에서 학생독서회사건으로 붙잡혔고, 28년 고향에서 '농민문제', '사회상과 농민의 지위'라는 강연을 하였다. 1931년 동경에서 '해당배의 농민운동과 그 본질'이라는 강연을 하며 청년운동을 이끌었다.

　1932년 귀국하여《농민》·《신인간》을 엮어냈고,「조선농민사」상임이사가 되었다. 왜경에 붙잡혀 예심에 넘겨진 것이 1934년 8월이었고, 36년 2월《조선일보》에「능동적 인간의 탐구」를 선보였다.「조선프롤레타리아예술가동맹(카프)」이 흩어진 다음 일어난 휴머니즘 논쟁에서 '네오휴머니즘'을 내세웠다. 1938년에서 39년까지《동아일보》·《조선일보》와 여러 잡지에 문학과 철학에 관한 글을 선보였다. 1940년쯤 문학판에서 벌어진 '세대논쟁'에 들어「신세대의 개념」이라는 글을 선보이고 딜타이즘「생의 철학」으로서 세대론을 내세웠다. 1943년 왜경 억누름에 눌려「조선문인보국회」에 들어 수필·평론부 평의원이 되었고, 8·15 바로 앞「건국동맹」에 들어갔다.

　1945년 8·15를 맞아 여운형과 박헌영 복심인 이강국이 채잡는「건국준비위원회」에 손붙였고, 임 화가 목대잡는「조선문학건설본부」에 들었으며, 9월 이기영·한설야가 세운「조선프롤레타리아예술동맹(예맹)」에 들어갔다. 11월 여운형이 당수인 조선인민당 선전부장을 맡아 당내 좌파를 대변하며 '민전 5원칙'을 밀어주었다. 같은 달「문학가동맹」에서 연 제1차 전국문학자대회에서 중앙집행위원과 평론부 위원이 되었다.

　《조선인민보》편집국장으로 있으며 미군정을 꼬집어 때리는 기사를 싣다가 군정재판에 붙여졌다. 감옥에서 나온 다음에도 미군정과 반민족친일세력을 꼬집어 때리는 언론인 길을 이어나가던 그는 붓을 빼앗기게 된다. 1947년 9월 19일 미군정청이 '신문기타 정기간행물법'을 널리 알리면서 좌익 쪽 언론기관을 송두리째 없애버렸던 것이다. 같은 해 말까지《조선인민보》와 남조선로동당 기관지《노력인민》《현대일보》같은 여러 신문사가 문을 닫게 되었고 수많은 언론인이 감옥으로 갔다. 1948년 4월 28일《독립신보》《조선중앙일보》《신민일보》간부들이 검거·투옥되었고, 5월 26일에는《독립신보》《신민일보》《우리신문》이 미군정령 제88호 위반 이유로 폐간되었다. 아울러 수많은 지방신문도 폐간되면서 간부들이 검거·투옥되었다.

1945년 10월 끝 무렵까지 조공 기관지인 《해방일보》를 비롯하여 《조선인민보》 《서울타임스》 《자유신문》 《중앙신문》 《조선문예시보》 같은 좌익 쪽 신문이 창간되었고, 우익 쪽 신문으로는 《코리아타임스》 《민중일보》 《동신일보》 《신조선보》 《태공일보》 《대동신문》 같은 것들이 12월까지 창간되었다. 미군정청에서는 언론기관을 '반공계'와 '친공계'로 나누어서, 반공계는 감싸주었고 친공계는 짓눌렀다. 1945년 12월 미군정청 뜻을 받는 정치테러단에서 《조선인민보》를 습격·파괴하였고, 46년 5월에는 《해방일보》가 참으로는 폐간인 무기정간을 당하였다. 군정명령 제88호가 알려진 것이 1946년 5월 20일이고, 신문·잡지 따위 정기간행물 등록허가제를 한 것이 7월 18일로, 그때부터 좌익 쪽은 정기간행물을 새로 박아낼 수 없게 되었다. 좌익 쪽에서 정기간행물을 새로 박아내려면 등록허가를 얻은 등록필증 판권을 높은 값으로 사는 수밖에 없었다. '주의자 총알'인 언론을 빼앗겨버린 좌익이었다.

문학은 위대한 사상이나 강고한 의지만으로 안되고 거기에 참신 예리한 감수력이 있어야 비로소 위대한 작품이 생산될 것이다. 기성문학인은 사상으로나 투쟁에서 단련한 의지로는 후진에 앞설는지 모르나 감수성이란 연령에 의존한 것이니 벌써 둔감해졌으므로 도저히 후진을 따를 수 없다고 나는 생각한다.

1946년 2월 8, 9 이틀간 서울 종로에 있는 기독교청년회관 강당에서 제1회 전국문학자대회가 열렸다. 김오성이 「계몽운동의 전개와 신인의 육성」이라는 제목으로 했던 보고연설이다.

기성문학인들은 개인적으로는 문학적 재능을 가진 청년들이 접촉할 수 있는 기회를 주어야하겠다. 다른 나라의 문학자들이 대학 문학부 출신보다 작가에게 사숙하여 출세하는 자가 보편적인 교양과 아울러 개성적인 기술을 필요로 하는 문학이 선배에게 친근함으로써만 그 기술이 심오한 것을 획득할 수 있는 까닭이다. 문학가동맹 또는 권위 있는 문학인들은 재능 있는 신인이 발견되는 대로 항상 추천하며 선발하여 문단에 등장시키는 노력과 아량을 가져야하겠다. 우리 문학인 가운데는 문단에 데뷔할 기회를 영영 놓쳐 아까운 재능을 발휘치 못하고 썩이는 예도 얼마든지 있다. 우리는 재능 있는 자들을 독려 추장하여 문학가로서 성장 발전할 기회를 주어야하겠다.

김오성은 1946년 『지도자군상』이라는 기념적비인 인물평론집을 펴내었다. 여운형·박헌영·김일성·허 헌·김두봉·김원봉·무 정·장건상·성주식·이주하·김성숙·홍남표·유영준·이여성·이강국·이관술·최용달·김세용론으로 이루어진 이 책은 67년이 지난 이제도 해방공간에서 기운차게 움직였던 된사람들 모습을 살펴보기 위해서는 반드시 읽어봐야 하는 인물평전 본보기책으로 꼽힌다.

1947년 1월 경찰에 붙잡혀 졸경을 치르며 남로당 일을 하다가 그 해 끝 무렵 북으로 올라갔다. 1948년 8월 해주에서 열린 남조선인민대표자대회에서 제1기 최고인민회의 대의원으로 뽑혔다.

김광식이 쓴 「8·15직후의 사회성격 논쟁-변혁단계론을 중심으로」에 보면 이런 글이 나오니, 김오성이 지니고 있던 정치의식을 보여준다.

김오성의 박헌영과 여운형에 관한 인물평은 많은 시사를 던져주고 있다. 김오성은 정치가는 원칙적인 실천에서보다 항상 정치적 사태에 대응해 나가는 측면이 강하고 투사는 항상 원칙과 자기의 신념에서 사는 경향이 강하다고 지적하고 있다. 이렇게 볼 때 여운형을 정치가적 투사라고 보면 박헌영은 투사적 정치가라고 볼 수 있다는 것이다. 정치가적 투사는 원칙과 신념의 테두리를 지키면서 현실면에 대처하는 전술을 가지면서도 원칙적인 면에 더 치중하게 되는데, 따라서 여운형은 비조직 대중 즉, 광범한 인민대중을 상대로 한 정치적 지도에 치중하고 박헌영은 조직대중을 통한 전위부대의 지도에 치중하는 것이 다시 없는 이상적인 형태라고 강조하고 있다. 즉, 한 사람은 현실면을 담당하고 또 한 사람은 원칙면을 담당하는 보완적인 관계를 희망하고 있는 것이다.

남조선인민대표자대회를 위해서 해주시 노동자들이 세이레 만에 세웠다는 인민공회당에서 대의원으로 뽑힌 사람은 360명이었다. 그리고 이들 360명 대의원들 반 넘어가 다시는 남조선으로 돌아가지 못하였다. 그들 이름 석 자가 북조선 신문에 나왔고, 더구나 평양방송을 타고 널리 울려 퍼졌으므로 경찰이 기다리는 남조선으로 내려올 수가 없었던 것이다. 남조선에 있던 그들 식구와 일가친척들까지 '주의자'로 몰리거나 요주의 인물로 불도장 찍히는 '연좌제'에 걸려 말할 수 없는 괴로움을 당하였다. 그리고 그 연좌제라는 이름의 왕조시대적 끔찍한 괴로움은 이제까지 이어지고 있다. 이른바 성문법으로는 없어졌다지만 속내로는 그대로 이어지고 있는 것이다.

해방공간에서 먹물 든 사람들은 얼추가 좌익이었다. 맑스·엥겔스나 레닌이 쓴 책을 한 권이라도 읽은 사람은 모두 그렇게 될 수밖에 없었고, 책권이나 읽었다는 똑똑한 사람들이 모두 좌익이었으므로 여느 인민대중들은 배움 좋고 믿음직스런 인금인 그들을 따르게 되었다. 똑똑한 사람은 똑똑해서, 가난한 사람들은 가난해서 얼추 좌익이 되었다. 더구나 질기굳게 내려오는 봉건유제 아래서 지주와 자본가들에게 시달리던 밑바닥 인민들은 좌익들에게 죽어도 뒷받침을 보내었다. 자기들이 잃어버린 자리를 되찾아줘서 잘 먹고 잘 살게 해준다는 데 싫어할 사람이 누가 있겠는가. 일제 때 활개치던 친일민족반역자들은 해방이 되자 숨을 죽였고, 그들이 저희들 계급 잇속을 지켜내기 위하여 글종이를 만들고 플래카드를 걸고자 해도 종이 한 장 광목 한 필도 구하기 어려웠다. '박헌영 체포령'이 떨어진 1946년 9월 6일까지 조선은 옹근 좌익조선이었다.

김오성이 역사마당에서 사라지게 된 것은 1953년 8월 5~9일에 열린 조선로동당 중앙위원회 제6차 전원회의에서였다. '반당적 반국가적 파괴 암해분자·종파분자'를 쫓아낼 것을 아퀴지은 이 모임에서 출당처분을 당한 사람은 다음과 같다.

주영하, 장시우, 박헌영, 김오성, 안기성, 김광수, 김응빈, 권오직.

박헌영에 관한 결정서 알맹이다.

"리승엽 등 제국주의 스파이 변절자들의 암해공작과 파괴행위를 비호 조종했으며 당과 국가를 배반한 박헌영을 출당시키고 재판에 회부한다."

아래는 김오성이 1945년 11월 20일 서울 경운동 천도교대강당에서 열린 전국인민위원회대표자대회에서 한 축사이다. 그날 축하를 한 차례는 공산당 김삼룡, 인민당 김오성, 서울시 인민위원회위원장 최원택, 「건국부녀동맹」 정칠성, 「조선노동조합전국평의회」 박세영, 문협 이원조였다. 두 번째로 등장한 김오성은 말한다.

조선인민당이 전국인민대표회에 축사를 드리는 것은 당연한 의무요 또 권리라고 생각합니다. 왜 그러냐하면 우리 인민당의 전신인 건국동맹은 벌써 1945년 이전부터 저들 일본제국주의의 총칼 밑에서 지하공작으로 모든 혁명가를 모아 건국사업의 기초를 이루어 놓았으며, 8월 15일 건국준비위원회로 세상에 나타나서 오늘의 인민위원회를 만들어 낸 원동력의 하나가 되어온 까닭입니다. 그러므로 우리는 인민위원회가 가장 인민의 총의를 대표했고 또 가장 혁명적인 투사로 구성된 것을 누구보다 잘 알고 또 신뢰합니다. 그러나 지금 항간에는 우리 인민대회를 비방하여 인민이 모르는 인민회의라는 삐라가 뿌려졌다고 합니다. 민족반역자의 눈에 인민의 세력이 보여질 리 없으며 반동분자의 귀에 인민의 소리가 들릴 리가 없읍니다. 우리는 그들에게 인민의 소리를 들려줄 의무는 없읍니다. 오직 우리 인민의 단결력으로서 그들의 반동행위를 봉쇄했으면 그만이(입니)다. 지금 우리는 민족통일을 가장 긴급요청하고 있읍니다. 그러나 민족전선은 무조건 통일에서는 성립되지 못합니다. 오직 반역자들을 완전히 청소하는 것만이 민족통일에의 유일한 길입니다. 왜 그러냐 하면 민족통일은 방해하는 자가 반역자군인 까닭입니다. 그러나 인민위원회는 한걸음 나아가서 반역자를 제외한 진보적 인민층의 세력을 좀더 광범위로 포섭하여야 할 것입니다. 군정과의 양해도 성립되어 가는 이 때에 있어 이번 인민위원 대표회의는 조선의 완전독립 달성을 위하여 반역자의 잠동을 완전 봉쇄하고 진정한 민주주의적 민족통일전선의 결성에 커다란 전기가 될 것을 믿고 전 인민과 함께 축하하는 바입니다.

김오성이 쓴 「박헌영론」이다. 《조선인민보》 1946년 4월 11일 치에 실려 있는 「지도자 군상」 두 번째.

지도자! 이를 나는 강철에 비해 본다 강철은 용광로 속의 그 무서운 화력의 단련이 없이 생겨지지 않는 것과 같이 민족의 지도자는 민족의 수난 속에서 무서운 시련을 받지 않고는 생겨지지 않는 것이다

우리 박헌영씨야 말로 조선이 갖인 강철이요 민족의 거상(巨像)이다 그는 생애를 조선민족의 마치 용광로 속의 광석과 같은 수난을 몸소 체험하면서 그 해방을 위한 투쟁에 시종일관해왔다 그는 같이 싸우든 동지들이 불리한 조건이 생길 때마다 혹은 후퇴와 전락의 길을 밟고 혹은 해외의 안전지대를 찾어 도피하는 것과는 반대로 언제나 국내에서 그 악랄한 일제의 박해 밑에서 도탄의 고난을 받는 근로대중 속에서 그야말로 불퇴전의 결의로서 싸워 온 것이다

박헌영씨의 투쟁생활은 1919년 상해로 뛰여나가서 공산청년회를 조직하든 때부터 시작되였다 그러니까 조선의 초기의 공산주의자의 한사람이다 그는 국내의 조직선전의 임무를 띠고 잠입하다가 신의주에서 2년 복역을 치루고 출옥하자 신문기자의 표면직업을 갖이고 이면활동을 개시하야 1925년에 공산청년회와 공산당을 조직하였다가

익년에 피체 재판정에서 동지 박순병이 고문으로 살해되였다는 소식을 듣고 썼든 안경을 벗어 재판장에게 던저 재판정을 소란케 한 것은 당시 유명한 에피소-트였다 그 뒤 그는 정신병을 가식하고 거짓 광태를 부려 불치병증이란 의사의 확진을 받고 가석방되였다가 삼엄한 경계망을 뚫고 국외로 탈출한 것은 박씨의 담력을 시험하는 일대 모험이였든 것이다 그는 막사과(莫斯科)에 가서 공산대학을 마치고 곧 국제당의 지령으로 1932년 상해에 갔다가 익년 다시 피검되여 6년 복역하고 출옥하야 지친 몸을 휴양할 새도 없이 일제의 백색테로 하에 표면의 운동은 일체 괴멸되고 무서운 총검의 경계와 박해가 있든 1939년 지하공작단체인 경성콩크룹에 참가하야 반일투쟁을 계속하였으며 집요하게 추적하는 경찰을 교묘하게 피하야 혹은 머슴사리로 혹은 벽돌공장의 인부로서 6년 간의 고난 속에서 오늘의 공산당의 기초구축에 노력해온 것이다 그는 휴식을 모르고 후퇴와 전락을 모르는 오직 전진만 아는 그야말로 전신투지로서 불타는 민족 최대의 박력이라는 것이다

박헌영씨는 그 투쟁경력에서만 아니라 그 정확한 정치로선과 전략의 제시로서도 민족지도자의 일인으로서의 영예를 확보하고 있다 해방 후 성급한 일부 운동자들이 오늘 조선의 단계를 사회혁명에로 직진할 수 있다고 규정할 때 박씨는 민주혁명 단계임을 명확히 규정하야 금일 민족전선에의 방향을 정당하게 제시한 것이니 공산주의자면 의레히 공산혁명을 주장할 것이라 하야 박씨를 극렬분자라고 무방하는 자들은 씨의 정치로정을 몰이해하거나 또는 고의로 중상하는 행위밖에 아무것도 아닌 것이다

뿐만 아니라 일부 반동배가 국제통신기관과 결탁하야 소위 반탁운동을 일으켜 애국심에 불타는 민중의 감정이 비등하여있을 때 씨는 감연히 그들의 매국노란 타매를 받어가면서도 삼상결정 지지를 주장하야 오도되는 인민대중에게 오늘의 정당한 방향을 지시한 것이다 삼상결정에 의해서 임시정부가 수립되려는 차제 박씨의 주장의 정당성이 드러나고 있음은 그의 지도자적 면모를 약여케 함이 아닐 수 없다

나는 그를 강철에 비했다 그러나 그것은 그의 성격의 냉혹을 의미함이 아니요 그 생애의 시련을 비해 한 말이다 그는 강철의 의지와 비수같은 결단력을 갖인 동시에 또한 겸허한 태도와 관후한 포옹력을 갖고 있다 그가 파벌의 잔재를 타파하고 오늘의 통일된 공산당을 실현한 것은 오로지 그 지도자적 인격의 소치라 할 것이다

2. 나 사는 곳은 성벽 안 병든 서울 붉은 깃발 든 열혈 시인

오 장 환 1918~1951

처음부터 유리쪽도 종이쪽도 붙이지 않은 쇠창살을 붙잡고 아우성을 치는 감옥에 있는 사람이나 다 미어진 문창살을 부여잡고 아우성을 치는 시민이나 기한에 떨기는 매한가지다. 일찍이 일본제국주의가 패망의 직전 발악의 신경을 날카롭게 하여가지고 건듯하면 유언비어다 징용회피다 사상불온이다 하며 갖은 이유로 잡아들여 간 것이 전조선을 합하여도 2만을 훨씬 넘었다 한다. 모든 것이 침체상태로 들어가는 이때 감옥만은 번창을 한다.

해방 당시 텅 비다시피한 감옥은 왜 이리 문이 미어지도록 번창을 하는가? 우리 건국을 해치는 모리배를 모두 집어넣었음인가? 아니다. 그들은 백주에 공공연히 대로상을 왕래하며 그 중에 어떤 자는 신문지상에 민족주의적인 애국시까지 쓰는 자도 있다. 또 신문사를 경영하는 놈도 있다. 그러면 전일에 일본놈 궁둥이를 핥고 다니며 징용에 징병까지 가라고 떠들고 갖은 못된 짓을 하던 놈이 가득 차서 그런 것인가. 아니다. 이런 짓을 한 놈 중에 큰 도적놈은 역시 지금도 자칭 조선을 대표한다는 정당의 당수요 큰 적산관리 공장의 관리인이요 간부요 민법의원의 의원이요 지금 이러한 일로 감옥에 있는 자는 오히려 하나도 없다.

리취 장관의 말에도 대법원장의 말에도 지금 남조선에는 한 사람의 정치범도 없다고 한다. 그러면 이 모든 사람은 도둑놈들인가. 되레 감옥 밖에 사는 우리들은 도적의 위협

오장환 옛살라비 보은에서는 해마다 오장환 문학잔치가 열리고 있다. 문학관도 짓고 생가도
되살렸다. 월북하거나 좌익 활동을 했던 여러 문인들이 남쪽에서 풀어졌다.

을 받고 테러의 위협을 받고 X찰의 간섭을 받는다.

"인도사람은 굶고 있는데 조선인은 강냉이를 먹으니 행복이 아니냐"고 X인 운수부장 코넬슨씨는 말하였지만 우리는 지금 행복의 극을 누리고 있는가.

"조선에 있어서 언론자유는 보장한다"고 말한 하지 중장이 미소공위에도 반탁하던 사람까지 넣으려 하던 이 조선이 그러면 언론자유의 극치를 이루고 있는가? 이것은 내가 말하지 않아도 제군들이 더 잘 알 일이다.

《문학평론》1947년 4월호에 실린 오장환 글이다. 「시인의 박해」라는 제목이다.

작년 9월 1일 국제청년데이에서 다만 시 한 수를 읽었다는 죄명으로 1년 징역을 하는 동무 유진오(兪鎭五)를 보라. 그리고 연달아 작년 12월 29일 삼상결정 일주년 기념 대회 때 어리석은 내가 시를 읽은 것으로 인하여 나를 찾으려 하고 내가 없는 틈에 원고를 압수해 갔고 또 금년 1월 1일 종합예술제 때에도 극장에 임석한 경관이 사전에 원고를 검열하고 낭독해서 삭제할 곳을 일러준 다음 그 뒤에 읽었음에도 불구하고 그것을 낭독한 여배우 문예봉(文藝峰)씨는 당국에 불려가는 불상사를 일으키었다.

시 아니 문학작품을 읽었다고 잡아간 일은 그 지독한 일제시대에도 없던 일인데 지금 민주주의를 외치고 또 민주건국을 원조하려고 하는 미군정 하에서 이 불상사는 어인 일인가? 시의 내용에 있는 말씀은 어느 정치연설이나 회합에 가도 데굴데굴 구르는 일이다. 그러면 우리 민주X찰은 시적 감수성이 예민하여 거의 신경질적인 데까지 간 것인가. 또는 우리의 시가 더욱 위대한 힘을 발휘하여 그들의 잠재한 독소를 흥분 내지는 자극시키는 것일까? 일찌기 우리 시가 이처럼 문제된 일은 없었는데 이처럼 빈번한 당국의 관심과 다시 우리는 국제청년데이에서 국치기념강연회에서 삼상결정 일주년 기념 대회에서 종합예술제에서 수십만 아니 연인원 수백만의 대관중 앞에서 열광적인 환호를 받은 것은 어디서 오는 것인가.

내가 두 번 다시 말할 필요는 없다. 동무 유진오를 석방하라. 만일에 유진오가 유죄라 하면 그의 시를 듣고 열광하여 외치는 군중은 무엇인가. 수만의 열광자도 공범이 되어야 하느냐? 우리는 유진오 동무의 석방을 위하야 끝까지 싸워야 한다. 오늘 내리눌리는 부당한 억압을 참지 못하여 일어선 우리 문화인들이여! 우리 앞에는 열백번 결의를 다시 해야 할 크나큰 싸움이 있을 뿐이다. 우리 인민의 벗인 젊은 시인 유진오를 즉시 석방하라.

오장환(吳章煥)은 1918년 충청북도 보은(報恩)에서 태어났다. 어머니가 작은마누라였으므로 '사점박이'였고, 이런 지체에서 오는 생채기가 모든 내림버릇과 내림줄기를 지우려는 「성씨보」 같은 작품으로 드러나게 된다. 이런 자기부정 의식이 예세닌을 좋아하면서 또 싫어하는 맞버티기로 나타난다.

어렸을 때 이사 간 경기도 안성읍내에서 안성보통학교를 나온 것이 13살 때인 1930년이었다. 다음 해 서울 중동학교 속성과를 마친 다음 휘문고등보통학교에 들어갔다. 1933년에 배움비발을 마련하지 못하여 휴학한 적이 있고, 1935년에는 일본 동경에 유학간다며 학교를 그만두었다. 그때 학적부에 학기가 바뀔 때마다 출석률과 성적이 눈에 띄게 떨어진 것으로 적혀 있는 것을 보면, 가난한 집안 문학소년 갈팡질팡이 비롯된 것으로 보인다.

1933년 《조선문학》 11월호에 시 「목욕간」이 실림으로써 작품활동이 비롯되었으니, 16살 때였다. 1936년 「낭만」과 「시인부락」 동인으로 들어갔다. 4월부터 일본 메이지대학(明治大學) 전문부 문예과 별과에 들어갔으나, 1937년 3월에 쫓겨났다.

20살 나던 해인 1937년 7월 처녀시집 『성벽』을 펴내었다. 펴낸이가 작가 홍 구(洪九)로 되어 있으나 참으로는 제돈 들여 100부를 박아낸 것이었다.

대를 물려 내려오는 '전통'과 '관습'을 부정하려는 마음을 『성벽』에서 읽을 수 있으니, 우리 겨레가 케케묵은 전근대적 관습과 전통에 사로잡혀 역사의 진보, 곧 구체적으로 근대화를 이룩하지 못했다는 꼬집음이다. 이것은 오장환이 "시를 장난(곧 향락)하는 한 모던청년"이라며 백석(白石) 시를 쳐주지 않는 줄글 「백석론」에서도 잘 드러난다. 19살 때 쓴 「성씨보(姓氏譜)」와 「성벽」이다.

내 성은 오씨. 어째서 오가인가 모른다. 가급적으로 알리어 주는 것은 해주로 이사온 一淸人이 조상이라는 가계보의 검은 먹글씨. 옛날은 대국숭배들을 유심히는 하고 싶어서, 우리 할아버지는 진실 이가였는지 상놈이었는지 알 수도 없다. 똑똑한 사람들은 항상 가계보를 창작하였고 매매하였다. 나는 역사를, 내 성을 믿지 않아도 좋다. 해변가으로 밀려온 소라 속처럼 나도 껍데기가 무척은 무거웁고나. 수통하고나. 이기적인, 너무나 이기적인 애욕을 잊을라면은 나는 성씨보가 필요치 않다. 성씨보와 같은 관습이 필요치 않다.

世世傳代萬年盛하리라는 성벽은 편협한 야심처럼 검고 빽빽하거니 그러나 보수는

진보를 허락치 않아 뜨거운 물 끼얹고 고춧가루 뿌리던 성벽은 오래인 휴식에 인제는
이끼와 등넝쿨이 서로 엉키어 면도 않은 터거리처럼 지저분하도다.

1938년, 제2시집 『헌사(獻辭)』를 펴내었다. 오장환이 서울 종로 관훈동에 낸 남만서
점(南蠻書店)에서였는데, 펴낸이 오장환이었다. 1945년 8·15를 맞은 것은 신장병으로
입원해 있던 병원에서였다.

"다음 순서에 옮기기 전에 저 위대하고 고결한 영웅적 희생으로서 우리의 조국을
일본제국주의의 철쇄로부터 해방시키고 또한 우리 민족에게 완전 자주독립의 길을 열
어 준 연합국의 진보적 작가인 소련의 니콜라이 치오노프씨, 미국의 압톤 싱클레어 씨,
중국의 곽말약 씨를 본회의 명예의장으로 추대할 것을 제의합니다."

1946년 2월 8일 상오 11시, 서울 종로 2가에 있는 기독교청년회관 강당에서 열린 제
1회 전국문학자대회에서 오장환이 한 긴급동의였다. 이어 짜여진 「조선문학가동맹」에
들어가 기운차게 움직이던 그는 5월 『예세닌 시집』을 옮기어 펴내었고, 7월에는 제4집
『병든 서울』을 펴내었다.

1947년 장정인(張正仁)과 혼인하였고. 6월에는 제3시집 『나 사는 곳』을 펴내었다.
이 시집이 제3시집인 까닭은 1939년부터 8·15까지 쓴 시들이 들어 있기 때문이다. 1946
년 6월 14일 치《문화일보》에 실려 있는 「시적 영감의 원천인 박헌영 선생」이다.

우리의 ○○한 박헌영 선생은 ○○보통학교 일급을 드리갈 때부터 20여 년을 우리
민족의 자유를 위하여 싸우신 것이 아니냐? 친일파들이 민족을 파러 ○○을 하고 겁쟁
이놈들은 외국으로 도망을 가서 편안히 지낼 때 박헌영 선생은 감옥과 지하에서 오직
한 사람 민족해방을 위한 투쟁을 지도하여 전반생을 바치시었다. 우리의 노래는 무엇
때문에 울고 나의 노래는 또한 누구를 위하여 울었느냐? 이러한 이를 기다려 우렀고 이
러한 이를 사모하여 부른 것이 아니냐? 8월 15일이 지난 뒤 박헌영 선생은 우리 앞에
나타나시었고 우리의 노래의 주인공 우리의 시의 원천은 땅 우에 그 자태를 내여놓으신
것이다.

그때에 우리 민족의 원수들은 어찌했는가? 그 자들은 재빠르게 가면을 고쳐 썼다. 그
래가지고 다시 새로운 방법으로 민족을 해치고 민족을 팔려고 날뛴 것이다. 이러한 2년
간 우리의 유일한 희망이요 우리의 숭고한 위안은 박헌영 선생의 존재이었다. 그때부터

우리들의 노래는 일제히 우름을 그쳤다. 우리들은 싸움에 노래를 부르고 민족의 원수를 물리치고 우리 민족의 자유를 실현하기 위한 싸움에 시적 영감의 중심이 옮겨갔고 그 싸움의 최대한 수령 박헌영 선생은 어느 때 어느 곳에서나 시적 영감의 원천이었다. 그를 위하여 먹고 그를 위하여 피흘리고 박해와 수난 가운데 신음하는 인민들에게 멸하지 않는 희망과 위안을 주는 위대한 분이 어찌 시의 영감이 아니겠는가?

오장환이 북으로 간 것은 1947년 10월 뒤로 짐작된다. 그리고 1948년 2월 「북조선 문학예술총동맹」 기관지《문학예술》에 「2월의 노래」를 선보인 다음에는 글소식이 없다. 6·28 때 서울로 내려온 오장환이 북에서 낸 시집이라며 『붉은 깃발』을 보여주었다는 김광균(金光均, 1914~1993) 시인 이야기가 있다. 그때까지 살아 있던 오장환은 전쟁 중이던 1951년 6월에 사망했다. 건강이 악화되어 모스크바로 요양을 다녀왔으나 소용이 없었다고 한다. 그가 옮긴 예세닌 시 「눈보라」이다.

눈보라는 무섭게 휘몰아치고
끝없는 벌판에
보지 못하던 썰매가 달리어간다
낯설은 젊은 사내가 썰매를 타고
달리어 간다

나의 행복은 어디에 있느냐
미칠 것 같은 나의 기쁨은 어디에 있느냐
모든 것은
사나운 선풍 밑으로
똑같이 미쳐 날뛰는 썰매를 타고 가버리었다.

오장환이 쓴 「백석론」이다. 1937년 4월 1일 박아낸《풍림》제5집〈시인론 특집〉에 실려 있다. (띄어쓰기 말고는 본디대로임)

(……) 나 보기의 백석은 시인이 안이라 시를 작난(즉 향락)하는 한 모-던 청년에

굿처버린다. 그는 그의 시집 속 '얼럭소새끼의 영각' 안에 가즈랑집, 여우난곬족, 고방, 모닥불, 고야와 같은 소년기의 추억과 회상을 '돌덜구의 물' 안에 초동일, 하답, 적경, 미명계, 성외, 추일산조, 광원, 힌밤과 같은 풍경의 묘사와 죄그만 환상을 코닥크에 올려 노앗고,「노루」와「국수당 넘어」에도 역시 추억과 회상과 얕은 감각과 환상을 노래하 였다.

그는 조금도 잡티가 없는 듯이 단순한 소년의 마음을 하여가지고 승냥이가 색기를 치는 전에는 쇠매 든 도적이 낫다는 가즈랑고개와 돌나물김치에 백설기 먹는 이야기, 소똥도, 갓신창도, 개니빠듸도 타는 모닥불, 산골작이에서 소를 잡아먹는 노나릿군, 날 기멍석을 저간다는 닭 보는 할미를 차굴린다는 땅 안에 고래등 같은 집안에 조마구나 라 색가만 조마구 군병, 이러한 우리들이 어렸슬 때에 들엇든 이야기와 그 시절의 생활 을 그리고 기억에 남는 여행지를 계절의 박접과 풍물의 변천되는 부분을 날치있게 붓 자버다 자기의 시에 부처놋는다. 그는 아모리 선의로 해석할려고 해도 압페 지은 그의 작품만으로는 스타일만을 찾는 모-던이스트라고 박게 볼 수가 없다.

그는 시에서 소년기를 회상한다. 아모런 쎈치도 나타내이지는 안코 동화의 세계로 배회한다. 그러면 그는 만족이다. 그의 작품은 그 이상의 무엇을 우리에게 주지 안는다. 그는 압날을 이야기한 적이 없다. 자긔의 감정이나 의견을 이야기하지 안는다.

사실인즉슨 그는 이러한 필요가 없을는지도 모른다. 근심을 모르는 유복한 집에 태 여나 단순한 두뇌를 가지고 자라낫스면 단순히 소년기를 회상하여 그곳에 쾌감을 늣긴 다면 그것은 자기 하나만을 위하야서는 결코 낫분 일이 아니니까. 다만 우리는 그의 향 락 속에서 우리의 섭취할 영양을 멋 군대 발견함에 지나지 아니할 뿐이다.

하나 우리는 이것을 곳 시라고 인정한 멋 사람 시인과 시인이라고 밋는 청년들과 밋 층찬한 멋 사람 시인을 생각치 않을 수 없다.

현실을 그냥 변화식히지 안코 흡수하기 쉬운 자연계의 단편이 있다. 가령 제주도에 는 탱자나무에도 귤이 열닌다 하고 평안도에서는 귤나무에서 탱자가 열닌다 하자. 물 론 이것을 아름답게 수사한다면 모르거니와 그냥 기술한다고 하야도 제주도 사람들 에게는 평안도의 탱자열매가 시가 될 수 있고 평안도 사람에게는 큰 귤이 시가 될 수 있 는 것이다.

이와 마찬가지로 백석의 추억과 감각에 황홀하는 사람들은 결국, 그의 어린 시절을 그리고 자기네들의 생활과 습관을 잊어버린 또는 알지 못하는 말하자면 너무나 자신과 자기 주위에 등한한 소치임을 여실히 공중 압헤 표백하는 것이다 만일에 이상의 내 말을 독자가 신용한다면 백석 씨는 얼마나 불명예한 명예의 시인 칭호를 얻은 것인가 다시 그를 시인으로 추대하고 존숭한 독자나 평가들은 얼마나 자기네들의 무지함을 여지 없이 폭로식힌 것인가!

이러케 말하면 내 의견을 반대하는 사람은 신문학이니 새로운 유파이니하며 그의 작품을 신지방주의나 향토색을 강조하는 문학이라고 명칭하야 옹호할 게다. 하나 그러면 그럴수록 이러한 사람들은 자기의 무지를 폭로하는 것이라고 밧게 나는 볼 수가 없다. 지방색이니 무에니 하는 미명하에 현대 난잡한 기계문명에 마비된 청년들은 그 변태적인 성격으로 이상한 사투리와 뻣뻣한 어휘에도 쾌감과 흥미를 늦기게 된다. 허나 이것은 결국 그들의 지성의 결함를 증명함이다. 크게 주의가 될 수 없는 것을 주의라는 보호색에 부치여 가지고 일부러 그것을 무리하게 강조할려고 하는 데에 더욱 모순이 잇다.

그리하야 외면적으로는 형식의 난잡으로 나타나고 내면적으로는 인식의 천박이 표시가 된다. 모씨와 모씨 등은 이 시집 속에 글귀글귀가 얼마나 아담하게 살려젓으며 신기하다는 데에 극력 층찬을 하나 그것은 단순히 나열에 긋치는 때가 만코 때로는 단조와 실증을 면키 어렵다. 미숙한 나의 형용으로 말한다면은 백석 씨의 회상시는 가진 사투리와 옛니야기 년중행사의 묵은 기억 등을 그것도 질서도 없이 그저 곡간에 벗섬 쌋듯기 그저 구겨넣은 데에 지나지 않는 것이다

백석 씨는 시인도 안이지만 지금은 또 시도 쓰지 안는다. 그리고 나는 또 백씨를 아지 못하다. 그러니까 이 우엣말은 많은 착오도 있을 줄 안다. 하나 나는 작품으로 볼 수 있는 백석 씨만은 가급적으로 음미를 하여 보앗다.

백석 씨와 나는 근본적으로 상통되지 않은지는 모르나 나는 백씨에게서 많은 점의 장점과 단처를 익혀 배웠다 그리고 한편으로는 백씨에게 감사하여 마지안는다.

'시인'이란 층호가 백석에게는 벌서 흥미를 잃었는지 모르겟스나 나는 참으로 백석을 위하야 그리고 내가 씨에게 많은 지시를 받은 감사로서도 씨가 좀더 인간에의 명석한 이해를 가지고 앞으로 좋은 작품을 써주지 않는 이상, 나는 끗가지 그를 시인이라고 불러주고는 십지는 안타. 그것은 다른 범용한 독자와 같이 무지와 무분별로서 씨를 사주고 십지는 않은 참으로 백석씨를 앗기는 까닭이다-끗-

3. 겨레가 찢겨져서는 안 된다던 민족주의 변호사

허   헌 1884~1951

3·1운동 당시의 33인사건 공판에 있어서 공소불수리문제를 제기하야 왜놈들에게 크게 충격을 주고 세계의 시청을 집중시킨 것은 너무도 유명한 사실이다 그후 제1차 조선공산당사건의 법정투쟁에 있어서 변호사로서의 선생의 존재는 더욱 빛낫든 것이다 자유법조단 조직 무료변호 실시 변호사협회장 취임 국제변호사대회 참가 등 변호사로서의 선생의 황금시대야 말로 일대 호화판이였다

저간에 보전 교장 취임 신문사 또는 도서출판 등 사업에도 관계하신 것으로 보아서 일즉부터 문화방면에 많은 관심을 갖었다는 것을 알 수 있으며 따라서 선생의 다면적인 생활을 엿볼 수 있을 것이다

연여에 걸친 구미 시찰에서 해박한 세계지식을 얻고 더욱이 1927년 춘 백이리 뿌릿셀에서 열린 약소민족 반제국주의대회에 참가하고 귀국하신 이후는 당시 민족단일당을 목표로 한 신간회의 위원장으로서 종횡으로 활약하다가 영어의 몸이 되었고 그후 다시 국제단파사건으로 여러 동지들과 가치 투옥되였다가 신병으로 집행정지 중 8·15를 만났든 것이다

이러한 약간의 경력에서도 우리는 선생의 진보적이며 혁명가적인 면모를 찾어볼 수 있는 것이다 선생의 정치적 역량과 수완 여하는 오히려 금후의 문제인 것이지마는 언

공산주의자가 아니었던 허 헌 월북은 그때 남쪽 일됨새를 잘 보여준다.

제나 백절불굴하고 그리고 패기만만한 투사적 요소를 다분히 가진 분이시라는 것은 틀림없는 관찰일 것이다 선생의 활동에는 외화는 보이지 않으나 내수적인 강한 일면이 있어서 오히려 이것이 선생에게 있어서는 커다란 강미일런지도 모른다 일제의 협위와 가진 유혹이 집중하는 때에도 끝까지 곤궁과 박해를 잘 극복해 왔으며 앞으로도 그 지조만은 여하한 난이 있다 하드라도 변치 않을 것이다

선생의 성격으로서는 와전(瓦全)하는 것보다는 차라리 옥쇄를 취할 것이다 낭당을 맨든다거나 자기 중심으로 무엇을 해보겠다는 그러한 야심은 전혀 없다고 해도 과언이 아닐 것이다 그러하기 때문에 선생의 순결성을 존귀하게 생각하는 것이며 애국자적 양심을 높이 평가하게 되는 것이다

지금 정계 상층부의 소위 영수급 인물 중에서 누구니 해도 더욱이 동년배중에서는 민주주의 진영에 섯다고 해서 그리고 일보의 전술적인 퇴각도 보이지 않는 까닭에 반동파의 당연한 반대는 있을 수 있으나 과거 또는 현재의 정치생활에 있어서 조곰도 다른 험잡을 것이 없다는 것은 조선을 위하고 선생을 위하는 우리들의 자랑이 아니면 않될 것이다

다만 염려되는 것은 옥중에서 얻은 병이 원인으로 항상 건강이 좋지 못한 점이다 임중도원(任重道遠)한 선생의 지위로 보아서 실로 안타까운 일이다

그러나 우리의 완전 자주독립의 서광이 하로이틀 가까워올수록 선생의 건강도 차츰 좋와지리라고 믿거니와 선생으로서도 좀 더 자중자애해 주시기를 바라마지 않는 바이다

「조선인민공화국」과 「민주주의민족전선」 조직부차장, 그리고 남조선로동당 중앙위원이었던 김계림(金桂林, 1904~?)이 쓴 「허헌론」이다. 1946년 4월 13일 치《조선인민보》「지도자군상」이라는 제목 밑에 여운형 · 박헌영 · 김일성 · 김약산 · 김두봉을 보여주고 있다.

허 헌(許 憲)은 1884년 함북 명천(明川)에서 진사(進士) 허 추(許 抽) 맏아들로 태어났다. 아호는 긍인(兢人). 진서를 배우다가 서울로 올라와 재동학교와 한성외국어학교를 다녔다. 1903년 독일어를 가르치는 덕어학당(德語學堂)에서 배웠고, 1905년 보성전문학교 법률학 전문과에 들어가 1907년 마쳤다. 1908년 메이지대학(明治大學) 법과를 마치고 돌아와 제1회 변호사 시험에 입격하였다.

3 · 1운동 때 잡혀간 민족대표의 47인 변호인단 가운데 한 사람으로 움직였다. 1920

년 10월 경성에 있던 「조선인변호사회」 회장으로 북경에서 열린 국제변호사대회에 나갔고, 11월 《동아일보》 주주로 감사가 되었으며, 21년 3월에는 함흥 영신학교 교장이 되었다. 11월 보성전문 제7대 교장이 되었고, 24년 4월 《동아일보》 사장 직무대행, 25년 「조선변호사회」 회장으로 뽑혔다.

1926년 5월 세계가 돌아가는 낌새를 알아볼 생각으로 맏딸인 허정숙(許貞淑, 1902~1991)을 데리고 세계 일주 여행을 하였고, 27년 2월 벨기에 브뤼셀에서 열린 세계약소민족대회에 신문기자 감목으로 나갔다. 5월에는 제1차조선공산당사건, 1928년 12월 제1차간도공산당사건 변론을 맡았다. 1929년 6월 「신간회」 중앙집행위원장으로 뽑혔고, 8월 여운형검거사건 변론을 맡았다. 12월 민중대회 채잡다가 왜경에게 붙잡혀 1931년 4월 징역 1년 6월을 선고받고 32년 1월 가출옥으로 나왔다. 1943년 3월 단파방송을 듣다가 붙잡혀 2년 징역을 살고 나와 일제가 무너질 것을 내다보고 건국을 채비하는 헌법 밑절미를 얽이짜기 비롯하였다.

해방을 맞은 9월 세워진 「건국준비위원회」 부위원장으로 뽑혔고, 전국인민대표자대회에서 세운 조선인민공화국 중앙인민위원장으로 뽑혔다. 1945년 11월 22일 오후 1시부터 서울 경운동 천도교대강당에서 열린 전국인민위원회대표자대회에서 개회사를 하였다. 음악동맹원들이 모뿌리 하는 「해방의 노래」, 「자유의 노래」, 「건국행진곡」이 울려 퍼지는 가운데 사회를 보는 이강국이 허 헌을 불러올렸다. 허 헌은 말한다.

오늘 개회사는 여운형 선생께서 하시기로 되었는데 여선생은 연일 정치적 활동에 건강을 상하시어 유감스럽게도 오늘 이 자리에 참석치 못하시고 제가 대신 개회의 말씀을 드리겠습니다.

오늘 전국위원회 대표회의를 개최하게 됨은 4천년 개국 이래 초유의 성사라 할 것입니다. 연합군이 구주에서 독일을 타파하고 극동에 있어서 일본을 정복하여 이로써 조선은 해방국가로서 해방된 것이니 이는 오로지 연합국 장병의 분투에 의한 것이며 우리들은 과거의 고문학살 밑에 국내와 해외에서 국권회복을 위하여 혈투하였으나 연합국의 승리가 없었다면 조선의 해방은 있을 수 없었던 것입니다. 이로써 우리는 연합국에 대하여 삼가 감사를 표하는 바이올시다. 한일합병 후 10년 만에 우리의 선배인 혁명투사로서 지도된 3·1운동 이래 27년간 우리의 독립을 위한 해내 해외에서 한 정치활동은 모든 압박을 받고 국내 대중은 무서운 압박과 착취를 받아온 우리들이 금일 언론과 집회의 자유 밑에서 이 대회를 개최함은 감개무량이고 옥사 기타로 오늘 대회에 참석 못한 혁명가 제씨에 대하여는 다만 눈물이 날 뿐입니다.

습벅습벅한 눈으로 온 나라 25시 175군 도인민위원 40인을 넣은 650인 대표인민위원들을 둘러보았다. 62살 허 헌은 카랑카랑한 목소리로 말을 이어나갔다.

국내 통일문제에 대하여서는 우리는 모든 아량을 가지고 전민족적 통일전선을 완성하여야 됩니다. 그간에 우리 인민위원회와 군정당국 간의 마찰이 생기고 통일전선 촉진에 지장이 있는 것은 소위 대동아전쟁은 성전이라고 선전하고 조선의 청년 장정을 전장으로, 혹은 공장으로 몰아낸 민족반역자와 친일파들의 소위에 기인한 것입니다. 즉, 그들은 종래의 자기들의 생명과 재산을 옹호하기 위하여 갖은 모략적 중상적 흉책을 다하여 우리들의 건국을 방해하였습니다. 그러나 군정당국이 우리 인민위원회에 대하여 가지고 있던 오해는 우리들의 노력과 실지조사에 의하여 풀린 것입니다. 우리가 민주통일전선을 완성하려면 민족반역자와 친일파를 단연코 배제하여야 할 것입니다.

1946년 2월 「민주주의민족전선」을 짜는 데 들어 의장단 및 중앙위원으로 뽑혔고, 5월 훈련원 한터에서 열린 메이데이 60주년을 기리는 모임에서 명예의장으로 받들어졌다. 6월 이승만이 내대는 남조선 단독정부 수립은 겨레가 찢겨지는 길이라고 꼬집으며, 같은 달 좌우합작 문제를 놓고 말싸움을 벌일 때 모스크바삼상회의 결정을 무조건 지지하는 것만이 좌우합작의 출발점이라고 힘주어 말하였다. 12월 남조선로동당 위원장으로 뽑혔고 같은 달 민전 대표자 모임에서 조선반도문제 UN상정은 국토분할 음모라고 꾸짖으며 '소미양군 철퇴'를 내대었다.

《독립신보》1947년 6월 7일 치에 나온 기사이다.

초대대통령은 허헌씨

무기명 투표에 나타난 인민 의사

시청 공보과에서는 가까워 오는 임정 수립을 앞두고 진정한 인민의 여론을 조사하고 저 시내 각 동회에서 무기명 투표를 실시하는 중인데 다음은 재미있는 그 일례— 5일 7시 반부터 11시까지는 용산구 서계동민들의 여론조사가 김두호(金斗浩) 병원에서 시

공보과 팽중석(彭仲石)씨 주재 아래 「남북 통일정부 수립 후에 대통령을 누구로 희망하는가」의 무기명 투표에 있어 즉석 개표한 결과 다음과 같은 수자를 얻었다.

　　허헌 51 박헌영 25 이승만 9 김규식 8 김일성 4 김구 3 김원봉 2 여운형 2 백지 2 무효 4 기권 10

　　이를 파-센트로 보면 민전 관계자 70% 기타 16%로 되여 있어 협의대상 문제와 아울러 흥미 있는 수자 비례를 엿볼 수 있다.

　　우익단체인 「선구회」 여론조사에서는 사법부장 1위이다.

　　허헌 371 김병로 58 최동오 52 이강국 42 기타 36.

　　허 헌은 1948년 남북연석회의와 8월 해주에서 열린 남조선인민대표자대회에서 주석단에 뽑혔고, 9월 조선민주주의인민공화국 최고인민회의 의장 및 법제위원장이 되였다. 1949년 6월 「조국통일민주주의전선」을 짜는 데 들어 의장으로 받들어졌다. 8월 모스크바에서 열린 세계평화옹호대회에 나가 연설하였다. 김일성대학 총장으로 있던 1951년 8월 16일 이뉘를 떠났고, 신미리 애국열사릉에 모셔졌다.

　　"아버지는 애란(愛蘭) 정치가이며 민족지도자였던 데 발레라를 개인적으로 만나기 겸하여 정숙 언니를 데리고 세계일주 여행을 떠났지요. 발레라를 만난 다음 세계일주를 끝내고 정숙 언니는 미국에서 유학하려고 남고 아버지는 귀국……"

　　허 헌 딸로 1950년 대 끝 무렵 남으로 내려와 『내가 설 땅은 어디냐』라는 겪은 이야기를 낸 허근욱(許謹旭, 1930~)이 한 말이다. 피끓는 주의자로 어기찬 항일투사였던 허정숙은 조선로동당 비서로 있으며 90살까지 살았고. 세 번째 사위였던 부수상 최창익은 연안파들과 함께 종파주의자로 몰려 자취가 사라졌다. 허근욱이 한 말이다.

　　"해방 직후 대중적 신망이 높았던 아버지는 남로당 당수가 되였고 따라서 미군정 검속에 쫓기는 한편 테러와 자객에 쫓겨 월북은 했으나 끝내 아쉬운 좌우합작 운동과 남북협상 운동은 현실과는 유리된 하나의 이상에 불과했던 것 같아요. 1959년 7월 24일, 나는 김윤근(金潤槿) 검사로부터 아버지가 세상을 떠나셨다는 것을 알게 되였지요. 1951년 평남 청천강이 홍수로 범람할 때 마침 도강하시다가 사고로 돌아가셨다는 것입니다."

　　1945년 11월 20일의 전국인민위원회대표자대회 사흘째 되는 날이었다.

"미군정과의 관계는 그동안 허헌 선생께서 직접 교섭에 당하셨으니 자세한 말씀을 해주시기 바랍니다."

이강국 의장 안동 받은 허 헌 위원이 등단하였다.

(마이크 앞에 나타나는 태도가 매우 긴장함을 청중이 직각적으로 느끼게 된다) 나는 미군정과 우리와의 관계에 대하여 말씀드리겠습니다. 그런데 이 문제에 대하여는 조선이 완전독립을 하느냐 못하느냐 조선이 완전해방이 되느냐 못되느냐 하는 중대한 관두에 선 문제이니만치 여러분이 정중하게 잘 들어 가지고 깊이 생각하여 신중히 토의해 가지고 우리 조선의 백년대계에 어그러짐이 없도록 해야 될 것입니다. (박수)

손벽을 치지 마시오. 손벽을 치고 공연히 흥분하고 그럴 문제가 아니라 여러분이 조용히 듣고 냉정하게 생각해야 될 문제입니다. 그래서 내가 말하고 있는 이 문제를 깊이 이해해 가지고 지방과도 연락을 취해야 될 줄 압니다. 그런데 말을 하려고 하나 정신이 희미합니다. 작야에도 새로 2시까지 토의를 하였습니다. 그래서 지금도 정신이 퍽 혼미하지마는 억지로 진정해 가지고 생각나는 대로 말을 해보겠습니다. 나는 지금 미군정청이 우리에게 무엇을 요청하고 있는지 그것을 말하려고 합니다. 여러분께서도 그동안 지방에서 신문을 보시고 여러 가지 경과를 알았겠지만 10월 28일에 여선생이 군정청에서 공문을 가지고 나왔었습니다. 아놀도 장군의 공문이 있었는데 그것은 우의적 권고이었습니다. '한 나라에는 두 정부가 있을 수 없다. 조선의 독립은 약속되어 있지만 아직 조선의 통치는 군정이 하고 있으니까 통치권은 군정에 있는 것이다. 인민공화국의 명칭은 취소하라'는 우의적 권고문이었습니다. 조선의 독립은 이미 국제적으로 약속되었습니다. 그리고 문화와 정치가 다 발전된 민족입니다. 우리는 불행히 과거에 이 민족의 유린을 당하였었지마는 우리는 자치할 역량과 능력이 충분히 있는 것입니다. 미국군이 조선에 상륙하기 전에 인민공화국은 탄생되었고 인민위원도 선임되었던 것입니다. 이런데 이것을 해산하라고 합니다. 이것은 참으로 우리에게 청천벽력이었습니다. (……)

아놀드 군정장관 전일 보낸 것의 결론은 어찌 되었는가. **허** 아직 짓지 못하였습니다. **장관** 네가 반대하기에 결론이 안되는 게 아니냐. **허** 내가 반대하는 것이 아니다. 국제법상으로도 군정 하에 정부가 있을 수 있다고 하지 않느냐? 명년 3월 1일에 전국 인민대표회에서 결정될 것이다. **장관** 인민공화국은 민족주의자가 한 사람 있을지 말지 하고 모두 공산주의자다. 너도 공산주의 자이지? **허** 나는 아직 공산주의자가 되지 못하였다, 고 웃으며 대답하였습니다. **장관** 인민공화국 해체할 터이냐? **허** 해체하고 않는 것은 허헌이 한 사람 마음으로 할 수는 없다. 전 인민이 인민공화국을 수립한 것이므로 그것은 나 혼자도 못하고 중앙인민위원이 결정할 수 없는 것이고 다만 전 민중이 하는 것이다 그러니 전국 인민대표자회의를 곧 열어서 답변을 해 주겠다. 11월 20일에 열어서 답변하게 되리라. 이렇게 이날 회담은 약 1시간 40분이나 걸렸습니다. 다음날 정보과장 아쓰 소좌가 말하기를 '하지, 아놀드 장군이 말하기를 일전에 인민공화국의 국자는 떼기로 하였는데 어찌 하였느냐' 묻기에 '나는 아직 그런 승인을 한 일도 없고 결정을 한 일도 없오' 하였더니 야단을 만났었지요. 그러더니 '예배당에 가서 결의하고 신문에 게재하여라'고 명령합디다. 그 후 또다시 해체를 권고 받았으나 11월 20일까지 참아달라고 간청을 했습니다. (……) 그래가지고 하여간 이번 대회를 개최하게 되었는데 어제 (21일) 오후 세시에 하지 장군이 오라고 하여 갔다 왔습니다. 그런데 하지 장군은 우리의 회의 진행상황을 아시는 겁니다. '2일간 회의에 대한 상황의 정세는 들었는데 참을 수 없어 너를 불렀다' 하며 '도리어 인민공화국을 선전하고 군정에 협력한다는 것은 단지 말뿐이고 구실에 지나지 않은 것이 아니냐' 고까지 말합디다. 그동안 미군정과의 교섭상황은 대략 이상과 같습니다. 여러분은 이 말씀을 결코 흥분하시지 말고 냉정하게 검토해서 아무쪼록 좋은 해결을 지어가지고 조선의 참된 이익이 되도록 힘써 주시기를 바랍니다. (대박수)

이어서 의장 이강국이 말한다.

　잠깐 첨가해서 말씀드리겠습니다. 이 문제는 조선독립에 직면한 우리들의 사활문제입니다. 즉 군정당국의 요구로 말하면 ㉮ 인민공화국의 국자를 당으로 고쳐라. ㉯ 해체를 하라. ㉰ 군정만이 유일한 정부이니 정부행세를 마라. 이렇게 세 가지로 문제가 착종하여 있다고 할 수 있습니다. 그런데 10월 10일 아놀드 장군을 만났을 때 말하기를 '이러한 내막은 발표치 말라. 간섭이 있어서 인민공화국을 해체하는 것이 아니고 자발적으로 한다는 형식을 취하여 다고' 그렇게 말하였습니다.

『윤치호 일기』에도 허 헌 이야기가 나온다. 허 헌은 본래 기독교인이었다. 그는 1918

년 함흥YMCA 창립 당시 이사를 맡았고, 1921년에는 함흥 장로교계 학교인 영신학교 교장에 취임했다. 이런 경력으로 인해 윤치호와 일정 정도 교분이 있었던 것으로 보인다.

1934년 8월 27일 월요일

오전에 허헌 씨가 찾아왔다.[1] 그는 함남 영흥에서 금광을 시작할 수 있게 500만원만이라도 꿔달라고 부탁했다. 어찌된 일인지 그가 변호사직을 잃고 하루벌이 인생을 살게 된 후부터 난 그가 마음에 들기 시작했다. 그의 전처소생은 그에게 골칫거리만 안겨주는 존재라는 게 입증되었다.[2] 그는 지금 광산 경영자, 아니 광산 투기꾼으로 변신하고 있다. 그가 성공했으면 좋겠다.

1) 허헌은 1937년 6월 실업가 이종만(李鐘萬)이 서울에서 대동광업주식회사와 대동광산중앙조합을 창립했을 때 두 기관의 상임감사를 맡기도 했다. 1930년대 조선에서는 산금장려정책의 영향으로 일종의 골드러시가 전 사회를 풍미한 때가 있었는데, 직장이나 운동 거점을 잃은 지식인이나 운동가조차 '호구지책'이나 '한탕주의'로 인해 광산업에 뛰어든 경우가 적지 않았던 것 같다. 조병옥, 변영로 등의 경우가 대표적인데, 허헌의 경우도 이와 비슷했던 것 같다.

2) 윤치호가 말하는 전처소생이란 허정숙을 말한다. 허정숙은 남편인 임원근(林元根)이 조선공산당사건으로 구속 중이었을 때 또 다른 공산주의자 송봉우(宋奉瑀)와 동거하는 등 자유분방한 남성편력을 선보였을 뿐만 아니라, 서대문형무소 복역 중에 출산을 위해 한때 가출옥되었다가 다시 투옥되어 많은 화제를 뿌렸다. 월북한 그녀는 끝까지 숙청당하지 않고 고위직으로 천수를 누렸다.

4. 북풍에 날아가버린 **북풍회 목대잡이**

김 약 수 ^{1893~1964(?)}

현하 조선의 사회운동은 극히 혼돈한 중에 있으나 이제부터는 바야흐로 조직을 요하고, 실제를 요구하는 신기운에 들어 있으며, 그 초기에 있어서는 다만 소수의 전위분자가 대중과 비교적 간격이 되어 가지고 현실을 떠나서 학리상으로나 이상만 추구하는 폐단이 있는 것이 항례이지만은, 조선의 대중은 이미 움지기었으므로 오늘까지의 전위분자들은 이제로부터는 어디까지든지 현실을 토대로 하여가지고, 대중과 함께 자본가의 본진을 향하여 돌진한 터이므로, 우리는 모든 것을 근본적으로 개혁하여 가지고 이러한 신국면에 적응하고자, 진형을 서로 정돈하고 전책을 새로히 수립하여 싸홈에 임한다. (……)

1. 사회운동이 본질적으로 무산대중 자체의 운동인 이상, 우리는 어데까지든지 실현에 입각한 대중의 실제적 요구에 응하여 종국의 이상으로 향하여 매진하기를 기함.

2. 우리는 대중운동이 부문이 되는 노농, 청년, 여자, 형평운동의 지적 교양과 계급적 훈련과 아울러 모든 현상타파의 운동을 지지하는 동시에 경제문제에 치중하고, 사회사상을 보급케하며, 도시와 농촌의 협동을 기함.

3. 우리는 아직까지 계선이 불분명한 상태에 재한 운동을 정돈하여 그 유별을 확정할 조직을 면밀히 하여 종래의 소극적 부인의 태도를 허치 않고, 일층 질서적으로 정진

국회프락치사건으로 구속될 무렵 김약수. 감옥에서 인민군을 맞아 월북했으나 또한 내쫓김당한다.

하기를 기함. ⑴ 우리는 계급관계를 무시한 단순한 민족운동은 부인한다. 그러나 조선 현하에 있어 민족운동도 또한 피치못할 현실에서 발생한 것인 이상, 우리는 특히 양대 운동 즉 사회운동과 민족운동의 병행에 대한 시간적 협동을 기함.

1924년 12월 경성에서 짜여진 「북풍회」 선언문 요지이다. 김약수(金若水) · 서정희(徐廷禧) · 정운해(鄭雲海) · 박세희(朴世熙) · 배덕수(裵德秀) · 이이규(李利奎) · 김종범(金鐘範) · 송봉우(宋奉瑀) · 김장현(金章鉉) · 남정철(南廷哲) · 마 명(馬 鳴) · 손영극(孫永極) · 박창한(朴昌漢) 13인이 모임을 세운 사람들이었다. '북풍회(北風會)' 라는 이름은 "북풍이 한번 불면 빈대나 벼룩 같은 모든 기생충이 죄 날아가 버린다"는 속담에서 빌려온 것으로, 조선에서 움직이는 여러 잣단 사상 두럭들을 소매 속에 넣겠다는 다짐에서 붙여진 것이었다.

일본 동경에 있던 조선인 유학생들 가운데 아나키즘과 생디칼리즘에 쏠려 있던 김 찬(金 燦) · 정재달(鄭在達) · 조봉암(曹奉巖)들이 「흑도회(黑濤會)」를 만든 것이 1921년 11월이었다. 민족해방이 먼저인가 계급해방이 먼저인가를 놓고 날카롭게 다투던 두 두럭은 1923년 사상적으로 찢어지게 되니─ 무정부주의자 박 열(朴 烈)을 사북으로 한 「풍뢰회(風雷會)」와 공산주의자인 김약수를 사북으로 한 「북성회(北星會)」가 그것이었다. 조선으로 돌아온 북성회원 가운데 한 무리는 「신사상연구회」로 들어가고 나머지 사람들이 얽이잡아낸 두럭이 「북풍회」였다.

1920년대 우리나라에서의 맑스-레닌주의의 보급은 일반적으로 맑스-레닌주의 보급의 초시기에 흔히 가지게 되는 제한성과 결함들을 내포하고 있었다. 아직 공산주의자들이 맑스-레닌주의사상의 혁명적 원칙들을 매우 천박하게 피상적으로 이해하고 있었고 부분적으로는 왜곡되게 인식하고 있었다.

특히 종파분자들의 책동은 1920년대 우리나라에서 맑스-레닌주의의 정상적 보급을 저해하였다. 우리나라에서 1920년대 초부터 '사상단체'라고 불린 인테리 집단들이 출현하였다. 1921년에 이르꾸쯔끄에서 '고려공산당'(소위 이르꾸쯔끄파) 상해에서도 '고려공산당'(소위 상해파)이 조직되었고 1921년 서울에서 '서울청년회'(소위 서울파)가 조직되었다. 1922년에 서울에서 조직되었던 '신사상연구회'는 1924년에 '화요회'(소위 '화요파')로 개편되었고 1923년에 동경에서 조직되었던 '북성회'의 주동인물들은 1924년 서울에서 '북풍회'(소위 '북풍회파')를 조직하였으며 1925년에는 동경에서 '일월회'가 조직되었다. 이 단체들은 종파분자들의 파쟁의 도구로 전화되었다. 종파분자들은 근로대중과 인테리들 속에서 급격히 자라나는 맑스-레닌주의에 대한 동경을 옳바로 인도하며 노동운동과 농민운동을 정확히 지도할 대신에 자기들의 종파적 활동에 이용하려고 하였다.

조선민주주의인민공화국 과학원 력사연구소가 1958년 9월 펴낸『조선통사』하권에 나오는 대문이다. '역사적 사실에 대한 객관성을 유지하고 있다'는 꼲아매김을 받는 '역사정리'라고 하지만, 종요로운 것은 이러한 꼲아매김을 바탕으로 해서 남로당 숙청이 이루어졌다는 점이다. 김약수는 그런데 남로당 사람이 아니었다.

김약수(金若水)는 1893년 경남 동래(東萊) 기장(機張)에서 가난한 배메기 농사꾼 아들로 태어났다. 서당에서 4년간 진서를 배운 다음 보통학교를 마쳤다. 관립경성공업전습소 응용화학과를 마친 1914년 일본으로 가서 세이고쿠영어학교를 다니다가 그만두고 만주로 갔으니, 1916년 4월이었다. 1918년 남경 금릉대학 청강생으로 1년쯤 다니다가 3·1운동이 일어났다는 소식을 듣고 조선으로 돌아와「조선노동공제회」에 들어가 기관지《공제(共濟)》제1·2호를 엮어내었다. 다시 동경으로 가 니혼대학(日本大學) 전문부 사회과에 들어가 한 2년간 공부하였다. 1921년 봄《대중시보》를 펴내어 일본 노동운동과 사회주의운동을 알리었고, 사까이(堺利彦)가 채잡는 사회주의 모임「코스모스 구락부」를 나왔다. 조선인 유학생들을 사북으로 몰래 공산주의 동아리를 만들고 정태신(鄭泰信)을 모스크바로 보냈다. 1923년 3월「북성회」기관지《척후대(斥候隊)》를 펴내었고, 조선으로 돌아와「북성회」전국순회강연단을 얽었다. '장안여관사건'으로 징역 다섯 달을 살았다. 1925년 4월 조선공산당 창립대회 사회를 보았고,「북풍회」·「화요회」·「조선노동당」·「무산자동맹회」합동위원회 상무위원이 되었다. 11월 북풍회 종파행위로 조공에서 이름이 지워졌다.『해방전후의 조선진상』에 나오는 김약수 살아온 길 한 어섯이다.

(……) 그리고 연전에 김광서(金光瑞:제2세 김일성) 급 이청천 망명시에 제준비·원호 치송하고 학생 1,600명을 해외에 밀파하였고 만주사변 후 해이된 사상·인심을 만회코자 사상잡지『대중』을 발행하여 상당한 반향을 보게 될 때에 6개월간 구금과 탄압에 의하여 폐간하고 일미전쟁 발발 후, 친일파 거두들의 조직한 소위 임전보국단에 불응한 이유로서 수삭(數朔) 구금을 당하였고, 과거 20여년간 요시찰인의 필두로 부단

허 엄중한 감시와 주목을 받아왔으며, 1944년 중에도 고등경찰에게 2차나 구금되어 백수십일간 고생을 하였다. 어찌 그뿐이랴. 씨는 제1차 공산당사건으로 1926년에 신의주서에 검거되어 6년 4개월간의 철창생활한 것을 필두로 전후 3차, 합 9년 7개월간의 영어생활을 하였으며 과거에 김사국과 함께 김약수는 무엇이냐 하여 경부시험 문제에 난 만큼 경찰이 중시 · 위험시한 것은 사실이며, 김약수와 친하다든지 안다 말만 하여도 그 사람이 주목받는 자 불소하였다. 동경시대를 위시하여 전조선 각경찰에 검속된 회수는 실로 수백회에 달하리라 하며 더욱 씨의 특색은 독신생활, 즉 가정과 처자를 불고하고 주의와 운동을 위하여 3, 40년간 여관과 하숙의 독신행활을 계속한 점이다. 씨는 일생을 시종일관한 혁명가이며 풍운아이며, 수절자이다.

그뿐 아니다. 씨의 유일한 특색과 장점은 두뇌가 명석하며 정견이 초중하며 백절불굴하는 대담 차(H.) 강직한 성격의 소유자의 일인으로 모사책사(謀事策士)로는 조선에 희유한 인물이라는 평을 동지간에 받아왔다. 일견 표면적으로는 조금 냉정한 듯이 보이고 접근 · 친교에 몰취미(평시는 과언)한 듯하다. 그리하여 중국인 교제와 같이 그이와 친하기는 상당한 시일이 걸리나 한번 친히 알아 놓으면 친구나 동지는 고락을 같이 하며 동지 가정의 경비사(慶悲事)에까지 철저한 원호를 하는 등은 씨의 미덕의 하나이다.

씨는 전시의 민심부패를 우려하여 금년 7월에 원세훈(元世勳) · 서세충(徐世忠)과 상의하고 8월 29일(합방기념일)에 어떤 반전적 운동을 일으키고저 계획 진행 중 일본의 항복으로 해소. 8 · 15일 후는 건준의 일요원으로 피선되었으나 정견의 상위로 인민공화국 수립에도 응치 앉고 민족주의 대진영인 한국민주당을 조직하고 현재 조직부장의 석(席)에 웅복(雄伏)하여 많은 활동을 하고 있다.

그 역량 · 식견 · 담력 등 제(諸) 점을 보아서 금일 씨의 존재는 실로 조선정계의 혹성(惑星)적 존재라 아니할 수 없다.

조선공산당이 아니라 한국민주당에 들어감으로써 사람들을 놀라게 한 김약수였다. 민전이나 인공 그리고 조공 어디에도 그 이름이 보이지 않으니, 조봉암과 함께 주의자 동무들한테 '커트'당한 것이었다. '경성콤그룹 독재'에 앙버티다가 박헌영과 척을 지게 된 것이었지만, "조봉암이 미국, 김약수가 일본의 공작과 관련하여 전향했다는 치명적인 정치적 약점을 가지고 있다"는 갈닦음이 있다. 박태균이 쓴 『조봉암』.

여운형과 김규식을 사북으로 펼쳐지는 좌우합작운동을 따르던 김약수는 1946년 10

월 한국민주당을 나온다. 그리고 조선공
화당을 만들어 서기장이 되었다가 1946년
12월 「민족자주연맹」 중앙집행위원이 되
었다. 1948년 5·10단선에 들어 옛살라비
동래에서 민의원으로 뽑혔고, 8월 제헌국
회에서 부의장으로 뽑혔다. 공산주의운동
에서는 발을 뺐지만 민족통일 꿈만은 버
리지 않았던 김약수는 소장파들 목대잡
이로 반이승만·반한민당 싸움을 벌인다.
주한미군 철퇴, 반민족행위자 처벌, 농지
개혁, 지방자치제를 이루고자 의회투쟁을
벌이던 김약수와 소장파 민의원 15명이
경찰에 붙잡혀가니, 이른바 '국회프락치
사건'이었다. 이승만이 한민당 반대파를

미군정장관 하지와 미극동사령관 맥아더한테서 뒷배를 받는
이승만 아래 남쪽 민주화는 아득했다. 그러나 이승만에게
당하고 월북한 김약수에게는 스탈린한테서 뒷배를 받는
김일성이 기다리고 있었다.

숨어내고자 쳐놓은 올가미에 걸려든 것으로, 인민대중들 뒷받침이 없는 '의회투쟁' 테
두리였다.

8년 징역을 살던 김약수가 서대문형무소에서 해방되어 평양으로 간 것은 1950년
9·28 때였다. 1956년 4월 「재북평화통일추진협의회」 상임감사 및 집행위원이 되었다
가, '반동분자'로 몰려 숙청된 것이 1959년이었다. 1964년 1월 10일 평양에서 눈을 감았
으니 향수 72였다.

소설가 김송(金松)과 나눈 이야기가 있다. 《백민(白民)》 1949년 1월호. 「국회부의
장 김약수 선생 회견기」

키는 중키요, 회색양복을 입었으며, 이마는 레닝처럼 버켜저서, 독립투쟁 당시 일제
의 온갖 압박을 받으면서, 고생한 흔적이 보인다. 말소리는 보드랍고 눈매가 곱은 호남
형이다. 간간 이야기 중에 눈을 치뜨면 예리한 빛이 돌아서 아주 이지적인 면을 엿볼 수
있다.

김주간 "당시 한민당을 탈당한 이유는 무엇이었읍니까?"

약수선생 "남부조선에 있어서 민족적 총역량을 결집할 필요에서 몇몇 동지와 한민당을 조직해서 어느 정도의 효과를 얻었읍니다만, 그러나 필경에는 그 단체 내의 지주세력의 대두와 아울러 반혁명세력의 증가에 의한 당세 확장을 일삼는 태도를 보고 이러한 경향은 확실히 민족혁명의 의사와 배치됨을 인정하고 당시 동당 내의 양심적 진보분자와 더불러 대거 출당한 것입니다."

조선민주주의인민공화국에서 1951년부터 68년까지 「조국통일민주주의전선」 부국장과 「정무원」 부부장을 하였던 신경완(申景完) 증언이다. 이태호가 쓴 『압록강변의 겨울- 납북요인들의 삶과 통일의 한』 중 「국회 프락치 사건과 남로당」 한 어섯. 1953년 새해 들면서부터 있었던 일이라 한다.

그들은 소그룹회의와 전체회의를 박헌영·이승엽 등 남로당 관계 인사들과 미국 및 이승만정권과 관계된 사실을 밝히는데 초점을 맞추어 진행했다.

소그룹 회의 중 국회 프락치 사건 관계자들의 회의는 10여일에 걸쳐 심각한 분위기 속에서 진행되었다. 남로당과 북로당이 각각 접선하여 성격을 규명하기가 쉽지 않은 프락치사건의 관계자들은 자신의 문제를 내놓고 밝힐 뿐 아니라 동료들의 문제를 밝히는 데도 서로 캐고 따지고 드는 바람에 감정문제로까지 번졌다. 이들은 서로 과거를 의심하고 불신하는 태도를 보이기까지 했다. 옛 관계를 깨뜨리고 마침내는 서로 해칠 수 있는 분위기로까지 발전되었다.

전체회의에서는 김효석, 김용무, 노일환, 황윤호, 김장렬, 김의환, 송호성, **김약수** 등이 집중적인 검토의 대상이 되었다. 이들은 북한 관계자들과 동료로부터 쏟아지는 질문과 비판을 감당하지 못해 전전긍긍하기도 했다. 특히 김효석에 대해서는 여러 사람들이 따지고 캐어드는 바람에 한 사람 문제를 가지고 3일 동안이나 회의를 해야만 했다. 극심한 마음의 고통을 받은 사람들은 회의가 끝난 후 앓아눕고 말았다. (……)

심사자들은 사소하고 불확실한 소문을 확대해석하여 사실로 인정하려는 태도를 보여 일행의 고개를 갸우뚱하게 만들었다. 그들이 토의시간에 유도하는 내용을 보면 박헌영·이승엽 등 남로당계를 숙청하는 데 근거자료로 이용하려는 속셈을 드러내 보여주었다.

심사를 받는 사람들은 그들의 의도를 짐작했지만 그것을 노골적으로 지적할 수는 없었다. (……)

심사자들은 박헌영과 미군사령관 하지의 접촉 사실, 이승엽과 하지의 정치고문 노블과의 접촉 사실, 이승엽과 설정식을 통한 버츠와 로빈슨과의 접촉 사실, 박헌영과 언더우드 및 미헌병사령관 버츠와의 접촉 사실, 안영달·조용복·백형복·설정식 등에 관한 자료 등을 종합해 남로당 간부들의 죄상을 묻는 문서에 납북인사 일동의 서명을 요구하기에 이르렀다.

관계자들의 이와같은 요구에 대해 김효석 등 몇 사람을 뺀 대부분의 납북 인사들은 이에 응하지 않고 무엇 때문에 서명까지 하라는 것인지 묻고, 서명 할 수 없다고 버티었다. 관계자들은 납북인사들에게서 밝혀진 사실이기 때문에 이야기한 사람들의 서명이 더욱 신빙성을 가질 수 있다면서 서명을 강력히 요구했다.

그러나 납북인사들은 서명 요구가 박헌영 등 남로당계 인사들을 숙청하는데 유력한 증거로 쓰기 위한 것이라는 점을 짐작하고 있었다. 이 때문에 그들은 더욱 거부적인 태도를 견지했다. 그들이 서명을 함으로써 남로당계를 숙청하는 증거로 쓰인다면 당국자와 결국 공모자가 되고, 결과적으로 정치적 음모에 가담한 결과를 빚기 때문이었다. 관계자들은 매일 이사람 저사람의 방을 찾아가 서명을 강요했으며 특히 임정요인들에게는 끈질기게 달라붙어 일행이 서명하도록 영향력을 행사할 것을 강권했고 한동안 얼굴을 비추지 않던 홍증식·정노식·김원봉까지 나와 서명을 재촉했다. (…)

초조해진 관계자들은 "박헌영·이승엽 등 남로당 수뇌부가 자기들의 졸개들을 규합하여 반당·반혁명적 종파활동으로 당과 국가를 전복하려고 했고, 심지어 미국의 오랜 고용간첩으로서 간첩행위까지도 서슴지 않은 반역자들이다."라고 노골적으로 폭로하고는 "이런 사실을 알면서도 그들을 동정해서 서명을 않겠는가"라고 위협했다.

그날 밤 납북인사들은 서명을 하자는 쪽과 하지 말자는 쪽으로 갈라졌다. 대부분의 사람들은 각자의 양심과 소신에 맡기는 것이 좋겠다는 의견을 내놓았다.

조소앙, 조완구, 오하영, 원세훈 등 끝까지 서명을 거부한 사람들은 외출제한 등의 조치를 받았다.

《조선일보》 1927년 9월 13일 치에 실려 있는 「조선공산당사건 관련자들 약력」 가운데 김약수 어섯이다.

김약수=삼일운동 째에 상해와 및 남만주로 망명하야 민족운동에 노력하다가 다시 조선에 들어와서는 로동공제회의 제일선에서 활동한 후 다시 일본으로 들어가 당디 조선 류학생 중의 사회주의자와 함께 북성회(北星會)를 조직하야 사상운동에 노력하다가 조선 내디에서의 사상운동과 조직을 하기로 결의하고 북성회를 조선으로 옮긴 후 일홈을 북풍회(北風會)라고 고치고 조선 전도에 널리 사상운동의 계통 단테를 조직케 하는 동시에 끈침업는 노력으로 정운해(鄭雲海)와 및 배덕수(裵德秀) 손영극(孫永極) 등과 함께 노력하다가 화요회(火曜會)가 민중운동자대회를 소집할 째에도 극력 후원하엿섯고 본시 그는 민족운동자와 및 사회운동자의 타협이라는 것을 주장하야 북풍회의 강령도 즉 이것이엇섯다. 그러나 본시 공산당 조직이라는 것은 그 본의가 아니엇섯슬는지 모르나 좌우간 조선 운동의 조직적통일을 목표로 위선 이 공산당 조직에 한 번 가담되엇던 것인 듯한데 공산당 조직 째에는 인사부(人事部)를 마터섯다고 하며 그동안 그가 이러한 활동을 하는 동안에는 수차의 털창 생활도 하엿섯다.

5. 대추씨처럼 뻣뻣한 선비 얼 이어받은 공산주의 생자전

홍 남 표 1888~1960

홍남표(최고인민회의 상임위원회 부위원장)

● 1888년 경기도에서 출생했다.

● 중졸이다.

● 1910년 혁명운동에 가담했다가, 1919년 3·1운동에 참가한 후 만주로 망명했다.

● 1920년 빨치산 운동에 참가했으며, 1921년에 투옥돼 2년간 옥중생활을 했다.

● 1925년 조선공산당 창건에 가담했고, 이후 중앙위원회 후보위원에 선출됐다.

● 상하이로 망명해 중국공산당 내에 조선인민부서를 조직했다. 1932년까지 일하다가 검거돼 1939년까지 감옥생활을 했으며, 1940년 다시 체포됐다가 8개월 후 다른 지역에 가지 않는 조건으로 석방됐다.

● 해방 후 남조선공산당 중앙위원으로 선출됐고 남조선민주주의민족전선 부위원장으로 일했다.

● 1946년 민군정에 체포돼 4개월간 감옥에 갇혔다.

● 최근에는 《근로자》의 편집자로 일했다.

● 남조선노동당원들 가운데 가장 노련한 공산주의운동과 민족해방운동 참가자의 한 사람이다.

● 남조선 인민들에게서 근로대중의 이익을 위해 싸우는 노련한 투사로 비춰짐으로
써 큰 인기를 모으고 있다.
● 고령임에도 여전히 업무수행능력이 뛰어나다.
● 공산주의운동에 충실하며 미국의 대조선 식민주의 정책에 적극 반대하는 투사이
다. 소련에 대해서는 우호적이다.

평양에 있던 소련군정 정치사령관 레베데프 소장이 1948년 7월 31일 소련공산당 중앙위원회에 보낸 「조선민주주의인민공화국 초대내각 및 최고인민회의 의장단 소속 주요인사 평정서」이다. 김두봉 위원장 밑에서 홍기주 목사와 함께 맡은 부위원장이었으니, 남조선으로 치면 제헌국회 부의장을 맡은 것이다. 20명 의장단·상임위원 가운데 남조선 출신은 11명이다. 김두봉·홍남표·장 권·이기영·김창준·이능종·유영준·조운·라승규·성주식·구재수.

"남표야, 네가 크거든 반드시 나라를 광복시켜야 한다."

서른 날에 아홉 끼니밖에 먹지 못하는 양주(楊州) 잔반(殘班) 홍순혁(洪淳爀)이 광무 황제가 계신 경복궁 쪽으로 네 번 절하고 나서 독을 삼킨 다음 18살 난 둘째아들 남표한테 남긴 말이었다. 을사늑약이 맺어진 다음 해 대한제국 병대가 헤쳐졌을 때였다.

대추씨처럼 뽓뽓하기만 한 유생인 아버지 무릎 아래서 삼강오륜을 바탕으로 사서삼경을 배우던 홍남표가 서울로 올라가 중앙학교에 들어간 것은 19살 때였다. 배움비발을 댈 길이 없어 가멸진 집 아이를 가르쳐주며 가까스로 중앙학교를 마치고 법률전문학교에 들어갔으나 또한 배움비발을 댈 길이 없어 중동무이하고, 서북 젊은이들과 손잡고 간도에 군사학교를 세우려 하였으나 또한 밑천이 없어 꿈으로 그치고 말았다. 양산(梁山) 통도사(通度寺)에서 꾸려나가는 중등학교에서 아이들을 가르치며 만해(卍海) 스님과 조국광복을 위한 얼거리를 짜보기도 하다가 아이들한테 일제에 앙버티는 사상을 부추겼다는 죄목으로 왜경에게 붙잡혀갔고, 그때부터 요시찰인이 된다. 『해방전후 조선진상』에 나오는 홍남표 살아온 길이다.

중앙학교를 졸업하고 1919년 3월 1일 만세운동에 참가하였다가 자유단(自由團)을 조직하고 자유보(自由報)를 발간 중 발각되어 8월 만주로 망명, 유하현(柳河懸) 삼원포(三源浦)에서 한족신보(韓族新報)를 발간하고 동지(同地)에서 군사후원회를 조

직하여 위원장으로서 활동하였으며, 1920년 북경에 부(赴)하여 군사통일운동에 참가하고, 국내로 돌아오는 도중, 안동현(安東懸)에서 적에게 피체되어 평양서 2년형을 마치고, 출옥 후 사회주의운동에 참가 활동타가 1925년에 조선공산당에 참가 중앙간부로 있었으며, 그후 모 필화사건으로 함흥형무소에서 8개월간 고생하였고, 동년 12월에 신의주사건(제1차 공산당사건 발생) 후 조공 중앙간부로서 활동하였으며, 1926년 6월 10일 운동을 계획 중 발각되어 3개월간 은둔생활을 하다가, 동년 9월에 상해로 망명, 중국공산당에 전입하여 중국혁명운동에 참가 활동하였고, 1928년 중국공산당 만주성 북만위원에 피명(被命), 조선인 혁명운동을 지도하다가 재만 조선인 반일동맹 중앙위원장으로 활동하였으며, 1930년 상해로 돌아와서 중국당 운동에 활동하다가 적에게 체포되어 신의주로 압송 제1차 공당건으로 7년형을 받아 철창고생을 하였고, 1939년에는 재옥 중의 결사사건으로 평양경찰서에 피검, 9개월간 구금된바 있었다. 그러다가 8·15일 후 인민공화국 인민위원회 위원의 일원으로 활약중이라 한다.

씨는 두뇌 명석하고 변재(辯才)가 비범, 조공 내의 굴지의 활동가이며 해외 동지의 역사를 아는 점으로는 생자전(生字典)의 호를 듣는 조선의 제일인이다. 현재 빈한한 생활을 하고 있을 뿐 아니라 철창고생(유치장 수십회)은 합 십수년이요, 회수로는 이현상과 같이 빈번하였다고 하므로 조선혁명운동가로서 손색이 없는 투사이다.

감옥살이 햇수를 이현상과 비교한 게 재밌다. 모두 12년 감옥살이를 한 홍남표는 옛살라비 양주로 내려가 농사일에 오로지하다가, 옛 화요파 동지들인 최원택·이승엽·조동호·정재달 들과 「조선공산주의자회」를 얽어냈으니, 1943년이었다. 공산주의사상을 퍼뜨리고자 세차게 움직이다가 1944년 7월 왜경한테 붙잡혔고, 서대문형무소를 나선것은 1945년 8월 16일 상오 10시였다.

이른바 장안파에 들어갔으나 오랫동안 공산주의운동을 하지 않았거나 몸을 바꾸었던 사람들이 많은 것을 보고 재건파로 옮기었고, 곧 재건파가 목대잡는 조선공산당 중앙위원이 되었다. 9월 짜여진 조선인민공화국 교통부장으로 뽑혔고, 11월 열린 전국인민위원회대표자대회에 들어가 의장단이 되어 모임을 끌어갔으니, 1945년 11월 21일 상오 10시 25분부터였다. 종로 경운동에 있는 천도교대강당에서 열린 모임 첫째 날과 사흘째 의장은 이강국이었다. 「선구회」에서 밝힌 여론조사 '조선의 지도인물' 9위로 뽑힌 홍남표였다.

여운형 33%

리승만 21%

김　구 18%

박헌영 16%

이관술 12%

김일성 9%

최현배 7%

김규식 6%

서재필 5%

홍남표 5%

1946년 1월 4일 좌우합작을 위하여 5당 대표가 모였는데— 공산당은 박헌영 · 이주하, 인민당은 이여성 · 김오성 · 김세용, 한민당은 장덕수(張德秀) · 서상일(徐相日), 국민당은 안재홍(安在鴻), 엄우룡(嚴雨龍), 인공은 **홍남표** · 이강국, 임정에서는 조소앙(趙素昻) · 조완구(趙琬九)가 나왔다.

"오늘 모임은 아직 예비공작이 성숙치 못했으므로 오늘은 유회하고 다시 뒷방공론을 더해서 다른 날 다시 만나자."

조소앙이 말하였고, 한민당과 국민당이 조소앙을 거들고 나서면서 "이 회합을 임정의 비상정치회의주비회로 하자"고 내대는 것이었다. 김오성이 쓴 『지도자군상』 중 홍남표론에 이때 모습이 나온다.

홍남표씨가 말하였다. "나는 인공의 한낱 보잘것 없는 일원이지만 이 자리에서 책임지고 선언한다. 인공은 금후 통일공작을 전혀 정당들의 회합에 일임한다고. 그러니 임정도 정말 민족을 생각한다면 차제에 인공과 함께 책임지고 통일공작에서 함께 물러가자"고. 이 말은 참으로 성의와 민족애에서 나오는 말이었다. 그러나 조소앙씨는 "나에게는 오직 이 회를 비정주비회를 만든다는 사명을 받고 왔을 뿐이오. 그런 권한은 갖고 있지 않다"고 책임회피의 말을 하였다. 이때 홍남표씨는 "그대들은 그대들이 정치적 지위를 더 생각하는가? 조선민족의 장래를 더 생각하는가? 조금이라도 민족을 생각한다면 민족통일을 방해하는 행동은 제발 말으라"고. 이 말은 피를 토하듯, 강렬한 말이었다. 아마도 양 조씨가 양심이 있다면 그들의 가슴에는 비수에 찔린 듯한 고통이 일순간이라도 있었으리라. 그리고 잠시 회석은 숙연하였던 것이다.

「민주주의민족전선」부의장단 한 명으로 뽑혔던 홍남표는 숫되면서도 어기찬 혁명가였다. 40년을 하루 같이 조국해방과 계급해방을 위한 가시밭길을 달려왔지만 집 한 칸이 없었던 사람이다. 일강(一剛)이라는 아호 그대로 대추씨처럼 뽓뽓한 선비 얼을 지니고 있던 드문 사람이었다. 어떤 경우에도 서로 뜻을 맞추어 합뜨릴 수 있는 길을 찾아내려고 하기보다 옳다고 믿는 바만을 뚫어내고자 하는 꼿꼿함만을 지켜냈으니 이른바 정치가가 될 수 없는 사람이었다. 반듯한 몸맨두리로 꼿꼿하게 서 있기만 해서는 앞으로 나아갈 수 없다. 시러금 작아지고 시러금 커질 수 없는 사람이 갈 수 있는 길은 싸움밖에 없다. 그때는 그리고 일강같은 뽓뽓한 혁명가만이 아니라 섬 진 놈 먹 진 놈이 아수라장을 이루고 있던 해방공간이었다. 너그러이 끌어안는 너울가지 없는 일강 같은 이가 정치판에서 밀려나게 되는 것은 그럼으로 마땅한 일로 된다. 이 점을 안타까워하는 김오성이다.

정치는 반드시 투쟁으로서만 되는 것이 아니라, 때로는 타협도 절충도 필요한 것인데, 씨에게는 그러한 여유가 없다는 것이다. 씨는 상대자에게 언제나 도전하는 태도로 대하야 적으로 하여금 전투태세를 갖우게 하는 데서 항상 성공보담 실패를 가져오게 된다는 것이다. 이는 어느 정도까지 사실이다.

씨는 정도 이상으로 강강(强剛)한 태도를 가지며, 정적을 대하거나 또는 연단에 설 때에 먼저 자기가 과도하게 흥분하고 신경을 날카롭게 하야 상대방 혹은 청중에게 혐오감 또는 일종의 악감을 주는 것을 필자도 여러 번 목도하였다. 이것은 씨의 인간적 결점이라 하겠다.

그러나 이것은 또한 씨의 장점이기도 하다. 홍남표 씨에게서 이 강직성을 제거한다면, 무인에게서 무기를 빼앗는 것과 마찬가지일 것이다. 씨는 이 강직성을 가지고 생애를 장식해 왔으며, 또 앞으로도 그것으로서 인민의 지지를 받을 것이다. 정치라면 권모술수로 알고 온갖 책모와 무신의한 식언을 감행하는 요지움의 일부 정객들에 비해서 자기 신념을 그대로 토파하고, 미운자를 공격하고 불의 앞에서 치를 떠는 홍씨의 솔직한 강직한 인격이 얼마나 존중한 것인가!!

1946년 2월 '중앙 급 지방동지 연석간담회'에 들었고, 11월 남조선로동당 중앙위원이 되었다. 그리고 북으로 올라가 제1기 최고인민회의 대의원이 되었고, 1957년 8월 제2기 대의원이 되었으며, 9월 상임위원회 부위원장이 되었다. 1959년 6월 「조국통일민주주의전선」 중앙위원을 하였다. 1960년 눈을 감으니, 향수 73.

그 시절 고른값 나이갓수로 보자면 오래 산 편이고, 남로당 숙청 후림불에 섭쓸려 사라져버리지 않은 드문 경우였다. 쓰러져버린 '조선의 레닌'을 짓밟았다며 박갑동이 꼽는 '배신자들' 이름발기에 홍남표는 없다. 남로당이 사라진 공화국정권 높은 걸상에서 홍남표는 무슨 생각을 하였을까?

아래는 《노력인민》 1947년 6월 27일 치에 실려 있는 이태진(李泰鎭)이 쓴 「인민의 지도자 홍남표」다. 홍남표는 1947년 6월 19일 창간된 남조선로동당 기관지 《노력인민》 사장이었다.

반일투쟁의 전생애, 강직한 노투사 홍남표 선생

1946년 1월 30일 참사한 3학병의 장식이 삼청동 학병동맹본부에서 거행되였슬 때의 일이다 『젊은 동무들을 먼저 보내면서 늙은 몸에 동무들 목까지 더 걸머지고 끝까지 싸우려 한다.』는 뜻의 조문을 색인 조기가 「늙은 동무 홍남표」라는 이름으로 슬프게 그러나 썩썩하게 휘날리고 있었다 비분의 눈물을 먹음고 그 자리에 모였든 수만의 「젊은 동무」들이 이 조기를 우러러보고 얼마나 더 감격을 새로히 하였스며 얼마나 더 든든히 두 주먹을 부르쥐었든가.

또 한번 보았다 1946년 12월 29일 삼상결정 1주년기념 시민대회가 남산공원에서 열렸을 때 CIC류치장에서 주사를 맞고 취조를 받으면서 수십일 동안을 고생하시다가 나오신 몸으로 노투사 홍남표 선생은 성성한 백발을 삭풍에 날리면서 『남은 10년의 생명을 조국의 완전한 독립과 인민대중의 진실한 해방을 위한 투쟁에 받치겠노라』고 강철같은 음성으로 웨치고 계셨다.

이것이 바로 홍선생의 모습이다. 「오랜 풍상 겪근 강직한 노투사」라는 것이 홍선생에게서 누구나 받는 인상이리라 연소하신 때부터 일제의 침략받는 조국의 독립을 위하여 혁명투쟁에 나스셔서 만주로 상해로 망명하면서 신의주 안동의 국경을 넘나들기를 무려 10여차 (……) 3·1운동 이후에 일제의 회유정책이 주효하여 조선의 지주자본가

홍남표가 붙잡혔음을 알리는 1933년 1월 24일 치《중앙일보》.

의 대변자인 동년배의 민족주의자들이 노골적으로 또는 은밀적으로 일제 지배자와 타협하고 굴복할 적에 홍선생은 단연 일제와의 일층 강력하게 투쟁하실 것을 굳게 결의하고 1925년 조선공산당 창립에 참가하여 근로인민을 중심으로 한 민족해방운동의 적극적인 투쟁을 개시하였든 것이다

이로부터 선생의 생활은 오직 투쟁뿐이었다. 일제 군경의 박해로 해외와 국내에 피신하시면서 투쟁하시기 때문에 가족은 극빈에 쪼들니고 자제들의 교육도 돌아볼 수 없는 청빈의 생활을 하시었다. 누구나 선생을 대하는 사람은 곧 그 험악한 투쟁적 생활과 겪거온 간난을 간취할 수 있을 것이다.

해방과 동시에 즉시로 선생은 인민의 앞에 감연히 나스셔서 우리 민주조국의 선두에서 활동하셨다 9월 12일 최초의 시민대회 석상에서 인민공화국 정강을 설명하실 때 홍남표 선생의 일음만 듣고 경모하든 민중은 비로소 홍선생을 대할 수 있었다

기후 중앙인민위원회가 모든 고난한 투쟁을 겪거 올 때 선생은 최후까지 굴할 줄 모르고 싸와나왔고 조선공산당이 반동배의 가진 박해와 백주의 반당분자들의 망동에 대하야 투쟁하기에 언제나 선생은 강철같이 싸우셨다 특히 작년 여름 삼당합동문제가 야기되였을 때에 일부 기회주의 분자가 합당을 방해하고 탄압적이요 망국적인 소위 좌우합작에로 달아날 때에 선생은 항상 옳은 로선에서 원칙을 고수하시면서 끝까지 싸우셨

다 그 결과로 이 노혁명투사는 기회주의적 분자의 간악한 중상에 의하야 CIC류치장에서 가진 고초를 받으셨으며 금일의 민주진영의 위대한 발전을 보장할 수 있든 것이다.

　　강직하고 원칙을 굽힐 줄 모르시는 홍선생은 또 극히 온정미 있는 하라버지이시기도 하다 특히 자질이나 손자격 되는 청년동지들에게 동무동무 하시며 악수를 청하시는 홍선생 앞에 「젊은 동무」들은 모다 감격하고 있다 동지들에게 대해서만이 않이다 면식이 없는 농민과 로동자들에게 늘 먼저 악수를 청하시며 그들을 대변하야 주려고 하신다 사를 멸하고 오직 인민들을 위하야서만 복무하는 홍선생은 늘 인민들과 같이 있으며 인민들을 광명으로 인도하신다 인민은 남로당 중앙위원, 『노력인민』 사를 홍선생께서 「10년」이 않이라 적어도 30년은 더 인민을 위하야 싸와주시기를 바라고 있다

　　조선공산당과 남조선로동당 기관지였던 《해방일보》와 《청년해방일보》가 참으로는 폐간인 무기한 정간 처분을 당하자 곧바로 이름을 바꾸어 나온 것이 《노력인민》이다. 1947년 6월 19일. 남조선로동당 중앙위원회 기관지임을 밝히고 나온 이 신문 발행인이 홍남표이다. 『그 생명을 이미 바친 우리 당의 명령이요 내가 가장 사랑하는 인민들의 지시인 것임을 생각할 때 오즉 정성을 다하야 노구의 최후를 바칠 것을 당과 인민들 앞에 맹세하는 바이다』는 「취임에 제하여」가 실린 20일 치 뒷면에 뒷소식을 알 수 없는 「이혁기(李赫基)씨 담」이 실려 있다. 「옥내동지도 싸우고 있다 옥외동지들의 투쟁에 감사」라는 제목이다.

　　지난 16일 출감된 전국군준비대 총사령관으로 활약하다가 작년 10월 동준비대가 해산과 동시에 3년 언도를 받고 영오의 몸이 되었든 이혁기씨는 19일 옥내생활 1년반의 소감을 왕방한 기자에 겸손한 태도로 다음과 같이 말하였다
　　지금 서대문형무소에는 9백여명의 정치적인 선배동지들이 수용되어 있는데 모두들 밖에서 그 악날한 반동테로를 무릅쓰고 영웅적 투쟁을 전개하여 이번 공동위원회를 성공적으로 추진시키고 있는 데 대하여 무한히 감사하고 있으며 공동위원회는 기필코 성공될 것으로 확신하고 있읍니다 그러나 안에서도 지난 4월달에 일어난 옥내구타사건을 비롯해서 우리는 힘차게 싸웠읍니다 남어있는 동지들로부터 제가 부탁받은 것은 밖에서 일하시는 동지들께 감사하며 감옥안에서도 정의를 위하야 싸우고 있다는 것입니다

6. 자주독립된 일통조국 부르짖던 진보적 사회주의 언론인

고 경 흠 1910~1953(?)

　　고경흠(高景欽)이라는 사람이 있었다. 1946년 5월《독립신보》를 창간하여 주필로 있으며 자주독립을 바탕으로 한 겨레의 옹근 일통을 위하여 애썼던 언론인이다. 10대 뒤판에 일본 동경으로 건너가 고생스럽게 공부하면서《노동자신문》과 잡지《현계단》을 펴내었고,《전기(戰旗)》《인터내셔날》《무산자》같은 잡지를 펴낸 문필가이기도 하였던 그가 쓴 글 가운데 한 편이다.《독립신보》1947년 3월 26일 치에 실려 있다. (띄어쓰기만 손 보았음.)

　　해방 후 유쾌할 것이라고는 그리 찾아볼 수 없는 우리네 살림사리와 국제적으로 몇 번이고 약속되었든 조선독립은 미소의 의견 불합으로 여지껏 공위가 열리지 않고 국내의 모-든 공장은 모리배와 원료 부족 등으로 파손 내지 정지 상태에 있고 쌀값과 모-든 물건값은 비행기를 타고 하늘로 올라가듯 선량한 인민과 월급쟁이를 울리고 있으며 광목 고무신이 우리네 살림에 가장 긴요한 것인데도 거리에서 광목 한 자 볼 수 없고 고무신이라고는 노인네 배까죽 같은 한번 신으면 찢어없어지는 것이다 해방이 됐다고 고국에 돌아온 전재 동포들은 움 속에 있게 되고 단간방이라도 제 집을 지닌 사람은 해방 후 창호지 하나를 뚝뚝이 못 바르고 그날그날 밥걱정과 원인 모르는 테로와 공포 속에서 신음하고 있다

잊혀진 진보적 사회주의 언론인 고경흠.

먹고살기 힘든 인민생활을 걱정하는 고경흠 붓은 줏대를 잃어버린 무식대중들 갈 팡질팡과 수많은 목숨들이 죽고 다치는 인민봉기가 이어지게 되는 우리 겨레 불행 위로 달려간다.

일본년이 남기고 간 야릇한 옷감으로 얼룩덜룩 양장이라고 해 입고 고슴도치 머리에 쥐 잡아 먹은 주둥이에 「껌」을 씹고 단이는 이 거리의 일부 조선녀성은 해가 어디서 뜨는지도 모르고 국적불명의 가련한 제2세를 낳고 있다 정치운동을 하는 자 모도가 애국자라면서 자기의 이념에 않맞으면 비애국자요 국제공약까지 무시하며 조선독립을 호언하는 무지배들의 난무로 말미암아 국내의 테로와 살생과 폭행 전율은 여름 장마같이 계속되고 있다 작년 9월 철도파업에 뒤이어 10월 봉기로 수많은 동족은 살상 희생되였고 수천명은 검거되였었고 대구사건만 하드라도 20여 명의 사형까지 내게 하였다 우리 민족이 거족적으로 경축하여야 할 3·1절에 우리 민족의 피는 이 땅에 또다시 물드리게 되였다 이 마당이 만일 일제 때라면 수백 명 수천 명 우리의 피로 우리의 빼았긴 땅을 찾기 위하여 피를 흘릴 수도 있지만 해방된 이 땅에 경향 각지에서 불상사가 일어난 것은 확실히 조선민족의 불행이다 그 뿐 아니라 정계 요인 댁에 계획적인 폭탄사건과 언론기관과 언론인의 구타는 예상사요 배움의 굶주린 조선학생들은 국대안 문제 때문에 자유롭고 향기로운 학원은 꽃피지 못하고 대부분의 학생들은 거리에서 방황하고 있다

'대지엔 봄이 왔건만
　　민족의 봄은 안 오냐!!'
글 제목인데, 일제 때와 다름없는 관공리들 썪어문드러짐과 좌익을 짓밟는 것에 노여워하고 있다.

일제 최후 말기 4,5년 동안은 증병이니 학병이니 작업이니 무엇이니 하여 공부를 못하고 해방 후 1년 반이 지나도 자리를 잡고 공부를 못하게 되는 것은 참으로 장래 조선을 위하여 무엇보다도 화급히 해결할 문제이다 재작년 8·15 해방의 감격은 어디로 갔는가? 얼마를 울어도 울어도 눈물이 끊히지 않든 그 울음 그때는 제 목숨이 죽어도 한이 없다고 하든 그 마음은 어디로 가고 건국을 좀먹는 모리배와 오리(汚吏)와 테로는 날이 갈사록 심하고 조선 경찰은 건재해 있다고 하는데 그 지긋지긋한 일제 전쟁시의

우리의 혼담을 서늘케 하든 「싸이렌」은 밤 아츰으로 해방된 이 땅에서 야간 통행금지의 증오의 비명을 울리고 있다. 해방 후 한때는 강도 절도로 시민들은 공포 속에 쌓여 있었고 지금엔 「테로」와 「파괴」로 인하여 인민은 공포 속에 쌓이고 있다 근대 민주국가에서 야간 통행금지란 것이 도저히 있을 수 없는 것인데 거기다 증오의 「싸이렌」까지 듣게 되는 것은 우울한 우리네 살림을 더욱 우울하게 할 뿐이다 지난번 22일에 일어난 24시간부 총파업으로 좌익게 요인이 많이 검거된 가운데 일제 시를 통하여 혁명투사와 애국자가 검거된 것은 이 또한 조선의 우울이 아닐 수 없다 이것 구름이 언제나 개이려나? 이 땅에 봄이 다시 차저왔거든 우리 민족의 봄을 차저야 할 것이 아닌가

　고경흠은 1910년 제주도에서 태어났다. 어렸을 때 서울로 올라와 정동공립보통학교를 마친 다음, 1926년 경성중학을 중동무이하고 4월 보성전문학교에 들어가 1년 동안 다니다가 그만두었으니, 집안 형편이 어려웠음을 알 수 있다. 1927년 3월 일본 동경으로 건너가 고생스럽게 공부하면서 「재동경조선청년동맹」에 들어가 집행위원으로 기운차게 움직였다. 이 무렵 무산자해방운동을 하고 있던 이북만·홍효민을 만나 제3전선사를 세우고 기관지《제3전선(弟三戰線)》을 펴내었다. 제3전선사 긴한이들과 함께 서울에서 카프, 곧 「조선프롤레타리아예술가동맹」을 다시 짜는 데 들어가 사회주의문예운동을 펼쳤다. 1928년 9월 일본대학에 들어갔으나 배움비발을 못 대어 석 달 만에 쫓겨났고, 「신간회」 동경지회에 들어가 움직이다가 왜경에 쫓겨 상해로 도망쳤다. ML파공산주의그룹과 조선공산당재건운동을 꾸며내다가 다시 동경으로 돌아가 이북만과 함께 카프 동경지부를 고쳐 짠 '무산자사(無産者社)' 일을 보았다. 이때 시인 임화가 무산자사 일을 거들어주고 있었는데, 이북만이 데리고 있던 누이 이귀례와 혼인을 하게 된다.
　김인덕이 갈닦은『조선공산당의 투쟁과 해산』중 「당대회를 중심으로」에 보면 그 어름 고경흠 움직임이 나온다.

　　조선공산당 일본총국 및 고려공산청년회 일본부는 고경흠, 김치정(金致程), 서인식(徐仁植), 김소익(金小翼) 등에 의해 재건이 시도되는데 이들의 당재건운동은 상해에 주재하고 있던 양명(梁明)·한위건(韓偉健)의 직접 지도 아래 이루어졌다. 1919년 12월 동경에 잠입한 김소익 등은 고경흠, 김치정, 김삼규(金三奎), 이북만(李北滿)과 '무산자사'라는 출판기관을 조직하여 활동하였다. 특히 일본에서의 당재건운동에서는 고

경흠의 활동이 눈부시다.(그는 1929년 3월에 인정식(印貞植)의 소개로 고려공산청년회 일본부에 가입하고, 기관지 출판위원이 되어 활동하였으며 '무산자사' 조직에도 가담하였다. 이후 상해로 가서 양명·한위건을 만나 이들의 지도를 받고 일본내 출판활동에 본격적으로 나선다. 이때 그가 발행한 팜플렛은 「전위볼셰비키의 임무」(1집) 「조선문제를 위하여」(2집) 「조선×의 당면문제」(3집) 등이었다.) 고경흠은 한위건의 지도를 받고 국내에 들어와 강진(姜進), 김철환(金鐵煥) 등과 '조선공산당재건설동맹'을 조직하였다. 이후 다시 동경에 가

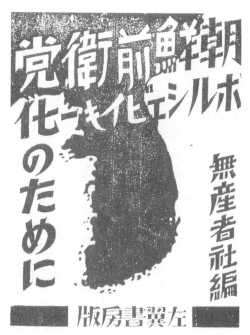

신간회를 없앨 것을 힘주어 말하는 고경흠 팜플릿.

서 김치정과 함께 일본공산당의 양해 아래 '무산자사'를 기반으로 전협운동에 지도적 역할을 하였다. '무산자사'는 이후 전협운동에 적극 가담하였고 1931년 8월 김삼규·송인수·한재덕(韓載德)·고경흠이 검거되어 와해된다.

이 무렵 많은 논설을 썼는데, 「조선공산당 볼셰비키화의 임무」, 「민족개량주의의 반동적 도량을 분쇄하자」, 「조선에 있어서의 농민문제」 같은 것이다. 1931년 '무산자사'를 밑바탕으로 하여 《코뮤니스트》《봉화》같은 기관지를 펴내다가 왜경한테 붙잡혔다. 서울로 끌려가 법정에 서게 되었는데, 거짓으로 사상을 버리겠다고 말하고 감옥을 나왔다.

여기서 굳이 '거짓으로 사상을 버리겠다고 말하고 감옥을 나왔다'고 한 데는 까닭이 있으니, 그 세기가 약해지기는 했을지라도 한결같이 사회주의사상을 바탕으로 조국해방투쟁을 벌였기 때문이다. 『일제말 친일군상의 실태』에 고경흠 이름이 나온다.

시국대응 전선사상 보국연맹(이하 사보연맹)은 그네들 좌우익 전향자들이 모여서 조직한 사상보국의 단체였다. 1938년 6월 20일부터 3일간, 동경 법조회관에서는 시국

대응 전국위원회라는 것이 열려서 전향자들의 국책협력 문제가 토의되었다. 이들은 조선에 대해서도 대표위원의 파견을 요청하였는데, 이 요청에 따라서 권충일(權忠一), 박영희(朴英熙) 두 사람이 전향자 대표로 동대회에 참가했고, 이들이 귀국해서 가진 경과보고회 석상에서 사보연맹 결성의 건이 가결되었던 것이다.

이리하여 1938년 7월 24일 부민관 중강당에서 사보연맹 결성식은 거행되었다. 13도의 전향자 대표 200여 명이 참가한 속에서, 황거요배, 기미가요 제창, 전몰영령에 대한 묵도, 황국신민 서사 제창 등의 식순을 진행한 결성대회는, 규약과 임원을 통과 선정한 후 대회선언문을 채택하였다. 사보연맹의 임원은 다음과 같다.

본부임원 : 총무 박영철(朴榮喆), 간사 강문수(姜文秀) 권충일 김한경(金漢卿) 노진설(盧鎭卨) 박득현(朴得鉉) 임영춘(林永春) 장용호(張龍浩) 진형국(陳炯國)

경성지부 임원 : 지부장 이승우, 간사 권충일 **고경흠** 곽양훈(郭良勳) 김용찬(金容贊) 나준영(羅俊英) 박득현 박명렬(朴命烈) 박영희 양성호(梁成灝) 오성천(吳成天) 류형기 윤기정(尹基鼎) 이강명(李康明) 이원현(李元賢) 조기간(趙基栞) 조영식(趙英植) 한상건(韓相健) 현제명(玄濟明)과 일인 12명.

대전지부 : 이봉수(李鳳洙) 공주지부 : 이준규(李浚奎) 개성지부 : 김명손(金明孫) 춘천지부 : 장보라(張保羅) 인천지부 : 갈홍기(葛弘基) 청주지부 : 정진복(鄭鎭福)과 일인 각1명.

그리고 이날 채택된 결의문은 아래 3개 항목이었다.

① 우리들은 황국신민으로서 일본정신의 앙양에 노력하고 내선일체의 강화 철저를 기한다.

② 우리들은 사상국방전선에서 반국가적 사상을 파쇄 격멸하는 육탄적 전사가 되기를 기약한다.

③ 우리들은 국책 수행에 철저적으로 봉사하고 애국적 총후활동의 강화 철저를 기약한다.

이리하여 사보연맹은 1938년 10월 6일부터 8일까지의 본부 · 지부 합동회의에서 비전향자의 포섭문제 등을 협의하였다. 즉, 그들의 생업문제를 해결해줌으로써 포섭의 방편으로 삼고자 취직알선운동을 전개하였던 것이다. 이 운동은 동년 12월 10일 현재 고등경찰과를 통해서 198명의 알선실적을 올렸고, 이렇게 포섭된 새로운 전향자들은 황국신민으로서의 충량한 제1보를 내디뎠다.

사보연맹은 그 후에도 비전향자의 포섭에 힘을 쓰면서, 군인원호행사, 신사참배단의 일본 파견, 부여신궁 창설에 관련된 봉사수양단 파견 등으로 사상보국에 진력하였다. 이 연맹은 1940년 12월 28일 전선 7개 지부와 80여 분회 및 맹원 2,500여 명의 기구를 발전적으로 해소하고 재단법인 대화숙(大和塾)으로 통합되었다.

여운형이 사장으로 있던 《조선중앙일보》 기자로 들어간 고경흠은 1940년 여운형이 일본 동경에 가 조선이 독립되어야만 한다는 먹찬 말을 뱉을 때 곁부축하였다. 8·15와 함께 여운형이 세운 「건국준비위원회」에서 장안파공산당 최익한과 함께 조사부 일을 보았다. 1946년 첫 때 조선인민당 당수 여운형 특사로 평양에 가서 김일성과 이야기를 나누었는데, 속내는 알려져 있지 않다.

〈남조선 일대를 휩쓰는
좌익요인의 검거선풍
검속 이유는 군정포고 위반?〉

고경흠 글이 실린 신문 머릿기사이다.

22일의 '24시간 제너스트'를 계기로 남조선의 경찰대는 돌연 좌익인들에 대한 검거를 시작하여 검거 총수는 다수에 달하는 모양이다 즉 서울에서는 민전 의장 김원봉씨 동 사무국장 박문규씨를 비롯하여 30여 명에 달하는 간부가 피검되었거니와 지방에서는 민전 남로당 민혁당 전평 전농 민청 등 좌익 요인을 모조리 체포하여 간부만도 수백여 명에 달하지 않을가 추측된다. 검속 이유는 군정포고 위반이라고 하는데 이번의 좌익 요인에 대한 검거 선풍은 광범위에 걸친 것으로 경향 각지에 일어나는 좌익에 대한 잔인포악한 테로가 감행되고 있는 이때 이번 검거사건의 귀추가 주목되고 있다 일방 서울시에서는 지난 24일 각 학교에서의 학생대회 석상에서 사대 공대 상대 등 제복 입은 학생 수백 명이 구금되었고 휘문중학 등의 많은 중학생들도 다시 피검되었다 한다 남조선 일대를 휩쓰는 좌익인에 대한 대검거 선풍에 대하여 경무부 차장 최경진(崔慶進)씨는 다음과 같이 말한다.

서울에서는 좌익 요인들이 체포되었고 지방에서도 있었는데 그 피검자 수는 아직 보

고가 없어 모르겠다 체포 이유는 군정포고 위반일 것이다

좌익 채잡이들을 마구잡이로 잡아들여 인민대중한테 온통 뒷받침 받는 좌익정당을 없애버리겠다는 것이 미군정 본마음임을 보여주고 있다. 이것은 다시 말해서 주적 1호로 찍힌 소비에트연방공화국과 맞겨루기 위한 대소 맞장 싸움터로 조선반도를 자리매김했다는 북미합중국 반공이데올로기가 속속들이 드러나는 것이었다. 아래쪽에서는 이런 기사가 실려 있어 조국 앞날을 걱정하는 뜻있는 독자들 한숨소리가 들리는 듯하다. 「이완용 옹호의 이 의원– 입의 비밀회서 징계키로 결정」이라는 제목이다.

매국노 이완용을 옹호하다 분란을 이르킨 입법의원 이남규(李南圭)씨의 설화문제는 큰 파란을 던저 입의에서는 24일 오후 비밀회의를 개최하야 이의원에 대한 처분을 사과로 하느냐 증계로 하느냐 하야 론의가 있었다 하는데 결국 매국노를 옹호하는 것은 이해 못할 일이라고 대다수의 의견으로 단연 증계처분위원회에 회부하게 되었다 한다.

1947년 5월 여운형이 세운 근로인민당에 들어갔고, 소미공동위원회 대책 정치위원이 되었다. 7월 19일 하오 1시 여운형이 모진 총알에 맞을 때 고경흠은 곁자리에 앉아 있었다.

고경흠은 북조선으로 올라갔다. 언제 올라갔는지는 알 수 없다. 아마도 여운형이 극우파 손에 죽는 것을 보고 꿈이 깨어져 내린 마음다짐에 따른 것으로 보이는데, 1956년 4월 조선로동당 중앙후보위원이 되었다. 그리고 그 다음은 알 수 없다. 아무런 자취가 없다. 아마도 1956년 7월 19일 박헌영이 총살당한 다음 내쫓긴 것으로 보인다. 1955년 12월 15일 벌어진 조선민주주의인민공화국 최고재판소 특별재판에서 그때까지 '조선의 레닌'으로 결사옹위하던 '위대한 인민의 벗 박동무'를 '미제의 첩자'와 '일제의 첩자'라고 거짓 증언을 하였던 몇 사람을 뺀 반 넘어 남로당 출신들이 당한 숙청 칼날을 피하지 못하였을 것이다. 그리고 그 죄목은 박헌영과 마찬가지로 '일제 첩자'라는 것이었으리라. 이제 농협 통대쯤인 식량영단 이사를 잠깐 하였다는 것을 들추어 이승엽을 '일제 첩자'로 몰아 죽인 빨치산정권에서, 고경흠 '위장전향'을 놓쳤을 리 없다.

고경흠쯤 되는 독립투사에 대해서는 이제 눈길을 주는 사람조차 없다. 드물게 썩어지는 일제 강점기와 해방 전후사 연구자들 논문에서나 드물게 그 성명 삼 자만 나올 뿐

이다. 우리는 과연 고경흠이라는 한 갓맑은 사회주의 언론인을 잊어버려도 좋은 것인가? 고경흠이 쓴 《독립신보》1947년 12월 2일 치 기사 한 조각이다.

오직 인민의 희망은 두 나라 군인이여 잘 가시오! 그날만 기다리고 고난과 싸운다

속히 새해가 도라와서 양 군대가 곧 철퇴하고 우리를 해방시켜 준 미쏘 양군을 서울 역과 평양역에서 감사의 뜨거운 악수를 보내며 그들을 그리운 고국에 보내자…… 이것 은 이 땅 인민들의 간절한 그리고 최후의 희망인 것이다

고경흠 됨됨이를 엿볼 수 있는 글이 있다. 소설가이며 평론가였던 전향자 팔봉(八峰) 김기진(金基鎭, 1903~1985)이 1974년 5월 17일부터 7월 3일까지 《동아일보》에 이어실은 편편야화(片片夜話)에 나온다.

해가 바뀌어 1931년이 되었는데 2월 어느 날 낯모르는 청년이 편집국 문밖에까지 올라와서 나를 잠시 면회하자고 한다기에 복도에 나가서 그를 만났다. 자기는 해외에 서 들어온 지 며칠 안 되어서 아는 친구가 없고 오직 내 이름은 신문잡지에서 여러 번 보아 존경해 오던 터이기 때문에 찾아왔노라면서 갑자기 시골까지 급히 갔다와야 할 일이 생겨 여비를 마련하기 위해 김형한테 사정하면 될 듯싶어 청하는 바이라고 말하 면서 돈을 7원만 달라는 것이었다.

이름을 물어봤더니 김민우(金民友)라고 한다. 나이는 23,4세쯤 되었을까…… 얼굴 이 결곡하고 단아하게 잘 생긴 것이 재주가 비상해 보였다. 나는 그가 일본경찰의 눈을 피해가며 공작을 하고 다니는 좌익인 줄 짐작하고서 돈 7원을 선뜻 주었다. 그는 또 가 끔 찾아오겠노라고 인사하고서 돌아갔다. 그 후에도 두 번 찾아와서 5원씩 가져갔었는 데 3월부터 종로경찰서에서는 조선프로레타리아예술동맹원을 검거하기 시작하는 게 아닌가.

처음에 박영희·안막·권환 등이 잡혀가더니 윤기정·송영·이기영 등 수개월 동 안 계속해서 모조리 잡아갔다. 그러는 동안 5월에 신간회가 해산되고 만주에서는 만보 산 사건-수전(水田) 개간 때문에 조선인과 중국인이 충돌한 사건이 생기는 등 인심은 어수선했다.

안막의 아내 최승희는 1주일에 한 번씩 신문사로 나를 찾아와서 정보를 들으려고 했

는데 그때마다 "김선생님은 얼른 외국으로 피신하시지 않고 우물우물하고 계시느냐" 고 도망가라는 권고를 잊지 않았다. 그러나 도망간다고 일본놈한테 안 붙잡힐 보장이 있느냐 말이다…….

김팔봉은 결국 경찰에 연행되어 조사를 받게 되는데 전혀 예상치 못한 질문이 나온다.

"긴상 거기 앉으시오. 나는 메라(目良) 경부올시다. 나는 전부터 긴상을 잘 알고 늘 존경하고 있었소이다. 긴상의 취조를 내가 맡은 이상 우리 오늘부터 신사적으로 문답을 해갑시다. …… 그런데 김민우하고는 언제부터 알게 된 사이인가요?"

이거 또 예상 밖의 질문이 튀어나오는데 나는 속으로 놀라면서 천연스럽게 응대했다.

"금년 정월 말인가 2월 초에 그 청년이 신문사로 찾아왔기 때문에 비로소 만나본 사이지요."

"김민우는 정말 재사입니다. 작년 동경서 써낸 김민우의 「신간회 해소론」 하나 때문에 맨 먼저 부산지회가 총회를 열고 해소결의를 한 것이 요원의 불길처럼 조선 전토에 번져가고 마침내 맨 나중에 신간회 중앙회도 해산하고 만 것 아닙니까.……김민우는 가명이고 본명은 **고경흠**인데 이번에 우리가 동경 가서 김삼규·김남천 두 사람과 함께 잡아왔기 때문에 그래서 최종으로 당신을 모셔온 거랍니다."

나는 또 놀랐다. 신문사로 세 번, 집으로 한 번 찾아와 돈을 가져가던 '김민우'가 '고경흠'이라니……. 이건 내가 미처 몰랐던 사실이다. (……)

그리고 김민우가 고경흠 본인이라면 이거 또 맹랑한 이야기다 지난번(1928년 3월) ML당 사건이 터진 직후 일본으로 파견됐던 형사대가 동경에 있는 조선공산당 일본총국을 습격하여 용의자들을 체포해 가지고 압송했을 때 급행열차가 오사카역에 정거했다가 출발한 직후 소변 좀 보고 오겠다고 경관한테 양해를 구해가지고 변소로 들어가서 대변칸 유리창을 열고서 쇠고랑을 찬 채 진행하는 열차로부터 몸을 창문 밖으로 던져 행방을 감춰버린 공산당원이 있었으니 그의 이름이 고경흠이라는 말은 이미 내가 들은 애기다.

7. 소처럼 숫접고 올곧던 철의 혁명가

김 형 선 ^{1904~1950(?)}

처음 내가 '소'를 만나기는 형님이 내게 오지 않고서 한달쯤 뒤였다. 아침에 신문지
국을 나가서 사무실 문을 들어서려 할 때에 문 앞에 섰던 알지 못할 촌사람이 빙그레 웃
으면서 서슴지 않고 "기영이 아닌가?" 하고 경상도 사투리로 물었다. 나는 이상하여 대
답 없이 그를 마주 바라보았다. 평양에서, 더구나 경상도 사람이, 나를 "기영이 아닌가"
고 물을 사람이 있을 턱이 없다. 다시 보아야 알 사람이 아니다. 머리에는 흰 캡을 쓰고
두루마기도 조끼도 없는 동저고릿바람에 해진 운동화를 신었다.

"누구시오?" 하고 내가 다시 그의 아래위를 훑어볼 때에 그는 알아마친 것이 유쾌한
듯이 은근하게 빙그레 웃는 얼굴로 "그래, 기영이가 분명하다! 나는 소야" 하면서 얼떨
떨한 내 손을 덥석 잡았다. 정에 겨운 듯한, 손아랫 동생을 반기는 그런 태도였다. 나는
형님이 일러둔 '소'를 생각했다.

"소!"

"그래, 내가 소야!"

1948년 9월에 펴낸 『사슬이 풀린 뒤』에 나오는 대문이다. 지은이 동전(東田) 오기
영(吳基永, 1909~?) 형 오기만(吳基萬, 1904~1938)은 6년 징역을 살다가 폐병에 걸려

됨됨이와 슬기에서 우러름받았던 김형선. 14년 옥살이로 몸뚱이가 늘 아픔에 시달려야 했다.

형집행정지로 풀려났으나 왜경한테 당한 족대기질 뒤탈로 돌아간 독립운동가였다. 오기영 글이다.

　　볼수록 온순하고 다정한 사람이었다. 다만 그 부드러운 눈이 다시 볼 제는 쏘는 듯한, 누르는 듯한 빛이 있었다. 두 번째 그를 만났을 때 나는 그의 눈에서 불이 나는 듯함을 보았다. 조용조용히 형님과 자기와의 현재 사명에 대한 신념을 말하는 것을 들으면서 본 것이다.

　　"적의 세력은 우수하고 우리는 약하다. 그러나 적의 세력이 꺾일 날이 있을 것이다. 산에서 흐르는 조고만 샘물을 보면 그것이 하치않은 것 같지만 아래로, 아래로 흘러내리는 동안, 다른 샘줄기와 합쳐서 개울이 되고 강이 되고 바다가 된다. 샘줄기 적에는 낙엽 하나를 흘려버릴 힘이 없지마는 강이 되고 바다가 되면 기선도 군함도 띄울 수 있다. 나나 기만이나 모두 지금은 하치않은 샘줄기다. 그러나 우리가 가는 곳에 강이 되고 필경은 바다가 될 것이다. 벌써 우리는 우리와 같은 많은 샘줄기를 만나서 뭉치고 그래서 자꾸 커다란 개울이 되어간다. 적이 우리를 찾아서 잡아 가두고 죽이고 하지만 그것은 마치 샘줄기를 없애 보려는 쓸데없는 노력인 것이다. 샘을 막으면 땅속으로라도 흐르고 수증기가 되어 하늘에 올라가도 그것은 또 비가 돼서 다시 내려오는 것이다. 아무리 적이 지독하더라도, 우리에게서 모든 것을 다 빼앗아가도 우리 마음에서 혁명의식을 강탈할 수는 없는 것이다. 우리의 혁명의식이 뭉칠수록 커지고 적의 세력을 깨뜨리는 힘이 커질 것이다."

　　이렇게 확고한 신념을 쏟아놓을 때에 그 온순하고 부드러운 얼굴에는 홍조가 돌고 눈에서는 불이 이는 듯했다. 그는 다시

　　"우리가 오늘날까지 적과 싸우는 동안 희생이 많았다. 사실 우리의 혁명전선은 많은 투사들의 피에 젖어 있다. 나나 기만이도 잡히는 날이 죽는 날일지도 모른다. 그러나 우리가 혁명의식을 포기할 수 없는 한 우리의 투쟁은 죽음을 각오하고 계속되는 것이다." 라고도 했다. 또 "나두 기만이처럼 기영이 같은 남동생도 있구, 여동생도 있는데 그 애들도 모두 혁명전선에 참가해 있다." 고도 했다.

　　"지금 동생들은 어디 계시지요?"

　　하고 내가 물었을 때

　　"남동생은 부산감옥에, 여동생은 신의주감옥에 있어. 그래서 아마 나는 잡히면 서대

문 감옥에 있게 될 것만 같다니."

하면서 재미있는 공상처럼 말했다.

이튿날 그가 떠나려 할 때 여비에 쓰도록 내주는 돈을 말없이 받더니

"기만이에게 치부해 두라구."

하고 웃으면서 일어섰다.

《조선일보》1933년 8월 17일 치에 나온 '소'가 살아온 길이다.

잠행출입 7, 8차
3남매가 적색운동자

1차사건 당시 국외로 탈출한 김형선(金炯善, 1904-1950) 약력이다

김형선은 경상남도 마산부 만정(馬山府 萬町) 189번지에 원적을 두고 마산보통학교
와 마산호신학교 중학부를 마치고 마산창고회사에서 근무하다가 기미운동에 관계하고
그 후 청년운동 로동운동에 종사하다가 대정(大正) 14년에 로서아에 들어가 공부하다
가 다시 15년에 귀국하여 권오설 등의 제2차 공산당 검거 당시에 다시 만주로 탈출하
야 혹은 상해에 혹은 로서아 등으로 다니면서 7, 8차나 조선 안에 잠입하야 활동을 하
다가는 탈주하엿다는데, 그의 가정에는 양친은 일즉이 죽고 그의 매형('여동생'을 잘
못 쓴 것 - 지은이)인 김명시는 신의주서 조봉암 등 사건에 관련되어 입옥 중이며 그의
친동생 김환(金丸)도 부산서 적색교원(赤色教員)사건에 관계되어 지금 복역 중에 잇
다고 한다

형님 오기만을 비롯한 독립운동가들을 그리워하는 애끓는 마음이 녹아 있는 『사슬
이 풀린 뒤』에 나오는 대문이다. 지은이 오기영은 일제 때 《동아일보》기자를 했던 사람
이다. 열 살 나던 해 3·1운동을 맞아 또래 아이들과 함께 태극기를 만들어 흔들었다가
왜헌병분견대에 잡혀가 모지락스런 족대기질을 당하였던 오기영은 1937년에도 도산 안
창호 들과 같이 '동우회(同友會)사건'에 얽혀들어 괴로움 당한 독립운동가였다. 아버지
오세형(吳世炯)과 언니 오기만 그리고 아우 오기옥(吳基鈺)까지 4부자가 모두 항일투
쟁에 몸바쳤던 집안이다. 첫 부인인 치과의사 김명복(金明福)은 시아주버니 오기만 독
립운동 밑돈 물잇구럭이었고, 오기영 매제 강기보(姜基寶)는 제3차 「고려공산청년회」

평안남북도 채잡이로 기운차게 움직이다가 왜경한테 붙잡혀 때에서 죽었다. "많은 사람들의 눈물을 자아내고 더구나 몇몇 학교에서 임시교재로 썼다"는 『사슬이 풀린 뒤』였다. 역사학자 강만길(姜萬吉)교수가 쓴 『역사가의 시간』에 나온다. 이승만 단독정권이 세워진 닷새 뒤인 1948년 8월 20일 쓴 『사슬이 풀린 뒤』 머릿말 한 어섯이다.

삼년 전 해방의 감격은 벌써 하나의 묵은 기억이 되어버렸다. 그렇게도 기쁘더니, 그렇게도 감격스러웠더니, 이제 우리의 가슴속에는 이 기쁨과 감격 대신에 새로운 슬픔과 환멸이 자리를 바꾸어 들어왔다.

이제야 제2의 해방이 있어야 할 것은 누구나 아는 바요 그것을 기다리는 마음도 누구나 초조하다. 삼 년 전의 해방을 정말 해방으로 알고 기쁨과 감격의 눈물로 엮은 이 책을 읽을 때에 누구나 달라진 세월에 부대끼며 다시금 슬픔을 아니 느낄 수 없이 되었다.

무엇이 달라진 세월인가? 똑바로 따지면 다르기는, 1945년 8·15 이후 잠깐일 것이다. 도루아미타불이라면 심한 말일까? 전날에 내 형을, 내 매부를 죽게 하였고, 내 아버지를, 나를, 내 아우를, 내 조카를 매달고 치고 물먹이고 하던 그 사람들에게 여전히 그러한 권리가 있는 세상이다.

오기영은 스스로 '자유주의자'임을 내대며 해방 뒤에도 중도주의를 내세우는 정치논설을 많이 나타내 보이다가 친일세력에 바탕을 둔 이승만정권 밑에서 괴로워하다가 평양으로 올라갔는데, 이 책은 일제 식민권력에 앙버티었던 식구들에 대한 이야기로 짜여져 있다. 오기영이 책을 쓰게 된 까닭이다. "꿈이 아닌 현실로서 몸에 얽혔던 사슬이 풀리니(역사발전에 대한 강철 같은 믿음)을 굽힐 수 없어 목숨조차 수월히 여긴" 선형(오기만)을 추모하기 위해서이다. 신문을 펼쳤더니—

'경기도 경찰부에서는 어제 새벽 경인가도에 무장경관 300여명을 출동시켜 철통같은 비상경계망을 치고 수사한 결과 영등포 부근에서 최근 수년래 조선 내 지하운동의 지도인물 김형선을 체포했다'고 실려 있었다.

"소가?"

하고 나는 다시 그 주먹같은 굵은 활자로 나타난 김형선이라는 이름을 보았다. 그리고 그 부드럽고 온순하나 그 눈에 불길이 일던 소를 생각했다. 산골짜기 샘물이 바다가 된다는 혁명의욕을 말하던 소를⋯⋯.

　예감은 기묘한 것이라고 생각했다. 한 동생은 신의주감옥에 있고 또 한 동생은 부산감옥에 있으니 자기는 필시 서대문감옥에 갈 것만 같다고 하던 그 소가 정말 서대문감옥을 가게 된 것이다. 그 소가 바로 이때에 철창 속에 들어가서 14년 후 이 땅에 해방이 와서 감옥 문이 열리고야 비로소 세상에 다시 나온 김형선이었다. 8년 징역을 살고 난 뒤에 오히려 전향을 아니한 죄로 다시 예방구금에 걸려 그대로 감옥 속에 파묻혀 있기 6년 만에 해방과 함께 옥중생활이 끝나는 지독한 운명을 출발하는 소식이 이 신문기사였다.

　부산감옥에 있다고 하던 그 남동생도 그 뒤에 징역을 치르고 세상에 나왔다가 다시 감옥에 끌려가 역시 해방과 함께 자유로운 공기를 마시었다 하거니와 신의주감옥에 있다고 하던 누이동생이 바로 모스크바공산대학을 졸업하고 중국혁명운동에 참가했다가 다시 조선에 들어와서 지하운동중에 붙들리어 7년 징역을 치르는 중이던 김명시였다. 이 징역을 치르고 나서 다시 해외로 탈출하여 천진·제남·태원 등지에서 팔로군에 가담 활동하고 연안에 이르러 조선의용군에 참가하여 군대생활을 계속하여 즉접 전투에까지 용감하게 나서군 하던. 그래서 여장군의 명예를 얻은 바로 그 김명시였다.

　형 오기만·박헌영·홍운표·한국형·양하석·신재양·송봉기와 함께 재판받는 것을 곁듣던 오기영이 본 김형선 모습이다.

　원래 심장병이 있어서 병감에 있다는 그요, 목덜미까지도 여월대로 야위고 심문을 받을 때는 섰는 것조차 힘이 들고 숨이 차는 듯한 그 김형선이다. 그러나 그가 심문에 응하여 내놓는 말 한마디 한마디가 그대로 불붙는 염통에서 솟는 듯하다고 생각했다. 처음 잡혔을 때 12시간을 계속하여 고문을 당했노라고 그 끔찍끔찍한 광경을 진술하고

　"당신네 경찰은 병드러 죽어가는 사람을 이렇게 몹시 고문해다가 여기 세웠소"

　하고 재판장을 치어다보던 광경이며, 박헌영에 대해서는 제1차 공산당사건의 심리가 그때 끝나기 전에 피고가 달아났기 때문에 연속범으로 인정하여 사실심리를 분리하려고 할 때에

　"아무렇게나 재판하면 그만이지 자꾸 끌기만 하오"

　하고 대들던 모양이며, 모두가 나에게는 전에 많이 보아온 정치범들의 재판에서 보

지 못한 광경이었다.

김형선이 움직였던 것에 대하여 알려주는 글이 있다. 이종민이 쓴 「당재건운동의
개시(1929~31년)」에 나온다.

'코뮤니스트' 그룹
1927년 5월 상해의 화요계 조직을 해산하고 중국공산당에 가입하였던 코민테른 극
동국 한인부 대표 조봉암과 여운형, 홍남표, 현정건, 김원식, 구연흠 등은 상해에 중국
공산당 한인지부를 결성하였다. 이들은 민족주의진영과 연합하여 활동(1927년 4월의
한국유일독립당상해촉성회)하는 등 다양한 운동을 모색하던 중 1929년 10월에 상해
에서 다시 한인독립운동자동맹을 조직하였다. 그러나 중국공산당은 이들의 활동이 일
국일당주의에 위배되는 한인 독자적인 것이라고 비판하고 자신들의 지시에 따라 반제
운동 및 조공재건운동을 전개할 것을 지시하였다. 이로서 김형선은 중국공산당의 지시
에 따라 1930년 7월에 김단야와 제휴하여 조선내에 노농민을 대상으로 격문과 팜플렛
등을 배포하고 공산주의에 대한 선전을 하면서 조공재건을 위한 준비활동을 하게 된
다.(또 한편으로 반제운동으로서는 중국공산당 청년본부의 지시를 받은 김명시와 제휴
하였다. 이들은 당시 조선내 광주학생사건으로 격화된 재만한인의 반일감정을 간파하
고 1930년 1~2월 경에 재만조선인반제동맹을 결성하여 활동하였다.)
김단야는 1930년 3월의 검거로 와해된 위원회 중심의 당재건운동을 이어줄 격문과
팜플렛을 통한 활동을 계획하고 재차 김형선을 비롯한 활동가들을 파견한다. 김형선은
1931년 2월에 입국하였으며, 김종렬(金鐘烈) 김명시 등의 활동가들은 1931년 말에서
1932년 초에 입국하여 서울을 거점으로 김단야와 연락하면서 인천과 원산 등지의 활
동가들을 이끌어 격문의 인쇄와 배포에 주력한다.(……) 1933년 7월에 김형선과 홍남
표가 체포되면서 진남포 신의주 원산 부산 마산 진주 광주 등지의 항만 및 공장내에서
활동하던 15~16명이 함께 체포되었음은 노조활동에 주력했던 이들의 활동면모를 보
여준다.

1931년 11월 김형선과 김종렬이 뿌려 대중들에게 선전선동하고자 했던 것들이다.
「붉은 메이데이를 기념하라」.

타도일본제국주의

절대완전독립

일체의 봉건잔재 타도

조선소비에트정권 수립(노농소비에트정부수립)

제국주의적 소유일체(공장 광산 철도 기선 은행 회사 기타) 몰수

관공서 사원 및 일체 지주의 토지몰수 노력농민에게 무상분배

전국적 파업의 실시

민족개량주의 및 일체의 기회주의 박멸(타도민족부르주아지)

일제의 만주무력점령반대

제국주의전쟁 반대

제국주의전쟁을 (반일본 반봉건) 혁명전으로 전환

소비에트동맹 엄호

중국(일본)혁명 원조

김형선은 8·15와 함께 옥문을 나와 「건국준비위원회」 교통부 위원이 되었다. 1945년 9월 조선인민공화국 55인 인민위원에 들었고, 경제부장 대리로 뽑혔으며, 조선공산당에서 김삼룡과 함께 조직국 일을 맡아보았다. 1946년 2월 「민주주의민족전선」 중앙위원이 되었고, 같은 달 '조공 중앙 급 지방동지 연석간담회'에 중앙 대표로 나가 당대회 즉각 소집에 맞섰으니, 박헌영 지도노선을 대신하여 말한 것이었다. 11월 남조선로동당 의장단에 뽑혔고, 12월 남로당 중앙감찰위원회 부위원장이 되었다.

1950년 9·28 때 물러가는 인민군과 함께 북으로 올라가다가 미군 폭격에 죽은 것으로 알려진 김형선 마지막에 대한 박갑동 증언이다.

강계에 도착하여 내가 제일 먼저 안부를 물어 찾은 사람이 박헌영·김형선·이범순 세 사람이었다. 그때 박헌영은 강계에는 없었다. 김일성이 피난가고 있는 만주 통화 근처에 가 있는 것 같았다. 김형선은 후퇴하는 도중 머리에 총탄을 맞고 죽었다는 것이었다. 김형선과 나와는 나이도 차가 많고 같은 부서에서 일을 해본 적은 없어도 그는 마산 출신이고 나는 진주 출신이라 하여 대단히 가까웠다. 1949년 가을. 수색이 심할 때 서울의 거리 을지로 5가에서 우연히 만난 적이 있었다. 그는 그때 등산모를 푹 눌러 쓰

'지하운동의 주요인물'이라는 이름으로 크게 다룬 1933년 8월 사건.
김형선이 박헌영과 이재유를 이어주려다가 뽕나버린 사달이었다. 1933년 8월 17일《동아일보》.

고 '룩색'을 메고 등산가 같이 변장하고 있었다. 그와 나는 서로 무사하기를 축원하면서 인사를 하고 헤어졌던 것이다. 내 생각으로는 김삼룡·이주하가 없어진 후에는 이승엽에게 대항하여, 박헌영에게 이승엽 비위를 보고하며 당의 작풍을 바로잡을 사람은 김형선뿐이라고 생각했었다. 그렇기 때문에 강계에 도착하자 제일 먼저 김형선의 소식을 물었던 것이었다. 그런데 김형선이가 죽은 것은 유엔군의 총알에 맞아죽은 것이 아니라 이승엽파의 손에 걸려 맞아죽었다는 소문이 났었다. 김형선만 없으면 이승엽이 명실공히 남로당의 제2인자로서 박헌영으로부터 남로당을 물려받을 수가 있기 때문에 방해자가 되는 김형선을 암살했다는 것이다.

박헌영과 이승엽을 음해하는 조작된 소문이 널리 퍼졌을 때이니 이승엽이 김형선을 죽였다는 소문 역시 믿을 수 없다. 김형선은 그나마 참모습을 알 수 없는 뒷소문이나마 있지만, 남동생 김형윤(金炯潤)은 자취가 없다. 언니 못지않은 피 끓는 혁명가였던 김형윤은 8·15 이후 아무런 자취가 없다. 만주벌판을 장총 들고 말달리던 '여장군 김명시' 또한 1949년 10월 부천서에서 '자살'이라는 믿기 어려운 기사로만 남았다. 조국해방을 위한 제사상에 그 얼과 몸뚱이를 공양드린 삼남매 혁명가는 무덤도 없다.

평북 경찰부 경부 말영청헌(末永淸憲) 수기에 나오는 김형선이다.

1. 가두연락

1932년(소화 7년) 5월 1일 소위 메이데이 전후에 걸쳐 적청(赤青)의 색지(色紙)에
「적(赤) 5·1절」급「일본제국주의와 만주점령을 반대하라」하는 제(題)로서 말미에 조
선공산주의라고 기명하였다. 내용은 극히 과격한 등사판쇄 격문을 전선적(全鮮的)으로
배포한 사건이 있(었)다.

이것은 평북 경찰부에서 탐지 내사중 상해 재주(在住) 조선인 주의자와의 협동공작
인 것을 인정하고 더욱 그네들이 집요하게도 이와 같은 적극적 활동을 개시하는 이상
치안상 단연 간과할 수 없어서 내사를 진행하였다.

내사한 결과 주요인물은 모두 경성에 잠입하여 상해와 연락하여 전선적으로 활동하
는 것이 판명되어 곧 검거계획을 수립하였다.

이 계획 때문에 경성에 있는 주요 인물의 체포가 선결문제로서 그 방법은,

(1) 가두연락으로 유출한 뒤에 행할 것.

(2) 연락장소(체포장소)는 경성 ○○병원 전.

(3) 일시는 5월 3일 오후 7시.

(4) 이에 담임은 H부장이 당(當)할 것.

이렇게 결정하고 수사원에게 대하여 과장으로부터 주의가 있었다.

5월 2일 경성행 기차를 타고 기차 중에서 명일의 난관을 돌파할 것의 불안을 느끼면
서 협의하게 되었다.

5월 3일 오후 6시경 경성 ○○병원 정문 좌측에 무모(無帽)에 잡지를 읽고 있는 청년
을 본 부장은, "저것이 상해 동지로부터 경성 동지에게 가두연락하는 자태다"하고 생
각하였다.

연락의 시간은 오후 7시, 만전을 기하는 의미로 한시간 전에 배치에 당면하게 되었
다. S는 이 병원 전 소천(小川)을 건너 향측대도로(向則大道路)에 곧 북쪽으로 또 전차
궤도 쪽을 왕래하면서 H의 신변에 부단의 주의의 시선을 주고 하였다.

시간은 되어온다. 오후 6시 40분, 45분, 50분. 예정시간이 절박함에 두 사람의 가슴
에서는 파동을 일으키고 한다. 부근을 왕래하는 인물은 모두 피의자로만 보인다. 오후
6시 50분에 청복직공(青服織工)인 듯한 청년이 우리 앞으로 지나쳐 다리를 건너 병원
쪽으로 향하였다.

"아! 왔다!"하고 있는 때 그 자는 병원으로 들어가 버리었다.

시계는 예정시간을 지내고 오후 7시 5분. 이때 이번에는 세비로 입은 신사가 H의 곁으로 점점 가깝게 오는 것이다.

"이번에는 틀림없겠지?"

이렇게 생각하니 가슴에 심장은 더욱 뛰놀고 한다. 그 자도 역시 소로를 통하여 동내(洞內)로 사라져 버렸다. 오후 7시 10분 저녁해는 넘어가려고 하는데 아무것도 나타나지 아니한다.

"섭섭한 일이다. 상관에게 대하여 미안한 일이 되었다." 신경은 더욱 과민하여진다. 다시 H에게 가서 협의할 수도 없는 일이다. 좀 더 참아보자. S는 이렇게 생각하고 다시 돌아보았다. 그 순간이었다. 어디로부터 왔는지 검은 학생복에 회색 조타모(鳥打帽)를 쓴 22.3세의 큰 사나이가 나타나고 있다. 병원 정문을 횡단하여 H의 곁에 가깝게 와서 무엇인가 말하고 있다. 그네들 일파다 하고 기뻐하며 그쪽으로 빨리 걸어갔다. 그런데 그 남자하고 전후하여 이쪽으로 오는 것이다. 이렇게 하여 병원 정문 전에서 양자가 서로 지나치려고 할 때 H는 흥분의 안면으로 눈짓을 하였다.

돌차유위(咄嗟有爲)를 불문하고 그 장소에서 포박하였다. 이 인물인즉 물경 몸은 우편국원으로 가장하고 있지만 민봉근(閔鳳根), 당년 21세. 민은 상해로부터 잠입하여 조선공산당 조직 책임자 김형선의 동지로서 조선 내 각지 급 상해 등지와의 비밀결사 통신연락에 종사하는 것이 판명되었다. 동인의 공술에 의하면 수사의 범위는 더욱 확대되어 상해 김단야·홍남표 등의 지도하에서 조선공산당 재건설의 비밀이 폭로되었다.

2. 경성으로부터 신의주까지

이 사건은 조선공산당 재건사건 피의자 체포의 진상이다. 전기 민봉근의 조사에 의하면 동인은 약 1년 전 상해로부터 잠입한 김형선 급 소화 8년 3월경 같은 상해로부터 다수의 밀서와 운동자금 등을 휴대 입선한 김명시의 지도 하에서 활동하였을 뿐만 아니라 이 양명을 자기집에 하숙하게 한 사실, 기타의 사실을 자공(自供)하였으므로 즉시 오르그 김형선 형매(兄妹)를 검거하게 되었다.

민봉근의 자택 김형선의 아지트는 경성 동소문밖 돈암리, 상세히 말하면 경기도 고양군 숭인면 평산목장의 전면에 있는 부락의 중간에 있다. 온돌 삼실초가였다.

부근은 송산(松山), 좌우쪽의 산중에는 주도(主塗)의 길이 보인다. (이 절은 김형선, 공산대학 졸업자 김종렬(金鐘烈)이 입선 후 처음으로 연락한 일이 후일에 판명, 비교적 경승지였다.)

　이와 같이 수사대는 급거히 출발 평산목장 전에 자동차를 두고 이 아지트를 포위하고 수사한 결과 김형선 형매의 자취는 없어지고 있는 때였다.

　가인(家人)들에게 물은즉 민봉근이 행방불명이 된 그날 밤 자동차로 도주하였다는 말에 우리들은 아연 대실망. 그러나 먼 곳에는 가지 아니하였을 것이다. 아직 경성 등지의 집에 잠복하고 있을지도 모른다. 이어서 제2차의 수사방침을 수립하여 이미 경성부 내의 용의자 가옥으로 인정한 곳을 수사하게 되었다.

8. 시참 걸려 언걸 먹은 모던보이 영어박사

설 정 식

설 정 식 1912~1953 (?)

오늘 죽은 듯이 깔리운 아우성은 아람으로 자랑하는 왕자 서기 이전부터 바람 함께 무성하였다

쓰러지고야 말 연륜이기에 우리는 그것을 다못 운명의 거대함이라 하였다

말굽이 지나가고 또 지나오고 겁화(劫火) 따끝에서 따끝을 쓰러도 도올을 엉겨 잡은 잡초 뿌럭지 쓰러지지 않은 연대는 다못 인민으로부터 인민의 어깨 우로만 넘어갔다

화려할대로 피라 그러나 백화(百花) 너희들의 발 아래 연륜으로 헤아릴 수 없는 생명 으로 무한 죽었다 다시 사라나는 뿌럭지들임을 알라

《독립신보》1946년 12월 19일 치에 실려 있는 설정식(薛貞植)「잡초」라는 시인데, 시참(詩讖)에 걸렸는가. 무심코 쓴 시가 뒷날 닥쳐오는 자기 살매와 맞아떨어지는 것을 가리켜 '시참'이라고 하니, 아까운 나이에 일찍 죽거나 끔찍하게 언걸 먹은 문학인 경 우 다 그러하였다. 설정식 경우에는 "쓰러지고야 말 연륜이기에 우리는 그것을 다못 운

'미제국주의 고용간첩 박헌영 리승엽 도당의 조선민주주의인민공화국 정권전복
음모와 간첩사건'에 얽히게 되는 설정식.

명의 거대함이라 하였다"는 글귀가 더구나 그러하다. 설정식이라는 시인 겸 소설가이며 영문학자가 42년 동안 살아온 자취는 이른바 「미제국주의 고용간첩 박헌영 리승엽 도당의 조선민주주의인민공화국 정권전복 음모와 간첩사건 공판문헌」이라는 것에 샅샅이 나온다.

> **재판장** 공판 심리를 계속하겠습니다. 피소자 설정식! 경력을 말하시오.
> **설정식** 저는 1912년 9월 16일 함남 단천에 거주하는 전 한국 고관이며 개화운동자였던 민족주의자인 설태화의 3남으로 출생하여 1929년 3월 보통학교를 졸업하고 동년 4월부터 서울공립농업학교에서 공부하다가 광주학생사건과 관련하여 퇴학을 당하고 그후 중국 료령성 제3 고급 중학교에 입학하여 공부하고 1933년 3월부터 서울연희전문 학교 별과에서 공부하다가 1935년 일본에 가서 메지로 상업학교에 편입하여 그곳을 졸업하고 1936년 연희전문 문과에 들어가 1937년 졸업하고 미국 오하이오 주 마운트 유니온대학 영문과에 들어가 이를 졸업하고 그후 뉴욕 콜롬비아대학 연구생으로 있다가 1940년 7월에 귀국하여 광산업 농장 과수원 등을 경영하면서 지내다가 8·15 해방을 맞이하였습니다.

설정식은 매우 곰살궂은 사람이었다. 미국 유학 시절부터 몸에 밴 '에그프라이'와 '모닝커피' 한 잔으로 아침을 때우고 미군 장교들과 조선 산천에 대하여 손 익은 영어로 뱀뱀이 있는 이야기를 나누던 '모던보이'였다. 1946년 임 화와 김남천 구슬림에 끌려 조선공산당에 들어갔지만, 맑스-레닌주의자가 아니었다. 굳이 말하자면 속마음으로 좌익사상에 맞장구치는 '좌익 심파(心派)'였다. 시퍼렇게 날 선 카프 계급문학이 문단 헤게모니를 틀어쥐고 있던 1933년 우익 잡지 《신동아》 8월호에 실린 글만 보아도 그렇다. 「팔월도 한가위」라는 수필 한 어섯이다.

> 더부사리 싸리베리 말라가는 산으로 아이는 뭇새 몰려 익어가는 앞논으로 채마밭 숨으기에 처자는 시름없다.
> 외양간에 송아지는 없어도, 갈아 입을 등거리는 없어도, 집집마다 단호박이 치렁치렁 무되었고 탐스러운 박통 달린 삐뚤은 지붕 위에는 어제그제 따널은 다홍고추 흔하다.
> 여름사리 걸쳤던 것 가벼워지자 떼었던 미닫이를 오늘 다시 달아 세우니 두 발 길이

노존방은 체오(諦悟)와 응념(凝念)을 잠근 채 가을뜰과 난오이나이 장벽을 제쳐 열고 사립을 밀고나서 풀길을 헤치며 소경(小徑)을 휘어돌면 또 풀이요 또 경(徑)이요 끝은 그대로 깊어가는 가을에 닿았다.

곰곰이 더듬고 그윽히 생각컨대 이날 이 밤이 예사로운 하루가 아니니 지난 날 신라 터에 도타운 의리와 굳건한 용기를 가진 우리의 정한(情恨)한 조상들이 한터에 모여 원두(原頭)에 말 달리고 사격으로 그 기를 닦던 회유의 날이 오늘이라 전하고 겨레를 위한 갸륵한 마음으로 제(帝)- 분부하여 제 여인으로 연마케 하며 가무로 마감케 하였다 하니 이름만 전하는 회소곡(會蘇曲)은 어떠한 것인고.

옛태 그대로 한아름 되는 저 밝은 달은 다시 여기 떴건만 국기장의 대고 소리를 들을 길 없고 애아(哀雅)한 가곡을 찾을 바 없으니 오 듣고 싶어라 듣고 싶어라. 회소곡을 아뢰는 듯 울고 지나가는 밤새 소리만이 이 가슴에 사무치노라.

1945년 8월 18일 임 화가 세운 「조선문학건설본부」에 들어갔고, 같은 해 11월에는 《동아일보》를 되살리는 일로 사귐이 있던 미군정청에 들어가 공보처 여론국장으로 일하였다. 이때 있었던 일이다.

헤이모위츠라는 사람이 있었다. 미군정청 음악고문으로 있던 미국사람인데, 조선 으뜸 작곡가로 세계적인 음악가였던 김순남 음악에 반하여 「조선에서 가장 위대한 작곡가 김순남」이라는 글을 남겼다. 그는 김순남을 미국으로 유학 보내려고 하였는데, 임 화가 작사하고 김순남이 작곡한 「인민항쟁가」가 북조선에서 국가처럼 쓰이자 수도경찰청장이던 장택상이 김순남 체포령을 내리게 된다. 헤이모위츠는 자기 모교인 쥴리아드로 유학을 보내고자 김순남 작품을 미국 현대음악가 아론 코플란드에게 보냈고 라이카 카메라를 주며 팔아서 노자로 쓰라고 하였다고 한다. 김순남이 뿌리치는 바람에 어그러지고 말았지만, 다리를 놓은 것이 설정식이었다. 김순남 외동따님인 김세원이 쓴 『나의 아버지 김순남』에 그 이야기가 나온다.

아버지와 헤이모위츠씨가 만나게 된 것은 영문학자 설정식씨 때문이었다고 한다. 설정식씨가 어느 날 헤이모위츠씨에게 "당신이 꼭 만나봐야 될 사람이 있다"면서 그 당시엔 통행금지가 있었는데도 미군 지프차를 타고, 12시가 넘은 시간에 어디론가 한참을 갔다고 한다. 어느 집 앞에 내려서 지하로 내려가니까 어느 조그마한 방에 아버지가 계섰다고. 그런데 너무나 명랑하고 유머가 있어서 도저히 쫓기는 사람이라고는 믿기 어려웠다고 한다.

1947년 1월에는 남조선과도입법위원회 부비서장으로 있다가 8월에 그만두고 「조선문학가동맹」 외국문학부장으로 일하였다. 1948년 11월에는 영문 일간지인 《서울타임스》 주필로 있었는데, 《서울타임스》가 폐간당하고 체포령이 내리자 숨어 다니다가 1949년 12월 「국민보도연맹」에 들어갔다. 1950년 6월 28일 인민군이 서울에 들어왔을 때 의용군으로 들어가 조선인민군 전선사령부 문화훈련국 일을 보았다. 1951년 정전회담 때 소좌 계급장을 달고 판문점 통역관을 하였다. 공판 조서이다.

　　검사 여론 국장으로 있은 리유와 그 당시의 사업은 어떤 것이였는가.
　　설정식 여론 국장으로 일한 리유는 미국의 침략 정책을 협조하려는 데 있었으며 그곳에서 사업한 내용은 신문기사 중에서 매일 4,5건 내지 10여건의 좌익 기사와 자료를 번역하여 미군정에 제공하였고 이미 진술한 바와 같은 정보수집 사업에 조력하였습니다.
　　검사 '붉은군대는 물러가라' 라는 시의 내용은.
　　설정식 그 내용은 가장 악랄한 바 즉 38선을 가로 막은 자는 누구이며 2천만 조선 민족의 분렬을 획책하는 자는 누구인가. 이것은 곧 쏘련군대이다 라는 내용이었습니다.

　　'설정식의 최후 진술'이라는 것을 간추렸다.
　　"아무 유한이 없습니다. 제가 세상을 하직하면서 다만 깨끗이 말씀드리게 되는 것이 고맙습니다. 제 뇌수의 썩은 살을 도려낼 수 있다면 그렇게라도 하겠습니다. 소금에 절인 것 같은 썩은 더러운 제자신 객관적으로 누가 보든지 경력에 있어서나 출신에 있어서나 아주 나쁘며 범죄까지한 저를 누가 나쁘지 않다고 하겠습니까. 저는 1942년 일본사람 '가와가미'의 저서 〈다이니 빔보 모노가다리〉를 읽어 보았을 뿐이고 그 후는 전혀 좌익서적을 읽지 못했습니다. 저에게 책은 많았으나 6·28 서울 해방 후 그것은 모두가 고물상으로 가져가야만 할 것이었습니다. 저의 범죄는 미국놈의 앞잡이였으며 그의 심부름꾼이였기에 마땅히 처벌을 받겠습니다."
　　죽음을 눈앞에 둔 사람이 한 말이라고 한다. 이승엽은 한술 더 뜬다.
　　"저는 원체 악당이므로 생명이 둘 있다면 모두 바치드라도 아직 제가 범한 죄악을 씻기에는 부족합니다."

남로당 숙청 때 내무성 제1부상 겸 총정치국장으로 숙청 일을 주름잡던 강상호 증언이다.

"북한 전 지역에서 한 사람의 숙청자도 내지 않은 가정이 없을 정도였다. 수백 명의 남로당 출신 주요 간부와 연안 출신 혁명 간부들은 거의 99퍼센트가 숙청·처형되었다. 남로당파 숙청은 김일성 수상의 절대적인 신임을 받은 박정애(朴正愛), 박창옥(朴昌玉), 박금철(朴金喆). 박영빈(朴永彬) 등 이른바 '4박가'가 지난 2년 동안 극비리에 추진해 온 정치공작의 소산이었다. 오랫동안 수면 하에서 주도면밀하게 계획된 이것은 6·25전쟁으로 실추된 김일성 수상의 권위회복을 위한 남로당파에 대한 무차별 사냥이었다."

'사바까'라는 말은 러시아말로 '개'라고 한다니, 알 만한 일이다. '4박가' 중 박창옥 또한 숙청당하였다. 1956년 8월 30일이었다. 조선로동당 중앙위원회 전원회의가 열렸을 때 박창옥 국가계획위원장은 연안파인 최창익 부수상과 함께 김일성이 독판치는 것을 호되게 꼬집으며 앙버텼지만 김일성파를 당해낼 수 없었다. 박금철과 박영빈 또한 같은 살매였다. 소련파로 하여금 남로당파를 쓸어버리고 연안파를 부려 소련파를 잘라냈다. 그리고 다음에는 갑산파, 곧 항일빨치산 출신 간부들을 부려 연안파를 없애버렸다. 그리하여 김일성 오직 하나만인 얽이가 이루어졌다. 강상호 증언이다.

"리승엽은 1차 진술에서 무력폭동 음모 등을 완강히 부인했다. 그러나 그 후 10여 차례의 진술조서에서는 거의 대부분 1차 진술을 번복, 시인했었다. 조일명, 림화, 리강국 등 주요간부 12명도 사정은 마찬가지였다. 이들이 이같이 1차 진술을 번복하기까지 얼마나 혹독한 고문 등을 받았는가를 추측하기는 어렵지 않았다. 이들이 내무성에서 조사를 받는 동안 가족들도 이들 못지않게 온갖 고문 등을 받으며 평양시내 변방 특수가옥에서 조사를 받았다. 모스크바대학과 레닌그라드대학에 유학 중인 리승엽, 리강국 아들들도 소환돼 분리 감금상태에서 조사를 받았다.

평소 계파를 초월해 박헌영의 지도노선을 지지하거나 리승엽 등 남로당 핵심 간부들과 친분을 유지했던 당·정 간부들은 그들과의 친분 흔적을 감추느라 전전긍긍 하는 모습이 역력했다. 어떤 간부들은 박헌영·리승엽 등과 함께 찍은 사진과 박헌영에 관한 자료 등을 모두 불태우기도 했다."

《한겨레》 2009년 6월 17일 치에 실린 재일 통일운동가 정경모 글 어섯이다.

남일 장군의 통역이 설정식이라는 분이었는데, 《동아일보》 주필을 지낸 설의식 선생의 동생으로 (……) 해방 후 미군정청에서 일을 보다가 무엇에 배알이 꼴렸던지 거기를 뛰쳐나와 이북으로 간 사람이었는데, 약간 교과서적인 딱딱한 영어였으나 문법적으로는 완벽한 영어를 구사하던 게 아직도 기억에 남아 있소이다.

민세(民世) 안재홍(安在鴻)이 사장인 우익지 《한성일보》 1946년 4월 29일 치에 나온 사고이다.

8·15의 역사적인 해방을 마지하야 이 나라의 모든 새싹들은 물터오르기 비롯하였다. 이에 있어서 대중의 양식이 되고 피가 되는 문학부문 또한 36년 동안 지리한 억압의 굴레를 벗어버리고 새로운 민족문화 건설의 불타오르는 정열로서 노력과 정성을 다하야 건국에 이바지하려는 것이 우리네 문학자의 부르지즘인 것이다. 이에 본사에서는 문단의 사기를 북도두고 또한 만천하 독자대중의 정신적인 빈곤을 살지우려는 의도 하에서 설정식씨의 장편소설 청춘을 연재하기로 한다. 작자 설정식씨는 일즉 연전에서 영문과를 마치고 아메리카에 건너가 컬럼비아대학에서 역시 영문학을 전공하고 돌아온 신진기예의 작가로서 가장 량심적인 문학인의 태도로 날카롭고도 아름다운 필치로서 짜아내는 문장은 읽는 이의 심금을 사로잡기에 넉넉하거니와 더욱 이번 집필하는 청춘은 작자가 지나간 10년 세월을 두고 상을 모으고 딱고 하야 고심에 고심을 거듭해온 소재를 빗나는 해방을 마지하야 마음노코 려필을 휘둘르는 것임에 구구한 소개보다도 압흐로 독자의 판단에 맛기는 바이며 또한 한층 더 이 글에 수를 놋는 것으로 이과회(二科會)의 회원으로서 우리의 미술계에 별처럼 빗나는 이쾌대(李快大)씨의 회화를 엇게 된 것은 더 한층 자랑거리다. 삼가 애독을 바라는 바이다.

아래는 69회인 9월 1일 치까지 넉 달 동안 이어실리다가 그만둔 「청춘」 작가 설정식 말이다.

신문화 수입에서 비롯하야 초기 번역과 개론문화 그것을 무의식적으로 뒤바치 한 일본적인 해석으로 흡수한 30년대 이전을 범박하게 조선사회의 계몽기라고 한다면 그 이후는 특히 젊은 세대로 보아서는 30년대를 전후하여서부터 바야흐로 올은 의미의 자의

식이 눈트기 시작하야 장차 독자적으로 세계적인 입장을 차지하려고 하든 사색기가 아니었든가. 그러므로 최악의 가격생활을 여지없이 영위치 안이치 못하였든 정치 경제의 조건에 대하야 행동으로의 투쟁보다도 의식으로서의 수업이 만치나 안었든가. 30년대를 한 계기로 같튼 광주학생사건 같은 것도 행동이라기보다 차라리 의식이 어느 일정한 한계에 도달하였든 것을 표면화식힌 것이 아니었든가. 행동의 견제로 이러한 의식적 성숙이 또한 한 개의 역사적 필연이 아니었든가. 이 과정을 통하야 젊은 세대는 어떠케 모색하고 어떠케 성장하였는가 하는 것을 기록하여 보랴고 한다.

'조선민주주의인민공화국의 이름으로써' 내린 판결문 가운데 설정식 어섯이다.

피소자 설정식 전 미군정청 공보처 여론국장, 그리고 체포 전에는 조선 인민군 최고 사령부 정치총국 제7부 부원. 그는 8·15 해방 전 미국인의 장학금에 의하여 미국 마운트 유니온대학과 콜롬비아 대학을 졸업하였으며 8·15 해방 후에는 1945년 11월부터 미군정청 공보처 여론국장으로 있으면서 남로당과 민주 진영을 파괴 탄압하기 위한 활동을 감행하였으며 동년 12월에는 미 군정청 공보처 소속 미군 장교 로빈손과 결탁하고 당시 남조선 문화 단체와 당 내부의 비밀자료들을 수집하여 그에게 제공하였으며 1946년 9월 공동 피소자 림 화의 보증으로 자기의 정체를 음폐하고 당에 잠입하였으나 1949년 12월에 변절하여 사상전향 기관인 「보도련맹」에 가담하고 괴뢰경찰과 결탁하여 당과 공화국 정부와 민주 진영을 반대 비방하는 반동적 문학 작품을 창작 발표하는 등 반역 행위를 감행하여 왔다. 이상 사실은 증인 전영애, 윤대현, 차약도의 증언과 피소자들의 호상 부합되는 진술에 의하여 확증된다.

살아남은 이들은 뭐라고뭐라고 말들이 많지만 형장 이슬로 사라진 이들은 말이 없다. 그들은 그리고 그렇게 '역사'라는 이름의 강물 속으로 흘러가버리고 말았다.

9. 인민의 바다로 흘러가지 못한 대하작가

김 남 천 ^{1911~1953(?)}

김남천씨의 「대하」 독어역출판

　　최근 조선문학가동맹 서기국에 드러온 정보에 의하면 김남천씨의 장편소설 「대하」
가 프라-그에서 독어로 번역 출판되여 「첵코」 중구 제국은 물론 독일에서도 특별한 호
평을 받어 조선문학에 대한 관심과 그 수준에 대한 서구인의 경탄을 받고 있는 중이라
는 바 역자는 전전부터 오지리 「비엔나」에 체재하여 고고학을 연구 중인 우리의 학도
한흥수(韓興洙)씨라 한다

　　《독립신보》 1947년 6월 7일 치에 실려 있는 기사이다. 66년이 지난 시방도 마찬가
지지만 이 땅에서 쓰여진 소설이 유럽 쪽에 번역되어 나간다는 것은 퍽 드문 일이다. 더
구나 8·15 바로 뒤에 일어난 일이고 보면 거의 '충격적인 사건'이라고 해도 좋을 것이
다. 김남천이 쓴 『대하』가 정말로 체코 프라하에서 독일어로 번역 출판되었는지는 알 수
없다. '일제첩자'라는 기막히는 덤터기를 쓰고 처형당한 지 8년이나 되는 조명희가 '스
탈린문학상'을 받았다고 호들갑을 떨었던 것이 해방공간 조선 언론계였다. 같은 신문
1946년 12월 10일 치에 실려 있는 「변혁하는 철학」이라는 서평이다. 박치우(朴致祐) 저

일제 때 2백 명이 넘는 카프 작가 가운데 임 화 · 한설야 · 이기영과 함께 몇 안되는
인기 작가였던 김남천. 소설의 임 화라 할 만큼 힘껏 움직였으나 뒤끝은 슬프고 끔찍했다.

『사상과 현실』에 대한 평이다.

　　철학은 설명하는 데 그쳐서는 아니된다 세계를 변혁해야 한다는 명구는 이제 유명해
저서 누구나 지꺼리는 말이다 그러나 대학과 대학원에서 철학을 전공한 아카데미시앙
이 쩌-너리즘과 가두에 진출하여 현실과 싸우며 새것을 위하여 세계를 변혁하려든 분
은 한분도 없었다 박치우씨가 처음인 것이다

　　신생하려는 조선을 아직도 나치스철학으로 설명하려 드는 라만챠의 봉건신사도 없
지 않은 우리 철학계다 활짝 벗어붓치고 항쟁하는 인민과 함께 세계를 변혁하려는 철
학자가 그다지 손쉽게 나타날 리 없지만 박치우씨는 이런 의미에서도 그 놀라운 「센스」
와 「가두적인 술어」와 만만한 투지와 계몽적인 노력과 함께 희귀한 단 하나의 존재다
현대일보 주필로 있을 때 사무실이 같아서 나는 테로를 맞는 박씨를 먼발로 보았다 그
불굴한 신념과 초탈한 면모가 가위 현대의 쏘크라테스였다

　　이 「사상과 현실」은 3부로 되었는데 제1부는 왜정시대에 쓴 것으로 아카데믹한 냄
새를 풍기면서도 새 시대를 위한 준비관념이 투철히 나타난 논구들이오 제2부는 해방
후 신조선의 민주주의의 철학적 해명과 문화건설의 이념을 주로 취급하였고 제3부는
새나라 건설을 위하여 남조선의 민주주의적 투쟁을 위한 계몽적이오 정론적 색채가 강
한 제론책들이다 이 한권을 읽으면 조선이 어떻게 변혁되여야 할까가 충분히 해득될
것이다 필자 자신도 많이 계몽되었다 양질의 종이와 전아한 장정의 미본이다 해방 이
후에 나온 책중 최량의 서적이다 (종로 백양당판)

　　소설가이며 문학비평가였던 김남천(金南天)은 1911년 평양남도 성천(成川)에서
태어났다. 본이름은 효식(孝植). 평양고등보통학교를 마치고 일본 호세이대학(法政大
學)을 중퇴하였다. 1927년 카프 동경지부에서 펴낸 동인지《제3전선》에 임 화·안 막·
한재덕·이북만·김두용과 함께 들어갔다. 1931년을 앞뒤로 한 카프 제2차 방향전환기
에 임 화와 함께 귀국하여 김기진이 내세운 프로문학 대중화론을 개량주의라고 꼬집고
나섬으로써 극좌적 쏠림을 드러냈다. 경기도 경찰부에 해산계를 낸 1935년까지 카프를
지켰던 김남천은 사회주의리얼리즘을 창작방법론으로 하여 많은 소설과 비평문을 선보
였다.

　　사회주의리얼리즘 솜씨로 단편 「공장신문」, 「물」, 「고민」, 「문예구락부」를 선보였

고, 고발문학론에 기울어 쓴 것이 1937년 「남매」와 1938년 쓴 「소년행」, 「춤추는 남편」, 「누나의 사건」 따위이다. 그리고 헤겔과 루카치 이론을 창작방법론으로 받아들여 1938 년에 쓴 것이 장편소설 『대하』였다. 『대하』는 대상의 총체성과 풍속이 드러나야 한다는 루카치 문학론과 헤겔의 변증법 이론을 좇아 쓴 것으로, 개화기 시대상과 의식 변화 과 정을 연대기적 가족사 형식으로 그린 대표작이다. 창작집 『삼일운동』, 『맥』과 「창작방법 에 있어서의 전환의 문제」, 「인텔리문제의 전과제」, 「고발의 정신과 작가 도덕의 문학 적 파악」, 「시대와 문학정신」 같은 평론이 있다.

1946년 2월 8, 9일 열린 제1회 전국문학자대회에서 김남천이 한 보고연설 「새로운 창작방법에 관하여」 한 어섯이다.

리얼리즘이란 무엇이며 아이디얼리즘이란 무엇이냐? 리얼리즘은 객관적 현실을 주 로 해서 주관을 그에 종속시키는 것이요 아이디얼리즘은 그 반대로 주관적 관념을 주 로 해서 객관적 현실을 이에 종속시키는 것이라고 말할 수 있다. 그러므로 또 창작방법 의 기본방향은 둘 중의 하나만일 수도 없는 것이며 둘 이상이 될 수도 없을 것이다. 이 때에 있어 주관이라 혹은 객관적이라고 생각되는 관념일지라도 그것이 만약 창조상 실 제에 있어서 현실을 재단하는 선입견으로 사용된다면 그것은 역시 주관적 관념이라고 불리어질 수 있는 것이다. 그러므로 오해되고 혼란스러워지기 쉬운 주관객관의 용어를 피한다면 현실을 선입견을 가지지 않고 현실의 있는 그대로를 그리려고 하는 태도가 리얼리즘이오 현실에 선입견을 가지고 임하여 그것으로써 현실을 재단하려는 창작태 도가 즉 아이디얼리즘이라고 말할 수 있을가 한다.

《예술연감》 1947년판에 문학계를 훑어본 홍효민(洪曉民) 글이다.

무기 없는 민족의 유일의 길은 문화다. 또한 문화의 중심은 문학을 놓고서는 없는 것 이다. 8·15해방 이후 조선문단은 일반 정치현상보다도 비교적 정돈되었으나 최초에 는 역시 그 두서를 잡지 못하야 1945년 8월 17일 「문학건설본부」라는 것을 낳었다. 일 제시대의 잔재이든 「조선문인보국회」를 점거하고 회원심사에 들어서도 그다지 엄격한 것을 쓰지않고 일제를 위하야 충성을 다하든 「조선문인보국회」의 간부들만 제외하였 다. 이것이 다소 소루한 감이 없지아니하였는데 일방 「조선푸로레타리아문학동맹」의

비해소파이든 윤기정(尹基鼎)·홍구(洪九)·박아지(朴芽枝)·박세영(朴世永)씨 등의 지하적인 혁명세력을 또한 제외하야 두 번째 소루한 감이 있게 하였으나 미군환영, 리승만박사, 임정요인환영은 이 「문학건설본부」의 공로가 많았다.

일방 지하적인 혁명세력의 문학파는 이들 「문학건설본부」의 종파적인 투쟁방식에 반기를 거양하야 1945년 9월17일 「조선푸로레타리아문학동맹」을 결성하야 임하야 음악, 연극, 미술 등 각단체를 규합하야 「조선푸로레타리아예술동맹」을 탄생하는 데 이르고 역시 리태준, 림화씨 등도 「조선문화건설협의회」라는 것을 결성하야 한동안 대립의 형태로 나갔다. 또한 일방 리헌구(李軒求)·김광섭(金珖燮)·이하윤(異河潤)·김진섭(金晉燮)씨 등 일제시대의 해외문학파로 지칭받든 인물들이 규합하야 「중앙문화협회」라는 것을 낳았다. 따라서 잠시동안 「조선문화건설협의회」, 「조선푸로레타리아예술동맹」, 「중앙문화협회」 등의 3단체가 다 각각 그들의 기관지를 내는 거조에 나왔다.

「조선문화건설협의회」의 기관지는 『문화전선』이란 '다불로이드' 형의 '이푸렛트'의 4항지를 제2호까지 「중앙문화협회」에서 『중앙순보』라 하야 5, 6호 내었고 「조선푸로레타리아예술동맹」에서는 『예술운동』이라하야 창간호를 내었다. (……)

(소설) 소설은 장편으로는 해방직후 제일 먼저 나온 《자유신문》에 「8·15」라는 **김남천**씨의 것이 실리었었는데 그 내용은 일제시대부터 8·15을 전후하야 이러난 착종된 사건이 실로히 실꾸럼이 풀리 듯하였으나 전문교학생이 유부녀를 간통하는 것이 있어 약간 비난을 받았고 그 다음 장편으로는 《중앙신문》의 박종화(朴鐘和)씨 작『민족』이 있었으나 박씨 역시 원래 본격소설가는 아니라 다소 역사의 사실만을 치중하는 경향이 있어 그 주인공이 누구인 것을 모르게 하여 그 개개의 성격이 모호한 점이 많았었고 그 다음 《현대일보》의 리태준씨 작『불사조』가 있었으나 리씨 작으로는 그다지 훌륭한 것이라고는 할 수 없으나 젊은 어머니가 갖는 바 양심을 잘 나타내었고 그 다음 〈한성일보〉에 게재된 설정식(薛貞植)씨의 『청춘』은 만주를 중심으로 한 일제시대에 있든 일을 취급하였는데 퍽으나 산만하다는 평을 받았으니 이는 씨가 처음으로 장편에 손을 댄 것이라 그렇게 되었다고 볼 수 있다. 그 다음 일간 〈예술통신〉에 **김남천**씨 작『동방의 애인』이 실리었고 그 외 지방지에도 수삼 장편이 실리었으나 이렇다할 문제될 작품은 없었고, (……)

임 화·이원조와 함께 「조선문학가동맹」을 목대잡으며 남조선로동당 강령에 따라

문학운동을 하였던 김남천이었다. 그러던 그가 월북한 것은 1947년 끝 무렵이었다. 피 끓는 남로당원이었던 그로서는 가려잡을 나위가 없었다. 몽양이 극우세력 흉탄에 쓰러진 것이 7월이었고, 남로당 채잡이들은 땅 밑으로 내려간 지 오래되었다. 그 어름 남로당 놓인 자리를 보여주는 기사가 있다. 《독립신보》 1947년 12월 21일 치. 「좌익 쪼다시 지하로! 일제시 방불한 그들의 투쟁」이라는 제목이다.

8·15를 전후로 한 탄압을 최후로 좌익진영은 지하로 들어간 것 같다 태양도 못 쬐고 제대로 호흡도 못하고 잠자리도 편안치 않은 지하로 들어가지 않으면 안되게 되었다 일제시대에도 해방된 오늘날의 있어서도 그들의 숙명적 수난의 운명은 역시 같은 것이었다 저 1946년의 정판사 사건 9월의 총파업에 있어 좌익은 미증유의 탄압을 받었다 당시 조선공산당 책임비서였든 박헌영씨에 대한 체포령이 네린 것도 바로 이때이었다 박헌영씨와 함께 많은 좌익진영 인사에 대한 체포령이 내려 그중에는 투옥되어 그 지긋지긋한 철창 속에서 떨고 있는 사람도 적지 않다 이듬해 기억에 사라지지 안는 1947년 3월 22일의 남조선 노동자들의 24시간 조건부 파업에 있어 좌익탄압은 더욱 막심하여졌든 것이다. 8·15를 전후하야 경찰에서는 좌익에서 폭동을 계획했다 하야 조선역사상 처음 보는 대탄압이 시작되었다 이 사건을 좌익에선 전연 허구한 사실이라고 하고 있지만 경찰은 용서없이 민주々의민족전선 남조선노동당 조선인민공화당을 비롯하야 노동자의 본영인 전국노동조합평의회 농민의 본가인 전국농민총연맹 민주주의 여성들의 조직체인 남조선민주여성동맹 조선의 진정한 모든 문화인이 모혀 있는 문화단체총연맹 등々 하나도 남음없이 체포하였든 것이다 이로 말미암아 잽혀가는 사람 도망질치는 사람하야 해방을 주저하면서 부모와 자식과 동무들과 눈물을 먹음고 사라 헤지어 드듸여 태양없는 지하로 들어가지 않으면 안되게 되었다 회고컨데 일제의 폭압 밑에 민족해방을 위하야 조선인민은 영웅적으로 싸웠다 우익도 좌익도- 그러나 그놈들의 잔인포악한 탄압에 견듸지 못하야 드듸여는 지하로 들어같은 것이다 해방은 그네들을 지하로부터 나오게 하였것만 해방된지 겨우 2년이 지난 이때에 또다시 그 운명에 빠졌다는 것은 그들의 숙명인 것일가?

남로당에는 물론 인공당은 집조차 없고 테로의 습격과 탄압으로 오래동안 문을 다첫다가 몇일 전 문을 연 민전회관에는 800만명의 회원을 갖었다는 이름에 어글어저 몇 사람이 집을 지켜 있을 뿐이었다 어느 한 사람에게 들으니 테로를 당하고 그러치 않으면 투옥되고 재퍼가지 않으면 도망질처 다니고 있지요 그러나 우리 진영은 엄연합니다 800만의 민전회원 백만을 돌파할 남로당원 수십만의 인공당원 등々 모든 조직은 폭풍우가 불어도 조금한 미동도 없고 강철같이 뭉쳐저 있읍니다 이렇게 그는 말하였다 근로인민이 경모하는 좌익진영의 지도자와 해외에서 용감하게 싸운 김원봉 장군 등々 지금은 어데서 어떠케 피해다니고 있는지 과연 지하의 쇠사슬이 풀어지는 날이 있을건지? 그러나 그들은 그것을 믿고 있을 것이다

북조선으로 간 김남천은 최고인민회의 초대 대의원이 되었고, 「북조선문학예술총동맹」 서기장이 되었다. 그리고 단편소설 「벌꿀」을 발표하여 독자들한테 많은 사랑을 받았다. 8 · 15 바로 뒤에는 《자유신문》에 장편소설 「8 · 15」를 이어실어 문학동네를 바짝 정신차리게 하였던 사람이다. 이른바 '박헌영 · 리승엽 간첩사건' 때 내무성 부상으로 있었던 소련파 강상호 증언이다.

제약된 여건 속에서도 그런대로 창작활동에 전념하였던 월북예술인들을 꼽는다면 단연 리태준, **김남천**, 김순남, 최승희, 리기영(그는 다른 작가들과 약간 노선이 달랐지만) 등이 있었다. 특히 이들 가운데서도 리태준 선생은 주위의 권유에도 불구하고 당활동을 일체 하지 않고 거의 두문불출하며 작품 집필에만 전념했다.

박헌영을 따르던 '종파분자'로 찍힌 이태준과 김남천이었다. 북조선 당국에서는 해방 전에 썼던 그들의 작품을 낱낱이 살펴 '반동작품'을 써왔다며 여러 곳으로 끌고 다니며 사상 검토를 하였다. 이태준은 1960년대 끝 무렵 이제 산골 협동농장 곁 오두막에서 '노동개조'를 하고 있었고, 김남천은 1953년 이승엽 · 임 화 · 설정식과 함께 처형당한 것으로 전해진다. '공화국의 불랙홀'에 빠져버린 '대하'였다.
1953년부터 비롯된 남로당 숙청으로 남조선에 있던 혁명조직은 그야말로 괴멸적 타격을 받게 되었다. 남조선 인민들과 인맥 · 지맥으로 끈질긴 이음고리를 맺고 있던 남로당 혁명가들을 베어내버림으로써 혁명정당은 남조선에서 발을 붙일 수 없게 되었다. 조선반도 혁명전선에서 그 자취가 사라져버린 남로당원만 한 6만 명에 이르고 그들에게 힘을 보태주었던 사람들은 한 30만 명에 이른다.
6 · 25 때 총하지혼이 된 혁명가만 수만 명에 이른다. 남조선 경찰 목대잡이였던 김

태선(金泰善) 발표만 따르더라도 서울 시내에서 모두 1,300여 명 남로당원이 총살되었다. 박헌영이 월북한 다음 남로당을 이끌던 김삼룡·이주하, 그리고 '조선로동당 남조선정치공작위원회사건'으로 붙잡힌 성시백(成始伯, 1905~1950)을 비롯한 112명을 넣은 숫자이다.

엄마 잃고 울어예던 김남천 '어린 두 딸'은 어떻게 되었을까?

문련 제1서기장 감목으로 김남천이 쓴 글이 있다. 《노력인민》 1947년 7월 2일 치 「제1차 문화공작단 지방파견 의의」.

인민대중을 토대로 한 민족문화 수립을 위하여 싸우고 있는 남조선의 문화운동은 지방문화운동에 관한 각종의 과제를 해결하면서 지금 새로운 단계를 향하여 돌진하고 있다 금년 신춘부터 시작된 「도문련」 확립의 반개년에 걸치는 「캄파」는 전국적 규모에 의한 운동전개가 중요한 조직적 과제를 해결한 것이라고 생각되어진다

첫재로 각 도에 총괄적인 지도적 거점이 생긴 것 그리고 둘째로 이것을 중심으로 문련 산하 각 동맹의 지부가 「도문련」 주위에 결속되어 차츰 지방문화공작의 조직적 체계가 완성되어서 가고 있는 것— 이리하여 쏘미공위에의 문화단체 적극참가 투쟁을 거쳐 남조선의 문화운동의 종사자는 6만 5천명을 돌파하기 이미 삼천불출(三千不出) 일개월에 그 개산 수십만이 넘을 것으로 기대되고 있다 남조선팔도 방방곡곡에 10만 명의 문화공작자가 움직일 수 있다는 것을 이 투쟁의 조직적 성과는 말하고 있는 것이다

이러한 새로운 사업에 대처하야 문화운동은 무었을 하여야 할 것이냐 첫재로 10만 문화공작자를 실지로 움직이게 할 것 둘재로 지방문화운동의 수준을 향상시키기 위하야 기술적 학문적 계몽적인 출판물과 조직적 찬조를 강화할 것 셋재로 문화수준의 지표와 문화공작의 모범을 보일 것 넷재로 중앙의 전문적 예술가 과학자를 「문화와 예술 급 과학」을 실제로 손에 들고 몸소 인민대중의 가운데 들어가게 할 것 다섯재로 중앙지방을 통하야 전 문화인 예술가를 인민의 앞에 복무케 하는 지대지존의 사명을 가지고 훈련할 것 등등— 서상의 긴급한 제과제에 대답하기 위하야 만난을 극복하고 준비기획된 사업 중의 하나가 이달 30일로써 제1대 경남지방 파견대의 출발을 보게된 제1차 문화공작단의 지방파견임은 물론이다

이 공작단 지방파견의 구체적 임무로서는 다음과 같은 것을 스스로 부과하고 있다 첫재 지방문화운동을 적극적으로 원조하고 추진시키는 임무 둘재 지방문화 조직의 체

계를 강화확립하는 임무 셋재 민전 산하 각 정당사회 단체의 확대강화를 엄호 원조하는 임무

이번 공작단의 내용과 구성에 관해서는 이미 지상에 발표된 바가 있지만은 「중앙 문련」과 「각 문련」의 공동주최 사업으로 경남을 제1대, 충남 1, 경북을 제2대, 경기강원을 제3대, 전남북을 제4대로 1대 30명 내지 35명 총인원 백50명의 전문가로 편성되었고 약 15명 이상의 연극대와 그밖에 가극, 영화, 음악, 만담, 무용, 문학, 과학강좌, 사진반 이동미술전대 등이 초치되어 있어 유사이래의 대기획이다

각각 일개월 간 담당지역을 순회하게 되었으므로 대부분의 도소재지와 주요 면소 등 지에까지 들어가게 되어 있다 대공장, 학교 등이 특히 고려된 것은 다시 말할 필요도 없다 이것을 통하야 문화와 격리되고 오락과 떠나 있는 인민대중에게 건전한 열락을 나누어 주게 될 것이 기대되고 있다

이 공작단의 파견은 연극동맹 산하 각 극단의 희생적인 복무에 의하여 이루어지는 것은 물론 전 단원 일치하게 사사와 사정과 단체의 사정을 전연 불문에 붙이고 오로지 「모든 것을 바쳐 인민 앞에 복무한다」는 겸허하고 숭고한 정신 밑에 달성된 것임을 널리 호소하야 차제에 민전 산하 각 정당단체의 중앙 밑 지방 각 기관과 그리고 전인민대중의 최대의 성원과 격려를 원하야 마지않는 바이다

인민의 민족문화 수립 만세!

지방문화운동의 성공 만세!

조선인민공화국 수립 만세!

6·28과 함께 서울로 온 남로당 모람들 손으로 복간된 《해방일보》 1950년 9월 5일 치 2면에 김남천 글이 실려 있다. 「종군수첩에서」라는 이름 아래 「남으로 남으로!」, 「대전에서」, 「불속에서」, 「도하대장(중)」, 「도하대장(하)」까지가 1950년 9월 13일 치까지 다섯 차례에 걸쳐 실려 있다. 우리가 볼 수 있는 김남천이 쓴 마지막 글인데, 소설이 아니고 '6·25 종군기'이다.

대전까지 차가 있어서 대행이었다 우리들은 우선 그 편을 리용하여 대전까지 동행한다

이리하여 우리들을 태운 윌리스가 한강을 건넌것은 ○월○일 아직 달이 뜨기 전 아홉 시 四십분 도하사령관의 지휘에 따라 수십대의 자동차들이 질서있게 조용허 강을 건넛다

미군의 폭격으로 쑥대밭이 된 로량진, 영등포, 안양, 수원, 서정리, 오산, 평택을 거쳐 천안을 앞두고 의용군 대열을 만난다.

바로 어제 그제 옥에서 나온 얼골이 양초처럼 창백한 출옥동지들도 있었고 우리 단체에 등록한 수많은 예술가 과학자들도 있었다. 단체성원중 의용군지원이 어제로 그 수 천명에 육박한다는 놀라운 통계다

조직수습과 단체지도에빠져서는아니될 동무들도많았으나

『예술가에게도 총을달라!』

『이 이상 더 참을수없다 흉악무도한 미제 고용군대를 조국강토에서 구축하는 영광스런 조국해방전쟁에 참가게 하자……』

『나에게 천추의유한이없도록하라……』

그들은 펜과 무대와 악기와 서재와 서류를 버리고 총을들어 직접 원쑤의 가슴에 총창을 꽂으려 의용군으로 전선으로 나갔던것이다

(〈남으로 남으로〉에서)

대전서는 지금 주먹구구로 계산해도 그 학살된인원수 七천명을 산한다 대전감옥에 수감되었던 四천명 가까운 애국자와 대전과 근방에서 예비검속으로 피검된 三천여명을 대덕군산내면 라월리(랑월리의 오기) 협곡을 위시하여 도경찰국류치장 그타 인기척이 드문곳을 찾아 총살로 생매장으로 함부로 학살해 버린것이 판명 되어가고있다 간수의 자백에 의하면 七월二일부터 학살은 시작되었다한다 라월리로 가는 신작로연변에 사는 부락민들은 하로 수십차의 결박하고 눈가린 죄수들을 만재한 트럭의 래왕을 문틈으로 바라았다고 진술한다

그전에 안면을튼 몇분의 이름을 불러도 대전시민은 아무 대답없이 도리질이다 로동자의 이름을 불러본다 도리질이다 인정은 물어서무엇하랴! 신문기자라 시인이란 또누구라 구루라할것없이 하마 이사람이야 하고 물어보는 어느 이름에도 대답은 그저도리질뿐이다 모두다 학살당한 것이다

리관술선생이 일제 말기에 땜쟁이로 가장하여 동지들과의 연락을 갖으섰다는 다릿목에 이르러 나는 참어도 참어도 넘쳐 흐르는 눈물을 어찌 할수없었다

(대전과 선생과는 무슨 악인연이신가)

인민군대가 들어온뒤 리관술선생과 송언필선생들의 시체라도 찾으러 애썼으나 이

미 두 주일을 경과한 수많은 시체속에서 무슨재주로 선생들을 분간할수 있을것인가!

(〈대전에서〉에서)

빨래를 헹궈서 짜는데 항공보초의 호각소리가 났다(……) 정찰기의 폭음이다(……) 한 마정가량 떨어져서 골작이 위에 있는 독립가옥쪽에서 명숙이 소리가 분명한

『항공요 항공!』

하고 째는듯한 외침

(아뿔사! 어느 환자동무가 원쑤의 항공기눈에 띄인것은 아닌가?)

팔이나 머리에 흰 붕대를 감은 경상자들이 마당이나 뒷산을 산보하다 붕대가 희기때문에 항공에 발견될 위험성이 많은것이다(……)

세대의 폭격기가 꼬리를 들고 내려오면서 벌써 첫놈은 폭탄을 쏟기시작하였다 물론 독립가옥이 폭격의 대상이다 땅을 뒤흔드는 폭음소리가 연이어 들린다 하나 둘 셋 다섯 일곱… 입속으로 세이면서,

(저 중환자들을 어떻게 할것인가?)

속으로는 그것만이 조바심이다

동두천과 론산전투에서 두번이나 부상하였다가 경상이기 때문에 이내 다시 자기부대를 따라나와 이번 전투에 가슴과 다리에 부상을 입은 국기훈장 二급을 갖받은 젊은 용사의 얼골이 눈에 떠오른다 허벅다리에 중상을 입어 기동하지 못하는 군관동무의 얼골도 떠오른다 그밖에 또 누구 누구 폭탄이 떨어져도 한발자국도 기동할수없는 여러 용사들……

금옥은 바위와 상모봉 논뚜렁에 무수히 떨어진 폭탄 자국을 보면서 집앞에서 어쩔줄을 모르는 명숙을 보고 들것이다!단가다!하고 외쳤다 그리고는 제발로 뛰고 기어서 산위로 대숲속으로 바위밑으로 대피하는 경상자들을 향하여서는

『경상자동무들은 중환자 한동무씩을 업고 가기요!』

하고 고함을지르고 자기는 자기대로 들것을 들고 앞서서 중환자가 들어있는 뜸채로 쫓아들어갔다 문 가까이 있는 환자 하나를 명숙이와 둘이서 들것에 옮겨 놓았다(……)

두 간호원이 업고 끌고 세환자를 문밖으로 옮기는 것이다 불이 타는 마루와 문지방을 눈을 감고 뛰어 넘는다 쓰러질듯 쓰러질듯 마당가운데 깊이패인 폭탄자국에 마침내 다섯이 한꺼번에 딩굴었으나 그때 위생병과 경상자들이 뛰어들어 다섯은 구렁에서 뛰

어나왔다

　불을 피하여 풀숲으로부터 나오자 명숙이가 먼저 쓰러졌다

『명숙동무 얼굴에 냉수를 끼얹으시오』

　그렇게 말하면서 금옥은

『인제는 기관포 사격을 주의들 하기오! 자 대피 대피』

(〈불속에서〉에서)

　이윽고 여덟시! 이제는 설사 적의 항공이 뜬다해도 완전히 눈먼 장님이다

　그럼 곧 착수하겠습니다

　도하사령관이 기착하고 보고한뒤 뒷곁으로 사라졌다

　일분이 못돼서 이곳으로부터 一키로가량 떨어진산고지에 신호탄이 올랐다 도하장, 나룻배, 기타 도하기재가 흩어져있는곳마다 미리 배치된 도하대원들이 이 신호탄을 기다렸다가 일시에 은폐처에 숨겼던것들을 들어내어 소정의 도하지점까지 집합시키는 작업이 시작되는 것이다(……)

　적의 포격이 끝났다 산하는 조용하다 도하가 완전히 끝났으나 곧 은폐에 착수하라는 신호탄 두발이 하늘높이 떠올랐다

(〈도하대장〉(중) · (하)에서)

박갑동이 쓴 『남기고 싶은 이야기들』에 나오는 글이다.

　작가 김남천은 이 사건 전에 쓴 단편소설 「꿀」 가운데 인민군대가 전사할 때에 머리를 남으로 두고 죽었다는 묘사를 했다고 「숭남사상」 즉 「반북사상」＝「반김일성사상」을 선전했다는 트집으로 징역 6년을 받아 그도 옥중에서 분사하고 말았다는 말이 있다.

10. 돌아오이소, 어머니! 황토길 항쟁시인

이 병 철 1918~1953(?)

3월 30일 오후 3시경 청구서점에서 전시 배호로부터 '조가(弔歌)', '전위(前衛)의 노래', '애국인민의 노래', '숫자풀이', '장타령' 등 종목의 작품을 작성하라는 지시를 받고 동일 오후 5시경에 서울시청 앞 노상에서 문학가동맹원 이병철과 가두접선하여 전기 지시사항을 전달 지시하였고, 4월 2일 오후 3시경 서울시청 앞 노상에서 전기 이병철로부터 지난 3월 30일에 지시한 전기 5종목의 작품을 받아 동일 오후 5시경 청구서점에서 전시 배호에게 전달하였고, 4월 5일 오후 4시경 서울신문사 앞 노상에서 전기 이병철로부터 동맹원에게서 징수한 기금 5천원을 받아 동일 오후 5시경에 청구서점에서 전시 배호에게 전달하였다.

1950년 2월 6일 서울지방법원에서 징역 10년을 선고받은 이용악 '범죄사실' 가운데 나오는 대문이다. 이른바 '남로당서울시문련예술과사건'으로 이용악이 잡힌 1949년 9월 이후에도 이병철은 경찰이 뒤쫓는 것을 따돌리며 '인민의 행복에 복무'하는 선전선동 활동에 힘을 다하였다.

이병철이 잡힌 것은 1950년 3월쯤이었다. 서대문형무소에 갇혀 있기 서너 달쯤 되는 6월 28일, 이병철은 배 호·이용악과 함께 형무소를 나온다. 그리고 해방된 서울에서 「조선문학가동맹(문맹)」 재건 사업과 조국해방전쟁 지원 사업, 곧 의용군 초모 사업을 위하

여 뛰어다닌다. 시인 장영창(張泳暢, 1920~1995)이 지은 『서울은 불탄다』에 그 무렵 이
병철 모습이 나온다.

(문학가동맹 사무실) 방안에 몇 개의 테이블이 놓여 있었고, 거기 앉아 있는 사람들
은 거의가 다 하얀 얼굴을 하고 있는 출옥한 좌익계 사람들이었다. 그들 가운데 이병철
씨를 발견할 수 있었다. 이윽고 이병철 시인이 나를 알아보았다. 그리고 악수를 하면서
"참 잘 왔습니다"하고 인사를 해왔다. 그는 나를 끌고 이용악 시인에게 내가 왔다는 것
을 알려주는 것이었다.

7월 25일(전 맹원이 소집된 동맹사무실에서) 시인 이병철이 의용군 동원에 따른 선
동연설을 하고 서명날인을 하라고 요구하였다. 이병철은 문인들의 의용군 지원에 대한
설명을 이렇게 했다.

"이번에 의용군에 나간다는 지원서는 보통 의용군과는 약간 달라 여러분이 종군작
가로 나가게 되는 것입니다."

6·25가 일어나면서 형무소에 갇혀 있던 좌익수들 살매는 두 가지로 크게 나뉘게
되니, 서울이냐? 지방이냐? 서울에 있는 형무소에 있던 사람들은 살았고, 지방 형무소에
있던 사람들은 죽었다. 그때에 서울에 있던 문학인들은 세 갈래로 나뉘어졌으니, 지하
투쟁파와 보도연맹 가입파와 우익 쪽 문인이 그것이었다.

팔봉 김기진은 인민재판을 당하여 죽었다가 살아났고, 회월 박영희는 차림을 다르
게 하고 한강다리를 건너려다가 얼굴을 알아본 누군가 쏘개질로 잡혀 북으로 끌려갔다.
춘원(春園)과 파인(巴人)을 비롯한 많은 문인들이 북으로 끌려갔고, 동인(東仁)은 식구
들이 피난가면서 요 밑에 찔러둔 적지 않은 돈이 있는 것도 모르고 굶어죽었다. 가장 어
정쩡한 자리에 놓인 것이 「국민보도연맹」에 들었던 문인들이었다. 좌익에 들었던 것을
뉘우치고 우익에 들었는데 좌익이 해방시킨 세상에서 설 자리가 없게 된 것이었다. 그
래서 정지용과 김상훈 같은 시인은 의용군에 들어 싸움터로 떠날 수밖에 없었다.

가장 세가 나는 것이 지하투쟁을 벌였던 문인들이었다. 그러나 이용악·이병철·배
호·이선을 같은 지하투쟁 싸울아비어미들 또한 문맹 재건 앞장에서 뒤로 물러날 수밖에
없었다. 임 화·김남천·이원조 같은 카프 시대부터 채잡던 '스타급' 선배들이 해방된 서
울로 내려왔던 것이다. 그들이 목대를 잡아 문맹을 다시 세우고, 《해방일보》를 다시 펴내

고, 인민대중에게 "조국해방전쟁은 정의의 전쟁이므로 미제와 그 주구인 우익반동들을 몰아내고 해방조국을 건설해야 된다"고 선전선동한 것도 석 달에 지나지 않았다. 9·28 과 함께 다시 북으로 갈 수밖에 없었고, 이용악과 이병철과 배 호도 테 밖이 아니었다.

그들에게는 가려잡을 나위가 없었다. 다시 뒤집어진 세상에서 그들을 기다리는 것 은 죽음밖에 없으니, 물러가는 인민군을 따라 북으로 가는 수밖에 없었다. 식구들을 데 리고 월북할 수 있었던 이용악과 이병철은 그 가운데서도 복둥이였다. 이름만 남아 있 던 문맹 얼개를 추슬렀던 중국문학자 배 호, 소설가 엄흥섭, 포석 조명희 조카인 시인 조 벽암, 극작가 박로아, 동요시인 윤복진 같은 이들은 외돌토리였다. 홀몸으로나마 월북한 사람은 그래도 나은 편이었고 제명에 못 죽은 이들도 많았다. 시인 김영랑은 배에 포탄 조각을 맞고 죽었고, 작가 김동인은 병든 몸으로 굶어죽었으며, 작가 박노갑과 평론가 이며 영문학자인 이인수는 처형당하였다. 끔찍한 죽음은 북에서 내려왔던 문인들에게 도 많았다. 극작가 함세덕은 수류탄 오발로, 김사량은 물러가다 심장병으로, 시인 조 기천과 작가 현경준은 미군 폭격으로, 그리고 작가 이동규는 지리산에서 빨치산투쟁을 하던 끝에 죽었다.

이병철(李秉哲)은 1918년 경상북도 영양(英陽)에서 태어났다. 혜화전문에서 공부 하였고, 이원조가 밀어주어 문학동네에 나온 것이 1943년이었다. 《조광》에 선보인 첫솜 씨 〈낙향소식〉 끝련이다.

두 번 다시사 떠나지 않을란다
너의 진자주 옷고름으로 맹서를 맺으마
번갈아 이랑이랑 호미로 김을 매고
내사 애비의 순한 아들이련다

8·15을 맞으면서 기운차게 움직이기 비롯한 이병철은 이원조와 오장환 부추김을 받아 남로당에 들어간다. 그리고 사회주의사실주의 자리에 선 항쟁시들을 발표하여 유 진오(俞鎭五)·김상훈(金常勳)·박산운(朴山雲)·김광현(金光現)과 함께 5닢씩 모두 25닢을 모아 『전위시인집』을 펴낸다. 그때 모더니스트로 이름 높던 김기림(金起林)이 머리글을 썼는데, 이병철 「대열」 한 구절을 보기로 든다.

조금씩 서로 닮은
비슷비슷한 얼굴들
모두 다
해바라기처럼 싱싱한
포기포기

이병철이 유진오 들과 함께 낸
『전위시인집』 겉장.

김기림은 이 시를 높이 평가한다.

이는 대중 속에서 나누는 생활의 감정에서만 올 수 있는 리리시즘이다. 시인은 자기의 호흡과 맥박에 맞는 자기의 말을 찾기 시작하였다.

1947년 《문학평론》 3월호에 실린 「곡(哭)」이다. 영양 석보(石保) 고향집에서 메마른 밭뙈기나 쪼아먹다가 서울 아들집에 와서 돌아간 어머니를 기리며 쓴 사모곡(思母曲).

아들딸아 손주놈들 앞뒤에 주렁주렁 거나리고, 서울메누리 앞세우고, 날만 따스해지면 남산공원으로 동물원으로 화신상회로 나드리 실컨 서울구경을 하시겠다는 어머니.

묏돼지 보다도 더한 등살에 자식놈들 뿔뿔이 잃어버렸든 자식놈들딸아, 이제사 좋은 세상 왔으니 기와집 한 채쯤 지니고 서울 살겠다고, 서울에는 사래긴 밭도 많은 줄 알았다고.

왜놈들 가고 또 더한 왜놈들 등살에 예나제나 상기도 쫓겨 다니기만 하는 둘째의 일홈을 불러, 어느때 참말로 좋은 세상이 와서 참말로 기와집 한 채쯤 지니고 살겠느냐고 물으시든 어머니.

어머니! 어머니!

가시든 길 돌아 오시소 어머니.

왜놈들과 왜놈들의 부치는 아주 사뭇 쫓아버리고 봄이 오면 틀림없이 이 땅에 봄이 오면, 이불봇짐과 함께 가지고 오신 어머니의 씨앗을 갈아 꽃피우겠읍니다. 꽃피우겠읍니다.

이병철 시 인생에서 땅불쑥하게 적바림되어야 할 것이 '문둥이 시인' 한하운(韓何雲, 1920~1975)을 찾아낸 일일 것이다. 1949년《신천지》4월호에 「전라도길」말고 12닢을 밀어주었는데, 이병철 지극한 마음과 입김이 닿은 것이었다.

가도 가도 붉은 황토길
숨막히는 더위 뿐이더라.

낯선 친구 만나면
우리들 문둥이끼리 반갑다.

천안 삼거리를 지나도
쑤세미 같은 해는 서산으로 남는데

가도 가도 붉은 황토길
숨막히는 더위 속으로 찔름거리며
가는 길.

신을 벗으면
버드나무 밑에서 지까다비를 벗으면
발가락이 또 한 개 없다.

앞으로 남은 두 개의 발가락이 잘릴 때까지
가도 가도 천리길 전라도 길.

이런 숨 막히는 소리를 쏟아냈던 한하운은 이병철이 월북한 다음부터 거의 시를 쓰지 못하거나 이따금 격이 떨어지는 것을 씀으로써, 이병철이 거지반 새로 쓰다시피 한

게 아니냐는 짐작들을 하게 하였다. 박재삼(朴在森, 1933~1997) 시인 같은 이는 틀림없이 그렇게 믿고 있었다.

1988년 북의 잡지《조선문학》9월호에「그 목소리 들려온다」라는 긴 시가 실려 있었다. 리수복이라는 한 인민군 병정의 '영웅적 죽음'을 기린 것인데,「곡」과「전라도길」에 마음을 빼앗긴 바 있던 이병철 독자들은 입을 다물었다.「그 목소리 들려온다」한 어섯이다.

> 아, 불을 뿜는 원쑤의 화구가 무엇이랴
> 생명의 위험이 무엇이랴
> 수령님을 조국으로 알고 자란 병사
> 조국을 수령님으로 알고 보위한 리수복
> 그가 남기고 간 한마디 말
> 조국을 위하여 앞으로

1988년 연구사에서 펴낸 김달수(金達壽) 장편소설 『태백산맥』에 나오는 이병철 시가 있다. 시 앞에 나오는 바탕글이다. 출판사 측은 한글 원본을 입수하지 못해 일어를 그대로 번역했다고 밝힌다.

> 사람들은 전혀 예기치 못했던 미국이라는 새로운 중압에 시달리게 되었다는 사실을 새삼스럽게 확인할 수 있을 뿐이었다.「8·15해방 1주년 기념일」은 오히려 그 점을 확실히 느끼게 해 주었다. 한 잡지에는 이런 시가 실렸다.

> **뿔**
>
> 소여
> 말뚝에 묶인 짧은 새끼줄 끝에서
> 오랜 인종의 생애를 그저 반추하려는가.
>
> 그저 온순한 가축의 운명에
> 언제까지 만족하고 있어도 좋은가.

못쓰게 되어 버린 논밭을 제멋대로 휩쓸고 다니다

달아난

도둑놈의 발자욱이 채 사라지지도 않았는데

또다시 오두막집 벽을 허물고 들어와

속 편하게 그대들의 몸값을 매기려는 놈들이 있다.

　천근의 짐을 이제 막 벗어던진

그대들의 땀에 젖은 등이 채 마를 새도 없이

다시 검은 손에 코뚜레가 쥐어진 것이다.

뿔을 써라.

남몰래 참을 수 없다. 뿔을 휘둘러라.

멀리 우리를 위한

끝없이 넓고 푸른 초원이 있다.

《독립신보》1947년 1월 16일 치에 실려 있는 기사이다.

　남로당 창립 축하 대회

　다채로운 행사로 성대히 거행

　9개 민주주의 사회단체 주최로 15일 오전 11시부터 경운동 천도교대강당에서 남로당 창립 축하대회가 성대히 개최되었다

　이날 정각 전부터 천도교회당 앞에는 무수한 근로인민이 구름가치 모히어 질서정연히 장내에 입장하였고 광장에도 무수한 군중이 운집하고 있었다 정각 11시 대회는 문은종(文殷鐘)씨의 개회사로 시작되어 우선 애국가 합창 해방의 노래 묵상이 있었고 성주식(成周寔)씨로부터 남로당을 찬양하는 개회사가 있고 이어서 부총 유영준(劉英俊) 9개단체 대표 김남천(金南天)씨의 축하문 랑독이 있은 다음 **이병철(李秉哲)**씨로부터 「차돌이」라는 시를 랑독하고 학통 여학생으로부터 시랑독이 있었다 이와가치 하야 주

최측의 축의를 피로하고 나서 폭풍과 가튼 박수로 남로당위원장 허헌(許憲)씨가 등단하야 간절한 답사가 있고 박헌영(朴憲永)씨의 체포령을 철회하라는 긴급동의가 있어 이 동의를 즉시 채택하고 노동자 농민들의 축사가 있은 다음 여흥에 들어가서 음악 농악 연극 무용 등 다채로운 여흥으로 오후 4시경 감회깊은 가운데 폐회되었다

《조선인민보》1950년 7월 5일 치 2면에 실린 기사이다.

지식인결의도공고
문련산하의단체도총궐기

조선문화단체총련맹산하의 각단체도 드디어 총궐기대회를 개최하였다 즉문련산하 남조선문학가동맹, 조선음악가동맹, 조선사진동맹, 조선미술가동맹, 각맹원수천명은 어제 하오 一시 종로에있는 조선기독교청년회관에모여서 흉악한 미제국주의자들의 무력침략행위를 폭로분쇄하는 모든선전투쟁을 열렬히전개하고동시에 반역원쑤들을 소탕 박멸하기위하여 천만사람이 한사람처럼 직접손에 무장을 들어 전체력량을 인민군과 전선을 원조함에 바치는 결의를 다시금 굳게하자는 「미제완전구축문학, 음악, 사진, 미술가총궐기대회」를 성대히개최했는데 대회순서로서 먼저 리용악(李庸岳)동무의사회로 진행되어 주석단선출이 있었고 이어서 음악가동맹 브라스밴드의 우렁찬반주에 맞추어 전원이 해방의 노래를 부르고 안회남(安懷南)동무의 대회보고가끝난다음 잠시 휴회로들어갔다

그리고 **리병철**(李秉哲)동무의 「동무들이여/일어서라」라는 자작시랑송에이어서 다시금 음악가동맹 취주악단반주로 인민항쟁가를 부르며 기염을 토한다음 폐회되었는데 곧이어 각동맹에서는 각기 공화국 깃발과 「푸라카-트」를 들고 렬광적인 시위시가행렬로 들어갔다

그리고 장소관계로 이분해서 이대회에 뒤이어 같은 문화단체총련맹산하인 조선과학자동맹 조선법학자동맹 조선보건련맹의 각맹원이 역시 동장소에 모여 궐기대회를 끝낸다음 시위시가행렬로 들어갔다

찾아보기

말 풀이

ㄱ

가난도 비단 가난 아무리 가난하여도 몸을 함부로 가지지 않고 본디 남볼성을 더럽히지 않는다는 말.

가려잡다 골라잡다.

가리산지리산하다 이야기나 일이 듬이 없어 갈피를 잡지 못하다.

가리방(棒組) 일본 발음. 면수에 걸림없이 길게 잇대어 짜는 판. **가리방 긁다** 등사기로 글종이를 찍다.

가리새 가리사니. ① 일몬을 판가름할 만한 느낌. ② 일몬을 헤아릴 수 있는 실마리.

가림천 장막(帳幕). 가림막. 창문보. 커튼.

가멸지다 천량이나 거리밑 따위가 넉넉하고 많다.

가뭇없다 ① 보이던 것이 바이 보이지 않아 찾을 곳이 감감하다. ② 눈에 띄지 않게 감쪽같다.

가봇쪽 같다 노름에서 아홉 끗을 이르는 '가보'에서 나온 말로, 떠세가 대단하다.

가새표 'X'. 틀린 것을 나타내거나 문장에서 썼던 데를 X표로 지워버리는 것.

가웃 절반만큼 부피나 갯수를 뜻하는 뒷가지.

각다분하다 일을 해 나가기가 힘들고 고되다.

갈닦다 갈고닦다. 연구하다.

갈래 ① 하나에서 둘 위로 갈라져 나간 어섯이나 줄기. ② (수량을 나타내는 말 뒤에 쓰여) 갈라진 낱낱을 세는 단위. ③ 문학에서 장르.

갈피 일이나 일몬 갈래가 나뉘는 어름.

감때사납다 ① 사람이 억세고 사납다. ② 일몬이 감사납다.

감목 힘. 감. 자리. 솜씨. 자격.

값 매기다 끊아매기다. 평가하다.

갓맑다 아무런 잡된 것이 섞여있지 않아 깨끗하다.

개결(介潔)하다 마음바탕이 깨끗하고 굳다.

개구(開口) 입을 열어 말을 함.

거리밑 자원.

거스름 맞섬. 거꾸로. 반대.

거추꾼 일을 보살펴 돌보거나 거들어 주는 사람.

거쿨지다 몸집이 크고 말이나 하는 짓이 씩씩하다.

건공중 허공중. 허공. 빈탕. 빈하늘.

검님 영감(靈感).

검질기다 마음바탕이나 짓거리가 몹시 끈덕지고 질기다.

게염 부러워하며 시샘하여 탐내는 마음.

견마 잡다 남이 탄 말고삐를 잡아 몰고 가다.

겹치다 ① 두 가지 위 일이 함께 생기다. ② 두 가지 일을 아울러하다.

경부(警部) ① 대한제국 때. 경시 아래, 경부보 위에 있던 판임 경찰관. ② 대한제국 때. 경찰과 감옥에 관한 일을 맡아보던 관청. ③ 일제 때. 이제 경찰관 경위.

곁말 같은 두럭 사람들끼리 일몬을 바로 말하지 않고 다른 말로 빗대어 하는 말. 변. 변말. 은어.

곁부축하다 남이 하는 일이나 말을 옆에서 거들어 주다.

곁붙이 ① 촌수가 먼 일가붙이. ② 공간적·심리적으로 가까운 사람.

계택상월(谿澤象月) 조선 중기 4대 문장가 계곡(谿谷) 장유(張維), 택당(澤堂) 이식(李植), 상촌(象村) 신흠(申欽), 월사(月沙) 이정귀(李廷龜) 호 첫 글자를 딴 말.

고갱이 ① 풀이나 나무 줄기 한가운데에 있는 무른 심. ② 줏대가 되는 어섯을 곁말로 이르는 말.

고루살이 일매진 삶을 일컫는 우리 옛말. '공동체'는 서구 기독교 뭉뚱그린 말(개념)임.

고른값 고른수. 평균.

고마 '첩(妾)'을 일컫는 옛말.

고빗사위 매우 대모한 때나 대목 가운데서도 가장 아슬아슬한 사이.

고임 '애호(愛護)'라는 우리 본딧말로, '사랑'이라는 왜식말이 들어오기 앞서 쓰였음.

고정(孤貞)하다 마음이 외곬으로 곧다.

골미떡 골무떡. 가락을 짧게 자른 흰떡. 또는 색떡 밑받침으로 만든 흰떡.

공다리 '공무원'을 가볍게 이르는 말.

구멍수 어려운 고비를 뚫고 나갈 만한 솜씨나 참길.

구메혼인 널리 알리지 않고 하는 혼인.

구슬림 그럴듯한 말로 꾀어 마음을 움직임. 또는 그런 말.

구실 자기가 마땅히 해야 할 맡은 바 할 일. 책임. '역할'은 왜말임.

굿일꾼 묏구덩이를 파는 일꾼. 무슨 일을 한다는 것을 나타내는 '농부' '어부' '광부' '갱부' '청소부' '인부' 따위 '부'를 붙이는 것은 죄 왜식임.

권세자루 '권력'을 비꼬는 말.

귓속질 ① 귀엣말로 소곤거리는 짓. ② 남몰래 고자질하는 짓.

그그러께/그끄러께 그러께 바로 앞 해. 올해로부터 3년 앞 해.

그루박다 말을 다지거나 힘을 주어 단단히 다짐하다.

그악하다 모질고 사납다.

극노인 80 위로 나이 많은 어르신.

근터구 터무니나 구실.

글동무 같은 곳에서 함께 공부한 동무. 글벗. 글방 동무. 동창.

글지 중세어 '글지이'에서 온 말로 대한제국 때까지 쓰였음. '작가(作家)'는 왜말임.

글초 아시글. 애벌글. 초고(草稿).

금점(金店)판 예전에 주로 손으로 하던 금광 일터.

금(을) 치다 값치다. 값 매기다. 끊다. 평가하다.

기요/기요원 비서·경호원을 가리키는 북녘 말.

기림 뛰어난 자취나 바람직한 얼, 훌륭한 사람 따위를 추어서 말함.

긴짐승 뱀을 가리켜 무속에서 하는 말.

긴(緊)하다 ① 꼭 쓸데 있다. ② 매우 그립다.

긴(緊)한목 어떤 일에서 아주 종요로운 대목.

긴한이 꼭 아쉬운 사람. 요인(要人).

길돈닢 많지 않은 길돈. 노자.

길라잡이/길잡이 길을 이끌어 주는 사람이나 일몬.

길카리 가깝지 않은 곁붙이.

깜냥 스스로 일을 헤아림. 또는 헤아릴 수 있는 솜씨.

꺾자(字) 줄이나 글자를 지워 버리고자 그 위에 내리긋는 줄. 꺾자 당하다 인쇄물에서 글자가 안 보이게 지워지다.

꼬집음 뚜렷하게 집어서 들어냄.

꼭뒤 뒤통수 한가운데. 꼭뒤(를) 누르다 세력이나 힘이 위에서 누르다.

끊다/끊아매기다 잘잘못을 따져서 평가하다.

끼끗하다 생기가 있고 깨끗하다.

ㄴ

나이갓수 목숨. 목숨길이. 수명.

나지리 저보다 깜냥이나 드레가 못하게.

낙양(洛陽)의 지가(紙價)를 올리다 중국 진(晉)나라 좌사(左思)가 『삼도부(三都賦)』를 지었을 때 낙양 사람이 다투어 이것을 베낀 까닭에 종잇값이 올랐다는 데서 나온 말로, 어떤 책이 매우 잘 팔림을 곁말로 이르는 말.

난사람 남보다 두드러지게 잘난 사람. 인물.

낟알기 곡식으로 만든 적은 분량 음식. 곡기(穀氣).

날래다 사람이나 동물 움직임이 재빠르다.

날치부대 빨치산. 유격대.

날치싸움 빨치산. 곧 유격대가 벌이는 전투.

남볼성(性) 남이 보는 됨됨이라는 뜻으로, 남이 보고 느끼게 되는 남다른 바탕을 이르는 말.

남선(南鮮) '남조선'을 줄여 부르는 말.

낭(囊) 주머니.

낱낱 여럿 가운데 하나하나.

낱사람 개인.

낱자리 낱낱 자리. 하나치. 단위.

내남적없이 나와 다른 사람이나 모두 마찬가지로.

내대다 바라는 바나 매기는 것 따위를 맞선이 앞에 힘차게 내놓다.

내림줄기 전통(傳統).

내빼다 비켜 달아나다.

냅다 몹시 빠르고 세찬 꼴.

냅뛸성 늠품. 싹수. 진취성.

냉갈령 몹시 인정머리 없고 쌀쌀한 꼴.

너울가지 남과 잘 사귀는 솜씨. 붙임성.

넋모심자리 신위(神位).

노느매기 여러 몫으로 갈라 나누는 일. 또는 그렇게 나누어진 몫. **노느매기하다**

는실난실 성적(性的) 솟구침 때문에 야릇하고 잡스럽게 구는 꼴. **는실난실하다** 성적(性的) 솟구침으로 야릇하고 잡스럽게 군다는 말이나 흔히 '이상하다'는 뜻으로 쓰임.

능갈맞다 얄밉도록 몹시 능청스럽다.

능준하다 깜냥이나 셈씨 따위가 가늠에 미치고도 남아서 넉넉하다.

ㄷ

다따우지 모두 떼어내지.

다라니 주문(呪文). 진언(眞言).

다못 다만(충청도 말).

다지르다 다짐받기 위하여 다지다.

달소수 한 달이 조금 넘는 동안.

달벌이 한 달에 버는 돈. 월수입. 월수.

달창나다 많던 물건이 조금씩 써서 다 없어지게 되다.

대모하다 대수롭다. 중요하다.

대문 이야기나 글 따위에 담긴 남다른 어섯.

대받다 남 말에 맞서 들이대다.

대지르다 찌를 듯이 대들거나 맞서다.

댕돌 단단한 돌.

더덜없이 더하거나 덜함이 없이.

더이만 더 위로. 더 이상.

덧두리 매겨 놓은 돈머리 밖에 얼마만큼 더 보탬. 또는 그렇게 하는 값.

덮잡히다 빼앗기다. 압수되다.

덮치기 들이닥쳐 위에서 누름.

도(都)꼭지 어떤 쪽·길에서 가장 으뜸이 되는 사람.

도량(跳梁) 거리낌 없이 함부로 날뛰어 다님. **도량방자하다**

도림 묶음표. '괄호'는 왜말임. **도림(을) 치다**

도머리치다 머리를 이리저리로 흔들다.

도틀어 죄다 몰아서. 통틀어.

독공부 독학(獨學). 혼자 배우(익히)다.

독선생(獨先生) 한 집 아이만을 맡아서 가르치는 선생.

독판 독무대. **독판(을) 치다**

돌라주다 몫몫이 여러 군데에 나누어 주다.

동아리 같은 뜻을 가지고 모여서 한패를 이룬 무리.

동(이) 끊기다 뒤가 잇대어지지 못하고 끊어지다.

동이다 끈이나 실 따위로 감거나 둘러 묶다.

되곱치다 다시 반으로 접어 합뜨리다.

되받음 반대.

되튐질 반발작용.

된닦달 거세게 몰아치는 것.

된바람 뒤울이. 뒷바람. 북새. 높바람. 북풍.

된사람 큰어른. 인격자.

두길보기 양쪽에 다리를 걸쳐 놓고 때를 엿보는 것. 두길마보기.

두남두다 1. 잘못을 두둔하다. 2. 정나미를 가지고 돌보다.

두동지다 어긋나다. 맞질리다. 모순되다.

두럭 어떤 일을 하기 위해 모인 사람 무리. 집단.

두루막이 두루마기.

두리 하나로 뭉치게 되는 한허리 둘레.

두억시니 모질고 사나운 귀신 하나.

두이레 14일.

둥근네거리 돌이판. 돌이네거리. 로터리.

뒤발하다 온몸에 뒤집어써서 바르다.

뒤스름 일을 간추리느라고 이리저리 뒤적이는 일.

뒤짐 무엇을 찾고자 뒤져내는 것.

뒤판 어떤 일이 벌어지는 나중판.

뒨장질 1. 사람이나 짐승·몬 따위를 뒤져내는 일. 2.닥치는 대로 들었다 놓았다 하는 일. **뒨장질하다**

뒷그림 밑그림. 뒷경치. 배경.

뒷글 책 밑글월·바탕글 뒤에 쓰는 글. 꼬리말. 발문.

뒷덧 뒤탈. 후유증.

뒷배 겉으로 나서지 않고 뒤에서 보살펴 주는 일. 후원.

드날목 나들목. 출입구.

드레 인격적으로 점잖은 무게. **드레지다** 사람 됨됨이가 가볍지 않고 점잖아서 무게가 있다.

듬 차례. 위아래. 질서.

따논자리 따논자격. 차지한 자리. 기득권.

딴이름 달리 부르는 이름. 별칭(別稱). 별명.

딸따니 어린 딸을 귀엽게 이르는 말.

땅불쑥하다 특별하다.

때 '교도소'를 상스럽게 이르는 말.

떠다박질리다 마구 떠다밀려 자빠지다.

ㄹ

레포 '연락원'을 뜻하는 러시아말.

ㅁ

마기말 참이라고 어림잡고 하는 말.

마음닦달 정신수련.

마중꾼 손님을 맞으러 나가는 이.

막사과(莫斯科) '모스크바' 소리따적기.

막(幕)집 한때 간동하게 막처럼 꾸민 집.

말밑 어원.

망량(魍魎) 도깨비.

맞갖잖다 마음이나 입맛에 맞지 아니하다.

맞잡이 맞수. 맞선이. 상대.

맞추다 말 따위를 서로 맞게 하다.

맡은이 목대잡이. 책임자.

맥살 몸을 움직이는 서슬이나 일탐.

맥줄 맥이 뻗어 있는 줄기.

머릿골 골. 뇌.

메인 꼭지 으뜸 기사. 주기사.

멧발 산발. 멧줄기. '산맥'은 왜말임.

멱차다 더이만 할 수 없는 끝에 이르다.

명(名)토 누구 또는 무엇이라고 속속들이 하는 가리킴. **명토(를) 박다** 누구 또는 무엇이라고 이름을 대거나 가리키다.

몇참 몇차례.

모둠살이 사회생활.

모람 '모인 사람'을 줄여 부른 말. 곧 구성원.

모뽀리 합창(合唱).

모지락스럽다 보기에 억세고 모질다.

모집다 뚜렷하게 가리키다. 지적하다.

모플 1922년에 세운 국제혁명가후원회.

목대 멍에 양쪽 끝 구멍에 꿰어 쇠 목 양쪽에 대는 가는 나무. **목대(를) 잡다** 여러 사람을 거느리고 일을 시키다.

목대잡이 목대를 잡아 일을 시키는 사람. 지도자.

몫몫이 한 몫 한 몫으로. 저마다.

몰록 상대성이 끊어진 자리를 가리키는 선가(禪家)말로 문득·갑자기·느닷없이 뜻으로 쓰임.

몸닦달 몸을 튼튼하게 단련하기 위하여 견디기 어려운 것을 참아가며 하는 몸 훈련.

몸맨두리 몸 꼴.

몸(을) 받다 아랫사람이 윗사람을 가로맡아 일을 하다.

몸(을) 붙이다 어떤 곳에 기대어 살아가다.

묘꼴 경기도 양평군 양서면 '묘곡(妙谷)'을 그곳

사람들이 일컫는 말.

무릅치다 놀라다. 크게 느끼다. 감탄하다.

무사기(無邪氣)하다 조금도 능갈맞은 데가 없다.

무지르다 ① 몬 한 어섯을 잘라버리다. ② 몬 가운데를 끊어 두 동강을 내다.

묵뫼 오랫동안 돌보지 않아 거칠게 된 무덤.

문건레포 문건을 건네주는 연락원.

물너울 바다와 같은 넓은 물에서 크게 움직이는 물결. 파도.

물몬 액체.

물이못나게 부득부득 조르는 꼴.

물잇구럭 남 빚이나 밑진 것을 가로맡아 물어 주는 일.

미립 겪음을 지나 얻은 뛰어난 갈피나 솜씨. **미립이 나다. 미립이 트다.**

미적이 살아 있는 생물을 통틀어 이르는 말.

미좇다 뒤미처 좇다.

밑가락 바탕. 밑바탕. 기조(基調).

밑그림 초벌 그림. 데생.

밑돈 밑천. 기금(基金).

밑몸 본디몸. 원몸뚱이. 실체.

밑절미 바탕이 되는 본디부터 있던 어섯.

ㅂ

바람만 바람만 바라보일 만큼 뒤에 멀리 떨어져 따라가는 꼴. '인생'을 가리키는 곁말이기도 함.

바이 통. 아주. 전혀.

바장이다 부질없이 짧은 거리를 오락가락 거닐다. 배회하다.

바탕자리 본바닥. 밑바탕. 터. 근거지.

받음성 감수성(感受性).

발기(記) 사람 이름이나 물건 이름을 죽 적어 놓은 글.

발쇠꾼 남 비밀을 캐내어 다른 사람에게 넌지시 알려 주는 짓을 하는 사람.

발잡이 이끌어 주는 사람이나 글.

밥받이 죄인에게 형벌을 주어 토설을 받아 내던 일. '자백'은 왜말임.

방타(滂沱) ① 비가 세차게 좍좍 쏟아짐. ② 눈물이 뚝뚝 떨어짐. 방타하다.

배냇솜씨 타고난 재주.

배메기 지주와 작인이 소출을 똑같이 나누는 제도. 반타작. 병작(竝作). 타작. '소작'은 일제 때 들어온 말임. 배메기하다.

배움비발 학비(學費). 학자금(學資金).

백차일(白遮日) 볕을 가리려고 치는 하얀 빛깔 싸개. **백차일 치듯** 흰옷 입은 사람들이 매우 많이 모인 꼴을 이르는 말.

뱀뱀이 예의범절이나 도덕에 대한 본데.

버금가다 으뜸 바로 아래가 되다.

버금길 다음 길. 두 번째 길.

버금이름 부제(副題).

버금제목 부제(副題).

번드치다 ① 물건을 한 번에 뒤집다. ② 마음 따위를 바꾸다.

변 남이 모르게 저희끼리만 암호처럼 쓰는 말. **변처럼 떠돌다.**

변말 은어.

병 다스림 치료(治療).

보꾹 지붕 안쪽. 반자. 천장.

보람판 간판. 낯. 얼굴. 겉치레.

보르시치 러시아와 폴란드에서 즐겨 먹는 걸쭉한 스프.

본데 보아서 배운 범절이나 솜씨 또는 알음알이. 교양.

본마음 본심(本心).

본메본짱 증거(證據). 증거물.

본바탕 본디가 되는 밑바탕. 본질(本質).

부대기 화전민(火田民)(평안도 말).

부대앝 화전(火田).

부르쥐다 ① 주먹을 힘 들여 쥐다. ② 막대기나 몽둥이 따위를 힘을 들여 단단히 움켜쥐다.

부름말 호칭어.

부림　씀. 사용(使用).

북선(北鮮)　'북조선'을 줄여 부르는 말.

불도장　낙인(烙印).

불심(心)지　① 성나거나 달아오를 때에 세차게 일어나는 마음. ② 싸움이나 사달을 일으키는 짬수나 까닭을 빗대어 이르는 말.

붓이름　필명(筆名).

붙좇다　우러르거나 섬겨 따르다.

비격(飛檄)하다　격문(檄文)을 얼른 돌리다.

비꾸지다　열등감이나 패배감이 있다.

비대발괄　성나고 답답한 까닭을 털어놓으면서 애타게 바라며 빎. 비대발괄하다.

비라리　구구한 말을 하며 남에게 무엇을 바라는 일.

비발　쓰임새. 씀씀이. 옴니암니. 부비(浮費). '비용(費用)'은 왜말임.

비트　'비밀 아지트' 줄임말.

빌미　언걸이나 탈 따위가 생기는 불씨.

빗글　비문(碑文).

빗돌　비석(碑石).

뼈대　알맹이. 핵심.

뽕나다　비밀이 드러나다.

뽕 빠지다　밑천이 다 없어지다. 살림이 거덜나다.

뿟뿟하다　올곧은 마음을 바탕으로 굳은 믿음을 지니다.

ㅅ

사달　탈. 사고.

사뢰다　웃어른에게 말씀을 올리다.

사북　① 접었다 폈다 하는 부채 아랫머리나 가위다리 교차된 곳에 박아 돌쩌귀처럼 쓰이는 몬. ② 문고리나 배목을 박는 데에 튼튼하고 보기 좋게 하기 위하여 양쪽에 끼워 넣는 둥그스름한 쇠붙이 조각. ③ 가장 대단한 어섯을 빗대어 이르는 말.

삯꾼　삯을 받고 그때그때 일하는 일꾼.

사점박이　서자. 첩 소생.

살림두량　살림살이 갈망.

살림비발　생활비.

살매　운명(運命).

살차다　성깔이 붙임성이 없이 차고 매섭다.

살푸슴　살풋웃음. 옅은 웃음. '미소'는 왜말임.

살피　어름. 이에짬. 경계.

삼동네　양옆과 앞에 이웃하여 있는 가까운 동네.

삶꼴　살아가는 모습.

삶 틈　생활질서.

상기　아직.

상좌(相左) = 상위(相違)　서로 다르거나 어긋남.

상표　일제 때 주의자들이 '전향'을 하고 받았던 신분증.

새벽질　벽이나 방바닥에 새벽(누런 고운 흙)을 재벌 바르는 일. 새벽질하다

새짬살이　새 생활.

생(生)매　길들이지 아니한 매.

서어(齟齬/鉏鋙)하다　① 틀어져서 어긋나다. ② 익숙하지 아니하여 서름서름하다. ③ 뜻이 맞지 아니하여 조금 서먹하다.

섬 진 놈 멱 진 놈　섬거적을 진 사람과 멱둥구미를 진 사람이라는 뜻으로, 가지각색 어중이떠중이를 이를테면 하는 말.

섭쓸리다　함께 섞여 휩쓸리다.

세이레　21일

셈닦기　치름. 없앰. 청산.

셈판　어떤 일을 낳은 까닭. 또는 그런 낌새.

셈평　① 꼴을 따져 보는 생각. ② 삶의 형편.

소드락질　남 돈 따위를 빼앗는 짓. 소드락질하다.

속달뱅이　작은 짜임새.

속바탕　속마음. 속셈.

속종　마음에 품은 느낀 바.

속힘　속에 숨어 있는 힘.

손대기　심부름애. 심부름꾼. 막둥이. 잔심부름을 할 만한 아이. '사환'은 왜말임.

손발　① 손과 발을 아울러 이르는 말. ② 제 손이나 발처럼 마음대로 부리는 사람을 빗대어 이르는 말.

손(을) 붙이다　어떤 일을 비롯하다.

손사래 어떤 말이나 일을 아니라고 하거나 남에게 조용히 하라고 할 때 손을 펴서 휘젓는 일. **손사래(를) 치다.**

손안 수중(手中). 가질 수 있거나 힘부림을 할 수 있는 버렁.

쇠귀를 잡다. 어떤 흐름이나 움직임을 이끌다. 맹주(盟主)가 되다.

쇠덮개(를) 두르다 철판을 깔다.

숫되다 순진하고 어수룩하다.

숫접다 순박하고 참되다.

숫지다 순박하고 사람다운 맛이 두텁다.

슴벅슴벅 ① 눈꺼풀을 움직이며 눈을 자꾸 감았다 떴다 하는 꼴. ② 눈이나 살 속이 찌르듯이 자꾸 시근시근한 꼴. **슴벅슴벅하다.**

시러금 잘. 넉넉히. 막힘없이. 거침없이. 능(能)히.

시봉(侍奉) 모시어 받듦.

실쌈스럽다 말이나 몸가짐이 부지런하고 미더운 데가 있다.

싸울아비 남성 전사(戰士).

싸울어미 여성 전사(戰士).

쌩이질 한창 바쁠 때에 쓸데없는 일로 남을 귀찮게 구는 짓. 헤살. 훼방. '방해'는 왜말임.

써레 갈아 놓은 논 바닥을 고르는 데 쓰는 농사연모.

쏘개질 있는 일 없는 일을 얽어서 일러바치는 짓. 쏘개질하다

쑹쑹이 꿍꿍이 셈. 마음속으로 따져보는 것.

ㅇ

아귀세다 ① 마음이 굳세어 남에게 잘 꺾이지 아니하다. ② 남을 휘어잡는 힘이나 두름성이 있다. ③ 손으로 잡는 힘이 세다.

아람치 개인이 사사로이 차지하는 몫. 사유재산.

아랑곳 남 일을 알려고 하거나 끼여드는 것.

아랫도리사람 자리가 낮은 계급. 하인(下人).

아랫불밭 배꼽 밑 세치 되는 곳. 하단전(下丹田).

아아라하다 멀다. 아득하다.

아이오 문득. 갑자기.

아지못게라 알 수 없어라.

아지트 터전이나 숨은(을) 곳.

아지트키퍼 아지트를 지키는 사람.

아퀴 ① 일을 마무르는 끝매. ② 일이나 셈판 따위가 빈틈없이 들어맞음을 이르는 말. **아퀴(를) 짓다** 일이나 말을 끝마무리하다.

안동 사람을 데리고 함께 가거나 몬을 지니고 감.

안받침 안에서 도와줌.

알음알이 ① 약삭빠른 솜씨. ② 서로 가까이 아는 사람.

알짬 여럿 가운데에 가장 대모한 속내.

앙다짐 마음속 깊이 하는 다짐.

앙버티다 끝까지 대들어 버티다.

앝 밭.

앞몸 전신(前身).

알망궂다 성깔이나 낌새가 야릇하고 까다로워 알미운 데가 있다.

애벌글 글초. 아시글. 초고(草稿).

애두름 낮은 언덕.

애옥살이 가난에 쪼들려서 애를 써 가며 사는 살림살이.

애옥하다 살림이 몹시 구차하다.

애잡짤하다 가슴이 미어지듯 안타깝다.

애젓하다 안타깝고 애틋하다.

애훕다 슬프다.

앵두장수 잘못을 저지르고 어디론지 자취를 감춘 사람을 이르는 말.

앵벌이 동냥 돈벌이.

야체이카 혁명조직 '세포'를 이르는 러시아말.

얄망궂다 알망스럽다. 얄궂다.

어기차다 한번 마음먹은 뜻을 굽히지 아니하고 성깔이 매우 굳세다.

어림짐작 얼추 헤아리는 짐작.

어섯 ① 일몬 한 부분에 지나지 못하는 만큼 ②옹글게 다 되지 못하는 만큼.

어쑬하다 통크고 옳은 것을 좋는 마음이 있다.

억누름 압박(壓迫).

언걸 ① 남 일 때문에 당하는 지실. ② 큰 고생. 얼.

언턱거리 남에게 무턱대고 억지로 떼를 쓸 만한 턱이나 핑계.

얼개 ① 구조물 뼈대. 또는 뼈대로만 된 구조물. ② 뼈대만을 대강 추려 잡은 테두리나 줄거리.

얼개줄 뼈대가 되는 줄.

얼거리 얼개.

얼안 테두리 안.

얼추 대충. 대강.

얼키설키 아랑곳이나 일. 느낌 따위가 어지럽게 얽힌 꼴.

얽다 이리저리 이어지게 하다.

얽이 ① 몬을 지키고자 겉을 새끼나 노끈 따위로 이리저리 싸서 얽는 일. 또는 그렇게 얽는 몬. ② 일을 건정 차례나 벌여놓음을 잡아 보는 일. **얽이를 짜다. 얽이를 잡다.**

엄장 몸 길이나 크기.

엄지가락 ① 엄지손가락이나 엄지발가락을 통틀어 이르는 말. ② 대모한 자리에 있는 사람이나. 일몬 바탕이 되는 고갱이 어섯을 빗대어 이르는 말.

엄지굴대 알속이 되는 기둥. 주축(主軸).

엄지머리 총각으로 늙는 사람이 하는 머리. 또는 그런 머리를 한 사람.

엄평소니 의뭉스럽게 남을 속이거나 골리는 짓. 또는 그런 솜씨.

업주가리 생산체계.

엉그름지다 진흙바닥 또는 물기 있는 몬이 마르면서 갈라지다.

엎은글자 복자(覆字). 인쇄물에서 속뜻을 밝히지 않으려고 일부러 비운 자리에 'O', '×' 따위 표를 찍음. 또는 그 표.

에움 무엇을 갚아 주는 것. 또는 그런 일. 보상.

연멸(煙滅)시키다 연기처럼 자취도 없이 사라지게 하다.

연의(演義)하다 진짜에 덧붙여 재미있고 알기 쉽게 풀이하다.

열루(熱淚) 마음속 깊이 사무쳐 흐르는 뜨거운 눈물.

염복(艶福) 아름다운 여자가 잘 따르는 복.

염알이꾼 염탐꾼.

영금 따끔하게 당하는 괴로움.

영산마지(靈山麻旨) 담배 또는 담배 피우는 일을 가리키는 절집 변말.

예살라비/옛살라비 고향.

예어(囈語) 잠꼬대.

오목새김 그림이나 글씨 따위를 안으로 들어가게 깊이 새긴 조각.

온글 전문(全文).

온누리 온 세상.

온데 모든 곳. 온갓 데. 전역(全域).

올가미질 ① 짐승을 잡으려고 올가미를 놓는 일. ② 다른 사람이 구렁텅이에 걸려들게 꾀를 부리는 일.

올히다 올가미에 걸리어 꼭 매어지다.

옴치고 뛸 수 없다 하릴없게 되다. 꼼짝할 수 없다.

옹글다 물건이 깨져 조각나거나 축나지 않고 본디대로 있다.

외돌토리 매인 데도 없고 기댈 데도 없는 홀몸.

외작(外作)하다 지주가 제 고장이 아닌 다른 곳에 있는 땅을 빌려주고 배메기하다.

왼고개 아니라는 뜻으로 돌리는 고개. **왼고개(를) 치다.**

용춤 남이 추어올리는 바람에 좋아서 하라는 대로 하는 짓. **용춤(을) 추다.**

우금 시냇물이 부리나케 흐르는 가파르고 좁은 산골짜기.

우람차다 매우 우람하다.

울골질 지긋지긋하게 으르며 덤비는 짓. **울골질하다.**

울안 울타리를 친 안쪽.

원둥치 본디 몸.

윗길 솜씨가 훨씬 나은 높이.

유리개걸(流離丐乞) 터잡은 곳 없이 떠돌아다니며 빌어먹음.

유명짜하다 '유명하다'를 힘있게 쓰는 말.

유생역량(有生力量) 싸움에 끌어댈 수 있는 모든 사람과 짐승의 힘.

으뜸구실 기둥구실. 주연(主演).

으름장 말과 짓둥이로 을러대는 짓.

은수(恩讐) 은혜와 원한을 아울러 이르는 말.

을러대다 닦달하는 말로 을러서 남을 억누르다.

을러방망이 때릴 몸짓을 하며 겁을 주려고 으르는 짓.

을밋을밋 우물우물하며 넘기려고 하는 꼴.

의발(衣鉢) 선불교에서 법을 물려주는 속뜻으로 가사와 바리때를 뒤이을이에게 주던 일에서, 스승으로부터 물려주는 교법(敎法)이나 불교 깊은 뜻을 이르는 말. 의발을 받다/전하다.

의지가지없다 기댈 만한 데가 없다.

이뉘 이 세상.

이만 이상(以上)

이수(里數) 거리를 '리(里)' 낱자리로 나타낸 수.

이왕직(李王職) 일제 강점기에 조선왕실 일을 맡아보던 마을.

이음고리 걸림성. 이음성. 연관성.

이지렁스럽다 자연스럽다.

인(人)금 사람의 쓸모나 됨됨이.

일동무 함께 일하는 사람. 동료.

일됨새 일이 되어가는 꼴. 셈평. 상황.

일매지다 모두 다 고르고 가지런하다.

일몬 사물.

입치레 끼니를 때우는 일.

잇(利)속 이익이 되는 실속.

ㅈ

자리개미 조선시대에 포도청에서 목을 졸라 죄인을 죽이던 일.

자맥질 물속에서 팔다리를 놀리며 떴다 잠겼다 하는 짓. 잠수(潛水).

자빡 못박아 막음. 자빡(을) 놓다/대다/맞다.

자위(를) 뜨다 배 속의 아기가 놀기 시작하다.

자진(自盡) 죽기로 마음먹고 음식을 먹지 않거나 병이 있어도 약을 먹지 않아 목숨이 저절로 끊어지게 하는 것. 선비들이 쓰던 내림줄기 앙버팀이었음. '자살'은 왜말임.

자치동갑(同甲) 한 살 다른 동갑.

잠개 연장이나 병장기. '무기'는 왜말임.

잡도리 잘못되지 않도록 무섭게 하는 일. 잡도리하다.

잣단 중소(中小).

장 늘.

적바림/적발이 나중에 비추어보고자 글로 적어 둠. 또는 그런 글. 적바림하다. 적바림되다.

전재민(戰災民) 전쟁으로 어려움을 입은 사람.

정배(定配) 죄인을 외방이나 섬으로 보내 매긴 동안 그 바닥 안에서 살핌을 받으며 살게 하던 일. 또는 그런 형벌.

정인(情人) 정을 통하는 남녀 사이에서 서로를 이르는 말. '연인'은 왜말임.

제바닥 태어나면서부터 살고 있는 고장.

제삿고기 희생물.

족대기질 고문.

졸경(卒更) 밤새도록 괴로움을 당해 잠을 자지 못하는 것.

좀책 소책자.

종요롭다 없어서는 안 될 만큼 매우 긴요하다.

종짓굽 무릎뼈가 있는 언저리. 종짓굽이 떨어지다. 젖먹이가 비로소 걷게 되다.

주먹셈 속셈. 꿍꿍이. 암산(暗算). 이해타산.

죽젓개질 죽을 쑬 때에 고르게 끓게 하려고 죽을 휘젓듯이 남을 훼방하는 일.

줄글 구나 글자 수를 맞추지 아니하고 죽 잇따라 지은 글. 산문.

줄(을) 대다 무엇을 알아보거나 찾기 위하여 다른 사람과 걸림을 가지다.

줄밑걷다 일 실마리나 나온 데를 더듬어 찾다.

줏대 일몬에서 가장 대모한 곳.

줏대잡이 줏대가 되는 사람.

중(中)동무이하다 하던 일이나 말을 끝내지 못하고 사이에서 흐지부지 그만두거나 끊어 버리다.

즈려밟다 '즈려'는 '줄여'가 바뀐 것으로, 빨리 가고자 땅을 주름잡아 밟는다는 말. 정인 사이에 쓰던 말임.

지닐총 보거나 들은 것을 잊지 아니하고 오래 지니는 재주. 기억력.

지지누르다 지지르듯이 내리누르다.

지체 어떤 집안이나 개인이 사회에서 차지하고 있는 신분이나 지위. 계급.

직수굿하다 달려들거나 맞서지 아니하고 하라는 대로 따르는 데가 있다.

진산(鎭山) 도읍지나 각 고을에서 그곳을 진호(鎭護)하는 주산(主山)으로 매겨 제사하던 산.

진(陣)터 진지(陣地)로 삼기에 마땅한 곳. 또는 진지로 삼은 곳.

진티 일이 잘못되어 가는 빌미나 까닭.

질기굳다 질기고 굳다.

짜하다 퍼진 소문이 왁자하다.

짜장 참. 과연. 정말로.

짬짜미 남모르게 자기들끼리만 짜고 하는 다짐이나 짓거리. **짬짜미하다.**

짯짯이 남김없이. 샅샅이.

ㅊ

찰가난 여간하여서는 벗어나기 힘든 호된 가난.

참집(參集) 끼여들기 위하여 모임.

채(를) 잡다 앞장서 구실을 하거나 목대를 잡고 부리다.

채잡이 어떤 일을 하는 데서 앞장서 이끌거나 갈피를 잡는 일. 또는 그런 사람. 지도자.

천량 개인 살림살이 재산. 알천. 짙은천량

첫코 본디 뜨개질에서 처음으로 빼낸 코를 가리키며. 맨 첫머리를 이르는 말.

첫코떼기 맨처음 비롯하기.

체(體)수 몸 크기.

쳇것 명색이 그런 사람이나 몬을 낮잡아 이르는 말.

추어주다 참보다 높여 올려주다.

축나다 매겨진 수나 양에서 모자람이 생기다.

치우침 없다 한쪽으로 쏠리지 않는다.

ㅋ

캄파 '캠페인' 줄임말. 대중을 상대로 하는 정치활동.

큰아기 다 자란 계집아이. 또는 다 큰 처녀.

ㅌ

타매(唾罵) 아주 더럽게 생각하고 업신여겨 욕함.

탈막이 보호막.

탈박 탈바가지.

터무니 ① 터를 잡은 자취. ② 떳떳한 바탕이나 빌미.

테두리 버렁이나 울.

통대 유신시대 '통일주체국민회의 대의원'.

통변 통역(通譯).

틀거리 짜임새. 구조.

틈새 틈바구니.

ㅍ

판가리 판가름.

팔팔결 다른 만큼이 엄청남. 엄청나게 다른 꼴.

펼침막 플래카드.

푸네기 가까운 제살붙이를 낮잡아 이르는 말.

푸지위(知委) 무슨 일을 하라고 분부하는 것을 '지위하다'고 말하는데, 한번 지위하였던 것을 다시 무르고 하지 말라함을 '푸지위하다'고 말함.

푼수 꼴이나 터수.

푼푼하다 모자람이 없이 넉넉하다.

풀기(氣)　드러나 보이는 씩씩한 서슬.

풍김새　낌새. 눈치. 느낌. 분위기.

프랙션　공산당 조직이 대중단체 내부에 짜는 비밀
조직.

프레남　총회 또는 전원회의를 뜻하는 영어 plenum
에서 온 말로, 코민테른 집행위원회 확대총회를 가리
켰음.

프로핀테른　적색노동조합인터내셔날.

피눈　① 대꾼하거나 눈병이 나서 빨갛게 핏발이 선
눈. ② 독살스럽거나 게염스러운 눈을 빗대어 이르는
말. 혈안(血眼). **피눈이 되다.**

ㅎ

하나객담　실없고 하찮은 이야기.

하늘 밑에 벌레　대자연 앞에 힘없는 사람을 가리키
는 말.

하리놀음　남을 헐뜯어 윗사람에게 일러바치는 일.

하우스키퍼　숨어 지내는 곳을 지키는 사람.

한살　내외(內外). '부부'는 왜식말임.

한살매　한평생.

한걱정　큰 걱정.

한뉘　한평생.

한동아리　떼를 지어 움직이는 무리.

한물　한창. 한창때. 전성기.

한바닥　복작대는 곳에서 복판이 되는 땅.

한아비　'할아버지' 옛말.

한이레　7일.

한터　넓은 빈터.

합뜨리다　아주 합치다.

해적이　연보(年譜).

해포　한 해가 조금 넘는 동안.

행랑(行廊)살이　남 행랑에 살면서 삯으로 그 집 심
부름이나 궂은일을 해 주는 것.

향수(享壽)　죽은 나이. 오래 사는 복을 누림.

허방　땅바닥이 움푹 패어 빠지기 쉬운 구덩이. **허방
(을) 짚다**　잘못 알거나 잘못 따져봐서 그릇되다. 허

방(을) 치다.　바라던 일이 그릇되다.

헌걸차다　① 매우 볼품이 좋고 영바람이 씩씩하다.
② 영바람이 매우 훌륭하다 ③ 키가 매우 크다.

헤살 ‧ 일을 짓궂게 훼방함. 또는 그런 짓.

홑되다　다른 것이 섞이지 않고 한가지로만 되어 있다.

황하다　무슨 일에나 막힘이 없이 다 잘 알아 환하다.

회득(會得)하다　마음속으로 깨달아서 알아차리다.

후림대수작　남을 꾀어 후리느라고 늘어놓는 말이나
짓거리.

후림불　정신 차릴 사이도 없이 급작스레 휩쓸리는
서슬.

후미지다　아주 구석지고 으슥하다.

후살이　여자가 다시 시집가서 사는 일.

흐리마리하다　말끝을 뚜렷하지 않고 아리송하게 하
다. 생각이나 윌충. 일 따위가 뚜렷하지 아니하다.

힘부림　힘을 휘두름. 권세자루를 휘두름.